焦作年鉴

2015

焦作市人民政府主办
焦作市地方史志办公室编

龙源湖公园

中州古籍出版社

图书在版编目（CIP）数据

焦作年鉴. 2015 / 焦作市地方史志办公室编. —郑州:
中州古籍出版社, 2015.11
ISBN 978-7-5348-5736-2

Ⅰ. ①焦… Ⅱ. ①焦… Ⅲ. ①焦作市－2015－年鉴
Ⅳ. ①Z526.13

中国版本图书馆CIP数据核字（2015）第273830号

责任编辑：米 敏
责任校对：杨红梅
出 版 社：中州古籍出版社
（地址：郑州市经五路66号 邮编：450002）
发行单位：新华书店
承印单位：郑州创维彩印制作有限公司 0371-87091606
开 本：889mm × 1194mm 1/16 印 张：36
字 数：1112 千字 印 数：1-2000 册
版 次：2015年11月第1版 印 次：2015年11月第1次印刷

定 价：300.00元

《焦作年鉴》编辑人员名单

主　　审　李海松

副 主 审　耿可东

主　　编　卜庆正

副 主 编　王浩文　原应战（执行）　杨红梅

编　　校　原应战　杨红梅　孙留成　刘承国　常保健　常艳玲

校　　务　王明喜　丁秀丽　王霞飞　郭夏宾

图片编辑　杨红梅　温智中

装帧设计　卜　天

特约摄影　赵耀东

县（市）区编写组名单

沁阳市　宋立体　白佩杰　王　涛

孟州市　张纲锋　申路武　王立朋

博爱县　张晓军　王创利　吕志宏

武陟县　何广祥　杨建林　杜杏梅

温　县　张　平　侯慧科　时　莹

修武县　闫武生　徐佳滨

解放区　杨拥军　范传颂　冀二伟

山阳区　王　琳　马跃坡　张　彬

中站区　杨正栋　职恬恬

马村区　毛俊莲　邢王鑫

焦作市政区图

比例尺　1:45万

焦作市城区图

比例尺 1:10.5万

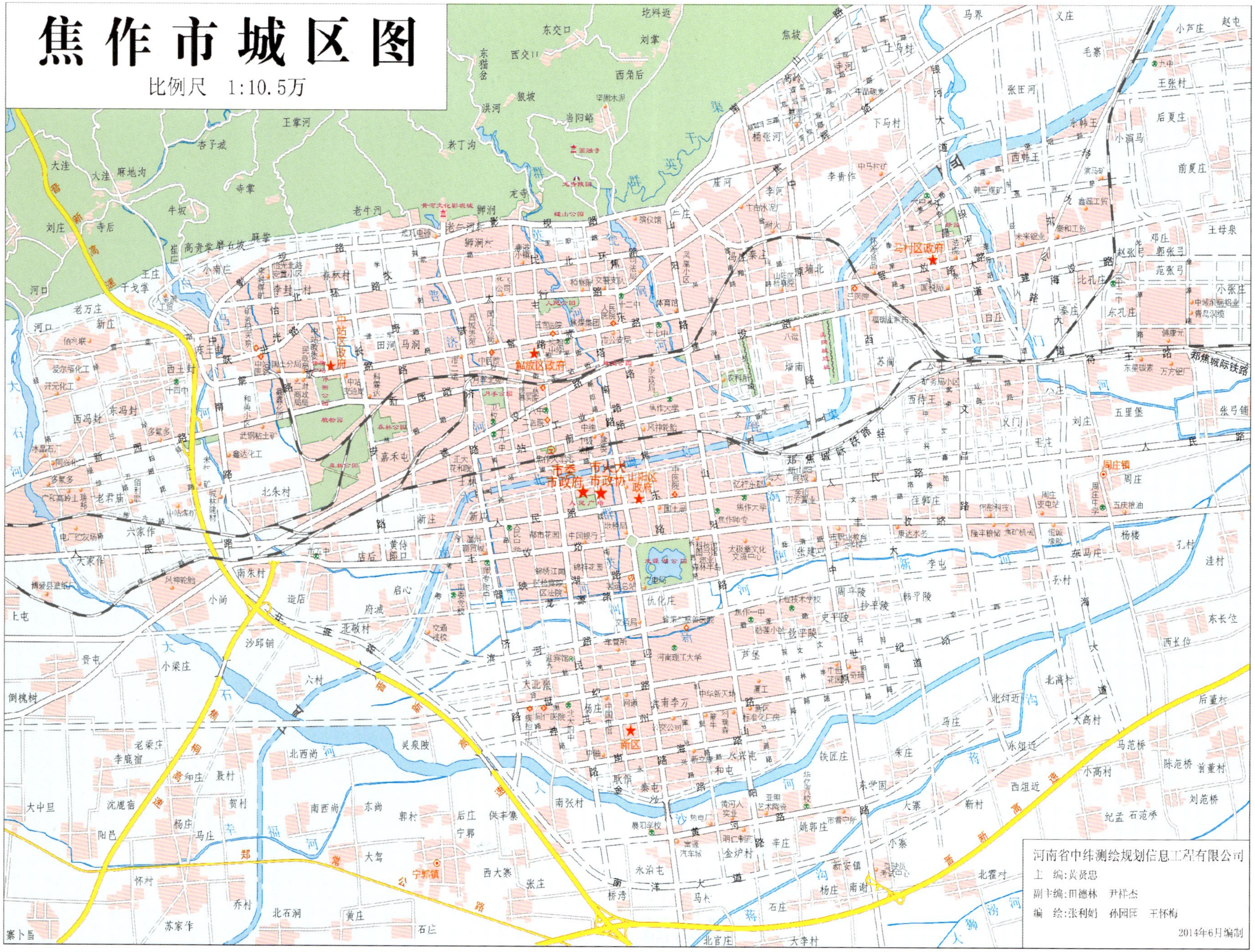

河南省中纬测绘规划信息工程有限公司
主　编：黄贤忠
副主编：田德林　尹祥杰
编　绘：张利娟　孙国庆　王怀梅
2014年6月编制

城市名片

中原经济区经济转型示范市
中国优秀旅游城市
中国最佳休闲旅游城市
中国城市旅游竞争力百强城市
国家级旅游服务综合标准化示范市
中国投资环境百佳城市
跨国公司最佳投资城市
国家双拥模范城市
全国教育均衡发展先进市
全国科技进步先进市
国家级技术创新工程示范城市
全国白内障无障碍市
国家篮球城市
国家园林城市
全国加工贸易梯度转移重点承接城市
全国社会治安综合治理优秀城市
全国法制创建先进城市
全国人防工作先进市
全国优质小麦加工示范基地
全国优质果蔬加工示范基地
全国农产品加工创业基地
全国农业机械化示范区
中国优质小麦之都
全国国土资源节约集约模范市
太极圣地

宽阔美丽的市人民路　刘金元　摄

2014年6月13日，市委书记孙立坤带领市五大班子成员观摩信息化建设。图为市委书记孙立坤等领导在焦作移动通信公司网络基础设施建设工程项目现场观摩。

赵耀东　摄

2015年6月2日，市委书记孙立坤等领导在博爱县清化镇街道八街社区就“四项基础制度”建设工作进行调研。 刘 璐 摄

2014年6月23日，市委副书记、市长张文深等领导在行政服务中心调研行政审批制度改革工作。

2015年4月8日，市委副书记、代市长谢玉安等领导在武陟县观摩黄河文化旅游园区嘉应大观园项目。 赵耀东　摄

2015年6月5日，市委副书记、市长谢玉安等领导在焦作一中考察高招工作。

干部转作风　群众心里暖

焦作市开展党的群众路线教育实践活动取得实效

2014年1月26日省委第二批教育实践活动动员会后，市委常委带头学习，带头开展宣讲活动，带头建立联系点，带头征求意见建议，带头查摆问题，带头开展批评，带头认真整改，“从领导做起”成为焦作市党的群众路线教育实践活动的一大亮点。市委常委共下基层调研361次，调研时间人均超过1个月，形成中心城区重点工业企业转型升级，市直机关改善服务态度、提高办事效率和办事质量等情况的调研报告24篇。

突出立说立行、真查真改成为焦作市党的群众路线教育实践活动的又一大亮点。出台规定治理为官不为，倡导敢于担当、严格依法办事，严防新问题滋生蔓延，持续抓整改不松懈。“对整改台账中需长期、持续整改的事项，坚持一年一考核、持续抓三年。”谈到持续抓整改，市委书记孙立坤说，“绝对不能说群众问题解决不到位我们没责任，绝对不能说群众反映的问题我们解决不了，绝对不能说群众问题解决差不多了，绝对不能说解决不好群众反映突出问题的干部是合格干部，绝对不能说群众问题解决不到位的地方教育实践活动搞好了。”市委班子结合中央巡视组反馈问题，围绕“四风”突出问题、联系服务群众问题、自身查摆等问题，制订了市委领导班子《整改方案》，将整改措施、责任人和完成时限在媒体上公示。市委班子成员也列出了个人整改清单，细化了整改措施。整改清单中，中央巡

2014年6月10日，市委书记孙立坤在马村区马村街道办事处行政便民服务中心调研群众路线教育实践活动开展情况。　刘璐 摄

视组交办的信访案件办结率100%。市委班子征求到的456条意见建议中，已整改落实185项，近中期整改107项，长期整改106项，政策解释58项。

在教育实践活动中，焦作市引导群众广泛参与，请群众监督，把活动进展特别是整改情况交给群众评判，以群众满不满意作为唯一标准，着力打通联系服务群众“最后一公里”。全市各部门将收集到的有关“四风”、民生、发展方面的28300多条问题意见，梳理汇总后归纳为6500多条，分类建立台账，明确整改措施、时限、责任人，与整改进展、整改成效一起公开。市城管局、市发展改革委等26家单位的整改情况在《焦作日报》公示。人民群众期盼的实事已启动159项，完成54项；关系改革发展稳定的大事已启动157项，完成74项。针对干部作风不实问题，严格执行“五个一律”“六条红线”规定。通报违反“八项规定”或“四风”问题156起，免职处理17人，对市直单位重点科室民主评议中后5名负责人给予免职。紧紧围绕“四风”问题，在落实好中央25项专项整治、省委5批36项专项整治基础上，狠抓焦作市48项专项整治，取得了明显成效。“持续推动整改，就是要努力把教育实践活动的成果转化为推动改革、促进发展、改善民生的强大动力，取得实实在在的成效。”市委副书记、市长张文深说。

2014年4月，市委书记孙立坤在市人社局调研指导群众路线教育实践活动开展情况。

建设美丽焦作吹响冲锋号

宜居焦作初露峥嵘

2014年2月19日，焦作市委、市政府隆重召开加快经济转型建设美丽焦作动员大会，会议提出要通过三到五年奋战，努力把焦作打造成为青山相拥绿水环绕、人与自然和谐相处、经济社会协调发展的美丽家园。市委书记孙立坤强调，建设美丽焦作，关乎长远，要高起点谋划、高标准展开、高水平运作、高效率推进、高规格领导，要本着对历史负责、对未来负责、对全市人民负责的态度，树立强烈的精品意识、特色意识和创新意识，推进各项工作有计划、有步骤、有重点地开展，努力在美丽河南建设进程中走在前列、做出示范。要抓住“富强、蓝天、清水、绿地、净化、畅通、和谐”七个关键词，进一步彰显生活美、生态美、环境美、人文美，努力在全市上下营造关心、支持、参与美丽焦作建设的浓厚氛围。

2014年，全市上下通过集中开展环境卫生综合整治，强力推进城市水系建设和创建国家森林城市活动，实施“蓝天”“清水”“绿地”工程，引黄入焦、南水北调工程全线贯通，新增水面7000亩。完成营造林18.37万亩，其中人工造林14.24万亩。森林覆盖率达28.5%。全市已被批准的自然保护区2个，均为国家级自然保护区，面积37.07万亩。森林公园5个，其中国家级森林公园1个。城乡环境明显改善，城市环境空气质量（API）优良天数248天，达标率为68.0%。积极创建国家生态文明先行示范区，继续抓好“14820”城市转

四通八达的高速公路

型工程和中心城市三年大提升行动，坚持因地制宜、突出重点、典型示范，强力推进净化、硬化、绿化、亮化、美化“五化”行动，打造了一批风格各异的美丽城镇、美丽乡村、美丽山川、美丽机关、美丽校园、美丽医院，打造了一批各具特色的示范镇、样板村和精品庭院，城市形象和品位不断提升。通过弘扬焦作优秀传统文化，全面提升市民道德素质和文明程度，塑造美丽焦作人，城市软实力不断增强。扎实推进美丽乡村建设，出台了新型城镇化三年实施方案，城乡建设加快推进，城市功能进一步完善，城市经营管理进一步加强。新开工保障房8409套，基本建成8304套。新市民社区试点开工项目6个，建成住宅6996套。新改建城市道路35公里、供水管网41公里、燃气管网98公里，建成游园6个。30台新能源公交车亮相街头，28路成为焦作市首条环保新能源公交线路。新改建农村公路306公里，解决了22.8万名农村群众和师生的安全饮水问题，新农村建设进一步加快。焦作正在成为一个宜居宜业宜游的生态之城、活力之城、幸福之城。

绿荫环抱的市人民广场　　赵金录　摄

流光溢彩的焦作夜景　　姬广辉　摄

一场秋雨过后，不少市民走出家门，到公园、广场休闲纳凉。　　王正义 摄

景色秀美的龙源湖公园　　赵金录　摄

十大建设加速推进

——一大批项目建成投用

2015年4月2日，省委书记、省人大常委会主任郭庚茂率省重点项目暨产业集聚区建设第一观摩组在鸿运国际商城观摩。市委书记孙立坤等参加。　　李英俊　摄

2015年2月27日，市委书记孙立坤等领导在市人民路引水景观工程调研。　　刘　璐　摄

市委书记孙立坤、郑州海关关长郑汉龙为焦作海关揭牌

河南德众公共保税中心

十大建设是焦作市委、市政府确定的焦作转型发展、科学发展的必由之路，它涵盖了工业、农业、服务业、基础设施、民生等方方面面的内容，是当前和今后一个时期全市经济社会发展的重中之重，也是全市项目建设的行动指南。市委书记孙立坤在十大建设推进会上指出：十大建设是发展又是民生，是当前又是长远，是经济又是环境，是态度又是能力。推进十大建设，关键在落实。一是要把抓落实体现在提高效率上，二是要把抓落实体现在解决问题上，三是要把抓落实体现在提升标准上，四是要把抓落实体现在质量安全上，五是要把抓落实体现在作风改进上，六是要把抓落实体现在收益最大上。

2014年，焦作市十大建设加速推进，成效显著，一批重大建设取得突破性进展，太原至焦作铁路客运专线已通过国家发改委、铁道部联合组织的预可研论证；焦郑城际铁路全面收尾，即将进入联调联试阶段；经市政府常务会议研究通过，成立焦作市铁路建设协调办公室、焦作铁路投资有限公司；龙源电厂1号机组通过168小时试运行；焦作电厂1号机组试运行；丹河电厂异地扩建2×100万千瓦机组项目在12月下旬获得国家发展改革委“路条”。省市重点项目均提前完成年度目标任务，35个省考核重点项目完成投资209.9亿元，居全省第五位，占年度计划的132.9 %；307个市重点项目完成投资698.9 亿元，占年度计划的131.7 %。省定56项联审联批事项已全部办结56项，办结率100%；40个市重点联审联批项目所涉及的

280个事项已办结273个，办结率97.5%。

南水北调中线工程焦作城区段总干渠及两岸保护性绿化带建设已经开始实施。总长度53.6公里的林邓线绿化工作已经完成。南水北调总干渠全线通水，引黄入焦干渠、大沙河带状湿地主体工程完工，大沙河迎宾路段形成5.4公里水面，城市水系防洪、补源、生态、景观等功能已经显现；北部山区生态治理恢复和南太行生态景观带建设加快，焦作市成为全省首批生态文明先行示范市；海关监管场所正式运营，检验检疫查验场所即将投用，德众保税物流中心通过国家验收；产业集聚区21个投资10亿元以上项目竣工投产；财税信息共享平台建设顺利推进，“数字焦作”地理空间框架工程通过国家验收；太极体育中心建成投用；武云高速等项目快速推进；职业技术学校新校区招生人数居全省同类学校第一位。这些都为焦作市经济稳增长发挥了关键作用，为长远发展夯实了基础支撑。

义务植树　美化水系　　赵金录　摄

大沙河湿地公园　　许来伟　摄

碧水映蓝天

桃花峪黄河大桥　　姬广辉　摄

产业集群快速扩张

多项指标俏领中原

焦作有省级产业集聚区8个，分别为焦作经济技术产业集聚区、焦作市工业产业集聚区（西部园区、东部园区），沁阳市、孟州市、武陟县、博爱县、温县和修武县产业集聚区，总规划面积179.9平方公里，建成区面积112.6平方公里。产业聚集区共规划装备制造、汽车及零部件、生物医药、新材料、铝精深加工、现代化工、农副产品精深加工、光电信息和新能源等主导产业9个，已初步形成装备制造1个千亿元产业集群，食品、现代循环化工、汽车零部件3个五百亿产业集群，新材料、生物医药2个百亿产业集群。

2014年，焦作市产业集群快速发展，全市产业集聚区共完成固定资产投资1063.4亿元，规模以上工业企业实现主营业务收入2910.3亿元，增长16.4%，占全市比重达61.8%，比上年提高2.9个百分点。入驻规模以上企业489家。全市产业集聚区基础设施投入超426亿元，建成道路798公里、供水管网844公里、标准化厂房665万平方米、电网761公里、变电站47座，建成区面积较上年新增4.4平方公里。

4月，在全省重点项目暨产业集聚区建设观摩点评活动中，焦作经济技术产业集聚区在豫北组排名第一，创下历次观摩评比的最佳成绩；孟州市产业集聚区和沁阳市产业集聚区成为2013年度河南省“十强”产业集聚区，焦作经济技术产业集聚区成为河南省“十快”产业集聚区，入选数量仅次于郑州，排名全省第二；孟州市产业集聚区成为2013年度河南省二星级产业集聚区，焦作经济技术产业集聚区、武陟县产业集聚区、沁阳市产业集聚区、博爱县产业集聚区成为河南省一星级产业集聚区，入选数量排名全省第二。目前，全市在建亿元以上项目605个，示范区和产业集聚区10亿元以上项目进展顺利，共组织实施示范区和产业集聚区10亿元以上重大转型项目49个，其中2013年项目25个，已完成投资245.3亿元，占总投资计划的92.4%；2014年项目24个，已完成投资121.4亿元，占年度计划投资的90.7%。王府井百货、鸿运国际商城、浪潮集团、银江科技等一批大项目、好项目落户焦作，发展后劲进一步增强。

世界气缸套生产龙头企业、上市公司——中原内配集团股份有限公司

总投资10亿元的佰利联年产2×15万吨富钛料项目

武云高速施工现场

河南晋煤天庆煤化工项目工地

焦作瑞庆汽车发动机技术有限公司员工在472装配线上调运发动机　　王正义　摄

蒙牛乳业（焦作）有限公司生产车间一派忙碌景象　　王正义 摄

广东兴发铝业（河南）有限公司员工在加紧生产铝型材　　刘金元 摄

王府井百货　路芸霞　摄

风神轮胎生产车间

多氟多科技大厦　许来伟　摄

焦作市西部产业集聚区标准化厂房　许来伟　摄

焦作市行政审批新机制正式运行

改革激发内生动力

行政审批制度改革是焦作市2014年深化改革的一项重要内容。焦作市委、市政府于4月12日专门下文成立了市行政审批制度改革领导小组，下设8个专项小组、44个专题小组和市审改办，召开多次常委会、领导小组会和市委十届十一次全会，专题研究部署改革工作。出台了《关于进一步简政放权提高行政审批服务效能的意见》，明确了改革目标，确定了16项重要改革任务，包括清理审定行政审批事项、规范行政服务事项及事权、建立行政审批服务事项登记备案制度，改革企业登记制度，在全市中小型企业工商登记中实行“零首付”，最大限度降低市场准入门槛等。“全面深化改革，既是破除各种体制机制障碍的伟大革命，也是对各级领导干部能力素质、领导方式的新要求新挑战。我们不仅要围绕改革出题目、定目标、指方向，更要为推进改革求答案、定措施、抓落实。”市委书记孙立坤说。

7月1日起，焦作市行政审批新机制开始运行，如期兑现了《政府工作报告》提出的“市本级行政审批时限由300个工作日压缩到40个工作日”的庄严承诺。行政审批制度改革取得重大突破，焦作市成为全省行政审批标准化试点市。大力简政放权，对市本级51家部门保留的行政审批事项、具有审批性质的管理事项和服务事项进行全面清理，将保留项目登记备案，形成部门职权清单，向社会公布。取消、下放、合并982个事项，共减少行政审批事项、具有审批性质的管理事项194项，保留382项，压缩32%；保留服务事项217项。焦作市压缩事项居全省各市前列。同时，对各事项的设置依据、服务对象、办理流程、办理时限等实行标准化管理，全程透明化操作，杜绝自由裁量权的滥用。市本级保留事项每项平均承

2014年7月25日，省委副书记、省长谢伏瞻在市委书记孙立坤等陪同下在市行政服务中心调研。

创建河南省行政审批标准化试点市工作推进会

诺办理时限由19天压缩到12天，压缩36%；简单事项实现了即收即办，一般事项“一审一核”不超过5个工作日，新注册企业“四证一章”办理不超过2个工作日。全面推行“三集中、三直接”制度，政府各部门成立行政事项服务科，分散在各行政科室的审批服务职能向行政服务科集中；行政审批事项向行政服务中心集中，设立行政服务中心和公安车辆管理分中心、交通运输分中心、房产分中心、公安出入境管理分中心、社会保险分中心和住房公积金管理分中心6个分中心，各部门在行政服务中心设立窗口；行政审批权力向服务窗口集中，实现行政审批事项在中心窗口一次性直接受理、一站式直接办结、一个口直接缴费。窗口直接受理率、办结率和缴费率均达100%。推行“审批授权首席代表负责制”，本单位权限范围内的审批事项由首席代表签字办结，确保窗口受理、窗口审批、窗口办结。推行“建设工程类项目并联审批制”，按照立项、用地、规划、施工、验收五个阶段，明确牵头部门和责任单位，采取“整合流程、一门受理、并联审批、信息共享、限时办结”等方式制定工作标准，建设工程类项目审批由300个工作日压缩到40个工作日。在全省首家开设行政审批网上服务大厅，设立政务公开、并联审批、网上办事、政民互动、效能监察五大模块42项功能，实现了审批部门之间信息共享，办事群众网上点击即可完成审批，监察人员网上全程监督，建立红黄牌机制，超期亮红牌，并追究责任。政府效率效能得到全面提升，焦作市行政审批日均办件较上年同期增长60.2%；新注册企业数量同比增长16.9%，新登记资本总额同比增长153%；新增市场主体2.4万余户，社会和群众满意度明显提升，经济发展环境进一步优化，极大地激发了社会投资创业的积极性。

创建河南省行政审批标准化试点市培训会

焦作市行政审批制度改革试运行座谈会

公积金管理分中心

开展志愿服务进社区活动

向群众发放明白卡，让群众办事少跑腿

为群众讲解服务

成功创建国家级旅游服务综合标准化示范市

焦作旅游跻身国际先进行列

近年来，焦作市委、市政府围绕转型发展，整合优势旅游资源，提出了“努力把焦作打造成为国际知名旅游城市和多元化、复合型的国际旅游目的地”的目标。为实现这一目标，焦作市以旅游服务综合标准化示范市创建为切入点，强力实施旅游标准化带动战略，加快推动旅游服务业上档升级。全市各创建成员单位共投入各类专项资金11.27亿元用于旅游服务综合标准化建设，健全了旅游标准体系、完善了旅游服务功能、提升了综合服务水平，旅游产业规模不断扩大，各项旅游经济指标不断提升，旅游服务业已成为名副其实的三产龙头和支柱。2014年，全市接待游客3298.81万人次，增长11.63%；其中境外游客33.33万人次，增长4.09%；实现旅游综合收入261.5亿元、增长12.14%，旅游综合收入占全市GDP的比重达15.3%。目前，全市拥有国家A级以上旅游景区12家；其中5A级景区3家，旅行社112家、星级饭店33家、旅游商品生产销售企业39家，旅游从业总人数30万余人，创建国家级省级旅游服务标准化示范单位12家、市级25家，3所高等院校、5所中职院校开设有旅游专业。制定旅游国家标准1个、河南省地方标准3个。成功打造了焦作山水、焦作服务、焦作现象、太极圣地等在国内外具有较高知名度的旅游品牌，先后荣获中国优秀旅游城市、世界杰出旅游服务品牌、中国城市旅游竞争力百强城市等称号。

2014年是创建工作的关健年。为此，市政府将创建工作写入政府工作报告，纳入年度目标考核体系。围绕建立健全旅游服务业标准体系，引导旅游企业建立特色化企业标准，努力在旅游公共基础、景区、餐饮、住宿、交通及旅行社、导游、旅游购物、旅游娱乐等重点领域实现相关旅游标准全覆盖。据统计，在创建国家级旅游服务综合标准化示范市过程中，全市共制定各类企业标准5300多项，极大地推进了旅游服务综合标准化工作的开展。其中云台山景区编制的《景区数字化技术应用规范》（GB/T30225—2013）上升为国家标准，标志着云台山景区的管理和服务已经成为全国旅游景区服务标准化工作的标杆和示范；该景区主

云台山百家岩综合服务楼

创建国家级旅游服务综合标准化示范市终期评审会

国标委专家组在焦作影视城察看旅游服务标准化示范市创建工作

导编制的《河南省地质公园地质遗迹保护规范》（DB41/T819—2013）、《景区内部旅游客运交通管理规范》（DB41/T840—2013）成为河南省地方标准；焦作市金谷轩绞胎瓷艺术有限公司主导制定的地理标志产品《绞胎瓷》（DB41/T664—2010）省地方标准为绞胎瓷的发展提供了技术支撑；武陟县质监局主导编制的特色旅游产品《油茶》，通过省卫生厅技术审查，即将发布。新建了云台山百家岩综合开发、神农山文化旅游园区游客服务中心等一批大型旅游项目；依托市长途汽车站，投资建设了候车厅面积330平方米、停车场面积7000平方米的二级城市旅游集散中心；在火车站广场建成了旅游信息咨询中心，为游客出行提供便捷的咨询服务。进一步完善12301旅游服务热线服务功能，智慧旅游不断完善。12月26日，在全省2014年旅游公共服务体系游客满意度调查中，焦作市以83.74的总得分名列全省第一。国家标准化管理委员会关于2014～2015年度全国服务业标准化示范项目公示结束，云台山景区从全国通过评估验收的176家单位中脱颖而出，成为河南省唯一一家全国服务标准化示范单位。五一小长假期间，中央电视台在5月1日的《东方时空》“景区服务，口碑是关键”的新闻报道中，云台山以第二名的成绩荣登景区服务正面评价口碑排行榜。市旅游局加入世界四大旅游组织之一的亚太旅游协会，国际旅游合作平台进一步拓宽。2015年1月9日，焦作市顺利通过国家标准委评审组的终期现场评审，成为国家级旅游服务综合标准化示范市，标志着焦作的旅游服务不但进入全省、全国先进行列，更跻身国际先进行列。

云台山－红石峡

青天河－鲸鱼湾

神农山－遥望龙脊　　王树贵　摄

焦作市粮食总产实现“十一连增”

小麦创全国最高亩产纪录

2014年6月3日，市委书记孙立坤等领导在武陟县三阳乡樊庄村调研三夏生产工作。 刘璐 摄

焦作是全国著名的粮食高产区、中国北方第一个吨粮市、全国优质小麦加工示范基地、河南省重要的小麦种子基地。2014年，全市粮食总产达206.3万吨，历史性实现“十一连增”，其中小麦总产110.13万吨，连续8年超百万吨，平均亩产513.7公斤，继续保持全省领先水平。全年全市粮食种植面积416.36万亩，比上年增加4.82万亩。其中小麦种植面积214.39万亩，增加1.28万亩，优质专用小麦种植面积占小麦种植面积的比重达100%。全市共建设粮食高产创建万亩示范片78个，超高产攻关田99个，总面积达166.3万亩。拥有3个国家和省级现代农业产业技术体系试验站，拥有平安种业等种子企业27家。焦作市农作物新品种选育数量居全省第三位，累计有28个品种通过审定，其中3个品种通过国审，15个品种通过省审，豫麦49-198获国家科技进步二等奖。全市小麦种子繁育面积达101万亩，占全市小麦种植面积的37.3%，可生产优质小麦种子50万吨，占全省小麦种子繁育总面积的半壁江山。河南平安种业先后培育出18个小麦优质高产新品种（系）。其中豫麦49号、平安6号、平安8号通过国家审定；豫麦49-198、平安3号、平安7号、平安9号通过河南省审定。河南平安种业每年向社会提供优良小麦品种1亿公斤，销售网络遍布黄淮麦区等8个省市。该公司已审定品种累计推广面积达2.4亿亩，增产小麦

平安8号示范方，亩产达731公斤

温县种粮大户晁岩手捧金灿灿的麦粒笑得合不拢嘴
刘金元 摄

95.3亿公斤，创社会经济效益146.9亿元。

2015年8月7日，焦作市被中国粮食行业协会命名为“中国优质小麦之都”。这既是全市广大农业、粮食系统工作者和小麦种植户心血和汗水的结晶，更是市委、市政府高度重视粮食生产、持续推动农业经济转型升级取得的重要成果。国家小麦工程技术研究中心主任、全国小麦专家组副组长郭天财称焦作是引领全国小麦生产的一面旗帜。国内农业、粮食业界也有“世界小麦看中国，中国小麦看河南，河南小麦看焦作”之说。多年来，焦作市按照“高产攻关、核心区示范、万亩连片、整建制推进”的思路，不断扩大高产创建规模，培育出修武县郇封镇整乡推进、温县整县推进等典型，为粮食高产由点到片、由片到面全面提升起到了示范带动作用。经国内小麦专家测产验收，焦作市小麦高产创建连破百亩示范方、千亩示范方、万亩示范方、整乡推进、整县制推进、高产攻关田6项全国纪录。其中修武县郇封镇小位村小麦高产攻关田经国内小麦专家实打验收，亩产高达821.7公斤，创造了我国小麦高产攻关田实收最高亩产纪录。温县祥云镇玉米新品种豫安3号15亩超高产攻关田，经实打测产平均亩产达到1031公斤。

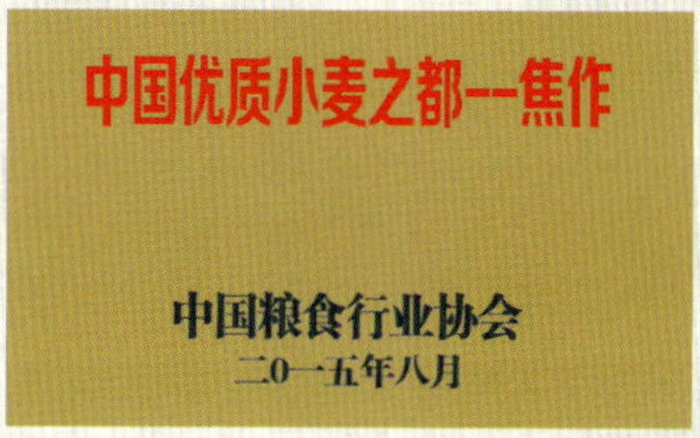

丰收景象　李英俊　摄

麦收过后，焦作市各家粮库敞开收购，储存夏粮，确保农民顺利卖粮。　徐宏星　摄

使用秸秆打捆机回收小麦秸秆，变废为宝，增加收入，有较好的推广前景。　杨　帆　摄

麦苗越冬期

小麦拔节期

开花孕穗期

小麦成熟期

大型收割机在温县祥云镇的田间轰鸣，演奏着丰收乐章　刘金元　摄

郑焦城际高铁开通运行

十大建设的又一标志性成就

2015年6月26日，在焦作的历史上注定是个值得庆贺纪念的日子：7时15分，位于郑州火车站7站台的C2900“和谐”号动车，在一阵嘹亮的汽笛声中徐徐启动。这标志着郑焦铁路正式开通运行。市委书记孙立坤在接受省市媒体专访时说，郑焦铁路的开通，不仅在时间、空间、心理上拉近了焦作与郑州的距离，有利于人流、物流、资金流、信息流、技术流向焦作市汇聚，更为焦作市对接“一带一路”和郑州航空港经济综合实验区提供了良好机遇。并表示，焦作将借助郑焦铁路开通的东风，做好“借路上路、借力发展”的大文章，努力把郑焦铁路建成一条经济通道、开放通道、民生通道。下一步，焦作将积极推进投资37亿元的迎宾路南延及焦作黄河大桥建设，加快与郑州深度融合发展；推进投资9.7亿元的孟州黄河公路大桥建设，打通与洛阳对接通道；配合推进郑太客运专线建设，打开河南通往山西、陕西等西北部的北大门，对接陆上丝绸之路经济带；加快建设焦作至新乡、焦作至济源城际铁路，强力打造客流大通道，以大交通促进大发展。

郑焦铁路全长77.79公里，总投资92亿多元，为双线有砟重型轨道，全线设计速度目标值200公里/小时（预留250公里/小时），设郑州、南阳寨、黄河景区、武陟、修武西、焦作6个车站。是河南省第一批开工建设的城际铁路，也是郑州国家综合交通枢纽、中原城市群高速轨道交通网络以及以郑州为中心的米字高速铁路客运专线郑州至太原的重要组成部分。郑焦铁路的开通，是焦作十大建设的又一标志性成就，将极大压缩郑州与焦作间的行车时间，不仅可以舒缓两城交通压力，使两地居民出行更快捷、环保，而且“半小时经济圈”更可以直接带动两地旅游、餐饮、房产和零售业的繁荣发展，更好地促进两个城市的经济发展和交流。

2014年9月11日，市委书记孙立坤等领导在郑焦城际铁路修武西站施工现场调研。 刘璐 摄

2015年6月26日，市委书记孙立坤登上由郑州开往焦作的郑焦铁路C2900次列车，体验首发列车的双城之旅。图为孙立坤在了解列车的运行情况。 翟鹏程 摄

郑焦城际铁路–焦作站 姬广辉 摄

“动姐”用灿烂的微笑迎接乘客 翟鹏程 摄

新建的郑焦铁路黄河特大桥气势恢宏，担当贯通南北大动脉的重任 刘金元 摄

南水北调中线工程焦作城区段顺利通水

中央电视台进行现场直播

2014年12月12日14时32分，南水北调中线工程源头丹江口水库的陶岔渠首正式开闸放水，经过几天奔流，丹江水于16日到达焦作市，标志着南水北调中线工程焦作城区段顺利通水。在16日的通水现场，中央电视台南水北调报道组对通水实况进行了现场直播。

南水北调中线工程于2003年12月30日开工建设，输水总干渠全长1432公里，共流经19个城市。北京、天津、河北、河南4个省市沿线约6000万人将直接喝上水质优良的汉江水，近1亿人间接受益。焦作市是唯一一个南水北调中线工程总干渠穿城而过的城市。该工程穿越城区长度8.8公里，是通过聚土成渠打造的一个人工悬河工程。南水北调中线工程焦作段于2008年12月26日全面开工，工程全长76.41公里，设计流量245立方米/秒至265立方米/秒，设计水深7米，建跨渠桥梁75座，总干渠宽度约70米至280米，最大挖深约32米（位于马村区境内），最大堤高约10.25米（位于山阳区境内）。南水北调中线工程总干渠从温县赵堡东平滩进入焦作，沿途依次经过温县、博爱、城乡一体化示范区、中站区、解放区、山阳区、马村区、修武县等8个县区，在修武县七贤镇的丁村进入新乡市辉县。2005年以来，焦作市累计向工程建管单位移交建设用地3.35万亩，拆除各类房屋124.7万平方米，按时完成6807户2.67万搬迁群众安置任务，圆满完成总干渠征迁安置任务。

南水北调中线工程穿城而过　　姬广辉　摄

南水北调南通路桥　　姬广辉　摄

南水北调民主南路桥　　姬广辉　摄

南水北调主河道　　王文跃　摄

盛大赛事牵手美丽焦作

省第十二届运动会暨首届全民健身大会在焦举行

省委书记郭庆茂宣布省十二运会开幕　　赵耀东　摄

副省长张广智考察省运会筹备情况

市委书记孙立坤考察省运会备战情况

2014年5月9日至9月29日，由省政府主办，省体育局、省教育厅、省委省直工委、省总工会和焦作市政府联合承办的河南省第十二届运动会暨首届全民健身大会在焦举行。大会设青少年竞技组、社会组、学生组3个组别、69个大项，498个小项共564枚金牌。全省20770名运动员参加角逐，参加人数和规模创历史之最。

9月19日下午，新落成投入使用的太极体育中心歌声嘹亮、热情飞扬、激情回荡，万民关注的河南省第十二届运动会暨首届全民健身大会隆重开幕。省委书记、省人大常委会主任郭庚茂宣布运动会开幕。市委书记孙立坤致欢迎词。市委副书记、市长张文深主持开幕式。9月29日晚，举行了闭幕式。省委副书记、省长谢伏瞻宣布运动会胜利闭幕。

本届省运会共有4人1队1次超1项全国青年纪录，71人9队52次破26项省青少年纪录，为河南省竞技体育持续发展提供了人才储备，为备战2016年里约奥运会、2017年天津全运会打

市太极体育中心　　刘金元　摄

省运会代表队入场

下了坚实基础。

焦作市体育代表团有995名运动员参加了青少年竞技组17个大项473个小项和社会组14个大项27个小项的比赛，这也是焦作市历届省运会参赛运动员最多的一次。首次实现赛会金牌100枚的突破，获得112枚金牌、89枚银牌、84.5枚铜牌，总奖牌数285.5枚，总分2850.5，获得一等奖。兑现了办一届“开放、创新、节俭、和谐”体育盛会的庄严承诺，焦作市被授予突出贡献奖，收获精神文明代表团称号，荣获体育道德风尚奖。首次在赛会比赛金牌、奖牌、总分三项超越洛阳代表团，在奖牌数、总分两项排名超越郑州代表团位居第一名，实现了历史突破，创造了焦作竞技体育新辉煌。

精彩瞬间

闭幕式盛况

河南省第十二届运动会暨首届全民健身大会开幕式盛况 姬广辉 摄

全民健身　健康焦作

“青天河杯”山地户外挑战赛

2014中国云台山九九国际登山挑战赛

2014年，焦作市以举办省十二运会和创建河南省全民健身示范市为契机，积极开展全民健身活动，大力加强全民健身网络建设，升级打造“十分钟健身圈”，在全市营造了浓郁热烈的全民健身氛围。

大力开展“全民健身与省运同行”活动。举办了省运会倒计时100天系列活动、全国老年门球交流活动、中国焦作夫妻网友门球赛等群众健身活动，其中省级以上活动12次，市级活动116次。这些活动带动各个阶层、各类人群数万人参与锻炼，掀起持续不断全民健身浪潮。

倾力打造体育惠民工程。积极争取上级扶持资金820万元，市县两级财政自筹资金580万元，着力打造城区“十分钟健身圈”，在六纵、六横主干道36个游园增设健身器材1000多件，维修372件；全市新增农民体育健身工程299套、全民健身路径113条、乡镇体育健身工程12套、体育健身公园1个。为方便群众健身提供了坚实的物质保障。

不断加强全民健身组织网络建设。目前，市、县、乡三级全部成立了全民健身领导组织机构，105个乡镇办事处成立了体育协会，1190个行政村和社区建立了健身辅导站，有国家级和一、二、三级社会体育指导员9000余人，遍及全市各个基层单位和体育组织，成为群众体育活动开展的中坚力量，基本形成了“层层有人抓，级级有人管”的市、县、乡、村四级全民健身组织网络。

积极探索群众体育活动和体育产业融合发展的契合点。利用得天独厚的太行山资源，积极打造“焦作市太行山全民健身户外活动基地”。同时，在修武县云台山风景区、沁阳市神农山风景区等地建成了5条全民健身步道，在步道上每隔200米设立运动力量标志，在沿途两侧雕刻健身口号，使广大群众在享受运动健身的同时，树立良好的健身理念。

河南省全民健身月启动仪式

全民健身与省运同行

全民健身　激情省运文化节

焦作市全民健身活动

（图片由焦作市体育摄影协会提供）

中国焦作黎明脚步健康跑

焦作市城乡一体化示范区

2015年4月2日，省委书记、省人大常委会主任郭庚茂率省重点项目暨产业集聚区建设第一观摩组在焦作腾云电子商务产业园观摩。市委书记孙立坤等参加。　　刘　璐　摄

焦作市城乡一体化示范区位于焦作市中心城区南部，现辖6个乡镇（街道）104个村，面积210平方公里，人口30万。焦作示范区是体现城乡一体、产城融合、统筹发展理念的复合型功能性区域，是焦作市对外开放和创新发展的主阵地，是焦作市倾力打造的中心城区发展的新亮点和焦作经济发展的重要增长极。焦作示范区区位优势明显。郑焦晋、济焦新、焦温三条高速公路贯穿境内，与全国高速公路网有效对接；郑焦铁路已经通车，郑太高铁即将获批，新焦济洛城际铁路正在运作，正式融入郑州半小时经济圈。生态环境优美。规划实施总投资67亿元的生态水系工程，开工建设50公里长的河道综合治理、湿地景观和水库建设项目，目前黄河水已引入示范区。2015年底，贯穿示范区的水系工程将基本完成，形成碧水绕城的生态景观。配套功能完善。城区道路、管网等基础设施和公共服务设施覆盖面积27.2平方公里，汇聚了河南理工大学、北大附中、焦作一中、焦作职教中心、河南工程技术学校、焦作同仁医院等优质教育医疗资源，示范区医院、韩公教育园区正加快建设。规划建设智谷·焦作园区，重点发展电子商务、云计算、大数据、物联网等新业态，打造智慧产业承载平台，服务城市转型，加快产业创新，一期腾云电商产业园入驻互联网企业38家，二期工程正加快实施。创新能力较强。拥有国家级科技企业孵化器、焦作科技大市场等6个创新平台，现有院士工作站7个，国家级高新技术企业11家，主持或参与制定国家行业标准的企业21家。产业基础较好。形成了装备制造、新材料两大主导产业。装备制造产业关联企业105家，年产值突破170亿元，被工信部授予国家新型工业化产业示范基地；新材料产业关联企业19家，年产值近20亿元。积极发展高端制造、智能制造等战略新兴产业，加快实施河南正旭3D制造焦作基地、焦作洹河纳米光电科技产业园等重点项目，打造焦作智能制造中心。按照

市委书记孙立坤、副市长乔学达在焦作示范区奇瑞工业园调研

省委、省政府和市委、市政府对示范区建设城乡一体、产业融合、复合型发展的要求，焦作示范区坚持以工业化、城镇化带动农业现代化、实现信息化，努力打造新型工业、现代服务业、都市高效农业协调发展的复合型经济发展区域，经济、服务、生态功能兼具的综合性发展实验区，经济社会发展呈现良好态势。2014年，完成地区生产总值105.6亿元，增长12.8%；规模以上工业增加值71.6亿元，增长16.2%；固定资产投资116.1亿元，增长21.2%；社会消费品零售总额14.1亿元，增长13.4%；地方公共财政预算收入8.16亿元，增长25.1%。2015年上半年，完成地区生产总值53.6亿元，增长12.4%；规模以上工业增加值36.6亿元，增长15.1%；固定资产投资完成54.8亿元，增长23%；社会消费品零售总额7.8亿元，增长13.9%；地方公共财政预算收入4.66亿元，增长10.6%。

召开示范区村级组织换届选举工作会议

大沙河效果图

焦作市城乡一体化示范区

大江重工

工业创新 深入开展工业经济转型升级攻坚年行动，70个工业项目完成投资21亿元，千年冷冻高效节能制冷系统、蒙牛液态奶扩建等28个工业项目竣工投产，新增产值30亿元。全区规模以上工业企业总数85家，规模以上工业增加值完成68.1亿元，增长15%。中轴、卓立2家企业入围全省百高企业，蒙牛、厦工等4家企业入围全市30强企业，瑞庆发动机、同心电缆等4家企业入围全市30高企业，千年冷冻、科瑞森等7家企业被认定为省、市“两化”融合示范企业。中小企业异军突起，对工业增长贡献率达52.2%，明株自动化、平光制药等12家企业被评为全市“专精特新”30新企业。帮助企业争取各类产业扶持资金1530万元，宇建矿业成为焦作市首家新三板挂牌企业。在4月份全省重点项目暨产业集聚区建设观摩点评活动中，示范区位列豫北片区第一名，获得全市参加观摩历年最好成绩，进入2013年度全省“十快”产业聚集区行列，被授予一星级产业聚集区，成功创建国家新型工业化产业示范基地。

科技总部新城鸟瞰图

蒙牛乳业焦作有限公司成为示范区工业企业的领头军

制造业成为区内的支柱产业，图为繁忙的厦工生产线

生态公园

基础设施建设 世纪路、神州路等断头路向东贯通，中纬路、文丰路建成，南洋路、黄河路等7条道路加快推进；配合市政府完成了中原路扩宽、丰收路、文汇路等道路建设，南外环路部分路段开工建设，路网框架进一步拉大。生态公园、中原路污水泵站建成，云阳路、建业路绿化工程完工，滨湖变电站开工建设，垃圾中转站、建筑垃圾填埋场等环卫基础设施布局更加合理，城市功能日趋完善。

民生改善 2014年，财政用于民生支出7.43亿元，占公共财政支出的71.2%。全年发放各项社会救助资金1576万元，累计救助困难群众43587人次；新农合参合率98.77%，居焦作市五城区之首，发放大病补助金2651万元；修缮乡镇敬老院，推行农村互助养老，新建农村幸福院6所；城乡居民养老保险和企业养老保险、失业保险运行良好，发放失地农民养老补贴2160万元、被征地农民养老金205万元。宁郭镇、阳庙镇、苏家作乡顺利通过省级、国家级均衡教育验收，寨卜昌进入省级古村落名录；宁郭镇卫生院、文昌社区卫生服务中心建成投用；为25家吸纳辖区农村劳动力的用人单位发放社会保险补贴121万元；城镇新增就业3564人，农村劳动力转移就业1123人；创业培训、农村劳动力职业技能培训惠及540人、1044人，发放小额担保贷款220万元；开发公益性岗位93个，优先安置就业困难人员。投资1500余万，完善县乡道路13.4公里；投资350万元，新建农村道路11.7公里；开通阳庙镇、苏家作乡城市公交，极大地方便了群众出行。

生态农业

永兴屯社区远眺

秦屯小区

仇化庄小区

芦堡小区

韩愈故里 圆梦之州—孟州市

焦作市领导观摩孟州市重点项目

时任孟州市市委书记魏超杰在孟州市产业集聚区调研

孟州市是唐宋八大家之首韩愈故里，位于焦作市西南部，总面积541.64平方公里，其中耕地面积2.7万公顷；总人口38.1万，其中乡村人口32.4万人，人口自然增长率为5.21‰。辖大定、会昌、河雍、河阳4个街道办事处，化工、南庄、谷旦、西虢、城伯、赵和6个镇和槐树乡。

2014年，孟州市生产总值261.9亿元，较上年增长8.5%，其中，第一产业增加值20.6亿元，增长4.2%，第二产业增加值202.1亿元，增长8.9%，第三产业增加值39.3亿元，增长8.0%；规模以上工业增加值179.1亿元，增长9.7%；粮食总产量达30.8万吨，增长0.18%；一般公共预算收入10.15亿元，增长11%；固定资产投资256.8亿元，增长21.8%；社会消费品零售总额64.5亿元，增长12.4%；城镇居民人均可支配收入23690元，农民人均纯收入13067元，同比分别增长8.6%、10.3%。

抓改革优服务，发展活力不断激发 审批机制更加优化。推行了行政审批“三集中、三直接”改革，在29家单位成立行政事项服务科，全市依法取消、合并减少行政审批事项15项，转为服务事项11项，行政审批时限总体压缩30%以上。服务创新富有成效。开展了银政企对接、金融服厂下乡等活动，银企合作不断深化，累计为各类企业融资担保4.2亿元、提供贷款42.4亿元，1家企业实现Q版上市。推行了涉企“检查准入、收费扎口、处罚申报”三制保护制度，全市涉企检查、收费同比下降26%、18%。落实了先照后证和企业年度报告公示制度，2014年新增各类经营实体1488家，同比增长13.4%。开展了“百高千中”、引才引智等工作，引进高层次人才98名，完成企业管理人员培训1000人、农村劳动力技能培训5380人。学教活动扎实开展。以“为民、务实、清廉”为主题，认真对照焦裕禄精神和“三严三实”要求，扎实开展了党的群众路线教育实践活动，查摆、解决“四风”问题25类58项，新建、修订市政管理、公共卫生、农田水利等制度14项，政府工作作风持续优化。

拓平台促开放，发展势头持续增强 平台优势加快提升。启动实施产业集聚区基础设施26项，建成道路13公里，铺设天然气、自来水、雨污管网77公里，实施亿元以上工业项目48个，集聚区吸纳就业6.3万人，连续两年跻身全省十强，被评为“河南省二星级产业集聚区”。开放优势加速凸显。全年实际利用市外资金165亿元，境外资金1.3亿美元。完成进出口总额7.4亿美元，进出口总额、出口总额、人均出口额继续名列全省对外开放重点县（市）

中原内配集团股份有限公司引进的工业机器人

连接城区和产业集聚区的黄河西路二期工程

首位。德众保税中心正式通过国家验收，成为全国第27家、河南省第2家B型保税物流中心。科技优势持续增强。建成院士工作站1家、省级检验检测中心3家，新认定国家级高新技术企业4家，公共技术服务平台和企业科技创新平台建设均实现了新突破。13家企业入选焦作市“30强”“30新”“30高”，中原内配入选第一批国家知识产权优势企业，隆丰公司被评为“焦作市两化融合示范企业”，产业集聚区被评为“河南省创新型示范集聚区”。

抓转型调结构，三次产业齐头并进 突出项目抓手作用，新建、续建500万元以上项目198个，完成投资137.5亿元，其中亿元以上66个，10亿元以上11个，列入省、市重点项目53个，三次产业实现了同步提升。工业经济质效双提。深入实施“36833培育工程”，对全市50家重点企业、98个重点项目实行了县级领导分包，先后建成中原内配三期、三丽电源电动车等项目77个，启动龙旺真空玻璃、德众保税中心二期等项目32个。全市税收超500万元企业达到14家，36家骨干企业税收实现稳步增长。现代农业步伐加快。整合资金1.26亿元，实施高标准粮田、小型农田水利等工程12项，被评为“河南省小型农田水利建设优秀县”。建成小麦高产创建核心示范区10.6万亩，粮食生产实现了“十一连增”。积极推进“十大集群”建设，累计流转土地2.1万亩，新建合作社43家、家庭农场38家，新命名省市级龙头企业3家，孟州市拥有省市级农业产业化龙头企业27家。三产经济稳步提升。东环路建材家居商业街入驻商户达到165家，德众保税中心成功开通德众优购在线商城，中原内配、隆丰皮草、飞孟金刚石等骨干企业先后开通电子商务，桑坡村成为河南省唯一一个淘宝村，全市三产从业人员6.5万人，三产增加值39.3亿元，同比增长8%。

丰富多彩的群众体育活动

孟州市首批混合动力公交车投入使用

韩愈故里 圆梦之州—孟州市

时任孟州市市委书记魏超杰看望慰问孤寡老人

人在画中游城在园林中

强统筹增引力，美丽孟州快速构建。坚持以"人的城镇化"为核心，持续探索"以农民进城为主渠道"的新型城镇化道路，农业转移人口市民化步伐持续加快。城市设施更加完善。投资5.2亿元，实施基础设施项目11项，建成道路9.7公里，光华路、新兴街、凤凰路、河阳大街西延、太行大街东延、花园新街东段、南环路二期与西环路连接线等7条道路竣工通车，黄河西路、北环路西延等道路稳步推进，城市通行条件进一步改善。城市引力不断增强。新建续建城市开发及公共租赁住房项目29个，启动新型社区项目11个，建成各类住房43.4万平方米。投资4500万元，在城区实施教育项目5个，河雍小学、市直第二幼儿园2所学校建成投用，城市的住房、教育牵动能力大幅增强，农民进城购房1043套，同比翻了一番。孟州农业转移人口市民化工作，得到了省委书记郭庚茂的充分肯定，经验做法在焦作全面推广。城乡环境更加舒适。围绕"美丽孟州"和"美丽乡村"建设，实施黄河西路生态防护林、千亩苗圃花卉示范基地、南庄河口湿地等工程9项，完成造林1.2万亩，建成湿地300亩，全市林木覆盖率、城市绿地率分别达到38.2%、32.7%。开展"蓝天雷霆工程""清水利剑行动""环境综合整治""农村环境卫生十乱专项整治"等工程4项，拆除城区燃煤锅炉27台，取缔"十五小"企业105家，全年COD减排815.9吨、氨氮减排158.2吨，城区空气优良天数达到273天。

孟州市电商产业园

小麦高产万亩示范片

“三夏”抢收禁烧工作扎实有效

办实事惠民生，发展红利共建共享 各项事业更加协调。累计投入3000余万元，继续推行了高中阶段免费教育，实施了农村薄弱学校改造、“校校通”提升工程、学前教育三年行动计划，顺利通过“全国义务教育基本均衡县”验收。探索组建了城乡医疗联合体，市中医院异地新建项目完成投资3.6亿元，全年补助新农合资金1.1亿元、80万人次。兑现各项计生奖励1030万元，人口计生工作继续走在全国前列。开展了“读经典、学做人”和武术进校园活动，开办《道德讲堂》《善行义举四德榜》等教育栏目4个，开展志愿者服务活动1.9万人次，顺利通过“全国文化先进市”复核验收。民生保障更加有力。城镇基本养老、基本医疗保险持续扩面提标，全年累计发放敬老补贴、医疗救助、最低生活保障金3500万元，扩建新建社会养老机构4家，全市五保对象集中供养率达到80%以上，乞讨人员和孤儿救助基本实现全覆盖。投资1839万元，实施了农村安全饮水工程，48个村3.7万人的饮水不安全问题得到了有效解决。推进了农村公路三年行动计划乡村畅通工程，建成道路62公里。社会管理更加科学。开展了“安全孟州”“六打六治”专项行动，治理安全生产隐患3300余处，安全生产形势持续稳定。推进了“平安孟州”“法治孟州”建设，公众安全感指数保持在95%以上。推行了食品安全监管体制改革，先后建成乡级农产品质量安全监测站11个，累计对6571家食品生产经营者建立了安全信用档案，确保了群众“舌尖上的安全”。开展了领导干部接访下访工作，办结上级转送交办信访事项406件，办结中央、省委巡视组交办事项86件，群众满意率达到90%以上，社会大局持续平稳。

滩区沙地花生喜获丰收

引领群众致富的杏鲍菇种植专业合作社

中国工商银行焦作分行

党委书记、行长　邢卫勇

严格规范的营业网点晨会

开展互联网金融服务宣传活动

中国工商银行焦作分行辖六县五区37个营业网点，现有在职员工950人。工行焦作分行以打造"您身边的银行，可信赖的银行"为目标，存款、贷款、结算等基础业务加快做大做强；电子汇兑、电子银行、牡丹卡、全功能银行结算等品牌业务众口皆碑；理财、基金、票据、国际业务、个人贷款、企业年金、资产托管、投资银行、代理保险、代理金融服务等业务加速向综合化、国际化、现代化迈进；柜面、自助、网银、客户经理、综合信息服务等多渠道、多功能、一体化、集约化的服务体系日臻完善。特别是2014年以来，建立了融易购、融易联、融易行三大平台，实现了在电商客服、金融社交与直销银行等领域的跨界和创新，同时融合了支付、融资和投资理财三大产品线，为进一步推进转型发展奠定了坚实基础。

工行焦作分行在全力支持全市重点项目建设、大中型企业、小微企业和民生的发展的同时，实现了自身的可持续快速发展。截至2014年末，全部存款109亿元，各项贷款108亿元，全年累计发放各项贷款与融资140多亿元，为实体经济发展提供了强有力的融资支持。多个支行网点获评政风行风面对面述职评议同业第一、政风行风评议同业第一、民族团结进步模范集体和省、市级群众满意基层站所等荣誉。多名员工获评全国银行业学雷锋标兵、市五一劳动奖章、身边的榜样、市金融工作劳动模范、市青年岗位能手、市巾帼建功标兵等。

举办员工岗位技能比赛，弘扬爱岗敬业、创先争优精神。

积极提升对特殊群体客户的服务技能

开展丰富多彩的业余文化活动

中国农业银行焦作分行

党委书记、行长干雅辉参加政风行风热线直播节目

经过6S打造的靓丽网点

中国农业银行焦作分行现有员工950名，共有17个职能部门，9个县级支行，1个单点支行，48个营业网点，240个服务窗口，426台自助设备。

截至2014年末，全行各项存款余额106.97亿元;各项贷款余额61.83亿元，较年初净增6.3亿元，办理信用证、承兑汇票、贴现、福费廷等融资业务1.13亿元;实现中间业务收入1.13亿元。相继被农总行评为“第二届文明单位”、全国农行系统“窗口服务创先争优”先进单位、“第三届中国农业银行十佳劳动关系和谐单位”；连续三年获得市政府“目标管理先进单位”和“金融支持地方经济发展先进单位”荣誉称号；继续保持“省级文明单位”和“全国农行文明单位”荣誉称号。

同时，文明标准服务得到社会各界的一致好评，站前路支行民主南路分理处和孟州市支行营业室双双荣获“中国银行业文明规范服务五星级营业网点”和“2014年度中国银行业文明规范服务千佳示范单位”；有3个网点被评为省级“群众满意基层站所”，9个网点被评为市级“群众满意基层站所”，在当地同业中位居首位。

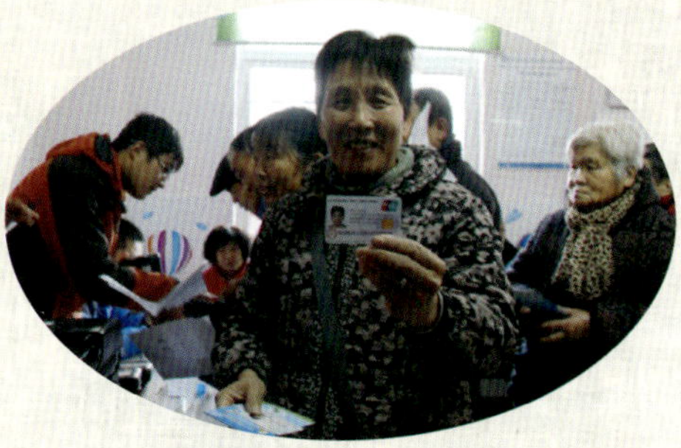

为居民办理发放社保卡

举行『学雷锋银行』揭牌仪式，全面启动『学雷锋·行业树新风』活动

中国邮政储蓄银行焦作市分行

党委书记、行长郭永健为员工讲授“合规一堂课”

河南省工会会员卡焦作首发仪式

“七一”建党节期间，新党员入党宣誓仪式

2014年中国邮政储蓄银行河南省分行“树形象、创品牌”服务礼仪大赛

中国邮政储蓄银行焦作市分行于2007年12月18日挂牌成立，下辖6个县（市）支行、全市118个营业网点；11个一级部门，电子银行部、小企业金融部2个二级部门。邮储银行焦作市分行坚持普惠金融理念，自觉承担“普之城乡，惠之于民”的社会责任，努力开拓支农、惠民的绿色通道，走出了一条服务“三农”、服务中小企业、服务社区的特色发展之路。2014年邮储银行焦作市分行个人储蓄存款余额净增4.5亿元，余额达28.27亿元；个人贷款净增2.27亿元，余额达16.16亿元。

邮储银行焦作市分行始终坚持以人为本，从严治行，求真务实，开拓创新，先后获得河南省“五一劳动奖状”、省分行先进单位、全省邮政系统先进集体、焦作市文明单位、焦作市银行业第一届业务技能大赛组织奖、焦作市金融服务地方经济发展工作先进单位、焦作市2012-2013年政风行风建设先进单位、银行业文明规范服务示范单位、焦作市2014年职业技能大赛中信杯银行业点钞技能竞赛团体第一名等多项荣誉。

焦作市商业银行

市委书记孙立坤在市商业银行调研

2014年,焦作市商业银行在市委、市政府和监管部门的大力支持下，全面深入贯彻落实国家宏观经济政策和各项监管要求，以“服务城市居民、服务中小企业、服务地方经济”为已任，努力提高服务质量，提高服务效率，提高服务水平。2014年焦作市商业银行股份有限公司在公司治理、风险管控、人才引进、产融结合等方面进行了全面改革，经营管理水平大幅提升，整体实力不断强,先后推出了“鑫盛”系列理财产品、个人业务手续费免费优惠政策、开办焦作首家夜市银行，支持了焦作经济和旅游业的发展。

截至2014年12月末，焦作市商业银行各项贷款余117.12亿元，较年初增加24.5亿元，增幅26.51%。贷款增长额度和幅度在全市金融机构中名列前茅;2014年为我市经济建设累计投放贷款858146万元，其中累计向大型企业投放了246250万元，占贷款投放总额的28.70%；累计向中型企业投放339406万元，占贷款投放总额的39.55%；累计向小型企业投放了172682万元，占贷款投放总额的20.12%。

焦作市商业银行办公楼

新一代核心业务系统成功上线运行

开展金融服务进社区活动

开办焦作首家“夜市银行”特色服务

小微客户经理上门服务

焦作市地方史志办公室

近年来，焦作市地方史志办公室坚持弘扬和传承修志文化的优良传统，在重点编纂《焦作年鉴》的同时，先后出版《陈式太极拳志》《怀庆府志》（影印本和校注本）《美丽焦作》《焦作人物志》等书籍，筹建方志室并开通焦作地情网。《焦作年鉴》荣获全国地方年鉴综合二等奖、焦作市社会科学优秀成果一等奖，《怀庆府志》校注本获焦作市社会科学优秀成果特等奖。市史志办先后被评为河南省地方史志系统先进集体、焦作市目标管理先进单位，并成功创建为省级文明单位。

市委书记孙立坤曾三次作出重要批示，对地方史志工作给予表扬，并到市史志办调研，召开座谈会，听取地方史志工作的意见和建议。市长张文深作出重要批示，对近年来市地方史志工作成绩予以充分肯定和表扬。

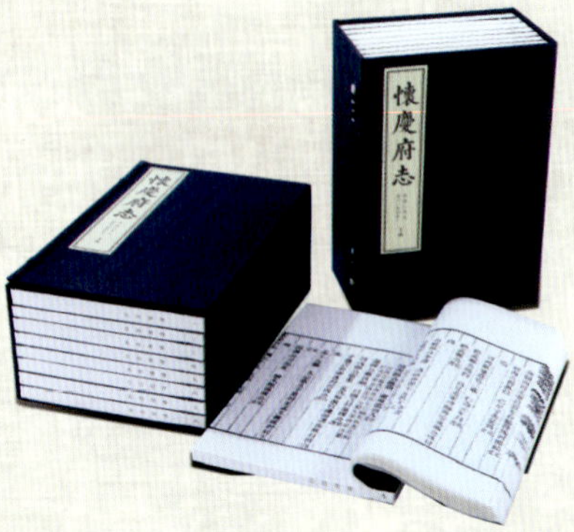

到濮阳市史志办交流学习

参观学习住房公积金管理中心6S管理法

参加群众登山健身大会

看望慰问革命老英雄

南太行生态景观带义务除草

编 辑 说 明

一、《焦作年鉴》是焦作市人民政府主办、焦作市地方史志办公室编纂出版的地方综合年刊，1992年创刊。宗旨是以邓小平理论、“三个代表”重要思想和科学发展观为指导，全面、客观、系统地记述焦作市自然、政治、经济、文化、社会等方面的基本情况，为社会各界人士了解、研究和建设焦作提供信息资料，是展示焦作崭新形象和焦作地域特色的平台和窗口。

二、《焦作年鉴》采用分类编辑法，设栏目、类目、条目，条目为年鉴内容的主要载体，三级题分别使用不同的字号和颜色。

三、《焦作年鉴》采用以记述为主兼具说明的记述体。行文中，机构、职务等一律用全称或规范性简称。文中除特载、正文引文和文献法规外，均以第三人称书写。数据以亿、万、个为单位，小数点后保留两位小数。

四、《焦作年鉴》（2015）主要反映2014年度焦作各项事业的发展状况。设特载、市情概览、区域特色、大事记、中共焦作市委员会、中共焦作市纪律检查委员会、焦作市人民代表大会、焦作市人民政府、中国人民政治协商会议焦作市委员会、民主党派工商联、群众团体、人民武装、法制、工业和信息化产业、农业水利、商务、旅游产业、城建环保、交通邮政、财政税务、金融业、经济监督管理、科学技术、教育、文化、医疗卫生、体育、社会生活、县市区概况、人物、文献法规、索引等栏目。

五、《焦作年鉴》所刊载的内容均由市直各单位和县市区提供，并经各提供稿件单位领导审阅。部分内容来源于焦作市各新闻媒体及官方网络平台。统计数据以焦作市统计局公布的数据为准，个别地方以主管部门提供的统计数字为准。

六、《焦作年鉴》的编纂工作得到市委、市政府的高度重视，每年下发《关于认真做好〈焦作年鉴〉编纂供稿工作的通知》文件。同时得到全市各级、各部门、各单位领导及通讯员的密切配合和大力支持，在此谨表示衷心感谢。书中难免有错漏之处，恳请读者批评指正。

目　录/Contents

特载
Special Issue

市情概览
City Overview

区域特色
Regional Characteristics

2014大事记
2014 Chronicle

中共焦作市委员会
General Accounts of Jiaozuo Municipal Committee of the Communist Party of China

中共焦作市纪律检查委员会
G eneral Accounts of Jiaozuo Municipal Discipline Censorial Committee of the Communist Party of China

焦作市人民代表大会
Jiaozuo People’s Congress

焦作市人民政府
Jiaozuo Municipal People’s Government

中国人民政治协商会议焦作市委员会
Jiaozuo Municipal Committee of Chinese People's Political Consultative Conference

民主党派　工商联
Democratic Parties Association of Industry and Commerce

群众团体
Mass Organizations

人民武装
People’s Armed Police

法制
Law

工业和信息化产业
Industrial Sectors and Information Industry

农业　水利
Farming and Water Conservancy

商务
Business

旅游产业
Tourism Industry

城建 环保
City Construction and Environmental Protection

交通　邮政
Transportation and Postage

财政　税务
Finance and Taxation

金融业
Financial Industry

经济监督管理
Economic Supervision and Administration

科学技术
Science and Technology

教育
Education

文化
Culture

医疗 卫生
Medicine and Health-care

体育
Sports

社会生活
Public Services

县市区概况
Overview of the Counties and Districts

人物
Person

文献法规
Document of Laws and Regulations

索引
Index

明确要求 突出重点
推动转型发展实现更大作为

——2014 年 12 月 30 日在市委十届十三次全会暨市委经济工作会议上的讲话

中共焦作市委书记 孙立坤

昨天，我向全会作了市委常委会 2014 年工作报告，文深同志根据市委常委会研究的意见，对明年的经济工作进行了安排部署。会后，大家进行了分组讨论，晚上市委常委听取了各组的讨论情况。通过讨论，大家一致认为，一年来，市委常委会坚持抓核心、促中心、聚民心，按照“凝心聚力、转型攻坚、争创一流、绿色发展”的要求和“一个战略、四项重点、十大建设”的思路，积极适应经济新常态和政治新常态，强力推进经济转型示范市和美丽焦作建设，各项工作都取得了新的成绩。一致认为，市委常委会政治上是坚定的，工作思路是清晰的，工作措施是有力的，工作作风是务实的，工作成效是明显的，大家给予了充分肯定。文深同志的讲话总结工作实事求是，查找问题切中要害，安排工作重点突出，大家一致赞成。同时，大家还从加快工业转型、发展现代农业、推进现代服务业、加快城市建设及管理、加快南水北调绿化带及配套设施建设、保障改善民生、做好基层基础工作、加大工作落实等 8 个方面，提出了 57 条意见和建议。这些意见和建议，体现了大家高度的责任感，凝聚了大家的智慧，凡能吸纳到常委会工作报告和讲话中的，要尽量采纳；凡能吸纳到政府工作报告中的，要写进明年的政府工作报告；对于个别能够及时解决的具体事项，要立行立改；对于一些事关长远的重大问题，要专题研究论证，拿出切实可行的办法措施。下面，我就如何主动适应新常态、做好明年的经济工作，讲三点意见。

一、认识新常态，务必头脑清醒、保持定力，进一步提振加快转型发展的信心

当前，焦作与全国全省一样进入经济发展新常态。在这个大背景下，做好明年的经济工作，首先要把握好新常态的特征和要求、把握好经济发展的现状和趋势、把握好经济增长的支撑和可能，认清发展大势，增强思想自觉。

（一）充分认识新常态下的新要求。认识新常态、适应新常态、引领新常态，是当前和今后一个时期我国经济发展的大逻辑。中央经济工作会议用“三大特点、九个趋势性变化、四个转向、八个更加注重”，对经济发展新常态进行了系统阐述；省委经济工作会议深刻指出新常态下河南发展的六个特点，明确提出“一个适应、四个坚定不移”的总体要求，为我们认识新常态、做好经济工作提供了科学指南和基本遵循。全市上下要切实把思想和行动统一到中央和省委精神上来，保持专注发展的定力，保持转型升级的定力，努力走出一条新常态下具有焦作特色的转型发展之路，力争在引领新常态上走在全省前列。一要在增速换挡上统一思想。当前，焦作正处于转型攻坚、爬坡过坎的关键时期，面临的最大问题是发展问题。新常态下，忽视支撑条件刻意追求短期效应的“快”不可取，错失发展机遇放任经济增速下滑的“慢”更不可取。我们一方面要保持平常心，理性看待增速变化，摆脱“速度情结”和“换挡焦虑”，不因速度下滑丧失信心、无所作为；另一方面也要增强进取心，毫不动摇地抓好发展第一要务，在确保质量、效益、可持续发展的前提下争取较快速度，确保调速不减势。二要在结构优化上统一思想。我市经济面临的困难表面上看是增速问题，实质上是结构不优、转型不快的问题。在新常态倒逼下，转方式调结构非常迫切。这个过程中，我们别无选择，必须坚持在调整中发展，在发展中调整，努力做到量增质更优，决不能以保增长为借口延缓转型步伐甚至走老路、走回头路，更不能以抓转型为理由忽视必要的发展速度。三要在动力转换上统一思想。进入新常态，过度依赖投资拉动的增长方式难以为继，拼资源拼消耗的粗放型发展模式难以为继，靠数量扩张和打价格战支撑的低层次竞争模式难以为继。我们要在继续注重要素驱动、投资拉动的同时，把改革推动、开放带动、创新驱动作为转型升级的主攻方向，向改革要动力，向开放要活力，向创新要发展。

（二）充分认识新常态下的新优势。省委经济工作会议从需求、产业发展、要素支撑、基础条件四个方面，分析了新常态下河南具备的发展潜力和优势，这完全符合焦作实际，我们要认真研究好、挖掘好、发挥好，努力在新常态下推动发展。去年以来，通过加快经济转型示范市和美丽焦作建设，强力推进十大建设，全市经济社会发展保持了较好势头，可持续发展的基础进一步夯实，弯道超车的比较优势开始显现。一是产业转型步伐进一步加快。我市工业农业旅游业发展基础较好，通过实施八个三年行动计划，传统工业正在向“五个转”的方向转变，传统农业正在向新型现代农业转变，以旅游业为龙头的服务业总量扩张、结构优化。二是交通区位优势进一步凸显。我市是中原经济区唯一一个既处于核心区又连接省外的城市，随着桃花峪黄河大桥、郑焦城际铁路的建成通车和迎宾路南延暨黄河大桥、太焦高铁客运专线的即将开工建设，将进一步加快焦作与郑州、与山西资源型经济转型综合配套改革试验区的对接与融入，聚集更多人流、物流、资金流、信息流、产业流，为发展注入强大活力。三是科技创新体系进一步完善。我市作为全国科技进步先进市，拥有中内配、多氟多等一批国际国内行业标准制定者，拥有与中关村科技园区、省中科院科技成果转移转化中心战略合作以及科技大市场等平台，拥有在全省率先开展企业科技创新能力评价和实行创新券制度等体制机制，发展动力转换更有保障。四是基础支撑能力进一步增强。发展载体上，示范区成功创建国家新型工业化产业示范基地，9 个省级产业集聚区入选省“十强”“十快”3 家，星级产业集聚区 5 家，项目承载能力和集聚集约水平明显提高；项目建设上，目前全市在建亿元以上项目 605 个，其中 10 亿元以上项目 60 个，王府井百货、鸿运国际商城、浪潮集团、银江科技等一批大项目好项目落户我市，发展后劲进一步增强；生产要素上，与东部发达地区相比，我市土地供应相对宽松、价格相对低廉，比较优势依然存在。特别是随着焦作电厂、龙源电厂、西气东输、晋煤天庆等项目建成投运，将为我市发展提供充足的电气保障；开放平台上，随着焦作海关正式运行和综合保税区建设推进，开放型经济快速发展的条件更加完善。五是发展环境进一步优化。通过开展“人民在心中，转型我先行”和群众路线教育实践活动、治理为官不为、落实“五个一律、六条红线”、深化行政审批制度改革等措施，干部作风持续好转，服务质量明显提高；通过推进城市水系建设和创建国家森林城市活动，实施“蓝天”“清水”“绿地”工程和美丽乡村行动计划，“引黄入焦”、南水北调工程全线贯通，新增 7000 亩水面，城乡面貌明显改善。六是干事创业氛围进一步浓厚。通过建立市五大班子领导分包十大建设和工业十大产业工作机制，落实“七个一”工作法、市委常委定期轮流到县市区听取重点工作汇报等制度，落实“项目不落地、帽子就落地”要求，树立“五重两参考”用人导向，持续加大民生支出，全市上下形成了你追我赶、大干快上、竞相发展的良好局面。

（三）充分认识新常态下的新挑战。当前，我市在与全省同样面临“结构优化升级难度大、各类潜在风险多、干部思想观念亟需加快转变”三大挑战的同时，经济新常态的特征更为明显，面临的形势更为严峻。概括起来就是“六个双重压力”：一是外部环境趋紧和内部结构不优的双重压力。一方面，综观国内外经济环境，难和险在不断增多，我市原有的能源、原材料资源优势逐渐减弱，资金保障、环境容量、土地供应等要素制约日益显现，经济下行压力持续加大。另一方面，尽管我们实施转型的积极效应正在显现，但制约经济发展的结构性矛盾依然存在。从产业结构看，现代服务业比重偏低，前三季度，我市服务业占比低于全国全省平均水平 22.4 和 6.8 个百分点；从工业结构看，受市场变化影响，煤炭、化工、冶金等传统骨干企业运营困难，装备制造、汽车零部件等高成长性企业生产下滑。1 至 10 月，焦煤、万方、风神主营业务收入，同比减少 4.9、3.75、4.9 亿元。二是发展后劲不足和消费需求疲弱的双重压力。当前，我市传统优势有的在减弱、有的已经失掉，新的支撑力量尚在形成之中，增长动力正处于“青黄不接”阶段。从对全市经济贡献率达 70%的工业看，规模以上工业增加值增速呈逐月下滑态势，1 至 11 月增速分别比一季度、二季度、三季度低了 1.3、0.6、0.2 个百分点；从投资看，目前全市固定资产投资占 GDP 的比例已达 88.4%，出口消费拉动亟需提升；从招商引资看，一些地方项目数量少、个头小、科技含量低的现状没有改变，随着国家全面叫停招商引资方面的土地、税收等优惠政策，传统招商引资模式不适应新形势的要求，有效招商面临更大挑战；从消费需求看，1至11月全市社会消费品零售总额增长回落0.7个百分点，内需疲弱问题未有明显改观。三是财政增长缓慢与刚性支出增加的双重压力。受经济下行影响，财政运行面临前所未有的困难局面，税收增长乏力，收入质量下降，1至11月，全市公共财政预算收入总量下滑到全省第7位，增速下滑到第18位。面对不断增长的财政支出刚性需求、事业发展需求、改善民生需求、维护稳定需求以及偿还政府债务需求，压力和风险很大。四是标兵越来越远和追兵越超越多的双重压力。1至11月，我市规模以上工业增加值、固定资产投资、社会消费品零售总额、实际利用外资增速均低于全省平均水平，分列第16、16、17、16位。与郑州、洛阳相比，在规模和速度上差距越来越大；与原来同一水平的平顶山、安阳、许昌相比，发展速度明显滞后，他们的一些重要指标已经超过我市。从公共财政预算收入看，郑州、洛阳分别是我们的8倍、2.4倍，增速高于我市11.4和3.3个百分点；平顶山、许昌超出我市24、23亿元，增速高于我市4.6、10.3个百分点；虽然安阳和我市总量相近，但增速是我市的近两倍。在实施大项目方面，我们的胆略和气魄也有很大差距，郑州每个产业集聚区要求每年新上4个10亿元以上项目，我市要求新上2个有些地方还完不成。五是工作任务繁重和干部作风不实的双重压力。郭庚茂书记在省委经济工作会议上指出的，阻碍我省现代化进程的“路子走不对、机遇抓不住、改革跟不上、干部素质能力不适应”四个问题，在我市也不同程度存在。面对艰巨的改革发展任务，一些党员干部责任心和事业心不强，没有把主要心思用在发展上，对市委市政府安排的工作，推推动动甚至推而不动；有的干部表面上看在干事、实际上是在混日子，口头为大局着想、实际为个人打算；有的同志不适应作风建设新常态，抱着“宁愿不干事也确保不出事”的心态，只当官不干事，为官不为，导致一些重大项目签约后迟迟不能落地，一些正在洽谈甚至即将谈成的大项目最终落户外地，一些已开工的项目进展缓慢。有些地方和部门争取资金不积极、到手资金不利用、自有资金用不好，错失机遇，贻误发展。六是发展迫切需要创新和思想观念不解放的双重压力。随着深化改革和创新发展的全面推进，制约发展的资金、土地、项目运作、信访稳定等新问题新矛盾不断涌现，有的地方和同志思想不敏锐，思路不开阔，习惯于老路子、老框框，新办法不会用，老办法不管用，造成上边的资金争取不到，外边的项目引进不来，发展中的问题解决不了；有的部门思想观念保守陈旧，推动工作讲“不行”的理由多，说“行”的办法少，造成一些问题长期得不到解决，甚至把小问题拖大、大问题拖炸；有的党员干部在困难面前怕冒风险、怕担责任，畏首畏尾、束手无策，遇见矛盾绕着走，碰到问题往外推，造成经济一滑再滑、矛盾越积越多，工作始终打不开新局面。

（四）充分认识新常态下的新机遇。从国际看，世界经济仍处于国际金融危机后的深度调整期，明年增速可能略有回升，据联合国报告预测，世界经济2015年将增长3.1%，高于今年0.5个百分点，这为我市发展提供了较好的外部环境；从国内看，我国处于重要战略机遇期的大背景没有变，经济发展总体向好的基本面没有变，全面深化改革稳步推进，新技术、新业态、新商业模式发展迅速，特别是中央提出明年继续实施积极的财政政策和稳健的货币政策，在农业基础设施，保障性安居工程和农村危房改造，中西部铁路和城际铁路，新支撑带区域交通建设，城市地下管网改造等市政设施，节能环保和生态建设以及自主创新、结构调整、社会事业等基础性、公益性项目建设九个方面启动一批新的重大项目，为我们提供了有力支持和政策保障；从省内看，随着国家粮食生产核心区、中原经济区、郑州航空港经济综合实验区三大国家战略的深入实施，现代化建设的实质推进，新型城镇化的加速发展，对我市必将起到积极的推动作用；从焦作看，随着国家对资源枯竭城市转型、老工业基地调整改造支持力度的继续加大，随着我省对经济转型示范市支持政策的落实到位，随着十大建设的强力推进特别是焦郑城际铁路通车运营、城市水系建设成效显现、焦作电厂和龙源电厂建成投运以及一大批重大项目的陆续投产见效，随着广大干部群众思转型谋发展、做示范求跨越积极性的日益高涨，支撑我市加快发展的有利条件越来越多。

综合分析可以看出，进入新常态，我市当前面临的形势是，机遇与挑战并存、机遇大于挑战。只要我们坚定信心，积极应对挑战、化解风险，抓住用好机遇、乘势而上，新常态下的焦作经济完全有基础、有条件、有能力实现更大作为，经济转型示范市和美丽焦作建设一定能够取得新的突破。

二、适应新常态，务必明确要求、突出重点，推动转型发展实现更大作为

明年是全面深化改革的关键之年，是全面推进依法治国的开局之年，也是全面完成“十二五”规划的收官之年，做好经济工作意义重大。省委九届八次全会和省委经济工作会议提出，要围绕打造“四个河南”、推进“两项建设”，深入实施三大国家战略规划，加快推动“一个载体、四个体系、六大基础”建设，扩大增长点，转化拖累点，抓好关键点，稳控风险点，抢占制高点，全面建成小康社会、加快现代化建设，努力实现中原崛起河南振兴富民强省。我们要认真学习领会，抓好贯彻落实。

关于明年经济工作总体要求、主要预期目标，文深同志的讲话中已经明确了，需要指出的是“一个战略、四项重点、十大建设”中的四项重点“抓开放、抓城镇化、抓改革创新、抓创造新优势”，可以调整为“抓改革创新、抓开放、抓新型城镇化、抓创造新优势”，这样更加符合中央和省委要求，更加符合焦作实际。

关于明年经济增速8.5%等主要预期目标的安排，一是体现导向。在经济新常态下，再追求过高的增长速度不太现实，也不符合中央、省委不以生产总值增长率论英雄和转变发展方式的要求。二是稳定预期。最能够凝聚人心的是加快发展。在当前经济发展困难的形势下，更需要我们克难攻坚，用发展的措施解决问题，用发展的目标凝聚人心，用发展的成效造福人民。除今年外，2001年以来我市经济一直保持两位数增长，增速定的太低，我们会缺乏压力、丧失机遇，助长为官不为。三是守住底线。省里定的经济增速8%等指标是下限，而且要争取更好的结果。我市是中原经济区重要节点城市，从基础条件和发展态势看，理应有更大作为，经济增速8.5%、财政增速9%等指标也应该是下限、是底线，而且也要力争更好的结果。这方面，要清醒认识到，如果我们工作做得好，抓住机遇弯道超车，新常态下实现经济又好又快发展是完全可能的，大家一定要增强信心。

关于明年的经济工作，我再强调五个方面：

（一）更加注重产业转型。转型是经济新常态的应有之义，推动产业转型就是顺应新常态。要加快产业从低端向高端转、产品从初粗产品向终端消费产品转、生产方式从粗放高耗能向绿色低碳循环转、质量效益从低效向高效转、品牌从一般向名优转。一要加快工业转型升级。明年，全市装备制造、汽车及零部件、化工、铝、食品、能源等十大工业产业要实现主营业务收入3300亿元。要把工业十大产业发展作为加快工业转型升级的重要抓手，落实好市五大班子领导分包十大产业工作机制，严格实行一个产业、一套班子、一个规划、一套政策、一本台账、一月一例会、一季一观摩、一年一考核“八个一”工作法，加快推进100个超亿元工业转型升级重点项目，重点推进风神轮胎高性能轿车子午胎、佰利联年产20万吨氯化法钛白粉等项目，促进产业、产品结构调整，促进产业集群集聚发展，着力培育千亿元产业集群和千亿元产业集聚区。二要加快新兴产业发展步伐。抓住用好新一轮科技革命和产业革命的重要机遇，加快培育电子商务、云计算、大数据、互联网、物联网、新能源汽车、智能制造业等新兴产业，重点推进多氟多新能源汽车、河南正旭航空航天3D打印焦作基地、市电子商务产业园等项目，推动中韩跨境电子商务产业园、北斗智能交通物流电商项目，抢占加快发展的制高点。三要加快服务业转型提升。抓住国家扩大服务业开放和我省建设高成长服务业大省的机遇，抓住国家大力发展群众性体育事业的机遇，坚持生产性服务业与生活性服务业并重、现代服务业与传统服务业并举，加快建设现代城市综合体、商务楼宇等新型业态载体，加快推进太极文化大学建设，推进太极文化产业发展，推进养老健康产业发展，推进十大文化旅游园区、高端商务中心区、特色商业区建设，推进企业上市和“新三板”挂牌工作，推进文化、旅游、信息、物流、金融等服务业融合提质，努力把现代服务业打造成我市的支柱产业。

（二）更加注重深化改革。在过去的改革中，受主客观条件限制，我们慢了半拍，发展也相对滞后。这一次全面深化改革，我们必须跟得上、改得早、改得好，决不能再滞后，人为地造成制度差异，形成差距。要完成上级部署的改革任务，积极跟进落实中央、省委重大改革举措，做到上下对接、立足大局、配合全局，把中央、省委各项改革举措在焦作具体化、实践化，努力在行政审批制度、综合治税、农业农村、教育卫生、司法、户籍等重要领域取得实质性进展。特别是要深化行政审批制度改革，最大限度简政放权、激活市场主体，同时要加强市场监管、把放开的市场管好；要严格执行并完善提升政府性投资建设项目管理“十个百分之百”，该公开的项目要全部公开，进一步规范项目管理、用好财政资金。要完成我市确定的改革任务，围绕9个方面38项重点改革事项，明确重点任务，扎实推进改革，着力解决影响经济社会发展的突出障碍、群众反映强烈的突出问题，特别是要抓住国家在招商引资方面清理规范税收和土地等优惠政策的时机，创新办法，尽快破题，做得更好，使之变成实实在在的机遇。在解决企业融资难题、防范金融风险上，要加快构建企业——政府——银行“铁三角”，强化政府信用担保体系建设，建立装备制造、节能环保等产业基金，深化政府、银行、保险公司三方合作，加强应急转贷平台建设，开展农村土地承包经营权抵押贷款试点。在解决土地难上，要坚持集约节约用地发展工业，充分利用停产、半停产和破产企业闲置土地，依法调整长期占而未用土地，优先保障重点企业、重大项目用地。要争取成为改革试点，在深化行政审批制度、政府投融资、财政体制、医药卫生、教育领域综合改革和农村改革等方面，先人一步，高人一筹，大胆探索，争取一些关键环节的改革成为国家和省试点。

（三）更加注重培育新经济增长点。新常态下，落后生产力将逐步被先进生产力淘汰，传统经济增长点势必被新经济增长点取代，只有积极发现培育新的增长点，才能促进经济增长动力更加多元化。要通过创造新优势培育新增长点，加快构筑路网、水网、信息网、物流网、电网、通讯网和生态系统，推进基础设施互联互通，增强服务功能，积蓄发展后劲。要通过新型城镇化培育新增长点，充分发挥新型城镇化“牵一发动全身”的作用，认真落实促进房地产健康发展的政策措施，大力推广孟州经验，积极稳妥推进城镇化，为经济增长提供更多基础性支撑。要注重城市规划，完善城市功能，加强城市管理，统筹新老城区发展。要通过扩大消费培育新增长点，顺应人们新的消费需求，培育新的消费热点，推进养老健康、家政服务、信息、住房、绿色、教育文化体育等领域消费，促进消费扩大升级。要通过项目建设培育新增长点，盯紧明年全市安排的188个市重点项目，围绕国家重点支持的九个方面基础性、公益性项目建设，认真研究对接，争取一批大项目、好项目进入全国全省重点项目的盘子，纳入国家“十三五”规划。要重视大项目，坚持示范区新开工4个、其他产业集聚区新开工2个投资10亿元以上项目并当年完成50%投资量，还要重视科技含量高、配套能力强的中小项目，形成大项目顶天立地、中小项目铺天盖地的局面。要通过开放招商培育新增长点，转变传统招商理念，更加注重承接产业转移，更加注重招商选资，更加注重质量效益，更加注重产业融合，更加注重强链补链，更加突出企业主体，放眼发达地区，瞄准高端行业，用好两个市场，大力开展精准招商、以商招商、中介招商、专题招商、集群招商，加强与中国电子科技集团、南车集团、中国通号、英利集团等知名企业的深度对接。要通过创新驱动培育新增长点，坚持走创新驱动的新路，推进以科技创新为重点的全面创新，在借力借智借势上下功夫，在营造拴心留人环境上下功夫，在培育主体、搭建平台、完善体系、实施专项上下功夫，实施好创新券和科技贷款贴息等制度，用足用好我市的科技创新资源，建成运营好焦作科技大市场，加快引进一批重大科技成果，加速培育一批高科技企业，抓紧孵化研发一批关键技术，努力创建国家创新型试点城市和知识产权试点城市。要通过优化服务培育新增长点，创造成本优势、竞争优势，营造有利于市场主体投资兴业的政策环境、市场环境、法治环境、服务环境，切实增强转型发展的软实力。

(四) 更加注重推进十大建设。十大建设是按照省委省政府提出的专题、专案、专业推进工作的有效载体，必须始终作为加快转型发展的第一引擎、服务改善民生的第一推力、衡量干部实绩的第一考量，一抓到底。一要加快推进。城市水系方面，加快水生态文明试点市建设，完成影视湖二期、龙寺圆融水库、大沙河带状湿地二期和新河源头治理、东湖及灵泉湖等工程，建成80公里环大沙河国际自行车赛道，中心城区力争形成10000亩左右水面；铁路方面，开通运行郑焦城际铁路，加快推进太焦高铁客运专线焦作段前期工作；生态建设方面，推进矿山地质环境治理、城市水系绿化带、城郊森林公园体系等建设，力争森林覆盖率30%以上，城市绿化率40%以上，城区人均公园绿地面积11平方米以上；能源建设方面，龙源电厂2号机组和焦作电厂1号、2号机组要按期投产发电，丹河电厂2×100万千瓦机组获得核准开工；公路建设方面，积极推进迎宾路南延暨黄河大桥、南太行绕城高速公路等重大项目。同时，要加快推进综合保税区和通港物流园区基础设施、“宽带焦作”、职教园区（二期）工程等建设；加快南水北调城区段绿化带及配套设施建设，打造风景秀丽的旅游观光带、人水和谐的生态景观带、内涵丰富的文化产业带、滨水娱乐的休闲商业带。二要领导带头。市五大班子领导要继续带头分包十大建设，严格落实《十大建设年度督导考核办法》，研究制定明年的专项行动计划，采取超常规措施，一项一项抓落实，一件一件抓推进。三要动态管理。要根据项目完成情况，对明年的工作充实完善，及时调整分包领导，制订行动计划，健全推进机制，确保项目不断线、服务不缺位、工作不间断。

(五) 更加注重民生改善。新常态下，经济增长可能减速，但民生改善不仅不能减速，反而要加速。要办好实事，进一步加大民生投入力度，抓紧谋划启动明年十项重点民生工程，不断扩大教育、医疗、社保、住房等基本公共服务保障覆盖面，努力保护焦作的青山绿水、蓝天净土，认真解决群众最关心、最直接、最现实的利益问题，让老百姓生活得更舒适、更健康、更幸福。要守好底线，高度关注高校毕业生、农村转移劳动力和困难群体就业再就业工作，多为困难群众和残疾人等弱势群体做雪中送炭的工作，切实守住就业和扶贫这两条底线。要抓好安全，近期我省一些地方发生的重大安全事故，给人民群众生命财产造成了不可弥补的损失，要保持警钟长鸣，绷紧安全这根弦，进一步健全食品安全、应急管理等公共安全体系，加强对重点区域、重点场所、重点产品的监督检查，千方百计消除安全隐患，坚决防范和遏制重特大事故发生。

三、引领新常态，务必改进方式、转变作风，切实加强党对经济工作的科学领导

面对新常态下的新形势、新变化、新要求，各级党委要发挥领导核心作用，善于观大势、谋大事，结合本地实际和干部队伍状况，与时俱进推进领导经济工作的观念、体制、方式方法的转变，提升应对复杂形势的能力和水平。关键是居“官”要思“六危”：

第一，居“官”当思失本之危。本就是为民、惠民、民生，也是党的宗旨的具体体现。古人云：“民为贵，社稷次之，君为轻”“民为邦本，本固邦宁”。在其位如果不思为民，不把以人为本、执政为民当回事，不把367万人民群众的利益放在第一位，那就是忘本。我们必须坚持亲民为民的执政理念，把“民为官之本、万事民为先”作为执政追求。要深入群众聚民智，相信群众、尊重群众，民有所呼、我有所应，始终站在群众立场上想问题、做决策、办事情，让人民成为受益者。要服务群众解民忧，把心贴在群众的脉搏上，把工作做在群众的心坎上，把财力用在重点民生工程上，努力让群众安居乐业、各类群体各得其所。要兑现承诺暖民心，巩固拓展好群众路线教育实践活动成果，把向群众承诺的事情办实办好办出成效，让党放心，让群众满意。

第二，居“官”当思失度之危。度是指法度、制度、标准，上至党章，下至纪律规定。没有党性原则、纪律规矩，就没有是非可言。郭庚茂书记在省委常委听取省委全会讨论情况汇报、听取焦作党建工作述职时指出，各级干部要严格正风肃纪，严格按党章原则办事，严格按纪律要求办事，严格依法依规办事，防止政治生态污染，打造风清气正的干事创业环境。在任何时候、任何情况下，我们都要坚持法规面前不动摇、纪律面前不含糊、标准面前不降低。要确保政令畅通。按照党章要求，严格落实民主生活会制度，坚持重大问题和重大事项集体研究决定，对市委的决议和部署，必须坚决贯彻执行，决不能打折扣、搞变通。要树立正确用人导向。坚持“信念坚定、为民服务、勤政务实、敢于担当、清正廉洁”的好干部标准和“五重两参考”的用人原则，以实绩论英雄、凭实绩用干部，真正把那些政治上靠得住、工作上有本事、作风上过得硬、人民群众信得过的干部选拔出来，决不让只想当官、不为群众办事的干部走上前台，决不让工作不踏实不务实、只说不干、弄虚作假的干部走上前台，决不让无视组织纪律、贪赃枉法、买官卖官的干部走上前台，决不让造谣生事、搬弄是非、热衷于团团伙伙拉拉扯扯的干部走上前台，决不让德行差、口碑差、业绩差的干部走上前台。要健全考评标准。实行“无任职推荐”，有效减少职务空缺敏感时期的找关系、拉票、跑官、要官等行为，使推荐成为工作实绩基础上的素质竞争、公平公正原则下的平等竞争、合理规范下的有序竞争。注重实绩考核，注重群众推荐，注重“一线”培养使用干部，注重探索经常性考核、常态化考核机制，注重发挥考核结果的导向作用，防止私心作祟，防止以票取人，不搞领导班子成员任职年龄层层递减和“一刀切”，用好各个年龄段干部。要完善市委常委调研评价干部制度，市委常委每季度要轮流到各县市区进行调研，听取各县市区委常委党建及分管重点工作汇报，逐个对县市区委常委进行评价排序，并作为选拔任用干部的参考依据。要依法依规办事。对我们来说，最应该遵循的办事原则是依法依规。各级党组织要健全营造良好从政环境的制度体系，防范和查处不良从政行为，该打的绝不松手，该查的绝不放过。各级领导干部要不断增强法治意识，坚持把法律、制度、纪律、规定作为有效武器、有效手段，着力化解矛盾、解决问题。要立明规则、硬规则，破潜规则、陋规则，坚守依法依规办事底线，决不能用习惯代替政策、用感情代替规定、用关系代替原则。各级党委主要负责人要认真落实“五个不直接分管”“末位表态”等制度，自觉做到用制度管人、管权、管事、管钱、管物。

第三，居“官”当思失责之危。责就是责任、职责、使命，是为官的基本要求。习近平同志指出，看一个领导干部，很重要的是看有没有责任感，有没有担当精神。为官避事平生耻。领导干部不是动力就是阻力，不是干事就是误事。要勇于担当。时刻保持奋发有为的精神状态，把工作当事业去追求，把实干当责任，认真落实《关于治理为官不为、倡导敢于担当的六项要求》，坚决防范干部懈怠不作为，坚决治理为官不为，坚决杜绝做不成事反而坏事，坚决克服敷衍塞责、推诿扯皮、得过且过等不良风气。要以“敢于在困难面前逞英雄”的大无畏精神，敢打头阵、敢打硬仗，决不能遇到困难就止步、碰到矛盾就上交，决不能饱食终日、尸位素餐，决不能只想当官、不想做事。要务实重干。按照专题专案专业、聚焦聚神聚力的要求，抓住制约本地本部门发展的突出问题，集中智慧、集中力量、集中资源打好新常态下的改革发展稳定攻坚战。各级领导干部要主动干而不要被动干，主动干，越干办法越多，越干劲头越大，越干信心越足，越干群众越拥护；被动干，越干越没信心，越干困难越多，越干差距越大，越干越没出路。要坚持大干快干，大干小困难、小干大困难、不干更困难。要建立市委常委“五个一”联系帮扶制度，每名市委常委分别牵头一个十大建设、分包一个工业转型升级产业、联系一个穷（弱、乱）乡镇、进驻一个穷（弱、乱）村、帮扶一家困难企业，抓后进、促平衡、保稳定。要敢闯敢试。越是困难的时候，越要解放思想，开拓进取，努力探索抢抓机遇、化危为机的办法。要放开眼界、胸怀、思路、政策和胆子，把中央精神把准，把市情把准，把本地本系统的症结问题把准，敢于突破思维定势，敢为天下先，努力在困境中寻出路，在变通中找办法，在创新中求突破。要做好表率。各级各部门一把手要以强烈的事业心责任感对待工作，敢于担当、大胆负责、大胆管理，该决策就决策，该拍板就拍板，不能软、不能弱，干就不要怕、怕就不要干。市委坚决支持勇于担当、务实重干、敢闯敢试的干部，坚决为想干事、会干事、敢干事、能干事、干成事的干部撑腰。

第四，居“官”当思失续之危。续是指永续、协调、可持续。一个城市没有发展，就会死气沉沉；但以消耗资源、污染环境为代价的粗放式发展更是饮鸩止渴，断不可取。老百姓过去“盼温饱”现在“盼环保”，过去“求生存”现在“求生态”，说明我们过去的发展方式出了问题。要牢固树立“当一任领导、负几代责任”的理念，坚持科学发展、绿色发展。要转变发展方式。在转型发展上突出质量效益，突出节能减排，突出资源节约，突出优化资源要素配置，严格落实环保问责制和“一票否决制”，积极发展循环、低碳、绿色经济，加快淘汰高耗能、高污染、低效益落后产能。要提升城乡品位。继续抓好“14820”城市转型工程和中心城市三年大提升行动，从一条路、一个小区、一个村庄、一个单位做起，开展净化、硬化、绿化、亮化、美化“五化”行动，加强城乡环境综合治理，加快新农村建设，不断提升城乡形象和品位。要加强生态建设。要做足南水北调和水系建设的文章，做好黄河文章，大力实施“蓝天”“清水”“绿地”工程，加快城市水系建设，加快创建国家森林城市步伐，让群众呼吸到新鲜的空气、喝上干净的水，享受到绿地碧水、蓝天白云，把焦作打造成宜业宜居宜游的花园式城市。

第五，居“官”当思失稳之危。稳是安全、稳定、和谐。没有稳定，什么事情也办不成，已经取得的成果也会失去。当前，影响我市改革发展稳定的矛盾和问题还很多。各级各部门要着眼“双安”、推进“双治”、强化“双基”，加大基层基础工作。要增强抓好安全稳定的主动性，把安全稳定当作大事要事，宁听骂声不听哭声，抓早抓小抓预防，防止小事酿成大祸，防止隐患积聚蔓延。要严格落实信访工作九项要求，强化“五个绝对不能”理念，善于化解矛盾问题，畅通信访渠道，注重汲取教训，决不能把外地的事故当故事听，决不能把自己的事故当耳旁风，决不能出了事故不严肃处理、纵容事故发生。要用铁的手腕、铁的纪律、铁的措施保证社会大局稳定，敢于动真碰硬，敢于果断出手，严厉打击非法集资和拖欠农民工工资行为，最大程度减少群众损失。各级领导干部面对互联网时代信息传播快的新情况，面对新常态下的社会矛盾，要弘扬正气、旗帜鲜明，敢于亮剑、敢于发声，积极主动有效应对，决不能没有正气、没有是非、拿着歪理当理说，决不能斤斤计较、患得患失，决不能听之任之、不管不问，决不能让邪气压倒正气、关键时候掉链子。各主流媒体要坚持正确舆论导向，弘扬主旋律，传播正能量，把正气聚起来，把人心凝起来。

第六，居“官”当思失廉之危。廉是廉洁、廉正、廉明，是必须坚守的为政底线。为官之本当持之以廉。要认真贯彻“三严三实”要求，严格落实“两个责任”，加强党性修养，常修为官之德，常思贪欲之害，常怀律己之心，拒腐蚀永不沾。最应该坚守的道德操守是不贪不占。要清字当头、正字在心、洁字自省，正确对待权力、名利、人情和家庭，在职责面前做官，在群众面前做民，在名利面前淡泊，严以律己，严以律家，严以律人，要求别人做到的自己首先做到，要求别人不做的坚决不做，防微杜渐，举轻若重，不能因小失大。在市委十届六次全会上，我明确提出过“约法三章”，在此我再次重申：坚决做到不收礼不送礼、不买官不卖官，坚决做到自己、家属、亲戚不在焦作插手承揽参与一分钱工程，坚决做到不利用职权安排一个亲戚在焦作工作。请大家继续监督。最减少麻烦的处事方法是不说三道四、不拉拉扯扯。端正处事态度，谨言慎行，表里如一，不阳奉阴违，不当面一套背后一套，不信谣、不传谣、不造谣。严守政治纪律，讲政治、守规矩，令行禁止，不拉帮结派，不搞小圈子，把精力用在尽职尽责上，把心思用在干事创业上，这应该是焦作每一个党员干部的政治责任。最好的爱护干部方式是加强教育、严格监管。党要管党、从严治党，关键是从严管理干部。近年来，一些地方和部门在干部管理上失之于宽、失之于软，致使一些干部身上的小毛病演变成大问题、有些小事酿成大事，我们一定要汲取教训。各级各部门一把手要抓好班子、管好干部、带好队伍，对党员干部严格要求、严格管理、严格监督，一旦发现问题苗头及时提醒、及时教育、及时批评，不怕得罪人，不当老好人，真正把爱护保护干部落到实处。

现在，明年的目标任务已经明确，关键在于抓好落实。不落实，再好的蓝图只能是一纸空文。一要领导带头抓落实。市五大班子成员特别是市委常委要定期深入十大建设、十大工业产业一线，深入困难企业、穷（弱、乱）乡镇和村，了解情况、解决问题、推进工作，为全市各级干部做出表率；各级各部门一把手都要带头从“文山会海”和繁杂的事务中解脱起来，深入项目建设、企业服务、信访稳定、民生改善的第一线，主动研究、主动作为，发挥好第一责任人责任。二要明确责任抓落实。要对十大建设、工业十大产业等每一项重点工作、重大项目分解立项，成立专组，制定专案，明确具体分包的市五大班子成员，明确牵头部门和配合部门，明确责任单位和责任人，明确工作标准、完成时限和节点要求，建立工作台账，纳入目标管理，细化到月到周，实行对号销账。凡是由两个以上单位负责的工作，必须明确主管责任单位；凡是由两个以上同志负责的工作，必须明确第一责任人，防止出现责任“真空”。三要公开评议抓落实。对全市重大工作的分包领导、责任分解及推进落实情况，市委市政府两办信息和市属主流媒体、政府网站要定期公开公布。对重大工作事项，要依托现有的涉企职能部门满意度评价、百姓问政面对面、市民观察团等有效载体，充分发挥人大、政协和各民主党派、新闻单位、群众代表的作用，加大监督检查和评议评价力度，促进各项工作落实。四要观摩点评抓落实。坚持落实好十大建设、十大工业产业发展、十大文化旅游园区建设、产业集聚区暨重点项目建设等集中观摩点评制度，及时掌握工作进度、交流发展经验、发现主要症结、促进问题解决，力争达到先进再提升、后进赶先进。五要加强督查抓落实。要改变以往的督查办法，对重要工作，由市委市政府分管领导和两个督查室共同负责；对特别重要的工作，由市委市政府主要领导亲自督查。在督查中，要敢于动真碰硬，如实作出评价，对已经落实的讲效果，正在落实的讲进度，尚未落实的讲原因，决不能图形式、走过场。六要严格奖惩抓落实。工作安排了就要算总账。要进一步建立健全科学完善的目标考评体系和办法，做到考核有标准，奖惩有依据。对抓落实措施得力、效果显著的地方和单位，进行大力宣传、推广和表彰；对抓落实不力、工作滞后的，公开曝光和严厉批评；对因贻误工作而造成严重影响的，追究当事人、分管领导、主要领导的责任，该摘帽子的摘帽子，该挪位子的挪位子。

同志们，经济新常态是转型发展的新机遇。全市各级党员干部要努力适应新形势、新变化、新要求，把焦作367万人民的富裕文明作为价值取向，把焦作的发展进步作为事业追求，把焦作的振兴繁荣作为唯一的奋斗目标，正确对待自己，痴迷对待事业，挚爱对待焦作，美丽焦作的实现指日可待。

政府工作报告

——2015年2月3日在焦作市第十二届人民代表大会第二次会议上

焦作市人民政府市长　张文深

各位代表：

现在，我代表市人民政府，向大会报告工作，请予审议，并请各位政协委员和列席人员提出意见。

一、2014年工作回顾

2014年是本届政府履职的第一年。一年来，面对严峻复杂的经济形势，在省委、省政府和市委的正确领导下，在市人大常委会、市政协的监督支持下，市政府深入学习贯彻党的十八大和十八届三中、四中全会精神，深入贯彻落实习近平总书记系列重要讲话精神，深入开展党的群众路线教育实践活动，凝心聚力、转型攻坚、争创一流、绿色发展，大力实施工业强市、科技强市战略，强力推进经济转型示范市和美丽焦作建设，经济社会保持了平稳较快发展。全市生产总值1846亿元，增长8.8%；规模以上工业增加值1073亿元，增长10.7%；一般公共预算收入106亿元，增长8.5%；固定资产投资1624亿元，增长18.2%；社会消费品零售总额555亿元，增长12.2%；城镇居民人均可支配收入23977元、农民人均纯收入12518元，分别增长8.7%、10.1%。

（一）改革开放全面深化

把改革作为科学发展的根本动力，摆在首要位置，强力推进。大力简政放权，行政审批制度改革取得重大突破，我市成为全省行政审批标准化试点市。市本级行政审批服务由718项压减到253项，压减量居全省首位，压减率达65%；市本级建设工程类项目审批时限由300个工作日压缩到40个工作日；建立首席代表负责、并联审批、全程代办等新机制，在全省首家开通网上服务大厅，简单事项实现即收即办，一般事项一审一核不超过5个工作日，新注册企业“四证一章”办理不超过2个工作日；全社会投资创业积极性得到释放，新增市场主体2万余户。建立健全财税收入征管联动机制，社会综合治税成效显著，增收3.8亿元。新增国家义务教育发展基本均衡县市区2个，总数达到5个，我市成为全省新一轮教育信息化试点。县级公立医院综合改革持续深化，医疗联合体建设全面启动。农村、户籍、文化等改革都取得阶段性成果。

坚持激活内力与借助外力相结合，深入开展“对外开放提升年”活动，成功举办焦作·香港现代服务业招商推介等活动，大力开放招商，积极承接产业转移，加快发展开放型经济。引进省外境内项目394个，居全省首位；总投资769亿元，实际到位资金498亿元，居全省第三位。进出口总额24.6亿美元，居全省第二位，其中出口17亿美元，居全省第三位。

（二）十大建设成效显著

强化领导分包、观摩督导等措施，省、市重点项目加快推进，一批十大建设项目竣工投运。城市水系防洪、补源、生态、景观等功能已经显现，南水北调总干渠全线通水，引黄入焦干渠、大沙河带状湿地主体工程完工，新增水面7000亩；郑焦城际铁路正在验收；北部山区生态治理恢复和南太行生态景观带建设加快，我市成为全省首批生态文明先行示范市；海关监管场所正式运营，检验检疫查验场所即将投用，德众保税物流中心通过国家验收；产业集聚区21个投资10亿元以上项目竣工投产；财税信息共享平台建设顺利推进，“数字焦作”地理空间框架工程通过国家验收；太极体育中心建成投用；龙源电厂一号机组正式运行，焦作电厂异地扩建一号机组、龙源电厂二号机组即将试运行；武云高速等项目快速推进；职业技术学校新校区招生人数居全省同类学校第一位。

（三）工业经济稳定增长

坚持工业主导地位，强力实施工业强市战略，突出抓转型、调结构、保运行，工业经济保持平稳增长态势。转型步伐加快。深入开展“工业转型升级攻坚年”活动，出台加快城区工业转型发展意见，实施“330”企业培育工程，100个投资超亿元转型升级重点项目完成投资222亿元，大江重工中高端液压支架、千年冷冻高效节能制冷系统等32个项目竣工投产，规模以上工业企业总数达1186家。发展载体夯实。聚焦项目建设、聚集优质资源、聚合政策支持，示范区和9个省级产业集聚区承载能力有效提升，我市在全省重点项目暨产业集聚区建设观摩点评活动中获豫北组第一名；入选省“十强”“十快”产业集聚区3家、星级产业集聚区5家，均居全省第二位。融资服务提升。整合工业投融资平台，设立政府引导基金，搭建应急转贷平台，建立小额贷款风险补偿机制，为7家企业提供5900万元应急转贷资金支持，为150家企业担保贷款17亿元，缓解了中小企业融资难题。节能减排扎实推进。加快国家首批资源综合利用“双百”工程示范基地建设，强力实施蓝天、清水等工程，节能减排完成省定目标任务，累计争取国家资源枯竭城市资金23.8亿元。

（四）创新能力不断增强

坚持实施科技强市战略，完善创新体制机制，突出财政杠杆撬动，加快发展动力转换，创新驱动效应初显。科技扶持力度进一步加大，市本级科技投入又翻一番，总量居全省第三位。继续实施创新券、科技贷款贴息等制度。设立1000万元知识产权质押贷款风险补偿金，撬动银行10亿元授信支持。创新平台建设加快，新增院士工作站7家，总数达19家，居全省第三位；新增省级企业技术中心4家，总数达81家；新增省级工程技术中心4家，总数达54家。中关村科技成果产业化（焦作）基地、中科院科技成果转化（焦作）中心落地项目10个，引进北京化工大学等科技创新团队9个，焦作科技大市场即将开业运营。新增国家高新技术企业8家，总数达42家，高技术产业增加值增长25.9%，高于规模以上工业15.2个百分点。

（五）现代农业快速发展

坚持稳粮、提质、增效，新建高标准粮田27万亩，粮食总产实现“十一连增”，夏粮单产保持全省第一。农业产业化集群加快发展，龙头企业达170家。主要粮食综合机械化水平保持在96%以上，居全省前列。农民专业合作社达3826家，覆盖率达49%。农村土地流转率达51.7%，高于全省15.7个百分点。农业科技创新力度加大，农技推广服务体系进一步健全。成功创建“四大怀药”国家级出口食品农产品质量安全示范区，成功创建国家级农产品品牌3个。新完成一批中小河流治理和水库除险加固工程。深入开展国家森林城市创建工作，完成森林资源培育21万亩，森林覆盖率达28.5%。

（六）服务业发展亮点纷呈

把服务业作为弥补产业短板、推动转型升级的主攻方向，抢抓发展机遇，瞄准产业动向，加快培育经济新增点。新业态发展取得突破。组建高规格团队大力招商，市电子商务产业园开工建设，浪潮集团、银江科技、阿里巴巴等27家电商落户我市，电子商务成为服务业发展的新亮点。金融业活力持续增强。完善考核激励机制，金融机构各项贷款余额862亿元，增长10.5%。大力发展直接融资，全市利用资本市场融资151亿元。加快推进企业进入多层次资本市场，宇建科技等3家企业在“新三板”成功挂牌。海通证券等3家券商营业部开业运营。我市被评为优秀金融生态省辖市。文化旅游业保持繁荣。云台山景区成为全省首家全国服务标准化示范单位，我市成功创建国家级旅游服务综合标准化示范市，被世界旅游组织列为可持续发展监测点。旅游综合收入达262亿元，增长12%。商贸物流业快速发展。新河商务中心区规划建设全面启动，鸿运国际商城开工建设，王府井百货开业运营。积极融入“一带一路”战略，我市成为丝绸之路经济带物流联动发展合作联盟成员城市。

（七）城乡建设加快推进

出台新型城镇化三年实施方案，强化经营城市理念，积极探索创新，推动新型城镇化科学发展。城市功能进一步完善。新开工保障房8409套，基本建成8304套。新市民社区试点开工项目6个，建成住宅6996套。新改建城市道路35公里、供水管网41公里、燃气管网98公里，建成游园6个。购置新能源公交车30台，我市成为首批省级公交优先示范市创建城市。发展空间进一步拓展。总投资38亿元的迎宾路南延及焦作黄河大桥项目实现重大突破，即将开工建设。总投资37亿元的南太行绕城高速项目前期工作进展顺利，东海大道、南外环建设加快，城市大外环框架加快构建。14条省道规划全部获批，新增干线公路里程510公里。城市经营管理进一步加强。引入社会资本参与城市建设，城中村改造前期工作全面启动，东区热电机组配套供热管网建成投用，龙源电厂配套供热管网即将建成。强力开展“双违”集中整治，严格土地收储交易管理。积极推进小型汽车号牌等公共资源经营。深入开展背街小巷、户外广告等专项整治，城市管理水平有效提升。新农村建设进一步加快。扎实推进美丽乡村建设，深入开展城乡环境卫生治理，建立健全保洁长效机制。新改建农村公路306公里，解决了22.8万名农村群众和师生的安全饮水问题。

（八）民生保障持续提升

在支出压力增大的情况下，财政民生支出145亿元，增支12亿元。省、市十项重点民生工程全面完成，人民群众得到更多实惠。社会保障更加有力。在全省率先实行城镇医保按比例报销上不封顶制度，惠及95万名参保群众；在全省率先建立商业保险医疗救助制度，为15万名城乡困难群众购买商业保险服务；在全省率先完善城乡困难群众临时救助制度，救助9334人次；全面启动保险机构参与的新农合大病保险制度，260万名农村群众从中受益。城乡低保标准和城乡居民、企业退休人员养老保险待遇进一步提高。残疾人保障体系不断健全。大力发展养老服务业，新增养老床位3000余张。出台就业创业扶持政策，城镇新增就业8.8万人，农村劳动力新增转移就业3.3万人，我市成为首批全国公共就业人才服务标准化试点市。住房公积金创新受托银行管理模式，增值收益突破亿元大关。社会事业加快发展。黄河交通学院成功升本，新城小学、丰泽园小学、四医院综合病房楼等一批中小学幼儿园、医院项目和文化惠民工程推进加快。我市顺利通过国家二类城市语言文字评估验收。成功举办省十二届运动会暨首届全民健身大会。“单独二孩”政策顺利实施，我市成为首批全省人口均衡型社会综合配套改革示范市。和谐稳定大局有效巩固。加强社会治安综合治理，加强应急管理工作，加大普法宣传教育力度，积极化解信访积案，强化安全生产监管，深化食品药品安全专项整治，严厉打击和处置非法集资，做好民族宗教工作，发展志愿者事业，推动军民融合深度发展，驻焦部队和民兵预备役为地方发展作出新贡献，社会大局保持和谐稳定。

（九）自身建设得到加强

扎实开展党的群众路线教育实践活动，强力整治“四风”突出问题，工作作风有效改进，行政效能不断提升。稳步推进政府机构和事业单位分类改革。加大政务公开力度，市直部门预算及“三公”经费预算全部公开。厉行勤俭节约，“三公”经费下降32%。在全省首家开展公共资源交易改革，电子交易系统全面启动。大力推进依法行政，自觉接受人大法律监督、工作监督和政协民主监督，强化行政监察，严格审计监督。统计调查、外事侨务、档案史志、台湾事务、人防、广电、气象、地震等工作都取得了新的成绩。

各位代表！回顾一年来的工作，在经济下行压力大、困难挑战多的情况下，我市经济社会发展取得这些成绩来之不易。这是市委正确领导的结果，是市人大常委会、市政协、焦作军分区大力支持的结果，是全市人民共同奋斗的结果，在此，我代表市人民政府，表示衷心的感谢！

我们也清醒地认识到，经济社会发展、政府工作和自身建设还存在一些问题。一是经济下行压力较大。企业生产经营困难和问题增多，投资增速持续回落，财政收入增速放缓，一些潜在风险逐步显现。二是转型升级任务艰巨。战略性新兴产业尚未形成有效支撑，服务业占比偏低，高新技术产业规模偏小，经济新增点较少，发展质量效益不高。三是改革创新仍需攻坚。市场经济、经营城市等理念还没有落实到经济社会发展的全过程、各个环节，制约发展的传统思想藩篱依然存在，一些体制机制障碍仍未破除，创新驱动和内生增长动力仍显不足。四是民生薄弱环节较多。就业、就学、就医、住房等公共服务与群众期盼还有差距，交通拥堵、环境污染等群众反映强烈的问题需下更大功夫解决。五是作风建设还需加强。工作作风、能力素质与经济发展新常态要求还不适应，担当意识不强、推进落实不力、效率效能不高，一些领域还存在腐败现象。对此，我们一定采取有力措施，扎实有效解决，决不辜负人民期望！

二、2015年工作总体要求和主要目标

2015年是全面深化改革的关键之年，是全面推进依法治国的开局之年，也是全面完成“十二五”规划的收官之年。当前，经济发展进入新常态，我市仍处在加快转型发展的重要战略机遇期，新一轮产业革命正孕育兴起，我们更加注重新技术、新业态、新商业模式引领，推动电子商务、智能制造、工业机器人、新能源汽车等产业蓬勃发展，经济新增点不断涌现，必将为我市抢得先机、占领转型升级制高点奠定坚实基础；我们坚定不移地通过全面深化改革破除体制机制障碍，以思想观念创新带动工作方式、管理方式创新，必将为经济社会发展增添新动力、激发新活力；我们积极探索实践，科学推进新型城镇化，促进“四化”同步发展，必将持续拉动投资、释放需求、扩大消费，为经济平稳健康发展增添新动能；我们充分发挥现有一大批行业龙头企业和高素质产业工人的优势，不断完善示范区、产业集聚区等科学发展载体，必将更快更好承接产业转移，做大做强实体经济；我们夯实现代交通体系支撑，郑焦城际铁路即将通车，迎宾路南延及焦作黄河大桥即将开工，郑太铁路客运专线项目前期工作进展顺利，区位优势更加凸显，必将为我们加快焦郑融合、与晋东南合作拓展广阔空间；我们主动融入“一带一路”国家战略新布局，为用好“两个市场”“两种资源”开辟新的大通道，必将促进我市开放型经济快速发展，构筑开放新高地；我们持续加强生态文明建设，城市水系建设已见成效，林业生态网络加快构建，努力让森林走进城市、让城市拥抱森林，打造宜居、宜业、宜游的花园城市，必将为增进人民福祉、增强可持续发展能力创造良好条件；我们坚持以行政审批制度改革为突破口，大力简政放权，提升效率效能，必将为经济社会发展创造好环境、打造新引擎。只要我们紧紧抓住机遇，坚定信心、主动作为、乘势而上，就一定能把加快发展的正能量激发出来，把转型发展的巨大潜力释放出来，建设美丽焦作、全面建成小康社会的目标就一定能够实现！

今年政府工作总体要求是：以邓小平理论、“三个代表”重要思想、科学发展观为指导，全面贯彻党的十八大和十八届三中、四中全会精神，深入贯彻习近平总书记系列重要讲话精神，认真落实省委、省政府和市委决策部署，坚持“凝心聚力、转型攻坚、争创一流、绿色发展”的要求和“一个战略、四项重点、十大建设”的思路不动摇，主动适应经济发展新常态，坚持调中求进、改中激活、转中促好、变中取胜，突出调整经济结构，突出深化改革开放，突出培育新增长点，突出保障改善民生，突出创新驱动，突出风险防控，着力提高经济发展质量和效益，促进

经济平稳健康发展和社会和谐稳定，全面加快经济转型示范市和美丽焦作建设。

经济社会发展主要目标是：生产总值增长8.5%；一般公共预算收入增长9%；固定资产投资增长19%；社会消费品零售总额增长13%；进出口总值增长9%；城镇新增就业6万人以上；城镇居民人均可支配收入增长9%，农民人均纯收入增长9%；节能减排和环境质量改善完成省下达任务。

三、2015年重点工作

今年的任务艰巨繁重，重点做好九个方面工作：

（一）着力深化改革开放，增强发展动力活力

聚焦制约经济社会发展的突出障碍，深入推进重要领域和关键环节改革，进一步激发市场活力、增强内生动力、释放改革红利，以改革提效率、以改革促发展。深化行政审批制度改革。加快推进全省行政审批标准化试点市建设，大力简政放权，继续取消和下放行政审批事项，全部取消非行政许可审批事项，全面公开权力清单、责任清单，全面推进网上预受理、预审查，全面运行并联审批制度，确保在优化审批环节、压缩审批时限上取得新突破，创造焦作效率，打造焦作品牌，走在全省前列。深化财税体制改革。完善政府预算体系，加强预算执行管理，建立全面规范、公开透明的现代预算制度。规范政府债务管理，积极防范和化解债务风险。坚持税收法定原则，全面规范税收优惠政策。深入开展综合治税，提升财税精细化管理水平。深化教育医疗改革。加快推进国家义务教育均衡发展试点市创建，加快发展现代职业教育，大力发展民办教育。积极推动医疗联合体建设，深入推进县级公立医院、医保支付方式、全科医生执业方式和服务模式改革，探索开展城市公立医院改革。深化农村改革。坚持土地公有制性质不改变、耕地红线不突破、农民利益不受损三条底线，开展农村经营主体金融授信、农业大灾风险补偿等改革工作，积极争取农村土地征收、集体经营性建设用地入市、宅基地制度改革等试点，探索增加农民财产性收入的渠道。做好现代农业综合配套改革省级试验区工作。同时，加快推进政府机构、文化体制、公共资源交易、交通行政执法体制等各项改革。

积极融入“一带一路”战略，高水平引进来，大规模走出去，以开放带动发展、活跃全局。充分发挥招商优势。尽快转变比拼优惠政策的招商模式，更加注重集群式、链条式产业招商，更加注重发挥我市工业基础坚实、集聚效应明显、配套能力突出等比较优势，努力在承接产业转移的竞争中抢占先机。积极创新招商方式。突出企业招商主体地位，紧盯国内外500强和行业龙头，大力开展精准招商、以商招商、中介招商，重点推进与中车集团等合作取得实质成果。完善提升开放平台。深化关检合作，提高通关效率，降低企业成本。加强出口基地和出口产品质量安全示范区建设，争取示范区成功创建省级服务外包示范园区，推动产业集聚区申报省级出口基地。不断扩大开放领域。放宽市场准入，加快城乡基础设施、服务业、社会事业、农业等领域开放，积极推行政府与社会资本合作模式，充分发挥市场机制作用，引进更多社会力量、民间资本，用市场杠杆撬动资金、人才等要素，促进资源优化配置，提升开放型经济规模和效益。

（二）着力加快十大建设，持续增强发展后劲

把项目建设作为重中之重，以培育经济新增点、培植新的税源财源、调优经济结构为主线，持之以恒抓好项目建设。强化十大建设带动。城市水系方面，全面启动新河治理，加快灵泉湖、圆融水库等工程建设，完成大沙河带状湿地一期等工程。铁路方面，加快推进郑太铁路客运专线焦作段前期工作。生态方面，加快方山等矿山地质环境治理，推进南太行国家矿山公园等工程。示范区和产业集聚区方面，新开工10亿元以上项目24个，完成投资120亿元以上。信息化方面，加快建设智慧焦作，推进焦作云计算中心平台等建设。能源方面，龙源电厂、焦作电厂异地扩建工程全面建成投产，开工建设丹河电厂上大压小异地扩建工程。公路方面，完成武云高速主体工程，开工南太行绕城高速等项目。职教园区方面，加快推进市技师学院新校区规划建设。电子商务暨“两区”方面，完善市电子商务产业园一期配套服务功能，开工建设二期；全面开展新河商务中心区土地收储、征迁安置等工作，全面开工配套道路、高压线改造等基础设施项目；大力推进鸿运国际商城等项目，加快特色商业区建设。健康服务业方面，开工建设市福利院老年公寓楼、残疾人康复托养服务中心等项目。强化重点项目支撑。今年安排市重点项目198个，总投资1293亿元，年度完成投资412亿元。集聚要素资源，加快建设步伐，早日建成投产，用项目建设成效促进财税增收、提高发展质量。强化项目谋划储备。科学编制“十三五”规划，谋划好全局性、长远性、战略性的重大项目，力争更多项目进入国家、省级盘子，为经济社会发展备足后劲。

（三）着力新型工业化发展，加快工业转型步伐

坚持工业强市战略，以转型升级为主线，突出抓好十大产业，引领产业产品向智能化、高端化、终端化发展，抢占新一轮产业转型升级制高点。加快十大产业转型升级，推动产品结构向高端迈进。以城区工业十大振兴项目为重点，加快推进100个重大转型升级项目建设，完成投资176亿元。围绕国家新型工业化示范基地建设，重点推进河南正旭航空航天3D打印焦作基地、河南新力克喷浆机器人等项目；围绕壮大国家汽车零部件特色产业基地规模，重点推进风神轮胎高性能乘用子午胎、中内配轴瓦等项目；

围绕打造国家循环经济化工基地，重点推进佰利联氯化法钛白粉等项目；围绕加快新能源产业发展，积极申报新能源汽车试点城市，重点推进多氟多能量型动力锂电池等项目，大力支持多氟多发展新能源汽车，立雄心壮志、拼最大干劲，圆焦作新能源汽车整车梦；围绕加快食品工业发展，重点推进蒙牛乳业纯甄酸奶等项目；围绕拉长铝工业链条，重点推进奋安铝业新型高端铝型材等项目；围绕生物医药、新材料、节能环保、电子信息等新兴产业发展，重点推进中国铁路通信信号焦作产业园、健康元医药中间体等项目。大力发展智能制造业，加快传统制造转型升级。顺应新一轮技术革命趋势，把发展智能制造作为工业转型升级的战略重点，以应用为核心、市场为导向，依托我市工程机械、汽车及零部件、矿山机械、造纸机械等传统制造业，推进与大连理工大学等知名高校和科研院所合作，瞄准3D打印设备、智能机器人、智能节能环保装备、高档数控机床、自动化成套设备等领域，尽快落地一批项目，全力发展智能制造业，努力打造全省乃至全国的智能制造基地。加快示范区和产业集聚区建设，筑牢科学发展载体。抓住全国土地利用总体规划调整完善的重大机遇，科学调整全市土地利用总体规划，大力拓展示范区发展空间，推动示范区在构建现代产业体系和现代城乡体系、公共服务均等化、生态文明建设等方面先行先试，着力打造产业融合、城乡一体、统筹发展的复合型功能区，努力走在全省示范区前列。实施产业集聚区提升工程，提高产业集群、配套服务、节约集约、产城互动发展水平，9个省级产业集聚区大力争创全省十强十快十先进。保障工业经济运行，优化企业发展环境。强化要素保障，提供高效服务，保运行、促转型。加快两化融合，培育市级以上两化融合示范企业12家。推进名牌带动、标准引领和质量创新，提升企业核心竞争力。推动企业进入多层次资本市场，加强上市（挂牌）后备企业指导服务，让更多企业通过资本市场做大做强。

（四）着力实施科技强市，打造创新驱动引擎

以创建国家创新型试点城市和知识产权试点城市为载体，健全科技创新体制机制，提高科技投入使用绩效，加快构建焦作特色自主创新体系，进一步提升科技引领转型、创新驱动发展的能力。大力推进协同创新。引导企业把创新重点放在开放合作上，加强与行业龙头、高等院校、科研院所和国家级自主创新示范区对接，深化与中科院、中关村等合作，引进一批高科技成果，落地一批高科技项目，组建一批创新战略联盟，加快科技前沿技术和先进适用成果转化应用，提升焦作产业整体装备水平和工艺技术水平。积极搭建创新平台。新增一批省级以上高新技术企业，新建一批省级以上研发中心和院士工作站。与大连理工大学合作组建焦作装备制造业公共研发中心，加快河南理工大学科技园建设。运营好焦作科技大市场，打造全省科技资源集聚的新平台、科技成果转移转化的新高地。健全完善体制机制。大力发展科技金融，完善金融支持科技创新政策，出台扶持科技型中小企业融资办法，实施知识产权质押贷款制度，探索成立服务科技创新的银行专门机构。整合市县两级财政科技资金，研究制定统筹使用办法，探索利益共享、风险共担新机制；继续实施创新券、贷款贴息等制度，最大限度发挥财政资金杠杆作用和放大效应，为高科技企业插上腾飞翅膀，让我市转型发展源于科技创新、兴于科技金融、成于创新驱动，加快打造焦作经济升级版。

（五）着力推进新型城镇化，加快城乡一体化发展

坚持以人为核心，坚持以农业转移人口市民化为重点，坚持“一基本两牵动三保障”，更加注重经营城市，更加注重运用市场机制，科学推进新型城镇化发展。优化空间布局。开通郑焦城际铁路，加快迎宾路南延及焦作黄河大桥项目建设，打通焦作至郑州的快速通道，主动向以郑州为中心的组合型大都市区融合发展。加快焦修博武一体化，推动中心城市组团式发展。加强县城建设发展，着力建好吸纳农业转移人口的主载体。强化政策保障。落实户籍制度改革政策，研究制定就业、教育、医疗、社会保障等配套改革措施。切实保障进城农民的土地承包经营权、农户宅基地用益物权和农民集体经济收益分配权，让农民带着权益进城、带着保障落户。增强承载能力。全面推进新市民社区试点建设，建成3个试点社区。开工建设保障性住房5707套，基本建成7396套。加快城中村和棚户区改造，启动南水北调两侧绿化带及配套设施建设。加快中心城市大外环建设，实施民主路等主干道延伸工程，完善示范区路网体系，改造一批瓶颈路，打通一批断头路。全面加快城市污水管网建设，实现中心城区全覆盖。改造供水管网30公里、燃气管网50公里，新增供热面积500万平方米。加快推进世界银行贷款公交项目建设，再更新一大批新能源公交车，下大力气打造省级公交优先示范市。规范经营城市。继续严厉打击“双违”，规范管理土地市场，严格收储出让制度，深入推进道路桥梁冠名、路牌广告等公共资源经营，增强政府科学配置资源、推动城市可持续发展能力。深入开展市容市貌专项整治，扎实推进城乡接合部环境卫生治理。拓宽筹资渠道。设立新型城镇化发展基金，积极争取省基金支持；利用投融资平台进行市场化运作，推进市政债券发行；采取股权融资、特许经营等方式，吸引更多社会资本参与基础设施建设，积极构建市场化、可持续的新型城镇化建设融资新机制。

（六）着力发展现代服务业，调整优化产业结构

把发展现代服务业作为稳增长、调结构的突破口，瞄准新业态、新模式，抢占先机、跨越发展，努力把现代服

务业的巨大潜力转化为现实生产力。以新型业态为产业导向，培育经济新增点。大力发展电子商务，围绕市电子商务产业园、新河商务中心区和示范区、焦西、武陟等电商物流园建设，完成电子商务发展规划，优化电子商务发展布局。大力引进电商龙头、现代物流和互联网金融、物流金融企业，全力支持百度、新浪、中青网、北斗星通、一亩田农业网、浪潮集团等区域总部和运营中心建设，强力推进阿里巴巴产业带、韩国跨境电商平台、慧聪网、58同城、360搜索、银江科技、淘宝大学等项目尽快入驻运营，加强与京东、当当、中国兵工、中电科、南方物流等公司的战略合作，积极创建省级、国家级电子商务示范基地，做大做强电子商务产业，力争通过3年努力，使我市电子商务率先在全省取得重大突破、实现跨越发展。以商业模式创新为重要途径，激活消费需求。实施商业模式创新示范工程，探索形式多样的新兴商业模式，引导和鼓励企业线上线下连通、虚拟实体结合，利用电子商务进行市场营销，强力推进电子商务进农村进社区，积极发展直营店和乡村连锁商业中心，加快建设现代城市综合体，发展商务楼宇经济，在满足个性化、多样化消费需求上赢得主动，进一步释放城乡消费潜力。以金融创新为核心抓手，打通实体经济血脉。构建企业—政府—银行“铁三角”，强化市县两级政府信用担保体系建设，提高政府性中小企业担保公司担保能力；建立装备制造、节能环保等产业基金，加快建设政府引导基金体系；深化政府、银行、保险三方合作，完善小额贷款风险补偿机制；加强应急转贷平台建设，降低企业“过桥”成本；深化与省农业担保集团合作，为农民合作社提供优质金融服务；开展农村土地承包经营权抵押贷款试点，拓宽农业农村融资渠道，着力创新金融平台、创新金融产品，疏导金融“活水”源源不断滋润实体经济，力争在金融创新方面创造焦作经验，走在全省前列。以文化旅游业为坚实基础，做靓服务业品牌。加快十大文化旅游园区项目建设，培育文化旅游经济新增点。完成中心城区旅游发展总体规划，加快旅游服务设施建设，提升城市旅游服务功能。开拓国内外旅游市场，办好云台山国际旅游节。加快云台山旅游股份有限公司上市步伐。推动太极拳申报世界非物质文化遗产。引进社会力量进行市场化运作，谋划筹建太极文化大学，加快开发太极文化产业。依托太极故里、山水焦作、四大怀药等优势，谋划发展大健康产业，推动品牌效应向经济效益转化。

（七）着力农业现代化发展，巩固农业基础地位

按照稳粮增收、提质增效、创新驱动的要求，加快发展现代农业，加快建设美丽乡村，努力使农业更强、农民更富、农村更美。提升农业综合生产能力。新建高标准粮田28万亩。新增农机具5000台，在深松作业、粮食烘干等新型农机推广方面实现新突破。实施现代农业产业化集群培育工程，新增省集群2个，集群销售收入突破600亿元。积极推进农业结构调整。加快四大怀药、绿色蔬菜、食用菌、林产品等特色产业发展，提高生猪、家禽、奶业等产业发展水平，积极发展都市生态农业，加强农畜产品质量安全监管，开展国家农产品质量安全县创建，大力培育农产品品牌，创造农业发展新优势，促进农民增收致富。加强农业基础能力建设。完成山王庄水库等除险加固任务，完成大沙河聂村段等河流治理工程，治理水土流失面积36平方公里，发展节水灌溉面积6万亩。加强农业科技创新，推广农业科技成果。加快气象现代化建设，提高抗灾减灾能力。构建新型农业经营体系。出台支农资金奖励性补贴措施，大力发展专业种养大户、家庭农场、农民合作社、农业产业化龙头企业等新型经营主体，积极培育新型农业社会化服务组织。加快农村土地承包经营权确权登记颁证工作，引导农村土地经营权有序流转，推进农业适度规模经营。新增农民合作社200家，总数达到4000家以上。深入推进新农村建设。坚持“物的新农村”和“人的新农村”建设齐头并进，科学编制新农村建设规划，分类推进新农村综合发展、特色发展。加强农村基础设施建设，新改建农村公路410公里，再解决16万农村群众的饮水安全问题。深入推进美丽乡村建设，改善农村人居环境，争取15%以上的行政村创建成省级示范村，30%以上的行政村创建成省级达标村。

（八）着力生态文明建设，让美丽与发展同行

坚持源头严防、过程严管、后果严惩，加快美丽焦作建设步伐，共建天蓝水清地绿的美好家园。加强生态体系建设。积极创建国家森林城市，高标准推进城市园林绿化，加快北部山区生态治理恢复，完成森林资源培育16.9万亩，努力让森林走进城市、让城市拥抱森林，打造宜居、宜业、宜游的花园城市。强化水生态保护。积极申报国家海绵城市建设试点，大力推进水生态文明城市试点建设，扎实推进城市河道清洁行动，合理开发黄沁河水资源，建设黄沁河生态涵养带，不断改善水生态环境。深入开展环境污染整治。实施燃煤锅炉改造、工业大气污染综合治理等工程，推进汽车尾气、施工扬尘治理和秸秆禁烧等工作，推广应用清洁能源，严厉打击环境违法行为，着力改善空气质量。加强重点流域河流污染治理，推进非工业园区废水排放企业提标改造，加快污水处理厂及配套管网建设。开展重金属污染整治，重点治理皮毛制革、铅蓄电池等行业。加强农村生态环境保护，抓好面源污染治理和土壤污染防治。构建生态建设长效机制。深入推进国家首批资源综合利用双百工程示范基地建设，加快企业节能环保技术改造。做好国家资源枯竭城市转型年度绩效评价工作。完善能源消费总量和重点污染物排放总量预算管理制度，坚

持不懈推进节能减排，确保完成“十二五”目标任务。实施节能量、排污权、碳排放、水权交易制度，健全生态环境补偿、环境损害鉴定评估和责任追究等机制，让绿色发展者受益，让损害环境者付出沉重代价。

(九) 着力保障改善民生，维护社会和谐稳定

持续加大民生投入，继续实施省、市十项重点民生工程，不断增进人民群众福祉。保持就业稳定增长。深入开展全省统筹城乡就业创业试点市建设，做好高校毕业生、城镇困难人员等重点群体就业工作，大力实施全民技能振兴工程，加大职业技能培训和创业培训力度，以创业带动就业。提高社会保障水平。加强救助体系建设，深入开展对城乡低保、困难群体的临时救助和商业保险医疗救助，健全完善城镇医保按比例报销上不封顶制度和城乡居民基本养老保险制度，加快实施职工大额补充医疗保险即时结算制度，积极推进扶残助残工程，织牢社会保障安全网，兜好民生底线。实施住房公积金惠民工程，开展与银行机构组合贷、网络贷等工作。发展教育文化事业。优化中小学布局，实施农村中小学标准化项目，建成韩公教育园区(一期) 等一批城区中小学幼儿园，提升发展特殊教育，逐年提高普通高中学校生均公用经费标准，从秋季起对全日制中职在校生全免学费，努力让每个孩子享受到更好更公平的教育。统筹推进焦作大学、焦作师专升本工作，支持河南理工大学加快发展。实施一批文化惠民工程，做好基层综合文化服务中心建设试点工作，推进市工人文化宫迁建和群艺馆、博物馆新馆规划建设。提升群众健康水平。加快推进市二医院新城区医院、中心血站核酸检测实验室、食品药品检验检测中心等建设。提高出生人口素质，促进人口长期均衡发展。办好第八届国际太极拳交流大赛，创建全省全民健身示范市。落实加快发展养老服务业扶持政策，发挥政府主导作用和社会力量主体作用，推进以居家为基础、社区为依托、机构为支撑、医养相结合的养老服务体系建设。创新社会治理。加强法治宣传教育，完成六五普法任务。加强社会治安综合治理，强化应急管理，建设平安焦作。完善落实安全生产责任体系，切实加强安全监管。推行依法逐级走访制度，排查化解信访隐患。健全完善食品药品监管体系，保障食品药品安全。依法打击和处置非法集资。加强扶贫开发，促进贫困人口稳定脱贫。大力发展志愿者事业。认真做好民族宗教工作。深入开展全国双拥模范城“五连冠”创建，巩固军政军民团结，推进军民融合深度发展。

四、扎实推进政府自身建设

新形势赋予新使命，新常态要有新作为。扎实开展“三严三实”专题教育活动，推动作风建设常态化长效化，持续加强政府自身建设，不断提高政府工作水平。

(一) 打造思想解放、创新发展的政府

主动适应新常态、新政策、新要求，摒弃老思维、老套路、老办法，进一步解放思想，牢固树立市场经济观念，不断强化经营城市理念，遵循市场经济规律，善用市场机制手段，靠市场运作项目，靠经营滚动发展，以思维方式创新推动发展方式创新，以创新激发活力、增添动力、加快发展。

(二) 打造依法行政、公开透明的政府

把政府工作全面纳入法治轨道，运用法治思维和法治方式深化改革、推动发展、化解矛盾、维护稳定。坚持法定职责必须为、法无授权不可为，严格按照法定权限和程序行使权力、履行职责。依法接受人大及其常委会法律和工作监督，主动接受政协民主监督，严格执行人大及其常委会的决议决定，全力支持配合人大、政协依法履行职能、开展工作，认真办理人大代表建议和政协委员提案，广泛听取民主党派、工商联、无党派人士、人民团体意见，自觉接受群众监督和舆论监督。深入推进政务公开，推进决策公开、执行公开、管理公开、服务公开和结果公开，让人民监督权力，让权力在阳光下运行。

(三) 打造担当有为、务实重干的政府

摆脱换挡焦虑、克服本领恐慌，突破守摊子、保位子观念束缚，敢抓敢管、敢闯敢干，以踏石留印的精神、抓铁有痕的劲头，少说多做、说到做到，真抓实干、勇争一流，汇聚经济社会发展正能量。

(四) 打造作风优良、服务高效的政府

持续改进工作作风，大力提升服务水平，紧盯发展目标任务，围绕企业发展、项目建设和基层群众，主动作为、优质服务，破解体制机制障碍，提高行政效率效能，不懈怠、不松劲，久久为功、善作善成，用作风大转变、服务大提升，助推焦作发展再上新台阶。

(五) 打造廉洁自律、风清气正的政府

坚决落实党风廉政建设“两个责任”，坚决执行廉洁自律各项规定，深入开展反腐败斗争，严肃执纪问责，有腐必惩，有贪必肃。加强岗位权力风险防控机制建设，用制度管权、管事、管人、管钱，扎紧制度笼子，防范权力越线。严格执行中央八项规定和国务院约法三章，坚持倡俭治奢，驰而不息遏制“四风”；加强监督，管好公帑，严肃财经纪律，严控一般性支出，推动公务用车制度改革，确保“三公”经费只减不增，把更多资金用于民生、用于发展。

各位代表！人民赋予重托，奋斗铸就辉煌。让我们紧密团结在以习近平同志为总书记的党中央周围，在省委、省政府和市委的坚强领导下，锐意进取、真抓实干，全面加快经济转型示范市和美丽焦作建设，为创造焦作美好未来而努力奋斗！

国务院办公厅关于印发全国地方志事业发展规划纲要（2015-2020年）的通知

国办发〔2015〕64号

各省、自治区、直辖市人民政府，国务院各部委、各直属机构：

《全国地方志事业发展规划纲要（2015-2020年）》已经国务院同意，现印发给你们，请认真贯彻执行。

国务院办公厅

2015年8月25日

（此件公开发布）

全国地方志事业发展规划纲要

（2015-2020年）

为推进全国地方志事业科学发展，充分发挥地方志工作在我国经济社会发展和社会主义文化强国建设中的重要作用，为全面建成小康社会作出更大贡献，根据《地方志工作条例》，结合当前工作实际，制定本规划纲要。

一、发展基础与机遇

编修地方志是中华民族优秀文化传统，历史悠久，连绵不断。新中国成立后特别是改革开放以来，在党中央、国务院正确领导下，经过各地区各有关部门不懈努力，地方志工作取得巨大成就，形成以修志编鉴为主业、各项工作协调开展的事业格局，拓展了方志文化的内涵，为提升国家文化软实力发挥了独特作用。

（一）工作体制机制基本建立。基本形成党委领导、政府主持、负责地方志工作的机构（以下简称地方志工作机构）组织实施、社会各界广泛参与的工作体制；逐步形成将地方志工作纳入各地国民经济和社会发展规划、地方各级政府工作任务，“认识、领导、机构、编制、经费、设施、规划、工作”到位（以下统称“一纳入、八到位”）的工作机制。

（二）法治建设取得新进展。2006年国务院公布施行《地方志工作条例》，各地相继制定和完善地方性法规规章，进一步明确了各级政府对地方志工作的领导责任，加强地方志工作机构履行组织、指导、督促和检查地方志工作的职责，确保地方志工作依法开展。

（三）编修成果不断丰富。目前，首轮修志结束，第二轮修志进入关键时期，已出版7000多部省、市、县三级地方志书，2万多部行业志、部门志、军事志、武警志、专题志、乡镇（街道）志、村（社区）志等，1900多种、1.5万多部地方综合年鉴，1000多种、7000多部专业年鉴，大量地情文献。这些与现存的8000多种、10万多卷旧志及其整理成果，共同构成了一座以国情地情为主要内容并不断丰富的地方志资源宝库。

（四）理论研究逐渐深化。紧密结合修志编鉴实践，积极开展理论研究，已出版各种志鉴理论著作1000多部，发表论文6万多篇，取得显著成果，有力地指导了地方志工作开展，推动了方志学、年鉴学学科建设。

（五）基础设施建设逐步推进。全国已建成国家方志馆1个、省级馆15个、市级馆60多个、县级馆近200个，省级网站26个、市级网站近200个、县级网站470多个，方志工作公共基础设施建设迈上新台阶。

（六）存史育人资政作用日益彰显。通过修志编鉴、开发利用地方志资源，地方志编修已发展成为为国存史的一项重要工作，在记录当代、保存历史、传承文明、发展文化、激发民族自豪感和自信心、推动海内外文化交流合作、提供促进经济社会发展的历史借鉴和智力支持等方面，成绩日益突出、作用日益显著。

目前，全国地方志事业呈现出良好发展态势和前所未有的大好局面，但也存在着制约事业发展的问题，主要是：事业发展不平衡现象比较突出；少数地区和部门对地方志工作重要性认识不够；相关法规规章落实不到位；机构不健全，编制、人员和经费不足；志书质量有待进一步提高；人才队伍青黄不接，人员素质亟待提升；信息化与方志馆建设比较滞后；方志文化的作用有待彰显等。这些问题必须通过科学发展和深化改革，采取有效措施，认真予以解决。

“治天下者以史为鉴，治郡国者以志为鉴。”按照“四个全面”战略部署，党和国家对地方志工作提出了新任务新要求，强调要高度重视修史修志，把历史智慧告诉人们。全国地方志事业迎来重要发展机遇。修志问道，以启未来。地方志工作要适应经济社会发展新形势，明确在发展改革大局中的目标任务，科学规划，积极创新，有序推进地方志事业持续健康发展。

二、指导思想与基本原则

（一）指导思想。全面贯彻落实党的十八大和十八届二中、三中、四中全会精神，按照党中央、国务院决策部署，落实第五次全国地方志工作会议要求，解放思想，实事求是，锐意进取，改革创新，依法全面推动全国地方志事业发展繁荣。

（二）基本原则。

1. 坚持正确方向。坚持走中国特色社会主义文化发展道路，坚持为人民服务、为社会主义服务的方向，通过编修和开发利用地方志成果，为培育和践行社会主义核心价值观提供丰富、优秀的精神文化产品。

2. 坚持依法治志。国家地方志工作机构依法统筹规划、组织协调、督促指导全国地方志工作；省、市、县级地方志工作机构依法履行组织、指导、督促和检查地方志工作职责，加强编纂业务工作。

3. 坚持全面发展。以修志编鉴为主业，统筹兼顾理论研究、开发利用、信息化建设、方志馆建设、旧志整理等工作，实现地方志事业全面协调可持续发展。

4. 坚持改革创新。继承和弘扬中华民族修志的优良传统，认真总结地方志工作的经验教训，深化改革，与时俱进，推动理论创新、制度创新、管理创新、方法创新。

5. 坚持质量第一。坚持存真求实，确保地方志质量。正确处理质量与进度的关系，将精品意识贯穿于地方志编纂出版工作全过程，严把政治关、史实关、体例关、文字关、出版关，编纂出版经得起历史检验、具有鲜明时代特征和地域特色的地方志成果。

6. 坚持修志为用。发挥地方志资源优势，全面提升开发利用水平；拓宽用志领域，提升服务大局能力，为党政机关、社会各界和人民群众服务；加大宣传力度，提高全社会读志用志水平。

三、总体目标与主要任务

（一）总体目标。到 2020 年，全面完成第二轮修志规划任务，实现省、市、县三级综合年鉴全覆盖，加快信息化和方志馆建设，做好第三轮修志工作准备，加强对社会修志的指导和管理，基本形成地方志编修体系、理论研究和学科建设体系、质量保障体系、资源开发利用体系、工作保障体系“五位一体”的地方志事业发展综合体系，努力开创地方志事业发展新局面。

（二）主要任务。

1. 全面完成第二轮修志规划任务。到 2020 年，完成第二轮地方志书规划任务，省、市、县三级地方志书全部出版。在抓紧完成第二轮修志任务的同时，全面总结第一轮、第二轮修志工作的经验教训，认真研究第三轮修志的组织管理、运作模式、续修方式等，为启动第三轮修志做好资料收（征）集、队伍培训及理论准备等工作。

2. 大力推进地方综合年鉴工作。到 2020 年，做到地方综合年鉴由地方志工作机构组织编纂，一年一鉴，公开出版，实现省、市、县三级综合年鉴全覆盖。

3. 重视军事、武警及其他各类专业志鉴、民族地区地方志、乡镇村志和地方史编纂工作。加强对已开展和准备开展志鉴编纂工作的行业、部门、单位等的业务指导和管理。支持民族地区做好地方志编纂工作。指导有条件的乡镇（街道）、村（社区）做好志书编纂工作,做好中国名镇志文化工程、中国名村志文化工程组织编纂工作。具备条件的，可将地方史编写纳入地方志工作范畴，统一规范管理。

4. 深入开展旧志整理工作。编制全国旧志整理规划，编辑旧志联合目录。具备条件的地方应编辑出版历代方志集成，分类整理旧志资料。加强与国内外高等院校、科研院所、公共图书馆、档案馆等单位的交流与合作，开展旧志点校、提要、考录、辑佚等工作。

5. 加强地方志理论研究和学科建设。制定方志、年鉴理论和方志学、年鉴学学科建设规划，建立和完善方志、年鉴理论研究学术规范，力争到 2020 年形成较为成熟的方志学和年鉴学学科体系。充分发挥方志期刊和各级地方志学会的作用，活跃学术研讨，推动理论建设。加强与相关学科交流合作，开展地方志编纂、地方志事业发展等重要理论问题研究，编写方志学、年鉴学通用教材及各分支学科研究论著。总结历代一统志编纂经验，开展编修一统志的可行性研究。

6. 加强人才队伍建设。重视人才选拔、培养和使用，加强专兼职结合、结构合理的人才队伍建设，培养和引进一批高端人才，建设一支高素质的地方志编修、研究工作队伍，弘扬修志问道、直笔著史的方志人精神。

7. 深化地方志质量建设。严格执行《地方志书质量规定》《地方综合年鉴编纂出版规定》有关要求，制定质量管理、质量监督等规定，完善地方志质量评议、审查验收制度，严把质量关。按照国家有关规定申报设立志书、年鉴及优秀学术成果评比奖励项目，逐步将志书、年鉴纳入国家及地方有关图书奖评比。

8. 强化地方志资料建设。加大依法收（征）集地方志资料力度，建立和完善地方志资料收（征）集、保存、管理制度，推行地方志资料年报制度并形成常态机制；运用社会调查、口述史等方法，大力拓展资料收（征）集范围和渠道，建立能够全方位适应地方志编纂、地方志事业发展和方志文化建设需要的地方志资料保障机制。

9. 加快地方志信息化建设。按照统一规划、统一标准、分级建设、资源共享、安全保密的原则，制定全国地方志事业信息化发展意见，充分利用已有信息基础设施和数据资源，加快地方志信息化建设步伐，支持民族地区地方志信息化建设。逐步建立地方志全文数据库。应用现代信息技术，加强对不同载体的地方文献收（征）集、保护和开发利用，推动信息标准化工作。实现国家、省、市、县四级地方志资源共享，面向社会提供优质服务。

10. 提高地方志资源开发利用水平。加强对地方志资源的深加工，拓宽服务渠道，增强服务功能，创新服务手段，更好地贴近经济社会发展实际，贴近人民群众需要。做好《中国地情报告》《中国方志发展报告》《中国年鉴发展报告》编纂工作。发挥地方志资源在地方公共文化服务中的重要作用，利用各类媒体广泛宣传地方志成果，推动方志文化进机关、进农村、进社区、进校园、进企业、进军营，推动城乡方志文化建设，培育地方历史记忆。

11. 扩大学术交流与合作。采用多种形式，加强与香港、澳门和台湾地区以及国外的高等院校、科研机构、档案机构与图书馆等单位的学术交流与合作。服务国家文化“走出去”战略，推介一批高质量地方志成果，充分展示地方志的当代价值及永恒魅力，推动方志文化走向世界，增强方志文化影响力。

四、保障措施

（一）法治保障。推动《地方志工作条例》的贯彻落实，逐步建立健全地方性法规规章。加大地方志工作法规规章的宣传、执行力度，定期开展执法监督检查，依法纠正、查处执行不力和违法行为。

（二）制度保障。健全地方志工作机构主导、社会各界有序参与修志编鉴的途径和方式。加强督促检查，健全和完善目标考核责任制、督查通报制，强化责任落实；健全和完善地情资料收（征）集及管理、修志编鉴业务制度和主编（总纂）责任制，确保在篇目设计、资料收（征）集、总纂统稿、志（鉴）稿评议、审查验收、出版发行、报送备案等环节上均有章可循、有序推进，保障志鉴质量。

（三）经费保障。改善地方志工作条件和图书资料收藏保管条件，做好修志、编鉴、出版、科研、开发利用、信息化建设、资料文献保存等工作，加大对民族地区、贫困地区地方志工作的支持力度。地方各级人民政府要将地方志工作所需经费列入财政预算。

（四）队伍保障。建立国家级、省级地方志专家库。探索地方志人才培养、引进等政策和措施，探索将方志学人才培养纳入国民教育体系的方式方法。完善教育培训制度，分级实施对地方志工作机构新任负责人、志鉴主编（总纂）的专项培训，实现修志编鉴人员岗前培训全覆盖、培训工作常态化；与高等院校、科研机构联合开展地方志专业方向研究生教育，举办专业进修班，支持地方志工作人员接受专业继续教育。按照国家有关规定开展先进集体和先进工作者评选表彰活动，建立干事创业的激励机制，营造良好氛围。

（五）宣传保障。利用各级各类新闻媒体，大力宣传地方志工作机构贯彻落实党和国家大政方针的新举措、地方志工作服务经济社会发展的新成绩、地方志工作者投身现代化建设的新贡献。挖掘地方志资源的现实价值、历史价值，设计宣传主题，创新宣传形式，推出一批人民群众喜闻乐见、有较大社会影响力的地方志宣传精品。

五、加强组织领导

地方志工作要坚持和健全党委领导、政府主持、地方志工作机构组织实施、社会各界广泛参与的工作体制，坚持“一纳入、八到位”的工作机制。地方志工作机构设置和人员编制，要与其有效履行职能、顺利开展工作的要求相适应；按照德才兼备原则和专业要求，配齐配强地方志工作机构的领导班子。

各地区各有关部门要结合工作实际，根据本规划纲要要求，制定本地区本部门地方志事业发展规划或实施方案，切实加强分类指导，加大组织推动力度，全面提高地方志工作水平，确保全国地方志事业平稳、有序、健康发展。

军事志事业发展规划由中国人民解放军军事志指导小组制定。

中国地方志指导小组及其办公室要对本规划纲要落实和执行情况进行督促检查。

市情概览

·基本情况·

【地理位置】 焦作市位于河南省西北部，北依太行，南临黄河，地处北纬34° 48′ ~35° 30′、东经112° 02′ ~113° 38′ 之间，呈北山南滩中川之势。东与新乡市的辉县、获嘉县、原阳县接壤，西与济源市和山西省晋城市毗邻，南与郑州市的荥阳市、巩义市，洛阳市的孟津县隔河相望，北与山西省陵川县搭界。东西长102公里，南北宽77公里，总面积4071.1平方公里。中心城区面积424平方公里，市区建成区面积107.51平方公里。

【行政区划】 2014年，焦作市下辖沁阳市、孟州市2市，博爱县、武陟县、修武县、温县4县，解放区、山阳区、中站区、马村区4区及焦作市城乡一体化示范区，共107个乡镇街道（20个乡、35个镇、52个街道），1826个村民委员会，144个社区。其中沁阳市辖王召乡、王曲乡、常平乡3个乡，紫陵镇、西向镇、西万镇、山王庄镇、崇义镇、柏香镇6个镇，怀庆办事处、沁园办事处、覃怀办事处、太行办事处4个办事处，307个村民委员会；孟州市辖槐树乡1个乡，化工镇、南庄镇、谷旦镇、西虢镇、城伯镇、赵和镇6个镇，大定、会昌、河雍、河阳4个街道，274个村民委员会；博爱县辖金城乡、寨豁乡2个乡，许良镇、月山镇、柏山镇、磨头镇、孝敬镇5个镇，清化镇街道、鸿昌街道2个街道，204个村民委员会（8月5日，焦作市人民政府批复同意博爱县撤销清化镇，设立清化镇街道办事处和鸿昌街道办事处）；武陟县辖三阳乡、小董乡、大虹桥乡、北郭乡、嘉应观乡、乔庙乡、圪垱店乡7个乡，大封镇、西陶镇、詹店镇、谢旗营镇4个镇，木城街道、龙源街道、龙泉街道、木栾街道4个街道，352个村民委员会；修武县辖五里源乡、王屯乡、西村乡3个乡，城关镇、郇封镇、七贤镇、周庄镇、云台山镇5个镇，小营工贸区、城镇居民社会服务办公室，197个村民委员会；温县辖岳村乡、招贤乡、北冷乡3个乡，温泉镇、祥云镇、番田镇、黄庄镇、武德镇、赵堡镇、南张羌镇7个镇，262个村民委员会；解放区辖王褚、上白作、焦南、焦西、民主、新华、民生、焦北、七百间9个街道和解放工业园区管委会，23个村民委员会、34个社区；山阳区辖中星、新城、东方红、焦东、百间房、太行、艺新、光亚、定和9个街道，19个村民委员会，33个社区；中站区辖许衡、府城、龙翔、龙洞、李封、王封、朱村、冯封、月山、丹河10个街道，35个村民委员会，14个社区；马村区辖安阳城、演马、待王、马村、北山、冯营、九里山7个街道，64个村民委员会，14个社区；焦作市城乡一体化示范区辖苏家作乡1个乡，阳庙镇、宁郭镇2个镇，文昌街道、李万街道、文苑街道3个街道，89个村民委员会。

【人口】 2014年，全市总人口368.49万人，常住人口352.25万人。出生率10.53‰，死亡率5.38‰，自然增长率5.15‰。城镇化率53.21%。其中沁阳市49.13万人，孟州市38.41万人，博爱县39.8万人，武陟县73.06万人，温县45.01万人，修武县28.42万人，解放区28.15万人，山阳区25.48万人，中站区11.96万人，马村区14.31万人，城乡一体化示范区14.76万人。

【民族】 2014年，焦作市有回、满、壮、土家等34个少数民族，少数民族人口7.62万人，占全市总人口的2.1%，回族约占少数民族人口的99.1%。全市共有42个少数民族聚居村和杂居村（其中回族3000人以上的村街8个），少数民族人口千人以上的乡镇（办事处）17个，万人以上的县市区3个。全市有少数民族企业1498家，规模以上企业65家，工业增加值完成33.5亿元；全国少数民族特需用品定点生产企业13家，占全省87家的15%；清真食品生产经营企业和个体户1715家。

【宗教】 2014年，焦作市有伊斯兰教、基督教、天主教、佛教、道教五大宗教，信教群众20.65万人，占全市总人口的6%。正式活动场所300处，教职人员614人。其中伊斯兰教清真寺82坊，阿訇97人；基督教教堂154座，教职人员377人；天主教教堂7座，教职人员8人；佛教寺院（庵）42所，教职人员76人；道教宫观15所，教职人员56人。有市级宗教团体7个，县级宗教团体27个。

【建置沿革】 焦作行政区，早在8000多年前的母系氏族公社时期就已存在人类部落。夏朝属冀州辖，称覃怀地。《禹贡》分天下为九州，此属冀州。商及西周时属畿内地，据《汉书·地理志》记载，周灭殷之后，分属雍、邘、温三国；东周为晋南阳地，战国属魏、卫二国；秦归三川郡，汉至三国属河内郡；晋时为河内郡，修武属汲郡；南北朝属河内郡，后魏分属怀州河内郡、武德郡、司州汲郡；隋属河内郡；唐分属河北道怀州河内郡、河阳三城使盟州（即孟州）、河南道河南府河南郡；五代归怀州、孟州；宋分属河北西路怀州河内郡、京西北路济源郡（治在孟州）；元分属燕南河北道怀庆路、孟州；明曰怀庆府，属河南布政使司怀庆路；清属河南省怀庆府，置河内县、济源县、修武县、武陟县、温县、孟县、原武县、阳武县，府治河内县，使河内县长期成为怀庆府地区的政治、经济、文化中心。1910年清政府始置修武县焦作镇。1913年民国政府改怀庆府为河南省河北道，后改豫北道；1927年8月析置博爱县，怀府各县均属河南省第四行政督察公署辖。

1945年9月8日焦作解放，10日中共焦作市委、焦作市民主政府成立；9月16日中共太行区第八地委、太行区第八专署、太行军区第八军分区机关从博爱县北部的汉高城、玄坛庙迁入焦作。同年11月，太行行署调整太行区行政区划，太行第八专区改为第四专区，同时成立中共太行第四地委、太行行署第四专署、太行军区第四军分区。焦作及博爱、温县、武陟、修武、修获武联合县等属之。1948年3月太行第四专署撤销焦作市，改设焦作县。1949年5月中共太行四地委、四专署、四军分区改为中共新乡地委、新乡专署、新乡军分区（地直机关在焦作），辖焦作、新乡二市和获嘉、辉县、新乡、修武、武陟、沁阳、温县、博爱九县。同年8月，中共平原省委和省人民政府在新乡成立；9月平原省人民政府发布命令，新乡专署下辖新乡、修武、获嘉、武陟、焦作、孟县、沁阳、博爱、济源等15个县，焦作煤矿改为焦作矿务局；10月焦作县改为焦作矿区；1952年11月平原省建制撤销，焦作矿区划归河南省新乡专署，新乡专署机构由焦作迁往新乡。

1956年1月焦作矿区（地区级）受省、地双重领导；同年7月9日，国务院批准河南省人民委员会《关于将焦作矿区改为省直辖市的报告》决定：撤销焦作矿区，设置焦作市，由河南省直接领导；1958年12月国务院批准将焦作市委托新乡专员公署代管；1959年12月修武、博爱两县划归焦作市领导；1960年8月撤销修武县、博爱县和温县建制，其行政区分别并入焦作市和沁阳县，1961年10月恢复修武、博爱、温县建制，归新乡专员公署领导；1974年1月焦作市受河南省和新乡地区双重领导；1982年3月省委、省政府决定焦作市为省辖市；1983年9月修武、博爱两县划归焦作市领导。1986年1月温县、武陟、孟县、济源、沁阳五县划归焦作市领导。1988年8月1日撤销济源县，设立济源市。1989年9月撤销沁阳县，设立沁阳市。1996年5月撤销孟县，设立孟州市。1997年1月济源市划归河南省直辖。至2014年底，焦作市辖沁阳市、孟州市2市、修武县、武陟县、温县、博爱县4县和解放区、山阳区、中站区、马村区4区和焦作市城乡一体化示范区。

【地名演化与命名】 焦作坐拥四座古城，即商代的雍城（今府城），春秋时期的隤城（今隤城寨）、南阳邑（今安阳城）和西汉时期的山阳城（今墙南）。雍城是周文王之子雍伯的封国，从西周至秦的900多年间，是当地政治、经济、文化中心。隤城是周武王封给苏忿生的十二邑之一，从周代到宋代的2000余年间，繁荣不衰。山阳城是汉献帝刘协被曹丕废黜后所封的食邑，为战国时期重镇，在汉代就是全国较大的冶铁基地。在明清时代土煤窑和各种手工作坊星罗棋布，孕育着焦作发展为城市的胚胎。19世纪末20世纪初，英福公司在焦作窃取煤炭开采权，是焦作城市诞生的直接契机。

焦作的前身是西焦作、东焦作两个自然村，古称“涧西屯”“涧东屯”。据明万历四十一年（1613）《重修玉皇庙记》碑文载：宁治（今修武县城）西北40余里有村曰涧西，即指现在的焦作街（俗称西焦作）。1910年，清政府以西焦作为中心建置焦作镇。

焦作名源有两说：一说由焦家作坊简化而来。“焦”为姓氏，“作”为“作坊”，是姓焦的人家开设的作坊，生意兴隆，颇有名气，人们在交往言谈中，为方便省事，把焦家作坊简化为“焦作”了。明隆庆六年（1572）《重修圣佛寺记》碑有“焦家作”可佐证。二说由“焦枣”谐音而来。相传古时，这里枣林丛生，明洪武年间，山西洪洞县大槐树移民到达这里，以枣为食。他们定居下来，将枣晒干过冬，焦酥可口，称为“焦枣”，久之便以“焦枣”的谐音“焦作”为地名。

焦作的村镇命名。有以山岭命名的，如九里山、石碑岩、高岭、寺岭、十二会、岗庄、桑园等；有以河、沟、涧等命名的，如许河、李河、阎河、冯河、姜河、麻地沟、青石沟、田涧、马涧、南翁涧等；有以手工业作坊命名的，如东焦作、西焦作、李贵作、上白作、下白作、马作等；有以姓氏命名的，如张庄、常庄、王庄、刘庄、周庄、牛庄、李封、朱村等；有以地理位置命名的，如东王褚、西王褚、西张庄、墙南、墙北等；有以历史事件和民间传说命名的，如白马门、嘉禾屯、安阳城、启心村、上马村、中马村、下马村、定和、苏蔺、恩村、义门、待王、造店、演马等。

【地形地貌】　焦作地处太行山脉与豫北平原的过渡地带，地貌由平原与山区两大基本结构单元构成，总的地势是由西北向东南倾斜，由北向南渐低。从北部山区到南部平原呈阶梯式变化，层次分明，自然平均坡度为2‰，最高海拔1400米，最低海拔80米，地面高差达1300多米。

焦作市地形变化大，地貌类型多样，分山地、丘陵、平原3种。北部为山地，中部为丘陵，南部为沁河黄河冲积平原。山地占全市总面积的33.3%，丘陵占10.6%，平原占56.1%。

【气候气象】　焦作市属于暖温带大陆性季风气候，春旱多风，夏热多雨，秋高气爽，冬寒少雪。由于太行山的屏障作用和海拔高低悬殊，致使气候干燥，热量、光能等资源比较充足，自然灾害比较频繁。

2014年，全市总的气候特点表现为：气温偏高，光照偏少，严寒和酷热期短暂，降水总量基本正常但时空分布不均，降水时段集中、干旱持续时间长、影响大。全年年平均气温15.6℃，较常年偏高0.8℃；年平均日照时数1883.3小时，较常年偏少9.3%；年平均降水量550.4毫米，较常年偏少5.8毫米。出现了干旱、暴雨、高温、强对流、大雾及霾等主要天气气候事件，并给农、林、水等行业生产造成了一定的困难和影响，但对工业、建筑业和交通旅游等行业影响不大。综合分析，全年总的气候条件对各行业的影响利弊兼有，且利弊相当，属于正常年景。

·环境资源·

【区位交通】　焦作区位优势独特明显，交通便利，具有承东启西、沟南通北的枢纽地位。境内有焦枝、焦太、焦新、月侯4条铁路，河南省第一批开工建设的城际铁路——郑焦铁路建成运营。拥有郑焦晋、郑云、新焦济、济洛、焦温等高速公路。焦作市高速公路网已连通全国，东达省会接京港澳高速，南跨黄河接连霍高速，西连济源接二广高速，北出太行接长晋高速，初步形成了“三横三纵”高速公路网大循环、大联通的格局。目前正在加紧推进焦作至荥阳黄河大桥及连接线工程、武陟至云台山高速公路和南太行绕城高速公路以及一批国、省干道项目的建设，“三横三纵”高速公路网、“八横十纵”干线公路网、城乡农村公路网不断完善，将有力提升焦作市的交通区位优势。至2014年底，全市公路总里程达7382公里，公路密度达每百平方公里181.3公里，高速公路通车里程204公里，居全省领先位置。全年公路货物周转量4313487万吨公里，比上年增长7.5%；公路旅客周转量15295万人公里，增长10.6%。已基本形成了以高速公路为支撑、干线公路为主导、农村公路为基础，四通八达、快捷便畅、路运并举、服务优良的交通运输网络体系。

【历史文化】　焦作历史悠久，文化灿烂。古为冀州覃怀之地，史称河内、山阳、怀州、怀孟、怀庆，俗称怀川。是我国较早出现人类活动的中心地区和黄河文化发源地之一，是华夏文明的发祥地之一。现存有距今1万至2万年前的博爱县寨豁乡汉高城村旧石器晚期文化遗址，有2处距今8000多年新石器早期的裴李岗文化遗址，有30多处距今5000多年新石器中期的仰韶文化遗址，有近40处距今4000年新石器晚期的龙山文化遗址。有被评为1999年“全国十大考古新发现”的府城早商城址，为我国重点科研课题——夏商周断代工程提供了重要佐证，也把焦作城市形成的历史提前了约3500年。全市有府城遗址、嘉应观、妙乐寺塔、山阳故城、药王庙大殿等全国重点文物保护单位27处，省级文物保护单位83处，市级文物保护单位675处。有不可移动文物3014处，其中古遗址548处、古墓葬662处、古建筑1383处、石窟石刻42处、近现代重要史迹及代表性建筑378处、其他1处。馆藏文物5万余件。有陈氏太极拳、董永传说、唢呐艺术、怀梆等国家级非物质文化遗产代表性项目名录13项，省级非物质文化遗产59项，市级非物质文化遗产133项。

焦作地处中原，古代女娲补天、黄帝祈天、神农尝百草、伏羲画八卦、大禹治水等神话故事与历史传说均源出于此。这里是卜商、司马懿、韩愈、李商隐、许衡、朱载堉等历史文化名人的故里，是“竹林七贤”的隐居地和汉献帝刘协的谪居之地。这里是太极拳的发源地。明末清初，焦作市温县陈家沟人陈王廷在家传武学的基础上，汇集“河图”“洛书”太极阴阳之学说，融入中医经络学和道家《黄庭经》的导引吐纳术，结合戚家拳法及武林众家武学之精华，创编了太极拳，并世代相传，距今已历300多年。焦作被命名为“太极圣地”，温县被命名为“中国太极拳发源地”。焦作素有“盛誉千年，怀药之乡”的美誉，种植四大怀药已有3000多年的历史。四大怀药突出的历史文化价值、传统的养生保健价值以及在现今社会中的综合经济价值，使其在现今饱含文化特色的时代中，愈发凸现了其“怀川文化”和怀川地区品牌的重要性。四大怀药被认定为中国地理标志产品，实施原产地域产品保护。焦作也是陶神宁封子的故乡，盛行于北宋时期的绞胎瓷在当今重放异彩，可谓“一朵奇葩，万种风情”，成为继钧瓷、汝瓷、官瓷、三彩之后势头良好，极具发展潜力的独特瓷种。2014年8月，当阳峪绞胎瓷制作技艺被国务院公布为第四批国家级非物质文化遗产。同年11月，修武县被中国工艺美术协会授予“中国绞胎瓷之都”。

【旅游资源】 焦作旅游资源得天独厚。太行山在焦作境内绵延百余公里，从东到西分布着1000多处景点，全市景域面积达500平方公里。山水相依，雄中含秀，秀中寓奇。春赏山花，夏看山水，秋观红叶，冬览冰挂。由云台山、青龙峡、峰林峡、神农山、青天河五大景区组成的云台山世界地质公园，以独特的地质结构、完美的山水合奏独树一帜，被联合国教科文组织确定为世界首批地质公园。它与陈家沟、嘉应观、中央电视台焦作影视城、龙源湖公园、森林公园、朱载堉纪念馆、韩园、丹河峡谷、丹沁竹林、古城湖等十大景点一起，构成焦作旅游的绚丽图景。焦作市先后荣获中国优秀旅游城市、世界杰出旅游服务品牌、中国城市旅游竞争力百强城市等称号。成功创建国家级旅游服务综合标准化试点市。2014年，全市有国家A级以上旅游区12个，其中国家5A级旅游景区3个（云台山、神农山、青天河），4A级旅游景区4个（嘉应观、圆融无碍禅寺、影视城、陈家沟），3A级旅游景区3个（韩愈陵园、穆家寨生态旅游区、蒙牛工业旅游区），2A级旅游景区2个（朱载堉纪念馆、石佛寺）；有星级宾馆33家，其中五星级1家、四星级3家、三星级20家、二星级7家，一星级2家；有旅行社112家，旅游从业人员30万人，现已推出的山水风光游、历史文化游、休闲娱乐游等精品线路，深受游客青睐。全年共接待游客3298.81万人次，实现旅游综合收入261.5亿元，同比分别增长11.63%、12.14%。

【矿产资源】 2014年，焦作市已发现的矿产有27种（含亚矿种）。探明资源储量的矿种共计16种，其中能源矿产2种、金属矿产4种、非金属矿产9种、水气矿产1种。主要矿产储量：煤炭年产矿量435.2万吨，建筑石料用灰岩455.71万吨，水泥用灰岩342.2万吨，熔剂用灰岩21.11万吨，铝土矿6.09万吨，耐火粘土6.08万吨，铁矾土1.3万吨，高岭土0.3万吨，玻璃用白云岩1.05万吨，制灰用石灰岩59.09万吨。

【土地资源】 2014年，焦作市土地总面积39.73万公顷，其中耕地19.56万公顷，园地3930.88公顷，林地6.22万公顷，草地1.11万公顷，城镇村及工矿用地6.94万公顷，交通运输用地1.28万公顷，水利及水域设施用地3.58万公顷，其他用地6365.29公顷。

【水资源】 焦作市分属黄河、海河两大水系，流域面积在1000平方公里以上的河道有5条，除黄河、沁河两条大型河道外，还有丹河、大沙河、新蟒河三条中型河道，流域面积在100平方公里以上的小型河道有14条。其中焦作境内黄河河道长度98公里，花园口年径流量388.6亿立方米；焦作境内沁河河道长度80公里，年径流量（武陟站测）5.07亿立方米；丹河年均流量11.1立方米/秒；新中国成立以来大沙河实测最大流量（修武水文站测）269立方米/秒；蟒河境内长55公里，年均径流量1000万立方米；济河常年流量1.5立方米/秒。

全市有中型水库5座（顺涧、白墙、青天河、群英、马鞍石），小型水库21座（孟州14座，沁阳5座，博爱、修武各1座），蓄水能力达1.5亿立方米；有万亩以上灌区17处，设计灌溉面积达152万亩；机电排灌站880处，装机容量达1.9万千瓦；机电井4.44万眼；骨干河道堤防497公里；中小型水闸78座等一批水利工程，初步形成了拦、蓄、引、提、灌、排等较为完善的水利工程体系。

全市水资源总量7.83亿立方米，地下水资源量5.48亿立方米，地表水资源量4.18亿立方米。人均占有量223立方米，亩均占有量271立方米，分别是全国平均值的1/10和1/5。通过大力推广节水技术，狠抓节水灌溉工程建设，全市节水灌溉面积达183万亩，占有效灌溉面积的72%，完成水土流失治理面积629平方公里。

【动植物资源】 焦作地处暖温带落叶阔叶林地带，属华北植物落叶植被区，植物资源丰富，种类繁多。植物主要有针叶林、阔叶林、竹林、灌木丛及草灌丛、草甸、沼泽植被和水生植物197科785属1760种。主要有菊科、禾本科、蔷薇科、豆科、壳斗科、松科、柏科、榆科、构科、玄参科等32科的240余种植物构成森林植物的核心。其中属国家保护的珍稀植物14种，占河南省保护植物的33%。属国家一级保护植物有红豆杉，国家二级保护植物有狭叶瓶尔小草、连香树、山白树等，河南省稀有太行花、党参、裂叶榆、金铁锁、铁筷子、河南杜鹃等植物20余种。野生动物有 190 余种，其中国家保护珍稀动物 20 多种，主要有猕猴、香獐、豹、青羊、水獭、大鲵等。全年全市共完成营造林 18.37 万亩，其中人工造林 14.24 万亩。森林覆盖率达 28.5%。全市已被批准的自然保护区2个，均为国家级自然保护区，面积 37.07 万亩。森林公园 5 个，其中国家级森林公园 1 个。

·国民经济运行情况·

【概况】 2014 年，面对严峻复杂的经济形势，焦作市委、市政府团结带领全市人民认真贯彻落实党的十八大和十八届三中、四中全会精神，把深入开展党的群众路线教育实践活动与推动经济社会发展紧密结合起来，按照“凝心聚力、转型攻坚、争创一流、绿色发展”总要求，大力实施工业强市、科技强市战略，强力推进经济转型示范市和美丽焦作建设，全市经济社会保持了平稳较快发展的良好态势，人民生活得到改善，社会事业全面进步，经济社会发展取得明显成就。全年全市地区生产总值 1846.32 亿元，增长 8.8%。其中第一产业增加值 139.93 亿元，增长 4.2%；第二产业增加值 1243.43 亿元，增长 9.6%；第三产业增加值 462.96 亿元，增长 7.7%。人均生产总值达 5.25 万元。三次产业结构由上年的 7.8 ：67.4 ：24.8 变化为 7.6 ：67.3 ：25.1，第三产业比重比上年提高 0.3 个百分点。规模以上工业增加值 1072.5 亿元，增长 10.7%；一般公共预算收入 106 亿元，增长 8.5%；固定资产投资 1653.7 亿元，增长 17.4%；社会消费品零售总额 555.21 亿元，增长 12.2%；城镇居民人均可支配收入 2.4 万元，农民人均纯收入 1.25 万元，分别增长 8.7%、10.1%。居民消费价格比上年上涨 1.8%。城镇新增就业人员 8.81 万人，失业人员实现再就业 3.35 万人，困难人员实现再就业 1.55 万人，年末城镇登记失业率控制在 4.1%以内，新增农村劳动力转移就业 3.26 万人。全市地方财政收入 143.66 亿元，增长 3.2%。公共财政预算收入 105.58 亿元，增长 8.5%；公共财政预算支出 193.56 亿元，增长 5.7%。

【工业经济】 焦作是全国著名的老工业城市，有 100 多年的现代工业史。2014 年，焦作继续坚持工业主导地位，强力实施工业强市战略，突出抓转型、调结构、保运行，深化项目带动和创新企业服务举措，优化企业发展环境，工业经济保持健康平稳增长态势。全年全部工业增加值 1072.5 亿元，比上年增长 10.7%，工业对经济增长的贡献率为 74.6%，工业税收占税收的 40%左右。深入开展工业转型升级攻坚年活动，实施“330”企业培育工程，100 个超亿元转型升级重点项目完成投资 222 亿元。工业门类齐全，拥有 38 个工业行业大类，规模以上工业企业 1186 家，主营业务收入超 50 亿元企业 7 家、超 200 亿元企业 1 家；上市公司 8 家，新三板上市企业 3 家，年末境内上市公司 A 股总市值 444 亿元。

全市规模以上工业 38 个行业大类中，增加值居前 10 位的行业增速分别为非金属矿物制品业增长 11.5%，化学原料和化学制品制造业增长 12.8%，皮革、毛皮、羽毛及其制品业增长 1.6%，橡胶和塑料制品业增长 9.4%，通用设备制造业增长 26.9%，专用设备制造业增长 14.2%，汽车制造业增长 14.3%，农副食品加工业增长 11.9%，电气机械和器材制造业增长 12.8%，酒、饮料和精制茶制造业增长 16.8%。

全市十大产业（汽车及零部件产业、装备制造业、化工产业、铝工业、食品工业、能源工业等六大战略支撑产业，生物产业、新能源产业、新材料产业、节能环保及电子信息产业等四大新兴产业为重点的焦作新型工业体系）完成增加值 667.2 亿元，比上年增长 12.9%，拉动全市规模以上工业增长 7.9 个百分点。火电、煤炭、建材、黑色、有色、化工六大高耗能行业增长 7.7%，比规模以上工业增长速度低 3 个百分点。主要工业产品产量中，原煤产量增长 19.9%，发电量下降 0.5%，烧碱增长 3.7%，农用化肥增长 15%，轮胎外胎增长 9.2%，水泥下降 3.2%，氧化铝增长 8.4%，汽车配件增长 9%。全年全社会建筑业增加值 73.47 亿元，比上年增长 9%。风神工程轮胎产销量稳居国内第一，中内配气缸套产销量稳居

2014 年规模以上工业增加值主要分类情况

指　　标	增加值（亿元）	比上年增长（%）
规模以上工业增加值	1072.5	10.7
# 轻工业	369.0	9.6
重工业	703.5	11.3
# 国有控股企业	88.6	–7.7
# 国有企业	17.7	–8.9
集体企业	3.8	12.0
股份合作制企业	1.3	17.7
股份制企业	939.2	11.6
外商及港澳台投资企业	43.4	3.8
其他	67.1	8.5
# 非公有制工业	959.3	13.0

亚洲第一、世界第二，中轴重卡用大功率凸轮轴产销量居国内第一。

全年规模以上工业实现主营业务收入4707.3亿元，比上年增长11.4%；实现利润总额343.2亿元，增长7.0%。分所有制看，国有控股工业实现利润9.3亿元，下降43.5%；集体控股工业实现利润5.0亿元，增长5.3%；非公有制工业实现利润328.9亿元，增长9.8%。分行业看，煤炭开采和洗选业实现利润10.5亿元，下降35.9%；化学原料及化学制品制造业实现利润17.1亿元，下降9.3%；农副食品加工业实现利润20.1亿元，增长6.7%；橡胶制品业实现利润26.2亿元，增长17.6%；非金属矿物制品业实现利润57.6亿元，增长10.1%；有色金属冶炼及压延加工业实现利润6.2亿元，下降44.9%；通用设备制造业实现利润18.9亿元，增长13%；电力、热力的生产和供应业实现利润0.8亿元，下降43.8%。

加大科技创新力度，发挥科技对工业转型升级的支撑和引领作用。2014年，焦作市拥有国家高新技术企业42家、国家级企业技术中心4个、省级院士工作站14家，270多个行业标准和96个国家标准源于焦作。高技术产业完成增加值46.3亿元，比上年增长25.9%。焦作成为国家知识产权试点市，连续6次荣获全国科技进步先进市。

产业集群快速发展。焦作有省级产业集聚区8个（分别为焦作经济技术产业集聚区、焦作市工业产业集聚区，沁阳市、孟州市、武陟县、博爱县、温县和修武县产业集聚区），总规划面积179.9平方公里，建成区面积112.6平方公里。产业聚集区共规划装备制造、汽车及零部件、生物医药、新材料、铝精深加工、现代化工、农副产品精深加工、光电信息和新能源等主导产业9个，已初步形成装备制造1个千亿元产业集群，食品、现代循环化工、汽车零部件3个五百亿产业集群，新材料、生物医药2个百亿产业集群。2014年，全市产业集聚区完成固定资产投资1063.4亿元，规模以上工业企业实现主营业务收入2910.3亿元，增长16.4%，占全市比重达61.8%，比上年提高2.9个百分点。入驻规模以上企业489家。沁阳市产业集聚区2010、2011、2013年荣获省“十强”产业集聚区，孟州市产业集聚区2012、2013年荣获省“十强”产业集聚区，武陟县产业集聚区、经济技术产业集聚区分别荣获2012、2013年省“十快”产业集聚区。孟州市产业集聚区、武陟县产业集聚区分别荣获2014年省“两个先进”。全市产业集聚区基础设施投入超426亿元，建成道路798公里、供水管网844公里、标准化厂房665万平方米、电网761公里、变电站47座，建成区面积较上年新增4.4平方公里。

【现代农业】 焦作是全国著名的粮食高产区和全省重要的小麦种子基地、全国优质小麦和优质果蔬加工示范基地、全国农产品加工创业示范基地、全国农业机械化示范区。2014年，全市以高标准粮田建设为抓手，大力推进粮食高产创建，强化农业科技服务，粮食综合生产能力得到进一步提升，全年粮食总产达206.35万吨，比上年增长0.4%，历史性实现“十一连增”，其中小麦总产110.13万吨，连续8年超百万吨，平均亩产513.7公斤，继续保持全省领先水平。坚持稳粮、提质、增效，整合发改、农开、国土、水利等部门项目资金3.99亿元，建成高标准粮田27.4万亩，万亩方22个，千亩方12个，百亩方3个。全市累计建成111.3万亩“田地平整肥沃、排灌设施完善、农机装备齐全、技术集成到位、优质高产高效、绿色生态安全”的高标准永久性粮田，为粮食综合生产能力的稳步提升奠定了坚实基础。强化示范带动，发挥龙头企业、农民专业合作社、种粮大户、家庭农场等新型经营主体的作用，形成了一套完善的高产集成技术体系，做到了看有典型、学有样板，促进了大面积均衡增产。全市共建设粮食高产创建万亩示范片78个，超高产攻关田99个，总面积达166.3万亩。经国家小麦、玉米专家验收，粮食高产创建再创8项新纪录。其中修武县郇封镇小位村小麦高产攻关田实打平均亩产821.7公斤，创造了我国小麦高产攻关田实收最高亩产纪录。温县祥云镇玉米新品种豫安3号15亩超高产攻关田，经实打测产平均亩产达到1031公斤。全年全市粮食种植面积416.36万亩，比上年增加4.82万亩。其中小麦种植面积214.39万亩，增加1.28万亩，优质专用小麦种植面积占小麦种植面积的比重达100%；棉花种植面积2.41万亩，减少0.67万亩；油料种植面积28.16万亩，减少0.26万亩；蔬菜种植面积58.28万亩，减少3.5万亩。年末有效灌溉面积253.52万亩，比上年减少1.07万亩；新增节水灌溉面积16.07万亩。农业机械总动力405.82万千瓦，比上年增长1.3%；农用拖拉机、农用运输车分别达6.21万台和17.45万台。全年农村用电量14.11亿千瓦时，增长1.1%。

农业产业规模不断扩大。全市规模以上农产品加工企业实现销售收入572.1亿元，同比增长8.7%；实现利润65.7亿元，同比增长6.8%；实现税收23.2亿元，同比增长5.5%。重点规划建设的18个农业产业化集群销售收入达556.3亿元，同比增长9.3%。

企业实力不断增强。培育出以斯美特、天香、伊赛等为代表的一批本土知名企业，先后有蒙牛、大用等国家重点龙头企业落户焦作。全市国家级、省级和市级重点龙头企业分别达到6家、39家和125家，规模以上农产品加工企业366家，其中销售收入超亿元的企业57家。农民专业合作社3826家，覆盖率49%；农村土地流转率52%，高于全省15.7个百分点；综合机械化水平在96%以上。拥有平安种业等种子企业27家。落实农业产业化集群重点项目78个，总投资64.7亿元，其中建成投产项目34个。落实现代农业示范区重点项目40个，总投资29.3亿元，其中固定资产投资11.5亿元，完成投资额17.8亿元。小麦面粉及方便食品、玉米淀粉及淀粉糖、乳制品及肉类食品、调味品及饮料的生产量居全省前列。在河南省农业产业化龙头企业综合评比中，六个行业十强焦作市有7家企业入选，数量居全省第二位。斯美特、天香、伊赛、蒙牛等8个农业产业化集群获得省政府命名，数量居豫北地区首位。斯美特、天香、栗子园3家企业成功申报中国驰名商标，实现了焦作市农业领域在国家级品牌创建上的突破。成功创建四大怀药国家级出口食品农产品质量安全示范区，四大怀药种植面积达20万亩以上。完成一批中小河流治理和水库除险加固工程。深入开展国家森林城市创建工作，完成森林资源培育21万亩，森林覆盖率达28.5%。

2014年各行业固定资产投资完成情况

行　业	投资额（亿元）	比上年增长%
总　计	1623.53	18.2
农、林、牧、渔业	40.54	88.1
采矿业	6.28	-73.4
制造业	999.40	20.4
电力、燃气及水的生产和供应业	75.51	-16.6
交通运输、仓储和邮政业	72.84	-4.0
信息传输、计算机服务和软件业	0.18	-72.4
批发和零售业	44.01	37.2
住宿和餐饮业	15.79	-22.1
金融业	1.18	——
房地产业	218.72	18.0
租赁和服务业	17.17	95.0
科学研究、技术服务和地质勘查业	5.63	8.2
水利、环境和公共设施管理业	53.22	68.0
居民服务业和其他服务业	11.94	98.3
教育	15.10	-0.5
卫生、社会保障和社会福利业	19.99	327.5
文化、体育和娱乐业	22.99	18.1
公共管理和社会组织	3.03	14.0

【投资消费】 2014年，全市固定资产投资继续保持平稳增长，第三产业投资增长较快，产业集聚区建设加快推进。全年全社会固定资产投资1653.7亿元，比上年增长17.4%。其中固定资产投资（不含农户）1623.53亿元，增长18.2%；农户投资30.17亿元，下降11.8%。在固定资产投资中，国有及国有控股投资195.22亿元，比上年增长5.7%；民间投资1422.5亿元，增长20.7%；港澳台投资0.25亿元；外商投资0.1亿元，下降98.9%。按产业统计，第一产业投资40.55亿元，增长88.1%；第二产业投资1081.2亿元，增长14.5%，其中工业投资1081.2亿元，增长14.5%；第三产业投资501.79亿元，增长23%。全年房地产开发企业投资117.25亿元，比上年增长0.2%，其中住宅投资89.19亿元，下降5.9%。商品房屋施工面积948.68万平方米，下降5.7%；其中住宅793.92万平方米，下降6.1%。商品房屋竣工面积144.88万平方米，下降0.2%；商品房屋销售面积193.27万平方米，增长10.6%。全年计划总投资超亿元项目618个，完成投资1270.55亿元，比上年增长32.1%。其中郑焦城际铁路（焦作段）项目、华润焦作电厂2×660MW超临界机组工程项目、大江重工焦作汽车零部件及装备制造产业园项目、佰利联年产2×15万吨/年富钛料项目等重大项目进展顺利。全年产业集聚区固定资产投资1063.43亿元，比上年增长27.7%，占固定资产投资的比重达65.5%，比上年提高4.9个百分点，产业集聚区固定资产投资增长对全市固定资产投资增长的贡献率达92.4%。其中产业集聚区工业投资919.87亿元，比上年增长25.6%。

国内消费市场运行平稳，城乡消费市场同步发展，限额以上企业销售活跃。2014年，全市社会消费品零售总额555.21亿元，居全省第11位，比上年增长12.2%；限额以上企业社会消费品零售总额221.8亿元，同比增长15.7%。按经营地统计，城镇消费品零售额447.6亿元，增长12.5%；乡村消费品零售额107.61亿元，增长11.2%。按行业统计，批发业零售额77.88亿元，增长11.7%；零售业391.85亿元，增长12.5%；住宿业8.54亿元，增长11%；餐饮业76.94亿元，增长11.4%。全年批发和零售业增加值133.56亿元，比上年增长8.1%；住宿和餐饮业增加值54.74亿元，增长6.9%。25个销售大类中，限额以上零售企业销售额增速居前5位的类别依次为：五金、电料类增长30.3%，家具类增长28.3%，机电产品及设备类增长27.6%，中西药品类增长23.5%，日用品类增长21.7%。

发展开放型经济，国际贸易较快增长。全年进出口总额24.64亿美元，比上年增长8.9%。其中出口总额17.13亿美元，增长13.4%；进口总额7.51亿美元，与上年持平。在优化出口产品结构方面，高新技术和机电产品出口呈现持续增长趋势。全年高新技术和机电产品出口2.25亿美元，比上年增长31.8%，占全市出口总额的13.1%。全年新批准外商投资企业11个，比上年减少3个；实际利用外商投资7.28亿美元，比上年增长10.1%。

【服务业发展】 加快培育服务业新的经济增长点，新业态发展取得突破。服务业"两区"全面启动，电子商务崭露头角，市电子商务产业园开工建设，浪潮集团、银江科技、阿里巴巴等27家知名电商落户焦作市。现代物流业快速发展，正规划建设武陟国家公铁物流港、焦西金融物流港等重大物流园区。焦作海关监管场所、德众保税物流中心（B型）正式运营。金融业活力持续增强，全市共有光大银行、广发银行等17家金融机构，2014年末金融机构各项人民币存款余额1264.32亿元，比上年末增长9.8%。其中城乡居民储蓄存款余额794.5亿元，增长9.9%。各项人民币贷款余额853.98亿元，增长10.4%。其中短期贷款余额452.86亿元，增长–0.7%；中长期贷款余额361.94亿元，增长27.6%。全市农村信用社贷款余额160.89亿元，增长7%。全市金融机构个人消费贷款余额100.56亿元，增长19.9%。全年保险公司保费收入45.74亿元。其中财产险保费收入11.94亿元，人身险保费收入33.8亿元。全年赔款支出12.68亿元。其中财产险赔款支出4.9亿元，人身险赔款支出6.69亿元。

全年交通运输、仓储和邮政业增加值60.98亿元，比上年增长1.3%。全年邮政业务总量3.67亿元，增长23.9%；电信业务量36.17亿元，增长15.9%。年末局用电话交换机总容量58.3万门，减少5.2万门；年末移动电话交换机总容量450万户，增加12.4万户；本地固定电话用户43.02万户，减少8.18万户；移动电话用户318.74万户，增加28.44万户。年末计算机互联网用户50.98万户，增加4.88万户。

【城镇化进程】 强力推进"14820"城市转型工程，确定了焦修博武一体化发展，沁阳市、孟州和温县为组团城市的"核心城市——城市组团——中心镇——新型农村社区"城乡架构和放射状网络化组团发展战略，全市城镇化率53.21%。城市水系规划面积214平方公里，引黄入焦、引丹入焦工程建成通水，外部大连通、内部大循环的城市水系初步形成。城市承载能力明显提升，东区热电机组配套供热管网、龙源电厂配套供热管网建成投用，城市集中供热率提高到40%左右，中心城区燃气普及率92%，中心城区污水处理率86%，森林覆盖率达到28.5%，城市环境空气质量达标率68%。

【社会民生】 2014年，财政用于民生支出144.8亿元，增支11.5亿元，十项重点民生工程全面完成，人民群众得到更多实惠。全市城镇居民人均可支配收入2.4万元，增长8.7%；城镇居民人均消费支出1.62万元，增长10%。农村居民人均纯收入1.25万元，比上年增长10.1%；农村居民人均消费支出9414.8元，增长9.7%。全年居民消费价格比上年上涨1.8%，其中，食品类价格上涨3.5%，衣着类价格上涨3%，居住类价格上涨0.1%，商品零售价格上涨1.5%，农业生产资料价格上涨0.8%。

全年城镇新增就业人员8.8万

2014年全市居民消费价格指数

以上年同期为100

类　别	指　数
居民消费价格指数	101.8
#城市	101.8
农村	101.8
#食品	103.5
#粮食	104.1
肉禽及其制品	99.5
鲜蛋	114.9
鲜菜	94.8
水产品	108.8
在外用膳食品	103.5
烟酒	99.0
衣着	103.0
家庭设备用品及维修服务	101.7
医疗保健及个人用品	102.3
交通和通信	99.7
娱乐教育文化用品及服务	100.8
居住	100.1

人，失业人员实现再就业3.35万人，困难人员实现再就业1.55万人，城镇登记失业率控制在4.1%以内，新增农村劳动力转移就业3.26万人。超额完成预期目标，焦作市成为全国公共就业人才服务标准化试点市。社会保障体系建设不断完善。在全省率先实行城镇医保报销按比例上不封顶制度，惠及95万参保群众；在全省率先建立商业保险医疗救助制度，为15万城乡困难群众购买商业保险服务；在全省率先完善城乡困难群众临时救助制度，救助9334人次；全面启动保险机构参与的新农合大病保险制度，260万农村群众从中受益。新增养老床位3000余张，解决了22.8万农村群众和师生安全饮水问题，基本建成保障性住房8304套。至2014年末，全市参加城镇基本养老保险人数62.46万人，其中企业在职职工参保37.07万人、企业离退休人员参保13.61万人、参加失业保险人数35.86万人、参加城镇基本医疗保险人数95.02万人。全年共发放城镇居民最低生活保障金9832.2万元，享受最低生活保障3.42万人。全市农村低保对象10.44万人，发放农村低保金1.5亿元。全年民政部门医疗救助6.58万人次，救助资金2693.6万元；资助参合参保医疗3.3万人次，救助资金186.4万元。资助参加合作医疗11.4万人次，救助资金666.3万元。年末社会福利院床位200张，在院人数92人；儿童福利院床位数400张，在院人数338人。社区服务中心55个。全年销售福利彩票2.92亿元，接受社会捐赠642.26万元。

社会事业加快发展。2014年，全市有各级各类学校（机构）831所，教育人口97.58万人，其中在校生91.87万人，教职工5.71万人，教育人口占总人口27.7%。有艺术表演团体8个，文化馆11个，公共图书馆7个，博物馆8个，全国重点文物保护单位27处，入选国家级非物质文化遗产名录13个，综合档案馆11个。拥有卫生机构2656个，医院、卫生院136个，妇幼保健院（所、站）11个，疾病预防控制中心（防疫站）11个，卫生监督检验机构11个。卫生机构病床床位1.85万张，卫生技术人员1.93万人，其中执业医师和执业助理医师8355人，注册护士7151人。疾病预防控制中心（防疫站）卫生技术人员455人。卫生监督检验机构卫生技术人员191人。卫生院82个，床位3340张，卫生技术人员2590人。新型农村合作医疗制度全面覆盖到所有县市区，实际参加农村合作医疗农民260.85万人，参合率达98.5%。全年共举办各类赛事活动213场，其中承办省级以上比赛31次。全市体育人口达116.5万。全年运动员共参加省级以上比赛35次，获亚洲冠军5个、全国冠军12个，获省级冠军112个、亚军89个、季军84.5个。成功举办了省十二届运动会暨首届全民健身大会。

·上级领导在焦作·

【谢伏瞻莅焦调研】 4月10日，省委副书记、省长谢伏瞻率省重点项目暨产业集聚区建设第二观摩组莅临焦作市，先后到焦作经济技术产业集聚区和解放区民主路特色商业区，对瑞庆汽车发动机技术有限公司年产61万台汽车发动机、大江重工（焦作）有限公司焦作装备产业园一期、厦工机械（焦作）有限公司厦工产业园、焦作卓林数码材料有限公司热转印碳带、锦江商业广场及五星级酒店等项目进行实地观摩。在瑞庆汽车发动机技术有限公司年产61万台汽车发动机项目车间，看到车间内工人正在加紧生产、有序作业，谢伏瞻点头称好，鼓励企业要加快生产，扩大产能，努力打造河南省发动机出口龙头企业。在大江重工（焦作）装备产业园，谢伏瞻听取企业负责人的情况汇报，详细了解了企业项目建设进展情况。当看到车间里试生产的样品时，谢伏瞻叮嘱企业负责人要加快项目建设进度，争取尽快投产达效。在厦工机械（焦作）有限公司厦工产业园，谢伏瞻认真察看项目建设情况，听取企业负责人的汇报。在卓林数码公司展厅内，谢伏瞻观看了展览产品。当了解到公司在热烫印材料和热转印材料领域已获得8项发明专利，产品填补了国内热烫印碳带和热转印碳带制备的空白时，谢伏瞻非常高兴，嘱咐企业不要满足于现状，要继续围绕产品上下游延伸产业链条，将企业进一步做大做强。总投资10亿元的焦作东方今典科技发展有限公司科技总部新城项目引起了谢伏瞻一行的极大兴

7月23日，谢伏瞻在温县调研。

趣，谢伏瞻对项目建设给予高度评价，叮嘱要搞好配套建设，为入驻企业提供优质服务。在锦江商业广场及五星级酒店项目现场，谢伏瞻听取项目负责人的汇报，并到正在建设中的王府井百货和商业街进行现场观摩。谢伏瞻与项目投资方代表进行亲切交谈，欢迎他们到焦作投资兴业，鼓励他们多为河南经济发展作贡献。省委常委、省纪委书记尹晋华，省委常委、宣传部部长赵素萍，副省长张广智，省政协副主席李英杰，省政府副秘书长万旭、郭浩及各省辖市市长、省直有关部门主要负责人、部分省直管县县委书记参加观摩。

7月23日至24日，省委副书记、省长谢伏瞻莅临焦作市，到产业集聚区、重点工程、农村社区、科研院所，察看企业生产、项目建设和服务业发展，指导经济社会发展。在温县产业集聚区，谢伏瞻叮嘱天香面业企业负责人要充分利用当地优质小麦资源，加工转化，细分市场，高端发展，提升利润空间和产品附加值。在温县农业科学研究所和平安种业公司，谢伏瞻说，河南省作为国家粮食生产核心区，承担着确保国家粮食安全的重任，耕地面积是有限的，要提高粮食生产能力，提高单位面积的产量，根本出路还在于良种良法，要加强科研，与协同创新单位、院所密切合作，不断提高种子繁育的水平，从而扩大良种种植面积，带动农业增收增效。在孟州市产业集聚区，当看到隆丰皮草作为羊剪绒和皮毛加工产业龙头企业产品花色品种繁多，新上的制鞋项目自动化水平高，谢伏瞻鼓励企业利用电商平台扩大销售，推动河南省的进出口贸易平衡，做到既要“买全球”，也要让河南制造“卖全球”。了解到全球最大的发动机气缸套生产企业中原内配的研发生产能力强、效能管理好，谢伏瞻说，要抓紧扩大产能，创新管理，节能降耗，通过兼并重组扩张规模，掌握行业发展的主导权。在德众保税物流园区，谢伏瞻对当地负责人说，积极推动发展现代物流、金融贸易等服务业，目的是为了带动加工制造业更好更快发展，实现二、三产业两个轮子一起转，相互促进、共同提高。要围绕龙头企业招商引资，引进相关配套企业，壮大产业规模，真正实现集聚集约发展。谢伏瞻沿渠堤察看了南水北调总干渠焦作城区段工程，在南水北调李河倒虹吸工程现场，对照施工线路图了解充水实验和后续工程等情况。谢伏瞻说，南水北调中线工程是国家重点工程，要按照国家汛后通水的要求，倒排工期，抓紧建设沿线环保等配套工程，一鼓作气把句号画圆，确保清水北送、发挥效益。谢伏瞻实地察看了引黄入焦工程，听取焦作城市水系规划建设介绍。谢伏瞻说，焦作水系规划得非常好，是一件功在当代、利在千秋的大好事，具有很好的综合效益。要按照全国水生态文明示范市的要求，加快建设进度，尽快让规划变成现实。谢伏瞻在人保健康焦作公司了解推广大额医疗补充保险和解决低保救助对象医疗费用补充保险项目运作情况。谢伏瞻说，探索政府支持、商业运营的新农合大病救助保险模式，关键是发挥市场机制，调动各方面积极性，让患者更有效率地享受到可持续的惠民服务。商业机构要积极参与改革，总结试点经验，把好事办好。在焦作市行政服务中心，谢伏瞻到服务窗口询问业务受理事项范围、办理流程、办结时效等情况，了解焦作行政审批制度改革进展，强调要发挥市场配置资源的决定性作用，继续清理行政审批事项，改进政府作风，提高服务质量。省政府秘书长，省发改委、省财政厅、省工业和信息化厅、省水利厅等省有关部门负责人参加调研。

【刘满仓靳绥东莅焦慰问】 1月24日，省委常委、政法委书记刘满仓，省政协副主席靳绥东在省民政厅、省人力资源和社会保障厅、省总工会有关负责人陪同下，莅临焦作市走访慰问部分困难企业、困难职工和农村困难群众。在武陟县龙源街道东仲许村，刘满仓一行走进困难群众慕秀云和李中温家中，送上慰问金和慰问品。刘满仓说，快过年了，党和政府惦记着乡亲们，给乡亲们拜个早年，祝大家新年快乐。在武陟县中心敬老院，刘满仓详细了解武陟县中心敬老院的基本设施和服务情况。刘满仓说，从食谱上看，饭菜安排得非常好，要注意营养搭配、食品安全，确保老人们能够吃得好。在中州碳素有限责任公司、河南能源焦煤集团合晶科技有限责任公司，刘满仓等给这两家企

刘满仓、靳绥东在焦煤集团慰问

业送上慰问金，详细询问企业经营状况，鼓励企业积极应对市场挑战，早日走出困境。刘满仓还看望了河南省劳动模范、佰利联公司退休职工司定功和河南能源焦煤集团合晶科技公司困难职工张瑞迁，感谢他们为河南经济发展作出的积极贡献，祝福他们过一个快乐祥和的新春佳节。

【史济春莅焦调研】 11月18日至19日，省委常委、统战部部长史济春莅临焦作市，就经济社会发展和统一战线工作进行调研。史济春听取经济社会发展和统一战线工作情况汇报，并到市城乡一体化示范区、孟州市、武陟县、解放区、中站区的宗教场所、工业企业、民族企业、城市社区实地察看。在武陟县圪垱店乡圪垱店村清真寺，史济春详细了解了清真寺的历史和和谐寺观教堂创建活动开展情况，并勉励清真寺负责人，要加强对宗教活动场所的管理，通过组织信教群众深入开展和谐寺观教堂创建活动提高素质。史济春一行先后到辅仁集团武陟医药产业园、河南江河纸业股份有限公司、大江重工焦作装备产业园、焦作龙源电厂、河南佰利联化学股份有限公司年产20万吨氯化法钛白粉项目工地、德众保税物流园区、中原内配股份有限公司、孟州市奥森人造板有限公司、焦作隆丰皮草企业有限公司，深入车间察看生产情况，详细询问企业产品的种类、性能、市场需求和经营销售状况，以及企业生产和发展方面存在的困难和问题。在解放区民生街道世纪新区社区，史济春听取区“统战工作进社区”工作汇报，了解了社区活动开展情况。史济春对焦作市试点推行服务体系网格化、把统战工作融入街道、服务社会管理的创新做法给予充分肯定，希望继续关心支持基层统战工作，在中心城区创出牌子、树立榜样，多出可复制、可效仿的经验。史济春一行还实地察看了市太极体育中心和城市水系工程。史济春强调，统战工作要始终紧紧围绕中心、服务大局，各级党委、政府要以党的群众路线教育实践活动为契机，充分发挥统一战线的独特优势，凝聚方方面面力量服务经济社会发展。各级统战部门和广大统战干部要强化服务意识，创新工作思路，打造平台载体，着力为统一战线广大成员服务好，为中原经济区建设提供更加广泛的力量支持。省委统战部常务副部长孟令峰一同调研。

史济春在中原内配股份有限公司调研

【张维宁莅焦调研】 3月12日，副省长张维宁在省政府副秘书长马刚、省发改委副主任靳磊、省工信厅副厅长陈党义、省环保厅副厅长马新春的陪同下莅临焦作市，到武陟县就工业经济运行、产业集聚区发展和河道生态治理情况进行实地调研。张维宁一行先后到国药集团容生制药有限公司、武陟县白马泉引黄入武工程、郑州日产武陟东辰汽车产业园、辅仁集团武陟医药产业园、武陟县城污水处理工程、河南大指造纸装备集成工程有限公司、焦作市制动器有限公司、焦作制动器开发公司等地，察看企业生产情况，听取企业负责人介绍，询问企业开工、产品销售、技术创新、资金需求等情况，鼓励企业在稳定运行的同时加大市场开拓力度，提高产品产销率和产能利用率，不断发展壮大。在座谈会上，张维宁听取武陟县工业经济运行情况汇报，并与相关职能部门、与会企业就企业目前生产经营中遇到的困难以及下一步打算进行交流。张维宁说，武陟县抢抓机遇、超前谋划、勇于创新，推动产业集聚区建设走在全省前列，许多经验和做法值得认真总结推广。今后三年，要结合建立先进制造业大省、产业结构战略性调整、新型城镇化建设的要求，壮大主导产业，扶持新兴产业，加强科技创新，大力招商引资，狠抓项目稳产达产，推动产业集聚区建设再上新台阶，为全省经济发展作出新贡献。

【王铁莅焦调研】 5月21日，副省长王铁莅临焦作市调研。王铁现场察看了大沙河防洪综合治理工程、大沙河带状湿地公园和沁河沁阳市城区段治理工程建设情况，详细听取焦作市城市水系建设情况汇报，并给予高度评价。王铁说，水利设施和防洪工程建设事关经济社会发展，事关人民群众的生命财产安全，要加强协作，加快推进，把工程建成经得起历史考验的民心工程，努力为群众打造宜居、便利、优美的生活环境。王铁到孟州市调研麦田管理工作，听取高标准粮田建设情况。当得知新培育的“开麦

21”“秋乐 2122”“郑麦 379”等都是优质高产、抗病性强、抗倒伏强的小麦新品种后，王铁鼓励小麦科研单位和农民专业合作社负责人要尽快扩大种植规模，不断推广种植面积，在保证粮食增产的同时，更好地带动农民增收。在孟州市南庄镇土地流转服务中心，王铁一边翻阅土地承包经营权转包合同等资料，一边向工作人员询问土地流转规模经营情况，对以政府为主导、以农民为主体、多部门共同支持参与土地流转、积极探索创新金融和保险服务的做法给予充分肯定。省委农办常务副主任安伟、省农业厅厅长朱孟洲、省水利厅厅长王小平、省农科院院长马万杰、省农业厅副厅长魏蒙关、省防汛抗旱指挥部办公室主任杨大勇等陪同调研。

【王艳玲莅焦调研】 7 月 22 日，副省长王艳玲莅临焦作市，到修武县中医院、修武县人民医院就县级公立医院综合改革工作进行调研。王艳玲对焦作市县级公立医院综合改革取得的成绩给予充分肯定。王艳玲说，县级公立医院综合改革是当前和今后一个时期深化医改的重点，希望焦作市在进一步健全运行机制、完善医疗保障服务体系等方面下功夫，加强科学规划，有效配置医疗卫生资源，加大医疗卫生事业投入，充分调动广大医护人员的积极性，努力营造合力推动医改的良好环境，进一步深化改革，让人民群众看病就医更加方便、省钱、放心、舒心，为全省公立医院综合改革带好头，探索创造更多经验，为医药卫生事业改革发展作出更大贡献。省政府办公厅副主任王梦飞、省卫生计生委主任李广胜、省医改办主任张若石等陪同调研。

【张广智莅焦检查】 8 月 27 日，副省长张广智带领省体育局局长彭德胜等省直有关部门负责人莅临焦作市，就省运会筹备工作进行检查指导。张广智一行先后到河南理工大学、市第一中学、市太极体育中心，察看了场馆建设和大型活动排练情况，对筹备工作进行现场指导，并听取省运会组委会有关省运会整体情况的汇报和筹备工作的汇报。张广智强调，距省运会开幕仅有 20 多天时间，焦作市要抓紧省运会比赛场馆的收尾工作，尽快运行调试，确保场馆健康投入使用，确保开、闭幕式和各项比赛顺利进行。组委会和指挥部下属各部门要各司其职，各尽其责，加强沟通协调，扎扎实实地做好后续各项工作，确保为广大运动员提供公平、公正、安全的比赛环境。要精心组织好开、闭幕式，开、闭幕式的场馆、设备检查要细而又细，精心制订安全保卫、接待、医疗卫生、交通、电力、通信、气象和志愿者服务等各项工作方案和应急预案，建立高效联动的工作机制，确保各项服务保障工作落到实处，确保各项赛事、各项活动安全进行。要加大宣传力度，大力营造浓厚的省运会和全民健身氛围，新闻媒体要早组织、早策划、早安排，对省运会暨全民健身大会进行全方位宣传，让广大群众融入省运、参与省运，共享体育带来的健康与快乐。

【龚立群莅焦调研】 6 月 9 日，省政协副主席、民建省委主委龚立群带领民建省委调研组莅临焦作市，就电解铝工业发展情况进行调研。在万方铝业股份有限公司，龚立群一行考察了电解铝项目生产线，对企业生产经营的各项指标进行询问和了解。在座谈会上，龚立群一行听取焦作市铝工业发展的情况汇报，并鼓励企业要坚持走产业高端化的路子，继续深化单一产品向全产业链经营的转变，不断提升市场竞争力。

8 月 14 日，省政协副主席龚立群带领省政协学习和文史委员会调研组莅焦，就如何利用非物质文化遗产推动高端服务业发展开展专题调研。调研组先后到温县陈家沟、太极体育中心实地考察，了解太极拳文化产业促进高端服务业发展情况并听取汇报，提出太极拳的文化保护、文化挖掘、经营运作等方面的意见和建议。龚立群对焦作市利用太极拳文化产业推动高端服务业发展工作予以肯定。龚立群指出，太极拳有很深的文化底蕴，焦作要充分利用好这一文化资源推进高端服务业的发展，不仅要积极申报世界非物质文化遗产，而且要让其发挥作用造福子孙后代。

【高体健钱国玉莅焦调研】 7 月 17 日，省政协副主席高体健、钱国玉带领省政协人口资源委员会调研组莅焦，就郑州及周边地区灰霾天气治理问题开展专题调研。调研组先后到焦作电厂、焦作鑫诚耐火材料有限公司、焦作千业水泥有限公司实地察看防治大气污染情况并听取汇报，对焦作市大气污染防治工作予以肯定并提出意见和建议。高体健指出，焦作市在大气污染防治上成效显著、亮点突出、目标清楚、措施得力，但一些重点工作仍需要加强。高体健建议要提高思想认识，站在转型发展的高度来认识大气污染防治工作，集中力量解决大气污染问题。

【张亚忠靳克文莅焦调研】 8 月 4 日，省政协副主席张亚忠、靳克文带领省政协提案委员会调研组莅焦，就焦作市推进新型农业经营主体发展情况开展专题调研。调研组先后到河南鑫居休闲观光农业示范园、武陟县谢旗营镇苗木花卉基地、温县红峰绿宝怀药种植专业合作联社、河南天香面业有限公司实地调研并听取汇报，与企业负责人、专业大户、农业合作社负责人交谈，详细询问各农业经营主体有关土地流转、经营模式、保障农民土地承包经营权益、落实扶持政策措施、提升完善农业社会化服务等问题。调研组对联社发展等模式表示满意，并鼓励联社加大对外交流合作力度，不断创新农业经营形式，带动农民增收致富。

·市党政军领导·

孙立坤 中共焦作市委书记。1957年10月生，河南泌阳人，研究生学历，历史学博士，教授级高级政工师，1981年12月加入中国共产党，1976年9月参加工作。

1976年9月～1978年3月，任泌阳县蔡庄学校教师；1978年3月～1982年1月，在河南大学历史系学习；1982年1月～1983年11月，任泌阳县赊湾乡干部；1983年11月～1984年5月，任泌阳县团委副书记；1984年5月～1985年8月，任泌阳县委办公室副主任、主任；1985年8月～1989年5月，任泌阳县委常委、办公室主任、宣传部部长；1989年5月～1992年12月，任遂平县委常委、办公室主任；1992年12月～1994年2月，任遂平县委副书记（1992年1月～1993年12月，在河南大学研究生班进修）；1994年2月～1995年10月，任遂平县委副书记、县长；1995年10月～1999年1月，任遂平县委书记（1998年9月～1999年1月，在中央党校研修班学习）；1999年1月～2001年4月，任河南省纪律检查委员会常委；2001年4月～2002年7月，任河南省纪律检查委员会常委、秘书长；2002年7月～8月，任河南省供销合作总社党组书记；2002年8月～2008年3月，任河南省供销合作总社理事会主任、党组书记（2001年9月～2004年7月，在南开大学历史系专门史专业学习，获历史学博士学位）；2008年3月～4月，任焦作市委副书记、副市长、代理市长；2008年4月～2013年4月，任焦作市委副书记、市长；2013年4月起，任中共焦作市委书记。

谢玉安 中共焦作市委副书记，市人民政府市长。1963年9月生，河南罗山人，大学学历，1985年7月加入中国共产党，1985年8月参加工作。

1985年8月～1990年3月，任安阳卫校团委副书记、书记；1990年3月～1996年8月，任共青团河南省委宣传部主任干事；1996年8月～1998年12月，任共青团河南省委宣传部副部长；1998年12月～2002年1月，任共青团河南省委统战部部长、省青联副主席兼省青联秘书长（1999年10月～2001年10月，在郑州市挂职锻炼，先后任郑州市副市长、市委副书记兼副市长）；2002年1月～2003年6月，任商丘市委宣传部副部长；2003年6月～2003年11月，任睢县县委书记、县人大常委会主任；2003年11月～2006年12月，任河南省人大常委会副秘书长、机关党组成员、工会主席；2006年12月～2007年1月，任河南省人大常委会副秘书长，商丘市委常委、秘书长；2007年1月～2008年10月，任商丘市委常委、秘书长；2008年10月～2011年8月，任商丘市委常委、组织部部长；2011年8月～2013年4月，任开封市委常委、组织部部长；2013年4月～2015年3月，任河南省委组织部副部长、省委老干部局局长；2015年3月～4月，任焦作市委副书记、市人民政府代市长、党组书记；2015年4月，任焦作市委副书记、市人民政府市长、党组书记。主持市政府全面工作，分管市审计局。

丁福浩 中共焦作市委副书记，焦作市委党校校长。1961年11月生，河南新密人。大学学历，管理学博士，1983年7月参加工作，1985年3月加入中国共产党。

1979年9月～1983年7月，在河南大学中文专业学习；1983年7月～1984年1月，在密县一中团委工作；1984年1月～1984年12月，在密县县委宣传部工作；1984年12月～1986年6月，任密县政府办公室秘书；1986年6月～1989年2月，任密县岳村乡党委副书记、乡长；1989年2月～1989年12月，任密县岳村乡党委书记；1989年12月～1990年2月，任密县县委常委，岳村乡党委书记；1990年2月～1992年8月，任密县县委常委、政法委书记；1992年8月～1994年11月，任密县县委常委、政法委书记、县委办公室主任（1990年9月～1993年1月在中国矿业大学企业管理专业研究生班学习，获工学硕士学位）；1994年11月～1997年2月，任郑州市邙山区委常委、副区长（1994年10月～1995年12月，在团中央挂职任青农部林牧处副处长）；1997年2月～1999年3月，任新郑市委副书记；1999年3月～2001年1月，任郑州市经济技术开发区党委书记、管委会主任；2001年1月～2003年7月，任郑州市经济技术开发区党委书记、管委会主任，郑东新区党委副书记、管委会副主任（2002年9月～2003年1月，在河南省委党校参加第31期中青班学习）；2003年7月～2006年12月，任荥阳市委书记（2001年9月～2004年10月，在华中科技大学管理科学与工程专业学习，获管理学博士学位）；2006年12月～2009年2月，任洛阳市副市长；2009年2月～3月，任省人口和计划生育委员会党组成员；2009年3月～2014年3月，任省人口和计划生育委员会副主任、党组成员（2010年5月～7月，在北京大学全球公共政策高级培训班学习；2010年9

月～2012年7月，在长江商学院第17期EMBA班学习，获高级工商管理硕士学位）；2014年3月～2015年10月，任中共焦作市委副书记、焦作市委党校校长。

王明德 焦作市人大常委会主任。1954年10月生，河南汝南人，大学学历，1971年5月加入中国共产党，1969年2月参加工作。

1969年2月～1973年3月，任广东省军区通信站报务员；1973年3月～1975年10月，任汝南县三桥公社刘寨大队团支书；1975年10月～1977年8月，在汝南师范学校学习、代教；1977年8月～1978年3月，任汝南县教师进修学校教师；1978年3月～1982年1月，在河南大学政教系学习；1982年1月～1985年6月，任驻马店团地委干事、办公室主任；1985年6月～1989年9月，任驻马店团地委副书记；1989年9月～1992年4月，任驻马店团地委书记；1992年4月～1995年10月，任平舆县委副书记、县人民政府县长；1995年10月～2001年1月，任平舆县委书记；2001年1月～2004年8月，任驻马店市委常委、宣传部部长；2004年8月～2008年9月，任鹤壁市委常委、常务副市长；2008年9月～2009年7月，任中共焦作市委副书记；2009年7月～2013年2月，任中共焦作市委副书记，市委党校校长、市社会主义学院院长；2013年2月～2014年3月，任中共焦作市委副书记，市人大常委会主任，市委党校校长、市社会主义学院院长；2014年3月起，任市十二届人大常委会主任。

秦海彬 焦作市政协主席。1956年10月生，河南荥阳人，大学学历，

工学学士，高级工程师。1975年8月参加工作，1980年6月加入中国共产党。

1975年8月～1978年2月，在荥阳县广武村中学任教；1978年2月～1982年2月，在武汉大学化学系学习；1982年2月～1988年11月，任化工部黎明化工研究院干事、副主任；1988年11月～1992年5月，任嵩县副县长；1992年5月～1994年7月，任洛阳市吉利区副区长；1994年7月～2001年9月，任中共洛阳市吉利区委副书记、区长；2001年9月～2004年2月，任中共洛阳市吉利区委书记；2004年2月～2006年12月，任中共焦作市委常委、统战部部长；2006年12月～2008年10月，任中共焦作市委常委、宣传部部长；2008年10月～2014年3月，任中共焦作市委常委、市纪检委书记；2014年3月起，任政协焦作市第十三届委员会主席、党组书记。

王宏昌 中共焦作市纪检委书记。1968年5月生，河南郑州人，大学学历。1991年8月参加工作，1996年6月加入中国共产党。

1987年9月～1991年8月，在南开大学政治系政治学专业学习；1991年8月～1996年9月，任郑州市委党校教师；1996年9月～1997年9月，任河南省委政法委队伍建设指导室干部；1997年9月～1999年8月，任河南省委政法委队伍建设指导室副主任科员、主任科员；1999年8月～2000年12月，任河南省委政法委秘书（正科级）；2000年12月～2003年1月，任河南省委政法委秘书（副处级）；2003年1月～2006年3月，任河南省委政法委秘书（正处级）；2006年3月～12月，任河南省纪委干部室副主任（正处级，主持工作）；2006年12月～2010年6月，任河南省纪委研究室主任；2010年6月～2011年9月，任河南省委巡视工作办公室副主任（副厅级）；2011年9月～2012年1月，任河南省纪委驻省高级人民法院纪检组组长、院党组成员；2012年1月～2014年3月，任河南省纪委驻省高级人民法院纪检组组长、院党组成员、审判委员会委员；2014年3月起，任中共焦作市委常委、市纪检委书记。

杨娅辉 中共焦作市委统战部部长。1960年9月生，辽宁丹东人，大学学历。1976年12月参加工作，1984年7月加入中国共产党。

1976年12月～1980年12月，铁道兵89113部队战士；1980年12月～1985年8月，任共青团焦作市委宣传部干事（1980年9月～1983年7月，在焦作市职工大学中文专业学习）；1985年8月～1988年9月，任共青团焦作市委宣传部部长；1988年9月～1992年12月，任共青团焦作市委副书记；1992年12月～1998年1月，任沁阳市副市长；1998年1月～3月，任中共沁阳市委副书记、代市长；1998年3月～2004年4月，任沁阳市委副书记、市长（1996年6月～1998年11月，在中国社会科学院研究生院工业经济专业学习）；2004年4月～2006年12月，任中共焦作市委组织部副部长（2002年9月～2005年6月，在中国人民解放军军事经济学院经济管理专业学习）；2006年12月起，任中共焦作市委常委、统战部部长。

姜继鼎 焦作市常务副市长。1964 年 8 月生，河南台前人，研究生学历。1982 年 8 月参加工作，1984 年 11 月加入中国共产党。

1980 年 9 月 ~ 1982 年 8 月，在洛阳林业学校林业专业学习；1982 年 8 月 ~ 1984 年 1 月，任濮阳市台前县林业局技术员；1984 年 1 月 ~ 1989 年 8 月，任濮阳市台前县委办公室干事（1984 年 9 月 ~ 1989 年 7 月，在河南大学政教系政教专业函授学习）；1989 年 8 月 ~ 1991 年 5 月，任濮阳市台前县委办公室信息科科长（副科级）；1991 年 5 月 ~ 1993 年 7 月，任濮阳市委办公室信息科副科长；1993 年 7 月 ~ 1997 年 4 月，任濮阳市委办公室信息科科长；1997 年 4 月 ~ 1999 年 4 月，任濮阳市委办公室副主任（1997 年 1 月 ~ 1999 年 1 月，在首都师范大学研究生课程进修班在职学习）；1999 年 4 月 ~ 2001 年 7 月，任濮阳市范县县委副书记；2001 年 7 月 ~ 2004 年 5 月，任濮阳市旅游局局长、党组书记；2004 年 5 月 ~ 2006 年 12 月，任濮阳市清丰县委副书记、县长；2006 年 12 ~ 2009 年 3 月，任濮阳市委常委、群工部部长；2009 年 3 月 ~ 2011 年 8 月，任濮阳市委常委、宣传部部长（2006 年 9 月 ~ 2009 年 7 月，在中央党校经济学专业在职研究生学习）；2011 年 8 月 ~ 2014 年 3 月，任三门峡市委常委、秘书长；2014 年 3 月起，任焦作市委常委，市人民政府副市长、党组副书记，市行政学院院长（兼）。

负责市政府常务工作。具体负责经济运行、示范区、产业集聚区、重点项目、财政税务、行政监察、机构编制、服务业发展、物流业发展、金融、外事侨务、节能、机关事务等工作，抓好分管口的项目、安全工作和党风廉政建设。综合协调中原经济区经济转型示范市建设工作，综合协调监管投融资平台。联系人大政协工作。协助市长分管审计工作。分管市政府办公室（含法制办、金融办、外侨办、食安办、应急办、信息中心）、示范区管委会、发展改革委（含项目办、散装水泥办）、财政局、国资委、监察局、编办、统计局、事管局、接待办、投资集团公司、发展研究中心（研究室）、公共资源交易中心、住房公积金管理中心、驻北京联络处、驻郑州办事处、驻新乡办事处；国税局、地税局、国家统计局焦作调查队、无线电管理局；市人行、银监局、工行、中行、建行、交通银行、邮储银行、中信银行、光大银行、广发银行、商行、人民财产保险焦作分公司、人寿保险焦作分公司及其他驻焦金融保险机构等。联系老干部、预备役工作。

郭　鹏 中共焦作市委常委、修武县委书记。1976 年 6 月生，河南南阳人。美国波士顿大学比较政治经济学博士。2004 年 4 月参加工作。2005 年 6 月加入中国共产党。

1994 年 9 月 ~ 1998 年 8 月，在北京外交学院英语外交专业学习；1998 年 8 月 ~ 2003 年 5 月，在美国波士顿大学比较政治经济学专业博士研究生学习（1999 年 ~ 2002 年，曾在美国波士顿大学任政治科学助教、系列讲座独立负责人）；2004 年 4 月 ~ 2006 年 4 月，任郑州市二七区人民政府副区长；2006 年 4 月 ~ 10 月，任共青团河南省委统战联络部副部长；2006 年 10 月 ~ 2008 年 4 月，任共青团河南省委统战联络部部长；2008 年 4 月 ~ 2013 年 4 月，共青团河南省委副书记、党组成员；2013 年 4 月 ~ 2014 年 3 月，任焦作市委常委，市人民政府副市长、党组成员；2014 年 3 月，任焦作市委常委、修武县委书记。

刘　涛 中共焦作市委组织部部长。1971 年 6 月生，河南方城人，研究生学历，文学硕士。1996 年 11 月加入中国共产党，1997 年 8 月参加工作。

1990 年 9 月 ~ 1997 年 7 月，河南大学中文系汉语言文学专业学生、文学院中国现当代文学专业硕士研究生；1997 年 8 月 ~ 2002 年 7 月，任河南省计委经济研究所发展战略研究室副主任、主任；2002 年 7 月 ~ 2007 年 3 月，任新乡市委办公室综合一科科长、常委办主任（副处级）、市政府驻郑办事处党支部书记（正处级）；2007 年 3 月 ~ 2008 年 10 月，任洛阳市委副秘书长；2008 年 10 月 ~ 2009 年 2 月，任河南省劳动和社会保障厅副厅长、党组成员；2009 年 2 月 ~ 2015 年 2 月，任河南省人力资源和社会保障厅副厅长、党组成员；2015 年 2 月起，任中共焦作市委常委、组织部部长。

刘新旺 焦作军分区政治委员。1965 年 6 月生，河南汝南人。南京政治学院法律专业毕业，大校军衔，研究生学历。1983 年 9 月入伍，1985 年 1 月加入中国共产党。

1983 年 9 月 ~ 1987 年 7 月，为解放军蚌埠坦克学院学员；1987 年 7 月 ~ 1997 年 7 月，历任陆军第 20 集团军坦克 11 师 43 团 3 连排长、宣传股副连职干事，坦克第 11 师政治部宣传科正连职干事、副营职干事、组织科副营职干事，第20集团军政治部干部处副营职干事，坦克第11师通信营教导员，第20集团军政治部干部处正营职干事；1997年7月~2006年9月~2007年7月，任济南军区政治部干部部任免处正营职干事、副团职干事、正团职干事；2006年9月~2007年7月，任济南军区干部转业工作办公室副主任（正团职）；2007年7月~2009年2月，代理新疆军区边防4团副政委（1年）；2009年2月~2012年4月，任河南省南阳军分区政治部主任；2012年4月~2014年2月，任河南省军区教导大队政委（副师职）；2014年2月，任河南省周口军分区政治部主任；2014年6月，任焦作军分区政治委员；9月，任焦作市委常委、焦作军分区政治委员。

贾书君 中共焦作市委宣传部部长。1963年10月生，河南扶沟人，河南省委党校在职研究生班毕业。1984年5月加入中国共产党，1984年7月参加工作。

1980年9月~1984年7月，在郑州大学英语专业学习；1984年7月~1985年9月，任扶沟县固城乡团委副书记；1985年9月~1987年2月，任扶沟县团县委副书记；1987年2月~1988年9月，任扶沟县大新乡党委副书记；1988年9月~1990年3月，任扶沟县大新乡党委副书记、乡长；1990年3月~1993年1月，任扶沟县崔桥镇党委副书记、镇长；1993年1月~1995年6月，任扶沟县崔桥镇党委书记；1995年6月~1997年12月，任中共郸城县委常委、政法委书记（1996年9月~1999年2月，在河南省委党校在职研究生班学习）；1997年12月~2002年1月，任中共沈丘县委常委、组织部部长；2002年1月~2003年6月，任中共周口市川汇区委副书记；2003年6月~2004年2月，任中共淮阳县委副书记；2004年2月~2006年4月，任中共淮阳县委副书记、县长；2006年4月~2008年10月，任中共淮阳县委书记、淮阳县人武部第一政委；2008年10月~2015年2月，任焦作市副市长；2015年2月，任中共焦作市委常委、副市长；3月，任中共焦作市委常委、宣传部部长、副市长；5月起，任中共焦作市委常委、宣传部部长。

胡小平 中共焦作市委政法委员会书记。1963年1月生，河南沁阳人，大学学历，工学学士，高级工程师。1984年7月参加工作，1991年5月加入中国共产党。

1980年9月~1984年7月，在郑州工学院土木建筑工程系工民建专业学习；1984年7月~1988年12月，任焦作市规划建筑设计院助理工程师；1988年12月~1991年11月，任市规划建筑设计院三室负责人；1991年11月~1993年4月，任市规划建筑设计院二室主任；1993年4月~1997年12月，任市规划建筑设计院副院长；1997年12月~1999年8月，任中站区副区长；1999年8月~2001年3月，任孟州市副市长；2001年3月~2004年4月，任中共马村区委副书记、区长；2004年4月~5月，任中共沁阳市委书记；2004年5月~2006年5月，任中共沁阳市委书记、市人大常委会主任；2006年5月~2010年7月，任中共孟州市委书记；2010年6月~2015年2月，任焦作市副市长；2015年2月，任中共焦作市委常委、副市长；3月，任中共焦作市委常委、政法委书记、副市长；5月起，任中共焦作市委常委、政法委书记。

杨文耀 焦作军分区司令员。1963年11月生，上海崇明人，硕士研究生，炮兵指挥学院毕业，大校军衔。1980年9月入伍，1984年10月加入中国共产党。

历任南京炮兵学院学员，陆军第43军127师炮兵团1营3连排长、副连长，第54集团军军直炮兵指挥连连长，54集团军炮兵旅司令部侦察科正连职参谋、副营职参谋、副科长、科长，54集团军炮兵旅副参谋长、参谋长、副旅长、旅长。2011年10月起，任焦作军分区司令员。

穆玉华 焦作市人大常委会副主任。1955年11月生，河南台前人，大学学历。1973年8月参加工作，1976年5月加入中国共产党。

1973年8月~1976年10月，任修武县葛庄公社裕国庄青年队队长、村党支部副书记；1976年10月~1979年1月，在开封师范学院政教系政治专业学习；1979年6月~1982年8月，任修武县城关镇中学教师、团委书记；1982年8月~1983年8月，任修武县司法局律师；1983年8月~1984年4月，任修武县委党校理论教员；1984年4月~1992年12月，任修武县委常委、宣传部部长；1992年12月~1994年6月，任修武县委副书记；1994年6月~1996年4月，任焦作市委宣传部副部长；1996年4月~1999年3月，任焦作市委宣传部副部长、市社科联主席（1994年8月~1996年12

月，在中央党校经济管理专业学习）；1999年3月～2001年8月，任焦作市教委主任、党委书记（1998年9月～2000年5月，在吉林大学研究生课程进修班马克思主义与思想政治教育专业学习）；2001年8月～2004年4月，任焦作市教育局局长、党组书记；2004年4月～2008年6月，任焦作市政协副主席；2008年6月～2014年3月，任焦作市政协副主席、党组副书记；2014年3月起，任焦作市十二届人大常委会副主任、党组副书记。

王建国 焦作市人大常委会副主任。1958年8月生，河南南阳人，大学学历，高级工程师。1980年3月参加工作，1998年8月加入中国国民党革命委员会。

1978年3月～1980年3月，河南省煤矿学校采煤专业学生；1980年3月～1984年11月，任焦作矿务局马村矿田门井采煤队、掘进队技术员；1984年11月～1987年3月，任焦作矿务局九里山矿掘三队、生产技术科技术员（1981年2月～1986年7月，焦作矿院采矿工程专业学习）；1987年3月～1991年6月，任焦作矿务局九里山矿生产技术科副科长、科长；1991年6月～1998年12月，任焦作矿务局九里山矿副矿长、总工程师；1998年12月～1999年1月，任民革焦作市委主委，焦作矿务局九里山矿副矿长、总工程师；1999年1月～2000年10月，任民革焦作市委主委，焦作矿务局九里山矿副矿长、总工程师，焦作市政协副主席（兼）；2000年10月～2014年3月，任市政协副主席（兼）、民革焦作市委主委、焦煤集团副总工程师；2014年3月，任焦作市十二届人大常委会副主任、民革焦作市委主委、焦煤集团副总工程师。

李世友 焦作市人大常委会副主任。1957年9月生，河南博爱人，大学学历。1981年3月参加工作，1988年6月加入中国共产党。

1978年3月～1981年3月，任河南省商丘农业学校农学系农学专业学生；1981年3月～1984年5月，任博爱农场技术员；1984年5月～1985年8月，任博爱农场种子站站长；1985年8月～1986年9月，任焦作市农牧局科员；1986年9月～1990年2月，任焦作市人民政府办公室农业科科员；1990年2月～1990年11月，任焦作市人民政府目标办副主任（正科）；1990年11月～1993年3月，任焦作市人民政府办公室农业科科长；1993年3月～1994年6月，任焦作市人民政府办公室经济工作科科长；1994年6月～1999年3月，任焦作市人民政府办公室副主任兼目标办主任；1999年3月～2001年3月，任焦作市人民政府副秘书长、办公室主任；2001年3月～2006年2月，任焦作市马村区委书记（1999年9月～2001年7月，在焦作工学院企业管理专业研究生课程进修班学习）；2006年2月～2008年12月，任焦作市马村区委书记(副市厅级）（2004年8月～2006年12月，在中央党校函授学院法律专业学习）；2008年12月～2009年1月，任焦作市马村区委书记（副市厅级），市人大常委会党组成员；2009年1月～2012年2月，任焦作市人大常委会党组成员；2012年2月起，任焦作市十一届、十二届人大常委会副主任。

魏丰收 焦作市人大常委会副主任。1958年6月生，河南武陟人，中央党校研究生学历。1983年12月加入中国共产党，1975年9月参加工作。

1975年9月～1979年10月，任武陟县詹店镇中学教师；1979年10月～1981年6月，任汲县师范学校学生；1981年6月～8月，任武陟县第二高中教师；1981年8月～1984年8月，任武陟县人事局科员；1984年8月～1986年8月，在河南省委党校党政专业学习；1986年8月～1987年4月，任中共武陟县委组织部干事；1987年4月～1990年4月，任中共武陟县西陶乡委员会副书记、乡长；1990年4月～1992年8月，任中共武陟县西陶乡委员会书记；1992年8月～1997年7月，任武陟县人民政府副县长；1997年7月～12月，任中站区人民政府常务副区长；1997年12月～1999年3月，任中共修武县委常委、县人民政府副县长；1999年3月～2001年3月，任中共修武县委副书记、县人民政府县长（1997年9月～1999年7月，在首都经贸大学研究生课程进修班企业管理专业学习）；2001年3月～2006年2月，任中共修武县委书记；2006年2月～2009年1月，任中共修武县委书记（副市厅级）；2009年1月～4月，任焦作市人民政府党组成员、市长助理，市旅游局局长，副市厅级干部；2009年4月～2011年3月，任焦作市人民政府党组成员、市长助理，市旅游局党组书记，副市厅级干部(2006年9月～2009年7月，在中央党校研究生院在职研究生法学理论专业学习）；2011年3月～2014年3月，任焦作市人民政府党组成员，市旅游局党组书记，副市厅级干部；2014年3月～4月，任焦作市人大常委会副主任，市政府党组成员，市旅游局党组书记；2014年4月，任焦作市十二届人大常委会副主任、党组成员，市政府党组成员，市旅游局党组书记。

郜小方 焦作市人大常委会副主任。1957年12月生，河南沁阳人，省委党校大学学历。1984年6月加入中国共产党，1977年6月参加工作。

1977年6月～1982年9月，任沁阳县山王庄乡民办教师；1982年9月～1984年7月，在新乡师范专科学校中文系学习；1984年7月～9月，任孟县第一中学教师；1984年9月～11月，任中共孟县县委组织部干事；1984年11月～1985年5月，任中共孟县县委政研室干事；1985年5月～1987年9月，任中共孟县县委办公室干事；1987年9月～1990年5月，任孟县人大常委会办公室副主任（主持工作）；1990年5月～1993年2月，任中共孟县县委办公室副主任兼保密办主任；1993年2月～1995年5月，任中共孟县城关镇委员会书记；1995年5月～1997年5月，任孟县（孟州市）人民政府县（市）长助理；1997年5月～7月，任孟州市人民政府市长助理，电厂党委书记（法人代表）；1997年7月～1999年8月，任温县人民政府副县长；1999年8月～2003年1月，任中共温县县委常委，县人民政府副县长（2000年9月～2002年12月，在河南省委党校法律专业学习）；2003年1月～2004年8月，任焦作高新技术产业开发区管委会副主任、党工委副书记（正县）；2004年8月～2007年4月，任焦作市企业发展服务局局长、党委书记；2007年4月～10月，任焦作市人民政府秘书长、党组成员，市人民政府办公室主任，焦作市企业发展服务局局长、党委书记；2007年10月～2009年1月，任焦作市人民政府秘书长、党组成员，市人民政府办公室主任、党组书记，焦作市企业发展服务局局长、党委书记；2009年1月～2010年11月，任焦作市人民政府秘书长、党组成员，市人民政府办公室主任、党组书记；2010年11月～12月，任中共焦作新区工委书记（副市厅级），中共焦作高新技术产业开发区工委书记，焦作市人民政府秘书长，市人民政府办公室主任；2010年12月～2014年3月，任焦作新区党工委书记（副市厅级），焦作高新技术产业开发区党工委书记；2014年3月起，任焦作市十二届人大常委会副主任、党组成员。

葛探宇 焦作市人大常委会副主任。1962年5月生，河南焦作人，研究生学历，工学硕士。1987年12月加入中国共产党，1983年7月参加工作。

1979年9月～1983年7月，在淮北煤炭师范学院数学系数学专业学习；1983年7月～1986年8月，任朝川矿务局教育科办事员；1986年8月～1988年9月，任朝川矿务局技校副校长；1988年9月～1991年7月，任成都科技大学工业管理工程专业研究生；1991年7月～1992年12月，任焦作市计委工业科科员；1992年12月～1993年7月，任焦作市计委综合科副科长；1993年7月～1996年8月，任焦作市工程咨询公司副经理（正科）；1996年8月～2001年3月，任焦作市计委副主任、党组成员，市工程咨询公司副经理；2001年3月～8月，任焦作市计委主任、党组书记；2001年8月～2003年6月，任焦作市发展计划委员会主任、党组书记；2003年6月～2004年4月，任焦作市发展计划委员会主任、党组书记，市重点项目办主任；2004年4月～8月，任焦作市发展计划委员会主任、党组书记；2004年8月～2009年1月，任焦作市发展和改革委员会主任、党组书记，市政府项目办公室主任；2009年1月～2014年3月，任中共博爱县委书记；2014年3月～4月，任焦作市人大常委会副主任，博爱县委书记；2014年4月起，任焦作市十二届人大常委会副主任、党组成员。

乔学达 焦作市副市长。1963年3月生，河南博爱人，大学学历，工学学士。1983年参加工作。

1979年9月～1983年7月，在郑州工学院机械系学习；1983年7月～1985年5月，在太原化工厂工作；1985年5月～1991年1月，在焦作矿山机器厂工作；1991年1月～1996年8月，在焦作市计划委员会工业科工作，先后任干事、副科长、科长；1996年8月～2005年10月，任温县副县长；2005年10月～2007年7月，任沁阳市副市长；2007年7月～2009年1月，任焦作市企业发展服务局副局长（主持工作）；2009年1月～3月，任焦作市企业发展服务局局长；2009年3月起，任焦作市人民政府副市长。

负责工业、环境保护、科技、地震、质监、邮政、电力、通讯等工作，抓好分管口的项目、安全工作和党风廉政建设。分管市工业和信息化委员会（含盐业局）、环境保护局、科技局（含知识产权局）、地震局、质量技术监督局、工业投资集团公司；供电公司、邮政管理局、邮政局、河南移动焦作分公司、中国联通焦作分公司、中国电信焦作分公司、中国铁塔焦作分公司、焦作车务段。

李海松 焦作市副市长。1965年12月生，河南温县人，南京大学历史系历史学专业毕业，中央党校研究生学历。1985年6月加入中国共产党，1985年7月参加工作。

历任焦作市制革厂团委干事、副书记，焦作市委整党办巡视员，共青团焦作市委宣传部部长、办公室主任、副书记、书记；2001年3月～2004年4月，任中共中站区委副书记、区长；2004年4月～2009年6月，任中共中站区委书记；2009年6月～2010年11月，任中共中站区委书记（副市厅级）；2010年11月～2011年12月，任焦作市人民政府秘书长、党组成员，市政府办公室主任；2011年12月～2012年4月，任焦作市人民政府副市长、秘书长、党组成员，市政府办公室主任、党组书记；2012年4月～8月，任焦作市人民政府副市长、秘书长、党组成员，市政府办公室党组书记；2012年8月，任焦作市人民政府副市长、党组成员。

负责人力资源和社会保障、文教、卫生计生、食品药品监管、体育、旅游、民族宗教、广播电视等工作，抓好分管口的项目、安全工作和党风廉政建设。分管市人力资源和社会保障局、教育局、文化广电新闻出版局（含文物局）、卫生计生委、食品药品监管局、体育局、旅游局、爱卫办、民宗局、广播电视台、市史志办、红十字会。

王建修 焦作市副市长。1962年10月生，河南民权人，研究生学历。1984年5月加入中国共产党。1985年7月参加工作。

历任共青团河南省委宣传部、组织部干事，组织部副部长、部长；2000年12月～2004年4月，任中共武陟县委副书记（正县级）；2004年4月～2010年11月，任中共解放区委副书记、区人民政府区长；2010年11月～2011年12月，任中共解放区委书记；2011年12月～2014年3月，任中共修武县委书记；2014年3月起，任焦作市人民政府副市长、党组成员。

负责农业和农村工作，抓好分管口的项目、安全工作和党风廉政建设。分管市农业局（含畜牧局）、水利局、林业局、农机局、供销社、粮食局、广利局、引沁局、移民局、南水北调中线办、农林科学院、博爱农场；黄河河务局、气象局、烟草局、中储粮焦作直属库、农发行、农行、农信社。

宫松奇 焦作市副市长。1965年2月生，河南嵩县人，国防大学师团职干部研究生班毕业（硕士），大校军衔。1984年7月入伍，1985年2月加入中国共产党。

历任郑州高炮学院学员，第27集团军79师高炮团1连排长、4连副连长、5连指导员，第27集团军79师政治部组织科正连职干事、副营职干事，第54集团军160师司令部作训科副营职参谋、正营职参谋，济南军区政治部干部部科技干部处正营职干事、副团职干事、正团职干事，第54集团军装甲第11师44团团长，第54集团军防空旅副政委，第54集团军政治部宣传处处长，第54集团军127师副政委、副政委兼政治部主任；2012年4月～5月，任焦作军分区政治委员；2012年5月～2014年6月，任中共焦作市委常委、军分区政治委员；2014年6月～2015年4月，转业待分配；2015年4月起，任焦作市人民政府副市长、党组成员。

负责公安、司法、民政、信访稳定、安全生产工作，抓好分管口的项目和党风廉政建设。分管市公安局、国家安全局、应急指挥中心、司法局、民政局、信访局、安监局；消防、武警。联系驻焦部队工作。

魏超杰 焦作市副市长。1963年2月生，河南新密人，郑州大学政治专业法学学士、行政管理专业管理学硕士。1984年5月加入中国共产党，1986年7月参加工作。

1982年6月～1986年7月，郑州大学政治专业学生；1986年7月～1990年8月，任河南省纪委干部室干事（1986年10月～1988年7月，在淮滨县纪委挂职锻炼）；1990年8月～1992年7月，任河南省纪委干部室副主任科员；1992年7月～1998年2月，任河南省纪委干部室主任科员；1998年2月～12月，任河南省纪委干部管理室副处级检查员、监察员；1998年12月～2000年12月，任孟州市人民政府副市长；2000年12月～2004年5月，任孟州市委副书记（2001年12月，在郑州大学管理学专业学习，获管理学硕士学位）；2004年5月～9月，任孟州市委副书记、代市长；2004年9月～2010年11月，任孟州市委副书记、市长；2010年11月～2015年5月，任孟州市委书记；2015年5月，任焦作市人民政府副市长、党组成员，孟州市委书记；7月起，任焦作市人民政府副市长、党组成员。

负责城乡建设、国土资源、交通运输等工作，抓好分管口的项目、安全工作和党风廉政建设。分管市住房城乡建设局（含城管局、房产管理中心）、国土资源局（含土地储备中心）、交通运输局、公路局、人防办、城乡规划局、园林局、南水北调城区段办公室、公共住房建设投资公司、南水北调建设发展公司、河南新时代交通发展集团公司。

牛炎平 焦作市副市长。1962年3月生，河南温县人，郑州大学新闻系新闻学专业毕业，省委党校研究生学历。1981年12月加入中国共产党，1977年3月参加工作。

历任温县县委办公室干事、秘书。共青团温县县委副书记（主持工作）、书记。河南省温县县委办公室副主任兼保密办主任。河南省温县番田乡党委书记、黄河滩区开发办公室主任。1995年4月～1996年4月，任温县黄河滩区开发办公室主任（副县级）；1996年4月～1999年8月，任温县县委常委、办公室主任；1999年8月～2001年6月，任沁阳市委常委、办公室主任；2001年6月～2005年6月，任沁阳市委副书记；2005年6月～12月，任焦作市山阳区委副书记、区人民政府代区长；2005年12月～2009年1月，任焦作市山阳区委副书记、区人民政府区长；2009年1月～2012年7月，任焦作市山阳区委书记；2012年7月，任焦作市人民政府党组成员、市人民政府办公室党组书记；2012年8月～2015年5月，任焦作市人民政府秘书长、市人民政府党组成员、市人民政府办公室党组书记；2015年5月起，任焦作市人民政府副市长、党组成员。

负责处理市政府日常工作，负责对外开放、招商引资、海关、商务、台湾事务等工作，抓好分管口的项目、安全工作和党风廉政建设。分管市政府办公室全面工作，分管市商务局、行政服务中心（含外来投资服务中心）、工商行政管理局、档案局、残联、台办、物资集团公司；焦作海关、出入境检验检疫局、中石化焦作分公司、中石油焦作分公司。

周备锋 焦作市政协副主席。1955年11月生，河南济源人，大学学历。1974年4月参加工作，1979年3月加入中国共产党。

1974年4月～1979年11月，任济源县承留乡杜村学校教师（1976年12月～1979年11月，在武汉体育学院体育专业学习）；1979年11月～1982年5月，任济源职工学校教师、工会秘书；1982年5月～1983年9月，任济源县工会秘书（1982年6月～1983年6月，在河南省工会干校学习）；1983年9月～1984年5月，任济源县梨林公社管委会副主任、乡党委副书记；1984年5月～12月，任济源县总工会主席；1984年12月～1985年12月，任济源县山区领导小组副组长；1985年12月～1988年9月，任济源县辛庄乡党委书记；1988年9月～11月，任共青团焦作市委副书记；1988年11月～1992年7月，任共青团焦作市委书记（1992年3月～1992年7月，在河南省委党校青年干部培训班学习）；1992年7月～1995年5月，任焦作市中站区副区长；1995年5月～1997年12月，任中共焦作市山阳区委副书记、常务副区长；1997年12月～2001年3月，任中共焦作市中站区委副书记、区长（1999年4月～7月，在河南省委党校县区长培训班学习；2000年9月～2002年9月，在河南大学经济管理学院研究生班经济学专业学习）；2001年3月～2007年4月，任焦作市财政局党组书记、局长；2007年4月～2014年5月，任焦作市政协党组成员、副主席；2014年5月起，任焦作市政协党组副书记，政协焦作市第十三届委员会副主席。

张动天 焦作市政协副主席。1958年8月生，安徽省芜湖市人，大学学历，理学学士，副教授。1976年1月参加工作，1993年11月加入九三学社。

1976年1月～1978年3月，在安徽省泾县蔡村公社大康大队下乡；1978年3月～1982年1月，在淮南矿业学院物理专业学习；1982年1月～1986年8月，任焦作矿业学院函授部教师；1986年8月～1987年8月，在武汉大学理论物理专业进修；1987年8月～1997年2月，任焦作矿业学院基础部物理教研室教师、副主任；1997年2月～2004年3月，任焦作工学院基础部副主任；2004年3月.，任焦作工学院基础部主任；1996年9月～2006年12月，任九三学社焦作市委副主任委员；2006年12月，任九三学社焦作市委主任委员；1999年1月～2014年3月，任焦作市人大常委会副主任；2014年3月起，任政协焦作市第十三届委员会副主席。

刘东成 焦作市政协副主席。1956年1月生，河南焦作人，大学学历。1974年8月参加工作。

1974年4月～1975年9月，在偃师县下乡；1975年9月～1979年10月，在洛阳煤田地质二队工作；1979年10月～1980年10月，在西安地质学院进修；1980年10月～1982年7月，在洛阳卫星煤田地质二队工作；1982年7月～1986年12月，在郑州煤田地质学院钻探专业学习；1986年12月～1988年10月，任马村区经委科员；1988年10月～1990年5月，任马村区地矿局科员；1990年5月～1993年5月，任马村区经委副主任；1993年5月～1994年6月，任马村区地矿局副局长；1994年6月～1996年4月，任焦作市地矿局副局长；1996年4月～1998年12月，任焦作市乡镇企业局副局长（1996年8月～1998年12月，在中央党校经济管理专业函授本科学习）；1998年12月～2004年8月，任焦作市政协副主席（2004年8月～2006年12月，在中央党校函授学院本科班法律专业学习）；2004年8月起，任政协焦作市第十一届、第十二届、第十三届委员会副主席、商务局副局长。

孔祥群 焦作市政协副主席。1959年2月生，河南济源人，大学学历。1983年3月参加工作，2000年2月加入农工民主党。

1978年3月～1982年12月，在河南中医学院中医系中医专业学习；1982年12月～1983年3月，待分配；1983年3月～1994年4月，任焦作市中医药学校教师；1994年4月～1997年7月，任焦作市中医药学校教务处副主任；1997年7月～1999年10月，任焦作市中医药学校门诊部主任；1999年10月，任焦作市卫生局副局长；2001年9月～2007年4月，任农工党焦作支部主任；2003年12月～2007年4月，任农工党焦作市委主委，河南省第九届政协委员，焦作市第十届、第十一届政协常委。2007年4月起，任政协焦作市第十二届、第十三届委员会副主席。

范　涛 焦作市政协副主席。1959年7月生，河南修武人，工程硕士。1976年2月参加工作，1985年2月加入中国共产党。

1976年2月～1978年4月，任修武县一中民办教师；1978年4月～1980年4月，任汲县师范学校理科三班学生；1980年4月～7月，任修武县周庄公社洼村中学教师；1980年7月～1982年7月，任修武县葛庄公社高中教师；1982年7月～11月，任修武县城关镇东关学校教师；1982年11月～1984年7月，任修武县委办公室干事；1984年7月～1985年9月，任修武县委政研室副科级秘书；1985年9月～1990年4月，任修武县委办公室副主任兼保密办主任；1990年4月～1993年3月，任修武县方庄镇党委书记（1989年9月～1992年7月，在委党校政治专业学习）；1993年3月～1996年4月，任修武县副县长；1996年4月～1999年3月，任解放区副区长（1994年9月～1996年12月，在中央党校函授学院党政管理专业学习）；1999年3月～4月，任马村区委副书记、副区长、代区长；1999年4月～2001年3月，任马村区委副书记、区长；2001年3月～2006年2月，任武陟县委书记；2006年2月～2008年12月，任武陟县委书记（副市厅级）；2008年12月～2009年1月，任武陟县委书记（副市厅级），焦作市政协党组成员；2009年1月～4月，任副市厅级干部，市政协党组成员；2009年4月～2014年3月，任副市厅级干部，市政协秘书长、党组成员；2007年9月～2009年6月，任在武汉大学国际软件学院软件工程专业学习，获工程硕士学位；2014年3月起，任政协焦作市第十三届委员会副主席、党组成员。

杜　宇 焦作市政协副主席。1961年2月生，河南温县人，研究生学历。1982年8月参加工作，1984年10月加入中国共产党。

1979年9月～1982年8月，在新乡地区师范学校中文专业学习；1982年8月～1987年11月，任沁阳县委宣传部干事；1987年11月～1989年8月，任沁阳县委宣传部秘书；1989年8月～1990年5月，任沁阳市葛村乡党委副书记；1990年5月～1993年3月，任沁阳市委办公室副主任；1993年3月～1995年4月，任沁阳市政府办公室主任；1995年4月～1997年7月，任沁阳市委常委、办公室主任；1997年7月～1999年8月，任博爱县委常委、副县长；1999年8月～2001年3月，任孟州市委副书记；2001年3月～2009年1月，任武陟县委副书记、县长（2003年9月～2006年6月在河南省委党校在职研究生班经济管理专业学习）；2009年1月～2010年11月，任武陟县委书记（2009年6月任焦作市副市厅级干部）；2010年11月～2014年3月，任焦作新区党工委副书记，管委会主任（副市厅级），焦作高新技术产业开发区管委会主任，焦作市政府工业集聚区管委会主任；2014年3月起，任政协焦作市第十三届委员会副主席、党组成员。

许竹英 焦作市政协副主席。1962年7月生，河南温县人，大学学历。1983年7月参加工作，1985年6月加入中国共产党。

1981年10月～1983年7月，河

南省新乡地区卫生学校护理专业学生；1983年7月～1984年8月，任新乡地区医院小儿科护士、团委干事、团委书记；1984年8月～1986年5月，任新乡地委办公室干事；1986年5月～1994年6月，任焦作市委办公室干事、副科长、科长；1994年6月～1997年12月，任武陟县委常委、组织部部长；1997年12月～2001年6月，任中站区委副书记（1996年10月～1998年12月，在中央党校函授本科班经济管理专业学习）；2001年6月～8月，任焦作市人民政府副秘书长；2001年8月～2003年6月，任焦作市人民政府副秘书长、市接待办公室主任；2003年6月～2007年4月，任焦作市妇女联合会主席、党组书记；2007年4月～6月，任焦作市委组织部副部长，焦作市妇女联合会主席、党组书记；2007年6月～2014年3月，任焦作市委组织部副部长；2014年3月，任焦作市政协焦作市第十三届委员会副主席、党组成员。

孙厚军 焦作军分区副司令员。1962年6月生，江苏响水人，大学学历，大校军衔。中国人民解放军武汉军事经济学院毕业。1980年11月入伍，1986年3月加入中国共产党。

1980年11月～1984年9月，在中国人民解放军59753部队勤务连服役；1984年9月～1987年5月，任59753部队勤务连司务长；1987年5月～1990年7月，任59753部队管理处副连职助理员；1990年7月～1993年12月，任55201部队军需处正连职助理员；1993年12月～1994年3月，任55201部队军需处副营职助理员；1994年3月～1996年12月；任72495部队军需处副营职助理员；1996年12月～1999年12月，任72495部队军需处正营职助理员；1999年12月～2004年7月，任72495部队军需处副处长；2004年7月～2008年12月，任72495部队军需物资处处长；2008年12月起，任河南省焦作军分区副司令员。

王志敏 焦作军分区副司令员。1970年12月生，河南太康人。工程兵工程学院野战工程专业毕业。大校军衔，大学学历。1986年11月入伍，1994年3月加入中国共产党。

1989年9月，为解放军工程兵工程学院学员；1993年7月～1999年9月，任陆军第54集团军工兵团筑城伪装营筑城1连排长（副连职），政治处组织股副连职干事、正连职干事；1999年9月～2000年7月，任第54集团军高炮旅政治部组织科正连职干事、副营职干事；2000年7月～2001年10月，任第54集团军防空旅政治部组织科副营职干事；2001年10月～2014年12月，任第54集团军司令部军务处副营职参谋、正营职参谋、副团职参谋、副处长、处长；2014年11月起，任河南省焦作军分区副司令员。

许　杰 焦作军分区参谋长。1966年12月生，河南长葛人。信阳陆军指挥学院步兵指挥专业毕业，大学学历，大校军衔。1985年9月入伍，1986年11月加入中国共产党。

历任信阳陆军学院学员，河南省军区警卫连排长、副连长，河南省军区司令部作训处连职参谋、营职参谋，河南省军区学生军训办公室副主任，河南省军区司令部作训处副处长，河南省军区司令部直属工作处处长，河南省军区司令部办公室主任，河南省禹州市人民武装部部长。2013年11月起，任河南省焦作军分区参谋长。

张应龙 焦作军分区政治部主任。1968年6月生，江苏东台人。南京政治学院经济管理专业毕业，大学学历，大校军衔。1986年10月入伍，1990年2月加入中国共产党。

历任陆军第20集团军后勤部战士，解放军重庆后勤工程学院学员，陆军第67集团军136师炮兵团排长、指导员、宣传股股长，河南预备役第136师炮兵团组织股股长，河南预备役第136师政治部组织科副营职干事、第136师炮兵团85加农炮营营长，河南省军区政治部组织处正营职干事，河南省军区政治部纪检处正营职干事、副团职干事、处长，河南省开封市金明区人民武装部政治委员。2013年6月起，任河南省焦作军分区政治部主任。

注：

张文深 2015年3月，不再任中共焦作市委副书记、市长。

贾武堂 2014年7月退休。

王长松 2015年2月，不再任中共焦作市委组织部部长。

甘茹华 2015年2月，不再任中共焦作市委常委；3月，不再任市委宣传部部长。

丁保东 2015年2月，不再任中共焦作市委常委；3月，不再任市委政法委书记；6月，不再任市政府党组成员、市公安局局长、党委书记、市公安局督察长（兼）。

元相学 2015年3月，不再任焦作军分区副政治委员。

·组织机构·

(截至2014年底)

中共焦作市委员会

书　　记　孙立坤
副书记　张文深　丁福浩
常务委员　孙立坤　张文深
　　丁福浩　王宏昌
　　王长松　杨娅辉
　　甘茹华　丁保东
　　姜继鼎　郭　鹏
　　宫松奇
秘书长　(缺)
副秘书长　耿可东　李振国
　　张红卫　张建虎
　　张卯瑞　王建中
　　查仕成

市委工作部门

市委办公室
主　　任　耿可东
副主任　(缺)
纪律检查员　(缺)

市委组织部
部　　长　王长松
副部长　武　磊　许竹英
　　刘新顺
纪律检查员　李泽华

市委宣传部
部　　长　甘茹华
副部长　郑长太　张爱华
　　张少波　米纪文
纪律检查员　王蕙丽

市委统战部
部　　长　杨娅辉
副部长　杨鹤强　郭宇荣
　　武晓红
纪律检查员　王　莉

市委政法委
书　记　丁保东
副书记　尚在军
　　(兼市维稳办主任)
　　杨永红
　　(兼市政法纪工委书记)
　　刘传海
　　(兼市防范办主任)
政治部主任　郭海星

市机构编制委员会办公室/市事业单位登记管理局
主　任、局　长　郭宇荣
副主任、副局长　刘华全
　　狄丽珠
纪律检查员　(缺)

市委农村工作办公室
主　　任　杨火星
副主任　亢玉战
纪律检查员　刘新成

市委群众工作部/市信访局
部　长/局　长　黄振军
副部长/副局长　王浩谦
　　商玉文
　　张胜利
　　崔新房
纪律检查员　赵　东

市委市直机关工委
书　　记　任晨光
纪工委书记　王晓垠
工会主席　史文洪

市委部门管理机构

市委老干部局
局　长　张现俭
副局长　王柏林　董红军

市委保密委员会办公室/市国家保密局
主　任、局　长　张红卫(兼)
副主任、副局长　吕明亮

市委机要局、市国家密码管理局
局　长　谷　波
副局长　张振玲

市精神文明建设委员会办公室
主　任　张爱华
副主任　郝艺娟　王保杰

市委台湾工作办公室、市政府台湾事务办公室
主　任　王玉柱

市委直属事业单位

市委党校
校　长　丁福浩(兼)
党委书记、常务副校长　李俊彦
党委副书记、副校长　刘秋香
副校长　苗培恩
　　张瑞生
　　王晓葆
纪工委书记　万士根

焦作日报社
总编辑　杨法育
副总编辑　王爱军　杨双喜
　　李　弘　吴长青
工会主席　贾随保

市委部门所属事业单位(正处级)

市档案局
局　长　韩金昌
副局长　刘国安

市委党史研究室
主　任　梁俊杰
副主任　李迎春

中共焦作市纪律检查委员会

书　记　王宏昌
副书记　高俊魁　薛　勇
　　李福顺
常务委员　王宏昌　高俊魁
　　薛　勇　李福顺
　　毛燕翔　冯福平
　　杜小战

焦作市十二届人大常委会

主　任　王明德
副主任　穆玉华　王建国
　　李世友　魏丰收
　　郜小方　葛探宇
秘书长　张凤驰
副秘书长　郑定良　李中阳
纪律检查员　郭志鹏

市人大办公室
主　任　郑定良
副主任　(缺)

调查研究室
主　任　(缺)
副主任　翟立军

信访办公室
主　任　王煜中
副主任　(缺)

内务司法工作委员会

主　任　童永久

财政经济工作委员会

主　任　王　群

副主任　于瑞珍　孙丽新

教育科学文化卫生工作委员会

主　任　孔令江

副主任　李建国

城乡建设工作委员会

主　任　（缺）

副主任　（缺）

选举任免代表联络工作委员会

主　任　范桂兰

副主任　李林霞

农村经济工作委员会

主　任　赵卫国

副主任　孙荆州

民族侨务外事工作委员会

主　任　席耀璋

副主任　（缺）

环境与资源保护工作委员会

主　任　樊　国

焦作市人民政府

市　长　张文深

副市长　姜继鼎　贾书君　乔学达　胡小平　李海松　王建修

秘书长　牛炎平

副秘书长　黄振军　蒋永立　卜庆正　张明库　卢继成　郭树刚　张　娟　闫献亭

市人民政府工作部门

市人民政府办公室

主　任　（缺）

副主任　（缺）

纪检组长　卢继成（兼）

市政府外事侨务办公室

主　任　李　鹏

副主任　刘东林

纪检组长　张艳玲

市政府法制办公室

主　任　李领夫

副主任　杨玉清　李　铭

纪检组长　韩柳川

市发展和改革委员会

主　任　陈　湘

副主任　王鸿理　付希强　刘自胜　张永刚　任中建　王树人　刘胜利　马春明　许　斌　王运洪

纪检组长　司玉昆

口岸办主任　刘胜利

市教育局

局　长　王峙东

副局长　郭宪武　牛俊虎　白战海　方　向　吴童玲　井元锋

纪检组长　（缺）

市科学技术局

局　长　陶立栋

副局长　胡长江

纪检组长　党向兵

市工业和信息化局

局　长　兑恩奇

副局长　高明武　胡　伟　靳玉凤　孙向召

纪工委书记　于同文

政治部主任　张　升

市民族宗教局

局　长　买福来

副局长　桑传法

纪检组长　丁明琴

市公安局

局　长　丁保东

副局长　宋新明　李向东　高继领　李春旺　杨伊群　陈凤兰　李心田　查怀忠　周延印

纪工委书记　杜新民

政治部主任　王国玉

党委委员　石洪波　黄艳辉　王守山

市监察局

局　长　高俊魁

副局长　买万国　王秋生

市民政局

局　长　陈战胜

副局长　张　林　陈富山　翟福友

纪检组长　张立军

市司法局

局　长　杨吉喜

副局长　周继革　原有成　闫荣涛　乔捍东

纪检组长　王冬云

政治部主任　康晓东

市财政局

局　长　程玉国

副局长　郭法江　张继东　刘新全　张金平

纪检组长　高晓光

市人力资源和社会保障局

局　长　韩明华

副局长　申纪平　王玉泉　李　水

纪检组长　任国庆

市国土资源局

局　长　钟会学

副局长　徐明新　崔　峰

纪检组长　杨战生

市环境保护局

局　长　秦中华

副局长　王革新　丁青云　王国龙　敬章斌

纪检组长　杨丰收

市住房和城乡建设局

局　长　赵长占

副局长　赵红兵　薛生利　王胜利　李战胜　张国营　范　杰

纪检组长　崔晓华

市城市管理局

局　长　杨廷中

副局长　蒋和平　蔡仁明　黄海梅　李东兴

纪工委书记　皇甫尚旭

党委委员　王慧彬

市城乡规划管理局

局　长　田晋源

副局长　李怀玉　谢运升　鲜爱军　刘晓军　赵　辉

纪检组长　王秀红

市交通运输局

局　　长　谢如臣
副 书 记　唐　毅
副 局 长　马金柱　郭印慈
　　　　　杨战国　郭　凯
纪检组长　(缺)

市水利局

局　　长　马国庆
副 局 长　胡卫军　李青苗
　　　　　祝远峰　尚安峰
纪检组长　仝国良

市农业局、市扶贫开发办公室

局 长、主 任　王国建
副局长、副主任　毋同利
　　　　　　　石家富
　　　　　　　王东风
　　　　　　　张红兵
纪 检 组 长　宋现刚

市畜牧局

局　　长　傅秋生
副 局 长　张立民
纪检组长　(缺)

市林业局

局　　长　朱玉正
副 局 长　马恒雨　韦庆雨
　　　　　邵　飞
纪检组长　王新兴

市商务局

局　　长　孙银池
副 局 长　范志锋　刘东成
　　　　　付小文　侯　峻
　　　　　苏　哲
纪工委书记　(缺)
贸促会会长　张丽君

市文化广电新闻出版局

局　　长　王东林
副 局 长　姬光辉　高文波
纪检组长　刘立东

市卫生局

局　　长　宁继学
副 局 长　孔祥群　张乐庆
　　　　　程中华　翟建春
　　　　　李　智
纪检组长　李立广

市人口计生委

主　任　周学相
副 主 任　袁培莲　王彦霞
　　　　　薛慧庆
纪检组长　(缺)

市食品药品监督管理局

局　　长　蒋永立
副 局 长　张胜利　郑古立
　　　　　董红军　孙志友
纪检组长　闫素玲

市审计局

局　　长　闫万国
副 局 长　尹柯玲　申文燕
　　　　　王庆宝　范景致
纪检组长　王天富

市政府国有资产监督管理委员会

主　　任　程玉国
副 主 任　李国明　林素月
　　　　　毕明奇　韩长明
纪检组长　(缺)

市工商行政管理局

局　　长　王志勇
副 局 长　孟令辰　张　勇
　　　　　张书杰　马进学
纪检组长　符　钢

市质量技术监督局

局　长　李小平
副局长　买金亮　张秉玉
　　　　常晓钟
　　　　聂同喜(兼纪检组长)
　　　　周明光

市体育局

局　　长　郭颂福
副 局 长　常全旺　肖　萍
　　　　　李　立　宋国宪
纪检组长　董　翔

市统计局

局　　长　马爱国
副 局 长　李秋玉　刘文忠
　　　　　董玉根
纪检组长　张本祥

市旅游局

局　长　赵卫星
副局长　张广玉　马景利
　　　　杨天军　李建阳
纪检组长　程宏才

市粮食局

局　　长　杜拥军
副 局 长　宋国胜　双占侠
　　　　　刘国富　魏黄敬
纪检组长　宋国胜

市安全生产监督管理局

局　　长　黄晓平
副 局 长　张许良　秦保生
　　　　　张巧云
纪检组长　董明国

市政府派出机构

市行政服务中心

主　　任　牛学平
副 主 任　朱国栋　郭丽敏
纪工委书记　杨清波

市政府直属事业单位

焦作大学

党委书记　郭维杰
校　　长　林效廷
副 书 记　焦金雷
　　　　　杨家卿(兼副校长)
副 校 长　马韵新　符德学
　　　　　申文波　霍晓丽
纪委书记　张　浦
工会主席　杨中汉

焦作师范高等专科学校

党 委 书 记　张丙辰
党委副书记、校长　张战营
党委副书记、纪委书记　周吉国
副校长、工会主席　张新海
副　校　长　贾长虹
　　　　　　高闰青
　　　　　　靳贤胜

焦作广播电视台

台　　长　郑长太
副 台 长　王利江　王荣科
　　　　　陈彦灵　翟国伟
纪工委书记　杨晓剑

市爱国卫生运动委员会办公室

主　任　张立志
副 主 任　杨型旗
纪检组长　刘玉梅

市供销社

主　　任　孙长松
副 主 任　宋振宇　皇甫杰真
纪工委书记　张保营

市住房公积金管理中心

主　任　赵海燕

副主任　部　鹏　王建国

　　　　申　伟　柳军永

市地震局

局　　长　马长生

副 局 长　仝德利

纪检组长　李　琳

市机关事务管理局

局　　长　周慧明

副 局 长　陈献银　王小河

　　　　　郝统杰

纪检组长　赵国锋

市农林科学研究院

院　　长　段新国

党委书记　郜小宝

副 院 长　董建设　毛如霆

　　　　　李天富

纪委书记　靳秋生

市应急指挥中心

主　任　杨会军

副主任　赵文红

市农业机械管理局

局　　长　张东辉

副　局　长　韩　冰　杨维秀

纪工委书记　杜东风

市园林绿化管理局

局　　长　(缺)

副　局　长　苗茂林　翟家波

纪工委书记　杜慧芳

市政府部门所属参公事业单位（正处级）

市接待办公室

主　任　耿可东

副主任　买占营　曹金宝

市政府发展研究中心

主　任　(缺)

副主任　马顺利　王智民

市地方史志办公室

党组书记　卜庆正

主　　任　(缺)

副 主 任　原应战

市移民安置局

局　长　刘持祥

副局长　刘栓成　秦英才

市南水北调中线工程建设领导小组办公室

主　任　段承欣

副主任　刘少民　吕德水

市房产管理中心

主　　　任　林新平

副　主　任　武修胜

纪工委书记　贾瑞琪

市公路局

局　长　唐　毅

副书记　刘志钢

副局长　赵德有　李小对

　　　　刘春杰　李小民

市盐业局

局　　　长　胡　伟

副　局　长　张筱东　田鹏玺

　　　　　　毛江涛

纪工委书记　李玉婷

市引沁灌区管理局

局　长　(缺)

副局长　赵立伟　廉前进

　　　　杨长青

议事协调机构的办事机构

市人民防空办公室

主　　任　慕战平

副 主 任　谷建华　李振海

纪检组长　池静玫

市公共资源交易中心

主　任　(缺)

副主任　李　菲　刘全中

　　　　陈跃红

市政府驻外办事机构

焦作市人民政府驻北京联络处

主　任　闫献亭

焦作市人民政府驻郑州办事处

主　任　郭春湖

市政府临时机构

南水北调中线工程焦作城区段建设办公室

主　任　(缺)

副主任　买新华　范　杰

　　　　成纯良　雷一鸣

　　　　史升平　黄红亮

政协焦作市十三届委员会

主　　　席　秦海彬　周备锋

　　　　　　张动天　刘东成

　　　　　　孔祥群　范　涛

　　　　　　杜　宇　许竹英

秘　书　长　翟传森

副 秘 书 长　薛志杰　康春生

　　　　　　董丕新

纪律检查员　吕　林

市政协办公室

主　任　李培华

副主任　(缺)

提案委员会

主　任　王国政

副主任　原火金

经济科技委员会

主　任　王海春

副主任　赵玉辉

农业委员会

主　任　刘吉斌

副主任　杨宏伟

文化教育体育卫生委员会

主　任　张二虎

副主任　亢玉珍

社会和法制委员会

主　任　(缺)

副主任　赵朝阳

港澳台侨和外事委员会

主　任　(缺)

副主任　(缺)

人口资源环境委员会

主　任　(缺)

副主任　石显忠

学习和文史资料委员会

主　任　王长礼

副主任　闫　霞

司法机关

市中级人民法院

院　　长　李玉杰

副 院 长　张利学　韩文太

　　　　　王安平　谢华海

纪检组长　陈红岩

党组成员　孙兰华　李长起

　　　　　勾志斌

政治部主任　乔国立

执行局局长　薛拥复
办公室主任　赵　辉

市检察院

检　察　长　朱亚滨
副检察长　商晓明　申　军
　　翟运通　康秋平
　　聂永顺　郝长青
　　李玉花
纪检组长　禹进才
反贪局局长　王　勇
政治部主任　张毓平

军事机构

焦作军分区

司　令　员　杨文耀
政治委员　刘新旺
副司令员　孙厚军　王志敏
副政治委员　元相学
参　谋　长　许　杰
政治部主任　张应龙
后勤部部长　周焕才

武警焦作市支队

支队长　王守山
政　委　李书杰
副支队长　梁建杰
副政委　杨长青

武警焦作市消防支队

政治委员　黄艳辉
支队长　龚中贵
副支队长　赵志强

民主党派与工商联

民革焦作市委员会

主任委员　王建国
副主任委员　薛志杰
　　古小六　杨鹏杰

民盟焦作市委员会

主任委员　（缺）
副主任委员　白云峰　侯继红
　　霍晓丽　卫明星

民建焦作市委员会

主任委员　燕朝霞
副主任委员　买万国　张广玉
　　焦崇奎

民进焦作市委员会

主任委员　乔学达
副主任委员　曾　旗　章　立

农工民主党焦作市委员会

主任委员　孔祥群
副主任委员　张誉谱　李美玲

九三学社焦作市委员会

主任委员　张动天
副主任委员　孙菊梅　刘学锋
　　王丽娟

焦作市工商业联合会

主　席　李　彪
副主席　张立新（兼纪检组长）
　　李　建　郭锦波
　　高全成　职保昌
　　隋耀光　张菊荣
　　韩有泉　张铁雷
　　蒋艺峰　安国治
　　柴成雷　张振志
　　高庆祥　常小松
　　刘明柱　程兴赠
　　王恩正

群众团体

市总工会

主　席　（缺）
党组书记　田立杰
副主席　杜劲松　李林敏
纪检组长　赵东明
经费审查委员会主任　李春霞

共青团焦作市委员会

书　记　张　刚
副书记　郭晓黎
纪检组长　（缺）

市妇女联合会

主　席　廉常萍
副主席　宋　萍　金丽艳
纪检组长　王海玲

市科学技术协会

主　席　李孟周
副主席　彭　芳
纪检组长　（缺）

市文学艺术界联合会

主　席　庞　宏
副主席　吴　明　米　闹
纪检组长　姜玉珍

市社会科学界联合会

主　席　张少波（兼）
副主席　苗国富
　　焦金雷（兼）
　　杨家卿（兼）

市残疾人联合会

理事长　杜安禄
副理事长　申文生　张喜科
纪检组长　郭翠萍

市归国华侨联合会

主　席　杨世民

市红十字会

会　长　（缺）
常务副会长　陈晓栋

省市双重管理机构

市国家税务局

局　长　陈国全
副局长　朱保林　王跃清
　　谢启旭　李寒冬
纪检组长　朱慧星
总经济师　王法才
总会计师　米琳彬

市地方税务局

局　长　马德骏
副局长　张新宇　樊建国
　　吕　伟　张睿蕊
纪检组长　张孟军
总会计师　刘喜梅
稽查局长　刘晓伟

焦作出入境检验检疫局

局　长　赵保才
副局长　方春生（兼纪检组长）
　　陈建宏　董新吉

焦作黄河河务局

局　长　程存虎
副局长　关永波　李怀前
　　李怀志
纪检组长　刘　巍
总工程师　李怀志
工会主席　赵献军

市烟草专卖局（公司）

局　长　王孝亭
副局长　张占龙
副经理　郑慧超　白　滔
纪检组长　刘小刚

市气象局

局　长　刘跃红

副 局 长　徐传玺　孙仲毅
纪检组长　卢晓喜

国家统计局焦作调查队

队　　长　张国英
副 队 长　卢亚文　李中其
纪检组长　田永亮

中华人民共和国焦作海关

关　长　贺　方
副关长　万　伟

市邮政管理局

局　　长　张　萍
副 局 长　底世民
纪检组长　底世民

中国人民银行焦作市中心支行

行　　长　王雨舟
副 行 长　汤金升
　　　　　孙　礼
　　　　　李新民
纪委书记　薛　宾
工会主任　王建民

中国银行业监督管理委员会焦作监管分局

局　　长　冯　涛
纪委书记　郭　明

河南省农村信用社联合社焦作市办公室

主　任　刘自彬
副主任　夏天中　卫龙奎

驻焦部属及省属单位

河南能源焦煤集团

董事长、党委书记　谢述新
总经理、副董事长、党委副书记　董正亮
副总经理　杨建增
党委副书记、纪委书记　霍传良
党委常委、工会主席　曹其跃
副 总 经 理　张永利
安监局局长　白恒周
总 会 计 师　成雪梅
副总经理、党委副书记　张志勇
总工程师　袁德铸

国网焦作供电公司

总 经 理　王红印
党委书记　司学振
副总经理　王峰洲　王国仕
　　　　　孙全德　冀卫政
纪委书记　齐文屏
工会主席　申克运
总工程师　冯振保
总会计师　郑洪权

河南理工大学

党 委 书 记　王少安
校　　　长　邹友峰
党委副书记　张国臣
　　　　　　(兼纪委书记)
　　　　　　周志远
副　校　长　周　英　卫中玲
　　　　　　张　锟　景国勋
工 会 主 席　杨建堂

黄河交通学院

理　事　长　李顺兴
校　　　长　王裕清
党 委 书 记　倪启明
常务副校长　陈志红
副　校　长　顾立志　王全升
纪 委 书 记　李洪涛
　　　　　　(兼校长助理)
理事长助理　李　鹏

区域特色

·太极拳·

【历史溯源】　太极拳是东方文化的瑰宝，是中华武苑的奇葩。明末清初，温县陈家沟人陈王廷在家传武学的基础上，汇集“河图”“洛书”太极阴阳之学说，融入中医经络学和道家《黄庭经》的导引吐纳术，结合戚家拳法及武林众家武学之精华，创编了太极拳，并世代相传，距今已历三百多年。在漫长的传承过程中，渐由陈氏独家之秘，衍变成广播海内外的陈氏、杨氏、吴氏、武氏、孙氏、和氏等诸多流派。

太极拳的发源地在温县陈家沟。陈家沟位于黄河北岸清风岭上，古称常阳村。明洪武五年（1372），山西泽州郡（今山西晋城）东土河村人陈卜率全家迁居温县城北，立村陈卜庄。两年后迁居常阳村，因陈氏人丁兴旺，且村中有三条大沟，后改常阳村为陈家沟。陈家沟所在的温县历史悠久，夏称温国，商为畿内地，周属苏忿生封邑，春秋设县。与陈家沟隔河相望是伏羲画卦台和大王庙；村西北 35 公里神农山下的沐涧寺，是道教上清派创始人魏华存修道之所，道家经典《黄庭经》即在此完成；村东数公里是汜水关；村南数公里是虎牢关、楚河汉界的鸿沟。加之黄河天堑，使陈家沟周边地区成为历代兵家必争之地。楚汉相争、三英战吕布、血洗怀庆府等重大战事在这里进行，各种武术在这里展示，戚继光创编的《三十二势拳经捷要》也在其中。太极图最早也是出现在黄河、洛水之间，“河图”“洛书”是周易文化的起源，也是太极文化的核心。陈家沟独特的地理位置，厚重的文化积淀为太极拳的诞生与传承营造了良好的发展环境。太极拳创始人陈王廷即诞生于此。当地民谚：“喝喝陈沟水，都会翘翘腿”“会不会，金刚大捣碓”都形象地说明了当地练武习拳之风甚盛，且世代沿袭，经久不衰。村内现有陈氏祖祠、杨露禅学拳处、陈式太极拳历代宗师寝陵、牌楼等古迹遗存。

陈卜善武事、精拳械，熟练祖传 108 式长拳及有关器械。曾在村中设武学社，始开陈氏世代习拳舞械之风。至陈氏第九世陈王廷（又名奏庭）（约 1600–1680 年），自幼受中原文化的熏陶，擅长拳法，文武兼备，青年时披坚执锐，在豫、鲁、晋一代走镖征战，颇负盛名。晚年隐居陈家沟，终日以《黄庭经》为伴，潜心收集研究民间武术，在长拳和养生功的基础上，根据太极文化的阴阳转

太极拳祖祠

换之理、《黄庭经》导引吐纳之术以及中医经络学说，将戚继光等众家武学之长融会贯通，加之平生所学，创编出一套竞技、强身、健体、益智、修为于一体的太极拳法。这些拳法，均据太极之理，由无极至太极，由无相而生有相，由静而生动，每个招式都分阴阳（即虚、实、柔、刚、静、动等），取“太极生万象”之意，便称之为太极拳。这就是我国最早的原创太极拳。之后，随着太极拳的衍变发展，人们为了便于区别各流派，将原创太极拳称之为陈式太极拳。陈氏十四世陈长兴（1771–1853 年），将太极拳多项套路由博归约，精编简化为太极拳一路、二路（又名炮拳或炮捶），后人统称之为老架（大架）。除族内传播外，还广开外姓传拳收徒之门，使陈式太极拳走向社会。其著名高足杨露禅，出师后教拳于清宫，并悟编出新的拳架，称为“杨式架”，普及京津。杨氏三传至吴鉴泉又衍生出“吴式架”。陈氏十四世陈有本（1780–1858 年），扬弃老架中的某些动作，创编了陈氏太极拳小架套路（当时称新架，陈发科新架形成后，改称此架为“小架”）。其族侄陈清平学得此架后，移居赵堡镇，在其师传基础上，又加圈缠丝，进一步发展，形成与师传小架风格有所不同的小架套路。后人为区别之，称师传小架为“略”，陈清平小架为“圈”。陈清平在赵堡定居后，传至其高徒和兆元渐而形成“赵堡架”（又称“和式架”）；传至高徒武禹襄进化演练为“武式架”；武氏又两传至孙禄堂而衍生为“孙式架”。同一时期还形成太极拳忽雷架等。

陈式太极拳套路分徒手套路、器械套路、竞赛套路、新编套路等，计近 40 种。器械分短器械、长器械和软器械。短器械主要有太极单刀、太极双刀、太极单剑、太极双剑、太极双锏、太极球等，长器械主要有春秋大刀（又名青龙偃月刀）、太极枪、太极大杆（又称十三大枪、太极十三杆）等，软器械主要有太极鞭、太极梢等。陈式太极拳功法独特，运用太极的阴阳转换、五行生克原理，以意导气，以气催形；运用掤、捋、挤、按、采、挒、肘、靠、螺旋缠丝、劲由内换等技击方法，化打结合、化中有打、打中有化、攻中有防、防中有攻、阴阳转换、刚柔相济、快慢相间，处处体现出以静制动、以柔克刚、“四两拨千斤”的独特攻防技巧和强身健体的科学性。陈式太极拳著述，以陈鑫（1849–1929 年）为集大成者，其中尤以《陈氏太极拳图说》为代表。

太极拳内容丰富，功能多样，便于普及。与其他武术相比，更具传统文化内涵的多元性，佛、道、儒、医、哲、美无所不包。太极拳以儒家“中庸”为载体，以“无用为用”，集佛家“慈悲为念”、道家“道法自然”、儒家“仁义为本”之大成，融汇中华医学、哲学、美学之精髓，海纳百川，兼容并蓄，终成一代绝学。1992 年 9 月，温县举办第一届国际太极拳年会，同年 11 月，温县被国家体委命名为首批“全国武术之乡”。2005 年 8 月，中国武术协会授予焦作市“太极圣地”称号。2006 年 5 月，国务院公布陈式太极拳为第一批国家级非物质文化遗产。2007 年 6 月，中国民间文艺家协会命名温县为“中国太极拳发源地”并在温县建立“中国太极拳文化研究基地”；同年 7 月，中国武术协会命名温县为“中国武术太极拳发源地”；同年 11 月，河南省民间文艺家协会命名陈式太极拳为河南省民俗经典项目；2008 年 8 月，太极拳作为第 29 届奥运会开幕式文艺演出内容之一，在国家体育场——鸟巢展现世人；2009 年第五届中国·焦作国际太极拳交流大赛，升格为国家体育总局、河南省政府主办，单项赛事由国家体育总局主办，为全国首创。该赛事已成为极具影响力的太极拳赛事，被评为河南体育世纪十大历史事件、国家标准化赛事、中国体育旅游精品项目。每届大赛与会国内外团体递增，对提高焦作知名度、扩大焦作对外开放、促进焦作经济和社会发展发挥了重要作用。

太极拳作为中华民族最珍贵的非物质文化遗产之一，不仅是中华传统武术中的璀璨明珠，也是中华民族传统文化的一种符号象征，更是对外文化交流的重要桥梁和纽带，充分展现了中华民族传统文化的创造力，具有

东沟练拳处

见证中华民族传统文化的独特价值。传承和保护太极拳，对于弘扬中华民族传统文化，增强人民体质，提高生活质量，构建和谐社会等都具有重要作用。

纵观太极拳三百多年的历史，只有在新中国成立后，才赋予了它强大的生命力。新中国成立之初，毛主席就号召全国人民学打太极拳。改革开放之后又为太极拳营造了更为广阔的发展空间，邓小平同志曾亲笔题词："太极拳好"。焦作市人民政府把太极拳作为城市的品牌向国内外宣传推广，国内演练太极拳蔚然成风。与此同时，以陈小旺、陈正雷为代表的太极拳大师多次走出国门，传拳布艺，使这一武学瑰宝广播海外 150 多个国家和地区，全世界演练太极拳者达 1.5 亿多人，成为全球参与人数最多的武术和健身运动。

【发展现状】 近年来，焦作市委、市政府在太极拳推广普及、赛事组织承办、段位培训授予、国际合作交流等方面做出了努力和探索，取得了一定成效。

发展太极拳文化，倾力打造太极圣地。焦作市将太极拳的发展纳入经济社会发展规划，每年列入政府工作报告；市政府专门建立太极拳发展专项资金，支持太极拳传承普及；投资 13 亿元、占地 866 亩的太极体育中心于 2014 年 8 月落成投用，包括太极体育场、太极体育馆、太极展览馆，为太极拳比赛交流、文化展示和全民健身提供了良好的活动场所；投资 13 亿元在温县陈家沟建设总占地 3500 余亩、包括中国太极拳博物馆、太极拳祖祠、杨露禅学拳处、东大沟习武场以及太极养生旅游等项目在内的陈家沟太极拳文化旅游园区，为科学保护历史遗存，合理恢复历史旧貌，在充分展示太极拳"根"文化丰富内涵的同时，为太极拳爱好者寻根谒祖、拜师学艺、交流练习提供了良好的硬件设施，打造国内外太极拳爱好者及游客心中的圣地。先后两次申报世界非物质文化遗产名录，全国人大代表、市委书记孙立坤两次在全国"两会"上提交建议，呼吁"优先推荐太极拳申遗"，引起广泛关注。利用央视和新浪、搜狐、凤凰网、人民网等主流媒体开展太极拳主题形象宣传活动，先后在《乡村大世界》《功夫传人》《探索发现》等央视品牌栏目中播出太极拳节目 30 余期。2008 年，国务院新闻办《中国功夫》摄制组专门到陈家沟拍摄制作《中国功夫》系列宣传片，翻译成多种语言在国内外主流媒体播出。与河南电视台新闻频道《健康中原》栏目录制太极拳专题片，完成卡通片《太极拳内功揭秘》《功夫熊猫太极 13 势》、影视剧《陈王廷》的拍摄工作，并创作《陈家沟太极拳》剧本等。焦作市广大文艺工作者先后创作编排了数十个形式多样、内容丰富的宣传推广太极文化的节目。有歌伴舞《中华太极拳》《太极拳》，舞蹈《太极魂》《国风》《印象·太极》等。开设《中国太极拳网》《太极拳文化》等网站，投资 2000 多万元拍摄了舞台剧《太极传奇》、电视连续剧《太极宗师》等；在机场、车站、高速公路等设立大型太极拳宣传广告牌，利用举办中国·焦作国际太极拳交流大赛等大型赛事、世界旅游城市联合会等平台进行宣传，提升了太极拳在国内外的影响力。

构建太极拳传承体系。组织人员历时 3 年对太极拳相关的历史文献、珍贵史料进行挖掘收集，对历史渊源、传承谱系进行调查考证，共收集、出版有关太极拳书籍 500 余本、实物资料近 3000 件，建立了涵盖太极拳主要门派知名人士的传承体系和档案，对太极拳文字、图片、视频等信息进行数据录入，建立了太极拳数据库，并报国家非遗数字化保护中心进行审核、存档。目前，太极拳有省级展示馆 1 个：中国太极拳博物馆；省级文化生态保护实验区 1 个：温县太极文化生态保护实验区；市级非遗社会传承基地 3 家：河南理工大学太极拳学院、焦作大学、焦作市武术馆；省级传习所 4 家：河南陈正雷太

太极体育中心

极文化有限公司陈家沟太极拳馆、天才太极专修院、陈家沟太极拳学校、温县陈家沟武术院；市级传习所2家：王西安拳法研究会、温县中国陈家沟太极拳功夫学院。有各级各类武馆武校200多家，另有陈小旺、陈正雷、王西安、朱天才等200多名拳师在海内外开设武馆，传拳授艺。

加快太极拳推广普及。以太极拳“六进”（进机关、进企业、进学校、进社区、进农村、进军营）活动为载体，以“人才、阵地、活动”三大建设为抓手，广泛开展太极拳推广普及活动，推动了全民健身事业的持续健康发展。共举办机关、企业、乡村等28个班次的太极拳辅导员骨干培训班，打造了一支由6500余人组成的“数量充足、结构合理、分布均匀、多行业、全覆盖”的社会太极拳辅导员队伍，有力地推进了太极拳在全市的推广普及。采取对社区文体活动中心扩容升级，利用公园、广场、社区空地等公共场所，发挥太极拳协会建站等方式，建立900多个太极拳健身辅导站和习练点，群众出门不远即可找到场地练习太极拳，无论清晨还是傍晚，各个公园广场、街头巷尾都能看到群众习练太极拳的身影。把每年5月份定为全市全民太极拳健身月，经常性地组织开展学校师生、企业职工、机关、农民等太极拳表演赛、健身赛、竞技比赛等活动，许多企业把太极拳作为工间操，云台山等景区在景区内开设太极拳表演等，激发了广大群众习练太极拳的热情和兴趣。目前，全市习练太极拳人数达130多万，占全市总人口的三分之一。

促进太极拳文化传承弘扬。通过政府引导、市场化运作模式，积极开展各种文化招商活动，引进社会资本发展太极拳文化产业，累计引进教育培训、度假休闲、健康养生等重大项目20多个，总投资160多亿元。成功举办七届中国·焦作国际太极拳交流大赛，积极组织陈式太极拳参加央视“武林大会”，中国武术职业联赛、“武术之乡”比赛等，多次承办全国新农村农民太极拳大赛、全国武术太极拳比赛、太极拳名人名家展示交流等国家级赛事，吸引了来自全世界40多个国家和地区及国内29个省市自治区的代表队参赛。通过承办或参加太极拳高峰论坛，共完成太极拳方面的课题70多项、撰写论文100多篇，推动了太极拳相关理论的研究和发展。利用承办全国太极拳段位考评员、指导员培训班培训考评的平台进行交流。共培训考评员、指导员3200人，提升了太极拳交流的层次和水平。焦作市建有陈式太极拳协会、杨式太极拳协会、吴氏太极拳学会、和式太极拳协会等各个门类的太极拳协会和研究会42个，扩大了太极拳在民间的影响力。先后与加拿大桑德贝市、韩国庆州市缔结为太极拳文化交流友好城市，组织太极拳表演队赴泰国参加“中泰文化交流年”活动；组织参加山西晋城太极拳名家演武大会、中国·淮阳非物质文化遗产展演、北京“薪火相传——中国非物质文化遗产传承人师徒同台展演”等展演展示活动，促进了太极拳在国内外文化上的交流。

【2014年工作概述】 2014年，市体育局以实施太极拳“六进”工作为契机，强化措施，全面促进太极拳普及推广。组织召开全市太极拳“六进”工作推进会，细化各单位工作职责，加强督导检查。举办河南省第十届中原武术大舞台武术展示、“庆三八”太极拳健身展示等活动，有2000余人参加。举办省十二运会太极拳健身活动展演，带动全市群众掀起了太极拳健身热潮。举办各级各类社会体育指导员培训班12期，培训各类社会体育指导员1689人。完成市实验小学段前级考评，300余名学生通过考评。组队参加河南省少数民族传统体育运动会，获4金2银6铜；组队参加全国“市长杯”武术太极拳比赛，获3金1铜；组队参加河南省第十二届运动会成年组太极拳比赛，获一等奖9个，二等奖7个，三等奖3个，集体项目获一等奖。积极开展太极拳名称规范工作，制定《焦作市太极拳基础术语》；和焦作师专等院校结合筹备建立焦作市太极拳图书馆。

【太极拳名家座谈会】 2月28日，焦作市太极拳协会在温县召开太极拳名家座谈会。焦作市太极拳协会会长、市政协原主席赵功佩，副会长严双军、王国政，副秘书长马日强、原火金到会；太极拳名家陈庆州、陈立法、陈桂珍、刘盘、张德旺、陈有刚、陈天成、李德珍、张随胜、陈朝霞、党振喜、李长玉、王巨潮、李虎、张保忠、陈文革、张二众、郑永红、陈庆雷、钦成民、张富香、孙西海、韩朝柱、陈鑫桥等应邀参加座谈。会议通报上年度太极拳工作和2014年工作计划，与会名家进行深入交流。

【窦汉东《太极感悟文集》出版发行】 3月，由温县太极拳研究院负责编辑的太极拳大师窦汉东著作《太极感悟文集》由中国图书出版社出版发行。该书分太极拳论、文萃选辑、诗文颂太极等六章，收录汇编窦汉东多年来在报刊杂志发表文章、论坛交流论文、诗文等160篇。

窦汉东是陈式太极拳第十一代传人，师承陈照奎。国家一级武术裁判，世界功夫武术九段，是当代世界十大太极名家、国际太极拳文化传播大使、华夏十大武术风云人物等。现任温县太极拳研究院荣誉院长，南京陈式太极拳研究会会长。上世纪50年代，窦汉东开始习练外家拳械；60年代后，学习研究陈式太极拳。多年来传拳于军队、地方及国外，弟子颇多，学生逾万。先后出版有《太极拳的形成与发展》《气功与太极》《太极拳推手》《太极感悟》《48式太极棍》《48式太极剑》《28式简化陈式太极拳》《诗文集》等著作，为传承太极拳文化作出了积极贡献。

【陈式太极拳协会第二次理事大会】 3月15日，陈式太极拳协会第二次理事大会召开，108名理事和30多位太极拳名家参加会议。市政府市长助理田立杰、河南省太极拳协会副主席陈正雷、河南省武术运动管理中心主任助理陈沛菊等应邀出席大会。大会选举产生新一届理事会领导班子，并在会上通过修改后的协会章程。新任会长闫文胜代表焦作市陈式太极拳协会在第二届理事会做了讲话。

【太极拳“六进”工作推进会】 4月16日，太极拳“六进”工作推进会召开。会议强调，要扎实有序地推动太极拳“六进”工作开展，努力营造“人人学太极、人人练太极”的良好社会氛围。与会人员先后到市房产管理中心、焦作电力集团股份有限公司、解放区七百间街道西城美苑社区、市实验小学进行实地察看。

【全民健身月太极拳健身展示活动】 5月24日，焦作市举行全民健身月太极拳健身展示活动。来自城区29个太极拳辅导站的400名太极拳爱好者分别进行各式太极拳、器械表演。本次展示活动旨在推动太极拳进学校、进社区、进乡镇、进企业、进机关、进军营，在全市营造全民健身、共迎省运的浓厚氛围。

【太极拳申遗工作】 6月，邀请省文化厅领导率队到温县和焦作市实地指导申遗工作，对申遗文本和专题片提出了修改意见，并将重新修改后的文本和专题片及时报送省文化厅。8月，市领导带队专程向省文化厅作专题汇报，力争将太极拳列入我国正式向联合国教科文组织提出申报的项目中。

【参加全国武术太极拳比赛获3金】 6月19日，由国家体育总局武术运动管理中心、中国武术协会、海南省文化广电出版体育厅、琼海市人民政府联合主办的2014年全国“市长杯”武术太极拳比赛在琼海市博鳌举行。共有中央国家机关代表队和北京、河北、河南等14支队伍，全国各省(区、市)中央直属机关副厅级以上干部（含相应级别的离退休干部）120人参加比赛。焦作市运动员代表河南省参赛。比赛分太极拳、太极器械、集体项目等四大类项目。经过激烈角逐，焦作市队员田立杰获男子组传统太极拳冠军和最佳技术奖；和金贵获男子组和式太极拳冠军和武德风尚奖；赵功佩获男子组32式太极剑冠军和武德风尚奖。

【太极体育中心建成投用】 8月14日，太极体育中心建成投用。该项目总投资13亿元，总建筑面积13.7万平方米，用地866亩，建设内容为“一场三馆”及其配套工程，即3.6万座的体育场，8000座太极馆，1200座游泳馆和2.2万平方米的健身馆以及太极广场、室外健身设施配套工程等。

【省运会社会组太极拳比赛在陈家沟举行】 9月21日，河南省十二届运动会暨首届全民健身大会社会组太极拳比赛在温县陈家沟太极拳文化交流中心正式拉开帷幕。来自全省28个省辖市、省直管县（市）的269名运动员，在两天时间里进行太极拳、太极器械（刀、枪、剑）等个人项目和集体项目比赛。焦作市获一等奖9个，二等奖7个，三等奖3个，集体项目一等奖。

【全国武术太极拳公开赛在陈家沟举行】 10月11日至13日，2014年全国武术太极拳公开赛在温县陈家沟国际太极拳文化交流中心举行。公开赛由国家体育总局武术运动管理中心、中国武术协会、河南省体育局主办，河南省武术运动管理中心、河南省武术协会、温县人民政府承办，来自河南、陕西、浙江、北京、山东、江苏等18个省市118支代表队1400多名太极拳高手参加比赛。温县庆州武院、国际太极院获太极拳术、器械集体项目一等奖；微山湖协会、安庆太极拳馆获太极器械集体项目一等奖；焦作大学、焦作陈氏二队、陈家沟功夫馆、温县战军学校、天悦湾俱乐部、张保忠武院、平乡陈氏协会、滑县代表队获陈式太极拳集体项目一等奖。国家体育总局武术运动管理中心副主任陈国荣，河南省武术运动管理中心主任马延春等出席开幕式。

【和氏太极拳被公布为国家级非物质文化遗产名录】 11月，和氏太极拳被国务院公布为第四批国家级非物质文化遗产名录。和式太极拳是太极拳流派之一，由温县赵堡村和兆元创立。温县赵堡村北依太行，南傍黄河，与古军事要塞虎牢关、伏羲画卦台、河洛文化遗址隔河相望，特殊的地理位置和浓厚的中华古老文化的氛围使得温县赵堡村山荫河育，地灵人杰。和兆元（1810–1890）出生于中医世家，自幼习文学医兼练拳术。1825年师从邻里陈清平（陈氏第十五世）习练太极拳，后随姐夫李棠阶(1798–1865，字树南，号文园，谥文清，晚清理学家）赴北京供职，官授武信郎。在京期间受李棠阶影响，以易理、理学和中医理论对原习练拳术充实革新形成了走架步活圈圆，柔顺自然的拳法风格，由于其突出理论指导，强调体用一致、技理相合，故被称为“带理架”。并在此基础上丰富完善为独具特色的拳架、拳法理论以及习练方法，且自成体系，世代传承，后人称之为“和式太极拳”。该拳法理论的形成与丰富在民国四年石印本《李文清公日记序》中得到印证。

和式太极拳有徒手套路、器械套路、推手法和技击等。其套路以易理贯串拳势之中。象其形，取其义，用其理。其行功走架俗称“耍拳”。和式太极拳第三代传人和庆喜在整理和兆元所传《耍拳论》中曾描述“太极拳用功之为‘耍拳’，此是和式太极拳独特之处”。即走架时神意自然，着势圆活，呼吸顺畅，步法敏捷，以阴阳变化之法，聚身体分合之劲，形成千变万化的拳术技法，以达到滑如鱼、粘如胶、软如棉、硬如钢的技击效果。此由外形的无过不及、内外相合和柔顺自然的阴阳动态平衡之拳术，是和氏先贤及族群在一个半世纪七代传承人的技艺接力中，以身体体验认知宇宙、自然、社会、生命所凝聚的智慧，是我国传统哲理天人合一在实践中的具体体现。和式太极拳的产生与发展改变了原来重技不重理的状况，丰富了太极拳拳法及理论，有助于深层探索武术文化内涵的演进。而其所要求的仁义、诚信等武德修养对习练群体加强道德修养，促进民族认同，增强社会凝聚力，构建和谐社会具有十分重要意义。

【陈正雷受聘为国家武术研究院专家】 12月19日，陈式太极拳十一代嫡宗传人、国家级非物质文化遗产项目陈式太极拳代表性传承人、中国十大武术名师之一、中国武术九段陈正雷受聘成为国家体育总局武术研究院专家委员会专家，进入国家武术研究领域的最高殿堂。作为太极拳界，陈正雷是唯一获此殊荣的陈式太极拳传人。

【国家级传承人】 **王西安** 2007年被文化部命名为首批国家级非物质文化遗产项目（陈氏太极拳）代表性传承人。

1944年7月生，陈式太极拳第十一代传人，国家武术高级教练，国际太极拳文化传播大使。温县太极拳武术馆副馆长兼总教练，河南师范大学名誉教授，洛阳师院兼职教师，陈家沟武术院创办者，著名职业武术家。出生于陕西省西安市，1945年随父迁居温县陈家沟，受太极拳发源地村民练拳之风影响，酷爱武术。1963年先师承太极拳第十代传人陈照丕学习陈式太极拳老架一、二路，五种推手及刀、枪、剑、棍等器械，后随太极拳第十代传人陈照奎学习新架一、二路及单式擒拿技巧。

王西安的太极拳套路演练，刚如龙起渊泽、虎啸山林，柔若绵绵春雨，润物无声，气象万千，美轮美奂。他的技击技术极佳，跌打掷放，只在一抖之际，迅、猛、灵、脆，威力惊人，被中国武术界誉为陈式太极拳“四大金刚”之一。曾20多次获全国和河南省太极拳套路和推手比赛冠军，是首届全国太极拳推手锦标赛第一名，首届全国太极拳推手名家邀请赛第一名。曾10多次率焦作市代表队参加河南省武术比赛，6次率河南省代表队参加全国武术比赛，均获冠军、团体总分第一。

1983年王西安开始出国讲学授拳，其足迹遍布法国、美国、日本、西班牙等30多个国家和地区，是第一个应邀出国传拳的陈式太极拳大师，第一个将陈式太极拳带到日本，第一个将陈式太极拳传到欧洲。被国内外多家太极拳组织聘为会长、顾问或总教练，被多所大学院校聘为名誉教授、专兼职教师等。曾被美国《美南新闻》誉为“国际太极拳王”，日本大阪市接纳其为“永久荣誉市民”，法国巴德纳市接纳其为“永久荣誉市民”，西班牙帮布鲁纳市政府授予“有突出学术贡献金钥匙”等。王西安致力于太极拳的继承与发展，是太极拳事业忠实的践行者、传承者。他身体力行，培养了一批当代中国武术界的太极好手，如：“太极三杰”王占海、王战军、张保忠，“太极三虎”陈大虎、陈二虎、陈三虎，“巾帼英雄”阎素杰，“冠军专业户”张福旺，“太极小金刚”申思等。主要著作有《陈式太极拳老架》《陈式太极推手技法》《陈式太极拳技击秘诀》《陈式太极拳新架一路》《陈式太极拳新架二路及单刀单剑》《养生增气功和太极拳散手一路》等。撰写《陈卜迁居陈家沟历史渊源》考辩，小说《太极拳渊源传》。示范演练的教学光盘有《太极神功》《陈式太极拳站桩》《陈式太极单刀、单剑》《陈式太极拳新架一路》《综合太极拳》《陈式太极拳老架一路》《陈式太极拳老架二路》《太极推手》等。

朱天才 2007年被文化部命名为首批国家级非物质文化遗产项目（陈氏太极拳）代表性传承人。

1945年7月生，陈家沟陈氏太极拳第十一代传人，太极拳“四大金刚”之一。国家高级武术教练，一级裁判，河南省优秀科技人才，曾任四届温县政协副主席，两届焦作市人大常委会委员。被誉为“国际太极拳教练”“新加坡陈氏太极拳开山人”“赴韩国传授陈氏太极拳第一人”，并被30多个国家和地区的武术协会、武馆及高等院校聘为顾问或教授，著名职业武术家。

朱天才自幼喜欢太极拳，先后师承陈照丕、陈照奎，继承和掌握了陈氏太极拳的套路、器械及技术理论。十四岁获全乡少年太极拳比赛第一名，后又多次荣获全国、全省太极拳比赛冠军。1999年在新加坡注册成立新加坡天才太极拳培训中心。他演练的太极拳柔似棉花、硬似金刚，动作刚柔相济、快慢相间，蓄发相变、圆活自然，时而似风响雷动，阵阵狂飙；时而似潺潺流水，绵绵不绝，给人以美的享受。太极拳的精华缠丝劲他演练到极致，无数个大圈小圈在一连串无限延长的螺旋缠丝中不凹不凸，没有断劲，没有缺陷，不起棱角，变动灵活，走化粘随，不丢不顶，圆转自如，很是美妙。在太极拳推手上他运用的“小鬼推磨”“白马卧栏”“满头扫雪”“顺手牵羊”“霸王请客”等经典技巧出神入化。创编了具有速度快、节奏强、有威力的年轻人喜欢的太极拳四十二发劲以及中、老年人喜欢的太极功夫扇。

朱天才教拳先育人，祖传的“门尊十二严”“戒章十二禁”身体力行，并要求每个学拳者必须遵守，教导弟子们学拳先学读书，书理明白，学拳自然容易。学拳不可狂，练拳者须带儒雅风气，不然狂于外，必失于中。他的“天才教学法”深受世界各地学员的喜欢，培养学生数以万计，其中太极精英有美国的李佳宝、史蒂文，捷克的拉戴·高、翟华，加拿大的李来人、李汉强，马来西亚的何美玲、张海江，国内的王清福、王艳琴、付毕翠、岐小峰、吴永峰、金忠等成为太极界的中流砥柱。几十年来，其足迹遍布美国、法国、意大利、日本、新西兰、马来西亚、新加坡等国家，为中外文化交流起到积极作用。主要著作有《世传陈氏太极拳歌诀》《陈家沟太极拳》《朱天才解读太极拳》《太极拳推手》，发行了《陈氏太极拳》系列光盘。

陈小旺 2009 年被文化部命名为第三批国家级非物质文化遗产项目(陈氏太极拳)代表性传承人。

1945 年生，温县陈家沟人，大专学历，中国武术高级教练，七岁从父亲陈照旭习练陈氏太极拳。1980 年被河南省体委调入，从事专职武术训练和教学工作。先后任河南省陈氏太极拳协会主席、河南省武术协会主席、中国武术高级教练、第七届全国人大代表、河南省第七届政协委员、中国书法文学社理事、河南省对外文化交流理事、河南省中医药研究院特邀研究员、张仲景国医大学名誉教授。多所国际、国内大学及地区太极拳协会、研究会的名誉会长及技术顾问，陈家沟陈氏第十九世太极拳掌门人。凭借自己的套路基础和纯熟精湛的技艺，1980 年至 1982 年参加全国太极拳比赛，连续三年获得金牌。1985 年代表中国队在西安首届国际武术邀请赛中获太极拳冠军，后又数次参加各类比赛，均获冠军。并多次以精妙绝伦的太极功夫战胜和折服了前来挑战的武士，为国家赢得了荣誉。应长春电影制片厂、西安电影制片厂邀请，指导和参加《神丐》《太极神功》《陈氏太极拳》《拳乡行》等拍摄工作。

陈小旺精研陈氏太极拳老架、新架各种功法及诸般器械，功底深厚，技艺精湛。其整个套路特点外柔内刚，松活弹抖；刚柔相济，快慢相间；闪展腾挪，蓄发相变；气沉丹田，拳于涌泉；运于周身，用在一点；周身处处运用螺旋缠丝劲；充分展现出陈氏太极拳刚柔相容、松弛有度的特点。根据多年的习拳心得，创编了两套简单易学的“陈氏十九势太极拳”“陈氏三十八势太极拳”。发表了《论陈氏太极拳的五层功夫》《陈氏太极拳的发劲》《陈氏太极拳的抖杆》等论文。著有《世传陈氏太极拳》《陈氏三十八势太极拳》《陈氏太极拳》《焦作市中小学太极拳教程》《中国武术段位之陈式太极拳教程》以及陈氏太 0 极拳的拳、推手、器械录相教学片，以多种语言版在国内外发行。

数十年来，陈小旺培养出一大批国内外太极拳冠军和优秀太极拳手，辅导教授学生数万人次，获国家体委武术研究院颁发的武术贡献奖。其杰出弟子代表有：陈军、陈迎军、任广义、史扬、丁杰等。1990 年陈小旺远赴国外开拓中国武术空间，巡回欧、美诸国推广传播太极拳，并成立世界陈小旺太极拳总会，在许多国家建立太极拳培训基地，为太极拳走向世界做出了杰出贡献。

陈正雷 2009 年被文化部命名为第三批国家级非物质文化遗产项目(陈氏太极拳)代表性传承人。

1949 年 5 月生，温县陈家沟人，大专学历，陈氏十九世、太极拳第十一代嫡宗传人，温县陈氏太极拳研究会会长，河南陈正雷太极文化有限公司董事长兼总教练，河南省武术管理中心副主任，河南省武协副主席，国家武术高级教练，国家级社会体育指导员，中国武术协会委员，中国体育科学学会委员，中国当代十大武术名师，河南省陈氏太极拳协会执行主席。1986 年被选为焦作市政协常委；1988 年当选为河南省人大代表。曾任陈家沟太极拳学校校长；平顶山太极少林武术研习院院长；1994 年被评为国际太极拳大师；1995 年当选为中国当代十大武术名师。2004 年 10 月率 600 余人参加首届世界传统武术界开幕式表演；2009 年被评为感动中原 60 位人物之一；2010 年获国家体育总局颁发的体育工作贡献章证书，同年在上海世博会河南周期间带队表演太极拳；2011 年，获剑桥世界杰出华人榜武术领域杰出华人称号，同年获河南体育世纪十佳男运动员提名奖；2012 年在全国第七届农民运动会开幕式上表演太极拳，同年晋升为中国武术最高段位——九段。

陈正雷八岁起，跟随伯父、著名太极拳大师陈照丕，后又随堂叔父、著名太极拳大师陈照奎学习太极拳，精熟陈氏太极拳所有器械。陈正雷的拳架舒展大方、内劲深厚、外型美观，即保留着浓郁的传统特色又有着极高的审美价值。连续多次获省太极拳、剑、推手比赛金牌，蝉联两届全国太极拳大赛冠军。参加并获两届全国武术比赛特邀表演奖及观摩交流“金狮奖”。有“太极金刚”之美称。

1972 年开始传拳授艺，学生遍及世界各地逾数万人。其著名弟子陈娟、陈斌、陈媛媛、王海军、张东武、高东祥、傅能斌等，在各项太极拳比赛中多次取得优异成绩并在各地开展太极拳传承普及工作。陈正雷 1981 年开始接待前来学习太极拳的外宾团体，至今已逾数百批。1983 年以来多次应邀出访日、美、法、英、韩等 30 余个国家讲学传拳。并被国内外百余个武术团体聘为太极拳顾问、名誉主席和名誉会长。台湾武术界赠锦旗誉其拳艺“登峰造极”，马来西亚太极拳界赠银盘称他为“太极泰斗”。主要著作有《十段功法论》《陈氏太极拳械汇宗》《陈氏太极拳养生功》《陈氏太极拳术》等，部分著作被译成日、英、法、韩、西班牙等国文字，并在国外发行。1988 年高等教育出版社录制由陈正雷讲解示范的《世传陈氏太极拳术》教学片，1996 年人民体育出版社录制由陈正雷讲授的陈氏太极拳、剑、推手、养生功等系列教学片，并被译成日、英、韩等外文，发行世界各地。2000 年录制陈氏太极拳老架一路、二路、单剑、推手、拳械欣赏修订版和陈氏太极拳新架一路、二路、养生功教学片，由人民体育出版社和黄河音像出版社出版。

·四大怀药·

【历史溯源】 四大怀药是怀山药、怀地黄、怀菊花、怀牛膝四种药用植物的总称，因焦作古属怀庆府管辖，故史称四大怀药。素有“盛誉千年，怀药之乡”的美誉。焦作地区种植四大怀药已有 3000 多年的历史，传说神农氏在沁阳神农山中尝百草时就发现了四大怀药，商周时期这里沿山而居的农民开始食用野生的四大怀药，并逐渐发现了强身与保健功能。于是，农民们将这些野生的精灵移植于田，不断驯化，形成了流传数千年的怀药种植传统。周朝以后，随着历代药农的生产实践，四大怀药的品质不断提高，炮制工艺日益完善，种植面积和产量越来越大。到清朝末年，仅怀山药的种植面积就达 900 公顷，总产量超过 100 万公斤。当年，怀川百姓种植怀药的盛况，被清乾隆年间怀庆府河内县令范照黎用诗词的形式记录下来：“乡民种药是生涯，药圃都将道地夸。薯蓣篱高牛膝茂，隔岸地黄映菊花。”至今在沁阳神农山的老君洼一带，仍保留着山药沟、地黄坡、牛膝川、菊花岭等自然地名。有史料表明，自公元前 734 年封建诸侯卫桓公以怀山药为贡品进献周王室起，直至清朝末年，四大怀药一直作为贡品进献历代王朝。

焦作地处黄沁河冲积平原，得天独厚的自然条件以及千百年来怀川人民由实践总结和积累独特的四大怀药种植和炮制工艺，使四大怀药在形成了其独有的外观和质地同时，也以其独特的药效和滋补作用蜚声海内外，其药效和滋补作用历代中药典籍都给予高度评价。《本草纲目》记载“今人惟以怀庆地黄为上”；《神农本草经》记载“山药以河南怀庆者良”；宋《图经本草》记载“牛膝生河内山谷……今江淮、闽粤、关中亦有之，然不及怀州者真”；宋代医学家苏颂赞曰：“菊花处处有之，以覃地为佳。”在《伤寒论》《金匮要略》方剂中，怀地黄共见 14 处。1914 年，在美国旧金山举办的“万国商品博览会”上，四大怀药作为国药展出，备受各国医药学家的赞誉和称道。1962 年，国家从《本草纲目》中记载的 1892 种中药材中优选出 44 种作为“国宝之药”，四大怀药名列其中。在国家公布的地道药材名录中，四大怀药名列河南地道药材之首。2003 年 8 月，国家认定焦作为四大怀药的原产地，并实施原产地域产品保护。2006 年 9 月四大怀药实现了太空育种。同年 12 月，四大怀药入选 2008 北京奥运食谱。

四大怀药突出的历史文化价值、传统的养生保健价值以及在现今社会中的综合经济价值，使其在现今饱含文化特色的时代中，愈发凸现了其“怀川文化”和怀川地区品牌的重要性。2007 年 2 月，“四大怀药的种植和炮制”被河南省人民政府公布为第一批省级非物质文化遗产名录。2008 年 6 月被国务院公布为第二批国家级非物质文化遗产名录。2007 年 12 月，四大怀药种植基地被评为河南省十大中药材种植基地之首。2012 年 12 月，河南省认定首批 9 个中药现代化科技示范基地，河南伟康实业有限公司、武陟永盛药材加工厂、焦作科霖达生物科技有限公司分别被认定为怀山药规范化种植示范基地、怀牛膝规范化种植示范基地、怀菊花规范化种植示范基地。

焦作市非常重视怀药产业的发展。2002 年，确立四大怀药为焦作市最具优势的特色产业，成立焦作市中药现代化科技产业工程领导小组，加强对怀药产业发展的指导。下发《焦作市人民政府关于实施中药现代化科技产业工程意见》，在四大怀药的产业开发和公共品牌打造等方面发挥了纲领性的促进作用。2007 年 10 月，市怀药行业协会注册“怀”及“懷”集体商标；2008 年 3 月，又成功注册“焦作怀山药”“焦作怀地黄”“焦作怀牛膝”“焦作怀菊花”

怀山药

怀地黄

四个证明商标。2010 年 6 月，组织参加在台北世界贸易中心举行的“2010 年海峡两岸食品展览”，集中展示和推介四大怀药及深加工产品，促进了怀药企业与台湾的经贸和技术交流。2011 年 12 月，市政府下文成立焦作市怀药产业化领导小组，下设办公室（简称怀药办）。同年，成功举办河南省首届怀山药文化节。《农民日报》《中国财经报》《文汇报》等主流新闻媒体竞相对四大怀药的开发进行报道。多次联系邀请中央电视台（二套、四套、七套、十套）及河南电视台、海南电视台先后拍摄 11 部四大怀药专题片 15 次，在央视及河南、海南、广东等省市级电视台播映，全方位、多角度对“怀药产业”进行宣传报道。组织编写出版《四大怀药》《焦作怀药的历史与文化》等专著 3 部，印制四大怀药摄影画册 2 本，邀请中国中医科学院、北京中医药大学的专家策划、出版四大怀药专著。2008 年 9 月 8 日，时任总书记胡锦涛在河南考察农村改革发展情况时亲临四大怀药种植基地视察，对“公司 + 基地 + 农户”的特色农业发展模式给予充分肯定：“这个产业做得不错，很有特色，要把它做好”。2010 年 12 月 2 日至 4 日，时任河南省委书记卢展工来焦作市调研时，对延伸产业链条，深加工四大怀药，增加产品附加值的做法给予高度赞扬，并指示：“铁棍山药是高端粮食，今后可以进一步做大规模”。

【发展现状】 2014 年，全市通过实施政府引导、政策和资金支持等措施，以发展怀药规范化种植基地和扶持产业化龙头企业为重点，以开发新产品、延长产业链条为动力，推动了四大怀药产业的较快发展。全市四大怀药种植面积 23.2 万亩，怀药鲜货产量达 38.5 万吨，其中怀山药 9.9 万亩（其中铁棍山药 4.95 万亩），怀地黄 9.24 万亩，怀牛膝 5.99 万亩，怀菊花 7816 亩，怀药种植业总产值达 10.3 亿元。全市怀药加工企业已发展到 109 家，怀药产品达 280 种，全市中药及怀药企业工业总产值达 36.3 亿元。

推广规范化、标准化种植模式，保证四大怀药品质。通过加大怀药新品种培育等种植技术的研究、开发和推广，同时在保护传统品种的基础上，广泛开展提纯复壮工作，保留和增强怀药的药用价值；培育四大怀药高产优质新品种，推进品种更新换代。积极推进怀药规模化和规范化种植，加强建设千亩以上规范化集中连片种植区，建立以深加工企业为主体的“公司 + 基地 + 农户”和“公司 + 合作社 + 农户”种植基地模式，建立稳定的四大怀药轮作区。大力推广 GAP 标准化种植技术，加强农民技术培训和技术指导，开展节水浇灌、病虫检测设施、田间机耕道路、土地整治、测土配方施肥等项目建设，把标准化技术传递到广大种植户，切实提高怀药种植田综合生产能力，确保四大怀药种植基地相对稳定。建立四大怀药 GAP 标准种植试验基地 20 余个。怀山堂股份公司、焦作市健国怀药公司、温县红峰怀药合作社、武陟百疗怀药公司、博爱怀宝合作社等的铁棍山药先后通过国家绿色食品认证。河北安国、安徽亳州、广西玉林等药材市场均派人来定点收购，同仁堂、金陵药业、宛西制药、太太药业等企业先后在焦作市建立有中药材种植基地。

加强怀药产品研发，延长产业链条。通过加强创新研发平台建设，加快怀药新产品产业化进度；引导全市怀药企业开展产学研结合，借助大学和科研机构的力量开展新产品研发，企业自身的研发能力逐步提高，依靠科技，怀药新产品研发水平不断提高。全市共建立 19 家省市中药及怀药工程技术中心，开发出六味地黄冲剂、怀菊乌梅茶、菊珍高档饮品、怀山药乳酸菌植物蛋白饮料、双红活血素、怀山药功能性肽酒、速溶山药粉、山药大枣露等科技含量较高、加工增值空间大的新产品，实施科技计划项目 60 项，申请专利 250 多项，获得专利 56 项，通过市级以上科技成果鉴定的新产品 9 项。有 20 余种产品获得省级以上名牌产品、优质产品、绿色产品等荣誉称号。全市怀药产品 280 余种，有一定规模的怀药企业 109 家，中药和怀药加工业总产值达 36.3 亿元。

拓展怀药销售网络，提高市场占有率。通过文化宣传、产品推广，拓展全国销售网络。遍及全市的怀药特产店、专卖店及特产超市达 80 多家；北京、上海、广州、西安、洛阳等省内外 20 多个大中城市的怀药专卖店、加盟店发展到600余家。怀药产品远销国内的新疆、河北、广东、广西以及日本、韩国、马来西亚、新加坡、美国，中国香港、澳门、台湾等国家和地区。在我国东南沿海、珠江三角洲、香港、澳门、台湾及日本、韩国、美国、新加坡、马来西亚等国家和地区，四大怀药品牌被越来越多的人所认知。

加大怀药文化品牌宣传，提高怀药公共品牌的知名度和市场认知度。组织参加2014全国年货购物节暨郑州精品年货博览会；组织参加2014年第三届上海国际养生食品博览会，对于弘扬怀药文化、帮扶地方土特产产业化发展道路和提高知名度起到了积极的推动作用。

扩大怀药产业的对外影响和合作，促使四大怀药走向世界。品牌宣传扩大了怀药在国内外的影响和知名度，促进了怀药产业的对外合作，如苏州雷允上药业、上海雷允上药业、香港聚元实业、美国僖万年中国公司、深圳沃尔玛山姆连锁店等外地大型药业公司或销售企业积极通过怀药协会开展与焦作市怀药企业和种植区的合作，其中香港聚元实业公司、美国僖万年中国公司等开始批量订购怀药产品。

【铁棍山药GPS定位工作启动】 2014年，温县为保护铁棍山药品牌，加强对铁棍山药的生产监管，严格二维码和证明商标的使用，全面启动铁棍山药GPS定位工作。为此召开专题会议进行商讨，制订工作实施方案，明确责任人员，科学安排信息采集时间和路线，并抽调专业人员组成两个调查小组，逐乡逐村逐地块开展GPS定位，最大限度防止漏登等现象发生，确保铁棍山药GPS定位工作取得实效。

【姜继鼎调研温县四大怀药产业】 7月24日，市委常委、常务副市长姜继鼎等到温县调研四大怀药种植、加工情况。姜继鼎一行先后来到焦作保和堂公司、世斌合作社和焦作科霖达公司等处，了解四大怀药种植、加工情况。姜继鼎对温县怀药企业在新产品研发、科研投入等方面所做的工作给予肯定，强调农业部门要结合四大怀药生产特点和市场需求，出台有针对性的支持扶持政策；怀药生产加工企业要进一步深化与科研院所的合作，在新品种培育、二次开发和精深加工等方面，加大研发投入，真正形成产研一体化；要树立品牌意识，加大宣传力度，提升企业品牌形象，扩大市场影响力，全面推动怀药产业实现高效、有序发展。

【举办第四届铁棍山药文化节】 11月11日至17日，第四届温县铁棍山药文化节举办。与以往相比，本届文化节最大的特点是积极开发网络推广新模式，弘扬铁棍山药文化、拓展电商销售平台，打通铁棍山药原产地直销的绿色通道。

【怀山药（鲜）LB2014标准颁布】 11月24日，焦作市怀药行业协会在广泛征集社会各界意见的基础上，经市怀药行业协会会员代表大会研究通过，正式颁布《焦作市怀药行业协会联盟标准LB2014焦作怀山药（鲜）（试行）》。

【铁棍山药获“质量之光”地标产品称号】 12月26日，由国家质检总局中国质量报举办的2014“质量之光”活动颁奖盛典上，铁棍山药当选年度地标产品称号。近年来，焦作市以铁棍山药地理产品保护为基础，以制订国家标准为依托，以促进农业结构调整、农民增收为目标，积极推动铁棍山药产业逐步做大做强，品牌价值和市场影响力逐年提升。2003年8月，国家质检总局正式批准对怀山药实施地理标志产品保护，铁棍山药的特色和质量得到国际、国内市场的认可和保护；2006年，国家质检总局、国家标准化管理委员会正式批准《地理标志产品怀山药》国家标准发布实施，实现了河南省质监系统起草地标产品国家标准的一大突破，对打击假冒伪劣、保护铁棍山药产业的健康发展起到了重要作用；2011年，《铁棍山药种植技术规程》等地方农业标准规范出台，铁棍山药种植标准体系日臻完善；2013年，温县成功创建国家级精品怀山药种植标准化示范区。铁棍山药荣获“质量之光”年度地标产品称号，将对以铁棍山药为龙头的四大怀药产业的发展、市场开发都具有重要意义。

“质量之光”是《中国质量报》为营造“人人关心质量、人人创造质量、人人享受质量”的社会氛围创立

怀牛膝

的年度活动品牌，已连续办三届，此次是首次开展年度地理标志产品评选活动。

【四大怀药的药食价值】 焦作地处黄河、沁河、丹河冲积平原，土层深厚，土壤肥沃，土质独特，气候温和，四季分明，得天独厚的自然条件使四大怀药形成了独特的质地和药效。

怀山药 产于古怀庆府今焦作市所辖之县市区的山药称为怀山药。怀山药个大、质坚、粉足、洁白、久煮不散，素有"怀参"之称。怀山药位居四大怀药之首，味甘性平，不寒不热，不润不燥；药食兼用，富含皂甙、粘液质和糖蛋白、维生素、多种氨基酸和微量元素，具有补脾养胃，生津益肺，补肾涩精、宁咳定喘，益心安神的功效，能有效提高人体免疫力，对身体虚弱、消化不良及糖尿病患者有显著疗效，具有较高的保健价值。

怀地黄 产于古怀庆府今焦作市所辖之县市区的地黄称为怀地黄，分鲜地黄、生地黄、熟地黄。怀地黄味甘苦，性寒凉，药效奇特，块根含梓醇、甘露醇、糖、胡萝卜甾醇及1-乙基-B-D半乳糖甙，还含有多种氨基酸、有机酸和微量元素。《本草纲目》称怀地黄可以"填骨髓，生精血，补五脏，通血脉，利耳目，黑须发……"熟地黄中富含微量元素硒，人体缺硒往往诱发癌症，所以熟地黄对防治癌症亦有功效。鲜地黄，清热生津，凉血止血；生地黄，清热凉血，养阴生津；熟地黄，滋阴补血，益精填髓。

怀牛膝 产于古怀庆府今焦作市所辖之县市区的牛膝称为怀牛膝。怀牛膝根含羟基促脱皮甾酮、牛膝甾酮、三萜皂甙及多种微量元素，具有活血祛瘀，引血下行，利尿通淋，补肝肾等功效。李时珍称之"滋补之力，如牛之力"。实验表明，怀牛膝中微量元素锰、锌的含量较其他产地的品种为高，具有"补肝肾、强筋骨"的保健作用。

怀菊花 产于古怀庆府今焦作市所辖之县市区的菊花称为怀菊花。《本草用法》称怀菊花"主疏风，风气通于肝，故又能平肝，治一切目疾。"药理实验发现，怀菊花含有多种心脏活性成分，有疏风清热、清肝明目、祛毒养颜作用，可以扩张冠状动脉，减轻心肌缺血状态，对高血压、动脉硬化等有明显功效。

【铁棍山药】 四大怀药以怀山药为首，其中又以铁棍山药品质为最佳。明、清时代，焦作山药品种以铁棍、白皮山药为主，其产量很低。1925年，温县农民许召兰等人通过多次试验，先后从山西太谷一带引进了新山药种，种植后，不仅质量高，药效佳，而且产量陡增，逐渐演变成怀山药的当家品种——太谷山药。怀山药主要分为两种：太谷山药和铁棍山药。太谷山药以个大、质坚、粉足、洁白、久煮不散特点著称，素有"怀参"之称。铁棍山药是怀山药中最好的品种，因为土质不同大致分为两种：垆土铁棍山药和沙土铁棍山药。垆土铁棍山药因为种植土地地质坚瓷，黏性大，土质硬，外观弯弯扭扭，不是非常直，山药短，但属于铁棍山药中的极品，以口感好，营养价值高为更多人所接受；沙土铁棍山药因种植在沙地里，沙土地山药一般比垆土地山药长，外观也比较直。但沙土地松软，所以沙土地山药水气大，口感没垆土地山药好，营养价值比垆土铁棍山药稍次一些。

怀菊花

【历史名人盛赞四大怀药】 历史上的文化名人对四大怀药情有独钟。东晋大书法家王羲之在书法作品中写出不同字体的"山药"二字以表喜爱。唐代诗人韦应物的《郡斋赠王卿》诗曰："秋斋雨成滞，山药寒始华。"唐代大文学家韩愈的《送文畅师北游》留下了"僧还相访来，山药煮可掘"的诗作。宋代大诗人陆游曾写诗赞颂："世人个个学长年，不悟长年在目前，我得宛丘平易法，只将食粥致神仙"（山药粥）。"秋夜渐长饥作祟，一杯山药进琼糜。"宋代诗人陈达叟的《玉延赞》："山有灵药，缘于仙方，削数片玉，清白花香"（玉延为山药的别名。）宋代大思想家朱熹赋诗夸赞怀山药："欲赋玉延无好语，羞论蜂蜜与羊羹。"代表了中国古典长篇小说最高成就的《红楼梦》中几次出现有关怀山药、地黄的章节以及有四大怀药为主要成份的名方，作者曹雪芹对于"怀药"的偏爱之情跃然纸上。

【四大怀药的传播与发展】 四大怀药历经千年经久不衰，发展于唐宋，盛行于明清。据可查的历史记载，怀药的传播始于唐宋时期。《沁阳市志》记载：历代商人先后通过“丝绸之路”，将怀地黄、怀山药、怀牛膝、怀菊花传入西亚和西欧诸国。明代郑和下西洋时又将怀药带入东南亚、中东、东非、南非诸国。至明末清初，四大怀药的生产销售已形成相当规模，当时仅怀庆府城中的药材行栈已发展到100多家，一年两次的药材大会吸引了四海客商前来交易。怀庆药材大会系当时国内五大药材大会（武汉、安国、樟树、禹州、怀庆）之一。清康熙年间，怀庆药商形成庞大的“怀帮”队伍，纵横全国，在全国十三个药材帮会中独占鳌头，有“十三帮一大片，比不上怀帮一个殿”之誉；怀庆药商在怀药贸易集中的地方如北京、天津、亳州、汉口、成都、太原、禹州、开封等地修建覃怀会馆或怀庆会馆，建立药行商号，如“杜盛兴”“协盛全”等，盛极一时。在武汉、北京、天津、西安、安国等地设立“办事处”——怀帮会馆、怀庆会馆、怀药会馆或覃怀会馆等。民国三年（1914），在美国旧金山和南洋马尼拉举办的万国商品博览会上，四大怀药作为国药展出并获金奖，受到各国医药学家和药商的赞誉。外国医药学家和药商，出于对四大怀药药效的钦敬，称之为“华药”，四大怀药在国际上取得与茅台酒同等的显赫地位。

【国家级传承人】 **李成杰** 2009年被文化部命名为第三批国家级非物质文化遗产项目（四大怀药的种植与炮制）代表性传承人。

1932年11月生，1992年11月从沁阳民政局离休。李成杰出身四大怀药世家，自幼跟随父亲种植与炮制四大怀药。参加工作后，仍利用业余时间，跟随父亲劳动，1985年退居二线后，将主要精力投入四大怀药的种植与炮制研究。经过近三十年的实验研究，取得了可喜成绩。他在垆土地搞高产实验，亩产达4453斤，等于一般大田产量的近三倍。利用作物相生相克的原理，解决山药、地黄的重茬连作问题，铁棍山药连种五年，亩产均在3180斤至3750斤之间，地黄也可连种三年不减产。他培育的山药新品种，在垆土地种植，单株达到4斤至6斤。他将太行山悬崖上的石菊移植成功，取名怀庆崖菊。他将自己的实验成果撰写成文发表。在中国《作物杂志》上连载了《四大怀药的栽培与加工：Ⅰ、地黄，Ⅱ、牛膝，Ⅲ、山药》，在省级刊物上陆续发表《野生山药驯化研究》《怀地黄育苗移栽》《用蜂窝煤焙制地黄技术》《怀药正宗说》《四大怀药的传说》等10多篇论文、故事。2004年与沁阳农业局副局长赵玉琴合作，经中原农民出版社出版《四大怀药》专著。2008年中央电视台在《走遍中国》和《健康之路》专题节目中播出，上海音像出版社出版了光盘。

李成杰将四大怀药的种植与炮制技术传承给孩子李茂青、孙子李波，同时还在沁阳、博爱西张赶、温县原庄、武陟大陶村等地设实验点收徒，将技艺传授给王国栋、宋良会、李树森、赵兴旺等农民，并通过他们传播到全村。李成杰于2001年至2002年连续两次被评为河南省离退休老干部先进个人和优秀共产党员，先后获省专业部门优秀成果奖20余次，传记被收入《河南作家辞典》《中国当代文艺辞典》《中华人物辞海》《中国当代艺术界名人录》等书籍。

孙树武 2009年被文化部命名为第三批国家级非物质文化遗产项目（四大怀药的种植与炮制）代表性传承人。

1947年生，武陟县小董乡南耿村人。焦作市四大怀药协会副会长。1985年成立武陟县城镇经营部怀药加工厂，2003年更名为武陟县百疗绿色怀药保健品公司，开始涉足怀药深加工行业；2009年更名为河南省百疗怀药科技开发有限公司，是一家以四大怀药基地种植、饮片炮制、精细加工为一体的焦作市农业产业化龙头企业。2006年被国家标准委授牌为“国家标准化种植基地”，被省农业厅审定为“无公害种植基地”，2007年被省质监局、省农业厅授予“河南省优质名牌农产品”，其生产加工的怀菊花和胎菊花分别被国家审评为AA级绿色食品和有机食品，百疗商标被省工商局审定为“河南省著名商标”。是河南农大、河南师大怀药教学科研基地。

孙树武几十年致力于打造精品四大怀药产业。在品种开发上，依托省保健品协会，省食品研究所，利用当地资源优势，利用现代化生产技术，针对高、中、低端人群，生产出5大类20多个品种，如：果糖系列的怀山药、怀地黄、怀菊花软糖、酥糖；果脯系列的高糖、低糖；怀山药油茶系列的传统风味、牛肉风味、排骨风味；袋泡茶系列的怀菊银花茶、六味地黄茶、怀山药茶；颗粒冲剂类的六味地黄冲剂、怀参护眼网络冲剂、怀菊银花冲剂以及怀菊花枕头系列、怀山月饼馅料、百疗怀山药月饼等。生产的中药饮片在各大中药市场都有自己的终端客户。在太空育种方面，与河师大、河农大、省农科院合作，经过几年选育，四大怀药育种有明显的变异和提高，优良品种已基本选定，如怀地黄2007年育出1089个株系，2008年淘汰掉538个株系，2009年剩下350个株系，2010年纯化后只剩下25个株系，根据河师大测得数据“太空四号怀地黄”单株产量1648克，最大的单个称量1226克，干物质明显提高。普通地黄5斤干成1斤，亩产干货600公斤左右，太空四号3.8斤至4.2斤干为1斤，亩产干品800公斤以上。太空菊花单株产1490朵，鲜重965克，干品190克；普通菊花681朵，鲜重630克，干品114克，产量提高60%。经过太空诱变后的怀山药从外观、毛孔形状、折弯韧度、口感和干物质都接近铁棍山药，质量上优于普通山药，产量上优于铁棍山药，个别中药味特浓，品种再经过几年稳定后，对好品种要进行高科技“细胞融合”或二次上天，以便提高品质和产量。太空牛膝第一年下种，产出的每棵下部都是2根至3根，粗度均匀、笔直色白、条长；第二年退化到每棵1根至2根，3根几乎没有，品种选育有待长期试种观察。在个人学术与技术方面，通过眼看、口尝，能辩认出常用中药材的真伪，知道大部分地道药材的原产地以及它的性能、效用。在传承技能方面，通过现场参观，传授种植和加工炮制技术，把四大怀药的历史文化、传统种植、加工方法进行细化，从土壤选择、种子优选、科学高产种植，无公害、无残留用药施肥、浇水，以及四大怀药在药食两用方面的遵古炮制和药食配伍的古今验方，四大怀药的真伪鉴别等方面知识经验，全面搜集整理，著书立说，传于后人。

市怀药行业协会推荐
承诺诚信经营正宗四大怀药产品单位

怀山堂生物科技股份有限公司
河南省森雨饮品股份有限公司
焦作市太极庄商贸有限责任公司
焦作市健国怀药有限公司
焦作市明仁天然药物有限责任公司
武陟县永盛药材加工厂
焦作铁棍哥商贸有限公司
河南黄河人实业股份有限公司
保和堂（焦作）制药有限公司
河南科霖达菊珍饮品股份有限公司
河南省康福源中药生物科技有限公司
焦作市博爱源怀药专业合作社
温县农业科学研究所
河南省益群生物科技有限公司
温县岳村乡红峰怀药专业合作社
焦作市白鹤松怀药工贸有限公司
焦作市怀宝堂怀药有限公司
河南聚珍酒厂有限公司
河南鑫合实业发展有限公司
焦作市金厨食品有限公司
焦作市三家村酿酒有限责任公司
焦作怀荳堂食品开发有限公司
河南爱芙帝食品有限公司
河南怀山纯食品有限公司
河南怀庆药都土特产有限公司
焦作市百利源农产品有限公司
焦作市覃宝商贸有限公司

（冯继奎）

·绞胎瓷·

【历史溯源】 绞胎瓷是中华陶瓷艺术的一朵奇葩，是瓷器品种中的一道奇观，是我国瓷文化必不可少的组成部分。其美学价值和生活功用价值正在被开发和挖掘，其艺术魅力正在引起世人的瞩目。它胎中带有花纹，釉色透明，花色斑驳，自然天成。有“表里如一”的美誉，北宋时已享有盛誉，重要窑址在焦作当阳峪。

当阳峪瓷窑始于晚唐，盛于北宋，延续至金元。其最鼎盛在北宋熙宁至宣和年间的50多年时间里，这里生产出白瓷、酱釉、黑釉、绿釉、三彩釉瓷以及绞胎瓷、钧釉瓷。当时的当阳峪窑绞胎瓷可谓品种最多，数量最大，纹饰最精美，装饰手法更是多姿多彩，技艺高超，为世人所喜爱和传诵。据当阳峪瓷窑遗址上的宋代窑神碑记载：“时惟当阳工巧，世利兹器，埏埴者百余家，资养者万余口。”从字面意思来理解，当时仅窑户就有100多家，而靠此维持生计的，更是多达1万多户。可见当时当阳峪窑场繁盛之状。碑文反映了当时瓷窑之多，从事瓷器生产的人之众，制瓷业之兴盛。由此，围绕当阳峪形成了一个方圆数十里的瓷器产业区。这在周边村庄的地名上也有反映，如定和村，就是当时“订货”的地方；阎河村，就是交货、验货的地方；圪料返，则是“给料坡”的谐音。加上它集诸名窑之长于一身，故有着“绞胎瓷之乡”的美誉，成为北宋时期中国北方的重要瓷都，与江西景德镇、福建德化、陕西耀州并称“中国四大瓷都”。后来，随着北宋末年战乱、金兵入侵，当阳峪窑火衰退，至元时绝迹，绞胎瓷工艺由此失传，此后至民国初的数百年来，几乎无人知道曾经盛极一时的当阳峪绞胎瓷。20世纪30年代，英国人在这里发现了当阳峪瓷窑遗址，并盗掘了大量瓷器，从此当阳峪绞胎瓷开始走进业界人士的视线。新中国成立后，陶瓷专家陈万里、叶喆民多次来窑址考察，对当阳峪瓷器的艺术成就给予高度评价。现代的当阳峪绞胎瓷在70年代由修武陶瓷厂开始恢复研制，有少量产品制成。1981年，中央工艺美术学院梅建鹰教授对传统绞胎瓷工艺进行恢复性开发，当时的修武陶瓷厂（即后来的焦作陶瓷四厂）有一个绞胎瓷试验组，经过专家与工匠的共同努力，使失传千年的绞胎瓷技艺得以复苏。1982年，绞胎瓷部分产品参加广州交易会第一次展销，深受中外客商欢迎。同年3月10日，新华社播发通稿《宋代名瓷——当阳峪绞胎瓷仿制成功》。1984年4月，《河南日报》以《失传千年的绞胎瓷新生》为题作报道。2002年，省科技厅、市科技局为绞胎瓷立项解决经费，经过专家及艺人们的潜心研究，反复试验，绞胎瓷工艺全面恢复，并不断创新发展，惊现于人们面前的绞胎瓷，更为异彩纷呈，光彩夺目。色彩从双色变成了多色，其纹理结构也丰富了很多，羽毛纹、木理纹、水波纹、编织纹、条带纹、石理纹、树叶纹、麦穗纹、蒂纹、涡纹等，胎土五彩渗化，构成了绞胎瓷的当代弦律，千器千面，不可复制，可谓“一朵奇葩，万种风情”，成为继钧瓷、汝瓷、官瓷、三彩之后势头良好，极具发展潜力的独特瓷种。

1963年，省政府公布当阳峪瓷窑遗址为省级重点文物保护单位。2003年，省文物考古研究所对当阳峪瓷窑遗址进行第一次考古发掘，发现窑炉6座，窑洞式作坊5孔，出土碗、盒、瓶、灯、盘等一大批珍贵瓷器。2004年5月22日，由中国古陶瓷学会主办，河南省文物考古研究所承办，召开了当阳峪瓷窑遗址考古新发现研讨会，与会的中外专家学者50余人，在当阳峪窑址参观考察后，一致认为，该窑生产规模宏大，制瓷工艺精湛，充分肯定了当阳峪绞胎瓷在中国陶瓷史上的重要价值和地位。2006年5月25日，当阳峪窑址被国务院公布为第六批全国重点文物保护单位。2010年12月，当阳峪绞胎瓷获国家地理标志保护产品称号。2014年8月，当阳峪绞胎瓷制作技艺被国务院公布为第四批国家级非物质文化遗产。同年11月，修武县被中国工艺美术协会授予“中国绞胎瓷之都”荣誉称号。

经过40年的复制和创新，已经形成了以柴战柱、杨峡等绞胎瓷名家为代表的传承人体系，当阳峪绞胎瓷艺术作品获得国内外的广泛认可和高度评价，多个生产厂家，众多绞胎瓷杰作获得国内各种博览会的重要奖项，并被国内外著名博物馆典藏。其中，2006年，杨峡的绞胎瓷艺术作品《花器》以及柴战柱的绞胎瓷艺术作品《硕果》，同时入编人民美术出版社出版的义务教育课程标准实验教科书《美术》（八年级）教材。截至2014年底，全市生产绞胎瓷的民办企业和作坊近20家。

【当阳峪瓷窑遗址】 位于修武县城西北约22公里的西村乡当阳峪村。遗址主窑群东西长约2000米，南北宽约1000米，其东南部现暴露两处窑炉断面和宋崇宁四年（1105）修建“德应侯百灵翁之庙记”碑1通。暴露的两处窑炉，一窑通高2.2米、上口宽1.95米、下口宽2.6米；另一窑通高2.4米、上口宽1.7米、下口宽2.5米。窑内壁琉璃质厚2厘米至5厘米，外包红烧土厚达18厘米。两窑断面暴露在一断崖的边缘处，上至地表1.55米，下到地平3.58米。宋崇宁四年（1105）碑记记载了创建窑神庙的原因及经过：“造范磁器乃其始，耀郡立祠见其先也”“遂斸日发徒远迈耀地，观其位貌，绘其神仪，而立庙像于此焉”。且当时“世利兹器，埏埴者百余家，资养者万余口”的窑场规模和当阳峪瓷器“虽有智者，无以过也，述之而已；虽有能者，无以逾也，继之而已”的精绝技艺。碑文后半部附江南提举程筠（程筠号葆光子）作歌并序。赞誉当阳峪瓷器的奇绝、精致及其烧造工艺。当阳峪瓷窑遗址出土的器物和标本，有质地极细洁的白胎，极坚硬的灰胎，也有较为松粗的砂胎以及缸瓦胎。釉色光润显亮，以白釉为主，酱色釉次之，黑釉、褐釉、三彩釉、绿釉、绞釉等较为少见。制作工艺有刻花、半画半刻、填彩、三彩、绞胎等。2006年5月25日，被国务院公布为全国重点文物保护单位。

当阳峪瓷窑遗址

【当阳峪绞胎瓷烧制技艺】 “绞胎瓷”又名“透花瓷”，由两种或两种以上不同颜色瓷泥采用独特的绞胎手工技法相间糅合制胎成型、焙烧而成。其源于唐，兴于宋，千余年来在焦作境内世代相传，因主要产于焦作当阳峪窑群区域，故俗称“当阳峪绞胎瓷”。

焦作北依太行，南临黄河，是我国第一位制陶官宁封子的故乡，因“焦家的陶瓷作坊”而得名。丰富的自然矿藏资源和黄河文化中心区的地缘优势，为当阳峪绞胎瓷制作技艺的产生和延续提供了先天的物质和丰富的文化土壤。

当阳峪绞胎瓷以太行山特有的矸石为制瓷原料，制作流程有选土、炼泥、调色揉泥、制胎（拉坯、编花、贴片、镶嵌等）、修胎、荫干、打磨、施釉、焙烧（柴或煤）等30多道工序。因瓷器花纹由胎而生，内外相通，里外相透，一胎一面，不可复制，也被称之为“编出来的瓷器”，是世界上唯一一种表里如一的瓷器。也正是因其类似于我国古代对君子特质的描述，著名古陶瓷专家叶喆民先生曾评价绞胎瓷为“瓷中君子”，并因其由多色瓷泥相间糅和而成，且所出成品纹饰各不相同，故又言乃“君子的和而不同”。当阳峪绞胎瓷工艺复杂，每道工艺要求极其严格，尤其是在手工制胎的编花和高温烧造过程中不同泥料各项系数的把握都强调精准，故成品率低，但这也正是其极具艺术价值和收藏价值的缘由之一。

当阳峪绞胎瓷制作技艺的特征着重表现在：胎变和窑变相结合的陶瓷产物；多色瓷泥相间糅合而成；瓷器的纹饰装饰内外通透，且变化多样，如羽毛纹、席编纹、菊花纹、自然纹等。当阳峪绞胎瓷因其瓷质韧性强、敲击声音清脆悦耳、独树一帜的绞胎制作技法，在北宋年间就闻名遐迩，当阳峪也因此被誉为“绞胎瓷之乡”。2014 年 8 月被国务院公布为第四批国家级非物质文化遗产名录。

【当阳峪绞胎瓷获国家地理标志保护产品称号】 2010 年 12 月，当阳峪绞胎瓷通过国家质检总局的审核，获国家地理标志保护产品称号。地理标志保护产品，指产自特定地域，所具有的质量、声誉或其他特性取决于该产地的自然因素和人文因素，经审核批准以地理名称进行命名的产品。地理标志产品包括：一是来自本地区的种植、养殖产品；二是原材料来自本地区，并在本地区按照特定工艺生产和加工的产品。

【当阳峪绞胎瓷地方标准颁布】 为了提高当阳峪绞胎瓷产品质量，推进技术进步，规范行业管理，使绞胎瓷这一艺术瑰宝得到健康有序发展，由焦作市金谷轩绞胎瓷艺术有限公司、焦作市质监局、修武县质监局共同参与起草《当阳峪绞胎瓷河南省地方标准》，本标准规定了当阳峪绞胎瓷的术语和定义、制作要求、检验方法、检验规则、包装、标志、运输及贮存等。2010 年 12 月，由省质监局发布，2011 年 3 月 1 日起实施。

【首次对当阳峪瓷窑址进行考古发掘】 2003 年 11 月 17 日至 2004 年 6 月 22 日，市文物考古队配合省文物考古队，对当阳峪瓷窑址进行第一次较大规模的科学考古发掘，共发掘面积 1000 平方米，清理作坊、过滤池、辘轳坑、炉、水井沟、灰坑、窑穴、灶等各类遗迹 100 余处，出土文物 1000 余件。从出土的器物标本来看，有极坚硬的灰胎，也有较为松粗的砂胎和缸瓦胎，还有极细光洁的白胎。就釉色来说，以白釉为主，酱釉次之，黑釉、褐釉、三彩釉、绿釉、绞胎等较为少见。在装饰工艺方面，有剔花、刻花、划花等。专家这样评价当阳峪瓷器：“以剔花著称、绞胎取胜，白如雪、黑如漆、红如朱、绿如翠、青如天、花如锦、薄如纸、明如镜、声如磬、凝如脂、润如玉、坚如铁、美如画。”

此次考古除了获取关于当阳峪陶瓷大量的相关史料外，还为焦作带来一个大惊喜。在一堆碎片中，专家们捡到了一片底部写着“焦家作坊”字样的宋金时期的陶瓷碎片。在山阳区新城街道恩村一街玉帝庙里的一块元代石碑，该石碑上也写着“焦作作坊”字样。专家们判定在古代称“作坊”的应为陶瓷手工作坊，而非煤窑。所以，“焦作”的名字应缘起该地区发达的陶瓷业。

【修武县获中国绞胎瓷之都称号】 2014 年 11 月 21 日至 23 日，中国工艺美术协会组织业内专家对修武县申报“中国绞胎瓷之都”工作进行实地考评。专家们通过听取汇报、观看绞胎瓷宣传片、实地察看、召开评审会等形式，对修武县的绞胎瓷文化产业发展情况进行全面评审，一致认为修武县初步具备了授予中国工艺美术行业特色区域荣誉称号的条件，同意向中国工艺美术协会推荐，授予修武县“中国绞胎瓷之都”荣誉称号，并于 2014 年 12 月 15 日正式下文，授予修武县为“中国绞胎瓷之都”。

【《君子瓷是一盏灯》在《人民日报》发表】 9 月 27 日，河南省作协副主席乔叶的散文作品《君子瓷是一盏灯》在《人民日报》发表。

乔叶，河南修武人，1972 年生，河南省文学院专业作家，中国作协会员，河南省作协副主席，曾获首届河南省文学奖及第三届河南省文学艺术成果奖青年鼓励奖。

附：

君子瓷是一盏灯

它是瓷中君子。

所有的瓷器里都是以釉为重的，只有这君子瓷讲究的是釉下面的胎。据说这是瓷器中唯一以胎为重的瓷器，最典型的风格便是纹饰表里如一，因而被人誉为“君子瓷”。其民间的称谓是透花瓷，这称谓如同奶奶呼唤的乳名，其专业的称谓是绞胎瓷，这是他的身份证姓名。

绞胎瓷始于唐盛于宋，焦作当阳峪在北宋时即有大规模生产，且因烧制的绞胎瓷品质最好品种最全而与景德镇、德化、耀州并称为“中国四大瓷都”。焦作的名字，就缘起于很早以前的“焦家陶瓷作坊”。后来由于战乱，工匠四散，绞胎瓷工艺失传了

瓷韵茶香

硕果

将近千年，近年来才又逐渐兴盛起来。

我很喜欢“君子瓷”这个名字，觉得这是它的本名——本质的名字。

那天，回到焦作，在福盛坊绞胎瓷展览室里，我细细地看那些绞胎瓷的碎片——绞胎瓷的成品都附有碎片，目的就是方便鉴赏。我看着那些黑色的白色的咖啡色的花纹，一条纹理从表面延伸了下去，还是那条纹理，又延伸到了横截面，然后到了瓷的最里面……绞胎瓷的基础工艺流程就是将各色瓷土制成坯泥，经过精心设计之后，将坯泥切片、叠压、拼接、糅合、相绞，制作成形，外面只施一层透明釉，烧制完成，表纹就是里纹，里纹就是表纹，一条一缕都绝不走样。

多么笨，多么老实。笨得让人叹息，老实得让人心疼。

看着看着，我忽然很好奇：那第一个起意做绞胎瓷的人，他到底是如何想的呢？他是君子吗？又很惭愧地想：如果以瓷质论，我肯定不是君子。我达不到君子瓷的境界。而这世间，能成为君子的人，又有多少呢？

君子不器，君子贵重。君子高风，君子守节。君子大雅，君子如玉。君子清傲，君子谦谦。君子无争，君子坦荡。君子敏事慎言，君子不言而信。君子和而不同，君子自强不息。对了，君子还有成人之美。

而这君子瓷，成的似乎只是自身之美。——千百年来，这世道，君子从来就只是一种理想。

所以，这君子瓷也只是一种理想的瓷。

但还是决定收藏这君子瓷。

也许恰恰就是因为：我不是君子。

我不是君子，可我有君子瓷。

这君子瓷是一盏灯，照耀着我。

【《光明日报》报道《瓷中君子再展华彩》】 11月29日，《光明日报》第四版刊登《“瓷中君子”再展华彩》，介绍了修武县当阳峪绞胎瓷的发展传承以及成功申报中国绞胎瓷之都的情况。

【金谷轩商标获河南老字号】 12月，焦作金谷轩绞胎瓷艺术有限公司的注册商标“金谷轩”被省商务厅认定为第三批“河南老字号”。

老字号是我国商业及手工业在数百年竞争中留下的极品，每一个老字号都经历了极其艰苦的传承才最终在地方或在全国统领一行，它们可谓国民经济发展的“活化石”。老字号发展到今天，其意义已经超出经济领域，成了一个地方的文化符号和标志，是当地民众的一种生活方式和精神寄托。

【省首届绞胎瓷艺术精品展暨学术研讨会】 12月13日至25日，由河南省陶瓷玻璃行业管理协会、修武县人民政府、河南陶瓷馆共同举办的河南省首届绞胎瓷艺术精品展暨学术研讨会在河南陶瓷馆召开。此次研讨会汇集了柴战柱、孟凡斌、许小平、李文献、王水林、司福源、张文涛、张毅鹏等18位优秀绞胎瓷艺术家，近400余件绞胎瓷精品。旨在推动和弘扬绞胎瓷艺术，加强艺术家之间的交流与沟通，让陶瓷艺术爱好者走进河南陶瓷馆，了解绞胎瓷，了解河南陶瓷艺术，使艺术品成为文化交流合作的纽带。

【柴战柱获中国传统工艺大师称号】 10月，由中国民间文物传世工程组委会、全国工商联民间文物艺术品商会联合主办的中国传统工艺大师评选揭晓，柴战柱荣获“中国传统工艺大师”称号。12月，获中宣部举办的2014年文化产业年度人物。

柴战柱，焦作人，1964年4月生，焦作市金谷轩绞胎瓷艺术有限公司董事长兼总经理，河南省陶瓷艺术委员会副主任。高级工艺美术师，河南省工艺美术大师，省级非物质文化遗产代表性传承人，焦作市绞胎瓷行业唯一一个享受国务院特殊津贴者。将濒临失传的“当阳峪绞胎瓷制作技艺”全面恢复传承为16种基本技法，100多个品种。其创作的作品《硕果》《田园》编入全国中小学生九年义务教育美术教材，《千禧龙》作品被英国珍宝博物馆正式收藏并被载入该馆《精品藏典》一书，其他作品先后在国内外陶瓷作品展览中多次获得大奖并受好评，多件作品被国内外专家收藏及馆藏。

【绞胎艺术瓷品赏】 《孔雀开屏》柴战柱作品，2014年9月获全国工艺美术品大赛金奖。

《瓷韵茶香》 柴战柱作品，2014年10月获第十七届中国古玩艺术品博览会中国民间文物传世工程“云工奖”银奖。

《硕果》 柴战柱作品，2013年3月再次入选由教育部审定、人民美术出版社出版的全国义务教育教科书《美术》教材。

《中华龙》 柴战柱作品，2013年9月获焦作旅游商品全国创新设计大赛金奖。

《满天星》 柴战柱作品，2012年5月获中国工艺美术“百花奖”银奖。

《龙凤立壶》 李文献作品，2014年9月在加拿大中加艺术交流会上获金奖。

《绞胎玉壶春》《绞胎秀女瓶》 赵勇作品，2014年5月获河南省首届陶瓷艺术博览会金奖。

《圣土望君归》 孟凡斌作品，2011年12月被河南省人民政府定为“中原经济区文化标志”，作为国礼赠送世界客属第24届恳亲大会，有200个国家和地区的华人组织收藏。

【绞胎瓷生产企业选介】 **焦作市金谷轩绞胎瓷艺术有限公司** 公司现有职工320余人，专业技术人员100余人，其中享受国务院津贴专家1人，中国传统工艺美术大师1人，博士3人，硕士8人，中高级职称50余人，河南省工艺美术大师6人，高级工艺美术师8人，工艺美术师和技工30余人。公司成立后，通过潜心研究，把绞胎瓷工艺进行创新发展，获4项发明专利、10项外观专利。研制和开发的绞胎艺术瓷系列产品共有7大类，品种100余种。公司现为河南省文化示范基地、大学生实习基地。2014年，被省质量技术监督局树为河南省标准化示范企业。

公司创作的绞胎艺术瓷一胎一面，纹理内外相通，不可复制，具有极高的收藏价值和艺术价值。作品受到国内外专家学者和社会各界人士的高度赞扬与青睐，多次在国内博览会上获得重要奖项，被日本、韩国、东南亚、美国、法国、波兰等国家及国内知名人士及馆藏机构视为珍品而收藏或馆藏，其中两件作品入选中学美术教材。

焦作市福盛坊绞胎瓷有限公司 2009年10月成立，“福盛坊”取“福泽华夏，盛世绞胎”之意。公司致力于绞胎瓷的研究与发展，集绞胎瓷研创、生产、销售为一体，产品定位于艺术品收藏市场和国内、国际中高端礼品市场。研发以“不做广度，做深度，不做长度，做精度”为指导理念，首创绞胎玉瓷，以玉入瓷，以玉入釉，故成玉质。汝瓷以玛瑙入釉，成就天青色，故有：“雨过天晴云破处，者般颜色作将来”的美誉。自古以稀有珍贵材料入釉者不乏，而以玉入釉，铸绞胎玉瓷，则为首次。

公司董事长兼总经理司福源（1984年6月生，河南武陟人），长期致力于焦作文化的挖掘和推广，是千年瑰宝绞胎瓷技艺和文化的主要开拓者。凭借多年对怀川文化的探索和实践，2010年获首届焦作市创业大赛银奖，2011年被评为焦作市大中专毕业生创业之星，2014年获河南省第二届创业大赛优秀奖。承担了“联合国主题绞胎”等项目的研发，独创的“绞胎玉璧”系列产品获多项国家专利，福盛坊“绞胎玉璧”荣获“东方韵”国际陶瓷博览会金奖。

焦作市当阳峪绞胎瓷有限公司 1996年成立，下属有研究所、销售公司、网络销售公司等。为适应现代企业的发展需求，做大做强绞胎瓷产业，通过资源整合，公司形成了完整的高档工艺绞胎瓷、宾馆、酒店系列用瓷、传统工艺瓷与艺术绞胎瓷等设计、研究、生产和营销体系。公司注册申请了当阳峪商标，被省文物局评为文物复仿研究生产基地。

焦作市元昊绞胎瓷艺术有限公司 2009年8月成立。现已成功研制出仿古绞胎瓷、仿古绞釉瓷及现代绞胎艺术瓷3大系列100多个品种。公司继承发扬当阳峪古瓷遗风，研制的仿古绞胎瓷器，瓷质精细、造型别致、线条流畅、图案生动、色泽亮丽、内涵丰富，再现了当阳峪古瓷文化的特

孔雀开屏

满天星

中华龙

玉璧

有意韵。研制的现代绞胎瓷艺术瓷，则把传统绞胎工艺与现代审美情趣融于一体，呈现了更高的陶瓷艺术品位。目前，该公司研制的各类绞胎、研制断代千年釉下浇彩瓷器已达2000余件。

焦作市李氏绞胎瓷业有限公司 前身为焦作市文献绞胎瓷厂，由焦作陶瓷一厂技术工人李文献于2004年8月创办，位于山阳区张河村，现在有员工32人，其中高级技术人员8人，中级技术人员6人。着力研究开发仿古绞胎瓷、绞釉瓷、剔花瓷三大毓，有200多个品种。其产品的最大特点是以泥料本色来显示图案花纹，其纹理在同类产品中独树一帜。公司被省文物局评为河南省文物复仿制品（绞胎瓷）研究开发基地。

焦作市国礼绞胎瓷艺术有限公司 2008年成立，现有固定资产200万元，年产值500万元，有职工35人，其中具有中高级职称1人，占地30多亩，生产场地2000多平方米。公司和国家文物局陶瓷专家，河南省陶瓷研究所，郑州大学古陶瓷研究专家，开展学研产联合，试制攻克多项技术难关，在产品烧制方面又融入多项现代技术手段。目前，公司已研究开发出绞胎瓷、绞釉瓷、剔刻花天目釉、珍珠釉、结晶釉等6大系列200多个花色品种。其中绞胎瓷系列中的纯手工编织无接缝通体花瓶于2011年获得国家专利。

焦作市梵一绞胎瓷文化传播有限公司 2014年6月成立，位于焦作市工业路万基商务大厦。公司确立以保护和弘扬非物质文化遗产为目标的战略发展方针，秉承“传承非遗文化，汇聚天下精品，弘扬先祖大业，回味民族气息”的宗旨，创建了绞胎瓷电子商务信息平台——中国绞胎瓷网，建立了专注于绞胎瓷电子商务平台及线下销售为一体的营销模式，形成了研发、生产、电子商务、销售、文化传播的系列体系，立足焦作，面向全国，走向世界。

·知名品牌·

【概况】 争创名牌产品，实施名牌战略，构建优势企业和产业集群，是提升企业竞争力、增强区域经济实力、推动工业发展、实现质量振兴的必由之路。焦作市委、市政府始终把质量发展作为城市发展战略的核心内容，坚持以高标准引领高质量，依靠质量促竞争，强化品牌培育，打造“焦作制造”金字招牌。先后出台《焦作市人民政府关于实施名牌战略的意见》《焦作市市长质量奖管理办法》，加大政策扶持力度，对积极争创名牌产品的企业进行奖励，鼓励引导企业树立品牌意识。由于政策扶持力度大，政府激励措施到位，焦作市创名牌工作成绩显著，受到了上级领导的肯定。名牌带动效应也已初步显现。从企业获得名牌产品称号后的发展情况来看，名牌产品生产企业通过增加投入、资产重组、专业化生产与协作等方式，组建行业集团，促进了资源的合理流动和高效利用，带动了全行业的健康发展，以名牌产品和名牌企业为龙头，促进了产业结构调整和资源优化配置，提高了经济增长的质量和效益。至2014年底，全市共拥有中国驰名商标10个，中国地理标志证明商标6个，河南省著名商标147个；共有108个产品获得过河南省名优产品称号，目前在有效期（三年）内的河南省名牌产品有48个；拥有国家地理标志保护产品8个，河南省无公害农产品、绿色食品、有机食品、地理标志农产品183个；拥有中华老字号1个，河南老字号4个。云台山发展旅游有限公司、河南省中原内配股份有限公司、风神轮胎股份有限公司3家企业获省长质量奖，获奖励资金300万元。共评审表彰了五届市长质量奖，15家企业获市长质量奖，获奖励资金共计1500万元。

【中国驰名商标】 **风神轮胎股份有限公司“风神”牌注册商标** 风神轮胎股份有限公司是世界轮胎20强，中国最大的全钢子午线轮胎重点生产企业之一和最大的工程机械轮胎生产企业。是国内轮胎行业前十强中唯一一家央企控股的上市公司，中国轮胎行业首家获得出口免验资格的企业，海关保税工厂、国家海关总署AA类企业（中国海关最高信用等级）、国家高新技术企业，先后通过ISO9001质量体系、TS16949体系、E-MARK、美国DOT认证、欧盟ECE等14项认证，是国内轮胎行业极少数通过以上认证的企业之一。国内首家实现子午胎系列产品100%绿色制造的企业，“十一五”全国石化工业环境保护先进单位，被推荐入选国家工信部“两型”企业试点单位，行业率先通过能源管理体系认证和测量管理体系认证。公司是中国企业社会责任100强，中国25家最受尊敬上市公司之一，连续10年被世界品牌实验室评为中国500最具价值品牌，品牌价值达87.52亿元。风神轮胎拥有博士后科研工作站和国家级企业技术中心，主持、参与国家标准制定26项，有40多个规格品种填补过国内空白。主要生产“河南”牌、“风神”牌工程机械轮胎，全钢载重子午线轮胎、斜交载重子午线轮胎、特种轮胎、轻卡轮胎、农用轮胎、军用轮胎等8大系列400多个规格品种。主导产品“风神”牌载重汽车轮胎蝉联中国名牌产品，产品畅销世界140多个国家和地区。先后获得河南省省长质量奖、首届焦作市市长质量奖。2005年7月，“风神”牌注册商标被认定为中国驰名商标。

河南省中原内配股份有限公司“河阳”牌注册商标 河南省中原内配股份有限公司是全球最大的发动机气缸套OEM供应商，拥有博士后科研工作站，“河阳”牌气缸套全部拥有自主知识产权，拥有专利技术20余项，参与了4项国标、行标的制定，满足国内外知名发动机欧Ⅲ、欧

Ⅳ、欧Ⅴ、欧Ⅵ环保排放要求。2010年7月在深交所挂牌上市。已发展成为拥有12家汽车零部件、激光加工、合金刀具等子公司的企业集团。与国际知名公司同步实施ISO/TS16949、ISO14001质量环境管理体系、精益生产、六西格玛、ERP、CRM等信息化、标准化管理，坚持专业化、国际化发展战略，全面实施“RAOTH”国际化质量管理模式，实现了从气缸套行业国内龙头向世界三强的精彩跨越，实现了企业内控管理和品牌影响力的双提升。主导产品“河阳”牌气缸套连续多年蝉联中国市场产销量第一，亚洲市场产销量第一。先后获河南省省长质量奖、河南省质量标杆企业。2005年，“河阳牌”商标被认定为“中国驰名商标”。

修武县云台山景区“云台山”牌注册商标 云台山景区位于修武县境内，开发于1987年，总面积240平方公里，共11个景点。云台山旅游发展有限公司成立于2003年6月，注册资金1.08亿元，总资产7.37亿元，员工1900多人，经营范围包括旅游开发与经营、住宿、餐饮、旅游运输等。云台山是河南省唯一一家拥有全球首批世界地质公园和全国文明单位、国家首批5A级旅游景区等1个世界级和8个国家级称号的景区。先后获河南省首届省长质量奖、全国质量工作先进单位、国家服务业标准化试点单位、全国旅游标准化示范单位、中国旅游知名品牌、世界杰出旅游服务品牌等各级荣誉400多项。2009年，景区提出品牌提升规划，确定景区品牌内涵为“以生态为基，求可持续发展；以质量为本，做精品景区；以服务取胜，大品牌驱动。努力构建和谐、共赢、可持续发展的生态景区”。2010年1月，云台山被认定为中国驰名商标，景区品牌对增强市场竞争力、增加经济效益等发挥了巨大作用。主要客源市场扩展到半径1500公里区域，省外游客达到90%，日韩、东南亚、欧美等境外市场也全面拓展。

河南金山化工有限责任公司“金山”牌注册商标 河南金山化工有限责任公司是由地方国营河南金山化工总厂改制而成的一家民营化工企业，2005年成立河南金山化工集团。集团现有固定资产近40亿元，员工3000余人。下属3家生产公司：河南金山化工有限责任公司、河南金大地化工有限责任公司、河南金天化工有限公司，各项指标在河南省联碱企业中位居第一。公司先后获得ISO9001质量体系、ISO14001环境体系、OSHMS180001职业健康体系认证证书，并通过了清洁生产审核。“金山”牌纯碱和氯化铵分别荣获部优、省优产品。2010年10月，“金山”牌注册商标及商标图案被国家工商总局认定为中国驰名商标。

焦作制动器股份有限公司“金箍”牌注册商标 焦作制动器股份有限公司是原国家机械部唯一定点生产制动器的专业厂家，主要生产销售“金箍”牌各类工业用制动器、风电制动器、汽车气动防抱制动系统（ABS）等产品，产品广泛应用于物料搬运、风力发电、港口机械、矿山、工程机械和汽车电子等行业，销往全国30多个省市自治区。各大型起重机企业、钢铁企业、特大型港口、三大卫星发射基地及大型水利枢纽工程等国家重点工程项目等均为公司的长期客户。我国神五、神六、神七飞船发射塔架、北京奥运会鸟巢体育场升降台和上海世博会主会场升降台均独家选用该公司制动器产品。在20世纪80年代独家引进德国EMG公司先进的Ed设计与制造技术，是国内同行业中规模最大、产品规格最齐全、工艺装备最先进、测试手段最完善、开发研制能力最强的高新技术企业、省技术创新试点企业；是国内制动器行业唯一通过国际ISO9001质量体系认证的企业，拥有产品进出口自营权，享有产品出口质量免检资格。拥有多项国家专利和专有技术，并负责起草、制订国家标准、行业标准。多项科研成果先后通过国家、省、市鉴定，先后获中国机械工业优秀企业、河南省高新技术企业等。公司的“金箍”牌制动器产品被评为河南省名牌产品。产品曾荣获国家科技成果奖、机械部科技进步二等奖、河南省优质产品奖和优秀产品奖。2011年11月，“金箍”牌及商标图案被国家工商总局认定为中国驰名商标。

河南省天鹅型材有限公司“TINZIBAIE及图”注册商标 河南省天鹅型材有限公司是一家少数民族民营企业，现有固定资产1.1亿元，员工450人，是一家大型PVC塑料异型材生产企业。拥有国内先进的双螺杆高速挤出生产线、双色共挤生产线、铝塑复合生产线、全壁共挤生产线和软硬塑胶共挤生产线。产品品种齐全，现有六大系列400个规格品种。拥有河南省型材研发中心1座，获国家专利6项、科技成果1项。2000年以来，公司连续获得ISO9001质量体系认证证书、ISO14001环境体系认证证书、GB/T28001国际职业健康安全管理体系认证证书。2012年12月“天姿白鹅”牌注册商标及商标图案被国家工商总局认定为中国驰名商标。

孟州市施可富复合肥有限公司“一条龙及图”注册商标 孟州市施可富复合肥有限公司是由地方国营河南金山化工有限责任公司复合肥公司改制而成的一家民营化工企业。2004年通过ISO9001-2000国际质量体系认证。2006年被评为河南省测土配方施肥定点企业、河南省著名商标。2007年被评为中国优质产品，免检产品，质量放心、售后服务满意品牌。2008年通过100万吨生产能力验收。2009年再次被评为河南省著名商标。企业产品以河南省产品质量监督检验所抽样检查，各项指标符合国家标准。尿基融溶、氨酸喷浆造粒技术，颗粒更速溶，利用率更高。不仅增强了农作物的吸收性能，并对防治病虫害起到了积极的辅助作用。2012年12月，“一条龙”牌注册商标及商标图案被国家工商总局认定为中国驰名商标。

河南天香面业有限公司“麦乡”牌注册商标 河南天香面业有限公司是以面粉生产及挂面加工为核心组建的集科、工、贸一体化的农业产业化国家级龙头企业，日处理小麦1800吨，拥有粮食仓库16座，挂面年产能达12万吨，拥有一流的面粉生产设备和雄厚的科技力量。公司各项经济技术指标连续多年居河南省面粉行业及全国面粉加工行业前茅。多年来，公司始终坚持以质量、科技、机制、效益为先，经过八年多的滚动快速发展，取得了令人瞩目的成绩。2005年，通过“ISO9001国际质量管理体系”认证。2009年，获中国绿色食品认证。先后荣获农业产业化国家级龙头企业、全国粮食加工转换扶持企业、中国百佳粮食企业、河南省名牌产品、2011年度行业十强等荣誉称号，“麦乡”牌商标被评为河南省著名商标，2012年粮油市场报、中国粮油榜组委会授予麦乡面粉“中国十佳面粉品牌”称号、被省科技厅认定为河南省全谷物强化营养面制品工程技术研究中心。2013年被省质监局评定为河南省质量诚信A级工业企业，同年省人民政府授予河南省农业产业化集群。2014年5月被中国粮食行业协会、中国粮油学会、中国粮食经济学会评定为2013年度小麦粉加工企业50强。公司主导产品有“麦乡”系列和“黄河麦场”系列优质面粉、挂面等20多个品类。2013年12月，“麦乡”牌注册商标被认定为中国驰名商标。

河南斯美特食品有限公司“斯美特及图”注册商标 河南斯美特食品有限公司是国内专业生产方便面为主的大型食品加工企业，属国家级农业产业化重点龙头企业。拥有河南焦作、河南周口、湖南郴州、陕西宝鸡、吉林长春5大方便面生产基地；拥有国内最先进的班产20万包方便面生产线40余条，有相配套的年加工30万吨的面粉车间、年加工6万吨鲜蔬的调料车间、存储容量20万吨的仓储公司和年加工6000万套的纸箱包装车间，员工4500余人，公司产品有7大系列100多个品种的方便食品，在全国建立了1000多家总经销商，近30万个销售网点，产品销售覆盖全国30多个省、市、自治区，并出口俄罗斯、朝鲜等国家和地区。产销量已跨入全国五强和河南两强之列。公司连续多年被授予农业产业化国家重点龙头企业、全国放心粮油示范加工企业、河南省著名商标、河南省名牌产品、守合同重信用企业。2013年12月，“斯美特及图”注册商标被国家工商总局授予中国驰名商标。

河南栗子园食品饮料有限公司“栗子园”牌注册商标 河南栗子园食品饮料有限公司是一家集研发、生产、销售为一体的食品饮料生产加工企业。拥有国内外先进的饮料生产线13条，八宝粥生产线1条，年生产饮料9万吨。主营植物蛋白饮料、生产销售果蔬汁饮料、苏打水、纯净水、运动饮料、八宝粥5大类近100个品种。公司始终坚持“以质量求生存，以信誉求发展”的管理方针，2004年公司全面通过了ISO9001-2000国际质量体系认证，并首批取得国家质量技术监督局颁发的生产许可证（QS认证），实现了对生产进行全过程的质量管理和控制；2010年通过ISO9001-2008国际质量管理体系和HACCP食品安全管理体系认证。“栗园”牌含乳饮料被河南省名牌战略推进委员会、河南省质量技术监督局评定为河南省优质产品，“栗园”牌杀菌乳酸菌饮料被评为河南省免检产品。公司先后荣获食品卫生A级单位、全面质量管理先进企业、农业产业化市重点龙头企业等。2013年12月，“栗子园”牌商标被国家工商总局认定为中国驰名商标。

【河南省名牌产品】 **河南天香面业有限公司“麦乡”牌小麦粉和挂面** 2014年，“麦乡”牌小麦粉、挂面荣获河南省名牌产品。（见本页）

保和堂（焦作）制药有限公司“怀泉”牌铁棍山药片和怀菊茶 保和堂（焦作）制药有限公司是由香港保和堂（中国）有限公司出资成立的现代化制药企业。公司经营范围以中药材种植加工、中成药、保健食品生产为主，主要原料为山药、地黄等中药材。公司成立以来，诚信经营、科学管理，企业效益逐年递增，先后被授予焦作市优秀民营企业、怀药新产品开发先进单位、怀药品牌创建优秀企业、农业产业化省重点龙头企业、河南省省级企业技术中心、河南省中药现代化科技示范企业、中医药科技推广工作先进集体等荣誉称号。2014年，怀菊茶、“怀泉”牌铁棍山药片荣获河南省名牌产品。

孟州市金玉米有限责任公司“粮工”牌麦芽糊精 孟州市金玉米有限责任公司是一家综合性玉米精深加工企业，主导产品有麦芽糊精、高麦芽糖浆、核黄素发酵剂、新型微生物发酵剂等，是伊利公司、蒙牛乳业、维维集团等著名大型企业的长年供应商。公司始终坚持科技兴企战略，组建了焦作市玉米精深加工工程技术研究中心，公司有19项科技成果实施转化，其中专利技术产品15项，6项新技术，形成了麦芽糊精、饴糖、胚芽、蛋白粉、低蛋白等高新技术新产品。先后被评为国家农业综合开发项目示范企业、国家科技富民强市重点创新示范企业、河南省守合同重信用企业、河南省粮食企业改革与管理先进单位、河南省食品工业50家高成长企业、河南省农业产业化重点龙头企业、河南省农产品加工示范企业、河南省高成长型民营企业等。公司于2014年通过了河南省麦芽糊精工程技术研究中心认证和国家高新技术企业认证。生产的“粮工”牌麦芽糊精荣获2014年度河南省名牌产品。

焦作市天狼鞋业有限公司“TLOSPOP”牌橡胶鞋 焦作市天狼鞋业有限公司始建于1996年，其前身是温县鑫源工贸有限公司，属私营股份制企业。公司注册资金300万元，占地面积2.35万平方米。主导产品为布面硫化胶鞋，自有品牌TLospop、ospop、傲思帕系列产品远销欧美，在国内外享有较高声誉，公司ospop产品屡现欧美时尚杂志。2014年，“TLospop”牌橡胶鞋荣获河南省名牌产品。

焦作市东方祥生电器有限公司牌配电箱（配电板） 焦作市东方祥生电器有限公司主要生产综合配电箱（JP柜）、配电箱（电表箱）、跌落式熔断器、避雷器、隔离开关。公司所有产品均通过国家相关检验机构的检验和型式实验，其中综合配电箱、电表箱获得了多张3C证书，公司建立了质量管理体系、环境管理体系、职工健康安全管理体系并通过认证机构认证，获得相关证书。2014年公司实现销售收入5000余万元，税金突破100余万元。在国家电网招标活动中，公司坚持质量第一、服务至上的信念，产品质量和服务得到了广大电力用户和专家的好评。2014年，牌配电箱（配电板）荣获河南省名牌产品。

河南鑫源生物科技有限公司“人可”牌麦芽糊精 河南鑫源生物科技有限公司（前身为河南鑫源食品有限公司）系农业产业化河南省重点龙头企业，河南省农产品加工示范企业。多年来，公司以科技为先导，靠管理创效益，紧跟时代节拍，以振兴民族食品工业为己任，大力调整产品结构、开发新产品，经过多年不断的滚动发展和更新改造，现已具备年深加工玉米30万吨能力，其中年产精制麦芽糊精系列产品8万吨、麦芽糖3万吨、食用玉米淀粉6万吨、食用葡萄糖3万吨，是国内目前最具实力的食品添加剂和终端食品综合生产加工企业之一。产品以其质量稳定可靠、味正色纯、溶解快、增稠性、冲调性强等特点，广泛应用于食品、饮料、豆制品、冷饮、医药、造纸、建筑等领域，产品畅销全国20多个省、市、自治区，并出口俄罗斯、印尼、泰国等国家和地区，深受用户好评。以“人可”“琪源”“孟源”商标为代表的麦芽糊精系列产品，曾荣获第八届中国新技术新产品博览会金牌、国家质量达标食品、河南省优质产品；2014年，“人可”牌麦芽糊精荣获河南省名牌产品。

焦作青天河旅游发展有限公司“青天河游览景区管理” 青天河风景名胜区集江南水乡、北国田园风光和丰厚文化底蕴于一体，被誉为“北方三峡”。景区位于博爱县境内，太行山南麓、与山西省接壤，面积达106平方公里，由丹河水库大坝、大泉湖、三姑泉、西峡、佛耳峡、靳家岭、月山寺等七大游览区组成。其泉水翻涌，飞瀑高挂，湖光山色，绿树古寺，水随山走，百转千回，风景如画，历史厚重。有“华夏第一泉”三姑泉、大泉湖、鲸鱼湾、世界罕见的天然长城和奇观石鸡下蛋、中原独有的高峡湿地、参天古槐、崎岖古丹道等308个景点。雄山秀水，自然画廊，鸟语欢快、蛙鸣悠扬，如梦如仙，令人陶醉，流连忘返。荣获有世界地质公园、国家重点风景名胜区、AAAAA国家级旅游景区、全国重点文物保护单位、国家水利风景区、太行山国家级猕猴自然保护区、中国青少年科学考察探险基地、河南省最具魅力的十佳风景名胜区、河南省十大旅游热点景区、2014年焦作市市长质量奖、2014年河南省服务名牌等30余项荣誉。2014年，青天河游览景区管理荣获河南省名牌产品。

广济药业（孟州）有限公司“济维”牌80%核黄素（维生素B2）微粒 广济药业（孟州）有限公司是湖北广济药业股份有限公司的控股子公司。公司总资产4.64亿元，占地面积375亩，员工240余人。主要产品为饲料级核黄素。2008年，组建焦作市核黄素微生物发酵工程技术研究中心，采用最先进的微生物发酵法生产工艺，被商务部、科技部列入其联合发布的《中国禁止出口限制出口技术目录》（禁止出口技术）。“核黄素清汤发酵技术”达到国际先进水平。2009年，自主研发的“核黄素新菌种应用于工业化大生产技术”属国内领先，获国家生物产业领域自主创新及高科技产业化项目专项资金；公司独立完成的“第三代高产菌株制备核黄素的工业化研究”技术，获科学技术成果奖3项，公司的核黄素工业化生产达到国际领先水平。主要设备发酵罐在数量、体积上均属世界之最，从国外引进的空压机、碟片机及双锥分离机的性能属国际一流，通过FAMI-QS/HACCP/ISO9001/ISO14000体系认证。先后被列入河南省重点转型升级企业、焦作市18户高成长型企业、焦作市2011年度高成长性30高企业、焦作市农业产业化重点龙头企业，被河南省科技厅命名为河南省饲用核黄素工程技术研究中心。2013年，“济维”牌80%核黄素（维生素B2）微粒荣获河南省名牌产品。

河南斯美特食品有限公司“思圆”牌方便面 2013年，“思圆”牌方便面荣获河南省名牌产品。（见65页）

焦作市方便面厂“豫竹”牌方便面 焦作市方便面厂隶属于国营博爱农场，1984年建成投产，现有员工760人，年生产能力8万吨。2008年，被国家粮食科学研究院、卫生部吸纳为方便面标准、方便面卫生标准的修订工作小组成员。公司采用先进的ISO9000质量管理体系模式，产品执行LS/T3211国内先进标准。拥有国内先进检测仪器、分理化检验室、无菌室等仪器40多台。生产的“豫竹”牌方便面已形成精品系列、酥脆系列、单包料系列、多包料系列、桶装系列，涵盖高、中、低价上百个品种。2013年，“豫竹”牌方便面获河南省名牌产品。

河南江河纸业股份有限公司“水”牌无碳复写纸 河南江河纸业股份有限公司主要从事高档特种纸生产和造纸设备研发制造，高档特种纸主要产品有无碳复写纸、热敏纸等，年产能25万吨；造纸设备主要产品有中高速宽幅文化纸造纸成套设备，高速纸机流浆箱等单体设备，技术水平国内领先。公司总资产22.9亿元，员工2250人。2012年“水”牌无碳复写纸销售量15.3万吨，实现销售收入12.93亿元，出口创汇6371万美元，市场占有率29.5%。先后被授予国家级高新技术企业、中国造纸工业环境友好企业、全国轻工业优秀质量管理小组、全国五一劳动奖、河南省节能减排科技创新示范企业、河南省创新型企业、河南省知识产权优势企业、河南产品质量管理卓越企业100强、河南省著名商标、焦作市市长质量奖等。2013年，“水”牌无碳复写纸荣获河南省名牌产品。

焦作市富泉塑胶有限公司“福泉”牌塑料管材管件 焦作市富泉塑胶有限公司是一家集科研、生产、销售为一体的现代化专业生产管业的高新技术企业。公司主要研发、生产各种规格PVC-U、PVC-M、PE（给水管材），HDPE（燃气管），HDPE(双臂波纹管)等塑料管材，承接自来水、农田灌溉、喷灌、滴灌、城市供排水等工程材料。产品通过IS09001-2000质量管理体系认证和IAO14001-2004环境管理体系认证。先后获水利部新华节水认证、“安全饮水设备、节水灌溉设备”定点生产企业、中国名优产品、河南优质产品。2013年，“福泉”牌塑料管材管件荣获河南省名牌产品。

河南卓立膜材料股份有限公司“卓立”牌及“卓林”牌产品 河南卓立膜材料股份有限公司是国内首家以研发生产烫印材料为主的国家火炬计划重点高新技术企业，拥有省级企业技术中心、省烫印材料工程技术研究中心，累计申请专利40多项，拥有省科技成果20多个，主持制定行业标准7项，获省、市科技进步奖近20项，“卓立”牌商标被认定为河南省著名商标，主要经济效益指标呈跨越式逐年递增。产品先后通过ISO9001、ISO14001和BS-OHSAS-18001“三体系”认证，并导入卓越绩效模式，积极开展QC小组、6S等活动。公司先后承担国家重点产业振兴和技术改造项目、河南省重大科技专项等多个省级以上重点项目，建成全球设计产能最大的热转印碳带（TTR）生产线和全球唯一的TTR专用BOPET生产线，公司的技术、工艺、装备、管理水平和综合实力跻身世界先进行列，代表我国烫印材料行业领先水平。率先注册“中国烫印材料网”“中国热转印材料网”等行业网站2个。2012年，通过国家二级安全生产标准化企业认定和清洁生产审核，荣获2012年度焦作市市长质量奖。2013年，“卓立”牌数码条幅打印碳带和热打印色带以及“卓林”牌条码碳带荣获河南省名牌产品。

河南艺龙实业有限公司“艺龙”牌pvc压延薄膜和pvc压延人造革 河南艺龙实业有限公司前身是国内同行业知名的河南艺龙塑胶有限公司。公司拥有压延生产线9条，发泡炉生产线7条，年产压延人造革6000万平方米，压延薄膜2.5万吨，国内同行业排名前5位，是中国长江以北最大的压延人造革和薄膜生产企业。2013年，公司通过ISO9001:2008国际质量管理体系认证。先后荣获河南百强企业、河南省高成长性企业、河南省高新技术企业、河南省压延塑料制品工程技术研究中心、省级企业技术中心、河南省信用建设示范单位、省级AA级信用企业，“艺龙”牌商标获河南省著名商标。2012年“艺龙”牌pvc压延薄膜荣获河南省名牌产品，2013年，“艺龙”牌pvc压延人造革荣获河南省名牌产品。

风神轮胎股份有限公司“河南”牌工程机械轮胎和“风神”牌载重汽车轮胎 2013年，“河南”牌工程机械轮胎和“风神”牌载重汽车轮胎荣获河南省名牌产品。（见63页）

多氟多化工股份有限公司“多氟多化工”牌产品 多氟多化工股份有限公司占地面积38万平方米，注册资本2.23亿元，总资产24亿元，职工1167人。2010年5月18日，在深交所挂牌交易，股票代码002407，成为我国无机氟化工行业第一家上市企业。是全球生产规模最大、技术创新领先的无机氟化工企业，主导产品是冰晶石、氟化铝、六氟磷酸锂，产品广泛应用于航空航天、金属冶炼、化工、医药、电子、军工、新能源等行业。先后通过质量管理体系、环境管理体系、职业健康安全管理体系认证，是全国化学标准化委员会无机分会氟化盐工作组召集单位。组建了无机氟化工行业第一家国家认可实验室、第十七批国家认定企业技术中心。公司共申报国家专利151项，其中发明专利119项，制、修订国家和行业标准44项。2012年，六氟磷酸锂项目被列为“国家863计划”；氟硅研究所QC小组、中心化验室QC小组被评为2012年有色金属行业优秀质量管理小组；产品无水氟化铝、高分子冰晶石、六氟磷酸锂获中国新材料产业博览会金奖。先后获国家创新型试点企业、国家高新技术企业、河南省循环经济试点单位、焦作市市长质量奖等。2012年，“多氟多化工”牌氟化铝和冰晶石获河南省名牌产品；2013年，“多氟多化工”牌六氟磷酸锂荣获河南省名牌产品。

昊华宇航化工有限责任公司“宇航”牌聚氯乙烯树脂和工业用氢氧化钠 昊华宇航化工有限责任公司前身为焦作市化工二厂，是国家“三线”建设期间从东北搬迁来的军工企业。2004年11月，加入中国化工集团公司，现为央企控股的国有独资公司。公司占地面积130万平方米，注册资本4.14亿元，资产总额38.5亿元，职工 2547 人。主导产品离子膜烧碱、聚氯乙烯年生产规模分别为 54 万吨和 50 万吨，在河南省名列第一。是国家大型工业企业、中国化工 500 强、河南省百户重点工业企业、河南省工业综合实力百强、河南省百户规模优势企业、河南省百高企业。工业用氢氧化钠优级品率达100%，PVC 优级品率达 97%，是大连商品期货交易所 9 个 PVC 交割品牌之一。在全国同行业中首家通过ISO19001 质量管理体系、ISO24001 环境管理体系和 ISO28001 职业健康安全管理体系 3 项认证。被国家发展改革委、联合国开发计划署、全球环境基金确定为中国终端能效项目能效对标试点企业，先后获全国石油和化学工业环境保护先进单位、河南省节能减排先进单位等。2013 年，"宇航"牌聚氯乙烯树脂和工业用氢氧化钠荣获河南省名牌产品。

孟州市奥森人造板有限公司"奥森绿源"牌中密度纤维板 孟州市奥森人造板有限公司是孟州市委、市政府重点扶持企业，河南省规模最大、设备和技术最先进的人造板企业。公司注册资金 1.1 亿元，总资产 7.6 亿元，占地 400 亩，员工 280 余人，年产环保型、高密度纤维板 10 万立方米。2011 年 10 月，公司成立工程技术研究中心，并拥有自已的专利和实用新型技术。先后获得河南省绿色中原建设示范基地、河南省资源综合利用企业、河南省林业产业化龙头企业、焦作市农业产业化龙头企业、孟州市纳税先进企业等。2013 年，"奥森绿源"牌中密度纤维板荣获河南省名牌产品。

河南中轴福漫锻造有限公司"中轴"牌汽车用传动轴锻件 河南中轴福漫锻造有限公司属河南中轴股份有限公司的全资子公司，是一家以汽车精密锻件为主导产品的企业，主要产品有传动轴、半轴套管及钻杆接头、转向器、转向节等系列汽车用锻件零部件及机加工成品，年锻造能力达 8 万吨。主要客户有中国一汽集团、东风汽车集团等国家大型汽车企业，部分产品出口德国、美国、英国、加拿大、印度等国家和地区。是中国机械工业 500 强企业、中国锻压协会会员、国家级高新技术企业、河南省百户重点企业、河南省百强企业、河南省诚信民营企业，已通过 ISO/TS16949 质量管理体系、ISO14001 环境管理体系、OHSAS18001 职业健康和安全管理体系认证。2013 年，"中轴"牌汽车用传动轴锻件荣获河南省名牌产品。

焦作市崇义轻工机械有限公司"崇天"牌铸铁烘钢 焦作市崇义轻工机械有限公司是一家集科研攻关、设计制造、营销服务于一体的大型造纸机械企业集团。公司注册资金 8000 万元，占地面积 20 万平方米，员工 542 人，其中专业技术人员 35 人。公司产品结构完善，具备幅宽 3 米至 6 米、车速 500 米 / 分以上的大型造纸设备的设计和制造能力；主导产品有高速卫生纸机、高强瓦楞 / 牛皮箱板纸机、文化纸机、直径 1500–3680 毫米铸铁烘缸等，规模实力在造纸机械领域居同行业前列。先后获河南省高成长型民营企业、河南省百户高成长企业、河南省科技创新型企业、河南省装备制造业 30 强企业。2013 年，"崇天"牌铸铁烘钢荣获河南省名牌产品。

河南省中原内配股份有限公司"河阳"牌发动机气缸套 2013 年，"河阳"牌发动机气缸套荣获河南省名牌产品。（见 63 页）

河南千年冷冻设备有限公司"千年"牌柜台式冷藏展示柜 河南千年冷冻设备有限公司是一家集技术、研发、制造、施工服务为一体，主要生产、销售冷冻、冷藏设备等产品的高新技术企业，也是全国生产规模最大、技术创新领先、发展势头强劲的制冷设备领军企业。公司注册资金 3000 万元，占地面积 12.5 万平方米，职工 350 人。主要产品有食品保鲜柜、冷藏柜、PLC 并联制冷机组。拥有国内先进的钣金生产线、全无氟发泡生产线 、制冷设备组装生产线，年生产制冷设备 5000 多套，产品主要销往河南、河北、山西等 10 余个省市，是三全食品、安井食品、双汇集团、云鹤食品等知名企业成套设备供应商。2011 年，公司通过 ISO9001 质量管理体系认证，并获得中华人民共和国特种设备安装改造维修许可证、中华人民共和国特种设备设计许可证。同年，在中国制冷、空调与热泵行业评比中被评为最具影响力品牌。2013 年，"千年"牌柜台式冷藏展示柜荣获河南省名牌产品。

河南省天阳铝合金车轮有限公司"天阳"牌铝合金汽车车轮 河南省天阳铝合金车轮有限公司主要产品有铝合金汽车车轮、摩托车轮、电动自行车车轮 3 大系列 150 多个品种，产品主要配套于北京现代、郑州日产、浙江吉利、深圳比亚迪等国内汽车厂家和大阳、大运等摩托车配套厂家。产能 200 万件，居全国同行业前九位。已通过 ISO9000:2000、TS16949 国际质量体系认证，是中国汽车工业协会车轮委员会成员单位。先后荣获中国中小企业品牌 100 强、中国 AAA 级重质量守信用企业、中国铝合金车轮十大影响力品牌、中国著名品牌、中国铝合金车轮制造企业十强、河南省高新技术企业、河南省著名商标、河南省重合同守信用企业、河南省科技创新十佳单位、2008 河南产品质量管理卓越企业 100 强、河南省质量管理先进企业、河南省高新技术特色产业基地骨干企业、河南省五一劳动奖状等。2013 年，"天阳"牌铝合金汽车车轮荣获河南省名牌产品。

河南中轴股份有限公司"中轴"牌发动机凸轮轴和汽车半轴 河南中轴股份有限公司是以研发与制造汽车零部件为主营业务的股份有限公司，是国家高新技术企业、全国 100 家汽车零部件优秀供应商、河南省双百企业、河南省汽车工业重点培育企业、焦作市30强企业。主要产品有发动机凸轮轴、汽车半轴、气缸套、车桥、车架、锻件等汽车零部件，主要客户有中国一汽、东风集团、中国重汽、长城汽车、韩国斗山大宇等。公司建有省级企业技术中心和河南省工程技术研究中心，先后承担装配式凸轮轴国家火炬计划、轿车凸轮轴河南省重大科技攻关等国家、省、市科研项目10余个；推广应用高速高效凸轮磨削、凸轮轴热校直等新工艺新技术30余项，成功开发发动机凸轮轴、汽车半轴等产品100余个品种；9项成果通过河南省科技厅成果鉴定，相关工艺技术获得国家专利授权39项。按照ISO/TS16949标准，公司建立健全了质量管理体系，2005年通过首次认证，2008年、2011年分别通过审核换证。2012年“中轴”牌发动机凸轮轴获河南省名牌产品，2013年，“中轴”牌汽车半轴荣获河南省名牌产品。

焦作市沁河酒业有限公司“沁河”牌46度白酒 焦作市沁河酒业有限公司（原名武陟县沁河液酒厂）年生产优质浓香型白酒3000余吨；拥有沁河、云台瀑布两大系列产品30余个品种，采用传统老窖固态发酵，沿用传统小麦高温制曲，小甑蒸馏，量质摘酒，分级贮存，科学勾兑。产品主要销售在焦作、新乡等地区。“沁河”牌白酒曾先后获得商业部优质产品奖、全国酒类大赛金爵奖、中国首届食品博览会银奖、首届中国国货金奖，全国酿酒行业质量放心、国家标准合格产品，国家合格评定质量信得过好产品、河南省综合经济效益百佳企业、河南省重合同守信用企业、全省质量管理先进单位、河南省著名商标、焦作市农业产业化市级重点龙头企业等。2013年，“沁河”牌46度白酒荣获河南省名牌产品。

河南伟康实业有限公司“铁棍”牌铁棍山药 河南伟康实业有限公司（原焦作市伟康实业有限公司）是一家集绿色资源生物工程研究、开发和应用为一体的企业。公司全面开发特色名优产品、怀药深加工、休闲食品、中药饮片和饮料5大系列产品，产品为四大怀药原产地地理标志产品。被河南省旅游局指定为四大怀药系列滋补产品唯一定点生产企业，产品主要销往北京、广东、西安等国内20多个省（市）区。企业通过ISO9001:2000质量管理体系认证，参与起草制定了四大怀药国家标准4项。为河南省农业产业化行业十强龙头企业，“伟康”牌、“铁棍”牌等商标被认定为河南省著名商标。2008年9月8日，时任中共中央总书记、国家主席、中央军委主席胡锦涛到公司铁棍牌怀山药标准化种植基地视察，对公司采用的“公司+基地+农户”的经营模式给予充分肯定。2010年12月3日，时任河南省委书记、省人大常委会主任卢展工到公司视察，对公司各项工作给予肯定，并要求公司要充分发挥龙头企业示范作用，带动农民致富，为农业产业化发展作出积极贡献。2012年，“铁棍”牌铁棍山药荣获河南省名牌产品。

河南麦斯达实业有限公司“麦斯达”牌超高分子量聚乙烯复合管 河南麦斯达实业有限公司由麦斯达国际（香港）有限公司和沁阳麦斯达石化设备工程有限公司合资运作。公司占地面积5万平方米，员工100余人，专业技术人员30多人。主要生产超高分子量聚乙烯（UHMW-PE)耐磨管、耐油管、聚四氟乙烯滑动支架、耐酸缸砖、聚四氟乙烯热交换器、钢衬聚烯烃（PO）管道、管件、耐高温高纯度石墨滑板及PTFE产品。其中高纯度石墨滑板产品耐高温（≤600℃），摩擦系数极低，填补了国内空白，已在小浪底工程、春晓油田和南水北调工程及印度尼西亚、赞比亚、土库曼斯坦等国内国际项目中得到广泛应用。先后获得高纯石墨滑板、铰接式滑动支架、高温管道旋转补偿器等多项技术专利。通过ISO9001:2000国际质量体系认证，被河南省科技厅授予高新技术企业。2012年，“麦斯达”牌超高分子量聚乙烯复合管荣获河南省名牌产品。

河南永威安防股份有限公司“永威”牌阻燃装饰板 河南永威安防股份有限公司是国内规模最大的高压装饰板生产企业，主营业务为高压装饰板、防弹装备、消防材料的研发、生产与销售以及消防工程施工业务。主导产品高压装饰板广泛应用于家具、家庭装修、公共场所装修、交通工具装修等领域。拥有高压装饰板生产线25条，年产能达8900万平方米，可以生产7大系列1700多个品种、规格、花色组合的高压装饰板。2009年，公司通过高新技术企业认定。先后获中国名优防火装饰板研发（生产）中心、河南省著名商标、河南省优质产品、省级企业技术中心。2012年，“永威”牌阻燃装饰板荣获河南省名牌产品。

河南佰利联化学股份有限公司“雪莲”牌钛白粉 河南佰利联化学股份有限公司是一家集研发、生产、销售于一体的综合性无机化工企业。公司总资产28亿元，研发人员168人。主营钛白粉、锆制品等精细无机化工产品，主导产品钛白粉产能达12万吨/年，产能规模居国内第二，年利润总额达4亿元。钛白粉连续3年出口居国内同行业第一，是河南省重点进出口企业、国家级高新技术企业。公司拥有省级企业技术中心、钛锆粉体材料工程技术研究中心，是河南省博士后研发基地。率先通过ISO9001质量管理、ISO14001环境管理、GB/T28001职业健康安全管理体系认证和河南省清洁生产审核。拥有具有独立自主产权的金红石型钛白粉关键技术近20多项，是我国塑料异型材、化妆品、非颜料型钛白粉，氯氧化锆、二氧化锆、硫酸锆、碳酸锆等锆制品和硫酸铝国家和行业标准的主要起草单位。公司在行业内率先采用硫铁钛联合法技术，较好地解决了钛白生产中资源能源的合理、综合利用，得到国家环保总局和工信部认可，走上了一条可持续发展的和谐之路。获河南省质量信用AAA 级企业。2012 年，“雪莲”牌钛白粉荣获河南省名牌产品。

焦作鑫益化工有限公司“鑫辉”牌防粘釜剂 焦作鑫益化工有限公司是昊华宇航化工有限责任公司的下属公司，是国内重点生产 PVC 助剂的企业之一，主要生产 PVC 用引发剂、耐热终止剂、防粘釜剂等助剂产品。主要销往河南省内及山东、山西、陕西、四川、河北、甘肃、云南、内蒙古等省外大中型 PVC 生产企业。2012 年，“鑫辉”牌防粘釜剂荣获河南省名牌产品。

焦作市科瑞森机械制造有限公司“奔流”牌带式输送机 焦作市科瑞森机械制造有限公司专业从事物料连续输送装备研发、设计、制造、安装及服务，产品广泛应用于电厂、冶金、矿山、码头、粮仓、化工等领域。拥有省级企业技术中心，分别组建了河南省、焦作市物料连续输送装备工程技术研究中心，具备物料输送装备整机的功能性开发和部件优化设计能力，取得逆止托辊、摩擦逆止托辊等国家专利 9 项。参加了历次带式输送机国家标准和设计选型手册的修订。2009 年 12 月，被认定为国家级高新技术企业；长距离大运量带式输送机被申报为 2011 年河南省科技发展计划项目。先后获焦作市科技创新 50 强企业、焦作市高成长企业。2012 年，“奔流”牌带式输送机荣获河南省名牌产品。

河南飞孟金刚石工业有限公司“飞孟”牌人造金刚石 河南飞孟金刚石工业有限公司总资产 3.1 亿元，占地面积 20 万平方米，职工 475 人，是中国最大的砂轮用超硬磨料生产厂家。主导产品有人造金刚石、立方氮化硼、超硬材料微粉及金刚石复合片等 4 大系列 100 多个品种，产品 95% 出口到美国、德国、韩国和日本等国家。其中人造金刚石磨料市场占有率已达 70%以上，成为我国超硬材料行业技术领域的领头雁。拥有省超硬研磨材料工程技术研究中心、省企业技术中心、河南省博士后研发基地和河南省院士工作站，已通过ISO9001 质量管理、ISO14001 环境管理体系的认证。研究开发省级科技成果 8 项，技术水平达国内领先。先后获国家知识产权有效专利 20 项，其中发明专利 2 项，实用新型专利 18 项；是高新技术企业、河南省高成长性中小企业、河南省创新型试点企业、河南省质量诚信 AA 级企业。2012 年，“飞孟”牌人造金刚石荣获河南省名牌产品。

焦作制动器股份有限公司“金箍”牌 Ed 系列电力液压推动器和 YW 系列鼓式制动器 2012 年，“金箍”牌 Ed 系列电力液压推动器和“金箍”牌 YW 系列鼓式制动器荣获河南省名牌产品。（见 64 页）

焦作瑞塞尔盘式制动器有限公司“金箍”牌风电制动器 焦作瑞塞尔盘式制动器有限公司是焦作制动器股份有限公司的全资子公司，技术研发能力依托河南省制动器工程技术研究中心。公司拥有主要生产设备 50 余台，其中 3 条国内最先进的风电机组偏航制动器、高速轴制动器自动化生产线已进入生产阶段，每条生产线包括 6 台国内最先进的数控加工中心，产能为 5 万台套 / 年。公司检测试验配备有制动器综合性能试验台、制动器静拉力试验台、高速轴制动器试验台等工艺装备和检测手段，在国内同行业中均处于最先进地位；是风电机组用偏航制动器、高速轴制动器龙头企业。申报国家专利 8 项，被认定为河南省高新技术企业。公司通过 ISO9001:2008 质量管理体系认证，产品通过国家起重运输机械质量监督检验中心的特种设备型式试验，获得 CE 认证、鉴衡认证、GL 认证。是风力发电机组液压钳盘式制动器国家标准的起草单位，是新疆金风科技有限公司、沈阳华创、浙江天洁、上海电气等多家国内知名风机整机厂的合格供应方。2012 年，“金箍”牌风电制动器荣获河南省名牌产品。

焦作市金谷轩绞胎瓷艺术有限公司“金谷轩”牌绞胎艺术瓷 2012 年，“金谷轩”牌绞胎艺术瓷荣获河南省名牌产品。（见 62 页）

三维商业广场“三维”牌百货零售服务 三维商业广场总面积8 万平方米，员工 400 余人，营业员 2400 多人。被业内人士誉为焦作市的“商业心脏”，是河南省内除郑州市外规模最大的立体购物中心，也是豫北地区规模最大，集购物、娱乐、餐饮、休闲为一体的多功能时尚购物中心。商场地下二层为全开放大型停车场；地下一层为大型综合超市，面积达 1 万余平方米，是焦作市规模最大的超市；地面一层至六层主要经营化妆品、珠宝、名表、服装、鞋帽、箱包等。作为集购物、娱乐、休闲等多种功能于一身的流行百货商场，三维商业广场还汇聚了众多知名主题餐厅，如冰雪皇后 DairyQueen、迪欧咖啡、麦当劳、肯德基、豪享来等，务求为每位顾客提供全方位的服务，满足多种需求。三维商业广场的成功运营提升了焦作市城市品位，提高了焦作市民生活品质，带动了焦作市商业的发展，改变了广大市民对传统百货的看法。开业以来，解决安置全市待业人口、下岗职工近 3000 名，其中接纳应届、往届毕业生就业 500 余人，合作商户达 1000 余家。2012 年，“三维”牌百货零售服务荣获河南省名牌产品。

云台山旅游发展有限公司“云台山”牌风景名胜区管理服务 2012 年，“云台山”牌风景名胜区管理服务荣获河南省名牌产品。（见 64 页）

焦作市华科液压机械制造有限公司“力克”牌液压缸 焦作市华科液压机械制造有限公司是一家集科研开发、生产制造服务于一体的国家级高新技术企业，主营产品有伺服液压缸、大型液压缸、液压系统等，经营服务方向为非标液压缸设计、加工生产、安装保驾、售后维修及产品再制造服务。公司拥有珩磨机、深孔钻镗床、铣镗床等各类大中型机械加工设备100余台套，国际领先的高端设备3台，国内领先的设备6台，并配备美国Faro Prime三维测量臂(能进行尺寸及形位公差的在线检测)、伺服液压缸AGC试验台、显微镜、超声波检测仪等高精度的检测设备以及能进行超探、磁探等无损检测。2004年7月，通过ISO9001质量体系管理认证，同年被载入国家《机械设计手册》第五版第5卷。2007年，被载入《重型机械标准》第4卷。2012年，被认定为河南省博士后研发基地。先后获河南省质量管理先进企业、河南省银行业信用优良客户、安全生产标准化三级企业、河南省质量诚信A级企业等。2012年，“力克”牌液压缸荣获河南省名牌产品。

【河南省“三品一标”产品名录】

河南省无公害农产品名录

孟州市志尚蔬菜种植合作社	白菜
孟州市志尚蔬菜种植合作社	萝卜
孟州市天邦农业科技公司	学斗
孟州市天邦农业科技公司	菜心
孟州市天邦农业科技公司	芥蓝
孟州市天邦农业科技公司	山药
孟州市恒通果业合作社	苹果
孟州市锁蟒湖渔业公司	鲢鱼
孟州市锁蟒湖渔业公司	鳙鱼
修武县龙春果蔬合作社	李
修武县龙春果蔬合作社	桃
修武县龙春果蔬合作社	葡萄
修武县怀府花生合作社	花生
修武县卧龙岗龙丰食用菌合作社	香菇
修武县卧龙岗龙丰食用菌合作社	平菇
修武县卧龙食用菌合作社	云台龙香菇
修武县益民蔬菜合作社	大葱
修武县益民蔬菜合作社	白菜
修武县富民食用菌合作社	熏香园香菇
修武县富民食用菌合作社	熏香园木耳
修武县富民食用菌合作社	熏香园鸡腿菇
修武县益民蔬菜合作社	白菜
修武县金农科技服务合作社	农邙绿玉米
修武县金农科技服务合作社	农邙绿小麦
修武县新兴渔业合作社	鲤鱼
修武县新兴渔业合作社	草鱼
修武县兴和蔬菜合作社	黄瓜
修武县兴和蔬菜合作社	番茄
修武县兴和蔬菜合作社	辣椒
修武县众行粮食合作社	玉米
修武县众行粮食合作社	小麦
博爱县华侨实业公司	生姜
博爱县延祥生姜种植合作社	期城姜
博爱县嘉兴种植合作社	黄瓜
博爱县宜农源种姜合作社	核桃
博爱县金莱园种植合作社	黄瓜
博爱县寨豁乡春冠樱桃合作社	樱桃
博爱县孝敬蔬菜合作社	茄子
博爱县孝敬蔬菜合作社	番茄
博爱县磨头蔬菜合作社	番茄
博爱县孝敬高新农业技术开发公司	番茄
武陟县银江菇品合作社	白灵菇
武陟县邢庄蔬菜生产合作社	番茄
武陟县群乐果品蔬菜产销合作社	番茄
武陟县予民生态稻米合作社	大米
武陟县禾丰绿色稻米产销合作社	大米
武陟县裕丰菇业种植合作社	白灵菇
武陟县仙女玉果花生种植合作社	花生
国营武陟县第一原种场	花生
武陟县东岩来应食用菌合作社	木耳
武陟县金信食用菌合作社	木耳
武陟县高伊蔬菜生产合作社	黄瓜
武陟县高伊蔬菜生产合作社	芹菜
武陟县高伊蔬菜生产合作社	番茄
武陟县高伊蔬菜生产合作社	茄子
武陟沙澧特晚秋黄梨种植合作社	梨
武陟御嘉农产品种植购销合作社	花生
武陟县燕翔蔬菜种植合作社	苦瓜
武陟县三鲜果蔬合作社	桃
武陟县仙女玉果花生种植合作社	花生
武陟县沙土地花生种植合作社	花生
武陟裕丰菇业种植合作社	白灵菇
焦作市北业西红柿合作社	番茄
中站区周窑果品合作社	祥瑞苹果
沁阳南里红林果合作社	南里红沙红桃
沁阳市金盛和农业合作社	胜祥油桃
修武县田园珍稀合作社	番茄
修武县田园珍稀合作社	鸡腿菇
修武县田园珍稀合作社	木耳
博爱许良镇农业服务中心	核桃
博爱月山镇农业服务中心	生姜
修武县绿苑蔬菜种植合作社	大白菜
博爱柏山镇下期城村委会	生姜
博爱金城乡农业服务中心	黄瓜
博爱清化镇南关村委会	黄瓜
博爱苏家作乡农业服务中心	豆
孟州福三社花生种植合作社	花生
沁阳市仙鸿果业合作社	桃
沁阳市满口香瓜果合作社	厚皮甜瓜
沁阳市银伍种植合作社	冬瓜
沁阳市茂源果业合作社	苹果
孟州市东豫莲菜种植合作社	莲藕
修武县聚龙粮食合作社	玉米
博爱县中原种植合作社	小麦
博爱县仁杰粮食种植合作社	小麦
博爱县明煌种植合作社	小麦
博爱县浩润蔬菜种植合作社	南瓜
博爱县金杯蔬菜合作社	芹菜
博爱县三福农机合作社	小麦
博爱县中秋冬枣合作社	核桃
博爱县海林葡萄合作社	葡萄
博爱县孝敬镇留村蔬菜合作社	菜豆
博爱县宁虎家庭农场	小麦
孟州市普丰种植合作社	小麦
孟州康达尔众诚水产养殖公司	鲤鱼
武陟县天地人蔬菜产销合作社	番茄
沁阳市仙鸿果业合作社	梨
沁阳市仙鸿果业合作社	葡萄
沁阳市茂源果业合作社	梨
沁阳市茂源果业合作社	葡萄
修武县聚龙粮食合作社	小麦
博爱县浩润蔬菜种植合作社	洋葱
博爱县孝敬镇留村蔬菜合作社	番茄
博爱县孝敬镇留村蔬菜合作社	茄子
武陟县天地人蔬菜产销合作社	黄瓜
博爱县中原种植合作社	玉米
武陟县高伊蔬菜合作社	芹菜
博爱县三福农机合作社	玉米
博爱县宁虎家庭农场	玉米
博爱县仁杰粮食种植合作社	玉米
博爱县明煌种植合作社	玉米

焦作市核丰源农业发展公司 荷兰小黄瓜
焦作市核丰源农业发展公司 黄瓜
焦作市核丰源农业发展公司 番茄
孟州市高端岗苹果合作社 苹果
孟州市恒通果业合作社 苹果
修武县龙春果蔬合作社 黄瓜
修武县龙春果蔬合作社 番茄
修武县龙春果蔬合作社 豆角
修武县龙春果蔬合作社 茄子

河南省绿色食品名录

焦作市博爱源有机食品公司 丝瓜
焦作市博爱源有机食品公司 黄瓜
焦作市博爱源有机食品公司 番茄
焦作市博爱源有机食品公司 茄子
焦作市博爱源有机食品公司 山药
博爱县水运食用菌合作社 黑木耳
博爱县水运食用菌合作社 平菇(鲜)
博爱县五丰山药种植合作社 山药
焦作市满天红生态林合作社 樱桃
焦作市满天红生态林合作社 梨
博爱县博农蔬菜种植合作社 番茄
博爱县博农蔬菜种植合作社 茄子
博爱县博农蔬菜种植合作社 辣椒
博爱县中原种植合作社 芋头
博爱县中原种植合作社 山药
博爱县中原种植合作社 生姜
博爱县怀宝种植合作社 山药
温县岳村乡红峰怀药合作社 铁棍山药
温县同泽怀药合作社 铁棍山药
河南伟康实业公司 伟康铁棍山药
河南伟康实业公司 怀山药
河南伟康实业公司 怀山药粉
河南天香面业公司 长寿面（挂面）
河南天香面业公司 手擀面（挂面）
河南天香面业公司 鸡蛋面（挂面）
河南天香面业公司 精制粉（小麦粉）
河南天香面业公司 饺子粉（小麦粉）
河南天香面业公司 雪花粉（小麦粉）
河南天香面业公司 特精粉（小麦粉）
河南天香面业公司 特一粉（小麦粉）
温县物华怀药公司 铁棍山药
焦作市健国怀药公司 铁棍山药
焦作市健国怀药公司 怀山药片
焦作市健国怀药公司 怀山药粉
焦作市健国怀药公司 山药源（饮料）
焦作健国怀药公司 健国铁棍山药面(挂面)
焦作绿洲怀药生物科技公司 铁棍山药
武陟县菡香生态稻米农业合作社 大米
武陟县菡香生态稻米农业合作社 香米
武陟县菡香生态稻米农业合作社 精米
武陟县菡香生态稻米农业合作社 黑米
武陟县菡香生态稻米农业合作社 江米
武陟县菡香生态稻米农业合作社 小麦
武陟县大封村永盛老庄 山药
武陟县大封村永盛老庄 怀菊花（干）
河南泰鑫农业公司 桃
河南泰鑫农业公司 梨
焦作市无为农业发展公司 生菜
焦作市无为农业发展公司 油麦菜
焦作市无为农业发展公司 菜心
修武县云台人家合作社 葡萄
修武县云台人家合作社 梨
修武县云台人家合作社 桃
修武县云台人家合作社 石榴
修武县云台人家合作社 核桃
焦作市米奇食品饮料公司 苹果醋饮料

河南省有机食品名录

河南省菡香生态稻米农业合作社 大米
河南省菡香生态稻米农业合作社 小麦
河南泰鑫农业有限公司 桃
河南泰鑫农业有限公司 梨
温县岳村乡红峰怀药合作社 铁棍山药

河南省地理标志农产品名录

博爱县中原种植专业合作社 生姜
武陟县禾丰绿色稻米产销合作社 大米

【老字号企业】

中华老字号

焦作市百货大楼有限责任公司

河南老字号

董国庆驴肉馆
老师傅驴肉
武怀油茶
金谷轩绞胎瓷

【焦作市市长质量奖企业名录】

2010年

风神轮胎股份有限公司
河南中原内配股份有限公司

2011年

河南佰利联化学股份有限公司

2012年

多氟多化工股份有限公司
河南超威电源有限公司
焦作制动器股份有限公司
河南江河纸业股份有限公司
河南卓立膜材料股份有限公司

2013年

河南永威安防股份有限公司
焦作市海华纺织股份有限公司
焦作市科瑞森机械制造有限公司

2014年

焦作市青天河旅游发展有限公司
焦作飞鸿安全玻璃有限公司
河南千年冷冻设备有限公司
广济药业（孟州）有限公司

·1 月·

3 日 焦作市召开创建国家森林城市攻坚会议。会议要求要围绕创建国家森林城市目标，统一思想、提高认识，用改革创新的办法，高标准高质量推进林业生态建设，确保国家森林城市创建目标早日实现，为经济转型示范市和美丽焦作建设作出新的更大贡献。

6 日 焦作电子商务产业园在新区签约。该项目总投资 12 亿元，对于加速焦作市服务业转型升级、优化并壮大电子商务产业链具有重要意义。

同日 武陟油茶地方标准通过专家组验收。该标准对规范和指导武陟油茶生产加工、质量控制和管理工作提供了可靠的技术保障，填补了武陟县没有地方标准的空白。

7 日 孟州市通过国家可持续发展实验区验收评审。

8 日 引黄入焦总干渠正式通水。引黄入焦总干渠（从黄河到大沙河入口）全长 23 公里，是城市水系建设的重要组成部分，是焦作引黄灌区的主要输水渠道，每年可为焦作供水 5300 万立方米。

同日 在中央文明办主办、中国文明网承办的“我推荐、我评议身边好人”评选活动中，焦作市推荐的李玉香当选为 2013 年 12 月份中国好人。

9 日 焦作市召开企业上市（挂牌）工作推进会。会议通报全市企业上市暨新三板（挂牌）工作进展情况，听取各县市区和市直有关部门推进企业上市（挂牌）工作汇报，研究制定了解决困难和问题的具体措施和办法。

同日 全省首例经尿道前列腺剜除术在市人民医院成功，填补了河南省、焦作市的该项技术空白。

10 日 焦作市举行大病医疗补助发放仪式，373 名参加城镇职工基本医疗保险和城镇居民基本医疗保险的大病患者获得大病医疗补助金 169 万元。

11 日 焦作市“四权分离”财政管理新机制，在北京荣获第七届中国地方政府创新奖优胜奖。

14 日 市环保局开展南水北调中线焦作段环境执法专项检查。重点对沿河沿库的企业排污口和生活污水排放口进行现场监测，全面掌握污水排放量和 COD（化学需氧量）、氨氮等主要污染物的排放量，力争南水北调中线焦作段河流水质达到更高标准。

15 日 省十二届人大三次会议焦作代表团在郑州成立并举行全体会议。

15 日至 16 日 央视四套中文国际频道《远方的家——百山百川行》栏目连续播出焦作市旅游专题片《登神农奇山、访太极圣地》《品铁棍山药、游云台山水》。

17 日 国务院印发《全国资源型城市可持续发展规划（2013-2020 年）》中，焦作市被确定为全国 64 个衰退型城市之一。该规划是指导全国各类资源型城市可持续发展和编制相关规划的重要依据。

同日 2013 年至 2015 年度河南省国际知名品牌公布，焦作市 10 家外贸企业的 10 个品牌榜上有名，入选总数居洛阳、郑州之后排第三位。

18 日 由河南日报报业集团、河南省环保联合会主办的“美丽河南”大型评选活动落下帷幕，净影风景区凭借优美的山水自然环境、深厚的宗教历史文化底蕴、完善的硬件设施和周到的服务，入选河南生态建设十佳旅游区。

同日 修武县周庄乡和岸上乡分别更名为周庄镇和云台山镇。

20 日 2013 年度河南十大“三农”新闻人物评选揭晓，修武县农业局局长杨法谊当选 2013 年度河南十大“三农”新闻人物。

同日 焦作市2014年春节群众大联欢在焦作广播电视台一号演播厅举行。

21日 市委书记孙立坤主持召开市委常委扩大会议，研究部署党的群众路线教育实践活动。

同日 孟州市黄河大道改造工程获河南省市政工程金杯奖，是焦作市唯一获此奖项的工程。

22日至23日 焦作市组织市直各单位副县级以上班子成员及其配偶观看廉政教育影片《人生不能重来》。

24日 省委常委、政法委书记刘满仓，省政协副主席靳绥东莅焦走访慰问部分困难企业、困难职工和农村困难群众。

同日 沁阳市粮食局荣获全国第三批粮食流通监督检查先进单位，成为焦作市首次获此殊荣的单位。

26日 焦作市被确定为全省创建人口均衡型社会综合配套改革示范市。

28日 工业和信息化部公布第五批“国家新型工业化产业示范基地”名单，焦作新区榜上有名，是焦作市首家、全省第10家获此殊荣的单位。

同日 焦作市开始对大型零售商业企业、餐饮企业以及生活必需品价格进行日报监测。市百货大楼、三维商业广场、蓝波湾量贩、丹尼斯生活广场等6家大型零售商业企业和三维戴斯酒店、山阳建国饭店、月季花园酒店、清阁苑食府4家餐饮企业被纳入全国日报制度重点监测企业。

·2月·

4日 《人民日报》刊发通讯《焦作转型记》，从服务产业现代化、链条产业高端化、传统产业新型化对焦作市的转型发展进行了全面报道。

4日至14日 “文明焦作·欢乐怀川”2014年焦作市春节民间优秀文艺节目展演分别在市东方红广场中心舞台和焦作影视城广场举行。参演节目200余个，参演人员近1万人，观看群众数万人。

9日 在住房和城乡建设部命名的2013年度国家园林城镇中，云台山镇（原岸上乡）被评为国家园林城镇。这是焦作市乡镇首次跨入国家园林城镇行列。国家园林城镇是城镇园林绿化领域的最高荣誉，体现了一个城镇在规划设计、景观保护、绿化建设、园林建设、生态建设等方面的水平。

13日 市委农村工作会议召开，学习贯彻中央、省委农村工作会议精神，总结上年的农业农村工作，安排部署2014年的农业农村工作。

14日 市委书记孙立坤主持召开市委常委扩大会议，对“十大建设”工作进行专题研究和再部署。“十大建设”分包领导分别就上年工作进展情况、存在问题和2014年“十大建设”重点工作、如何推进、推进程度等进行了汇报。

18日 市委书记孙立坤主持召开市四大班子联席会议，专题研究美丽焦作行动计划。会议听取美丽焦作城市建设、碧水蓝天、美丽乡村和争做美丽焦作人三年行动计划的汇报，与会人员就建设美丽焦作提出意见和建议。

19日 焦作市召开加快经济转型建设美丽焦作动员大会，安排部署加快经济转型、建设美丽焦作工作，确立加快经济转型示范市建设打造美丽焦作总体目标。

同日 孟州市德众保税物流中心获批为国家级。这是河南省第2家、全国第27家国家级保税物流中心。

同日 沁阳市协和皮业有限公司首次成功从约旦进口绵羊皮2.47万张，货值达26万美元，这是焦作市乃至河南省首次从约旦国家进口皮张。

20日 《河南省普通省道网规划调整方案（2013-2030年）》正式发布，焦作市规划的“七横七纵”14条省道全部获批，形成了全市干线公路网“八横十纵”的新格局，全市干线公路规划通车里程突破1000公里，较“十一五”末翻一番，实现了行政和技术等级上质的提升。

21日 沁阳、孟州、温县被国务院教育督导委员会评估认定为全国义务教育发展基本均衡县。

25日 焦作市召开党的群众路线教育实践活动部署会议。省委第六督导组组长、省政协副主席钱国玉出席会议，并对焦作市的教育实践活动提出了具体要求。27日，焦作市组建20个督导组，对各单位的群众路线教育实践活动进行督导。

28日 中国（焦作）动漫世界项目签约仪式举行。市委副书记、市长张文深与中国动漫集团有限公司董事长兼总经理刘承萱签订了中国（焦作）动漫世界项目框架合作协议书。

·3月·

2日 市委书记孙立坤和王锋、游吟歌、王有利、李光宇等5名驻焦全国人大代表赴京参加十二届全国人大二次会议。

同日 由市旅游局、修武县、沁阳市、博爱县、武陟县、温县、孟州市与中央电视台联合制作的焦作旅游宣传片亮相央视《朝闻天下》栏目。该片以“太极故里、山水焦作”为主题，包括云台山、神农山、青天河、嘉应观、陈家沟、韩园6大景点，片长15秒。

3日 焦作市利用3个月时间，集中开展乡村两级新农合定点医疗机构套取新农合资金专项治理工作。主要治理2012年7月至2013年12月期间存在的借证住院，门诊转住院，空增住院人数和天数，挂床，编造假病例、假处方、假票据，虚开发票，虚增诊疗项目及住院费用等违规、违纪、违法问题。

4 日至 6 日 焦作市学习贯彻习近平总书记系列重要讲话和十八届三中全会精神轮训班暨党的群众路线教育实践活动培训班在市委党校举行。200 余名乡镇（街道）正职党员干部参加培训。

7 日 联合国世界旅游组织在河南省设立旅游可持续发展观测站，云台山被列为观测站首批监测重点。

8 日 济南军区军民共建义务植树基地在修武县七贤镇韩庄村正式建立。71426 部队 600 名官兵、修武县 300 多名民兵参加了植树活动。

11 日 市纪委监察局官方政务微博“清风焦作”在新浪网正式上线运行。该微博设置《廉政动态》《清风焦作》《廉政文化》《廉政微访谈》等栏目，旨在打造焦作市纪检监察机关密切联系群众的新桥梁、展示纪检监察工作成果的新阵地、引导反腐倡廉网络舆论的新平台。

12 日 副省长张维宁到武陟县就工业经济运行、产业集聚区发展和河道生态治理情况进行实地调研。

16 日 《中国纪检监察报》刊发通讯《河南焦作紧盯一把手落实主体责任》，对“3 月 13 日焦作市委作出决定，责成在 2013 年度党风廉政建设责任制考核分数较低的 2 个县级领导班子向市委作出检讨，4 名党政一把手被诫勉谈话，常思廉政‘六问’，强化述职述廉，严格责任追究”进行了报道。

19 日 焦作市首次公开拍卖吉祥车牌号码，50 个号牌拍得 308.8 万元。

20 日 根据《中共河南省委、河南省人民政府关于建设城乡一体化示范区的实施意见》和省、市机构编制委员会的通知，焦作新区更名为焦作市城乡一体化示范区。

21 日 “心在人民——省直干部联系服务群众先进事迹报告会”在焦举行，6 位来自省直机关的优秀党员干部讲述了他们服务基层群众的做法与感受，生动阐述了党的群众路线教育实践活动的实质。

24 日至 27 日 中国人民政治协商会议焦作市第十三届委员会第一次会议召开。会议选举产生了政协焦作市第十三届委员会主席、副主席、秘书长、常务委员。

25 日至 28 日 焦作市第十二届人民代表大会第一次会议召开。会议选举王明德为市十二届人大常委会主任，选举张文深为焦作市人民政府市长。

26 日 方庄二矿围绕 23 采区煤柱安全回采问题，采用现场调研、矿压观测分析及工业性试验等手段，成功掌握大倾角工作面俯采采煤技术。该技术的成功应用，在焦作矿区尚属首例。

30 日 全国人大常委会调研组一行 11 人莅焦，对农业技术推广法实施情况进行执法调研，并给予了充分肯定。

31 日 焦作市启动医疗器械“五整治”专项行动，重点整治医疗器械虚假注册申报、违规生产、非法经营等违法违规行为，全力保障公众使用器械安全。

同日 在美国本宁堡举行的 2014 年射击世界杯比赛中，焦作市运动员常静夺得女子 10 米气步枪冠军和女子 50 米步枪三姿银牌。

·4 月·

1 日 《党建》杂志刊登市委书记孙立坤的署名文章《践行社会主义核心价值观做为民务实清廉好公仆》。孙立坤结合当前开展的党的群众路线教育实践活动和社会主义核心价值观教育，对领导干部如何解决好“知恩、知责、知足、知止”问题、如何做为民、务实、清廉好公仆进行了论述。

1 日至 3 日 在第八届中国（河南）国际投资贸易洽谈会开幕式暨合作项目签约仪式上，焦作市成功签约 13 个项目，项目投资总额 154 亿元。

2 日 焦作绿色交通及交通安全综合改善项目获世行 1 亿美元贷款，折合人民币 6.14 亿元，贷款期限 30 年，贷款利率 1%左右。

同日 焦作特邀 60 名监督员督促党的群众路线教育实践活动开展。

同日 焦作市首家村级群众工作站在武陟县谢旗营镇亢杨村投运。

3 日 焦作市下发《关于加快政府职能转变、全面清理规范行政审批和服务事项的通知》，对市政府各部门保留的行政审批事项、行政服务事项和事权进行全面清理，努力建设全省“审批最快、服务最优”的行政审批服务工作示范市。

6 日 中央电视台《新闻直播间》栏目走进云台山，首次连线直播清明节期间云台山景区内游人如织的旅游盛况。云台山景区连续三年清明期间游客接待量位居全省第一，受到了社会各界与媒体的广泛关注。

10 日 省委副书记、省长谢伏瞻率省重点项目暨产业集聚区建设第二观摩组到焦作市观摩。

12 日 第二届中国文化旅游品牌建设与发展峰会暨“影响世界的中国文化旅游知名品牌”发布盛典在北京举行，焦作市荣膺“影响世界的中国文化旅游名城”称号。

同日 2014 年首趟“云台山号”旅游专列从武汉抵焦，游客共 880 人。自 2009 年开始，“云台山号”旅游专列已开行北京专列 119 趟、武汉专列 29 趟，接待两地游客 13 万余人，带动北京客源市场、湖北客源市场团队游客上百万人。

14 日 解放区“复合共治、多元服务”社区治理模式被评为“2013 年度中国社区治理十大成果”。

同日 沁阳市双台林场、温县实验林场经省林业厅批准，正式纳入国有林场管理序列，定名为“沁阳市国有双台林场”“温县国有实验林场”。

15 日 国家文物局批准沁阳清真北大寺进行全面维修，并下拨 650

万元专款。沁阳北大寺是中原地区现存规模宏大、保存完好的伊斯兰教古建筑群，为我国伊斯兰教古建筑的精华之作，具有较高的历史科学和艺术价值。

同日 中站区府城街道北朱村党总支书记、村委会主任张小爱获“河南最美村官”称号。

18日 修武县一斗水村和双庙村入选省第六批历史文化名村。

19日 中国焦作黎明脚步健康跑活动举行。来自河南、山西等地的3000余名健身爱好者参与。

21日 焦作云台山旅游发展有限公司被中华全国总工会授予全国五一劳动奖状荣誉称号，成为河南获此殊荣的唯一旅游企业。

22日 中央第一巡回督导组莅焦调研党的群众路线教育实践活动。督导组一行先后对市人才交流中心、公交总公司、河南理工大学等进行实地调研。

28日 焦作市工业大会召开。会议的主要任务是，总结上年工业经济发展成绩，表彰先进，分析形势，安排部署2014年的工作任务。

同日 焦作市首次启动“百名百岁老人探访活动”。该活动通过对长寿老人的个人生活习惯、家庭社会因素及居住环境的调查，发掘长寿秘诀，总结长寿之道，为广大群众提供有益的养生方法。全市现有百岁以上老人130余名。

29日 焦作市召开城中村改造项目方案审定会，对全市第一批城中村改造项目方案进行研究审定。

30日 焦作市创新招商方式，聘任27位企业家为招商顾问，以商带商、以商招商，不断提高招商引资的实效性。

同日 《河南日报》头版头条报道《焦作：产业集聚乘势升级》，对焦作市简政放权、提高审批效率加快建设速度等推进产业集聚区建设升级的新举措进行了全面报道。

同日 焦作市召开“2014蓝天雷霆”大气污染整治专项行动动员会，就集中治理影响市区空气质量的突出问题、切实改善城区空气环境质量作出部署。

·5月·

1日 央视《东方时空》《景区服务，口碑是关键》的新闻报道中，云台山以第二名的成绩荣登景区服务正面评价口碑排行榜。

6日 河南怀川物流有限公司物流专线正式开通，专线直达山西、河北等多个省份。怀川物流产业园区同时投入运营，其占地近40亩，仓储面积2万平方米。作为现代化的综合物流服务商，怀川物流的强势起航，标志着焦作市物流产业结构布局的进一步完善。

7日 焦作市国家农业综合开发项目顺利通过省农业综合开发项目验收组检查验收。

同日 经焦作出入境检验检疫局检验合格，焦作嘉信陶瓷企业生产的一批重达8吨、货值6000多美元的炻瓷餐具顺利出口蒙古国。这是焦作地区陶瓷产品首次出口蒙古国。

8日 焦作卫生医药学校整体移交河南理工大学，市第二人民医院作为河南理工大学附属医院，归河南理工大学管理。

9日 省十二运会先期比赛项目青少年竞技组中国式摔跤、社会组登山比赛分别在市体育中心体育馆和云台山景区开赛。为体现“全民省运”的特色，本届省运会将竞技体育与全民健身结合起来，首次把登山、健步走、健身秧歌等群众日常喜爱的健身项目纳入省运会竞赛当中。

10日 焦作市荣获省优秀金融生态市称号，修武县、武陟县荣获省优秀金融生态县称号。

12日 全市食品药品工商质监管理体制改革工作会议召开，就全市食品药品、工商、质监管理体制改革工作进行部署。此次体制改革的主要任务有两项：一是整合组建新的食品药品监管机构；二是将工商、质监省以下垂直管理调整为由市、县级政府分级管理。

16日 郑焦城际铁路黄河大桥正式启用。同时，已经服役54年的京广线黄河铁路桥“功成身退”。郑焦城际铁路黄河大桥总投资25.87亿元，2010年10月15日开工建设，历时3年7个月。该桥为郑焦城际铁路和京广改线共建桥，是黄河上第一座、也是目前唯一一座四线铁路桥。

同日 博爱县第七届樱桃节在寨豁乡樱桃岭生态园举行。寨豁乡根据山区特点，积极发展林果种植业，樱桃种植面积已达3000亩。

17日 我国工业领域最高奖项——第三届中国工业大奖在北京人民大会堂揭晓，风神轮胎股份有限公司荣获第三届中国工业大奖提名奖。风神股份董事长王锋作为唯一一个提名奖获奖企业代表作典型发言。

18日 省道308焦作至沁阳段一级公路改建工程沁河大桥成功合龙。沁河大桥于2012年11月开工建设，是河南省干线公路网规划中濮阳至济源一级公路重要组成部分，是焦作市重点工程，总造价3000余万元。该桥施工设计采用新老大桥高差2米并行方式，采用悬臂挂篮施工技术，由下部工程38根桩基、8个墩身和上部工程149块箱梁块件组成，是焦作市首座悬臂挂篮施工公路桥梁。

21日 副省长王铁就城市水系建设莅焦调研。

同日 《河南日报》以《务实重干力促焦作转型发展》为题，刊发访焦作市委书记孙立坤专访。

23日 焦作市以257分顺利通过国家二类城市语言文字工作评估，等级为优秀。

28日 全国人大常委会预算工委调研室莅焦调研焦作市财政水利资金投入和使用情况。

29日 来自公安、武警、消防

官兵和卫生、环保、燃气、供电部门300多人、60余辆应急车齐聚焦作影视城广场举行反暴恐应急拉动演练。

·6月·

1日 《焦作当代诗词选》举行首发仪式。该书由张丙辰主编，作家出版社出版发行，全面反映了焦作市自新中国建立以来诗词创作的优秀成果，共收入作者306人，作品1164首。

4日 经国内小麦专家测产验收，焦作市小麦高产创建连破百亩示范方、千亩示范方、万亩示范方、整乡推进、整县制推进、高产攻关田6项全国纪录。其中修武县郇封镇小位村小麦高产攻关田经国内小麦专家实打验收，亩产高达821.7公斤，创造了我国小麦高产攻关田实收最高亩产纪录。2014年焦作市271万亩小麦单产突破557.6公斤，总产达151万吨，均创小麦生产历史最好成绩，夏粮生产实现了“十二连增”。

同日 焦作市在香港举行“2014焦作·香港现代服务业招商推介会”，市长张文深在会上重点推介了焦作城市水系建设、新河商务中心区建设及特色商业区建设，真诚邀请客商进军焦作现代服务业。

5日 焦作市行政服务中心分中心集中授牌仪式举行。为加强焦作市行政服务中心分中心业务指导和管理监督，焦作市设立了焦作市行政服务中心住房公积金分中心、房产分中心、公安车辆管理分中心、公安出入境管理分中心、社会保险分中心、交通运输分中心六个分中心。

13日 河南中医学院与焦作市政府在焦作迎宾馆签署中医药产业发展战略合作协议。

同日 市工商行政管理局分级管理工作会议暨交接仪式召开。省工商局与市政府签署了相关移交协议，标志着焦作市工商行政管理体制实现分级管理全面展开。

16日 焦作市在东方红广场举行了由安监、公安、质监、国土、消防等部门参加的大型安全生产宣传活动。6月份是全国第13个“安全生产月”，宣传活动的主题是“强化红线意识、促进安全发展”。

17日 黄河交通学院揭牌。黄河交通学院是2014年经国家教育部批准设置的一所培养交通专业人才为主的普通本科高等院校，填补了河南省没有交通类本科院校的空白。

同日 以焦作市人民医院为牵头医院，马村区人民医院、中站区人民医院、省第二慈善医院、焦作同仁医院、焦作云台山医院、焦北社区卫生服务中心、塔东社区卫生服务中心、艺新社区卫生服务中心等全市9所医疗机构共同组建的市人民医院医疗联合体成立，为焦作市首个区域医疗联合体。

联合收割机在沁阳市西向镇义庄的麦田里作业，“三夏”工作全面铺开。
杨 帆 摄

17日至19日 焦作市第六届残疾人运动会在市体育中心举行。来自各县区、市特殊教育学校的11个代表队、160余名残疾人运动员参加田径、羽毛球、举重、自行车、乒乓球、飞镖、象棋等8个项目的比赛。

20日 原孟州市公安局经侦大队指导员刘公尧被追授全国公安系统二级英模。

24日 “践行党的群众路线——王在富先进事迹报告会”举行。报告团成员从不同侧面再现了王在富一心为民、真抓实干、解放思想、勇于创新的执着信念，以身作则正家风树民风、胸怀事业三让贤育新人的高尚品格，为与会人员上了一堂生动的党的群众路线教育活动课。

26日 郑焦城际铁路全线贯通。郑焦城际铁路全长77.8公里，总投资92.16亿元，2010年9月动工。

同日 焦作市与中国地质环境监测院签署焦作市国家级矿山地质环境监测示范区联合共建框架协议，双方就矿山地质环境治理和保护、矿山地质环境监测等方面展开合作，致力于把焦作市建成国家级矿山地质环境监测示范区。

26日至28日 全国政协原副主席、中国国土经济学会理事长张怀西莅焦，对焦作市国土资源利用情况进行调研指导。

27日 首届河南省煤炭系统好矿嫂颁奖仪式在河南能源化工集团焦煤公司赵固一矿举行。10人获十佳好矿嫂称号，15人获优秀好矿嫂称号。

30日 焦作市举行庆祝中国共产党成立93周年表彰大会。

·7月·

1日 焦作市行政审批新机制正式运行，市本级行政审批时限由300个工作日压缩到40个工作日。此次行政审批制度改革突出简政放权、并联审批等重点，共完成16项工作任务，包括清理审定行政审批事项、创新机制、简化流程等。

3日 国务院南水北调办公室主任鄂竟平莅焦检查南水北调防洪度汛工作。

同日 韩国仁川广域市政府姜忠求社长、广域市驻上海办事处朴相珉一行，到温县考察太极拳文化产业开发情况。代表团参观了太极拳祖祠、中国太极拳博物馆和国际太极拳文化交流中心等处，了解太极拳的推广、普及和传承情况，并询问了陈家沟太极拳文化旅游区在建项目规划、运作及进展情况。

5日 由联合国世界旅游组织旅游可持续发展观测点管理与监测中心主任、中山大学旅游学院院长、著名旅游规划专家保继刚率领的专家组莅焦，开始对焦作市旅游可持续发展情况进行首次监测。

7日 焦作市首家基层人民调解中心——解放区人民调解中心挂牌成立。该中心由解放区司法局与市公安局焦南派出所联合成立。

17日 省政协副主席高体健、钱国玉带领省政协人口资源委员会调研组莅焦，就郑州及周边地区灰霾天气治理问题开展专题调研。

19日 焦作健康元绿色生物制造联合研发中心及河南省绿色生物制造院士工作站正式揭牌。中国工程院院士、北京化工大学校长谭天伟，及省、市、区相关领导参加了揭牌仪式。北京化工大学王芳书记与焦作健康元生物制品有限公司林楠棋总经理签订了教育基金会捐赠资金协议书。

19日至20日 “十三五”国家战略性新型产业发展规划咨询研究生物产业研讨会在修武召开。来自中国科学院和中国工程院的谭天伟、杨胜利、程京、张兴栋、邓子新、吴孔明等6名院士以及清华大学、301医院、军事医学科学院等单位的40名专家、学者汇集修武，共商生物产业发展大计。

22日 副省长王艳玲到修武县中医院、修武县人民医院就县级公立医院综合改革工作进行调研。

23日至24日 省委副书记、省长谢伏瞻莅焦调研，深入产业集聚区、重点工程、农村社区、科研院所，察看企业生产、项目建设和服务业发展，指导当地经济社会发展。

24日 “探访南水北调·2014中央及京津冀媒体中原行”集中采访组莅临焦作市采访。

25日 国家5A级景区青天河入选2014年新改版的八年级美术教科书《家乡的河》一课。该教科书由人民美术出版社出版，为全国通用教材。博爱县青天河景区是河南省入选该教科书的唯一景区。

29日 在全国场地自行车锦标赛暨全国青年场地自行车锦标赛上，代表河南队参赛的焦作市运动员柴高奎和队友在4公里团体赛中，以4分15秒的成绩夺得冠军并2次打破全国青年纪录。

31日 嘉应观黄河文化旅游区嘉应大观园项目奠基仪式举行。该项目是以嘉应观景区为依托，集文化观光、农业体验、主题商业、动感游乐、高端度假于一体的大型综合性黄河生态文化旅游度假区，一期项目投资10亿元，主要包括水上乐园、机械游乐园、生态文化餐厅、黄河老家温泉度假酒店、黄河水利互动博物院、熊猫幼儿园等7个子项目。

·8月·

1日 青天河景区推出门票自助收取系统——智慧票房，智慧票房的建立和自助售取机的开启标志着景区向智慧旅游迈出了坚实的一步。

6日 全国首届中国特色社会主义道路、理论体系、制度论坛在焦作举行。此次论坛为我们深入学习、深刻理解中国特色社会主义理论最新成果提供了千载难逢的机遇和平台，对贯彻落实习近平总书记的执政理念和治国方略、加快全面建成小康社会的基层实践、实现中华民族伟大复兴的中国梦具有重要的指导意义。

同日 焦作市政府与浪潮集团成功签约焦作云计算中心战略合作项目。该战略合作协议的签订是焦作市推动“两化融合”和“智慧焦作”建设的重要成果，对焦作市建成省内领先的云计算、大数据产业基地具有重要意义。

同日 风神轮胎股份有限公司被国家工信部评定为2014年“两化融合”管理体系贯标试点单位。近年来，风神股份坚持走新型工业化道路，加快推进信息化和工业化的深度融合，以信息化带动工业化，以工业化促进信息化，有效提升了市场竞争力，提高了客户的满意度和忠诚度，取得了显著的经济效益和社会效益。

同日 博爱县公安局磨头派出所副所长、际西警务室民警沈长明在由中央文明办主办的“我推荐、我评议身边好人”活动中，当选为7月份“中国好人榜”敬业奉献好人。

同日 焦作市举行城市集中供热特许经营协议签约仪式，寰慧科技集团有限公司享有焦作市行政区工商业及民用城市集中供热30年特许经营权。

9日 河南能源焦煤中央医院通过中国宫颈癌防治工程组委会的审核，成为全国宫颈癌防治工程定点医院之一。

11日 焦作出入境检验检疫局在对来自澳大利亚的盐渍绵羊皮进行现场检验检疫时，首次发现并截获旱雀麦种子。旱雀麦为我国农田主要恶性杂草之一，主要危害油菜、小麦、青稞等作物。

14 日 省政协副主席龚立群到温县陈家沟太极拳文化旅游区，就太极拳促进高端服务业发展情况开展调研。

18 日 焦作瑞庆汽车发动机技术有限公司自主研发的 R13 首台样机点火仪式举行。R13 发动机项目是该公司二期建设的重点项目，目标在于开发新一代小排量汽车发动机，以满足更加严格的“国五”环保标准，提高产品的市场竞争力。

19 日 焦作市开始对全市 1398 辆出租汽车进行为期 12 天的严格审验，使出租车成为外地游客接触焦作的一张流动名片，以崭新面貌迎接省运会。

20 日 河南宇建科技股份有限公司完成在全国中小企业股份转让系统（“新三板”）挂牌工作，成为焦作市首家在“新三板”挂牌的企业，证券简称“宇建科技”，代码为 831038，标志着焦作市推进企业进入多层次资本市场工作有了新的突破。

同日 由焦作建工集团投资 2000 余万元建设的亿建建材新西站项目正式投入使用，这是焦作市第一家环保节能商砼站。

22 日至 24 日 第五届中国温县和式太极拳交流大赛暨非物质文化遗产项目和式太极拳展演大会举行。来自全国各武术馆校、社团、协会的 34 支代表队、300 名运动员参加比赛。

23 日 沁阳市实验小学学生孙小雨获省“最美孝心少年”称号。

24 日 晋冀鲁豫四省十市（晋城市、邯郸市、菏泽市、聊城市、开封市、焦作市、安阳市、濮阳市、新乡市、鹤壁市）旅游局相关负责人相聚濮阳市，共同签署旅游战略合作框架协议。该协议充分利用各城市的旅游资源差异性和旅游市场互补性，深挖旅游合作潜力，共同打造区域旅游品牌。

27 日 副省长张广智带领省直有关部门负责人莅焦，就省运会筹备工作进行检查指导。

同日 焦作市举行“金秋助学·希望工程圆梦行动”助学金发放仪式，134.2 万元惠及 365 名寒门学子。

28 日 焦作市召开市太极体育中心项目验收工作会议，对该项目的收尾工程及验收工作进行部署。市太极体育中心是河南省第十二届运动会的主场馆，其中体育场能容纳近 4 万名观众，体育馆能容纳 8000 名观众，于 2011 年 8 月动工建设。

·9 月·

2 日 焦作市召开会议安排部署“十三五”规划编制工作。

同日 焦作大学党委副书记、副校长杨家卿教授的理论专著《群众路线纵横谈》入选河南省农家书屋，由河南人民出版社出版、配送。11 月 11 日，经省教育厅组织专家独立评审，入选《2014 年河南省中小学图书馆（室）推荐书目》。

3 日 焦煤公司赵固二矿 7 项科研成果获第六届河南煤矿安全生产科技进步奖。其中“特厚冲积层薄基岩节理化煤层大采高采场围岩控制技术”“高突水危险大采高工作面底板注浆加固防治水技术”获一等奖。

9 日 第三届中国云台山九九国际登山挑战赛在云台山景区举行。来自国内外的 400 多名专业登山运动员和 500 余名群众登山爱好者同台竞技、各展风采。

10 日 焦作市委书记孙立坤入选全国国防后备力量建设 10 位新闻人物。

同日 中国流动科技馆修武县巡展活动启动，数百名学生体验了流动科技馆带来的科技魅力。这是中国流动科技馆首次走进焦作。

12 日 省委党的群众路线教育实践活动第六督导组一行 9 人莅焦，对焦作市整改落实、建章立制环节工作进行调研督导。督导组听取了焦作市近期活动开展情况汇报，对焦作市近期教育实践活动给予充分肯定。

同日 国家小麦工程技术研究中心主任、河南农业大学教授郭天财到温县，就共建河南粮食作物协同创新中心万亩现代农业试验区项目相关事宜进行探讨，签署了共建河南粮食作物协同创新中心万亩现代农业试验区协议。

15 日 《环球时报》以华美的篇章刊发了《美梦神偷·景区专版·琢玉峡谷筑梦焦作云台山》。

17 日 “中国旅游景区发展报告 2014”发布会在北京举办。云台山景区获评河南省唯一“最受读者喜爱的旅游景区”。

18 日 由焦作日报社与人民网股份有限公司合作开发建设的移动阅读客户端项目——《焦作日报》新闻客户端正式上线。是《焦作日报》在纸媒转型、报网融合方面迈出的重要一步。

同日 青天河景区与新浪微博共同举办了“带着微博去青天河”新浪微博达人体验采风活动，来自全国各地的新浪微博达人走进景区，在参与旅游体验的同时，将景区的美丽景色通过网络分享给广大博友。

同日 焦作、开封、安阳三地公交 IC 卡正式实现互联互通，并且同步实现价格优惠幅度适度调整。

19 日至 29 日 河南省第十二届运动会暨首届全民健身大会在焦举行。大会设青少年竞技组、社会组、学生组 3 个组别、69 个大项，498 个小项，564 枚金牌，2.08 万名运动员参加角逐。期间，省委书记、省人大常委会主任郭庚茂出席并宣布运动会暨全民健身大会开幕，省委副书记、省长谢伏瞻出席闭幕式并宣布闭幕。

20 日至 21 日 焦作市 2014 年国家司法考试举行，900 余人在市第十二中学的 30 个考场参加了考试。

23 日 焦作市纠风办首次通过电话评议的方式，对全市 64 个重点科室（岗位）工作人员的工作作风、办事效率、服务态度、业务熟练程度等方面情况进行暗访评议。

24 日 焦作市在市科技馆举行 2014 年全国科普日活动启动仪式，活动主题是“创新发展，科技强市，全民行动，建设经济转型示范市”。

25 日 意大利中国和平统一促进会名誉会长刘光华带领意大利华商经贸考察团暨意大利中国和平统一促进会访问团莅临焦作市，考察投资环境，洽谈商业合作。

27 日 国务院南水北调办副主任张野一行莅焦，对南水北调中线工程通水情况进行检查验收。

同日 云台山景区精品景点之一、由修陵公路云台山段 19 条公路隧道组成的修武县叠彩洞，以拥有最多螺旋上升 U 形穿山人工隧洞的隧洞群被正式载入上海大世界基尼斯纪录。上海大世界基尼斯理事会理事查民华向云台山景区颁发了“大世界基尼斯之最”证书。

30 日 焦作市在烈士陵园举行烈士公祭仪式，这是焦作市首次以庄严的最高礼仪举行烈士纪念日活动。

·10 月·

1 日至 3 日 首届全国动漫旅游文化节在焦举办。来自北京、上海、杭州、南京、太原、大同、常州、晋城、长治、郑州、洛阳、新乡、驻马店等地的动漫界人士、社团参加文化节。

9 日 青天河晋阶中国红叶联盟暨青天河·北京香山缔结姊妹景区新闻发布会在青天河景区召开，青天河景区正式与北京香山缔结为姊妹景区，同时成为中国红叶联盟会员。同日，2014 年焦作红叶节也在青天河景区隆重开幕。

11 日 云台山作为首批中国摄影创作基地，成功运用摄影艺术推动景区旅游事业发展，引起摄影界和旅游界的强烈反响，受到中国摄影家协会的充分肯定，再次荣获“中国摄影创作基地”称号。

11 日至 13 日 2014 年全国武术太极拳公开赛在陈家沟举行，来自国内 18 个省市、118 支代表队的 1400 多名太极拳高手，云集太极拳发源地——温县陈家沟，展示技艺，摘金夺银。

12 日 多氟多公司荣膺中国“最佳中小板上市公司奖”。

17 日 由河南省旅游协会主办的 2014 中国（郑州）自驾车旅游产业交易博览会在郑州举行，云台山被评为“中原最美自驾游目的地”。

同日 焦作市被省交通运输厅确定为首批省级公交优先示范城市创建城市。

同日 河南省通信管理局焦作市通信发展管理办公室揭牌仪式举行。市通信发展管理办公室的成立是焦作通信发展进程中具有里程碑意义的一件大事，将对焦作实施“宽带中原”战略、加快“智慧城市”建设起到积极作用。

18 日 焦作市正式启动第二次全国地名普查工作。

18 日至 19 日 “人的素质与社会发展”研讨会暨中国人学学会第十六届年会在焦召开。中国人学学会会长、北京大学哲学系教授丰子义出席开幕式并致辞。

19 日至 20 日 由工商时报、旺报、新华社、中新社、中国台湾网等两岸媒体记者组成的“大美河南行”采访团莅焦，就焦作市高新技术企业、台湾农民创业园、云台山风景区和太极文化产业等进行集中采访。

22 日 省地方经济社会调查队正式发布《2014 年河南省百强乡镇评价报告》，焦作市 6 个乡镇入选 2014 年度全省百强乡镇。

22 日 主题为“电子商务发展与焦作经济转型”焦作市第一届电子商务发展论坛在山阳区举行。来自全国各地的电商专家围绕电商的优势及发展历程、四线城市电子商务如何发展、电商发展对政策的需求、电商人才建设等方面进行了交流。

23 日 第六届全国交通运输行业“厦工杯”筑路机械操作工技能竞赛在焦落幕。共有来自全国 22 个省份的 120 名选手参加。

24 日 位于孟州市的河南德众保税物流中心（B 型）通过国家验收并正式揭牌。

25 日至 30 日 首届陈正雷太极年会在陈家沟举行。吸引国内外 2000 多名太极拳爱好者参与其中。

28 日 全市党的群众路线教育实践活动总结会议召开。教育实践活动自 2 月 25 日启动，共有 8174 个党组织、20 多万名党员参加。

31 日 焦作市组团参加 2014 中国（郑州）产业转移系列对接活动。共签约产业转移项目 32 个，签约总额 126.2 亿元。

同日 全国政协常委、台盟中央副主席黄志贤等台盟中央领导带领部分台商莅焦，先后到修武县产业集聚区、奇力新电子（河南）有限公司、修武县文化艺术中心博物馆、修武县台湾农民创业园、修武七贤民俗文化村实地调研。

·11 月·

6 日 焦作市举行海外人才科技项目合作签约仪式。美国哈佛大学哈佛医学院与河南必第生物科技有限公司就荧光免疫试剂及其配套定量检测仪产业化项目签订了合作协议。荧光免疫试剂及其配套定量检测仪，主要用于目标病人的癌症标志物、血型标志物等项目检测，具有完全的自主知识产权，在技术上达到国内领先、国际一流水平，产品具有很强的市场竞争力。

6 日至 8 日 第五届“熊博士”全国青少年科学影像节在郑州举行，焦作市十一中学报送的科学微电影

焦作市首批购进的 30 辆新能源公交车　　李英俊　摄

《探秘等时圆》，在来自全国各省的1856 部科学微电影中脱颖而出，作为河南省高中组唯一代表参加全国决赛，荣获全国一等奖。

7 日　30 辆采用气电混合动力能源的公交车亮相焦作市街头。曾荣获全国青年文明号、全国文明线路称号的 28 路公交线路全部更换为这种节能环保车，成为焦作市首条环保新能源公交线路、空调专线和免费的 Wi-Fi 专线。

8 日　第十届全国高校“校长杯”乒乓球赛在河南理工大学举行。来自国内 22 个省（自治区）、直辖市的 23 支代表队、300 多名运动员展开了混合团体对抗赛。

8 日至 9 日　全国中小学课改经验交流暨优质课观摩活动在沁阳市永威学校举行，来自北京、天津、江苏、山东等省市自治区的 1500 多名教育工作者参加活动。

10 日　风神轮胎股份有限公司入选国家技术创新示范企业名单。

11 日　国务院公布第四批国家级非物质文化遗产代表性项目名录，中站区小尚虎舞和常家武虎合并的耍老虎、修武县当阳峪绞胎瓷烧制技艺、温县和式太极拳被列入国家级非物质文化遗产代表性项目名录。

11 日至 17 日　第四届温县铁棍山药文化节举办。本届文化节最大的特点是积极开发网络推广新模式，弘扬铁棍山药文化、拓展电商销售平台，打通了铁棍山药原产地直销的绿色通道。

13 日　市纠风办组织召开 48 个政府部门“一把手”参加的面对面述职评议现场会，现场测评打分，现场公布成绩。

14 日　云台山地质公园与香港生态旅游专业培训中心签订合作备忘录，共建地质生态旅游培训基地。

17 日　省委第四巡视组向焦作市反馈巡视情况。根据省委统一部署，2014 年 9 月 25 日至 10 月 31 日，省委第四巡视组对焦作市进行专项巡视。

18 日至 19 日　省委常委、统战部部长史济春莅焦，就经济社会发展和统一战线工作进行调研。

24 日　焦作怀山药（鲜）LB2014 标准颁布。

25 日　全国无机氟化物行业分析检测技术研讨会在焦召开。来自全国各地无机氟化物行业的专家、学者、企业家代表汇聚一堂，研判分析行业现状和形势，研究探讨行业发展策略和办法。

26 日　国务院南水北调办公室副主任于幼军莅焦，就南水北调总干渠温县段企业污染治理情况进行调研。

同日　博爱县人民政府与中国国土经济学会签订《共建全国低碳国土实验区的协议书》，标志着该县正式入选全国低碳国土实验区。

27 日　由焦作市委宣传部和沁阳市委、市政府联合拍摄，由河南瑞怀生物科技有限公司、河南展威文化传播有限公司联合出品的红色主旋律电影《功勋》在郑州举行新闻发布会。该片首次将宋学义的故事搬上银幕，以电影的形式再现宋学义的感人事迹，对于贯彻落实习近平总书记在文艺工作座谈会上的重要讲话精神，大力弘扬社会主义核心价值观，弘扬焦作人文精神，推动具有怀川文化特质的文艺繁荣发展都具有重要意义。

29 日　焦作至太原高铁通过由中国铁路总公司组织的评审。该线路总长度 319.83 公里，沿途设 10 站，其中河南境内设焦作、博爱两站。工程投资预估算总额为 446 亿元。技术标准上采用 CRH 系列动车组双线电力牵引，设计行车速度为 250 公里/小时。

·12 月·

1 日　司马懿益智文化园项目签约。该文化园项目对提升文化产业发展水平、满足人们精神文化需求、推动产业转型升级具有重要意义。

2 日　市委召开全市贯彻落实省委巡视组反馈意见整改工作动员会，进一步落实中央关于党要管党、从严治党的要求和习近平总书记、省委书记郭庚茂关于巡视工作的重要讲话精神，就省委第四巡视组反馈意见的整改落实工作进行动员部署。

同日　焦作市汽车客运总站微信公众平台正式上线运行，市民只需通过智能手机添加市汽车客运总站的微信公众平台，就可随时随地查询班次信息、出行资讯，让出行变得更加方便。

4 日　修武县西村乡长岭村、温

县赵堡镇陈家沟入选第三批中国传统村落名录。中国传统村落是指形成较早，拥有较丰富的传统资源，具有一定历史、文化、科学、艺术、社会、经济价值，应予以保护的村落。淳朴的民风、传统的生活方式使得传统村落的古建筑风貌、民风民俗得以完整保留。

5 日 修武县郇封镇、七贤镇入选全国重点镇新名单。全国重点镇作为城镇建设发展的重点和龙头，在推进新型城镇化战略、承接城市产业转移、缓解城市压力等方面起着重要作用，并将成为今后各地扶持小城镇发展的优先支持对象。

6 日 焦作鸿运国际商城项目在马村区开工奠基。该项目是江苏鸿运集团公司投资建设的大型商业综合体，总投资 30 亿元，规划用地面积 1040 亩。

9 日 解放区残疾人“爱心港湾”志愿者服务队、杨常珍“爱心换书”志愿者服务队在共青团中央、国家民政部、中国志愿服务联合会举办的首届中国青年志愿服务项目大赛评比中荣获银奖。同时，该区两支志愿者服务队还被共青团河南省委、省民政厅、省志愿者联合会评为“河南省优秀志愿服务项目”。

10 日 焦作市首家大学生创业园在焦作大学正式开园，首批吸引 16 个创业团队入驻，创业项目涵盖摄影、书店、信息网络和生活服务等。

11 日 国土资源部公示全国高标准“十有县”建设名单，修武县榜上有名。

13 日 考古人员在温县发现汉代至明清时期的大型墓葬群，现正在进行抢救性考古发掘，已发掘和正在发掘的不同时期的墓葬 50 余座，出土陶仓、陶壶、陶瓮、陶灶、铜釜、铁器等随葬品 200 余件。此次考古发掘为研究汉代至明清时期当地社会生活、丧葬习俗、经济文化提供了丰富的实物佐证。

16 日 丹江水抵达焦作市，从主城区穿城而过，这也是整个南水北调中线工程唯一穿越主城区的渠段。自此，甘甜的丹江水将代替焦作原来生硬的“矿山水”，大大改变水质，两座配套水厂基本上可以满足焦作的城市用水。

同日 焦作市三利达射箭器材股份有限公司在全国中小企业股份转让系统（“新三板”）正式挂牌，至此焦作市已有 3 家企业在“新三板”挂牌。

17 日至 18 日 第三届河南省产业集聚区建设高峰论坛暨集聚区“金星奖”颁奖大会在郑州举行，修武县产业集聚区获河南省产业集聚区建设五周年 5A 级最佳投资服务金星奖。

19 日 陈正雷受聘为国家武术研究院专家委员会专家，正式进入国家武术研究领域的最高殿堂。

22 日 云台山景区从全国通过评估验收的 176 家单位中脱颖而出，作为河南省唯一全国服务业标准化示范单位名列榜单。同年 12 月 25 日，云台山景区荣获在浙江省舟山市揭晓的“最佳智慧旅游度假目的地”称号。

23 日 据来自阿里研究院的消息，孟州市南庄镇桑坡村被认证为“淘宝村”，实现了焦作市乃至河南省“淘宝村”零的突破。

同日 焦作市授予沁阳市丁庄托老院院长王素芳等 44 个先进典型人物（集体）2014 年度焦作市“身边的榜样”荣誉称号。自 2010 年以来，焦作市“身边的榜样”数据库已录入先进典型 433 人。

26 日 河南省 2014 年旅游公共服务体系游客满意度调查结果出炉，焦作市以 83.74 的总得分名列第一。

同日 焦作市政府召开全市清理拖欠农民工工资工作会议，重拳出击，严厉打击拖欠农民工工资行为，切实维护农民工合法权益。

29 日 修武县被中国工艺美术协会授予“中国绞胎瓷之都”荣誉称号。

29 日至 30 日 市委经济工作会议召开，学习贯彻中央、省委经济工作会议和省委九届八次全会精神，总结 2014 年经济工作，分析当前形势，安排部署 2015 年经济工作。

31 日 2015 年焦作市迎新年群众长跑健身活动举行。共 3000 余人参加长跑。

·综　述·

2014年，中共焦作市委团结带领全市党员干部群众，认真学习贯彻党的十八大和十八届三中、四中全会精神，坚持“凝心聚力、转型攻坚、争创一流、绿色发展”的要求和“一个战略、四个重点、十大建设”的思路不动摇，抓活动转作风，抓转型促发展，抓改革增活力，抓民生构和谐，扎实推进经济转型示范市和美丽焦作建设，经济、政治、文化、社会和党的建设都取得了新的成绩。

第一，深入开展党的群众路线教育实践活动。把开展教育实践活动作为促进作风转变、推进各项工作的重大机遇，围绕为民务实清廉主题，按照“照镜子、正衣冠、洗洗澡、治治病”总要求，以“一学三促四抓”为抓手，以“强宗旨转作风，聚合力促转型，加快建设美丽焦作”为总载体，把学习弘扬焦裕禄精神、践行“三严三实”要求贯穿始终，突出领导带头、以上率下，突出立说立行、真查真改，在严格落实各项规定动作的同时，认真抓好“四知”教育、“学英模人物，做转型先锋”“十个一专项行动”“群众三评、党员三看”等自选动作，取得了明显成效。全市“三公”经费下降32%，制发公文数、召开会议数下降16.9%和15.6%。截至年底，市四大班子确定的24项立行立改事项、22项近中期整改事项全部完成，27项远期整改事项有序推进；166项专项整治事项全部完成。中央第一巡回督导组和省委第六督导组对焦作市活动给予充分肯定，新华社、《人民日报》分别介绍焦作市立行立改、整治县乡干部“走读”的做法。

第二，坚定有序推进全面深化改革工作。把深化改革作为解决发展稳定问题的根本举措来认识和谋划，组建领导机构和工作机构，成立全面深化改革领导小组、8个专项小组、44个专题小组和市委改革办，召开多次常委会、领导小组会和市委十届十一次全会，专题研究部署改革工作。建立了工作机制，出台全面深化改革领导小组、专项小组及改革办工作规则、运转程序等制度，使各项改革工作有规可遵、有矩可循。明确工作重点，出台全面深化改革实施意见、第一批重点改革事项等“一个主件、两个附件”三个文件，构成了全面深化改革的“1+2”格局。在不折不扣落实中央确定的336项改革任务和全省第一批9个方面35项重点改革事项、近期督办的29项重点改革任务的基础上，积极推进第一批9个方面38项重点改革事项，截至年底各项改革进展顺利，尤其是在行政审批制度、综合治税、农业农村、教育卫生、食药监督、司法、户籍等20余项群众反映强烈、各方高度关注的改革领域有了良好开局。比如，抓住被确定为全省行政审批标准化试点市机遇，大力简政放权，全面推行“三集中、三直接”制度、审批授权首席代表负责制、建设工程类项目并联审批制度，市本级行政审批事项和时限分别压缩32%、36%，建设工程类项目审批时限由300个工作日压缩到40个工作日；把住房公积金、公安车辆管理等6个集中服务办事大厅纳入市行政服务中心，建立分中心，进行统一管理、统一考核；在全省首家建成全市统一的行政审批网上服务大厅，截至年底全程监督受理行政服务事项同比增长6.5倍，提前办结率达90%以上。

第三，扎实抓好中央巡视反馈意见整改落实。把中央巡视反馈意见整改落实作为一项重大政治任务，成立以市委书记为组长的领导小组，先后11次召开常委扩大会、领导小组会和专题汇报会，对省委确定的专项治理、专项督查和专题整改事项进行研究部署。根据中央巡视组反馈的问题和意见建议，研究确定25项整改任务，制定整改落实方案，细化整改责任，实行台账管理，加大督导力度，强力推进整改落实。截至年底，各项整改落实事项均按照时间节点顺利推进。在治理干部不作为方面，对11个县（市、区）和市直81个部门和行业、58家二级机构、64个重点参评科室进行暗访检查，发现各类问题近200个，通报批评30人，诫勉谈话9人，纪律处分12人；在超配干部治理方面，进一步增强了贯彻落实《干部任用条例》的意识，停止了干部的“土政策”，完成了省定消化超职数干部任务；在化解信访积案和维护群众利益诉求方面，中央巡视组交办焦作市的426起利益诉求类信访案件和292起涉法涉诉类信访案件全部办结，打击和处置非法集资共立案68起，已结案20起，追回资金2.2亿元，兑付资金1.08亿元。

在抓好三件大事的同时，着力做了以下四个方面工作：

一、积极应对经济下行压力，转型发展取得新成效

面对经济增速趋缓、下行压力增大的不利局面，市委对症施治、有效应对，坚持在发展中转型、在转型中提升，推动经济平稳较快发展。2014年，全市地区生产总值增长8.8%。

（一）以产业和城市升级推动转型发展。继续实施8个三年行动计划，推进工业、农业、服务业、城市转型。一是加快工业转型。开展“工业转型升级攻坚年”活动，建立市五大班子领导分包工业十大产业工作机制，出台加快城区工业发展意见并分解责任落实，实施“330”企业培育工程，推动产业由低端向高端转，产品从初粗产品向消费终端产品转，生产方式从粗放、高耗能向绿色、低碳、循环转，品牌从一般向名优转。2014年，全市高技术产业工业增加值同比增长25.9%，高于全市平均水平24.5个百分点。二是加快农业转型。实施高标准粮田百千万工程，加快焦作台湾农民创业园等八个现代农业示范园区建设，发展壮大面粉、怀药、乳品、果蔬等农业产业化集群，推动传统农业向新型现代农业转变。农机化水平全国领先，农村土地流转率高于全省全国平均水平。三是加快服务业转型。围绕打造国际知名旅游城市，加快推进十大文化旅游园区建设，推进高端商务中心区和特色商业区建设，推进传统商贸业和金融、信息等现代服务业发展。全市接待游客3298.83万人次。焦作市和云台山被联合国世界旅游组织列为可持续发展监测点。四是加快城市转型。下发科学推进新型城镇化的指导意见，继续实施“14820”城市转型工程和中心城市三年大提升行动，实施“蓝天工程”“清水工程”“绿地工程”，城市形象明显提升。实施改善农村人居环境建设美丽乡村行动计划，通过组织观摩会、推进会和检查评比活动，掀起改善农村人居环境新高潮。五是加强科技创新。以创建国家创新型试点城市和国家知识产权试点城市为载体，继续实行创新券、科技贷款贴息制度，市本级科技经费由上年3650万元增至6000万元，基本实现财政科技投入翻番；探索科技金融结合机制，设立1000万元知识产权质押贷款担保资金，可撬动银行1至5亿元资金支持中小微企业科技创新；大力实施先进制造业、新材料、电子信息等“八大领域科技攻坚”行动，中科院科技成果转移转化焦作分中心、焦作科技大市场、绿色生物制造联合研发中心等平台建设进展顺利，全市省级工程技术研究中心增至50家。

（二）以示范区和产业集聚区建设助推转型发展。按照“三规合一”“四集一转”和产城互动要求，围绕打造千亿元产业集群和千亿元产业集聚区目标，突出创新机制、重点项目、集群培育、功能完善四个着力点，加快示范区和产业集聚区建设。示范区成功创建国家新型工业化产业示范基地。在全省重点项目暨产业集聚区建设观摩点评活动中，焦作经济技术产业集聚区在豫北组排名第一，全市入选2013年度省“十强”“十快”产业集聚区3家，一星级、二星级产业集聚区5家，入选数量均居全省第二。

（三）以开放招商和项目建设加快转型发展。一方面，把大招商作为经济发展“一号工程”来抓，深入开展对外开放提升年活动，成功举办第八届中国投资贸易洽谈会焦作合作项目对接会、焦作——香港现代服务业推介会等活动，瞄准长三角、珠三角、环渤海等地区开展专题招商，引进一批好项目、大项目。2014年，全市新引进省外境内项目394个，居全省第一位；进出口总额24.6亿美元，居全省第二位；全市上市企业达8家，居全省第三位。另一方面，继续落实“项目不落地、帽子就落地”要求，采取月督导、季观摩、年终考核措施，着力破解项目落地难、融资难、进地难和施工难等问题，强力推动项目建设。要求每个县市区每年至少开工建设两个投资10亿元以上项目，并且当年完成投资50%以上。2014年，全市投资在建亿元以上项目586个，其中10亿元以上项目60个；35个省考核重点项目完成投资209.9亿元，占年度投资计划的132.92%；307个市重点项目完成投资698.9亿元，占年度投资计划的131.7%。

（四）以十大建设支撑转型发展。把十大建设作为打基础、利长远的重中之重来抓，在坚持落实市五大班子领导分包责任制、“七个一”工作法等基础上，采取外出学习考察、定期集中观摩等措施强力推进。郑焦城际铁路全线贯通，桃花峪黄河大桥建成通车，引黄入焦总干渠全线贯通，城区已形成4500亩水面，焦作市被确定为第二批全国水生态文明城市建设试点；焦作经开通港物流园区完成一期海关监管场所和二期检验检疫查验场所建设；焦作电厂和龙源电厂两个

项目一号机组即将建成投运；太极文化体育中心和职教园区一期工程投入使用；“无线城市”“智慧焦作”建设稳步推进；“一区两带三网多点”生态体系建设进展顺利。

二、高度重视保障改善民生，社会治理创新实现新突破

在抓好经济发展的同时，始终把实现好、维护好、发展好367万焦作人民的根本利益作为一切工作的出发点和落脚点，让全市人民得到更多实惠。

（一）进一步加大民生投入。继续优化财政支出结构，把财力更多地向民生领域倾斜，向社会事业发展的薄弱环节倾斜，向基层和群众倾斜。省、市“双十项”民生工程全部完成，解决了一批群众关心的热点难点问题。2014年，财政用于民生支出144.7亿元，占公共财政预算支出的74.8%。

（二）进一步完善就业创业和社会保障体系。积极推进全国公共就业人才服务标准化试点市、全国基本医疗保险医疗服务监控重点联系城市、全省统筹城乡就业创业试点市、全省养老保险经办服务标准化建设试点市等七个试点市建设，大力实施十万个就业岗位推荐、十万人次技能培训、万人创业等八个专项行动计划，2014年全市城镇新增就业8.81万人，新增农村劳动力转移就业3.26万人。认真落实中央、省、市各项惠民政策，城乡低保和五保供养标准、企业退休人员养老保险待遇进一步提高，城乡居民养老保险参保率居全省前列，80岁以上老人敬老补贴发放范围和标准居全国前列。

（三）进一步加快社会事业发展。以建设国家全科医生执业方式和服务模式改革试点城市、全省医疗联合体试点城市为抓手，推动卫生事业健康发展，新农合参合率居全省前列。推进全国义务教育均衡发展试点市建设，中站区、武陟县顺利通过省政府评估验收。黄河交通学院顺利升本，填补焦作市民办本科、职教本科两项空白。推进国家计划生育优质服务创建活动，10个县市区中获“国优”8个、“省优”2个，居全省前列。成功举办全省第十二届运动会暨首届全民健身大会，取得赛会奖牌榜第二、综合奖牌榜第三的优异成绩。出台人才工作目标责任制考核意见、高层人才发展专项资金管理实施意见，大力推进“英才588计划”，为转型发展提供了人才支撑和智力支持。

（四）进一步强化社会治理创新。一是加强信访工作。积极探索焦作信访工作新路子，强化“五个绝对不能”理念，研究出台党政领导分包疑难信访案件、领导干部接访处访、信访工作与干部使用直接挂钩等新时期信访工作九项要求，在乡村探索建立“一站一室”，开展信访突出问题集中整治活动，强化源头治理，化解信访积案，全市信访呈现出没有发生重大群体性事件、没有发生赴京到省规模上访事件、没有发生个人极端事件的“三没有”良好态势。二是加强社会治安综合治理。以平安焦作建设为抓手，着力构筑立体化治安防控体系，加大矛盾纠纷排查化解调处力度，组织开展“春季亮剑”“夏季争锋”“秋冬冲刺”等专项斗争，加强反邪教和反恐怖工作，社会大局持续稳定。三是加强安全生产工作。以“安全生产责任落实年”活动为抓手，完善党委政府安全生产责任体系，推动企业落实安全生产主体责任，开展“六打六治”专项行动，全市安全生产形势总体平稳。

三、积极培育和践行核心价值观，先进文化建设迈出新步伐

坚持把宣传思想文化工作摆在突出位置，充分发挥思想引领、舆论推动、精神激励、文化支撑作用，积极培育和践行社会主义核心价值观，汇聚起加快转型发展的强大正能量。

（一）提升思想道德建设水平。以“践行价值观、文明我先行”为主题，广泛开展“争做美丽焦作人”“六文明”、道德讲堂等活动，组织开展节俭养德全民节约行动，持续加强“身边的榜样”典型宣传工作，公民文明素质和城市文明程度明显提高，有3人入选“中国好人榜”，总数达51人。深入开展文明城市创建活动，顺利通过省级文明城市考评验收。扎实开展“烈士纪念日公祭活动”“向国旗敬礼”等道德实践活动，评选表彰一批“焦作市美德少年”，引导和鼓励未成年人树立正确的道德价值观。

（二）提升文艺宣传工作水平。继续实施文艺精品战略，话剧《红旗渠》获第十三届“五个一工程奖”和第四届中国话剧“学院奖”，图书《群众路线纵横谈》、舞剧《太极传奇》获河南省第十届“五个一工程奖”。推进“文明焦作·欢乐怀川”文化惠民活动，开展“舞台艺术五进”“教你一招”和农村文化中心“百村亮点提升”等活动，丰富基层群众的文化生活。按照“加强内宣凝聚力量，强化外宣提升形象，抓好网宣形成声势”要求，全面加强宣传工作，在中央和省级主流媒体刊发重头稿件2000多篇，被中宣部定为全国唯一一家示范单位，在党建网开辟教育实践活动专题之窗，充分展现了焦作的良好形象。

（三）提升文化事业和文化产业发展水平。和式太极拳、绞胎瓷和耍老虎通过第四批国家级非物质文化遗产名录申报评审和公示。组织文化企业参加第十届中国文化产业博览交易会、首届中原文化产业博览交易会，引进一批大型文化产业项目，总投资50亿元的温县中广太极影视小镇和司马懿益智文化园、修武县当阳峪陶瓷文化产业园、沁阳神农陶文化产业园4个项目成功签约。云台山旅游发展有限公司被评为全省十大重点文化企业。

四、坚持党要管党从严治党，党的建设科学化水平得到新提升

认真贯彻习近平总书记“聚精会

神抓党建”要求，把抓好党建作为最大的政绩，落实从严治党责任，全面加强思想、组织、作风、制度和反腐倡廉建设，党建工作取得了明显成效。

（一）加强理论武装和思想政治建设。市委一班人始终保持坚定的政治定力和清醒的政治头脑，在思想上、政治上、行动上同党中央保持高度一致。坚持中心组集体学习制度，先后围绕党的十八届三中、四中全会精神，依法治国战略部署，全省市厅级主要领导干部研讨班辅导报告，以及影响经济社会发展的重大问题进行了 14 次专题学习，进一步提高了思想政治水平和领导发展能力。制订了《2014—2017 年干部教育培训规划纲要》，扎实推进学习型党组织建设，以“怀川大讲堂”为载体，组织全市党员干部深入学习中国特色社会主义理论体系、习近平总书记系列重要讲话精神，进一步增强中国特色社会主义道路自信、理论自信、制度自信。

（二）加强领导班子和干部队伍建设。一是加强常委会自身建设。坚持民主集中制，严肃党内政治生活，定期召开市委常委会、务虚会、书记碰头会，研究重大问题。修订完善了议事决策、请销假、学习调研等制度，做到处事有原则、行为有规范。市委常委、人大常委会主任、政协主席等市领导围绕全市经济社会发展的 16 个重点课题，不带新闻媒体，不带工作人员，深入基层调研，亲自撰写专题报告，并在工作中进行落实。二是做好市人大、政府、政协换届工作。成立换届工作领导小组和严肃换届纪律工作领导小组，周密部署，认真推选市人大代表、政协委员，精心组织换届选举，顺利完成换届工作。三是树立正确用人导向。坚持“信念坚定、为民服务、勤政务实、敢于担当、清正廉洁”的好干部标准，严格贯彻执行《干部任用条例》，明确提出“五重两参考”要求，完善产业集聚区、县市区、市直机关领导干部考核办法，真正把政治上靠得住、工作上有本事、作风上过得硬、人民群众信得过的干部选拔出来。根据工作需要，对个别县市区主要领导和市直部门空缺岗位进行交流补缺。四是强化干部监督管理。严格执行“四项监督制度”，对 26 名领导干部开展经济责任审计，对 23 名考察对象征求了执纪执法部门意见，扎实开展“裸官”、领导干部企业兼职专项治理和个人有关事项抽查核实工作，力求避免“带病提拔”“带病上岗”。五是凝聚发展合力。充分发挥各民主党派、工商联和无党派人士参政议政以及工青妇等群团组织的桥梁纽带作用，汇聚了干事创业的强大合力。建立市委常委与党外代表人士联系交友制度，进一步推动多党合作事业发展，形成了民族团结、宗教和谐的良好局面。多次召开常委议军会，解决了焦作军分区及驻军建设发展中遇到的实际问题，推动军民融合式发展。

（三）加强基层组织和党员队伍建设。一是认真落实基层党建工作责任制。着力构建党委统一领导、组织部门牵头抓总、行业系统具体指导、有关部门齐抓共管的基层党建工作格局，常委会定期研究基层党建，分析形势，部署工作，协调解决问题。市、县两级财政每年拿出 2750 万元用于支付村、社区干部生活补贴和工作报酬。二是分类抓好基层组织建设。以建立民主科学决策、矛盾调解化解、便民利民服务、党风政风监督四项基础制度为契机，在农村，推广完善“四议两公开”工作法，深化“三资”集中代理服务和“三票评议”制度，实现了“民主定事、制度理财、群众评官”；对 189 个农村软弱涣散党组织进行“治弱”“治乱”“治穷”整顿，市管党费和市级财政拿出 200 万元帮助 42 个村新建组织活动场所。在社区，通过健全组织网络，创新管理措施，推进共驻共建，实行网格化管理，形成横向到边、纵向到底、条块结合、以块为主的党建工作模式。在非公企业，重点抓好党组织的“有形覆盖”和“有效覆盖”，把党的工作延伸到经济社会各个方面。截至年底，全市建立非公企业党组织 717 个，派驻党建指导员 1735 名。机关、学校、国有企业、事业单位党建工作进一步加强。三是加强党员教育管理。实行党员发展预审制、票决制、公示制，严把“入口关”。强化党员日常教育，提升思想政治素质。组织开展志愿服务、承诺践诺、“访民情、知民意、解民忧”活动，充分发挥党员先锋模范作用。四是扎实做好村级组织换届工作。按照省委省政府统一部署，结合实际，明确任职条件、严格资格审查、严肃工作纪律，确保换届顺利进行。截至年底，村党组织换届、村委会换届全部结束。

（四）加强干部作风建设。一是坚持领导带头。市委常委认真落实“十个带头”“八个做到”和“五个一”联系点制度，做好分包的十大建设、重点企业、重大项目等工作，每季度轮流到各县市区听取各个常委牵头负责的重点工作汇报，带头精简会议活动、改进新闻报道、厉行勤俭节约，为全市党员干部作出示范。二是强化正风肃纪。制定了《关于治理为官不为、倡导敢于担当的六项要求》《关于进一步严肃工作纪律的通知》，认真落实“五个一律免职”“六条红线”要求。2014 年共查处公车私用、大办婚丧喜庆、违反工作纪律等问题 112 件，党政纪处分 112 人，免职处理 3 人（县处级干部 1 人）；先后 7 次对 29 起典型违规违纪问题点名道姓通报曝光，扩大了震慑作用。三是狠抓行风建设。开展政府部门和服务行业、二级机构、重点科室（岗位）和基层站所评议工作，开展电话暗访、“面对面”述职评议、万人问卷测评等活动，对 2013 年评议工作后5名的重点科室（岗位）负责人予以免职，全市政风行风持续好转。

（五）加强反腐倡廉建设。一是落实两个责任。在全省率先出台落实党风廉政建设"两个责任"的意见，明确党委主体责任9项制度和纪委监督责任7项制度，促进各级领导干部知责、履责、担责、问责。支持纪委转职能、转方式、转作风，推进纪检监察体制机制改革，市纪委纪检监察室由3个增加到8个，强化了办案力量；投资3000万元筹建安全一流的办案基地；招聘50名特保协警队员，培养一支高素质、专业化的办案陪护队伍。二是加强惩防体系建设。制定《焦作市建立健全惩治和预防腐败体系2013–2017年实施意见》，强化反腐败工作制度保障。通过专题党课、知识讲座、手机短信等形式，以及利用职务犯罪案件开展庭审教育、组织参观警示教育基地，引导党员干部成长上知恩、工作上知责、生活上知足、言行上知止。三是开展专项治理。严密组织，严格督查，集中开展会员卡清退、党员干部私自从事营利性活动、领导干部违规插手和干预市场经济活动、会所中的歪风等六项治理活动，各级干部按要求进行自查登记并作出承诺，纠正了一批违法违纪行为。四是加大查办案件力度。以被确定为全省查办腐败案件体制机制改革试点市为契机，整合反腐败协调小组职能，成立由市委书记任组长的查办案件领导小组，加强组织协调，加大办案力度。2014年，全市各级纪检监察机关共受理群众信访举报3685件（次），立案1142件，结案1128件，党政纪处分1122人。

在充分肯定成绩的同时，中共焦作市委也清醒地认识到，工作中还存在不少差距，发展中仍面临着许多困难和问题。主要是：制约焦作市转型发展的体制性、结构性矛盾仍未得到根本解决，经济增长的质量和效益还不高；保障改善民生还不够到位，维护社会稳定压力较大；部分基层党组织凝聚力、战斗力还不够强，党员干部作风虽明显转变但反弹危险仍然存在，不正之风和消极腐败现象在某些领域时有发生等。下一步，市委将切实解决好发展中的矛盾和问题，解放思想，务实重干，加快经济转型示范市和美丽焦作建设，为中原崛起河南振兴富民强省作出新的贡献。

（市委一秘科）

·党的群众路线教育实践活动·

【概况】 焦作市党的群众路线教育实践活动2014年2月25日启动，共有8174个党组织、20多万名党员参加，至10月28日召开全市党的群众路线教育实践活动总结会议，活动基本结束。活动中，成立由市委书记任组长、市委常委任副组长的活动领导小组，并成立活动办公室，下设常委活动组、督办联络组等，各县市区、市直各单位都成立活动领导小组，加强对全市活动的领导，确保活动方向不偏、力度不减。在落实中央、省委"规定动作"的基础上，科学谋划了"九个一"集中活动、"四知"主题教育、"访民情、知民意、解民忧"活动、"十个一"专项行动、四心四服务集中活动等一系列自选动作。为加强对活动的督促指导，选派15名厅级、30名县处级、45名科级干部，组建15个市直机关、企事业单位督导组，并抽调30名干部配合省委组建5个县市区督导组。各县市区选派402名干部，组建87个督导组，实现了督导工作全覆盖。

把整个活动分为"学习教育、征求意见""查摆问题、开展批评""整改落实、建章立制"三个环节，按照不搞转段、压茬进行的要求，对每个行业、每个环节都制定了指导意见，提出了解决的主要问题、重点工作、方法步骤、具体要求等。在每个环节结束后，都组织各活动单位开展"回头看"和群众评判环节，查找活动存在的问题和不足，检验活动取得的效果，查漏补缺，推动活动深入开展。

在学习教育、听取意见阶段。举办了"怀川大讲堂"等一系列宣讲活动，组织全市党员干部以焦裕禄和"三严三实"为镜，认真学习中央、省委关于教育实践活动的有关精神，查找自身存在的问题和差距，转变工作作风。同时采取发放调查问卷、召开座谈会、走访调研、开通热线电话、电子邮箱、设置意见箱等多种形式，广泛征求意见建议，对收集上来的问题和意见建议，进行认真梳理汇总，建立问题台账。全市各级各单位共收集问题意见12万余条，其中"四风"问题9万余条。

在查摆问题、开展批评阶段。市委领导坚持率先垂范，采取群众提、自己找、上级点、互相帮、集体议等方式，深入查摆"四风"突出问题和关系群众切身利益的问题。谈心谈话过程中，将"四必谈"深化为"六必谈"。撰写对照检查材料过程中，以兰考县为标杆，严格实行材料不过关不开会。市四大班子和班子成员普遍修改10遍以上，部分达15遍之多。民主生活会上，以整风精神开展批评和自我批评，坚持开门见山、直奔问题，抓住要害，真刀真枪。市委常委相互批评意见达130多条，各县市区领导班子相互批评意见普遍在100条以上。

在整改落实、建章立制阶段。明确提出了"七抓七力戒"的要求，坚持共性问题限期整改、共性问题立行立改。一方面认真落实中央21项专项整治、省委36项专项整治和市委48项专项整治任务，集中力量整治共性问题。另一方面，认真研究制定整改落实方案、专项整治方案和制度建设计划等"两方案一计划"，逐项明确整改措施、责任单位、责任人和完成时限，切实抓好个性问题的整改落实。活动中，市四大班子完成立行立改事项24项、近中期整改事项22项、远期整改事项27项。此外，在制度建设上，重点围绕作风建设、民主集中制、党内政治生活常态化、干部选拔任用、反腐倡廉等方面，废止完善不合理制度，建立完善相关制度，市四大班子共废止制度 143 项，修订完善制度 48 项，新建制度 46 项。同时强化制度约束力，对制度落实情况进行不间断的明察暗访，对违反制度规定踩“红线”“闯雷区”的严肃处理。活动中，全市共通报违反八项规定或“四风”问题 156 起，免职处理 17 人，立案调查案件 5 件，党政纪处分 5 人。

注重活动实效。紧紧围绕“为民务实清廉”主题，严格按照“照镜子、正衣冠、洗洗澡、治治病”总要求，紧盯“四风”问题，注重群众关切，要求各活动单位在学习上求严，征求意见上求广，开展批评上求真，整改建制上求实，推动工作上求效，不折不扣抓好每个环节的工作。全市广大党员干部思想认识、宗旨意识进一步增强，一批群众关切的问题得到解决，“四风”问题得到遏制，干部作风进一步好转，党群干群关系进一步密切。

九个一：看一部电影，读一篇文章，访一次兰考，开展一次座谈活动，举办一次“焦裕禄同志先进事迹报告会”，领导干部讲一次党课，举办一次“学习焦裕禄同志”演讲比赛，撰写一篇学习心得体会，召开一次专题民主生活会。

四知：知恩、知责、知足、知止。

十个一：选树一批先进楷模，查处一批损害群众利益的典型案件，查纠一批破坏经济发展环境的人和事，问责一批违反“五个一律免职”规定和“六条红线”的公职人员，组织一系列访贫问苦活动，开展一次矛盾纠纷大排查，解决一批信访积案，开工一批重大项目，健全一套规章制度，抓好一批改革试点。

四心四服务：全心服务发展、用心服务企业、真心服务基层、贴心服务群众。

四必谈：党委（党组）主要负责人与班子每个成员必谈，班子成员相互之间必谈，班子成员与分管部门主要负责人之间必谈，督导组与班子成员必谈。

六必谈：在坚持“四必谈”的同时，增加班子成员与活动联系点负责人必谈、班子成员与“两代表一委员”、群众代表必谈。

七抓七力戒：抓学习，力戒虎头蛇尾；抓反思，力戒盲目乐观；抓重点，力戒散光跑偏；抓整改，力戒支差应付；抓领导，力戒降格以求；抓作风，力戒“四风”反弹；抓统筹，力戒脱离实际。

（董军波）

【大事纪略】 1月 21 日，市委常委扩大会召开，研究部署党的群众路线教育实践活动，市委书记孙立坤主持。会议传达 1 月 20 日中共中央总书记、国家主席、中央军委主席习近平在党的群众路线教育教育实践活动第一批总结暨第二批部署会议上的讲话精神。就贯彻落实会议精神、开展好第二批党的群众路线教育实践活动，孙立坤强调，要认真学习领会，原原本本学、带着问题学、扎扎实实学，学深、学透、学细，真学、真领会、真落实，学以致用、用以促学。要明确活动要求，准确把握开展第二批教育实践活动的指导思想、目标要求、主要任务等重要内容，切实抓紧、抓实、抓好。要巩固已有成果，认真总结“人民在心中、转型我先行”主题实践活动的好做法好经验，继续深化“怀川大讲堂”“社情民意大调研”“百姓问政面对面”等活动，巩固和扩大已有成果，将有效做法、管用经验以制度的形式固定下来、延续下去。要把握关键环节，以为民务实清廉为主题，以群众满意为标准，以专项治理和创建基层服务型党组织为抓手，切实抓好学习教育、听取意见，查摆问题、开展批评，整改落实、建章立制三个环节的工作。要创新活动载体，在不折不扣落实好中央和省委规定动作的基础上，结合实际、找准载体、突出特色，组织开展“学英模人物、做转型先锋”活动，开展党员干部“五查五问五做到”活动，开展“四心四服务”活动。要注重解决问题，广泛征求本部门、本单位和党员干部在“四风”方面存在的突出问题，下大力气、拿真功夫、用硬措施切实解决好这些问题。要完善规章制度，创造性地制定出一批行得通、管得住、用得好、可持续的规章制度。要坚持领导带头，各级领导干部特别是主要领导作为第一责任人，要带头深入学习，带头查找问题，带头整改落实，为广大党员干部作出表率。要加强组织领导，各级党委（党组）作为本地区本部门本单位教育实践活动的责任主体，要结合实际，尽快研究制订活动实施方案。要紧密联系实际，把教育实践活动与贯彻落实市委十届六次、八次全会精神结合起来，与经济转型示范市和美丽焦作建设结合起来，与推进“十大建设”结合起来，与本地区本部门本单位实际结合起来，以活动开展推动转型发展，以工作实效检验活动成效。

1 月 26 日，全省党的群众路线教育实践活动第一批总结暨第二批部署会议在郑州召开。省委书记、省人大常委会主任郭庚茂出席会议并作重要讲话，对全省第一批教育实践活动进行回顾总结，对第二批教育实践活动作出动员部署。市领导孙立坤、张文深在郑州主会场参加会议。

2 月 18 日，市委常委（扩大）会议召开，研究部署全市党的群众路线教育实践活动，市委书记孙立坤主持。会议学习传达全省第二批教育实践活动工作落实暨督导工作专题会议精神。就贯彻落实会议精神、开展好党的群众路线教育实践活动，孙立坤强调：一要坚持认真学习，切实提高认识；二要坚持高标准，落实严要求；三要坚持问题导向，注重解决问题；四要坚持统筹兼顾，做到协调推进；五要坚持规定动作，创新活动载体；六要坚持强化领导，突出以上率下。市领导张文深、王明德、原振喜、秦海彬、王长松、赵建军、杨娅辉、甘茹华、田跃曾、丁保东、郭鹏、宫松奇等出席会议。

2月25日，全市党的群众路线教育实践活动动员大会召开，学习贯彻中央和全省党的群众路线教育实践活动第一批总结暨第二批部署会议精神，全面总结前一阶段“人民在心中、转型我先行”主题实践活动的做法和成效，安排部署全市党的群众路线教育实践活动。省委第六督导组组长、省政协副主席、省财政厅厅长、党组书记钱国玉代表省委督导组作重要讲话。市委书记孙立坤主持会议并就如何开展好全市党的群众路线教育实践活动，强调四点意见：一是开展群众路线教育实践活动，必须认真总结经验，巩固已有成果。2013年7月开始，全市开展以转变作风、转型发展为主线，以“五查五表率”为主要内容的“人民在心中、转型我先行”主题实践活动，取得了明显成效，积累了宝贵经验，为新形势下改进干部作风、加强干部队伍建设提供了有益启示。二是开展群众路线教育实践活动，必须提高思想认识，增强行动自觉。开展教育实践活动，是保持党的先进性和纯洁性的必然要求，是进一步转变干部作风的迫切需要，是提升服务群众能力的根本途径，是加快经济转型示范市和美丽焦作建设的重要保证。三是开展群众路线教育实践活动，必须把握关键环节，抓好重点工作。要在不折不扣贯彻落实好规定动作的同时，以“强宗旨转作风，聚合力促转型，加快建设美丽焦作”为总载体，推动教育实践活动深入开展。活动中，要突出能力提升，把加强学习教育贯穿始终；突出问题导向，把解决突出问题贯穿始终；突出真抓实做，把整风精神贯穿始终；突出群众参与，把开门搞活动贯穿始终；突出制度建设，把建立长效机制贯穿始终，重点建立健全反对“四风”改进作风的制度、党员干部直接联系服务群众的制度、“三公”经费管理制度等；突出焦作特色，把创新活动载体贯穿始终。在学习教育方面，要深入开展“四知”教育；在查摆问题方面，要坚持“五查五问五做到”；在整改落实方面，要开展“四心四服务”活动，即全心服务发展、用心服务企业、真心服务基层、贴心服务群众；在开门搞活动方面，要坚持“群众三评、党员三看”；在活动全过程，要开展“十个一”专项行动。四是开展群众路线教育实践活动，必须加强组织领导，凝聚强大合力。要严格落实责任，坚持领导带头，加强分类指导，严格督导检查，注重营造氛围，坚持统筹兼顾，圆满完成群众路线教育实践活动各项任务，为加快建设经济转型示范市和美丽焦作凝聚力量。督导组副组长、省政协社会和法制委员会主任杨国功，督导组副组长、省委组织部副厅级组织员、机关党委书记郭汉斌和督导组成员，市领导张文深、王明德、原振喜、贾武堂、秦海彬、王长松、赵建军、杨娅辉、甘茹华、田跃曾、丁保东、郭鹏、宫松奇等出席会议。在焦工作的省委委员、候补委员和省纪委委员，市委委员、候补委员、市纪委副书记，现职市级领导干部，正市厅级老同志和近5年退出领导岗位的副市厅级老同志，市直属部门和群众团体主要负责人，县市区党政正职，市级民主党派、工商联主要负责人和无党派代表人士，市直属企事业单位主要负责人，驻焦省直属单位和部分企事业单位主要负责人，党的十八大代表和省九次党代会代表，乡镇（办）党政正职等在主会场参加会议。会议以电视电话会议形式召开，在县市区设分会场。

2月21日，市委党的群众路线教育实践活动领导小组办公室全体人员会议召开，明确工作职责分工，安排近期工作任务。市委常委、组织部部长王长松出席会议并就群众路线教育实践活动领导小组办公室如何开展好工作提出具体要求：一要学深学透，做到工作思路“清”；二要积极创新，做到活动举措“新”；三要抓好统筹，做到协调服务“优”；四要全力投入，做到工作精力“专”；五要从严要求，做到工作作风“硬”。

2月26日，市委党的群众路线教育实践活动领导小组会议召开。市委书记孙立坤要求，市委常委要带头开展学习教育，学习内容更丰富一些，学习形式更新颖一些，学习效果更扎实一些，学习纪律更严格一些。孙立坤强调，要充分发挥领导小组的作用，一要紧扣主题、突出特色，把教育实践活动谋划好；二要把握全局、吃透情况，把教育实践活动指导好；三要倡树新风、弘扬正气，把教育实践活动氛围营造好；四要清醒忧患、查摆问题，把群众不满意的问题解决好；五要加强协调、不断规范，把领导小组及办公室自身建设好。市领导王明德、秦海彬、王长松、甘茹华等出席会议。省委第六督导组副组长郭汉斌到会指导。

同日，全市各民主党派、市工商联、无党派人士、宗教团体主要负责人参加的统一战线各界人士座谈会召开，市委书记孙立坤主持。通报市委召开的党的群众路线教育实践活动动员大会情况，就开展党的群众路线教育实践活动征求意见和建议。

2月27日，市委书记孙立坤一行赴兰考拜谒焦裕禄纪念园，开展“学习焦裕禄，践行群众观”学习实践活动，深切缅怀焦裕禄同志的光辉业绩，大力弘扬焦裕禄同志的崇高精神，激励大家做焦裕禄式的好干部，把群众路线教育实践活动开展好，把焦作的经济社会各项事业干好，全力推进经济转型示范市和美丽焦作建设。孙立坤说，要以焦裕禄精神为镜子，正一正自己的衣冠，做为民务实清廉的表率。要结合党的群众路线教育实践活动，带头学习焦裕禄同志的公仆精神，大兴服务群众之风；学习焦裕禄同志的奋斗精神，大兴艰苦奋斗之风；学习焦裕禄同志的求实精神，大兴求真务实之风；学习焦裕禄同志的大无畏精神，大兴知难而进之风；学习焦裕禄同志的奉献精神，大兴敬业奉献之风；学习焦裕禄同志的改革精神，大兴探索创新之风；学习焦裕禄同志的廉洁精神，大兴务实清廉之风。市委副书记、市人大常委会主任王明德主持拜谒仪式。市领导原振喜、王长松、杨娅辉、甘茹华、田跃曾、丁保东、郭鹏、宫松奇一同参加活动。

同日，全市党的群众路线教育实践活动督导工作会议召开。按照省委、市委的统一部署，组建20个督导组，对各单位群众路线教育实践活动进行督导。其中省委和市委联合派出5个督导组对10个县市区进行督导，市委派出15个督导组，对省管高等专科学校、市直机关以及企事业单位等139个单位进行督导。

2月28日，市委常委（中心组）在市委党校进行党的群众路线教育实践活动集中学习，市委书记孙立坤作重要讲话。就如何以焦裕禄同志为榜样和标杆，开展好党的群众路线教育实践活动，孙立坤说，焦裕禄精神主要体现在五个关键词上：亲民爱民、艰苦奋斗、科学求实、无私奉献、改革创新。全市党员干部要认真学习焦裕禄精神，把党的群众路线教育实践活动开展好，切实改进工作作风，做务实为民的好干部，把焦作经济社会各项事业发展好。就如何开展好教育实践活动，孙立坤说，要按照省委要求，认真坚持"一学三促四抓"，坚持问题导向，坚持教育实践并重，坚持边学边查边改，把学习教育贯穿始终，把整改纠风贯穿始终，把解决群众反映强烈的热点问题贯穿始终，确保活动主题鲜明、重点突出，不走神、不散光。市委副书记、市长张文深主持学习活动。市领导王明德、原振喜、秦海彬、王长松、赵建军、杨娅辉、甘茹华、田跃曾、丁保东、郭鹏、宫松奇等参加学习活动。

3月1日，市委常委（扩大）会议召开，学习贯彻省委书记郭庚茂在全省第二批党的群众路线教育实践活动进展情况汇报会上的讲话精神。市委书记孙立坤主持，就学习贯彻讲话精神，开展好党的群众路线教育实践活动，孙立坤提出了具体要求。孙立坤指出，开展教育实践活动要与工作相结合。一是与换届工作相结合。换届是对领导干部组织纪律、思想觉悟、党性修养的考验，要用平常之心对待换届、用感恩之心对待组织、用友善之心对待同志、用敬畏之心对待纪律，确保换届工作圆满完成，换出风清气正的好局面，换出经济转型示范市和美丽焦作建设的好势头。二是与当前重点工作相结合。要以强烈的事业心、责任感，强力推进经济转型示范市和美丽焦作建设、"十大建设"、招商引资等市委、市政府安排的重点工作。三是与平安焦作建设相结合。要扎实做好信访稳定工作，走出一条处理信访、维护稳定的路子，努力保持焦作和谐稳定的社会秩序。与会人员还共同观看了专题片《群众路线的新问题与新突破》《照镜子、正衣冠——保持共产党员的良好形象》。市领导张文深、王明德、原振喜、秦海彬、王长松、赵建军、杨娅辉、甘茹华、田跃曾、丁保东、郭鹏、宫松奇等参加会议。

同日，市委常委（中心组）党的群众路线教育实践活动集中学习交流会召开。市委书记孙立坤主持学习交流会并作重要讲话。就领导干部如何开展好下一步活动，孙立坤强调：一要把认真学习落到实处，把学习贯穿群众路线教育实践活动全过程，落实到具体工作中，牢固树立主动学习、终身学习的观念，让学习成为一种习惯，以学习推动工作。二要把凝心聚力落到实处，一心一意干事业，全心全意谋发展，扎扎实实干好每一天，认认真真做好每件事。三要把规矩规范落到实处，认认真真执行中央和省委、市委的决策部署，决不允许上有政策、下有对策，决不允许有令不行、有禁不止，决不允许在执行中打折扣、作选择、搞变通。四要把清醒忧患落到实处，清醒地认识到作风建设尤其是"四风"方面存在的问题，积极用行动消除隐忧，用智慧和能力防范抵御风险，做到防患于未然。五要把执政为民落到实处，解决好"我是谁，依靠谁，为了谁"的问题，不断增强群众观念，夯实为民务实清廉的思想基础。六要把务实重干落到实处，从实处着眼、用实干考量、用实绩说话，把心思用在干事业上，把目标设定在为群众谋利益上，集中力量解决最为紧迫的问题。七要把统筹兼顾落到实处，教育实践活动要与经济转型示范市和美丽焦作建设结合起来，与"十大建设"、招商引资、项目建设、安全稳定结合起来，与本地区本部门本单位实际结合起来，以活动开展推动转型发展，以工作实效检验活动成效，努力实现活动和工作两手抓、两不误、两促进。张文深、王明德、原振喜、秦海彬、杨娅辉、甘茹华、宫松奇等市委中心组成员参加学习交流会。市委常委、宣传部长甘茹华，市委常委、焦作军分区政委宫松奇结合实际，谈了学习体会。

3月4日至6日，全市学习贯彻习近平总书记系列重要讲话和十八届三中全会精神轮训班暨党的群众路线教育实践活动培训班在市委党校举行，200余名乡镇（街道）正职党员干部参加培训。

3月6日，党的群众路线教育实践活动领导小组办公室工作会议召开。市委常委、组织部部长、市委教育实践活动领导小组副组长兼办公室主任王长松出席会议，并要求市纪委要尽快制订市直单位重点科室评议、政风行风热线、整治作风"六病"等工作的实施方案；市委办公室负责制订"十个一"专项行动中组织一系列访贫问苦活动、健全一套规章制度的方案；市委组织部要制订活动各环节指导意见、“群众三评，党员三看”实施方案和“万名党员干部访民情、知民意、解民忧”活动、“四心四服务”集中活动实施方案；市委宣传部尽快拿出“怀川大讲堂”、马克思主义群众观点和党的群众路线专题大讨论、“四知”主题教育、“学英模人物，做转型先锋”活动的实施方案，要加大舆论宣传力度，营造氛围；市委政法委和市信访局要制订“十个一”专项行动中开展一次矛盾纠纷大排查，解决一批信访积案的实施方案；市发展改革委重点制订“十个一”专项行动中开工一批重大项目、抓好一批改革试点的实施方案。

3月14日，市委书记孙立坤主持召开常委会议，专题研究党的群众路线教育实践活动和组织工作。会议听取市委常委、组织部部长王长松关于党的群众路线教育实践活动开展情况的汇报。会议强调，要对活动中取得的好做法、好经验要继续坚持，并及时以制度形式固定下来、延续下去；对发现的问题要及时纠正，进一步明确方向、把握重点，推动教育实践活动健康开展；要开展好“怀川大讲堂”、“四知”教育，“学英模人物，做转型先锋”等特色载体活动，组织广大党员干部学习规定内容和必读书目，坚定理想信念，强化宗旨意识；要继续采取“走百乡、进千村、访万户”“百姓问政面对面”等方式，畅通民意渠道，广泛听取意见，并进行归纳整理，作为查摆、分析和整改的重要内容；要抓好调查研究。市委常委要带头深入联系点开展调查研究，加强对联系点的督促检查和具体指导，力争把联系点办成示范点；要聚焦“四风”问题和群众反映强烈的热点问题，开展好整治作风“六病”（特权病、冷漠病、享乐病、梗阻病、懒散病、挥霍病）和“四心四服务”集中活动以及“十个一”专项行动；要按照“更加注重敞开大门、群众参与”的要求，充分发挥党外人士的监督作用选聘党外人士担任特邀监督员，重点监督直接服务群众的执法监管部门和窗口单位、服务行业的群众路线教育实践活动开展情况；要抓好领导带头真正做到认识高一层、学习深一步、实践先一着、剖析解决突出问题好一筹。市领导张文深、丁福浩、王明德、原振喜、贾武堂、秦海彬、王宏昌、王长松、杨娅辉、甘茹华、丁保东、姜继鼎、郭鹏、宫松奇出席会议。

3月18日，省委市委联合督导组组长座谈会召开，市委书记孙立坤主持。了解各县市区活动开展情况，征求各位组长对开展教育实践活动的意见建议。在听取大家的发言后，孙立坤指出，要全力支持督导工作，主动加强与督导组的沟通联系，落实好督导组的要求，支持好督导组开展工作。同时，也希望省委市委联合督导组以更严的标准、更严的措施、更严的纪律，对各县市区实施更加严格的督导检查，帮助把各项工作做得更好。市委副书记丁福浩，市委常委、组织部部长王长松出席会议。

同日，市直单位督导组组长汇报会召开。在听取市直单位督导组组长汇报后，市委书记孙立坤就下一步督导工作强调，要从严从实抓督导，对“偷工减料”、问题较多、成效不明显的单位，不能降格以求、放行过关，不管进行到哪个环节，只要发现走过场，就退回去重新做。要把握重点抓督导，紧盯“一把手”、重点对象和薄弱环节，及时发现和解决问题，准确掌握工作进度和节奏，统筹推进活动开展。要彰显特色抓督导，在督导各单位不折不扣落实好中央和省委规定动作的基础上，鼓励督导单位突出实践特色，创新活动载体，组织开展反映本单位特色的主题活动。要解决问题抓督导，督促指导市直单位认真解决好“四风”问题和群众反映强烈的热点难点问题，努力形成边学边改、立说立行的良好局面。要沟通协调抓督导，加强与市委活动领导小组和办公室的沟通联系，及时反馈活动的新进展、新情况、新问题；加强与所督导单位的沟通交流，及时准确传达中央、省委、市委的指示精神、工作部署和任务要求。要注重开门抓督导，大力支持特邀监督员的工作，及时向特邀监督员介绍活动的开展情况，主动邀请他们参与关键环节活动。要严肃纪律抓督导，带头遵守政治纪律，带头执行中央和省委、市委的各项要求，认真落实市委督导工作九项纪律，树立良好的作风和形象。要统筹兼顾抓督导，正确处理督导工作与自身参加活动的关系，坚持两手抓两不误。市委副书记丁福浩主持会议，市委常委、组织部部长王长松出席会议。

3月21日，心在人民——省直干部联系服务群众先进事迹报告会在会务中心举行，6位来自省直机关的优秀党员干部讲述他们服务基层群众的做法与感受，生动地阐述了党的群众路线教育实践活动的实质。市委书记孙立坤在接受记者采访时指出，这次来焦作的6位先进典型，以自己的实际行动诠释了为民务实清廉的深刻内涵，树立了新时期党员干部的良好形象，为我们做出了榜样和示范。要以这次报告会为契机，结合正在开展的“学英模人物、做转型先锋”活动，教育引导全市广大党员干部见贤思齐，认真向英模人物学习、向先进典型看齐，争做为党尽责、为民服务的好党员、好公仆。市领导孙立坤、张文深、丁福浩、王明德、原振喜、王宏昌、甘茹华、丁保东、姜继鼎、郭鹏、宫松奇等在职副市级以上领导和600多名党员干部聆听报告。

4月2日，市委书记孙立坤到沁阳访贫问苦，并召开专题座谈会，听取对市委常委会和市委常委关于“四风”问题、民生难题、经济转型示范市建设以及如何开展群众路线教育实践活动等方面的意见和建议。与会的乡镇（街道）、行政村（社区）负责人以及部分干部群众代表，从经济发展、社会稳定、保障民生、转变作风、优化发展环境等方面提出了很好的意见和建议。就如何开展好下一步教育实践活动，孙立坤强调：一是思想认识要真提升。第二批教育实践活动涵盖县市区、乡村、社区等与群众联系密切的基层组织，涵盖直接联系服务群众的执法、监管部门和窗口单位、服务行业。要站在全局和战略的高度，进一步增强开展教育实践活动的责任感和紧迫性，推动活动深入开展。二是学习教育要真加强。要坚持以“怀川大讲堂”、“四知”主题教育，“学英模人物，做转型先锋”活动为载体，充分发挥农村文化广场、农家书屋、农村党员干部现代远程教育平台等平台作用，有针对性地开展学习教育活动，进一步提高推动发展、服务群众的能力和水平。三是征求意见要真深入。要坚持开门搞活动，深入开展“万名党员干部访民情、知民意、解民忧”活动，广泛听取基层党员干部、农村群众、企业职工、社区居民的意见和建议，真正了解群众所思、所想、所盼。四是查摆问题要真下劲。要对照理想、党章党纪、民心民声、先辈先进这“四面镜子”，深入查找领导班子和个人存在的突出问题；对照中央八项规定和“五个一律、六条红线”等要求，着重查找“四风”方面存在的突出问题；对照发展实际，重点查找工作中存在的“慵懒散乱低”“中梗阻”等不良作风。五是整改落实要真严格。针对查摆出的问题，要坚持边学边改、即知即改、立说立行，改就改到位、改出成效。对具有普遍性、带有全局性的问题，要整合力量、上下联动、集中整改，共同推动问题解决。六是领导干部要真带头。各级领导干部要真正以普通党员的身份把自己摆进去，带头学习提高、带头征求意见、带头查摆问题、带头整改落实、带头建章立制，为广大党员干部做好表率。17 日，孙立坤到瑞庆汽车发动机技术有限公司调研指导，征求企业党员职工的意见建议，帮助企业解决生产经营中遇到的实际困难。23 日，孙立坤到市人社局调研指导，实地察看人才服务大厅各窗口为用人单位和各类人才提供服务的情况，了解大学生就业创业、人才引进、社会保障、权益维护、小额贷款、就业信息“一点通”等情况，并征求大家的意见和建议，对开展好下一步教育实践活动提出了明确要求。

同日，全市党的群众路线教育实践活动特邀监督员履职工作会议召开。为充分体现“更加注重敞开大门、群众参与”的要求，市委党的群众路线教育实践活动领导小组决定选聘 60 名党外人士担任特邀监督员，通过走访调研、查阅资料、参加“群众三评，党员三看”、参与专项整治、“十个一”专项行动等途径，重点对直接联系服务群众的执法、监管部门和窗口单位、服务行业贯彻落实教育实践活动工作标准、各环节规定动作执行情况进行跟踪监督，收集掌握活动开展不到位、整改措施不落实、去除“四风”不彻底等问题，及时反映到教育实践活动办，对于不能及时解决群众反映强烈问题的，由活动办提请活动领导小组责成相关单位返工、补课。市委常委、组织部部长王长松出席会议并讲话。

4 月 3 日，市委副书记、市长张文深到孟州市走村入户、访贫问苦，与乡亲们和广大基层干部深入交流，了解群众所思、所想、所盼，帮助群众解决实际困难，并召开专题座谈会，征求大家的意见和建议。在河阳街道长店村，张文深先后走进困难户李爱、宫群、张振东的家中，送去了米、油等生活用品，询问他们的生产生活情况，并真诚地征求意见和建议。

4 月 4 日，市委副书记丁福浩到党的群众路线教育实践活动联系点马村区安阳城街道土门掌村，走访慰问困难群众，听取基层干部群众的意见和建议。在座谈会上，基层干部群众就农村环境卫生整治、农业结构调整、公路交通建设、旅游业发展以及改进干部作风等方面提出了很好的意见和建议。21 日，丁福浩到党的群众路线教育实践活动联系点河南江河纸业有限公司调研，了解企业生产经营情况和党的群众路线教育实践活动开展情况，听取企业员工的意见和建议。

4 月 15 日，市委书记孙立坤主持召开汇报会，听取各县市区群众路线教育实践活动开展情况汇报。在听取各县市区主要负责人的汇报后，孙立坤就如何开展好下一阶段的教育实践活动提出要求：一是学习态度要踏实，把学习贯穿始终，既注重学习理论知识，又注重学习实践经验，并在学习教育的基础上，进行深入系统的思考，撰写好心得体会，真正入耳、入脑、入心。二是征求意见要真实，拓宽征求意见的范围和渠道，更多地听取基层党员和普通群众的意见，注意听取工作对象和服务对象的建议，重视群众信访、来访等送上门的意见。三是整改措施要扎实，针对查摆出来的具体问题，逐一制定整改措施，即查即改，不能避实就虚、避重就轻、避难就易。四是创新动作要务实，探索开展富有特色、富有成效的自选动作，推动群众路线教育实践活动有声有色开展。五是领导带头要落实，带头深入扎实学习，带头到基层、一线、群众中征求意见，带头查找“四风”问题，带头制定整改措施，切实增强思想自觉和行动自觉，用表率行为推动全市群众路线教育实践活动的开展。六是督导工作要严实，确保活动始终高标准、严要求推进，确保活动不虚、不空、不偏，取得实效。七是活动开展要求实，把开展群众路线教育实践活动与狠抓落实、做好当前工作紧密结合，努力保持经济社会平稳较快发展的好势头，维护社会和谐稳定的好局面。市领导丁福浩、秦海彬、王宏昌、王长松、郭鹏，省委第六督导组联络员丁霞出席会议。

4月22日，由中央组织部干部一局副巡视员、中央第一巡回督导组成员何新红率领的党的群众路线教育实践活动中央第一巡回督导组一行莅焦，就党的群众路线教育实践活动开展情况进行调研督导。调研的主要内容包括：市级领导班子及个人学习教育情况，征求意见、查摆问题情况，深入推进教育实践活动的打算与建议。执法监管部门、窗口单位、服务行业开展教育实践活动情况。督导组一行到市人才交流中心、市公交总公司、河南理工大学进行实地调研，听取了河南理工大学关于开展群众路线教育实践活动的情况汇报。市委书记孙立坤、市委常委、组织部部长王长松陪同调研。

4月23日，孙立坤主持召开市委常委会议，针对省委党的群众路线教育实践活动督导组反馈的市委常委会在群众路线教育实践活动中的意见和建议，研究制定整改措施。

5月6日，全市特邀监督工作会议召开。会议要求，一是要加强学习，做到能监督。要认真把握中央、省委、市委群众路线教育实践活动的总体要求，学习好、把握准教育实践活动的安排部署、规定动作，明确市教育实践活动的目的任务和特色环节；要尽可能全面了解被监督单位的工作情况，将有效监督建立在充分了解的基础之上。二是要抓住重点，做到会监督。要抓住重点单位，坚持以直接联系服务群众的执法监管部门、窗口单位和服务行业为监督重点；要抓住重点对象，坚持以领导班子和领导干部为监督的重点对象；要抓住重点环节，切实抓好“听取意见梳辫子、查摆问题照镜子、整改建制拉单子”等关键节点。三是要精心安排，做到善监督。四是要履职尽责，做到敢监督。市委常委、组织部部长王长松出席会议。

5月8日，市委书记孙立坤到党的群众路线教育实践活动联系点沁阳市沁园街道袁屯村征求基层群众对干部作风的意见建议。在一户普通村民家中，孙立坤和乡亲们围坐在院子里，与大家促膝谈心、征求意见建议。

5月12日，市委副书记丁福浩到党的群众路线教育实践活动联系点市工业和信息化局调研，了解该局各项工作和党的群众路线教育实践活动开展情况，广泛征求干部职工的意见和建议。

5月14日，市级领导班子教育实践活动群众评价会议举行。市委书记孙立坤主持会议并通报市委领导班子教育实践活动“学习教育、听取意见”环节的工作情况，市长张文深、市人大常委会主任王明德、市政协主席秦海彬分别通报市政府领导班子、市人大常委会领导班子、市政协领导班子教育实践活动“学习教育、听取意见”环节的工作情况。邀请干部群众代表对市委、市人大常委会、市政府、市政协领导班子教育实践活动“学习教育、听取意见”情况进行评价。现职副市厅级以上领导干部，正市厅级老干部，近五年退出领导岗位的副市厅级老干部，市直属部门和群众团体主要负责人，各县市区党政正职，市级民主党派、工商联主要负责人和无党派人士代表，部分市直属企事业单位主要负责人、驻焦省直属单位和企事业单位主要负责人，部分市级以上“两代表一委员”和党员群众代表参加了评价。省委第六督导组组长钱国玉出席会议并作重要讲话，省委第六督导组副组长杨国功、郭汉斌及督导组成员出席会议。

同日，焦作市党的群众路线教育实践活动推进会召开。市委书记孙立坤主持会议，并结合学习贯彻习近平总书记前不久在河南考察时的重要讲话以及中央党的群众路线教育实践活动视频会议精神，就抓好“查摆问题、开展批评”环节各项工作讲四点意见：一是深入学习领会习近平总书记在河南考察时的重要讲话和中央视频会议精神，增强开展活动的责任感和紧迫感。二是认真总结第一环节的做法和成效，提升开展活动的信心和动力。三是明确第二环节的工作任务，确保活动聚焦重点、严格标准。要注重及时总结，在“回头看”上下功夫；要从严从实查摆，在找准突出问题上下功夫；要坚持坦诚相待，在谈心交心上下功夫；要明确撰写标准，在对照检查材料上下功夫；要发扬整风精神，在开好专题民主生活会上下功夫；要做到贯穿始终，在抓好重点任务上下功夫。四是加强组织领导，增强指导活动的针对性和实效性。省委第六督导组副组长、省委组织部副厅级组织员、机关党委书记郭汉斌，市委副书记、市长张文深，市人大常委会主任王明德，市政协主席秦海彬等出席会议。市现职副市厅级以上领导干部，正市厅级老干部，近五年退出领导岗位的副市厅级老干部，市直属部门和群众团体主要负责人，各县市区党政正职，市级民主党派、工商联主要负责人和无党派人士代表，部分市直属企事业单位主要负责人、驻焦省直属单位和企事业单位主要负责人参加会议。

5月14日，焦作市召开征求执法监管、窗口单位等直接联系服务群众单位意见专题座谈会，听取对市委常委会和市委常委关于“四风”问题、民生难题、“十大建设”、经济转型示范市和美丽焦作建设以及如何搞好群众路线教育实践活动的意见建议。在听取发言后，市委书记孙立坤指出，执法监管部门、窗口单位和服务行业，处在党委、政府联系服务群众的最前沿、第一线，教育实践活动开展得怎样，群众看得见、摸得着、感受最深。要以服务为主线，以人民群众满意为标准，改进工作、改善服务，提高服务水平，把群众路线教育实践活动扎实开展下去。市委常委、常务副市长姜继鼎主持会议。

5月16日，省委召开全省领导干部会议，学习贯彻习近平总书记考察河南时的重要讲话精神和中央党的群众路线教育实践活动视频会议精神，对全省第二批群众路线教育实践活动进行再动员再部署，推动活动健康深入开展，促进全省经济持续健康发展、社会和谐稳定。全省领导干部会议结束后，焦作市随即召开电视电话会议，市委书记孙立坤就贯彻落实会议精神强调：一要领会精神抓落实，要按照这次会议和河南省纪念焦裕禄同志逝世50周年座谈会的部署要求，查漏补缺，进一步谋划好下一步工作，确保工作安排符合上级要求、切合焦作实际，确保活动扎实有序有效开展。二要突出重点抓落实。要开展好群众评价和“回头看”工作，对发现的问题加紧整改。要对照“三严三实”要求，开展好第二环节各项工作，坚持坦诚相待，开展谈心交心，认真撰写检查材料，写出质量和水平；开好专题民主生活会，严肃认真地进行批评与自我批评。三要领导带头抓落实。四要强化监督抓落实。要发挥各级督导组作用，从严从实把关，敢于碰硬较真，提高督导质量，确保活动不走过场；要发挥60名党外特邀监督员的作用，对各单位特别是执法监管部门、窗口单位活动情况进行全程监督等。五要统筹兼顾抓落实。要紧紧围绕落实“四个着力”和全市改革发展稳定大局，把教育实践活动与中心工作有机结合起来，以工作实效检验活动成效。市领导张文深、丁福浩、王明德、秦海彬、原振喜、王宏昌、杨娅辉、甘茹华、丁保东、姜继鼎、宫松奇等在焦作分会场出席会议。

6月4日，市委书记孙立坤主持召开市委常委（扩大）会议，研究党的群众路线教育实践活动查摆问题、开展批评环节的工作。会议听取了市委常委、组织部部长王长松传达中央第一巡回督导组和省委活动办对领导干部对照检查材料的修改意见，汇报省委活动办《关于提高专题民主生活会质量的9项举措》的贯彻意见。会议强调，一是思想认识要真正提升。撰写对照检查材料既是对学习教育、听取意见的总结，又是查摆问题、开展批评的前提，更是整改落实、建章立制的基础。每个班子和领导干部都要严格按照中央和省委要求，以兰考为标杆，认真查摆问题，真诚谈心谈话，撰写好对照检查材料，为开好高质量专题民主生活会奠定良好基础。二是主要内容要直奔主题。查摆问题重在查摆突出问题尤其是“四风”问题，不能羞羞答答，不搞遮遮掩掩，不穿靴戴帽，不说虚话空话，做到真刀真枪、刺刀见红。三是查摆问题要结合实际。四是剖析原因要触及灵魂。自觉做到“四个不能”，即不能只谈客观原因不谈主观原因，不能只谈集体原因不谈个人原因，不能只谈别人原因不谈自己原因，不能只谈表面原因不谈深层次原因。五是整改措施要务实管用。要本着“具体实在、务实管用”的原则，针对查摆出的具体问题，紧密结合实际，逐项逐条制定整改措施，明确如何改、改到什么程度、取得什么效果。市领导王明德、秦海彬、王宏昌、杨娅辉、甘茹华、丁保东、姜继鼎、郭鹏、宫松奇等出席会议。

6月12日，焦作市党的群众路线教育实践活动督导工作会议召开。市委常委、组织部部长王长松出席会议并要求，要集中力量抓好专题民主生活会工作，要抓好会前谈心交心，敢于触及思想深处和问题实质。要抓好对照检查材料审核，突出具体事例、突出开门见山、突出客观深刻三个审核重点。要扎实开好专题民主生活会，做到严格要求，把好时间关；严肃认真，把好批评关；强化责任，把好评议关。

同日，“怀川大讲堂”专题报告会举行，中共中央党校副教育长、教授、博士生导师韩庆祥作题为《坚持科学的世界观和方法论》的专题报告。报告从执政主题、执政目标、执政理念、执政主线、执政思路、执政方略、执政支点等七个方面，对习近平总书记的系列讲话精神以及新一届中央领导集体执政的总体思路作了详细解读和深入阐述。市领导孙立坤、丁福浩、王明德、秦海彬、原振喜、姜继鼎、宫松奇等市委中心组成员，各县市区、市直单位副县级以上领导干部，省部属驻焦单位以及市属企事业单位负责人参加报告会。

6月16日至17日，市委常委班子“学讲话、转作风、强党性”专题学习讨论会召开，市委书记孙立坤主持。深入学习贯彻习近平总书记指导兰考县委常委班子专题民主生活会时的重要讲话精神，省委书记郭庚茂在参加兰考县委常委班子专题民主生活会时的讲话精神，以及中央、省委有关文件精神，对高质量开好民主生活会、不断把教育实践活动引向深入等工作进行研究部署。各位常委围绕“学讲话、转作风、强党性”进行讨论发言，进一步提升了认识，统一了思想，增强了搞好教育实践活动、转变作风的思想自觉和行动自觉。会议要求，市委常委班子成员要努力做到五个带头：一要带头提升认识。民主生活会制度是党的一项重要制度，开好专题民主生活会是把教育实践活动的认识成果转化为实践成果、由查摆问题转向解决问题的一个重要环节，是班子成员党性、作风、胸襟和精神状态的一次集中检验。二要带头查摆剖析。查摆剖析是解决问题的基础，要进一步聚焦“四风”，一个一个问题查摆清楚，真正把问题找准找实、把根源挖深挖透。三要带头开展批评。要敢于拿起并正确运用批评与自我批评的武器，坚持把团结作为出发点和归宿，按照“不放礼炮、不放哑炮，不放空炮”的要求，严肃认真开展批评，做到见人见事见思想。四要带头落实整改。抓好整改落实是解决“四风”问题的关键，要始终坚持问题导向，敢于动真碰硬，切实抓好问题的整改落实。五要带头推进工作。要坚持两手抓、两不误、两促进，把开展好教育实践活动与深化改革、加快转型、改善民生、维护稳定、提升党建等结合起来，进一步审视、改进、完善、提升工作措施，扎实推进当前的各项重点工作，以改革发展稳定的成效检验教育实践活动的成果。省委第六督导组副组长杨国功出席会议，市领导张文深、丁福浩、秦海彬、原振喜、王宏昌、王长松、杨娅辉、甘茹华、丁保东、姜继鼎、郭鹏、宫松奇等出席会议。

6月17日至18日，根据省委统一部署和全市党的群众路线教育实践活动总体安排，市委常委召开党的群众路线教育实践活动专题民主生活会，深入贯彻习近平总书记兰考重要讲话精神，以反对“四风”、服务群众为重点，认真开展批评和自我批评。市委书记孙立坤主持民主生活会，并代表市委常委班子作对照检查，带头作自我批评，并和其他人员相互开展批评。市委常委班子成员都认真进行对照检查，梳理出自身以及常委班子存在的问题，深入剖析原因，坦诚开展批评和自我批评。孙立坤在总结讲话时指出，以民主生活会为新起点抓好整改落实，必须坚持不懈加强学习，坚持不懈查找剖析，坚持不懈解决问题，坚持不懈建章立制，坚持不懈统筹推进。孙立坤强调，要把这次专题民主生活会作为新的起点，切实担负起双重责任，在落实好下一步活动要求和任务的基础上，把这次专题民主生活会的经验做法及时传达下去，指导各县市区、市直部门以及分包联系点开好专题民主生活会。同时，要以这次专题民主生活会为契机，抓好作风建设，加强班子自身建设，努力把市委常委会建设成为一个政治坚定、务实创新、执政为民、团结和谐、清正廉洁的坚强领导集体，为经济转型示范市和美丽焦作建设提供有力保障。省委第六督导组组长钱国玉到会指导并对会议召开情况进行点评。钱国玉指出，这次专题民主生活会认真贯彻了中央和省委的要求，常委们开门见山、直奔主题，紧紧围绕“四风”问题进行对照检查；坦诚认真，真正开展了批评和自我批评；既查摆问题又剖析根源，没有就事论事；针对存在的问题，提出了今后努力的方向和整改措施，会议收到了相互教育、相互启发、相互警醒的效果，体现了党内生活、作风建设的新气象，是一次高质量的专题民主生活会。钱国玉希望焦作市委，一要切实抓好整改落实，二要切实严格党内生活，三要切实推进科学发展。省委第六督导组副组长杨国功、郭汉斌和督导组成员到会指导。市委常委张文深、丁福浩、王宏昌、王长松、杨娅辉、甘茹华、丁保东、姜继鼎、郭鹏、宫松奇参加民主生活会。市人大常委会主任王明德、市政协主席秦海彬列席会议。

6月19日，市人大常委会党组书记、主任王明德主持召开市人大常委会领导班子党的群众路线教育实践活动专题民主生活会。省委第六督导组成员、省纪委案件审理室正处级纪检监察员刘惠敏到会指导，市人大常委会副主任穆玉华、李世友、魏丰收、部小方、葛探宇，秘书长张凤驰出席会议。

6月19日至20日，市委副书记、市长张文深主持召开市政府领导班子党的群众路线教育实践活动专题民主生活会。省委第六督导组副组长杨国功到会指导，市领导姜继鼎、贾书君、胡小平、李海松、王建修参加民主生活会。

6月19日，市政协党组书记、主席秦海彬主持召开市政协领导班子党的群众路线教育实践活动专题民主生活会。省委第六督导组成员、省委组织部机关党委人事处副调研员户春阳到会指导，市政协副主席周备锋、范涛、杜宇、许竹英，秘书长翟传森出席会议。

6月24日，践行党的群众路线——王在富同志先进事迹报告会举行。报告团成员从不同侧面再现了王在富一心为民、真抓实干、解放思想、勇于创新的执着信念，以身作则正家风树民风、胸怀事业三让贤育新人的高尚品格，为与会人员上了一堂生动的党的群众路线教育活动课。市领导孙立坤、丁福浩、王明德、秦海彬、原振喜、甘茹华、宫松奇等与全市600余名机关干部一同聆听报告。此后，报告团到各县市区作巡回报告。

7月1日，由市委宣传部、市文联主办，市美术家协会、市漫画研究会承办的焦作市反“四风”树新风漫画作品展在市文联开展。共征集到200余幅作品，选出70件展出。作品集中反映了落实中央八项规定精神、坚决纠正“四风”树立新风等内涵。

7月7日至8日，市委书记孙立坤主持指导沁阳市委常委班子专题民主生活会，并就进一步开展好教育实践活动提出要求。省委、市委联合派驻沁阳市督导组组长、三门峡市人大常委会副主任吕均平及督导组全体成员出席专题民主生活会。专题民主生活会前，孙立坤专题审议了民主生活会筹备方案，调阅了沁阳市领导班子和领导班子成员对照检查材料，并与沁阳市委常委逐一谈心、谈话，为沁阳市开好专题民主生活会作准备。就高质量开好专题民主生活会，孙立坤要求，一是要进一步提升认识。二是要进一步端正态度。要本着对发展负责、对班子负责、对自己负责、对同志负责的态度，不绕弯子、不兜圈子，敢于亮短揭丑、敢于讲真话实话，把一个真实的自我展现在组织面前。三是要进一步聚焦问题。要围绕为民务实清廉主题，重点聚焦遵守党的政治纪律方面的问题，落实中央八项规定和省委、市委相关要求方面的问题，“四风”方面的突出问题，以及解决关系群众切身利益和联系服务群众“最后一公里”方面的问题，开门见山，深刻剖析，真正做到见人见事见思想。四是要进一步体现辣味。要坚持真刀真枪、刺刀见红，深入开展批评与自我批评。五是要进一步增进团结。要本着知无不言、言无不尽、言者无罪、闻者足戒的原则，出于公心、出于诚心、出于真心地帮助同志找问题治治病，把民主生活会开成发扬民主、增进团结，洗澡治病、增强党性的会议。在专题民主生活会上，沁阳市委书记魏新洪代表沁阳市委常委班子作对照检查，同时开展个人对照自查，常委班子成员分别对魏新洪开展批评。随后，吕均平主持召开分析评估会。根据分析评估会的意见，孙立坤要求专题民主生活会要直面“四风”、直白表达、直指问题，确保实效。按照要求，沁阳市委常委成员一一作对照检查，深刻查摆了自身存在的问题，坦诚相见地开展了批评与自我批评。孙立坤对此次专题民主生活会给予肯定。吕均平说，开好专题民主生活会，只是个良好的开端，下一步要认真抓好整改落实，在立行立改、建立长效机制和实现活动常态化上下更大的功夫，一是要切实抓好整改落实，对找准的问题，要拉单子、建台账，逐一整改，一抓到底，确保整改到位。二是要切实严格党内生活，着力推进党内生活的规范化，切实提高党内生活的质量，要把这次民主生活会好的做法坚持下去、发扬下去，不断提升党员领导干部的思想境界。三是要切实推进发展，把党员干部在教育实践活动中形成的新作风、焕发的新精神、凝聚的新力量，引导到全面深化改革、推进科学发展、实现社会稳定上来，把教育实践活动的成果运用到推进沁阳经济增长、维护和谐稳定上来，真正实现“两手抓、两促进”的目的。魏新洪最后作表态发言。

7月8日，市委副书记、市长张文深指导孟州市委常委班子专题民主生活会，并对下一步教育实践活动开展提出要求。省委、市委联合派驻孟州市督导组组长、洛阳市人大常委会副主任黄元元及督导组全体成员出席专题民主生活会。

7月9日，市委书记孙立坤到市人社局主持指导局班子专题民主生活会，并就进一步开展好党的群众路线教育实践活动提出要求。市委第二十督导组组长、焦作大学党委书记郭维杰及督导组全体成员参加专题民主生活会。

7月15日，市级领导班子教育实践活动群众评议会议召开，通报市四大班子党的群众路线教育实践活动第二环节开展情况，特别是专题民主生活会情况，邀请干部群众进行评议。省委第六督导组副组长郭汉斌代表省委第六督导组对市级领导班子教育实践活动第二环节开展情况给予充分肯定，并就做好群众评议工作提出要求。市委书记孙立坤强调：一要善于总结提高，坚持好经验、好做法，确保活动不虚、不空、不偏、不走过场。二要树立标杆意识，坚持高标准、严要求，确保专题民主生活会开出成效。三要狠抓整改落实，坚持出实招、出硬招，确保把活动不断引向深入。评议会上，市四大班子主要负责人分别通报本班子教育实践活动“查摆问题、开展批评”环节开展情况。会议进行了群众评议，与会人员填写了评议表。

7月30日，市委书记孙立坤主持指导沁阳市沁园街道办事处专题民主生活会。该街道是孙立坤党的群众路线教育实践活动联系点。

同日，市委副书记、市长张文深主持指导孟州市河阳街道办事处专题民主生活会。该街道是张文深党的群众路线教育实践活动联系点。

7月31日至8月1日，由省委党的群众路线教育实践活动第六督导组组长钱国玉带领的督导组莅焦，就教育实践活动进入查摆问题、开展批评环节以来，开展专题民主生活会、组织生活会及整改落实情况进行调研督导。钱国玉对前一阶段的教育实践活动给予充分肯定。就下一步活动的深入开展，钱国玉要求，结合焦作的具体实际，抓好有关精神以及整改措施、建章立制的落实。一是回应，即整改落实要回应社会各界关切的突出问题。二是具体，整改措施要具体到门到事到人，逐一制定具体得力的整改措施，确保活动取得成效。三是立制，整改要在建章立制上做文章，建立长效机制，固化活动成果。四是统筹，既要统筹抓好县、乡、村级的民主生活会和整改落实，也要把教育实践活动与促进改革发展稳定结合起来，协调推进，保证教育实践活动取得实效。督导调研期间，省委第六督导组还到沁阳市和武陟县，分别听取沁阳市委和西万镇党委、紫陵镇党委的工作汇报，听取武陟县委和詹店镇党委的工作汇报。省委第六督导组副组长、省委组织部副厅级组织员、机关党委书记郭汉斌参加督导调研，市领导孙立坤、张文深、丁福浩、王宏昌、王长松出席汇报会。

8月7日，市委书记孙立坤主持召开市委常委会议，研究中央巡视组反馈意见整改落实、党的规范性文件清理、惩防体系建设等工作。会议听取市委副书记丁福浩关于中央巡视组反馈意见及整改落实情况的汇报。会议要求，一要高度重视、精心组织，切实把整改落实工作作为当前的一项重大政治任务来抓。二要建立台账、从快整改。要认真对照中央巡视组反馈意见，特别是对梳理出的25项专题事项，主动认领、对号入座，拉单子，建台账，订方案，明责任，一个问题一个问题解决。三要重点突破、从严从实。四要注重方法、稳妥处置。五要统筹兼顾、确保效果。会议听取丁福浩关于全市第一阶段党的规范性文件清理工作的汇报，听取市委常委、市纪委书记王宏昌关于《焦作市建立健全惩治和预防腐败体系2013～2017年实施意见》有关情况的汇报。市委常委张文深、丁福浩、王宏昌、王长松、杨娅辉、甘茹华、姜继鼎、郭鹏、宫松奇出席会议，市领导王明德、秦海彬、原振喜列席会议。

8 月 12 日，市委落实中央巡视组反馈意见整改工作会议召开。会议听取各有关单位关于落实中央巡视组反馈意见整改工作情况汇报，安排部署了下一步中央巡视组反馈意见整改工作。市委副书记丁福浩强调，要认真对照整改工作方案，逐项拉出清单、细化措施、明确责任，具体到人、到事、到部门，确保全市 25 项整改任务全部落实到位。要切实加大督促检查力度，通过明查暗访、跟踪问效等形式，深入了解情况，发现问题，督促整改，确保工作有序开展。要加强协调，统筹兼顾，定期研究工作中存在的问题，严格执行例会等各项制度，及时了解有关单位工作推进情况，协调解决具体问题，确保整改问题和推动工作“两不误、两促进”。

8 月 14 日，市委常委结合党的群众路线教育实践活动，指导各自联系的县市区开展全省市厅级领导干部研讨班辅导报告精神学习讨论活动。

8 月 15 日，焦作市全面清理整治奢华浪费建设工作会议召开。清理对象主要是：2007 年 3 月中央办公厅、国务院办公厅下发《关于进一步严格控制党政机关办公楼等楼堂馆所建设问题的通知》以后举债建设的豪楼、地标。清理的重点主要有三类，即超规模、超标准、超投资概算的；挪用扶贫款、救灾款等专项资金的；举借和使用政府性债务资金的奢华浪费建设。市委副书记丁福浩出席会议并讲话，副市长李海松主持会议并宣读《焦作市委党的群众路线教育实践活动领导小组关于转发中央教育实践活动领导小组〈关于在党的群众路线教育实践活动中全面清理整治奢华浪费建设的通知〉的通知》。

8 月 21 日，市委书记孙立坤主持召开市委常委会议，研究群众路线教育实践活动第三环节总体安排。会议听取市委常委、组织部部长王长松关于党的群众路线教育实践活动第二环节开展情况和第三环节总体安排的汇报。就如何开展好第三环节的工作，会议要求，要提升认识不懈怠，紧扣主题不跑偏，明确任务不空泛，抓住重点不忙乱，务求实效不浮夸，强化领导不敷衍。

市委书记孙立坤在武陟县调研党的群众路线教育实践活动开展情况。图为在武陟县龙源街道东仲许村慈善幸福院听取群众意见和建议。 刘 璐 摄

8 月 28 日，市委书记孙立坤到武陟县调研党的群众路线教育实践活动开展情况、经济社会发展情况以及信访稳定工作。

9 月 2 日，河南省社会科学院副院长刘道兴等党建专家和省新闻媒体有关部门负责人，就群众路线教育实践活动莅焦调研指导。

9 月 10 日，“清风焦作”全市反腐倡廉微电影展映展播首映启动仪式在焦作广播电视台举行。市委常委、市纪委书记王宏昌为获得微电影一等奖的《赝品》颁奖，并启动“清风焦作”全市反腐倡廉微电影展映展播活动。

同日，全市统一战线各界代表人士党的群众路线教育实践活动情况通报会及征求意见建议座谈会召开。

9 月 12 日，省委党的群众路线教育实践活动第六督导组组长钱国玉带领督导组一行 9 人莅焦，就整改落实、建章立制环节工作进行调研督导。督导组对近期教育实践活动给予充分肯定并要求，一是要加强学习教育，提高对“决战整改”的认识。要认真学习和落实习近平总书记在听取兰考县委和河南省委党的群众路线教育实践活动情况汇报时的重要讲话精神，省委书记郭庚茂在全省领导干部会议上的讲话精神，加强教育，传导压力，不能松气，提高对“决战整改”的认识和信心。二是要真抓实做，确保整改落到实处。要指导各级领导班子制订好整改方案，开展督导检查，作好协调服务，抓好方案落实。三是要统筹兼顾，做到活动开展与经济社会发展“两手抓、两不误、两促进”，真正把群众满意作为活动的最终目标，用经济社会发展成果检验活动成效。省委第六督导组还到修武县、武陟县和解放区进行实地调研。省委第六督导组副组长郭汉斌参加督导调研，市委副书记、市长张文深出席汇报会，市委常委、组织部部长王长松陪同调研。

9 月 15 日，市委书记孙立坤主持召开市委常委会议，研究党的群众路线教育实践活动“整改落实、建章立制”环节工作开展。会议强调，思想认识不能低，组织领导不能弱，整改落实不能空，制度建设不能虚，督导检查不能松，统筹兼顾不能偏。要敢于“揭短亮丑”，勇于“刮骨疗伤”，触及问题实质，确保整改事项不虚；要针对整改事项，制定可操作、可执行、可检查的具体办法，确

保整改措施不虚；要以群众满意为检验标准，群众不满意的，要重新整改，确保整改效果不虚；要把活动中的好经验、好做法以制度的形式固定下来、坚持下去；要把开展活动与经济发展、深化改革、信访稳定、党的建设等工作结合起来，以活动促工作、以工作验活动，真正做到两不误、两促进。市领导张文深、王明德、秦海彬、原振喜、王宏昌、王长松、杨娅辉、甘茹华、丁保东、郭鹏、宫松奇、刘新旺等出席会议。

9月16日，焦作市党的群众路线教育实践活动决战整改推进会召开。市委书记孙立坤就贯彻落实中央和省、市委部署，全力打好决战整改攻坚战讲了九点意见：一是决战整改要保持清醒。要认真落实习近平总书记强调的“四个防止”“三个着力”“三个坚持不懈”指示精神和郭庚茂提出的决战整改工作要求，强化“五个绝对不能”理念，坚决摒弃“闯关”思想、“厌烦”情绪、“应付”心态，进一步增强抓好整改的政治自觉、思想自觉和行动自觉，坚持思想不疲、标准不降、力度不减，以决战决胜的姿态打好整改攻坚战。二是决战整改要领导带头。要带头抓好整改，带头深入基层，带头解决实际问题。三是决战整改要突出重点。要盯紧重点活动对象，抓好重点整改事项，把握重点推进方法。四是决战整改要攻坚克难。要强化责任意识，排定“路线图”；注重信息公开，主动“晒单子”；狠抓整改落实，全力“钉钉子”。五是决战整改要敞开大门。要充分发挥党外特邀监督员的监督作用；加大第三方监督力度，继续为省级新闻媒体等第三方机构跟踪报道、中立点评和抽样测评整改落实工作开展情况创造便利条件，接受社会各界广泛监督；扩大公示的广度深度。六是决战整改要强化督导。七是决战整改要健全制度。八是决战整改要落实责任。九是决战整改要统筹推进。要处理好教育实践活动和做好当前工作的关系，用活动推进工作，用工作检验活动。市委常委、组织部部长王长松主持会议，并就传达贯彻落实会议精神提出具体要求。市领导王明德、秦海彬、王宏昌、甘茹华、郭鹏等出席会议。

9月25日，省委第四巡视组巡视焦作工作动员会召开。省委巡视工作领导小组办公室主任万里光就如何配合省委巡视组工作提出要求。万里光强调，要充分认识巡视在推动党风廉政建设和反腐败斗争中的重要地位作用，切实把思想、行动统一到中央和省委的要求上来，以高度的政治责任感对待巡视工作，不断增强贯彻落实中央和省委关于巡视工作决策部署的自觉性和坚定性。焦作市委领导班子和各级领导干部要做到态度鲜明，立场坚定，积极支持配合省委巡视组工作，共同完成好这次巡视任务。巡视组组长孙丰年、巡视组副组长翟迎波对即将开展的巡视工作作了部署。巡视组重点监督检查焦作市领导班子及其成员特别是主要负责人以下情况：一是在深入推进党风廉政建设和反腐败斗争方面，着力发现领导干部是否存在违反廉洁自律规定的问题，是否存在权钱交易、以权谋私、贪污贿赂、腐化堕落等违纪违法问题；二是在执行中央八项规定精神和加强作风建设方面，着力发现是否存在形式主义、官僚主义、享乐主义和奢靡之风等方面的突出问题，是否存在打折扣、搞变通等问题；三是在严明党的政治纪律方面，着力发现领导干部是否存在对涉及党的理论和路线方针政策等重大政治问题公开发表反对意见、对中央方针政策和重大决策部署阳奉阴违等问题，是否存在落实党风廉政建设主体责任、监督责任不到位的问题；四是在执行组织纪律、民主集中制和干部选拔任用方面，着力发现是否存在组织涣散、纪律松弛现象，有无违反请示报告制度、我行我素、自行其是等问题，是否存在独断专行、严重不团结等问题，是否存在买官卖官、拉票贿选、突击提拔干部、违规用人、搞团团伙伙、超职数配备干部等选人用人上的不正之风和腐败问题。同时，对反映领导干部在其他方面的重大违纪违法问题线索和下一级领导班子主要负责人的重要问题线索，巡视组也要了解掌握。市委副书记、市长张文深出席会议。巡视组全体成员，市委、市人大常委会、市政府、市政协领导班子成员，市中级人民法院院长、市人民检察院检察长，其他市厅级在职领导干部出席会议，市纪委、市委组织部班子成员，各县市区主要负责人参加会议。

10月8日，市委书记孙立坤主持召开市委常委扩大会议，学习贯彻习近平总书记在党的群众路线教育实践活动总结大会上的讲话精神。会议强调：一要把总书记讲话精神学习领会好。要按照中央、省委的有关要求，全面深入做好活动总结工作，切实把讲话精神学深学透，把思想和行动统一到讲话精神上来，杜绝过期收兵的思想，抓好各项工作，敬终如始，确保活动取得实实在在的成效。二要把总书记讲话精神贯彻落实好。从严治党要落实到位，作风建设要深入持久，决战整改要一抓到底，收尾工作要部署周密。三要把总书记讲话精神转化为推动工作的强大动力。要扎扎实实完成全年目标任务，扎扎实实谋划明年各项工作，扎扎实实推进“十大建设”，扎扎实实抓好安全稳定。

10月9日，市级领导班子教育实践活动群众评判会议举行，对教育实践活动进行群众评判和群众测评。省委第六督导组副组长杨国功出席会议并在讲话中强调，要按照习近平总书记“必须抓常、抓细、抓长，持续努力，久久为功”和省委书记郭庚茂关于决战整改的要求，突出整改重点，以解决问题的实际成效交出群众满意的答卷，确保教育实践活动善始善终、善做善成。市委书记孙立坤主持会议，并通报了全市群众路线教育实践活动开展情况：一是真抓实做，着力抓好学习教育，广泛深入查摆问题；二是求实求效，扎实抓好整改落实，建立健全长效机制；三是坚持不懈，认真抓好收官总结，持续推进作风建设，为经济转型示范市和美丽焦作建设提供坚强保障。省委第六督导组副组长、省委组织部副厅级组织员、机关党委书记郭汉斌，省委第六督导组全体成员出席会议。市领导张文深、丁福浩、王明德、秦海彬、原振喜、王宏昌、王长松、杨娅辉、甘茹华、丁保东、姜继鼎、郭鹏等出席会议。参加评判人员填写群众评判表，对市级领导班子教育实践活动情况和全市教育实践活动情况进行评判。

10 月 13 日，全省党的群众路线教育实践活动总结会议在郑州召开。省委书记、省人大常委会主任郭庚茂出席会议并作重要讲话。市委书记孙立坤在焦作分会场出席会议，就落实好这次会议精神，做好下一步工作提出要求：一要学习领会，强化思想认识不放松；二要抓深抓细，狠抓整改落实不放松；三要立足长远，狠抓建章立制不放松；四要从严要求，狠抓督导检查不放松；五要善作善成，狠抓组织领导不放松；六要持续用力，狠抓作风建设不放松；七要坚定不移，狠抓从严治党不放松；八要统筹兼顾，狠抓工作落实不放松。省委第六督导组副组长、省政协社会和法制委员会主任杨国功，市领导张文深、丁福浩、王明德、秦海彬、原振喜、王宏昌、杨娅辉、甘茹华、丁保东、姜继鼎等在焦作分会场出席会议。

同日，市委书记孙立坤主持召开市委常委会议，学习全省党的群众路线教育实践活动总结大会精神，研究如何善始善终搞好全市群众路线教育实践活动。会议要求，一是回顾总结要严肃认真。要继续深化学习教育，把近期中央、省委的新要求学深学透，把学习弘扬焦裕禄精神作为一条红线坚持下去，把党员领导干部的思想进一步统一到“党要管党、从严治党”的各项要求上来。二是“回头看”要严肃认真。着重从查看学习教育是否持续深入、问题整改是否落实到位、建章立制是否有效管用、活动成果是否群众满意等方面，对活动整体开展进行一次总结、回顾、纠正、补充，一切以群众满意为标准，以群众反映问题的解决好坏为标准。三是决战整改要严肃认真。四是制度建设要严肃认真。五是督导工作要严肃认真。六是持久抓好作风建设要严肃认真。七是统筹兼顾推进工作要严肃认真。八是强化组织领导要严肃认真。市委常委张文深、丁福浩、王宏昌、王长松、杨娅辉、甘茹华、丁保东、郭鹏出席会议，市领导王明德、秦海彬、原振喜列席会议。

10 月 24 日，市委书记孙立坤主持召开市委常委会议，研究党的群众路线教育实践活动工作。会议强调，要认真抓好活动总结，把好的做法固化下来、坚持下去，不断取得新的成效；把活动中存在的问题找准确，认真分析原因，看到差距和不足，进一步明确改进的重点和方向，使活动的效果更加明显；把总结的进度把握好，按照省委“压茬推进要到底”的要求，按时间节点，分类组织、有序推进各级各单位的活动总结工作。要持续抓好学习提升，把党员领导干部的思想进一步统一到党要管党、从严治党的各项要求上来。要持续抓好整改落实，抓好整改方案的兑现落实。要持续抓好建章立制，真正形成靠制度管人、按规章办事的好风气。要持续抓好督导检查。要持续抓好作风建设，推动作风建设常态化，坚决避免活动一阵风、雨过地皮湿的问题。要持续抓好从严治党，坚持党建、发展两手抓两手都要硬。要持续抓好工作落实，以推进工作的实际成效体现教育实践活动的成果。市委常委张文深、丁福浩、王长松、杨娅辉、姜继鼎等出席会议。

10 月 28 日，全市党的群众路线教育实践活动总结会议召开。市委书记孙立坤指出，全市教育实践活动自 2 月 25 日启动，共有 8174 个党组织、20 多万名党员参加，目前已基本结束。活动开展以来，焦作市紧紧围绕为民务实清廉主题，严格按照“照镜子、正衣冠、洗洗澡、治治病”总要求，以“一学三促四抓”为抓手，以“强宗旨转作风，聚合力促转型，加快建设美丽焦作”为总载体，坚持把学习弘扬焦裕禄精神、践行“三严三实”要求贯穿始终，认识上求高，谋划上求新，标准上求严，征求意见上求广，开展批评上求真，整改建制上求实，推动工作上求效，不折不扣抓好“规定动作”，创新载体

全市党的群众路线教育实践活动总结会议

做好“自选动作”，取得了丰硕的实践成果、制度成果和理论成果。广大党员干部思想认识得到提升，宗旨意识进一步增强；“四风”问题得到遏制，干部作风进一步好转；群众关切得到解决，党群干群关系进一步密切；整风精神得到贯彻，党内政治生活进一步规范；制度建设得到加强，长效机制进一步健全；各项工作得到促进，经济社会发展进一步提速。在活动中，积累了宝贵经验，即务必聚焦重点，带动整体突破；务必讲求认真，坚持从严要求；务必敞开大门，发动群众参与；务必领导带头，发挥示范作用；务必真督实导，层层传导压力。就进一步巩固和拓展活动成果，孙立坤强调：一要学深悟透，领会把握上级精神；二要持之以恒，认真完成活动任务；三要抓实抓细，持续加强作风建设；四要聚焦聚力，始终坚持从严治党；五要统筹兼顾，扎实推进各项工作。省委第六督导组副组长、省政协社会和法制委员会主任杨国功在讲话中对焦作市群众路线教育实践活动取得的成绩给予充分肯定。杨国功强调，要深刻认识到教育实践活动有期限，而加强作风建设无尽期，继续下大力气着力解决作风方面的问题，坚持在抓常、抓细、抓长上下功夫。一要着力提高党员、干部改进作风的思想自觉和行动自觉，持之以恒推进作风建设。二要用活用好批评与自我批评这一有力武器，坚持不懈严格党内政治生活。三要继续深化对群众路线是党的生命线和根本工作路线的认识，始终密切联系群众。四要坚持巩固和扩大活动成果，将开展活动的实际成效转化为服务发展、推动转型的强大动力，以好的作风保障各项工作顺利开展，为推进焦作的经济社会发展凝聚强大正能量。市委副书记、市长张文深主持会议。市委副书记丁福浩宣读《中共焦作市委办公室、焦作市人民政府办公室印发〈关于治理为官不为、倡导敢于担当的六项要求〉的通知》。省委巡视组正厅级巡视专员孙丰年，省委第六督导组成员出席会议。市领导丁福浩、王明德、秦海彬、原振喜、王宏昌、王长松、杨娅辉、甘茹华、丁保东、郭鹏、刘新旺等出席会议。全市副市厅级以上领导干部，各县市区党政正职，各市直单位主要负责人以及各乡镇（街道）党（工）委书记参加会议。

市委书记主要活动

【孙立坤主要慰问活动】 1月21日，市委书记孙立坤先后到市级退休干部郭安民、王天顺、张明亮、孟祥堂、赵功佩、李光耀、杜永年、娄遂荣家中慰问；先后慰问驻焦71426部队、市公安消防支队、武警焦作市支队部队官兵；到焦作市大华针织有限公司慰问并看望企业困难职工韩小彩、杨均均和牛坤玲。

1月27日，孙立坤先后到市汽车客运总站、国网焦作供电公司新区客户服务中心、焦作市绿源热力公司、市人民路与塔南路交警岗等处，看望慰问一线职工。

1月28日，孙立坤先后到焦作日报社和焦作广播电视台看望慰问广大新闻工作者；到市水利局看望慰问干部职工。

1月29日，孙立坤到市信访局看望慰问干部职工。

5月28日，孙立坤到市龙源湖学校和龙源湖幼儿园看望慰问少年儿童，为孩子们送去节日祝福，并叮嘱有关负责人一定要抓好校园安全和食品安全，确保孩子们健康快乐成长。

7月29日，孙立坤到焦作军分区慰问。

9月1日，孙立坤先后到市文联、焦作豫剧团、市图书馆等单位调研，看望慰问一线工作人员。

9月3日，孙立坤到教育系统调研，看望慰问广大教师和教育工作者，并送去节日的祝福。

【孙立坤主要调研活动】 1月6日，市委书记孙立坤到博爱县和沁阳市，先后到河南省天鹅型材公司、沁阳市王曲乡丰庆新城新型社区项目调研，并分别与博爱县、沁阳市的领导班子座谈，听取关于党的群众路线教育实践活动准备情况、市人大代表推荐选举和市政协委员协商提名情况的汇报，并提出明确要求。

2月8日，孙立坤到神华国能焦作电厂、焦作万方电厂调研。孙立坤实地察看神华国能焦作电厂迁建工程的建设情况和焦作万方焦作东区热电机组的运转情况。

2月10日，孙立坤察看林业生态建设。

2月27日，孙立坤一行赴兰考拜谒焦裕禄纪念园，开展“学习焦裕禄，践行群众观”学习实践活动。

2月28日，孙立坤到引黄入焦城区段，与干部群众一道参加义务植树活动。

4月2日，孙立坤到沁阳访贫问苦，并召开专题座谈会，听取对市委常委会和市委常委关于“四风”问题、民生难题、经济转型示范市建设以及如何开展群众路线教育实践活动等方面的意见和建议。

4月4日，孙立坤带领市五大班子成员观摩城市水系项目建设。观摩团成员先后实地观摩影视湖水库项目、普济河河道治理工程、大沙河带状湿地项目、群英河（人民路—丰收路）西侧景观改造工程等水系建设项目，听取有关负责人关于水系和观摩项目的规划建设情况以及项目建设中存在的问题。

4月18日，孙立坤带领市五大班子成员观摩太极体育中心项目建设。观摩团成员听取太极体育中心项目介绍，并实地观摩了体育场、体育馆、游泳馆和全民健身中心，了解项目建设进度和推进中遇到的困难。

4月23日，孙立坤到市人社局调研指导，实地察看人才服务大厅各窗口为用人单位和各类人才提供服务

市委书记孙立坤在大沙河湿地公园绿化项目工地观摩生态建设　刘　璐　摄

的情况，了解大学生就业创业、人才引进、社会保障、权益维护、小额贷款、就业信息“一点通”等情况，并征求大家的意见和建议，对开展好下一步教育实践活动提出了明确要求。

4月24日，孙立坤带领市五大班子成员观摩郑焦城际铁路项目建设。观摩团成员先后实地观摩人民路及大沙河连续梁工程、修武西站施工工地、马村区待王站内工程、焦作车站南广场施工工地，了解项目进度、质量和推进过程中遇到的困难和问题。

5月7日，孙立坤带领市五大班子成员观摩公路项目建设。观摩团成员先后实地观摩武陟至云台山高速公路建设项目（修武县大文案互通立交）、S308冢沁线修武至焦作段改建工程（修武县沙河桥）、中原路（人民路—长济高速）道路扩建工程、龙源路（山阳路—中原路）道路新建工程及山阳路（丰收路—新河）改造工程、文汇路（河南路—龙源路）道路新建工程及丰收路（山阳路—中原路）扩宽改造工程，了解项目进度、质量和推进过程中遇到的困难和问题。

5月8日，孙立坤到党的群众路线教育实践活动联系点沁阳市沁园街道袁屯村征求基层群众对干部作风的意见建议。

5月15日，孙立坤带领市五大班子成员观摩能源项目建设。观摩团成员先后实地观摩焦作电厂上大压小异地扩建工程和龙源电厂建设项目，现场了解项目进度、质量和推进过程中遇到的困难和问题。

5月20日，孙立坤先后到市人民路沙河桥和修武县东湖防洪调蓄工程建设现场，了解沙河防洪综合治理和修武水系承接焦作水系等情况，并召开座谈会，对修武县群众路线教育实践活动、水系建设和当前工作提出明确要求。

5月29日，孙立坤带领市五大班子成员观摩生态建设。观摩团成员先后实地观摩太极体育中心周边道路绿化项目、引黄入焦干渠城区段绿化项目、郑云高速公路绿化工程、大沙河湿地公园绿化项目、红砂岭企业绿化基地项目，现场了解生态建设进展情况、绿化质量和推进过程中遇到的困难和问题。

6月3日，孙立坤到武陟县三阳乡樊庄村和位于北郭乡马后庄的武陟县高标准粮田万亩示范方，走进田间地头，察看小麦长势，了解小麦的品种、测产和收获情况，以及农业生产中遇到的实际问题，并询问当地干部如何抓好秸秆禁烧和困难户的帮扶工作。

6月6日，孙立坤带领有关部门负责人先后到市教育局保密室、市招生考试综合服务大厅、市国家教育考试考务指挥中心检查考务准备情况，到焦作一中检查考点、考场布置和考务准备情况。

6月10日，孙立坤先后到马村区中原商贸城项目、马村街道办事处行政便民服务中心实地调研，并在座谈会上就马村区群众路线教育实践活动和当前工作提出明确要求。

6月13日，孙立坤带领市五大班子成员观摩信息化建设。观摩团成员先后实地观摩市第二人民医院智慧医疗工程——数字化医院建设项目、风神轮胎股份有限公司“两化”深度融合工程MES系统项目、焦作移动通信公司网络基础设施建设工程项目，现场了解信息化建设的进展情况和推进过程中遇到的困难和问题。

7月7日至8日，孙立坤主持指导沁阳市委常委班子专题民主生活会，并就进一步开展好教育实践活动提出要求。省委、市委联合派驻沁阳市督导组组长、三门峡市人大常委会副主任吕均平及督导组全体成员出席专题民主生活会。

7月9日，孙立坤到市人社局主持指导该局班子专题民主生活会，并就进一步开展好党的群众路线教育实践活动提出要求。市委第二十督导组组长、焦作大学党委书记郭维杰及督导组全体成员参加专题民主生活会。

7月11日，孙立坤先后到市恒通路南水北调主干渠左岸、塔南路城际铁路群英河段、龙源路黑河段生态治理工程、引黄入焦城区景观段、大沙河防汛治理工程、人民路沙河段和东湖工程施工现场进行实地检查，详细了解防洪防汛的准备情况、应急措施以及防汛和城市水系建设中遇到的困难和问题。

7月18日，孙立坤带领市五大班子成员观摩物流园区和职教园区建设。观摩团成员现场了解这两个园区的建设运转情况和推进过程中遇到的困难和问题。

7月22日，孙立坤到河南中轴集团、卓立科技膜材料股份公司等工业企业，调研工业经济运行情况。

7月30日，孙立坤主持指导沁阳市沁园街道办事处专题民主生活会。沁园街道办事处是孙立坤的群众路线教育实践活动联系点。

8月4日，孙立坤到焦作市商业银行调研。孙立坤详细了解银行发展中取得的成绩以及经营中存在的困难和下一步的发展战略，认为市商业银行的发展思路清晰，治理结构完善，队伍建设加强，服务水平改善，正沿着正确的方向前行。

8月6日，孙立坤到解放区妇幼保健站，就征兵工作进行调研。

8月26日，孙立坤到博爱县调研群众路线教育实践活动开展情况、经济社会发展情况和信访稳定工作。孙立坤一行先后到博爱县产业集聚区焦作天鹅药业有限公司、河南中轴中汇汽车零部件有限公司、焦作市海华纺织股份有限公司、燕京啤酒（河南月山）有限公司，博爱县幸福湖和幸福河湿地公园，博爱县柏山镇下期城村调研。

8月28日，孙立坤到武陟县调研党的群众路线教育实践活动开展情况、经济社会发展情况以及信访稳定工作。孙立坤先后到龙源街道东仲许村慈善幸福院、武陟县社会矛盾调处中心和法律援助中心、木城街道东关村群众工作站调研。

9月9日，孙立坤先后到解放区地税局办税服务厅、山阳区国税局办税服务厅、市政府国资委、市财政局等处调研，看望慰问一线工作人员，听取有关负责人工作汇报，详细了解财税、国资工作情况和存在问题，对取得的成绩给予充分肯定。

9月11日，孙立坤带领有关县区和职能部门负责人，到郑焦城际铁路项目施工场地调研，现场解决影响施工的具体问题。孙立坤一行先后到马村区苏蔺村郑焦城际铁路施工现场、郑焦城际铁路修武西站等处，实地察看项目建设进展情况，详细了解影响施工的具体问题。

9月30日，孙立坤带领有关部门负责人先后到沁阳市长途汽车站、孟州市超限站等处检查。

10月10日，孙立坤先后到解放区南水北调集中安置C区和西王褚安置小区察看南水北调征迁安置工作，到焦东路匝道北侧察看绿化带工程示范段征迁和用地情况。

10月14日至16日，孙立坤率领党政考察团赴山东省菏泽市、临沂市和江苏省徐州市，专项考察当地的城市水系建设，学习借鉴打造水生态环境的好经验、好做法。

10月28日，孙立坤带领有关部门负责人先后到博爱县幸福湖、幸福河、人民公园、大沙河防洪工程一标段等处调研水系建设，实地察看工程建设情况，了解工程建设中存在的问题。

11月5日，孙立坤到其党的群众路线教育实践活动联系点瑞庆汽车发动机技术有限公司调研。

11月7日，孙立坤到市信访局调研。

11月22日，孙立坤深入武陟县、温县部分乡村调研指导村级组织换届选举工作。

【孙立坤主要会见活动】 2月17日，市委书记孙立坤会见晋城市市委副书记、市长刘润民，晋城市委常委、常务副市长王树新一行，双方就晋城至焦作高铁项目建设、云台山旅游合作开发等事宜进行商谈。

4月13日，孙立坤会见中国工程院院士、北京化工大学校长谭天伟，就院士工作站建设和产学研合作等事宜进行交流。

5月16日，孙立坤会见深圳市创新投资集团总裁孙东升一行，双方就深化合作进行深入交流。

6月12日，孙立坤会见重庆三峡燃气（集团）有限公司董事长谭传荣一行，双方就重庆三峡燃气公司积极参与焦作清洁能源建设及深化合作等问题进行交流。

7月2日，孙立坤带领市有关单位负责人，到文化部、台盟中央、中国铁路总公司对接项目。孙立坤到台盟中央拜会全国政协常委、副秘书长、台盟中央副主席黄志贤；与文化部党组副书记、副部长杨志今进行交谈；与中国铁路总公司计划司司长杨忠民就焦作铁路建设、铁路建设前瞻性发展等进行交流。

7月17日，孙立坤会见由人力资源和社会保障部专技司副巡视员吴童，省人力资源和社会保障厅党组成员、省外国专家局局长郭成全带领的来自美国、德国、加拿大、英国等10个国家的27位海外留学专家。

10月27日，孙立坤会见英利集团董事长、总裁苗连生一行，双方就开展项目合作、加强对接交流进行商谈。

·重要会议·

【市委全体（扩大）会议】 1月7日，中国共产党焦作市第十届委员会第九次全体（扩大）会议召开。会议的主要任务是，深入贯彻落实中央城镇化工作会议和省委九届六次全体（扩大）会议精神，听取市委常委会2013年工作报告，部署科学推进新型城镇化工作。全会听取市委书记孙立坤作的《市委常委会2013年工作报告》，市委副书记、市长张文深作的关于科学推进新型城镇化的讲话，审议并通过《中共焦作市委关于科学推进新型城镇化的指导意见》。全会充分肯定2013年市委常委会为实现焦作振兴与繁荣确立的工作思路、采取的重大举措、制定的推进办法和取得的明显成效。一致认为，市委常委会认真履行总揽全局、协调各方、凝聚力量的重大责任，按照“凝心聚力、转型攻坚、争创一流、绿色发展”的总体要求和“一个战略、四个

中国共产党焦作市第十届委员会第九次全体（扩大）会议

重点、十大建设”的工作思路，集中精力谋大事、抓要事、攻难事，突出把方向理思路、谋全局抓重点、定目标聚合力、推改革增活力、转作风优环境、强班子带队伍，扎实推进经济建设、政治建设、文化建设、社会建设、生态文明建设，全面推进党的建设，深入开展“人民在心中、转型我先行”主题实践活动，经济转型示范市建设迈出坚实步伐，各项工作取得新的进展，为全面建成小康社会打下了坚实基础。全会确定，科学推进新型城镇化的主要目标是：到 2015 年，全市常住人口城镇化率达到 56.4%以上，城市集聚经济和人口的能力进一步增强，城乡居民生活水平进一步提高，城市生态环境进一步改善。到 2020 年，全市常住人口城镇化率达到 60%以上，农业转移人口落户城镇、城镇棚户区和城中村改造、农村富余劳动力向城镇转移取得显著成效，城市内部二元结构逐步得到破除，户籍人口城镇化率与常住人口城镇化率差距明显缩小，“14820”城镇体系更加完善，中心城区常住人口达到 120 万人，城镇基础设施更加完善，城镇基本公共服务覆盖全部常住人口，城乡发展一体化格局基本形成，绿色生产、绿色消费成为城市经济生活的主流。全会提出，科学推进新型城镇化的主要任务是：强化城镇产业支撑，推动工业集聚发展，大力发展服务业，完善多渠道增加就业政策措施，加强和改进就业技能培训，使农业转移人口“进得来”。坚持自愿、分类、有序，推进农业转移人口市民化，拓宽住房保障渠道，加大棚户区和城中村改造力度，保障农民工随迁子女平等享有受教育权利，加强社会保障服务，深化户籍制度改革，确保农业转移人口“落得住”。深化农村配套改革，完善进城落户农民土地承包权益保障机制，保障进城落户农民宅基地用益物权，保障进城落户农民集体经济收益分配权，建立农业人口转移的促进机制，增强农民向城镇转移的动力，确保农业人口“转得出”。优化城市体系、形态和布局，加强与中原城市群合作对接，突出核心城市辐射带动能力，着力增强城市组团集聚产业和人口的能力，加快发展特色功能区和中心镇，推动各类城镇协调发展。加强城市建设和管理，提高城市规划建设水平，建设节约型城市、生态宜居城市、智慧城市、人文城市，强化城市基础设施支撑能力，提高城市社会治理水平，提高城市可持续发展能力。

3 月 23 日，市委十届十次全体（扩大）会议召开，市委书记孙立坤主持并就学习贯彻习近平总书记兰考讲话精神强调八点意见：学习贯彻习近平总书记的重要讲话，要在领会精神实质上下功夫，引导党员干部把思想、行动统一到习近平总书记重要讲话精神上来，把力量凝聚到全面深化改革的各项部署上来，确保教育实践活动取得群众满意的成效；要在打牢学习教育基础上下功夫，继续深入开展好学习焦裕禄、“怀川大讲堂”、“四知”教育，“学英模人物，做转型先锋”等活动，进一步坚定理想信念，强化宗旨意识，提升综合素质；要在提高征求意见质量上下功夫，始终贯彻整风精神，深入查找“四风”突出问题，对征求到的意见和建议要认真进行归纳整理、分析研究；要在整改落实上下功夫，坚持边查边改、即查即改，真正让群众看到变化、见到成效；要在开门搞活动上下功夫，开门纳谏、开门整改、开门评议，实现党群、干群关系良性互动；要在加强督导上下功夫，坚持从严督导，突出督导重点，抓住督导关键，真正把好关、定好向，确保活动不虚不空不偏；要在领导带头上下功夫，各级领导干部特别是主要领导要充分发挥示范带头作用，为全市党员干部做好表率；要在统筹兼顾上下功夫，坚持做到两手抓、两不误、两促进，以活动开展推动转型发展，以工作实效检验活动成效。

5 月 30 日，市委十届十一次全体（扩大）会议召开。会议的主要任务是，深入学习贯彻党的十八届三中全会和省委九届七次全会精神，研究部署全面深化改革工作，动员全市上下进一步凝心聚力、开拓创新、锐意进取、攻坚克难，坚决主动有序推进各项改革，为经济转型示范市和美丽焦作建设提供制度保障和强大动力。市委书记孙立坤主持会议并就学习贯彻中央和省委精神，做好全面深化改革工作发表四点意见：一是提升思想认识，坚决主动推进改革。二是把握基本原则，正确有序推进改革。一要坚持正确方向，确保改革不改方向、变革不变颜色。二要坚持解放思想。

三要坚持突出重点，抓好“两个突出”，即把影响经济社会发展的突出障碍和群众反映强烈的突出问题作为率先改革的突破口；把握“两个条件”，即职责权限、实践条件，严格按事权范围办事，从能做的事情做起；做到“两个结合”，即把全面深化改革与建设经济转型示范市和美丽焦作结合起来，与正在开展的党的群众路线教育实践活动整改建制、改进作风结合起来。四要坚持依法依规。五要坚持务实求效。三是强化问题导向，扎实有效推进改革。要围绕理顺政府和市场关系，在深化改革中激发发展活力；要围绕解决结构性矛盾，在深化改革中提高发展质量效益；要围绕解决开放水平不高问题，在深化改革中增创发展新优势；要围绕解决关系群众切身利益问题，在深化改革中促进社会和谐稳定；要围绕解决党的建设中存在的问题，在深化改革中提高党的建设科学化水平。四是加强组织领导，凝聚合力推进改革。市委副书记、市长张文深就贯彻落实全会精神和抓好经济运行、做好下一步工作提出明确要求。张文深强调，做好下一步工作，要用新的理念推进行为方式、发展方式转变，推进工业强市、科技强市，推进城市建设滚动可持续发展，推进新型农业现代化加快发展，推进服务业发展提速比重提高，推进民生改善质量提高、水平提升，推进政府效率效能显著提高。全会表决通过《中共焦作市委关于贯彻党的十八届三中全会和省委九届七次全会精神全面深化改革的实施意见》，印发第一批重点改革事项、责任分工意见讨论稿。

6 月 24 日，市委十届十二次全体（扩大）会议召开。市委书记孙立坤主持会议并作重要讲话。孙立坤指出，要把开展群众路线教育实践活动同稳增长、促改革、调结构、惠民生、防风险等重点工作结合起来，狠抓落实、务求实效、敢于担当，确保全市经济社会平稳较快发展。孙立坤强调，狠抓落实、务求实效、敢于担当，必须保持清醒忧患。在当前任务异常艰巨、形势复杂多变的情况下，必须把清醒忧患贯穿于保运行、保增长、保民生、保稳定的全过程、各领域，确保经济平稳较快增长，确保圆满完成 2014 年各项目标任务。必须勇于改革创新。要树立改革创新意识，按照市委十届十一次全体（扩大）会议的部署，不折不扣地落实各项改革任务。必须强化责任意识。各级领导干部要进一步强化责任意识，切实担当起应负的责任，做到为官有为、守土尽责，做到忠诚履责、尽心尽责、勇于担责、敢于负责，特别是对关乎转型发展、民生改善、安全稳定的大事要事，要敢于决策、敢于拍板，不能上推下卸、回避矛盾、贻误事业。必须善运作干成事。要注重联系实际，多研究转型发展的特点和规律，多探索具体可行的操作方法，多采取切实有效的工作举措，多解决工作推进中的困难问题，以科学有效的运作推动工作落实。必须密切协调配合。必须打造过硬作风。必须严格督查奖惩。抓好稳增长等系列政策措施的落实，必须完善工作机制，严格督查考核，坚决兑现奖惩。

12 月 29 日至 30 日，市委十届十三次全体（扩大）会议召开。会议的主要任务是，贯彻落实党的十八大和十八届三中、四中全会，省委九届八次全会及中央、省委经济工作会议精神，听取讨论市委常委会 2014 年工作报告，对 2015 年的工作进行安排。全会听取市委书记孙立坤受市委常委会委托作的《市委常委会 2014 年工作报告》。全会认为，2014 年市委常委会认真履行总揽全局、协调各方、凝聚力量的重大责任，充分发挥党委执政、人大督政、政府行政、政协参政、武装助政作用，凝聚各方力量，从解决事关焦作发展全局的重大问题和群众切身利益的突出问题入手，重点抓了带有全局性、基础性、长远性的三件大事。第一，扎实开展群众路线教育实践活动，取得了实实在在的效果。第二，坚定有序推进全面深化改革，出台了全面深化改革实施意见、第一批重点改革事项等“一个主件、两个附件”三个文件，构成了全面深化改革的“1+2”格局。第三，扎实抓好巡视反馈意见整改落实，取得显著成效。全会指出，一年来，市委常委会迎难而上、积极作为，主动适应新常态、把握新常态，贯彻中央、省委关于经济工作的一系列决策部署，加强党委对经济工作的领导，坚持把好关、定好向、领好路，实现了在发展中转型、在转型中提升，经济平稳较快发展。一是以产业和城市升级推动转型发展，二是以示范区和产业集聚区建设助推转型发展，三是以开放招商和项目建设加快转型发展，四是以十大建设支撑转型发展。全会认为，市委常委会始终把民生工作和社会治理作为社会建设的两大根本任务，以人民安居乐业、社会安全稳定为目标，加大民生投入，完善保障体系，深化社会管理创新，人民生活水平稳步提高，社会发展大局和谐稳定。全会指出，面对改革发展稳定的复杂局面，着力加强意识形态和宣传思想文化建设工作，充分发挥思想引领、舆论推动、精神激励、文化支撑作用，汇聚起加快转型发展的强大正能量。全会指出，市委常委会坚持把生态文明建设放在更加突出位置，正确处理好经济发展和环境保护的关系，持续加快美丽焦作建设，为群众创造良好的生产生活环境。全会认为，市委常委会把加强党的建设作为做好一切工作的重要保障，落实从严治党责任，把党建工作和中心工作一起部署、一起考核，全面加强思想、组织、作风、制度和反腐倡廉建设，党建工作取得明显成效。全会号召，面对新的形势和任务，必须认真贯彻落实党的十八大和十八届三中、四中全会精神，主动把握和积极适应经济发展新常态，增强定力、主动作为，按照“三准三专三聚三提”的要求，解放思想，务实重干，加快经济转型示范市和美丽焦作建设，为中原崛起、河南振兴、富民强省作出新的贡献。市委常委会主持全会。

【市委常委（扩大）会议】 2月14日，市委常委（扩大）会议召开，对“十大建设”工作进行专题研究和再部署。市委书记孙立坤主持。“十大建设”分包领导分别就2013年工作进展情况、存在问题和2014年“十大建设”重点工作、如何推进、推进程度等进行了汇报。会议指出，加快推进“十大建设”，决心不能变，信心要更坚定；任务不能减，责任要更明确；工期不能拖，进度要更加快；标准不能降，质量要更重视；力度不能小，措施要更有效；服务不能松，环境要更优化；作风不能疲，保障要更有力。

2月18日，市委书记孙立坤主持召开市委常委（扩大）会议，研究部署全市党的群众路线教育实践活动。会议学习传达了全省第二批教育实践活动工作落实暨督导工作专题会议精神。就贯彻落实会议精神、开展好党的群众路线教育实践活动，孙立坤强调：一要坚持认真学习，切实提高认识；二要坚持高标准，落实严要求；三要坚持问题导向，注重解决问题；四要坚持统筹兼顾，做到协调推进；五要坚持规定动作，创新活动载体；六要坚持强化领导，突出以上率下。

6月30日，市委书记孙立坤主持召开市委常委（扩大）会议，传达省委书记郭庚茂，省委副书记、省长谢伏瞻，省委副书记邓凯等领导在全省市厅级主要领导干部学习贯彻习近平总书记系列重要讲话和十八届三中全会精神研讨班上的辅导报告，并进行学习讨论。就贯彻落实研讨班精神，会议强调，要坚持经济转型示范市战略不动摇，坚持抓好经济运行不动摇，坚持产业集聚区建设不动摇，坚持改革开放不动摇，坚持科技创新不动摇，坚持推进新型城镇化不动摇，坚持思想道德建设不动摇，坚持保障改善民生不动摇，坚持维护社会和谐稳定不动摇，坚持加强干部队伍建设不动摇。

【市委常委会议】 1月2日，市委书记孙立坤主持召开市委常委会议，讨论常委会2013年工作，研究新型城镇化工作。会议认为，对于常委会2013年的工作，成绩要充分肯定，问题要切实找准，经验要继续坚持，重点要真正突出，党建要充分体现。会议研究了《中共焦作市委关于科学推进新型城镇化的指导意见》。会议认为，推进城镇化是解决农业、农村、农民问题的重要途径，是推动区域协调发展的有力支撑，是扩大内需和促进产业升级的重要抓手。要深刻认识城镇化的客观规律，紧紧抓住焦作市城镇化发展的主要矛盾，牢牢把握城镇化的形势变化，积极稳妥、扎实推进，以城镇化的健康发展促进经济转型示范市和美丽焦作建设。

2月11日，市委书记孙立坤主持召开常委会议，听取和研究2014年农村和扶贫开发、政法、统战、重点项目、市直预算编制等工作。会议听取市领导牛越丽汇报省委农村工作会议、全省扶贫开发工作会议精神及贯彻意见，听取市委常委、政法委书记丁保东汇报中央和省委政法工作会议精神及贯彻意见，听取市委常委、统战部部长杨娅辉汇报全省统战工作会议、省工商联十一届三次执委会议精神及贯彻意见，听取市委常委、常务副市长赵建军汇报2014年全市重点项目情况、2014年市直预算编制情况，并进行研究。

2月25日，市委书记孙立坤主持召开常委会议。会议听取了市委常委、组织部部长王长松关于党的群众路线教育实践活动动员大会准备情况，省、市督导组组建情况，市委常委带头开展党的群众路线教育实践活动实施方案，市委常委联系点制度和群众路线教育实践活动“学习教育、听取意见”环节指导意见的汇报；市委常委、宣传部部长甘茹华关于市委常委教育实践活动集中学习方案的汇报，并进行研究。会议听取甘茹华汇报全省宣传部长会议精神及焦作市贯彻意见，并进行研究。会议听取市委常委、秘书长田跃曾汇报1956年建市以来受到国家、省部级表彰的先进模范人物收集整理情况和宣传的意见，并进行研究。

3月14日，市委书记孙立坤主持召开常委会议，专题研究党的群众路线教育实践活动和组织工作。会议听取了市委常委、组织部部长王长松关于党的群众路线教育实践活动开展情况的汇报。会议强调，对活动中取得的好做法、好经验要继续坚持，并及时以制度形式固定下来、延续下去；对发现的问题要及时纠正，进一步明确方向、把握重点，推动教育实践活动健康开展；要开展好“怀川大讲堂”、“四知”教育、“学英模人物，做转型先锋”等特色载体活动，组织广大党员干部学习规定内容和必读书目，坚定理想信念，强化宗旨意识；要继续采取“走百乡、进千村、访万户”“百姓问政面对面”等方式，畅通民意渠道，广泛听取意见，并进行归纳整理，作为查摆、分析和整改的重要内容；要抓好调查研究。市委常委要带头深入联系点开展调查研究，加强对联系点的督促检查和具体指导，力争把联系点办成示范点；要聚焦“四风”问题和群众反映强烈的热点问题，开展好整治作风“六病”（特权病、冷漠病、享乐病、梗阻病、懒散病、挥霍病）和“四心四服务”集中活动以及“十个一”专项行动；要按照“更加注重敞开大门、群众参与”的要求，充分发挥党外人士的监督作用选聘党外人士担任特邀监督员，重点监督直接服务群众的执法监管部门和窗口单位、服务行业的群众路线教育实践活动开展情况；要抓好领导带头真正做到认识高一层、学习深一步、实践先一着、剖析解决突出问题好一筹。会议听取了王长松汇报全国、全省组织部长会议精神和全市组织工作情况。

3月22日，市委书记孙立坤主持召开市委常委会议，听取“两会”筹备情况汇报。会议要求，一定要高度重视，集中精力开好“两会”；会议的每一项议程，要严格按照法律法规和党的纪律要求，严格执行到位；要做好每项工作的每个细节，落实责任到小组、到个人，以认真负责的态度，高标准做好各项筹备工作；要认真组织好讨论、审议，使每个报告都更加符合焦作的实际，更加符合人民的意志；要严格执行选举法、地方组织法和政协章程等法律法规，严肃认真组织好选举，确保换届顺利进行；要密切配合，加强沟通，相互补位，相互提醒，保障好大会内外的秩序和安全，确保衔接顺畅。

3月31日，市委书记孙立坤主持召开常委会议，学习贯彻省委九届七次全会精神。会议强调，学习贯彻省委九届七次全会精神，全面深化改革，要切实提升认识，打好攻坚战，争当排头兵；要切实领会精神，深刻理解总体部署，准确把握战略重点、主攻方向和具体任务，确保推进改革不漏项不走样不违规；要切实突出重点，抓紧确定2014年需要启动实施的重点改革事项，力争一批重要领域和关键环节改革成为省试点；要切实把握节奏，对中央和省委已经部署的改革，要立说立行，加快推进，争取率先突破；要切实健全机构，成立全面深化改革领导小组、办公室和专项小组，抓紧与省里对接、开展工作；要切实精心谋划，研究制定的实施意见要突出指导性、科学性、可操作性；要切实上下联动，形成深化改革的强大合力。

4月29日，市委书记孙立坤主持召开市委常委会议，研究全市产业集聚区暨重点项目建设工作，听取市纪委、市委组织部、市委宣传部有关情况汇报。就全市产业集聚区暨重点项目建设工作，会议强调，一要提高思想认识，确保大事大抓不动摇。二要提升产业层次，确保高端集群不放松。扎实开展产业转型攻坚活动，强力实施高成长性产业提质加速、传统支柱产业改造提升、战略性新兴产业跨越发展“三大工程”。三要加快科技创新，确保行业竞争不落伍。四要壮大产业规模，确保项目带动不松劲。五要完善服务功能，确保产城融合不停步。六要健全推进机制，确保奖惩分明不含糊。会议还听取全省纪检监察机关查办案件暨体制机制改革试点工作视频会议精神和进一步落实党委党风廉政建设主体责任、纪委党风廉政建设监督责任的意见的汇报，听取了中央群众路线教育实践活动办公室第二批教育实践活动推进会精神、全省深入推进“四议两公开”工作法暨整顿软弱涣散基层党组织会议精神、中组部和省委组织部整治选人用人不正之风座谈会精神汇报，听取关于全国、全省培育践行社会主义核心价值观电视电话会议精神和全国、全省扫黄打非工作会议精神及我市贯彻意见的汇报，并研究《市委关于进一步加强和改进市委中心组理论学习的意见》。

5月9日，市委书记孙立坤主持召开市委常委会议，研究党的群众路线教育实践活动，“践行价值观、文明我先行”主题系列活动开展，人口和计划生育等工作。针对党的群众路线教育实践活动，会议要求，要认认真真学习领会中央教育实践活动视频会议精神，按照“八看”的要求，对本班子、本单位教育实践活动“学习教育、听取意见”工作扎实开展一次回头看，全面回顾、认真梳理，发现问题、逐一解决，为后续活动顺利开展奠定基础。要对查找出的问题和征求到的意见，建立整改台账，认真抓好落实，并认真组织实施好群众评价工作，谋划好第二环节活动。针对开展“践行价值观、文明我先行”主题系列活动，会议要求，思想要重视，行动要迅速，责任要落实，督导要有力，以此推动培育和践行社会主义核心价值观工作及“六文明”活动的开展，并把主题系列活动的内容和“做文明人、办文明事”的要求纳入文明城市、村镇、行业、单位、社区等创建活动内容和评价体系，纳入争做美丽焦作人三年行动计划。

针对人口和计划生育工作，会议强调，要在建设人口均衡型社会上下功夫，着力构建规模适度、素质优良、结构优化、分布合理的人口均衡型社会；要在稳定低生育水平上下功夫，认真落实“单独两孩”政策，抓好风险防控、政策衔接等工作，继续稳定适度的低生育水平；要在统筹解决人口问题上下功夫，解决好优生优育和出生人口性别比偏高等问题；要在落实优先优惠政策上下功夫，深入推进“计生民生”工程，全面落实各项奖励扶持扶助制度，引导更多群众自觉落实计划生育政策。会议还听取了近期信访工作情况汇报，研究了保持信访稳定的具体措施。

5月28日，市委书记孙立坤主持召开市委常委会议，研究推进改革有关事项。会议听取市委副书记丁福浩对《中共焦作市委关于贯彻党的十八届三中全会和省委九届七次全会精神全面深化改革的实施意见（讨论稿）》《焦作市全面深化改革第一批重点改革事项（讨论稿）》和《市委办公室市政府办公室关于市直有关部门对接做好党的十八届三中全会〈决定〉重要举措责任分工的意见（讨论稿）》（简称“一个主件、两个附件”）起草情况的说明。会议强调，一要坚持正确方向推进改革。二要把握基本原则推进改革。三要抓住关键环节推进改革。这次常委会议讨论的“一个主件、两个附件”，明确了焦作市全面深化改革的时间表、任务书和路线图，特别是《第一批重点改革事项》详细提出了第一批9个方面、38

条重点改革事项。各级各部门要根据目标任务，结合职责分工，建立改革任务台账，定人员、定时间、定要求，逐条逐项抓好落实。四要突出问题导向推进改革。五要强化责任落实推进改革。六要严格督查考核推进改革。会议听取市委常委、宣传部部长甘茹华传达中央、省委节俭养德全民节约行动电视电话会议精神，对行动的深入开展提出要求。

7月25日，市委书记孙立坤主持召开市委常委会议，传达贯彻全省纪检监察工作座谈会和领导干部亲属违规经商办企业及收送红包礼金问题专项治理电视电话会议精神，研究省委组织部关于选人用人反馈意见整改工作。会议听取市委常委、市纪委书记王宏昌传达全省纪检监察工作座谈会和领导干部亲属违规经商办企业及收送红包礼金问题专项治理电视电话会议精神和贯彻意见。会议要求，工作认识要更深一些，工作标准要更高一些，工作措施要更硬一些，工作作风要更实一些。会议听取市委常委、组织部部长王长松传达省委常委、组织部部长夏杰关于选人用人反馈意见整改工作的讲话精神和贯彻意见。会议要求，要认真学习，提升认识，切实增强整改工作的责任感和紧迫感；要高度重视，大事大抓，做到严格规范、令行禁止；要认真整改，落实到位；要做好表率，严格把关，做到违规超配的干部一律不研究、超规格配备的干部一律不研究、没有编制规定的干部一律不研究、带“病”提拔的干部一律不研究。

8月7日，市委书记孙立坤主持召开市委常委会议，研究中央巡视组反馈意见整改落实、深化公共资源交易改革、革命老区建设、党的规范性文件清理、惩防体系建设以及人才建设等工作。会议听取市委副书记丁福浩关于中央巡视组反馈意见及整改落实情况的汇报。会议要求，一要高度重视、精心组织，切实把整改落实工作作为当前的一项重大政治任务来抓。二要建立台账、从快整改。要认真对照中央巡视组反馈意见，特别是对梳理出的25项专题事项，主动认领、对号入座，拉单子，建台账，订方案，明责任，一个问题一个问题解决。三要重点突破、从严从实。四要注重方法、稳妥处置。五要统筹兼顾、确保效果。会议听取市委常委、常务副市长姜继鼎关于研究深化公共资源交易改革工作方案的汇报。会议认为，公共资源交易改革是行政管理体制改革的一项重要内容，对优化公共资源配置、改善投资环境、预防交易腐败具有重要意义。要进一步完善工作方案，进一步加强平台建设，进一步规范交易运行，进一步加强监督管理。会议还听取省革命老区工作座谈会精神及贯彻意见情况的汇报，听取丁福浩关于全市第一阶段党的规范性文件清理工作的汇报，听取市委常委、市纪委书记王宏昌关于《焦作市建立健全惩治和预防腐败体系2013～2017年实施意见》有关情况的汇报，听取市委常委、组织部部长王长松关于焦作市第九批市管专家建议人选名单和加强市管专家选拔管理工作意见的汇报。

9月15日，市委书记孙立坤主持召开市委常委会议，研究党的群众路线教育实践活动“整改落实、建章立制”环节工作开展、河南省第十二届运动会暨首届全民健身大会筹备工作、推进诚信建设制度化工作。就扎实开展好群众路线教育实践活动“整改落实、建章立制”环节的工作，会议强调，思想认识不能低，组织领导不能弱，整改落实不能空，制度建设不能虚，督导检查不能松，统筹兼顾不能偏。要敢于“揭短亮丑”，勇于“刮骨疗伤”，触及问题实质，确保整改事项不虚；要针对整改事项，制定可操作、可执行、可检查的具体办法，确保整改措施不虚；要以群众满意为检验标准，群众不满意的，要重新整改，确保整改效果不虚。要把活动中的好经验、好做法以制度的形式固定下来、坚持下去。要把开展活动与经济发展、深化改革、信访稳定、党的建设等工作结合起来，以活动促工作、以工作验活动，真正做到两不误、两促进。就全力做好省运会各项筹备工作，会议强调，一要坚持高标准、高质量，切实做好各项赛事筹办工作；二要加强安全稳定和舆论宣传工作，切实营造良好社会环境；三要全民参与、共创文明，切实抓好城市环境综合整治；四要密切配合、攻坚克难，切实形成承办好省运会的强大合力。就推进诚信建设制度化工作，会议强调，要提升认识抓诚信，突出重点抓诚信，示范带动抓诚信，解决问题抓诚信，营造氛围抓诚信，建立机制抓诚信。要突出重点人群，着力增强机关事业单位、企业商户、学校等重点人群的诚信意识；突出重点行业，把诚信教育融入政风、行风建设，分行业开展诚信创建活动；突出重要节点，以重大节日、纪念日活动为载体，深入开展诚信创建活动，提高社会参与度。要广泛宣传诚信建设，切实增强搞好诚信创建活动的自觉性，在全社会形成诚实做人、诚信做事的氛围。要大力倡导“诚信激励、失信惩戒”，促进“诚信为本、操守为重”社会风气的形成。会议还研究了其他事项。

10月8日，市委书记孙立坤主持召开市委常委会议，学习贯彻习近平总书记在庆祝人民政协成立65周年大会上的讲话精神，听取十三届市政协工作情况汇报。就学习贯彻习近平总书记在庆祝人民政协成立65周年大会上的讲话精神，会议强调，一要高度重视，认真学习。要把学习习近平同志在庆祝人民政协成立65周年大会上的讲话与学习习近平同志系列重要讲话精神结合起来，使学习过程成为进一步增强做好新形势下政协工作责任感和使命感的过程，成为准确把握新时期人民政协工作方向和重点的过程。二要围绕中心，协商议政。要把协商民主贯穿于履行职能的全过程，积极拓展协商内容，不断丰富协商形式，重视协商议政成果转化，切实提高协商实效。三要加强监督，构建和谐。要发挥人民政协的优势、地位和作用，促进政党关系更加和谐，社会阶层关系更加协调，民族关系、宗教关系更加融洽，海内外同胞关系更加亲密。四要深化改革，创新机制。要把推进政协履行职能制度化、规范化、程序化作为改革重点，完善政治协商，健全政协履职成果办理反馈制度，探索委员推荐、产生、联系群众、学习培训、履职考评等机制，增强政协工作活力。五要加强领导，创造环境。要增强协商民主意识，主动与政协开展政治协商，自觉接受民主监督，认真对待来自人民政协的意见、批评和建议，努力形成党委重视、政府支持、全社会关心的良好氛围。

10月13日，市委书记孙立坤主持召开市委常委会议，学习全省党的群众路线教育实践活动总结大会精神，研究如何善始善终搞好全市群众路线教育实践活动。会议要求，一是回顾总结要严肃认真。要继续深化学习教育，把近期中央、省委的新要求学深学透，把学习弘扬焦裕禄精神作为一条红线坚持下去，把党员领导干部的思想进一步统一到“党要管党、从严治党”的各项要求上来。二是“回头看”要严肃认真。着重从查看学习教育是否持续深入、问题整改是否落实到位、建章立制是否有效管用、活动成果是否群众满意等方面，对活动整体开展进行一次总结、回顾、纠正、补充，一切以群众满意为标准，以群众反映问题的解决好坏为标准。三是决战整改要严肃认真。四是制度建设要严肃认真。五是督导工作要严肃认真。六是持久抓好作风建设要严肃认真。七是统筹兼顾推进工作要严肃认真。八是强化组织领导要严肃认真。

10月24日，市委书记孙立坤主持召开市委常委会议，研究党的群众路线教育实践活动工作。会议强调，要认真抓好活动总结，把好的做法固化下来、坚持下去，不断取得新的成效；把活动中存在的问题找准确，认真分析原因，看到差距和不足，进一步明确改进的重点和方向，使活动的效果更加明显；把总结的进度把握好，按照省委“压茬推进要到底”的要求，按时间节点，分类组织、有序推进各级各单位的活动总结工作。要持续抓好学习提升，把党员领导干部的思想进一步统一到党要管党、从严治党的各项要求上来。要持续抓好整改落实，抓好整改方案的兑现落实。要持续抓好建章立制，真正形成靠制度管人、按规章办事的好风气。要持续抓好督导检查。要持续抓好作风建设，推动作风建设常态化，坚决避免活动一阵风、雨过地皮湿的问题。要持续抓好从严治党，坚持党建、发展两手抓两手都要硬。要持续抓好工作落实，以推进工作的实际成效体现教育实践活动的成果。

11月3日，市委书记孙立坤主持召开市委常委会议，学习传达全省党委秘书长、办公厅（室）主任会议精神，全省培育和践行社会主义核心价值观工作经验交流会精神，研究纪检监察、信访稳定和年底重点工作。会议听取市委副书记丁福浩关于全省党委秘书长、办公厅（室）主任会议精神及贯彻意见的汇报，听取市委常委、市纪委书记王宏昌关于纪检监察机关内设机构和职责调整情况的汇报，听取市委常委、宣传部部长甘茹华关于全省培育和践行社会主义核心价值观工作经验交流会议精神及焦作市贯彻情况的汇报，听取市委常委、政法委书记丁保东关于全市信访稳定工作的汇报，并逐一进行研究。

11月18日，市委书记孙立坤主持召开市委常委会议，研究省委巡视组反馈意见整改落实工作和基层组织建设工作。市委副书记丁福浩传达了省委巡视组反馈意见。会议强调，一是要高度重视，认识到位，以决战整改的姿态落实整改，把整改落实作为改进工作、建强队伍、深化改革、促进转型、推动发展的重大契机。二是要加强领导，凝聚合力，以严密有序的组织落实整改，成立整改落实工作领导小组和专项整改落实小组，切实加强对整改落实工作的领导。三是要强化责任，明确任务，以勇于担当的精神落实整改。四是要紧盯问题，一抓到底，以更加有力的举措落实整改。五是要统筹兼顾，搞好结合，以真抓实干的作风落实整改。市委常委、组织部部长王长松传达全省基层组织建设工作会议精神。

12月10日，市委书记孙立坤主持召开市委常委会议，研究市政府机构改革和创建森林城市等工作。会议强调，政府职能转变和机构改革是2014年焦作市全面深化改革的重点任务，各级各部门要高度重视，切实增强大局意识，圆满完成这次政府机构改革任务。要坚持把维护人民群众的根本利益作为出发点和落脚点，通过理顺职责关系，优化政府组织结构，完善体制机制，推进依法行政，提高行政效能，形成科学、精干、高效的政府组织体系和行政运行机制。政府职能转变和机构改革是一项系统工程，要与推进事业单位分类改革紧密结合起来，与深化行政审批制度改革紧密结合起来，与推行权力清单制度紧密结合起来，进一步加大简政放权力度，把该放的权力放开、放到位，把该管的事情管住、管好，加快实现政府职能向创造良好发展环境、提供优质公共服务、维护社会公平正义转变。会议强调，创建国家森林城市、加强生态建设，关乎群众幸福指数，影响焦作转型发展、绿色发展、长远发展。要加快推进生态廊道绿化、森林公园体系建设、花卉苗木发展、生态文化传播、森林资源保护等重点工作，特别是对生态廊道的绿化，要采取特殊措施，重点突破。要坚持以人为本、共建共享，采取行政与市场手段相结合的办法，充分调动群众参与创建的积极性。会议还研究了其他事项。

12月27日，市委书记孙立坤主持召开市委常委会议，研究太焦高铁客运专线焦作段建设和安全生产工作。会议听取了市委常委、常务副市长姜继鼎关于太焦高铁客运专线焦作段建设情况的汇报。会议强调，一要提升认识。太焦高铁客运专线焦作段建设，有利于解决焦作交通边缘化问题、加强区域间交流合作、带动焦作经济社会发展。二要积极对接。要把太焦高铁客运专线焦作段建设列为全市铁路建设的重大项目，成立专门机构，积极沟通对接，大力争取支持。三要加快推进。四要搞好服务。有关县市区要强化服务意识、大局意识，积极配合设计单位做好线路实地踏勘等前期工作，为项目建设创造良好环境、提供优质服务。会议听取了副市长李海松关于安全生产工作的汇报。

【市委农村工作会议】 2月13日，市委农村工作会议召开，学习贯彻中央、省委农村工作会议精神，总结2013年的农业农村工作，安排部署2014年的农业农村工作。就进一步做好三农工作，市委书记孙立坤强调：一要以认清形势为前提，真正把认识“提”上来。二要以稳产高产为方向，真正把粮食“保”起来。要确保耕地面积红线不能越，坚决守住全市289万亩的耕地红线；要确保粮食安全底线不能破，确保广大群众“舌尖上的安全”；要确保农民种粮积极性不能降，让多生产粮食者多得补贴、有利可图。三要以发展现代农业为重点，真正让农业“强”起来。要提高农业规模化水平，提高农业组织化水平，提高农业集约化水平，提高农业社会化水平，提高农业市场化水平，提高农业科技化水平。四要以农民增收为核心，真正让农民“富”起来。要千方百计增加农民工资性收入，增加农民经营性收入，增加农民财产性收入，增加农民转移性收入。五要以新农村建设为抓手，真正让农村“美”起来。六要以深化改革为动力，真正让机制“活”起来。七要以强化领导为保障，真正把合力“聚”起来。市委副书记、市长张文深强调要重点抓好以下工作：一是以高标准粮田“百千万”建设工程为抓手，稳定提高粮食综合生产能力；二是以构建新型农业经营体系为载体，积极发展多种形式规模经营；三是以推动农业可持续发展为目标，大力推进生态农业建设；四是以城乡一体化发展为方向，持续提升新农村建设水平；五是以全面深化农村改革为动力，不断开创农业农村发展新局面。市委副书记、市人大常委会主任王明德主持会议，并就贯彻会议精神提出要求。

【全市加快经济转型建设美丽焦作动员大会】 2月19日，全市加快经济转型建设美丽焦作动员大会召开。市委书记孙立坤强调：建设美丽焦作，关乎长远，要坚持高起点谋划。建设美丽焦作，关乎转型，要坚持高标准展开。要高标准推进转型发展，强力推进城市水系、铁路、公路等“十大建设”，推进城市、工业、农业、服务业转型升级；要高标准构筑生态屏障，大力实施蓝天工程、清水工程、绿地工程，积极创建国家生态文明先行示范区，努力实现天蓝、水清、地绿、空气清新的目标；要高标准提升城市品位，在继续抓好“14820”城市转型工程和中心城市三年大提升行动的基础上，强力推进净化、硬化、绿化、亮化、美化“五化”行动，打造一批风格各异的美丽城镇、美丽乡村、美丽山川、美丽机关、美丽校园、美丽医院，打造一批各具特色的示范镇、样板村和精品庭院；要高标准构建城市文明，弘扬焦作优秀传统文化，全面提升市民道德素质和文明程度。建设美丽焦作，关乎提升，要坚持高水平运作。要提升项目化运作水平，把美丽焦作建设细化分解成若干个项目，以项目推动各项工作取得实效；要提升市场化运作水平，正确处理政府主导和市场化运作的关系，多研究引入多元化投入的政策措施，多探索具体可行的操作方法，多解决推进工作过程中的困难问题，努力破解美丽焦作建设面临的资金、土地等难题；要提升改革创新水平，只要符合科学发展观要求，只要符合人民群众利益，只要有利于美丽焦作建设，就大胆地试、大胆地闯，努力在逆境中找出路，在变通中找办法，在创新中求突破。建设美丽焦作，关乎民生，要坚持高效率推进。建设美丽焦作，关乎基础，要坚持突出重点抓关键。要抓住“富强、蓝天、清水、绿地、净化、畅通、和谐”七个关键词，着力做好美丽焦作建设的各项工作。建设美丽焦作，关乎全局，要坚持高规格领导。市委副书记、市长张文深强调2014年要突出抓好六个方面：一是坚持科技强市战略，引领产业转型升级，努力建设美丽富强焦作；二是实施蓝天碧水绿地工程，加强生态环境保护，努力建设美丽生态焦作；三是加强重点区域治理保护，打造特色山水田园风光，努力建设美丽山川；四是完善基础设施，提高综合承载能力，努力建设美丽城镇；五是加快推进新农村建设，改善生产生活环境，努力建设美丽乡村；六是加强思想道德建设，培育良好社会风尚，争做美丽焦作人。市委副书记、市人大常委会主任王明德宣读《焦作市委、市政府关于加快经济转型示范市建设、打造美丽焦作的指导意见》。

【市委经济工作会议】 12月29日至30日，市委经济工作会议召开，学习贯彻中央、省委经济工作会议和省委九届八次全会精神，总结2014年经济工作，分析当前形势，安排部署2015年经济工作。就如何主动适应新常态、做好2015年的经济工作，市委书记孙立坤发表三点意见：认识新常态，务必头脑清醒、保持定力，进一步提振加快转型发展的信心。要充分认识新常态下的新要求，充分认识新常态下的新优势，充分认识新常态下的新挑战，充分认识新常态下的新机遇。适应新常态，务必明确要求、突出重点，推动转型发展实现更大作为。要更加注重产业转型，更加注重深化改革，更加注重培育新经济增长点，更加注重推进十大建设，更加注重民生改善。引领新常态，务必改进方式、转变作风，切实加强党对经济工作的科学领导。各级党委要发挥领导核心作用，善于观大势、谋大事，结合本地实际和干部队伍状况，与时俱进推进领导经济工作的观念、体制、方式方法的转变，提升应对复杂形势的能力和水平。关键是居官要思“六危”：居官当思失本之危，当思失度之危，当思失责之危，当思失续之危，当思失稳之危，当思失廉之危。孙立坤强调，完成2015 年的目标任务，关键在于抓好落实：要领导带头抓落实，明确责任抓落实，公开评议抓落实，观摩点评抓落实，加强督查抓落实。市委副书记、市长张文深总结 2014 年全市的经济工作，分析经济社会发展中存在的突出问题和矛盾、新常态下的机遇和比较优势，对 2015 年的经济工作进行全面部署。张文深强调，贯彻总体要求，实现预期目标，要做到“五个必须”：必须主动适应新常态，必须全面深化改革开放，必须持续强化创新驱动，必须突出抓好环境建设，必须始终坚持保障改善民生。在部署 2015 年经济工作的主要任务时，张文深强调要重点抓好九个方面的工作：要坚定不移全面深化改革，坚定不移扩大对外开放，坚定不移推动十大建设，坚定不移加快工业转型，坚定不移实施科技强市，坚定不移推进新型城镇化，坚定不移推进农业现代化，坚定不移发展现代服务业，坚定不移保障和改善民生。

（刘承国）

·组织工作·

【党建工作】 2014 年，全市共有中共党员 20.73 万名，党组织 8223 个，其中党委 424 个，党总支 418 个，党支部 7381 个。

2014 年，全市不断加强党的基层组织建设，着力整顿软弱涣散党组织。省委整顿软弱涣散基层党组织会议召开后，研究确定了推广兰考“六步工作法”经验的相关工作部署，并制定相关落实文件。选派 842 名党员干部，组建 189 个工作队，由县级干部带队，集中入村，整合资源、分类施治。截至年底，全市 105 个“弱村”、31 个“乱村”完成有效转化，需要“治穷”的 53 个基层党组织，大部分完成阶段性整治目标。

为全面推进村级组织活动场所建设，市委要求在 2014 年底前实现全市所有农村都有村级活动场所。对摸底排查出的 42 个无活动场所村，市财政和市管党费分别投入资金 120 万元、80 万元，新建了活动场所。

规范发展党员工作。明确要求各级党组织对发展新的党员进行严格控制，同时在党员结构上将进一步优化和平衡。2014 年省委组织部下发焦作市的 2950 名发展党员计划指标，已细化分解到市属 22 家党（工）委。

处置不合格党员，全年共认定不合格党员 224 人，其中限期改正的 191 人，劝退或除名 29 人，自行脱党除名 4 人。

【干部调配】 干部任免、干部调配和军转干部安置工作。干部任免方面，服务省委组织部对省管干部和人大、政府、政协换届的考察、考核工作，以及市人大十二届一次会议和市委对干部的调整工作。干部调配方面，2014 年共办理调动手续 119 人次；完成上年招录公务员、事业单位工作人员的公示、录用等工作；开展全市招录公务员计划申报、笔试工作，以及事业单位招录工作。军转干部安置方面，与市军转办结合，对团职干部实行照顾因素打分的办法，对营职干部实行考试和考核相结合的办法进行安置。2014年共接收军转干部 56 人，需计划安置 42 人，已全部安置到位。

年度考核、工资审批、出国审查和干部退休工作。完成了党群口机关事业单位 748 名一般干部上年度考核结果的备案工作，同时积极配合省委考核组做好上年度省管干部考核相关服务。按照规定的程序和原则，规范办理省管干部工资报批、市管干部工资审批、市管干部出国赴台审查、市管干部退休手续等业务。

公务员登记和公务员信息系统建设工作。做好公务员变动登记备案和参照单位审批工作，全年共办理新进登记 119 人，新定科员 14 人，副主任科员 1 人。认真开展校审复核，完善市管干部信息数据，完成公务员信息数据的汇总工作，共入库上报 15134 人。

【市直干部管理】 2014 年，市委组织部组织市直机关市管干部调整配备工作，分三批调整市管干部 30 余人次，并安排做好调整干部的交接工作。进一步加强市管干部考核工作，对市直机关和市管干部上年度进行考核，完成各单位年度考核的测评、考核等次确定等工作；全市县处级干部优秀 222 人，称职 1274 人。规范市直机关科级干部备案管理，继续推行市直机关中层干部竞争上岗，先后为 57 个单位 436 名科级干部办理审批备案手续。

【县区干部管理】 2014 年，市委组织部认真做好县市区领导班子和领导干部年度考核工作。研究出台《焦作市县市区、市直部门领导班子和市管干部年度综合考核办法（试行）》，科学制定年度考核实施方案，完善考核内容，规范考核程序，确保了考核工作公正公平。创新开展领导班子和领导干部民主测评工作，进一步完善民主测评项目和内容。结合各考核组考核情况，进行综合研判，报市考核委员会，确定县市区领导班子和领导干部的年度考核结果，实现对县市区领导班子和领导干部的实事求是、客观公正评价。

【企事业干部管理】 2014 年，市委组织部推进企事业单位领导班子建设，先后对焦作师专班子和部分中层干部、市卫生执法监督局及建工集团、交通运输集团、景安公司、中轴集团公司等单位 13 名干部进行任免，进一步提升了企事业单位领导班子的战斗力和凝聚力；对交通技校试用期满干部进行考察，并办理正式任职手续；配合市委、市政府及河南理工大学做好市卫生医药学校、市第二人民医院党组织及党政领导班子成员档案手续的整体移交工作。做好部分事业单位中层干部备案工作，先后对市卫生执法监督局、市预算编制执行局、第二人民医院 110 名中层干部进行备案。

【干部监督】 2014 年，市委组织部认真筹划，周密部署市级人大政府政协领导班子换届，成立市委常委、组织部部长任组长的严肃换届纪律工作领导小组，召开干部监督工作联席会议，狠抓各项严肃换届纪律工作措施的贯彻落实，营造了风清气正的换届环境；开展超职数干部配备专项治理，组织全市各单位对超职数配备干部情况进行自查、复核，摸清了全市干部职数管理的基本情况，正在积极稳妥消化超配干部。截至年底，全市共消化超配干部 523 人；开展巡视反馈意见集中治理，对省委组织部交办的中央巡视组选人用人整改任务，按照时间和类别划分为“三项立行立改、六项专项治理、五项长效机制”进行整改，建立了巡视整改工作“双日报”“周汇报”制度；对组织部牵头整改的省委巡视组反馈九项任务，逐项制定整改措施进行整改；组织全市省管干部、市管县处级干部对其个人有关事项报告表进行重新填报，并将全市 1652 名县处级干部有关信息录入领导干部报告个人有关事项信息管理系统，开展抽查核实。

【人才工作】 健全完善人才工作机制，研究起草《关于实行人才工作目标责任制考核的意见》，明确考核对象、考核内容，细化考核步骤，强化考核结果的运用。制定《关于焦作市高层人才发展专项资金管理的实施意见》，从专项资金规模、使用范围、预算编制和审批程序、监督管理及绩效考核等方面加强和规范全市高层次人才发展专项资金的管理。加强人才选拔管理工作，成立焦作市企业服务团，被省委组织部列为年度全省人才工作要点。评选出第九批市管专家 105 名，向省委组织部推荐第九批省优秀专家建议人选。加大人才培养工作力度，举办党政人才公共管理高级研修班、市管专家政治理论培训班等班次，对优秀县、科级干部和部分市管专家进行培训。继续加强人才引进工作。先后引进高层次人才 930 人，其中博士 53 人，硕士 252 人，紧缺专业本科生 625 人，引进 4 名省博士服务团成员，筹备召开“2014 海外英才中原行暨第三届焦作创新创业洽谈会”。积极打造良好人才环境，出台《关于焦作市直事业单位引进高层次急需紧缺人才的实施意见》，在《焦作日报》、焦作电视台和《焦作广播电视报》分别开辟“怀川人物”“专家风采”“大写的焦作人”等专栏，宣传报道焦作市第九批市管专家风采。

焦作市第九批市管专家名单

王　芳	市妇幼保健院副主任医师
王　妍	焦作飞鸿安全玻璃有限公司副教授
王　波	焦作市群众艺术馆研究馆员
王　琳	焦作市中心血站副主任技师
王凤寅	市农林院高级工程师
王玉丰	焦作大学继续教育学院副教授
王世山	焦作市畜产品质量安全监测中心高级兽医师
王庚申	市林业工作站高级工程师
王春芳	焦作市许衡实验学校中小学一级教师
王思明	市实验小学中小学高级教师
王素霞	温县四大怀药产业化服务中心高级农艺师
王爱军	焦作日报社高级编辑
牛小方	焦作市技师学院高级讲师
尹祥杰	河南省中纬测绘规划信息工程有限公司注册测绘师

焦作市人才工作推进会

卢建路　市第二人民医院主任医师
田春梅　焦作市人民医院副主任护师
田德林　河南省中纬测绘规划信息工程有限公司高级工程师
付银凤　焦作市职业教育中心学校中小学高级教师
冯文昌　焦作师专副教授
冯红霞　武陟县第一高级中学中小学高级教师
冯晓三　焦作市森林病虫害防治检疫站教授级高级工程师
成　芬　焦作市技师学院高级讲师
吕玉珍　焦作市妇幼保健院主任医师
吕庆丰　河南平安种业有限公司高级农艺师
吕海东　焦作市人民医院主任医师
吕增建　焦作大学教授
朱夭合　河南中轴控股集团股份有限公司高级工程师
朱东亮　焦作市动物疫病预防控制中心农业技术推广研究员
乔祖俊　市第二人民医院主任医师
刘长青　焦作市种子管理站农业技术推广研究员
刘玉荣　焦作市妇幼保健院主任医师
刘铸红　河南江河纸业股份有限公司高级工程师
许　刚　河南佰利联化学股份有限公司董事长
买晓辉　焦作广播电视台主任记者
李中东　焦作市人民医院主任医师
李文举　河南怀川种业责任有限公司农艺师
李有成　孟州市农业局种子管理站高级农艺师
李同喜　修武县一中中小学高级教师
李军民　焦作市人民医院副主任技师
李建设　焦作市农产品质量安全检测中心农业技术推广研究员
李素珍　市城乡一体化示范区文昌街道高村小学中小学高级教师
李素萍　市第二人民医院主任技师
李桂芹　焦作市少年儿童业余体校一级教练
李鸿才　焦作师范高等专科学校教授
李富梅　市第二人民医院主任医师
李德有　焦作市技师学院教授级高级讲师
杨永国　市第二人民医院主任医师
杨秀双　焦作市精神病院主任医师
杨海平　焦作市少年儿童业余体校一级教练
邹悟会　河南省中原内配股份有限公司技术研发中心工程师
沈　玲　焦作市人民医院主任医师
宋　晓　焦作崇义轻工机械有限公司工程师
宋文月　焦作市妇幼保健院主任医师
张文生　焦作师范高等专科学校理工学院教授
张冬梅　河南省中原内配股份有限公司总经理
张安世　焦作师范高等专科学校教授
张怀华　焦作市第十一中学中小学一级教师
张福贵　焦作市明株自动化工程有限责任公司工程师
陈　铮　河南省大地合金股份有限公司总经理
范波胜　焦煤中央医院副主任医师
岳卫华　焦作市外国语中学中小学一级教师
金桂香　焦作日报社高级编辑
郑　柳　焦作市技师学院高级讲师
屈菊平　焦作大学副教授
赵　俊　孟州市华兴生物化工有限责任公司助理工程师
赵　勇　焦作市国礼绞胎瓷艺术有限公司工艺美术设计师
赵　辉　焦作市明株自动化工程有限责任公司教授级高级工程师
赵云霄　沁阳市教育科学研究所中小学高级教师
赵长胜　焦作师范高等专科学校教授
赵华玮　焦作大学教授
赵利新　河南省国有焦作林场高级工程师
赵素萍　焦作市山阳区教育局中小学高级教师
柳　臻　焦作市职业教育与成人教育教学研究室中小学高级教师
段京丽　焦作制动器股份有限公司高级工程师
段新国　市农林科学研究院研究员
侯长利　市第三人民医院主任医师
侯红军　多氟多化工股份有限公司教授级高级工程师
侯金奎　焦作市第十九中学中小学一级教师
侯艳丽　市光明中学中小学高级教师
姜丰伟　河南江河纸业股份有限公司高级工程师
姜冬玲　焦作市实验幼儿园中小学高级教师
洪念国　博爱县人民医院副主任医师
栗　洁　市第二十中中小学一级教师
柴战柱　焦作市金谷轩绞胎瓷艺术有限公司总经理
徐　曼　焦作大学教授
徐九文　焦作市农林科学研究院高级农艺师
高永才　云台山风景名胜区管理局工程师
高闰青　焦作师范高等专科学校教授
郭二旺　焦作市水利勘测设计室教授级高级工程师
郭书霞　焦作师专副教授
郭金成　市第二人民医院主任医师
郭晓霞　焦作师专副教授
梅拥军　焦作市明仁天然药物有限责任公司工程师
曹俊新　焦作市许衡实验学校中高级教师
董春红　焦作大学副教授
韩长松　焦作市文物考古研究所副研究馆员
韩冬青　焦作市五官医院高级会计师
程　峰　焦作师范高等专科学校教授
曾　强　河南理工大学副教授
靳双周　焦作市人民医院主任医师
慕小永　焦作市教育科学研究所中小学高级教师
雒温生　焦作市农产品质量安全检测中心高级农艺师
谭瑞军　河南平原光电有限公司科研所研究员级高级工程师
熊祖强　河南理工大学科技园有限责任公司副教授

魏继国　瑞丰纸业有限公司工程师

【大学生村干部工作】　2014 年，市委组织部突出拓宽大学生村干部出路这一重点，积极探索新举措、新方法，进一步加强大学生村干部培养和管理，不断提升焦作市大学生村干部工作水平。从规范工作、加强培养、加大选用、进企锻炼、鼓励创业、提升技能等六个方面安排部署大学生村干部工作。开展“百名大学生村干部进百企”活动，提升大学生村干部再就业技能。截至年底，全市共有大学生村官 643 人。

【电教工作】　发挥优势，主动融入中心工作服务大局。在远教平台新增群众路线活动专题，不断更新先进典型的课件，同时引进了《践行群众路线的好榜样》《培育和践行社会主义核心价值观专题讲座》《全面推进新形势下党的基层组织建设学习辅导讲座》等教学课件，为宣传解读工作提供资源支撑。购买引进《深化改革全面推进依法治国专题讲座》《学习贯彻党的十八届四中全会精神》课件，安排部署基层广大党员干部及时学习十八届四中全会精神，不断提高广大党员干部群众的法律意识、强化法律观念。

完善机制，积极推动远程教育规范化建设。开展对各县市区上年度远程教育工作情况的目标管理考评和针对站点工作情况的“双学一创”考评。考评组通过查看资料、群众访谈、实地查看、问卷调查等方式，完成各项考评。为适应新形势的发展，在总结经验和征求各县市区意见建议的基础上，结合省远教工作督查考评办法，对焦作市实施了 5 年的远程教育目标考评办法进行修订，并报省委组织部同意。

新老结合，巩固远程教育主阵地。根据全省远程教育系统集中整顿工作视频会议精神，认真开展远程教育系统集中整顿月活动，对远程教育网络服务器、传输线路、终端站点等进行一次全面检修和整顿。

【青年干部工作】　2014 年，市委组织部按照《河南省中青年干部“素质优化工程”实施方案》对全市符合条件的人选进行摸底，对 4 大类别共 34 名优秀年轻干部的培养重点、培养措施、时间安排进行统筹规划。举办为期两个月的第 33 期中青年干部培训班，共培训中青年干部 46 人。招录省选调生 19 名，并选派 3 名选调生参加省选调生培训班。

【培训工作】　2014 年，市委组织部举办学习贯彻习近平总书记系列重要讲话和十八届三中全会精神轮训班，分 8 批对全市 1620 名县处级干部、103 名乡镇办事处党政正职、400 余名农村社区书记、主任和非公有制经济组织党组织负责人在市委党校进行集中封闭式轮训。市直机关工委举办 4 期党的十八大精神轮训班，市直机关科级及以下干部 2680 人参加培训，5 城区培训科级干部 1600 余人，6 县（市）科级干部全部轮训学习。在市委党校举办秋季主体培训班，共培训县、科级干部 289 人。

（王姗姗　董军波）

·宣传思想工作·

【理论武装】　2014 年，市委宣传部制定《关于 2014 年度全市县处级以上党委(党组)中心组分专题集体学习的安排意见》《市委常委（中心组）党的群众路线教育实践活动集中学习日程安排》等。围绕学习贯彻党的十八大和十八届三中、四中全会精神，组织 14 次市委中心组专题学习，编印《习近平总书记系列重要讲话精神学习资料选编》。修订完善《中共焦作市委关于进一步加强和改进市委中心组理论学习的意见》，建立健全 12 项学习制度。开展理论学习“双争”活动，对 50 个县级党委（党组）中心组理论学习先进单位和 50 名理论学习模范领导干部进行表彰。抽调有丰富基层宣讲经验的理论工作者组成市委宣讲团，举办“焦作讲堂”和“怀川大讲堂”，面向农村、社区、企业、学校、机关等基层单位，开展面对面的宣讲。组织市属各类媒体持续推出一批新闻报道、理论文章、对话访谈，分专题对习近平系列讲话精神进行深度宣传，帮助广大党员干部把握系列讲话核心要义、领会思想精髓。围绕党的群众路线教育实践活动，编印 5 本群众路线教育活动学习资料选编，邀请中央党校副教育长韩庆祥作群众路线专题辅导报告，开展党的群众路线理论文章征集、全省市厅级领导干部研讨班辅导报告精神学习讨论等系列宣传教育活动。做好《习近平系列讲话读本》和《理论热点面对面·2014》等理论读物的学习宣传普及工作。抓好先进基层党校的上档升级工作。全市 22 所基层党校被命名为市级先进基层党校，13 所党校被表彰为省级先进基层党校。

【全市培育和践行社会主义核心价值观工作会议】　6 月 27 日，焦作市培育和践行社会主义核心价值观工作会议召开，安排部署培育和践行社会主义核心价值观工作、节俭养德全民节约行动和“践行价值观、文明我先行”主题系列活动。会议传达了全国、全省培育和践行社会主义核心价值观系列电视电话会议精神，宣读了《“践行价值观、文明我先行”主题系列活动倡议书》和《节俭养德全民节约行动倡议书》。

【新闻宣传】　2014 年，市委宣传部强化内宣凝聚力量，做好党的群众路线教育实践活动的新闻宣传工作，制订《焦作市党的群众路线教育实践活动宣传工作方案》和《关于在全市开展焦裕禄精神学习活动的方案》，组织市属新闻媒体在重要版面、时段开辟专题专栏及时宣传报道全市群众路线开展情况。做好省运会新闻宣传，中央级、省级和省辖市新闻媒体200余名记者对省运会进行多方位、多角度的宣传报道，《焦作日报》共印发大会特刊70期，焦作广播电视台开设“美丽焦作激情省运”等各类专栏、专刊20多个，刊发各类稿件566篇，提高了焦作的知名度。“上大报、争头条、创优稿”活动成效显著。先后在《人民日报》、新华社、《光明日报》《河南日报》等中央级、省级主流媒体刊发稿件2000多篇，其中重头稿件、署名文章有《服务产业现代化链条产业高端化传统产业新型化——焦作转型记》《焦作：“美言”“美行”迎客来》《焦作：产业集聚乘势升级》《中原转型“示范田”的精彩嬗变》《践行社会主义核心价值观做为民务实清廉好公仆》等，充分展现了美丽焦作良好形象。

围绕“十大建设”，筹划系列对外宣传。《河南日报》以《水系建设扮靓美丽焦作》为题，《大河报》以《焦作抓紧水生态建设构筑转型发展新优势》《焦作正在打造生态宜居宜业宜游水城》为题，对焦作市以十大建设为抓手，推动经济转型示范市建设取得的成效进行专题报道，并联合人民网、中新网、凤凰网、新浪网、网易网、大河网等百余家知名网络媒体同步转载，形成新闻外宣与网络外宣一盘棋的合力格局，提升了美丽焦作新形象。实施“外宣精品工程”。《河内名郡·中国焦作》获第九届中国纪录片国际选片会一等奖，《太极圣地·山水焦作》《焦作市旅游地图》被评为河南省十佳外宣品，拍摄了大型高清系列纪录片《厚重焦作》，微电影《爱如初见》《舌尖上的警察》《微笑的力量》《小城警事》，出版《筑梦美丽新焦作》。建立焦作“百家外宣基地”和“百名外宣形象代言人”资料库，健全新闻发言人制度，完善新闻发言人队伍网络，推动新闻发布工作规范化。完成10余批境外媒体来焦作采访的接待服务和协调工作。

【思想道德和精神文明建设】 2014年，市委宣传部以文明河南建设为总载体，积极培育和践行社会主义核心价值观。深入推进文明河南建设，成立焦作市推进文明河南建设领导小组，下发《焦作市推进文明河南建设实施意见》，建立联席会议制度。加强教育引导，在市属媒体开设专题专栏，大力宣传社会主义核心价值观“三个倡导”24字和文明河南建设，全市共设置大型单体公益广告牌129个、公益广告墙423个、公益广告栏1300个，发放《争做美丽焦作人》宣传册3.6万份，打造了人们身边的正能量。以“践行价值观、文明我先行”为主题，精心组织文明服务、文明执法、文明经营、文明交通、文明旅游、文明餐桌等“六文明”系列活动，进一步提高了公民道德素质和社会文明程度。深化拓展“讲文明树新风”公益广告宣传，举办“做文明人、办文明事”公益广告大赛，开展文明河南建设歌曲征集、点赞文明河南人征文、诗颂文明河南征文和唱响文明河南群众歌咏传唱等活动，倡导社会主义核心价值观，聚焦文明河南建设，形成了“做文明人、办文明事”的良好风尚。推进先进典型宣传常态化。继续在市属媒体开设《身边的榜样》栏目，全年共宣传44位来自身边、普普通通的感动人物。开展“我推荐、我评议身边好人”活动，3人入选“中国好人榜”，2人入选“河南好人榜”。积极开展学习宣传典型活动，举办“践行党的群众路线——王在富同志先进事迹巡回报告会”和“百位共产党人百篇小传”巡回朗诵会，编写《“奉献·2013”身边的榜样——焦作市先进典型事迹媒体宣传汇编》，广泛开展关爱典型系列活动，营造好人有好报的社会氛围。加强“文明使者志愿服务站”建设，全市在公共场所、窗口单位、景区等建“文明使者志愿服务站”58个，在全市各级文明单位建“志愿服务队”230个，广泛开展关爱空巢老人、留守儿童、农民工和残疾人志愿服务活动。推出10个全市优秀“文明使者志愿服务站”和10名“文明使者服务之星”。开展节俭养德全民节约行动，组织“节俭节约，从我做起”等宣传活动，举办“节俭养德全民节约行动”主题展览，营造了节俭节约的浓厚氛围。广泛开展文明法官、文明警察等文明系列评选，命名了一批文明诚信企业、文明交通示范单位、文明餐桌示范餐饮企业。扎实开展道德讲堂活动，在市图书馆开设焦作市道德讲堂总堂，将市图书馆和焦南监狱打造成全市性道德讲堂的主场地和基层经典道德讲堂的展示平台。

深入开展文明城市创建活动，焦作市通过省级文明城市的年度考评。以文明单位测评体系为导向，突出抓好文明单位创建活动。2014年，共评选出国家级文明单位10个，省级文明单位53个，市级文明单位80个。开展农村精神文明创建活动，依托农村文化中心举办“形势政策进乡村”“农村道德讲堂”“清洁家园行动”、第六届“百乡千村”农民篮球赛、科技活动周、新农村“七送”“法律进农家”等活动，丰富农民群众的文化生活，提升农民文化素质。以文明行业测评体系为导向，在行业系统开展优质服务、便民利民活动，在党政机关开展“两转两提，争做人民满意公务员”活动，不断提升创建水平。加强未成年人思想道德建设。紧紧围绕“中国梦”主题活动，扎实开展“清明祭英烈”“向国旗敬礼”“做一个有道德的人”等道德实践活动，评选表彰了一批“焦作市美德少年”，引导和鼓励未成年人树立正确的道德价值观。开展传统文化经典诵读活动，24所学校被命名为“全市未成年人文化经典诵读示范学校”。以乡村学校少年宫建设为抓手，不断拓展未成年人道德教育和实践平台，满足农村未成年人基本文化需求。依托“省级未成年人心理健康教育示范点”，开展形式多样的咨询辅导活动，促进未成年人健康成长。建好焦作文明网，发挥中国文明网联盟网站作用，筑牢精神文明建设的舆论阵地。

【文艺宣传】 2014 年，市委宣传部认真组织文艺精品创作生产。在郑州举办以“狼牙山五壮士”之一宋学义的先进事迹改编的电影《勋章》新闻发布会，并正式开拍。开展焦作市第十届精神文明建设“五个一工程”奖评选，18 部作品获优秀作品奖。其中图书《群众路线纵横谈》、舞剧《太极传奇》获河南省第十届精神文明建设“五个一工程”奖。扎实推进“文明焦作·欢乐怀川”文化惠民活动。组织“舞台艺术送农民”演出 64 场，“舞台艺术送基层”演出 200 场。开展“教你一招”“文艺大讲堂”等免费培训 200 余课时，参训人数达万余人。举办“春之声”文化节、“秋之韵”文化节等大型送文化活动 6 次，活跃了基层群众文化生活，焦作市荣获河南省 2014 年“文明河南·欢乐中原”群众文化活动优秀组织工作奖，市文广新局、焦作广播电视台、市文联、北朱村文化中心被表彰为先进单位。焦作影视城被命名为河南省特色文化基地。大力推进文艺志愿服务。在部分社区、村镇建立文艺志愿服务基地，广泛开展“舞台艺术五进”“千幅作品送千户”“电影送民工”等文艺志愿服务活动，惠民效果突出，社会反响强烈。省委宣传部部刊《河南宣传》对焦作市的做法予以报道。成功举办河南省第十二届运动会开闭幕式，参演近 6000 名演员全部由基层群众文化队伍组成，富有浓郁地方特色的群众文体表演精彩，展示了厚重河南、中原文化、太极故里、活力焦作等文化元素。

大力推动文化产业发展。努力扶持文化企业。积极做好文化产业招商引资工作。成功引进一批大型文化产业项目，温县中广太极影视小镇和司马懿益智文化园、修武县当阳峪陶瓷文化产业园、沁阳神农陶文化产业园 4 个项目在河南省现代服务业开放合作洽谈会文化产业专题招商会上签约，总投资 50 多亿元，为焦作市文化产业发展提供了后劲。搞好文化产业宣传推介。组织文化企业参加第十届中国（深圳）文化产业博览交易会、首届中原（鹤壁）文化产业博览交易会，通过高端平台宣传推介文化企业品牌，提高知名度，促进企业经济效益提高。做好文化产业专项资金和文化产业“双十”工程申报工作。沁阳檀溪堂文化产业项目获得 80 万元省级文化产业扶持资金，云台山旅游发展有限公司被评为全省十大重点文化企业。

【网络宣传管理】 2014 年，市委宣传部加强网上正面宣传，成立焦作市网络安全和信息化领导小组，把提升议题设置能力和有效发声能力放在首要位置，不断提高网上正面宣传的实效性。围绕党的十八届三中、四中全会精神、全国和省市“两会”等重大决策部署、重大主题活动，精心组织网上宣传，形成了网上宣传较好势头。围绕市委、市政府中心工作，组织新闻网站开展“经济转型示范市和美丽焦作建设”“焦作市十大建设”“省十二届运动会暨首届全民健身大会”等系列网上正面宣传活动。在中宣部党建网首页开辟焦作市“第二批群众路线教育实践活动”专题，在焦作网、焦作市人民政府网开辟群众路线教育实践活动专题专栏，设置留言板，展示全市党员干部践行群众路线，转变思想观念，改进工作作风的做法和效果，营造良好的网上主流舆论氛围。

加强网络舆论引导和应对网上舆情能力，组建并完善网评员队伍，选拔一批熟悉党和国家方针政策，熟悉本地、本单位、本部门工作情况的优秀工作人员加入网评队伍。参与省里组织开展的重大评论引导活动 20 余项。1 篇原创网评文章获省优秀网评文章二等奖。完善舆情研判机制，科学应对网上舆情。在处置青龙峡景区游客滞留、中站“7·17”袭警案等重大网上舆情中，及时协调网络媒体发布权威信息。建立多样化的舆情报送机制，编发《网上舆情》《网上舆情通报》《网上舆情日报》400 余期。开展集中整治网络新闻传播“四乱”现象、清理网上恶性政治谣言等专项行动，共接收省网信办各项指令 4600 余条，并全部落实到位，有力净化了网络空间。加强市属网站管理，健全论坛、博客内部审核程序，定期更新关键词过滤数据库，24 小时监控开放的讨论板块，网络空间得到进一步净化。

（赵修怀）

·精神文明建设·

【公民道德建设】 2014 年，焦作市扎实推进文明河南建设，深入开展“六文明”和公益广告宣传活动。认真贯彻落实“文明河南”建设，以“践行价值观、文明我先行”为主题，扎实开展文明服务、文明执法、文明经营、文明交通、文明旅游、文明餐桌“六文明”活动，利用手机报、彩信、电子书、微博、微信等方式推送展示公益广告，把公益广告做到群众身边。焦作广播电台播放“节能减排”“关爱老人”“低碳出行”等公益广告 6200 分钟；焦作电视台播放“讲文明树新风”“说普通话做文明人”等 2.99 万分钟，《焦作日报》开辟“祖国和谐家园安宁”“跟着共产党奔向中国梦”“中华圆梦万民得福”等 8 项社会主义核心价值观专栏，59 个整版；焦作移动、联通发送手机报 65 期，手机短信 500 万条。广泛开展“争做美丽焦作人”活动。

通过“六个倡导”（倡导文明交通、文明旅游、文明餐桌、文明上网、健康生活、邻里互助）努力做到四美（语言美、行为美、仪表美、心灵美），推广十大文明用语（您好、请坐、请稍等、对不起、没关系、别着急、谢谢、不客气、很抱歉、再见），纠正十大不文明行为（随地吐痰、损坏花木、随地便溺、乱扔垃圾；行人乱闯红灯、翻越护栏、横穿马路；说脏话、粗话；向车外抛掷杂物、吐痰；公共场所赤脚光背、衣着不整、席地横卧；公共场所大声喧哗、抽烟；乘车不排队、不让座；公共场所放养宠物、遛狗；随处晾晒被褥衣物；便后不冲厕所），制定下发《关于进一步加强群众性精神文明建设活动的实施意见》，规范市民行为，提高市民素质，在全市形成说文明话、办文明事、做文明人的良好社会风尚。深入开展“我们的节日”主题活动。组织开展“欢欢喜喜过大年”“中秋团圆”等形式多样的群众文化活动；在焦作文明网开设“我们的节日”系列专题，刊登节日活动信息，引导广大市民学习知识、交流思想、传播文明。

【道德讲堂活动】 2014年，市文明办深入开展“百名好人进讲堂”活动，全面推进道德讲堂建设。按照“抓示范，以点促面；抓特色，培养亮点；抓实效，扩大影响”的总体思路，在全市深入开展“百名好人进讲堂”和道德模范基层巡讲活动，推进道德讲堂工作全面铺开。根据各行业特点和群众需求，在全市农村、社区、学校、单位举办风格不同、内容各异的特色讲堂。为积累经验，提升水平，争创特色，达到带动全局的目的，将设在市图书馆的焦作市道德讲堂总堂和焦南监狱道德讲堂作为全市道德讲堂建设的展示平台和培训基层道德讲堂的主阵地，为全市道德讲堂活动树立了标杆。山阳区以机关、社区、学校、企业为重点，共建成道德讲堂120个，开展活动400多次。

【学雷锋志愿服务活动】 2014年，市文明办加强“文明使者志愿服务站”建设，按照“有统一标识、有办公场所、有志愿者队伍、有管理制度、有工作台账、有服务项目，落实志愿服务活动”六有一落实的要求，建好、用好“文明使者志愿服务站”。加强“文明使者志愿服务站”管理，以站点建设为平台，实现志愿者、服务对象、服务项目有效衔接，推动学雷锋志愿服务常态化。年内新建设解放区焦北街道花园街社区、东方红广场、中站区国税局、博爱县质监局等4个省级文明使者志愿服务站。截至年底，全市在公共场所、窗口单位、景区等共建“文明使者志愿服务站”58个，基本实现全国、省级文明单位和城市社区建立志愿服务站（点）全覆盖。加强志愿服务队伍建设，在党政机关、企事业单位和城乡社区普遍建立党（团）员志愿服务队、文明单位志愿服务队和社区志愿服务队，组织广大志愿者积极参与关爱他人关爱社会关爱自然志愿服务，广泛开展关爱空巢老人、留守儿童、农民工和残疾人志愿服务活动。截至年底，全市各级文明单位共建“志愿服务队”430个。6月11日，在解放区焦北街道花园街社区召开全市志愿服务工作座谈会暨邻里守望社区志愿服务活动启动仪式，市委常委、宣传部长甘茹华出席会议并讲话，要求各单位以“邻里守望”为主题，在社区广泛开展家政、心理疏导、应急救护、医疗保健、家电维修、文化娱乐、法律援助、植绿护绿等多种志愿服务。全年共签约11名专家、学者、道德模范等社会名人做文明使者，在重要节日、重要节点入站服务。11月，在全省组织开展的“我奉献、我快乐、我讲述”文明使者志愿服务活动演讲比赛中，焦作市选手王慧获得一等奖。建立健全志愿服务管理制度，推行全市统一进行电子注册，依托社区、单位进行注册、培训和管理。建立志愿服务星级评定制度和嘉奖制度。建立志愿服务回馈制度，探索对优秀志愿者在享有社会文化资源和公共服务等方面给予关照和回馈。推出10个全市优秀“文明使者志愿服务站”和10名“文明使者服务之星”。

【群众性精神文明创建活动】 2014年，市文明办深入开展文明城市创建活动。以加强道德建设为中心，以便民助民乐民化民为着力点，以组织群众广泛参与为途径，不断深化创建文明城市活动。8月24日，以省文明办副主任赵云龙为组长的省级文明城市考评组一行莅临焦作市，对省级文

解放区焦北街道花园街社区志愿者正为“空巢”老人端饺子

明城市进行年度考评。考评组一行听取了专题汇报，查阅相关资料，深入单位、社区、商场、公园、大街小巷、农贸市场等地进行实地查看，顺利通过省级文明城市的考评验收。深入开展文明单位创建活动。按照“五个一”（一堂、一队、一桌、一牌、一传播）要求，10月，以《省级文明单位测评体系》为标准，对县市区推荐的单位进行实际考评，并征求纪检、检察、综治、计生、环保等有关部门意见，对54家省级文明单位进行考评。11月，对89家市级文明单位进行考评。12月，推荐10家全国文明单位，9个全国文明村镇，均顺利通过省文明委的考评验收。开展农村、社区精神文明创建活动。依据《文明村镇测评体系》，广泛开展破除陈规陋习，倡导健康文明生活方式，反对邪教和封建迷信的群众性精神文明创建活动。积极开展以“四化两场一畅通”为主要内容的文明集市创建活动。制定下发《关于在全市农村开展“倡树文明新风，评创星级文明户”活动的实施方案》，深入开展“十星级文明户”（守法星、诚信星、和睦星、勤俭星、卫生星、公益星、学习星、环保星、致富星、新风星）创评活动，把“倡树文明新风，评创星级文明户”创评活动与培育和践行社会主义核心价值观相结合，提升农民文明素质。2014年评选市级文明镇20个，市级文明村50个，星级文明户（环境卫生、家庭和睦、诚实守信、勤俭节约、邻里互助）800户。开展行业创评活动。以丰富内涵、提高质量为重点，以文明行业测评体系为导向，不断提升创建水平。在行业系统广泛开展优质服务、便民利民活动。在党政机关广泛开展“两转两提，争做人民满意公务员”活动，引导广大党员干部带头做文明人、办文明事。机场、车站、旅游景区和公交、出租车等窗口行业单位突出抓好优质规范服务。2014年共计评选出省级文明社区5个，省级文明市民9名，市级优质行业服务人员30余名。

【“身边好人”评选活动】 2014年，市文明办广泛开展“身边好人”推荐评选活动。充实“焦作好人库”，在中国文明网焦作站设立专题，加大宣传力度。通过广泛宣传，发动群众积极推荐身边好人好事，把那些群众认可、经得起评议的候选人纳入好人库，提高人选的质量和数量。利用市主要媒体和焦作文明网策划宣传“我推荐、我评议身边好人”活动等专题，组织广大干部职工学习好人先进事迹，参与评议和投票活动，形成高效的网络评议投票运行机制。全年共有3人入选“中国好人榜”，2人入选“河南好人榜”。开展宣讲交流活动，组织2013年度“中国好人”表彰交流活动，市委常委、宣传部长甘茹华亲切接见，并与身边好人畅谈爱心活动的经验与感受，鼓励他们继续弘扬社会新风，引领社会风尚。在市属主要媒体开设专题专栏，对道德模范和身边好人的先进事迹进行集中宣传报道。对全市困难道德模范和身边好人进行调查摸底，号召全社会都来帮助生活困难的道德模范和身边好人，解决他们的实际困难。形成了人人学习好人，人人争做好人的社会风尚。

【未成年人思想道德建设】 2014年，市文明办围绕“中国梦”主题活动，结合“清明节”和首个“烈士纪念日”“南京大屠杀死难者国家公祭日”等重要时节点，组织全市中小学生开展“纪念先烈·报效祖国·圆梦中华”活动。以“七一”党的生日为契机，组织未成年人广泛传唱歌颂党、歌颂伟大祖国、歌颂中国特色社会主义的优秀歌曲。以庆祝新中国成立65周年为契机，组织未成年人开展中国梦学习教育，开展爱国主义教育，培育和践行社会主义核心价值观。以“认星争优，做美德少年”活动为载体，以“爱学习、爱劳动、爱祖国”为基本要求，以道德养成为重点，评选表彰“焦作市美德少年”50名。其中沁阳市沁北中心小学的刘珊、焦作市特教学校的张杨轩被省授予第六届河南省美德少年称号。上届省美德少年贺林娟的事迹入选全国百名美德少年事迹展。广泛开展文化经典诵读活动，评选命名24所学校为全市未成年人文化经典诵读示范学校，其中焦作市实验小学、马村区东苑学校、武陟县育英学校3所学校被省命名为全省未成年人文化经典诵读示范学校。马村区报送的文化经典诵读节目《读唐诗》获省优秀奖。沁阳市上报的“童心向党”歌咏比赛节目在中央文明网展播。充分发挥爱国主义教育基地、公共文化设施和体育设施的教育功能，为未成年人思想道德教育提供重要课堂。指导各县市区加大乡村学校少年宫建设力度，抓好日常管理，组织开展“道德实践、文艺支教、科学体验、心理辅导、亲情服务五进乡村学校少年宫”活动，使其成为广大农村未成人的成长乐园。截至年底，全市已建有93所乡村学校少年宫，其中55所获中央、省彩票公益金资助。加强未成年人心理健康教育场所建设。以“省级未成年人心理健康教育示范点”为指导，开展以“珍爱生命，健康成长”为主题的心理健康教育宣传月活动。2014年焦作市共投资120万元建设学校心理咨询室，组织开展心理健康教育知识讲座1056场，开展各类心理辅导活动3580次，受益教师、学生、家长达35万人。抓好社会文化环境集中整治行动。协调市文化、教育、公安、工商等市直单位和新闻媒体，大力开展净化网吧、网络、荧屏声频、出版物市场专项行动，集中治理、重点解决群众反映强烈的突出问题和违法违规行为，加大市场巡查力度，组织开展“扫黄打非——2014净网”专项行动，对全市图书音像市场进行“拉网式”清查，加大对学校周边环境整治。全年取缔黑网吧 7 家，行政警告处罚违规网吧 30 家，整改运营商 8 家，焦作市社会文化环境得到进一步净化，经营秩序得到明显好转。

【网络文明传播】 2014 年，市文明办充分利用中国文明网联盟，扩大焦作市精神文明建设的影响面，积极营造“六文明”的社会氛围。招募志愿者 1100 余人，成立网络文明传播志愿者队伍，充分利用身边微博、博客、论坛、QQ 等平台积极传播网络文明。发布官方微博 2000 余条，个人微博 10000 余条，突出“传播文明，引领社会新风尚”主题，传递网络正能量。不断完善信息工作机制，提高网站人员素质，加强信息员队伍建设，加大网络信息的发布数量、提高信息质量。精神文明建设简报采用 2 篇，河南精神文明建设简报采用 10 篇；中国文明网采用 234 篇，省文明网采用 266 篇，在焦作文明网发布 1500 余篇。先后设立“宣传部长、文明办主任文集”“我们的节日”、道德讲堂、文明城市、网上奠英烈、好人投票等 18 个专题。

【省文明河南建设调研组莅焦调研】 9 月 12 日，省直机关工委副书记孙春永带领省文明河南建设调研组莅临焦作市，就推进文明河南建设和“六文明”工作开展情况进行专题调研。调研组先后到焦作供电公司职工餐厅、市太极体育中心、山阳区国税局办税大厅、山阳区新城街道常庄巷文化墙等地，详细了解了“六文明”工作开展情况。孙春永对此项工作给予充分肯定，要求下一步要注重品牌建设和制度机制建设，通过积极弘扬，培育出更多典型，发挥其示范带动作用，努力把文明河南建设工作做得更好。

【文明河南建设工作考核组莅焦考核】 12 月 4 日至 5 日，由省工商局副巡视员王船起带领的文明河南建设工作考核组莅临焦作市，对文明河南建设组织工作推进情况以及文明服务、文明执法、文明经营、文明交通、文明旅游、文明餐桌等“六文明”活动开展情况进行考核。考核组一行先后到交警执勤人民路岗、市行政服务中心、风神轮胎西厂区、市人民中学、龙源湖公园、太极体育中心和孟州市实地考核打分。

【节俭养德全民节约行动电视电话会议】 5 月 27 日，中央、省委、市委召开节俭养德全民节约行动电视电话会议，大力倡导全社会大兴节俭之风，形成节俭养德、健康文明的生活方式。市委常委、宣传部长甘茹华在焦作分会场出席会议并就贯彻落实中央、省委会议精神提出要求。

【节俭养德全民节约行动主题展览】 9 月 22 日，焦作市举行节俭养德全民节约行动主题展览活动。市委常委、宣传部部长甘茹华到现场观看了展览，并要求要通过一系列生动的图片和鲜活的文字、漫画，生动诠释节俭养德的重要意义，引导全市广大干部群众充分认识节俭节约的重要性和必要性，不断增强公众的危机意识和节约能源意识，逐步养成节约的习惯，争做节俭美德的践行者，争当节俭美德的守护者，为加快推进经济转型示范市、美丽焦作、文明河南建设作出贡献。

2014 年度全国文明单位

焦作市质量技术监督局
焦作市环境保护局
焦作市国家税务局
焦作市地方税务局
焦作市河务局
焦南监狱
焦作监狱
焦作一中
国网河南省电力公司焦作供电公司
中国移动通信集团河南有限公司焦作分公司

2014 年度全国文明村镇

修武县云台山镇
修武县七贤镇丁村
沁阳市山王庄镇万北村
孟州市南庄镇桑坡村
温县岳村乡
沁阳市紫陵镇
博爱县金城乡钟庄村
示范区苏家作乡怀村
马村区演马街道马寨村

2014 年度省级文明单位

焦作市农业局
焦作市邮政局
焦作市科协
焦作市人防办
焦作市安监局
焦作市体育局
焦作市公安局犯罪侦查支队
焦作市公安局治安支队
焦作市公安局国保支队
解放区政府办公室
焦作电厂
解放区农村信用合作联社
解放区国家税务局
山阳区人民检察院
山阳区财政局
焦作市实验幼儿园
焦作市第三人民医院
焦作市环境保护局环境检测站
武警焦作市支队
高新区地方税务局
高新区国家税务局
中站区国家税务局
中站公安分局
中站区房管中心
中站区电化教育中心
马村区工商行政管理局
马村区地方税务局
马村区教育局
中共沁阳市委宣传部
沁阳市质量技术监督局
沁阳市工商行政管理局
沁阳市河务局
沁阳市粮食局
孟州市地方税务局

孟州市工商行政管理局
孟州市电力公司
孟州市农村商业银行
温县地方税务局
中共温县纪律检查委员会
温县质量技术监督局
温县审计局
温县国土资源局
武陟县财政局
武陟县人民法院
武陟县人口与计划生育委员会
武陟第一黄河河务局
武陟县卫生局
中共博爱县委宣传部
博爱县人口和计划生育委员会
博爱县总工会
中共修武县纪律检查委员会
修武县人民法院
修武县住房和城乡建设局
修武县质量技术监督局

2014年度市级文明单位

市食品药品监督管理局
市地震局
市供销合作社
市社会医疗保险中心
市公安局公交派出所
市市政设施管理所
市交通运输（集团）汽车客运总站
市第十一中学
中共解放区委办公室
解放区焦西街道办事处
解放区委党校
中国邮政储蓄银行焦作市分行
市军队离退休干部第二休养所
山阳区住房和城乡建设局
山阳区科学技术局
市绿源热力有限公司
市科林城市环保有限公司
中共中站区委政法委
中站区公安消防大队
中站区龙翔街道办事处
中站区许衡中学
中站区跃进路小学
中站区城乡规划管理局
马村区民政局
马村区环境保护局
中共马村区委政法委
马村区南水北调办公室
马村区农林水利局
共青团马村区委
市职业技术学校
示范区苏家作乡人民政府（机关）
示范区文苑街道办事处
示范区宁郭镇张庄中学
中国电信焦作市分公司
沁阳市行政服务中心
沁阳市老干部局
沁阳市公共资源交易中心
沁阳市交通运输局
沁阳市教育局
沁阳市科学技术局
中国邮政储蓄银行沁阳市支行
中国移动沁阳市分公司
沁阳市人口和计划生育委员会
孟州市体育局
孟州市人力资源和社会保障局
孟州市第一汽车运输公司
孟州市货运信息中心
河南广播电视网络孟州市分公司
中共武陟县委办公室
武陟县农业机械管理局
武陟县文化广电新闻出版局
武陟县司法局
武陟县城乡规划管理局
武陟县产业集聚区管理委员会
武陟县第二人民医院
武陟县第一中学
中共温县县委宣传部
温县公安交通警察大队
温县烟草专卖局
温县人民政府办公室
政协温县委员会办公室
温县工商行政管理局
温县民政局
温县教育局
温县疾病预防控制中心
温县人大常委会办公室
中共博爱县纪检委
博爱县机构编制委员会办公室
博爱县司法局
博爱县国土资源局
博爱县机关事务管理局
修武县安全生产监督管理局
河南焦煤能源古汉山矿
中共修武县委办公室
中共修武县委宣传部
中共修武县委统战部
修武县新闻办公室
中国移动修武县分公司
修武县公安消防大队
修武县商务局

2014年河南省未成年人思想道德建设工作先进单位

沁阳市文明办
焦作市龙源湖学校
解放区焦北街道花园街社区

（李文龙）

·统战工作·

【多党合作】 2014年，市委统战部组织统一战线广大成员深入学习贯彻党的十八届三中、四中全会和习近平总书记系列重要讲话精神，把思想和认识统一到中央和省、市委决策部署上来。在全市各民主党派和无党派人士中深入开展“坚持和发展中国特色社会主义学习实践”活动，并与市委开展的党的群众路线教育实践活动同组织、同实施、同推进。配合省委统战部组织全市统一战线开展“迎国庆·同心颂”书画展和“同心·话苑”征文活动，共征集书画作品150余幅、征文260余篇，并荣获书画展优秀组织奖，充分展现了全市统一战线的风采，进一步增强了统一战线的凝聚力和向心力。市委高度重视多党合作和政治协商制度建设，出台《中共焦作市委关于建立市委常委与各民主党派、工商联和无党派代表人士联系交友制度的意见》，市委常委与党外代表人士结对联系交友；市纪委、市委统战部每季度随机抽查联系交友制度落实情况，并向市委常委会汇报。制度建立以来，市委常委与党外代表人士通过电话、约见、座谈等形式，征求意见建议80余条，协调解决问题60余件，民意信息直通市委常委，有效调动了全市统一战线成员参政议政的积极性、主动性、创造性。建立并落实与党外人士的月协商座谈会制度，邀请民主党派、无党派人士围绕装备制造业发展、行政审批制度改革、义务教育均衡发展等经济社会发展重大问题和涉及群众切身利益的实际问题进行面对面的协商。坚持每半年向党外人士通报经济发展运行情况和党风廉政建设情况；坚持“两会”前就《政府工作报告》向党外人士征求意见；坚持大项活动、重点工作事前与事中均通过座谈会、征求意见会、情况通报会等形式与党外人士充分协商沟通、听取意见建议，提高了党委、政府决策的科学化水平。注重发挥党外人士的民主监督职能，在全市党的群众路线教育实践活动动员会召开后，市委书记孙立坤亲自主持召开党外人士座谈会，征求党外人士意见建议。在教育实践活动中，市委聘请60名党外人士分成6组作为特邀监督员，全过程参与并监督党的群众路线教育实践活动的开展。活动中，党外特邀监督员对100余家重点监督单位提出各类问题156条、转达群众意见93条，均得到立行立改。在新一届政协换届工作中，高度重视统一战线政策的落实，按照市委具体要求，依照有关程序和规定，协助有关部门认真做好新一届政协委员的协商提名工作，实现了政策到位、比例到位、人事到位。

【经济联络】 2014年，市委统战部组织统一战线广大成员聚焦全市重点难点问题积极建言献策，民主党派市委关于加强国家级生态文明示范市建设和煤矿主题公园建设的建议，受到市主要领导的高度重视，并被有关部门采纳。开展“统一战线同心大讲堂”活动，全面提升统一战线成员服务转型发展的能力和水平。依托“焦作党外人士建言献策博客”，收集整理党外人士的意见建议，截至年底，博客点击量已超过25万人次。依托各民主党派、工商联、台办、侨联、党外知识分子联谊会、海外联谊会等组织，发挥统一战线联系广泛的优势，开展招商引资、招贤引智、项目推介活动，为海内外客商来焦投资兴业牵线搭桥。积极开展“一党派一项目”活动，争取党派上级组织的支持，为焦作市争取资金、引进项目。九三学社省委与武陟县政府签订“九武合作”协议，在农林、医疗等方面向武陟县提供资金、技术、项目上的长期支持和帮助。依托市海外联谊会等组织，积极联系海内外企业家到焦作市考察投资。组织举办“意大利华商焦作行”活动，与意大利中国和平统一促进会签订了友好合作协议，向意大利华商展示了焦作市优越的投资环境。接待了江苏高科技企业考察团莅焦考察，并就在焦投资事项进行了前期商洽。进一步强化工商联组织建设，就工商联组织“一个设立、五个确保”落实情况进行实地督导，解决制约工商联发展的瓶颈问题。加强对非公经济发展的引导和服务，持续开展非公经济人士理想信念教育实践活动；定期组织举办商会企业“转型·资本·发展”观摩交流活动，动员全市非公经济人士积极参与焦作市产业集聚区和重点项目建设。定期组织“政企”“银企”见面会，及时向非公企业传递政策信息，引导投资方向，促进转型升级。深入开展“连心桥”和“商会企业走访调研”活动，编印会员企业名录，印制商会企业“连心卡”和协商咨询专用信封，积极协调有关部门帮助解决商会企业发展中遇到的困难和问题。编印《焦作商会特刊》，将中央、省、市重要政策、经济运行情况分析等信息汇集成册，及时印发到商会企业供企业参考。

【对台工作】 2014年，市委统战部把对台经济工作纳入全市对外开放工作全局中，制定对台招商工作方案，以“携手话发展、双赢促转型”为主题，全面启动系列对台招商活动，持续推动焦台经贸合作向深层次、宽领域拓展。大力推进台湾农民创业园和台湾工业园建设，全年共组织涉台招商活动46次。其中外出开展涉台招商17次，邀请台商考察29次，签订合作项目协议5个。以“牵手宝岛、共谋发展”为主题，进一步发挥焦作市“云台山、太极拳、曹谨、台创园”4张对台交流名片的作用，加强全市对台交流工作。全市因公组（参）团赴台20批，近百人次，达到了宣传焦作、推介项目、结交朋友、洽谈合作的目的。承办“中原情·一家亲”赴台湾高雄参访交流活动。积极创新工作方式，加大入岛宣传力度，突出宣传实效，扩大对台工作影响，营造了良好的社会舆论氛围。开展了两岸媒体看焦作、访园区活动。邀请台湾TVBS电视台、墨刻出版社和两岸媒体记者组成的“大美河南行”采访团对焦作台创园、陈家沟、云台山等地进行采访考察，进一步扩大焦作在岛内的影响力。

【“焦作有爱”系列活动】 2014年春节前夕，市委统战部组织统一战线广大成员深入开展“焦作有爱——帮扶困难群众暖春行动”活动，以服务民生、感恩社会的具体举措积极践行党的群众路线教育实践活动，《中华工商时报》对此进行了专题报道。4月，组织开展“焦作有爱——贫困山区特困户‘一帮一’结对帮扶”活动，深入中站区龙翔街道办事处看望慰问困难群众，并组织随行爱心企业家与困难群众家庭签订“一帮一连心卡”，长期结对帮扶。“六一”前夕，组织开展“焦作有爱——六一关注困难家庭儿童在行动”活动，捐赠价值12万余元的慰问金和学习生活用品。8月，组织开展“焦作有爱——资助贫困家庭大学生2014在行动”活动，

"焦作有爱—关注贫困家庭大学生 2014 在行动"活动

发放助学善款 260 余万元，资助近 600 名贫困家庭学生圆梦大学。自 2007 年"焦作有爱"活动开展以来，累计募集助学善款 1820 余万元，资助贫困家庭大学生 5100 余名，860 家商会企业与 800 余户贫困家庭长期结对帮扶。截至年底，已有 3 批 2400 余名受资助学子毕业。

【社会服务活动】 2014 年，市委统战部充分发挥各民主党派、工商联和无党派人士人才荟萃、智力密集的优势，依托社会服务基地等平台，积极开展形式多样的社会服务活动。协助市各民主党派开展各类科技、文化、医疗下乡活动 20 余次，投入资金 8 万余元，义诊 1000 余人次，发放宣传资料 3000 余份；开展捐资助学行动 5 次，捐助学习用品价值 1 万余元。持续开展"百企帮百村"活动，组织商会企业与基础建设较弱的乡村结成帮扶对子，向帮扶村提供项目、资金、人才、技术等支持。

【同心实践行动】 2014 年，市委统战部继续组织全市统一战线广大成员深入开展"同心实践"助推新型城镇化建设活动。动员全市统一战线各界爱心人士捐资 20 余万元认建统一战线"同心园"。指导九三学社市委在中站区龙翔学校开展"同心实践基地"挂牌暨"九三同心书屋"捐赠活动，现场捐赠图书 1000 册、液晶电视机 2 台及其他学习生活用品。持续推进统一战线"同心共建、企地共赢"活动，积极协调促成河南日报报业集团捐资 2000 万元援建修武县周庄新市镇建设，全年资金已到位 1000 万元，报春苑小学主体工程已竣工。

【"同心园"建成】 3 月 12 日，位于焦作市神州路与金沙路交叉口的焦作市统一战线"同心园"绿地游园正式建成。市领导杨娅辉、张动天、王建国、孔祥群和市委统战部、各民主党派、工商联机关干部在"同心园"植树播绿。2013 年，在"共同参与，绿满山阳"共建活动中，市统一战线各界爱心人士捐资数十万元，认建了统一战线"同心园"，并把这里作为统一战线各界人士和市委统战部机关干部义务植树的基地。

【"同心大讲堂"系列讲座】 7 月 22 日，由市委统战部创办的全市统一战线"同心大讲堂"系列讲座正式开讲。市委常委、统战部部长杨娅辉，市人大常委会副主任、民革焦作市委主委王建国出席活动。首讲邀请市科技局专家围绕科技创新助推转型发展，以"创新什么、谁来创新、怎么创新"为主题，运用多媒体演示和现场问答互动等形式为全市 200 余名非公经济人士代表作了精彩解读。作为系列讲座，"同心大讲堂活动"相继邀请统一战线各领域的专家学者参与到讲座中，搭建起全市统战成员相互交流联谊的桥梁、相互借鉴受益的平台、相互支持共赢的纽带。

（王朝营）

·农村工作·

【新市民社区试点建设】 2014 年，市委农办按照中央、省、市推进以人为核心的城镇化的要求，积极探索开展新市民社区建设工作，推进农业转移人口市民化。3 月，印发《中共焦作市委焦作市人民政府关于建设新市民社区推动农业转移人口市民化试点工作的指导意见（试行）》，在全市选择 10 个试点，建设基础设施和公共服务设施完善的新市民社区，以农民成本价购房、转换城市户籍、享受城市居民养老医保就学等待遇为条件，吸引农民工和有意愿进城工作生活的农民进住，促进农民离开农业转入城镇就业定居，推进新型城镇化建设步伐。其中积极指导孟州市先行一步、示范带动，初步走出了一条"政府投得起、群众进得来、进来稳得住"的新型城镇化建设新路子，得到省、市主要领导的充分肯定。省委书记郭庚茂专门安排省委农办实地调研，撰写经验材料，并亲自批示，要求《河南日报》头版刊发《着力打造主阵地加快新型城镇化》的调研报告。市委书记孙立坤对全市新型城镇化建设工作作出专门批示；市委副书记、市长张文深带队到孟州市开展专题调研，并于 11 月 28 日在孟州市主持召开全市新型城镇化工作推进会。全市 10 个新市民社区已开工 6 个，建成住宅楼 166 栋 6996 套。

【农民合作社发展】 2014 年，市委

农办按照“抓数量、促规范、上规模、搞联合、创品牌”的工作思路，通过政策扶持、培训指导、创优环境等措施，增加合作社数量，规范合作社管理，提升合作社质量，试点市建设取得扎实成效。全市农民合作社发展到4329家，较上年新增450家；入社成员9.5万户，辐射带动农户34.45万户。这项工作焦作市连续两年位居全省第一，在年初召开的省委农村工作会议上作先进经验介绍。特别是2014年，为回应广大农民群众关切，破解合作社发展资金瓶颈制约，市委农办改变以往把财政扶持资金分散投向合作社的方法，经过多方协调，最终与三家金融机构共同签订了共建融资平台合作协议，即把市级1000万元农民合作社扶持资金作为风险补偿资金，按1：4的比例与省财政厅下属的农开投资担保公司共同承担风险；由投资担保公司担保，通过邮储银行、交通银行，对市级明星社、龙头社、示范社和优秀联合社进行贷款，贷款额度为财政补偿资金的5倍至8倍，即5000–8000万元，每年可循环利用的资金将超过1.5亿元。此举不仅将有效解决合作社在发展壮大中遇到的贷款抵质押难题，还可发挥出财政资金“四两拨千斤”的示范带动效应。

【美丽乡村建设】 2014年2月，全市加快经济转型建设美丽焦作动员大会召开后，市委农办以深入开展农村人居环境整治工作为载体，以“三无一规范一眼净”（无垃圾、无污水、无杂物，日常生产生活用品堆放规范有序，主次干道两侧一眼看去干净卫生）为标准，以净化、硬化、绿化、亮化、美化为重点，多措并举，多管齐下，着力打造环境优美、生态宜居、生产高效、人民富裕、生活美好、人文和谐的美丽乡村。8月，以市委、市政府文件形式印发《关于改善农村人居环境建设美丽乡村行动计划》，建立“一室五组”工作机制；相继组织召开观摩会、推进会、考核评比通报会，开展5次集中检查评比活动，对县市区、涉农乡镇办事处进行综合排名；在《焦作日报》、焦作电视台开辟“美丽乡村在行动”专栏，以“农村环境卫生从治理垃圾抓起、典型示范村、县市区委书记访谈录、暗访曝光台”4个系列为主开展了集中宣传活动，共在《焦作日报》连载文稿53篇、焦作电视台报道38期，引导各县市区在各类媒体宣传报道880多期，在全市上下形成了浓厚的“明争暗赛、你追我赶”的工作氛围，掀起了改善农村人居环境的新高潮。据统计，全年全市各级共投入美丽乡村建设资金3亿多元，硬化道路213万平方米，新建垃圾填埋场368个，污水处理设施19处，排水沟470千米，新增绿地面积125万平方米，美化墙体242万平方米，粉刷固定标语6038条，涂白树木125万棵，维修安装路灯4.3万盏；组织人员清理村内、村外、道路沿线、河道沟渠等处的垃圾248万方，一些多年来形成的“垃圾围村、垃圾围路”现象得到有效治理，全市农村环境面貌明显改善；152个市级示范村按照“五化”标准进行了高标准建设，打造了一批特色村、亮点村。在11月全省综合检查评比中，修武县和温县获省改善农村人居环境先进县，孟州市获进步县称号，并获得省奖补资金540万元。

焦作市十大民生工程之一的“第二批城区背街小巷综合整治工程”取得明显实效。图为治理后的中站区衡苑西路。 刘金元 摄

【农村改革】 2014年，市委农办协调配合全市涉农部门积极探索农业改革发展新模式，进一步激发了农业农村发展的内生动力和发展活力。大力培育新型农业经营主体，全市农产品加工企业发展到900余家，种植面积在100亩以上的种植大户达1725户，家庭农场255家。积极推进土地规模经营，土地流转面积达117.8万亩，占农村家庭承包耕地面积的51.2%。协调指导温县建好全省唯一的省级现代农业综合配套改革试验区，加快推进新型农业社会化服务体系建设，已建成乡镇农技服务中心8个、农资服务中心10个、农机服务中心10个、生活服务中心12个，为全市、全省农业农村改革作出了榜样示范。

（郝国瑞）

·市直机关党的工作·

【概况】 2014年，市直机关工委共管理144个党组织，其中党委56个，直属机关党委25个，机关党委13个，党总支2个，直属机关党总支2个，机关党总支3个，党支部10个，机关党支部33个，党员2.36万名。

市直机关学习贯彻习近平总书记系列讲话和十八届三中全会精神科级干部骨干培训班

【思想建设】 2014年，市直机关工委组织学习贯彻十八届三中、四中全会和习近平总书记系列讲话精神，举办学习贯彻十八届三中全会和习总书记系列讲话精神骨干培训班和宣讲报告会并编印培训教材3000余册；组织开展市直机关学习贯彻十八届三中全会精神知识竞赛；组织机关党员参加十八届四中全会精神宣讲报告会，坚持不懈地用中国特色社会主义理论武装党员干部。开展“中国梦”宣传教育活动，组织机关党务干部集中收看并学习讨论“中国梦”专题辅导光盘；开展新老党员“七一”烈士陵园缅怀革命先烈、重温入党誓词活动；举办“践行党的群众路线——王在富同志先进事迹”市直机关专场报告会；组织市直机关3000余名党员干部到市委党校党员干部示范教育基地参观学习；举办市直机关“我的岗位与焦作转型”主题演讲比赛；开展“坚持党的群众路线，加强服务型机关党组织建设”主题征文活动。推进机关党建课题研究，认真开展机关党建课题调研，形成《加强机关党建考核评价机制建设》论文并上报省党建研究会，组织开展2014年度市直单位优秀党课评选活动。

【组织建设】 2014年，市直机关工委贯彻落实发展党员“控制总量、优化结构、提高质量、发挥作用”总要求，全年发展党员186名，较上年同比减少30%；举办市直单位党员发展对象培训班，培训党员发展对象280余人；组织党务干部700余人参加《中国共产党发展党员工作细则》业务培训；指导市直87家基层党组织开好专题组织生活会并做好民主评议党员工作，处置不合格党员18人，其中除名14人。推进机关党建工作创新，创设“机关党建讲堂”新品牌，逢双月举办专场报告会、制作发放辅导光碟、组织党建片区交流，加强了基层党组织联系；开通即时网络通信新载体，建立飞信群涵盖140余家市直机关单位党组织；制作基层党组织换届督导单，督促任届期满的70家市直单位党组织完成换届工作；建立工委领导干部县市区直机关工委联系点制度，促进市县两级互联互动。抓好党建责任制落实，认真落实从严治党主体责任，重视和关心机关党支部建设，积极推进学习型、服务型、创新型党组织建设。

【作风建设】 2014年，市直机关工委深入开展党的群众路线教育实践活动，坚持把学习教育、整改落实、建章立制贯穿始终。广泛征求各类意见和建议（含重复内容）300余条，梳理出8个方面26条主要意见及建议；工委班子成员深入开展批评和自我批评；认真制定整改方案，建立整改台账，完成30项具体整改任务；修订工委制度17项、新建制度5项。对机关纪律作风情况展开专项治理，对市直机关春节后上班情况进行督导检查，其中82家单位人员到岗率达到100%，占被检查总数的95.3%。对市直单位中秋、国庆等重要节假日期间收送节礼、假期值班、公车封存等方面进行专项检查，累计检查单位197个（次），发现问题线索7条。邀请人大代表、政协委员对市直单位党员干部“冷、硬、横、推”以及“请客不吃、送礼不要、有事不办”等为官不作为和衙门作风问题开展明查暗访；同时，配合市纪委纠风办对全市82家行业部门和64个重点科室服务群众情况进行明查暗访。组织开展市直单位（非企业）领导干部亲属违规经商办企业和领导干部收送红包礼金问题专项治理，共收集汇总96家市直单位全体副科级以上干部相关信息3673条，完成有关数据汇总、梳理、上报工作。

【反腐倡廉建设】 2014年，市直机关工委严格落实党风廉政建设责任制，制定《市直工委领导班子成员2014年党风廉政建设责任目标》；将党风廉政建设与机关党建各项业务工作同研究、同部署、同考核；定期召开党风廉政建设分析会，抓好制度落实。加强反腐倡廉宣传教育，每季度下发《市直机关基层党组织政治学习意见表》，对机关党委学习各项廉洁从政法规制度及中央、省、市纪委重要会议精神的时间、形式、内容等提出指导意见；为机关党员干部发送廉政提醒手机飞信，开设“机关党建讲堂”，将反腐倡廉教育纳入党员发展对象和党务干部培训内容。推进机关反腐倡廉制度建设，重新修订和完善市直工委《党风廉政建设责任制度》《领导干部个人重大事项报告制度》《廉政承诺制度》等机关反腐倡廉制度，形成市直机关反腐败长效工作机制。加大违纪问责工作力度，对市卫生局、市第四人民医院等2名违纪违法党员作出开除党籍的纪律处分，对1家市直机关单位分管领导和违纪干部进行诫勉谈话。

【群团工作】 2014年，市直机关工委成立市直机关体育协会，下设太极拳、篮球、羽毛球和乒乓球4个分会，并对52家单位75名太极拳社会体育指导员进行专业培训。开展“走基层、送温暖”活动，走访慰问离退休老干部、看望危重病人、救济特困家庭66人次。丰富职工精神文化生活，与市体育局联合举办市直机关干部职工太极拳、乒乓球、游泳比赛；组织机关500余人参加“全民健身与省运同行”迎新年元旦长跑登高健身活动。开展党员志愿者服务活动，组织市直机关26家党组织开展志愿者小亭服务活动。

（孔倩雯）

·机构编制·

【概况】 2014年，全市党政群机关共设置机构509个，其中党委工作部门96个，部门管理机构7个；政府工作部门254个，部门管理机构1个；议事协调机构的办事机构12个；人大、政协各11个，政法机构40个，群众团体机构69个，民主党派机构6个，派出机构2个。党政群机关（不含公检法司）编制1.12万名，实有1.01万人；全市政法编制6432名，实有人数5908人。

2014年，全市共有事业单位3181个，其中全额拨款机构2606个，差额补贴机构207个，经费自理机构339个，企业化管理机构29个；共有事业编制数84530名，其中全额拨款编制数61735名，差额补贴编制数11566名，经费自理编制数11229名；实有人员76020人，其中全额拨款人数53873人，差额补贴人数9519人，经费自理人数12628人。

【行政审批制度改革】 清理行政审批事项，先后分两次对全市51家单位718项行政审批事项、具有审批性质的管理事项和行政服务事项进行清理。通过清理，共计压缩减少465项。其中取消209项，下放87项，调整169项，保留253项，压缩率65%，部门“权力清单”已向社会公布。创新运行机制，优化审批环节，压减审批时限。对缺乏法律依据或不符合市场经济规律要求的审批环节和前置条件，坚决予以取消；对通过后期监管可以取代的环节坚决予以核减；对内容相近、重复设置的环节坚决予以合并。实现简单事项即收即办，一般事项“一审一核”不超过5个工作日，“四证一章”不超过2天。并联审批时限由300个工作日减少到40个工作日，各类事项平均承诺办结期限由19天压缩到12天。推进行政审批标准化试点。成立焦作市创建全省行政审批标准化试点市工作领导小组，出台实施意见，对标准化建设的目标、原则、步骤、标准、要求等进行了明确，以确保工作的有效落实。先后三次组织相关人员到外地考察学习，借鉴经验。编写《质量手册》《工作质量标准》等基础性文件，指导标准化体系建设。

【政府机构改革】 2014年，市编委围绕转变政府职能和理顺职责关系，按照精简、统一、效能的原则，积极推进新一轮政府机构改革。对机构的设置进行了统一规范，市政府工作部门由原来的38个压缩为32个，精简6个部门。对以往机构改革的遗留问题进行规范理顺，权责关系进行了明确，对生产、流通、消费环节的食品安全和药品安全职责进行了整合，重新印发了药监局“三定”规定。开展工商、质监垂直管理机构下划调整改革。加大了对部门职责整合的调研和机构设置调整的研究力度，重新拟订各工作部门的“三定”规定，上报焦作市政府职能转变和机构改革方案，制定了市直改革的实施意见和人员划转方案，指导和监督县市区做好政府机构改革工作。

【事业单位分类改革】 2014年，市编办对全市事业单位进行科学分类，共划入行政类16个，公益类3021个，生产经营类48个。其中市直划入行政类9个，公益类251个，生产经营类5个。行政类中，将市政府采购办和市抗震办2个行政类事业单位并入主管机关。经营类中，完成人民会堂、联运中心、中小企业担保中心3家单位转企工作，收回事业编制。对一般性公益服务引入竞争机制，通过财政向社会购买，不再通过增加编制支持。重点对市劳动保障信息中心12333话务服务和社保卡发放岗位实行政府购买服务。

【机构编制管理】 实行限额管理，对各县市区下达事业机构和编制限额，要求不得突破，并指导超限额单位限时完成了消化任务；在市直机关事业单位实行年度编制使用总量控制，控制数为年度编制使用最高限额，不得突破；在日常审批方面，对市直单位和县市区用编申请进行严格审核，合理配置；对事业单位机构设置坚持“撤一建一”或“撤多建一”，严格把关。

对职能消失的事业单位一律予以撤销，对职能弱化的事业单位进行整合，对长期大量空编或工作量不饱满的事业单位予以核减编制，对从事生产经营活动的事业单位逐步转为企业，收回空余编制；坚持将有限的机构编制余量向促进经济社会发展和关系重大民生问题的领域倾斜，为中小学增加32名事业编制；成立法律援助中心、科技大市场服务中心、电子商务发展服务中心等事关民生和经济发展的机构，并设立卫生人才专项编制60名。

加强监督检查，坚持开展统计监督，利用双月报、季报、年报、专项统计等，对全市机构编制情况进行实时监控。开展机构编制核查，摸清市直机关事业单位底数，掌握了市直单位机构设置、领导职数配备、实有人员和编外聘用人员等方面存在的主要问题，对发现的该减编未减编人员30人及时办理了减编手续。

做好机构编制离任审计，制定科学的机构编制管理责任审计规范，明确责任审计的内容、程序和重点，首次对4个县市区长机构编制执行情况进行责任离任审计。

建好机构编制电子政务平台。实现国家、省、市、县四级机构编制大联网。实名制信息共计录入近10万个，中文域名注册3797个，覆盖率达102%。

【事业单位登记管理】 2014年，市编办实行事业单位绩效考核试点，成立焦作市事业单位绩效考核委员会，印发《焦作市事业单位绩效考核暂行办法》，分行业科学设计考核指标，形成政府主导、编委办牵头，部门配合的工作机制。在教育、卫生系统和博爱县先行先试，总结经验。推进事业单位法人结构治理，结合市医疗联合体改革，进一步扩大试点范围，在四城区和市城乡一体化示范区全面展开。

（冯　琦）

·保密工作·

【保密管理】 2014年，市保密局开展定密工作培训，确定定密责任人825人。同时对涉密人员进行分类核查和统计，完善涉密人员数据，为下一步定密规范化建设奠定基础。规范焦作市办公自动化涉密设备经营维护管理规定，严格办公自动化涉密设备经营维护保密资质管理，选定经营维护资质单位11家，培训资质单位工作人员150余名，签订保密责任书150余份，有效封堵办公涉密设备外流泄密渠道。借助办公电脑加强保密警示的新思路，组织骨干力量，总结涉密文件管理、定密管理、网络管理、信息公开审查等多方面规定，归纳出保密工作“八个严禁”作为保密警示的主要内容，研发保密警示“温馨60秒”提醒软件，在全市全面推广使用。为全市各级各部门2万余台办公电脑装配保密提醒系统。

【保密检查】 2014年，市保密局通过推行“每月自查、季度抽查、阶段普查、重点排查”的“四查”工作机制，保持督导检查常态开展，及时封控管理漏洞。全年共检查涉密单位和重点部门部位230多家，计算机1200余台，移动存储介质40多个，网络20多个，门户网站50多家，排除泄密隐患30余条。查处违规行为11起，其中2人受到行政处分，13人被批评教育。

（刘佳佳）

·老干部工作·

【老干部思想政治建设】 2014年，市老干部局按照中央和省、市委的统一部署，通过组织报告会、座谈会等，引导广大离退休干部认真学习习近平总书记系列重要讲话精神，学习焦作市委、市政府关于加快经济转型、建设美丽焦作等重大部署，将老干部的思想和行动统一到中央、省委和市委的决策和部署上来。围绕经济转型示范市和美丽焦作建设，积极组织市级老领导为焦作经济社会发展建言献策，做好落实和反馈工作。配合河南省老年书画院、焦作市老年书画研究会，在焦作市体育中心举办“大美河南·翰墨情缘”河南省第七届老年书画优秀作品联展。推选上报全国先进个人典型，其中沁阳市退休干部周文政被中组部表彰为全国离退休干部先进个人，较好地发挥了示范带动作用，在全社会营造了老有所为、奉献余热的舆论氛围。

【老干部政策落实】 坚持落实老干部政治待遇。2014年，市委、市政府召开两次通报会，向老干部通报经济社会发展、党风廉政建设、市管干部调整情况和“十大建设”重点项目进展情况；“两会”前夕，市委副书记、市长张文深主持召开市级离退休干部座谈会，征求市级离退休干部对《政府工作报告》（征求意见稿）的意见和建议；“两会”期间，全程邀请老干部代表审议政府工作报告；在中华人民共和国成立65周年前夕，对全市新中国成立前参加工作的老干部、老党员普遍进行慰问。同时为老干部订阅报刊，购置学习资料，从而将老干部的政治待遇落到实处。认真落实老干部生活待遇。解决市直离休干部医药统筹金缺口1000万元，确保了市直离休干部医药费统筹机制的正常运行，全市共发放帮扶资金26万余元；按照河南省《关于提高离休干部护理费标准的通知》，为全市181名离休干部提高了护理费标准。继续实行减免认证。2014年，按照困难企业的认定标准，对全市申请减免医药费统筹金的困难企业进行实地调查、审核认证，为14个单位70名离休干部代缴医药统筹金76.7万元。组织健康体检和易地看望。为市直离休干部和正县级以上退休（在职）干部1700余人进行健康体检，组织人员分三批对易地安置的离休干部进行看望慰问。

【老干部阵地建设】 2014年，市老干部局围绕“教、学、乐、为”目标，整合教学资源，优化师资队伍，坚持按需设课，复式办学，做到多学科、多学制并举。在原有12个专业24个班的基础上，增加手风琴、独唱两个班。在学制上，分两年和三年两个班次。共有在校学员1000余人。

同时，在学校内部成立红叶诗书画社、老干部摄影俱乐部和老干部大学记者站，组建了老干部大学合唱团、门球队、舞蹈队、模特队等老年团体队伍，为学员提供了全方位的活动平台。推进场所建设。指导各县市区健全经费投入机制，加大学习活动阵地建设力度。市老干部活动中心先后投资5万余元，为中心大礼堂更新部分电气设备，为活动室购买一些活动健身器材，为老干部大学学员定制一批演出服装。丰富活动内容。组织老干部大学学员开展形式多种多样、内容丰富多彩的文体活动，并多次在省、市比赛中获奖。

（张　伟）

·关心下一代工作·

【概况】　2014年，焦作市各级关工委为保证各项工作落实，认真加强组织建设。学习《习近平谈治国理政》《习近平总书记系列重要讲话读本》《社会主义核心价值观学习读本》以及中央、省委领导对关工委工作的重要批示，并以会代训，邀请市委党校教授对“培育和践行社会主义核心价值观”作专题辅导。总结三年基层工作年经验，对三年基层工作年中的20个优秀组织单位、45个先进集体、31个“五好关工委”和61名先进个人进行表彰。开展“走百乡、进千村、访万家”活动，市关工委出资8千元为山阳区市政府家属院等4个先进社区关工委配置图书资料，出资4000元为孟州市关工委刻录“道德大讲堂辅导”光盘450个，并组织“五老”赴兰考参观学习焦裕禄事迹，为全市541个市级先进村、先进社区免费征订2015年《中国火炬》期刊，推进基层工作。开展理论研究，市关工委拟制19个命题，与基层关工委共同探讨建设学习型、服务性、创新型关工委。召开全市关心下一代工作理论研讨会，交流县市区关工委理论文章11篇。截至年底，全市有基层关工委组织3300多个，“五老”队伍4.15万人，其中“十大员”骨干1.9万人。

【青少年教育】　2014年，各级关工委充分发挥“五老”优势，对青少年认真开展“中国梦”“中国精神”等社会主义核心价值观教育。开展社会主义荣辱观教育，继上年第三届“知荣明耻好少年”报告会后，市关工委将报告会实况制作成《小荷初蕾》光盘，向基层学校免费发放1000多张，供各学校组织学习。开展普法教育，配合司法等部门，组织参加全国第二届“关爱明天、普法先行”青少年普法教育活动，荣获全国优秀组织奖。举办竞赛、征文活动。与民政、广电等单位联合，开展青少年孝亲敬老活动，表彰焦作市孝亲敬老之星30名；与武陟县、解放区、山阳区等关工委联合，参加河南省第三届青少年素质教育手抄报活动，共评出优秀组织奖9个、优秀辅导教师110个、优秀学生110名；组织全市青少年参加河南省我身边的雷锋征文活动，荣获优秀组织奖13个，优秀师生35人。开展家庭教育指导，与妇联、教育、文明办联合成立焦作市家庭教育指导中心，积极开展咨询、指导、培训、服务等活动，推进学校、社会、家庭“三结合”教育，受到社会各界好评。

【第二届“关爱楷模”评选活动】2014年6月，市关工委联合市文明办、老干部局、工青妇等单位发出《关于开展焦作市第二届“关爱楷模”评选活动的通知》，筹备组织焦作市第二届“关爱楷模”评选活动。经县市区推荐，市组委会评审，拟推荐98名关爱楷模人选。

【关爱青少年活动】　2014年8月，市关工委与市老干部局联合，为沁阳市的冷金岩、马村区的石成玉等7名家庭贫困的“好少年”发放助学金8000元；9月，在沁阳市常平乡山路平学校举行“爱心大礼包”捐赠仪式，捐赠“大礼包”136个，价值1.5万元；10月，与市中级人民法院、文明办、团市委、妇联、教育局、焦作日报社、焦作广播电视台配合，开展“关爱留守儿童、城乡孩子手拉手”活动。11月，长篇报道《焦裕禄精神激励他们无私奉献——记焦作市从事关心下一代工作的老同志们》在《焦作日报》刊登后，引起社会各界强烈反响。

（毋燕臣）

·群众工作·

【概况】　2014年，全市各级各部门深入贯彻落实中央、省委关于信访工作的一系列决策部署，坚持“发展是第一要务、稳定是第一责任”的理念，全方位畅通信访渠道，依法规范信访秩序，积极创新工作机制，着力化解信访积案，全市信访呈现出“三没有三下降”的良好态势：没有发生重大群体性事件，没有发生赴京到省规模上访事件，没有发生个人极端事件；来市集体访下降，来市个访下降，围堵市政大厦大幅度下降。中央巡视组、省委巡视组巡视期间以及省运会、APEC会议期间，焦作市信访形势整体平稳，维护了社会大局稳定。

【矛盾纠纷排查化解】　2014年，市信访局把矛盾纠纷排查化解作为一项常态性工作来抓，建立了信访“零报告”“日报告”制度，重大决策事项社会稳定风险评估制度，每月信访形势分析研判制度，掌握苗头倾向。对于排查出来的不稳定因素，分门别类、登记造册、建立档案，切实做到“四个明确”，即明确责任领导、明确责任单位、明确专人负责、明确化解时限，采取有力措施，把大量矛盾化解在基层和萌芽状态。全年全市共排查各类不稳定因素915起，化解779起，化解率85.1%。

全市加强基层基础工作推行依法逐级走访工作会议

【畅通信访渠道】 2014年，市信访局全面开通网上信访、电话接访、绿色邮政等诉求通道，加快信息化建设，积极建立视频接访，着力构建快捷高效的群众诉求表达渠道。市委信访工作领导小组印发《焦作市领导干部接访约访下访处访工作制度》《关于实行市级党政实职领导干部每天接待群众来访的通知》，市级党政实职领导干部一季度接待一天群众来访，十八届四中全会和APEC会议期间，每天安排市级领导接访，有访接访，无访协调处理问题。各县市区县级领导干部实行每天轮流接访。不断丰富领导接访形式，采取定点接访、重点约访、专题接访、带案下访和领导包案等，推进接访工作开展。2014年，市、县两级共有197名领导参与接访，共接待上访群众2275起1.22万人，现场解决1628起，交办647起，群众满意753起。

【案件办理】 2014年，市信访局将20起信访积案纳入群众路线教育活动的内容，实行市级领导包案化解，全部办结。认真办理中央巡视组交办案件，巡视组向焦作市交办利益诉求类案件6批426起，对巡视组案件逐单位签订案件移交责任书，逐案落实县级领导包案，其中对巡视组交办的116起案件实行市级领导包案，市委书记孙立坤和市长张文深带头，分别分包18起和14起案件。所有案件全部按期办结，结案率为100%，息诉息访率为81%。解决好省领导分包、批示案件，省委副书记邓凯和副省长李亚批示焦作市两批赴省集体访案件，以及涉及焦作市的其他6起案件，由市委书记孙立坤和市长张文深包案，全部办结上报。9月18日，省委常委、政法委书记刘满仓在省信访局接待来访群众，其中涉及焦作市4起，全部办结上报。合理使用信访救助资金对“无头案”“钉子案”“骨头案”进行救助，共用专项资金611.7万元解决123起积案。集中办理省委巡视组交办案件，9月底省委第四巡视组莅焦进行巡视，共分4批交办利益诉求类信访事项546件，全部办结。开展信访突出问题集中整治活动，成立10个专项工作小组，分类解决系统内的突出信访问题，集中化解50起重大疑难信访积案。

【赴京非正常上访整治】 4月至9月，市信访局在全市开展赴京非正常上访专项整治活动，集中交办303起赴京非访案件，分别由责任单位在各自领域开展专项整治。对发生的赴京非访，严格责任落实，全年共责任查究163名责任人、211个单位；加大对违法信访行为的依法处置力度，全年共处置183人次，有效推动了工作落实。通过开展专项整治活动，焦作市赴京非访上升势头得到基本遏制，6月至10月非访量比前5个月下降118%，集体赴京非访、跨区域串联上访大幅减少。

【机制体制创新】 2014年，市信访局为走出焦作解决信访问题的路子，深入调查研究，广泛征求意见，不断探索解决信访问题的新途径、新办法。健全信访工作机制，研究出台《关于做好新时期信访工作的九项要求》，进一步完善党政主导、部门协调、统筹兼顾、标本兼治、齐抓共管的信访工作格局。探索建立“一站一

市委书记孙立坤调研信访工作

室”，在乡镇办事处建立群众信访工作站，在村（社区）建立群众信访工作室，明确站、室建设标准，要求做到“四有”，即有场所、有人员、有经费、有制度。《人民信访》《河南日报》分别报道焦作市的做法。严格落实首办责任，对于群众初信初访，由依法有权处理的机关负责处理，建立信访案件“五定”档案（定包案领导、定首办责任人、定首办责任、定化解方案、定解决时限），落实“四要”责任（群众反映的问题要查清，问题产生的根源要弄清，查清的问题要有处理意见，信访人的思想工作要做到位），疏导矛盾，负责到底。通过夯实基层工作责任，力争把问题化解在基层和萌芽状态。截至年底，各级各部门按要求落实了首办责任制。

（周学君）

·档案管理·

【概况】 2014年，市档案局针对全市档案工作存在的主要问题，将“扎实推进市县两级国家综合档案馆建设，建立档案工作新格局，扩大档案接收范围，提高档案公共服务能力”写进《中共焦作市委关于全面深化改革的实施意见》。对照《河南省各级档案馆档案安全评估办法》，认真组织自查，防范、降低、化解档案安全风险，通过了省档案局组织的评估。继续办好编研资刊《档案参阅》，全年编发13期，为全市经济社会发展大局提供有益的借鉴和智力支持。2014年全市各档案馆共接收档案资料5.81万卷（件、册）。温县档案局开展太极拳档案史料征集工作，太极大师陈正雷、王西安向档案馆捐赠了一批珍贵档案；沁阳市征集到《怀川集》《从军书简》等地方特色档案。

【档案规范化建设】 2014年，市档案局对市直机关120余家单位开展培训，对各立档单位的《文件材料归档范围和保管期限表》重新进行审批，帮助焦煤集团、风神轮胎、昊华宇航等完成《企业文件材料归档范围和保管期限表》的修订工作。提前介入，做好重大活动档案资料的收集工作。及时参与指导第十二届河南省运动会档案整理工作；配合市创森工作指挥部办公室召开专门会议，联合下发通知，就创建国家森林城市工作文件材料的收集归档和档案管理工作提前进行安排和部署。对全市范围内的经济开发区、产业集聚区档案工作开展情况进行专项调研，对各立档单位档案室规范化建设和年度文件归档工作进行检查，对档案库房存在安全隐患的市城建档案馆等单位下发了限期整改通知书。对政府安置的再就业人员成立的档案整理中心提供业务支持，面向社会提供优质高效的档案服务。2014年，先后帮助南水北调办公室、审计局、发展改革委、交通局、昊华宇航公司等24家企事业单位规范建档，共整理3188卷、3.6万件，全文数字化扫描8.4万页。市总工会、焦作师专等13个单位通过了档案工作规范化管理认证，市地税局等30个单位进行了档案工作规范化认证复核，沁阳市沁园办事处等9个乡（镇、街道办事处）、15个村（居委会）通过了新农村档案工作示范乡（镇、街道办事处）、村（居委会）的测评。

【档案信息化建设】 2014年，市档案局加速档案信息化基础设施更新，投资近30万元对市档案馆数字档案管理系统设备进行全面升级，新系统将实现档案管理由手工检索到计算机检索，由目录检索到全文检索的转变。初步建成焦作市数字档案馆。依托市政务网，建立起较为完善的全市电子文件在线归档、数据备份和查阅利用的综合档案信息管理系统，实现各门类档案的在线归档和数字化管理。全市11家综合档案馆和70%以上的市直机关、企事业单位以及新兴经济组织使用了档案管理软件，联网用户达100余个。加强档案信息资源建设。一方面加强对各立档单位新生成电子文件、电子档案管理的监督、指导，接收原生电子档案；另一方面加速馆藏档案数字化。选择社会公众急需、受益面广、信息密集的项目，优先组织全文数字化加工，重点推进民生档案数据库建设。将档案数字化加工任务进行量化，全市新完成档案数字扫描任务72.9万页。

【档案管理工作“五进”活动】 2014年，市档案局在全市范围组织开展档案管理工作进农村、进社区、进学校、进企业、进机关“五进”活动，将全局人员分成五个小组，做到业务服务在基层、技术指导在基层、引导示范在基层、解决问题在基层。在“五进”活动中，各工作服务小组结合基层实际情况，深入农村、社区和机关、企事业单位档案工作一线，抓两头带中间，以点带面，进行了有益的探索和实践。进企业服务小组向12家重点骨干企业发出了《致企业负责人的一封信》，承诺为企业规范建档提供全面支持；进机关服务小组建立了“机关档案工作”QQ群，在线提供业务指导、咨询服务，同时也方便了各单位档案人员相互之间的沟通和交流。通过活动的开展，加强了与基层的联系，对好的经验和做法及时进行总结，发现问题及时研究解决，进一步增强了服务意识和工作的针对性。

（黄岩臣　王雪萍）

·党史研究·

【党史书籍编纂出版】 2014年，市委党史研究室征编出版了《焦作市领导工作大事记略（2013年）》，37万字。该书真实记录了市四大班子35位领导2013年的重要工作、活动情况，客观反映了一年来全市经济社会各项事业取得的巨大成就，对焦作地区的历史研究和资政育人工作具有十分重要的作用。征编出版了《中共焦作历史大事年编（2013年）》，95万字，该书以市委、市政府的重大决策、重点工作和重要活动为主线，全面记述了2013年焦作地区经济、政治、社会、文化等方面的发展变化情况，客观反映了一年来全市在经济社会各项事业中所取得的巨大成就，对于加快经济转型示范市和美丽焦作建设具有十分重要的意义。编辑出版《党的历史上十次重要的整党整风和学习教育活动》教育读本，供全市党史系统党员干部学习参考。

【党史资料征编】 2014年，市委党史研究室编写出版《焦作大事》月刊12期。该月刊如实记录了焦作每月发生的党史大事，及时刊载了各级党组织带领人民群众进行改革开放和社会主义现代化建设的重大活动，为全面系统地征集党史资料、促进党史资政育人发挥了积极作用。完成《中共河南历史大事年编（2013年）》有关焦作内容的征编报送任务。积极开展开创和发展中国特色社会主义时间段的党史研究，完成省委党史研究室部署的改革开放实录专题《蓬勃发展的焦作旅游业》《行政审批走向简政放权便民高效》编写，报送了《焦作市20世纪60年代国民经济调整》编写方案。

【党史宣传教育】 2014年，根据《市委党史研究室关于在全市开展党史“六进”宣传教育活动的实施意见》，继续推动党史宣传教育活动开展。继续办好中共焦作党史网，及时更新有关栏目的内容，做好向焦作市人民政府网站提供相关大事记材料工作，组织发挥好焦作市中共党史学会作用。编写出版《焦作党史工作简讯》期刊11期，有效发挥了工作指导、沟通平台和宣传窗口的作用。参加全省党史宣传教育工作座谈会，焦作市2篇经验材料在会上做了书面交流。组织全市党史部门撰写论文参加全省党史界学术年会，收集论文26篇，选报省委党史研究室5篇，其中《用党史培育和践行社会主义核心价值观》一文入选全省党史界学术年会。

（孟小柱）

·党校教育·

【概况】 2014年，市委党校共举办各级各类培训班51期，培训人数9427人。发表各类学术论文73篇，其中省级以上17篇。申报省社科规划课题3项，申报省社科普及规划项目1项并予立项，申报省社科联课题4项、立项3项，申报市社科联课题43项并全部结项获奖；结项省社科联课题3项、省委党校课题7项。顺利通过省级文明单位复查验收，被省爱卫会评为省级卫生先进单位。

【宣讲工作】 2014年，市委党校完成党的十八届三中全会和习近平总书记系列重要讲话精神的集中宣讲任务。尤其是在群众路线教育实践活动中，精心组织骨干教师深入到县市区、市直机关、企事业单位和乡村社区，认真开展集中宣讲。十八届四中全会召开后，及时选派11名优秀教师到中央党校参加培训，将十八届四中全会精神进行模块化明确到人，保证了宣讲质量和效果。全年共完成120余场次的集中宣讲任务，受众人数达1.6万余人，郑冬生、秦待见、卢有枝、杨胜利、杨宝玉、徐恒杰等6名教师被省委宣传部评为优秀宣讲队员。

【干部教育培训】 2014年，市委党校共举办十八届三中全会和习近平总书记系列重要讲话精神轮训班6期，轮训学员1822人；举办县级干部进修班、中青年干部培训班、乡科级干部培训班、军转干部培训班、公务员初任培训班、全市组工干部培训班等主体班次13期，培训学员2538人；举办城区联合党校专题培训班6期，培训学员1667人。同时，不断挖掘党校培训资源潜力，积极配合相关单位开展培训，共举办各类短期培训班26期，培训学员3400余人。积极探索函授教育转型发展。面对函授教育的转型发展，市委党校进行积极探索和大胆尝试。与河南大学、长安大学联合举办两个研究生班，在职研究生班报名43人，统招研究生班报名54人。同时，与乐易考合作开办研究生考前辅导培训班。继续依托“两个基地”拓展党校第二课堂。在全市群众路线教育实践活动中，党员干部警示

中共焦作市委党校2014年秋季开学典礼

教育基地和示范教育基地先后接待195个单位、2万余人次的参观教育。

【教学工作】 2014年，市委党校确立新的教学架构，按照《中国共产党党校工作条例》提出的“一个中心、四个方面”教学布局的基本要求，继续本着“区分班次、明确重点、分类施教”的原则，建立完善以中国特色社会主义理论体系为重点，以社情市情为依托的教学体系，重点突出党的十八大和十八届三中、四中全会精神、习近平总书记系列重要讲话、社会主义核心价值观、马列主义经典等教学内容。切实加强“两库”建设，在专题库建设方面，根据干部教育培训的需要、党校的学科特点和学员关注的热点难点问题，开发教学专题目录，指导教师选题，全年共申报新专题62个；在专家库建设方面，多次邀请省委党校和省内外知名高校的专家教授来校授课。同时，与市委组织部联系协商，选定焦作市相关局委领导12人次来校讲课。不断改进教学方式方法，在现有教学方式方法的基础上，增加互动式案例教学，完善模拟面试、模拟法庭、新闻发言人情景模拟等教学方式，在中青年干部培训班、乡科级干部培训班开展“讨论式”“团队列名法”“双师教学”等课堂教学。

【理论研究】 2014年，市委党校按照“四个服务”和“三个紧贴”的科研方向，以研究市情为重点，坚持科研与市委、市政府的中心工作相结合，深化对事关焦作市发展大局的重大现实和战略问题的调查研究，积极主动地为市委、市政府的科学决策提供有效服务。认真开展市情调研活动，紧紧围绕焦作市在经济社会转型发展、美丽焦作建设中遇到的重点、难点问题以及群众关心的热点问题，组织骨干教师深入基层，深入群众，深入一线，积极开展调查研究活动。加强与市人大、市政协等部门的联系，参与一些全市的重大调研活动，有12名教师被聘为市政协特邀委员，参与政协调研活动。根据课题调研需要，先后组织教师到市十大建设项目施工现场、市工业集聚区、郑州航空港区、市检察院、太行路办事处阳光社区、孟州市南庄镇、沁阳市袁屯村等地进行调研。同时，各个教研部根据各自学科建设情况及专业特点，组织教师与在校学员交流座谈，了解基层的实际情况。通过实地调研，课题组撰写的《关于加快焦作市电子商务发展的调研报告》，为市委市政府的科学决策起到了参谋作用。不断营造浓厚的科研氛围，为进一步做好课题的选题申报工作，加强与省委党校联合科研攻关，邀请省委党校教育长尹书博教授和科研处李楠华处长来校作高层次课题申报、论证专题报告，进行现场指导。同时，结合工作实际，修订完善《科研资助管理暂行办法》《调研工作管理办法》《重点调研课题招标方案》等制度，不断调动广大科研人员的积极性和主动性。认真做好校刊的编辑发行和《信息资料文摘》的编印工作，始终坚持正确的办刊方针，严格执行审稿用稿制度，刊载有分量的调研报告，开设市情调研、党的建设、研究与思考、学习贯彻十八届四中全会精神、群众路线教育实践活动笔谈等栏目，充分体现了党校特色和时代特征。围绕经济社会发展中的热点、难点、焦点问题，及时编印《信息资料文摘》，供市领导、市有关部门和各教研部参阅。

【市委党校扩建项目奠基】 9月3日，市委党校（城区联合党校）扩建项目奠基仪式在新校区工地（现市委党校东邻）举行。党校扩建项目包括学员楼、学术报告厅、教学及图书信息楼等，总建筑面积2.48万平方米，总投资4800万元。

（胡鹏强）

中共焦作市纪律检查委员会

·综　述·

【"清风焦作"在新浪网正式上线运行】 2014年3月11日，市纪委监察局官方政务微博"清风焦作"在新浪网正式上线运行。"清风焦作"政务微博设置《廉政动态》《清风焦作》《廉政文化》《廉政微访谈》等栏目，旨在打造焦作市纪检监察机关密切联系群众的新桥梁、展示纪检监察工作成果的新阵地、引导反腐倡廉网络舆论的新平台。"清风焦作"官方政务微博的开通，是焦作市贯彻落实省纪委关于建立全省纪检监察系统政务微博群文件精神的重要举措，是市纪委监察局深入做好新形势下反腐倡廉政策宣传、舆论引导、网上新闻发布等工作的有效做法，也是市纪委监察局适应全媒体时代互联网发展形势的需要，积极改进工作作风、密切联系群众的重要举措。

【"清风焦作"反腐倡廉微电影展启动】 9月10日，"清风焦作"全市反腐倡廉微电影展映展播首映启动仪式在焦作广播电视台演播厅举行。市委常委、市纪委书记王宏昌为获得微电影一等奖的《赝品》颁奖，并按水晶球启动"清风焦作"全市反腐倡廉微电影展映展播活动。为深入贯彻落实党的十八大关于加强廉政文化建设的要求，推进党员领导干部廉洁从政，由市纪委主办，市文广新局、焦作广播电视台承办，从3月开始，面向全市组织开展"清风焦作"全市反腐倡廉微电影征集评比活动，共收到社会各界人士的电影脚本25部，其中6部作品被拍摄成视频电影，另有3部脚本、1部视频电影入选省纪委优秀微电影作品。经过专家和领导评审，市财政局报送的《赝品》获得一等奖。

【王宏昌为纪检监察干部上党课】 5月21日，市委常委、市纪委书记王宏昌为市纪委监察局机关和派驻机构纪检监察干部上题为"敢于担当，抓实创新，开创党风廉政建设新局面"的党课。王宏昌从怎样认识理解党中央当前一系列决策措施、怎样认识党、怎样认识党风廉政建设和反腐败斗争等方面进行了深刻阐述。他指出，群众路线是中国共产党人的伟大创造，是中国共产党领导中国人民在革命、建设和改革开放的历史进程中，在不断总结经验的基础上形成、发展和与时俱进的一个法宝。我们党从成立时，就与国家前途命运紧紧联系在一起，反腐败的决心从来没有动摇，特别是党的十八大以来，把反腐

"清风焦作"反腐倡廉微电影展映展播首映启动仪式

倡廉建设提到了新高度，作出了新要求、新部署。王宏昌强调，作为纪检监察干部，一定要深刻领会中央、省委、市委的要求和部署，带头遵守党的政治纪律和组织纪律，不断创新工作方式方法，努力适应当前的形势。要紧密结合党的群众路线教育实践活动，在认真查摆、整改自身存在问题的基础上，切实加大执纪监督问责力度，充分发挥纪检监察职能作用，坚持原则，敢于碰硬，勇于担当。在纪检监察工作中，要注重抓实与创新相结合，务实重干，真抓实做，以自己的实际行动践行好群众路线，为全市经济社会发展以及党风廉政建设和反腐败工作作出应有的贡献。

【省纪委调研组莅焦调研】 10月20日，省纪委常委张战伟带领省纪委综合调研组莅临焦作市，就2014年焦作市反腐倡廉工作基本情况、存在的突出问题和2015年的工作建议进行调研。在座谈会上，调研组对焦作市反腐倡廉工作给予肯定。同时强调，一是要落实好“两个责任”。二是要科学履行职责。纪委要落实好“两个责任”，第一要“专”，纪委是党内的专门监督机关，要突出主业，在监督上负起责任。第二要“转”，纪委要按照中纪委、省纪委、市纪委的有关要求，回归党章、回归主业、回归党风廉政建设，结合实际，转变思维，创新工作方式方法，把握好工作定位。三是突出查办案件。要按照中纪委“转职能、转方式、转作风”的要求，继续加大查办案件力度，保持查办案件的高压态势，积极创新办案机制，严格落实办案制度。四是注重安全防范。在加大查办案件的力度时，要注重安全防范，建好办案场所，加强对办案人员的管理，对安全防范措施加强监督检查，做到人人上心、时时上心、案案上心，保证万无一失。市委书记孙立坤主持座谈会，并就落实好座谈会精神提出要求。市委常委、市纪委书记王宏昌汇报了2014年年初以来反腐倡廉工作情况，并陪同调研组到孟州市调研。

【全市专题廉政党课报告会】 1月10日，全市专题廉政党课报告会举行，邀请省纪委常委、监察厅副厅长张战伟作“清风中原·廉洁双节”集中教育活动廉政党课专题报告。张战伟着重从新思路、新形象，即党的十八大以来党风廉政建设和反腐败斗争新动向；新情况、新考验，即当前不良风气和腐败行为的几种表现；新做法、新形象，即做忠诚履职、清正廉洁的领导干部等三个方面作了报告。市委书记孙立坤主持报告会，并就加强廉洁自律、营造风清气正环境提出集体要求。

【政风行风“面对面”述职评议现场会】 11月11日至14日，市纪委监察局组织焦作市64个重点科室（岗位）、58个市直单位二级机构、48个政府部门和33个公共服务行业的“一把手”，在市会议中心国际厅依次面对面接受群众评议。100名来自社会各界的评议代表根据日常群众反映、参评单位履职尽责情况，对被评议对象现场测评打分、现场公布成绩，真正体现了“程序公开，打分公正，计分公平”。这是市委、市政府贯彻落实党的十八大、十八届四中全会精神，以“抓铁有痕、踏石留印”的决心，治理为官不为、倡导敢于担当、严格依法办事、全面推进干部作风建设的一次有益探索。

·重要会议·

【中共焦作市第十届纪律检查委员会第四次全体会议】 2月12日，中共焦作市第十届纪律检查委员会第四次全体会议召开。市委书记孙立坤出席会议并讲话。孙立坤强调：第一，保持清醒忧患是做好纪检监察工作的重要前提。以猛药去疴、重典治乱的决心，以刮骨疗毒、壮士断腕的勇气，坚决把党风廉政建设和反腐败斗争进行到底，促进干部清正、政府清廉、政治清明。第二，围绕中心、服务大局、深化改革是当前纪检监察工作的主要任务。要紧盯“四风”问题不放，坚持不懈，一抓到底；要在坚持“五个一律免职”等做法的基础上，再为各级领导干部设置“六条红线”：严禁违反公务接待规定铺张浪费，严禁大办婚丧喜庆事宜收受礼金、借机敛财，严禁用公款互相宴请、赠送节礼、违规消费，严禁私自从事营利性活动，严禁出入私人会所，严禁到风景名胜区开会。第三，严管是对党员干部的最大爱护。要以解决权力集中过大问题为重点，优化权力配置，建立健全决策权、执行权、监督权既相互协调又相互制约的权力结构。要坚决落实简政放权要求，试行一把手不直接分管干部人事工作、财务工作、工程建设项目、行政审批、物资采购等工作，在研究“三重一大”事项时末位表态。第四，党政一把手不抓廉政是最大的失职。第五，严明组织纪律是做好纪检监察工作的最大保证。第六，保持良好心态是做好这次换届工作的基本要求。市委副书记、市长张文深主持会议，市委常委、市纪委书记秦海彬代表市纪委常委会作工作报告。全会审议并表决通过了秦海彬代表市纪委常委会所作的工作报告。

【市纪委全委会】 9月16日，市纪委全委会召开，听取部分党委（党组）负责人述责述廉报告。市中级人民法院、市检察院、市发改委、沁阳市、温县、解放区等6家单位党委（党组）书记就2014年年初以来落实党风廉政建设党委主体责任及个人廉洁从政情况向大会作述责述廉报告。开展党委（党组）主要负责人向市纪委全委会述责述廉工作，是市纪委在全面落实党风廉政建设监督责任方面迈出的坚实而重要的一步。会前，市纪委专门派出调研组到述责述廉对象所在地区或单位，深入了解党委（党组）主体责任落实情况和第一责任人履职情况，广泛征求了党员干部和社会各界的意见和建议。市委常委、市纪委书记王宏昌主持会议并对现场询问质询和点评。

·党风廉政建设责任制·

【主体责任落实】 2014年，焦作市在全省率先以市委文件出台关于进一步落实党风廉政建设党委主体责任、纪委监督责任的两个意见，探索实行领导干部任前考廉、查办案件领导小组、纪委全委会听取下级党组织负责人述责述廉等16项制度，并逐项落实牵头单位和配套制度，初步构建了落实“两个责任”的制度体系。

【强化自身建设】 2014年，市纪委监察局始终把加强自身建设作为一项重要任务来抓，全面打造忠诚、干净、担当的纪检监察队伍。扎实开展党的群众路线教育实践活动，突出问题导向，共梳理各类整改事项24项，制定整改措施67条。在全省率先完成市纪委内设机构及职责调整工作，开展议事协调机构清理工作，市纪委参与的议事协调机构由116个减少至17个，精简率达到85%；开展纪委书记（纪检组长）分工和兼职情况专项清理，确保专职从事纪检监察业务工作。在全市党政机关带头制定《市纪委监察局机关干部操办、参加婚丧喜庆事宜的规定》，修订或新制定市纪委机关干部对外联系工作、纪委书记（纪检组长）请销假等12项规章制度，严格约束纪检监察干部行为。设立纪检监察干部监督室，加强内部监督，严肃查处了市卫生局原纪检组长岳晓虎收受贿赂案件。加大培训力度，开展查办案件、审理、信访等业务培训9批次，干部队伍能力素质得到提升。

·落实中央八项规定精神·

【明察暗访活动开展】 2014年，市纪委监察局牵头成员单位建立联席会议制度，形成监督检查合力，市、县两级纪检监察机关联合相关部门对机关单位、娱乐场所等开展30余次明察暗访，形成了多方位、不间断、常态化的监督检查高压态势。持续对全市大型商场、超市开具大额商业发票情况进行重点抽查，对各单位“三公”经费支出情况开展专项督查审计，多渠道、多手段发现“四风”问题线索。抓住“五一”、中秋、国庆等重要节点，狠刹公款送节礼年货、公款吃喝、公车私用等不正之风。

【开展专项治理】 2014年，市纪委监察局集中开展会员卡清退、党员干部私自从事营利性活动、领导干部违规插手和干预市场经济活动、会所中的歪风、领导干部亲属违规经商办企业和领导干部收送红包礼金等6项专项治理，对“四风”突出问题做到分类清理，逐个解决。全市各级党员干部均按要求进行自查登记，并书面作出承诺报告，主动向“581”廉政账户上缴金额487.5万元。

【加大问责通报力度】 2014年，市纪委监察局严格落实市委作风建设“五个一律免职”“六条红线”的纪律要求，共查处公车私用、大办婚丧喜庆、违反工作纪律等问题125件，党政纪处分112人，组织处理83人（免职处理3人）。实行违反中央八项规定精神典型问题双月通报制度，先后7次对29起典型违规违纪问题点名道姓通报曝光，起到了震慑和警示作用。

【推行“公务灶”接待制度】 2014年，市纪委监察局重点推行“公务灶”接待制度，全市所有乡镇和有条件的128个市直、县直单位全部实行“公务灶”接待制度。完善主要公务费用支出总量控制和预警管理制度，及时对支出进度过快的单位发放预警通知书或暂停报销，全市主要公务费用支出逐年压减。

·惩治和预防腐败·

【岗位权力风险防控机制建设】 2014年，市纪委监察局贯彻落实中央《2013–2017年惩治和预防腐败体系建设工作规划》和省委《实施办法》，制定出台焦作市实施意见和任务分工，抓好责任分解、组织协调、检查考核和惩防体系建设重点工作任务的落实。巩固岗位权力风险防控工作成果，修订完善风险防控相关的制度规定，以社保资金、工程项目为重点，积极拓展风险防控领域，推动风险防控工作持续深化。

【反腐倡廉宣传教育】 2014年，市纪委监察局突出警示震慑，利用职务犯罪案件开展9场庭审现场教育，800余名党员干部现场接受警示教育；发挥市、县两级警示教育基地作用，组织4.2万人次党员干部接受警示教育；推进案件审理“一案双书”工作，加大典型案例剖析通报力度，整理汇编6名严重违纪违法县处级干部《忏悔录》，以身边事教育身边人，营造“不敢腐”的氛围。积极创新教育载体，开展“四知”主题教育和“清风焦作·廉洁双节”集中教育系列活动，拍摄播映《赝品》等廉政微电影和廉政公益广告，编发反腐倡廉文章辑要《启示录》《作风建设永远在路上》制度手册，组织全市各级领导干部观看大型历史文化政论片《鉴史问廉》和廉政豫剧《全家福》等优秀剧目。办好廉政手机报，建立市、县、乡三级政务微博群，廉政文化阵地进一步拓展。

【组织领导干部及配偶观看廉政教育

焦作市党员干部警示教育基地

《鉴史问廉》座谈会

片】　1月22日至23日，焦作市组织市直各单位副县以上班子成员及其配偶先后观看了廉政教育影片《人生不能重来》。市领导孙立坤、张文深、王明德、原振喜、秦海彬等观看了影片。观看完电影后，市纪委组织部分领导干部进行了座谈。

【庭审教育活动举行】　5月16日，市纪委联合市水利局、孟州市纪委，利用孟州市人民法院公开审理该市水利局原副局长郑某贪污受贿及西虢镇某村3名村干部贪污案件的庭审现场开展庭审教育，组织市水利局中层干部、各县市水利局局长和孟州市涉农部门的负责人、乡镇纪委书记、涉水利重大工程的村干部等80多人旁听，接受警示教育。这是焦作市组织的第一场全市性的庭审教育活动。市委常委、市纪委书记王宏昌对该活动进行了专题部署，指出利用职务犯罪案件庭审现场开展警示教育，是一个新的尝试，也是一个好的开端，能很好地收到“审理一案，教育一片”的效果。

·执法和效能监察·

【加强督导检查】　2014年，市纪委紧紧围绕全会工作部署，突出执纪监督和追究问责，加强对全市深化改革、“十大建设”、新型城镇化等重大决策部署落实情况的监督检查，先后对116人失职渎职行为进行责任追究，推动各项政策贯彻实施。重点查处晋济高速公路“3·1”特大道路交通危化品燃爆事故，党政纪处分7人，涉嫌犯罪被移送司法机关处理17人。市纪委在开展专项治理工作的同时，还参与环境保护政策措施落实情况和节能减排工作监督检查、安全生产责任事故调查、森林防火监督检查、北部山区综合治理、行政执法与刑事司法（“两法”）衔接、推进工程建设领域项目信息公开和诚信体系建设等工作，加强对征兵、招生、人事考试、计划生育等工作的监督检查。

【严格执纪问责】　2014年，市纪委发挥行政监察监督作用，推进行政审批制度改革，制定《焦作市行政审批责任追究暂行规定》，对工作消极、进展缓慢的18家单位“一把手”进行约谈，并在新闻媒体公开曝光；升级行政效能电子监察系统，开通运行焦作市网上服务大厅，监督办理行政服务事项84万余件；推进政风行风评议工作，对2013年度评议工作后5名的重点科室负责人进行免职处理，全市政风行风持续好转。围绕农村重大事项决策与实施，强化五个方面的监督，推进村级事务的规范化管理，不断深化农村党风廉政建设。

·纠正行业不正之风·

【开展专项治理】　2014年，市纪委重点开展五个方面的专项治理：一是认真做好对部分涉及民生的政府专项资金监督检查工作。全市共组织12个检查组，对3个县市区以及28个乡镇的部分民生资金管理使用情况进行检查。共检查财政资金总额20.31亿元，检查资金管理使用单位155个，调查城镇居民777户（人）、农村居民1243户（人）。共发现有问题单位60个，有问题资金0.29亿元，占检查财政资金总额的1.43%。其中滞留898.14万元，违规扩大开支范围、提高开支标准521.52万元，虚报冒领等手段骗取资金1015.54万元，违反会计管理、账户管理规定的问题370.67万元，重复参保、违规收费等80.47万元。共纠正规范资金357.88万元，追缴资金533.38万元，行政处罚资金32.7万元，党政纪处分37人，其他组织处理146人。二是坚决纠正征地拆迁中损害群众利益行为。全市共排查违规征地拆迁案件线索13条，其中属实3条，对相关责任人进行了责任追究。坚持边查边改，共整改问题4类13个。对省联合督导组在检查中提出的2大类11个问题，及时明确责任，分工到人，认真整改。认真清理违法违规征地拆迁文件，对已经出台或正在使用的有关政策文件进行排查，共排查各级各类文件22份，其中废止1份，重新修订完善3份，保留18份。三是坚决纠正教育乱收费问题。严肃查处虚报、冒领、截留、挤占、挪用教育经费、惠民政策经费等违法违纪行为，共办理群众来电、来信投诉举报28件，行政记过处分1人，行政警告处分7人，诫勉谈话7人，解聘代课教师5人，纠正和规范收费资金122.6万元，清退学生不合理收费79万余元，教育乱收费行为得到有效治理。四是坚决纠正医药购销和医疗服务中不正之风。严肃查处收受回扣、红包、开单提成和各种乱收费行为38起，对13人进行责任追究。全市集中采购药品降价总金额达5.85亿元，降价幅度为6.5%。共抽查医院30余家次，抽检病历1560份。发现不合理不规范收费55.2万元，共发出12份整改通知书。五是抓好公路“三乱”和超限超载治理工作。组织明查暗访20余次，纠正不规范执法行为30余次，下发整改通知书10余份。共查处公路三乱案（事）件38起，处理8人，党政纪处分6人，其中科级以上干部3人。

【民主评议行风政风】 2014年，市纪委积极开展形式多样的民主评议活动，分四个层面，分别对81个政府部门和服务行业、58个二级机构、64个重点科室（岗位）、1600多个基层站所进行评议，确保评议工作无缝隙、全覆盖。在2014全省互访互查活动中，受到了省监察厅、纠风办的表彰。

【办好“政风行风热线”】 2014年，市纪委在公布热线电话、电子邮箱的同时，设立“政风行风热线”网络平台，群众可随时登陆，进行投诉、举报和查询办理情况。同时搭建短信平台，与网络平台实现互联互通，便于群众多渠道反映问题。全年共制作播出节目279期，118家（次）单位走进直播间和听众直接交流。共受理群众反映问题1027件，其中符合受理条件的628件，已解决565件，解决率达90%。

·案件查办管理·

【信访举报】 2014年，全市纪检监察信访举报部门深入学习中央办公厅、国务院办公厅《关于依法处理涉法涉诉信访问题的意见》《关于创新群众工作方法解决信访突出问题的意见》和全国纪检监察来访接待工作座谈会精神，进一步树立用法治思维和法治方式做好纪检监察信访举报工作的指导思想、工作原则和举措。全市各级纪检监察机关共受理群众信访举报3685件（次），市纪委信访室共受理群众信访举报1259件（次），比上年同期的1061件（次）上升18.7%。共排查列入专项治理信访问题109起，查结85起，挽回国家经济损失572万元，退还群众应得款项32万元，党政纪处分83人，组织处理38人，移送司法5人。

市纪委书记王宏昌在行政服务中心调研

【案件查处】 2014年，市纪委整合反腐败协调小组职能，成立由市委书记任组长的查办案件领导小组，建立健全执纪执法单位联席会议制度，进一步形成办案合力。坚持“老虎”“苍蝇”一起打，坚决遏制腐败蔓延势头。全市各级纪检监察机关共立案1142件，结案1128件，党政纪处分1122人，其中处分县处级干部20人，涉嫌犯罪被移送司法机关处理26人。在中央纪委专案组和省纪委的领导下，市纪委自办案件34件，立案调查县处级干部27人。严肃查处了刘文年、刘晓波、杨永昌、胡水星、姚天恩、韩跃平等一批严重违纪违法案件，有力震慑了腐败分子，为国家挽回巨额经济损失。

【案件管理】 2014年，市纪委以被省纪委确定为全省查办腐败案件体制机制改革试点市为契机，按照查办腐败案件以上级纪委领导为主的新要求，推进“一为主两报告”体制机制创新。改进办案方式，按照5类处置方式和标准，规范管理问题线索，及时审理、移交案件。高度重视巡视组反馈意见整改工作，对中央、省委巡视组2145件交办件进行查办督办，其中纪检监察机关直接办理1155件。不断强化办案安全，筹备建设新的规范化办案场所，建立专业办案陪护队伍，规范涉案款物管理，连续多年实现办案安全零事故、办案人员零违纪。

（王　瑄）

焦作市人民代表大会

·综　述·

【全国人大常委会调研组莅焦调研】 2014年3月30日，全国人大农业与农村委员会主任委员陈建国带领全国人大常委会调研组一行11人莅焦，就《农业技术推广法》实施情况进行执法调研。调研组听取农业技术推广法实施情况汇报，并到沁阳市康辉农业机械专业合作社进行实地调研，现场察看康辉农业机械合作社生产、办公环境，详细了解近年来合作社经营运行、带动农民发家致富等情况，着重了解合作社负责人2014年经营土地收益、分配机制和农机作业等情况。陈建国对该合作社的运行模式给予充分肯定。陈建国要求，进一步完善利益分配机制，调动农民土地入社的积极性，实现土地规模经营，切实推动农机专业合作社健康发展。

5月28日，全国人大常委会预算工委调研室副主任于海涛在省人大常委会预算工委副主任郭巍的陪同下莅焦，就焦作市财政水利资金投入和使用情况进行调研。在座谈会上，调研组听取焦作市、修武县财政水利资金投入和使用情况汇报，与水利局、财政局、发改委等相关部门负责人就农田水利工作方面存在的问题进行座谈。调研组对财政水利资金投入和使用工作给予充分肯定，并表示将把提出的建议向有关部门反映。

【省人大常委会视察组莅焦视察】 10月27日至28日，省人大常委会内务司法工作委员会主任桑金科带领视察组莅焦，对焦作市“六五”法制宣传教育和依法治理工作进行调研。在座谈会上，桑金科听取焦作市有关情况汇报，对焦作市贯彻落实省委、省政府《关于法制宣传教育和依法治理工作的第六个五年规划》和省人大《关于进一步加强法制宣传教育和依法治理工作的决议》取得的成绩给予充分肯定。视察组分别到山阳区定和街道丰收社区、市国土资源局、缝山法制游园、市太极体育中心、蒙牛乳业（焦作）有限公司，对焦作市“法律七进”活动及法制宣传阵地等工作进行实地调研。

【“中原环保世纪行”采访团莅焦采访】 11月6日，省人大常委会委员、环资工委主任王群带领“中原环保世纪行”采访团莅焦，对南水北调中线总干渠焦作段生态建设、水质保护等工作进行调研采访。先后到南水北调中线总干渠焦作段的李河倒虹吸进水口、人民路桥以及引黄入焦工程

“中原环保世纪行”采访团莅焦采访

和温县武德镇苏王梁天申小漂染厂、温县克岭化工有限公司进行采访，详细了解总干渠焦作段水源保护工作、景观规划项目建设、水系建设、污染企业拆除改造工作。

【省人大常委会调研组莅焦调研】 3月3日至4日，省人大常委会专题调研组一行8人，在省人口计生委副主任刘绍杰的陪同下莅焦，就修改《河南省人口与计划生育条例》等工作进行调研。调研组先后到中站区、解放区和修武县的部分计划生育服务站、村、街道、社区、敬老院、幸福家庭创业示范点等进行实地调研，并召开座谈会，听取市政府及相关部门关于人口计生工作情况汇报和计生家庭、基层计生工作者的意见和建议。

6月19日，省人大常委会内司工委副主任孙振民带领调研组莅焦，对《法院组织法》《检察院组织法》的修订情况开展专题调研。调研组召开座谈会，围绕如何修订《法院组织法》和《检察院组织法》、积极稳妥推进司法改革等问题，征求了市中级人民法院、市人民检察院、部分县市区法检两院以及部分律师代表的意见和建议。调研组还到解放区法院、解放区检察院进行了实地调研。

10月17日至18日，省人大常委会农工委副主任邢利民带领省人大调研组莅焦，就焦作市农产品质量安全工作进行专题调研。调研组分别到河南红枫林农业有限公司、沁阳市农产品质量安全检测站、博爱县金杯蔬菜专业合作社、修武县伊赛肉业有限公司、市畜产品质量安全检测中心等处调研，并召开座谈会听取农产品质量安全工作情况汇报。

【天津市人大常委会莅焦调研】 6月6日，天津市人大常委会副主任张俊芳一行莅临焦作市，就南水北调城区段工程进行调研。在南水北调城区段瓮涧河倒虹吸进水口，张俊芳对照工程施工规划图观看工程主体，听取施工单位有关情况介绍，并表示要把焦作市南水北调工程建设的有关经验带回天津，共同保障南水北调的水质安全。

【驻商丘省人大代表莅焦视察】 12月11日，商丘市人大常委会党组书记、主任高献涛带领驻商丘省十二届人大代表一行31人莅焦集中视察经济社会发展情况。代表们集中视察了南水北调瓮涧河倒虹吸工程、太极体育中心、瑞庆汽车发动机技术有限公司、蒙牛乳业（焦作）有限公司和引黄入焦干渠工程，实地了解企业生产运行、城市水系建设及城市建设等情况。视察组充分肯定焦作市经济社会发展取得的成绩和今后的发展理念与定位，并对下一步发展提出了意见和建议。

·重要会议·

【市十二届人民代表大会第一次会议】 2014年3月25日至28日，市十二届人民代表大会第一次会议召开。大会应到代表362名，实到352名。会议听取市委副书记、市长张文深代表市政府作的《政府工作报告》，市人大常委会主任王明德作的《市人大常委会工作报告》，市中级人民法院代理院长李玉杰作的《市中级人民法院工作报告》，市人民检察院检察长朱亚滨作的《市人民检察院工作报告》。书面听取《关于焦作市2013年国民经济和社会发展计划执行情况与2014年计划草案的报告》和《关于焦作市2013年财政预算执行情况和2014年财政预算草案的报告》。会议表决通过各项报告决议草案。

大会选举王明德为市十二届人大常委会主任，张文深为市人民政府市长，穆玉华、王建国、李世友、魏丰收、郜小方、葛探宇为市人大常委会副主任，姜继鼎、迟军、贾书君、乔学达、胡小平、李海松、王建修为市人民政府副市长，李玉杰为市中级人民法院院长，朱亚滨为市人民检察院检察长，张凤驰为市人大常委会秘书长，王群、孔令江、卢跃进、冯志坚、刘学锋、许刚、许冰、李中阳、杨文耀、杨永昌、张刚、武云、武磊、范桂兰、郑玉清、郑定良、孟祥哲、赵卫国、荆晓玉、姜丰伟、席耀璋、释果建、童永久、靳双周、廉常萍、雒温生、樊国、霍晓丽等28人为市人大常委会委员。

【市人大常委会会议】 2014年，共召开市人大常委会会议9次。

3月17日，市十一届人大常委会第三十八次会议召开。会议审议并表决通过关于召开焦作市第十二届人民代表大会第一次会议的决定、焦作市人大常委会工作报告（审议稿）。表决通过关于接受江金贵辞去市中级人民法院院长、审判委员会委员职务的决定、关于李玉杰为焦作市中级人民法院代理院长的决定。会议审议并表决通过人事任免事项。

3月22日，市十一届人大常委会第三十九次会议召开。会议听取关于焦作市第十二届人民代表大会第一次会议有关名单草案的说明，审议通过大会主席团、秘书长名单草案和列席人员名单，大会计划、财政预算审查委员会组成人员名单和议案审查委员会组成人员名单，审议通过市十一届人大常委会代表资格审查委员会关于焦作市第十二届人民代表大会代表的代表资格审查报告和关于焦作市第十二届人民代表大会第一次会议筹备工作情况的报告。

4月4日，市十二届人大常委会第一次会议召开。会议学习《中华人民共和国各级人民代表大会常务委员会监督法》和《中华人民共和国地方各级人民代表大会和地方各级人民政府组织法》；听取审议关于提请通过焦作市第十二届人民代表大会常务委员会代表资格审查委员会组成人员的报告，表决通过焦作市第十二届人民代表大会常务委员会代表资格审查委员会组成人员名单。会议审议并表决通过人事任免事项。

5 月 28 日，市十二届人大常委会第二次会议召开。会议听取市人民政府关于提请牛炎平等 35 人任职的报告，决定任命。

6 月 26 日，市十二届人大常委会第三次会议召开。会议审议并表决通过市人大常委会执法检查组关于检查《中华人民共和国大气污染防治法》贯彻实施情况的报告、市人民政府关于养老服务情况的专项工作报告、市人大常委会主任会议关于提请确认许可对市十二届人大代表马魁依法采取强制措施的报告。

8 月 28 日，市十二届人大常委会第四次会议召开。会议审议并表决通过市人大常委会执法检查组关于检查《中华人民共和国农产品质量安全法》贯彻实施情况的报告、焦作市人大常委会规范性文件修订草案、关于废止《焦作市人大常委会错案责任追究监督办法（试行）》等四个规范性文件的决定、市人民政府关于 2014 年上半年国民经济和社会发展计划执行情况的报告、市人民政府关于 2013 年财政决算和 2014 年上半年财政预算执行情况的报告、市人大常委会关于批准 2013 年市级财政决算的决议、市人民政府关于 2013 年度市级财政预算执行情况和其他财政收支的审计工作情况的报告、市人民政府关于国有资产监督管理情况的报告、市人大常委会主任会议关于提请确认许可对市十二届人大代表牛兆滔依法采取强制措施的报告、市人民政府关于市十二届人大常委会第三次会议审议意见办理情况的报告。

10 月 29 日至 30 日，市十二届人大常委会第五次会议召开。会议学习十八届四中全会会议公报和中共中央关于全面推进依法治国若干重大问题的决定、听取并审议通过市人民政府关于义务教育均衡发展情况的专项工作报告、市中级人民法院关于规范司法行为情况的专项工作报告、市人民检察院关于规范司法行为情况的专项工作报告。审议市人民政府关于市十二届人大一次会议代表建议、批评和意见办理情况的报告，未通过。会议审议并表决通过人事任免事项。

11 月 28 日，市十二届人大常委会第六次会议召开。会议听取并审议通过焦作市人民代表大会常务委员会关于接受许冰辞去河南省第十二届人民代表大会代表职务的决议。

12 月 24 日，市十二届人大常委会第七次会议召开。会议听取并审议通过市人民政府关于重新办理市十二届人大一次会议代表建议、批评和意见情况的报告、市人民政府关于 2013 年度市级预算执行和其他财政收支审计查出问题整改情况的报告、关于批准 2014 年市级公共财政预算调整方案的决议、关于批准《焦作市人民政府关于将建设银行焦作分行 6 亿元及光大银行焦作分行 2.19 亿元贷款纳入市本级财政预算的报告》的决定。会议审议并表决通过人事任免事项。

·履行职权·

【听取和审议专项工作报告】 2014 年，市十一届人大常委会围绕全市经济社会发展大局，听取“一府两院”专项工作报告，对有关工作提出意见建议。

关于养老服务工作。提高思想认识，深入宣传养老服务方面的政策法规，充分认识养老服务工作的重要意义，增强工作的责任心和紧迫感，把这项工作放在更加突出的位置，切实抓紧抓好。健全养老体系，充分发挥公办养老机构的托底作用，加快推进市福利院搬迁和市老年公寓项目建设。大力加强民办养老机构建设，通过完善市场机制激发市场主体活力，注重发现、引导和鼓励有爱心的企业家参与养老服务事业，为民营资本进入养老服务市场创造良好的发展环境。完善政策措施，加强调查研究，了解和把握国家政策法规，学习和借鉴国内外先进经验和做法，理清工作思路，完善扶持政策，做好发展规划，切实加大政策支持和引导力度。加强督查落实，对已经出台的各项政策措施，加大贯彻落实力度。特别要加强养老志愿服务工作，完善养老需求与志愿服务的对接平台，开展志愿者专题培训，倡导机关干部、青年学生等社会各方面力量参加养老服务志愿活动。坚持严格管理，加强养老服务队伍建设，督促养老机构健全安全、消防、卫生、财务等规章制度，开展标准化管理和服务，不断提高养老服务质量和水平。

关于教育均衡发展。要更加注重中小学校的建设，科学规划，合理布局，确保学校建设与城市发展同步进行。在强化政府投入为主的基础上，出台落实优惠政策，继续鼓励社会、个人、企业投资办学和捐资助学。通过多种形式的办学模式，持续提升学校的硬件和软件水平。对 2014 年政府工作报告确定的“开工建设丰泽园小学、映湖路小学、韩公教育园区小学幼儿园”，加强督导，落实人员责任和具体措施，确保开工建设。通过加快学校新建、扩建步伐，采取集团化办学等措施努力扩大城镇学校的招生规模，以缓解城镇学校的招生压力。同时，对农村薄弱学校进行科学合理的整合，确保教育质量不断提高。切实加强教师资源的统筹管理和合理配置。继续完善教师队伍的补充机制，有计划、有步骤地补充年轻教师，努力实现教师良性循环，解决潜在的教师断层危机。积极推行校长和教师在城乡之间、学校之间合理流动的定期交流制度，鼓励城市优秀校长、教师到农村支教，同时为农村教师到城市名校学习提供机会，充分发挥名校及名师资源的辐射作用，缩小校际之间的差距，保证各校间师资力量和教学水平的相对均衡。在教师编制管理方面积极探索，采取灵活有效的方式方法进行调整、整合，以解决目前存在的城镇学校教师编制不足、农村学校教师编制空余的问题。要持续做好教师的培训工作，在不断提高教师的专业知识水平的同时，强化教师责任心和师德师风教育，切实提高教师的整体素质。培训对象不仅要面向城镇学校的教师，更要向最基层的农村一线教师倾斜。科学使用教育质量奖，打造优秀校长、名师、名校。采取多种措施，在培养人才和留住人才上下功夫，千方百计调动广大教师的工作积极性。加大宣传教育力度，深化全社会对义务教育重要性的认识。通过对校长、教师和家长的宣传、教育，使其转变思想观念，重视学生素质教育和全面发展。充分利用各种宣传形式，经常性地宣传义务教育知识，真正做到家喻户晓，深入人心，积极营造政府依法治教、学校依法治校、教师依法执教、全社会关心支持义务教育的良好社会环境。

关于市中级人民法院规范司法行为。要增强法治意识，认真学习贯彻党的十八届四中全会精神，教育广大法官践行社会主义核心价值观和社会主义法治理念，真正做到信仰法治、坚守法治、依法办案、秉公司法。加强司法作风建设，严明政治纪律和审判纪律，坚决惩治司法腐败行为，促进公正廉洁司法。要严格依法按程序办事，认真落实各项法律制度，特别是关于立案、执行、诉讼文书送达、财产保全、公民代理等方面的法律制度，严格按照法律规定的权限、标准、程序、时限和方式办案，用足用好法律赋予的权力和手段，切实保障当事人和其他诉讼参与人的合法权益。要积极稳妥推进司法改革，强化案件主审人、合议庭的责任，探索建立涉诉信访终结机制，健全完善业务考核制度，推进解决人员编制、案多人少等方面的问题，加强基层基础建设，为公正司法创造良好的环境和条件。要提高办案质量和效率。加强司法管理，加大案件质量评查和责任追究力度，加强对发还、改判案件的评查监督，加强对案件遵守时限情况的监督管理。健全办案法官回访当事人制度，虚心听取群众意见，不断改进和提高工作水平。要全面推进司法公开，加强信息化建设和应用，将能够公开的一切过程和信息，及时、全面向社会公开，以审判公开促司法规范。要通过以案释法等多种方式开展法治宣传教育，增强群众法治观念，推进法治社会建设。

关于市人民检察院规范司法行为。要强化规范司法的理念，以党的十八届四中全会精神为指导，深入开展社会主义法治理念教育和检察官职业道德教育，增强规范司法的自觉性和主动性，更加注重运用法治思维和法治方式执法办案，正确处理主动履职与规范司法的关系，切实做到严格、公正、文明、廉洁司法。要尊重和保障诉讼参与人的合法权益。认真落实保障诉讼参与人权益的各项法律制度，准确把握“特别重大贿赂犯罪案件”标准，依法保障律师会见在押的自侦案件犯罪嫌疑人；在审查起诉阶段认真听取辩护人的意见，全面了解和把握案情；改进复制案卷材料工作，解决该方面还存在的一些问题。要健全完善检察权运行机制，不断深化司法改革，健全完善规范办案的制度规定，完善涉法涉诉工作机制，充实检察队伍力量，提高科技装备水平，逐步解决制约检察工作发展的深层次矛盾和问题，促进检察事业的更好发展。要充分发挥法律监督职能，围绕全市改革发展大局，全面履行法律监督职责，依法惩治各类刑事犯罪，严肃查处各类职务犯罪，强化对诉讼活动的法律监督，维护法律的公平和正义。做好以案释法工作，结合办案加强法治宣传教育。要自觉接受社会各方面监督，健全完善案件信息查询系统，丰富公开内容，并及时主动回应社会关切。自觉接受人大监督，接受公安机关、人民法院等其他机关的制约，在接受监督中不断改进工作。

市人大常委会调研市中级人民法院规范司法行为工作情况

【执法检查】 关于《中华人民共和国大气污染防治法》。从执法检查情况来看，全市大气污染防治工作机制不断完善，综合整治初见成效，环境监管逐步加强，贯彻《大气污染防治法》总体情况是好的，仍存在一些不容忽视的问题。广泛宣传、全民参与的舆论氛围没有形成，执法能力、执法力度等环境建设有待加强，部分区域、部分行业的治理任务依然艰巨，建筑扬尘、机动车尾气的污染问题日益突出。建议加强宣传教育，强化社会各界法制意识；突出工作重点，做

市人大常委会开展大气污染防治法执法检查

好工业污染项目治理；落实防治责任，解决重点区域污染问题；实施多策并举，做好城乡面源污染治理；提升执法效力，完善大气污防长效机制。

关于《中华人民共和国农产品质量安全法》。检查组认为，全市农产品检测体系初具规模，检测网络逐步完善，“三品一标”认证工作步伐加快，标准化生产得到新提升，执法队伍得到加强，监管水平全面提升，全市农产品质量安全工作总体平稳向好。但仍存在一些薄弱环节和不容忽视的问题。对《农产品质量安全法》的宣传不够广泛深入，对农产品质量安全工作重要性认识不够，农产品质量安全监管力量薄弱，农产品质量安全执法尚未形成合力，农产品质量安全检测体系不完善。建议加大宣传力度，提高全民农产品质量安全意识；提高思想认识，强化责任意识；加强体系建设，确保农产品质量安全监管工作的全面开展；抓好“三品一标”认证，推动农业转型升级。

关于《残疾人保障法》和《河南省实施〈残疾人保障法〉办法》。检查组认为，全市落实《残疾人保障法》和《河南省实施〈残疾人保障法〉办法》总体是好的，下一步要通过多种方式强化对“一法一办法”的宣传，在全社会营造理解、尊重、关心、帮助残疾人的良好氛围；要加大对“一法一办法”的贯彻实施力度，逐步落实残疾人持证免费乘坐市区公交车等规定；要构建残疾人事业发展的长效机制，推动有关残疾人重大决策的落实和重大问题的协调解决，调动全社会方方面面的积极性，共同为残疾人事业发展作出贡献。

【经济运行和预算监督】 2014 年，市人大常委会听取审议市人民政府关于 2014 年上半年国民经济和社会发展计划执行情况的报告、关于 2013 年财政决算和 2014 年上半年财政预算执行情况的报告、关于 2013 年度市级预算执行和其他财政收支的审计工作报告、关于国有资产监督管理情况的报告。

关于 2014 年上半年国民经济和社会发展计划执行情况。常委会认为，全市经济社会呈现平稳较快发展。但当前经济发展面临的形势依然复杂严峻，经济下行压力加大，主要经济指标总量后移，增速位居全省后列，部分指标未达到预期目标；经济发展质量不高，税收占公共财政的比重过低；经济发展后劲不足，部分重点企业经营困难，项目建设力度减缓、融资难度加大等。常委会提出如下审议意见：一是对上半年进度不理想的经济指标，如地区生产总值、固定资产投资、社会消费品零售总额等，要进行原因分析，有针对性地解决经济运行中的突出矛盾，保持经济平稳发展势头，努力完成市十二届人大一次会议确定的目标任务。二是分行业研究全市工业转型问题，对每个行业的转型要细化到具体企业，特别是要重点关注大型骨干企业的转型问题。对当前比较困难的行业，如铝工业要研究如何通过招商引资，引进战略合作者，延长产业链条，扭转发展困境，加快转型步伐；焦煤集团要通过争取国家政策支持，利用报废矿井规划建设国家矿山公园、煤文化博物馆等。三是依据全市产业基础和区位优势，加快发展现代物流、金融服务等生产性服务业，培育打造一批服务业龙头企业。要把新河商务中心区建设作为加快服务业发展的突破口，坚持高起点规划、高标准建设，围绕开工建设的目标，明确时间节点、落实领导责任，加快推进各项工作开展。四是要妥善解决企业融资难问题，既要严厉打击非法集资行为，优化金融生态环境，又要充分发挥政府综合协调作用，推进银企对接合作，帮助企业解决资金难题。五是在积极向上争取用地指标的同时，盘活、用好现有用地存量，保障重大工程、重点项目和民生工程的用地需求；继续强化“亩产论英雄”理念，提高土地节约集约利用水平。六是继续深化行政审批制度改革，切实转变政府职能、提高行政效能，特别是对有关企业解困、城中村改造、新型城镇化建设等重点工作，要用足用活用好有关政策，既要杜绝徇私枉法，又要提倡实事求是、勇于担当、敢于负责，切实推进工作。对一些不敢担当、推诿扯皮等新的不作为行为，要责成有关部门对一些典型事例认真剖析，找出杜绝此类问题的办法。七是坚持把保障和改善民生放在更加突出位置，认真落实各项民生政策，加快省市十项重点民生工程建设进度，办好一批关系人民群众切身利益的事情，特别是对

2014年政府工作报告安排的民生工作，进展较慢的项目要加大推进力度，如丰泽园小学、映湖路小学、韩公教育园区小学幼儿园等。八是对教育、医疗、文化、养老等公共事业的发展，在加大财政投入的同时，要强化市场化运作，引进民间资本，不断提高公共服务水平。

关于2013年财政决算和2014年上半年财政预算执行情况。常委会认为，2013年市政府及其财税部门，充分发挥财政职能作用，稳增长、调结构、促改革、惠民生，较好地完成了2013年市财政预算。2014年上半年预算执行情况总体较好。同时指出，预算执行中也存在预算编制不够科学细化、部分项目资金管理不够规范、收入质量不高、还债压力较大等问题，并提出如下审议意见：一要大力加强财源建设。认真落实上级促进经济发展的财税政策，加大对优势产业、高新技术企业和中小企业的支持力度，积极培育新的税收增长点；完善支持城乡一体化示范区、产业集聚区发展的政策措施，加快重大项目建设，推动产业集聚发展；以新河商务中心区建设为突破口，加大扶持力度，促进服务业加快发展；加强综合治税，规范非税收入管理，既要应收尽收，又要涵水养鱼，防止收过头税，提升财政的可持续发展能力。二要持续优化财政支出结构。压缩一般性支出，严格控制“三公”经费，集中资金支持经济发展和民生事业；坚持“量入为出，收支平衡，确保重点，统筹兼顾”的原则，依法保障农业、教育、科技等重点领域的支出需求；突出公共财政导向，加大对结构调整、科技创新、节能减排、环境保护和重点项目建设的支持力度，发挥财政资金的倍增效应。三要切实加强全口径预决算管理。健全完善公共财政预算、社保基金预算、政府性基金预算、国有资本经营预算，提高财政精细化管理水平；细化预算编制，提高年初预算资金到位率，减少预算执行中的项目调整和资金追加；健全预算执行追踪问效制度，切实提高预算执行率和财政资金使用效益。四要积极推进财政预算改革。认真学习《全国人民代表大会常务委员会关于修改〈中华人民共和国预算法〉的决定》，积极推进预算制度改革；优化财政运行机制，继续深化政府采购、国库集中支付等改革；健全完善预算公开工作机制，扩大公开范围，细化公开内容；完善债务风险预警和偿债机制，合理控制债务规模，防范财政风险。

关于2013年度市级预算执行和其他财政收支的审计工作。常委会认为，针对税收征管、市级部门预算执行、政府性债务、民生项目资金等方面的专题审计，发现了一些问题，有效发挥了审计的监督保障作用。针对审计查出问题和下一步审计工作，提出如下审议意见：一要加大对重要领域、重点部门、重大投资项目，特别是广大人民群众普遍关心的热点、难点问题的审计力度，如民生资金、政府债务、行政事业性收费等，充分发挥审计工作保障经济社会健康运行的“免疫系统”功能。二要对市投资集团等五大投融资公司的重大投资项目，严格按照基本建设程序，及时组织竣工验收，跟进决算审计，特别是对项目建设中的违规招投标、项目竣工后迟迟不验收等情况，认真分析原因，强化责任追究，确保投资效益。三要加强对政府组成部门主要负责人的经济责任审计和离任审计，并将审计结果及时报市人大常委会，促进领导干部守法守纪守规尽责。四要加大对审计意见、建议整改落实情况的跟踪和督查力度，深入查找问题产生的根源，因制度不完善造成的要及时修订和完善制度，对于制度有规定又屡审屡犯的部门和单位，要依法追究有关责任人的责任。五要健全审计公开制度，对审计查出问题及整改情况，根据被审计单位、被审计事项的实际情况，除了向市人大常委会专题报告外，还应通过人大、政府、审计网站，依法逐步向社会公开。

关于国有资产监督管理。常委会认为，近年来，市级国有企业管理体制和运行制度不断创新完善，为全市经济社会发展作出了积极贡献。同时指出，全市国有企业改革和国有资产监管工作中还存在着国有资产管理体制尚需理顺、现代企业制度有待完善、国有资本经营预算制度还需加强和完善等方面的问题，并提出如下审议意见：一是对于市投资集团有限公司、新时代交通发展集团有限公司、南水北调建设发展有限公司、公共住房建设投资有限公司、工业投资集团有限公司等政府投融资平台，加强财务监督和动态监测，掌握其资产和经营状况、所有者权益等，确保国有资产保值增值；规范其决策行为，加强对重大项目安排、重大融资事项、重大投资计划和重大对外合资合作行为的监督，使资金使用依法合规、安全有效。二是对于万方集团、轮胎集团、化电集团等经营性企业，要加快推进产权改革步伐，真正使政资分开、政企分开，实现国有企业产权主体多元化；按照有关法律法规，建立完善现代企业制度，形成权责统一、运行协调、有效制衡的公司法人治理结构。三是继续加强与央企省企的合资合作，深化与央企、省企的合作效果，协调解决合作中遇到的困难和问题；加强与央企、省企总部的沟通联系，掌握了解其主业发展方向、项目布局和投资动态，寻找与全市产业转型发展的结合点，拓宽合作新领域、开辟合作新渠道。四是根据国资委成立后的运转情况，按照责权利相统一、管资产和管人、管事相结合的原则，明确国资委职能定位，理顺国资委与监管企业的关系，不断完善国资监督管理体制。

【专题调研】 2014年，市人大常委会主要对农村垃圾处理工作情况、旅游转型攻坚情况、工业转型攻坚情况、农业转移人口市民化推进情况、城市集中供热情况、物业管理工作情况、职教园区建设情况、城市水系建设情况进行专题调研。

农村垃圾处理工作情况调研。5月中下旬，市人大组织部分常委会委员和人大代表，到6县市的20个乡镇21个村，实地察看垃圾分类处理场、垃圾掩埋场，听取各地开展工作情况，详细了解经验做法。调研组认为，虽然近几年垃圾处理工作有了长足的进展，但整体工作还比较落后，特别是农村垃圾处理工作仍处于被动、原始、落后的阶段。存在的主要问题是：宣传教育不到位，机制不完善，资金投入不足，垃圾分类处理工作有难度，垃圾处理方式简单。建议：加强宣传教育，形成共识；因地制宜，科学规划；理顺体制，健全机制；齐抓共管，加大投入；上下联动，全面参与。

旅游转型攻坚情况调研。5月8日至16日，市人大常委会副主任魏丰收带领调研组对全市旅游业发展转型攻坚情况进行调研。通过调研发现，旅游业在转型升级方面做了很多工作，取得了明显成效，但还存在一些亟待解决的困难和问题。一是旅游综合竞争力还不强；二是旅游园区发展不平衡；三是城市旅游发展滞后；四是旅游管理体制机制亟需改革创新。建议：抓紧编制旅游专项规划，强力推进文化旅游园区建设，着力打造城市旅游新亮点，积极拓展新型旅游市场，不断提升旅游服务质量，全面深化旅游改革创新。

工业转型攻坚情况调研。6月至7月，市人大常委会副主任部小方带领部分常委会委员、人大代表，对全市工业转型攻坚情况进行调研。调研组认为全市工业转型虽然取得了一定成效，但对经济发展起支撑作用的仍然是以资源型、高能耗行业为主的传统产业，新兴产业整体规模较小，支撑有限，工业结构不合理状况仍未得到根本改变，工业转型任务依然艰巨。一是全市抓工业转型的氛围不够浓，二是工业转型缺乏重大项目支撑，三是科技创新支撑作用不强，四是工业转型推进机制不完善，五是资金土地等要素制约日益凸显，六是城区工业辐射带动能力弱。建议：提升认识，凝心聚力推进工业转型；加强重点行业、重点项目谋划运作，增强工业转型发展后劲；突出抓好科技创新，为工业转型增添新动力；改革创新，完善推动工业转型的体制机制；加强要素保障，为工业转型发展提供有力支撑。

农业转移人口市民化推进情况调研。8月至10月，市人大常委会副主任葛探宇带领部分省、市人大代表，对全市农业转移人口市民化推进情况进行专题调研。调研组认为，全市农业转移人口市民化存在以下几方面的问题：一是现行城乡政策的差异性，不利于农业转移人口市民化；二是城乡公共资源配置不均衡，影响农业人口市民化进程；三是新市民社区建设进展缓慢，难以适应农业转移人口市民化的需要；四是信息共享平台建设滞后，加大了农业转移人口市民化后统筹管理的难度；五是农业转移人口素质偏低，直接影响到市民化的进程；六是城镇产业基础薄弱，对农业转移人口的吸纳能力有限。建议：推进户籍制度改革，消除农业转移人口市民化的制度障碍；完善农村土地制度，增强农业转移人口市民化的经济保障；推动公共服务制度和政策创新，加快农业转移人口市民化进程；加快新市民社区建设，为农业转移人口提供良好的居住条件；加强公共信息共享平台建设，提升农业转移人口综合管理服务效率；加大产业发展扶持力度，强化城镇对农业转移人口的吸纳能力。

城市集中供热情况调研。9月下旬至10月中旬，市人大常委会副主任葛探宇带领部分常委会组成人员和市人大代表，对城市集中供热工作情况进行调研。调研组认为，全市城市集中供热工作存在以下几方面的问题：一是供热能力需进一步提高，城市居民供热需求迫切；二是供热建设资金短缺，严重制约供热发展；三是供热收费方式不尽合理，给供热企业带来亏损。建议：加大供热管网基础设施建设及热源建设力度，努力提高供热普及率；加强政策研究，解决价格成本倒挂矛盾；加大工作力度，整合利用现有资源。

物业管理工作情况调研。11月，在市人大常委会副主任葛探宇带领下，城建工委组织部分人大代表，对全市住宅小区物业管理工作情况进行调研。调研组认为，全市住宅小区物业管理工作存在以下几方面的问题：一是物业管理机制亟需完善；二是开发建设遗留问题多；三是业主委员会成立难，作用发挥不理想；四是维修资金管理工作推进缓慢；五是物业服务收费标准低，收费难度大，多数物业服务企业存在经营困难。建议：建立物业管理长效机制，形成统筹协调的新局面；完善住宅小区竣工验收制度，减少开发遗留问题；加强引导和监管，促进业主委员会的建设；成立住宅专项维修资金管理机构，推进维修资金工作开展；加强对物业管理服务企业的监管，破解物业企业经营难题。

职教园区建设情况调研。9月至11月，在市人大常委会副主任葛探宇的带领下，市人大组织部分常委会委员、市人大代表对市职教园区建设情况进行调研。通过调研发现：一期（市职业技术学校新校区）投入使用，规模效应和带动作用初步显现；二期（市技师学院新校区）推动不力，没有实质性进展；三期因规划调整，能否落实还是未知数。调研组针对工程建设、剩余款项、已拨付的资金无法使用、建设用地面临重新申报、学校发展受到影响等五方面的问题，提出以下建议：将龙源路（中原路至职业技术学校南门）作为2015年城市道路建设项目之一，尽快开工建设，解决职业技术学校师生通行不畅问题。

及早研究园区一期剩余资金支付方式的调整问题，深入领会政策精神，拿出切实可行的措施，保证园区建设的持续进行。对于项目一期融资平衡方案，要有妥善的解决办法并予以落实。高度重视职教园区二期的建设。在已有基础上，继续出台和健全有利于职教园区建设的支持配套政策。当前首要的是要完善园区二期建设领导协调机构，及时研究解决项目推进过程中的重大问题，科学统筹、协调好项目进展，要分解落实任务，明确路线图、时间表，有计划、有步骤地推进项目二期建设，争取尽早开工。力争通过完成职教园区建设的既定目标，实现最初设想的园区的规模效应和带动作用，为全市职业教育做大做强奠定良好基础。

城市水系建设情况调研。11 月中旬，市人大常委会组织部分常委会委员到影视湖工程、大沙河带状湿地工程、引黄入焦工程城区景观段、大沙河防洪治理工程、瓮涧河下游段治理工程、白鹭湿地工程等工程现场，对城市水系建设进行调研。调研组认为，政府及其相关部门在推动水系项目建设上都做了大量工作，部分工程和河段的建设效果已经初步显现，整体工作进展顺利，但同时也存在一些不容忽视的问题。一是水系生态宣传工作不到位；二是农村污水及部分城市污水收集不完全，进入不了城区污水管网，影响水质的提升；三是个别水系工程周边环境恶劣，如不及时加以治理，会使群众陷入近水不敢亲水的境地；四是水系工程建后管理工作需要迅速上马，加强后续管理工作。建议：加大宣传力度，营造水系生态建设齐抓共管的社会氛围；尽快成立专门的监督管理机构和队伍，以适应城市水系建设的管理需要；发挥优势，积极培育城市水系经济带；严格控制水系污染，提高水质标准；凝心聚力，推动城市水系建设再上新台阶。

市人大常委会调研城市水系建设

【人事任免】 2014 年，市人大常委会共依法任免地方国家机关工作人员 59 人次。

3 月 17 日，市十一届人大常委会第三十八次会议通过。

决定任命：

姜继鼎为焦作市人民政府副市长；

王建修为焦作市人民政府副市长。

决定免去：

赵建军的焦作市人民政府副市长职务；

郭鹏的焦作市人民政府副市长职务；

翟传森的焦作市环境保护局局长职务。

任命：

李玉杰为焦作市中级人民法院副院长、审判委员会委员、审判员。

免去：

刘明的焦作市中级人民法院副院长、审判委员会委员、审判员职务。

4 月 4 日，市十二届人大常委会第一次会议通过。

任命：

孔令江为焦作市人大常委会教育科学文化卫生工作委员会主任；

杨永昌为焦作市人大常委会城乡建设工作委员会主任；

范桂兰为焦作市人大常委会选举任免代表联络工作委员会主任；

赵卫国为焦作市人大常委会农村经济工作委员会主任；

樊国为焦作市人大常委会环境资源保护工作委员会主任。

5 月 28 日，市十二届人大常委会第二次会议通过。

决定任命：

牛炎平为焦作市人民政府秘书长；

陈湘为焦作市发展和改革委员会主任；

王峙东为焦作市教育局局长；

陶立栋为焦作市科学技术局局长；

兑恩奇为焦作市工业和信息化局局长；

买福来为焦作市民族宗教局局长；

丁保东为焦作市公安局局长；

高俊魁为焦作市监察局局长；

陈战胜为焦作市民政局局长；

杨吉喜为焦作市司法局局长；

刘晓波为焦作市财政局局长；

韩明华为焦作市人力资源和社会保障局局长；

秦中华为焦作市环境保护局局长；

赵长占为焦作市住房和城乡建设局局长；

田晋源为焦作市城乡规划管理局

局长；

谢如臣为焦作市交通运输局局长；

马国庆为焦作市水利局局长；

王国建为焦作市农业局局长；

傅秋生为焦作市畜牧局局长；

朱玉正为焦作市林业局局长；

孙银池为焦作市商务局局长；

王东林为焦作市文化广电新闻出版局局长；

宁继学为焦作市卫生局局长；

周学相为焦作市人口和计划生育委员会主任；

闫万国为焦作市审计局局长；

程玉国为焦作市人民政府国有资产监督管理委员会主任；

郭颂福为焦作市体育局局长；

马爱国为焦作市统计局局长；

赵卫星为焦作市旅游局局长；

杜拥军为焦作市粮食局局长；

李领夫为焦作市人民政府法制办公室主任；

黄晓平为焦作市安全生产监督管理局局长；

蒋永立为焦作市食品药品监督管理局局长；

王志勇为焦作市工商行政管理局局长；

李小平为焦作市质量技术监督局局长。

10月30日，市十二届人大常委会第五次会议通过。

决定免去：

迟军的焦作市人民政府副市长职务。

10月30日，市十二届人大常委会第五次会议通过。

任命：

李玉花为焦作市人民检察院副检察长、检察委员会委员；

李丰晓为焦作市人民检察院检察员；

李彦为焦作市人民检察院检察员。

免去：

刘松林的焦作市人民检察院检察员职务；

薛载福的焦作市人民检察院检察员职务；

赵盟永的焦作市人民检察院检察员职务；

张健民的焦作市人民检察院检察员职务；

赵琴的焦作市人民检察院检察员职务。

12月24日，市十二届人大常委会第七次会议通过。

决定免去：

刘晓波的焦作市财政局局长职务。

决定任命：

程玉国为焦作市财政局局长。

【代表工作】 2014年，市人大加强代表联络工作，修订《市人大常委会关于加强同市人大代表联系发挥代表作用的办法》，组建11个市人大代表联络组、7个代表专业活动组和31个活动小组，丰富了代表活动的组织形式；常委会全体组成人员直接联系部分基层人大代表，及时听取和反映代表的意见和呼声，常委会主任、副主任还直接联系代表联络组，深入各县市区指导代表活动开展。为代表发挥作用创造条件，邀请代表列席常委会会议、参加执法检查和视察调研，拓宽了代表知情知政渠道；坚持向代表寄送学习资料，举办市十二届人大代表第一期培训班，对125名新当选的市人大代表进行宪法法律和人大业务知识培训，增强了代表的履职能力；制定《关于进一步加强和改进人大代表联系群众、服务群众工作的意见》，通过建立人大代表信息公开制度、联系群众制度和履职登记制度，发挥了代表在宣传政策法规、反映社情民意、协调化解矛盾等方面的作用。

【建议办理】 2014年，市十二届人大一次会议代表共提出建议、批评和意见144件。常委会采取领导牵头督办、工作机构对口督办、重点建议跟踪督办等方式，督促政府及有关承办单位以代表满意、群众满意为目标，切实把办理工作落到实处。常委会第五次会议在审议市政府关于代表建议、批评和意见办理情况的报告时，针对办理态度、办理效果和报告质量三个方面存在的问题，提出了重新办理和报告的意见。市政府及时组织各承办单位集中一个月时间，对办理工作进行"回头看"，对办理效果代表不满意的建议、批评和意见重新办理。常委会第六次会议对市政府重新办理情况的报告给予充分肯定，一致通过。

【信访工作】 2014年，市人大共受理群众来信来访736件（次），其中来信117件；来访619次1259人，含集体访9批328人（次）。其中包括常委会领导批示的重点信访事项23件，除6件未到反馈时限外，其余17件均办结或已报进展情况。对省人大常委会办公厅信访办交办的67件信访材料，及时向有关单位进行转交督办。

【民主法制宣传】 2014年，市人大抓好人代会、常委会和主任会议的报道和宣传力度，明确专人负责与报社、电视台的联系工作，及时将会议进程、会议主要内容公布于众。配合集中视察、执法检查工作，每次市人大常委会的集中视察、执法检查，都及时安排报社、电视台的记者随行，加大了人大监督工作的报道力度。继续巩固宣传阵地，充分利用报纸、电视台、电台、网络等宣传阵地，大力开展人大宣传工作。

（张英礼　李豪华）

焦作市人民政府

·综　述·

2014年，焦作市人民政府深入贯彻落实党的十八大及十八届三中、四中全会精神，按照“凝心聚力、转型攻坚、争创一流、绿色发展”的总要求，坚持“一个战略、四个重点、十大建设”的总思路，全面建设中原经济区经济转型示范市，努力打造美丽焦作，经济社会保持平稳发展态势。全年全市地区生产总值完成1846亿元，增长8.8%；规模以上工业增加值1073亿元，增长10.7%；一般公共预算收入106亿元，增长8.5%；固定资产投资完成1624亿元，增长18.2%；社会消费品零售总额555亿元，增长12.2%；城镇居民人均可支配收入2.4万元，增长8.7%；农民人均纯收入1.25万元，增长10.1%。

扎实开展党的群众路线教育实践活动，作风建设持续加强。认真贯彻落实中央、省委和市委统一部署，严格按照习近平总书记系列讲话精神要求，突出问题导向，聚焦“四风”问题，狠抓整改落实，强化制度建设，扎实推进作风建设规范化、常态化、长效化。在学习教育、听取意见环节，制定市政府班子教育实践活动实施方案，市政府班子先后4次召开市长办公会暨市政府党组会，集中学习规定内容，并进行认真交流讨论。采取实地调研、召开座谈会、面对面谈心、发放征求意见表、设立意见箱、开通网上征求意见专栏等形式，广泛征求基层和群众的意见建议1326条，经市政府党组梳理形成“四风”问题268条；对“四风”问题逐条建立台账，按工作职责进行分解，落实到市政府分管领导和责任单位，明确整改措施，做到边查边改、立行立改。在查摆问题、开展批评环节，市政府班子对照“三严三实”，继续深入查摆“四风”问题和关系群众切身利益的问题、联系服务群众“最后一公里”问题，建立政府班子、班子成员查摆问题台账242个；召开“学讲话、转作风、强党性”专题学习讨论会，按照“四必谈”要求，深入开展了谈心交心活动；严格落实“三清”要求，精心撰写班子和个人的对照检查材料，前后修改达10余次；召开市政府领导班子专题民主生活会，坦诚开展批评和自我批评，达到了“红红脸、出出汗、洗洗澡、治治病”的目的。市政府班子共梳理“四风”问题63条、人民群众期盼的实事102条、经济发展方面突出问题72条，并制定整改“时间表”和“路线图”，确保整改事事有落实。在整改落实、建章立制环节，市政府班子坚持“三围绕、三结合”要求，研究制定了整改落实方案、专项整治方案，列出整改落实事项45项、专项整治事项26项。始终坚持问题不解决决不放过、群众不满意决不收兵，截至年底，45项整改事项中已完成25项，26项专项整治事项中已完成14项，其余正在加紧推进。高度重视制度建设，研究制定市政府班子制度建设计划，共废止制度74条，拟修订制度3条，已建立制度22条，计划新建制度3条，努力构建作风建设长效机制。

加快推进重点项目建设，经济转型步伐加快。把项目建设作为科学发展、转型发展的主抓手，坚持领导分包、联审联批、观摩点评、现场办公等措施，实行“七个一”工作法，集中要素资源，强化督查考核、项目稽查，全力加快推进。2014年，35个省考核重点项目完成投资209.9亿元，居全省第五位，占年度计划的132.9%；307个市重点项目完成投资698.9亿元，占年度计划的131.7%。省定56项联审联批事项已全部办结，办结率100%；市定280项联审联批事项已办结273项，办结率97.5%。“十大建设”77个10亿元以上项目完成投资407亿元，占年度计划的

128.8%，其中太极体育中心建成投用，城市水系引黄干渠工程已完工，郑焦城际铁路正在验收，龙源电厂1号机组正式运行。示范区和产业集聚区10亿元以上项目中，国药容生中原医药产业基地、中原内配三期、佰利联2×15万吨富钛料、龙源湖新贵族商务中心等21个项目竣工投产或投用。公路、信息化、生态、能源等建设进展顺利。认真做好资源枯竭城市转型年度绩效考核评价工作，在2013年度国家发改委等四部委转型绩效评价中获“达标”格次。积极争取上级资金支持，2014年争取国家第一批对资源枯竭城市财力性转移支付资金4.62亿元，累计达23.79亿元；268个项目获得上级政策性资金扶持，争取资金9.9亿元，为转型发展奠定了坚实基础。

加快示范区和产业集聚区建设，承载能力明显提升。示范区建设方面，突出机制创新、项目建设、集群培育、功能完善，成功创建国家新型工业化装备制造产业示范基地。强力推进项目建设，在建项目107个，5个省重点建设项目、42个市重点建设项目超额完成年度投资计划。突出抓好招商引资，签约项目92个，航空航天3D制造焦作产业园、浪潮集团焦作云计算中心、河南中烟集团功能塑料膜产品等一批重大项目成功落户。加快基础设施建设，世纪路、黄河路等7条道路开工建设。大力发展电商产业，规划建设电子商务产业园，投资1.7亿元建成一期8万平方米的电商集中办公区，浪潮云计算中心、新浪河南、百度区域运营中心、阿里巴巴产业带等15家知名电商正在入驻。2014年，示范区地区生产总值完成105.6亿元，增长12.8%；固定资产投资116.1亿元，增长21.2%；公共财政预算收入8.16亿元，增长25.1%。产业集聚区建设方面，2014年，全市产业集聚区主营业务收入2910.3亿元，增长16.4%；完成固定资产投资1063.43亿元，增长27.7%，对全市主营业务收入、固定资产投资增长的贡献率分别达到107.7%、92.4%。孟州市、沁阳市产业集聚区荣获省“十强”，市经济技术产业集聚区荣获省“十快”；孟州市产业集聚区被评为省二星级产业集聚区，武陟县、市经济技术、沁阳市、博爱县产业集聚区被评为省一星级产业集聚区，争先创优整体成绩居全省第二位。每月对示范区和产业集聚区10亿元以上项目建设进行专项督导，及时通报实际进展，研究解决突出问题。截至年底，共组织实施示范区和产业集聚区10亿元以上项目49个，已完成投资366.7亿元。

着力提升企业科技创新能力，工业经济稳定增长。继续实施科技强市战略，以创建国家创新型试点城市和知识产权试点城市为载体，不断提升自主创新能力。2014年，全市高技术产业工业增加值增长38.2%，高于全市平均水平27.9个百分点。加大科技投入。市本级科技经费达6000万元，较上年翻一番，其中安排创新券兑现资金2500万元、贷款贴息资金500万元。打造科技创新平台。中关村科技成果产业化基地落地项目4个；中科院科技转化分中心帮助10多家企业与6家中科院研究所建立合作关系；多氟多、江河纸业、中内配3家企业申报国家级工程技术研究中心已报科技部待批；新增院士工作站7家，总数达19家。实施创新企业培育工程。新增国家级高新技术企业8家，总数达42家；河南理工大学科技园一期工程顺利推进；焦作高新区创建国家高新区工作已获科技部同意。突出创新引领作用。引进北京化工大学、西安交通大学等科技创新团队9个，实施科技转化合作项目9个；实施专利导航试点工程，全市申报专利1752件，增长7%。推动科技体制机制创新。建立科技风险投资机制，市财政安排1000万元知识产权质押贷款风险补偿金，与焦作商业银行签订知识产权质押融资战略合作协议，每年为科技型中小企业提供5亿元意向性授信支持。安排工业发展专项资金6000万元，出台了加快城区工业转型发展的意见，实施了11个重点工业产业转型升级年度行动计划，加快工业优化升级。在继续认定“30强”“30高”企业的基础上，评出30户“专精特新中小企业”，实行动态管理、分类指导，形成了科学的企业梯次结构。100个超亿元转型升级重点项目有序推进，截至年底，累计完成投资222亿元；中内配新型节能环保发动机气缸套项目、蒙牛乳业长效酸奶生产线项目、大江重工中高端液压支架、千年冷冻高效节能制冷系统等32个项目竣工投产。着力培育新兴产业做大做强，华晶公司大单晶金刚石、辅仁药业小容量注射剂、金宇阳电容触摸屏等项目竣工投产或试生产；智能物联机器人、超威电源混合动力汽车电池等项目建设顺利推进。完善工业投融资平台，设立政府引导基金4000万元，吸引社会基金入驻；安排500万元中小企业担保代偿资金，累计为127家企业实现担保金额12.34亿元；安排1000万元建立新型小额贷款风险补偿机制，支持中小企业无抵押无担保融资贷款；推进中小企业应急转贷工作，为制动器、科瑞森等6家企业解决应急转贷资金5400万元。

加快推进新型农业现代化，农业基础更加稳固。粮食生产再获丰收。推进高标准粮田百千万建设工程，共建成高标准粮田26万亩。夏粮单产513.7公斤、总产110.1万吨，分别增长0.5%和1.1%，实现“十二连增”；夏粮高产刷新6项全国纪录。产业集群快速发展。实施农业产业集群重点项目78个，已建成34个，完成投资25.21亿元。2014年，全市农业产业集群实现销售收入556.3亿元。农业机械化保持领先。新增各类农机具5128台（套），主要粮食综合机械化水平保持在96%以上，位居全省前列。规模化程度明显提高。新增农村土地流转面积23.8万亩，流转总面积达119.4万亩，流转率51.7%。全市农民合作社4329家、联合社15家，入社成员9.5万户，辐射带动农户34.5万户，覆盖率49%。基础设施建设不断加强。建设饮水工程201处，解决了20.4万农村居民和2.4万农村师生的饮水安全问题。完成3条中小河流、3座病险水库除险加固工程。新增节水灌溉面积7.78万亩，完成治理水土流失面积40平方公里。农业品牌创建实现新突破。河南天香面业公司"麦香及图"等3个商标成功申报中国驰名商标，实现农产品国家级品牌零的突破。

大力发展第三产业，经济结构持续优化。巩固提升文化旅游业。2014年，十大文化旅游园区累计完成投资21亿元。开发"爱游云台""智游青天河""智慧神农山"等旅游信息化项目，实现全市主要景（点）区、星级宾馆以及游客集中场所无线网络覆盖。加快推进旅游标准化建设，云台山国旅被推荐为国家级旅游标准化试点单位，顺利通过国家旅游服务综合标准化试点市中期评估；首获"中原经济区区域旅游合作奖"，成功加入世界四大旅游组织之一的亚太旅游协会，焦作市和云台山被联合国世界旅游组织列为可持续发展监测点。全年共接待海内外游客3298.81万人次，旅游综合收入261.5亿元，分别增长11.63%、12.14%。加快发展商贸服务业。出台加快电子商务发展若干意见和扶持办法，浪潮云计算中心、北斗智能物联网基地、阿里巴巴焦作产业带等10余家知名电商、3家服务商落地并开工建设。焦作天星汽运公司顺利通过4A级物流企业预评估，河南德众保税物流中心（B型）通过国家验收。全力加快市商务中心区发展，成立了建设指挥部，完成了区域内地面附着物清点、新河河道治理工程初步设计、高压线路改造规划方案等，与市农发行签订了30亿元的合作框架协议；除孟州市特色商业区外，其余10个"两区"发展规划获省发展改革委批复；9个特色商业区的空间规划和控制性详细规划编制完成。着力提升金融服务保障水平。2014年，全市金融机构各项贷款余额861.63亿元，增长10.46%，获省优秀金融生态省辖市称号，修武县、武陟县获省优秀金融生态县称号。加快资本市场建设，科瑞森、伊赛牛肉、云台山完成改制工作，宇建科技、环宇装备成功挂牌新三板。全市融资规模达到233.3亿元，完成省定目标的109%，焦作万方完成发行中期票据融资14亿元，多氟多与中国进出口银行达成股权质押合作融资3.71亿元，佰利联与长城证券达成股权质押合作融资1.37亿元，风神股份股权转让定向增发20亿元，正在协调审批中。严厉打击非法集资，采取领导分包案件等举措，成功查处一批案件，较好地维护了群众利益，保持了社会大局和谐稳定。

加快推进城乡建设，城市功能不断完善。交通体系日益健全。2014年，全市交通基础设施完成投资25.02亿元，其中城市道路完成投资5.9亿元。南太行绕城高速公路项目前期工作进展顺利；武云高速公路项目完成投资8.8亿元。与周边城市干线公路全面完成升级改造，农村公路累计完成306.2公里。第二批45条背街小巷整治工作全面完成。生态环境逐步改善。城市水系沁北干渠加压泵站建成；大沙河治理完成12公里堤防工程，带状湿地工程完成10公里主体建设。南水北调跨渠桥梁11座人行步梯投用，城区段绿化带安置房建成32.7万平方米。加快推进国家森林城市创建工作，实施南太行生态景观带和高速公路两侧绿化建设，完成森林资源培育20.58万亩。扎实推进美丽乡村建设，深入开展农村人居环境集中整治工作，修武县被确定为省级美丽乡村建设示范县。实施"54130"环境污染整治工程，积极推进排污权交易试点工作，开展"蓝天雷霆""清水利剑"专项行动，2014年，4个省控地表水责任目标断面水质平均达标率70.8%，高于省定目标10.7个百分点；城市环境空气质量优良天数达标率68%，高于省定目标8个百分点。制止双违行动深入开展。拆除违法建筑143万平方米，清理违法占地2840亩。城市功能日益完善。中原路扩宽改造和普济路、丰收路等道路大修工程进展顺利。改造、新增老城区供水管网41公里，改造老城区燃气管网81公里。城市集中供热特许经营工作进展顺利，万方电厂集中供热配套管网工程完成投资2.9亿元，龙源电厂配套供热管网工程正在办理前期手续，老城区敷设供热管道1586米。新购置34台新能源公交车投入运营。城市管理水平不断提升。数字城管系统初步建成，智能化交通管理系统覆盖面积扩大，全面启动建筑垃圾、市政设施、市容秩序等专项整治工作，成功创建全省公交优先示范市。

深入推进改革开放，发展活力显著增强。不断深化各项改革。深化行政审批制度改革，对外公布政府权力清单，压减各类事项465项，压减率达65%，市本级行政审批事项由718项压减到136项，被确定为省行政审批标准化试点市；大幅压缩审批时限，市重点项目并联审批时限由300个工作日减少到40个工作日。深化公共财政改革，完善政府预算体系，全面推进社会综合治税。深化教育体制改革，沁阳市、孟州市、温县创建国家义务教育发展基本均衡县市工作受到省政府通报表彰，博爱县、中站区、武陟县通过省政府义务教育均衡发展试点评估验收，焦作市成为全省新一轮教育信息化试点。深化医药卫生体制改革，加快医联体建设，完善全科医师首诊制度和分级医疗诊疗制度，全面启动商业保险机构参与新农合大病保险制度。深化国企改革，支持博爱农场公司化改制、公交公司集团化经营。深化公共资源交易改革，制定“一委、一办、一中心”的架构格局，已经省编办批复同意。大力开展招商引资。强力实施对外开放提升年活动，重点组织赴长三角、珠三角、东南沿海、环渤海等地区开展专题招商活动，2014 年，新引进省外境内项目 394 个，居全省第一位；实际利用外资 498.7 亿元，居全省第三位。努力扩大对外贸易。综合保税区道路、供气、供水、供电等规划完成，海关监管场所挂牌运营，出入境检验检疫查验场所初步具备使用条件，通港物流园区三期正在办理前期手续。新增省际出口产品质量安全示范区 3 家、海关“AA”类企业 2 家、“属地申报、口岸验放”企业 4 家、“属地申报、属地放行”企业 9 家。2014 年，全市进出口总值完成 24.6 亿美元，居全省第二位。

持续加大民生保障，人民生活日益改善。十项重点民生工程进展顺利。2014 年，财政用于民生支出达 145 亿元，增长 8.4%，占公共财政支出的 71.5%。教育事业快速发展。积极推进全国义务教育均衡发展试点市建设，100 个农村中小学标准化项目全部开工，韩公教育园区小学幼儿园项目开工建设，黄河交通学院顺利升本，组建 53 个教育集团推进义务教育集团化办学。出台促进民办教育发展办法，加大民办教育支持力度。卫生服务明显提升。实施新农合大病保险制度，个人承担大额费用由商业保险机构二次报销，新农合参合率 98.1%。市人民医院全科医生培养基地、市第四人民医院综合病房楼项目即将完成全部建设任务。文体事业不断进步。推进公共文化服务体系建设，成为全省基层综合性文化服务中心建设试点市。太极体育中心建成投用，成功举办河南省十二届运动会暨首届全民健身大会，获得奖牌数和总分位居全省第一。人口计生工作稳步推进。全面落实单独二孩生育政策，成为第一批全省人口均衡型社会综合配套改革示范市。食品安全监管水平不断提升。实施餐饮服务食品安全电子监管，成为全省餐饮服务食品安全电子监管工作试点市。就业再就业工作持续加强。被国家标准委确定为全国公共就业人才服务标准化试点市，实现村级人社站互联网全覆盖。城镇新增就业 8.81 万人，失业人员再就业 3.35 万人，困难人员就业 1.55 万人，新增农村劳动力转移就业 3.26 万人，完成各类技能培训 15.1 万人。继续提高低保补助水平，在全省率先实施城镇医保待遇按比例报销上不封顶制度。实施困难群众商业保险医疗救助办法，完善城乡困难群众临时救助制度，实施被征地农民参加社会养老保险补贴办法，救助重度残疾人 1.2 万人。新开工保障房建设项目 22 个 8409 套。住房公积金覆盖面达 87.27%。社会大局和谐稳定。深入创建平安焦作，认真落实领导干部接访制度，加强基层基础建设，推进依法逐级走访，中央巡视组交办案件结案率 100%、息诉息访率 81%。深入开展安全创建，全面推进“六打六治”打非治违专项行动，安全生产形势持续好转。深入开展双拥共建活动，驻焦部队、武警官兵和民兵预备役人员积极参与地方经济建设，国防动员和后备力量建设全面加强。

加强政府自身建设，打造廉洁务实高效政府。切实转变作风。扎实开展党的群众路线教育实践活动，认真贯彻落实中央八项规定，深化“两转两提”，严格执行“五个一律免职”的廉政勤政纪律，进一步转变了工作作风。领导干部经常深入基层、生产一线和项目现场，解决了一批群众关心的热点难点问题；坚持少开会、开短会，少发文、发短文，精简了一大批会议、文件和活动。规范权力运行。认真落实政府性投资建设项目“十个百分之百”管理制度，2014 年，审减项目资金 56.44 亿元，审减率 10.26%。市公共资源交易中心进场交易项目 1025 个，增效节支 6.25 亿元。厉行勤俭节约，杜绝铺张浪费，严格执行办公用房、车辆配备等规定；研究制定了市直机关差旅费、外宾接待费、培训费、市级会议费管理办法，全市“三公”经费下降 31.7%。坚持依法行政。规范政务公开，严格落实政府信息公开制度。自觉接受人大、政协的监督，坚持邀请人大代表和政协委员参加市政府常务会议，市人大代表建议和市政协委员提案已全部办结。加强审计监督，实行财政审计全覆盖，审减“十大建设”资金 1.09 亿元。积极推进法治型政府和法治型机关建设，认真梳理市政府行政处罚事项，行政复议案件法定期间内结案率 100%。坚持廉洁从政。坚持标本兼治、综合治理、惩防并举、注重预防的方针，安排部署政府序列的党风廉政建设和廉洁自律工作，深入推进反腐倡廉各项工作，严格遵守《廉政准则》，认真执行廉洁自律各项规定，形成了部门齐抓共管、干部廉洁从政的良好局面。加强政风行风建设，全面推进岗位权力风险防控。坚持民主集中和科学民主决策，各级各部门主要负责人不直接分管人事、财务、工程建设、物资采购和执法工作。按照《干部任用条例》要求，坚持“一报告两评议”工作制度，提高选人用人公信度。

全市经济社会发展仍然面临不少矛盾和问题，如经济结构有待进一步优化，传统优势产业支撑力有所下降，新的经济增长点还没有形成规模；发展质量效益尚需提高，公共财政预算收入增速不快，税收占比不高；资金保障、环境容量、土地供应等要素制约日益突出，一些项目落地缓慢、推进不快；供暖、供气、污水管网等基础设施尚不完备，就业就学就医等民生工作需要进一步加大力度；一些领域腐败现象还有发生。

（政府一秘科）

【省政府考核组检查食品安全工作】 1 月 6 日，省食品药品监督管理局副局长章锦丽带队的省政府考核组一行

8 人莅焦，对 2013 年的食品安全工作进行考核。

【省政府招商引资签约项目专项督查组督导检查】 7 月 23 日，省住房和城乡建设厅副厅长陈华平带领省政府招商引资签约项目专项督查组莅焦，就招商引资签约项目落实情况进行督导检查。督查组对焦作市的招商引资工作给予充分肯定。陈华平强调，要高度重视招商引资工作，总结经验，密切配合，再接再厉，抓好签约项目的落地、投产和达产，确保招商引资工作取得实效。

【省水资源管理考核组莅焦考核】 7 月 24 日至 25 日，省水资源管理考核组莅焦，就贯彻落实最严格水资源管理制度落实情况进行考核。考核组到部分县市区、企业一线实地检查指导，并在反馈会上听取 2013 年度最严格水资源管理制度的落实情况。考核组对焦作市贯彻落实最严格水资源管理制度情况给予充分肯定，同时指出，要全面贯彻中央和全省加快水利改革发展意见的精神及水法、水污染防治法等法律法规，牢固树立“合理开发、有效保护、总量控制、优化配置”的理念，落实最严格水资源管理制度，以水资源的可持续利用来保障经济社会的可持续发展。

【省督导组莅焦检查督导综合治理和平安建设工作】 8 月 28 日，省民政厅副厅长李长训带领督导组莅焦，就综合治理和平安建设工作进行检查督导。在听取汇报后，督导组充分肯定焦作市推进综合治理和平安建设的工作成果，强调各级各部门要增强责任意识，以稳定促发展，以平安促进步，着力抓好社会治安综合治理，不断增强人民群众参与维护治安的意识；要不断总结、创新工作方法，加强社会管理综合治理及维护社会稳定教育，不断深化平安建设；要积极组织各种形式的群防群治队伍，加强基层派出所、法庭、司法所等基层政法组织建设，通过有效的专群结合、群防群治，确保平安建设工作落到实处。

【省大气污染防治专项督查组莅焦督查】 11 月 26 日，以省环保厅副巡视员焦飞为组长的省大气污染防治专项督查组莅焦，督查大气污染防治工作和“蓝天工程”行动计划的实施情况。督查组认为，市委、市政府高度重视大气污染防治工作，各职能部门通力合作，积极作为，形成横到边、竖到底的大气整治工作网络，做到了工作有计划安排、有目标要求、有奖惩办法，确保责任到位、措施到位、工作到位，有力地推动了“蓝天工程”行动计划的实施。

【省“蓝天工程”考核组莅焦考核】 12 月 25 日至 26 日，由省环保厅副厅长马新春带队的河南省“蓝天工程”考核组莅焦考核 2014 年度“蓝天工程”实施情况。汇报会上，副市长乔学达对年初以来落实“蓝天工程”实施情况作了工作汇报。全年，通过产业结构调整，淘汰了造纸、制革、铅酸电池等行业的 67 家落后产能企业，提前一年完成“十二五”淘汰落后产能的任务，并对中心城区 15 家老工业企业启动搬迁工作。全市累计关停燃煤小锅炉 34 台，市区集中供热 10 蒸吨以下锅炉全部关停，全市已淘汰黄标车及老旧车辆 2.28 万辆，超额完成省定淘汰任务。通过听取汇报、现场核查、查阅资料等实地考察，省考核组在情况反馈会上指出，焦作市对环境治理工作十分重视，“蓝天工程”组织有力、扎实有效，尤其是在黄标车整治、锅炉治理等方面卓有成效，走在了全省前列。

【省“扫黄打非”考核组莅焦考核】 12 月 30 日，省新闻出版广电局副巡视员王顺率领省“扫黄打非”工作考核组莅焦，就 2014 年度“扫黄打非”工作进行考核。听取汇报后，省考核组对该项工作给予充分肯定，并希望再接再厉，坚持不懈，突出重点，严守底线，把专项行动和日常监管紧密结合起来，始终保持“扫黄打非”的高压态势，切实净化出版物市场和网络环境，营造良好的社会文化环境。

【焦作市与河南中医学院签署合作协议】 6 月 13 日，焦作市政府与河南中医学院签署中医药产业发展战略合作协议，旨在充分发挥各自优势，加强校地在医疗、人才培养、中医信息化、中药产业、中医药文化等方面的合作，共同推动中医药产业快速发展和中医药事业的不断进步。河南中医学院院长郑玉玲和市委常委、常务副市长姜继鼎分别代表河南中医学院与焦作市政府签署了合作框架协议。河南中医学院党委书记孙建中，市领导孙立坤、王明德、秦海彬出席签约仪式。签约仪式前，孙建中、郑玉玲一行先后到温县和市中医院进行调研。

【焦作市与中国地质环境监测院签署共建协议】 6 月 26 日，焦作市与中国地质环境监测院签署焦作市国家级矿山地质环境监测示范区联合共建框架协议，双方将就矿山地质环境治理和保护、矿山地质环境监测等方面展开合作，致力于把焦作市建成国家级矿山地质环境监测示范区。

【焦作市与浪潮集团签约合作项目】 8 月 6 日，焦作市政府与浪潮集团签约焦作云计算中心战略合作项目。市委副书记、市长张文深与浪潮集团总裁辛卫华到会致辞，市委常委、常务副市长姜继鼎代表市政府与浪潮集团河南区总经理王建亮签约，副市长乔学达主持签约仪式。5 日，市委书记孙立坤会见了辛卫华、王建亮一行，双方就浪潮集团在焦作建设云计算中心和大数据分析中心事宜进行友好交流。

【意大利华商经贸考察团莅焦考察】 9月25日，意大利中国和平统一促进会名誉会长刘光华带领意大利华商经贸考察团暨意大利中国和平统一促进会访问团莅焦考察投资环境，洽谈商业合作。考察团先后参观蒙牛乳业（焦作）有限公司、焦作瑞庆汽车发动机技术有限公司，并与企业家们座谈交流。中国和平统一促进会海外部部长冯纪林、省委统战部副巡视员马广骥陪同考察。

【人事任免】 **焦政任〔2014〕2号** 3月16日，市人民政府任免2人职务。

孙长松任焦作市供销合作社主任；

免去杜宇的焦作高新技术产业开发区管委会主任、焦作市人民政府工业集聚区管委会主任职务。

焦政任〔2014〕3号 4月16日，市人民政府免去6人职务。

免去樊国的焦作市司法局调研员职务；

免去杨永昌的焦作市城乡规划管理局调研员职务；

免去孔令江的焦作市文化广电新闻出版局调研员职务；

免去赵卫国的焦作市粮食局调研员职务；

免去刘吉斌的焦作市民政局调研员职务；

免去王国政的焦作市统计局调研员职务。

焦政任〔2014〕4号 5月19日，市人民政府免去2人职务。

免去丁冬至的焦作市监察局副局长职务；

免去李福顺的焦作市监察局副局长职务。

焦政任〔2014〕6号 5月30日，市人民政府任免9人职务。

王国建任焦作市扶贫开发办公室主任；

孙银池任焦作市外商投资服务局局长；

张东辉任焦作市农业机械管理局局长；

周慧明任焦作市机关事务管理局局长；

王荔任焦作市科技局副局长；

李鹏任焦作市外事侨务办公室副主任；

周金峰任焦作市物资集团公司董事长；

免去郝立富的焦作市交通运输局副局长职务；

免去刘会生的焦作高新技术产业开发区管委会常务副主任职务。

焦政任〔2014〕7号 7月7日，市人民政府任命2人职务。

李鹏任焦作市人民政府外事侨务办公室主任（试用期一年）；

闫献亭任焦作市人民政府驻北京联络处主任（试用期一年）。

焦政任〔2014〕8号 8月25日，市人民政府免去2人职务。

免去武晓红的焦作市爱国卫生运动委员会办公室副主任职务；

免去孟小军的焦作市发展和改革委员会副主任、焦作市人民政府项目办公室主任职务。

·市长主要活动·

【张文深主要调研活动】 2014年1月27日，市委副书记、市长张文深带领有关部门负责人到焦南大张·惠利佳超市和月季农贸市场，检查春节市场供应和食品安全情况。

2月7日，张文深到农民工、外来务工人员专场招聘会会场，与求职者进行亲切交流，详细询问就业意向、专业技能、工资要求等情况；与工作人员亲切交谈，了解企业用工需求和现场招聘情况。

3月14日，张文深就太极体育中心项目及周边环境建设情况进行检查。

3月19日，张文深带领市直有关部门负责人就林业生态建设工作进行实地调研，实地察看南太行生态景观带红砂岭绿化基地、大沙河带状湿地公园、引黄入焦干渠绿化工程以及郑焦晋高速公路两侧绿化情况。

4月3日，张文深到孟州市河阳街道长店村走村入户、访贫问苦，与乡亲们和广大基层干部深入交流，帮助群众解决实际困难，并召开专题座谈会，征求大家的意见和建议。

6月23日，张文深先后到市电子监察中心、市行政服务中心公安车辆管理分中心、交通运输分中心和市行政服务中心，就行政审批制度改革工作试运行情况进行调研督导。

7月3日，张文深到市行政服务中心调研行政审批制度改革工作。

7月15日，张文深到修武县七贤民俗文化村项目、云台山旅游综合服务区百家岩综合服务开发项目、云台山世贸天阶国际酒店步行街项目工地调研。

8月11日，张文深带领市直相关部门负责人，到人民路西延工程博爱段新月铁路立交桥现场办公，并到河南裕华光伏新材料股份有限公司、好友轮胎有限公司、焦作快宜居实业有限公司年产200万平方米低碳节能型住宅模块化生产项目、博爱县幸福湖湿地公园进行调研。

8月15日，张文深到太极体育中心进行调研。实地察看体育场、网球场、全民健身中心、游泳馆等各个场馆，询问工程建设质量情况。

8月26日，张文深调研企业上市（挂牌）工作。张文深一行先后到河南宇建科技股份有限公司、市科瑞森机械制造有限公司调研。

9月2日，张文深带领有关部门负责人就集中供热工作进行督导检查。先后到西经大道、待丰路、新月铁路涵桥等东区热电机组配套供热管网项目工地实地察看、现场办公。

9月12日，张文深带领市直相关部门负责人到市城乡一体化示范区现场办公。在南洋大道和电子商务产业园项目现场，张文深详细了解示范区总体规划、产业集聚区一期12平方公里基础设施建设和电子商务产业园项目进展、招商引资及企业入驻情况。

9月23日，张文深到温县调研现代农业综合配套改革试验区建设工作。先后到温县北冷乡的农资服务中心、商业综合体项目、农业技术推广区域站等进行实地调研，并与市、县、乡有关部门就温县现代农业综合配套改革试验区建设工作进行座谈。

10月10日，张文深到市西部工业产业集聚区调研，先后到焦煤公司开元化工有限公司、焦煤公司合晶科技有限责任公司、河南佰利联化学股份有限公司实地察看，了解企业生产运营和项目建设情况，并召集市工信、发改、国土、规划、环保、财政等部门负责人和部分企业代表召开办公会，现场解决制约西部工业产业集聚区发展的问题和困难。

11月4日，张文深带领有关部门负责人到市公交总公司调研，听取成功创建省公交优先示范城市工作汇报。首先到市公交总公司李万场站，参观新购置的首批30辆插电式气电混合动力新能源公交车，并到GPS智能调度指挥中心，了解智能公交平台的建设使用情况。

11月14日，张文深到焦作东区热电机组配套供热管网工程现场，督导检查集中供热建设工作。

12月4日，张文深带领有关部门负责人到多氟多化工股份有限公司，就新能源汽车产业发展进行探讨、现场办公。

【张文深主要会见活动】 3月31日，市委副书记、市长张文深在市政大厦贵宾厅会见韩国中小企业厅厅长韩正和一行。副市长贾书君等一同会见。

11月4日，张文深会见银江股份有限公司首席执行官章建强，双方就智慧城市合作事宜进行会商。并出席市政府与银江股份“智慧焦作”项目战略合作协议签字仪式。

·重要会议·

【市政府全体会议】 2014年5月30日，与市委十届十一次全体（扩大）会议合并召开。

【市政府常务会议】 2014年，市委副书记、市长张文深主持召开6次市政府常务会议。

1月24日，市政府第九十三次常务会议召开。会议听取关于2014年度市重点建设项目谋划情况的汇报，并原则同意。会议指出，在重点项目的选报上，要坚持实事求是，突出质量和效益，按照国家产业、环保、土地等政策，优先考虑科技含量高、产品附加值高、市场前景好的项目；要突出改善民生，优先考虑城市水系建设、城市绿化、棚户区改造等基础设施建设和公共服务项目，充分发挥好重点项目对经济社会发展的支撑作用。会议听取关于全市城乡低保对象政策范围内个人负担医疗费用全额报销的工作汇报、关于完善城乡困难群众救助制度的情况汇报，并原则同意。会议指出，各级各部门要高度重视，采用商业保险运作模式，对全市城乡低保对象住院就医在政策范围内个人负担的医疗费用进行全额报销，切实减轻城乡低保对象经济负担，防止和缓解城乡低保对象因病返贫问题。同时，要认真制定实施好城乡困难群众救助制度，妥善解决城乡群众的突发性、临时性生活困难，使发展成果更多更公平惠及人民群众。会议还研究其他事项。

3月13日，市政府第九十四次常务会议召开。听取并研究《政府工作报告（讨论稿）》等工作。会议听取《关于焦作市2013年财政预算执行情况和2014年财政预算（草案）的报告（讨论稿）》的汇报，并原则通过。

4月22日，新一届政府第一次常务会议召开。研究全市产业集聚区建设、城区集中供热等工作。会议指出，要明确和完善产业集群规划，做大做强主导产业，突出重点项目建设，着力构建规模大、竞争力强、成长性好、关联度高的产业集群。要继续加大科技创新力度，把科技创新作为增强产业集聚区发展内生动力的强大源泉，不断提高项目质量和产品附加值，推动产业由低端向终端高端延伸。要理顺管理体制，认真学习借鉴外地成功经验，抓紧实现产业发展功能和行政区划职能套合，确保产业集聚区管理机构健全完善、运转顺畅高效。要突出产城融合理念，推动产城互动发展，把产业集聚区建设与加快新型城镇化紧密结合起来，解决好农民就地就业问题，加快城镇化发展步伐。会议指出，要进一步解放思想，鼓励社会资本参与城市项目建设，利用社会资本加快城区集中供热工程建设步伐。要抓好招商引资，多方选择，快速招商，与资金雄厚、信用良好、经验丰富的投资商合作，为居民群众提供持续稳定、安全优质、价格合理的供热服务。要加快进度，制定路线图和时间表，明确责任，细化目标，确保东区热电机组、龙源电厂配套供热管网早日投入运营。会议还研究其他事项。

6月24日，市政府第二次常务会议召开。重点研究2014年十项重点民生工程建设、规范公共资源交易管理、加快北部山区生态体系建设等工作。会议指出，各级各部门要进一步提高认识，把各项民生工程摆上重要议事日程，履行职责，加快推进，确保各项民生工程顺利落实到位。要加快推进公共资源交易的规范管理工作，建立完善体制机制，促进公共资源交易事业持续健康快速发展。会议要求，要运用市场手段，按照统一规划，围绕生态保护利用，加快北部山区生态体系建设，实现生态效益和经济效益的双赢。

9月4日，市政府第三次常务会议召开。重点研究商务中心区建设、电子商务产业发展和城市水系建设等工作。会议指出，加快新河商务中心区建设，对于建设城市新亮点、打造新的经济增长极具有重要意义。要学习借鉴外地先进经验，高起点规划、高标准建设，努力打造以电子商务为主导产业、金融产业和总部经济等相配套的综合性城市商务中心区。要按照市商务中心区建设指挥部第一次会议要求，围绕开工建设的目标，加强领导，落实责任，加快各项工作推进，确保完成年度任务。要加强城市水系建设整体规划和土地控制工作，在建设好沿线生态绿化及市政设施的同时，为城市未来发展留足空间。

10月30日，市政府第四次常务会议召开。重点研究政府工作报告主要目标任务完成情况、建设工程类项目并联审批试点方案等。会议听取各副市长关于政府工作报告主要目标任务完成情况的汇报。会议指出，四季度是全年各项工作决战和冲刺的关键阶段，各级各部门要对全年工作进行认真总结、冷静分析，研究经济社会发展中面临的矛盾和问题，全力以赴、分秒必争做好各项工作。会议听取市审改办汇报的建设工程类项目并联审批试点方案。会议指出，政府有关领导要加强协调、统一指挥、全程督办，切实解决并联审批过程中遇到的困难和问题。要注重方式方法，既提高行政效率效能，又坚持依法行政，做好项目审批所需各类要件的准备工作，为项目并联审批提供可靠保障。会议还听取并原则通过《焦作市人民政府关于加快电子商务发展的若干意见》《焦作市人民政府关于加快电子商务发展的扶持办法》《焦作市促进民办教育发展办法》等。

·机构改革·

【概况】 2014年，焦作市围绕转变政府职能和理顺职责关系，按照精简、统一、效能原则，深化政府机构改革，规范机构设置，理顺权责关系，完善体制机制，加快形成精干高效的政府组织体系。市政府机构改革后，设置工作部门32个。

【机构调整】 一是组建市卫生和计划生育委员会。整合市卫生局的职责、市人口和计划生育委员会的计划生育管理和服务职责，组建市卫生和计划生育委员会，为市政府工作部门。将市人口和计划生育委员会承担的研究拟订人口发展战略、规划及人口政策职责划入市发展和改革委员会。不再保留市卫生局、市人口和计划生育委员会。二是将市工商行政管理局由省级以下垂直管理机构调整为市政府工作部门。市工商行政管理局设立：焦作市工商行政管理局经济检查支队、贸易大厦分局，规格均为副县级；专业分局、12315指挥中心，规格均为正科级；焦作市工商行政管理局解放区分局、山阳区分局、中站区分局、马村区分局、城乡一体化示范区分局，为市局的派出机构，规格均为正科级；三是将市质量技术监督局由省级以下垂直管理机构调整为市政府工作部门。市质量技术监督局设立：焦作市质量技术监督局稽查支队，规格为副县级。焦作市质量技术监督局解放区分局、山阳区分局、中站区分局、马村区分局、城乡一体化示范区分局，为市局的派出机构，规格均为正科级。四是重新组建市食品药品监督管理局。整合市政府食品安全委员会办公室的职责、市食品药品监督管理局的职责、市质量技术监督局的生产环节食品安全监督管理、强制检验职责、市工商行政管理局的流通环节食品安全监督管理职责，重新组建市食品药品监督管理局，为市政府工作部门，挂市政府食品安全委员会办公室牌子。保留市政府食品安全委员会，具体工作由市食品药品监督管理局承担。不再保留原市食品药品监督管理局和原市政府食品安全委员会办公室。市食品药品监督管理局设立：焦作市食品药品监督管理局稽查支队，规格为副县级；焦作市食品药品监督管理局城乡一体化示范区分局，为市局的派出机构，规格为正科级。五是将市城市管理局职责划入市住房和城乡建设局，不再保留市城市管理局。六是将市房产管理中心承担的住房保障职责划入市住房和城乡建设局。七是将市畜牧局职责划入市农业局，不再保留市畜牧局。八是将市政府法制办公室职责划入市政府办公室，市政府办公室挂市政府法制办公室牌子。九是将市政府外事侨务办公室职责划入市政府办公室，市政府办公室挂市政府外事侨务办公室牌子。十是将市商务局的畜禽屠宰监督管理职责划入市农业局。十一是将市工业和信息化局更名为市工业和信息化委员会。十二是将市民族宗教局更名为民族宗教事务委员会。十三是将市政府采购管理办公室调整为市财政局的内设机构。十四是将市抗震办公室调整为市住房和城乡建设局的内设机构。保留市国土资源局加挂的市云台山世界地质公园管理局牌子，市农业局加挂的市扶贫开发办公室牌子，市商务局加挂的市外商投资管理局牌子。市人民防空办公室仍为市国防动员委员会的常设办事机构。从严规范和管理合署办公机构、政府派出机构、开发区管理机构、挂牌机构、议事协调机构和临时机构。确需设立议事协调机构的，严格按规定程序审批，议事协调机构不设实体性办事机构，不单独核定编制，具体工作由相关职能部门承担，挂牌机构不得设为实体机构。

理顺部门职责关系。按照权责一致原则，在明确部门权力的同时，明确和强化相应承担的责任。按照同一件事情由一个部门负责的原则，整合分散在不同部门相同或相近的职责，最大限度地解决部门间职责交叉和分散问题。确需多个部门管理的事情，分清主办和协办关系，明确牵头部门，建立健全部门之间协调配合机制，形成工作合力。加大职责整合力度，整合房屋登记、林地登记、土地登记及城镇职工基本医疗保险、城镇居民基本医疗保险、新型农村合作医疗等职责，整合业务相同或相近的检验、检测、认证机构。结合行政审批制度改革工作，全面修订市政府各部门“三定”规定，突出政府职能转变。综合设置部门内设机构，可以一个科室对口省直委厅局多个处室。内设机构领导职数配备原则是：编制3名以下的设1职，4名至7名的设1正1副，8名以上的设1正2副。

统筹推进相关改革。协调推进政府机构改革与事业单位分类改革。对承担行政职能的事业单位，逐步将其行政职能划归行政机构或转为行政机构，涉及机构编制调整的，不得突破政府机构限额和行政编制总额。研究拟订人事、收入分配、社会保险、财政等相关改革配套政策，做好教育、科技、文化、卫生等行业体制改革的衔接。

【政府工作部门设置】 2014年，焦作市人民政府设置工作部门32个，分别为市政府办公室、市发展和改革委员会、市教育局、市科学技术局、市工业和信息化委员会、市民族宗教事务委员会、市公安局、市民政局、市司法局、市财政局、市人力资源和社会保障局、市国土资源局、市环境保护局、市住房和城乡建设局、市城乡规划管理局、市交通运输局、市水利局、市农业局、市林业局、市商务局、市文化广电新闻出版局、市卫生和计划生育委员会、市食品药品监督管理局、市审计局、市政府国有资产监督管理委员会、市工商行政管理局、市质量技术监督局、市体育局、市统计局、市旅游局、市粮食局、市安全生产监督管理局。

注：市监察局与市纪律检查委员会机关合署办公，列入市政府工作部门序列，不计入政府工作部门个数。市政府办公室挂市政府外事侨务办公室、市政府法制办公室牌子；市国土资源局挂市云台山世界地质公园管理局牌子；市食品药品监督管理局挂市政府食品安全委员会办公室牌子；市农业局挂市扶贫开发办公室牌子；市商务局挂市外商投资管理局牌子。焦作市国防动员委员会的常设办事机构：市人民防空办公室。

·民族宗教事务·

【民族】 2014年，焦作市有回、满、壮、土家等少数民族34个，人口7.62万人，占全市总人口的2.1%，回族约占少数民族人口的99.1%。全市共有42个少数民族聚居村和杂居村（其中回族3000人以上的村街8个），少数民族人口千人以上的乡镇（办事处）17个，万人以上的县市区3个。

【宗教】 截至2014年底，焦作市有伊斯兰教、基督教、天主教、佛教、道教五大宗教，信教群众20.65万人，占全市总人口的6%。正式活动场所300处，教职人员614人。其中伊斯兰教清真寺82坊，阿訇97人；基督教教堂154座，教职人员377人；天主教教堂7座，教职人员8人；佛教寺院（庵）42所，教职人员76人；道教宫观15所，教职人员56人。有市级宗教团体7个，县级宗教团体27个。

【团结宣传】 2014年，市民宗局开展民族团结进步友好单位联谊活动。春节期间，组织民族村街、民族企业、清真寺与周边村街、学校、企业、商户开展联谊活动，共组织文艺演出6场、联谊座谈会12次，参与各族干部群众约5000人次，巩固了平等团结互助和谐的社会主义民族关系。组织民族团结进步宣传月活动。3月，开展第16个民族团结进步宣传月活动。在活动中共发放民族政策法规宣传页1万份、展出展板100余块、悬挂横幅50条；开展科技、文化、卫生“三下乡”2场次，发送手机短信1万余条，营造了各民族“共同团结奋斗、共同繁荣发展”的浓厚氛围。

【培训教育】 2014年，市民宗局组织民族宗教政策法规培训月活动和宗教政策法规学习月活动，开展各类培训、政策宣讲98期次，发放政策法规手册3000本，悬挂横幅310条，培训少数民族干部和宗教管理人员5300多人次，受教育群众4万多人次。9月至12月，在全市少数民族村街开展了“学法律法规、提整体素质、树良好形象、促和谐稳定”专题教育活动。

【创建活动】 2014年，市民宗局持续开展民族团结进步创建活动。开展

11月18日，省委常委、统战部部长史济春走访焦作市宗教场所。

民族团结进步先进单位、先进个人创建工作，筹备召开全市民族团结进步表彰会议，推动民族团结进步创建活动深入开展。深化“和谐寺观教堂”创建活动。下发《关于2014年以“教风”为主题开展和谐寺观教堂创建活动的通知》，指导全市结合自身实际找准问题，认真加以整改，切实端正教风建设，实现宗教界风清气正。举办创建和谐清真寺伊斯兰教界人士培训班，通过培训达到了统一思想、提高认识、增强团结的目的。

【民族经济发展】 2014年，市民宗局持续开展服务少数民族经济转型升级活动。出台《服务转型升级，促进民族经济科学发展工作方案》，作为群众路线教育实践活动的工作载体，注重发挥部门职能作用，加大引导力度、制定帮扶政策、提升服务水平、安排项目资金，着力推动少数民族经济社会转型升级。帮助企业落实专项流动资金贷款13亿元，落实到位全国少数民族特需商品定点生产企业流动资金贷款贴息2700万元。组织隆丰皮草等5家公司参加青海民族用品、清真食品博览会，为企业扩大了产品销路。做好项目资金帮扶工作。向省民委呈报焦作市民族村街修路、饮水改造等项目6个，落实到位资金126万元。落实焦作市少数民族发展资金38万元，督促落实县级少数民族发展资金50万元。截至年底，全市有少数民族企业1498家，规模以上企业65家，工业增加值完成33.5亿元；全国少数民族特需用品定点生产企业13家，占全省87家的15%；清真食品生产经营企业和个体户1715家。

【维稳工作】 2014年，市民宗局开展民族宗教领域矛盾纠纷排查调处工作，加强宗教活动场所节假日安全隐患排查，开展宗教活动场所火灾防控工作，消除矛盾纠纷和安全隐患。妥善处理各类热点难点问题。及时处理乱建寺庙、乱塑宗教造像、私设宗教活动场所、违规举办阿语学校和宗教培训班问题。组织开展宗教活动场所安全大检查，及时消除安全隐患。组织开展高校周边基督教私设聚会点专项治理，扎实推进宗教领域反邪教工作。开展清真食品规范管理活动。在元旦、春节期间，组织各县市区对全市清真食品生产经营单位进行拉网式检查，指导县市区妥善处理清真食品方面问题10起。召开全市清真食品管理工作会议和清真食品监督员座谈会，对先进集体和优秀监督员进行表彰，并对监督员进行培训。组织开展了假冒清真牛羊肉和非清真饭店门前清真烧烤混合经营问题专项治理活动。

【彭亚平莅焦调研】 7月30日，省民委主任、省宗教局局长彭亚平莅焦就少数民族经济和民族宗教工作进行调研。彭亚平一行先后到河南伊赛牛肉股份有限公司、焦作大用实业有限公司、修武县东关基督教堂和河南省基督教神学培训中心焦作分部等地进行实地察看。彭亚平对焦作市少数民族经济发展情况和民族宗教工作给予充分肯定。彭亚平要求，各级民族宗教部门要依法管理宗教事务，积极发挥宗教界人士联系广泛的优势，为经济社会发展作出更大贡献；要加强与政府和统战部门的联系，在统战部门的领导下开展工作，为党和政府分忧，为大局服务；要大力扶持民族经济发展，促进少数民族企业发展壮大，让改革开放的成果不断惠及少数民族群众。

（刘卫锋）

·外事侨务·

【服务全市对外开放】 2014年，市外事侨务办公室围绕建设经济转型示范市总体方略，本着快捷高效原则，在服务因公出访手续办理中，做到早准备、早谋划，提出合理化建议，把因公出访与地方重点领域、重点产业的合作密切对接起来，使因公出访工作更好地为经济转型示范市和美丽焦作建设服务。出访团组分别赴英国、德国、美国等十多个国家和地区，开展招商引资、项目洽谈、医疗合作、旅游促销、专题培训等一系列对外交流合作及学习培训活动。特别是市长张文深率团赴香港参加豫港经贸交流活动时，市外侨办靠前站位、提前谋划、主动服务，及时跟进、全程跟踪，为团组圆满完成出访任务提供了有力保障。代表团在港短短五天时间内，成功举办“2014焦作·香港现代服务业招商推介会”，并参加“中原崛起新机遇·豫港合作新商机”——香港工商界投资说明会暨签约仪式、豫港经贸合作项目对接洽谈会，拜访了一批在焦投资兴业的大型企业。此次活动，签约项目3个，总投资9800万美元，合同利用外资9300万美元；对接项目7个，投资总额7.9亿美元，合同外资额7.7亿美元。

【因公出国（境）管理】 2014年，市外侨办按照中央关于改进工作作风、密切联系群众八项规定和中办发、豫办等有关文件要求，加强因公出国（境）管理，坚决制止公款出国境旅游。严格执行年度出访计划、审核出访任务、量化管理、经费先行审核、出访公示、行前教育、团长负责、护照回收、成果共享等，把好因公出访关。推进电子护照项目二期工作。设置专门指纹采集点，对采集人员进行业务知识培训，在全市开展因公出国人员的指纹信息录入和上传工作，配合上级护照管理机关做好护照防伪工作，提高了因公出访手续办理效率。全年共办理因公出访手续36批63人次，不予受理一般性考察出访、无实质性出访5批9人次，出访人数较上年下降5%，出访经费较上年下降24%，护照回收率100%，全市因公出访人员无违反外事纪律的现象发生。

【外事接待】 2014年，市外侨办制定《关于规范焦作市外事交往中礼品管理的规定》，加强和规范焦作市党政机关及工作人员在外事交往中赠送和接受礼品管理工作。全年共接待来焦访问考察、交流合作的各类高层次外宾、境外团组十余批百余人次，主要有印尼华裔杰出青年访华团、韩国济州岛主流媒体访问团、捷克南波西米亚州代表团等。在接待服务中，根据团组来访的主要目的和焦作市对外交往及对外推介的需要，科学、合理、高效安排市领导会见和相应的考察内容，加深了来访考察团对焦作的了解，宣传推介了焦作，提高了焦作的国际知名度，促进了双方交流合作。

【缔结国际友好城市】 2014年，市外侨办主要采取“巩固基础、辐射带动”的策略，争取通过一系列友好交往，发挥现有友好城市的带动和辐射作用，拓宽焦作市国际交往渠道，达到“以点带面”效果。在新年等重要节日来临之际，向正式国际友好城市韩国忠州市、波兰卢布林市、巴西帕辽莎市、吉尔吉斯斯坦热伊勒地区以及正在交往且有缔结意向的巴西布鲁梅瑙市、塞尔维亚尼什市等分别发出问候与祝福，加强相互之间的沟通与联系。增强与韩国忠州市、庆州市的交往，双方建立日常工作联系机制，并通过友好城市重大事项通报等方式创新性地开展友城工作，如双方市领导任职变化情况通报等，切实密切了双方的交流和联系。

【涉外管理服务】 2014年，市外侨办不断健全工作机制，与公安、国安、高校、重点企事业等单位加强沟通联系，做好涉外事件处置预案的健全完善工作，积极为维护焦作市社会稳定做好涉外保障。做好在焦境外非政府组织以及民间组织参与国际活动情况调查摸底工作。及时起草工作方案，组织公安、民政、国安等相关部门召开协调会，进行认真沟通协商，完成调查摸底工作。妥善处置涉外事件，配合省外侨办妥善处置武陟县宏业劳务开发有限公司输出洛宁县李海军在阿尔及利亚打工遇难涉外事件。做好涉外采访工作，配合省外侨办做好河南日报社、中国新闻社河南分社、大河报社对2008年“黄河友谊奖”获得者——河南韩国韩商会会长朴元愚的采访工作。

【为侨服务】 2014年，市外侨办利用春节、端午、中秋等传统节日，通过走访、座谈、网络等形式对全市重点归侨侨眷及海外侨胞进行慰问。全年共向海外华侨华人发送慰问信70余封，走访慰问归侨侨眷55户（次），救助困难归侨9人（次），发放慰问品、救助金5.5万余元。落实侨务政策，做好身份认定和信访工作。及时发布《关于做好2014年侨生身份认定工作的通知》，全年共审核办理河南省侨眷证以及中高招加分证明6批19件。积极主动为侨企排忧解难。以知识产权保护为主题，遴选5家侨资企业，采取发放问卷、电话沟通等方式，对侨资企业的基本情况、发展状况、困难矛盾、意见建议等进行了搜集、汇总和分析，为更好服务侨企打下坚实基础。

【与海外华人华侨沟通联谊】 2014年，市外侨办推荐5家外资企业入选省外侨办经济科技服务中心宣传平台，为企业“走出去”奠定了基础。组织1家旅游企业、1家装备制造企业和高新区产业集聚区参加省外侨办组织的华侨宗亲会代表团餐叙会，促进了内外交流联谊。在第五届华合论坛举办期间，发布40多项产业集聚区和对外招商项目，扩大了焦作市对外交流与合作。

（樊晶晶）

·行政服务·

【概况】 2014年，市行政服务中心共受理各类审批服务事项13.63万件，办结各类审批服务事项13.26万件。其中即办件7.96万件，承诺件受理5.67万件，办结5.30万件，提前办结4.77万件，提前办结率90%。所有收件到期办结率达到100%。

【行政审批项目清理】 2014年，市行政服务中心根据市委、市政府关于推进行政审批制度改革的要求，与市编办一起，对市政府各部门、各有关单位保留的行政审批事项和

焦作市行政审批服务工作会议

创建省行政审批标准化试点市工作推进会

服务事项进行全面清理。全市576项行政审批事项和具有审批性质的管理事项共压缩194项。其中取消84项，下放26项，转服务事项75项，合并减少9项。清理后，保留市本级行政审批事项170项，具有行政审批管理事项212项，服务事项219项。行政审批事项较改革前减少了32%。

【"三集中、三直接"改革】 2014年，市行政服务中心认真研究制定"三集中、三直接"改革实施方案，组织指导市政府48个部门进行职能整合，其中35个部门成立行政事项服务科。将经过清理各部门保留的573项行政审批和行政服务事项纳入市行政服务中心和6个分中心办理。所有办件均由各部门驻大厅首席代表在窗口签字办结，彻底杜绝"前店后厂"、群众"两头跑、多头办"的现象。实现了将各部门审批职能整合集中于一个科室、审批事项集中于服务大厅、审批权力集中于服务窗口，各类办件在中心窗口一次性直接受理、一站式直接办结、一个口直接收费的改革目标。

【行政审批流程再造】 2014年，市行政服务中心按照行政审批标准化的要求，组织窗口单位对所有行政审批服务事项，逐项研究编制和修订作业指导书，明确审批依据、公开审批条件，规范审批程序，精简审批环节、压缩审批时限。通过逐项审核确定，进入市中心（含分中心）服务大厅的573项审批服务项目，平均审批环节由5个减少到3.8个，减少23.5%；平均承诺时限由原来的19个工作日压缩到10个工作日，压缩47.3%。

市政府副秘书长卜庆正带队到外地参观学习行政审批制度改革

【建设工程项目并联审批】 2014年，市行政服务中心积极参加建设工程项目并联审批机制的建立完善和协调推进工作。针对建设工程项目联审联批机制运行工作中出现的审批环节衔接不畅、中介组织服务不力，项目办理时间不易控制等问题、对12家企业和14个中介组织行业主管部门、30家中介服务组织开展专题调研，组织相关部门多次召开专题会议，就建立和完善联审联批工作机制、规范中介服务管理、开展全程代理服务、部门一次性告知制和"大并联"审批等，进行深入研究。先后制定了《建设工程项目联合审批实施办法》《焦作市重大项目全程代理实施办法》和《关于加强行政审批中介服务监督管理的指导意见》等文件。针对江苏鸿运集团中原国际商贸城、龙源电厂供热管网（中继泵站）、丰泽园小学建设和市廉政教育中心等建设项目，组织发改、规划、国土、住建等窗口单位开展并联审批工作，在实践中完善联审联批机制，推进建设工程项目提速提效。

【"四证一章"两日办结】 2014年，市行政服务中心在考察借鉴天津滨海新区等地先进经验的基础上，结合焦作实际，认真研究，科学论证，制定出台《焦作市新设立企业"四证一章"部门联动两日办结工作实施方案》，最大限度地降低新设立企业市场准入门槛，提高企业设立办事效率。协调市工商、公安、质监、国税、地税等部门下放审批权限，指导督促县市区行政服务中心和相关部门，从8月1日起，实施新的办事流程，两日内办结新设立企业营业执照、机构代码证、国税税务登记证、地税税务登记证和企业公章，截至年底，全市共办理56件，为新设立企业登记注册开辟了绿色通道。

【分中心建设入轨运行】 2014年，市行政服务中心根据市政府要求，成立市行政服务中心住房公积金、房产、公安车辆管理、公安出入境管理、社会保险、交通运输等6个分中心，共设立服务窗口139个，工作人员226名，办理各类事项104项。为切实加强对6个分中心的监管工作，制定出台《焦作市行政服务中心分中心管理办法》和《分中心考核实施细则》，指导分中心完成项目作业指导书编制工作，对分中心的运行情况适时组织检查，对发现的问题，及时进行预警、通报和督促整改，促进了分中心管理服务水平的提升。

【市县乡村便民服务体系建设】 2014年，市行政服务中心制定《关于加强市县两级行政服务中心建设的指导意见》和《关于建立健全乡村两级便民服务体系的指导意见》，对乡村两级便民服务体系的建设目标、进驻项目、工作运行、服务机制等提出了具体要求。成立调研指导组到县市区开展督促调研活动。截至年底，全市102个乡镇（街道）和1712个村（社区）分别建立了便民服务中心和便民服务站，与行政审批和民生需求有关的事项由乡村便民服务机构全程代办，初步实现了基层群众办事不出村的建设目标。

（谢志强）

·经济社会发展研究·

【课题研究】 2014年，市政府发展研究中心共完成调研和重要文稿起草32项，其中课题调研18项（自主调研9项、领导交办调研任务6项、参与全市重大调研活动3项），起草重要文稿14篇。其中与市发改委联合调研完成《关于赴合肥市考察产业园区公共服务平台建设情况的报告》；与市体育局联合成立调查组，先后赴省内洛阳、三门峡、周口和省外芜湖、无锡、常州、南通等市学习考察，完成《关于我市体育场馆赛后运营问题的调研报告》。全年刊发《焦作经济》6期，编发文稿60多万字。

【参谋服务】 2014年，市发展研究中心坚持把领导交办任务作为首要工作来抓，承担市主要领导交办的多项文稿起草工作。承担常务副市长姜继鼎多项讲话稿的起草工作，如《关于全省产业集聚区观摩现场会情况的汇报》《在2014年市级部门预算编制工作会议上的讲话》《在全市综合治税现场推进会上的讲话》《在2014年第三季度经济运行分析会议上的讲话》等。参与起草市政府政策意见。参与起草、修改《赴安徽、浙江、上海等地区电子商务学习考察报告》《关于商务中心区发展的考察报告》和《焦作市人民政府关于加快电子商务发展的若干意见》。

【配合国家和省相关调研工作】 2014年，市发展研究中心配合财政部调研，就财政部财科所起草的《焦作市加强财源建设研究报告》提交书面修改意见。《关于焦作市黄河滩区移民搬迁问题的调查报告》，按照省政府发展研究中心要求，到市河务局、武陟县、温县、孟州市进行实地调研后形成报告，参加9月在濮阳市召开的河南省黄河滩区移民搬迁问题研究座谈会。

（新　猛）

·地方史志·

【概况】 2014年，市地方史志办公室认真学习贯彻第五次全国地方志工作会议、李克强总理批示精神，突出主业，全面发展，较好地完成了全年目标任务。《焦作年鉴（2014）》如期出版，完成《焦作人物志》终校，《美丽焦作》增订本正在修改。8月上旬，市委副书记、市长张文深专门就史志工作作出重要批示，对史志办的工作成绩予以充分肯定。《焦作年鉴（2013）》获全国地方年鉴综合二等奖。

【《焦作人物志》编纂】 2014年，市史志办在上年召开《焦作人物志》评审会的基础上，又补收了近200位

到濮阳市史志办交流学习

开展志书“五进”活动

在印刷厂校对《焦作人物志》

焦作籍在外知名人物的资料，并对全书涉及古代人物近千人、近现代人物4000余人的记述进行了精雕细刻。使得该书内容更丰富，人物更全面，结构更合理，叙述更精准。截至年底，完成150多万字的付印稿，进入出版最后环节。

【报库馆网建设】 2014年，市史志办认真编辑、按期报送《焦作大事月报》，全年向省《河南大事月报》编辑部报送12期，被采用50余条，信息采用量位居全省各市前列。地情数据库建设正式启动，市政府一期投入10万元，截至年底，完成定向招标，进入实施阶段。向全国购置、交换志书，新增省志10余部，市志100余部，县志近百部，方志馆初具规模。焦作地情网年内更新、补充资料200多万字，截至年底，焦作地情网浏览量已近10万人次，成为社会了解焦作、认识焦作的重要窗口之一。

【“读志用志传志”创新举措】 2014年，《怀庆府志（校注本）》《焦作年鉴（2013）》《美丽焦作》分别获焦作市2013年度社会科学优秀成果特等奖、一等奖和二等奖。市史志办开展志书“五进”（进学校、进工厂、进机关、进社区、进农村）活动，将志书送到社会中去，更有效、更贴近地为社会和大众服务。5月上旬，市史志办到山阳区东方红办事处广场社区开展送书进社区活动；7月中旬，到帮扶村苏家作乡封庄村进行村志编写指导培训，开展送书进村活动；12月上旬，审阅了《开封市志》续卷和《焦作市公安局特警史》，均提出全面系统可行的审稿意见。乡村志编写进展顺利，市史志办编写乡村志编纂大纲、地方志基础知识，在焦作地情网发布；中站区、修武县均召开动员会，印发文件，进行人员培训，将工作部署到位。上门指导《沁阳市西向村志》《武陟县小麻村志》编写工作，《沁阳市回民志》进入组稿阶段。

（刘承国）

中国人民政治协商会议焦作市委员会

·综　述·

【概况】　2014年，焦作市政协高举爱国主义和社会主义旗帜，牢牢把握团结和民主两大主题，围绕中心，服务大局，继承创新，务实求效，服务改革发展取得新成绩，推进协商民主取得新进展，履职能力建设取得新成效，实现了新一届政协工作的良好开局。

市政协围绕经济转型发展和深化改革创新这两个重点课题，就规模以上工业企业转型升级、大气污染防治、农业产业化集群发展、土地资源节约集约利用、电子商务发展、就业创业工作、义务教育均衡发展、深化县级公立医院综合改革等议题开展调研，并分别召开常委会议协商议政；就畜牧业发展、高新技术企业发展等课题，开展专题调查研究；就城市水系、新体育中心、信息化、国家先进装备制造基地建设情况，开展常委视察；就设施农业发展、优化卫生资源布局、“单独二孩”政策实施情况，开展专项视察；就城市规划建设与管理工作，会同驻焦省政协委员赴濮阳市开展联合视察。建立月协商座谈会制度，制定月协商座谈会暂行办法和协商工作计划，初步建立座谈协商机制。围绕装备制造业发展、行政审批制度改革、乡村清洁工程等议题，先后召开月协商座谈会。

开展人民政协成立65周年系列庆祝活动，通过召开座谈会、举办书画摄影展、征文活动等多种方式，宣传中国共产党领导的多党合作和政治协商制度的重要作用，展示了焦作市政协事业取得的辉煌成就和人民政协美好的发展前景。全年共收集社情民意信息130多条，编发《社情民意》专报11期，向全国政协和省政协报送信息26条。完善机关网络办公平台，改版升级市政协网站，编发《焦作政协》24期，发表新闻稿件100多篇。编发《学习与文史》资料4期，12万余字，加快推进文史资料数字化工作。接待了全国政协、省政协组织的调研、视察活动。

【委员设置规模界别构成】　十三届市政协委员规模为362名，一次会议实际安排委员351名。其中中共党员人选135人，占38.5%；民主党派和无党派人士人选216人，占61.5%；少数民族人选17人，占4.8%；女性人选98人，占27.9%；大专以上文化程度人选325人，占92.6%，具有中高级职称人选183人，占52.1%；委员平均年龄46岁。

十三届市政协共设置界别28个，其中中共22人，民革8人，民盟9人，民建7人，九三学社7人，农工党4人，民进4人、无党派人士9人，共青团3人，工会4人，妇联11人，工商联28人，青联7人，科协7人，台胞台属7人，文学艺术10人，科技22人，社会科学18人，经济38人，农林17人，教育25人，体育6人，新闻出版5人，医药卫生26人，少数民族11人，归侨侨眷6人，宗教9人，特邀21人。

·重要会议·

【市政协十三届一次会议】　2014年3月23日，政协焦作市第十三届委员会第一次会议举行预备会议。十二届市政协主席原振喜主持会议，副主席穆玉华、王建国、胡新向、刘东成、周备锋、孔祥群、杨维军、郝立富，秘书长范涛出席会议。会议审议通过政协焦作市第十三届委员会第一次会议大会主席团、主席团会议主持人和秘书长名单；审议通过政协焦作市第十三届委员会第一次会议议程、日程；审议通过政协焦作市第十三届委员会第一次会议提案审查委员会名单。根据会议通过的大会日程，市政协十三届一次会议3月24日上午举行开幕大会，3月27日下午大会闭幕。

3月24日，政协焦作市第十三届委员会第一次会议隆重开幕。大会主席团常务主席秦海彬、张动天、刘东成、周备锋、孔祥群、郝立富、范涛、杜宇、许竹英、翟传森在主席台就座。秦海彬主持会议。原振喜代表政协焦作市第十二届委员会常务委员会向大会作工作报告。郝立富受政协焦作市第十二届委员会常务委员会委托，向大会报告十二届政协的提案工作情况。市委常委、市政府常务副市长姜继鼎向大会通报政协焦作市第十二届委员会第一次会议以来委员提案的办理情况。市委书记孙立坤代表中共焦作市委向大会的召开表示热烈的祝贺，并作重要讲话。3月25日，全体委员、列席人员列席焦作市第十二届人民代表大会第一次会议，听取市政府市长张文深作的焦作市人民政府工作报告。会议还书面听取市发展和改革委员会主任陈湘受市人民政府委托所作的关于焦作市2013年国民经济和社会发展计划执行情况与2014年计划草案的报告，市财政局局长刘晓波受市人民政府委托所作的关于焦作市2013年财政预算执行情况和2014年财政预算草案的报告。3月26日，全体委员、列席人员列席市十二届人大一次会议第二次大会，听取市人大常委会、市中级人民法院、市人民检察院工作报告。3月27日，政协焦作市第十三届委员会第一次会议举行第二次大会。大会审议通过政协焦作市第十三届委员会第一次会议选举办法；审议通过政协焦作市第十三届委员会第一次会议监票人员名单。经过委员们无记名投票选举，秦海彬当选为政协焦作市第十三届委员会主席，张动天、刘东成、周备锋、孔祥群、郝立富、范涛、杜宇、许竹英当选为政协焦作市第十三届委员会副主席，翟传森当选为政协焦作市第十三届委员会秘书长，马有军等60名委员当选为政协焦作市第十三届委员会常务委员。3月27日，政协焦作市第十三届委员会第一次会议胜利闭幕。市政协主席秦海彬在会上作重要讲话。副主席周备锋主持闭幕大会。大会审议通过政协焦作市第十三届委员会第一次会议关于政协焦作市第十二届委员会常务委员会工作报告的决议；审议通过政协焦作市第十三届委员会第一次会议提案审查委员会关于十三届一次会议提案审查情况的报告；审议通过政协焦作市第十三届委员会第一次会议政治决议。

【市政协主席会议】 2014年，市政协第十二届委员会召开主席会议1次，第十三届委员会召开主席会议6次，共召开主席会议7次。

3月18日，市政协召开十二届三十七次主席会议。会议审议政协焦作市第十三届委员会界别设置、委员名额和人选名单（草案）；政协焦作市第十三届委员会第一次会议主席团、主席团会议主持人和秘书长名单（草案）。审议通过政协焦作市第十二届委员会常务委员会工作报告（草案）；政协焦作市第十二届委员会常务委员会关于提案工作情况的报告（草案）；政协焦作市第十三届委员会第一次会议提案审查委员会人选建议名单（草案）；政协焦作市第十三届委员会第一次会议副秘书长名单（草案）、大会秘书处各组负责人名单（草案）；政协焦作市第十三届委员会第一次会议分组办法和委员小组召集人名单（草案）；政协焦作市第十三届委员会第一次会议议程（草案）、日程（草案）；关于召开政协焦作市第十三届委员会第一次会议的决定（草案）；关于授权政协焦作市第十二届委员会主席会议审议十二届二十九次常委会议未尽事宜的决定（草案）。会议决定将有关文件草案分别提交政协焦作市十二届二十九次常委会议、政协焦作市十三届一次会议预备会议和政协焦作市十三届一次会议主席团第一次会议审议。会议研究关于召开十二届二十九次常委会议的有关事宜，决定3月20日召开市政协十二届二十九次常委会议。会议还听取政协焦作市第十三届委员会第一次会议筹备情况的汇报。

4月3日，市政协召开十三届一次主席会议。会议协商讨论市政协主席会议组成人员工作分工，研究市政协常务委员会2014年度工作要点（征求意见稿）。秦海彬在讲话中指出，本届市政协任期的五年，将是焦作市转型攻坚的关键时期。新的形势对焦作市政协工作提出新目标、新任务和新要求，主席会议组成人员要不辜负市委重托，不辜负全市人民和全体委员的信任，努力开创本届市政协工作新局面。

4月22日，市政协召开十三届二次主席会议。会议审议政协焦作市第十三届委员会常务委员会关于设置专门委员会的决定（草案），审议政协焦作市第十三届委员会副秘书长名单（草案）、专门委员会主任和副主任名单（草案），审议政协焦作市委员会常务委员会2014年度工作要点（草案），审议政协焦作市委员会全体会议工作规则（草案）、常务委员会工作规则（草案）、专门委员会通则（草案）、委员履行职责管理暂行规定（草案），审议通过政协焦作市委员会主席会议工作规则、秘书长会议工作规则，研究决定关于召开市政协十三届一次常委会议的有关事宜。会议决定4月25日召开市政协十三届一次常委会议。

5月13日，市政协召开十三届三次主席会议。会议审议通过政协焦作市第十三届委员会各专门委员会组成人员名单、市政协月协商座谈会暂行办法、市政协2014年协商工作计划和2014年度委派市政协委员担任民主监督员分组名单。

7月15日，市政协召开十三届四次主席会议。会议传达学习省政协十一届七次常委会议精神，研究关于召开市政协十三届二次常委会议的有关事宜。市政协十三届二次常委会议将围绕“助推经济转型发展”主题进行专题议政。会议还审议市政协提案委员会等四个专委会的调研报告，研究20件重点提案以及举办市政协常委会学习讲座事宜。会议决定7月22日召开市政协十三届二次常委会议。

8月19日，市政协召开十三届五次主席会议。会议审议通过《政协焦作市委员会关于举办庆祝人民政协成立65周年活动的安排意见》《关于举办庆祝人民政协成立65周年系列活动的方案》《关于加强对县市区政协工作联系和指导的暂行办法》《关于市委、市政府各部门与市政协各专门委员会建立对口联系工作的安排意见》《政协焦作市第十三届委员会各界别活动小组召集人名单》《关于进一步提高提案质量的意见》《提案工作表彰办法》和《重点提案遴选与督办办法》，研究民主评议工作以及加强指导民主监督小组活动开展事宜。

10月10日，市政协召开十三届六次主席会议。会议传达学习全国政协主席俞正声在庆祝人民政协成立65周年理论研讨会上的讲话精神和省政协十一届八次常委会议精神，研究关于召开市政协十三届三次常委会议的有关事宜。市政协十三届三次常委会议将围绕“着力深化改革创新”主题进行专题议政。会议还审议市政协经济科技委员会等四个专委会的调研报告，研究举办市政协常委会学习讲座和召开县市区政协主席联系会事宜。会议决定10月21日召开市政协十三届三次常委会议。

【市政协常委会议】 2014年，市政协第十二届委员会召开常委会1次，第十三届委员会召开常委会3次，共召开常委会4次。

3月20日，市政协召开十二届二十九次常委会议。会议审议通过政协焦作市第十二届委员会常务委员会工作报告并推举报告人；政协焦作市第十二届委员会常务委员会关于提案工作情况的报告并推举报告人；关于召开政协焦作市第十三届委员会第一次会议的决定；政协焦作市第十三届委员会第一次会议议程（草案）、日程；关于授权政协焦作市第十二届委员会主席会议审议十二届二十九次常委会议未尽事宜的决定。会议协商决定政协焦作市第十三届委员会界别设置、委员名额和人选名单，听取政协焦作市第十三届委员会第一次会议筹备情况的汇报，书面听取市政协各专门委员会工作总结。会议决定，政协焦作市第十三届委员会第一次会议于3月24日召开。

4月25日，市政协召开十三届一次常委会议。会议学习传达省政协十一届六次常委会议精神，审议通过政协焦作市第十三届委员会常务委员会关于设置专门委员会的决定，审议通过政协焦作市第十三届委员会副秘书长名单、专门委员会主任和副主任名单，审议通过政协焦作市委员会常务委员会2014年度工作要点，审议通过政协焦作市委员会全体会议工作规则、常务委员会工作规则、专门委员会通则、委员履行职责管理暂行规定。

7月22日，市政协召开十三届二次常委会议。会议传达学习省政协十一届七次常委会议精神；听取姜继鼎所作的市人民政府关于上半年全市经济社会发展情况的通报；围绕“助推经济转型发展”主题，听取市政协提案委《关于我市大气污染防治工作情况的调研报告》、经济科技委员会《关于我市规模以上工业企业转型升级情况的调研报告》、农业委员会《关于我市农业产业化集群发展情况的调研报告》、人口资源环境委员会《关于我市土地资源节约集约利用情况的调研报告》和部分市政协委员的发言；审议通过《政协焦作市委员会常务委员会关于授权主席会议对违纪违法政协委员及时作出处理的决定》和有关人事事项。

10月21日，市政协召开十三届三次常委会议。会议传达学习庆祝中国人民政治协商会议成立65周年大会和庆祝人民政协成立65周年理论研讨会精神以及省政协十一届八次常委会议精神；围绕“着力深化改革创新”主题，听取市政协经济科技委员会《关于我市电子商务发展情况的视察报告》，文化教育体育卫生委员会《关于我市义务教育均衡发展情况的视察报告》，社会和法制委员会《关于我市就业创业工作的视察报告》，学习和文史资料委员会、港澳台侨和外事委员会《关于我市深化县级公立医院综合改革情况的视察报告》和部分市政协委员的发言。会议还审议通过有关人事事项。

·主要工作·

【政治协商】 2014年，政协焦作市委员会牢牢把握团结和民主两大主题，深入贯彻落实科学发展观，充分利用政协全会、常委会议、月协商座谈会等，组织开展多层次的协商议政活动，为推进经济转型示范市和美丽焦作建设作出了积极贡献。通过全体会议广泛协商。十三届一次会议期间，委员们听取和讨论市政府工作报告及其他报告，围绕全市经济社会发展中的重大问题，通过会议发言、提案、反映社情民意信息等形式，深入协商讨论，广泛议政建言。会后，向市委、市政府集中报送9个方面80多条建议，市委、市政府主要领导作出批示。通过常委会议专题协商。紧扣经济转型发展和深化改革创新这两个重点课题，在认真组织调查研究的基础上，分别召开常委会议进行专题议政，形成调研报告和发言材料16份。围绕规模以上工业企业转型升级、大气污染防治、农业产业化集群发展、土地资源节约集约利用、电子

市政协调研焦作市化工产业发展情况

商务发展、就业创业工作、义务教育均衡发展、深化县级公立医院综合改革等议题，提出对策建议98条。对这些建议，市委、市政府主要领导给予充分肯定，有关部门认真研究吸纳，转化为工作措施。通过座谈会经常协商。建立月协商座谈会制度，制定月协商座谈会暂行办法和协商工作计划，初步建立座谈协商机制。围绕装备制造业发展、行政审批制度改革、乡村清洁工程等议题，先后召开月协商座谈会，邀请市政府领导、市直有关部门主要负责人和有关专家学者，与委员一起座谈交流、协商研讨，会议成果以协商专报形式报送市委、市政府，对有关工作起到积极的推动作用。

【市政协首次举行月协商座谈会】 5月29日，市政协首次举行月协商座谈会，围绕全市装备制造业发展情况建言献策。委员们认为，装备制造业是资本、人才、科技密集型产业，要进行长远规划，为企业搭建好公共服务平台，加强人才培养，鼓励企业加强对外合作，帮助企业解决发展中的难题，壮大企业的实力和竞争力。市政协主席秦海彬、副主席杜宇、秘书长翟传森出席会议。副市长李海松应邀出席会议。28日，市政协主席秦海彬、副主席杜宇、秘书长翟传森带领部分市政协常委，先后到河南千年冷冻设备有限公司、河南伟彤科技股份有限公司、瑞庆汽车发动机技术有限公司、大江重工（焦作）有限公司、焦作市迈科冶金机械有限公司、河南中轴股份有限公司、风神轮胎股份有限公司、博爱县强力车轮制造有限公司、河南金牌山模具有限公司、河南中轴中汇汽车零部件有限公司、焦作制动器股份有限公司对装备制造业发展情况进行视察。

【民主监督】 2014年，市政协进一步加大民主监督力度，强化民主监督实效，民主监督工作实现新的突破。统一委派民主监督员。修订委派市政协委员担任民主监督员实施办法，向15个市直部门统一委派75名民主监督员，实现民主监督工作由个体监督向组织监督的转变，由被动监督向主动监督的转变，由分散监督向集中监督的转变；召开委派民主监督员工作座谈会，总结交流经验，研究解决问题，推动工作开展。深化民主评议工作。进一步加大民主评议工作力度，由评议一个部门的单项工作扩展为评议涉及多个部门的综合性工作。选择加强市政设施建设与管理工作，民主评议市公安局、市住建局、市园林局、市城管局工作，跟踪视察整改情况，推进民生改善，促进作风转变。

【调查研究】 2014年，市政协围绕同一主题，集中统一时段，与市各民主党派、工商联和县市区政协联动，分专题开展调查。在此基础上认真研究、充分论证，广泛吸纳各方面的意见建议，增强了调查研究实效。围绕畜牧业发展、高新技术企业发展等课题，开展调查研究13次，提出意见建议100多条，为市委、市政府科学决策提供了参考。

【视察活动】 2014年，市政协就城市水系、太极体育中心、信息化、国家先进装备制造基地建设情况开展常委视察；就设施农业发展、优化卫生

市政协开展民主评议工作

市政协视察焦作市医疗体制改革情况

资源布局、“单独二孩”政策实施情况等工作开展专项视察；就城市规划建设与管理工作，会同驻焦省政协委员赴濮阳市开展联合视察。通过多种形式的视察，委员们提出 56 条建议，促进了相关问题的解决。

【提案工作】 2014 年，市政协高度重视提案工作，强化优质提案导向，制定提高提案质量的意见。举办提案培训班，广泛征集提案线索，发放提案参考目录，开通网上提案管理系统。出台重点提案遴选与督办办法，遴选重点提案 20 件，由主席、副主席牵头，采用提案办理面对面协商的形式，组织有关专委会、提案人和承办单位，通过座谈、视察、调研、走访等形式进行督办，增强了办理效果。评出优秀提案 51 件，在全会上通报表彰。十三届一次会议以来审查立案的 527 件提案全部办复，多数提案经有关部门办理后取得了较好效果。

【收集反映社情民意】 2014 年，市政协召开社情民意信息工作会议，修订评比表彰办法，健全工作机制，着力收集和反映全局性的情况、苗头性的问题、建设性的意见。全年共收集信息 130 多条，编发《社情民意》专报 11 期，向全国政协和省政协报送信息 26 条。

【团结联谊】 2014 年，市政协认真贯彻“长期共存、互相监督、肝胆相照、荣辱与共”的方针，牢牢把握团结和民主两大主题，广泛联系各界，增进了团结、凝聚了力量、促进了社会和谐。加强同各民主党派、工商联和无党派人士的合作共事。发挥各民主党派、工商联、无党派人士在政协组织中的作用，尊重和维护各民主党派、工商联、无党派人士的民主权利，努力营造民主协商、平等议事的氛围。拓宽党派团体在政协参政议政的平台和渠道，共商合作之事，同议发展之计。互相配合，密切协作，开展视察、调研、提案督办等活动。召开各民主党派、工商联秘书长联系会议，及时沟通情况，就共同关心的重要问题交换意见。全年协商办理各民主党派、工商联、无党派人士提案 90 多件，邀请参加市政协组织的视察、调研活动 100 多人次。增进与民族宗教、港澳台侨界的团结联谊。宣传贯彻党和国家的民族、宗教政策，引导宗教界人士和广大信教群众积极参与经济社会建设，共同构建和谐社会。走访看望“三胞三属”，听取建议诉求，帮助解决问题；举办港澳台侨界人士中秋、春节茶话会，广交朋友，增进团结。开展人民政协成立 65 周年系列庆祝活动。召开座谈会，回顾多党合作走过的光辉历程，畅谈政协事业取得的辉煌成就，展望人民政协美好的发展前景；举办书画摄影展，展出书画摄影作品 280 幅；开展“我与政协”征文活动，收到文稿 90 多篇，并在《焦作日报》刊登部分优秀稿件。密切政协系统内部交流合作。召开县市区政协主席联系会和办公室主任座谈会，联合开展视察、调研，加强市县两级政协的沟通协作；配合全国政协、省政协在焦作市开展视察、调研活动；参加省辖市政协主席座谈会、全省政协秘书长座谈会，学习经验，密切联系。

市政协举办庆祝成立 65 周年书画摄影展

【文史资料征集】 2014年，市政协制定加强文史资料工作的意见，编制未来5年文史资料征集大纲，征集焦作市新中国成立后史料线索，确定本届政协重点协作选题；编辑《学习与文史》资料4期，12万余字；加快推进文史资料数字化工作。

【自身建设】 2014年，市政协机关深入贯彻落实中共十八大、十八届三中、四中全会精神，进一步改进工作作风，加强自身建设。加强学习，坚持正确方向。坚定不移走中国特色社会主义政治发展道路，切实把坚持和发展中国特色社会主义作为巩固共同思想政治基础的主轴，把牢政协工作的正确政治方向；深入学习贯彻中共十八届三中、四中全会和习近平总书记系列重要讲话精神，确保政协工作与中共中央保持高度一致，积极引导各民主党派、人民团体、各族各界人士切实增强思想自觉、政治自觉和行动自觉；深入学习贯彻习近平总书记在庆祝人民政协成立65周年大会上的重要讲话精神，学习贯彻俞正声主席在理论研讨会上的重要讲话精神，明确政协工作的重要原则、目标任务、方向道路；认真学习贯彻市委十届十三次全会暨市委经济工作会议精神，找准政协服务改革发展的切入点和着力点，自觉做到与中共焦作市委思想同心、目标同向、工作同步。开展教育实践活动，改进工作作风。坚持把学习教育贯穿始终，围绕学习主题发放相关材料，组织集体研读、实地参观、专题辅导、撰写体会和座谈交流，强化群众观念；坚持开门搞活动，广泛听取和征求各方面意见，有针对性地查找领导班子和机关党员干部在“四风”方面存在的问题；坚持开展批评和自我批评，认真谈心交心，深入查摆剖析，明确努力方向；坚持边查边改，抓好建章立制，完成整改事项56个，修订完善工作制度23项，解决机关建设方面的具体问题21个。加强专委会建设。设立专委会8个，确定专委会组成人员，修订专委会通则和工作规则；健全对口联系制度和协作联动机制，加强专委会与有关部门、党派、界别、县市区政协的协同互动；把发挥专委会基础作用与突出界别特色有机结合起来，支持委员通过界别渠道联系群众，及时反映社会各界的愿望。加强委员队伍建设。对新任委员进行培训，举办常委会集体学习，邀请有关领导和专家作专题报告。举办政情通报会、专题辅导讲座，为委员发放学习资料、征订报纸杂志，帮助委员知情明政、提高能力。修订委员履行职责管理暂行规定，严格执行委员参加会议情况通报制度。建立委员基本信息和履责情况数据库，规范委员履责档案管理。走访看望全体委员，帮助解决委员履职中遇到的困难和问题。加强机关建设，认真落实中央八项规定和省委、市委要求，切实改进工作作风，不断加强反腐倡廉建设。开展科级干部竞聘上岗，激发机关干部干事创业活力。完善机关网络办公平台，建成学习阅览室，扎实推进文明单位创建工作。召开宣传信息工作会议，改版升级市政协网站，编发《焦作政协》24期，发表新闻稿件100多篇。

（王 超）

·民革焦作市委员会·

【概况】　2014年，民革焦作市共有基层支部10个，党员183人，新发展党员9人。其中拥有中高级职称党员156人，占民革党员的85%。广大民革党员充分发挥优势，在本职岗位和党派工作中屡建新功，景国红被评为焦作市身边的榜样和人民满意的公务员，尚国营率领科研团队获河南省科普成果一等奖，杨鹏杰被评为焦作市争做人民满意公务员先进个人，王海国画作品《薰风》入选首届全国助残美术作品展。

【参政议政】　2014年，民革焦作市委围绕“一个战略、四个重点、十大建设”的总思路进行调研，开展参政议政、民主监督。市委书记孙立坤对《统筹规划，齐心协力，把焦作建成国家级生态文明示范市》和《关于建设焦作煤矿主题公园的建议》调研报告作出批示，要求市有关领导认真汲取建议，开创了市民主党派建议直通车的先河。在政协焦作市第十三届一次会议上，民革焦作市委共上报提案70件，《关于进一步加快服务业发展的建议》《关于我市土地流转问题的建议》《关于积极推行竣工工程设置永久性标牌制度，进一步提高对工程项目的质量监管能力的建议》被列为主席重点督办提案，10件提案被评为优秀提案。

捐资助学活动现场

【促进祖国统一】　5月，民革焦作市委召开祖国统一工作会议，确立了民革祖国统一工作重心实现多元化，向参政议政、拓宽领域等方面发展；以台湾农民创业园为平台，不断创新工作方式，探索工作方法。9月6日，民革焦作市委召开“中秋话团圆”台胞台属座谈会，参会的台胞台属党员表达了对祖国早日统一的期盼，表示要发挥主动作用，加强与台湾亲属的联系，积极招商引资，为焦作经济发展服务，为建设经济转型示范市和美丽焦作作贡献。

【社会服务】　2014年，为推广和应用秸秆反应堆技术，民革焦作市委到博爱农场进行调研，并对农场的发展提出意见和建议。组织从事医务工作者党员参加市委统战部组织的送医送药送科技下乡活动；组织参加市委统战部主办的“感恩社会——焦作有爱在行动”活动，募集助学资金1.5万元，解决了中站区6名贫困家庭和1名党员子女上学难的问题。

（杨鹏杰）

·民盟焦作市委员会·

【概况】 2014年，民盟焦作市委共有基层组织20个，工作委员会4个。全市共有盟员446人，其中高级职称203人，中级职称200人。新发展盟员19人，其中高级职称1人，中级职称12人。盟员中大学以上文化程度269人，其中博士12人，硕士44人。盟员主要分布在教育、科技和医药卫生界。在民盟河南省委十二届四次全会上，民盟焦作市委荣获参政议政工作先进集体。

【参政议政】 2014年，民盟焦作市委应邀参加由中共焦作市委、市政府、市政协及市委统战部组织召开的《政府工作报告》意见征求会、统战工作座谈会等会议，就全市改革与发展提出建设性意见和建议。先后组织盟内政协委员就新能源新材料产业和发展情况、农村殡葬改革、城市水系建设进行考察和调研；调研报告《关于新型城镇化进程中如何确保农民利益的建议》作为民盟河南省委的集体提案提交省“两会”，被省政协评为优秀提案。召开基层主委会和民盟政协委员会议专项安排布置参政议政工作，对中青年盟员进行提案撰写知识和技巧的培训，编撰印发了《民盟政协委员提案汇编》（2013-2014），同时对在2013年焦作市“两会”上《关于加快解决我市中小企业融资难问题的提案》等10件优秀提案进行表彰。在2014年焦作市政协会议上，民盟市委共提交政协提案68件，其中《关于进一步加强住宅小区物业管理的提案》和《关于推进老城区户表改造工程的建议》等提案均得到广大群众的热烈响应和新闻媒体的密切关注，《关于加强我市城区汽车尾气治理的提案》被列为重点提案，由政协副主席亲自督办。广大盟员关心关注群众生活疾苦和社会发展热点难点，积极撰写反映社情民意信息，共通过民盟焦作市委向民盟河南省委、焦作市政协报送社情民意信息14条，其中民盟省委采用4条，市政协及焦作市有关单位采用5条；翟大鹏《保护古村庄名称刻不容缓》的社情民意信息被省政协评选为优秀社情民意信息。盟员中的人大代表、政协委员忠实履行民主监督职责，积极参加各种视察、调研、检查、评议活动，对政府的工作进行有效监督。在党的群众路线教育实践活动中，13名盟员被中共焦作市委党的群众路线教育实践活动领导小组选聘为特邀监督员，参与、监督教育实践活动。

【社会服务】 5月，民盟焦作市委援建的中站区朱村新型农村社区道路建成通车。6月，组织医卫界盟员在解放区世纪新区社区举办“迎‘七一’送医疗进社区”活动，免费进行B超、胸透和心电图的检查，惠及群众200多人。依托民盟志愿者活动中心，在解放区世纪新区社区开展“访民情、解民困、慰问帮扶困难户活动”，并向社区困难群众赠送食用油、米、面等生活用品。

（王　方）

民盟会员考察城市水系建设

·民建焦作市委员会·

【概况】 2014年，民建焦作市委发展新会员10人，全市共有民建会员202人，其中有大学本科以上学历111人，拥有中级以上专业职称157人。在民建省委表彰的宣传理论成果中，焦崇奎的《建设规范高效便捷的民建机关》获民建中央二等奖、河南省民建理论研究成果一等奖。燕朝霞、雷强的《参政党理论建设途径思考》和邵磊的《民建基层组织理论研究存在的问题及对策》分获二、三等奖，民建焦作市委获优秀组织奖。在民建中央组织的2013年度中国（贵州）非公有制经济发展论坛论文征集中，民建会员有5篇文章被采用。

【参政议政】 2014年，在政协焦作市第十三届一次会议上，民建焦作市委共提交提案73件，其中《加快我市社会养老服务建设》《落实优惠政策，为中小微企业创造良好税收环境》被市政协列为2014年政协主席领衔督办提案。民建会员积极参与市政协组织的“面对面”提案协商会，市政协在提案中抽出热点提案20件，针对城市道路建设情况和城区集中供热情况与市住建局进行专题对接交流，3名民建会员参与交流。在市政协举行的行政审批制度改革月协商座谈会上，民建焦作市委提出把行政审批变成为民服务，形成上下联动、积极主动的工作机制，有力地促进了行政审批效率，确保了焦作市本级行政

民建沧州运河支部莅焦交流工作

审批制度改革正式运行。积极撰写社情民意，《解决好广场舞噪音需要政府的智慧》受到领导批示，在民建省委通报采用的社情民意信息中，民建焦作市委《关于加强教育的建议》《关于改善中小微企业税收环境的建议》被民建省委采用。

【民建中央调研组莅焦考察】　6月16日，全国政协常委、民建中央副主席周汉民带领民建中央调研组到陈家沟景区参观和考察。周汉民一行先后参观太极拳祖祠和中国太极拳博物馆，了解太极拳的起源、发展、弘扬情况。通过参观和考察，周汉民对温县在太极拳的推广和发展等方面做出的成绩给予充分肯定，同时希望温县进一步开发太极拳文化产业，不断加快陈家沟景区建设步伐。

（郭　智）

·民进焦作市委员会·

【概况】　2014年，民进焦作市委共有会员84人，其中教育界48人，文化出版界12人，其他界别24人。具有高级职称或市级以上人大代表、政协委员，或副处级以上领导干部的会员37人。设基础教育、高等教育、河南理工大学、文化出版、医疗卫生、联合界别6个基层支部和参政议政、社会服务、基础教育、妇女工作、文化艺术、焦作开明书画院、经济界会员联谊会7个专委会。被评为民进全国组织建设先进基层组织、民进河南省先进地方组织、民进全省参政议政先进单位和社会服务先进单位，主委乔学达被评为民进全国社会服务先进个人。

【参政议政】　2014年，民进焦作市委制定《民进焦作市委参政议政工作奖励办法》，就社情民意信息和参政议政工作进行部署。组成参政议政委员会专业小组，组织会员深入基层考察全市休闲生态农业、水系建设、古民居保护、基层公共文化建设等工作。在政协焦作市第十三届二次常委会上，民进焦作市委提交提案48件，其中1件被列为政协主席督办，3件被列为提案委重点督办。市委副书记丁福浩对《强化龙头企业支撑，促进产业化集群发展》作出批示，要求市委农办主动与其联系，认真研究所提建议，发市农办简报交流。在民进全省参政议政课题立项会上，民进焦作市委有7件立项并全部结题，居全省第一，其中1件被选为全国政协会议发言提案，1件被选为河南省政协提案。胡红兵应邀代表河南参加民进中央专题调研会。

【服务社会】　1月，民进焦作市委组织20多位书画家在三维商业广场举行新春名家慈善书画展暨书画名家送万福活动，活动筹得善款2.3万多元，全部捐助给20位贫困小学生。3月，联合焦作电视台在东方红广场举行“善行焦作·国家级书画家慈善义卖——为了救助白血病患者乔卫洪”大型公益活动，为乔卫洪募集善款4.45万元。“三八”节前夕，组织教育、金融、农业、医疗等领域的20名女会员走进修武县云台山镇一斗水村，为偏远山区的群众送去贴心服务。“七一”前夕，送艺术进校园系列活动启动仪式暨以党为师，翰墨同行——民进会员谢小毛书画篆刻艺术展在河南理工大学启动，通过举办多种形式的名家作品展览、讲座、参观等形式，将多种艺术形式和理念送进高校，以扩展学生的艺术视野，提高学生的艺术素养。成立焦作开明书画院，并举办翰墨同心——开明书画院第一次作品展，为充分发挥书画艺术界会员优势，开展社会服务工作奠定良好基础。为文苑街道小学捐赠书籍2000余册。会员杨林结合自身创作在焦作师专文学院作题为《从话剧〈红旗渠〉创作谈起》专题讲座，受到文学院师生的热烈欢迎。

（章　立）

·农工民主党焦作市委员会·

【概况】　2014年，农工党焦作市委新发展党员9人。全市共有党员115人，其中大专以上文化程度111人，高级职称43人，下设基层组织12个。马继凯获河南省卫计委科技成果一等奖，丹志琴获河南省疾病预防控制工作先进个人，林云获河南省教育厅科技成果一等奖，李广远获河南省农业技术推广奖三等奖。

【参政议政】　2014年，农工党焦作市委积极参加中共焦作市委、市政府、市政协及市委统战部举行的政治

农工党焦作市委组织党员在上海农工党“一干”会址参观学习

协商会、情况通报会，就经济建设、社会发展等重大问题提出意见建议，与市政协联合围绕《国土资源节约集约利用工作》《焦作市单独二胎政策实行情况》等课题开展调研。市“两会”上共提交集体提案7件，个人提案30件，其中个人提案《关于加强职业教育的建议》《加快建设老城区集中供暖工程》被列为重点督办提案。党员中的市政协委员分别被市政协、市委统战部聘为特邀监督员，监督群众路线教育实践活动；积极参加“十大建设”和工业集聚区发展情况观摩活动及各类视察活动。及时将学习实践活动信息报送给相关部门，被农工党中央网站采用1篇，在《河南农工信息反映》刊登信息17篇，位列全省第六名。

【社会服务】 4月，农工党焦作市委与焦作日报社联合举办“焦作市中医药文化科普大讲堂”网络直播系列节目，在解放区焦北街道办事处民主北路社区开展活动，通过《焦作日报》官方微博、微信、微视等全媒体互动，全方位、多角度集中展示中医药科普大讲堂活动实况。5月10日，邀请全国著名经方专家、农工党南京市委原主委黄煌教授莅焦讲学，有效推动了基层经方的临床应用。6月，农工党焦作市委在“第七届中国环境与健康宣传周”开展健康讲座进社区活动。8月29日，在修武县百信中医馆举行“中医同行实践基地”挂牌仪式。11月，农工党焦作市委与第二人民医院小组联合，组织12名党员到沁阳市山王庄镇赵庄村开展送医、送药、送健康活动，为100名村民免费进行彩色B超、心电图检查，宣传资料500余份，受益群众300余人。

（邹家芬）

·九三学社焦作市委员会·

【概况】 2014年，焦作九三学社新发展社员12人，全市共有社员241人，其中高级职称135人。直属基层组织13个，其中基层委员会2个、支社10个、直属小组1个。被九三学社河南省委评为先进集体、“同心”实践行动先进单位、宣传工作先进单位。张英才的《拆除工程精确爆破理论研究与关键技术应用》获国家科学技术进步二等奖。

【参政议政】 2014年，社市委主要领导多次参加中共焦作市委、市人大、市政府、市政协及市委统战部召开的恳谈会、座谈会、协商会、情况通报会等，就经济建设和社会发展、大政方针的制定、民主与法制建设以及国民经济和社会发展的计划实施提出积极的意见和建议。社市委在“两会”前夕召开会议，商讨参政议政题目，广泛征求大家意见，确定社市委调研题目，社市委提交集体提案3件，个人提案32件。社市委共向社省、市政协、市委统战部报送社情民意信息20余条，其中《农业商业保险实施出现的问题亟需引起重视》《全国高职高专院校招生存在的困难及对策》《警惕邪教在高等院校中渗透蔓延》被九三学社中央采用。

【同心实践基地建立】 5月9日，九三学社焦作市委在中站区龙翔学校举办“同心实践基地”挂牌暨“九三同心书屋”捐赠活动。向龙翔学校捐赠图书1000册、液晶电视机2台以及移动硬盘、体育用品、红领巾等学习生活用品。市委常委、统战部部长

九三学社河南省委与武陟县人民政府合作签约仪式

杨娅辉，市政协副主席、九三学社焦作市委主委张动天出席活动。

【九武合作】　6月12日，九三学社河南省委和武陟县人民政府合作签约仪式举行，双方正式签订“九武合作”协议，同时社省委人民医院委员会、农科院委员会还分别与武陟县卫生局、农业局、林业局就发展医药、农林签订合作协议。九三学社河南省委将在农业、林业、医疗等方面的项目、资金、技术上提供长期的服务和帮助，促进武陟县经济社会全面、协调、可持续发展。仪式后，随行的九三学社河南省委的专家到武陟县第二人民医院和正在建设的武陟县人民医院新址进行调研考察。省政协副主席、九三学社河南省委主委张亚忠，市委常委、统战部部长杨娅辉，市政协副主席、九三学社焦作市委主委张动天出席签约仪式。11月，社市委协调社省委农科院委员会林果专家丁向阳在武陟县举办科技培训班，全县果树管理和技术推广人员、果品种植专业合作社、林果种植大户、果品生产龙头企业及乡镇基层林站工作者70余人参加培训，培训具有很强的针对性和实用性，受到了广大果农的好评。

（姜武喆）

·焦作市工商业联合会·

【概况】　2014年，市工商联共有会员6707个，其中企业会员5124个、团体会员133个。成立市洛阳商会、温县服务业商会等，开展县级工商联“五好标准”示范点创建活动，省级示范点沁阳市工商联创建工作得到省工商联专题调研组肯定。获省工商联系统2014年度目标考核二等奖。

【参政议政】　2014年，市工商联开展议政“两会”我先行、国务院落实企业投资自主权和示范项目第三方评估等活动，撰写报告和提案12篇，

非公有制经济人士观摩鑫锐超硬材料公司

《关于在城市水系规划中规划建设商会经济中心的建议》提案受到市委书记孙立坤的重点关注。组织企业、友好商会和异地商会代表就新河商务中心区规划、招商等内容开展专题参政议政座谈会，为新区发展献言献策。

【服务会员】　2014年，市工商联主办首期“怀商大讲堂——2014赢在焦作企业家高峰论坛”专题论坛活动，协办（多氟多）企业家沙龙1期、同心大讲堂2期和豫商课堂6期，受教育非公有制经济人士1800人次；筹措资金3万多元为企业家开通统一教育商学院远程网络在线学习课程。开展维权服务，全市工商联11个法律服务机构采取律师与街道（行业）商会对接服务，为会员企业解决经济纠纷41件。开展科技服务，举办“科技创新——你永远是赢家”怀商大讲堂，印发《促进小微企业发展政策汇编》1000册和《最新企业科技创新政策汇编》600册。搭建银企合作大平台，牵线省联民营经济服务中心为全市小微企业融资授信近亿元，博爱县、解放区等工商联累计召开会员企业与银行见面洽谈会16场，为企业综合授信4亿元，有力支持了先进制造业、新兴产业发展和传统产业升级。

【经济联络】　2014年，市工商联引导企业采取以商招商、产业链招商等形式，参与邀商招商活动。超威集团与德国摩尔（MOLL）公司签订650万欧元合作协议，全市20家企业、商会参加第八届中国（河南）国际投洽会对接项目25个。开展非公有制经济人士理想信念教育暨企业“转型·资本·发展”观摩活动，开阔了民营企业管理者视野，提升了转型升级信心。指导非公有制经济领域的协会商会完善制度，多层次搭建企业与商会抱团取暖平台、政府与企业沟通服务平台、企业与企业合作共赢平台，提升抱团、创新能力，打造知名品牌，快速有效促进产业链发展。

【光彩事业】　2014年，市工商联引导全市商会企业、基层商会组织开展修路架桥以及科技法律进社区活动，继续参与帮扶北朱村新型农村社区建设活动。在“焦作有爱——春风送暖”活动中，市工商联组织走访慰问龙翔街道等4城区15户困难群众；“焦作有爱——资助贫困家庭儿童在行动”活动为100名贫困家庭儿童送去物资和资金12万元，“焦作有爱——资助贫困大学生在行动”活动资助120名大学贫困新生60万元，继续开展“民企招聘周”活动，举办专场招聘会15场次，累计达成就业意向1.3万个。

（熊礼海）

·焦作市总工会·

【概况】 2014年，焦作市总工会以构建和谐劳动关系为主线，以维护职工合法权益为重点，以加强组织建设、提高职工素质为保障，团结带领全市广大职工群众，为全面加快经济转型示范市和美丽焦作建设建功立业，各项工作取得了显著成效。先后获全国市级工会财务工作先进单位、全国工会经审工作先进集体、全国"安康杯"竞赛优秀组织单位、全国工会女职工培训示范学校，河南省工会财务工作竞赛特等奖、河南省五一巾帼标兵岗、河南省金秋助学活动先进单位、全省工会经费工作规范化建设特等奖、全省经审信息工作一等奖。截至年底，全市共有工会组织1万家，会员76万人。

【创先争优劳动竞赛】 开展重点项目劳动竞赛。市总工会联合市发改委在全市所有重点建设项目中开展比工程质量、比施工安全、比建设工期、比技术创新、比文明施工、创和谐团队为主要内容的"五比一创"劳动竞赛。截至2014年底，全市重点项目进展良好，为扩大投资规模、增强投资后劲、稳定经济增长提供了重要支撑。

开展节能减排劳动竞赛。落实上级关于加强节能降耗和污染减排工作的一系列政策要求，动员和组织广大职工为实现全市2014年节能减排目标建功立业，会同市发改委、市环保局在全市企业特别是在耗能大户、排污大户、重点减排企业中开展以"比管理创新、比技术进步、比职工行动，降能耗、降排放"为主要内容的"三比两降"节能减排竞赛活动。加强节能减排义务监督员队伍建设，全市各级工会共聘请义务监督员2840名，表彰优秀节能减排义务监督员27名。

开展技能竞赛。通过开展技术培训、岗位练兵、技能竞赛等活动，努力打造市场需要的"知识技能型、技术技能型、复合技能型"人才队伍，2014年参加全市各级技术比武的职工有20多万人，有1.6万名职工技术素质得到了提升。继续推行"首席员工"制度，截至年底，三级评聘形成制度，县市区坚持每年一次，大中企业1年至2年一次，全市企事业单位推行"首席员工"制度的单位近千家，其中规模以上企业800家，累计评聘6500人。

开展创新工作室创建活动。市总工会按照《关于创建职工技术创新工

市总工会党组书记田立杰到赵固二矿参观职工创新工作室建设

作室的意见》，继续深化创建内容，巩固创建效果，努力为职工发挥聪明才智，立足本职干事创业打造平台。通过重点督导、现场观摩、广泛宣传、扩大交流的方法，重点指导30个创新工作室的规范化、质量化建设，从而带动全市创新工作室创建上规模上档次，推动质量建设。9月，省总向全总推荐焦作市职工创新工作室的经验和做法，并推荐中轴集团“赵明伟劳模创新工作室”候选全国优秀创新工作室。通过创建职工技术创新工作室活动，2014年共组织职工学习培训3万人次，导师带徒2612人。孵化创新成果671项，创直接经济效益19.6亿元。

【安全生产】 2014年，全市共有2541家企事业单位、50余万名职工参加“安康杯”竞赛活动。规范“查、排、防”三位一体的群众安全监督检查现场管理体制，建立健全工会劳动保护安全卫生监督检查四级网络，各级工会共聘请劳动保护监督检查员4594名，劳动保护检查员1.95万名。以高危行业和非公有制劳动密集型中小企业为重点，积极推进工会参与职业病防治模式，组织和引导全市广大职工自觉强化劳动保护监督，保障职工的安全与生命健康。在春节、“两会”、“五一”、“十一”和安全生产月期间，全市各级工会共组织安全隐患排查713次，排查出隐患8790起，整改隐患8462起。

【工资集体协商】 3月，为“工资集体协商集中要约行动月”暨《河南省企业工资集体协商条例》宣传月，市总工会以非公有制中小企业为重点领域，以行业协商为重点形式，以一线职工、农民工、劳务派遣工为重点对象，推动企业工资集体协商，做到应约尽约，要约率达到100%。制定工资集体协商考核意见，对各县市区和市直企业建立目标责任制，将任务落实情况和评先评优挂钩并进行考核。截至年底，全市单独签订工资集体合同企业达1895家、签订区域性（行业性）工资集体合同98份，覆盖企业7225家，职工53万余人。

【劳动关系和谐企业创建】 2014年，市总工会以建立“规范有序、公正合理、互利共赢、和谐稳定”的新型劳动关系为重点，推动企业认真执行《工会法》《劳动合同法》《劳动法》等法律法规，完善经营管理，规范用工行为，健全诚信体系，积极履行社会责任，依法维护职工和企业的合法权益，促进企业健康发展。与市人社局、市企业联合会（市企业家协会）、市工商联协调，修订完善市协调劳动关系会议制度，6月，召开市协调劳动关系三方会议第一次会议，对全市开展和谐劳动关系构建工程进行安排部署。加强劳动争议调解和职工信访稳定工作，全年共接待职工来信来访103人次84案次，妥善解决了一批职工最直接最关心最现实的利益问题。

【厂务公开】 2014年，市总工会广泛开展“公开解难题、民主促发展”主题活动，拓宽职工有序参与企事业单位管理和监督的民主渠道。9月，开展全市厂务公开调研互检活动，对县市区和市直企业分组进行调研检查，促进厂务公开工作落到实处。截至年底，全市共有8882家企业实行厂务公开。

【帮扶体系建设】 2014年，市总工会推动小额借（贷）款，促就业常态长效发展。截至年底，全市工会系统共完成小额借款64万元，帮扶94名下岗失业人员和农民工创业、就业。发放全总/UNDP小额贷款3批131万元，帮助27名下岗职工成功创业。累计发放64批贷款3507.5万元，帮助1270人创业，带动5500名下岗失业人员实现再就业。

建立“送温暖”长效机制，形成“春送岗位、夏送清凉、金秋助学、冬送温暖”的工会帮扶模式。在春送岗位活动中，与人社等部门联合开展“春风行动”“民营企业招聘周”活动和各级帮扶中心自办招聘会，共提供岗位2.36万个，达成就业意向1.16万人次，其中介绍农村劳动力就业6443人次；将夏送清凉活动与“农民工节”结合起来，开展系列慰问维权活动，为农民工送文化、送清凉、送安全、送法律、送健康。活动中共筹集慰问资金131.8万元，走访企业、工地723处，慰问职工5.3万人，其中农民工3.8万人，为职工和农民工提供健康体检6531人；在金秋助学活动中，共筹集助学资金

第九个农民工节期间，市总工会党组书记田立杰到工地慰问农民工。

市总工会 2014 年"金秋助学"助学金发放仪式

294.65 万元，资助困难职工和困难农民工子女 1292 人；在冬送温暖活动中，全市各级工会共筹集帮扶救助资金 619.5 万元，慰问和救助困难职工、困难农民工、困难劳模和工会干部家庭 1.21 万户。

提高就业服务和技能培训实效，采取自办、联办和委托社会办等形式，共举办各类培训 142 期，培训各类就业困难人员 1.47 万人。

【职工队伍建设】 2014 年，市总工会在全市开展"八个一"活动。即组织一次"读书，让梦想成真"为主题的职工读书活动，组织一次社会主义核心价值观和文明河南建设宣传活动，组织一次职工教育培训活动，组织一次"做文明人、办文明事"的大讨论活动，组织一次以"微行动、正能量"为主题的手机短信、微博微信、微镜头、微电影征集评选活动，组织一次"文明先行"集体和个人的评选活动，组织一次职工志愿者社会服务活动，组织一次"建功十二五"主题实践活动，提高职工的职业素养和文明素质。与市委宣传部联合对焦作市职工职业道德建设十佳单位、十佳职工和先进单位、先进个人进行表彰。加强职工书屋建设，引导职工多读书、读好书，激励广大职工学习知识，提高技能和素质。截至年底，全市共建成职工书屋 335 家，其中全总职工书屋 21 家，省总职工书屋 39 家。推动职工读书活动的开展，对在读书活动中涌现出的十佳职工读书之星、40 个读书先进个人进行表彰。开展丰富多彩的文体活动，组织全市职工开展"迎新年健身长跑活动""中国梦·劳动美·我与改革创新"演讲比赛、"劳动成就梦想"职工书法美术作品展、"迎七一"职工摄影作品展、喜迎省运会太极拳表演赛、"迎国庆"韩愈·李商隐诗文书法作品展、全市职工羽毛球比赛等职工文体活动，丰富职工的精神文化生活。

【工会组织建设】 2014 年，市总工会坚持以"党建带工建"，推动企业普遍建立工会组织。6 月至 7 月，在全市开展职工 25 人以上未建会企业集中建会行动，全市新建企业工会 400 家，发展会员 3 万余名。强化工会组织规范化建设，在全市非公有制企业中开展"企业工会亮牌子、工会主席亮身份"活动，对 25 家"双亮"和落实"四权"示范单位的督导指导；开展"会员评议职工之家"活动，全市共有 1460 家 50 人以上企事业单位开展会员评家活动，其中国有企事业单位 63 家，非公有企业 1397 家。加强工会干部培训，与省总工会干部学校联合举办焦作市工会干部上岗培训班，对全市近 100 名工会干部进行业务培训。

【女职工工作】 2014 年，市总工会深入推进工会女职工组织规范化建设，积极宣传贯彻《女职工劳动保护特别规定》，对县区、企业贯彻落实情况进行督导调研；深化女职工"关爱行动"，不断拓展困难女职工帮扶新渠道，全年累计为 122 名困难女职工发放救助金 11 万元。

【工会财务和经审工作】 2014 年，市总工会开展县市区及矿区工会财务检查和表彰，规范县级工会财务工作，堵塞截留经费的漏洞。对各县市区以及市总帮扶中心 2013 年中央财政和省财政专项帮扶资金、全总和省总下拨资金以及地方配套资金的使用情况进行审查审计，促进县市区工会经费的合理使用。

【东山职工疗养院新址启用】 10 月 14 日，在市总工会职工培训基地举行东山职工疗养院新址启用暨秋季市级劳模疗养活动启动仪式，第一批 30 名市级劳模开始在这里疗养。东山职工疗养院从福建迁回位于中站区龙翔街道的市总工会职工培训基地。副市长贾书君，市总工会党组书记、副主席田立杰在仪式上讲话并为东山职工疗养院新址启用揭牌。

（刘火光　陈晓杰）

全国"五一劳动奖状"名单

焦作市云台山旅游发展有限公司

全国"工人先锋号"名单

河南能源焦煤公司赵固二矿职工创新工作室

焦作市住房公积金管理中心综合服务大厅

焦作市"工人先锋号"名单

河南永威安防股份有限公司徐明华创

新工作室
沁阳市金隅水泥有限公司生产部运行甲班
沁阳市人民医院心血管内科二病区
沁阳市电业局柏乡供电所
焦作市米奇食品饮料有限公司灌装生产车间
广济药业（孟州）有限公司三车间工艺班
孟州市第二人民医院内二科
河南省中原内配股份有限公司铸造三厂东线A班
保和堂（焦作）制药有限公司原材料提取车间
温县农村信用合作联社人民路信用社
温县人民医院神经内科
博爱县邮政局西城支局
博爱县公安局户政服务大厅
博爱金隅水泥有限公司中央控制室
河南皇马车辆有限公司职工创新工作室
焦作瑞丰纸业有限公司郭伟创新工作室
河南江河纸业股份有限公司祝红军技术创新工作室
修武县公路管理局路政大队
修武县电业公司岸上供电所
修武县住房和城乡建设局城建工程监察大队
解放区地方税务局办税服务厅
河南省中纬测绘规划信息工程有限公司土地规划室
山阳区行政服务中心
山阳区地方税务局办税服务大厅
焦作市科力达科技有限公司电弧炉班
河南省淼雨饮品股份有限公司6号玻璃瓶装饮料生产线
马村区人民医院外科
马村区九里山小学
焦作新区宁郭镇张庄初中
焦作新区金久福果蔬种植专业合作社
焦作市委市直机关工作委员会办公室
焦作市财政局财政预算执行局
焦作市公安局出入境管理科
焦作市公路管理局工程一处桥梁预制场
焦作市水务有限责任公司稽查部稽查队
焦作建工集团有限公司第四工程处
交通银行焦作分行站前路支行
中国石油焦作石油分公司建设中路第21加油（气）站
焦作市妇幼保健院生殖医学中心
焦作大学经济管理系
焦作煤业（集团）赵固二矿机运队机修车间
焦作千业水泥有限责任公司史根生煅烧班组
中国铝业中州分公司资源管理站破碎车间北破丙班
风神轮胎股份有限公司制造一部硫化工段18罐丙组
焦作市科林城市环保投资开发有限公司
河南省地矿局第二地质矿产调查院中站污水管网项目部
中国移动焦作分公司武陟分公司兴华路营业厅
焦作制动器（集团）有限责任公司锦标公司泥浆泵车间装配组
焦作丹河发电有限公司霍林河项目部热工班
河南平原光电有限公司制造七部稳瞄班
河南省邮政公司焦作市分公司高新投递分局
河南卓立膜材料股份有限公司三车间分切班组
国网焦作供电公司运维检修部变电运维五站
河南佰利联钛业二分公司水解车间3号线水洗岗
中国联合网络有限公司焦作市分公司集团客户事业部党政二组
焦作市公共交通总公司第一分公司18路队

·共青团焦作市委员会·

【概况】 2014年，全市各级团组织紧紧围绕经济转型示范市和美丽焦作建设，持续深化“思想引领时尚化、工作载体有形化、项目运作市场化、基层工作特色化、队伍建设人文化”的工作思路，着力破解“团的吸引力和凝聚力不够、有效覆盖面不足”两大战略性课题，虚功实做，久久为功，扎实推动团的各项事业取得新发展。截至年底，全市共有基层团委1048个，基层团工委90个，团总支178个，团支部6622个，共青团员24.2万人。

【青年攻坚行动】 2014年，团市委围绕转型发展，开展青年攻坚行动。紧密结合全市“十大建设”重点项目，成立56支青年攻坚队和突击队；落实市政府关于加快电子商务发展的意见，携手河南淘宝商学院，对1000多名青年开展免费电商培训；在窗口服务行业、产业集聚区等领

“奋斗的青春最美丽”焦作市纪念五四运动95周年暨青年表彰大会

域，广泛开展青年文明号、青年岗位能手、青年突击手、青年安全生产示范岗等劳动竞赛活动，在纪念五四运动 95 周年暨青年表彰大会上，表彰一批新长征突击手（队），引导青年投身转型示范市建设，焦作市青年文明号活动获全国突出贡献青年文明号活动组织单位。

【“创赢青春·成就梦想”行动】 2014 年，团市委开展“创赢青春·成就梦想”扶持千名青年创业行动。面向全市 103 个乡镇（街道）摸排了 875 名创业青年，开展资金帮扶、项目运作、信息服务和技能培训等服务，共发放创业扶持资金 208 万元，并推荐 50 个创业项目参加全国青年创新创业大赛。

【“就业启航·点亮梦想”行动】 2014 年，团市委开展“就业启航·点亮梦想”促进青年就业行动。联合市人才交流中心和高校就业服务中心，对近三年内未就业的大中专毕业生进行摸排，为 4666 名青年建立就业档案，发送就业信息专题手机报 4 期，发布就业信息 9000 余条次。

【青少年权益保护】 2014 年，团市委发布青少年维权公报 4 期，并在市“两会”期间举行“共青团与人大代表、政协委员面对面”活动。联合市中级人民法院下发《关于开展共青团组织参与未成年人刑事案件审理工作的通知》和《关于深入推进涉案未成年人帮扶工作的通知》，在全省率先提出对涉案困难未成年人提供物质、心理辅导和助学等方面的帮扶，并明确了团组织参与未成年人刑事案件审理的相关条件。市 12355 青少年服务中心和劳动保障监察支队被中央综治办、团中央命名为 2013 年度全国青少年维权岗，焦作市连续第二年被中国预防青少年犯罪研究会确定为“关爱青少年彩虹行动示范项目”实施城市。

【“呵护雏鹰·助力圆梦”活动】 2014 年，团市委开展“呵护雏鹰·助力圆梦”贫困中小学生帮扶活动。在 1765 名专兼职团干部同 1947 名困难青少年“结小对”基础上，统筹 19 家市直单位团组织同 20 个乡镇团委“结大对”，累计发放爱心物资 90.6 万元。全年希望工程圆梦行动共筹集爱心款项 66.2 万元，资助贫困大学新生 195 名。

【志愿者服务】 2014 年，团市委积极落实市政府《关于深入推进志愿者工作的意见》，发布志愿文化产品，规范常态化服务项目，推动志愿服务实现全城联动。在省第十二届运动会期间，招募培训 1266 名志愿者，累计服务开闭幕式、场馆维护、接待、安保等工作达 50 多万小时，受到社会高度关注和好评。新建城市青年志愿亭 4 座，全市标准化志愿服务站点达 312 个，注册志愿者 18.6 万人，市县乡村四级志愿服务体系初步形成。12 月 2 日，承办市政府“志愿文明之城”建设工作表彰暨第三届志愿服务市长奖颁奖大会。

【团工作实行“三个转变”】 2014 年，团市委在工作阵地上从机关办公室推向青年聚集地。按照城市青年的聚集特点和行为特点，投资 10 余万元在龙源湖广电塔文化产业基地开辟了青春驿站，作为团市委面向青年的前沿阵地。实施青春志愿汇项目，将市民健康义诊、百姓法律咨询、青少年心理辅导、贫困学生关爱、捐旧衣物等志愿服务项目打包入驻城市青年志愿亭，累计开展活动 400 余次，直接服务群众 2 万人次，吸引市民注册志愿者达 7000 余人，逐步实现了志愿者和志愿项目、志愿服务和市民生活的有效对接。在 12 月举办的志愿服务广州交流会暨首届中国青年志愿服务项目大赛上，焦作市残疾人“爱心港湾”志愿服务项目获得全国银奖，团市委获团中央中国青年志愿者优秀组织奖。

在工作方式上从层级化管理向扁平化管理转变。充分考虑各级团组织所掌握的资源差异性，提出“市级层面统筹优势资源、县乡负责具体对接和实施”的思路，打破层级化局限，将团市委和市直团组织部门优势、市级青年商会、青联、青农联等外围组织资源，直接向乡镇一级进行倾斜。在街道区域化团建试点工作中，坚持扁平化导向，指导基层灵活设置组织，全市共组建街道青年工作共建委员会 36 个，设立街道直属团组织 648 个，联系青年社会组织 89 个，促进了区域内团组织的活跃。

在工作领域上从传统阵地向网络新媒体进军。着力打造以焦作共青团网站、焦作志愿者微信订阅号、焦作

河南省第十二届运动会青年志愿者誓师大会

4月，东方红广场青年志愿亭建成运行。

共青团微信订阅号为代表的一批有影响、有特色的骨干网站和社交平台。争取社会资金50余万元，依托焦作火车站、东方红广场、龙源湖公园等青年志愿亭，铺设免费Wi-Fi，打造青年智慧广场，在方便公众免费获取网络资源的同时，向社会推介团的工作和公益事业。先后制作推出《焦作青年》和《焦作青年志愿者》形象宣传片，网络点击数突破20万次，被团中央在网站首页显著位置推荐。7月16日，团省委副书记、党组副书记李若鹏对焦作市网络宣传引导工作予以专门批示；9月，团市委被团中央确定为信息直报点。12月底，团市委争取焦作大学支持，建设实际网络志愿者工作阵地，开展“美丽焦作·清朗网络”活动，传播网络正能量。

【共青团焦作市十一届五次全委（扩大）会议】 2月28日，共青团焦作市十一届五次全委（扩大）会议召开。会议传达团中央、团省委全会精神，回顾总结2013年全市共青团工作，表彰了先进，部署2014年共青团工作。会议确定，2014年团的工作将着力在提高团的吸引力和凝聚力、扩大团的工作有效覆盖面上下功夫，团结带领广大青年在经济转型示范市和美丽焦作建设中贡献青春力量。市委副书记、市人大常委会主任王明德，市委常委、统战部长杨娅辉出席会议。

【焦作市“志愿文明之城”建设工作表彰暨第三届志愿服务市长奖颁奖大会】 12月2日，焦作市“志愿文明之城”建设工作表彰暨第三届志愿服务市长奖颁奖大会举行，庆祝第29个“国际志愿者日”。焦作市志愿者行动于1994年启动，截至年底，注册志愿者人数达18.6万人，占常住人口的5%以上，大专院校注册志愿者已占在校生总数的80%。市委副书记、市长张文深在大会上强调，各级党委、政府要把志愿服务作为一项重要事业，纳入经济社会发展总体规划，政策上大力支持，资金上给予扶持，为志愿服务健康发展创造有利条件。社会各界要大力支持、广泛参与志愿活动，在全社会形成有利于志愿服务的社会环境，营造“人人争当志愿者、人人都是志愿者”的浓厚氛围。张文深希望广大志愿者进一步坚定信心，开拓创新，让“奉献、友爱、互助、进步”的志愿服务精神在焦作大地发扬光大，不断推动志愿服务事业迈上新台阶、实现新发展，为加快经济转型示范市和美丽焦作建设作出新的更大贡献。市领导丁福浩、甘茹华、李海松向受到表彰的十佳志愿者和十佳志愿服务组织颁奖。

（任 静 马 鹏）

河南省五四红旗团委

焦作市公路管理局团委
焦作市职教中心团委

河南省青年五四奖章集体

焦作市城乡一体化示范区发展改革规划局

河南省五四红旗团支部

焦作大学艺术学院团总支
焦作市社会医疗保险中心团支部
解放区农村信用合作联社西城美苑信用社团支部
焦作市公安局山阳派出所团支部

焦作市新长征突击队标兵

焦作市公益性水利工程建设管理局青年突击队
焦作火车站郑焦城际铁路青年突击队
焦作市林业局青年突击队
焦作海关青年突击队
河南中轴控股集团股份有限公司技术创新青年突击队
焦作移动青年突击队
焦作太极拳体育中心项目建设指挥部办公室青年突击队
焦作电厂新机筹建处青年突击队
省道308焦作至沁阳段改建工程青年突击队
焦作市职教园区建设青年突击队

焦作市新长征突击队

中国铝业中州分公司技术中心科技降本突击队
焦作供电公司春林青年突击队
焦煤集团赵固二矿大学生一线采煤工群体
焦作方鑫隆实业有限责任公司设备厂铸造车间
焦作市交通运输（集团）有限公司客运二公司焦新城际公交行车组
焦作市妇幼保健院生殖医学中心
风神半钢子午线轮胎工艺技术突击队
焦作市公安局特警支队防暴大队
焦作市住房公积金管理中心综合服务大厅

沁阳市电业综合公司变电检修部共产党员服务队
沁阳市国税局办税服务厅
沁阳市人民医院急诊科青年突击队
孟州市第二人民医院青年志愿者服务队
孟州市河阳办事处青年志愿者服务队
孟州市产业集聚区青年先锋队
温县人民法院少年审判庭
温县供电公司共产党员服务队
温县看守所突击队
博爱县磨头派出所突击队
博爱县工业集聚区管委会综合科
博爱县电业局“红叶”青年志愿者服务队
武陟县公安局警察大队二中队
武陟县中小企业信用担保中心
武陟县动物卫生监督所
修武县产业集聚区青年突击队
云台山风景名胜区管理局创建办
修武县周庄镇青年突击队
解放区工业园区青年突击队
解放区七百间街道青年突击队
山阳区消防大队和平街中队
山阳区治理双违办公室青年突击队
多氟多股份有限公司国家实验室
马村区人民医院神经内科医疗团队
马村区实验学校八年级组
蒙牛乳业（焦作）设备处制冷车间
厦工机械（焦作）总装车间调试工段

十佳志愿服务组织

武陟县谢旗营镇亢杨村村级志愿服务站
“开心博爱”志愿服务队
山阳区党员志愿服务队
中站区李封街道衡苑社区爱心天使志愿服务队
焦作大学、焦作师专“小苹果”大学生志愿服务队
市环境保护局志愿服务队
市民政局“用爱传递爱”志愿服务队
市中级人民法院青少年维权志愿服务队
市人民医院医疗义诊志愿服务队
“爱心港湾”残疾人志愿服务队

十佳志愿者

王小荣　武陟县“孝行天下、慈爱人间”志愿服务队队长（敬老志愿者）
王成俭　博爱县柏山镇下期城村理发师（邻里守望志愿者）
王继昌　“焦作爱心助学会”发起人（助学志愿者）
任　亮　河南理工大学青年志愿者协会会长（青年志愿者）
孟钢栓　市东方红广场青年志愿亭负责人（便民服务志愿者）
贺林娟　沁阳一中学生（助残志愿者）
高　友　“焦作残疾人感恩车队”队长（助残志愿者）
贺营军　沁阳市个体榨油店经营户（敬老志愿者）
梁明霞　修武县城关派出所民警（敬老志愿者）
焦　兴　“焦作慈善义工社团”发起人（助困志愿者）

优秀志愿服务组织

沁阳市妇幼保健院“单车医疗队”
沁阳市国税局“税之蓝”志愿服务队
孟州市大定街道“知心哥哥、知心姐姐”志愿服务队
温县退伍军人电力志愿服务队
温县职教中心志愿服务队
博爱县爱心献血屋志愿服务队
武陟县“电力阳光”志愿服务队
修武县人民法院志愿服务队
解放区花园街社区“银龄系列”志愿服务队
解放区“爱心连线”志愿服务队
中站区龙洞街道武钢社区志愿服务队
马村区国税局志愿服务队
焦作广播电视台“善行焦作”志愿服务队
焦南监狱志愿服务队
市科技馆志愿服务队
市公安局定和派出所巾帼志愿服务队
“爱心早餐”志愿服务队

优秀志愿者

王龙卿　焦作日报社记者（文化宣传志愿者）
王志军　壹基金焦作户外救援队队长（应急救援志愿者）
石　娟　市图书馆职工（关爱留守儿童志愿者）
李　华　焦煤集团职工（青年志愿者）
李　腾　百度贴吧网络志愿者（网络文明志愿者）
李世轩　温县公安局应急指挥中心主任（助困志愿者）
李旭东　孟州市南庄镇南庄小学教师（文化宣传志愿者）
邱英梅　山阳区丰收社区志愿者（敬老志愿者）
张莉莉　市公安局解放分局民生派出所民警（便民服务志愿者）
苑一峰　“绿丝带·爱心送考”活动发起人（爱心送考志愿者）
段明超　武陟县理发师（敬老志愿者）
徐廷杰　解放区园林社区普法志愿者（普法志愿者）
高雪艳　温县义工助学联盟志愿者（助学志愿者）

·焦作市妇女联合会·

【概况】　2014年，市妇联坚持抓发展大事，办民生实事，解妇女难事，积极履职尽责，主动担当作为，最大限度地调动妇女的热情，最大程度地推动妇女的发展，凝聚全市妇女的智慧和力量，开启平等参与、促进发展的新局面，为美丽焦作建设作出了积极贡献，实现了全市妇女工作的新跨越。平安创建、家庭教育、妇女创业、信息宣传等工作均在全省领先。市妇联连续两届被评为省级文明单位，先后获2013–2014年度实施“母亲邮包”项目优秀实施奖、2012–2013年度实施“母亲邮包”公益项目先进集体、2013年度全省妇联系统“百篇调研报告评选”活动优秀组织奖、河南省寻找“最美家庭”活动优秀组织奖等。

全市农村妇女参选参政能力提升示范培训班

【巾帼建功美丽焦作活动】 2014年，市妇联组织召开纪念三八国际劳动妇女节104周年暨巾帼建功美丽焦作建设动员大会。会议表彰焦作市三八红旗手标兵10名，焦作市三八红旗手90名，焦作市三八红旗集体50个。下发《关于动员全市各级妇女组织和广大妇女围绕美丽焦作建设开展“一争两创”活动的实施意见》，旨在围绕加快经济转型示范市建设打造美丽焦作的奋斗目标，在全市各级妇女组织和广大妇女中深入开展争做“美丽女性”、创建“美丽家庭”、创建“美丽妇女组织”为主要内容的“一争两创”活动，团结引领全市广大妇女为美丽焦作建设建功立业。

【巾帼创业活动】 2014年，市妇联举办迎“三八”春风送岗位女性专场招聘会。全市共发放宣传资料2万份，组织专场招聘会12场，汇集各县市区企业650家，涉及金融、文秘、医护、管理、销售、家政、餐饮等行业，提供就业岗位2.5万个，参加求职的年轻女大学生、城镇失业妇女和进城务工女性共3万人，达成就业意向4600个。

实施妇女创业“万人扶持计划”，协调动员有实力、有爱心的女企业家和创业成功人士，鼓励其积极为妇女小额担保贷款工作提供担保基金，多渠道搭建资金帮扶平台。全市各级妇联通过沟通协调、组织培训、调研督导、培树典型等措施，积极开展妇女小额担保贷款工作。截至年底，全市共向创业女性发放贷款11亿元，受益妇女2万余人。

开展巾帼创业就业实用技能培训、巾帼扶贫培训、巾帼家政服务培训和女大学生创业培训，全年全市妇联共举办各级各类培训班290期，培训妇女2.6万人，市、县两级挂牌成立巾帼家政培训基地12个。举办女大学生就业创业政策宣讲活动，对女大学生就业创业问题进行指导，为她们搭起了“就业创业桥”。在全市大力表彰创业就业典型，命名表彰妇女就业创业示范园区15个，妇女就业创业示范街道14条，妇女就业创业示范户24户。

开展以争做“美丽女性”为主要内容的巾帼文明岗创建活动，对2009年以来的全国巾帼文明岗和省级巾帼文明岗进行集中督导检查，不断丰富创建内涵，深入推进优质服务。在窗口服务单位组织开展女职工礼仪展示大赛，组织全市广大妇女开展营造巾帼纪念林活动，全市各级妇女组织围绕科技创新、技能提升、高效优质服务、勤奋学习、追求知识等内容举办各类技能大赛。全年全市共开展岗位技能竞赛16场，参赛人员1000余人。

【妇女儿童维权】 以维权论坛为平台形成维权合力。为探讨新形势下妇女维权工作的新途径、新方法，健全妇联、法院密切合作的维权工作长效机制，2014年，市妇联联合市中级人民法院召开焦作市第五届妇女儿童维权论坛暨妇女维权协调会。全市妇联干部代表、市妇女维权站及爱心调解员代表、河南理工大女性性别与发展研究中心的专家、市中院各相关庭室负责人、各基层法院主管民事审判的副院长、庭长等共计50余人参加会议。与会代表就各自在维权工作中的成功经验、有益尝试和面临的问题做了精彩的交流发言。

完善信访代理维权工作新模式。制定《关于在全市开展妇女信访代理工作的意见》，以爱心调解为基础，以疏导代理为重点，进一步完善由信访代理员代理信访妇女向有关部门反映诉求的信访维权工作新模式。依托各级妇女信访维权服务平台（妇女儿童维权站、妇女儿童法律咨询室、妇女之家、综治工作室），设立健全妇女信访代理机构；规范壮大妇女信访代理员队伍，以各级妇联政治素质好、群众威信高、沟通能力强的妇联干部为主体，同时从社会责任感强、热心助人、有专业知识或调解工作背景的公安干警、法官、律师、人民调解员、心理咨询师等维权志愿者中选聘，建立一批专业化和社会化相结合的信访代理员队伍。截至年底，全市各级妇联共成立“爱心调解”组织800个，招募爱心调解员1850名，成立妇女信访代理组织200余个。信访代理员500余名。全市妇联系统共接待来信来访案件660余起，维权及心理咨询电话300余人次，结案率达98%。

以“送法进家庭”为重点，不断深化和睦（平安）家庭创建活动。全市各级妇联以“法律温暖、家庭幸福”为主题，大力开展法制宣传教

慰问贫困儿童

育。举办女子健身舞风采展示暨“防邪教知识进家庭”大型宣传活动；利用《焦作女性》栏目，在禁毒日、反家暴日、艾防日等重要节点进行平安和法制宣传；组织“妇字号”平安楼院女子看护队、爱心调解队、女子文艺宣教队等巾帼维稳志愿队伍，面对面、经常性地对社区居民、农村妇女、重点特殊人群进行思想疏导和法制教育，配合相关部门开展整治大排查、大教育活动，不断强化源头治理，激发家庭成员自我教育、自我管理的活力。全年共开展妇女维权服务50余次，发放宣传资料16万余份，悬挂横幅和标语150多条，受教育群众达20万人。

为充分发挥妇联组织在多元纠纷解决机制改革中的作用，创新有效预防和化解社会矛盾体制，市妇联制定《关于积极参与全市多元纠纷解决机制改革工作的实施方案》。以“一线、一站、一团队”（即12338维权热线、妇女儿童维权站、爱心调解团队）为抓手，深入扎实地开展以婚姻家庭为主的爱心调解和社会矛盾纠纷调处工作，与司法行政、人民法院等部门构建全覆盖诉调对接工作体系。在各级人民法院诉讼服务中心、人民法庭协调建立或派驻妇女儿童维权站或爱心调解组织，使妇联系统的爱心调解员在排查化解基层矛盾中切实发挥作用，防止婚姻家庭纠纷激化，促进社会治理法治化水平的提高。

【关爱帮扶工作】 2014年，市妇联针对留守流动儿童、孤残儿童等特困儿童群体，组织开展关爱贫困留守儿童免费观影、“送安全、送知识、送帮扶”“永结童心，善行焦作”义卖捐赠和冬日送暖等关爱活动。全市各级妇联共与贫困留守儿童结对289对，帮扶资金3.2万元，慰问贫困儿童4601人，捐赠物品1928件。高度重视平安建设分包联创工作，多次深入包创点主动对接，帮助解决综治和平安建设工作中的实际困难，资助包创点3万元用于视频监控建设，为包创社区配备腰鼓、架子鼓、太极扇、音响等器材设备。积极开展“走、进、访”驻村帮扶活动，先后开展为贫困家庭发放扶贫资金，对群众进行养殖、种植专业技术培训等活动。以“中国梦·巾帼情·志愿行”为主题，不断深化巾帼志愿服务活动，注册登记巾帼志愿者1000余人。继续深入开展“情系贫困母亲—巾帼志愿结对帮扶”活动，为贫困母亲提供资金扶持、爱心帮扶、心理疏导和就业岗位等服务，共有50多家企事业单位参与，帮扶资金5万余元，各类物品420件，先后帮扶100个贫困母亲。各级妇联组织重点开展巾帼志愿关爱空巢老人“夕阳红”行动，开展“六个一”系列关爱活动，为空巢老人排忧解难；针对“三留守”人员，组织巾帼志愿者到村（社区）开展形式多样的关爱活动，旨在传递社会正能量，在全社会形成扶危济困、奉献社会、关注弱势的良好道德风尚。

【家庭文化建设】 2014年，市妇联以“传承家庭美德树立良好家风”为主题，特邀开心妈妈公益网站创办人屈开老师和香港知名教育专家伍建新博士，举办“传承最美家风创建最美家庭”家教报告会。全市各级妇联共举办家庭教育报告会37场，受益家长1万余人；启动“心系妇儿——家庭教育空中课堂”公益项目，面向0~5岁儿童家庭开展家教知识普及；组织开展“争做文明使者、争当美德少年”活动，评选出50名美德少年。

以“传承家庭美德树立良好家

最美家庭活动颁奖仪式

风”为主题，开展“巾帼梦·家庭梦·中国梦”征文、演讲比赛和“心系妇儿——家庭教育空中课堂”等系列活动。充分发挥《焦作女性》、焦作妇女网等新闻媒体作用，大力宣传妇女典型和妇女工作，聚焦美丽焦作、美丽家庭、美丽女性。2014 年，郭欣欣家庭当选全国“最美家庭”、河南省“最美家庭”标兵户；杜雪娥家庭当选全国“最美家庭”提名、河南省“最美家庭”标兵户；程有才家庭当选河南省“最美家庭”，胡玲等 7 户家庭当选河南省“最美家庭”提名。

市妇联注重发挥网络的宣传作用，在妇联网站开辟《寻找最美家庭专栏》，设立“最美家庭”自荐区、推荐区、网友讨论区，并开通专题微博，坚持边宣传、边寻找、边推优，持续不断、大张旗鼓地向社会传播各类“最美家庭”典型。经过各级妇联组织层层推荐，家庭踊跃自荐，“母亲节”期间，市妇联隆重举行寻找“最美家庭”活动颁奖仪式，焦作广播电视台·电视综合频道以及焦作网络电视同步直播颁奖现场盛况。全市各级妇联共表彰和睦家庭示范户 262 户。郭欣欣等 10 户家庭当选焦作市“最美家庭”，屈占花等 20 户家庭当选焦作市“最美家庭”提名，焦苹果等 60 户家庭被授予焦作市现代文明六型家庭标兵户。

【妇联组织建设】 2014 年，市妇联规范制度，确保“下基层、访妇情、办实事”活动常态化。建立定点联系制度，把“妇情民意”联系点、“走、进、访”联系点和综治包创点有机结合起来，截至年底，全市已建立基层工作联系点 50 个。实施调研月制度，市县两级妇联上下联动，针对失地无业妇女、空巢老龄妇女、产业集聚区及非公有制企业妇女组织建设情况等重点、难点问题，扎实开展妇情民意调查，市县两级妇联共开展专题调研 46 场次。积极探索在妇女人数较集中、已建立党组织的“两新”组织、非公企业、市场楼宇、流动妇女居住地等领域建立妇女组织。全年全市新建非公企业妇女组织 28 个、社会组织妇女组织 7 个、产业集聚区妇女组织 9 个。对妇女之家进行提档升级，丰富“妇女之家”功能，提高“妇女之家”的综合利用效率。积极开展面向妇女儿童的综合维权、创业就业、教育培训、家庭教育、社区文化、家政信息、婚姻家庭、帮扶救助等方面的服务，全年创建省级示范妇女之家 35 家、市级示范妇女之家 100 家，在村（社区）建立妇女之家 1500 个，全市基本形成妇女组织网络化。

（杜　娟　薛东琛）

焦作市三八红旗集体名单

焦作市交通运输集团汽车客运总站站务服务组
焦作市公安局定和派出所户政中队
焦作市人口计生委
焦作市实验小学
焦作市实验幼儿园
焦作市特殊教育学院
焦作卫生医药学校
焦作师范高等专科学校
焦作市第二人民医院儿科
解放军第九十一中心医院
焦作同仁医院护理部
焦作市体检中心
河南理工大学医院
中国工商银行焦作新华街支行
建设银行焦作分行人民路支行
中国农业银行孟州市支行
焦作日报社发行投递公司
焦作市农林科学院科研组
人保财险温县支公司
中国联通焦作市分公司VIP客户营销服务中心
中国移动焦作分公司解放中路营业厅
焦作师专大学生心理健康教育与咨询中心
焦作市烟草公司卷烟配送中心配送部
焦煤集团赵固二矿选煤厂
沁阳市国税局办税服务厅
沁阳市人口计生委
沁阳市妇幼保健院
孟州市国税局妇委会
孟州市河雍街道办事处妇联
孟州市西虢镇妇联
温县人民医院
中国邮政储蓄银行温县支行
博爱县教育局
博爱县人口计生委
武陟县龙源街道办事处
武陟县木城街道办事处
武陟县谢旗营镇政府
修武县实验小学
修武县民政局
解放区财政局
解放区地方税务局
山阳区国家税务局
山阳区教育局
山阳区人力资源和社会保障局
中站区人口计生委
中站区李封街道办事处
马村区爱卫办
马村区莲花幼儿园
焦作新区人口计生委
焦作新区苏家作乡妇联

·焦作市科学技术协会·

【概况】 2014 年，市科协团结带领广大科技工作者，围绕“一条主线”（提高全民科学素质），突出“一个重点”（服务经济转型示范市和美丽焦作建设），抓好“三个一批”（创新一批载体，培育一批典型，打造一批品牌），实现“一个目标”（创建省级文明单位）的工作思路，推动科技创新，促进科技人才成长，取得显著成效。被中国科协调研宣传部评为 2014 年度全国科技工作者调查 A 级优秀站点；获 2014 年全国科普日活动优秀组织单位、2014 年度河南省农村科普宣传工作先进单位、第八届河南省青少年科学素质网上知识竞赛优秀组织单位，通过了省级文明单位验收。

【服务经济转型】 2014年，市科协围绕农业转型，开展科技服务活动，联合市农林科学院，按照政策法规、名词解释、农业新品种、农林新技术、解疑释惑的编写思路，组织专家和人员，编写《焦作市农业转型科普读本》，印刷1.2万本，发放到各级农林干部、农村专业技术人员、广大农民手中。到沁阳市油用牡丹基地、孟州市槐树乡丘陵地区等地调研，向市委、市政府提交《关于在我市建设油用牡丹基地的调研报告》和《关于在我市建设50万亩油用牡丹基地的建议》，得到市委、市政府高度重视，为调整农业结构，促进农业转型，引导农民依靠科技致富发挥了积极作用。完成《农村专业技术协会对焦作市农业转型的作用研究》软科学项目，并在《焦作经济》杂志上刊登发表。

围绕科技强市，争创中国科协创新驱动助力工程示范市。中国科协《关于实施创新驱动助力工程的意见》下发后，积极向市领导汇报，争取市委、市政府的支持，市委书记孙立坤作出批示："机遇很好，积极争创中国科协创新驱动助力工程示范市"。市长张文深两次听取汇报。编印焦作市汽车零部件、化学化工、有色金属、食品、生物医药等五大重点科技需求，召开争创中国科协创新驱动助力工程示范市座谈会。参加中国科协创新驱动助力工程示范市洽谈会，与10个全国学会进行对接，与5个全国学会进行合作协商。省科协已将焦作市作为首选候选城市向中国科协进行申报。

围绕服务美丽焦作建设，做好服务创建省级文明城市和美丽乡村建设等工作。积极配合市委宣传部、市文明办工作，细化工作方案，指导市科技馆做好文明标语宣传、文明服务礼仪、志愿服务等工作。

【全民科学素质工作】 2014年，市科协召开焦作市推进全民科学素质纲要实施工作会议，将全民科学素质工作纳入政府目标考核，与各县市区签订目标责任书。在河南省推进全民科学素质纲要实施工作会议上，焦作市做典型发言。市科技馆建设健康科学年、小小科技辅导员、科普志愿者服务站、科学表演秀、科普大篷车进综合教育实践活动基地、馆校合作六个载体，开展科普教育等活动。开展首届科学优质课评选活动，与市教育局联合下发《关于开展中小学科学综合实践活动的通知》。市科技馆与市邮政局合作开展"水果"系列邮票展览活动，成立科技馆少年邮局。开展"迎省运庆十一系列活动"、团体心理辅导"相亲相爱一家人""科普探秘大闯关""科普灯谜"等活动。争取中国科技馆"如影随形的辐射主题展"展出3个月，邀请台湾元智大学到市科技馆交流科普示范课，举办首届辅导员大赛，丰富科普活动形式，提升服务水平。市科技馆获河南省科普教育基地、焦作市国防教育基地、焦作市第三届志愿服务市长奖以及优秀志愿组织等。举办第28届青少年科技创新大赛，5个项目获中国科协等8部委奖励。与教育局联合组织4万多名中小学生参加河南省第8届青少年科学素质网上知识竞赛。组织15名优秀高中生分别到北京化工大学、西北工业大学、武汉理工大学参加为期一周的高校科学营活动。推荐焦作师专代表队参加全国青年科普创新实验暨作品大赛，获广州赛区第三名。

【基层科普行动计划】 2014年，市科协积极培育优秀农村专业技术协会、农村科普示范基地、农村科普带头人和优秀科普示范社区等典型，加强重点指导，发挥示范带动作用。沁阳市紫陵果农协会等7个单位和个人获省科协和省财政厅表彰，争取项目资金46万元。修武县聚龙蔬菜协会等5个单位和个人获中国科协、财政部表彰，争取奖补资金85万元。山阳区太行街道办事处阳光社区和马村区马村街道办事处颐春社区被评为全国科普示范社区，获奖补资金40万元。推荐修武县、沁阳市获河南省优秀科普示范暨公民科学素质建设先进县市区，分别获奖补资金20万元。指导山阳区太行办事处阳光社区把社区卫生服务站与社区科普惠民服务站健康自测科普小屋相结合，实现卫生资源和科普资源的共建共享，及时在山阳区和全市进行推广。解放区道清社区利用机器人工作室组织青少年开展学科学、开发智力活动。中站区武钢社区科普志愿者服务队建立爱心理疗室，每周定期为辖区老人免费按摩、量血压、测血糖。

【科普宣传】 2014年，市科协抓好中国科协流动科技馆、科普教育基地、科普图书等资源开发，为基层和公众提供科普资源支持。积极争取省科协支持，为焦作市配备一套中国流动科技馆资源。在修武县文化中心举办中国流动科技馆河南焦作修武站启动仪式，在修武县和武陟县分别展出2个月，参观者达20万余人次。推荐19项作品申报2014年河南省科普成果奖，获一等奖6项、二等奖10项、三等奖3项，市科协编写的《焦作市建设经济转型示范市科普读本》获一等奖。推荐焦作市科技馆、焦作师专自然科技教育基地、河南理工大学地球科学馆等6个基地为全国科普教育基地，推荐孟州市青少年活动中心为河南省科普教育基地。编印《气象知识与疾病预防》《低碳生活》等提升全民科学素质系列科普读本7000套。

发挥好主题科普活动资源的优势，提高公共科普服务水平。精心组织全国科普日活动，在市科技馆门前广场举行焦作市青少年科技创新市长奖颁奖暨全国科普日启动仪式，向各县市区赠送《焦作市农业转型科普读本》。科普日期间，组织全市科普教育基地免费对外开放。抓好反邪教主题科普宣传活动，和河南理工大学能源科学与工程学院签订共建大学生社会实践基地协议书。开展反邪教警示教育宣传月活动，发放宣传册、挂图2万余份。开展以“弘扬科学知识、提高科学素质、构建和谐社会、建设美丽焦作”为主题的反邪教知识竞赛活动，发放试卷2000份，对优秀组织单位进行表彰。12月4日第一个国家宪法日，联合市防范办在市行政服务大厅、市科技馆临时展厅组织开展反邪教宣传活动。

打造一批品牌，增强科普工作的影响力。打造青少年科技创新市长奖品牌，设立焦作市青少年科技创新市长奖，组织青少年科技创新市长奖评选，市长张文深亲自出席颁奖仪式为3名获奖青少年颁发荣誉证书和奖金。打造市农业科技流动大学品牌。积极总结市农林院把教室搬到农村、建立基层工作站、开展农业科技培训，建设农村科技信息网的经验，省实施科学素质纲要办公室简报刊登其做法，作为全省实施科学素质纲要工作优秀案例在全省推广。

【学术交流】 2014年，市科协邀请中国老科协科学专家报告团成员、中国科技馆原馆长、中国科学院博士生导师、全国政协委员、研究员王渝生到山阳区、博爱县、温县作《当代科技发展的态势与前瞻》的专题报告，近2000名党政领导干部和中小学生聆听报告。邀请著名积极心理学专家、博士王薇华在山阳区政府、温县政府作题为《提高人生幸福力，争做美丽焦作人》的专题讲座，1800余名干部群众听取报告。举办全市科协系统社会组织参与社会服务能力建设学习班；市珠算心算学会举办焦作市第23届海峡两岸珠心算通信比赛，市测绘学会举办“美丽中国”国家版图知识竞赛，市老科协会长侯趁意在省老科协重阳节会员日活动书法展示中获一等奖，市老科协理事孙宏坚演说的《老科协——我们筑梦的舞台》在演讲比赛中获二等奖。

【科技工作者之家建设】 2014年，市科协编纂《焦作科技专家风采》，共收录焦作籍院士、驻焦高校、企业和焦作本地235位科技专家事迹，展示了焦作市科技专家取得的成就和爱岗敬业、勇于创新、团结协作、服务社会的奉献精神。田德林、尹祥杰、赵勇3名科技工作者被市委、市政府命名为第九批市管专家，昊华宇航化工有限责任公司王松波获中国科协创新标兵称号，并获奖金1万元。深化建家交友活动，在沁阳市王曲乡里村举办2014年中国科协会员日送科技下乡活动，展出科普大篷车展品，开展专家义诊、农业专家现场咨询等活动，发放《焦作市农业转型科普读本》《中老年保健》《灾害防御手册》等20余种4000余份科普资料。召开焦作市科协2014年中国科协会员日座谈会。组织优秀科技专家座谈，征求完善建设科技工作者之家的意见和建议。制定出台《联系科技工作者制度》，启动市科协网站，建立科技工作者QQ群、飞信群，加强与科技工作者的联系。

(侯东恒)

首届焦作市青少年科技创新市长奖获奖名单

王　璋	沁阳市第一小学
杨　阔	焦作市第十一中学
和慧锋	温县第一高级中学

(各获奖金2000元)

中国科协财政部2014年“基层科普行动计划”奖补单位和个人名单

单位或个人	奖补资金
山阳区太行街道阳光社区居民委员会	20万元
马村区马村街道颐春园社区居民委员会	20万元
沁阳市养蜂协会	20万元
武陟县天雨林果种植协会	20万元
修武县聚龙蔬菜协会	20万元
博爱县寨豁乡小底大樱桃基地	20万元
温县南张羌镇马庄村马晶	5万元

河南省科协财政厅2014年“基层科普行动计划”奖补单位和个人名单

单位或个人	奖补资金
沁阳市	20万元
修武县	20万元
温县番田镇田旺奶牛养殖协会	6万元
沁阳市紫陵果农协会	6万元
武陟县四大怀药协会	6万元
博爱县嘉兴种植协会	6万元
孟州市南庄镇红太阳蔬菜生产基地	6万元
沁阳市南山无公害果蔬基地	6万元
武陟县裕丰菇业种植基地	6万元
孟州市南庄镇上口村邓东平	2万元
博爱县孝敬镇留村刘威风	2万元

·焦作市文学艺术界联合会·

【概况】 2014年，市文联及各团体会员切实履行“联络、协调、服务、指导”的基本职能，高扬社会主义核心价值观旗帜，突出中国梦的时代主题，坚持以人民为中心，创新工作机制、延伸服务手臂，勇于担当、真抓实干，各项工作取得新进展。市文联被河南省委宣传部授予“文明河南欢乐中原”群众文化活动先进单位。

【文艺创作】 2014年，市文联及各团体会员坚持以人民为中心的创作导向，着力通过采风创作、展演赛事、宣传推介等方式，推动文艺精品的创作和文艺人才的培养。出版《苟活》《摇滚乌托邦》等10余部原创作品，近100件作品在全国性、全省性赛事中获奖。张恒中、徐立新、薛广陈和张伶丽作品入选全国第十二届美展；全市46人入选省美展，15人获奖。画家秦寒光的25幅作品被中国美术馆珍藏；范霖、李英杰获中国摄影最高奖金像奖；邵晨获河南省第十届少儿戏曲小梅花大赛金奖，实现三连冠；焦作市选手获中国音乐“小金钟奖”——长江钢琴第二届全国钢琴比赛河南赛区一等奖，在河南省第八届

市文联在墙南村开展“文艺大讲堂”活动

“天中杯”戏曲“红梅奖”大赛中获1金3银，在中国加拿大文化节河南民间工艺展上获4金1银。作家马万里创作的《瓷在焦作》获中国作协重点扶持项目；青年作家朱自力作品获“我和美丽乡村”全国征文大赛一等奖；韩达、陈默、曲捷获市精神文明建设“五个一工程”优秀作品奖。

【文艺活动】 2014年，市文联组织策划多项大型文艺活动：筑梦美丽新焦作——焦作市“十大建设”摄影展，“百位共产党人百篇小传”朗诵活动全市巡演，焦作市五老书法展，第二届篆刻艺术展，第二届女子书画展，“美丽焦作聚焦省运康乐老年共筑梦想”书画摄影作品展和文艺展演，南水北调“书行天下，梦圆中华”千米书法长卷，焦作市“反四风·树新风”漫画邀请展，“建设美丽焦作，你我携手同行”征文大赛，水生态文明征文摄影大赛，“美丽焦作，志愿你我”摄影大赛，庆祝人民政协成立65周年书画摄影展，迎国庆·韩愈李商隐诗文书法美术作品展，焦作市第二届电视书法大赛，新年合唱音乐会等。

【文艺惠民活动】 2014年，市文联秉持文化为民、惠民、乐民的宗旨，在全市文艺系统广泛开展文艺志愿服务和文化惠民活动。成立文艺志愿服务工作站，组建千余人的专业文艺志愿服务工作队。在全市范围内建立电建社区、红月亮书店等7个大型社区文艺志愿服务基地，在部分村镇建立文艺志愿者服务站，邀请全市知名艺术家到各个站点授课献艺。开展“文艺大讲堂”活动，截至年底，共上课100多节，听课受益群众上万人。在六县四区20多个基层村镇举办千幅作品送千户活动。精心组织2014新年书法作品展、为身边的榜样书写春联、“送福进社区、欢喜过大年”义写春联、马年新春名家慈善书画展、“名家书画交流讲座”、美丽焦作·善行天下——名家书画慈善义卖会、爱心义卖救助患病男孩、2014焦作市“传承与梦想”首届油画精品展、首个“中国文艺志愿者服务日”赴焦煤集团敬老院文艺慰问演出、焦作市文艺志愿者千幅作品送千户许衡故里行、中州社区行、文艺家“支教”进校园走进市实验小学、焦作市庆七一走进革命老区合唱音乐会、庆“八一”翰墨抒怀赠武警、“美丽焦作幸福生活”寻找最美笑脸、如何领悟焦作文化公益文化讲座等活动，彰显文艺家的精神风貌，让人民群众分享文艺发展成果。

【对外文艺交流】 2014年，市文联坚持“走出去、引进来”，组织安排互访交流学习，开阔艺术家的创作视野，激发新的创作理念，积极向外宣传和展示焦作的美好形象和整体创作实力。市书协主席米闹、市剧协副主席杨林应邀参加全省文艺工作者座谈会和全省“深入生活、扎根人民”艺术创作基地采风座谈会；成功举办河南焦作·中国书画名家作品展、焦作·新乡首届工笔画提名展、三省六市（河南、山西、陕西，焦作、三门峡、晋城、运城、临汾、渭南）书法联展、中国著名作家走进焦作山水采风、第二届“印象金博爱·魅力青天河”全国摄影大展等大型活动。中国文联副主席、中国美术家协会主席刘大为、中国作协副主席廖奔等全国知名文艺家来焦传经送宝并对焦作市文艺工作进行调研指导，吸引全省乃至全国文

中国书画名家作品展开幕式

艺家慕名来焦参观交流。

【中国书画名家作品展】 10月19日至21日，由中华五千年动画文化工程促进会和市委宣传部共同主办，市文广新局、市文联、中华动漫书画院承办的河南焦作·中国书画名家作品展在市太极体育中心举行。共展出50余位中国书画名家作品120余件。中国文联副主席、中国美术家协会主席刘大为，中华五千年动画文化工程促进会主席、中国人民解放军艺术学院原政委少立宏，中华五千年动画文化工程促进会副主席董万章，河南省文联名誉主席、省美术家协会主席马国强，河南省文联副主席、省美术家协会副主席刘杰等应邀出席开展仪式。市委书记孙立坤宣布开展，市领导王明德、秦海彬、甘茹华、李海松出席开展仪式。

（朱自力）

·焦作市社会科学界联合会·

【概况】 2014年，市社科联团结、组织全市广大社科工作者，坚持“三贴近”（贴近实际、贴近生活、贴近群众）、“三创新”（创新内容、创新形式、创新手段），牢牢把握社会科学工作的方向，紧紧围绕市委市政府中心工作，积极开展课题调研、学术交流、学会工作和社科知识普及等活动，充分发挥社科界的思想库作用，为焦作市建设中原经济区经济转型示范市和美丽焦作建设作出积极的贡献。截至年底，市社科联所属学会、协会、研究会60个。

焦作市2014年度社会科学课题调研活动先进单位名单

孟州市委宣传部
博爱县委宣传部
温县县委宣传部
武陟县委宣传部
解放区委宣传部
中站区委宣传部
焦作师专科研处
河南理工大学宣传部
焦作大学科研处
焦作市卫生医药学校
焦作职工医学院
河南工业和信息化职业学院
焦作市财会学会
焦作市统计学会
焦作市人防学会

【社科普及】 2014年，市社科联继续以“焦作讲堂”和社科普及大篷车活动为抓手，广泛开展社科普及活动。先后举办学习十八大精神、学习市委十届六次全会精神等专题讲座10余场。配合省社科联开展河南省第七届优秀社科普及作品评选，向省社科联推荐的《图说嘉应观》《群众路线纵横谈》等8件作品分获特等、一等和二等奖，获奖数量和层次均超过往年。开辟社科普及专栏，在《山阳论坛》上开辟社科普及专栏，在全社会广泛普及中原经济区经济转型示范市建设等社科知识，提高人文素质。印发社科普及资料，市老科协、卫生学会、财会学会等许多基层学会（协会、研究会）印发大量的科普资料，下发广大群众。先后在全社会宣传和普及绞胎瓷、焦作市国家重点文物保护单位、孝道文化等社科人文知识。

【课题调研】 2014年，市社科联印发《关于组织申报焦作市社科联2014年度调研课题的通知》《焦作市社科系统2014年调研课题指南》，确定502项为焦作市社科系统2014年度调研课题，同时下发《关于焦作市社科系统2014年度调研课题立项的通知》。申报课题475项，结项454项，其中《焦作市产业投资结构研究》等93项成果获一等奖，《焦作市经济发展空间和潜力研究》等175项成果获二等奖，《焦作房地产市场下行前景不容乐观》等186项成果获三等奖。

【社科成果】 2014年，市社科联下发《关于焦作市2013年度社会科学优秀成果评奖的通知》，共评出社科优秀成果141项，其中特等奖10项，一等奖44项，二等奖47项，三等奖50项。向省社科联推荐报送《怀庆府志（校注本）》《财经权鉴——领导干部财经法纪风险识别实用手册》《文化修武》《岗位权力风险防控：理论、方法与实践》《在铁轨上飞驰的焦作梦——郑焦城际铁路对我市社会经济发展影响的思考与建议》《竹林七贤游历地调查研究》《焦作经济转型示范市财政政策研究》等优秀成果。

【《山阳论坛》编发】 2014年，市社科联新开辟“建设中原经济区经济转型示范市”“学习党的十八大精神”“学习党的十八届三中全会精神”“培育和践行社会主义核心价值观”“群众路线教育实践活动”“十大建设”“加快经济发展方式转变”“高层传真”等专栏，服务中心工作，服务广大读者，深受社科工作者欢迎。继续以《山阳论坛》为载体，充分发挥各学会、协会、研究会的作用，调动广大社科工作者的积极性，深入基层、调查研究、反映民情、建言献策，真正发挥社科联桥梁纽带、参谋助手的作用。全年编发刊物6期，共180多篇文章。

【全国首届中特道路、理论体系、制度论坛在焦举行】 8月6日，全国首届中国特色社会主义道路、理论体系、制度论坛在焦作市举行。论坛由中国社科院马克思主义研究院、广西师范大学出版社集团有限公司主办，中共修武县委承办，主要内容是深入学习贯彻习近平总书记系列讲话精神。中国社科院马克思主义研究院党委书记、院长邓纯东，市委常委、修武县委书记郭鹏出席论坛并讲话。

【“人的素质与社会发展”研讨会在焦

召开】 10月18日至19日，由中国人学学会、中共焦作市委主办，焦作大学承办的“人的素质与社会发展”研讨会暨中国人学学会第十六届年会在焦作市召开。本届年会以马克思主义人学与人的素质基础理论、人的素质与人的精神生活、人的素质与社会发展、人的素质与生态文明为专题，设立分会场开展专题交流。市委书记孙立坤出席开幕式并致辞。中国人学学会会长、北京大学哲学系教授丰子义致辞。中国人学学会名誉会长、北京大学哲学系教授陈志尚，学会副会长、中共中央党校副教育长教授韩庆祥，学会副会长、国家行政学院政治学教研部主任、教授范文出席开幕式。

（王江波）

焦作市 2014 年度社会科学调研课题一等奖

课题名称	责任人	参与人
焦作市产业投资结构研究	周 燕	
《国家新型城镇化规划（2014—2020年）》对我市的影响及建议	田 亮	
基于因子分析与聚类分析的中原经济区经济转型评价研究	吴 炜	刘文忠
焦作观光休闲农业发展的问题与思考	职 玮	刘文忠 吉得胜
“十二五”以来焦作工业结构的发展和变化	刘红艳	
焦作市城乡一体化发展存在的问题及对策建议	毛建军	田 亮
转型发展中焦作县域经济现状和问题探讨	代盛楠	刘文忠 侯艳芹
焦作市城市社区建设问题研究	皇甫幼洪	
群众路线教育实践活动问题研究	王国忠	李全意 梁慧娟
焦作市旅游资源开发利用问题调查与研究	秦红霞	杨宝玉 乔海燕 孟兆新 郜 颖 梁双红 皇甫幼洪
关于焦作市产业集聚区发展问题的调查	毕康健	杨胜利
焦作市产业结构调整与经济转型示范市建设问题研究	贾 媛	孟兆新 毕康健 李 娟 张利平
焦作市文化资源优势转化为经济优势问题研究	杨继红	余 青 张利平 刘新伟 李全意
焦作农村文化与农村经济协调发展的研究与思考	杨宝玉	秦红霞 贾 媛 乔海燕 李 娟
关于我市农村土地流转问题的研究	杨胜利	毕康健 徐恒杰 任耀杰
关于加强领导干部道德建设的调查报告	刘秋香	刘国重
南水北调工程建设对焦作市的影响调查研究	杨云松	
焦作市建筑业农民工工资水平分析	张建设	崔琳莺 侯 芳 李 云 张晶然 靳 静 张 玉 徐 悠
焦作市高校毕业生就业现状、问题及对策措施——以河南理工大学为例	张 娜	刘 婷 姜 冰 封 静 赵世芳
河南焦作太极文化产业的发展现状、存在的问题及对策研究	张 莉	任丽芳 王玉泽
焦作市家政服务行业发展的现状、问题与对策研究	李 创	王丽萍 李 艳
焦作市高校外事档案管理工作创新研究	张娟娟	任丽芳
焦作市高校教师职业压力研究	耿 延	吴鋆萍 余 阳 陈丽娜 张小奎
焦作市服务业对外开放现状及发展趋势研究	王宏磊	刘 冰 耿 延
中原太极武术文化国际化推广研究	范登伟	冉玉体 杨玉峰 朱冬梅
河南省道路运输事故多发的成因与治理逻辑	霍静娟	刘 涛
中外合作办学背景下大学生英语课外阅读行为习惯调查与研究	杨 晨	

续表1

课题名称	责任人	参与人
发展现代农业，保证粮食生产问题研究	张业明	宋娜娜 姜冰 何军 李壮文
传统戏剧与旅游的联动开发研究——以焦作怀梆、唢呐及高抬火轿为例	张亚红	
煤炭企业的 VOEC 管理体系构建与实施	刘战豫	卢晓峰 侯进红 郭爱乐 武言言
知识经济时代与高等教育变革	张莉	任丽芳 李明敏 王玉泽 王海波
现代生物技术课程教学方法探索与实践	牛景彦	崔正贺
焦作市新型城镇化建设研究——基于覃怀地域文化传承的视角	王院成	闫金龙 张自龙 靳小红 李敏
体验经济背景下焦作文化旅游产品深度开发研究	岳杰	郭晓霞 张玮
农村土地流转问题研究	张东明	赵泽祥 康亚莉
如何加强焦作与周边地区的合作	苏玉栋	
高职高专院校化学教育课程改革与实践研究	闫金龙	范志勇 王院成
高师数学教育课堂教学改革研究	范志勇	闫金龙 李苗苗
城镇化视域中焦作农村非物质文化遗产保护研究	靳小红	辛葆青 崔玉 王院成 郭永昌
焦作市动漫产业与休闲体育产业发展的融合与创新研究	张晓亮	高美真 李丽 胡丽芳
国家级示范校建设带来的启示	沈军生	王洪义 葛中新 王平
中等职业教育儿科护理学教学模式改革的探讨	孙玉凤	黄梅 李兰 庞攀 钟端 牛会巧
中等职业学校学生心理健康状况分析	樊海燕	苗茜 冯瑛 钱爱云 李金丽 周向辉 李颖梅
学校教育和家庭教育协调发展研究	李兰	孙玉凤 何仲韬 钟端 牛会巧
新课程呼唤下的作业改革之我见	刘冬妍	
学校教育和家庭教育协调发展研究	李颖梅	段红成 王秀丽 许海霞 刘文国 樊海燕
以传统伦理文化为载体对职教生进行人格培养研究	陈芳	
提高数学课堂教学效率，减轻学生课业负担的研究	姜爱琴	
关于如何提高种植专业学生对专业课学习兴趣的研究	杨林静	田宁宁 赵娜娜 赵亮亮
创新公共资源交易招投标监管方式的研究	刘俊梅	
新课程改革下高中历史教学初探	王莹	
焦作市公共图书馆服务体系建设	吴保成	
传统文化资源与构建和谐社会问题研究——以焦作地区传统文化为例	王波	韩丽
健全完善财政“大监督”机制研究	高晓光	古明文
焦作财政中长期预算调查与思考	任立宏	李新龙
太极文化产业与焦作经济转型	张海涛	
关于焦作市现代农业生产发展资金项目的调研报告	康黎明	
推行国库集中支付电子化管理的思考	王磊	
加强财政统发工资管理的实践与探讨	王新亮	

续表 2

课题名称	责任人	参与人
浅谈财政支农惠农政策	陈佩佩	
社保基金财务管理存在的问题及对策	安艳芝	薛　敏
财政支持农业生产全程社会化服务试点工作情况调研报告	董连心	
焦作市新型农业生产经营主体发展现状及财政支持方向研究	申明华	
焦作地区服刑人员未成年子女生存情况调查	陈　娟	
群众路线学习教育实践活动问题研究	潘平北	
关于农村空心村的调研报告	孙小明	
农村土地流转情况调研报告	崔兆鑫	
高等教育大众化形势下的高校思想政治教育创新机制研究	赵长胜	李永合　王艺萌
省市职业教育专业结构布局问题初步研究	常跃军	王宪军　常　亮　蒋莎莎
工学结合模式下高职素质教育探讨	蔡　蕾	王　芳　孙保强　常　亮
新农村建设的村庄规划研究	孔令强	杨真珍　王　敏　黄绍东
温县生态文明建设研究	李　磊	张翠云　田小涛
在市场竞争中提升人防资产资源开发利用效益	慕战平	
关于人防人口疏散地域建设融入新农村建设的思考	王　芳	
全面构建基于信息系统的人民防空综合防护体系	李建业	
青少年心理健康问题研究	胡东昊	
社区卫生服务体系构建探析	刘凤云	毕红娟　李　坤　陈献兰 裴秀琴
强化问题意识　深化农村改革	魏曰高	
关于中站区如何加强网络安全和信息化建设的几点建议与思考	樊坤太	张　丹
密织农田林网　助力美丽博爱——关于博爱县农田林网建设的调研报告	牛生霞	
抓转型　促民生　着力打造实力、宜居、美丽、和谐新博爱	李平启	
农村基层党风廉政建设情况的调查与思考	张王成	
围绕平台抓招商	刘文年	
以社会主义核心价值观推动孟州文化发展新格局	杨树亮	
积极引导农民进城落户　全面加快新型城镇化进程	魏超杰	
关于进一步完善土地收支预算管理制度的思考	王丽君	
论财政国库管理制度改革与财政监督新机制的构建	毋麦堆	
浅析焦作市会计委派制改革	李开贞	许　军
“小金库”治理制度建设的实践与探索	王　伟	徐小霞
新行政单位会计制度浅议	常　魁	
关于政府投融资平台转型发展的思考	王玉娜	
互联网对社会管理与公共服务的机遇与挑战	张清荣	鞠艳霞　王海茵　张芸芸 郑志辉
网络环境下高校《计算机文化基础》课程研究性学习的探索与实践	郭红军	李永合　王艺萌

焦作市2014年度社科优秀成果奖

特等奖

成果名称	成果形式	作者	作者单位	参与人	发表媒体及时间
太极功夫	著作	严双军	温县		2014.8 中州古籍出版社
陈氏太极拳文化信息库研究	著作	张　辉	河南理工大学	申国卿	2014.11 九州出版社
河南农村人居环境综合整治问题研究	调研报告	王晓梅	河南理工大学		2014.10 省农委办采纳 2014.3 河北工业大学学报 2014.6 农村经济与科技
中国煤矿革命史（1921–1949）	著作	薛世孝	河南理工大学		2014.10 煤炭工业出版社
走近毛泽东	著作	李光彩	市职教中心		2014.12 中共中央党校出版社

一等奖

成果名称	成果形式	作者	作者单位	参与人	发表媒体及时间
焦作影视城旅游发展战略分析及对策探讨	论文	周晓冰	河南理工大学		2014 第 4 期河南理工大学学报
文化传承创新与大学使命	论文	洪振涛	河南理工大学		2014.10 高等农业教育
传统思想政治教育发展形态的知识考察	论文	王新刚	河南理工大学	李婧华 南大伟	2014.6 西南科技大学学报
群众路线与实现中国梦的内在逻辑	论文	张富文	河南理工大学		2014 第 5 期总 161 期科学社会主义
国内外低碳物流研究评析	论文	王丽萍	河南理工大学	王兵兵	2014.12 资环开发与市场
河南省特色产业集群的发展现状及对策研究	论文	李　创	河南理工大学		2014.4 第 253 期现代管理科学
多种视角下的中国乒乓球运动研究	著作	马孝志	河南理工大学		2014.9 吉林大学出版社
基于风险的特种设备使用单位安全分类监管研究	著作	江书军	河南理工大学		2014.8 中国时代经济出版社
我国传统武术文化遗产的法律保护	论文	吕云龙	河南理工大学		2014.10.18 光明日报 理论版
我国社区体育发展问题及完善策略	论文	李　浩	河南理工大学		2014.7.20 光明日报 理论版
全国学前教育专业“十二五”系列规划教材《乐理》	教材	洪雅楠	焦作师专	刘明媛 谭李陈	2014.8 南开大学出版社
人教版八年级下册《思想品德》教材案例指瑕	论文	常爱新	焦作师专		2014.8 教学与管理
竹林七贤对白居易的影响	论文	焦尤杰	焦作师专		2014.2 宁德师范学院学院学报
清代怀庆府城镇经济的发展	论文	程　峰	焦作师专		2014.7 新乡学院学报
“文化焦作”背景下的乔叶小说创作	论文	张凤梅	焦作师专	聂艳华 孔敏娜	2014 年焦作市社科联调研课题
学步小札	著作	杨家卿	焦作大学		2014.11 河南人民出版社
用法治保障生态文明建设	论文	延永玲	市委党校		2014.12 法制与社会
宗教问题与和谐河南建设	论文	任士敏	市委党校		2014.1 湖南省社会主义学院院报
儿科护理学	教科书	孙玉凤	焦作卫生医药学校	黄　梅 刘素萍 李　兰	2014.1 郑州大学出版社
护理学技能综合实训	教科书	高晓梅	焦作卫生医药学校	王　蕾 李　娟 徐　敏	2014.9 中国协和医科大学出版社

续表

成果名称	成果形式	作者	作者单位	参与人	发表媒体及时间
联系山阳——焦作名胜古迹对联集锦	著作	王　东	焦作市图书馆		2014.12 中国文联出版社
焦作市农业转型科普读本	著作	李孟周	焦作市科协	段新国 董和平 李天福 李福中 等	焦作市科协采用
档案馆库房管理手册	著作	李兴利	焦作市档案局		2014.7 河南大学出版社
焦作绞胎瓷	论文	韩金昌	焦作市档案局	李兴利 柴战柱 黄岩臣	2014.10 档案参阅
企业所得税二十年运行情况分析报告	论文	陈国全	焦作市国税局	袁爱菊	2014.4 焦作市国税局调查与研究
刑事再审检察建议的应用及完善——从一起再审改判案件谈起	论文	苗东升	马村区检察院		2014.6 中国检察官
从石刻文物谈焦作煤炭开采及相关问题	论文	宋艳阳	焦作市博物馆		2014.2 中原文物
浅谈非物质文化遗产博物馆的七大要素——以中国太极拳博物馆为例	论文	张保民	焦作市博物馆	周瑞花	2014.10 博物馆论丛
推进财税信息共享服务社会综合治税	论文	赵军华	焦作市财政局		2014.5 财经界
努力在市场竞争中提升人防资源开发利用效率	论文	慕战平	焦作市人防办	李建业	2014.2 中国人民防空
河南焦作出土连阁式陶仓楼综述	论文	韩长松	焦作市文物局	成文光	2014.4 中原文物
新形势下深化人社领域改革举措探讨	论文	韩明华	焦作市人社局	李　新	2014.12 人力资源开发
河南焦作店后村汉墓发掘简报	论文	张丽芳	焦作市文物局	刘静云 冯春燕	2014.2　华夏考古
焦作市 2005-2011 年度学校免疫规划针对传染病流行趋势分析	论文	张喜英	焦作卫生医药学校	王　军 陈新岭	2014.3 现代医学杂志
淬炼成钢	著作	龚　斐	焦作市公安局	冯超军 胡香香 周银平	焦作市公安局采用
基于新媒体环境下的二语习得研究	论文	杨　晨	河南理工大学		2014.5 下旬刊语文学刊
向美向善　德瑞武陟	论文	闫小杏	武陟县		2014.4 山阳论坛
地域文化是“文学豫军”创作的根脉和灵魂——“中原作家群”作品审美对象观照	论文	徐春浩	河南理工大学		2014.3 第 167 期文艺理论与批评

·焦作市残疾人联合会·

【残疾人培训就业】　2014 年，市残联全面改革残疾人培训办法，确定以市场为导向，以基地为依托，以培训为手段，以创业就业增收致富为目的培训思路，改过去的残联依托培训学校，直接抓培训，纯粹讲理论，为现在的残联抓实体基地（农村突出种养加龙头合作社，城区突出服务业电子商务、餐饮、修理、盲人按摩等），依托基地开展培训的模式，在全省率先推出并实施独具特色的残疾人培训致富工程。截至年底，各县市区都选出了培训基地，孟州残联“油用牡丹”培训基地首期培训 200 多人。全年全市共培训残疾人 3586 名，帮扶残疾人实现就业 2184 名。

【残疾人扶贫救助】 2014 年，市残联积极加强与相关部门的联系配合，从残疾人扶贫工作入手，开展了一系列残疾人救助工作。开展省级农村残疾人扶贫示范基地创建活动，新建省级扶贫示范基地 2 个，市级扶贫示范基地 4 个，县级残疾人扶贫基地 12 个，帮扶带动 1487 名残疾人提高了家庭收入。协调民政部门落实重度残疾人生活救助政策，使全市 1.22 万名持证重度残疾人（不含听力、言语二级）享受了救助。加强与市住建局结合，将 494 户贫困残疾人纳入全市农村危房改造项目中，将给予重点救助。实施“春暖残疾人”系列活动，春节期间共救助贫困残疾人 4736 人，发放救助金及慰问品共计 79.92 万元。加大对残疾人大学生的救助力度，将各类大专以上全日制高等院校录取的 31 名残疾人考生全部纳入统战部、团委和残联的救助范围。做好燃油补贴发放工作，共为 2046 名残疾人发放燃油补贴 53.20 万元。

【残疾人托养服务】 2014 年，市残联积极做好残疾人托养服务工作，争取国家彩金“阳光家园计划”残疾人托养服务项目经费 40 万元，服务补贴 630 人，其中机构托养服务 25 人，居家托养服务 605 人。市县两级残联自筹资金提供托养服务 325 人。

【残疾儿童抢救性康复】 2014 年，市残联全面改革 0~6 岁残疾儿童康复管理办法，实现由计划分配向市场竞争的转变。由过去的简单行政手段计划确定康复医疗机构，变为康复医疗机构通过公开招标竞争，选择权交给家长。市纪委和市残联纪检组全程监督，媒体全程报道，真正实现公开、公平、公正，社会反响很大。《东方今报》《焦作日报》《焦作晚报》和电视台作了报道，省残联专门调研，对这一做法给予充分肯定，在全省会上作经验介绍。截至年底，完成省定焦作市 371 名 0~6 岁残疾儿童康复任务。

【残疾人信访维权】 2014 年，市残联建立以乡村残疾人专职委员队伍为基础，县级残联为工作主体，市残联统筹运作的三级信访工作网络，发挥乡村两级专职委员队伍的职能作用，健全乡村两级残疾人维权工作联络站，及时把握残疾人维权需求，了解基层信访工作动向，准确掌握信访线索，及时上报信访信息，形成了残疾人信访动态底子清、情况熟、信息准、反应快的工作局面。全市残疾人来信来访较往年呈大幅度下降趋势，没有发生一起群体及个人越级上访事件。市县两级残联共接待来访 96 人次，办理诉讼案件 18 件，举办法律宣传活动 10 次，发放宣传资料 4000 份，解答残疾人法律咨询 390 人次，代写法律文书 68 余份，为全市 252 名残疾人提供了法律援助。

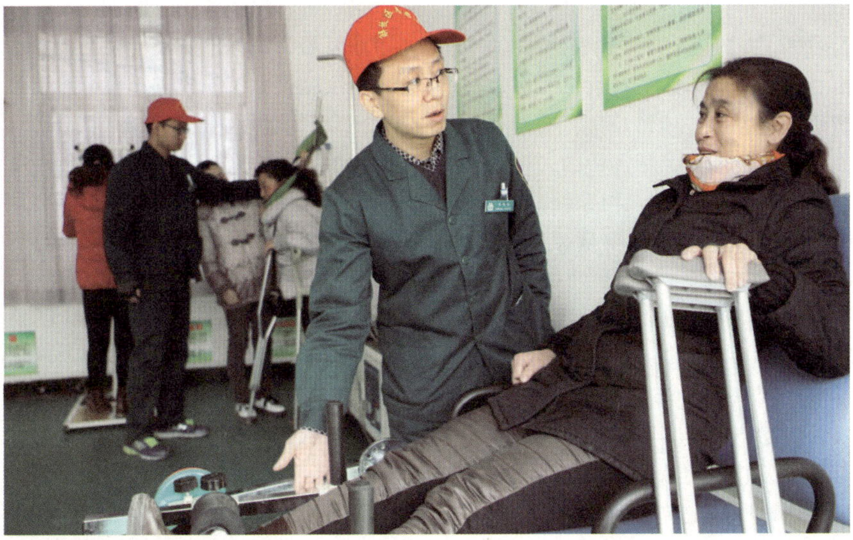
残疾人康复训练

【残疾人文体活动】 2014 年，市残联围绕“开展基层特奥活动，实现美好中国梦”主题，组织开展形式多样、内容丰富、效果显著的特奥日活动。活动中，共发放各类宣传材料 2000 余份，制作横幅 66 条，黑板 120 块。以“养成健身习惯、享受健康生活”为主题，组织开展丰富多彩的残疾人“健身周”活动。据统计，全市共有 2285 名残疾人参加残疾人健身周活动。加大基层残疾人文化社区的建设，推荐沁阳市沁园办事处袁屯社区、中站区龙洞办事处武钢社区为全国残疾人文化进社区优秀社区，中国残联给予每家优秀社区补助 1 万元。成功举办焦作市第六届残运会，选拔优秀残疾运动员参加 8 月 27 日至 29 日在郑州举办的省六届残运会，取得全省金牌榜第二、奖牌榜第二、团体总分第二的历史最好成绩。

【爱心助残公益年活动】 2014 年，市残联开展“爱心助行”活动，为贫困下肢残疾人免费捐赠轮椅 1500 辆；开展“爱心助视”活动，免费为全市新生白内障患者实施手术 1050 例；开展“爱心助残”活动，免费为 3000 名残疾人发放插卡收音机，价值 17 万元；开展“集善如新儿童蜜儿餐”项目，免费为残疾儿童发放“蜜儿餐”产品 2500 袋，价值 50 万元。

【残疾人基本服务状况和需求专项调查】 2014 年，焦作市按照国务院残工委整体部署和省政府残工委安排，及时建立由教育局、民政局、人

焦作市残疾人心理辅导站揭牌仪式

社局、卫生局、财政局、发改委、工信局、公安局、统计局、残联组成的全市残疾人基本服务状况和需求专项调查联席会议制度，成立联席会议办公室，具体负责相关事宜并保质保量提前完成全市的核查工作，为入户调查夯实了基础。焦作市核查工作完成情况在全省排名第二。

【残疾人心理辅导站成立】 10月22日，焦作市成立全省首家残疾人心理辅导站，设立市残疾人心理咨询室和心理咨询热线，聘请国家承认有资质的心理咨询师，通过面对面咨询和电话咨询两种形式，免费对全市有心理服务需求的残疾人进行心理咨询和辅导，填补了残疾人心理咨询和辅导方面的空白，对扩展残疾人康复服务领域，帮助有心理障碍的残疾人恢复身体功能、克服障碍，以健康的心理状态参与社会生活起到积极的促进作用。截至年底，心理咨询热线共接受电话咨询53人次，面对面咨询5人。

（彭春磊）

·焦作市归国华侨联合会·

【为侨服务】 2014年，市侨联突出“访民情、知民意、解民忧”，发现困难问题，想方设法解决问题，为侨排忧解难。全市共办理涉侨案件和协调化解涉侨矛盾纠纷近30起（市侨界法律维护中心办理14起）。通过深入侨企、侨户调研及归侨侨眷诉求，解决和发现工作和生活中存在的困难和问题。开展对侨界的关爱活动，春节及中秋节，全市各级侨联组织看望慰问老归侨和困难侨眷等200余户，发放慰问金和慰问品共计价值6万余元。联合四城区侨联，邀请医疗保健专家，为全市归侨侨眷举办健康保健知识讲座，并发放宣传册和挂图共200余册（张），听众50余人。组织全市侨界书法爱好者参加中国侨联举办的第二届世界华侨华人美术书法展。

【招商引资】 4月，市侨联组织全市20多家侨企参加河南——东盟经贸洽谈会，进行项目对接，为侨企招商引资寻找商机。帮助侨商、侨企解决实际困难和问题，完成焦作华侨医院从业资格验收，取得从业许可证，6月正式开诊，并帮助融资110万元。温县侨联帮助企业在太极网注册“太极国际旅行社”，搭建太极拳内外交流新平台，全年共接待团体20余次，人数达1000余人。中国侨联基金会“爱心图书馆”落户沁阳，北京链家房地产经纪有限公司向沁阳市西向镇南作村小学捐赠“爱心图书”3400余册以及书柜和一批体育器材，帮助建立“爱心图书馆”。

【联谊活动】 2014年，市侨联依托焦作市寰宇翻译有限公司成立焦作市侨联印尼经济文化交流中心，拓展海外市场，共向印尼国家输送汉语教学教师14名。邀请海外侨领、知名侨商和专业技术人才莅焦考察，进行广泛的联谊，介绍他们与焦作企业洽谈合作项目。全年应邀来焦作市和回乡探亲的知名人士达30多位，主要有旅美哈佛大学教授、生物学博导庞小伍，智利知名侨领任勇，澳大利亚侨领傅智涛、杨冬冬，香港创智集团副总经理郑风元，省侨商会委员、河南省新能源商会董事长王俊清，省侨商会理事、华侨龙城董事长程远顺，美国赢创集团总裁、博士田公路，加拿大侨领周万方等，他们对来焦作市创业发展表示极大的兴趣。

（张晓双）

·焦作市红十字会·

【概况】 2014年，市红十字会以弘扬人道、博爱、奉献的红十字精神为宗旨，以“携手人道、共建和谐”为主题，大力开展赈灾救助和捐献造血干细胞、捐献遗体器官、现场急救技术培训等各项业务，不断推进红十字事业发展，被河南省红十字会授予造血干细胞捐献工作先进单位，全市红十字会系统1人获中国红十字会总会颁发的金质勋章，2人获中国红十字会总会颁发的银质勋章，8人获中国红十字会总会颁发的铜质勋章。

【红十字博爱送万家】 1月14日，市红十字会春节送温暖活动在马村区敬老院举行。市红十字会向马村区敬老院45位五保老人赠送价值2万元的棉衣、保暖衣、暖手宝等物品。同时各县市区红十字会开展春节送温暖活动，充分发扬“人道、博爱、奉献”的红十字精神，给辖区最困难的群众送上红十字会力所能及的关爱，帮助他们度过一个温暖、祥和的春节。4月25日，市红十字会到马村区开展访贫忆苦、慰问贫困家庭活动，走访3户贫困家庭，分别送去大米、食用油、面包等慰问品，并与贫困家庭成员进行交谈，详细询问他们的生活及身体状况。

【造血干细胞捐献】 5月8日，市红十字会在武陟县西陶镇卫生院、大封镇卫生院开展招募捐献造血干细胞志愿者活动，采集造血干细胞样本104份。5月13日，在温县开展造血干细胞捐献志愿者招募活动，有77人加入中国造血干细胞捐献者资料库。同时在解放区、博爱县相继开展捐献造血干细胞活动。全年共采集造血干细胞血样277人份，有91名志愿者与患者初分相合，12名志愿者抽取高分辨血样送去检测，为5名志愿者做全面体检，1名志愿者成功实现捐献愿望。

【遗体器官捐献】 2014年，市红十字会加大遗体器官捐献工作宣传力度，通过基层红十字会组织宣传到农村、社区，让群众知道器官捐献。在全市各市级、县级医院悬挂宣传版面20余张，方便更多的群众了解遗体器官捐献工作。通过各县市区红十字会张贴宣传画300余张，发放宣传折页1万余份。

【为云南鲁甸地震灾区募捐】 8月3日，云南省昭通市鲁甸县发生6.5级地震，市红十字会迅速启动应急响应，在市红十字会网站上公布捐赠方式，接受社会各界捐赠，全市共募捐16万余元。

【现场救护培训】 2014年，市红十字会到社区、公司、学校、监狱、机关等，全方位开展现场救护知识培训，共培训人员2000多名。4月18日，市红十字会到中纬测绘公司普及应急救护知识和技能，向60余名员工讲授国际红十字运动知识和现场心肺复苏术、创伤现场四项救护技术及交通事故、触电、溺水等意外事故的现场救护，指导其员工进行胸外心脏按压操作训练。5月14日，市红十字会在市远翔素质教育拓展培训学校为市直小学——实验小学、道清小学、云台小学学生400余人进行现场急救技能培训，为学生讲解心肺复苏及烧伤、溺水等情况的急救措施，使学生初步了解心肺复苏及遇到烧伤、溺水等情况的急救，为学生开展自救互救打下基础。5月23日，市红十字会为平光恒锐制衣有限公司红十字急救员进行复训，该公司组长以上干部40余人参加培训。还为焦作市规划局、河南理工大学图书馆等单位职工进行救护知识培训。

【对外联络】 10月9日至23日，香港天邻医疗队一行50人第10次在沁阳红十字会医院，为贫困儿麻、脑瘫等骨科患者及眼科患者进行义诊，并免费进行手术、物理治疗和配制肢具等。为193名脑瘫、儿麻后遗症等骨科病人进行义诊；为38名贫困脑瘫、儿麻后遗症等病人免费实施矫治手术73台，免费进行物理治疗148人次；为34名患者免费进行白内障复明手术；免费配制肢具80件、拐杖19对、助行器12件，捐赠轮椅9辆，共计免除费用48万元。

（张玉茂）

人民武装

·焦作军分区·

【概况】　2014年，焦作军分区贯彻落实党中央、中央军委和习近平主席的决策指示，坚持“稳健持续、真抓实干、创新提升、转型奋进”的工作遵循，提升了遂行多样化军事任务的能力，分区部队和民兵预备役建设呈现稳步发展、整体提高的良好局面。军分区等12个单位12次、13人（次）受到省军区以上表彰和奖励。

【思想政治建设】　2014年，焦作军分区把学习贯彻军委主席习近平系列重要讲话精神作为首要政治任务，紧紧扭住高举旗帜、听党指挥这个根本，认真落实中心组学习制度，坚持“联学共教、问题牵引、课题牵引”的路子，学习贯彻习近平重要讲话、党的十八届三中、四中全会和全军政治工作会议精神，理论武装扎实有效。深入开展“牢记强军目标、献身强军实践”主题教育和各项专题教育，全体官兵和预备役人员高举旗帜、听党指挥、履行使命的思想政治基础更加坚实。以“每月四堂课”为重点的经常性教育持续深化，坚持“尊重官兵主体地位，发挥官兵主人翁作用”和大谈心活动，结合形势发展变化搞好有效的教育引导，保持部队的高度稳定和集中统一。

【党委和干部队伍建设】　2014年，焦作军分区认真开展党的群众路线教育实践活动，坚持贯彻“反四风治八病、转五型促七转”活动思路，始终坚持教育领先、从严标准、问题导向、推动建设，坚决清理纠治上级指出和本级查找的突出问题，建立健全制度，严格执行作风建设各项规定，部队风气实现实质性好转。认真贯彻全军政治工作会议精神，查找了9个方面的问题，开展以“查理想信念、查遵规守纪、查敬业奉献，破除惯性、惰性、功利性，立起对党忠诚、执行纪律、干事创业、自身形象的标准”为主要内容的“三查三破四立”活动。着力严肃党内政治生活，及时调整健全各类组织，制定并施行严格党内生活措施，党内生活日趋正常。大力加强政治生态建设，围绕省军区明确的党委班子和领导干部“双五条”要求，查找问题，接受省军区的考核帮抓，并对团级党委班子进行初步考察，党委班子核心领导作用明显增强，军分区党委和沁阳市人武部党委、博爱县人武部党委被省军区表彰为先进党委。坚持公开公平公正选人用人，严格教育管理，加强培养帮带。

【部队行政管理】　2014年，焦作军分区认真贯彻党的十八届三中、四中全会关于依法治军、从严治军的要求，突出抓好经常性教育和一人一事工作。坚持“日查周讲月评季奖”制度，加强不打招呼的突击检查，定期组织讲评评比，促进安全管理工作的落实。加强领导干部管理监督，分区值班室每周对团级单位主官在位情况进行电话视频抽查，分区领导经常察看和抽查团级单位主官在位与履职情况。开展安全隐患排查整治活动，重点对车辆运行、人员管理、信息安全、季节性事故预防等进行隐患排查，指出存在问题，研究整改措施，收到良好效果。进行枪支弹药和民兵武器装备仓库专项整治。大力加强安全文化建设，注重在学习、工作、生活等各类场所植入安全文化元素，并在温县人武部组织召开安全文化建设现场会，形成了人人想安全、事事讲安全的良好氛围，部队保持安全稳定，军分区被省军区表彰为安全工作先进单位。

【分区和基层建设】　2014年，焦作军分区研究制定“每月至少了解一次联系点情况，重点工作及时跟上抓一个全过程，每季度进行一次全面了解，每半年与全体人员谈一次心，每年把基层武装部帮抓一遍”的“五个一”帮抓机制，促进帮建基层工作制度化、规范化。坚持以点带面、试点先行，先后在温县人武部抓“四部五员”和职工队伍建设试点，在解放区和山阳区抓基层武装部建设试点，为基层规范化建设提供有力抓手。始终把专武干部队伍建设作为帮抓基层工作的重点，在抓好专武干部队伍集中训练、每周召开例会的基础上，组织举行新任职人武部党委第一书记和所有基层武装部政治教导员就职仪式，增强地方领导关心支持武装工作的责任感、荣誉感，调动专武干部的积极性。在基层武装部建设上，坚持分区领导机关舍得投入精力，团级单位舍得投入财力。全年用于基层武装部规范化建设投入 183 万元，11 个团级单位发展态势良好，105 个基层武装部 99 个达标。

【职工管理现场观摩会召开】 5 月 26 日，军分区职工管理现场观摩会在温县召开。近年来，军分区为搞好职工管理，激发职工活力，发挥职工作用，切实解决人武部机关非军事化的问题，提高人武部正规化管理水平，强力推进“四部五员”规范化建设，依据《河南省军区人武部“四个秩序”规范化建设细则》和《河南省军区职工队伍建设规范》，制定下发《职工管理规定》和《“日查周讲月评季奖”量化考评实施细则》，对职工队伍的一日生活秩序（早操、整理内务、交班和日常办公）、日常管理（岗位分工、办公场所设置、制度规定、值班、着装、请销假）及有关量化考评，均作了详细的规定。与会人员观看温县人武部职工正规化管理录像。军分区司令员杨文耀、政委宫松奇和党委常委、分区机关干部、各县市区人武部及干休所的主官、温县人武部全体职工参加会议。

【战备训练】 2014 年，焦作军分区大力加强战备设施建设，完成分区作战值班室改造，进行军事综合信息网、310 文电系统、电视电话会议系统、光缆线路、重要目标远程监控系统及营院监控系统升级改造，建设分区战备库室和战士宿舍，规范战备值班秩序。组织官兵和专武干部集中训练，狠抓重难点课目和实战化训练，政治工作、后勤工作坚持向打赢聚焦用劲，始终保持大抓军事训练的强劲势头。军分区和武陟县人武部、马村区人武部被省军区表彰为军事训练先进单位，司令部被省军区表彰为先进司令机关。认真做好民兵整组工作，全市共编建 236 支基干民兵分队 1.66 万人，武陟县应急防汛连被省军区列入河南省民兵预备役应急大队。

【冬季野营训练】 12 月 15 日至 19 日，军分区机关带 4 个城区人武部进行为期 5 天的冬季野营训练，共参训 59 人（其中现役干部 27 人、战士 13 人、预备役 9 人、职工 10 人），动用车辆 16 台，各种装备器材 100 余部（套件），途经博爱县、沁阳市、孟州市、温县、武陟县，总行程 215 公里（其中徒步行军 63 公里，摩托化机动行军 152 公里）。主要进行常行军、强行军、战斗勤务、指挥所开设及综合保障等课目的训练。通过训练，锻炼提高首长机关的组织指挥能力、协调配合和团结协作意识，提升现役干部的基本技能，锤炼部队的战斗作风。

【后勤综合保障】 2014 年，焦作军分区围绕建设“打仗型”后勤和保障“3+2”任务，修订完善后勤战备方案计划，抓好团级单位后勤“一室一库”建设，开展后勤按纲施训活动。落实财经管理制度，细化后勤管理规定及落实措施，扎实开展财经管理专项整治和政府专项经费普查并及时进行整改，行政消耗性开支实行月控化和红线预警，严格执行公务接待和作风建设规定，行政消耗性开支同比下降 31.23%，接待费下降 80%，财经管理秩序更加规范。积极推进财务管理改革、物资集中采购制度改革和空余房地产租赁改革，抓好办公用房清理整治工作。组织开展驾驶员教育整顿、军车运行专项整治活动，规范车场日、车辆派遣使用、维护保养、“一包三集中”等制度。完成战备库室建设和武器库改造，指导博爱县人武部展开营区整体搬迁新建。

【征兵工作】 2014 年，焦作军分区针对“当兵冷、征兵难、廉洁征兵压力大”的特殊形势，注重发挥军地合力，深入搞好宣传发动，严把兵员质量和廉洁关，并积极协调市委市政府出台对新疆兵和新疆高原条件兵分别

冬季野营训练　　唐万生　摄

市军地领导欢送新兵　　唐万生　摄

补助5000元和10000元的优惠政策。联合市纪委、市监察局出台《焦作市廉洁征兵八项措施》，坚持把廉洁征兵教育贯穿全程，把阳光操作贯穿全程，把检查督导贯穿全程。严格体检、政审、定兵等关键环节，确保公开、公正、透明，全市共进站体检3700多人。

【双拥共建】　2014年，焦作军分区积极协调市委市政府，把军地深度融合发展作为重要课题深入调研。在关心支持国防建设上突出办实事、积极解难题，市委多次召开常委议军会议，专题研究解决分区和驻军建设中的重难点问题。在转业干部安置、随军家属就业、军人子女入学、退休师职干部医疗待遇、部队营区换建和分区民兵预备役训练基地建设等方面力度大、效果好，人武部保障经费得到较好落实。焦作市委书记、军分区党委第一书记孙立坤被表彰为“全国关心和支持国防建设十大新闻人物”，武陟县县委书记、人武部党委第一书记闫小杏被河南省国动委表彰为关心支持国防建设十佳人物，武陟县电业局局长孙红伟被省委宣传部和省军区政治部等单位表彰为河南省第四届优秀复转军人十大年度人物。军分区和驻军积极参与经济转型示范市和美丽焦作建设，有效应对孟州市柴河水库险情。深入开展“四帮一建”活动，军分区机关暨各人武部与13个贫困村、1个农村小学结成帮扶对子，先后协调资金140余万元用于村内基础设施建设，捐赠文体器材40余套、图书3000余册，走访慰问军烈属、困难群众53户，捐资5万余元资助50名贫困生，下乡巡诊6场次，出动600多人次参加村容村貌整治和助民秋收劳动，投入和协调资金40余万元，为帮扶小学加固教室危房、配置电脑、文体器材与生活设施；培养帮带致富带头人，涌现出一批先进个人和群体。通过军地共同努力，逐步形成地方单位和群众“知军、爱军、拥军、为军”，驻军部队和官兵“爱民、为民、助民、帮民”的军民共建融合发展特色。

【党委全体（扩大）会议】　1月17日和21日，军分区党委第五届第五次党委全体（扩大）会议召开。传达学习中央军委、两级军区党委全体（扩大）会议精神，总结2013年部队和民兵预备役工作，表彰先进，部署2014年任务。焦作市委书记、军分区党委第一书记孙立坤出席并讲话。军分区党委书记宫松奇代表军分区党委常委会作《深入学习贯彻习主席一系列决策指示，奋力开拓分区部队和民兵预备役建设新局面》的工作报告。军分区党委副书记杨文耀围绕完成年度任务提出要求。杨文耀指出，分区上下要转变作风，真抓实干，高标准、高质量地完成新年度各项工作。各县市区委书记、人武部党委第一书记进行党管武装工作述职。军分区党委常委孙厚军、元相学、许杰、张应龙、周焕才和党委委员出席会议。

11月26日和12月3日，军分区党委第五届第六次党委全体（扩大）会议召开。组织全体干部学习贯彻习近平在全军政治工作会议上的重要讲话和济南军区、河南省军区党委全体（扩大）会议精神，深入查找“理想信念空泛化、进取意识弱化、军人意识退化、执行指示不够坚决、干部教育管理不够严格、组织生活落实质量不高、作风建设基础不够牢固、经费资产管理使用不够严格、政治教育重心偏移”9个方面突出问题，部署开展以“查理想信念、查遵规守纪、查敬业奉献，破除惯性、惰性、功利性，立起对党忠诚、执行纪律、干事创业、自身形象的标准”为主要内容的“三查、三破、四立”活动，统一了官兵的思想认识。

【孙立坤被表彰为全国关心和支持国防建设十大新闻人物】　9月13日，2014年度全国国防后备力量建设十大新闻人物颁奖典礼在天津市举行。市委书记、军分区党委第一书记孙立坤获此殊荣。军分区司令员杨文耀参加颁奖典礼。

全国国防后备力量建设十大新闻人物评选活动由解放军报社后备力量建设宣传部、中国国防报社、中国民兵杂志社共同举办，2014年是第27届。历年来，焦作市坚持党管武装工作原则，将国防建设纳入全市经济社会发展规划，扎实推进国防建设与经济建设同步协调发展。狠抓交通战备落实，确保每个驻军单位门口都有一条战备路与国道或高速公路相连。每逢部队参加重大演习和军事行动，成立拥军支前保障领导小组，对各级担负的任务以及完成时限等进行明确。探索创新了岗位预留公开、功绩排名公开、自主择岗公开的军转安置新模式，受到国务院军转办的肯定。先后制定军民融合式发展、应急力量建设、专武干部队伍建设等地方性法规文件；建立军地联席会议、联合督导等制度，把战场建设寓于经济建设之中。坚持把财力物力向战斗力聚焦，为多个驻军单位解决营区迁建、道路硬化、搭建专用电路、敷设供水管道等难题。坚持每年拿出部分事业单位指标用于安置随军家属，为随军未就业家属发放生活补助。将军分区、人武部经费纳入各级财政预算，及时足额发放义务兵优抚金。在全市形成军政军民互相关心、互相爱护、互相支持、亲如一家的良好氛围。焦作市连续4次获全国双拥模范城称号，连续6次获全省双拥模范城称号，市军转办连续2次被评为全国军转安置工作先进单位，驻军战斗力不断跃升。

军分区检查组在博爱县点验民兵应急分队　　杜　泳　摄

【柴河水库抢险】　2月13日17时许，位于孟州市槐树乡的柴河水库大坝发生管涌和渗漏，严重威胁下游群众生命和财产安全。险情发生后，军分区司令员杨文耀、参谋长许杰，亲临现场，果断决策，会同地方领导和水利专家现场勘察研究抢险方案，现场组织指挥，并以孟州市民兵应急分队为第一梯队，以沁阳、温县民兵应急分队为第二梯队。参战民兵冒着严寒，快速向柴河水库机动集结，第一时间赶到水库现场后，装运沙袋、石子对管涌和渗透带进行封堵，协助地方技术人员修复水闸。经过10多个小时的连夜抢修，14日凌晨5时许水闸修复并开始放水，管涌在大坝背水面险情基本得到控制。17日13时，库区水位降至安全水位，险情得到全面控制，确保人民群众财产安全。此次抢险，共出动孟州市、沁阳市、温县民兵应急分队1890多人次、孟州市驻军400多人次、焦作市武警支队150多人次、车辆176台次、冲锋舟6艘，消耗编织袋约1.2万个、碎石300多立方米、铁丝1200多公斤、麻绳3400多米。

柴河水库抢险　　唐万生　摄

【国防后备力量组织整顿验收】　4月21日，军分区组成常委带队的5个军地联合检查组，通过采取听取汇报、静态检查、座谈了解、联合查对、现场提问、实地查看、集中点验和电话抽点等方式，对各县市区（含示范区）国防后备力量组织整顿工作检查验收。全市共集中点验和电话抽查民兵应急分队48个4677人，占基干民兵分队总数的20.3%；检查基层武装部21个，占基层武装部总数的20%；检查民兵连（营）部10个；现场抽点抽问现役干部23人、基层武装部长26人、民兵干部和应急队员44人。通过整组，全市共编建基干民兵分队236支1.66万人，其中应急分队96支5047人，支援分队66支5989人，储备分队74支5557人；武陟县应急防汛连（60人）被省军区列入河南省民兵预备役应急大队，接受省军区考核。

【组织防汛勘察】　6月10日至11日，军分区采取择点巡察与人武部自行勘察相结合的方式，对辖区内黄（沁）河、中小河流、水库中重点险工险段进行勘察，参加人员57人，出动车辆15台。听取水利局、河务局负责人对容易出现问题的险工险段、风险点，处置方式、每个险工险段的具体位置、合理的进出路线，备品库的具体位置、进出路线、主要物资储存情况以及出现险情时如何使用备品等情况介绍。通过勘察，了解掌握辖区的防汛排涝情况，为全区安全度汛奠定了基础。

【焦作市城乡一体化示范区武装工作办公室成立】 7月28日，焦作市城乡一体化示范区武装工作办公室成立暨基层武装部政治教导员就职仪式举行。焦作军分区司令员杨文耀宣布示范区武装工作办公室成立，军分区政委刘新旺宣布6名基层武装部政治教导员任职命令，示范区武装工作办公室主任曹士杰发言。

【济南军区党的十八届四中全会精神讲师团莅焦宣讲】 12月10日，济南军区党的十八届四中全会精神讲师团莅焦宣讲。讲师团从深刻认识四中全会的历史意义和地位，全面理解四中全会提出的新思想、新论断、新举措，自觉践行依法治军、从严治军新要求等方面进行宣讲。通过深入浅出、入脑入心的宣讲，使广大官兵、职工认识到依法治国、依法治军的提出为实现中国梦注入了新的正能量，是全面深化改革进程新的里程碑。元相学主持宣讲会，军分区政委刘新旺、副政委元相学、参谋长许杰、后勤部长周焕才和全区官兵、职工参加学习。

【济南军区军民共建义务植树基地建立】 3月8日，市委常委、焦作军分区政委宫松奇，焦作军分区后勤部部长周焕才到修武县七贤镇韩庄村的济南军区军民共建义务植树基地参加义务植树，这标志着济南军区军民共建义务植树基地在焦作市正式建立。为贯彻落实党中央、中央军委关于加强生态文明建设、积极推进军民深度融合发展、进一步提高部队支援地方经济社会建设的有关要求，济南军区经过多方考察，经河南省军区和焦作军分区协调参与，确定修武县七贤镇韩庄村为济南军区军民共建义务植树基地，基地总面积500亩。植树活动从3月8日至11日，出动3000余名官兵，植树16万株，树种有国槐、女贞、星柳、海棠等。

【赵宗岐莅焦调研】 6月13日，济南军区司令员赵宗岐带领工作组莅焦调研。赵宗岐一行听取了焦作军分区党委建设、群众路线教育实践活动、安全工作和征兵准备工作的汇报，检查了营区和战备值班室，对分区工作予以肯定。

【王军莅焦调研】 3月5日，济南军区副司令员王军莅焦调研安全工作。王军听取焦作军分区有关安全工作暨保密机要等工作的汇报，检查营区大院和战备值班室，并到山阳区人武部检查。

【吉文明莅焦检查】 11月26日，济南军区副司令员吉文明带领安全工作检查组一行4人莅焦，突击检查部队安全管理工作。吉文明一行听取焦作军分区有关群众路线教育、安全工作和征兵工作的汇报，还先后到作战值班室、征兵大厅和民兵武器装备仓库进行检查。

【吕民松莅焦调研】 8月26日至27日，济南军区政治部副主任吕民松带领工作组到军分区调研党委建设、党的群众路线教育实践活动、征兵工作和老干部工作。济南军区政治部组织部副部长黄三陆、河南省军区政委周和平、省军区政治部副主任邹振宇等陪同调研。

【冷志义莅焦督导】 2月11日、3月12日，省军区副政委冷志义带领工作组莅焦，对焦作军分区党的群众路线教育实践活动帮抓督导。2月11日，冷志义带工作组先后到武陟县人武部和山阳区人武部实地察看，在听取了焦作军分区师、团两级开展教育实践活动的意见和想法后，为军分区下步开展群众路线教育实践活动提出指导意见。

3月12日，冷志义率机关工作组莅焦，对焦作军分区正在开展的党的群众路线教育实践活动帮抓督导。机关工作组听取焦作军分区政委宫松奇围绕筹划和展开新年度工作、第二批群众路线教育实践活动和帮抓工作等方面工作汇报，与焦作军分区主官进行个别谈话，对第二批教育实践活动筹划和展开情况进行检查。之后，冷志义带领工作组来到武陟县人武部，重点了解人武部党委班子建设情况，就该县人武部党委班子建设的特点规律、存在问题、遇到的矛盾困难以及加强人武部党委班子建设的意见和建议等方面进行调研。冷志义暨工作组对焦作军分区党的群众路线教育实践活动开展情况给予肯定，并对下步活动开展提出要求。

【林卫民莅焦调研】 10月31日，省军区副司令员林卫民带领工作组，到焦作市南水北调中线工程解放区南通路大桥和博爱县南水北调中线工程，对南水北调中线工程生态护林工程勘察调研。先后询问了南水北调中线工程生态护林工程开展情况，实地勘察了南水北调中线工程的水渠、控制室等重点部位，就加强南水北调中线工程生态护林工程和民兵预备役工作作了指示。林卫民一行还调研了沁阳市人武部部署调整情况。

【王宝贞莅焦检查】 5月6日，省军区参谋长王宝贞带领检查组一行4人到军分区检查民兵组织整顿工作。在温县人武部，检查组听取温县人武部有关民兵组织整顿工作的情况汇报，查阅民兵组织整顿各类资料，点验温县和武陟县的民兵应急队伍，检查温县人武部战备器材库和温泉镇武装部的装备器材配套落实情况。检查组对焦作市暨温县、武陟县人武部的民兵组织整顿工作给予肯定。

（许　杰　唐万生　吉怀儒）

·武警焦作市支队·

【思想政治建设】 2014年，武警焦作市支队严密组织党委中心组带机关和基层理论学习，深入学习贯彻习近平系列重要讲话精神，强化理论学习和政治自觉。探索“周三教育日”实施办法，用好“1·52”平台载体，政治工作末端落实质量不断提升，3次在总队政工例会上介绍经验做法。扎实进行“牢记强军目标、献身强军实践，永远做党和人民的忠诚卫士”主题教育，开展“战斗力标准”大讨论和强军风采、挖掘地域文化系列活动，激发官兵献身强军实践政治热情。注重把“1·52”与经常性思想工作有机结合，认真做好重点关注人员跟踪转化工作，严密组织政治考核和法律服务活动，有效防范政治性问题。政治处被总队表彰为先进政治机关，支队团委被总队表彰为先进团委。政治处主任汪华被总部表彰为优秀政治干部，被总队表彰为优秀政治处主任。

【执勤战备】 2014年，武警焦作市支队投入182万余元升级改造执勤设施，严格执勤制度和隐患排查，执勤工作连续32年安全无事故。接受总部执勤交叉检查评为全优，被总队评为正规化执勤优秀支队，孟州市中队被总队评为执勤标兵中队。严密组织执勤训练专业集训、新兵教育训练和“卫士－14”演习，参加总队狙击手比武取得第五名，特战百日练兵驻训考核第三名，执勤训练教练员集训第二名。严密组织常态城市武装巡逻勤务，圆满完成押解、设卡等临时勤务，遂行省运会安保勤务、小柴河水库抢险救援任务做法被总队转发。

【部队管理】 2014年，武警焦作市支队认真贯彻总部、总队依法从严治警集训精神，建立健全日检查、周讲评、月通报机制，加强突击检查，对存在问题进行网上挂销号整改。以直属单位管理为突破口，召开正规化管理演示观摩会，全面提升管理层次，部队“四个秩序”明显规范。扎实开展安全教育训练，组织安全隐患排查4次，整治隐患200余处，严肃处理违规违纪问题，部队实现安全稳定，连续19年被武警总部评为预防事故案件工作先进单位。

【基层建设】 2014年，武警焦作市支队积极探索干部应知应会实施办法，持续深入开展“三学习三研究”活动，严密组织基层干部《纲要》培训和军、政、后业务培训，有效促进干部队伍能力素质提升，在总队介绍了抓明白人培养的经验。探索完善以计划、检查、讲评为主要环节的经常性基础性工作落实办法，加大党委机关帮建基层力度，孟州市中队被总队评为基层建设标兵中队，二中队、焦作市中队、修武县中队被总队评为基层建设先进中队。

【后勤综合保障】 2014年，武警焦作市支队修订完善后勤应急保障预案，分批组织后勤专业兵集训和“一组五队”拉动演练，后勤队伍业务素质不断提升。坚持党委集体理财、工程招投标和集中采购等制度，确保经费投向科学和运行安全。认真落实食谱审批公示和伙食指导周制度，加强农副业生产和小作坊建设，官兵生活水平稳中有升。狠抓车辆、枪弹管理，确保安全无事故。投入450万余元对机关营区改造提升，完善基层基础设施，完成博爱、孟州中队新营区建设搬迁。

（范　乐）

·武警焦作市消防支队·

【概况】 2014年，武警焦作市消防支队紧紧围绕实现部队管理和火灾形势“双稳定”，取得消防工作和部队建设“双提升”，抓队伍强素质，抓业务重实效，抓基础促发展，攻坚推进消防安全基层基础建设，全力打造焦作消防“升级版”，全年参与各类灭火救援3334次，抢救遇险群众295人，保护财产价值4.6亿元，全市未发生较大以上亡人火灾事故，“两个稳定”持续保持。支队被省消防总队表彰为安全工作先进单位、廉政建设“三争一树”活动先进单位、消防产品监督管理先进支队等。

【思想政治建设】 2014年，市消防支队坚持把听党指挥作为强军之魂，扎实开展“牢记强军目标，献身强军实践”主题教育系列活动，组织官兵深入学习贯彻全国“两会”、党的十八届四中全会、习近平治党治军系列重要讲话和全军、全国、全省公安现役部队政治工作会议精神。先后举办优秀政治教育授课比赛、“消防好声音”歌唱比赛和“坚定信念、铸牢警魂”演讲、快板等比赛，营造“快乐工作、健康生活”的警营氛围。高标准改建支队荣誉室和廉政教育基地，并依托武陟大队建成了集雕塑、石刻、橱窗为一体的党员教育基地，2个基层大队党委被评为全省先进基层党组织，8人荣获全省消防部队优秀党务工作者和优秀共产党员，16名官兵荣立三等功，中站、温县大队再次蝉联市级文明单位。

【消防安全责任】 2014年，市消防支队提请市政府将消防工作纳入政府和部门综合目标绩效、安全生产工作和社会治安综合治理考核，与各县市区、25个局委和90个市级重点单位签订消防工作目标责任书。市长张文深、政法委书记丁保东等亲自过问消防工作，50余名县市区党委政府主要领导先后带队检查工作，有力推动了各级政府消防安全责任制落实。市防火安全委员会充分发挥协调议事职能作用，坚持季度联席会议制度，分析研究加强消防安全工作的具体措施，定期组织消防安全专项检查，及时排查和整改火灾隐患，消防安全责任制达到全面落实。

【公共消防设施建设】 2014年，市消防支队联合各级住建、水务部门，维修、新增市政消火栓884个，全市消火栓数量达到1621个。市本级、各县市区和4个国家级重点镇全部完成消防规划编制，博爱县月山镇、武陟县西陶镇、温县番田镇、孟州市南庄镇等4个乡镇建成一级政府专职消防队，温县黄庄镇、修武县七贤镇建成二级政府专职消防队。

【消防监督管理】 2014年，市消防支队常态化排查整治火灾隐患，先后开展"清剿火患"战役、重大火灾隐患集中整治、人员密集场所和劳动密集型企业消防安全集中治理7次、集中夜查21次，共检查单位25.6万个次，督促整改隐患9.3万处，责令"三停"单位121家，彻底整改重大火灾隐患单位41家、隐患突出区域2处，有效改善了社会消防安全环境。积极探索行业系统消防安全管理模式，建立健全"分包指导、警示教育、考评奖惩"三项机制，规范了行业系统消防工作管理，经验做法在全省推广。

【消防宣传教育】 2014年，市消防支队充分发挥新兴媒体优势，开通焦作消防政务微博和微信公众服务平台，每天向数万群众传播消防知识。协调焦作电视台、《焦作晚报》开通"消防面面观""大家关注消防"专栏，全年共刊播消防知识信息、公益广告700余条。组建12支妈妈防火团、57支志愿者宣传小分队到社会单位、学校、社区、居民楼院举办消防文艺演出52场，向社会派送消防彩页、挂图200万份。"九九平安行动"期间，联合各级民政部门对全市92家养老机构全部走访宣传，14支消防宣讲团对全市1800家重点单位以及全部乡镇网格管理员、农村（社区）"一长三员"进行全员培训，人民群众消防安全意识普遍提升。

【执勤灭火救援】 2014年，市消防支队全面深化执勤岗位全员练兵，大力开展基地化、实战化训练，定期组织官兵到"化工装置灾害事故处置""大空间大跨度火灾扑救""山岳救援"等模拟训练基地开展训练，并与市公安局警务飞行大队每季度联合开展高空实战化合成训练，成功处置"5·21"博爱县河南新景化工有限公司甲醇罐体泄露着火、"9·16"孟州市金山化工有限公司液氨槽罐车泄漏等事故，圆满完成河南省第十二届运动会暨首届全民健身大会消防安全保卫任务。

【后勤保障服务】 2014年，市消防支队新购32米多功能云梯消防车1辆、重型泡沫车1辆、抢险救援车2辆、大吨位水罐消防车1辆，个人防护装备和特勤器材6803件（套）。武陟县新消防站建成投勤；市应急救援综合训练基地和马村大队并建项目完成内、外装修及办公设施采购，温县产业集聚区消防站、博爱县产业集聚区消防站主体完工，中站消防站完成一层建设，山阳区第二消防站完成可行性研究报告的编写和规划手续办理。

（朱卫卫）

·人民防空·

【概况】 2014年，焦作市建成东方红广场人防工程。市本级新增竣工结建人防工程7.2万平方米，县市新增竣工结建人防工程6.8万平方米。市本级收缴人防工程易地建设费1900万元，县市收缴易地建设费2536万元。市人防办被命名为省级文明单位，被省人防办表彰为全省人防全面建设综合先进单位、全省人防建设责任目标考核优秀单位、全省人防军事斗争准备检验评估工作先进单位。

【组织指挥】 2014年，市人防办组织各县市完成街道人民防空袭方案修订、评审、报批工作。结合人防军事斗争准备检验评估，组织开展人防指挥部成员点验和培训。按照城区人口2‰比例优化结构、联合整组，建立健全人防专业队伍。11月15日，在山阳区定和街道龙源湖社区和修武县周庄镇张弓铺村小学举行城市人员临战疏散对口接收安置演练。通过演练，有效检验全市临战防空袭方案中人口临战疏散行动的可行性，探索人口临战疏散对接的实施方法，进一步锻炼各级人防指挥部的应急指挥能力，同时也增强人民群众的防空意识和应急自救、互救能力。

【信息保障】 2014年，市本级新安装多媒体多功能新型警报器3台，城区警报音响覆盖率达到100%。在市人防指挥所开设警报发放指挥台，利用警报发放固定统控系统，统一控制全市各类防空警报的发放。9月18日上午9时30分至10时，组织全市警报器统一鸣响，鸣响率达100%。定期开展人防信息系统专业技术训练，严格落实战备执勤通联制度。对固定指挥通信系统和机动指挥系统，明确信息保障中心专职技术人员，按照设备管理制度，定期进行检查、联通和维护；将每周二作为指挥通信设备维护日，将机动指挥车拉动至户外，选择不同的方位、地势、通信环境，与基本指挥所进行音视频信号的联通；每次训练要求做到"五通"，重点测试短波、超短波、微波、卫星以及单兵等通信手段，通过定期维护和联通训练，强化应急保障意识，提高遂行防空防灾保障任务的应急能力。

【工程建设】 2014年，市人防办坚持"以建为主，以收促建"的原则，严把行政审批、建设管理和竣工验收关，全市新增竣工结建人防工程 14 万平方米。其中市本级新增竣工人防工程 7.2 万平方米，县市新增竣工人防工程面积 6.8 万平方米。在抓安全、保质量的前提下，强力推进东方红广场人防工程及地下过街道工程建设，并于 10 月通过竣工验收。严格落实人防工程建设监管制度、施工图设计审查和竣工验收备案制度，确保人防工程质量。制定出台《焦作市人防工程建设审批工作流程》《焦作市人防工程质量监督管理工作流程》。加强人防工程维护管理和安全管理，及时处理果园路与和平街交叉口出现的地面塌陷和团结街小学早期工程地面水进入等问题，确保全市人防工程使用安全。

【全市一类重要目标空袭毁伤与防护评估试点工作】 2014 年，市人防办在全省率先开展一类重要经济目标空袭毁伤分析和防护评估试点工作。4 月，市政府办公室下发《关于开展全市一类重要目标空袭毁伤与防护评估工作的通知》，市人防办邀请有关专家、抽调专人经过两个月的调查研究、集中编制、实地评估和反复论证，高质量地完成了全市一类重要目标空袭毁伤与防护评估报告，对重要经济目标战时遭袭毁伤和平时防护建设进行了理论研究，制作《昊华宇航化工有限公司空袭毁伤与防护评估》多媒体片，为 6 月全省重要经济目标防护评估工作焦作现场会做必要准备。

杨青山在焦检查工作

【国家人防建设检查组莅焦检查】 4 月 28 日，以国家人民防空办公室副局长杨青山为组长的国家人防办重点项目建设情况检查组莅焦就“十二五”以来人防重点项目建设情况进行检查。检查组先后到解放区王褚街道都市花园小区、民生街道世纪新区社区，现场观摩小区多媒体警报系统实际运用成果，检查市东方红广场人防工程建设情况。在听取人防重点项目建设情况汇报后，检查组对焦作市人防建设取得的成绩给予充分肯定和高度评价，希望保持好人防发展的良好势头，同时要高质量、高效率推进重点项目建设，确保建设质量，既要作好战时防空准备，也要为群众平时生活提供方便，力争使这些重点工程成为城市的精品工程。省人防办副主任王学杰，副市长胡小平，焦作军分区副司令员孙厚军陪同检查。

【全省重要目标防护现场会召开】 6 月 27 日，全省重要经济目标防护评估工作会议在焦作市召开。省人防办副主任王学杰、焦作市副市长胡小平、焦作军分区参谋长许杰出席会议。会议传达了国家人防办关于重要经济目标防护的有关精神和要求，安排部署全省重要经济目标防护评估工作任务，交流学习焦作市防护评估试点的经验做法。

（李　强）

·综　述·

【概况】　2014 年，全市政法综治维稳战线牢固树立政治意识、大局意识和责任意识，以党的群众路线教育实践活动为主旋律，以社会稳定工作为重头戏，守底线、补短板、创亮点、争先进，着力在新的起点上推进领域更宽、基础更牢、群众更满意的平安焦作建设，有效维护了全市社会政治稳定和治安大局平稳，为全面加快经济转型示范市和美丽焦作建设，创造了安全稳定的社会环境、公平正义的法治环境和优质高效的服务环境。全市没有发生在全省有重大影响的刑事、治安案件，没有发生在全省有重大影响的交通、火灾事故，没有发生在全省有重大影响的集体上访和极端上访事件，没有发生在全省有重大影响的群体性事件，没有发生在全省有重大影响的舆论危机事件。焦作市下半年群众安全感指数为 91.57%，位居全省第六。修武县获全省平安建设先进县，解放区、孟州市、博爱县获全省平安建设进步县。

【平安建设】　统筹部署，全面加强组织领导。一是领导带头，夯实责任。市委、市政府先后召开常委会 8 次，综合性会议 2 次，研究部署平安建设工作。市委书记孙立坤先后 10 次就政法综治维稳工作做出专门批示，12 次深入县市区调研指导政法综治维稳工作。市委副书记、市长张文深也多次亲临政法综治基层一线解决具体问题。结合党的群众路线教育实践活动，市委将“深化平安焦作建设、增强群众安全感”列为常委会专题调研课题之一，市委常委、政法委书记丁保东深入乡镇、村（社区）进行实地调研，形成了专题调研报告，市委常委会专题听取汇报，提出具体指导性意见。市四大班子领导都按照“一岗双责”的要求，到各自联系分包的县市区、行业系统，推动综治和平安建设措施落实。二是出台文件，政策支持。省委、省政府《关于深化平安河南建设的若干意见》下发和全省深化平安河南建设工作会议召开后，焦作市高度重视，以贯彻落实省意见和会议为契机，再掀平安建设新热潮。一方面，以市委、市政府“两办”文件出台《深化平安焦作建设实施方案》，决定在全市重点开展反恐防暴、打防管控、群防群治社会化、信访突出问题治理、基层服务平台规范化、网格化服务管理、城乡视频监控全覆盖、平安细胞工程创建、特殊人群关爱服务、平安文化宣传等“十大行动”；另一方面，以市委、市政府文件出台《关于加强和创新人民调

平安焦作建设工作会议

解工作的意见》，重点解决当前人民调解队伍不稳定、专业素质低、行业性调解组织建设滞后、乡镇（街道）司法所对人民调解工作指导管理不到位等问题。三是舍得投入，强化保障。市县两级财政共投入1.36亿元用于综治和平安建设工作，仅市本级就安排财政预算资金2000余万元，其中465万元用于市委、市政府表彰平安建设先进县市区、成员单位和基层单位。特别是在推进城乡视频监控全覆盖项目建设中，市县两级累计投入项目资金6387万元，其中武陟县、沁阳市财政分别投入1200万元、1087万元，孟州市、修武县、温县将视频监控建设纳入全县十大民生工程并予以财政保障，解放区财政投入500余万元为居民楼院安装平安灯、视频监控，改善居民环境，推动平安楼院、美丽楼院建设。

创新机制，着力打造平安焦作建设新亮点。一是实施综治项目运作机制。把全市综治和平安建设工作细化为城乡视频监控全覆盖、网格管理服务信息化、综治成员单位分包联创、平安细胞工程建设等重点项目，像抓工业项目一样抓综治和平安建设项目，明确目标任务、牵头单位、责任单位，以月为时间节点量化工作任务，实行月排名、季度点评、半年观摩、年底考核等办法强力推进。10月，市综治委组织全市136名综治干部，分赴武陟县、解放区对重点项目进行集中观摩。年底前，四个重点项目均提前完成。二是建立成员单位分包联创机制。组织45个综治委成员单位分包7个经济基础相对较弱、视频监控建设任务较重的重点乡镇，坚持责任共担，捆绑考核，平安联创。全年市综治委成员单位投入帮扶资金达219.2万元，7个重点乡镇的257个村全部完成视频监控安装任务。三是创新基层社会矛盾多元化解新机制。出台《焦作市开展诉讼与非诉讼相衔接的多元纠纷解决机制改革工作的实施办法》，市县两级人民法院设立诉调对接中心，在重点行业系统和专业调解组织设立诉调对接站，在市县乡村建立诉调对接工作平台，落实调解责任和责任人，立足诉前调解，为人民群众提供更多可供选择的纠纷解决渠道，力争将矛盾纠纷解决在基层、消除在萌芽状态。四是推行“一村一警”综治联动机制。市委、市政府“两办”出台了《关于建立“一村一警”综治联动机制的意见》，最大限度地把机关警力下沉，使他们兼任包村民警，把服务延伸到群众“家门口”。全市共有2072名民警参与“一村一警”综治联动，建成警务工作站1657个，实现了“一村一站”“一村一警”全覆盖，包村民警共收集各类案件线索183条，破获案件23起，抓获违法犯罪嫌疑人46人。

强基固本，着力筑牢平安建设的社会根基。一是建强乡镇（街道）、村（社区）综治工作平台。在乡镇（街道），整合部门资源和职能，规范工作运行机制，提高软硬件建设标准，充分发挥乡镇（街道）社会管理服务中心服务群众、化解矛盾、治安防范的实际功效，实现“只进一个门、能办所有事”。在村（社区），按照“有标牌、有阵地、有制度、有职责、有队伍”的“五有”建设标准，建设村（社区）社会管理综合治理工作站，承担基层平安建设、法治建设、矛盾纠纷排查化解、拓展便民服务等“四大职能”。全市所有乡镇（街道）社会管理服务中心达到标准化、规范化水平；所有村（社区）均建成了符合“五有”标准、承担“四大职能”的综治工作站。二是提升城乡网格管理服务信息化水平。在“基层群众诉求与社会矛盾化解服务管理系统”的基础上，与网格化管理工作对接，拓展升级为“焦作市网格化管理综合服务信息系统”，以网格员手持“社区e通”入户走访为基础，把便民服务和矛盾纠纷排查调处的触角延伸至网格，现场采集人、事、物等相关信息，以文字、图片等形式将排查发现的问题上传至相关部门处理，基本实现了“小事不出网格、大事不出村（社区）”。全市所有村（社区）推行网格化管理服务模式，102个街道（乡镇）安装运行“焦作市网格化管理综合服务信息平台”，96%的村和所有社区配备了社区e通手机，网格管理信息化水平明显提高。2014年，通过“网格化信息服务系统”，接受群众诉求和化解矛盾纠纷6.88万起，按时办结6.42万起，办结率95.6%。三是切实加强基层综治干部队伍教育培训。统一制订年度综治干部培训方案，共举办各类干部培训班113场次，培训县、乡、村综治干部2760人次。将省、市委关于深化平安建设的要求和部署编印成《平安建设工作读本》，下发到市、县、乡、村四级综治办，综治干部人手一册，层层组织学习培训。10月30日至11月1日，市综治办举办市县乡三级综治干部集中培训班，市委常委、政法委书记丁保东作动员讲话，邀请省委党校法律专家授课，学习贯彻党的十八届四中全会精神、全省平安建设工作会议和综治基层基础建设现场会议精神，提升基层综治干部以法治思维、法治方式化解矛盾和问题的能力和水平。四是不断深化平安细胞工程创建工作。全市1957个村（社区）普遍开展“零案”竞赛和“平安之星”评比活动，工作触角延伸到了村民小组、城镇楼院等社会细胞单元，平安村、平安社区达标率达到81.3%以上。重点推动了平安医院、平安校园、平安市场、平安车站、平安企业、平安景区、平安商场、平安网吧、平安物业小区等10个重点行业、系统的平安创建活动。活动开展以来，全市10个行业牵头部门在2275个基层单位启动了平安创建活动，拓展了平安创建的范围和领域。五是大力开展法治和平安建设宣传工作。在全市开展法治创建“示范引领工程”，大力开展“法治型政府”“诚信守法企业”“民主法治村”等创建活动，全面提升法治焦作创建水平。8月、12月，在全市部署开展平安建设集中宣传月活动，共设立平安建设大型宣传牌74个，新建平安建设宣传长廊12个，书写固定墙体标语2650余条，悬挂宣传横幅1180余条，设立固定宣传栏1120余个，发放宣传资料和各类宣传单13万余份，发送手机短信4万余条，制作平安建设宣传手提袋8万余个，在全市1069辆出租车的电子显示屏和车站、广场、商场、宾馆、学校、医院等场所的1100余个LED电子显示屏上滚动播放平安建设宣传标语，形成全方位、立体化的社会宣传氛围。8月，《河南法制报》集中报道了焦作市及修武、解放、武陟等地在平安建设工作方面的做法和经验。

【打防整治】 严厉打击各类刑事违法犯罪活动，结合全省为期一年打防管控专项行动的部署，相继组织开展“雷霆行动”、“打黑除恶”、打击多发性侵财犯罪、“扫毒害保平安”、打击危害食品安全等一系列专项行动，始终保持对违法犯罪的严打高压态势。举行反暴恐应急拉动演练，强化特警、武警、警务飞行大队联勤巡逻，全市未发生任何涉暴恐案事件。全市27起现行命案全部破获，打掉涉黑团伙3个，打掉恶势力团伙16个。对多发性侵财犯罪保持严打态势，公诉侵财类犯罪嫌疑人1291人，同比上升13%，群众追赃退赃满意度达95%以上。对毒品、网络、食品等领域犯罪保持主动进攻态势，分别破获169起、307起和39起。立案侦查非法集资案件32起，涉案金额达84亿元，移送起诉5案15人。全市公安机关各项打击绩效位居全省前列，市公安局在全市48个部门的行风评议中位居第六。

狠抓治安重点地区排查整治，本着“滚动排查、滚动整治”的工作方针，把容易滋生违法犯罪的城中村、城乡接合部、“五小场所”“三无”小区等，全部纳入重点整治内容，实行挂牌整治，做到问题不解决不撤离、群众不满意不撤离、长效机制不建立不撤离。全年市县两级共挂牌整治治安重点部位（问题）36个，摸排各类案件线索160余条，破获刑事案件47件，查处治安案件113起，治安处罚141人，提出治安防范建议120余条，实现了“整治一个、辐射一片、稳定一方”的效果。同时，重点对全市23家危险品运输企业、34家客运企业及场站开展专项督导，客运、危险化学品运输车辆和校车GPS安装率达到100%。

强化重点人群服务管理。一是在吸毒人员管控关爱工作方面，共查处各类吸毒人员1308人，正在执行社区戒毒人员275人，登记在册药物代替治疗人员284人。二是在精神病人管理救助工作方面，建成市、县、乡、村四级防范网络，共排查并录入国家系统的重性精神疾病患者1.02万人，按绩效考核要求检出率为2.83‰，管理率为83.5%，工作绩效始终保持在全省前三位。三是在流浪乞讨人员救助管理工作方面，出台了《焦作市城区流浪乞讨人员医疗救治暂行办法》，构建县乡村三级源头救助网络，共救助4159人次，其中未成年人35人次、危重病人96人次、精神病人388人次、痴呆傻和肢体残疾人员243人次。四是在落实刑满释放人员安置帮教工作方面，健全刑满释放人员衔接管理机制，全市登记在册刑满释放人员4785人，重点帮教对象100%落实了基地安置、失业求助等帮教措施；累计接收社区服刑人员4271人，解除1957人，对现有2314名社区服刑人员实施全天候、全时段手机定位监管。五是在预防青少年违法犯罪方面，形成了“1个中心、4个窗口、100个基层站点”为主体的预防工作社会网络（“1个中心”，即12355青少年服务中心；“4个窗口”，即在主要广场建立4个青年志愿亭；“100个基层站点”，即50个优秀青少年维权岗和50个青少年服务重点社区），对闲散青少年、流浪青少年、农村留守儿童等五类特殊青少年群体，建立动态管理监测机制，健全排查、帮教工作机制，千方百计解决就学、就业问题。

着力构筑立体化治安防控体系。一是开展网格化巡逻，确保社会面防控“无死角”。以公安民警为主体，在主要街道、重要部位开展“网格化”巡防行动，武警特警联合“武装巡逻”。以群众专兼职巡防力量为主体，在居民小区、居民楼院、背街小巷，开展“红袖标”巡逻行动。全市共组建由财政出资保障的专职巡防队115支2397人，其中中心城区专职巡防队员达到784人，每个县市城区专职巡防队均在50人以上，每个乡镇（街道）的专职巡防队不少于15人，每个村义务巡逻队不少于10人。全年先后出动警力2.3万余人次、社会巡防力量4.8万人次，开展24小时全天候巡逻防范，设置各类固定治安卡点、检查站316个，抓获各类违法犯罪嫌疑人169人。二是强化老旧小区基础设施建设，确保治安防范“无漏洞”。在背街小巷治理成果的基础上，大力开展“美丽楼院”建设，先后投入507万元加强137个无物业服务的大杂院、老楼院等基础设施建设，共安装平安灯1238盏，新建门岗房48个，配备门卫121名，居民楼院物防设施得到巩固提升。三是织密视频监控网络，确保城乡视频监控“全覆盖”。全市城区统一整合治安、“数字城管”“智能交通”等监控资源，建设视频防控体系，共安装前端探头2.26万个，基本实现所有交通路口、治安卡点、重点部位、复杂场所视频监控全覆盖。市委、市政府“两办”下发《关于实施城乡视频监控全覆盖工程的通知》，明确“高清晰、全覆盖、三级平台、四级联网”的总体任务，做到以技防县市建设为重点，着力推动城乡视频监控全面升级改造。县市区共新装探头5045个，其中与三级平台联网4164个，新建公安派出所三级视频监控平台共62个，填补视频监控“空白村”862个，全市1960个行政村、社区实现视频监控设施全覆盖。公安机关利用视频监控直接获取各类违法犯罪线索3427条，直接或间接破获各类案件1916起，抓获犯罪嫌疑人583名。

【维稳信访】 坚持稳定风险评估，变“被动维稳”为“主动创稳”。将社会稳定风险评估作为出台重大决策、实施重大项目的刚性前置程序，纳入各级党委、政府目标考核体系。特别是在企业改制、征地拆迁、涉农利益、教育医疗、环境保护、安全生产等14个重点领域，全面落实社会稳定风险评估制度和工作责任。每半年市维稳办、市委督查室、市政府督查室等部门对社会稳定风险评估制度落实情况进行一次督查。全年全市共对182起重大决策事项进行了社会稳定风险评估，其中准予实施179起，暂缓实施3起，没有发生因决策不民主、不科学引发赴省进京上访事件。

完善排查化解经常性工作机制，力求矛盾纠纷就地化解不上交。一是完善矛盾纠纷排查调处工作协调会议制度，坚持市县每月、乡镇（街道）每半月召开一次矛盾纠纷调处工作协调会，分析辖区、部门矛盾纠纷的总体情况，对各类苗头性、倾向性问题，始终做到底数清、情况明。二是加强行业性专业性调解组织建设，全市共成立交通事故纠纷、医患纠纷、劳资纠纷等人民调解组织56个，调解案件1239起，调解成功1216起，达成调解协议赔偿金额5561万元，已履行协议金额5158万元。三是强化人民调解队伍建设，开展“十星人民调解委员会”创建和争当“人民调解能手”活动，打造出100个乡镇（街道）调委会、300个村（社区）调委会、30个专业化调委会共430个“十星人民调解委员会”，培树200名“人民调解能手”。引领遍布城乡的“网格化”调解队伍，广泛开展各类矛盾纠纷排查化解活动，努力做到“小事不出村、大事不出镇、矛盾不上交”。全市共排查调处矛盾纠纷3.06万件，调成2.94万件，调成率达96%；全市共有15个人民调解组织和18名人民调解员获省级以上表彰。

集中解决信访突出问题，全力维护群众合法权益。积极应对信访稳定带来的挑战，全市信访稳定形势整体可控，未发生重大群体性和赴京到省规模上访事件，没有发生个人极端事件。一是探索建立解决信访问题新机制。市委、市政府“两办”出台《关于做好新时期信访工作的九项要求》，对各级各部门、各级领导干部以及基层的信访工作提出具体要求。推广武陟县工作经验，在全市积极推行“一站一室”工作模式，全市70%的乡镇办事处、村（社区）建立信访工作站和工作室，着力把问题解决在基层。二是大力开展信访积案专项化解活动，大力整治赴京非访问题。先后召开专题会议20次，研究解决重大疑难信访问题，通过压实各级领导责任，果断运用法律手段，严格依法维护信访秩序，3次集中交办的330起信访积案全部办结，成功遏制了上半年赴京非访的高发势头，6月至10月，非访量较前五个月下降118%。三是强化领导干部接访处访。市县两级共有197名领导参与接访，共接待上访群众2275起1.22万人，现场解决1628起，交办647起。四是认真办理中央巡视组交办案件，市委书记孙立坤和市委副书记、市长张文深带头，分别分案18起和14起，全部圆满化解，受到省通报表扬。五是落实《国家信访局关于进一步规范信访事项受理办理程序，引导来访人依法逐级走访的办法》和省市实施细则，共对189名违法上访人进行依法处理，其中行政警告9人次、行政拘留170人次、刑事拘留12人，移送起诉判决4人，引导群众以理性合法方式逐级表达诉求，有力规范了全市信访秩序。六是严格责任查究。市县两级因赴京非访问题对相关责任人通报批评28人（其中县级干部16人）、约谈县级干部10人、诫勉谈话60人（其中县级干部8人）、党内警告11人（其中县级干部2人）、党内严重警告4人、行政警告11人、行政记过7人、行政记大过3人，对责任单位通报批评116个、挂牌督办8个、重点管理38个。

【司法改革】 根据市委全面深化改革领导小组的总体部署和工作要求，成立由市委常委、政法委书记丁保东为组长的市司法和社会管理改革专项小组，法、检、公、司、信访、民政等部门为成员单位，研究确定全市第一批9个重点司法改革事项，经过积极探索创新，重点深入推进，取得了预期改革成效。积极提升执法能力水平，政法各部门立足自身职能，深化推进审务、检务、警务、狱务公开，试点推进轻微刑事案件快速办理，严格规范减刑、假释、保外就医程序，健全完善执法司法责任制，不断提升执法司法能力水平和公信力。积极落实改革部署，原市劳教机构场所完善与戒毒工作相适应的人员、场所管理制度，协调建立与公安机关衔接接收工作机制，在全省率先实现劳教向戒毒职能的改造转变。焦作市作为全省涉法涉诉信访工作改革五个试点城市之一，按要求探索建立了涉法涉诉信访新机制。积极推进改革创新，政法各部门拓展应用互联网技术手段，构建开放、动态、透明、便民的阳光执法司法机制。市中级人民法院全面推行新型合议庭审判制度，切实提高案件审理质量效率。市综治委牵头在全市开展诉讼与非诉讼相衔接的多元纠纷解决机制改革，推动建立了多元化社会矛盾纠纷解决大格局。市中级人民法院被最高人民法院确定为全国50个多元化纠纷解决机制改革示范法院之一。

【队伍建设】 全市政法部门扎实开展群众路线教育实践活动。通过发放征求意见表、公布意见电话、开通专用电子信箱，召开座谈会等形式收集群众意见建议 3100 多条，梳理查摆问题 311 个，逐一建立台账，纳入全面整改，其中已整改 275 个，其余均已明确整改措施。

认真落实党风廉政建设责任制，新建和修订完善廉洁从政、干部管理制度 12 项，层层签订党风廉政建设目标责任书和廉洁从政承诺书。政法各部门一把手坚持对党风廉政建设重要工作亲自部署、对重大问题亲自过问、对重点环节亲自协调、对重要案件亲自督办，对纪检监察工作在人力、物力、财力等方面提供可靠保障；坚持开展廉政谈话谈心制度，利用召开班子会、重点工作推进会等形式对班子成员和政法干警进行廉政谈话谈心，切实做到政法业务工作与党风廉政建设同部署、同实施、同落实。

加大违法违纪问题查处力度。完善信访举报机制，落实《信访监督工作规定》等制度，发挥信访举报平台功能，保证来信、来访、来电、网络举报等信访渠道的畅通，保证"案案有落实，件件有回音"，先后查处政法干警违法违纪案件44 起。全市政法纪检部门坚持做到抓监督全覆盖，抓执纪经常化，抓问责无例外。

做好因公牺牲、伤残、特困干警救助工作。2014 年 4 月，省财政厅、省委政法委重新印发《关于印发 <河南省政法系统因公牺牲伤残特困干警救助资金管理办法> 的通知》，对救助资金使用范围、发放标准、发放对象、申报程序等内容进一步细化。市委政法委及时将文件下发到各县市党委政法委和市直政法各部门，对上报救助对象逐一审核，补充申报材料，录入管理系统。全年共上报申请救助人员 24 人，发放救助资金 68.9 万元。

注重培树政法干警典型。3 月，市委政法委与人力资源和社会保障局共同在全市政法机关开展评选"人民满意的政法单位和政法干警"活动。6 月，市中级人民法院举行全市法院系统先进事迹报告会。市司法局在全市司法行政系统开展学习博爱清化司法所所长王基路、全国优秀调解员李随安活动。全市政法系统共有 51 个集体和 129 名个人受到省级以上表彰，其中市中级人民法院执行局被最高法院评为涉民生案件执行专项活动先进集体，市检察院控告申诉接待室被最高检察院评为全国文明接待室，市公安局交警支队高速公路交通管理处被省委、省政府评为全省人民满意十佳政法单位，市法律援助中心连续四届被评为全省优秀法律援助中心，有 5 个单位被评为全省人民满意的政法单位。民警张宁被共青团中央授予全国优秀共青团干部，刘公尧被公安部授予二级英模，杨秋利被评为全国六五普法中期先进工作者，法官张爱国被评为全省人民满意十佳政法干警，法官李玉香、民警朱垒被省政府表彰为全省先进工作者，张晶被评为平安河南十大巾帼调解之星，有 10 名干警被评为全省人民满意的政法干警。

【省督导组莅焦检查督导综合治理和平安建设工作】 8 月 28 日，省民政厅副厅长李长训带领督导组莅临焦作市，就综合治理和平安建设工作进行检查督导。在听取汇报后，李长训充分肯定焦作市推进综合治理和平安建设的工作成果，强调各级各部门要增强责任意识，以稳定促发展，以平安促进步，着力抓好社会治安综合治理，不断增强人民群众参与维护治安的意识；要不断总结、创新工作方法，加强社会管理综合治理及维护社会稳定教育，不断深化平安建设；要积极组织各种形式的群防群治队伍，加强基层派出所、法庭、司法所等基层政法组织建设，通过有效的专群结合、群防群治，确保平安建设工作落到实处。

【第一届法治文化书画摄影展开展】 12 月 3 日至 12 日，焦作市第一届法治文化书画摄影展在市会议中心开展。书画摄影展由市法学会主办，市中级人民法院、市人民检察院、市公安局、市司法局、市依法治市办公室承办，共收到来自社会各界作品 516 件，入展 268 件，其中特邀书画家作品 10 件，佳作奖作品 12 件，优秀奖作品 30 件。主要有软笔书法、硬笔书法、国画及摄影。书法作品有行、草、隶、篆、楷等，内容有中国古代熠熠生辉的人文法治思想，也有"弘扬宪法精神，构建法治焦作""一身

焦作市第一届法治文化摄影展

正气，两袖清风”的殷切寄语。还有古代和现代的经典诗词。国画有表现人物、花卉水墨画和工笔画，作品生动且寓意深刻。摄影作品大多反映政法工作人员执法为民、服务百姓的真实感人瞬间和平凡生活的精彩瞬间剪影，也有色彩明快、风光旖旎的风景。

【省平安建设考核组莅焦检查指导】 12月22日至24日，省委政法委政治部主任高欣率领省平安建设考核组莅焦检查指导，通过走访群众、实地察看、查阅资料、问卷调查、召开座谈会、听取汇报等形式，重点对温县、沁阳市、解放区、示范区和部分市直部门、重点部位的平安建设工作进行检查。反馈会上，在听取创安综治工作汇报后，考核组认为，焦作市各级各部门和广大群众思平安、谋平安、保平安的共识已全面形成。市委、市政府主要领导亲力亲为，定期听取综治和平安建设工作汇报，研究制定出一系列具体工作措施；综治成员单位对各自系统和主管范围内的创安工作主动承担，积极作为；县、乡、村各级干部都认识到平安建设是经济发展、社会稳定的基础和保障，深感责任在心、重担在肩。“平安焦作”在全市已成为一张金字招牌和各级领导干部的第一责任。考核组还对群众安全感指数、26起现行命案“发一破一”、2275个基层单位达到创安标准等方面给予充分肯定。

（原宏伟）

·政府法制·

【法治型政府（机关）创建】 2014年，市法制办对第三批47个法治型政府、法治型机关创建单位进行考核验收，采用集中汇报、查阅资料、实地察看、发放调查问卷等形式，严格依照《焦作市县级法治政府和市直法治型机关达标评定标准》进行综合评定。

【市政府领导集中学法】 2014年，市法制办制定《2014年度市政府领导干部学法计划》，市政府领导先后对《政府信息公开条例》《突发事件应对法》《合同法》进行集中学习，市政府常务会议对相关法律法规的贯彻落实提出了具体要求。

【规范性文件制定】 2014年，市法制办印发年度市政府规范性文件制定计划，共审核政府规范性文件草案50件，以政府令形式出台1件，以市政府或市政府办公室文件形式出台48件。审核拟以市政府、市政府办公室及市委、市政府联合出台文件340件，市政府常务会议纪要和市长办公会议纪要45件，提出修改意见400余条。审核市政府常务会议议题汇报材料33件，确保政府文件的合法性。办理省人大、省政府和市人大等交办的法规、规章、规范性文件草案征求意见稿27件，提出修改建议40余条。

【推进行政执法责任制】 2014年，市法制办加强行政执法证件管理，对市直部门2115个行政执法证和520个行政执法监督证进行年度审验，对部分行政执法人员进行调整，变更了网上登记信息；经省政府法制办批准，为市安全监管局等13个单位办理行政执法证220个。推进服务型行政执法建设，印发《关于做好2014年度全市推进服务型行政执法建设工作的通知》《焦作市全面推行行政指导工作实施方案》，转发《河南省行政指导工作规范》和《河南省行政指导文书示范文本》。要求各级政府和行政执法部门严格规范行政执法行为，牢固树立服务理念，增强服务意识，积极践行“管理、执法、服务”三位一体行政执法模式，全面推行行政指导制度。强力推进城市管理相对集中行政处罚权工作。4月10日，焦作市首个实施城市管理相对集中处罚权的行政执法局在武陟县挂牌成立，标志着焦作市城市管理行政执法工作进入新阶段。启动了沁阳市、孟州市、博爱县相对集中行政处罚权工作。对各级政府和执法部门开展服务型行政执法建设工作进行监督检查。10月，省政府推进服务型行政执法建设检查组莅焦检查指导，对焦作市服务型行政执法建设工作给予充分肯定。12月，省政府法制办组织各地市、各省管县政府法制机构负责人和22家新闻媒体对焦作市住房公积金中心服务型行政执法工作进行现场观摩。认真做好规范性文件和重大具体行政行为备案审查工作，接收审查县市区和市直部门报送的规范性文件223件，上报省政府、市人大常委会备案54件，合法率、按时率、备案率达到100%；受理审查重大具体行政行为45件，对存在问题进行纠正。继续推进规范行政处罚裁量权工作，对农业、气象、工商、环保、工信、商务、黄河河务、旅游8个重点推进部门进行监督检查，对公安、住建、安监、畜牧、交通5个部门的工作进行“回头看”，评查执法案卷112件，对存在的问题进行反馈和纠正，推动了规范行政处罚裁量权工作。对行政处罚事项进行梳理，对市政府依法实施的执法行为进行梳理，明确以市政府名义作出的行政执法行为共114项。根据建设全市网上服务大厅的需要，对市直46个执法部门的行政处罚事项进行认真梳理和严格审查，梳理出行政处罚事项4080项，并向社会公布。

【行政复议和应诉】 2014年，市法制办接待群众来信来访320余人次，收到复议申请60件，办结55件，法定期限内结案率达到100%。继续认真落实重大行政复议决定备案制度，审查重大行政复议决定13件。针对复议工作中出现的问题，提出行政复议意见书、建议书10余份，促进行政机关依法行政。在行政复议案件办理过程中，加大调解力度，对每一起案件都首先进行案前调解，采取实地勘验、走访群众、召开听证会等多种办案方式，查明案件事实，明确症结所在，主动进行沟通，积极促使矛盾双方握手言和，和解调解结案方式逐步实现常态化。全年调解结案25件，占已办结案件的45%，发挥了行政复议制度定纷止争的社会保障功能。代理市政府行政应诉案件3件，协助省政府法制办协调调解行政复议案件10余件。

【武陟县城市管理行政执法局成立】 4月10日，焦作市首个实施城市管理相对集中处罚权的行政执法局在武陟县挂牌成立。省政府法制办副主任王海云、省政府法制办依法行政调解处处长梁增杰、市人大常委会副主任魏丰收、市直有关部门及武陟县主要领导、各县市区分管城建工作的副县市区长、政府法制办主任、城管局局长参加成立仪式。王海云宣读《河南省人民政府关于在武陟县城区开展城市管理相对集中行政处罚权工作的批复》，批复明确了武陟县城区城市管理相对集中行政处罚权的范围。魏丰收就城市管理相对集中行政处罚权工作提出了要求。

【全省服务型行政执法建设工作观摩团莅焦观摩】 12月11日，由省政府法制办副主任王海云带队，全省服务型行政执法建设工作观摩团莅临焦作，对市住房公积金管理中心的服务型行政执法建设工作进行观摩。观摩团成员为18个省辖市和10个省直管县政府法制机构负责人，《河南日报》、河南电视台、《大河报》等13家主流媒体对观摩活动现场进行全程采访。观摩团现场观摩了焦作市住房公积金管理中心服务大厅，听取该中心《机制创新引领服务型行政执法》的情况介绍，查看各种服务设施和服务型行政执法建设档案资料。省内多家媒体对公积金缴存单位代表和办事群众进行现场采访。

（伍赓泽）

·公　　安·

【概况】 2014年，全市公安机关紧紧围绕打造焦作公安升级版的总目标，大力推动各项公安事业稳步前进，保障全市政治和治安大局持续稳定，为全市经济社会发展创造良好的社会治安环境。全市公安机关共接报各类有效报警求助事项8.98万起，下发接处警指令26万余条。复核各类证件23.2万件，清理注销重复户口3756人，通过户籍窗口抓获网上逃犯33人；内部单位发案数下降37%，全市没有发生严重影响群众安全感的刑事案件，没有发生重大治安灾害责任事故和交通火灾事故；在全省公安绩效考评规则、导向和方式发生重大改变的情况下，全市公安机关积极研究对策，迅速调整工作方向，全力投入新规则下的绩效考评工作，整体成绩一直处在全省第一集团的位置。特别是执法规范化建设、专项工作两大板块始终排名全省第一，重点业务和基础工作板块排名全省前三。市公安局获全国公安机关警务督察工作成绩突出集体，交警支队高速公路交通管理处被评为河南省人民满意十佳政法单位，12个集体、343名民警立功受奖，2名公安民警荣登中央文明办主办的“中国好人榜”，1名民警被授予全国公安二级英模。

【110报警服务】 2014年，市公安局指挥中心和110报警服务台共接报各类有效报警求助事项8.98万起，下发接处警指令26万余条。全市共发各类刑事案件6045起，较上年上升16.4%。其中现行命案下降28.6%，“两抢一盗”案件下降16.4%，破电案件下降9.9%，交通事故19337起，上升15.4%；伤亡率和直接财产损失分别下降79.31%、14.52%。火灾事故1200起，下降39.6%；共受理公众举报投诉事项50件，与上年基本持平，办结率和有理投诉群众满意率均为100%，110报警服务台实现了“零投诉”；短信回访总量14.5万条，平均满意率为99.81%，单项绩效考评成绩位列全省第二位。

【治安管理】 2014年，全市治安部门以维护全市社会治安大局稳定为重点，进一步提升了群众的安全感和满意度。

以反暴恐和省运会安保工作为主线，推促治安管控能力升级。滚动开

“110宣传日”群众代表观看警犬表演

省运会安检

展安全隐患排查整治，加强对重点单位、场所、行业、区域、部位、物品的治安管控，着力夯实反暴恐保平安基层基础工作，实现“六个坚决防止”的工作目标。特别是牵头组织实施省运会安保工作，建立专班，全力以赴，通过反复实地勘查现场，周密制定安保方案，科学开展安全评估，加强重点项目安保，圆满完成省运会开（闭）幕式及42项赛事和住地安保任务。同时部署督导涉爆逃犯抓获率100%；全市公务用枪管理工作在全省作先进经验介绍；市县两级治安部门上下联动，成功抓获国务院督办的“3·1”案件逃犯尚某某。

以“一村一警”和信息采录工作为重点，推促了基层基础工作升级。全市1657个警务工作站全部建成，配备包村民警2072名，充实了基层力量。同时不断巩固和创新“两述一评”活动品牌，深入推进社区警务精细化管理，打造社区警务工作的特色和亮点。组织开展为期3个月的信息采集攻坚战，建立“日公示、旬通报、月讲评”机制，扎实推进基础信息采录工作。全市共采集更新数据411.85万条，信息更新率和完整率始终保持全省先进位次。在全省公安机关“一村一警”工作新密现场会上，焦作市作先进典型发言，修武、沁阳、解放区作书面经验交流，是全省作经验交流最多的地市。

以户口清理整顿和便民服务为抓手，推促管理服务水平升级。健全完善户籍审批流程管理、网上业务监管，协调落实归口资金350余万元，推进人口信息管理系统升级改造，更新户籍窗口人像采集、指纹登陆、档案采集等硬件设备。扎实推进户口登记管理清理整顿，复核各类证件23.2万件，清理注销重复户口3756人，通过户籍窗口抓获网上逃犯33人。落实各项便民利民措施，开展承诺践诺活动，开辟网上服务平台，最大限度地惠及广大人民群众，为群众提供预约服务1527人次、上门送证1.6万件次。

以扫黄打赌和提质减访活动为载体，推促执法办案效能升级。全市治安部门143起信访案件全部办结，未发生治安信访案件的基层所队达到90%以上。强力组织开展扫黄打赌专项行动，全市共查处黄赌案件554起，刑事拘留276人，取缔涉黄涉赌场所87家，查处黄赌案件数较上年大幅提升，黄赌警情明显下降。

通过抓业务带队伍，全市治安管理工作稳步推进，绩效考评动态保持全省先进位次。全市治安部门共有184名民警受到表彰奖励。治安支队保持14年无民警违法违纪案事件发生的良好态势，并成功创建为省级文明单位。在全市68家二级机构行风述职现场评议中，治安支队荣获第三名。

【刑事侦查】 2014年，全市刑侦部门以过硬素质创造一流业绩，全年新发命案全部破获。同时先后抓获两名命案逃犯，故意杀人逃犯下降率位居全省第一。研发建立打黑除恶信息综合应用平台，将全市分散在各个系统中的涉黑涉恶信息进行集约化管理，实现对黑恶犯罪的自动串并和“三色预警”，形成打黑除恶工作精确制导、主动进攻的侦查模式。坚持以警情研判、案情会商、挂牌督办、网上巡查、专业队伍建设等打击侵财犯罪工

民警向被盗商户退还追回的赃物，并现场讲解防范知识。

作机制为保障，不断深化合成作战，着力提升打击多发性侵财犯罪的能力水平，各项打击指标再创新高。特别是集中力量，综合运用多种技战术手段相继摧毁一批职业化程度高、地域性特点强的侵财犯罪团伙。坚持有案必立，制定出台《关于加强侵财案件侦办及追赃工作的意见》，规范执法流程，强化考核指导，加强监督审核，确保严格落实盗窃、抢夺、个人诈骗 500 元的立案标准，如实立案工作位居全省第二。坚持现场必勘，严格落实现场勘查“一长四必”机制，积极探索兼职技术员辅助开展现场勘查机制，努力提升现场勘查率，不仅确保十类案件现场勘查率保持 100%，全部刑事案件现场勘查率也达到 97.39%，较上年上升一倍以上。坚持信息必采，健全制度，规范流转，加强监测，既确保接警信息、出勤信息、案件信息一一对应，又保证质量。坚持赃物必追，强化案后的追赃挽损工作，经抽查统计，群众对追赃退赃工作的满意率始终保持在 80%以上，远远高于省公安厅规定的 60%的目标。坚持质量必保，强化日常执法巡查和季度抽查评比，通过加强对基层刑事执法活动的检查与指导，及时发现和纠正执法中存在的问题，推动整体刑事案件办案质量的提升。2014 年，在省公安厅每季度组织开展的命案卷宗评比中，焦作市命案办案质量始终位居全省前茅。

【经济侦查】 2014 年，全市经侦部门严厉打击各类经济犯罪，始终保持高压态势，有力维护全市经济安全和社会稳定。严厉打击涉众涉稳型经济犯罪、金融领域犯罪、制假售假等商贸领域犯罪、涉税领域犯罪及商业贿赂犯罪等“五类犯罪”，推进全市打击经济犯罪工作深入开展。严厉打击假冒伪劣犯罪活动，全市共立各类假冒伪劣犯罪案件 13 起，抓获犯罪嫌疑人 16 名，打掉犯罪团伙 2 个，捣毁窝点 5 处，收缴了一批假计生用品、假洗化用品、盗版图书等假冒伪劣商品。针对全市投资类市场主体涉嫌非法集资犯罪的突出情况，成立专门打击处置非法集资指挥部，加强组织领导，抽调 180 余名警力，成立 9 个专案组，强力推进案件侦办。打击传销违法犯罪专项行动，全市共破获传销犯罪案件 3 起，抓获犯罪嫌疑人 5 名。其中沁阳市公安局经侦大队破获涉案 43.4 万元的部某某组织、领导传销活动案。打击信用卡套现犯罪专项行动，2 月至 4 月，全市经侦部门开展打击利用信用卡套现进行非法经营犯罪专项行动。行动期间共立案 14 起，涉案金额 192.9 万元，破案 7 起，抓获犯罪嫌疑人 8 名，刑事拘留 6 人。侦破一批大要经济犯罪案件，全市经侦部门共破获千万元以上案件 5 起，百万元以上案件 9 起。

【交通管理】 2014 年，全市交警部门全面实施道路交通安全三年综合整治、扎实推进公路防控体系建设、积极创新服务群众新措施为重点，采取扎实有效措施，保障道路交通事故稳中有降。全市共受理一般程序道路交通事故 63 起，造成死亡 46 人，受伤 47 人，直接财产损失 84.36 万元，较上年相比，事故起数减少 17 起，下降 21.25%；死亡人数减少 25 人，下降 35.21%；受伤人数增加 3 人，上升 6.82%；直接财产损失增加 36.74 万元，上升 77.15%。

交通管理社会化不断深入。交警部门根据省政府道路交通安全三年综合整治工作，提请市政府制定《焦作市道路交通安全三年综合整治实施方案》，成立三年综合整治办公室。在全市 1826 个行政村设立道路交通安全管理办公室，按照“一村一人”标准聘请 1826 名交通安全管理员，搭建起“县管、乡包、村落实”工作平台，建成市县乡村四级道路交通安全责任体系。广泛开展交通安全宣传。在市区主题教育基地建设投入 180 余万元资金的基础上，所辖各县市分别加大资金投入，累计投入资金 280 余万元，共建成驾驶人警示教育基地、中小学生交通安全教育基地 14 处。与焦作电视台合办栏目《文明交通行》，每月定期播出交通安全电视节目；与旅游广播电台合作，开办《快乐出发》《交警直播间》《交警会客厅》等三档广播节目，每天分 13 个时段播出路况信息，累计播出电视专题节目 22 期，电台节目 400 余期。充分利用互联网、微博、微信平台，向市民公布道路危险点段，发布路况出行信息，宣传交通法律法规，发布交通安全提示和路况信息，解答网民的各类咨询和疑问，及时上传下达和督促整改。强化隐患排查整治。以山

市委书记孙立坤到人民路交通岗看望一线执勤民警

民警在大雪中指挥交通

区道路、高速公路和桥梁路段为重点，先后组织开展道路交通安全隐患排查工作4次，发现隐患点段153处，整改98处，整改率为64.05%。全面推进执法规范化建设。组织全市交警部门所有执勤执法岗位全面使用执法记录仪，并配备执法记录仪采集站，进一步规范民警的执法行为，提高整体执法质量。实现驾驶人考试全程监控联网，全年，驾驶人考试4个科目全部实现视频监控，并成立驾驶人考试监控中心，将3个考场全部接入省交警总队监控平台，规范驾驶人考试工作；推进事故处理规范化，提高办案质量。强化重点车辆和驾驶人监管，对重点车辆实行户籍化管理，全市客运企业34家、货运企业226家、危险化学品运输企业23家、学校141家，5.16万辆重点车辆、4.6万名驾驶人均已纳入重点对象管理系统，并建立档案；主动同运管、教育、电信部门联系，将"两客一危"车辆接入警综平台，接入率达到99%以上，普通货运车辆安装GPS车载终端辆，占车辆总数的38.6%，重点车辆在线率达到99.87%；提高重点车辆和驾驶人的信息采集率和告知率，全市重点车辆信息采集率100%，重点车辆驾驶人信息采集率99.8%，机动车告知率100%，驾驶人告知率97.32%，均居全省前列；实行重点车辆安全隐患抄告制度，定期对重点车辆进行巡查，对存在的道路交通安全隐患，及时下发消除道路交通安全隐患通知书。开展交通肇事逃逸案件侦破工作，在全市开展逃逸案件集中侦破专项行动，全市共发生各类交通肇事逃逸案件57起，侦破55起，侦破率为96.49%，其中死亡逃逸案件29起，侦破27起，侦破率为93.1%。加强科技信息化建设，智能交通系统建设完成电子警察闯红灯违法抓拍系统87处，卡口81处，视频监控90处。同时建设完成在高速公路、国道、省道上规划的省界、市界智能卡口11个，全部接入机动车缉查布控系统；在交通管理PGIS应用系统中，全市高速公路、省道接入视频监控139个。

【出入境管理】　2014年，全市出入境管理部门共审批各类出境证件及签注8.79万枚（其中证件5.08万本，签注3.71万枚），办理外国人证件及台胞签注171枚，办理出入境通行证8本。在特殊身份人员报备和函件协查方面，新增报备人员信息4632条，撤销报备人员信息328条，变更报备人员信息12条。管理临时来焦境外人员3582人次，管理常住在焦境外人员150人。查处各类涉外案（事）件6起。在工作中抓获网上逃犯1人，查堵双重户籍人员13人，查堵国家工作人员不按规定程序申办出国境手续26人次、冒用他人身份证件骗证1人，挡获法定不准出境人员1人、家庭教会重点人员1人，成功侦办"三非"案件6起。

【禁毒工作】　2014年，全市各级公安禁毒部门共破获涉毒犯罪案件113起（其中省厅督办目标案件6起），抓获毒品犯罪嫌疑人171人，缴获各类毒品72.71千克，新发现吸毒人员692人，查获吸毒人员1474人，强制隔离戒毒655人，社区戒毒410人，登记参加美沙酮代替治疗364人。

【监所管理】　2014年，全市各级公安监管部门以监所安全为中心，扎实推进看守所"五化建设"和拘留所"三项重点工作"，抓好戒毒所"四个执法化节"等活动，绩效考评成绩排在全省前列。全市公安监管场所共抓（查）获网上逃犯160余名，获取各类线索500余条，破获各类刑事案件250余起，其中命案2起。监管支队被省文明办评为省级文明单位，市看守所被公安部监管局评为全国"五化建设"示范看守所，市看守所女子监管大队荣立集体三等功，获河南省三八红旗集体称号。

【控申工作】　2014年，全市公安信访工作狠抓信访源头治理，开展重点信访案件集中化解工作。集中解决信访突出问题，努力减少信访积案。对中央巡视组交办的6批122起重点信访案件和省市政法委、省公安厅交办的3批550起信访积案，严格落实四定一包责任和四个到位结案标准，全部按期依法办结，办结率100%。狠抓矛盾纠纷排查化解工作，从源头上预防和减少信访问题发生。市局共排查涉法涉诉矛盾纠纷273起，有效化解269起，化解率98%。推进制度机制建设，规范信访工作运行机制。全年召开主要警种部门化解信访案件调度会 17 次，评查信访案件 248 起，追究有责信访 20 起 31 人。重点管控，全力做好敏感时期信访维稳工作。开展信访案件的集中清理工作，加大打击非访力度，对不听劝阻、执意违法上访人员依法严厉打击处理，全年共打击处理违法上访人员 189 人，其中行政拘留 170 人次，警告和罚款 14 人，被依法追究刑事责任 9 人，有效遏制信访活动中的违法犯罪行为。

【互联网监察】 2014 年，全市网络技术监察部门加强网络安全管理，科学开展网管进社区工作。全年扫描政府网站 310 家次，下发整改告知书 43 份，同时与政府信息中心建立政府网站信息安全预警工作机制；督促整改网吧不正常状态 2050 家次，检查网吧 88 家次，审验审批网吧手续 266 家次，培训网吧安全员 43 人次，为网民办理有关手续 370 人次，有效保证网吧的规范运营和日志的正常留存；录入、修改、删除数据库网站信息 49 条，比对核查网站数据 3126 条，督促 9 家网站进行公安机关备案，关闭网站 1 家。对三大基础电信运营商备案的 4000 余条 IP 地址进行整理、归纳，并及时导入基础数据库实现共享；运用“焦作网警”政务微博积极做好网上群众工作。灵活运用“焦作网警”政务微博开展预防网络犯罪、打击网络谣言，发布社会治安预警提示及网络公告等工作。

【公安法制】 2014 年，全市公安法制部门全力推动执法规范化建设全面、科学、协调、持续发展。研究制定《焦作市公安局深化执法规范化建设工作任务和阶段目标》，明确当前和未来三年全市执法规范化建设具体目标和 8 类 42 项工作任务，并进行责任分解下发执行。持续开展“一法两规定”、《河南省公安机关办理伤害案件工作细则》、电子卷宗制作等新法新规的教育培训，培训民警 2100 余名。制定《焦作市公安局网上执法巡查工作规范》，抽查 4400 余起刑事、行政案件的电子卷宗制作情况，对办案质量不高的办案单位领导和办案民警进行通报，并限期整改、落实责任。连续开展伤害类案件自查整改，共考评案件 144 起，下发反馈意见 45 份，全市执法办案质量稳居全省第一。强化执法安全管理，对全市 16 个县级公安机关和刑侦、经侦、交警、特警 4 个警种 5 个办案中心、42 个执法办案单位、234 间讯（询）问、人身安全检查、信息采集等功能室进行检查，全市没有发生一起执法安全事故。制定《焦作市公安局办理醉酒驾驶机动车刑事案件工作规范》，规范醉驾案件办理程序；制定非法吸收公众存款案件取证指引和集资诈骗案件取证指引，规范非法集资案件证据调取程序。认真做好案件审核和行政复议工作。全年共审核各类刑事、行政案件 150 余起，出具各类文书 210 余份，提出执法纠正意见 30 余份，召开疑难案件会商会 30 余次，办理督办批办案件 52 起，审核各类民事合同 20 余份，下发执法建议书、督办通知书等 30 余份。接待来访群众 900 余人，受理行政复议案件 121 起，办结 105 起，办理提前解除强制隔离戒毒 92 人次，办理国家赔偿案件 7 起。

【公安宣传】 2014 年，全市各级公安宣传部门和广大宣传战线民警，大力宣传公安民警的为民服务、无私奉献精神，全面展示全市公安机关维护社会稳定、服务保障民生的成就和亮点，最大限度地弘扬公安正能量，树立公安机关和人民警察的良好形象，努力提升公众的安全感和对公安机关的满意度。依托《焦作日报·警务周刊》《每周治安播报》电视栏目、焦作公安网、平安焦作政务微博、微信等媒体平台，在宣传的深度、广度、高度和力度上不断突破，弘扬正气、鞭挞邪恶，唱响主旋律，为公安工作的快速发展提供强大的舆论支持。全市宣传部门在中央级媒体发稿 1326 篇、省级媒体发稿 2624 篇、市级媒体发稿 3815 篇。《每周治安播报》成功制作播出 31 期，《焦作日报·警务周刊》成功策划、刊出 219 期，刊发 51 期。

【队伍建设】 2014 年，全市公安机关全面加强公安队伍思想建设、组织建设、作风建设，不断探索思想政治工作的新思路，在锐意进取中实现公安思想政治工作新突破。全市各级公安机关党组织共召开专题学习会 200 余次，专题民主生活会 18 场次、专题组织生活会 113 场次；组织 24 名党员发展对象参加市直机关工委的培训班学习，新发展党员 23 名，转正预备党员 7 名；组织 40 余名新发展的党员和预备党员到谢延信先进事迹展览馆进行学习；各级领导干部主动走访约谈基层民警 1600 余人次，走访慰问 140 余人次，帮助基层解决实际问题 140 余个。开展和谐警民关系建设示范单位争创活动，共建立“警民共建单位”210 余家。加强警民互动交流，广泛组织开展“两述一评”汇报会、警民恳谈会、警营开放日等警民互动交流活动，发放“八项便民利民承诺”宣传海报 5 万份、预防电信诈骗小册子 4 万份、发送安全防范类提示短信 80 余万条。开展《向人民报告——来自市公安局基层一线的报道》大型系列报道活动；开展首届“最美警察评选”活动，大力宣传公安民警在平安建设中的先进典型和英雄事迹。以“我奉献·我快乐”为主题，对原创精选 22 条微博、微信及 11 部微电影，以“三微”比赛的形式，唱响警民和谐主旋律。微电影《舌尖上的警察》在全省大赛中拔得头筹，在微电影网上转发达 80 余万次，播放达 1000 余万次。利用焦作公安互联网、平安焦作政务微博、微信及网上车管所等，策划“在线访谈”活动5次，市局领导和局属有关部门负责人为群众解疑释惑821次，办理事件59起，回复率达100%。充分利用传统媒体和新媒体平台，开展党的群众路线教育实践活动系列宣传、“人民在心中”系列宣传报道、开展“践行群众路线打造焦作公安升级版”局长（支队长）访谈、“英烈忠魂”烈士纪念日活动、“忠诚颂·祖国赞歌”活动、“平安焦作正能量”宣传活动、“行风评议”等集中宣传活动。开展庆三八、五一、五四和建党93周年系列庆祝活动；举办2014年“全警健身与省运同行”太极拳比赛。民警杨建平、石玉红获得省十二运会太极拳、太极器械竞赛项目全省第一，市公安局党委被评为全市先进基层党组织，推树全国优秀团干部张宁、全省劳动模范朱垒、全省三八红旗集体女子监管大队等一批先进集体和个人。截至年底，全市共有5人受到公安部表彰，76名个人20个集体受到省厅和市委、市政府表彰，1人荣立一等功，1个集体荣立二等功，8人荣立个人二等功，8个集体荣立三等功，129人荣立个人三等功。

【刘公尧被追授全国公安系统二级英模】 6月20日，追授刘公尧全国公安系统二级英雄模范命名大会在孟州市举行。省公安厅党委委员、副厅长程德民出席命名大会，宣读公安部《关于追授刘公尧同志全国公安系统二级英雄模范荣誉称号的命令》，并向刘公尧的家属颁发证书、奖章和奖金。刘公尧生前是孟州市公安局经侦大队指导员，从警26年，兢兢业业对待本职工作，踏踏实实为群众办事，荣立个人三等功2次，多次被评为焦作市公安系统和孟州市优秀共产党员、先进工作者。在参加打击非法集资专案期间，因连续工作，积劳成疾，于2013年11月21日因突发疾病抢救无效，不幸因公牺牲。

【沈长明当选“中国好人榜”好人】 8月6日，博爱县公安局磨头派出所副所长、际西警务室民警沈长明在由中央文明办主办的“我推荐、我评议身边好人”活动中，当选为7月“中国好人榜”敬业奉献好人。

【省公安爱民模范报告会在焦举行】 12月19日，“忠诚颂·情系人民”河南省公安机关爱民模范先进事迹巡回宣讲报告会焦作专场举行。6名爱民模范从不同角度、不同侧面，用朴实的语言和真挚的情感，真实生动地展示了他们投身公安事业、服务人民群众的先进事迹。报告会前，市委书记孙立坤，市委常委、政法委书记丁保东会见了宣讲团一行。在报告会上，孙立坤要求，全市各级各部门和广大党员干部要向爱民模范等先进人物学习，弘扬真善美，传播正能量，崇德向善、见贤思齐。要进一步加强作风建设、巩固群众路线教育实践活动成果，落实治理为官不为、倡导敢于担当六项要求，在促进转型发展中体现爱民为民，在维护群众利益中体现爱民为民。全市政法机关特别是公安系统要以这次巡回宣讲报告为契机，以学习爱民模范为动力，切实加强自身建设，积极践行“人民公安为人民”的庄严承诺，密切同人民群众的血肉联系，更好地履行打击犯罪、维护治安、促进和谐的职责，为全市社会大局稳定保好驾、护好航。

（史　雪）

·检　察·

【概况】 2014年，全市检察机关积极参与平安焦作建设，自觉遵循司法规律，不断强化法律监督、强化自身监督、强化队伍建设，各项检察工作取得平稳健康发展。截至年底，全市共逮捕犯罪嫌疑人2020人、提起公诉3369人，决定不批捕774人、不起诉76人。立案侦查职务犯罪案件111件165人，其中贪污贿赂案件98件133人、渎职侵权案件13件32人，通过办案为国家挽回经济损失1068.04万元。

【侦查监督】 2014年，全市检察机关共受理提请批准逮捕各类犯罪嫌疑人2141件2939人，依法批准（决定）逮捕犯罪嫌疑人1630件2020人，逮捕率72.1%，不批捕486件774人。对公安机关应当立案而不立案的，监督立案27件49人；对不应当立案而立案的，监督撤案36件。

【审查起诉】 2014年，全市检察机关共受理各类移送审查起诉2550件3721人，提起公诉2338件3369人，起诉率为90.5%；不起诉59件76人，不诉率为2%；撤回起诉14件19人；纠正漏诉83件132人，移送其他单位37件89人。对认为确有错误的刑事裁判提出抗诉32人，改判14人，发回重审2件，发出检察建议2件。

【反贪污贿赂】 2014年，全市检察机关共立案查办贪污贿赂案件98件133人，其中大案93件，要案8人。共侦查终结92件128人，移送起诉92件128人，有罪判决106人，通过办案为国家挽回经济损失930.26万元。查办的典型案件有：中隧集团原副总工程师马锁柱受贿案、河南省工商局原办公室主任陈世良受贿案、沁阳市原副市长石清功受贿案等。晋济高速公路山西晋城段岩后隧道“3·1”特别重大道路交通危化品燃爆事故发生后，中央领导高度关注，市检察机关依法及时对10名涉案的职务犯罪嫌疑人立案查处等。

【反渎职侵权】 2014年，全市检察机关共受理渎职侵权犯罪案件线索15件，立案13件32人。其中滥用职权案8件18人，玩忽职守案5件12人。侦查终结14件34人，移送起诉 14 件 34 人，提起公诉 18 件 37 人，有罪判决 41 人。

【职务犯罪预防】 2014 年，全市检察机关加大警示教育力度，开展教育活动 196 次；开展行贿犯罪档案查询工作，出具查询结果 1 万多次；下达检察建议 38 件，移送案件线索 11 件，立案侦查 4 件。

【监所检察】 2014 年，全市检察机关共配合监管单位对监管场所进行安全防范检查 265 次，消除隐患 30 次。

【控告申诉检察】 2014 年，全市检察机关加大集中处理涉检信访工作力度，共办理涉检信访案件 56 件，办结率 100%。建立健全涉检信访风险评估和化解机制，继续保持无涉检进京访，孟州、修武、沁阳、武陟院的控申接待室获全国文明接待室，并被省院表彰为文明执法示范岗。市检察院和 7 个基层检察院控申举报接待室被评为全省检察机关文明接待室。

【民事行政检察】 2014 年，全市检察机关对认为确有错误的民事、行政裁判提出抗诉 9 件，法院再审审结 5 件，其中改判 3 件、调解 2 件。建立民事、行政申诉案件说理制度，对认为法院裁判正确的申诉案，通过释法说理做好当事人的息诉工作。

【检察技术】 2014 年，全市检察机关共受理各类技术案件 869 件，其中检验鉴定 24 件，文证审查 149 件，提供技术协助 696 件。出具证据材料 799 份。在继续开展传统鉴定和讯问职务犯罪嫌疑人实行同步录音录像工作同时，积极探索发展测谎、电子物证等新型技术工作。

【人民监督员监督】 2014 年，全市检察机关共邀请人民监督员监督“三类案件”11 件 17 人，其中拟不诉 11 件 17 人。举行“检察开放日”活动 1 次，邀请监督员来院参观、座谈并就反映的问题及时整改、反馈。

【队伍建设】 2014 年，全市检察机关深入开展党的群众路线教育实践活动、“增强党性、严守纪律、廉洁从政”专题教育活动、“严纪律、正作风、树形象”专项教育整顿活动，着力加强思想政治教育，提升干警素质能力，改进检察队伍作风，确保检察机关和队伍过硬。先后举办“刑事证据”“办案安全”为主题的系列业务培训讲座，组织开展“反贪侦查业务技能竞赛”“民事诉讼法知识竞赛”“优秀法律文书暨优秀公诉庭评选”等岗位练兵活动，鼓励、支持干警参加国家司法考试，先后有 15 个集体、34 名个人在省、市各类技能竞赛和业务评比中获奖，有 13 人通过国家司法考试取得司法执业资格。孟州市院被高检院记集体一等功，市院机关 24 名干警被记功嘉奖，19 个集体和 67 名干警受到市级以上表彰。

（云　峰）

·审　判·

【概况】 2014 年，全市法院坚持为民司法、公正司法，忠实履行宪法和法律赋予的职责，各项工作取得新进展。截至年底，全市法院共受理各类案件 3.64 万件，审执结 3.10 万件，同比分别上升 11.8%和 10.5%。其中市中院共受理各类案件 5488 件，审执结 4990 件，分别上升 7.9% 和 4.8%。完善青年干警导师制，确定 96 名“一帮一”导师，搭建传带帮扶平台。开展各类培训 23 期，受训人员 730 余人次，不断提升法官业务素质。全年涌现出一大批先进集体和优秀法官，21 个集体和 39 名个人受到最高法院、省委、省政府和省法院表彰。其中温县法院北冷法庭被最高法院表彰为全国法院人民法庭先进集体，博爱县法院审管办副主任赵兵、温县法院北冷中心法庭庭长陆保刚分别被最高法院表彰为先进个人和办案标兵，市中院法官张爱国获全省政法系统十佳政法干警，十八大代表李玉香被省政府表彰为先进工作者。

【刑事审判】 2014 年，全市法院共审结各类刑事案件 2969 件，判处犯罪分子 3613 人。其中审结杀人、强奸、抢劫、涉黑涉恶等严重暴力犯罪案件 635 件 842 人，判处五年以上有期徒刑、无期徒刑和死刑 242 人，震惊全市的武陟县“一家五口灭门案”罪犯杨永利被依法判处死刑，有力打击了恶性犯罪的嚣张气焰；审结涉众

9 月 23 日，高胜非法集资案在焦作中院开庭。

11 月 18 日，中铁隧道集团郭大焕在焦作中院受审。

型经济犯罪案件 15 件 50 人，涉案金额 40.5 亿元，对德尔泰公司集资诈骗、非法吸收公众存款案主犯王永峰依法判处无期徒刑，始终保持对涉众型经济犯罪的严打高压态势；审结贪污、受贿、挪用公款等职务犯罪案件 66 件 103 人，其中县处级以上干部 12 人，科级干部 28 人，通过对桐柏县原县委书记杨忠、中储粮河南分公司原副总经理杨宏杰、中铁隧道集团有限公司原董事长郭大焕等重大职务犯罪案件的审判，推动反腐败斗争的深入开展。

【民事审判】 2014 年，全市法院共审结各类民商事案件 1.84 万件，诉讼标的金额 76.3 亿元。围绕市委“一个战略、四项重点、十大建设”的工作思路，出台《服务和保障加快经济转型、建设美丽焦作的实施意见》，采取 17 项具体措施，围绕企业破产重组、职工安置，审理公司清算、产权转让等各类案件 26 件，推动产业转型升级；围绕郑焦铁路、南水北调等重大建设项目发生的纠纷，审结土地征用、拆迁补偿等各类案件 852 件，促进新型城镇化建设；围绕民间借贷突发、企业资金链断裂引发的纠纷，审结借款、融资担保等各类案件 3334 件，依法维护民间融资秩序；围绕保护科技创新，审结商标、著作权等各类知识产权案件24 件，促进科技强市战略的实施。

【行政审判】 2014 年，全市法院共审结各类行政案件 698 件，审查非诉行政执行案件 286 件。加大行政纠纷协调化解力度，协调和解撤诉行政案件 569 件，有效化解“官民”矛盾。依法审理国家赔偿案件，使权利受到侵害的当事人获得司法救济。实行行政案件异地审理，克服地方保护主义。推进行政首长出庭应诉，提升依法行政意识。邀请行政机关工作人员旁听庭审，定期开展座谈交流，提升行政执法能力。发布行政审判白皮书，向有关部门和单位发出司法建议 67 份，为法治焦作建设建言献策。

【立案工作】 2014 年，全市法院集中开展诉讼服务中心规范化建设，努力打造“一站式、全方位、多层次”综合性诉讼服务平台，方便当事人咨询、查询，办理立案、保全、缴费、申诉、信访等诉讼事项。开辟绿色通道，推行网上预约立案、电话咨询服务，对行动不便的老弱病残等当事人主动上门服务。为 187 名困难当事人发放救助资金 334.8 万元，缓、减、免交诉讼费用 1039 万元。

【执行工作】 2014 年，全市法院共执结各类案件 6977 件，涉案标的金额 33.8 亿元。开展涉民生案件集中执行专项活动，执结追索劳动报酬、赡养费、人身损害赔偿等案件 301 件，执结标的金额 415 万元。开展第三次“雷霆行动”集中执行会战，执结积案 2828 件，执行到位标的金额 3.5 亿元。加大信用惩戒力度，全面挤压“老赖”生存空间，录入最高法院失信被执行人名单库 1920 人，限制高消费 569 人，悬赏执行 264 件。与公安、检察机关联合行动，集中打击拒不执行法院判决裁定等犯罪，拘留 526 人，移送公安机关立案侦查 117 人，已作出有罪判决 22 人。市中院执行局被最高法院表彰为涉民生案件执行专项活动先进集体。

【涉诉信访】 2014 年，全市法院开展为期 6 个月的信访集中处理活动，共摸底排查信访积案 491 件，化解 339 件。对 152 件信访老案、难案，逐案自查复查，确保信访当事人合理诉求得到解决。对诉求无理仍然缠访闹访的，导入第三方听证评议，选择典型案件在电视台等媒体播放的形式，形成综合社会效应。为切实从源头上预防和减少信访案件的产生，加大“治本”力度，修订《信访案件接待办法》，制定《信访案件责任追究细则》等 5 项规章制度，实行院领导天天接访、预约接访和法官带案下访，开展远程视频接访，形成长效工作机制。全年共接待信访群众 2456 人次，化解上访案件 393 件，赴省进京访量分别下降 21.8%和 10.6%。

【审判监督】 2014 年，市中院共办结各类申诉复查案件 162 件，受理各类再审案件 84 件，审结 76 件，其中改判 11 件，发还重审 12 件，切实维护当事人的合法权益。审理减刑假释案件 1798件，首次网上公示 1120 名提请减刑假释罪犯的信息，有效接受社会监督。公开开庭审理职务犯罪、金融犯罪和涉黑犯罪等减刑假释案件

915 件，邀请人大代表、政协委员旁听案件审理全过程，依法对 59 名罪犯分别作出不予减刑和假释的决定，确保刑罚执行公平公正。持续深化人民陪审员工作机制，扩大选任范围，实现人民陪审员“双倍增”，全市 1164 名人民陪审员共参与审理案件 6304 件，让人民参与司法、监督司法。

【维护农民工和“三留守”人员权益】 2014 年，全市法院共审结涉农民工工资案件 1245 件，为 1465 名农民工追回劳动报酬 9930 万元，确保务工人员奋斗有回报、讨薪有依靠。开展“维权法律服务宣传月”活动，抽调 60 余名法官成立志愿服务队 13 支，设立维权示范岗 15 个，举办维权讲堂 26 次。开展第六次拖欠农民工工资案件集中办理活动，先后组织法官深入企业、建筑工地 35 次，发放维权宝典 1230 本。开展保护农村“留守老人、留守妇女、留守儿童”人员合法权益专项活动，坚持优先立案、优先审理、优先执行，共审执结该类案件 4006 件，涉案标的金额 7178 万元。开展秋季开学第一堂法制课暨“关爱留守儿童、城乡孩子手拉手”活动，赠送普法口袋书5000 本，推动全市 826 对城乡家庭与留守儿童结对帮扶，传递社会正能量。

【维护军人军属合法权益】 2014 年，全市法院深入辖区、驻军部队举办法律讲座 26 场次，解答官兵涉法问题 235 个，设立涉军维权专门合议庭 11 个，妥善审理涉军案件 45 件，推动军地军民融合发展。市中院被济南军区和省法院联合表彰为“送法进军营”先进集体。

【司法公开】 2014 年，全市法院开展“司法公开年”活动，倒逼法官增强责任意识，提升司法能力。率先在全省完成“三大平台”建设，实现审判流程、裁判文书、执行信息全面公开。实行庭审网络直播，全年共直播庭审 3820 件，网上公开裁判文书 1.08 万份。成立新媒体工作室，开通微博、微信、微视“三微一体”互动平台，发表微博 5080 条、微信 123 条、微视 20 期。全力推进网络司法拍卖，上传拍品 169 件，成交额 5200 万元，为当事人节约佣金 260 万元，克服了传统拍卖佣金高、暗箱操作等弊端。

【推行新型合议庭制度】 2014 年，全市法院为提高审判质效、加强审判监督、明晰审判权责，积极稳妥推进新型合议庭制度改革，成立“三级、四类”新型合议庭，落实主审法官、合议庭办案责任制，院长庭长以主审法官身份组成合议庭带头办案，努力实现“让审理者裁判，由裁判者负责”。全市法院新型合议庭共办理案件 4312 件，结案周期平均缩短 15 天。积极尝试审委会制度改革，成立刑事、民事专业咨询小组，为疑难、复杂案件提供专业咨询意见，切实发挥审委会的审判指导功能。

5 月 16 日，市中级人民法院院长李玉杰为农民工普法。

【推行审判质量“闭合式”管理】 2014 年，市中院为深化审判权运行机制改革，结合自身实际，全面推行新型合议庭工作制度。为全面加强新型合议庭审理案件的质量管理，在审判管理办公室成立专门的案件评查室，对全院所有审结案件逐案进行常规评查，对上级法院发回重审和改判案件进行专项评查，对信访案件、上级批示交办案件、人大代表政协委员关注案件和群众反映投诉案件进行重点评查。对评查发现存在瑕疵的案件，直接督导案件承办法官进行整改；对评查发现存在质量问题的案件，提交评查合议庭合议后移交立案二庭按照法定程序立卷复查，对符合再审条件的案件提交审委会讨论后转审判监督庭进行再审；对评查合格的案件，退回书记员按照规定程序及时归档；对评查认定质量瑕疵案件的责任法官，按照规定程序进行问责处理，形成了审判质量的“闭合式”管理。成立专门案件评查室，对所有审、执结案件进行全面评查，并将评查作为案件归档前的必经程序。实行先评查纠错再归档、未经评查不能归档的审判管理制度，是焦作中院改革探索审判权运行机制，真正落实“让审理者裁判、由裁判者负责”，确保案件质量的一项重大工作举措，不仅有利于提高案件质量，杜绝案件“带病归档”；同时倒逼法官树立主体责任意识，不断增强司法能力，自觉主动提升审判质效，推动审判执行工作科学发展。

【探索高效审理工作机制】 2014

年，全市法院为提高审判效率，节约司法资源，减轻当事人讼累，积极适用小额诉讼程序，审结争议不大、诉讼标的较小的民事案件927件，平均审理周期为16天；简化刑事庭审程序，指导解放、山阳、马村区法院开展轻刑快审试点工作，审结事实清楚、证据充分、情节轻微的刑事案件83件，平均审理周期为5天，被告人无一上诉。

【构建多元纠纷化解工作机制】 2014年，全市法院成立诉调对接中心，形成了以司法为主导，行政机关、行业组织及社会团体等参与的多元纠纷化解工作网络。全年共诉前化解交通事故、民间借贷等各类纠纷2053起，司法确认495起。秉持"让法官多跑腿、让群众少走路"的理念，选择典型案件，深入农村、街道社区等基层单位巡回审判、就地办案、就地以案讲法，实现了"审理一案、教育一片"的良好效果。全年开展巡回审判1030场次，旁听群众12万余人次，受到基层干部群众的广泛好评，得到上级法院的充分肯定，中央电视台予以专题报道。12月，焦作中院被最高法院确定为全国50个中、基层法院"多元化纠纷解决机制改革示范法院"之一。

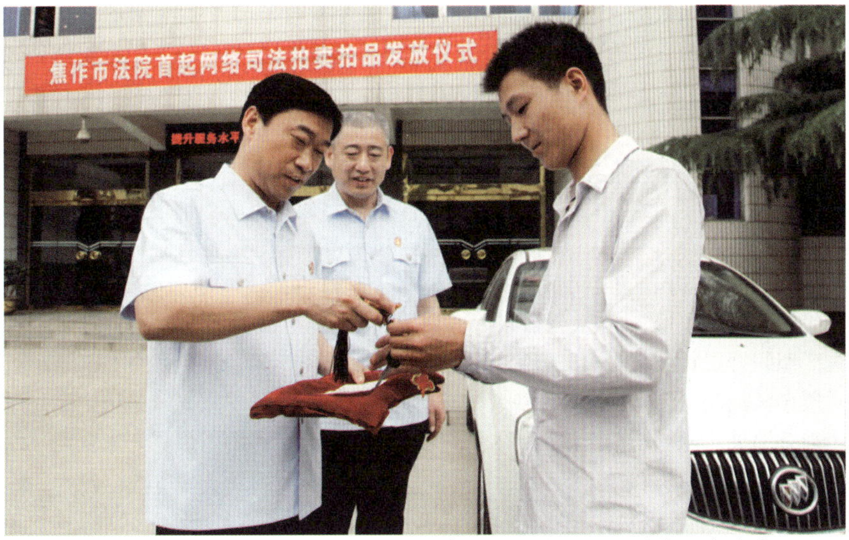

在首次司法拍卖品发放仪式上，院长李玉杰将车钥匙送到竞买者手中。

【李玉香当选为"中国好人榜"好人】 1月8日，在中央文明办主办、中国文明网承办的"我推荐、我评议身边好人"评选活动中，焦作市推荐的李玉香当选为2013年12月"中国好人榜"敬业奉献好人。李玉香，焦作市中院民二庭副庭长、正科级审判员，全国优秀法官，党的十八大代表。她平凡坚守，扎根一线26年，无怨无悔，在平凡的审判员岗位上，做出了不平凡的业绩。她审理案件3000多件，涉及800多个单位，涉案家庭5000多家，件件成为铁案。

【网络司法拍卖不动产首拍成功】 6月4日，两套商业店铺通过网络司法拍卖首拍成交，这是焦作中院首例成交的不动产拍品。此次拍卖成交的两套商铺位于贸易大厦二楼，其中起拍价为30.65万元的商铺，成交价40.15万元，溢价率达31%；另一套商铺起拍价31.41万元，成交价35.51万元，溢价率达13.05%。此次拍卖首次成交价最高，溢价率最高。今后焦作法院将继续抓好网络司法拍卖工作，坚决杜绝传统拍卖中存在的暗箱操作、内幕交易、低价贱卖，最大限度地保护当事人的合法权益，真正让人民群众在每一个司法案件中感受到公平正义。

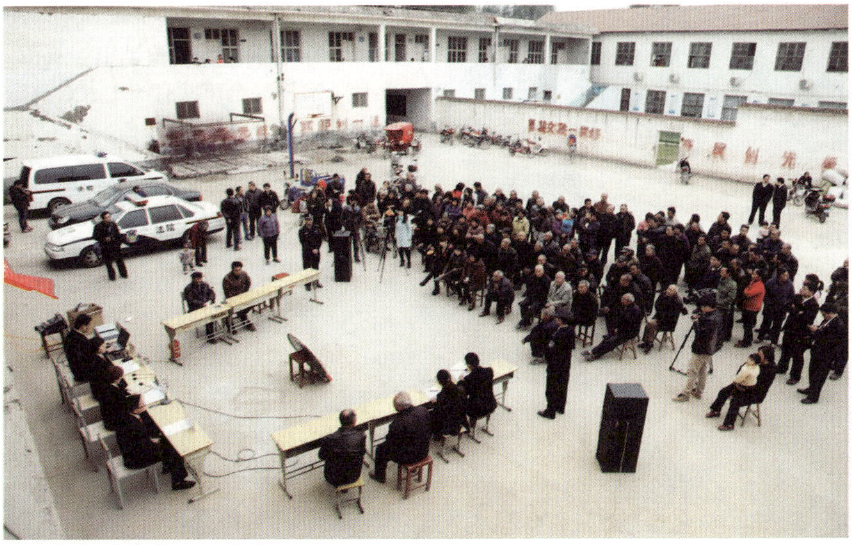
组织到农村巡回开庭

【香港卫视首次到市中院采访】 7月28日至31日，香港卫视首次走进焦作市中院，经过4天的拍摄，力求还原、追踪"瘦肉精"案件，通过《中国法院纪实》栏目向全球华人展示焦作法院风采。《中国法院纪实》栏目是最高人民法院和香港卫视联合制作的大型法治纪实类周播栏目，时长30分钟，通过香港卫视向全球华人宣传人民法院工作亮点，介绍中国特色社会主义司法制度。摄制组选择焦作中院2011年审理的轰动全国的"瘦肉精"案件为突破口，期间，先后采访了合议庭成员、生猪养殖户、菜市场肉贩、普通市民等，并深入养殖场、屠宰场、动物检疫实验室等还原案件事实，追踪案后效应，以点带面客观报道全国一等功法院的典型事迹。

（王曙光　刘建章）

·司法行政·

【普法工作】　2014 年，市司法局科学编制普法“菜单”，加大投入宣传，先后组织开展首个“12·4”国家宪法日暨全国法制宣传日活动、青少年法治教育巡展、领导干部法治思维和法治方式讲座、全市领导干部和公务员无纸化法律知识考试、“关爱农民工，送法进工地”、全市第三届大中专院校法治文艺汇演等系列活动，开通焦作司法行政官方微博，各县市区全部开通普法手机报和普法网，50 余家机关单位依托门户网站开辟普法园地，投资 150 余万元建成一批法治公园、法治游园、宣传长廊等宣传阵地，法治宣传覆盖面和法治文化影响力不断扩大。

【法治创建“示范引领工程”】　2014 年，市依法治市领导小组在全市组织实施法治创建 33221“示范引领工程”，即在全市分层次筛选 30 个县乡级政府、30 个行政机关、20 家企业、20 所学校、100 个村（社区），大力开展“法治型政府”“法治型机关”“诚信守法企业”“法治示范学校”“民主法治村（社区）”示范单位创建活动，引领全市法治建设迈上新台阶。通过制定方案，明确任务，规范标准，强化督导，法治创建活动实施顺利。截至年底，全市共有 215 个创建示范单位通过检查验收，法治创建工作得到有效推动。全市有 17 个村（社区）被命名为全国和省级民主法治村（社区），市依法治市领导小组办公室获全国“六五”普法中期先进普法办公室，沁阳市被评为全国“六五”普法中期先进县市区。

【监狱与强制戒毒管理】　2014 年，市监狱牢牢坚持监管安全首位意识，严格落实各项工作管理制度和安全防范措施，确保监管场所安全稳定，市监狱连续 14 年实现安全“四无”。市劳教所更名为市太行强制隔离戒毒所，在全省率先实现劳教向戒毒职能转变，全年接收戒治戒毒人员 334 名。

【律师管理】　2014 年，全市律师事务所 42 个，执业律师人数 413 名。市司法局围绕经济转型示范市和美丽焦作建设大局，积极引导和组织法律服务机构和人员，主动融入，跟进服务。组建专项律师服务团 10 个，对接全市十大建设提供专业服务。实施律师诚信体系建设项目，通过建立健全律师执业档案，健全完善律师诚信执业制度和不良执业记录披露制度，建立律师诚信执业的评价、监督和失信惩戒机制，开展“诚信服务执业律师事务所”和“诚信执业律师”争创活动，全市律师依法、廉洁从业意识普遍增强，诚实信用状况明显改善，不规范执业行为得到有效遏制，全市律师行业的整体形象、社会信用度和公信力得到有效提升，全市律师行业诚信体系建设项目顺利完成。

司法人员为群众讲解法律知识

【公证管理】　2014 年，全市公证工作围绕全市经济发展和社会稳定大局，不断提高公证服务水平和办证质量，拓展公证服务领域，化解矛盾纠纷。全市 10 个公证处累计办理各类公证事项 4.76 万件，其中民事 1.16 万件，经济 3.26 万件、涉台 99 件、涉港澳 38 件、涉外 3327 件，实现公证收入 855.8 余万元；同比办证总数减少 1.17 万件，其中民事减少 2547 件，经济减少 9599 件，涉台减少 9 件，涉港澳减少 26 件，涉外增加 470 件；公证收入减少 23 万元。

【组织国家司法考试】　2014 年，国家司法考试焦作考区报考人数达 900 人，其中焦作市 735 人，济源市 165 人。焦作考区始终坚持“依法治考、从严治考、热情服务”的总原则，注重创新措施和方法，考试组织规范、严谨、有序。全市共有 101 人通过法律职业资格合格分数线。

【法律援助】　2014 年，全市法律援助“两室一点”服务窗口五星级创建项目，通过加大投入改善硬件条件和加大业务培训提升服务能力，法律援助接待室、值班律师办公室、受理点存在的条件简陋、设施不齐、服务欠规范等问题得到有效解决。法律援助接待室应建 6 个，建成 8 个；值班律师办公室应建 10 个，建成 11 个；受理点应建 80 个，建成 91 个。截至年

解放区司法局工作人员向居民介绍人民调解有关方面的政策法规

底，全市共办理各类法律援助案件3629件，解答群众咨询2.14万人次。市法律援助中心连续四届被评为全省优秀法律援助中心。

【人民调解】 2014年，市司法局出台《关于加强和创新人民调解工作的意见》，对全市人民调解工作和基层司法所机构编制、人员待遇、经费保障等事项作出明确规定，为人民调解工作和基层基础工作破解难题、创新发展提供有力的政策支持。同时组织实施人民调解“1332”项目（全市100个乡镇办事处调委会、300个村社区调委会、30个专业化调委会达到十星调委会标准，培养200名调解能手）建设工程。按照“哪里有人群，哪里就有调解组织；哪里有矛盾纠纷，哪里就有人民调解员；哪里是工作重点和矛盾热点，人民调解工作就向哪里延伸”的要求，全市各级各类调解组织充分发挥人民调解第一道防线作用，及时化解民间纠纷，努力做到“小事不出村、大事不出乡、矛盾纠纷就地化解不上交”，人民调解“1332”工程圆满完成。截至年底，全市“十星”调委会创建任务数436个，完成481个。其中专业化调委会30个，乡镇办调委会106个，村社区调委会345个。全年15个人民调解组织和18名人民调解员获省级以上表彰，10个司法所被评为全省规范化司法所。

【安置帮教】 2014年，全市强化信息核查工作，坚持季度“红黄蓝”信息核查通报，工作重心前移，定期对核查工作落后的县区进行短信警示提醒。全年核实焦作籍监所服刑人员4267人。加强执法监督检查，联合市公检法成员部门，对县市区社区矫正工作开展联合执法大检查，重点对保外就医、假释等重点群体的监管进行检查，对检查发现的10类问题进行总结梳理，限期整改。全年联合成员单位开展各级各类执法检查40余次，查阅档案卷宗1960余份。全市新增刑满释放人员1532人。

【社区矫正】 2014年，市司法局利用中央转移支付资金56万元，在全市106个司法所建成社区服刑人员“司法通”信息监管系统，对2110名社区服刑人员实现全天候、全时段、无缝隙动态监管，确保全年无一人脱管漏管，强化规范管理。印发《关于进一步做好社区矫正管理工作的通知》《关于规范社区矫正档案管理工作的通知》《关于启用社区矫正相关送达文书的通知》等文件，修订完善社区矫正档案文书台账26类。加强重点管控，开展警示教育，帮扶慰问，组织公益劳动，增强社区认同感。全市累计接收社区服刑人员6080人，解除3970人，现有服刑人员2110人。其中管制65人，缓刑1934人，假释38人，暂予监外执行73人。

【解放区人民调解中心成立】 7月7日，焦作市首家基层人民调解中心——解放区人民调解中心挂牌成立。该中心由解放区司法局与市公安局焦南派出所联合成立。

（张卫民）

工业和信息化产业

·综　述·

【概况】　2014年，焦作市在严峻复杂的经济形势下，继续坚持工业主导地位，强力实施工业强市战略，突出抓转型、调结构、保运行，工业经济保持平稳增长态势。深入开展“工业转型升级攻坚年”活动，出台加快城区工业转型发展意见，实施“330”（规模效益“30强”、高成长性“30高”“专精特新”“30新”）企业培育工程，100个投资超亿元转型升级重点项目完成投资222亿元，大江重工中高端液压支架、千年冷冻高效节能制冷系统等32个项目竣工投产，规模以上工业企业总数达1186家。聚焦项目建设、聚集优质资源、聚合政策支持，示范区和8个省级产业集聚区承载能力有效提升，在全省重点项目暨产业集聚区建设观摩点评活动中获豫北组第一名；入选省“十强”“十快”产业集聚区3家、星级产业集聚区5家，均居全省第二位。整合工业投融资平台，设立政府引导基金，搭建应急转贷平台，建立小额贷款风险补偿机制，为7家企业提供5900万元应急转贷资金支持，为150家企业担保贷款17亿元，缓解了中小企业融资难题。加快国家首批资源综合利用“双百”工程示范基地建设，强力实施“蓝天”“清水”等工程，节能减排完成省定目标任务，累计争取国家资源枯竭城市资金23.8亿元。全市规模以上工业累计实现增加值1072.5亿元，增长10.7%；实现主营业务收入4707.3亿元，增长11.4%；利税499.2亿元，增长7.2%；利润343.2亿元，增长7%。

【工业经济运行】　2014年，焦作市密切关注国内外经济形势，加强对工业经济运行动态监测，尤其是对重点工业行业和“330”企业的经济运行情况及时调度，认真分析，及时应对，强化要素保障，全市工业经济呈现出稳步发展态势。通过狠抓经济运行，呈现出“三个增长”：高技术产业增长明显，全市高技术产业工业增加值同比增长25.9%，高于全市平均

2014年主要工业产品产量

产品制品	单位	产量	比上年增长（%）
畜肉制品	万吨	3.1	23.3
速冻米面食品	万吨	22.1	8.7
饮料酒	万升	14914.8	-13.4
纱	万吨	16.9	16.8
服装	万件	2125.4	11.5
原煤	万吨	557.0	19.9
发电量	亿千瓦小时	116.4	-0.5
轮胎外胎	万条	1212.0	9.2
钢材	万吨	42.4	-3.7
原铝（电解铝）	万吨	44.1	-1.1
氧化铝	万吨	231.7	8.4
铝材	万吨	93.9	26.8
水泥	万吨	788.1	-3.2
氢氧化钠（烧碱）	万吨	72.4	3.7
农用化肥（折纯）	万吨	28.6	15.0

水平15.2个百分点；六成重点工业产品产量保持增长，全市重点监测的22种工业产品中，有13种产品的产量同比实现增长；十大产业贡献明显，十大产业增加值比上年增长12.9%，高于平均水平2.2个百分点，拉动全市规模以上工业增长7.9个百分点。

【抓项目促转型】 2014年，焦作市抓项目强产业，工业结构进一步优化升级。将重点工业项目建设作为工业转型升级的重要载体，突出抓好科技含量高、经济效益好的大项目。在全市100个超亿元工业转型升级重点项目中，累计完成投资251.2亿元，占年度计划的105.5%，有38个项目竣工投产或试生产。以建设国家新型工业化产业示范基地为契机，全力打造国家先进装备制造基地，重点推进大江重工年产6000架中高端液压支架、科瑞森年产12套大量程自动静态称重连续定量装载系统等项目建设。装备工业完成增加值同比增长19.6%，增速高于全市8.9个百分点；抓住国家汽车零部件特色产业基地政策机遇，发展壮大汽车及零部件产业，河南中汇汽车零部件公司年产100万根轿车发动机凸轮轴、中原内配新型节能环保发动机气缸套项目竣工投产，汽车及零部件行业增加值同比增长6.9%，共拉动增长0.5个百分点；以西部和沁北产业集聚区为载体，全力打造现代循环化工产业示范基地，佰利联年产6万吨氯化法钛白粉全部生产线基本建成，多氟多年产1万吨含氟精细化学品项目小规模生产线已试生产，全市煤盐联合化工行业增加值累计增长14.2%，拉动增长1个百分点。

【完善工业融资平台】 2014年，焦作市强化信用担保平台，扩充中小企业担保公司注册资本金6000万元，专项拨付500万元设立中小企业担保补偿资金，提高担保公司代偿担保能力，全年累计为127家企业担保12.34亿元；设立政府引导基金，财政首期出资4000万元，带动社会资本3亿元至5亿元，重点服务一批高科技成长型企业；建立新型小额贷款风险补偿机制，市财政设立1000万元“政银保”小额贷款保证保险风险专项补偿金，为一批“专精特新”企业提供不少于1亿元的无抵押无担保融资贷款；大力推进中小企业应急转贷工作，为制动器、科瑞森等6家企业解决应急转贷资金5400万元，有力化解了企业资金链风险；积极推动担保和小贷公司融资业务，全市融资担保业务新增担保企业546户，担保余额26亿元，小额贷款业务新增贷款中小微企业1070家，新增贷款16.2亿元。

【培育壮大骨干企业】 2014年，焦作市继续实施“330”企业培育工程，在往年“双30”企业基础上，增加30家“专精特新”企业，发掘培育一批科技含量高、市场前景好的小企业，纳入培育计划，加强对企业的动态管理、分类指导，积极引导和协调“30新”企业进入“30高”企业队伍，“30高”企业进入“30强”企业发展体系，形成了科学合理的企业培育梯次结构。同时，对以“330企业”为代表的重点工业企业，在要素保障、创新能力、项目建设、政策性资金争取等方面加大扶持力度，市政府筹资605万元，对全市重大工业项目、中心城区工业企业税收贡献企业进行奖励。

5月12日，焦政文〔2014〕36号公布规模效益强企业、高成长性企业和“专精特新”中小企业各30家。

30强企业名单

焦作煤业（集团）有限责任公司
风神轮胎股份有限公司
焦作万方铝业股份有限公司
中国铝业股份有限公司中州分公司
焦作隆丰皮草企业有限公司
河南省中原内配集团
河南超威电源有限公司
蒙牛乳业（焦作）有限公司
昊华宇航化工有限责任公司
河南江河纸业股份有限公司
河南金山化工有限责任公司
河南佰利联化学股份有限公司
厦工机械（焦作）有限公司
多氟多化工股份有限公司
沁阳市碳素有限公司
河南飞孟金刚石工业有限公司
焦作瑞丰纸业有限公司
焦作市科瑞森机械制造有限公司
焦作市海华纺织有限公司
国药集团容生制药有限公司
河南中轴股份有限公司
燕京啤酒（河南月山）有限公司
孟州市华兴有限责任公司
河南中原吉凯恩气缸套有限公司
河南鑫诚耐火材料股份有限公司
孟州市金玉米有限责任公司
焦作健康元生物制品有限公司
焦作铁路电缆有限责任公司
河南斯美特食品有限公司
焦作汉河电缆有限公司

30高企业名单

河南千年冷冻设备有限公司
河南辅仁怀庆堂制药有限公司
焦作市三利达娱乐设备有限公司
河南尚宇新能源股份有限公司
河南三丽电源股份有限公司
河南富莱格超硬材料有限公司
焦作力合机械制造有限公司
河南裕华新材料股份有限公司
河南兰兴电力机械有限公司
河南永威安防股份有限公司
河南卓立膜材料股份有限公司
焦作飞鸿安全玻璃有限公司
河南长江石油机械有限公司
焦作市金鑫恒拓高温材料有限公司
河南伊赛牛肉股份有限公司
河南省淼雨饮品股份有限公司
焦作市崇义轻工机械有限公司
焦作市圣昊铝业有限公司
焦作市龙星化工有限责任公司

广济药业（孟州）有限公司
焦作制动器股份有限公司
保和堂（焦作）制药有限公司
瑞庆汽车发动机技术有限公司
河南省天鹅型材有限公司
焦作市宝丰电缆有限公司
焦作市同心电缆有限公司
河南龙昌机械制造有限公司
焦作市爱尔福克化工有限公司
焦作市科力达科技有限公司
河南京华食品科技开发有限公司

30 新企业名单

焦作市明株自动化工程有限责任公司
焦作市长海机械科技有限公司
河南宇建矿业技术有限公司
焦作市钰欣机械有限公司
焦作市天益科技有限公司
河南黄河人实业股份有限公司
焦作市明仁天然药物有限责任公司
焦作市金谷轩绞胎瓷艺术有限公司
焦作市迈科冶金机械有限公司
焦作卓林数码材料有限公司
焦作市大明创基科技开发有限公司
江苏平光制药（焦作）有限公司
焦作市华科液压机械制造有限公司
焦作市巡返特种玻璃厂
焦作鑫恒重工机械有限公司
沁阳睿为视讯技术有限公司
沁阳市第一造纸机械有限公司
河南安瑞高温材料股份有限公司
河南双屿新材料科技有限公司
河南省大地合金股份有限公司
河南省中原活塞股份有限公司
孟州卓伦光电科技有限公司
河南泰利杰生物科技有限公司
河南大指造纸装备集成工程有限公司
河南鑫凯新能源有限公司
博爱新开源制药股份有限公司
河南利伟生物药业股份有限公司
怀山堂生物科技股份有限公司
河南栗子园食品饮料有限公司
河南环宇石化装备科技有限公司

【承接产业转移】 2014 年，焦作市把承接产业转移作为促进工业转型升级和经济增长的重要抓手，以引进战略投资和重大项目为核心，以产业集聚区为载体，重点吸引辐射带动性强、发展前景好的行业龙头企业来焦投资兴业。截至年底，产业转移项目中在建项目 66 个，累计到位省外资金 152.81 亿元，大江重工、江苏三木表层材料、龙星化工炭黑及尾气综合利用等项目先后入驻焦作。奇瑞汽车发动机等 10 个项目已竣工，新增销售收入 32.4 亿元、利税 2.2 亿元，新增就业岗位 1360 人。10 月，组团参加 2014 年中国郑州产业转移系列对接活动，共签约产业转移项目 32 个，签约总额 126.2 亿元。

【企业自主创新】 2014年，焦作市充分发挥科技引领支撑作用，大力实施技术改造，加强企业人才队伍建设，积极组织企业开展国家、省技术创新示范企业创建工作。风神轮胎股份有限公司被工信部、财政部授予国家技术创新示范企业，全省仅此一家；千年冷冻设备有限公司等 3 家企业被河南省工业和信息化厅、财政厅授予河南省技术创新示范企业。全市全年共有 12 个项目获得河南省工业和信息化科技成果奖，其中一等奖项目 2 项，二等奖项目 6 项，三等奖项目 4 项。共举办“企业内部控制和风险管理”“工业工程目视化管理”等各类专题培训和企业家沙龙活动 6 次，累计培训企业中高级管理人员 650 余人。

【中小微企业发展】 2014 年，全市共有中小微企业 9201 家，同比增长 0.9%；从业人员达到 44.5 万人，同比下降 8.0%；累计实现增加值 890 亿元，同比增长 3.1%；总产出 3190 亿元，同比增长 3.7%；实现营业收入 3064 亿元，同比增长 3.3%；实交税金 62 亿元，同比下降 1.8%；劳动者报酬达到 79.6 亿元，同比增长 11.5%；实现利润总额 332 亿元，同比增长 2.7%；全市中小微企业资产总额达 1471 亿元，同比增长 16.5%；出口交货值完成 58 亿元，同比增长 0.3%；营业成本 2098 亿元；亏损企业 57 个，亏损面达到 1.0%，比上年上升 0.6 个百分点；亏损总额 7098 万元，同比增长 73%。

【非公有制经济】 2014 年，全市非公有制企业达 9235 家，同比下降 4.5%；从业人员达到 44.7 万人，同比增长 7.0%；累计实现增加值 891 亿元，同比增长 2.2%；总产出 3191 亿元，同比增长 2.2%；营业收入达到 3082 亿元，同比增长 2.3%；实缴税金 64.3 亿元，同比增长 4.3%；实现利润总额 334 亿元，同比增长 2.7%；资产总额 1472 亿元，同比增长 15.6%；出口交货值完成 58 亿元，同比增长 1.8%；亏损企业的亏损总额达到 7098 万元，同比增长 73%。

全市个体经营户达 4.4 万家，同比增长 2.0%；从业人数达到 23 万人，与 2013 年基本持平；实现增加值 113 亿元，同比下降 7.0%；实现营业收入 403 亿元，同比下降 6.0%；利润总额 65.9 亿元，同比下降 5.0%；实交税金 17.3 亿元，同比增长 55%；出口交货值完成 2.04 亿元，同比下降 18%。

【全市企业上市（挂牌）工作推进会】 1 月 9 日，全市企业上市（挂牌）工作推进会召开。会议通报全市企业上市暨新三板（挂牌）工作进展情况，听取各县市区和市直有关部门推进企业上市（挂牌）工作汇报，研究制定了解决困难和问题的具体措施和办法。副市长李海松出席会议。

【全市工业经济运行座谈会】 1 月 10 日，全市工业经济运行座谈会召开。会议贯彻落实全省工业经济运行电视电话会议精神，听取各相关单位的工作汇报，分析了当前工业经济发展面临的问题，部署 2014 年工业经济运行工作。会议指出，要继续强化招商引资，狠抓项目落实，推动全市经济社会平稳发展；要明确金融支持重点，加大对高增长企业的扶持力度；要鼓励支持企业科技创新，做大做强新兴产业；要做好困难企业帮扶工作，促进企业健康发展；要借力“新三板”市场，力推企业进驻资本市场；要提高重大项目审批效率，加快推进速度，全力促进工业又好又快发展。副市长乔学达出席会议并讲话。

【全市重点项目暨产业集聚区建设观摩点评活动】 2 月 20 日至 21 日，市委、市政府组织全市重点项目和产业集聚区观摩点评活动，并召开全市重点项目暨产业集聚区建设推进会。与会人员先后对锦江商业广场和锦江大酒店、河南佰利联化学股份有限公司年产 2×15 万吨富钛料、龙源电厂 2×66 万千瓦超超临界燃煤发电机组等 30 个项目进行了实地观摩。市委书记孙立坤强调，重点项目和产业集聚区建设是加快转型、赢得先机、创造优势的重要引擎，必须集中全市力量，调动全市资源，进一步抢抓机遇、真抓实干、奋力推进。各县市区和各级各部门要认清形势，进一步强化清醒忧患意识；要凝心聚力，进一步形成强大合力；要克难攻坚，进一步加快工作进度；要争创一流，进一步拉高工作标杆；要绿色发展，进一步强化民本意识；要强化责任，进一步优化发展环境，切实加快经济转型示范市和美丽焦作建设。市委副书记、市长张文深主持全市重点项目暨产业集聚区建设推进会，并就贯彻落实会议精神提出要求。市委常委、常务副市长赵建军通报打分评比结果，并对观摩情况进行点评。孟州市、武陟县、城乡一体化示范区作典型发言。

【企业家沙龙活动】 3 月 20 日，第五期企业家沙龙活动在多氟多化工股份有限公司举行。本期沙龙活动主题

企业家沙龙活动会场

是：强化现场管理，建设美丽企业。台湾健峰企管集团咨询专家谢志明、河南九头马企业管理咨询有限公司咨询专家马智强作为特邀嘉宾，通过专业知识讲解、典型案例分析，阐述了加强企业现场管理、提升发展质量和效率、转变发展方式的重要意义，并与企业家代表进行广泛的交流和沟通。

9 月 5 日，第六期企业家沙龙活动在迎宾馆举行，主题是“发展电商产业，打造新兴业态”。市人大、政府、政协等单位领导及本市 120 余名企业家参加。中国人民大学商学院博士、京东集团政策研究室研究员李秋迪和中国人民解放军信息工程大学教授司志刚分别作主题演讲。

【全市工业大会】 4 月 28 日，全市工业大会召开。会议的主要任务是：总结上年工业经济发展成绩，表彰先进，分析形势，安排部署 2014 年的工作任务。围绕加快工业转型发展，市委书记孙立坤强调：提升认识，重视工业转型；瞄准方向，聚焦工业转型；强化措施，加快工业转型；抓好统筹，促进工业转型。市领导王明德、秦海彬、姜继鼎、乔学达出席会议。

【全市产业集聚区暨重点项目建设工作会议】 5 月 6 日，全市产业集聚区暨重点项目建设工作会议召开，主要内容是：贯彻落实全省产业集聚区建设工作会议精神，总结成绩、分析形势、明确目标、落实责任，动员全市上下凝心聚力、转型攻坚、争创一流、绿色发展，推动产业集聚区和重点项目建设再上新台阶，为加快经济转型示范市和美丽焦作建设作出新的更大贡献。就产业集聚区建设，市委书记孙立坤强调：突出壮大集群，真正把产业集聚区打造成为经济发展的主引擎；突出招大引强，真正把产业集聚区打造成为对外开放的主阵地；突出强化支撑，真正把产业集聚区打造成为转型升级的主战场；突出提升竞争力，真正把产业集聚区打造成为科技创新的主平台；突出集约节约，真正把产业集聚区打造成为持续发展的示范区；突出完善功能，真正把产业集聚区打造成为产城融合的主纽带；突出健全机制，真正把产业集聚区打造成为改革创新的实验区；突出转变作风，真正把产业集聚区打造成为锻炼培养干部的主赛场。市委常委、常务副市长姜继鼎主持会议。市领导王明德、秦海彬、王宏昌、杨娅辉、丁保东、宫松奇、贾书君、胡小平、李海松等出席会议。

【全市产业集聚区暨重点项目建设工

作推进会】 7月28日至29日，全市产业集聚区暨重点项目建设工作推进会召开。会前，开展了全市产业集聚区暨重点项目集中观摩点评活动。观摩团分两组对全市30个重点项目进行集中观摩。在工作推进会上，通报了全市产业集聚区和重点项目建设观摩打分评价结果，并对本次观摩情况进行点评。市委书记孙立坤强调，要认真贯彻落实省委副书记、省长谢伏瞻莅焦调研重要讲话精神，进一步凝心聚力、坚定信心、勇于担当、务实重干，不断加快项目建设速度，加大产业集聚区建设力度，为加快经济转型示范市和美丽焦作建设作出更大贡献。就进一步加快重点项目和产业集聚区建设，孙立坤指出，要肯定成绩，进一步增强加快发展的决心和信心；要正视问题，清醒认识制约发展的主要因素；要加压驱动，全面推进产业集聚区和重点项目建设。市委副书记、市长张文深主持会议，并就贯彻落实会议精神要求。经过观摩打分，武陟县获得县市观摩组第一名，城乡一体化示范区获得城区观摩组第一名。武陟县、城乡一体化示范区和沁阳市、马村区分别在会上作典型发言和表态发言。市委副书记丁福浩宣布观摩打分结果并对观摩情况进行点评。市领导秦海彬、王宏昌、王长松、杨娅辉、甘茹华、姜继鼎、郭鹏、宫松奇等参加活动。

【2家企业被遴选为两化融合管理体系贯标试点企业】 7月，工业和信息化部办公厅下发《关于印发2014年两化融合管理体系贯标工作方案和贯标试点企业名单的通知》，其中风神轮胎股份有限公司、中国铝业股份有限公司中州分公司2家企业，被遴选为2014年两化融合管理体系贯标试点企业。

两化融合：是信息化和工业化的高层次的深度结合，是指以信息化带动工业化、以工业化促进信息化，走新型工业化道路；两化融合的核心就是信息化支撑，追求可持续发展模式。

【第三次工业革命与创新模式转型专题报告会】 11月26日，焦作市举办第三次工业革命与创新模式转型专题报告会，邀请国务院参事、科技部原副部长刘燕华作专题报告。刘燕华从第三次工业革命的基本特征、革命性创新向各个领域渗透、新的革命带来了创新模式的转型、中国如何实现可持续发展等四个方面详细介绍和解析了第三次工业革命。刘燕华在报告中指出，焦作是一个资源枯竭型城市，也是一个科技创新示范城市，焦作的发展既要结合自身实际，也要符合国情，更要与国际接轨；要抓住第三次工业革命带来的发展机遇，加快能源转型、信息化建设和制造业转型升级，转变发展方式，以创新为根本驱动力，以生态文明和可持续发展为重点，通过改革创新实现跨越式发展，争取在新一轮发展竞争中取得更大的成绩。各县市区共400多人参加了报告会。市领导原振喜、王长松、杨娅辉、甘茹华、姜继鼎等出席报告会，副市长乔学达主持报告会。

25日，刘燕华到多氟多公司调研，先后参观了公司调度大楼、国家认可实验室、六氟磷酸锂和电子级氢氟酸生产车间等现场，了解公司经营现状和项目建设，对公司取得的成绩和转型升级战略措施给予充分肯定

【2家企业入选工业品牌培育示范企业】 12月5日，2014年河南省工业品牌培育示范企业名单公布，焦作多氟多化工股份有限公司、河南中原内配股份有限公司入选（全省共8家）。

·装备制造业·

【概况】 2014年，全市拥有规模以上装备制造企业302家，其中实现主营业务收入超1亿元以上企业157家。共完成主营业务收949.7亿元、利税92.1亿元，分别增长16.4%和13.9%，分别占全市工业的20.2%和18.4%。实现规模以上工业增加值220.7亿元，占全市规模以上工业增加值的20.6%，累计同比增长19.6%。工程机械、造纸机械和矿山机械等产业具有较好发展基础，拥有厦工机械（焦作）、大江重工、大指造纸机械和科瑞森等一批行业骨干企业。主要产品产量：装载机1.2万台，同比下降8.2%；铅酸蓄电池703.28千伏安时，同比增长8.7%。

【瑞丰纸业APMP化机浆获评中国（国际）商品浆最受欢迎十大品牌】 4月16日，在由中国林业产业联合会主办的首届“2014年度中国国际浆周”上，焦作瑞丰纸业选送的APMP化机浆产品被评为“2013年度中国（国际）商品浆最受欢迎十大品牌”。

【大指公司被认定为省级企业技术中心】 5月，大指公司通过河南省发改委、财政厅、地税局及郑州海关联合审查，被认定为河南省省级企业技术中心。自创立之初，大指公司即将技术创新作为企业的核心发展战略，将江河总部拥有的中、高速宽幅纸机核心技术引入产品的研发与生产中，并不断开拓创新。公司还注重发挥产学研联盟效能，同华南理工大学陈克复院士、浙江大学孙优贤院士及其二人的团队强强联手，共同致力于高速纸机的研制。公司研制的造纸装备达国内领先水平，其中19项获得国家实用新型专利授权。

【姜丰伟获杰出工程师奖】 10月16日，首届中华国际科学技术交流基金会“杰出工程师奖”颁奖典礼在中央电视台隆重举行，对30名杰出工程师奖获得者及68名杰出工程师鼓励奖获得者进行表彰。河南大指造纸装备集成工程有限公司、河南江河纸业

股份有限公司董事长兼总工程师姜丰伟获杰出工程师鼓励奖，并成为全国造纸及造纸装备领域唯一获奖者。

姜丰伟 1963年生，山东省莱西市人，工学学士，教授级高级工程师。河南江河纸业股份有限公司董事长兼总工程师、国家级企业技术中心主任，享受国务院政府特殊津贴。中国轻工业联合会科技咨询委员会委员、河南省优秀专家，河南省学术技术带头人；中国造纸协会副理事长、中国轻工机械协会副理事长、中国造纸学会常务理事；全国轻工行业劳动模范，河南省劳动模范，首届中华蔡伦奖“风云人物”，十一五轻工业科技创新先进个人，首届中国造纸蔡伦科技奖获得者。

1990年以来，他带领团队攻克多项技术难题，成功研制出800米/分、1000米/分、1200米/分、1200–1500米/分造纸成套设备，以及稀释水流浆箱、夹网成型器、靴式压榨、膜转移涂布机等多项关键单项造纸装置，有8项成果被认定为河南省科技成果。作为第一发明人，拥有国家发明专利1项、实用新型专利69项，受理发明专利11项、实用新型专利8项；获得省部级科技进步一等奖1项、二等奖4项、三等奖1项。编著出版专著《制浆造纸经济学》及发表多篇论文。所研制的文化纸成套造纸装备和关键单体设备从2006年以来一直保持着国内领先水平，部分技术达到国际先进水平。承担并完成国家“十一五”重点科技支撑计划“国产高速造纸机的研制”项目，成功研制一套幅宽5.6米，车速达到1200–1500米/分的高速文化纸机，使我国文化纸造纸装备技术达到世界先进水平。通过技术改造和创新研制，使江河纸业公司以极少的投资成本，达到了增加产量、提高质量、降低消耗、减少污染的目的，企业获得了良好的经济效益，主要经济指标增速达到30%，近五年来为公司创造利税5.78亿元，其中缴纳税金2.79亿元。

【全市装备制造业重点企业座谈会】 11月4日，全市装备制造业重点企业座谈会召开。市领导丁福浩、葛探宇、乔学达、刘东成出席会议。会议通报了前三季度焦作市装备制造业经济运行情况，与会企业家和相关部门负责人谈了在当前经济形势下装备制造业企业如何应对的措施和办法。

【5600毫米/1500米/分水平夹网多缸文化纸造纸机研制成功】 11月8日，中国轻工业联合会组织有关专家，对河南大指造纸装备集成工程有限公司“5600毫米/1500米/分水平夹网多缸文化纸造纸机”项目进行科技成果鉴定。鉴定委员会听取了江河纸业的工作报告，审查了项目研究报告、检测报告和相关的技术资料，并考察了现场。经质询和讨论，形成的鉴定意见认为，该装备主要技术指标达到国际同类装备先进水平，是目前国产首台套达到1350米/分的高速文化纸机。项目已获得授权专利17项。

该项目由河南大指造纸装备集成工程有限公司与江河纸业公司共同自主创新研制。项目投资2.5亿元，建成年产20万吨高档特种纸生产线，比传统投资节约5.5亿元。

【装备制造业座谈会】 11月13日，市委书记孙立坤主持召开装备制造业座谈会，听取焦作市装备制造业发展情况汇报，研究部署装备制造业转型提升工作。孙立坤强调，工业转型提升事关焦作的转型、振兴与繁荣，装备制造业是焦作市工业经济中重要的支柱产业，各级各有关部门要真正重视起来，把加快装备制造业发展作为推动工业转型升级的重要抓手，充分发挥其带动作用，抓紧抓好，抓出成效，努力把焦作建成国家先进制造业基地。市领导丁福浩、葛探宇、乔学达出席座谈会。市发改委、工信局、环保局等市直单位主要负责人参加座谈会，并就促进装备制造业发展提出了意见和建议。

【装备制造业引资促产】 12月9日，《河南日报》载赵振杰《焦作招商招来众多“第一”引资解困制造业》一文，介绍焦作市装备制造业引资促产成长的历程，文章说：风神、厦工、奇瑞、中原内配……焦作的这些知名企业，或者外地企业独资建造，或者本地企业与外地企业合资，目前都已发展成为市场巨擘，在各自的领域具有了举足轻重的地位。依托风神轮胎，焦作先后成功引进河北龙星化工、厦工股份、中国昊华等企业，先后形成年产3000套子午胎模具项目等与轮胎密切关联的上游项目，年产2万台机械设备项目等与轮胎密切关联的下游项目，与昊华的子午胎项目更是让其成为中国最大的工程机械轮胎生产企业。通过引进企业，焦作市在机械产业拥有包含厦工机械（焦作）、大江重工、大指造纸机械和科瑞森等一批行业骨干企业。2013年，全市拥有规模以上装备制造企业256家（不含汽车及零部件），实现主营业务收入785.8亿元、利税77亿元，其中主营业务收入超1亿元企业有139家。同时，在汽车及零部件产业方面，先后引进建设中国兵装集团焦作装备产业园、奇瑞年产60万台汽车发动机生产线、河南龙锐新能源年产15万辆电动汽车、郑州日产武陟东辰汽车产业园等一批项目。中原内配通过引进英国吉凯恩，迅速发展成为全球三大内燃机气缸套制造商之一，产销量亚洲第一，国家内燃机行业标准制定者；随着中原内配年产1300万只新型节能环保发动机气缸套扩建项目的建成投产，该公司一举成为全球产销量第一内燃机气缸套制造商。

【全国工业强基造纸示范应用现场会在焦召开】 12月23日，由工业和信息化部组织的2014年工业强基示范应用重点——造纸机用高速宽幅稀释水水力式流浆箱的推广应用现场会在焦作召开，来自山东、四川、辽宁、浙江等15省的工信系统、纸浆造纸企业、轻工设计单位、科研机构等近百人参加会议。会议由工信部消费品工业司轻工一处处长汪敏燕主持，工信部消费品工业司副司长高延敏、河南省工信厅副巡视员屈华、焦作市政府副秘书长郭树刚、中国造纸协会常务副理事长兼秘书长赵伟、河南江河纸业股份有限公司董事长姜丰伟出席会议并分别致辞。郭树刚在致辞中讲到，近年来，焦作市高度重视工业强基工作，以技术创新为主线，加快推动创新成果转化和推广应用，涌现出了一大批优秀的企业。其中河南大指造纸装备工程有限公司承担的国家“十一五”科技支撑计划——国产高速造纸机的研制项目已研制成功并投入使用。该公司研制的造纸装备关键部件达到了国际先进水平，成为焦作市工业强基工程建设的排头兵。会后，与会人员到代表国产装备最高水平的江河纸业 PM65600/1500 夹网靴压高速文化纸机生产线及大指装备工厂参观。

工业强基战略研究由工信部委托中国工程院立项实施，其中“轻工制造业强基战略研究”课题作为13个领域课题之一，于2014年4月24日正式启动，并由中国家用电器研究院牵头承担，陈克复院士和郝旭卫院长为课题负责人。《工业强基战略研究》以“四基”（关键基础材料、核心基础零部件/元器件、先进基础工艺、质量技术基础）及共性技术作为主要研究内容，以期破解制约我国工业转型升级和创新驱动发展的基础性问题，实现工业由大到强的转变。由河南大指造纸装备集成工程有限公司研制生产的造纸机用高速宽幅稀释水流浆箱被列为2014年工业强基示范应用重点。

【厦工机械（焦作）有限公司】 位于城乡一体化示范区，是厦门厦工机械股份有限公司全资子公司，是厦工走出厦门、在国内投资建设的第一家企业。于2007年9月18日开工建设，2008年1月25日投产运营。一期占地面积500亩，总建筑面积11.5万平方米，投资10亿元；二期新增征地500亩，新增投资15亿元，新增建筑面积7.49万平方米。二期项目建成后，将形成各类工程机械产品2.5万台的生产规模。公司主要核心工艺技术是钢材下料、结构件制造（含涂装）、整机装配试验。主要设备有大型数控切割机、大型数控折弯机、大型数控加工中心、半自动焊接设备、结构件与整机涂装线、整机装配线等。公司先后荣获河南省百户重点企业、焦作市十八家重点企业、工业项目建设先进企业等。2010年，被评为高新技术企业。2014年，生产装载机1.2万台，实现收入29.7亿元，利润2.6亿元。

【河南大指造纸装备集成工程有限公司】 位于武陟县迎宾大道388号，是一家集造纸装备及造纸生产技术的研发、设计、制造于一体的民营企业，拥有自己的设备生产及造纸生产基地，是国内首家造纸装备集成工程公司。公司已通过ISO9001国际质量体系认证，拥有多项自主知识产权。主要产品有稀释水流浆箱、顶网和夹网成型器、靴式压榨、膜转移施胶（涂布）机、空气转向器、气浮干燥箱、可控中高软压光机、纸幅稳定器、自动全副循环式高压网毯清洗装置、高压引纸水针、涂料压力筛、全自动高速分切机、盘纸分切机、热敏纸小卷分切机、纸病检测系统、纸机DCS系统、定量阀等。

·汽车及零部件产业·

【概况】 2014年，全市拥有规模以上汽车及零部件企业32家，其中主营业务收入超1亿元企业达到25家。共完成主营业务收入346.7亿元、利税31.8亿元，分别增长10.2%、15.7%。风神轮胎股份有限公司（以下简称风神股份）、河南省中原内配股份有限公司（以下简称中原内配）、河南中轴股份有限公司、瑞庆汽车发动机等骨干企业产业规模和竞争力不断提升，为焦作汽车及零部件产业发展奠定了坚实基础。主要产品产量：汽车配件8031万件，同比增长9.0%；轮胎外胎1212万条，同比增长9.2%；子午胎外胎997万条，同比增长9.3%。

【风神股份获中国最受尊敬投资价值上市公司称号】 1月18日，在北京召开的第二届中国财经领袖年会暨2014中国财经年度人物颁奖盛典上，风神股份被评为2014中国最受尊敬投资价值上市公司，并应邀作为典型企业代表发言。董事长王锋被授予2014中国最受尊敬上市公司领袖荣誉称号。这次全国从近千家公司中评出40家企业和28名年度领袖人物。在国内轮胎行业中，仅风神股份获此殊荣。

【风神股份在顺义建首家“爱路驰”旗舰店】 4月，风神股份“马到成功”产品上市，其北京首家“爱路驰”旗舰店在北京顺义区同时开业，标志着风神轮胎在汽车售后服务保养上又实现了一个里程碑式的跨越。“爱路驰”汽车售后维修保养中心有多项服务，涉及机油机滤、轮胎轮毂、四轮定位、汽车美容以及多种汽车快修等业务。其目标是为顾客提供优秀的产品和专业的服务，节约车辆养护时间，降低车辆养护成本，提升轮胎售后服务价值。据了解，外资企业都有各自的汽车后市场服务品牌，如米其林等。中国自主轮胎品牌却很少涉足这一领域，也没有形成强大的服务品牌，“爱路驰”的推出，为国内轮胎企业起了导向作用。按照风神轮胎的发展规划，未来5年内，专注轮胎和汽车保养业务的“爱路驰”，将在全国范围内开设超过1000家专业服务门店。

【风神股份获中国工业大奖提名奖】 5月22日，风神股份获第三届中国工业大奖提名奖，风神股份董事长王锋作为唯一一个提名奖获奖企业代表作了典型发言。

【中原内配在俄设立全资子公司】 为进一步拓展海外业务，中原内配在俄罗斯设立全资子公司——中原内配有限责任公司，注册资本500万卢布，投资总额6000万卢布。主营业务涵盖气缸套、活塞、活塞环、活塞销、轴瓦及其他相关汽车零部件、设备的销售、研发、装配、物流、仓储及技术服务等，经营本企业生产、科研相关的原辅材料、机器设备、仪表仪器、零配件及相关技术的进出口业务。6月4日，中原内配收到了俄罗斯雅罗斯拉夫尔区域联邦税务局签发的注册证书和税务登记证（签发日期：2014年5月5日）。

【瑞庆公司举行R13首台样机点火仪式】 8月18日，焦作瑞庆汽车发动机技术有限公司自主研发的R13首台样机点火仪式举行。R13发动机项目是该公司二期建设的重点项目，目标在于开发新一代小排量汽车发动机，以满足更加严格的“国五”环保标准，提高产品的市场竞争力。

【风神轮胎再次助力中国越野拉力赛】 8月31日，第二届中国越野拉力赛在万里长城举行发车仪式。风神轮胎股份有限公司再次联手国际顶尖A级赛事——中国越野拉力赛（CGR），成为2014年第二届中国越野拉力赛官方战略合作伙伴。

CGR中国越野拉力赛由中央电视台和国家体育总局等联合全力打造，是中国自主知识产权的汽车赛事第一品牌，是世界最高等级比赛，是世界上级别最高、难度最大的长距离越野拉力赛之一。本届拉力赛从八达岭长城脚下出发，穿越巴丹吉林、库布齐、腾格里等经典沙漠路线，总行程近8000公里，其中“丝绸之路”赛段占据赛程的一半。

【中原内配收购安徽同行】 9月5日，中原内配与安徽汇华集团签署股权转让意向书，就股权转让事宜达成初步意向。拟收购安徽一“同行”70%的股权，继续扩大国内外乘用车气缸套市场份额，巩固行业龙头地位。

【风神股份被认定为高新技术企业】 10月23日，风神股份经全国高新技术企业认定管理工作领导小组办公室以国科火字〔2014〕301号文件批复，被认定为高新技术企业，证书编号为：GR201441000280，认定有效期为3年。根据国家政策有关规定，公司在获得高新技术企业认定资格后，可连续三年（2014年至2016年）享受国家关于高新技术企业的相关优惠政策，按15%的税率缴纳企业所得税。

【风神股份获全国石化行业责任关怀最佳实践单位称号】 10月28日，中国石油和化学工业联合会发布全国石油和化工行业责任关怀评选结果，风神股份获责任关怀最佳实践单位，董事长王锋获责任关怀卓越领导者荣誉称号。多年来，风神股份高度重视责任关怀工作，成立了以公司党委为核心的健康、安全与环境管理体系委员会，积极主动维护广大职工的安全健康权益。风神股份在践行责任关怀的过程中，得到了国家有关部门和行业协会的大力支持，多次配合国家和行业协会举办大规模的现场交流会，积极推进国家有关清洁生产标准和产业政策的制定。

【风神股份获国家技术创新示范企业称号】 11月5日，工业和信息化部、财政部联合公布了2014年国家技术创新示范企业名单，全国有72家企业入选，风神股份榜上有名。这是风神股份继获得国家认定企业技术中心、国家高新技术企业、全国工业企业质量标杆、国家级知识产权优势企业后获得的又一殊荣。风神股份是河南省首批国家知识产权体系建设示范单位，已申报国家专利297项。

国家技术创新示范企业的认定每年组织一次，认定标准有严格要求。工业和信息化部、财政部对于入选的国家技术创新示范企业实行动态管理，每3年复核评价一次，对合格的示范企业予以确认，不合格的予以撤销。

【风神轮胎成为NBA猛龙队战略合作伙伴】 12月，风神轮胎与NBA多伦多猛龙队达成战略合作协议，正式成为猛龙队的官方赞助商。在未来3年，风神轮胎将与猛龙队通过体育营销推广其品牌。根据协议，猛龙队将在球队主场球馆内外展示风神股份品牌标志，并通过组织各种球队活动提升风神品牌知名度和影响力。

多伦多猛龙队是NBA唯一一支主场设在美国本土之外的球队，也是联盟最年轻的一支球队，自1995－1996赛季加入NBA以来，猛龙队在短时间内即成为东部冠军的有力竞争者之一，先后涌现出文森·卡特、马库斯·坎比、克里斯·波什等多位NBA巨星。目前，猛龙队约有320万球迷，并在社交媒体如推特上有超过150万人的粉丝，社会影响力巨大。猛龙队的主场比赛将通过ESPN、CCTV等电视台和各种网络媒体进行全美及全球直播。

【风神轮胎一项科技成果被认定为国际先进水平】 12月4日，省科技厅组织专家对风神轮胎完成的“低噪音全钢载重子午线轮胎的研制”项目进行了科技成果鉴定。鉴定委员会经质疑、答辩和现场考察，一致认为该科技成果技术创新点明显，达到国际先进水平。现产品出口到欧美地区，具有良好的降噪和操控性能，市场前景广阔，经济效益和社会效益显著。

【风神轮胎外销逆势增长增幅居全国同行业第一】 2014 年，在出口面临海外市场需求大幅下挫、海外矿山开工率不足、美国对中国产轿车及轻卡轮胎发起反倾销反补贴调查、俄白哈（俄罗斯、白俄罗斯、哈萨克斯坦）等国对中国产卡客车轮胎发起反倾销调查的严峻挑战下，风神轮胎在海外市场主动出击，实现了逆势增长。根据海关数据统计，风神轮胎 2014 年实现出口 6.7 亿美元，同比增长 17%，远高于同期国内轮胎行业 -4.2%的平均发展速度。出口增幅稳居行业第一，出口额继续位居河南省生产型企业首位。

【中原内配成果获省一等奖】 经河南省工信厅 2014 年度科技成果奖评审委员会评审，中原内配公司的“内燃机低摩擦纳米涂层气缸套”成果获 2014 年度河南省工业和信息化科技成果奖一等奖。该成果是符合国Ⅳ内燃机排放要求的首选配套零部件，该产品配合整机改进，可达到免磨合的优异性能，同比降低机油耗、燃油耗使用量 10%～15%，烟尘废气排放量降低 20%以上。

【风神轮胎股份有限公司】 位于焦东南路 48 号，2003 年 10 月 21 日在沪市上市。是国家 520 户大型重点企业、世界轮胎 20 强，全国大型轮胎制造企业、轮胎出口基地、中国十大品牌轮胎，连续多年位列世界轮胎行业 75 强前 25 名。主要生产“河南”牌、“风神”牌工程机械轮胎、全钢载重子午线轮胎、斜交载重汽车轮胎、特种轮胎、轻卡轮胎、农用轮胎、军用轮胎等 7 大系列 400 多个规格品种。拥有博士后科研工作站和国家级企业技术中心。“风神”商标是中国驰名商标，“风神”牌全钢载重子午胎是中国名牌产品。公司是中国轮胎行业首家获得出口免验资格的企业，国家海关总署 AA 类企业（中国海关最高信用等级）；全球第一家 100%无差别无歧视实现子午胎系列产品 100%绿色制造的企业，欧洲最受欢迎的中国卡客车全钢子午线轮胎品牌，中重卡世界第一强东风商用车公司首选轮胎战略供应商，焦作市第一家销售收入突破百亿的制造业企业；是国内轮胎行业第一家也是唯一一家国家级“两型”（资源节约型、环境友好型）企业试点单位，中国石油和化学工业“两化”（工业化、信息化）融合先进单位，2014 年两化融合管理体系贯标试点单位。2014 年获中国工业领域最高大奖——第三届“中国工业大奖”提名奖、全国石油和化工行业责任关怀最佳实践单位、中国最受尊敬投资价值上市公司、两化融合贯标试点单位、国家级高新技术企业、第七届全国化工企业管理创新成果一等奖、国内轮胎行业第一家也是唯一一家精益六西格玛推进先进企业等。当年生产轮胎外胎 924 万条，子午胎 858 万条，共实现收入 81.5 亿元、利润 4 亿元。

【河南省中原内配股份有限公司】 位于孟州市西韩愈大街 146 号，2010 年 7 月 16 日在深市上市。是世界三强之一、亚洲最大的气缸套专业化生产企业，国家大型工业企业、国家汽车零部件出口基地企业、国家高新技术企业、全国内燃机标准化委员会气缸套工作组组长单位、亚洲品牌 500 强、中国制造业 500 强、中国机械工业 500 强。中国汽车零部件综合竞争力百强企业、中国百家最佳汽车零部件供应商、河南省百户重点工业企业、河南省优秀民营企业，拥有博士后科研工作站，“河阳”牌商标成为行业内唯一的“中国驰名商标”。主导产品“河阳”牌气缸套连续 21 年蝉联中国市场产销量第一，连续 19年蝉联亚洲市场产销量第一。“河阳”牌气缸套全部拥有自主知识产权，拥有专利技术 20 余项，参与了 4 项国标、行标的制定，满足国内外知名发动机欧Ⅲ、欧Ⅳ、欧Ⅴ、欧Ⅵ环保排放要求。成为国内首家与世界 500 强企业美国福特、通用、克莱斯勒美国康明斯、德国奔驰全球采购系统的发动机零部件企业；连续 4 年获美国康明斯全球“优秀供应商”“质量优胜奖”“技术开发奖”，连续 6 年获得东风康明斯“优秀供应商”，连续数年囊括国内主要发动机公司的“优秀供应商”。中原内配内控管理达到国际先进水平。在全国同行业率先通过了中、英、美 ISO9002、美国 QS9000、德国 VDA6.1、ISO/TS16949、ISO14000 质量环境体系认证，并先后通过美国福特、通用、克莱斯勒、康明斯、德国奔驰、意大利菲亚特、瑞典沃尔沃、日本马自达等国际知名公司的现场审核。2014 年，生产汽车配件 4849 万件，共实现收入 55.3 亿元、利润 4.8 亿元。

·化工产业·

【概况】 2014 年，全市拥有规模以上化工企业 85 家，其中主营业务收入超 1 亿元企业 58 家。共完成主营业务收入 305.3 亿元、利税 25.5 亿元，分别增长 4.2%、-1.8%。拥有昊华宇航、佰利联、开元化工、多氟多、龙星化工等一批骨干企业。主要产品产量：烧碱 72.4 万吨，同比增长 3.7%；纯碱 41.8 万吨，同比下降 1%；合成氨 32 万吨，同比增长 2.5%；农用化肥 28.6 万吨，同比增长 15%。

【昊华宇航公司通过能源管理体系认证审核】 1 月 8 日，在国家认证认可监督管理委员会的全程监督下，昊华宇航公司顺利通过了能源管理体系 GB23331-2012 认证审核，成为中国化工集团公司旗下第一家按照国家最新标准建立能源管理体系的企业。能源管理体系建设是昊华宇航公司一项重点工作，该公司从承担企业社会责任角度出发，以企业原有能源管控为基础，按照国家能源管理体系标准和化工行业实施规则的要求，对包括管理、生产、辅助、办公后勤、相关方活动的能源因素进行全面识别和评价，并率先建设了能源管理中心。截至2013底，完成节能量4.1万吨，完成"十二五"期间节能5.34万吨标准煤目标的76%。

【昊华公司总经理江政辉到宇航公司调研】 3月13日至14日，中国昊华化工集团股份公司总经理江政辉、规划发展部主任李建斌等一行5人到昊华宇航公司调研。调研组先后到热电分厂沁阳自备电厂、沁阳氯碱生产厂区现场实地考察，并举行座谈会，围绕抓技改脱瓶颈、管理对标、绩效考核、提质增效等工作进行深入交流，对宇航公司下步工作提出了明确要求和指导意见。江政辉肯定了宇航公司管理水平，希望进一步创新管理，深入进行产品调研，把握发展方向；推行营销变革和电子商务，加强对标管理，减低费用成本，持之以恒提高管理效能，推动企业更好发展。

【多氟多与焦作师专签订战略合作协议】 6月20日，多氟多化工股份有限公司与焦作师范高等专科学校签订战略合作协议，双方将在人才培养、技术研发、文化建设等方面进行深度合作。

深圳市多氟多新能源科技有限公司总经理秦俊光、焦作师专校长张战营分别代表双方签订了合作框架协议。签订合作协议的双方将在合作机制、人才培养、校企对接、科技研究、人才交流等方面开展战略合作，并对具有发展前景的合作项目，进行人、财、物的可行性论证，共同开拓新领域和新的市场。

【昊华宇航公司一项技术被授予国家发明专利权】 9月，昊华宇航公司自主研发的"离子膜烧碱生产中阳极液放净槽废氯气回收工艺"被授予发明专利权。至此，昊华宇航公司获国家专利13项，其中发明专利7项。该专利技术能提高氯气产量，实现氯气的安全回收利用，降低废氯气吸收塔用烧碱量，同时解决二次盐水工序螯合树脂塔再生酸性废水回收难题，实现树脂再生废酸水的回收利用。该技术在昊华宇航公司烧碱一分厂进行了应用，年可回收氯气140吨，减少烧碱用量210吨，减排废水1.5万立方米，年增经济效益60余万元。

【全国无机氟化物行业分析检测技术研讨会在焦召开】 11月25日，全国无机氟化物行业分析检测技术研讨会在焦召开。来自全国各地无机氟化物行业的专家、学者、企业家代表汇聚一堂，研判分析行业现状和形势，研究探讨行业发展策略和办法。

【多氟多无水氟化铝成功进入俄罗斯市场】 12月，焦作市多氟多化工股份有限公司无水氟化铝产品继出口美国、挪威等多个国家后，成功打入俄罗斯市场。

【多氟多获市科技专项补助资金400万元】 多氟多化工股份有限公司锂离子电池关键材料千吨级晶体六氟磷酸锂研发及产业化项目获得焦作市2014年重大科技专项补助资金400万元。六氟磷酸锂是锂电池中的电解液，注入这种电解液的锂电池可以应用于手机充电宝、移动音响电源、电动自行车、电动汽车等多个领域。

【昊华宇航化工有限责任公司】 位于解放东路279号，是中国化工集团公司的下属企业。国家大型工业企业、中国化工500强、河南省工业综合实力百强、焦作市18家重点发展企业之一。主要产品规模为：烧碱和聚氯乙烯树脂各20万吨、装机容量16.5万千瓦、供热200万吨、液氯10万吨、电石30万吨、PVC人造革5500万平方米、PVC超透压延薄膜1万吨。烧碱和聚氯乙烯树脂规模在全省同行业均排第一位，全国排名分别为第十五位和第十位，产品出口韩国、印尼、印度等13个国家。2014年，生产主导产品聚氯乙烯49万吨，实现收入35亿元，利润-2.6亿元。

·铝工业·

【概况】 2014年，全市拥有规模以上铝工业企业41家，其中主营业务收入超1亿元企业26家，共完成主营业务收入242.1亿元、利税7.8亿元，分别增长14.3%、82.4%。拥有中铝中州分公司、焦作万方和广东兴发等骨干企业。主要产品产量：氧化铝231.7万吨，同比增长8.4%；电解铝44.1万吨，同比下降1.1%；铝材93.9万吨，同比增长26.8%。

【中国铝业中州分公司】 位于修武县七贤镇，是中国铝业股份有限公司下属的六大氧化铝生产基地之一。其前身是中国长城铝业公司中州铝厂。2001年12月11日经改制，其主体部分随中国铝业在香港和纽约上市，现有员工4549人。中州分公司一期工程采用烧结法氧化铝生产工艺，1993年投产。中州分公司在建设和改造中，大量采用了国际、国内先进生产工艺，在生产过程中实施厂校联合，相继开发、研制了以强化烧结法生产氧化铝新工艺为代表的一大批拥有自主知识产权的新工艺、新设备，使公司生产工艺水平及产品产量、质量实现了跨越式提高，主要产品氧化铝质量指标已基本达到砂状氧化铝水平。氧化铝产业，已形成三大系列十几种产品、年产15万吨特种氢氧化铝的生产规模，成为中国铝业股份有限公司化学品氧化铝的重要生产基地，产品广泛应用于冶金、建材、实体面材、化工、阻燃、陶瓷、造纸、玻璃、牙膏、医药等行业，并出口美国、日本、韩国等 8 个国家和地区。中州分公司既是《实体面材》国家标准（标准号：JC908-2002）的主要制订人，又是中国阻燃学会常务理事单位。2014 年，生产氧化铝 231.7 万吨，实现收入 51.5 亿元、利润 -6 亿元；

【焦作万方铝业股份有限公司】 位于马村区待王镇东，1993 年 3 月 13 日经河南省体改委豫体改字〔1993〕56 号文批准，由焦作市铝厂、河南省冶金建材实业股份有限总公司、海南豫州冶金建材进出口公司、佛山市物资贸易中心作为发起人，以定向募集方式设立股份制公司。经营铝冶炼及加工、铝制品及其他有色金属材料。1996 年在深交所上市，2006 年加入中国铝业股份有限公司，成为其控股子公司。公司拥有外贸自营权和境外期货资格，检验室为国家注册实验室。公司已通过质量管理、职业健康安全、环境三大体系认证。2014 年，生产电解铝 44.1 万吨，实现收入 51 亿元，利润 3.7 亿元。

【广东兴发铝业（河南）有限公司】 位于沁阳市沁北工业集聚区，公司占地 402 亩，总投资 10 亿元，每年可生产 10 万吨高档铝合金型材，实现产值 20 亿元。公司以生产工业用铝合金和建筑节能型铝合金型材为主，如高铁车厢用铝型材、冷藏集装箱用铝型材、电脑 CPU 散热用铝型材等产品，主要应用于交通运输、船舶、航天航空、电子电器、高档建筑等领域。兴发铝业拥有博士后工作站和国家认可实验室，是国内研究开发铝合金型材的领军企业，是有色金属行业国家标准的起草与制定的主要企业。“兴发”牌铝型材是中国驰名商标、中国名牌产品。

·食品工业·

【概况】 2014 年，全市拥有规模以上食品工业企业 141 家，实现主营业务收入 579.5 亿元，利税 66.3 亿元，分别增长 16.1%、7.1%。拥有斯美特、蒙牛乳业（焦作）、燕京啤酒（河南月山）、焦作大用、伊赛牛肉等一批行业优势企业。主要产品产量：饲料 233.3 万吨，同比增长 18.6%；畜肉制品 3.1 万吨，同比增长 23.3%；乳制品 55.4 万吨，同比增长 12.6%；饮料酒 1.49 亿升，同比下降 13.4%；软饮料 167.3 万吨，同比增长 34.2%。

【斯美特荣升“国字号”】 9 月，经农业部等 8 个部委对全国参评的 200 多家企业考评筛选，武陟县西陶镇西滑封村的河南斯美特食品有限公司被确定为农业产业化国家重点龙头企业，这是焦作市首家获此殊荣的大型农产品深加工企业。

【蒙牛乳业（焦作）有限公司】 位于城乡一体化示范区神州路东段，是内蒙古蒙牛乳业（集团）股份有限公司在全国最大的全资子公司之一，是河南省百户重点工业企业之一，其产品包括液体奶、冰淇淋两大系列。厂区占地面积 13.3 万平方米，建筑面积 4.7 万平方米，现有冰淇淋生产线 14 条、液体奶生产线 25 条。该公司自入驻焦作以来共签订合同奶站 139 个，发展奶牛达 7.09 万头，平均日收购牛奶 450 吨，其中焦作市及周边县区牛存栏数达到 4 万头，日收购牛奶 100 余吨。2014 年，生产乳制品 40.4 万吨，实现收入 48.4 亿元，利润 2.6 亿元。

【焦作大用实业有限公司】 位于修武县斗武路西侧，创建于 2005 年 1 月，注册资金 5000 万元，是河南大用集团投资建设的以肉类食品加工为龙头，集种禽繁育、肉鸡饲养、饲料生产、屠宰加工、肉制品深加工、冷藏销售为一体的农业产业化重点龙头企业。公司总资产 3.57 亿元，员工 4000 多人。在全国十多省、市建有 20 多家现代化的肉类加工基地或配套基地，产品逐步向多品种、高档次方向发展，涵盖冷冻鸡肉产品、冰鲜鸡肉产品、快餐鸡肉产品和速冻调理产品四大类上千个品种，速冻调理禽肉熟食加工厂通过日本、韩国、马来西亚、新加坡等国家的官方认证。产品覆盖全国 30 多个省市自治区，并远销日、韩等 10 多个国家和地区，同时大用也成为肯德基、麦当劳、德克士等国际快餐业巨头鸡肉原料供应的重要合作伙伴。公司基地包括：饲料加工厂 1 座，产能 30 万吨 / 年；雏鸡孵化厂 1 座，产能 8300 万羽 /年；种鸡场常年存栏 80 万套；标准化肉鸡场 20 座，产能 60 万只 / 场 / 年；清真鸡肉加工厂 1 座，年宰肉鸡6000 万只；生产清真鸡肉产品 12 万吨；速冻调理肉制品加工厂 1 座，产能 3 万吨 / 年。

·能源工业·

【概况】 2014 年，全市共有规模以上能源企业 35 家，完成主营业务收入 441.1 亿元、利税 31.3 亿元，分别增长 1.4%、—23.6%。焦作地区完成原煤 557 万吨，同比增长 19.9%；全市共发电 116.4 亿千瓦时，同比增长—0.5%。主要企业有焦煤集团、焦作电厂、华润电力、金冠电厂、万方电力等。

【焦作万方热电厂合并重组ERP项目上线成功】 3 月，焦作万方热电厂合并重组 ERP 项目正式宣布上线成功。该项目历经业务蓝图设计、系统方案设计、单元测试、集成测试、用户培训等过程。本项目将对焦作万方热电厂管理水平的提升发挥重要作用。

ERP（EnterpriseResourcePlanning）：即企业资源计划或称企业资源规划，由美国著名管理咨询公司GartnerGroupInc.于1990年提出来的，最初被定义为应用软件，但迅速为全世界商业企业所接受，现已经发展成为现代企业管理理论之一。企业资源计划系统，是指建立在资讯技术基础上，以系统化的管理思想，为企业决策层及员工提供决策运行手段的管理平台。企业资源计划也是实施企业流程再造的重要工具之一，是一个属于大型制造业所使用的公司资源管理系统。

【华润焦作电厂输煤栈桥全线贯通】7月，由江西水电承建的华润电力焦作有限公司2×660兆瓦超超临界机组工程，4号输煤栈桥钢结构段36轴至37轴钢桥面顺利吊装完毕。华润焦作电厂输煤栈桥全长1461.7米，共分4段，横跨铁路、省道、高压线，极大地增加了施工难度系数。其中4号输煤栈桥结构复杂，施工中采用两台汽车吊抬吊安装，该段结构工程由混凝土段和钢结构段两个部分组成，混凝土段由1至30轴组成，长285.12米，高差32.74米，共浇筑混凝土2800立方米；钢结构段由31轴至48轴组成，高差35.29米，其中32轴至33轴栈桥跨度最长、重量最大，跨度28.6米，重达41.4吨。

【神华国能焦作电厂发电机定子吊装完成】 9月4日，中国能源建设集团有限公司承建的河南神华国能焦作电厂1号机发电机定子顺利吊装就位。1号发电机定子长9.657米，直径3.82米，总重340吨。吊装前，中国能建西北电建现场项目部对整个吊装方案、步骤、安全工作进行详细交底，并制订应急预案。起吊开始后，在项目部全体技术人员和施工人员的通力配合下，历时3小时零8分，顺利实现了这一节点目标，为后续的安装工作奠定了基础。

【焦作万方电厂配套供热管网施工启动】 9月10日，焦作万方电厂配套供热工程（一期）作为焦作供热的新热源和主干网，施工全面展开。万方电厂配套供热管网一期建设工程项目，主管建设线路分为南线北线，其中过三门河、瓮涧河、黑河、李河直埋敷设，穿越郑焦铁路、新月铁路顶管敷设，建设供热管网总长19.27公里，管径DN600～1200毫米，总投资约2.9亿元。工程一期建成后可实现焦作市中心城区南水北调河右岸区域内滨河路—山阳路—沙河以北以东区域采暖用热。

【华润焦作龙源电厂机组投入运营】12月23日，焦作市“十大建设”之一的重点工程——华润电力焦作龙源电厂2×660兆瓦超超临界机组工程1号机组168小时试运行一次成功，标志着1号机组正式进入商业化运营。华润焦作龙源电厂由华润电力焦作有限公司投资建设，工程动态总投资50.18亿元。自2013年开工建设以来，承担1号机组施工任务的河南第二火电建设公司严密组织、精心施工，先后实现了锅炉水压、汽机扣盖、厂用受电、锅炉点火、汽机冲转、机组并网发电、168小时试运行等重大节点的一次成功。此次1号机组试运期间各项指标优异，热控仪表投入率100%、自动投入率100%，保护投入率100%，电除尘、脱硫、脱硝同步投运。作为国内唯一兼具供电、供热的2×660兆瓦超超临界火电机组，龙源电厂建成后，将结束焦作地区无高参数、大容量机组的历史，成为拉动焦作经济增长的新亮点。

【焦作华润电力有限公司】 位于博爱县柏山镇大石河桥西侧，是华润电力控股有限公司附属子公司，拥有正在运营的2×140兆瓦热电联产机组和正在筹建的2×600兆瓦供热机组项目。公司坚持做环保型企业，投资1.1亿元的脱硫除尘设施与发电机组同步设计、同步建设、同步投运，是河南省第一家脱硫设施投入运行的发电厂，也是河南省第一家将环保数据与环保局实时联网的发电企业。机组利用小时连续3年列河南省统调机组第一名。公司注重提高设备的环保性和经济性，机组各项性能指标连年创优，已连续两年在中电联组织的全国火电机组竞赛中荣获唯一特等奖。多次被评为河南省外商投资优秀企业、先进企业。2009年1月24日，公司2×600兆瓦火电机组工程取得国家能源局核发的“路条”。该项目以“上大压小”方式，关停760兆瓦小火电机组建设的超临界燃煤供热机组，工程动态总投资约48.4亿元。是河南省重点工程项目和焦作市市长督办项目。

·生物医药产业·

【概况】 2014年，全市拥有规模以上生物企业46家，实现主营业务收入122.8亿元，增长21.6%；实现利税12.4亿元，增长10.9%。重点企业有健康元、广济药业、国药容生、辅仁怀庆堂、平光制药等。主要产品产量：化学药品原药11.2万吨，同比增长45.8%；中成药1.28万吨，同比增长22.5%。

【现代制药3亿元收购国药容生剩余30%股权】 2月24日，现代制药与国药集团容生制药有限公司9位自然人股东签订股权收购协议，以3亿元收购国药容生剩余30%股权。

2012年6月18日，现代制药与焦作容生制药有限公司全体股东签订《增资扩股协议》，以容生制药近三年的平均净利润、经审计和评估后的净资产额、未来需要的投资及发展潜力等为作价依据，由公司向容生制药增资2.1亿元，持有其70%股权，原有股东持有其余30%股权。2012年6月

29 日，容生制药更名为国药集团容生制药有限公司。

【广济药业获河南省博士后研发基地称号】 4 月 23 日，广济药业被省人力资源和社会保障厅授予河南省博士后研发基地称号。近年来，孟州市加大人才引进力度，全力构建高端引智平台，先后帮助中原内配、华兴公司、泰利杰、飞孟公司、大地合金建成博士后科研工作站、河南省博士后研发基地，形成一站五基地的工作格局，为引进高端人才栽好"梧桐树"。至 2014 年，共汇集 20 余名博士、300 多名硕士、100 多位外籍专家，平均每 1.2 天就有 1 项国家专利申请在此产生。

【陈勇获"2014中国医药经济年度人物"称号】 11 月 6 日，平光制药集团董事长陈勇当选由国家食品药品监督总局主办的 2014 中国医药经济年度人物。这个被誉为中国医药经济领域"奥斯卡"的评选活动，是中国医药行业最具专业品质、最有影响力的一项评选。1995 年之前的平光制药，是焦作一家濒临破产的国有附属小厂，年销售额只有 27 万元，负债 100 万元。全盘接手平光制药后，陈勇果断启动企业第一阶段发展战略。对内进行股份制改造，加强产品挖掘力度；对外建立广泛的营销渠道网络，开始进行兼并重组。内生式增长和外延式发展的双轨并行，使得平光在 2005 年销售额达到 1.8 亿元。

摆脱困境的平光制药将目标锁定为"调结构、上规模"。至 2012 年，平光制药经营规模从 1.8 亿上升到近 8 个亿，不仅形成包括注射用盐酸川穹嗪、辅酶 I、甘氨酸茶碱钠缓释片在内的新特药产品群，还覆盖心脑血管系统、呼吸系统、消化系统等多个领域的产品布局，营销网络实现全国覆盖。平光制药形成 9 家独立法人企业、2 个省级工程技术研究中心的医药集团。2012 年，平光制药制定了第三阶段发展战略。以董事长总经理分设、聘请财务总监及新的营销管理团队为标志，平光制药开始以建立现代企业制度，实现企业跨越式发展，成功 IPO（首次公开募股）为目标的征程。2014 年陈勇宣布，平光制药销售收入结构正式跨入以新药为主的阶段。

【健康元生物制品有限公司】 位于马村工业集聚区内，是健康元药业股份有限公司（太太口服液）的子公司，是健康元药业面向新世纪实施原料药战略的重要组成部分，公司总占地面积 37 万平方米，员工 1500 人，是焦作市重点项目工程之一。公司主导产品是酶工艺法生产 7–ACA，是国家 863 重点攻关项目之一。公司耗资近亿元，历经数载研制出优于国外同行的固定化酶，成为国内唯一采用酶工艺法生产 7–ACA 的企业，打破了国外对酶技术的垄断。一期总投资 6 亿元，建成后年产头孢 C 钠盐 2000 吨、7–ACA1000 吨，年销售收入可达 9 亿元，利税达 1.2 亿元。主导产品有静心助眠口服液、太太血乐口服液、鹰牌花旗参茶等。

863 计划：即国家高技术研究发展计划，是我国的一项高技术发展计划。这个计划是以政府为主导，以一些有限的领域为研究目标的一个基础研究的国家性计划。1986 年 3 月，面对世界高技术蓬勃发展、国际竞争日趋激烈的严峻挑战，邓小平在王大珩、王淦昌、杨嘉墀和陈芳允四位科学家提出的"关于跟踪研究外国战略性高技术发展的建议"和朱光亚极力倡导下，作出"此事宜速作决断，不可拖延"的重要批示，在充分论证的基础上，党中央、国务院果断决策，1986 年 3 月启动实施"高技术研究发展计划（863 计划）"，旨在提高我国自主创新能力，坚持战略性、前沿性和前瞻性，以前沿技术研究发展为重点，统筹部署高技术的集成应用和产业化示范，充分发挥高技术引领未来发展的先导作用。朱光亚是 863 计划的总负责人，参与了该计划的制定和实施。

·新能源产业·

【概况】 2014 年，全市拥有规模以上新能源企业 9 家，主营业务收入超 1 亿元企业达到 7 家。共完成主营业务收入 34.1 亿元、利税 1 亿元，分别增长 5%、–6.1%。拥有多氟多新能源、尚宇新能源、裕华玻璃、瑞塞尔、名都风电等一批骨干企业。

【多氟多收购控股子公司少数股权】 11 月 28 日，多氟多审议通过《关于公司收购控股子公司多氟多（焦作）新能源科技有限公司少数股权的议案》，并与优锐联合签署《股权转让协议》。公司以自有资金 1000 万元收购优锐联合持有的焦作新能源合计 9.09%的股权。本次收购完成后，公司持有焦作新能源 100%的股权。

【河南尚宇新能源股份有限公司】 位于沁阳市沁北工业集聚区，成立于 2008 年 1 月 25 日，占地 500 余亩，是全国最大的三氯氢硅生产厂家之一。公司有年产 20 万吨三氯氢硅项目，总投资 11.26 亿元，分两期建设，一期建设年产 6 万吨三氯氢硅、年产 7000 吨气相法白炭黑生产线以及氯硅烷技术研究中心等；二期建设年产 14 万吨三氯氢硅、年产 8000 吨气相法白炭黑生产线。

·新材料产业·

【概况】 2014 年，全市拥有规模以上新材料生产企业 9 家，实现主营业务收入 46.7 亿元、利税 5.1 亿元，分别增长 11.4%、14.4%。拥有华晶钻石、飞孟金刚石、大地合金、富莱格超硬材料等一批骨干企业。

【飞孟金刚石实施人才强企战略】 孟州市飞孟金刚石工业有限公司通过人才强企战略，激发内生动力。2014年，该公司成为国内最大的砂轮用多晶树脂金刚石磨料生产厂家，其主导产品之一的多晶树脂金刚石在国际市场上占有率已达70%。为构建高级专家、工程技术人员、技术工人“金字塔”式的梯次人才结构，飞孟金刚石采取外引内培的方式，灵活多样借智用才。从1999年加大技术创新力度以来，先后邀请进行新产品研发的国内外同行业专家教授多人，其中经常性服务专家教授达8人。从最早的“星期天工程师”，到现在清华大学、吉林大学、大连理工大学等合作院校的专家已经达到25名。同时飞孟金刚石注重内部人才的培养、吸收和使用，打造高素质技工队伍。每年投入50万元培训资金，对员工进行系列培训和考核；经常组织专业岗位技能系列培训，邀请国内著名专家、学者前来授课；花巨资将员工送到大连、北京等地的名牌院校进修，补充更新知识；每年斥资到全国各地的名牌院校广招人才，对优秀技术人才委以重任，给他们施展才华的平台。与此同时，飞孟金刚石还注重提高技术人员的工资福利待遇，规定一般技术人员工资高出公司平均工资20%-30%；对于重大技术创新项目，一次性重奖3万至10万元；新建了专家楼，配备专门车辆，提供优越的工作、生活环境，通过各种方式营造事业留人、待遇留人、环境留人的氛围，公司至今没有一名技术人员跳槽，反而有3名外聘专家落脚公司，成为实实在在的飞孟人。人才强企战略的实施，让飞孟金刚石硕果累累。该公司已拥有省级科技成果8项，国家火炬计划项目2项，国家科技兴贸行动计划项目1项，国家重点新产品项目1项，省双百计划项目1项，省高新技术产业化重点项目2项，省科技攻关计划项目3项，省自主创新和结构调整项目1项，省中小企业技术改造项目1项，省工业企业发展专项资金项目1项；拥有有效专利30项，其中发明专利2项，实用新型专利28项。2014年，实现收入30.3亿元，利润1.7亿元。

【大地合金攻克直径1.1毫米及以下硬质合金棒材的生产技术难关】 2014年，孟州市大地合金股份有限公司负责技术工作的佘文彬，攻克成型、配料、烧结等一个个关口，成功研发出可替代进口产品的超细直径微钻棒材，打破了日本住友公司对中国市场的垄断，填补了一项国内空白。

大地合金生产的超细直径微钻棒材主要用于在电子线路板上钻孔等。这种棒材2014年一问世，立刻受到了众多国内外知名电子加工企业的青睐，仅在交付客户试用期间即创收1000多万元。目前，大地合金已收到了富士康等跨国公司购买超细直径微钻棒材的订单。

【焦作华晶钻石有限公司】 位于城乡一体化示范区神州路，2012年12月成立，注册资本5000万元，由郑州华晶金刚石股份有限公司和焦作市美晶科技有限公司共同出资组建。公司采用高精密压力温度控制系统和国产大型六面顶压机，利用自主设计研发的合金触媒和人造石墨，经过在新区实验工厂三年艰苦的研发试验，最终在人造大单晶金刚石合成领域取得骄人成就，该成果无论是在国内还是在国际上都处于领先地位，是继英国元素六公司和日本住友公司之后，第三家实现人造大单晶金刚石规模化生产的高科技企业。公司有大缸径六面顶压机75台，年产大颗粒金刚石30万粒，产值达1亿元以上。产品远销韩国、日本、印度及欧美各国。

【河南飞孟金刚石工业有限公司】 位于孟州市前姚工业区，始建于1984年，现已成为高新技术企业、河南省创新型试点企业，已通过ISO9001：2008质量管理体系认证、ISO14001：2004环境管理体系认证和GB/T28001-2001职业健康安全管理体系认证，拥有河南省超硬研磨材料工程技术研究中心。主产多晶树脂金刚石磨料、立方氮化硼、超硬磨料微粉、金刚石复合片等4大系列100多个品种。产品广泛应用于航空航天工业领域，轴承、压机和汽车等高精密制造工业领域，80%出口到美国、日本、欧洲、韩国等国家。现为全国最大的砂轮用多晶树脂金刚石磨料生产厂家，在国际市场上占有率达60%。公司拥有处于国内领先水平的科技成果6项，专利12项。并列入重点国家级火炬计划项目2个，河南省重大科技攻关项目2个，河南省科技兴贸行动计划1个，河南省高新技术产业化项目1个，河南省重点科技攻关计划3个。

·节能环保及电子信息产业·

【概况】 2014年，全市有节能环保产业企业18家，实现主营业务收入6.5亿元、利税3.3亿元，增长18.1%、23.1%。主要涵盖LED封装照明、太阳能光伏、余热回收利用、节能机电设备、环保设备等。重点企业有金宇阳、环宇石化、奇力新电子等。

【中国网库集团考察焦作新区】 7月4日，中国网库集团副总裁兼董事长助理牟熙、副总裁李战军以及中国集成创新服务联盟秘书长关小勇等一行4人，就合作建设“焦作电商谷”项目到城乡一体化示范区参观考察。牟熙一行先后参观了东方今典科技总部新城、创业服务中心、中轴德汇等示范区重点科技项目承载平台及龙头企业，并与园区、企业负责人就单品电子商务交易平台体系建设有关事宜进行了深入交谈。示范区领导向客人介绍了示范区经济社会发展情况。考察团认为，这次双方合作建设“焦作电商谷”项目，将给示范区乃至整个焦作市带来更多的优质资本和优秀人才，同时带来全新的管理理念和管理经验，项目启动后可以推动一批单品抢占网上资源，对于示范区大数据应用、网络金融后台建设、现代服务业发展具有强大的推动作用。

【环宇石化登陆“新三板”】 9月1日，河南环宇石化装备科技有限公司登陆“新三板”，成为焦作市第二家、修武县首家在全国中小企业股份转让系统正式挂牌的科技成长型企业。

【焦作市金宇阳高科电子有限公司】 位于城乡一体化示范区大中原精品产业园，成立于2013年，注册资金1亿元人民币，是一家专注于电容式触摸屏全产业链的研发、生产、销售、服务于一体的专业化高科技生产型企业。产品包含：电容式触摸屏、电子玻璃减薄、触摸屏盖板、玻璃和Film功能片、全贴合等，触摸屏产品主要用于手机、平板电脑，产品还可延伸到汽车触摸屏、家用电器、商业广告触摸终端、自助服务终端等多种电器面板上。

【河南环宇石化装备科技股份有限公司】 位于修武县竹林大道181号，成立于2004年，企业专业从事石化、冶金、有色、环保、生物制药等压力容器的设计、加工制造。制造基地占地260亩，厂房建筑面积2.6万平方米，现有固定资产8000万元。公司具有一、二类压力容器设计制造资质和国家质检总局核发的三类压力容器制造资质，是焦作地区首家三类压力容器制造企业。公司为河南省高新技术企业，焦作市技术创新五十强企业，中国压力容器协会会员单位、中国气体分离设备协会理事单位、全国变压吸附网理事单位、河南省100户高成长性中小企业。

·河南能源焦煤集团·

【概况】 焦煤集团是河南能源化工集团的成员企业，是全国主要无烟煤生产基地之一。在册员工4.5万人，下属子（分）公司41个。有生产矿井12对，其中焦作本部9对，新乡地区2对，洛阳地区1对，具有1118万吨生产能力。地面产业占据半壁江山，有水泥厂1个，年产水泥熟料250万吨，水泥300万吨，是豫北地区最大的水泥生产企业之一。有坑口电厂2个，瓦斯发电机组42台，总装机容量249.2兆瓦，在焦作、新乡形成自备电网。具有年产1800吨多晶硅、4000吨气相白炭黑、20万吨离子膜烧碱、2万吨三氯氢硅、3万吨环氧氯丙烷和4万吨环氧树脂的生产能力。另外，还拥有1万多平方米营业面积的商厦、三星级宾馆等三产企业。

2014年，是焦煤集团重组以来经营发展最为艰难的一年。面对复杂严峻的内外形势，焦煤集团坚持“改革创新、进中求优”，统筹做好保安全、稳发展、促和谐等各项工作，企业在逆境中保持了平稳健康的发展态势。营业收入完成249.7亿元，利润5.6亿元。煤炭产量完成1433.47万吨，开拓进尺完成1.60万米，区域瓦斯治理主要指标全面超额完成计划。其中抽采巷道工程量完成1.06万米，瓦斯抽采量完成8026.9万立方米，抽采达标煤量完成1018.5万吨，上缴税费21.16亿元。

【煤炭生产】 2014年，焦煤集团克服赵固一矿等单位生产条件限制，在白云公司关闭、何庄煤矿停产的情况下，煤炭产量保持平稳，各项工作稳步推进。采掘机械化：九里山矿应用煤巷侧装机快速掘进技术，煤巷月单进达到280米；宝雨山矿实施“三软”煤层综放开采，提高了生产效率。全年采煤机械化率达到90.85%，同比增长5.81%；掘进机械化率达到39.35%，同比增长2.81%。全年达到河南能源级采煤标杆队7个，掘进标杆队17个。区域瓦斯治理：以创新为引领，在全面规划的基础上，投入区域瓦斯治理资金2.13亿元，通过完善通风系统、优化措施工艺等举措，全面完成三年区域瓦斯治理规划目标，突出矿井逐步实现抽掘采平衡。水害治理：做好超前探放水工作，杜绝了误揭煤层、断层及老空溃水事故；开展突水点封堵工作，为采掘工作面安全生产创造了条件。机电运输管理：深入推进机电运输规范化、统一化、精细化管理，健全“走动式”管理运行考核机制，提高了矿井管理标准和自主管理意识；优化完善提升、排水等机电运输主要环节和系统，抓好大系统的安全运行和安全评价，保证了矿井安全生产。

【安全工作】 强化安全意识：牢固树立安全“零”理念，增强安全“红线”“底线”意识，进一步提高员工对安全生产重要性的认识，筑牢安全思想防线。加强安全“双基”（基层、基础）建设：严格落实“抓系统、系统抓”和“五化”（动态、专业、精细、责任、常态）考核要求，推进安全“双基”建设机制有效运行，夯实安全生产基础。全面开展安全质量标准化建设，推动新标准贯彻落实到位，9对矿井达到一级质量标准化标准。按需确保安全投入：全年提取和规范使用安全费用7.97亿元，完善了各类安全设施。强化安全检查和隐患排查治理：围绕瓦斯、水害防治和顶板管理及机电运输等安全工作重点，加大安全检查和隐患排查治理力度，开展全面的剖析式检查和重复反弹隐患集中整治，整改一批较大隐患和问题，提升检查质量和隐患治理水平。加强安全教育培训：牢固树立“培训不到位就是重大安全隐患”的理念，加强实际操作培训，累计培训各类人员1.17万人。组织开展事故案例3D动画制作及学习，被河南省安全生产监督管理局作为典型经验在全省煤矿推广。加强应急管理：建立健全矿山专兼职救护队伍，完善应急救援体系，应急处置能力不断增强。严格实施责任追究：坚持事故必查、责任必究，对科级以上干部166人次进行了责任追究。重视环境治理和职业健康：投资3850万元实施了电厂脱硫脱硝、除尘和千业水泥一期脱硝工程等14项环境整治工程。加强职业危害防治，保障了职工健康。

【提质增效】 2014年，焦煤集团梳理“提质增效、节支降耗”项目1190项，实现增收节支3.66亿元，完成计划的105.48%。着力减少亏损源：加强亏损源治理，对11个亏损生产矿井和2个亏损地面单位三年来的经营状况进行了反复测算、分析和论证，合理确定生产经营方案；对资源枯竭的白云公司予以关闭，对安全威胁大、扭亏无望的何庄煤矿实行停产。开展安全技术经济一体化论证：优化赵固一矿东风井、赵固二矿西翼通风系统改造等重大项目建设方案，减少投资3亿元；优化生产系统、瓦斯和水害治理方案，节约资金3384万元。做真做实内部市场化管理，强力推广《生产矿井内部市场化管理实施手册》，加强内部市场化考核，提高管理实效；拓展市场化机制运行范围，建立货延费责任链考核机制，货延费同比降低282万元，降幅28.28%。持续降低成本：煤炭生产单位制造成本同比降低70.04元/吨，降幅18.63%；非生产性支出同比减少2777万元，下降5.48%。强化资产管理：开展资产清查，合晶科技部分资产和小马公司洗煤厂分别以对外合作、租赁形式合理有效利用，盘活了闲置资产。调剂各类闲置积压物资2014.57万元，修旧利废、回收复用价值1.17亿元；调剂设备549台，价值6148万元。严格资金管理：合理利用金融政策，广开融资渠道，筹集资金26亿元；争取各种财政补助资金1.46亿元；争取税收优惠创利6918.7万元；应收款项余额较年初减少1.31亿元，下降16.47%。

【改革创新】 机关机构改革：机关部室由原来的27个压缩到19个，定编238人，精减编制22个，合理压缩基层机关人员923人。劳动用工制度改革：严格定员管理，严把人员入口，严控人员倒流。人员总量减少3382人，退养1570人，调整率10.49%；依法清理长期离岗、旷工等人员1098人；按程序解除、终止劳动（劳务）合同7522人。管理创新：优化宝雨山集团销售激励约束机制，拓展销售渠道，缓解销售压力；对东方宾馆、机关幼儿园、职工养老院实行承包经营，年减少支出416万元。科技创新：开展突出煤层钻孔钻扩一体化增透提效抽采，瓦斯抽采效果提高30%；千业水泥通过优化水泥磨系统的工艺参数，水泥磨台产量提高10%；开元化工通过对电解槽进行技术升级改造，吨碱电耗下降20余度，实现综合效益850万元。全年获省部级科技进步奖3项、市厅级28项，收购各类创新成果2591项，创造经济效益1.73亿元。

【非煤产业】 狠抓生产运营：牢固树立“无计划停车就是事故”的理念，加强生产装置现场管理，确保“安稳长满优”运行。持续推进对标管理，降低生产成本，努力实现效益最大化。加强设备检修管理：强化检修的计划性和预见性，提高检修的质量和效率。统筹协调发电企业和用电大户同期检修，合理“避峰填谷”，倒吸国网电量同比减少5800万度。注重新产品开发推广：开发了方鑫隆公司蝶形托盘支护系列、李封公司氧化锆陶瓷柱塞系列等6种新产品，组织召开了鑫珠春公司钻具等3次新产品内部推介会，提高产品销售收入。积极开拓外部市场：以内部市场为依托，加大外部市场开拓力度，提高了产品外部销售率。神华重机产品外部销售率同比提高15%，焦西公司产品外部销售率同比提高5.5%。

【集团项目建设】 赵固一矿西风井项目正式开工并完成掘砌478米，为矿井可持续发展奠定基础。宝雨山矿煤炭产业升级项目通过竣工验收，提升矿井产能30万吨/年。金冠电力并网改造工程项目投入运行。开元化工环氧氯丙烷和环氧树脂项目完工，具备投料试车条件；烧碱、液氯产品销售管网输送项目稳步推进。赵固2×350兆瓦低热值煤发电项目被列入河南省2014年度火电建设规划实施方案，并获国家能源局批准。有序实施中马村矿等5个矿井煤矿安全技术改造项目。赵固矿区第三条供电线路竣工。中央医院综合楼项目顺利竣工并投入使用。

【豫北分局工作会暨辖区表彰会议在焦煤集团召开】 1月15日，豫北分局工作会暨辖区表彰会议在焦煤集团召开。豫北分局局长毋济州参加会议并讲话。焦煤集团总经理贾明魁等领导参加会议。毋济州指出，2013年豫北分局深入进行安全生产大检查等专项行动，切实防范重特大事故，持续保持了辖区煤矿安全生产平稳态势。会议宣读《河南煤矿安全监察局豫北监察分局关于表彰2013年度安全守法先进企业的决定》。

【首届一次职代会暨2014年工作会议召开】 1月17日，焦煤集团首届一次职代会暨2014年工作会议在市会议中心报告厅召开。会议审议并通过焦煤集团行政工作报告、工会工作报告、财务决算工作报告、执行《河南能源化工集团有限公司员工奖惩暂行规定》的议案，通过并签订了集体合同和工资集体协议，表彰2013年度先进集体和先进个人，确定了2014年工作目标。

【张军扩到焦煤集团调研】 2月19日，国务院发展研究中心副主任张军扩、企业研究所所长赵昌文、办公厅副处长龙海波一行，在河南能源董事长、党委书记陈祥恩，副董事长、党委副书记薛志俊，焦煤集团董事长、党委书记谢述新等陪同下，就焦煤集团发展战略课题到演马庄矿调研。

【焦煤集团领导班子调整】 2月28日，河南能源在东方宾馆召开中层以上干部大会。河南能源董事长、党委书记陈祥恩，党委副书记、纪委书记刘同胜，党委常委、组织部部长刘慧发出席会议。会议宣布了对焦煤集团领导班子调整的决定。贾明魁不再担任焦煤集团总经理、副董事长、党委副书记，董正亮任焦煤集团总经理、副董事长、党委副书记。

【九里山矿通过瓦斯治理示范矿井竣工验收】 2月18日至19日，国家能源局组织专家组对九里山矿瓦斯治理示范矿井项目建设进行竣工验收。验收专家组听取汇报，查阅相关资料，深入井下现场查验，并于2月22日在郑州召开评定会，在综合各方面检查验收意见后，同意通过九里山矿瓦斯治理示范矿井项目建设竣工验收。

张军扩在焦煤集团调研

九里山矿在瓦斯治理示范矿井创建过程中，优化通风系统，提升矿井抗灾能力；完善抽采系统，使瓦斯抽采浓度由10%提高至17%左右；加强瓦斯管理，瓦斯超限次数逐年大幅度降低，2012年来矿井实现了瓦斯零超限；采煤机械化率达到100%，实现了安全回采，煤巷平均单进300米，最高月单进350米；矿井提前实现抽、掘、采平衡，2013年达标煤量227万吨，达到矿井核定生产能力的2.27倍。

【方庄二矿成功应用大倾角俯采采煤技术】 3月26日，方庄二矿围绕23采区煤柱安全回采问题，采用现场调研、矿压观测分析及工业性试验等手段，成功掌握大倾角工作面俯采采煤技术。该技术的成功应用，在焦作矿区尚属首例，不仅解决大倾角工作面的通风、排水、行人、运输、支护等多个技术难题，节省岩巷掘进工程量，提高了工作面回采率，而且运输系统简化后，提高运输效率，节省设备、人员的投入和检修费用，缩短了工作面的准备时间，缓解了工作面的接替压力。

【严寅初到焦煤集团调研安全生产工作】 5月8日，河南煤矿安全监察局局长严寅初一行到焦煤集团就安全生产工作展开调研。河南煤矿安全监察局有关处室负责人和豫北分局领导陪同调研。严寅初一行与焦煤集团领导在焦进行座谈。

【国家发改委调研组到焦煤调研煤炭价格情况】 6月12日，国家发改委价格司副巡视员郭剑英一行，在省发改委副主任王红、焦作市人民政府副秘书长张明库等陪同下，到焦煤集团进行上半年价格形势调研。

【首届河南省煤炭系统好矿嫂颁奖仪式在赵固一矿举行】 6月27日，首届河南省煤炭系统好矿嫂颁奖仪式在焦煤集团赵固一矿举行，鑫珠春公

首届一次职代会暨2014年工作会议

司家属协管员李兰英等 10 人获十佳好矿嫂荣誉称号；赵固二矿家属协管员李素英、古汉山矿家属协管员孙爱花等 15 人获优秀好矿嫂称号。此次表彰活动由省工信厅、省煤矿工会主办，河南能源焦煤集团承办。

【焦煤自创煤矿安全3D动漫警示教育片】 8 月 15 日，由焦煤集团创作的煤矿安全 3D 动漫警示教育片完成，在集团 OA 办公网、焦煤电视台、各生产矿井播放。这部 3D 警示教育片取材于近年来发生在煤矿生产一线的常见违章作业典型案例，内容包括采煤掘进、机电运输、“一通三防”、地测防治水、矿山救护 5 个专业的 61 例典型案例和 2 部矿山救护安全知识讲座。此片一改以往枯燥乏味的灌输式培训方式，提高了直观性和现场感，便于员工对煤矿安全知识的理解。

【中央医院新住院大楼竣工】 10 月 19 日，中央医院举行新住院大楼启用仪式。中央医院新住院大楼建筑面积 6.7 万平方米，共 21 层，床位 1260 张，设置电梯 14 部，总投资2.7 亿元，是焦作单体建筑面积最大、床位最多、电梯最多的现代化住院大楼。新住院大楼还拥有焦作市面积最大的手术室、重症医学科等。新住院大楼不仅拥有先进的医疗设施，而且处处彰显着人性化关爱。他们把采光和通风好的房间全部留给患者使用，所有病房均按宾馆标准装修，还在每张病床前，配备了高档折叠椅，为病患家属夜间陪护提供了方便。此外，每个病区均为患者及其家属配备专门的晾衣间，解决医院晾衣难的问题；每层楼中间均专门辟出一块休息区域，供患者及其家属休息。新住院大楼全面投入使用，标志着有 66 年历史的中央医院，彻底告别了以往拥挤、陈旧的就医环境。

【新东股份惠德印务获中加文化节金奖】 10 月 16 日，中加文化节河南民间工艺展在加拿大温哥华圆满落幕，焦作市代表团获 4 金 1 银。其中新东股份惠德印务的宣纸国画印刷品获得金奖。

【黄盛初到焦煤集团调研】 11 月 19 日，国家安全生产监督管理总局信息研究院院长黄盛初、资源部处长刘志文、研究所所长于雷一行到焦煤集团调研煤矿瓦斯治理和安全信息化工作，河南煤监局副局长薛纯运、河南能源安监局相关领导陪同调研，焦煤集团领导谢述新、董正亮、白恒周、袁德铸参加座谈。

【焦煤电网金多线路投入运营】 11 月 20 日，历经近 400 天的艰苦鏖战，焦煤集团走径最长、电压等级最高的金冠电厂——多晶硅变电站 220 千伏双回供电线路正式投入运营。“金多工程”是河南能源的必保项目、焦作市的重点建设项目，穿越修武县、马村区、山阳区、中站区的 31 个自然村，全长约 45 公里，新建塔基 150 座，跨越焦晋高速公路、泄洪渠、110 千伏和 10 千伏及以下多条电力线路。金多线路的建设完工，为焦煤电网 220 千伏输电主干电网的形成打下了坚实的基础，使东西部电网达到交换电能 100 万千瓦的能力。

【焦煤集团作品获2013年度省企业报好新闻奖】 在由河南省新闻工作者协会、河南省新闻工作者协会企业报委员会联合举办的 2013 年度河南省企业报好新闻奖评选活动中，焦煤集团《焦煤视窗》参评的 11 件作品获奖。其中言论《勤俭方能兴大业》等 3 件作品获二等奖，6 件作品获三等奖，另有两个版面分别获得二、三等奖。

【范霖史林国获乌金艺术奖】 由中国文联、中国煤矿文联主办，中国文学艺术基金会、中国煤矿文化宣传基金会承办的我们的中国梦——全国优秀艺术作品展览煤矿职工美术书法摄影精品展评选揭晓，焦煤集团职工范霖、史林国的参展作品分别被评为乌金艺术奖十佳摄影作品、十佳书法作品，刘四新的书法作品、康浩的摄影作品均获得优秀奖，刘海庆、李海良、王新斗、李国庆、吴梦韬等 5 人的美术、书法、摄影等作品均成功入选。

【赵固二矿3项创新成果获国家专利】 赵固二矿自主研发的气动螺旋清煤器、通风设施滑轮式防逆风装置、大孔径异形地质钻孔可调节定向装置 3 项创新成果获得国家实用新型专利。3 项创新成果均具有结构简单、操作方便、安全可靠、容易维修、成本低、效率高等优点，目前已在该矿井下推广应用，取得了良好的经济效益和安全效益。

【神华重机充填式悬移支架获国家专利】 由神华重机开发生产的充填模板支护式悬移支架，获得国家知识产权局颁发的实用新型技术专利证书。该产品具有结构简单、运输安装便捷、经济投入低等优点，特别适用于中小型煤矿在村庄、公路及工业广场下中厚煤层膏体充填工作面的支护及充填密封。截至年底，该公司已累计有 21 项科技创新成果被授予国家专利。

（顾海涛　崔立峰　孙　丹）

·供　电·

【概况】 焦作供电公司属国家大型一级企业，承担着全市和焦枝线电气化铁路的供电任务。2014 年，供电区面积 4071 平方公里，人口 366 万。截至年底，公司属变电站 54 座，主变 101 台，变电容量 8007.5 兆伏安。其中 220 千伏变电站 14 座，主变 29 台，变电容量 4950 兆伏安；110 千伏变电站 40 座，主变 72 台，变电容量 3057.5 兆伏安。公司属 35 千伏及以上架空运行输电线路 176 条，总长度 1723.74 公里。其中 220 千伏线路 48 条，线路长度 735.76 公里；110 千伏线路 113 条，线路长度 923.01 公里；35 千伏线路 15 条，线路长度 64.97 公里。公司属 35 千伏及以上电缆线路 23 条，总长度 25.1 公里。其中 220 千伏电缆 2条，长度 1.46 公里；110 千伏电缆 6 条，长度 7.68 公里；35 千伏电缆 15 条，长度 15.96 公里。焦作供电区全口径社会用电量达 213.96 亿千瓦时（含统调电厂自用部分）。第一产业累计用电量 3.47 亿千瓦时，同比下降 8.52%；第二产业累计用电 179.74 亿千瓦时，同比增长 1.62%；第三产业累计用电量 12.62 亿千瓦时，同比增长12.32%。

【优质服务】 2014 年，焦作供电公司坚持你用电、我用心服务理念，强化供电服务百日考核，开展夏、冬季供电服务大检查，实施“阳光业扩”工程，践行服务承诺，规范服务行为。坚持“神秘人”制度，不定期组织明察暗访，严格考核奖惩，强化过程管控，积极拓展缴费方式，开通支付宝等新型缴费手段，新增电费代收点 223 个。

24 小时接听服务热线

【迎峰保电】 2014 年，焦作供电公司超前谋划、科学部署，完成迎峰度夏、春节、高考以及省十二届运动会等重要时期、重大活动保电任务。加强营配末端抢修业务协同融合，顺利实现 95598 全业务上收集中。落实客户经理制，开展用心服务、在您身边活动，组织“3·15”优质服务系列活动，宣传推广电力微信服务平台，获得社会各界高度赞扬。2014 年获全市政风行风评议第一名。

【安全生产】 2014 年，焦作供电公司坚持安全第一、预防为主、综合治理工作方针，深入开展安全管理提升活动，狠抓风险预控，强化协同监督，安全管理水平持续提升。组织新《安全生产法》及新版安规学习，扎实推进“安全生产月”“安全日”等活动，全员安全意识不断强化；严格落实“两票三制”（工作票、操作票；交接班制、巡回检查制、设备定期试验轮换制），组织作业现场明察暗访，现场安全保障能力持续增强；全面推进设备技术改造和装备升级，加大线路特巡特护和设备运行异常事件处置力度，强化质量监督和技术评价，设备可靠性大幅提升；加强输

500 千伏供电线路

高考保供电

电线路通道隐患排查治理，大力推进电力设施保护联合执法队伍建设，电网运行外部环境不断优化；完成配网抢修指挥平台建设，创新提出“四色”预警响应机制，应急体系持续完善；牢固树立大安全意识，全面加强基建、消防、交通、信息、保密、反恐、农电以及集体企业等安全管控。

【电网建设】 2014年，焦作供电公司完成投资3.26亿元，成功投运110千伏王曲输变电工程、35千伏南水北调永久性供电工程、焦作电厂环保迁建线路和郑焦城际铁路外部电源等工程。主网新增110千伏及以上线路56公里、变电容量15万千伏安。配网新建改造线路313公里，新增配变容量12.2万千伏安。超前谋划焦作地区“十三五”电网及配电网发展，组织分布式电源接入系统研究，城市配网及农网项目储备3.8亿元，完成博爱月山等6项电网项目可研批复。配电网综合节能改造项目完成可研审查批复，投资估算1.6亿元。持续巩固供电区设计一体化运营成果，全面推进市县设计资源共享、优势互补。加快完善配电网，积极主动沟通政府部门，促成农网改造、弃管台区建设以及城区线路归并，纳入政府2014年十项重点民生工程建设，并提前一年完成197个弃管台区改造。

【电力设施“防火墙”建设】 2014年，焦作供电公司积极谋划、精心安排，大力开展电力设施保护攻坚战。组织各运行班组对输电线路保护区内的外力破坏隐患进行排查梳理，对于钢构结构厂房及时进行测量和资料收集，对短期内无法处理的问题，制定切实可行防范措施，指定专人负责监控处理；针对输电线路线下施工、私挖滥采、交叉跨越等外力因素的不利环境，在基建施工区域、私挖乱采区段等易出现外力破坏的线路通道附近，大量安装警示牌，张贴警示标语，健全警示警告标志，采取多种方式在施工现场、人员活动密集村庄等区域开展电力设施保护宣传；坚持预防为主、打防结合的方针，认真贯彻《电力法》《电力设施保护条例》等法律法规，紧密联系各级政府，大力开展电力设施保护工作，构建了政府统一领导，企业依法保护，群众参与监督，全社会大力支持的电力设施保护工作格局，形成了各县市区、政府有关部门和电力企业齐抓共管的合力氛围；充分利用电视、报纸、广播等各种媒体，通过正面引导，宣传教育，劝诫警示等方式，加大电力设施保护工作的宣传力度，为电网的安全稳定运行提供坚强保障。

·信息化建设·

【概况】 2014年，焦作市将信息化建设作为全市战略性工作来抓，注重顶层设计，突出四个统一（规划、标准、设计、实施），凝聚推进力量，形成工作合力，组织实施十大建设信息化行动计划。全年计划总投资6.84亿元，基于云计算的电子政务公共平台试点工程和智能交通综合信息平台工程有序推进。同时，积极开展通信信息网络基础设施建设与保护工作，圆满完成第十二届省运会暨首届全民健身大会信息技术保障工作。

【云计算中心项目】 8月6日，市

2014年焦作市邮电通信事业基本情况

	固定电话用户（户）	移动电话用户（户）	互联网宽带用户（户）
全　市	427378	3179613	503787
市　区	128998	1026630	216732
县　域	298380	2151983	287355
修武县	33442	260968	33649
博爱县	43414	327651	45324
武陟县	66545	511677	59935
温　县	49013	344775	42444
沁阳市	58811	400458	58049
孟州市	47155	306454	47954

政府与浪潮集团正式签约，在城乡一体化示范区建设云计算中心项目。该项目总投资 5 亿元，以建设焦作市云计算中心为基础，发展焦作市云计算、大数据产业，建设智慧城市为目标，按照建设集约化、服务标准化、信息共享化、效益最大化原则，依托云计算中心，整合融合焦作市信息化资源，建立一批成熟的智慧应用系统，全面提升社会管理和公共服务水平；推动完整产业链的构建，形成信息产业集群，带动焦作市中小企业成长壮大；推动焦作市云计算产业整体快速发展，全面提升焦作市信息化水平。

【焦作市通信发展管理办公室揭牌】 10 月 17 日，河南省通信管理局焦作市通信发展管理办公室揭牌仪式举行。市通信发展管理办公室的成立是焦作通信发展进程中具有里程碑意义的一件大事，将对焦作实施“宽带中原”战略、加快“智慧城市”建设起到积极作用。

【“智慧焦作”项目《战略合作框架协议书》签订】 11 月 5 日，市政府与银江股份就“智慧焦作”城市建设项目达成合作共识，正式签订《战略合作框架协议书》。据协议，“智慧焦作”项目计划 5 年时间投入 7 亿元，内容包括智慧交通、智慧医疗、平安城市、智慧旅游、智慧城管、智慧教育等。银江股份拟按照焦作市政府的“智慧焦作”项目整体运营要求，在焦作设立项目公司，负责“智慧焦作”整体规划建设运营，并逐步引入战略投资伙伴，借助资本力量，寻求长期、快速、科学的发展模式，共同推动智慧焦作建设。

【中国铁塔股份有限公司焦作市分公司成立】 12 月 16 日，中国铁塔股份有限公司焦作市分公司揭牌成立。中国铁塔是经国务院同意、国务院国资委批准成立的国有大型通信基础设施综合服务企业。中国铁塔焦作市分公司的成立，是焦作市新形势下深化电信行业改革的重要举措，也是深化国企改革、发展混合所有制经济的积极探索，可以有效避免在信息基础设施方面的重复建设，提高共建共享水平，有利于电信行业转型升级。

【政府信息公开常态化】 2014 年，市政府信息中心落实《政府信息公开条例》，加强制度化、常态化、规范化建设，大力推进政府信息公开，全年累计通过各种形式公开各类政务信息 11 万余条。根据国家、省对 2014 年政府信息公开工作的要求重点，结合实际，对当前全市重点领域政府信息公开工作进行安排部署。按照牵头分工，市财政局下文明确按照时间节点对部门三公经费、预决算公开进行了要求；市编办对行政审批事项进行梳理清查，对外公布政府权力清单，市本级保留各类事项 253 项。教育、国土、环保、住建等相关部门也都按照相关文件要求，对涉及重点领域的政府信息进行了公开。应对舆情处理：对一些涉及面广、社会关注度高的网络舆情信息进行重点收集，尤其是涉及非法集资、征地拆迁、食品安全、劳动保障等民生问题实行发现即报、及时应对、跟踪处理的工作原则，要求相关部门主动引导、及时发布正面信息，澄清事实真相，让群众对政府发布的信息听得懂、信得过。全年共收集网络舆情 57 篇，集中解决了一批事关人民群众切身利益的热点难点问题。建立长效工作机制：先后通过下发文件、会议、专题培训等形式，明确责任、突出重点，确保工作落到实处。对依申请公开的办理、酌情会商等细节工作进行明确要求，方便公民、法人或其他组织对政府信息的获取，提高政府信息公开依申请办理工作质量和实效，全市各级机关共受理依申请公开 36 件，办结 36 件。

【政府网站工作】 2014 年，市政府信息中心对市政府门户网站各板块栏目梳理完善：重点对信息公开、便民服务等方面的栏目建设进行优化调整，对“市长信箱”“提案议案办理”等互动栏目进行改进，为方便公众获取和查找信息，将政务查询、城市搜索、便民生活等贴近民生的栏目用直观有效的导航方式，让群众切实体会到政府网站服务的实用性和便捷性，拉近了与政府网站的距离，更加贴近公众需求，提高了便民服务水平。加强日常维护，规范运行机制：随着市政府网站内容和栏目不断增加，加强了政府网站的日常维护和信息发布工作，制定了相关发布流程和保密审查规定，及时对全市性的重大活动进行了动态发布，基本形成科学合理的运行维护机制，信息数量和服务内容明显增加，内容更加充实，网上服务的规范性、准确性、及时性得到提高。全年累计发布各类信息 1.3 万余条，向省政府网站报送信息 1831 条。推动全市政府政务网站建设：在日常工作中，加大对各县市区及部门网站进行督促检查。同市公安局联合建立了全市政务网络安全监测预警通报机制，定期对全市政务网站进行技术检测、漏洞扫描，并向相关部门通报相关问题并预警。提高市长信箱、政府在线、人民网领导留言、人大代表政协委员联系平台办理效能：修订完善了相关办理流程，加大了办理实效，全年共处理市长信箱有效来信 900 余封，政府在线主题贴 2300 多条，总回复率在 98% 以上；市人大代表、政协委员网络联系平台收到市人大代表、政协委员提出的意见建议 6 件，均以平台简报形式呈报市领导批示办理；平台共发布重大情况通报 66 篇，公开政府文件 87 篇，政府工作信息 112 期，通过短信平台发送彩信 2.4 万余条。

【电子政务工作】 2014 年，市政府信息中心强化网络登录安全：购置党政办公新区外网平台流量监控及登录系统，完成了党政办公新区所有上网人员实名制登录工作。按照谁使用、谁负责的原则，对网络使用进行了模式变更，由以前的仅仅靠IP地址定位到人的方式改进到使用自己的姓名进行登录的方式。一旦发现网络异常，即可以准确定位到每个人，做到了对网络的规范使用。党政办公新区外网防火墙的配置及升级：在购置党政办公新区网络出口防火墙的基础上，通过钻研相关技术难题，对防火墙进行了软升级，并重新更新了其配置，保证了防火墙只要启动便可以与市联通公司及时连接，保证了网络的安全。党政办公新区网络机房的强电调整及环境维护：为了保证党政办公新区网络机房正常散热，对机房的UPS电源等高发热的设备进行了重新的部署和调整，将强电及环境问题进行了暂时有效的处理，保障了机房设备安全稳定运行。

（皇甫焦焦）

【中国联通焦作市分公司】 2014年，中国联通焦作市分公司以3G网络为核心带动各项业务发展，并开始转型4G网络。主营业务收入完成5.08亿元，实现利润7754万元，用户规模固网户数53.99万户、移网户数58.58万户。

移动网络建设：新建LTE基站353个，其中FDD290个，实现了焦作核心城区的连续覆盖、县城的体验覆盖、云台山景区的点覆盖。TDD63个，实现重要场所和数据热点区域的双4G网络覆盖。新建3G基站271个，宏基站达到1191个。3G基站全部升级21兆，多载波基站配置42兆能力。完成业务区HSS割接，核心设备具备支撑4G网络功能。全年新建移动基站的数量相当于前3年基站建设的总和。

宽带网络建设：完成规划内驻地网建设287项，新增FTTH端口4.9万端。完成农村6县2区行政村的光改建设，新增FTTH端口27.49万端。全年合计新增FTTH端口32.97万端，焦作本地网FTTH端口能力占比由上年的20.6%提高到53%。城区、县城光改驻地网达到1089个，光网覆盖率为45.22%。农村光改驻地网达到1346个，光网覆盖率为81.57%。

本地传送网工程：完成综合业务接入点建设76个，建成县乡及主干光缆569皮长公里，基站接入光缆900皮长公里，楼宇光缆111.7皮长公里，覆盖商业楼宇88栋，新增管道41.8孔公里，满足了综合业务承载需求。

优质服务：开展创建“服务100”质量品牌完善大服务体系建设，明确内部承诺工作事项，组织四大渠道达标活动，加强营业、装维现场管理，持续提升即时承诺履约率，加大投诉管控力度，红黄牌超时工单同比下降26.9%，升级投诉同比下降28.3%，大服务履约率较年初提升4.2%。市区试点开展宽带简单化受理，延伸480范围到乡镇政府所在地，480区域宽带装移综合及时率平均为99.55%，修障综合及时率平均为98.53%。乡政府所在地宽带装移机及时率和修障及时率分别达到98.72%和87.70%；加强断站分析考核，全年平均断站率、G网投诉率、W网投诉率指标均优于省公司考核指标；完成全区2030个党建站点的障碍整治和网络升级工作；持续加强“垃圾短信”管控，垃圾短信投诉明显减少。

（千高亮）

【中国移动焦作分公司】 2014年，中国移动焦作分公司积极推进转型发展，努力改善客户服务，各项工作进展良好。全年完成运营收入超过11亿元，实现净利润2亿元，在档客户总量超过230万户，网络交换容量超过400万。

TD-LTE4G基站建设：全年共开通4G基站1546座，总量超过1600座，实现了城区的深度覆盖水平、县城城区的连续覆盖、相当部分重点乡镇农村及国家级高速公路、云台山等主景区的有效覆盖，无线全网接通率超过99.9%，切换成功率达到99.4%；同时以提升客户感知、满足客户需求为工作重心，积极优化网络指标，4G网络热点区域问题解决率达到94.3%。

基础网络建设：建成综合业务接入区112个、综合业务接入区汇聚点194个，建成主干光缆485公里，实现城市建成区和所有乡镇的全部覆盖；加快基础资源建设，新建光缆3997皮长公里，新增汇聚机房47个，新增PTN设备615端，新增OLT56端，完成管道建设174管程公里，小区宽带端口数超过21万个。同时联合公安机关开展“伪基站”专项整治活动，共破获“伪基站”案例36起，没收设备36套，抓获犯罪嫌疑人50名，立案7起，并于12月配合司法机关完成对焦作首例、全省第二例“伪基站”违法案件的宣判。

无线城市建设：从智慧政务、智慧民生、智慧产业三方面积极布局，致力于改善市民生活环境、提高政府办公效率、促进城市信息化发展。“平安城市”项目完成近1000条视频网络专线接入，实现六县区高速、安全、通畅的视频网络互通；“应急通”已在市、县两级应急管理部门得到应用；“警务通”使用人数超过5600户，信息使用超30万次；交警支队安全路况及验证验车提醒平台信息发送量超过400万条；食品安全监管系统完成一期12个试点单位的视频监控网络接入；廉政手机报向全市干部发送廉政信息20万余次；青年手机报为全市各级团干、团骨干成员发布资讯37万次；会议通服务数场大型会议，使用用户1000余人；移动通讯助理让220家单位无需制作纸质通讯录，线上用户8万余户。智能公交协助市公交公司对全市600余辆公交车开展实时监控，建设电子站牌

20 余个，2 万余户市民使用手机公交一卡通；和生活引入政务公开、生活服务类信息 85 项，市民主页活跃用户达 29 万人次；校讯通用户近 60 万户，覆盖 98%以上的中小学校园；教育局校车监控，实时对 60 辆校车监控；班班通基础网络覆盖全市中小学 403 所；宜居通利用物联网技术集成智能安防功能，让近 5000 户市民享受到家庭安防服务；与市公安局联合推广行车卫士，通过电动车防盗、定位服务，为市民出行保驾护航。企业办公通过六个一工程，先后与鑫盛世液压、星鹏铸件、鑫恒铸件、宝丰电缆、金宇阳科技等10 余家企业部署基础网络设施及企业办公、营销信息化系统；市民电表信息采集物联网系统实现了 4100 户电表信息自动采集。

客户服务：秉承客户为根，服务为本的理念，改进服务质量、提升服务水平。推出五项 4G网络服务举措。包括真畅快极速网络，快人一步；真超值多档套餐，流量共享；真安心及时提醒，双重封顶；真精彩特色业务，多款手机；真便捷快速办理，优质服务，切实保护消费者合法权益。成立移动之家客户俱乐部，并聘请社会监督员、和解专员和梦网卫士建立客户服务监督、需求反馈、业务体验、互动交流和服务回馈监测平台，不断优化服务流程、健全服务体系。在企业内部进行服务明星、明星营业厅评选、沙场点兵岗位技能比武等技能评定活动，努力提升全员服务、业务综合能力，为客户提供更加专业优质的服务保障。开展总经理接待日、客户服务评价等活动，用心倾听来自客户的声音，致力解决客户的难题，以客户满意为目标，以客户感知为检验自身工作的唯一准绳。

（顾宗海）

【中国电信焦作分公司】 2014 年，焦作电信继续开展宽带品牌建设，梳理各项流程，一天装机率逐步提高，全年平均一天装机率 93%，较上年提高 10%。全年运营收入实现 1.9 亿元，移动用户净增 4.5 万户，固网宽带用户净增 3.7 万户。

网络建设：投资 7400 余万元，新建 4G 基站 289 个，3G 基站 17 个，整体覆盖率从上年的 98.6%提升到 98.7%；EVDO3G 网络覆盖面（含乡村）覆盖率从上年的 95%提升到了 100%，实现了 3G 网络使用的无缝覆盖。经过 4G 基站建设，完成市区主城区、沁阳城区、风景区的 4G 网络全覆盖和其他五县城区的网络局部覆盖。固网方面，继续开展宽带中国，光网城市建设，大力实施全市宽带网络的光纤化升级，建设百兆超高速宽带接入网络，全年开展小区进线工程，新增进线小区 100 余个，新进乡镇行政村160 余个，新增端口 7 万个，完成大部分小区光进铜退建设，为宽带中国焦作示范城市的申请提供了契机。

网络优化：投资 2500 多万元，继续加强资源整治、网络扩容工作，提升网络质量，本地传输网汇聚层已经提升到了 100%，移动网基站成环率从上年 91%提升到 95%，固网接入点成环率保持 85%；对公司 70 个机房基站落后电池组进行更换，256 个基站实现动力环监控，71 个机房进行标准化整治。此外，对 55 条易盗、挂断线路进行查修和整治，光交引上 35 处，电缆查修 87处。

市场经营：在全区范围大力开展宽带合作建设，通过民间资本的注入，加速电信网络的覆盖，实现了共赢。同时开始在移动互联网进行尝试，自 8 月 15 日中国电信焦作站上线以来，粉丝数量达 1.5 万人，快速查询和线上购买等多种平台功能均已实现。

客户服务：开展用心服务——天翼美好新生活、满意服务再升级系列服务提升活动，通过对全区触点服务人员开展服务规范考试、培训、实施，全面提升服务质量和服务水平。开展寸草心六免服务，自营厅、商圈店渠道由上年 22 家扩展到 34 家，服务内容有免费饮水、免费手机“加油”、免费实用软件下载、免费手机消毒、免费手机清洗、免费无线 Wi-Fi。

（丁　涛）

农业 水利

·综　述·

【农业概况】　2014年，全市农业系统全面贯彻落实党在农村的路线、方针、政策，大力实施农业科技创新，加强农业品牌建设，狠抓惠农措施落实，农业农村经济呈现出持续、健康发展的良好态势。粮食生产再夺丰收，全年粮食总产达206.35万吨，同比增长0.36%，实现“十一连增”，其中夏粮单产513.7公斤，玉米单产481.5公斤，继续保持较高生产水平。经济作物稳步发展，全市经济作物面积达156.4万亩，较上年增加2.2万亩，其中设施园艺作物面积9万亩；棉花种植面积2.41万亩，减少0.67万亩；油料种植面积28.16万亩，减少0.26万亩；蔬菜种植面积58.28万亩，减少3.5万亩。农产品加工业逐步壮大，全年规模以上农产品加工企业实现销售收入572.1亿元，同比增长8.7%；实现利润65.7亿元，同比增长6.8%；实现税收23.2亿元，同比增长5.5%。新命名市级龙头企业19家，新增省级龙头企业7家。成功申报中国驰名商标3个，分别是河南天香面业有限公司的“麦乡及图”商标、河南斯美特食品有限公司的“斯美特及图”商标、河南栗子园食品饮料有限公司的“栗子园”牌商标，实现了全市农业领域在国家级品牌创建上的突破。全市规模以上农产品加工企业实现销售收入572.1亿元，同比增长8.7%；实现利润65.7亿元，同比增长6.8%；实现税收23.2亿元，同比增长5.5%。全市农垦系统实现营业收入18.74亿元，同比增长3%；实现利润总额5660万元，同比增长18.6%；上缴税金5660万元。全市新增农村户用沼气2350户，新建乡村服务网点42个，新增大中型沼气工程5处，农村能源综合效益显现。全市审批一事一议筹资筹劳项目112个，筹资筹劳总额523万元，申请财政奖补资金2014万元。项目内容包括村内道路维修、农田水利设施建设、村容村貌和环境卫生整治等。全年接待和处理农村信访案件15起，信访人员34人，立案查处13起，党纪处理7人，政纪处理9人，直接减轻农民负担13万余元。

【省扶持农业结构调整项目】　6月，省农业结构调整项目验收组对2013年度省资金扶持的沁阳市、孟州市和博爱县3个扶持项目进行考评验收。7月，省批复焦作市2014年度农业结构调整扶持项目3个，分别是孟州市果蔬栽培设施基地建设项目、博爱

河南天香面业有限公司现代化生产厂区

县 300 亩设施葡萄生产基地建设项目、修武县陆台千亩都市生态农业观光园建设项目，扶持资金共 300 万元。

【农业产业化集群培育】 2014 年，全市共落实农业产业化集群重点项目 78 个，总投资 64.7 亿元，其中建成投产项目 34 个，总投资 12.45 亿元；在建项目 44 个，总投资 52.25 亿元，完成投资额 12.76 亿元。在项目带动下，玉米、面品、饮品等传统加工业平稳发展，怀药、畜牧等特色加工业快速发展，18 个农业产业化集群全年实现销售收入 556.3 亿元，增长 9.3%。

【现代农业示范区建设】 2014 年，市农业局制定《2014 年焦作市现代农业示范区建设工作考核评分细则》，对现代农业示范区建设情况进行指导和考核，促进了项目加速推进。截至年底，全市现代农业示范园区在建项目 40 个，总投资 29.32 亿元，完成投资 17.8 亿元，各类项目建设进展顺利。

【农村土地承包经营权确权登记颁证试点】 2014 年，市农业局下发《关于印发焦作市农村体制承包经营权确权登记颁证试点工作方案的通知》，成立市农村土地承包经营权确权登记颁证工作领导小组。通过制定方案、组织发动、技术培训、入户调查、测绘公示等，涉及 6 个县市、9 个乡镇、20 个村、近 3 万亩耕地的颁证工作于年底基本完成。

【土地承包及流转】 2014 年，全市农村土地流转面积 119.4 万亩，较上年增加 23.8 万亩，占全市农村家庭承包耕地面积的 51.7%；土地流转涉及 29.5 万户，占家庭承包经营总户数的 48.7%，其中规模经营主体流转占全市流转总面积的 53.9%。土地流转服务体系得到健全，县市区都建立县级土地流转服务中心，80 个乡镇建立乡级流转服务机构，1566 个行政村建立了村级土地流转服务站；指导培育出武陟县马宣寨村、沁阳市西万村等整村流转村 105 个。

【农民专业合作社建设】 2014 年，全市新发展农民合作社 450 个，累计达 4329 个；成员出资额 26.8 亿元，入社成员 9.5 万户，辐射带动农户 34.5 万户。创国家级示范社 23 个，较上年增加 10 个。合作社统一购买生产资料价值 18 亿元，为成员降低生产成本 1.5 亿元；统一销售各类农产品 13.3 亿元，为成员增加收入 9800 多万元，成员户收入比非成员户收入高出 22%以上。

【农业科技服务】 2014 年，市农业局参加省农业厅万名科技人员包万村科技行动计划，在全市抽调农技人员 458 名，下乡承包行政村 1732 个，在农业生产的关键环节，到田间地头对农民开展农业技术培训、技术咨询、技术指导，为全市农业生产提供技术保障。全市包村技术人员共入户指导 6.07 万次，直接指导农户 27.49 万户次，培训农民 62.76 万人次，发放技术明白纸 78.64 万份。加强农技推广体系建设，在全省率先出台《关于进一步完善基层农技推广体系的通知》，为合理配置人员、协调解决经费提供政策支持；全市计划配置的 243 人中，到位 151 人，建成农技推广区域站 25 个。组织实施基层农技推广体系改革与建设补助项目，投入资金 500 万元，培育科技示范户 2753 个、示范基地 6 个，覆盖行政村 90%以上，有效解决了农技服务“最后一公里”问题。

【农民培训】 2014 年，市农业局继续开展农村劳动力阳光工程培训，择优认定培训基地 14 所，共培训专业大户、家庭农场主、农民合作社骨干等 1600 人。实施雨露计划，择优认定培训基地 9 所，其中省级培训基地 1 所、市级培训基地 2 所、县级培训基地 6 所。培训专业主要有车辆驾驶、计算机应用、动漫制作、烹饪、焊工、数控车床、电子电工等，共完成培训 3260 人。

【农产品质量监管】 2014 年，市农业局以净化农业投入品市场为重点，在全市组织开展春季农资打假专项整治、夏季农资打假百日行动、秋冬季农资打假专项行动，检查各类生产经营单位 9380 个次，立案 52 起，查获不合格农资 4.59 万公斤，涉案金额 24.3 万元，行政处罚 54 人。坚持打假与扶优相结合，组织种子、植保、土肥等方面专家对申报全市放心农资店的 40 余家门店进行现场考核，授予修武县植保公司建华种业商行等 21 家为放心农资店，并在焦作电视台《相约金土地》栏目进行宣传报道。开展第十届放心农资下乡进村宣传周活动，通过现场咨询培训、推荐优质农资等多种形式，提高农民群众的识假辨假能力和依法维权意识。严格落实市场准入检测制度，市、县、乡三级农产品质量安全检测机构共抽检样品 19.91 万批次，合格率 99.9%；认真做好例行监测，组织开展例行监测 8 次，抽检样品 311 个，蔬菜、水产品抽检合格率分别达到 98.6%和 100%，对不合格产品及时进行依法处理。

【农药市场监管】 2014 年，市农业局组织农业行政执法人员开展农药市场监管治理活动，全市共出动执法人员检查农药生产企业 18 个次，农药经营门市 2850 个次，立案查处 5 起，查获、没收、销毁违禁农药 200 公斤。累计张贴国家禁限用农药名录 5.9 万余份，签订农资经营责任书 2672 份。建立包括呋喃丹在内的国家限用农药进货登记备案制和限用农药实名购买制，与全市 1853 家农资经营户签订农资诚信经营承诺书。

【农产品认证】 2014年，市农业局建立农业部标准化园区示范工程8个、水产健康养殖示范场4个，培育省级农业标准化生产示范基地13个、水产健康养殖示范场3个。组织申报“三品一标”（无公害农产品、绿色食品、有机农产品和农产品地理标志）农产品44个，面积36.3万亩，全市有效期内“三品一标”数量达183个，面积89.2万亩，占耕地面积的31%。

【农业综合执法】 2014年，市农业局印发《焦作市农业系统开展群众服务月活动方案》，转发《农业部关于印发＜农业行政处罚案件信息公开办法＞的通知》，组织6县市农业综合执法大队长参加全省农业行政执法培训班。开展创建农业综合执法示范窗口活动，从机构队伍建设、执法设施设备建设、制度建设、执法成效标准等方面，规范全市农业综合执法大队建设。孟州市农业综合执法大队被评为全国农业综合执法规范化建设示范单位。

【现代渔业】 2014年，全市水产技术人员重点推广黄河鲤无公害集约化养殖综合技术、泥鳅池塘无公害养殖技术、观赏鱼养殖技术等，积极探讨解决渔业生产中的突出难题，促进全市水产养殖稳定发展。全市水产品总产量1.46万吨，渔业总产值达1.39亿元。

【增殖放流活动举行】 12月9日至10日，市农业局分别在博爱县青天河水库、沁阳市沁河段举行增殖放流活动，放流的品种为黄河鲤鱼、草鱼、鳙鱼、鲢鱼等主要经济鱼类原种一代，放流鱼种规格10厘米以上，总放流数量70多万尾。

【扶贫工作】 2014年，焦作市实行扶贫建档立卡制度，把建档立卡工作作为扶贫工作的一号工程来抓，按照农户申请、村民代表大会评议、村级两次公示、乡级审核、县扶贫办复审、公告等程序，全市确定建档立卡贫困村188个，识别贫困户2.71万户、贫困人口10.7万人。加强扶贫项目建设，市农业局投入财政资金、行业帮扶资金以及其他社会资金8060万元，组织实施整村推进、科技扶贫、产业化贷款贴息等扶贫项目215个，建成整村推进村20个，实现了硬化、亮化、绿化、净化和美化。通过项目实施，带动贫困村125个、贫困户4053户，新增就业3755人，惠及1.3万农民致富增收，完成1.77万人的脱贫任务。实施社会扶贫，组织爱心包裹捐赠活动，捐款6万多元，向5所山区学校发放了文体健身器材，为600多名贫困学生发放学习用品。开展定点扶贫工作，市县两级共派出帮扶干部500余人，帮扶贫困村210个。

【参加中国农洽会】 9月6日至8日，在中国农产品加工业投资贸易洽谈会上，焦作市发布投资贸易重点签约项目13个，总投资98.18亿元，其中投资5亿元以上的项目8个，总投资88.64亿元。签约农产品采购贸易项目12个，总贸易额2.32亿元，发布签约投资项目规模和获奖产品数量为参加历届农洽会之最。

【7乡镇入围河南省百强乡镇行列】 10月8日，2014年河南省百强乡镇名单及排名出炉，焦作市7个乡镇入围河南省百强乡镇行列，分别是：武陟县西陶镇、沁阳市西向镇、武陟县詹店镇、孟州市西虢镇、温县温泉镇、孟州市南庄镇和武陟县谢旗营镇。

【新增7个农业产业化省重点龙头企业】 2014年，焦作市新增7个农业产业化省重点龙头企业，分别是武陟县龙源冷冻食品厂、孟州市鸿基农牧科技发展有限公司、河南鑫合实业发展有限公司、焦作市博爱源生态食品有限公司、河南栗子园食品饮料有限公司、河南曙光生物科技有限公司、河南省金米郎食品有限公司。

【温县探索农村土地承包经营权抵押贷款机制】 8月2日，温县制定并印发《农村土地承包经营权抵押贷款试点工作方案》，拓宽农民融资渠道，重点选择产业化、规模化、组织化程度较高的农民专业合作社、家庭农场、种粮大户开展试点工作，对与农民签订土地租赁合同、且付清土地租金的，由县农业部门出具土地经营权证，经具有评估资质的评估机构和人员评估后，可向农行、农村信用社等金融机构申请办理贷款业务，每亩可贷600元。

【修武国家级台湾农民创业园台商（厦门）座谈会召开】 5月6日，修武县国家级台湾农民创业园台商（厦门）座谈会在福建省厦门市召开，市委常委、修武县委书记郭鹏在会上致辞，中华两岸旅游暨经贸发展协会理事长、厦门市两岸社会组织交流协会副理事长王炳尧，厦门台商协会副会长、杰宏电子董事长许政朗等30余名台商代表参加座谈会。7日，郭鹏带领修武县考察团到福建省漳浦县台湾农民创业园参观考察，学习借鉴漳浦县现代农业发展先进经验和农业龙头企业现代经营理念。

【马万杰到修武县台创园考察指导】 8月18日，河南省农科院院长马万杰和省农业厅副厅长薛豫皖等一行专程到修武县台创园考察指导。马万杰一行实地走访了台创园园区，重点考察海峡两岸科技合作中心规划建设情况，听取市委常委、修武县委书记郭鹏关于修武台创园发展情况和下一步发展思路的介绍，同时听取了副市长王建修对焦作农业发展情况的介绍。

【农垦改革重大问题联合调研组莅焦

调研】 7月20日，由财政部和农业部组成的农垦改革重大问题联合调研组莅临焦作，就国营农场基本情况、农垦管理体制、农场内部社会管理体制等问题进行专题调研，并在博爱农场召开座谈会。调研组一行还深入博爱农场职工家中，对职工的收入、生活、社区管理等情况进行了解。副市长王建修出席会议。

焦作市国家级示范社名单

2011年命名

沁阳市仙鸿果业专业合作社
沁阳市豫培红林果专业合作社
沁阳市李大人庄雪蜜瓜专业合作社
温县众诚蔬菜专业合作社
温县国盛蔬菜专业合作社
温县红峰怀药专业合作社
孟州市天宝果菜专业合作社
焦作市孟香果蔬专业合作社
孟州市康之源蔬菜专业合作社
孟州市高端岗苹果专业合作社
河南菡香生态农业专业合作社
武陟县裕丰菇业种植专业合作社
武陟县群乐果品蔬菜产销专业合作社
武陟县沙澧特晚秋黄梨种植专业合作社
武陟县豫北黄河鹅业专业合作社
博爱县富源养殖专业合作社
博爱县金都白灵菇专业合作社
博爱县禾润蔬菜种植专业合作社
博爱县喜耕田农机专业合作社
修武县富民食用菌专业合作社
修武县益民蔬菜专业合作社
修武县协和生猪养殖专业合作社
修武县共盈肉鸡专业合作社
马村区南岗农民核桃专业合作社
中站区龙翔养殖专业合作社

2014年命名

沁阳市金盛和农业专业合作社
温县全新怀药专业合作社
孟州市麦丰种植专业合作社

农村经济主要人均指标发展情况

	单位	绝对数		2014年为以下年份%	
		2014年	2013年	2013年	2012年
一、按乡村人口平均					
耕地面积	亩				
农林牧渔业总产值（现价）	元	9409.3	9062.1	103.8	112.3
农林牧渔业增加值（现价）	元	5348.2	5150.8	103.8	112.2
粮食产量	公斤	788.7	796.9	99.0	98.9
棉花产量	公斤	0.6	0.8	73.7	69.1
油料产量	公斤	34.5	35.4	97.6	96.3
蔬菜产量	公斤	877.6	907.9	96.7	101.2
水果产量	公斤	73.7	120.9	61.0	60.2
肉类产量	公斤	78.0	79.9	97.6	102.0
大牲畜存栏	头	0.1	0.1	90.9	118.7
生猪存栏	头	0.6	0.6	91.7	100.7
二、按乡村从业人员平均					
耕地面积	亩				
农林牧渔业总产值（现价）	元	16477.2	15809.1	104.2	113.2
农林牧渔业增加值（现价）	元	9365.6	8985.8	104.2	113.1
粮食产量	公斤	1381.1	1390.2	99.3	99.7
棉花产量	公斤	1.0	1.4	74.0	69.7
油料产量	公斤	60.4	61.7	98.0	97.1
蔬菜产量	公斤	1536.9	1583.8	97.0	2.0
水果产量	公斤	129.0	210.9	61.2	60.7
肉类产量	公斤	136.6	139.4	98.0	102.4
大牲畜存栏	头	0.1	0.2	65.0	100.0
生猪存栏	头	1.0	1.0	96.0	100.0

孟州市黄河蔬菜专业合作社
武陟县锦田种植专业合作社
武陟县财旺农机专业合作社
博爱县寨豁乡春冠樱桃专业合作社
博爱县宏宇花卉专业合作社
博爱县孝敬镇留村用水协会
修武县金香农机专业合作社

·种植业·

【粮食生产】 2014年，全市粮食种植面积416.36万亩，比上年增加4.82万亩，其中小麦种植面积214.39万亩，增加1.28万亩，优质专用小麦种植面积占小麦种植面积的比重达到100%。全市粮食总产达到206.35万吨，同比增长0.36%，实现“十一连增”，其中小麦平均亩产513.7公斤，较上年增长0.5%，总产量110.13万吨，增长1.1%；秋粮总产量96.2万吨，其中玉米总产量88.3万吨。

【高标准粮田建设】 2014年，市农业局整合发改委、农开办、国土、水利等部门涉农项目资金3.99亿元，建成高标准粮田27.4万亩，其中万亩方22个、千亩方12个、百亩方3个，全市高标准粮田总面积达111.2万亩。

【国家小麦工程技术研究中心对温县万亩小麦测产】 5月29日，国家小麦工程技术研究中心主任胡廷积带队专家组，对粮丰工程温县万亩核心实验区小麦进行田间测产。在祥云镇，专家组分别对东南王村、大尚村、作礼村万亩方和平安公司百亩超高产公关田进行测产。测产小麦品种有平安8号、豫麦49–198等，经专家组实地抽测，温县万亩核心实验区小麦产量达到661.7公斤，平安公司百亩高产攻关田产量高达723公斤。

【粮食高产创建】 2014年，全市共建立高产创建万亩示范片78个和高产攻关田99个，总面积166.3万亩，其中农业部粮食高产创建万亩示范片58个（小麦29个，玉米27个，水稻1个，花生1个）。小麦高产创建再创全国新纪录6项：温县整县建制推进10万亩连片核心示范区平均亩产650.9公斤，修武县郇封镇整乡推进7.1万亩，平均亩产677.9公斤，修武县郇封镇万箱铺万亩示范方平均亩产697.1公斤，修武县周庄乡孟村千亩示范方平均亩产713.7公斤，修武县周庄乡孟村百亩示范方平均亩产755公斤，特别是修武县郇封镇小位村小麦高产攻关田实打验收平均亩产821.7公斤，一举跨越800公斤大关，实现我国冬小麦亩产历史性突破。

武陟县高标准粮田示范区现代农业气象科技示范园

【小麦种子基地建设】 2014年，全市小麦种子基地面积达85.4万亩，生产小麦种子3.4亿公斤，繁育品种主要有焦麦266、矮抗58、温麦系列、周麦系列、平安系列、怀川916、济麦22、豫农949等80多个品种，小麦种子田检率达100%。

【新品种试验示范】 2014年，市农业局征集在全省表现优良的小麦新品种14个、玉米新品种13个，在全市高产创建示范方内安排6个试验点进行示范展示。在品种特征特性表现关键时期，组织各县市技术人员对新品种展示田进行全面考察，筛选出适宜种植的品种，为新品种引进及品种利用提供科学依据。

【小麦种子对接及品种推介会】 9月，市农业局在孟州市、沁阳市、博爱县、修武县、武陟县、示范区举办小麦种子对接及品种推介会，组织全省知名种子企业通过现场讲解、播放宣传片、发放宣传资料、悬挂张贴条幅、设置展板等方式，宣传推介优良品种20个，农业专业合作社、科技示范户、种粮大户纷纷踊跃与种子经营企业交流咨询，洽谈购销和小麦种子繁育意向。

【良种补贴】 2014年，焦作市实施国家良种推广补贴项目435.4万亩，补贴金额4391.8万元，小麦、玉米、水稻、棉花全部采取现金直接补贴方式，直接打入农户农业补贴一卡通账户。

【种子管理】 2014年，市农作物种子质量监督检测中心共抽样检测玉米种子样品378份，小麦种子样品658份，对不合格种子及时依法进行处理。开展种子法律法规宣传和种子市场专项治理活动，全市共出动执法检查人员800多人次，检查种子经营单位1700家（次），全市检查乡镇级种子经营商户占70%以上，处理违规经

温县供港蔬菜标准化生产基地

营行为 36 起，查获涉嫌违规种子 3310 公斤，规范种子生产经营行为，净化种子市场，维护了种子市场经营秩序。

【园艺作物标准园创建】 2014 年，市农业系统继续抓好博爱蔬菜标准园、沁阳鲜桃标准园、孟州苹果标准园、示范区蔬菜标准园、沁阳茂源果业合作社标准梨园、武陟绿源果业合作社标准梨园和修武核丰源蔬菜标准园等 7 个标准园创建，又争取博爱金果果蔬菜园列入农业部标准园创建，有力促进了全市园艺产业、设施农业和标准化发展。

【菜篮子工程】 2014 年，焦作市蔬菜基地复播面积 72 万亩，其中保护地蔬菜面积 4.1 万亩。全市新增蔬菜面积 2450 亩，其中五城区增加 860 亩。

【沃土工程】 2014 年，全市共积造有机肥 820 万立方米，玉米秸秆直接还田 146 万亩，小麦高留茬面积与麦秸麦糠覆盖 215 万亩。据全市 77 个土壤肥力监测点化验数据统计，土壤有机质含量为 1.79%，全氮含量为 0.11%，速效磷含量为 16.7PPm，速效钾含量为 167PPm，土壤养分含量继续呈现增长趋势。

【秸秆还田】 2014 年，全市加大秸秆焚烧检查力度，秸秆禁烧现象大幅减少，秸秆综合利用进一步加强，小麦秸秆还田率达到 96% 以上，玉米秸秆还田率 88.9%，青贮玉米秸秆 108 万吨。

【测土配方施肥】 3 月至 5 月，市农业局对上年麦播前所采集的 3430 个土壤样品全部进行有机质、全氮、有效磷、缓效钾、速效钾、酸碱度等 6 个项目的测定，以及 10%样品中中量元素——硫和 6 种微量元素进行测定，共化验 2.9 万项次，并及时做好化验数据的录入、上报及数据库的建设等工作。全年完成测土配方施肥项目田间试验 68 个，示范校正试验 106 个。结合万名科技人员包万村活动，共举办专题讲座、培训班 114 期，培训农民技术骨干 1.3 万人次，印发技术资料 6.7 万份，发放施肥建议卡 51 万余份。全年累计推广测土配方施肥技术 385 万亩次，推广使用配方肥 11 万吨，施用面积 160 万亩，覆盖了全市行政村 1645 个，涉及 48.3 万户。

【土壤重金属监测】 2014 年，全市完成农产品产地土壤样品采集和加密工作 300 个，完成 2014 年度农业（种植业）面源污染调查工作，承办了河南省农业面源污染监测技术规范及数据上报培训班。

【病虫测报与防治】 2014 年，市农业局发布《农作物病虫情报》22 期，监测预报地下害虫、小麦蚜虫、红蜘蛛、棉铃虫、甜菜夜蛾、玉米粘虫、玉米螟、小菜蛾、蝗虫等主要害虫及小麦纹枯病、白粉病、锈病、赤霉病、根腐病、玉米弯孢叶斑病、蔬菜病害和各类杂草的发生趋势，准确率达 95%以上。

【蝗虫防治】 2014 年，全市蝗虫发生面积 33.3 万亩（夏蝗 11.6 万亩、秋蝗 21.7 万亩），蝗虫防治投入资金 85 万元、农药 28.9 吨、燃油 18.4 吨，出动科技人员 951 人次，动用民工 7580 人次，使用机动机械 1815 台、手动机械 4080 台。防治 21.5 万亩（夏蝗防治 11.6 万亩、秋蝗防治 9.9 万亩），达到了蝗虫“不起飞、不扩散、不成灾”的治蝗目标。

【农作物病虫草害专业化防治】 2014 年，全市共有农作物病虫草害专业化防治组织 117 个，从业人员 1970 人；拥有植保施药机械 1.24 万部，其中无人机 3 台、大中型装备 290 部，日作业能力 15.34 万亩。全市进行各类农作物病虫草害专业化防治 198.4 万亩次，其中全程承包防治 66.35 万亩次。

【家庭农场发展】 2014 年，焦作市在全省率先制定《焦作市示范性家庭农场认定管理办法（试行）》，印发《焦作市发展家庭农场资料汇编》，在指导家庭农场建设方面取得了显著进展。全市在工商部门注册登记的家庭农场达到 255 家，从业人员 1805 人，其中家庭从业人数 1020 人、雇工人数 785 人。家庭农场经营涉及粮食、蔬菜、怀药、经济林、花卉苗木种植以及畜禽养殖等产业，指导培育出第一批示范家庭农场 23 家。

焦作市示范家庭农场名单

省级

沁阳市富孟种植家庭农场
孟州市亿源家庭农场
博爱县瑞辉家庭农场
温县润丰家庭农场
焦作市久丰家庭农场
修武县绿棵家庭农场
修武县爱国家庭农场

市级

沁阳市秋田美家庭农场
沁阳市谷瑞家庭农场
孟州市树艺家庭农场
孟州市谢新家庭农场
博爱县煜曦家庭农场
博爱县一品农庄家庭农场
武陟县战富家庭农场
武陟县绿博苑家庭农场
武陟县成功家庭农场
温县丰核家庭农场
温县胜利家庭农场
修武县国芳家庭农场
修武县金丰家庭农场
中站区抱朴园家庭农场
马村区九里山高寨村阳光家庭农场
焦作英杰家庭农场

【吕平安当选河南十大三农新闻人物】 1月26日，温县著名农作物新品育种家、河南平安种业有限公司董事长吕平安当选2014年度河南“十大”三农新闻人物。吕平安40余年如一日潜心钻研小麦、玉米等农作物种子培育，先后培育出获国家科技进步二等奖的豫麦49-198等20个小麦、玉米等优质高产新品种（系），累计推广面积2.4亿亩，增产小麦95.3亿公斤，创社会经济效益146.9亿元，其中2006年由他承担的国家粮食丰产科技工程15亩豫麦49-198小麦超高产攻关田，平均亩产达717.2公斤，从而创造了黄淮、长江、北方三大冬麦区15亩连片小麦平均单产的历史最高纪录；2014年，由他自主培育的超高产玉米新品种豫安3号15亩超高产攻关田又创下河南省玉米单产最高纪录。吕平安先后建立河南省首家民营种业科技企业院士工作站，承担起国家战略性新兴产业——小麦生物育种及产业化应用项目，其公司实行的“公司+基地+农户”运作模式，采取“五统一”管理办法被省科技厅誉为平安种业模式在全省推广，连续15年在黄淮冬麦区成为主要当家品种，推广面积连续4年在河南省突破1000万亩，连续7年在黄淮冬麦区形成七分麦田有其一的格局。

（贾朝阳）

2014年各县市区主要农作物播种面积

	全市	市区	县域	修武县	博爱县	武陟县	温县	沁阳市	孟州市
农作物播种面积（公顷）	354739	30539	324200	34643	33945	89552	54324	56753	54983
一、粮食作物合计	277570	26660	250910	32534	24324	68125	38599	45399	41929
其中：夏收粮食	142924	13277	129647	16371	11968	36140	21545	21963	21660
秋收粮食	134646	13383	121263	16163	12356	31985	17054	23436	20269
（一）谷物	271431	26283	245148	31762	23612	66042	37871	44322	41539
1.稻谷	5708	0	5708			5708			
2.小麦	142924	13277	129647	16371	11968	36140	21545	21963	21660
3.玉米	122279	12991	109288	15374	11592	24194	16326	21923	19879
（二）豆类	3622	137	3485	699	446	1589	120	485	146
（三）红薯	2517	240	2277	73	266	494	608	592	244
二、油料	18771	276	18495	557	663	8918	3213	1090	4054
其中：花生	17159	143	17016	552	209	8624	3114	1054	3463
油菜籽	1525	129	1396	5	416	294	99		582
芝麻	61	4	57	0	12	0	0	36	9
三、棉花	1608	157	1451	26	76	146	612	149	442
四、药材	13658	0	13658	5	624	4691	4948	520	2870
五、蔬菜、瓜类	42643	3446	39197	1510	8239	7619	6863	9402	5564
1.蔬菜	38855	3442	35413	1450	8077	5954	6075	8860	4997
2.瓜类	3788	4	3784	60	162	1665	788	542	567
六、其它农作物	489	0	489	11	19	53	89	193	124

2014 年各县市区主要农作物产量

	全市	市区	县域	修武县	博爱县	武陟县	温县	沁阳市	孟州市
一、粮食作物合计（吨）	2063481	160534	1902947	227065	187065	534443	305047	340521	308806
其中：夏收粮食	1101301	86656	1014645	115876	96025	290833	174580	171411	165920
秋收粮食	962180	73878	888302	111189	91040	243610	130467	169110	142886
（一）谷物	2034580	159215	1875365	224959	183780	523959	301012	334462	307193
1.稻谷	46723	0	46723			46723			
2.小麦	1101301	86656	1014645	115876	96025	290833	174580	171411	165920
3.玉米	883174	72536	810638	109050	87552	186403	126432	159928	141273
4.谷子	250	23	227	33	190			4	
5.高粱	3132	0	3132		13			3119	
（二）豆类	10198	266	9932	1603	1208	5334	210	1235	342
（三）红薯	18703	1053	17650	503	2077	5150	3825	4824	1271
二、油料	90318	679	89639	2020	1339	48627	15544	4290	17819
其中：花生	86240	514	85726	2006	1022	47370	15268	4238	15822
油菜籽	3987	163	3824	14	297	1257	276		1980
芝麻	81	2	79		10			52	17
三、棉花	1502	151	1351	20	75	145	520	140	451
四、蔬菜、瓜类	2503007	176447	2326560	71319	530031	418059	444659	505749	356743
蔬菜	2296231	176252	2119979	68647	521225	325079	400116	476995	327917
瓜类	206776	195	206581	2672	8806	92980	44543	28754	28826

·林　业·

【植树造林】　2014 年，全市完成营造林面积 20.58 万亩，其中人工造林 14.24 万亩，森林抚育和改培 5.23 万亩，苗木花卉 1.11 万亩，森林覆盖率达 28.5%。

小学生参加义务植树活动

【集体林权制度改革】　2014 年，市林业局进一步深化集体林权制度改革，通过规范林权流转，提高集体林地家庭承包率，促进林业专业合作社发展，全市家庭承包率达 75%以上，林业专业合作社达 309 家。大力发展林下经济，林下种植面积 6.85 万亩，林下养殖畜禽 200 余万头只，林下采集 5000 公斤，森林景观游客人数 241.36 万人次，林下经济产值达 11.5 亿元。

【资源保护】　2014 年，市林业局坚持预防为主，积极消灭的方针，全面落实森林防火责任制，突出抓好基础设施和消防队伍建设，狠抓林区野外火源管理，大力提升基础保障和林火技防能力。各县市区积极筹措资金 170 余万元，更新防火设备，建设防火设施，全市未发生重大森林火灾，森林防火受害率控制在 1‰以下。组织开展“春季行动”“天网行动”“亮剑行动”“利剑行动”等专项行动，严厉打击非法占用林地、破坏森林和野生动植物资源违法犯罪行为，森林公安机关共立案670起，查处609起，打击处理584人，其中刑事起诉32人，治安拘留8人，行政处罚547人。严格林地和林木管理，全市共审核审批征占用林地13宗，面积78公顷；林木采伐办证率达100%，办理林木采伐许可证3198份，审批采伐林木活立木蓄积10.6万立方米；办理木材运输证5843份，运输木材6.2万立方米。加强野生动植物保护，开展湿地日、爱鸟周、野生动植物保护宣传月等野生动物保护宣传活动，制作相关展板88面，参观群众达4万多人次，发放宣传册、海报2万余份，接受咨询2500余人次。对重要水域、重点地域开展野生动植物保护专项巡护行动，救护蜂猴、猕猴、狍、小天鹅、红隼、燕隼、骨顶鸡等野生动物18种40余只。不断提高国有林场管理水平，扩大林区面积，温县实验林场、沁阳双台林场获批纳入省国有林场管理序列。

【林业有害生物防控】 2014年，市林业局加强和完善“一站三网”（森防站建设；测报网，检疫网，防治网）体系建设，逐步实现防治工作由被动减灾向主动控灾转变，提高了全市林木抵御病虫害的能力。全市共发生杨树食叶害虫15万亩次，飞机防治12.6万亩次，地面防治8万亩次，防治率达85%以上；人工防治草履蚧1.84万亩，防治率达80%以上；防治春尺蠖2400亩，防治率达85%，无公害防治率均达95%以上；经普查，未发现美国白蛾侵入迹象；森林病虫害成灾率为0.23‰，远低于省定的3.7‰目标，基本实现“一降三提高”（降低成灾率；提高测报准确率、检疫率、无公害防治率）的总体目标。

【林业产业】 2014年，全市林业总产值达33.29亿元，新发展经济林面积1.6万余亩，总面积达22.6万亩，主要以核桃、苹果、梨为主。共繁育各类苗木4.98万亩，其中新育苗2.97万亩，繁育容器苗490万袋，园林花卉新增1万余亩。

【焦作市创建国家森林城市攻坚会】 1月3日，焦作市创建国家森林城市攻坚会召开，市委副书记、市长张文深对创建国家森林城市攻坚工作提出具体要求，张文深强调，冬春季节是植树造林的大好时机，要围绕创建国家森林城市目标，统一思想、提高认识，切实把林业生态建设摆上重要位置。用改革创新的办法，高标准高质量推进林业生态建设，切实把林业生态建设各项目标任务落到实处，确保国家森林城市创建目标早日实现，为经济转型示范市和美丽焦作建设作出新的更大贡献。

【河南太行山生态公益林监测站成立】 8月15日，河南太行山生态公益林监测站在焦作林场成立，这是河南省首批森林生态监测站及焦作市首家森林生态监测站，也是河南省在太行山沿线城市设立的唯一省级太行山生态公益林监测站。监测站的建成，将为评估河南省太行山区森林生态系统的生态服务功能提供可靠的观测和研究平台，同时监测站提供的研究成果又可以反过来指导全市的造林绿化、森林保护等工作，为创建国家森林城市、建设美丽焦作作出新的贡献。

河南省林业产业化重点龙头企业名单

河南省孟州市奥森人造板有限公司

焦作瑞丰纸业有限公司

河南省淼雨饮品股份有限公司

焦作市禾正茂农业开发有限公司

（陈 磊）

·焦作市千年古树名木选介·

【概况】 古树名木是人类历史过程中保护下来的植物，它年代久远，具有重要的科学研究和历史文化价值。焦作市十分重视古树名木保护工作，先后共进行4次普查，调查结果显示，全市共有古树名木1035株，分属21科32属43种，其中国家一级保护的古树名木201株，国家二级保护的古树名木213株，国家三级保护的古树名木621株。2004年11月，以市长令出台《焦作市城市古树名木管理办法》，对古树名木保护范围、管护责任、管理体制、管护经费及古树认养都进行了详细规定，为古树名木保护提供了法律依据。

【白松岭·帝王松】 该树位于沁阳市神农山白松岭，树龄3900年，树高

白松岭·帝王松

6 米，胸径 4.08 米，平均冠幅 13.5 米，长势良好。是白松岭景区最古老的一颗白皮松，也是焦作市树龄最长的古树，望去颇有几分雄壮威武的帝王之气，被游客称为帝王松。

【南贾·千年柏】 该树位于温县祥云镇南贾清凉寺内，树龄约 2000 年，树高 17 米，胸径 3.2 米，平均冠幅 11 米，长势良好。

这棵古柏，有着种种传说。东汉光武帝刘秀手下有一大将贾复，为“二十八宿”之一。一次征战归来，曾在古柏上系马休息。贾复死后安葬在村西北地，后来在冢南北形成了两个村庄，冢南为南贾村，冢北为北贾村，这就是两个村名的来历。唐太宗东征高丽时，路过此寺，也曾在树下眺望。为了防止古柏被盗，村中人在树身上钉了许多铁钉，现在铁钉和树身浑然一体，坚硬如钢。曾有人看中了这棵柏树，派人来锯。白天锯了一天，夜里柏树流出的汁液把锯口封住，第二天来人一看，锯口全无。白天再锯，夜里再长，人人称奇，以后再也无人敢打古柏的主意了。更为奇特的是，在 2000 年左右，古柏的树身南侧 3 米高处，又长出了形状如莲花般的树突，被村民称为“翠柏生莲”，一时轰动远近，前来观赏的人络绎不绝。省林业厅一老专家曾告诫村民，此柏树有三奇：一奇为树龄长，有 2000 多岁；二奇为正处在民航线上，为航线的标志物；三奇是护佑周围村民。因此村民要珍惜、爱护好这棵古柏。村民早就将古柏视为神圣之物，听了省里老专家一番话，对古柏更加崇敬，他们不时浇水灌溉，以保古柏永远郁郁葱葱，生命长青。

【江岭·国槐】 该树位于博爱县寨豁乡江岭村原背组，树龄 1800 年，树高 16 米，胸径 7.4 米，冠幅 19 米，目前长势良好。虽经历了 1800 年的沧桑岁月，树身已经中空，但这棵国槐依然顽强的生长着。

国槐又称槐树、槐蕊、豆槐、白槐、细叶槐、金药材、护房树、家槐，蝶形花科，槐属。乔木，高可达 25 米；树皮灰褐色，具纵裂纹。当年生枝绿色，无毛。羽状复叶长达 25 厘米；叶柄基部膨大，包裹着芽；托叶形状多变，有时呈卵形，叶状，有时线形或钻状，早落；小叶 4～7 对，对生或近互生，纸质，卵状披针形或卵状长圆形，小托叶 2 枚，钻状。圆锥花序顶生，常呈金字塔形，长达 30 厘米；花梗比花萼短；小苞片 2 枚，形似小托叶；花萼浅钟状，萼齿 5，近等大，圆形或钝三角形，被灰白色短柔毛，萼管近无毛；花冠白色或淡黄色，旗瓣近圆形，具短柄，有紫色脉纹，先端微缺，基部浅心形，翼瓣卵状长圆形，先端浑圆，基部斜戟形，无皱褶，龙骨瓣阔卵状长圆形，与翼瓣等长，雄蕊近分离，宿存；子房近无毛。荚果串珠状，种子间缢缩不明显，种子排列较紧密，具肉质果皮，成熟后不开裂；种子卵球形，淡黄绿色，干后黑褐色。花期 7～8 月，果期 8～10 月。喜光而稍耐阴。能适应较冷气候。根深而发达。对土壤要求不严，在酸性至石灰性及轻度盐碱土，甚至含盐量在 0.15%左右的条件下都能正常生长。抗风，也耐干旱、瘠薄，尤其能适应城市土壤板结等不良环境条件。但在低洼积水处生长不良。对二氧化硫和烟尘等污染的抗性较强。幼龄时生长较快，以后中速生长，寿命很长。老树易成空洞，但潜伏芽寿命长，有利树冠更新。

江岭·国槐

【药王洞·红豆杉】 该树位于修武县国有林场云台山林区药王洞，树龄 1400 年，树高 25 米，胸径 3.1 米，平均冠幅 16 米，长势良好。

红豆杉又称紫杉、赤柏松。常绿乔木，小枝秋天变成黄绿色或淡红褐色。叶螺旋状互生，基部扭转为二列，条形略微弯曲，长 1～2.5 厘米，宽 2～2.5 毫米，叶缘微反曲，叶端渐尖，叶背有 2 条宽黄绿色或灰绿色气孔带，中脉上密生有细小凸点，叶缘绿带极窄，雌雄异株，雄球花单生于叶腋，雌球花的胚珠单生于花轴上部侧生短轴的顶端，基部有圆盘状假种皮。种子扁卵圆形，有 2 棱，种卵圆形，假种皮杯状，红色。除澳大利亚的一种产于南半球之外，其余红豆杉均产于北半球。我国红豆杉有 4 种，均为用材树种。分布于我国大部分地区，河南有 1 种。木材水湿不腐，为水利工程的优良用材。种子含油 60%以上，供制肥皂及润滑油；亦可入药，有驱蛔虫、消积食、治癌症等作用。

【小孔·千年柏】 该树位于武陟县大封镇小孔村，树龄1400年，树高15米，胸径5.34米，平均冠幅18米，长势良好。

传说小孔村古柏位于村中央，具体有多少年历史没有史书记载。据先人传说至少有上千年。一株树干长出松枝、柏枝、刺柏三种不同树枝，形状奇特，树冠之大是整个豫北乃至河南所罕见，是当地百姓观赏乘凉的好去处，以前造福于当地百姓，今后也将永远造福于百姓。周边村庄的百姓都把这棵千年古柏当作是一种“神树”，是上天派来给人们消灾灭祸、根除百病的。每年农历正月十六这一天，有些人会带来红灯笼，挂在“神树”上，以表示还愿，祈求保佑康宁。由于祭拜人多，树上都挂满了红灯笼。这种民风习俗一直流传至今。

【高庙·唐柏】 该树位于博爱县清化镇高庙村东口，树龄1400年，树高14米，胸径2.8米，平均冠幅11米。该侧柏树历经千年，长势良好，古朴苍劲，树形优美，被村民奉为神树。

侧柏别名黄柏、香柏、扁柏、扁桧、香树、香柯树。常绿乔木。树冠广卵形，小枝扁平，排列成1个平面。叶小，鳞片状，紧贴小枝上，呈交叉对生排列，叶背中部具腺槽。雌雄同株，花单性。雄球花黄色，由交互对生的小孢子叶组成，每个小孢子叶生有3个花粉囊，珠鳞和苞鳞完全愈合。球果当年成熟，种鳞木质化，开裂，种子不具翅或有棱脊。侧柏为中国特产，除青海、新疆外，全国均有分布。寿命很长，常有百年和数百年以上的古树。侧柏耐旱，常为阳坡造林树种，也是常见的庭园绿化树种，木材可供建筑和家具等用材，叶和枝入药，可收敛止血、利尿健胃、解毒散瘀；种子有安神、滋补强壮之效。

【黄鼠·千年古柏抱椿】 该树位于武陟县嘉应观乡黄鼠村三官庙内，树龄1360年，树高9米，胸径1.53米，平均冠幅6米，长势一般。

《道光武陟志》记载，毛登云《古柏记》曰：“怀之盛，莫大于清风岭，发迹温孟，沿河蜿蜒而来，经武陟司马、任家诸冈，忽断忽续，至方陵东，逾少水，直抵黄鼠村之西偏而止。其止处高起爽垲，上有三官庙，庙东北隅有柏一株，身高七尺，围丈余，腹空，南向无枝条，西北老干，天矫不群，仿佛虬龙高耸，似角盘结有眼，云际一望，鳞爪峥嵘欲露。相传，明洪武前久无枝叶，经严霜烈日不倾颓，村人呼为“干柏”。岭头枝叶顺而东下，若江汉之朝海；环而北向，若箕毕之拱辰；扁者、圆者、茨者、蕊者，奇形异状，咫尺间诸般悉具，并西北干柏为五种柏云，臃肿拳曲，轮囷离奇，恍游羲皇以上，迥非人间凡卉。是盖清风岭清淑之气，蜿蟺扶舆，磅礴郁积，钟美于是，不限于遐荒也！”1920年柏树怀中长出一棵小白椿，1948年白椿被砍伐。随生二代椿，1967年白椿又被毁坏。又生此第三代椿，今已合抱粗。令人觉奇的是三代椿树其形相似，长势如前，故称“柏抱椿”。

【裴庄·大果榉】 该树位于修武县西村乡裴庄村，树龄1300年，树高24米，胸径4.1米，平均冠幅9米，长势良好。

果榉生长在北方山地，耐干旱、抗严寒，是第二纪冰川后太行山原始森林遗留下来的珍稀树种，也是极具生命力的一种落叶性灌木，生长非常缓慢，果榉树木非常罕见。同时，果榉也是裴庄村的情感树，村里的人们离开村庄到山外去，家人会在树下翘首远眺，期待着亲人的归来，盼着美好的团聚。果榉树下演绎着村庄里的幕幕悲欢离合，也自然成为人们感情的寄托。随着人们生态意识的增强，环保观念的提高，果榉树这一特有的珍稀植物，人们会更加关心爱护它们。

【云台山·五角枫】 该树位于修武县国有林场云台山林区云台观，树龄1180年，树高17米，胸径3.5米，平均冠幅17米，长势良好。此树为国内罕见的五角枫，是国内数目不多的一株古树。属国家重点保护的古树名木，具有重大的自然生物景观和科学价值。

五角枫别名地锦槭、色木、丫角枫、五角槭。落叶乔木，高可达20米，叶掌状5裂，裂片较宽，先端尾状锐尖，裂片不再分为3裂，叶基部

云台山·五角枫

常心形，最下部 2 裂片不向下开展，但有时可再裂出 2 小裂片而成 7 裂。果翅较长，为果核之 1.5 ~ 2 倍。温带树种，弱度喜光，稍耐阴，喜温凉湿润气候，对土壤要求不严，在中性、酸性及石灰性土里均能生长，但以土层深厚、肥沃及湿润之地生长最好，黄黏土里生长较差。生长速度中等，深根性，抗风力强。五角枫含水量大，含油量小，不易被点燃和燃烧。此外，五角枫枯枝落叶分解较快，有利于迅速减少林内可燃物载量，改变起火环境。因此，五角枫是阻隔林火蔓延的较理想防火树种。产我国东北、华北至长江流域；朝鲜、日本也有分布。在华北地区不少地方名叫“五角枫”的往往是元宝枫，应注意区别。

【保方村·千年白蜡】 该树位于沁阳市柏香镇保方村东，树龄 1010 年，树高 7 米，胸径 2 米，平均冠幅 10 米，长势较弱，主干弯曲生长，活像一位驼背老人，忍辱负重，背上萌发新枝，看起来还很有生机。

白蜡又称中国蜡、虫蜡、川蜡、黄蜡、蜂蜡、青榔木、白荆树。落叶乔木，树皮灰褐色，纵裂。芽阔卵形或圆锥形，被棕色柔毛或腺毛。小枝黄褐色，粗糙，无毛或疏被长柔毛，旋即秃净，皮孔小，不明显。顶生小叶与侧生小叶近等大或稍大，先端锐尖至渐尖，基部钝圆或楔形，叶缘具整齐锯齿，上面无毛，下面无毛或有时沿中脉两侧被白色长柔毛，中脉在上面平坦，宿存萼紧贴于坚果基部，常在一侧开口深裂。花期 4 ~ 5 月，果期 7 ~ 9 月。植株萌发力强，材理通直，生长迅速，柔软坚韧，供编制各种用具；树皮也作药用。

【北山村·千年皂角】 该树位于沁阳市王曲乡北山村学校，树龄 1010 年，树高 10 米，胸径 4.45 米，平均冠幅 10.5 米，长势一般。

皂荚别名扁皂角、平皂角。落叶高大乔木，棘刺圆柱形，常分支。羽状复叶互簇生，小叶 6–16 枚，卵形至长卵形，先端钝或尖，基部楔形，边缘有细齿。总状花序腋生及顶生，花杂性；花萼 4 裂；花瓣 4 个，淡黄色。花期 5–6 月，果熟期 10 月。荚果扁长条状，紫棕色，有时被白色蜡粉，有光泽，不开裂。种子卵圆形，红棕色。皂荚为深根性树种。喜光不耐阴，耐旱性强。喜生于土层肥沃深厚的地方，能在石灰岩山地及石灰质土壤里生长，在轻盐碱地上也能长成大树。它耐热、抗寒、抗污染，是用于城乡景观林和道路绿化的好树种，也是重要的绿篱树种，能较好地改良土壤，是天然林保护和人工造林的优选树种。它与松树混交，还可抑制松毛虫的发生。皂荚树木材黄褐色，有时杂以红褐色条纹，纹理直或斜，年轮明显，宽窄不匀。不易干燥，容易开裂。木材强度大，耐腐耐磨，可做桩柱、车具、车辆等用。果荚富含胰皂质，可代肥皂用，洗涤丝织品，不损光泽。种子可榨油，可作滑润剂、制肥皂用。皂刺入药，活血并治疮癣。荚果有祛痰、利尿的功效。种子有治癣和通便秘的功能。皂荚果、叶煮水，可防治红蜘蛛等害虫。

青天河·青檀木

【青天河·青檀木】 该树位于博爱县青天河游览区，树龄约 1000 年，树高 12 米，胸径 3.2 米，平均冠幅 18 米，长势良好。

青檀是我国少有的珍贵植物，属国家二级重点保护树种。它是自然界和前人留给我们的宝贵财富，同时它也是气象、地质、林业等领域进行科学研究的活标本，具有深远的历史意义和现实意义。千年青檀生长在青天河村碗窑河组西北角，在它周围还生长着十几棵小青檀树，峡谷险壑，危岩累石，像人工堆砌而成的岩石上，峡谷、奇石、异景拼装在一起，交相辉映，形成了一道靓丽的风景线。千年青檀虽历经沧桑，但枝繁叶茂，苍劲有力，坚韧不拔的生命力极具科研和观赏价值，所以当地群众将此树封为神树，让人们真切地体会到祖先血脉的搏动，感受祖先生生不息、繁衍至今的顽强精神。当地群众将此青檀树已很好地开发利用，作为旅游资源保护起来，各地游客到此纷纷与老青檀合影留念，让后人永远记住千年青檀。

【靳家岭·千年黄栌】 该树位于博爱县国有林场靳家岭停车场西南，树龄 1000 年，树高 10 米，胸径 1.6 米，平均冠幅 10 米，长势良好。

秋季，站在靳家岭游览区观望，北边是刀劈斧削的悬崖绝壁和深不可测的幽谷险壑，西边是雄伟壮观的天然长城，南边是一眼望不到边的苍松翠柏和黄栌红叶屏障，形态各异，交相辉映，自然汇成了一幅美丽壮观的

靳家岭·千年黄栌

天然彩色画面，看万山红遍，层林尽染，让游人真切地体会到大自然的奇妙。千年黄栌作为灌木类植物能长成如此，在全国实属罕见，并且该黄栌树是目前我国已经发现的同类树种中体积最大的一棵，极具观赏和经济价值。树皮、叶可提取栲胶，叶并含芳香油，木材可提黄色染料，枝叶入药，可消炎、清湿热，枝干为良好薪材。春夏在此树下可乘凉避暑，秋季叶色艳红，每年在此可观赏红叶，游人云集。

·畜牧业·

【畜牧业概况】　2014 年，市畜牧局加快发展现代畜牧业，全力推进畜牧业集群发展、生态发展、安全发展。全市猪存栏 143.55 万头，猪出栏 186.04 万头；牛存栏 19.45 万头，牛出栏 14.78 万头，奶牛存栏 6.01 万头；羊存栏 40.95 万头，羊出栏 33.34 万头；家禽存栏 2311.32 万只，家禽出栏 3496.78 万只。肉、蛋、奶产量分别达到 20.4 万吨、24.5 万吨和 22.2 万吨，分别减少 1%、15.6% 和 10.3%。全年未发生区域性重大动物疫情和重大畜产品质量安全事故。市畜牧局获河南省重大动物疫病防控工作先进单位、河南省畜牧兽医行政执法工作优秀单位、河南省布病联防联控工作先进单位。

【畜牧产业集群发展】　2014 年，全市实施的畜牧产业化集群建设试点 5 个，总投资达 25.29 亿元，其中焦作蒙牛乳品产业化集群、武陟旭瑞畜禽产业化集群、修武伊赛肉牛产业化集群被省政府列入首批认定畜牧产业化集群。鼓励蒙牛、伊赛等龙头企业，采取企业自建或联建方式，打造乳品、肉牛屠宰等标准化生产基地；鼓励康利达、大用等企业采取直接投资、股份合作、投资担保、租赁托管、合同契约、订单生产等形式建设生产基地，其中伊赛公司年屠宰 10 万头肉牛生产线项目和年产 50 万吨肉牛饲料生产线项目投产，年出栏 10 万头优质肉牛养殖项目已建成肉牛场 7 个，形成集饲料、饲养、屠宰、加工为一体的全产业链。坚持政府引导、企业为主、市场运作，积极引导畜牧龙头企业与银行、担保公司进行对接，保障充足的资金融合和流动，推动饲料、养殖和加工环节龙头企业进行战略重组，完善产业链条，打造一批畜牧企业知名品牌。经与省畜牧担保公司沟通洽谈，修武伊赛公司被授信 1.6 亿元担保额度，蒙牛公司获贷款 1400 万元。

【畜牧业项目建设】　2014 年，全市利用中央财政资金实施各类畜牧业项目 19 个，总投资达 1485 万元，有力拉动了全市畜牧业产业优化和结构调整。通过加强规划指导，鼓励支持养殖区扩张生产规模，规模养殖场建设继续保持良好的发展势头。全市新建大型规模养殖场 17 个，生猪、肉鸡、奶牛规模饲养比重分别达 94%、98%和 94%。市畜牧局成立畜禽养殖标准化示范场创建领导小组和示范场创建技术专家组，组织养殖场开展畜禽标准化示范场创建活动，着力提升产业档次，全市新建或改造标准化规模养殖场（区）28 个。充分发挥畜牧专业合作组织在提高畜牧业组织化程度上的作用，规范发展畜牧专业合作社，全市经工商部门登记注册的各

技术人员到养殖场户进行技术指导

焦作多尔克司示范乳业有限公司标准化奶牛养殖场

类畜牧专业合作社达 1050 个，带动农户约 3 万户，成为农村经济发展新的亮点，为现代畜牧业发展发挥了重要作用。

【重大动物疫病防控】 2014 年，针对河南省周边多地出现的小反刍兽疫疫情，市畜牧局周密部署，迅速应对，及时关闭所有活羊交易市场，全面排查养殖场（户）4.91 万个，紧急免疫羊 31.45 万只，消毒 380.46 万平方米，同时加强小反刍兽疫防控督导和技术培训力度，成功阻击了小反刍兽疫疫情。加强免疫工作，全市共免疫猪 O 型口蹄疫 461.61 万头次、牛羊 O 型口蹄疫 92.02 万头次、牛羊 A 型口蹄疫 9.77 万头次、高致病性禽流感 4012.92 万羽次、高致病性猪蓝耳病 450.03 万头次、猪瘟 527.82 万头次；保持免疫密度 98%以上，抗体合格率 70%以上。全面落实监测预警制度，将大用、蒙牛和伊赛 3 个畜牧产业化集群纳入监测网点，完善监测网络，对全市动物疫情实行周会商、月评估制度，及时形成风险评估报告。严格检疫监管，建立健全产地检疫网络，严防疫病传入传出，全市建成基层动物卫生监督分所 51 个，有效落实了区域责任制。严格按照相关规程开展产地检疫工作，检疫出证的 8 个备案材料等各项登记制度得到全面落实。提高屠宰检疫规范化程度，在全市实行岗位设置数量、上岗人员名单备案制，确保屠宰检疫操作到位。开展动物防疫示范乡镇创建和规模养殖场动物防疫星级达标活动，全市建成动物防疫示范乡镇 37 个，达到动物防疫星级达标企业标准的规模养殖场 340 家，其中达到三星级以上企业标准 111 家。

重大动物疫情防控演练

【畜产品质量安全监管】 2014 年，市畜牧局在全市 79 个涉农乡镇设置畜牧兽医执法中队 74 个，共增加编制 419 名，截至年底，首批招录到位人员 200 余人。同时按照行政管理与监督执法分离的要求，将畜禽养殖、生鲜乳收购站、饲料、兽药等涉牧企业的日常监管和执法监督，依法授权各级畜牧兽医综合执法机构承担，理顺了监管体制。在全省率先推行畜产品质量安全风险评估制度，每半年对各县市区监管工作开展情况进行一次评估，根据评估结果，对各县市区畜产品质量安全进行风险评级。市畜牧局先后开展瘦肉精、生鲜乳、饲料、兽药、鸡蛋、屠宰环节生鲜肉等专项整治活动，检查各类生产经营企业 4.9 万家次，查处各类问题事项 108 例，其中责令限期整改事项 64 例，并全部整改到位。根据全市实际和监测经费落实情况，市畜牧局先后制定下达饲料、瘦肉精、生鲜乳、兽药及兽药残留监测计划，明确监测范围、监测品种、监测项目和时间要求。市本级共抽检牲畜尿样 415 份、肉蛋奶 579 份、饲料 224 份、兽药 216 份，其中检测瘦肉精 648 批次、三聚氰胺 346 批次，均未检出违禁物质。

（杨昭昭　尹红轩）

·农机管理·

【农机概况】 2014 年，全市农机管理机构 87 个，总人数 272 人，其中科技人员 72 人。全市农机总动力达 405.82 万千瓦，比上年增长 1.3%。全市保有拖拉机 6.21 万台，拖拉机配套农具 9.72 万部，播种机 3.52 万台，稻麦联合收获机4715台，玉米联合收获机3500台，排灌动力机械7.97万台，花生收获机841台，秸秆还田机1.15万台，农业机械原值达28.37亿元。全市春、秋两季共完成机耕面积265万亩，机播面积473万亩，小麦机收率达99%，玉米机播率达98%，玉米机收率稳定在92%；全市保护性耕作面积达58万亩，农业、四大怀药、水稻工厂化育插秧、花生收获机械化等新技术应用面积稳步增加，全市耕种收综合机械化水平达80%。主要粮食耕种收综合机械化水平稳定在96%以上。全市农机修、供、流通市场运行平稳，农机监理规范，全面完成全年检审任务；共培训各类农机人员2.21万名，农机驾驶人员培训合格率达96%以上，关键农时农机安全生产形势稳定，未发生一起重特大农机安全事故，重特大农机事故率、重伤死亡率均为零。

【农机管理与服务】 2014年，市农机局全力做好机具检修、物资供应、技术培训、机车调配等各项准备工作，充分发挥农机合作社的主力军作用，大力推行订单作业，实施整体推进，积极开展玉米机收和深松作业竞赛，引导机械有序流动联合作业，着力提高机车的组织化程度和作业效益。通过开展技术服务、应急服务、信息服务、联动服务、组织服务、安全服务，保证“三夏”“三秋”会战顺利完成。全年新增农机具5128台套，完成机耕面积265万亩，机播面积473万亩，机收面积467万亩。

【农机化服务体系建设】 2014年，全市农机化作业服务组织达720个，其中拥有农机原值50万元以上的服务组织达409个，农机合作社注册数量达399个，全市落实合作社扶持项目资金20万元，推荐10个农机合作社进入省局农机合作社建设项目库，新增注册农机合作社1个。农机合作组织建设正在向标准化、专业化、多元化和规模化发展。农机合作社拥有大型农机具占全市保有量的60%，作业量占全市的80%以上；农机户20.73万个，农机化中介服务组织24个，农机修理厂及修理点572个，农机经销企业17家，农机经销点207个，农机供油站12个，拖拉机驾驶培训机构6个。全市农机行业容纳农村劳动力23.78万人，占农村总人口的10%左右。农机服务方面涉及“管、供、修、训”等各领域，服务范围从农田作业延伸到水利工程、林业、畜牧业生产等，农机合作社、农机大户在农机维修、农田作业、农田托管、农村运输等主要领域的农机服务占有比例高于90%，农机工程等领域的农机服务占有比例达30%；农机修供服务网点遍布全市各乡镇，服务范围覆盖95%以上的农村；全年实现农机经营收入18.38亿元，农机服务已成为农村主要的服务产业。

【农机项目】 2014年，全市共争取农机化项目4个，资金达5136万元。其中争取国家、省4980万元，争取部省保护性耕作项目资金30万元，争取省水稻育插秧示范推广项目资金6万元、省市农机合作社扶持项目资金20万元等。在项目资金带动下，新增保护性耕作项目面积13万亩，保护性耕作推广面积达58万亩，带动农民和农业生产经营组织投入资金1.95亿元，补贴各类农机具4201台套，受益农户达3393余户。

【新机具新技术推广】 2014年，市农机局加大玉米收获机等农业机械推广力度，全市共推广各类玉米收获机械433台，为稳定提高玉米生产机械化水平提供装备支撑。积极开展水稻机械化育插秧技术示范推广，利用省水稻育插秧示范推广项目资金，新增机插秧技术示范点6个，完成机插秧面积1.5万亩，较上年增加5000亩。加强农机深松深耕等节本增效新技术的示范推广，完成机械化深松深耕作业面积45万亩，增长18%。加强设

“三夏”作业

施农业等新技术新机具的调研推广，新增设施农业机械 32 台套，畜牧养殖机械 132 台套，粮食烘干机械28台套。

【农机监理】 2014 年，市农机局以安全生产月活动为载体，积极开展宣传教育，进一步增强农民的法制观念和安全生产意识，提高执法人员的执法能力和水平。全市共出动宣传车辆 289 车次，向机手群众发放农机安全宣传资料 4 万余份，建立宣传专栏展板 62 个，接受安全咨询 1.57 万人次。抓好“三夏”“三秋”等生产关键季节，注重服务与管理，做好维修检测，严把关口，做好年度检验工作。全市完成拖拉机等农业机械年度检验 6796 台、入户挂牌 1359 台，办理换发驾驶证 820 本，年度新购机挂牌率达 98%，项目补贴机具挂牌率达 100%。加大安全检查力度，深入田间道路、场院、库棚，开展田检路查，及时排除事故隐患，力争做到机车无漏检、安全无死角。开展农机安全执法检查行动 369 次，共排查合作组织、供修网点以及个体 5578 个次，排查一般隐患 204 起，整改率达 100%。加大“平安农机”创建工作，积极构建基层农机安全服务网络，促进了“平安农机”创建有序推进。新创建省级“平安农机”示范乡镇 1 个、“平安农机”示范合作社 10 个。

（郭小红）

2014 年各县市区主要农业机械拥有量

		全市	市区	县域	修武县	博爱县	武陟县	温县	沁阳市	孟州市
农业机械总动力	万千瓦	405.82	52.98	352.84	38.79	31.33	119.17	57.02	58.20	48.33
# 柴油发动机动力	万千瓦	346.99	46.34	300.65	34.52	25.56	102.93	47.36	51.36	38.92
汽油发动机动力	万千瓦	1.20	0.04	1.16	0.00	0.11	0.33	0.13	0.08	0.51
电动机动力	万千瓦	57.63	6.60	51.03	4.27	5.66	15.90	9.53	6.77	8.90
#1.耕作机械动力	万千瓦	115.77	11.69	104.08	9.90	7.94	31.75	14.78	26.47	13.24
大中型拖拉机	台	12257	2242	10015	898	1043	2174	1848	2316	1736
	万千瓦	57.91	8.22	49.69	4.50	5.37	13.12	9.03	10.08	7.59
小型拖拉机	万台	4.98	0.26	4.72	0.37	0.22	1.66	0.66	1.31	0.50
	万千瓦	57.86	3.49	54.37	5.39	2.56	18.63	5.75	16.39	5.65
大中型拖拉机配套农具	万部	3.07	0.37	2.70	0.20	0.21	0.57	0.68	0.53	0.51
小型拖拉机配套农具	万部	6.66	0.51	6.15	0.52	0.23	2.04	0.85	1.57	0.94
2.农用排灌机械动力	万千瓦	45.43	5.89	39.54	3.78	3.47	12.95	7.68	5.76	5.90
柴油机	万台	0.21	0.06	0.15	0.00	0.01	0.02	0.05	0.05	0.02
	万千瓦	1.96	0.64	1.32	0.00	0.13	0.22	0.43	0.45	0.09
电动机	万台	7.74	0.73	7.01	0.68	0.48	2.35	0.97	1.71	0.82
	万千瓦	43.39	5.17	38.22	3.77	3.34	12.73	7.25	5.31	5.82
农用水泵	万台	7.29	0.80	6.49	0.69	0.47	2.61	1.02	1.70	0.00
节水灌溉机械	万套	0.04	0.00	0.03	0.00	0.02	0.00	0.01	0.00	0.00
3.收获机械动力	万千瓦	38.19	3.67	34.52	4.58	3.62	10.14	4.89	5.82	5.47
联合收割机	台	8215	871	7344	987	772	1945	1178	1140	1322
	万千瓦	38.19	3.67	34.52	4.58	3.62	10.14	4.89	5.82	5.47
机动脱粒机	台	11688	1132	10556	731	2526	5566	1305	39	389
4.植保机械动力	万千瓦	1.35	0.04	1.31	0.00	0.11	0.33	0.28	0.08	0.51
机动喷雾(粉)机	台	7175	262	6913	0	685	1916	1590	696	2026
	万千瓦	1.35	0.04	1.31	0.00	0.11	0.33	0.28	0.08	0.51
5.农产品加工机械动力	万千瓦	11.34	1.22	10.12	0.50	1.49	2.33	2.27	1.05	2.48
粮食加工机械	台	8967	1159	7808	125	1482	2492	1145	707	1857

续表

		全市	市区	县域	修武县	博爱县	武陟县	温县	沁阳市	孟州市
棉花加工机械	台	819	113	706	0	40	173	77	34	382
油料加工机械	台	1552	457	1095	0	144	507	122	27	295
6.运输机械动力	万千瓦	183.79	26.11	157.68	20.05	13.78	60.19	26.15	18.54	18.97
农用运输车	万辆	17.45	2.21	15.24	1.34	1.29	6.27	2.30	1.59	2.45
	万千瓦	183.79	26.11	157.68	20.05	13.78	60.19	26.15	18.54	18.97

·水　利·

【水利概况】　2014年，市水利局共争取到中央、省支持水利项目40个，总投资4.8亿元，年内下达资金4.7亿元，其中省及以上资金3.9亿元。实施完成一批民生水利项目，解决了22.81万人的饮水安全问题。全市有效灌溉面积242万亩，旱涝保收田面积222万亩，节水灌溉面积180万亩，新增节水灌溉面积7.78万亩。完成王庄、北杨村等2座病险水库除险加固工程建设，完成武陟县蒋沟河城区段等4个中小河流重要河段治理项目工程建设，治理水土流失面积40平方公里。

【安全饮水工程建设】　2014年，全市共完成农村饮水安全项目投资1.1亿元，建设各类饮水工程201处，解决了全市7个县市区20.4万农村居民和2.4万农村师生的饮水安全问题。

【农田水利设施建设】　2014年，全市完成投资1.24亿元，新增高效节水灌溉面积7.78万亩，年新增节水能力700万立方米。投资1.15亿元，完成博爱县、孟州市、沁阳市、武陟县、温县5个中央财政支持小农水重点县2013年度项目建设。投资826万元，完成引沁灌区2013年度续建配套与节水改造项目建设。截至年底，沁阳、武陟、温县、孟州4个中央财政支持小农水重点县2014年度项目完成投资1.2亿元，占投资计划的85%。新争取到总投资8640万元的博爱县第六批中央财政支持小农水重点县项目，实施方案通过省厅批复。

【防洪除涝工程建设】　2014年，市水利局实施孟州市北杨村、王庄2座小Ⅱ型病险水库除险加固项目，主体工程完工；投资460万元的大沙河修武城关节制闸除险加固工程建设完工。投资1亿元完成武陟县蒋沟河城区段、沁阳市济蟒截排木楼段、武陟县老蟒河解封段和温县济蟒截排番田段等4个小型河道治理2013年度项目工程建设；投资7212万元的孟州老蟒河下官庄段等3条中小河流治理2014年度项目开工建设；加快推进新建孤山湖水库项目工程建设，完成投资4000万元。

【水土保持】　2014年，市水利局推进水土保持生态建设工作，完成水土流失治理面积40平方公里。投资986万元，完成博爱寨豁、修武纸坊沟项目区水土保持小流域综合治理及沁阳市云阳4号骨干坝除险加固等3个水土保持重点工程项目建设。中站西张庄、博爱司窑、沁阳紫陵、修武铁匠庄等小流域综合治理工程上级补助资金已组织实施。完成沁阳逍遥河和中站赵庄水保项目验收工作。推进总投资357万元的博爱寨豁项目区2014年度工程和沁阳二道沟淤地坝除险加固工程。

【防汛】　2014年3月至4月，市防汛办公室下发汛前检查通知，对全市汛前检查工作进行安排，要求各县市区对排查出的重点防汛隐患建立台账，限期整改，并对隐患整改情况进行跟踪督查。逐级严格落实中小型水库、中型河道、焦作南水北调中线在建工程等重点防汛工程责任人的防汛责任。及时修订完善防汛工作方案、中型河道防洪预案、中型水库汛期调度运用计划及城区河道下游防汛预案等各类防汛方案预案。在汛期备足备齐各类防汛物资，组建各类防汛队伍达4839支26.9万人，并指导开展防汛抢险演练，提高实战能力。坚持汛期24小时领导带班和防汛值班制，实行防汛值班联运机制，确保上情下达、下情上传及时顺畅，汛期全市共出现较大的降水过程21次。9月，受持续秋雨影响，丹河、沁河在境内出现洪水过境，但由于措施到位，组织得力，确保了全市安全度汛。

【水资源管理】　2014年，市水利局认真落实水资源管理制度，编制《焦作市水资源管理指标方案》和水资源管理指标分解工作，成立实行最严格水资源管理制度考核工作组和办公室，完成2013年实行最严格水资源管理制度考核工作。加强水行政执法工作，强化水法规宣传，增强各用水单位及群众的节约用水意识；在对城区自备井进行摸排的基础上，拟订《焦作市城区自备井封闭工作方案》，并对具备封井条件的27眼自备井实施封闭。做好水行政审批改革工作，全面落实审批授权代表负责制等规定，实现了进驻到位、授权到位。对市水利局 15 项行政审批和服务事项进行清理，取消 6 项，保留 9 项。全年受理行政审批事项 16 件，办结率 100%。

【城市水系建设】 2014 年，全市完成水系建设投资 2.5 亿元。引黄入焦干渠工程全面建成通水，并引黄、沁河水入城，解决灌溉和生态用水之需，干渠焦作城区段景观 2.2 公里绿化工程基本完工。引黄入焦、引丹入焦工程全面完成，并在省运会期间将丹河水引入龙源湖公园，成功地对龙源湖进行有效补水。大沙河带状湿地一期工程主体基本完工，10 公里带状湿地景观初步显现，堤外绿化工程全面铺开，部分地段形成景观效果；大沙河防洪治理 12 公里堤防工程和 5.4 公里 50 年一遇主河槽开挖工程全面完成，迎宾路两侧 5.4 公里形成宽 120 米的景观水面。

【焦作市成为全国水生态文明城市建设试点】 2014 年，市水利局以城市水系建设为核心内容，积极推进全国水生态文明城市建设试点工作。焦作市人民政府成立了以主管市长为组长、市直各相关部门主管领导为成员的焦作市水生态文明城市建设试点工作领导小组。5 月，通过水利部审查，被确定为全国第二批水生态文明城市建设试点。焦作市以实现河畅、水清、岸绿、景美为目标创建水美乡村，选择基础较好的乡村和城镇进行完善提高，坚持以水为媒，结合水生态文明建设、生态清洁型小流域建设、中小河流治理、水土保持、小农水重点县建设等工作，统筹安排部署。委托北京江河水利水电咨询中心编制完成水生态文明城市建设实施方案，并报海委组织专家评审。该方案立足焦作水生态的现状、问题、形势和需求，按照保供给、显清澈、活生态、弘文化、促经济的原则，以节约用水、循环水系、河湖连通、多源共济为重点，确立了多源联调保供给，河湖相连泛轻舟，奇山秀水融覃怀的总体建设目标，力争通过 3 年的建设，把焦作建设成为河湖畅通、生态健康、宜居宜游、人水和谐的水生态文明城市。

【引黄入焦总干渠通水】 1 月 8 日，随着引黄入焦武陟驾部引水工程、沁河陶村闸引水工程和引黄入焦六标大沙河闸相继开闸，黄河水、沁河水以 3 立方米／秒的流量输入大沙河，引黄入焦总干渠正式通水，为焦作城市水系建设提供充足的水源支撑。引黄入焦干渠（从黄河到大沙河入口）全长 23 公里，是城市水系建设的重要组成部分，是引黄灌区的主要输水渠道，每年可供水5300万立方米。

【水利部莅焦督查农村饮水安全工作】 6 月 5 日，水利部办公厅主任刘建明一行先后到沁阳市崇义镇集中供水厂和西韩吴村、王曲乡集中供水厂和广利作村，现场查看供水厂的建设情况，听取农村饮水安全建设情况介绍，了解供水厂的运行机制、管理模式和农村饮水安全工程的组织领导、前期工作、资金管理等方面的工作，督导检查农村饮水安全工作。刘建明对沁阳市农村饮水安全工作开展情况给以充分肯定，要求要加大农村饮水安全工作的领导力度，加快前期准备工作，加紧落实项目资金，把各项工作抓紧、抓实、抓好，落到实处，确保饮水工程的建设质量、水质

蓝天碧水入城来

的安全、工程的良性运行，让老百姓喝上干净、放心的水。

（张艳霞）

·黄河河务·

【工程建设与管理】 2014年，焦作河务局积极推进沁河下游河道治理工程前置条件办理和工程初步设计，项目可行性研究通过国家发改委现场评估。全面完成黄河下游近期防洪工程年度建设目标任务，完成基层班组危房改建工程11处，东安控导工程申报全国水利建设文明工地通过黄委审核；郑焦城际铁路等8个防洪补偿项目有序开展。加大工程养护日常管理与考核，开展淤背区专项治理、工程管理难点治理等活动，2处示范工程通过黄委验收，武陟一局通过国家一级水管单位复验，在黄委、省局工程管理检查中继续保持整体领先水平。

【水政水资源管理】 2014年，焦作河务局强化服务与监管，简化行政审批，受理并审批许可事项12项；开展"清水利剑"行动，专项治理河道内倾倒垃圾行为，全年组织河道巡查700余次，查处各类水事违法案件240余起；强化河道内建设项目监管，及时制止孟州产业集聚区等项目的违规建设；开展采砂专项治理，取缔非法采砂场17个；加强取水许可监督管理与专项检查，全年累计引水量达3.2亿立方米。

【防汛工作】 2014年，焦作河务局积极完善军民联防体系，沁阳市、武陟县分别举行军民联合防汛实战演练及滩区迁安救护演习，完成防御模拟大洪水演习。认真落实各项防汛责任制和防汛措施，积极应对沁河武陟站493立方米/秒洪水。全年处置各类黄（沁）河险情80多次，完成武陟嘉应观滩岸应急抢护，确保了黄（沁）河工程安全、滩区安全和人民

7月8日，武陟县举行2014年黄沁河军民联合防汛实战演练。

群众生命财产安全。

【服务地方经济】 2014年，焦作河务局积极推进黄（沁）河生态涵养带建设，完成春季植树任务28万棵；支持南水北调中线干渠充水实验，引黄供水4000多万立方米；武陟白马泉供水、引黄入焦项目先后通水，为焦作市区、武陟城市及工农业生产供水2100多万立方米；抗旱保秋引水4000多万立方米，缓解旱情40余万亩。

【焦作河务局三项科技成果通过评审】 11月22日，河南河务局在郑州组织召开科技成果评审会。焦作河务局3个参评项目经过专家组评审，一致认为："水平定向钻反水孔扶正器的研制与应用"总体上达到国内领先水平，"多功能文档资料整理一体机的研制与应用"和"KT-1型绿篱修剪机的研制与应用"成果总体上均达国内先进水平。

"水平定向钻反水孔扶正器的研制与应用"项目有效解决了粘性较强的土质钻孔施工中刀道堵塞、返浆不顺及局部冒浆问题；该扶正器反水孔制造简单，造价低廉，10月获得国家实用新型专利。

"多功能文档资料整理一体机"实现对档案、文件、资料的印鉴加盖、页码加盖、打孔等功能，其中在印鉴、页码加盖的机械化技术方面达到国内领先水平，有效提高了工作效率，降低了劳动强度，同时该机体积小，可组合拆卸，操作简便。该成果已在焦作黄河各基层单位广泛应用，取得了良好的社会经济效益，推广应用前景广阔。

"KT-1型绿篱修剪机"可自由调节修剪高度和旋转角度，实现了3米以下不同高度绿篱的修剪，修剪效果整齐。该机移动灵活，操作方便。有效提高了对绿篱、树枝修剪的机械化作业程度，减轻了劳动强度，提高了作业效率。该成果已在焦作黄河工程两侧绿篱、开仪国家级水利风景区得到应用，取得了良好的社会经济效益。

【黄河防总检查组莅焦检查】 6月21日，水利部黄河水利委员会纪检组长李春安带领黄河防总检查组成员和省河务局、水利局等相关负责人莅焦就沁河防汛工作方案进行检查。李春安一行来到沁阳市沁北自然溢滞洪区检查区域内群众的迁安准备情况。在座谈会上，李春安对焦作市沁河防汛的前期准备工作给予肯定。李春安指出，各级各部门要认清防汛工作的严峻形势，克服麻痹思想、模糊认识，提升对防汛准备工作的重视程度；要落实工作责任制，把防汛责任

2月19日，黄委会主任陈小江调研焦作河务局基层工作。

落实到各级政府、各个部门和各个分包负责人；要做好防汛演练工作，不断完善防汛预案，提高人民群众对汛情的应对能力。

【陈小江莅焦调研】 2月19日，水利部黄河水利委员会主任陈小江到焦作河务局武陟一局进行基层河务局工作调研。调研期间，陈小江到武陟黄河老田庵工程班组看望慰问一线职工，查看防洪工程，并在一线班组听取基层单位主要负责人、财务负责人和所属企业负责人的情况汇报，详细了解基层单位经济运行状况和施工企业经营现状。

【牛玉国莅焦调研】 4月23日，河南省防汛抗旱指挥部副指挥长、河南河务局局长牛玉国莅焦检查沁河防汛工作，对沁河各项防汛准备工作进行督促指导。牛玉国实地察看了南水北调穿沁倒虹吸工程、武陟沁河南王河势、沁北引黄灌区穿沁工程、白马泉引黄工程等。在南水北调穿沁工程和沁北引黄灌区穿沁工地，牛玉国现场听取工程项目介绍及当前运行管理情况，实地察看了工程建设和设备运行情况；在南王险工，听取焦作河务局的工作汇报，要求市、县局一定要密切关注河势演变情况，制定抢险方案，确保一旦发生险情，及时快速抢护，确保度汛安全。

（余　骁　李润庭）

·灌区建设管理·

【引沁灌区】 2014年，市引沁局按照现代灌区建设标准和总干渠建设要求，全面加强总干渠的日常管护维修，加快推进灌区信息化建设，初步建成灌区水量信息调度中心。投资826万元完成引沁灌区2013年度项目工程，投资30余万元完成十支渠抗旱水源工程，投资30余万元对总干渠实验场段、三教涵洞、新愚公管理处和六干渠的水毁工程进行修复，投资30余万元完成唬魂潭群英洞段1600米渠道的清淤疏通，投资90余万元完成革命庄、新愚公和雁门管理处9.5公里渠堤道路的整修。全年灌区引水3.99亿立方米，其中河口引水1.2亿立方米，农业灌溉引水7500万立方米，灌溉农田40万亩次，蓄水补源和生态补水2400万立方米，解决了山岭区10万人的安全饮水和沿总干渠、沿水库周边300余家养殖户的用水问题。积极为灌区内工业企业用水提供优质服务，连续为孟州西部工业区、济源玉川和虎岭工业集聚区等企业供水4500万立方米；水电站实现上网电量6350万度。

（原向前）

【广利灌区】 2014年，广利灌区加强灌区项目工程建设，进一步提升灌区防汛抗旱除涝能力，济蟒截排治理项目主体工程累计完成投资3872万元，整治河道15.6公里。利用非灌期和汛期，从沁河济源市五龙口镇出山口处引水，开展青风岭地下水漏斗区补源，累计向青风岭地下水漏斗区引水补源5848.2万立方米，补源面积已达16余万亩，通过补水，补源受益范围内机井静水位平均上升6米至15米，农民抽水灌溉亩次电费比上年降低10元至20元。同时完成沁阳市晋煤天庆公司供水工程。全年农业灌溉引水5571万立方米，灌溉面积18.4万亩次，为粮食的丰产增收提供了水利支撑。

（朱桥乐）

·移民安置·

【移民后期扶持】 2014年，市移民局突出抓好移民项目建设，共落实项目资金3702万元，其中电费结余资金1515万元，一、二期项目结余资金1930万元，库区基金257万元。共实施基础设施和生产开发等方面建设项目110个，改善了移民区群众的生产生活条件。完成年度人口核定和直补资金的发放工作，共核定移民人口4.71万人，其中温县1.31万人，孟州市3.4万人，并按时足额发放直补资金。

【移民生产开发】 2014年，市移民局积极实施强村富民战略，帮助移民群众发展生产，新上种植、养殖和农产品加工等项目22个。移民区有大棚320余座，林果及药材种植1.5万亩，畜牧养殖存栏12万余头（只），专业园区2个。围绕壮大集体经济，积极探索村级集体经济发展路子。横山、仓头、石渠、下石井村通过租赁承包等方式，盘活村集体资产，增加村集体收入。寺上、石井、北冶、西沟等村积极整合移民后期扶持资金和惠农资金，新上5800立方米的冷库项目、药材交易中心，新建集体果园450亩，初步实现扶持资金项目化、项目资产集体化、集体收益全民化。结合移民区产业特点，有针对性地进行种植养殖技术、劳动就业技能等培训21批次，培训移民3810人；安排资金360万元，重点扶持移民群众发展大棚蔬菜、药材种植，奶牛、肉牛和家禽养殖。

【移民资金管理】 2014年，市移民局认真做好项目资金使用的监管，保证移民资金使用合理、规范、安全、高效。配合财政部驻郑专员办、省黄河河务局、省移民办对黄河中下游防汛工程征迁资金使用情况进行审计检查。严格机关财务管理，积极推进公务卡制度改革，制定《公务卡结算管理实施细则》，规范公务消费支出，修订《机关财务监督管理规定》，对预算资金使用和三公经费支出进行公示，全年三公经费支出与上年相比下降31%。

（田丽丽）

·南水北调中线工程·

【概况】 2014年6月，南水北调中线工程焦作段开始进行充水试验。10月，水位达到设计水深（7米），南水北调充水试验完成。11月，南水北调中线工程全线提闸，进入试通水阶段。12月12日，南水北调中线工程源头丹江口水库的陶岔渠首正式开闸放水，12月16日抵达焦作市，从主城区穿城而过，这是整个南水北调中线工程唯一穿越主城区的渠段，是通过聚土成渠打造的一个人工悬河工程。自此，甘甜的丹江水将代替焦作原来生硬的“矿山水”，大大改变水

南水北调人民路桥　　许来伟　摄

质，两座配套水厂基本上可以满足焦作的城市用水。

2005年9月27日，穿黄工程在焦作首先开工，2008年12月26日，南水北调中线工程焦作段全面开工，工程全长76.41公里，工程设计流量245立方米/秒至265立方米/秒，设计水深7米，建跨渠桥梁75座，总干渠宽度约70米至280米，最大挖深约32米（位于马村区境内），最大堤高约10.25米（位于山阳区境内）。南水北调中线工程总干渠从温县赵堡东平滩进入焦作，沿途依次经过温县、博爱、城乡一体化示范区、中站区、解放区、山阳区、马村区、修武县等8个县区，在修武县七贤镇的丁村进入新乡市辉县。

2005年以来，焦作市累计向工程建管单位移交建设用地3.35万亩，拆除各类房屋124.7万平方米，按时完成6807户、2.67万搬迁群众安置任务，圆满完成总干渠征迁安置任务。2013年12月6日，随着焦作2段中铝工企站上游渠道底板最后一仓混凝土完成浇筑，总干渠焦作段主体工程提前完工。

【南水北调中线工程焦作段】 **供水配套工程** 2014年，市调水办以台账总体管控施工进度，紧盯工程建设重点项目，重点破解影响建设的关键问题。实行建管、监理责任人驻点督导，定期考核，奖先推后，及时消除建设风险，保证工程顺利建设。从严把关，形成四位一体（项目法人负责、监理单位控制、施工单位保证、政府部门监督）的质量管理体系，严把原材料、中间产品质量关，及时清退不合格原材料。截至年底，除省军区农副业基地因府城水厂建设用地未协调好外，已全面完成管道敷设，单元工程质量评定合格率100%，优良率达91.8%，供水配套工程相关附属设施基本完成，工程验收有序推进。

连接路建设 2014年，共建成连接路16条，累计建成188条，剩余4条（均为新增）已开工建设。为保证沿线群众出行，在原有设计道路的基础上，又累计向上级争取84条，总量达192条，从根本上解决了沿线群众出行难问题。

临时用地复垦完成 2014年，市调水办明确县市区工程建管、复垦实施单位的责任，建立责任追究制度，确保责任落实到位。制定详细的工作程序和规范，确保同一标准、统一指导、有序推进。定期检查、召开协调会，及时解决相关问题，保证顺利复垦。严格按照标准进行验收，确保土地复垦质量。南水北调总干渠及供水配套工程累计占用临时用地1.81万亩，截至年底，工程建管单位共退

还 3206 亩，并全部完成复垦，累计完成 1.61 万亩。

干渠两侧水质保证工作 2014年，市调水办建立市、县两级水源保护联席会议制度，定期会商，多方协调，确保各项工作顺利开展。委托市中原水利工程技术服务中心和河南省中纬测绘规划信息工程有限公司，历时 2 个月，完成一、二级水源保护区 288 平方米的调查工作，完成《南水北调中线一期工程总干渠焦作市段两侧水源保护区划定设计报告》，为水源保护工作顺利开展提供技术支撑。加大水源保护区巡查工作力度，会同环保、畜牧等部门，对保护区内养殖业以及一级保护区内企业现状进行调查，向上级反映存在问题，提出工作建议，争取政策和资金支持，为下一步企业安置做好准备。严把建设项目审批关，确保水质安全。截至年底，全市共审批水源保护区内建设项目 70 个，否定 1 个，保证了水源保护区的水质安全。

（樊国亮）

【南水北调中线工程焦作城区段】 **城区征迁** 2014 年，城区办完成城区段总干渠左岸临时雨污合流沟整修、改建和夏季防洪需要的 10 户居民征迁工作。调查、核实、完善了南水北调总干渠临时用地台账，汇总临时用地 11 块、425 亩，确定了每个地块的返还时间和用地费用。督促中线局河南直管局郑焦项目部加快总干渠弃土弃渣清运工作，共完成清运 47 万方。完成控规区 18 个城中村基础数据的调查工作，落实占地 3754 亩、居民 7603 户、房屋 311 万平方米、空地 2393 亩，为市政府城中村改造决策提供了基础资料。对绿化带、道路、控规区内已经征迁的居民户及其拆迁面积、资金拨付情况等进行核对，涉及征迁居民 1886 户、拆迁面积 43 万平方米，拨付资金 2.4 亿元。

安置房建设 2014 年，城区办参照相关规定，结合实际情况，研究形成南水北调安置小区建设政策体系，调整安置小区供电工程建设实施原则，明确安置小区容积率调整的具体方法和道路、河道绿线扩展影响安置小区建设的解决办法，制定相关村在同一地块统一规划但需分别办理土地证的工作方案，确定安置小区违规建设处理办法，解决安置小区项目的契税、土地使用税免缴和新落实地块未列入供地计划的问题，提出原理工大机械厂土地手续办理、生产生活用地调整、企业迁建、工程招标等一系列问题的解决方案，拟定了安置房房产证办理的建议方案。新建成绿化带安置房 20.83 万平方米，新开工安置房 11.19 万平方米。截至年底，绿化带工程安置房已建成 32.7 万平方米，在建 67.88 万平方米。

绿化带及道路设计 2014 年，城区办配合设计单位完成城区段两侧地区规划设计初步方案，其中控制性详细规划原则通过专家评审，修建性详细规划进行专题汇报 5 次。继续加强与省规划院、市水利部门及水利设计院，河南路、站南路设计单位的沟通联系，完成绿化带、道路、截洪沟的总体布局方案。与中国城市建设研究院联系，修改完善河南路、站南路可行性研究报告；协调河南路、站南路设计单位加强与跨渠桥梁、绿化带、截洪沟等相关设计单位的对接工作，联系财政、规划、住建等部门办理相关建设手续，推进施工前期各项准备工作。截至年底，政二街桥、焦东路桥、山阳路桥 11 座人行步梯全部建成并投入使用，完善了跨渠桥梁的使用功能，避免了机动车辆与行人、非机动车辆的交通冲突，最大限度地解决了跨渠桥梁周边居民的出行问题。

南水北调中线工程 2003 年 12 月 30 日，南水北调中线工程开工，工程输水干渠全长 1432 公里，包括总干渠和天津干渠两部分。总干渠南起丹江口水库的陶岔渠首，北至北京市颐和园的团城湖。天津干渠始于河北省保定市徐水县西黑山村西北，止于天津外环河西侧的出口闸，与天津配套工程曹庄泵站相连。南水北调中线一期工程正式通水后，北京、天津、河北、河南 4 个省市沿线约 6000 万人将直接喝上水质优良的汉江水，间接惠及人口近 1 亿。

（张沛沛）

·综 述·

【概况】 2014年，全市商务系统实际利用外资7.29亿美元，增长10.1%，占省定目标的100.1%，居全省第六位；实际利用省外资金497.7亿元，增长15.4%，占省定目标的100.4%，居全省第三位；实际利用市外资金1245.4亿元，增长16.7%，占市定目标的101.2%。外贸进出口总值完成24.64亿美元，增长8.9%，占省定目标的99%，居全省第二位，其中出口完成17.13亿美元，增长13.4%，居全省第三位；进口完成7.51亿美元，同比持平。全市社会消费品零售总额实现555.2亿元，增长12.2%，增幅居全省第十七位。市商务局获2013年度省级文明单位，被省商务厅授予2013年度全省商务领域市场监管工作先进单位。

【商务综合执法】 2014年，市商务系统组织开展定点屠宰企业资格审核清理，严格执行驻场监管制度，严格生猪屠宰操作规程和检疫检验规程，会同相关部门严厉打击私屠滥宰等违法行为，监督全市生猪定点屠宰企业处理无害化生猪561头5.05万公斤，查处违规事项21起，确保了出厂生猪肉品质量。健全酒类流通备案和随附单制度，规范经营行为，共出动执法人员450余人次，查处违规违章案件4起。开展打击劣质油品和无证无照非法经营成品油专项行动，联合公安、工商、安监等部门对全市488座持证加油站进行排查，查扣没收劣质油品43.48吨，取缔无证无照加油站（点）474个。协调配合相关部门开展单用途商业预付卡管理、大型零售企业违规收费、农资、药品、化妆品、建材、机电、汽车零部件等涉及民生的专项整治活动，优化市场经济秩序。着力推进达标示范创建工作，市城区和博爱县被确立为省级达标示范单位，孟州市、武陟县、修武县被确立为省级标准化建设重点推进单位，山阳区被确立为省级商务领域市场监管重点推进单位，获得政策支持资金160万元。

·招商引资·

【开放招商】 2014年，市委、市政府相继召开全市大招商推进会议、对外开放工作会议和开放招商工作座谈会，制定实施《焦作市关于强力推进开放招商工作的实施意见》《焦作市招商引资工作表彰奖励考核办法》《焦作市2014年对外开放和招商工作方案》等政策措施，完善招商引资考核机制、分包机制、奖励机制、督查机制。市发改委、工信、国资、农业、教育等14个市直部门分别制定2014年开放招商专项行动计划，全年签约项目983个，项目总投资1637.5亿元，合同外来资金1545.4亿元。各级各部门围绕六大战略支撑产业和四大新兴产业，紧盯国内外500强、央企和行业龙头企业，制定产业招商路线图，开展建链、补链、延链、强链招商，推动产业集群化发展。全年签约10亿元以上项目33个，项目总投资522.7亿元。成功引进投资12亿元的六面顶液压机及精密刀具制造、投资18.3亿元的航空航天3D制造（焦作）产业园、投资40.5亿元的新型手机玻璃盖板、投资21亿元的悍马轮胎河南生产基地、投资11亿元的汽车零部件产业园、投资19亿元的磁控溅射镀膜、投资22亿元的飞孟激光再制造城市矿产、投资15亿元的年产18万吨新型高端铝合金型材、投资80亿元的中州泛家居产业园等项目。围绕中心商务区和特色商业街区建设，突出抓好高成长性服务业和新兴服务业招商，大力引进国内外知名商业龙头企业。制定实施《关于加快电子商务发展的若干意见》和《焦作市电子商务发展扶持办法》等政策措施，开展百强电商进焦作活动，在用地、供电、金融等方面提供要素保障。相继与中国网库、恩源集团、浪潮集团、阿里巴巴、银江股份等企业对接，分别就电子商务、大数据、智慧城市、信息化等项目进行洽谈，举办电子商务专题论坛、讲座、培训班 8 场（次），培训人员 1650 人。加快推进投资 12 亿元的焦作示范区电子商务产业园、焦作中心商务区和“阿里巴巴·焦作产业带”建设。截至年底，投资 20 亿元的北斗智能交通物联网、投资 10 亿元的浪潮集团云计算中心、投资 10 亿元的中科院移动密码产业园、投资 7 亿元的银江股份“智慧焦作”、投资 3 亿元的中青网“中青数码商城”等 24 家知名电商企业入驻示范区电子商务产业园。在商贸物流方面，中国（焦作）动漫世界、焦西物流园区等项目签约落地，鸿运国际商城开工建设，王府井百货项目开业运营，焦作现代物流公共信息平台项目具备上线技术条件。积极融入“一带一路”战略，焦作市成为丝绸之路经济带物流联动发展合作联盟成员城市。创新招商方式，在有选择性地参加国家、省各项经贸招商活动的同时，重点在长三角、珠三角、东南沿海、环渤海地区开展专题招商活动，组织举办第八届中国（河南）投资贸易洽谈会焦作市合作项目对接、焦作——香港现代服务业推介、西安交大高科技产业园项目对接洽谈、“焦作·豫商相约金秋”座谈会、太极拳文化产业招商推介等系列经贸洽谈活动；组织接待韩国中小企业厅、韩国 IC 化工集团、日本 JNC 集团及国外一批企业和团体来焦作市投资考察；组织开展千人访千企活动，全市相继外派招商小分队 380 支，有针对性地开展对接洽谈活动，达成中国电科集团、中国保利集团、北京华信元通集团投资 80 亿元建设国家级新能源电池产业园、中国兵器北方车辆集团锂电池电动客车、上海亿丰集团大型商业地产、河南万众集团天然气热电联产、中国兵工集团物流金融、上海建伟控股集团汽车销售物流、江苏雨润集团物流综合体、深圳汽车零部件协会汽车零部件生产、英利集团太阳能发电站等一批合作意向；聘请 29 位热心参与和支持焦作发展的企业家及商协会会长为招商顾问。截至年底，签约省外亿元以上项目 144 个，总投资 604.3 亿元，合同外资 551 亿元。开展对外开放提升年活动，对全市重点跟踪的 49 个 5 亿元以上项目实行市、县领导分包，市直部门与县市区联动推进项目落地工作机制；建立部门协作招商推进机制，落实招商主体责任，对亿元以上招商引资项目实行“七个一”工作法，突出解决项目落地和经营过程中遇到的困难和存在的问题。加强窗口建设，全面公开 17 项行政审批服务事项清单，取消 6 项，下放 3 项行政审批服务事项，压减 34.6%。严格执行“三集中、三直接”和审批授权首席代表负责制。全年办理办结行政服务事项 236 件，差错率为零，投诉率为零。实行联审联批制和无偿代理制，对所有审批项目实行“三清四通五办”，做到材料齐全马上办、材料不全指导办、紧急项目加班办、特殊项目跟踪办、重大项目快捷办，引进项目合同履约率、资金到位率、项目开工率分别达 99%、46%、98%。

全市对外开放工作会议

【参加第八届中国（河南）国际投资贸易洽谈会】 4 月 1 日至 3 日，焦作市组团参加第八届中国（河南）国际投资贸易洽谈会成功签约项目 13 个，项目投资总额 154 亿元，约占全省签约总额的 1/10，其中外资项目 2 个，省外境内资金项目 11 个，10 亿元以上投资项目 5 个，投资额达 80 亿元的温县中州泛家居产业园项目在主席台上签约。

【在香港举行招商推介活动】 6 月 3 日至 7 日，2014 年河南——香港经贸交流合作系列活动在香港举行。焦作市组成以市委副书记、市长张文深为团长的招商小分队赴港招商。在“中原崛起新机遇·豫港合作新商机”——香港工商界投资说明会暨签约仪式上，焦作市签约 3 个项目，总投资 9800 万美元，合同利用外资 9300 万美元。4 日，在香港举行 2014 焦作·香港现代服务业招商推介会，张文深在会上重点推介焦作城市水系建设、新河商务中心区建设及特色商业区建设。在港期间，张文深还分别拜访香港中华煤层气集团、中裕燃气控股有限公司、中国港中旅集团公司、国泰财富基金中国区总部、华润电力控股有限公司，询问港资企业在建项目遇到的困难和问题，并协调解决有关问题。同时积极推介焦作市的投资环境和区位优势，邀请港资企业参与焦作城市水系和现代服务业建设，并与部分企业就地区总部入驻焦作达成了一致意见。

【参加第十五届中国西部（成都）国际博览会】 10月23日至25日，副市长贾书君率团参加第十五届中国西部（成都）国际博览会，参会之际，参观了成都青羊电子产业园、成都国家级软件开发园，着重就电子商务建设进行考察学习。市代表团还拜访了成都硅宝科技股份有限公司，参加电子信息、高端制造、新材料、新能源、国际合作论坛等专业活动。市城乡一体化示范区、市“两区”办、市商务局、市规划局、沁阳市、博爱县、山阳区等相关部门的负责人随同考察学习。“西博会”由国家发改委、科技部等15部委、西部12个省（自治区、直辖市）人民政府和新疆生产建设兵团共同主办。

【参加中国（郑州）产业转移系列对接活动】 10月31日，2014中国（郑州）产业转移系列对接活动在郑州国际会展中心开幕。市委副书记、市长张文深率代表团出席开幕式，并参加重要客商餐叙会、产业转移系列合作签约仪式、制造强国战略专题报告会和院士中原行座谈会等相关活动。活动中，共签约产业转移项目32个，签约总额达到126.2亿元，其中利用省外资金118.7亿元。同时对外发布合作项目100个，邀请客商131名寻求进一步合作。

·内外贸易·

【国内贸易】 2014年，批发和零售业增加值133.56亿元，比上年增长8.1%；住宿和餐饮业增加值54.74亿元，增长6.9%。全年社会消费品零售总额555.21亿元，比上年增长12.2%。按经营地统计，城镇消费品零售额447.60亿元，增长12.5%；乡村消费品零售额107.61亿元，增长11.2%。按行业统计，批发业零售额77.88亿元，增长11.7%；零售业391.85亿元，增长12.5%；住宿业8.54亿元，增长11.0%；餐饮业76.94亿元，增长11.4%。25个销售大类中，限额以上零售企业销售额增速居前5位的类别依次为：五金、电料类增长30.3%，家具类增长28.3%，机电产品及设备类增长27.6%，中西药品类增长23.5%，日用品类增长21.7%。

2014年，市商务系统完善万村千乡市场工程，对全市万村千乡农家店、配送店开展集中治理活动，促使其规范化、功能化、系统化；完成沁阳西万镇、温县祥云镇等8个乡镇农贸服务中心建设，增强承办企业集中配送能力。充实完善农产品流通项目库建设，征集、筛选建设项目20个，组织建设沁阳神农农批市场、温县国际怀药物流交易中心、武陟兴渔合作社冷库扩建等一批农产品流通项目。为农民提供产前、产中、产后购销信息对接服务，注册商户信息1882条，供求信息3324条，成交额6703.89万元。组织商贸企业参加中国加工贸易博览会、中国绿色食品博览会、中国西部采购商大会、中国食品博览会等系列展会，组织企业开展2014年消费促进月活动，开展各类促销活动100多场，销售额达1.03亿元；组织企业开展“豫货网上行”“阿里巴巴·焦作产业带”等网络销售活动，成效显著。制定实施《焦作市商贸服务业提升三年行动计划》，市百货大楼股份公司成功兼并原新百商贸公司，申报沁阳玫瑰城为省级品牌消费集聚区，建设旅游标准化购物中心6家，打造（温县）河南恒昌贵金属公司为区域性再生资源回收利用基地，争取政策扶持资金256.7万元，组织申报6座加油站为省级管理示范加油站，开展商务中心区、特色商业区、商业功能区、零售业节能环保示范创建活动。促进社区商业建设，形成点多、面广、方便的社区消费网络，方便居民购物；整合家政服务资源，加盟企业1658家，涉及保姆、保洁、护理、维修、配餐、搬家等家庭生活的各个方面，组织培训家政服务人员500多名，争取国家政策资金65万元。组织制定放心早餐试点工程实施方案和细则，争取政策扶持资金28.29万元，设置放心早餐网点43个，供应早餐品种35个。组织召开各层次文明餐桌活动动员会、座谈会、观摩会35场（次），印制文明餐桌温馨提示牌、海报、宣传画、台卡2.5万多幅（套），各餐饮企业、机关、学校食堂相继开展“适度点餐、合理消费、剩菜打包”抽奖打折或赠送纪念品等形式多样的活动，全市共评选表彰文明餐桌活动示范企业29家、示范机关食堂7家、示范学校食堂18家、示范街4条、文明服务员110名。加强市场运行监测，扩大监测范围，优化样本结构，提高数据质量。全年撰写各类市场运行分析报告1150多篇，被国家商务部采用670条，省商务厅采用592条，市领导批示9条。搞好应急储备工作，组织完成国家级储备猪肉2700吨，省级储备猪肉1000吨，市城区落实肉类储备300吨，县市储备700吨。建立应急投放机制，积极探索冬储蔬菜应急储备制度。推进酒类经营备案登记制度，新增备案登记经营户52家，累计达3115家。组织做好废旧汽车、成品油、拍卖、典当、旧货、租赁、直销、再生资源回收、特许经营等特种行业的经营监管工作。落实安全生产经营目标责任制，开展一系列安全生产经营专项整治活动，为消费者提供安全、方便、舒适的购物环境。

（叶朝晖）

【消费品市场运行特点】 2014年，焦作市社会消费品零售总额555.2亿元，增长12.2%，居全省第十七位，低于全省平均水平0.5个百分点。从行业看，批发和零售业主导作用增强，全市批发零售业实现消费品零售额469.7亿元，同比增长12.4%，高出全市平均水平0.2个百分点，占全市社会消费品零售总额的84.6%，对全市社会消费品零售总额增长的贡献率高达85.6%；全市住宿餐饮业实现消费品零售额85.5亿元，同比增长11.3%，低于批零行业增速1.1个百分点。从销售单位所在地看，城镇消费品市场拉动作用明显，全市城镇市场零售额447.6亿元，同比增长12.5%，高出全市平均水平0.3个百分点，高出乡村1.3个百分点。从发展规模看，个体私营经济持续发展，全市个体经济消费品零售额256.8亿元，同比增长8.9%，占全市社会消费品零售总额的46.3%,对全市社会消费品零售总额增长的贡献率高达34.8%。从消费分类看，汽车类、石油类商品销售强劲，共实现零售额96亿元，占全市限额以上商品零售额的43.3%，其中汽车类完成零售额51.6亿元，同比增长19.0%；石油及制品类完成零售额44.4亿元，同比增长14.7%。从政策因素看，住宿餐饮业增速回落。2014年，全市住宿餐饮业单位主动适应国家政策性规定、倡导节俭风尚等消费环境变化，各级部门采取多种有力措施转变工作作风，简化公务、商务接待活动；在文明就餐理念倡导下，居民消费更趋理性和节俭，点餐更倾向于经济、实惠、适量的原则，餐饮业尤其是高端餐饮消费受到较大影响，进而影响消费品市场的较快增长。全市住宿餐饮业实现消费品零售额85.5亿元，同比增长11.3%，比上年回落0.5个百分点，低于全市平均水平0.9个百分点。

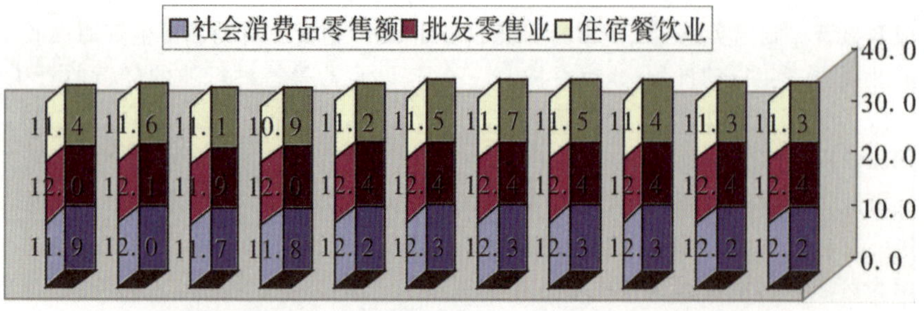

2014年焦作市社会消费品零售额及分行业增速（%）

【消费品市场影响因素分析】 2014年，在焦作市消费品市场持续稳定增长的同时，依然有诸多因素制约着消费品市场的增长。从限上单位看，限上单位数量较少成为制约零售额增长的瓶颈，全市共有限额以上单位326家，其中批发零售企业264家，住宿餐饮业62家。2008年第二次经济普查资料显示，全市限额以单位总数已达291家。经过5年的发展，全市限上单位仅增长35家，总数仅占全省的3.3%。从消费市场看，农村消费市场规模较小，城乡市场发展不平衡，全市乡村市场零售总额107.6亿元,仅占全市社会消费品零售总额的19.4%，同比增长11.2%，低于城镇1.3个百分点，低于全市平均水平1个百分点，农村消费品市场有待进一步拓展。从评估指标看，相关评估指标在全省位次居后，影响全市消费品零售额增长，全市6项相关经济指标中，除住宿餐饮业税收增长速度居全省第四位外，其余5项经济指标在全省排名均在第十名以后，相关指标不支撑，直接影响全市社会消费品零售总额的数据认定。网上购物和购买力外流也分流了相当部分消费群体，影响了全市社会消费品零售总额的增加。从物价看，物价上涨导致居民即期消费压力加大，全市居民消费价格总指数同比增长1.8%，其中关系民生的食品类增长3.5%，衣着类上涨3%，鲜蛋增长14.9%，从长远看，这些生活必需品消费价格指数的增长直接影响到中低收入家庭的正常开支，对人们的消费心理造成负担，在收入预期没有较快增长的前提下，中低收入家庭会以减少开支来应对价格上涨，进而影响到消费市场的持续增长。

（李晓灵）

【焦作电子商务产业园签约仪式举行】 1月6日，焦作电子商务产业园签约仪式在焦作新区举行。焦作电子商务产业园项目总投资12亿元，占地面积300亩，建筑面积27.5万平方米，主要建设电子商务中心、公共服务中心、会议会展中心、云数据中心、现代仓储物流中心以及延伸服务和相关配套设施。项目建成后，将可容纳企业实体200家以上，电子商务年交易额200亿元以上。

河南省电子商务企业名单

焦作中盛北斗电子有限公司
河南快狗电子商务有限公司
河南赤羽网络科技有限公司
焦作苏宁云商有限公司
武陟县牧友皮业有限公司
焦作云台山旅游发展有限公司
焦作市重阳职业技能培训学校
焦作易特电子商务有限公司
温县润佳山药交易物流中心有限公司
焦作市小小韩贸易有限公司
焦作市红棉鞋业有限公司
焦作市青峰网络科技有限公司
怀山堂生物科技股份有限公司
焦作市天狼鞋业有限公司
焦作市健国怀药有限公司
河南省恒牧机械有限公司
河南星通北斗科技有限公司
河南龙昌机械制造有限公司
河南兰兴电力机械有限公司
河南科霖达菊珍饮品股份有限公司

焦作怀庆府电子商务有限公司
中青易蜂信息技术有限公司
沁阳市众德怀药有限公司
沁阳市金茹亿布艺厂
沁阳市魅丝黛儿贸易有限公司
河南省老师傅食品发展有限公司
焦作市广德义工贸有限公司
焦作市明仁天然药物有限责任公司
河南万意网络科技有限公司
孟州市愈达网络科技有限公司
焦作隆丰皮草企业有限公司
焦作平光联邦生物科技有限公司
焦作市科瑞森机械制造有限公司

【焦作王府井百货开业】 9月26日，焦作王府井百货开业仪式举行。它是由北京王府井百货（集团）股份有限公司出资的全资子公司，是王府井百货开设的第31家连锁百货店，也是继王府井百货进驻河南洛阳、郑州之后的第三家百货店。地处民主路与人民路交叉口，是焦作城市发展的中心轴线的中央。建筑面积约6万平方米，分地上6层、地下1层，主要经营化妆手表、黄金珠宝、饰品手袋、服装鞋帽、家电家居、摄照器材、运动、儿童用品、美食餐饮等，是集购物、休闲、娱乐于一体的大型时尚百货商场。焦作王府井百货的开业为当地提供就业岗位近2000个。

【鸿运国际商城项目开工奠基】 12月6日，焦作鸿运国际商城项目在马村区开工奠基。焦作鸿运国际商城项目是江苏鸿运集团公司投资建设的大型商业综合体，项目总投资30亿元，规划用地面积1040亩，实际用地面积697亩，建筑面积100万平方米。项目包含家居建材、五金机电、工业博览、百货小商品、家纺服饰、副食产品、数码电子、购物中心、星级酒店、步行街、商务办公、物流仓储等多重业态，是豫西北、晋东南规模最大、业态最全、车位最多、就业人口最多的商业综合体。项目建成后将成为豫西北、晋南地区规模最大，服务功能最完善的现代综合商贸物流中心。项目一期主要包含建材装饰、家居家具、五金机电、工业博览等四大商贸交易广场，以及精品家居中心、精品建材中心两大主题中心。

市长张文深与国泰财富基金中国区总裁就深化焦作农产品产业化进行交流

王府井百货

【外经工作】 2014年，市商务系统积极实施"走出去"战略，动员鼓励焦作市有条件企业到国外考察投资，开办境外生产经营企业。截至年底，新批境外投资企业5家，对外投资2275.63万美元，对外承包劳务营业额3572万美元。

【对外贸易】 2014年，全市进出口总额24.64亿美元，比上年增长8.9%。其中出口总额17.13亿美元，增长13.4%；进口总额7.51亿美元，与上年持平。在优化出口产品结构方面，高新技术和机电产品出口呈现持续增长趋势。高新技术和机电产品出口2.25亿美元，比上年增长31.8%，占全市出口总额的13.1%。

2014年，市商务局贯彻落实《焦作市关于进一步加快外贸发展实施办法》，健全目标考核激励体制，进一步调动外贸出口企业的积极性，武陟经济技术开发区、沁阳经济技术开发区被省政府认定为省级经济技术开发区。积极组织示范区申报省级服务外包示范园区，孟州市申报省级羊剪绒制品出口基地，武陟县申报省级造纸及纸制品出口基地，新增温县四大怀药、中站区出口化工产品2个省级出口产品质量安全示范区。利用省外贸发展专项资金，重点支持市检验检疫局、市质监局的检验检测平台建设。继续加强国家级皮毛出口基地建设，支持焦作隆丰皮草设立出口皮毛检验检疫监管平台，建立皮毛加工企业卫生防疫消毒体系，提升加工能力，增加出口品种，扩大出口市场。积极推动省级汽车零部件出口基地建设，认真落实出口轮胎检验，对出口企业实施动态分类管理，提高通关速度，共办理出口货物原产地签证2955单，累计签证金额2.87亿美元，为企业出口提供了快捷顺畅的绿色通道。积极为企业争取中小企业国际市场开拓资金、外经贸区域资金、进出口贴息资金等1417.14万元。开拓国际市场，组织企业参加华交会、广交会、京交会、上交会、东盟博览会、亚欧博览会、国际（三门峡）投洽会、满洲里中俄边境贸易洽谈会、丹东中朝经贸洽谈会、西安丝绸之路国际博览会等经贸洽谈活动，充分发挥外贸联席办公会议作用，定期召开全市外贸运行分析会议，帮助企业解决外贸出口遇到的困难和问题；联合阿里巴巴举办"2014跨境电商金融峰会"培训，参训企业 80 多家 150 余人；联合中国信保河南分公司举办中信保中小企业承保培训班，参训企业70 多家 160 余人；举办规避涉外法律风险外贸业务培训班，参训企业 80 多家 110 余人。建立进出口企业监测分析系统，动态分析，定期通报，为企业发展提供依据。完善重点出口企业工作联系制度，对年出口额超 1000 万美元的企业，特别是风神、隆丰、佰利联等重点出口企业，按旬进行跟踪，切实为企业搞好服务。通过调查摸底，建立出口商品项目库，召开重点出口企业座谈会，推广典型，查找问题，制定措施，促进对外贸易的健康平稳发展。

（叶朝晖）

·供销合作商业·

【概况】 2014 年，全市供销系统完成商品购销总额 226 亿元，同比增长 25%。其中购进 108 亿元，销售 118 亿元。实现利润 3435 万元，同比增长 38%；利税总额完成 1.13 亿元，同比增长 25%；安全统筹收入完成 45 万元，代理保险完成 80 万元，同比增长 166%；财产安全统筹收入完成 12.9 万元，同比增长 158%；车辆统筹收入完成 32.1 万元，同比增长 221%。经济效益是历年最好的一年。

【农资供应】 2014 年，市供销社共销售各类化肥 25 万吨，储备 13 万吨，为农民免费提供播种机、喷雾器等各种小农机具 3 万余件。开展各类便民服务，增加销售网点，延长营业时间，为农民免费安装、修理农机具，开展电话预约服务，为农民送货到地头、服务到田间。发挥供销社庄稼医院、村级综合服务站、农资超市、农资专业合作社作用，搞好技术咨询，帮助农户开展测土施肥、配方用药、田间管理等技术服务，提高农民科学施肥、科学管理、科学种田水平。推广低碳环保农资，积极参与有机肥和低碳残留农药生产推广使用、高标准农膜推广使用和残旧农膜回收利用等示范项目。温县鹏宇公司在乡镇建立农资服务中心的经验做法得到省政府和省供销社的充分肯定，并在全省供销系统推广。

【专业合作社建设】 2014 年，市供销社采取领办、创办、联办等形式，发展农民专业合作社 25 个，总数达 245 个；创办各类协会 6 个，总数达 62 个；村级综合服务社 86 个，总数达 2117 个，助农增收达 2 亿多元。修武兴农土特产专业合作社全年销售连翘、山楂片、野山药等土特产 300多吨，帮助农户销售土特产 600 多万元；五里源丑鸭松花蛋专业合作社全年产优质松花蛋、工艺画松花蛋、咸鸭蛋等 300 余吨，产品畅销北京、深圳、沈阳等地，成为焦作地区松花蛋行业龙头企业；怀田蔬菜专业合作社吸收社会再就业人员 50 余名，直接带动周边农户近 400 户，受益 1200 余人。

【新网工程建设】 2014 年，市供销系统充分发挥供销社在农村商品流通中的优势和作用，加大农村经营网点建设力度，加强农村商品配送中心建设，建立和完善以集中采购、统一配送和连锁经营为主要方式的农村现代流通服务网络，加快推进新网工程建设步伐，努力构建农业生产资料、日用消费品、农副产品、再生资源四大农村现代流通服务网络。充分利用系统网络优势，与联通公司合作拓展全市农村基层通信业务，提升新网工程建设水平，快速推进全市供销系统信息化建设进程。截至年底，全市新建改建新网工程商业网点 153 个，形成商业面积 2 万平方米。

【废旧物资收购】 2014 年，市再生资源总公司加强对干部职工的业务培训，提高员工的综合素质；对公司资产进行整合，提高使用率和收益率；选派业务骨干帮助行业站点，协调工商、税务、公安等部门，办理各种证照；严格遵守行业规则，依法购销，并积极协同工商、税务、公安等部门对行业内经营情况进行督察，净化经营环境；充实协会人员，积极采编《再生资源工作信息》，为行业的健康快速发展提供强有力的信息保障。

【省供销社调研组莅焦调研】 11 月 6 日，省供销社调研组来焦作市就供销社改革发展及为农服务情况进行调研。市委书记孙立坤会见省供销社党组书记、理事会主任吕彩霞一行。调研组先后到沁阳市紫陵供销社、温县鹏宇公司调研，对沁阳市紫陵供销社网点建设、温县鹏宇公司农资经营模式开展情况给予充分肯定，并表示将总结、挖掘焦作的成功经验，向其他地市推广。

（王晓东）

温县北冷生活服务中心开业

·粮油购销·

【夏粮收购数量和质量创历史新高】 2014年，市粮食局继续做好仓容准备、器械维修、人员培训和优质服务等工作，采取外购外销、代购代销等灵活经营方式，全方位搞活粮食购销，做大粮食贸易。3月，焦粮集团与陕西、山西等客户联姻，引进资金7000多万元。博爱县粮食局创新服务方式，配合邮政储蓄银行，在收购网点推出代付、代存售粮款服务，同时定期召开协调会，确保区域间收购价格一致、收购标准一致，全市实现粮食总收购150.8万吨，平均价格2.44元/公斤，比上年高出0.2元/公斤，小麦等级也高于上年，二级以上小麦占85%以上，是实行最低价收购政策以来收购秩序最好、收购量最大、入仓质量最好的一年。

【粮食储备】 2014年，市粮食局在储备粮管理方面，建立职能明确、制度完善、运行高效、监管有力的地方储备粮管理体制。在储备粮管理上突出“四严”：严格规范管理，加强粮油储备管理工作，做到“一符三专四落实”；严肃专项检查，采取听汇报、查台账、核实物等方法对承储企业进行全面检查，保证做到储备粮油账实相符、库贷相符；严格查粮制度，对在库粮食实行粮情日查旬报制度，对检查中发现的问题及时处理，确保不坏一粒粮；严密销售手续，地方储备粮实行合同销售，做到粮随钱走、款到发货、钱货两清。粮安工程方面，经过市县财政、粮食部门、建设单位和施工企业的共同努力，全市粮油仓库维修改造工程全部竣工并通过验收。全市共投入资金1226万元，其中财政补助资金876万元，企业自筹350万元。经过维修改造后的粮油仓库在夏收前全部投入使用，缓解了库容紧张局面，实现了粮食收储经营的可持续发展。

【粮食监管】 2014年，市粮食局开展监管能力提升年活动和转圈粮专项整治行动，温县和沁阳粮食局对承担小麦最低价收购的企业开展全覆盖检查，孟州、武陟、修武、博爱县粮食局按照竞拍交易规则，加强对竞拍粮食销售过程的监管，杜绝转圈粮发生。开展监督检查示范单位创建活动，温县粮食局被省局授予省级监督检查示范单位。组织粮食监察大队，开展夏秋粮食收购政策宣传和市场监督检查，督促粮食企业自觉遵守规定，切实维护种粮农民利益和粮食市场秩序，同时在《焦作日报》上公布七部监督举报电话，接收社会监督。

【主食产业化项目推进】 2014年，市粮食局通过争取资金和政策、市场化运作等方式，上项目，上品牌，加快推进主食产业化项目，配合财政部门，为粮食深加工企业斯美特集团、博爱农场、掌柜食品等企业争取产业化扶持资金219万元。8月，同亿嘉投资集团公司签订合作建设焦西物流园区项目，建设资金达50亿元。博爱县鸿瑞食品有限公司投资设立的馒头生产线日产量达6万个，已成为焦作地区规模最大的主食馒头制品生产厂家，10月，该公司又推出独具地方特色的怀药馒头新产品。

【粮食品牌培育和打造】 2014年，市粮食局通过互联网和当地新闻媒体，开展征集焦作粮食历史资料及实物活动，挖掘焦作粮食背后的故事。以发端于焦作本土的神农祭天、出土于焦作的汉代陶仓楼等粮食文化为知识点，举办焦作粮食集团杯粮食文化知识有奖竞赛，广泛推介焦作粮食。启动全国优质高产小麦之都创建工作，省粮协同意并推荐焦作申报全国优质高产小麦之都。12月，中国粮食行业协会专家组考察全国优质高产小麦之都创建工作，国家粮协小麦分会、省粮协以及国家小麦工程技术研究中心专家等给予肯定，并表示全力支持焦作全国优质高产小麦之都创建工作。

【粮油特产电子商务中心建成运营】 12月，以焦粮集团为依托，焦作市粮油特产电子商务中心建成运营，为焦作优质粮油产品走向全国搭建了网上销售平台。主要经营焦作粮油精品和焦作特产等产品，品种有“四大怀药”，用怀药加工生产的山药挂面、铁棍山药养生薄饼、陈式太极怀山药酒；优质小麦、小麦种子、有机大米、菡香珍米和五颜六色的优质杂粮；石磨面、杂粮面、方便面、挂

副市长姜继鼎参观粮油特产电子商务中心

面、鲜湿面及饺子粉、自发粉、全麦粉、雪花粉等；香椿酱、芝麻香油、黑米醋、葵花籽油。粮油特产电子商务中心的建成，拓展了粮食行业市场发展空间，催生了新的粮食经济增长点，搭建了粮食产销合作桥梁和流通平台，扩大了焦作粮食优质高产优势的品牌效应和知名度，为提高焦作粮油品牌效益，服务农业增效、农民增收发挥重要作用。

【创建中国优质高产小麦之都启动】 9月18日，焦作市创建中国优质高产小麦之都工作会议召开，标志着焦作市创建中国优质高产小麦之都启动。以“农业增效、农民增收、产业做大、品牌做响”为目标，以打造焦作粮食特别是优质小麦品牌为突破口，依托焦作粮食生产的地缘优势、自然禀赋、文化积淀和产业基础，找准焦作小麦的优势和特质，培育品牌、包装品牌、展示品牌、宣传品牌。全方位提升焦作粮食的品质，逐步将焦作粮食的资源优势转化为经济优势。创建中国优质高产小麦之都对于提升全市粮食产业化水平，促进农业增效和农民增收具有重要的推动作用；有利于引导农民进一步改善或调整粮食种植结构，提高优质粮食品种种植比例，提高粮食的出售价格，增加农民收入；有利于引导粮食加工企业注重品牌建设，促进企业加快技术进步和标准化管理，发展产业化经营，提高产品品质和档次，增加企业效益；有利于满足消费者对无公害特别是绿色、有机粮食的消费需求，保证食品安全。

【参加第十三届国际粮油展】 11月1日至3日，第十三届中国国际粮油产品及设备技术展览会在江西南昌举行，市粮食局局长杜拥军带队，组织粮油企业参加会展。全市有6个粮油企业60多个产品参加展会，展出产品主要包括粮食企业和加工转化企业的名、优、特、新、精产品，其中菡香珍米、黑麦茶、铁棍山药等产品成为展交会上一大亮点。会展期间，市粮食局展位的布置设计新颖独特，在河南的粮油展位中面积最大、参展品种最多，受到各级领导和参展人员的一致好评，国家粮协和省粮协等领导专程到焦作市展区参观指导，并对焦作市粮油产品给予高度评价。

【市粮食局被评为全国“粮油科技进军营”优秀单位】 8月，在国家粮食局公布的“粮油科技进军营”活动优秀单位和服务标兵名单中，焦作市粮食局成为河南省唯一获此荣誉的地市粮食局。2013年以来，焦作市粮食局认真贯彻落实部队有关部门和上级粮食部门的要求，深入开展“粮油服务进军营、餐桌节约促强军”活动。市粮食局牢固树立政治责任感，强化领导、周密部署，成立活动领导小组，精心制定活动方案，邀请驻焦部队召开活动动员会。在活动开展中坚持军民融合式发展，不断创新平战保障能力，积极引导官兵发扬勤俭节约、爱粮节粮传统，协助部队开展节约强军活动。同时从部队现代后勤建设出发，充分发挥粮油质检、储藏、鉴别等方面的优势，组织粮油质检、储存、品质鉴别方面的技术骨干深入部队基层交流传授粮油知识和技术。并针对驻焦部队在食品制作和科学配餐方面存在的薄弱环节，聘请餐桌饮食、糕点制作、营养健康等方面的名师专家，分期分批对驻焦部队炊事人员进行培训，传授特色名菜、风味食品、面食糕点等伙食制作、营养搭配的新知识、新技能，协助部队开展膳食营养科学管理，广泛深入地开展科技拥军、知识拥军，受到驻焦部队官兵的热烈欢迎。

（赵四清　郭利强）

·烟草专卖·

【概况】 2014年，市烟草局销售卷烟11.74万箱，同比增长2.95%；实现单箱销售收入2.51万元。全年实现税利5.52亿元，同比增长18.12%；上缴财政总额3.31亿元，全市排名第三位。卷烟经营获省公司2014年度全省卷烟销售超额完成目标奖二等奖。

【专卖管理】 2014年，市烟草局立案查处涉烟案件1265起，查获卷烟1.87万条，收缴烟叶烟丝2.52万公斤，行政拘留11人，刑事拘留21人，逮捕12人，判刑10人。破获网络案件7起，结案2起；破获符合国家局标准的网络案件1起，即孟州“3·10”案件，涉案金额238.59万元。

【卷烟经营】 2014年，市烟草局累

3·15集中焚烧假冒霉变卷烟现场

计销售一二类烟 2.09 万箱，同比增幅 6.17%；销售三类烟 6.82 万箱，同比增幅 0.5%；销售收入全国排名前 15 位品牌累计销售 25 亿元,同比增幅 7.94%；三类及以上销量全国排名前 15 位品牌累计销售 8.06 万箱,同比增幅 3.12%。

【基础管理】　2014 年，市烟草局修订完善预算管理办法和定额标准体系，加强资金安全管理，加强重点费用项目控制，费用水平明显下降，三项费用率 7.22%，较省局批复预算下降 0.79 个百分点。开展资产清查，完善资产权证，规范处置闲置资产，资产管理更加规范。开展全省资金监管系统试点工作，配合市国税局、市地税局完成纳税风险评估现场审计工作。探索非烟物流工作，成立焦作豫烟物流公司，推进非烟物流品牌的代理筛选，实现了烟物流代理品牌按时运营，提升卷烟物流配送功能。落实安全生产责任制，加强安全教育、检查和隐患整改，查找岗位安全风险点，建立安全防范措施，开展安全生产标准化达标创建活动，安全形势继续平稳。

【市场监管】　2014 年，市烟草局积极构建制度完善、职责明确、监管到位、奖惩分明的内部监管体系，突出抓好异常品牌、异常销量、异常订单、异常客户的监管，组织开展内管工作和规范经营全面检查，在全区通报检查情况，有效整改发现的问题。严肃处罚辖区内违规经营的相关责任人，严格落实规范权力运行、公开透明操作、确保监管到位、打造阳光烟草的总体要求，完善招标采购管理办法，明确职责和流程，加大监督检查力度。组织开展审计整改回访、工程审计等工作，扎实整改暴露出的问题，全年完成各类审计项目 41 个，促进增收节支 28.01 万元。

（刘　毓）

·盐业管理·

【食盐专营】　2014 年，市盐业局建立强奖励、重惩罚，动力和压力相结合的目标管理考核新体系，使工作目标更清，工作方向更明。倡导少吃盐、吃好盐的消费理念，推进食盐产品结构升级，先后向市场推出低钠盐、精纯盐、绿色海晶盐、海藻碘湖盐等食盐新产品，满足广大人民群众不同层次的消费需求，推动行业经济质量和效益的提升。开展全员营销活动，采取统一时间、统一内容、统一标准的方式，与商户形成一对一零距离服务模式，进一步提高市场掌控力。截至年底，共完成食盐购进 2.7 万吨，占年计划的 148%；食盐销售 2.8 万吨，占年计划的 154%。全省盐行业综合成绩排名第三位，连续 18 年荣获河南省食盐专营先进单位和目标管理先进单位。

【工业盐管理】　2014 年，市盐业局努力提升服务水平，助推工业用盐企业发展，采取一企一策的服务方式，定专人，派专车，定期到用盐企业走访沟通，了解生产经营情况，征求服务方面意见，及时为用盐企业提供质优价廉的盐产品。积极与产区协调，采取直线送达、曲线结算的方式，为企业减少短途运输和装卸环节，有效降低企业经营成本。截至年底，全市完成工业盐购进 1.35 万吨，占年计划的 135%；工业盐销售 1.46 万吨，占年计划的 146%。

【盐政监管】　2014 年，市盐业局先后组织开展打击制售假冒小包装食盐、学校幼儿园食堂食盐安全、集贸市场食盐流通秩序、食品加工环节用盐安全及饲料生产用盐等十余次专项整治活动，重点治理用非碘盐或工业盐加工食品，危害食品安全的涉盐违法行为。开展食盐安全访万家活动，把乡村、集贸市场、学校、幼儿园、饭店、集体食堂作为走访重点，把家庭主妇、老年人、学生和食盐经营户作为宣传的主要对象，提醒人们要健康用盐，科学用盐，传授给群众辨别真假碘盐的方法。开展食盐安全村创建，与各村村委结合，采取刷墙标、做展板、挂条幅、送盐罐等形式广泛宣传食盐安全知识，为广大群众营造放心的食盐安全环境，截至年底，全市创建食盐安全村 15 个。在全省率先开展减盐健康行动，采取设立咨询台、摆放展板、悬挂横幅、发放宣传材料等多种形式，大力宣传碘缺乏病防治知识。截至年底，市盐业局共查处涉盐违法案件 634 起，查获非法盐产品 108.7 吨，罚款 12.57 万元，移

减盐健康行动仪式启动

交司法机关刑拘涉盐违法人员 10 人，判刑 14 人。

（张国秀）

·物　　资·

【经营管理】　2014 年，市物资局调整经营思路，加大投资力度和招商力度，提高对现有资产的开发挖潜，租赁面积较上年增加 1 万平方米，截至年底，资产租赁面积达 5.7 万平方米，平均出租率达 97%以上。深化物流业与制造业联动发展新模式，加强与昊华宇航、中铝等大企业的物流合作，开拓与佰利联、冰晶石厂、中原内配新的物流合作伙伴关系，物流业与制造业的两业联动向纵深推进，联动成果逐步显现，全系统物资销售额达 1.8 亿元，基本上与上年持平。旧车交易市场作为全省旧车流通协会会长单位和省司法鉴定评估联合体副会长单位，一站式服务功能得以有效拓展，市场的竞争优势大大加强，旧车交易量 1.1 万台，较上年同期增长 25%，市场占有率保持在 69%以上。民用爆破狠抓安全管理和业务经营，实现销售额 3800 万元，较上年同期增长 19%；报废汽车回收拓展收车渠道，超额完成年度计划 16%，车辆补贴发放工作走在全省前列。

【现代物流业建设】　4 月，市物资局组织全市十余家省定物流企业赴郑州参加全省物流统计培训会议，并按照全省统一部署完成 2013 年度年报表的上报工作，焦作市物流统计工作迈出探索性一步。9 月，共办结人大建议 1 件和政协提案 6 件，办理结果得到人大代表和政协委员的肯定。10 月 20 日，同郑州、洛阳、三门峡、商丘、开封等城市共同成为丝绸之路经济带物流联动发展合作联盟成员城市，为促进焦作市物流业发展、助推焦作市转型升级带来新的机遇。12 月，对全市物流企业和物流项目进行全面调研，市物资局和市发改委组成物流调研组到县市区以及 45 家物流企业，采取全面调研与专项调研相结合的方式深入了解各县市区物流业发展现状、物流园区建设、两业联动发展、物流政策瓶颈等方面情况，并形成《焦作市现代物流业发展调研报告》。组团参加河南省现代服务业开放合作洽谈会，焦作市共有 28 个物流项目参加会议，现场成功签约 4 个项目，合计投资额 86.5 亿元。

【物流公共信息平台建设】　2014 年，焦作市现代物流公共信息平台项目经过内部实测和逐步完善，已具备上线技术条件，截至年底，项目后台总投资 160 万元的机房装修和设备安装等建设工作已完工。

【物流园区和物流中心建设】　9 月，中站区政府同河南亿嘉投资控股集团正式签署焦西物流园区项目投资合作意向书，公司注册工作已经完成，标志着市政府确定的 2015 年建成焦西物流园区的目标任务又迈出坚实的一步。焦东物流园区的功能性项目焦作海关监管场所已投入使用，项目三期工程有序推进。焦南物流园区引进的招商局物流项目与瑞庆发动机的配套基本融合。10 月 24 日，河南德众保税物流中心（B 型）通过国家海关总署、财政部、税务总局、外汇管理局 4 部委的联合验收，正式揭牌并封关运行。

【A级物流企业评估】　2014 年，焦作市 A 级物流企业取得零的突破，河南德众物流配送有限公司与河南德众保税物流中心有限公司 2 家物流企业顺利通过国家第 18 批 A 级物流企业评估，于 9 月获得 2A 级物流企业证书，打破了焦作市无 A 级物流企业的历史，同时河南万里集团焦作天星汽运公司和市豫通物流公司也分别通过国家 4A 级物流企业的初审。

【河南德众保税物流中心（B型）获国家批复】　2 月 19 日，国家海关总署、财政部、税务总局、外汇管理局 4 部委联合发文，批准设立河南德众保税物流中心（B 型）。该中心是由河南保税物流中心（B 型）平台公司控股的河南德众保税物流有限公司投资建设的海关特殊监管场所，地处孟州市高新技术开发区。该中心的获批，使孟州成为全国第 27 家、河南省继郑州之后第 2 家拥有保税物流中心的城市。

（郑金萍）

焦作市公安局

省公安厅厅长王小洪到焦作市调研并慰问基层公安民警

市委书记孙立坤到人民路交通岗看望一线执勤民警

时任市委常委、政法委书记、公安局局长丁保东在副局长高继领等陪同下，到特警支队指导工作

2014年，全市公安机关共接报各类有效报警求助事项8.98万起，下发接处警指令26万余条。其中刑事类案件发案6045起，同比上升16.4%。现行命案发案率同比下降28.6%，“两抢一盗”案件发案率同比下降16.4%，破电案件发案率同比下降9.9%，交通事故1.93万起同比上升15.4%、伤亡率和直接财产损失同比分别下降79.31%、14.52%。火灾事故1200起，同比下降39.6%；共受理公众举报投诉事项50件，与上年同比基本持平，办结率和受理投诉群众满意率均为100%，短信回访总量14.5万条，平均满意率为99.81%；复核各类证件23.2万件，清理注销重复户口3756人，通过户籍窗口抓获网上逃犯33人；内部单位发案数同比下降37%，全市没有发生严重影响群众安全感的刑事案件，没有发生重大治安灾害责任事故和交通火灾事故；在全省公安绩效考评规则、导向和方式发生重大改变的情况下，全市公安机关积极研究对策，迅速调整工作方向，全力投入新规则下的绩效考评工作，整体成绩一直处在全省第一集团的位置。执法规范化建设、专项工作排名全省第一，重点业务和基础工作排名全省前三，以实实在在的工作展示了焦作公安的优良作风，荣获全国公安机关警务督察工作成绩突出集体称号，交警支队高速公路交通管理处被评为河南省人民满意十佳政法单位，12个集体、343名民警立功受奖，2名公安民警荣登中央文明办主办的“中国好人榜”，1名民警被授予“全国公安二级英模”。

反暴恐应急演练现场掠影

设卡民警正认真盘查可疑车辆

民警向被盗商户退还追回的赃物

省运会民警执勤

焦作市环境保护局

召开焦作市大气和水环境治理攻坚推进会

市委副书记、市长谢玉安调研环保工作

局党组书记、局长 秦中华

2014年，焦作市环境保护局紧盯“化学需氧量、氨氮、二氧化硫、氮氧化物、主要防控重金属”5项（类）污染物总量削减，以开展“蓝天工程”“清水行动”“重金属污染专项治理行动”“乡村清洁行动”四大工程为载体，组织开展了“54130污染整治工程”，圆满完成了130项重点污染整治任务。全市环境空气质量优、良天数达到248天，高于省定目标要求29天。地表水环境质量与2013年相比，海河流域河流断面化学需氧量浓度下降7.1%，氨氮浓度下降7.7%；蟒沁河流域河流断面化学需氧量浓度下降9.5%，氨氮浓度下降32.1%。

市环境保护局顺利通过全国文明单位复验，被省政府、省环境保护厅评为政府、系统目标完成优秀单位。此外，还先后获得作风建设暨反腐倡廉建设工作优秀单位、平安建设先进成员单位、依法行政工作先进单位、企业服务活动先进单位等41项集体荣誉，55人次受到上级有关部门表彰。

组织重点项目巡回服务活动

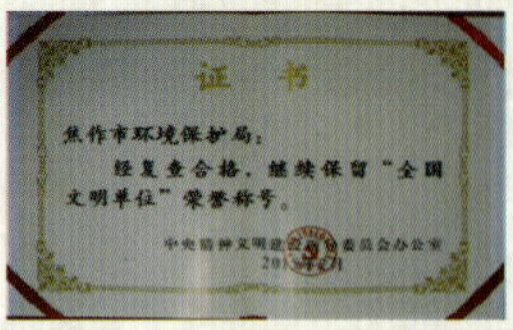

开展环境应急演练现场

举办“6·5”世界环境日环境大接访活动

焦作市商务局

2014年2月8日，市委书记孙立坤在神华国能焦作电厂调研。

2014年3月31日，组团参加第八届投洽会。

2014年，全市实际利用外资7.29亿美元，增长10.1%，居全省第6位；实际利用省外资金497.7亿元，增长15.4%，居全省第3位；实际利用市外资金1245.4亿元，增长16.7%，外贸进出口总值完成24.64亿美元，增长8.9%，居全省第2位。其中出口完成17.12亿美元，增长13.4%，居全省第3位；进口完成7.51亿美元，同比持平。全市社会消费品零售总额实现555.2亿元，增长12.2%，增幅居全省第17位。被省商务厅授予“2014年度全省商务工作突出贡献单位”。

开放招商方面 全年签约10亿元以上项目33个，项目总投资522.7亿元。成功引进投资12亿元的六面顶液压机及精密刀具制造、投资18.3亿元的航空航天3D制造（焦作）产业园、投资40.5亿元的新型手机玻璃盖板、投资21亿元的悍马轮胎河南生产基地、投资11亿元的汽车零部件产业园、投资19亿元的磁控溅射镀膜、投资22亿元的飞孟激光再制造城市矿产、投资15亿元的年产18万吨新型高端铝合金型材、投资80亿元的泛家居产业园等项目。

对外贸易方面 武陟经济技术开发区、沁阳经济技术开发区被省政府认定为省级经济技术开发区，积极组织示范区申报省级服务外包示范园区、孟州市申报省级羊剪绒制品出口基地、武陟县申报省级造纸及纸制品出口基地，新增温县四大怀药、中站区出口化工产品2个省级出口产品质量安全示范区。

商贸物流方面 加快推进投资12亿元的焦作示范区电子商务产业园、焦作中心商务区和阿里巴巴·焦作产业带建设。中国（焦作）动漫世界、焦西物流园区等项目签约落地，鸿运国际商城开工建设，王府井百货项目开业运营。积极融入“一带一路”战略，焦作市成为丝绸之路经济带物流联动发展合作联盟成员城市。

市商务局组织开展经贸洽谈活动集锦

市商务局组织开展文明单位创建活动集锦

焦作市粮食局

常务副市长姜继鼎等参观焦作市粮油特产电子商务中心

焦作市创建全国优质高产小麦之都工作座谈会

食品安全宣传月活动

爱粮节粮进社区、进校园宣传活动

焦作粮食工作在市委、市政府的正确领导和省粮食局的具体指导下，全市粮食系统广大干部职工以党的十八大和十八届三中、四中会全精神为指导，贯彻落实习近平总书记系列讲话精神，立足焦作实际，发挥本地优势，夏粮收购数量和质量创历史新高；各级粮食储备规模得到加强，结构进一步优化；创建中国优质高产小麦之都工作初见成效；争创粮食监督检查示范单位成果得到巩固；全市首家粮油特产电子商务中心开通运营并上线交易；落实“粮安工程”的危旧仓房改造工作有序推进；粮油质量安全检测工作继续加强；军粮供应服务水平进一步提高；反腐倡廉和政风行风建设成效显著，精神文明建设硕果累累；棚户区改造等民生工程圆满完成；粮食行业大局稳定。

2014年，市粮食局被评为全国“粮油科技进军营”优秀单位、全省粮食流通工作责任目标完成优秀单位。

焦作市安全生产监督管理局

国务院安委会第十五督查组在焦作市指导安全生产工作

国家安全监管总局牛开建司长到市安监局指导安全工作

焦作市安全生产监督管理局成立于2001年7月，为市政府安全生产委员会的常设办事机构，正处级行政机构，综合管理全市安全生产工作，履行安全生产监督管理职能。内设办公室等8个职能科（室），下辖焦作市安全生产执法监察支队、焦作市安全生产事故救援中心和焦作市安全生产技术中心三个二级机构。

近年来，焦作市安全生产工作始终坚持“安全第一、预防为主、综合治理”的方针，以“三提三减一避免”为目标，牢固树立“生命至上、安全第一、责任如山”“事故可防可控”“从零开始、向零奋斗”的理念，采取严格有效措施，狠抓各项目标任务的落实，持续推进安全生产综合治理和源头治本，全市安全生产保持了总体平稳、持续好转的发展态势，从2004年起连续11年完成了省政府下达的年度控制考核指标，被省政府授予“安全生产优秀（先进）市”。

2014年，焦作市被省政府表彰为安全生产目标考核优秀市”。焦作市安监局被授予全国安全生产监管监察先进单位、全国安全生产月活动先进单位、省安全生产工作先进单位和安全河南杯安全生产知识竞赛优秀组织奖3项荣誉。被市委、市政府表彰为安全生产大检查先进单位，企业服务活动先进单位、2012-2013年全市政风行风建设先进单位，争创人民满意公务员活动先进集体，依法行政工作先进单位，先进基层党组织等11项荣誉。

省安全监管局纪检组长杜全顶到中铝中州分公司烧结法赤泥库、台马沟赤泥库等尾矿库进行汛期前安全检查

全市安全生产工作会议

组织开展安全生产咨询日活动

焦作市妇女联合会

韩国女性团体协议会莅焦访问

焦作市纪念三八国际劳动妇女节104周年暨建设美丽焦作动员大会

市妇联开展“三严三实”教育实践活动

开展“双学双比”建功现代农业发展工作会议

2014年，市妇联以经济转型示范市和美丽焦作建设为总目标，以“坚强阵地和温暖之家”为总要求，做实“三服务”（服务大局、服务基层、服务妇女）；改革创新，做到“三突出”(突出重点、突出特色、突出品牌）；务求实效，实现“三推进”（推进工作目标项目化、工作内容载体化、工作方式社会化）。团结带领广大妇女在经济发展新常态中建功立业，在美丽焦作建设中彰显风采，把妇女工作推向了新的阶段。

2014年，全市共举办各级各类妇女培训班290期，培训妇女2.6万人；共向创业女性发放贷款14亿元，受益妇女2万余人；共表彰和睦家庭示范户262户；推荐、宣传各类先进妇女典型578名；为4万名适龄妇女进行了“两癌”免费检查，争取“两癌救助”公益项目资金18万元；全市各级妇联共与贫困留守儿童结对289对，帮扶资金3.2万元，慰问贫困儿童4601人，捐赠物品1928件；创建省级示范妇女之家35家、市级示范妇女之家100家、在村（社区）建立妇女之家1500个，全市基本形成了妇女阵地场所网络化。市妇联先后荣获全国巾帼建功活动先进集体、省级文明单位、母亲邮包公益项目先进集体、妇女权益维护先进集体等6项省级以上荣誉称号。

市妇联主席廉常萍看望老红军

廉常萍带队深入县市区开展专题调研

焦作市国土资源局

2014年，全市国土资源工作认真履行新职责定位，严格规范管理，积极主动服务，较好地服务保障了经济转型示范市和美丽焦作建设。

推进绿色发展，保红线成绩突出 严格落实耕地保护规章制度，全市19.27万公顷耕地保有量和16.14万公顷基本农田保护红线得到保护；开展土地整治和复垦，为全市38个建设项目补充耕地760公顷，连续16年实现了耕地占补平衡。治理废弃矿山8.78平方公里，恢复耕地2924亩，植树近7万棵，建设生态公园3个。

推进转型发展，保发展成果显著 科学配置新增建设用地计划指标9500亩，全市共获批建设用地1392公顷，保障了海关物流园区等202个项目；市本级供应土地276.5公顷，出让合同价款18.85亿元，创历史新高；办理土地登记4369件，通过土地抵押，为企业解决资金61.8亿元。对全市矿山企业进行科学整合，矿企数量减至55家。

推进和谐发展，保权益落到实处 进一步规范了土地出让收入征收管理，全年共支付征地补偿款1.45亿元；印发焦政办〔2014〕100号文件，改写了全市无被征地农民社会保障办法的历史，建立保障性安居工程建设项目土地供应审批绿色通道，办理保障性安居工程项目4个，供应面积3.88万平方米，农村集体土地所有权确权登记发证工作全部完成；使用权确权登记发证工作快速推进，全市1808个行政村，638510宗地地籍调查已经全部完成。

推进持续发展，保效益成效明显 严格土地节约集约利用，对批而未供、闲置土地等进行清理。建立建设用地批后公示、开竣工保证金制度和已供土地巡查台账，创建集日常巡查、立案报批、远程指挥于一体的数字执法新模式，规范矿产资源“三率”管理、矿产资源补偿费征收程序，全年共征收补偿费1610万元。

推进示范发展，不断深化改革创新 实现办理全程网上公开、查询和监督，并接入了市监察局电子监察系统。数字焦作基础地理空间框架建设通过国家验收，先后为市水利等部门提供了价值4690万元的基础测绘成果。“焦作市地理信息公共服务平台”数据的汇交和共享程度在全省领先，在全省率先完成“一张图”数据库和综合监管平台建设，44项审批流程全部实现网上全程办理。

原全国政协副主席张怀西视察焦作市北部山区生态环境治理工作

市委书记孙立坤调研国土资源管理工作

时任市委副书记、市长张文深调研指导矿山恢复治理项目

时任副市长胡小平指导北山治理工作

焦作黄河河务局

● 全国文明单位 ● 全国水利文明单位 ● 全国模范职工之家

黄委主任陈小江调研焦作河务局基层工作

焦作市委书记孙立坤检查引黄入焦工程建设

河南河务局局长牛玉国检查沁河防汛工作

近年来，焦作黄河河务局认真践行“治河为民，人水和谐”理念，始终坚持以维持黄河健康生命支撑区域经济社会可持续发展为中心，贯彻落实“基层为本、民生为重”管理理念，牢牢抓住防汛与抗旱、工程建设与管理、水政与水资源管理、精神文明建设等重点工作，注重事业发展和高效服务，注重基层发展和民生改善，注重班子团结和单位和谐，推动了焦作治黄各项事业健康稳定发展。

完成历次调水调沙生产运行任务、温县黄河大玉兰等控导工程较大险情抢护、沁河马铺险工及武陟东安护滩应急抢修工程，确保了焦作境内黄（沁）河度汛安全。

实施最严格的河道管理制度和最严格的水资源管理制度，严格开展河道内违规建设项目整改、河道清障、采砂集中整治等工作，依法依规做好河道内建设项目审批与跟踪监管，保障了南水北调中线等一批国家、河南省重点工程的顺利实施。

以合理利用黄河水资源服务焦作经济社会发展，助力“城市水系建设”，先后促成“引黄入焦”“引黄入武”等重大引黄供水工程，2010年以来累计引黄（沁）供水达16.7亿立方米。

坚持“顶层谋划、高端定位、整体推进、亮点突出”，开展文明单位创建活动，构建和谐治黄局面。2010年、2012年两次荣获全国水利系统模范职工之家称号，2013年荣获中华全国总工会授予的全国模范职工之家荣誉称号；2011年获得全省先进基层党组织称号；自2006年起连续保持全国水利文明单位荣誉，2015年荣获第四届全国文明单位。

黄河标准化堤防

黄河控导工程

军民联合防汛实战演练

焦作黄河河务局办公楼

焦作市盐业管理局

盐政执法人员综合法律培训

减盐健康行动启动仪式

食盐专营的根基是消除碘缺乏病危害，保障人民群众食盐安全。多年以来，市盐业局积极履行专营政治责任，切实维护盐业市场秩序，保障群众食盐安全。

持续开展多种专项整治活动 近年来，市盐业局紧紧围绕保障群众食盐安全，针对食品加工、干菜批发、货物运输等行业，在农贸市场、城郊结合部等重点区域，定期开展了“打击制售假冒小包装食盐”“学校幼儿园食堂食盐安全”“集贸市场食盐流通秩序”“食品加工环节用盐安全”及“饲料生产用盐”等多项集中整治活动，重点治理了用非碘盐或工业盐加工食品，危害食品安全的涉盐违法行为，有效保障了全市食盐市场的安全，取得了明显效果。近十年来，每年查处私盐案件均在400起以上，年均查获私盐50余吨。

持续提升执法水平 为适应市场需求，市盐业局一方面不断加强对盐政人员的学习培训，每年都举办盐政执法专题培训班，组织盐政人员学习《盐业管理条例》《食品安全法》《行政处罚法》等相关法律法规，不断提高盐政执法人员的执法水平和办案能力。另一方面不断改善执法装备，先后投入资金200余万元，为市县两级盐业执法队伍购置14辆盐政执法专用车，配备电脑、执法记录仪、摄像机、照相机等设备，为有力打击盐业违法行为打下了坚实的基础。

持续开展“食盐安全访万家”和创建“食盐安全村”活动 自2006年起，市盐业局就把“食盐安全访万家”和“创建食盐安全村”作为管护盐业市场秩序、宣传盐业知识的有效手段，常态化抓好抓实。活动中，走乡村、进家户、访学校、查饭店、看商户，把家庭主妇、老年人、学生和零售商户作为主要宣传对象，提醒人们要健康用盐，科学用盐，把辨别真假碘盐的方法传授给群众，把盐业知识送到千家万户。

“5·15”全国防治碘缺乏病日宣传活动现场

为市民发放生活中科学用盐宣传单

盐政人员查获假冒食盐案件

深入乡村为基层群众介绍防治碘缺乏病知识

焦作市烟草专卖局（公司）

市局（公司）第四季度党组中心组集中学习

党组书记、局长、经理王孝亭到基层调研

全市烟草专卖系统工作会议

3·15集中焚烧假冒霉变卷烟现场

焦作市烟草专卖局下辖城区烟草专卖局、焦作市烟草公司城区分公司，修武县烟草专卖局、焦作市烟草公司修武分公司，武陟县烟草专卖局、焦作市烟草公司武陟分公司，温县烟草专卖局、焦作市烟草公司温县分公司，孟州市烟草专卖局、焦作市烟草公司孟州分公司，沁阳市烟草专卖局、焦作市烟草公司沁阳分公司，博爱县烟草专卖局、焦作市烟草公司博爱分公司7个县级烟草专卖局（分公司）和卷烟营销中心、卷烟配送中心、鑫宸商贸有限公司3个二级机构，现有在岗职工521人，其中聘用员工95人。

2014年，焦作市烟草专卖局（公司）销售卷烟117360箱，同比增长2.95%；实现单箱销售收入25052元，较上年同期增加1589元。卷烟经营荣获省公司“2014年度全省卷烟销售超额完成目标奖”二等奖。全年实现税利5.52亿元，同比增长18.12%；上缴财政总额3.31亿元，全市排名第三位。

卷烟送货

第一批专卖营销人员军训动员大会

职工秋季运动会篮球比赛

南水北调中线工程焦作段

国务院南水北调办公室副主任于幼军调研焦作南水北调工作

副市长王建修调研南水北调充水试验工作

南水北调中线工程焦作段全长76.41公里，2005年9月27日穿黄工程在焦作首先开工，2008年12月26日焦作段全线开工。南水北调征迁工作开展以来，“以人为本，和谐征迁”作为指导思想，在全市各级、各有关单位大力支持和关心下，齐心协力，凝聚各方力量，汇集各方资源，按时完成征迁任务，同时切实维护好施工环境，为工程顺利建设提供了坚实保障。工程建管、施工单位，采取有力措施，按时完成建设任务，2014年6月南水北调焦作段开始进行充水试验，9月完成，具备通水条件，12月12日，中线工程开始正式通水，16日抵达焦作。

根据计划，南水北调中线工程每年将分配焦作用水2.69亿立方米，2012年11月15日，焦作市供水配套工程开工建设，焦作市南水北调办公室按照“与总干渠工程同步建设”目标，严抓质量和进度，按时完成建设任务，及时发挥效益。截至2014年底，5条供水线路中，4条线路全面建成，具备输水条件。

2014年度工作会议

专家正在对供水配套工程修武线路进行验收

通水后的南水北调中线工程

供水配套工程28号口门

焦作市公共资源交易中心

时任市委副书记、市长张文深视察交易平台运转情况

市委常委、常务副市长姜继鼎指导中心交易工作

2014年以来，焦作市公共资源交易中心紧紧围绕“公开、公平、公正”的核心要求，持续健全制度体系、夯实业务基础、创优发展环境、提升平台效能，进一步深化公共资源交易改革，公共资源交易工作保持了健康、稳定、快速的发展态势。

突出规范运行，严格交易制度，交易质量稳步提升 2014年，中心共完成进场交易项目1025个，成交金额52.34亿元，增收节支6.25亿元，增收节支率11.16%。其中工程建设交易项目207个，中标价300196.64万元，节约资金38935.67万元；政府采购交易项目743个，成交价71899.59万元，节约资金10842万元；产权交易项目56个，成交价5375.78万元，增收599.2万元；国土资源交易项目19宗，成交价145891万元，增加土地收益12159万元。

突出深化改革，着力服务发展，交易环境全面优化 2014年5月，市委、市政府开始着力推进焦作市公共资源交易改革工作。改革的核心内容主要有三项：一是建立“一委、一办、一中心”的交易架构，“一委”指市公共资源交易管理委员会；“一办”指市公共资源交易管理委员会办公室；“一中心”指重新组建市公共资源交易中心。二是建立了统一委托代理、统一监督管理、统一进场交易、统一评标办法“四个统一”的交易机制。三是投资1500万元启动公共资源交易升级改造项目，一举解决了交易场所不足、硬件设施落后、电子交易系统建设滞后等问题，使全市交易平台实力跃居河南省前列。

突出增收节支，坚持经营城市，发展能力逐步增强 围绕“经营、经济”的工作主题，持续创新交易项目。一是开展解放思想大讨论活动，为公共资源平台市场配制手段的充分发挥提供强有力的智力保障。二是全面开放公共资源交易市场，扩大交易信息的覆盖面，强化交易宣传推介。三是开发引进小汽车号牌号码拍卖等新的交易品种，使无形资产显性化。四是多策并举确保土地增值，有效杜绝了围标串标，盘活了土地市场。

候标厅休息区

交易服务大厅窗口

评标室

焦作市房产管理中心

时任副市长胡小平在市房管中心考察工作

市房管中心主任林新平为廉租户摇号

焦作市房产管理中心以改善全市人居环境为己任，有序推进住宅建设，市区人均住房面积2014年达31.3平方米，群众居住质量明显改善，中心党委把住房保障工作作为中心工作，采取强有力措施，不断加大保障性住房建设力度，基本实现了低收入住房困难家庭应保尽保；加强房地产市场监管，强化商品房预售管理，整顿和规范房地产市场秩序，有效保护消费者的合法权益。规范房地产交易与权属登记一体化管理，按照“五化”标准要求，提升为民服务大厅管理水平，加快推进解决房屋权属登记历史遗留问题，房屋登记发证工作日趋规范；强化物业管理，开展物业小区创优达标活动，创建国家级示范小区2个，省级3个，市级31个。

在全体干部职工的共同努力下，全系统各项工作受到了社会各界的广泛认可。被住建部评为全国房地产管理先进单位、房地产交易市场管理和产权产籍管理全国标兵单位，被省文明委授予省级文明单位称号，被省住建厅、省人社厅评为河南省“十一五”保障性安居工程工作先进单位，连续多年被省住房和城乡建设厅评为全省住房和城乡建设系统优秀委局，全省房地产管理、全省党风廉政建设先进单位和全省建设系统文明服务示范单位，连续五年被市委、市政府评为党风廉政建设责任制工作先进单位、依法治市先进单位、法制工作先进单位、全市信访工作先进单位等。

市房地产交易与权属登记大厅

开展道德讲堂活动

房博会

焦作广播电视台

焦作广播电视台员工到拓展基地开展拓展训练

2014年“秋之韵”全民健身 激情省运文化节现场

“年之味”大型灯会文化节活动中的民俗节目展演

焦作广播电视台拥有广播、电视、报纸、网站、手机电视、户外电视六大媒体。电视开办有6个频道，即新闻综合频道、生活频道、娱乐频道、影视频道、科教旅游频道、手机电视（睛彩焦作）频道。平均每天播出时间120小时。电视主要开设有《焦作新闻》《直播焦作》《联播焦作》《善行焦作》《房产直通车》《车行天下》等30多档栏目，《直播焦作》是重点打造的一档30分钟大型民生新闻类电视栏目，2015年1月1日正式开播。

广播开办有4个频率，即新闻综合广播、交通旅游广播、生活文艺广播、都市音乐广播。平均每天播出时间76小时。

焦作广播电视报每周刊1992年创刊，从2015年1月起更名为《广视传媒》。《广视传媒》集广电全媒体视、听资源于一体，关注焦点事件、热点话题，张扬周报特点，链接新闻线索、剖析事件根源，彰显媒体责任。

焦作网络电视（www.jzrt.com）。2005年，焦作广电网开通，是一个以新闻资讯、视频直播、节目点播为主的新闻资讯类网站，是焦作市唯一一家拥有互联网视听许可证的网站，最有影响力的媒体门户网站之一，日浏览量8000次。2013年，焦作广电网更名为焦作网络电视，下设有网站、微博微信、手机客户端三大平台。目前，焦作网络电视实现了用手机可以收看焦作电视台综合频道和公共生活频道直播，在线收听焦作交通旅游广播和都市音乐广播节目，以及各电视栏目的视频点播。同时，还开通了生活服务类板块，在焦作广播电视台微信平台上就可以查水电费、查询违章、公交定位等。手机电视用户达3万多户。

投资1000万元购买的高清数字电视转

焦作市道路运输管理局

焦作市运管局成立于1984年，副处级规格，负责全市客运、货运、维修、驾校和道路运输从业人员五大市场监管，并负责对六县市运管所进行业务指导。

2014年，运管局切实履行行业监管职责，提升行业服务水平，为焦作经济转型示范市和美丽焦作建设提供了重要的道路运输服务保障。行业服务更加高效。运管局对道路运输行业行政审批和服务事项进行了梳理，对相关审批和服务事项进行了清理，将审批事项、具有审批性质的服务事项和一般服务事项分别压缩了31%、47%和35%，所有行政许可事项入驻交通运输分中心。百姓出行更加经济便捷。妥善化解城市公交线路与城乡客运班线矛盾，先后解决了54路、24路、39路、40路公交车延伸与班线客运之间的矛盾，确保周边百姓顺利出行。道路运输市场秩序进一步规范。扎实开展道路运输市场清理整顿，遏制非法营运、取缔无证经营、净化驾校市场环境，开展多种形式的文明服务，树立焦作道路运输行业良好形象。群众路线教育实践活动扎实有效。制定了机关工作日常规范、人事管理、考勤制度一系列相关制度，有效解决了“四风”方面存在的问题，队伍纪律更加严明。

市运管局连续被评为省级文明单位、全省交通运输系统目标管理先进单位和全市政风行风建设先进单位。

局长郑保山深入运输市场一线检查

深入驾校市场进行检查

城乡客运一体化惠民便民

一站式服务大厅

素质一流的运管队伍

河南省国有焦作林场

后山林区风景

山顶风光

晨练

苗圃

河南省国有焦作林场（焦作市森林公园、河南太行山国家级自然保护区焦作林场管理分局）1954年建场，科级建制，隶属于市林业局，场址位于市建设西路，现有职工132人。主要职责：负责辖区内生态防护林的生产、开发、保护；负责所辖保护区内野生动植物的研究、保护、合理开发利用，濒危珍稀物种的拯救、繁殖、驯养等工作，开展自然保护区的科学研究、宣传教育等工作；负责森林公园的绿化、美化和园内动物的饲养、保护。

资源及分布状况。森林经营总面积2.1万亩，其中林地1.6万亩，灌木林地0.5万亩，森林覆盖率76%。主要植被类型有：人工油松纯林、人工栎类纯林、人工油松和栎类混交林、人工侧柏纯林及山皂角、黄荆、酸枣、白草、刺槐、毛白杨、欧美杨等。

林场经营主要成效。一是退耕还林，共完成宜林荒山配套造林5000亩。二是生态公益林项目。林场的低山营林区被区划界定为国家级重点公益林，面积1.12万亩，丘陵和平原营林区被区划界定为省级公益林，面积7600亩，公益林面积占全场总面积的89.5%。三是森林公园建设。森林公园已经成为焦作市区范围内面积最大、生态功能完整的城市森林休闲区域。四是2013年3月成立了河南太行山猕猴国家级自然保护区焦作林场管理分局。五是2014年8月成立了河南太行山生态监测站。

百鸟苑桃花红艳鸟悠闲

鸟笼瀑布广场

焦作市森林公园动物园大门

焦作市军干一所

● 全国军休工作先进单位 ● 省级文明单位

所长淮新宪陪同军休干部参观学习焦裕禄同志先进事迹

省级园林单位、花园式单位

焦作市军干一所成立于1985年，位于山阳区解放东路九号院。占地面积近5000平米，建筑面积约800平米，活动中心200余平米，总投资近千万元。建所以来，在上级部门和市委、市政府的殷切关怀下，该所以落实军休干部三个待遇为主线，以军休干部满意为标准，以实现军休干部“六老”为目的，扎实开展军休服务管理工作。

近年来，该所先后被国家民政部、总政治部、总后勤部评为全国军休工作先进单位、全国军队离退休干部安置建房服务管理工作先进单位。军休干部顾汉明被表彰为全国先进军休干部，王兴会被评为全国关心下一代先进工作者。该所被省委、省政府命名为全省军休工作先进单位、省级精神文单位、省级卫生先进单位、省军队离退休干部安置工作先进单位、省民政系统行风建设先进集体、和谐军休家园、省老年体育先进单位等多项荣誉称号，军休干部王兴会等被表彰为全省军休系统先进军队离退休干部。

部分军休干部及工作人员到兰考学习焦裕禄精神

中原内配集团股份有限公司

省委副书记、省长谢伏瞻到公司视察

中原内配集团股份有限公司是全球最大的气缸套制造商、全球领先的摩擦副系统供应商、世界级的端对端供应链管理服务供应商，2010年7月，在行业内率先登陆A股资本市场。拥有13家子公司。业务涵盖内燃机零部件、自动化铸造、激光工程、合金刀具、装备制造、金融服务6大领域，主营产品为内燃机摩擦副，其中发动机气缸套年产销量5000万只，全球第一。拥有国家级企业技术中心、博士后科研工作站、院士工作站，是国家大型工业企业、国家高新技术企业、国家汽车零部件出口基地企业，中国制造业500强和中国信息化500强企业。

近年来，中原内配坚持“专业化、国际化”的发展战略，实现了从气缸套行业国内龙头向世界三强的精彩跨越。公司产品全部拥有自主知识产权，是全国内燃机标准化技术委员会气缸套工作组组长单位，负责气缸套行业国家标准的制修订；荣获河南省省长质量奖；“河阳牌”商标是行业内唯一的中国驰名商标；是国内唯一具备批量生产欧V、欧VI以上排放标准和美国EPA2013标准，并与国际主流发动机主机配套的企业。

中原内配拥有全球最大的主机配套市场，出口业务全面覆盖北美、南美、欧洲和亚洲地区。是中国行业内唯一进入美国通用、福特、克莱斯勒、康明斯、德国奔驰、瑞典沃尔沃，法国标致、雪铁龙等国际知名公司全球采购体系的企业；为中国一汽集团、东风集团、上汽集团、重汽集团、一拖集团、潍柴动力、广西玉柴等主流发动机公司主机配套。公司欧V以上高端市场国内占有率达到100%，国际占有率达到55%。

自动化生产线

产品展示

多氟多化工股份有限公司

2010年5月18日，公司在深交所挂牌上市。

上市答谢酒会

多氟多化工股份有限公司成立于1999年，致力于高性能无机氟化物、含氟电子化学品、含氟精细化学品、锂离子电池及材料、高性能膜材料、纳米金属材料的研发、生产和经营，是全球生产规模最大、技术创新领先的无机氟化工企业，也是我国无机氟化工行业第一家上市公司。

公司坚持“技术专利化、专利标准化、标准国际化”的技术创新之路。先后承担国家863计划1项，国家火炬计划2项，国家科技兴贸项目1项，国家重点新产品3项。拥有国家高技术产业化示范工程、重点产业振兴专项等国家级项目。申报国家专利228项，授权专利159项。主持制、修订了50余项国家、行业标准，积极参与国际标准的制定，成为国际ISO/TC 226氟化盐工作组召集单位。研制了冰晶石、氟化铝等国家标准样品。是全国有色金属标准样品定点研制单位。拥有国家认定企业技术中心、国家认可实验室、河南省含氟精细化学品工程实验室、河南省无机氟化学工程技术研究中心、河南省博士后研发基地。是国家高新技术企业、国家创新型试点企业、国家技术创新示范企业。

十多年来，公司依靠自主创新，开发了具有世界先进水平的无水氟化铝新技术和六氟磷酸锂生产技术，是国内唯一拥有氟硅酸钠法制冰晶石联产优质白炭黑技术并产业化的企业，唯一掌握无水氟化铝生产技术的企业，唯一量产晶体六氟磷酸锂的企业，主要产品冰晶石连续12年、无水氟化铝连续6年产销量位居全国乃至全球首位，当之无愧地成为无机氟化工行业的领军企业。

通过技术创新积累，认真研究氟与新能源的关系，开发了国家级新产品六氟磷酸锂，又自主研发了电解液、正极材料、隔膜等制造锂离子动力电池的原材料，实现了锂电池原料的产业化，以此为基础，实现了自主生产锂离子动力电池。以六氟磷酸锂为突破口，以锂电为导向，以锂电各种材料为重点，完成锂电产业链的布局，做大做强锂电事业，是多氟多今后发展的新航路。

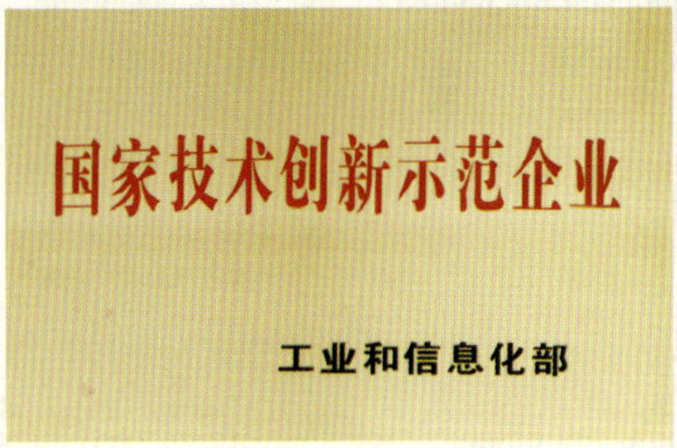

国家认可实验室

国家认定企业技术中心

博爱新开源制药股份有限公司

2010年8月25日，博爱新开源制药股份有限公司创业板上市（股票代码：300109）。

博爱新开源制药股份有限公司，是国内首家研究、开发和生产聚维酮（PVP）系列产品的高新技术企业。26年来锐意进取，在提高生产技术和自动控制水平、完善产业链结构、扩大生产规模、提高品质管理水平等方面取得了长足的进步，在全球PVP产业格局中稳居中国第一、世界第三的地位。

2013年4月，占地208亩、总建筑面积5万平方米的现代化新工厂完成建设，使得PVP和PVM/MA两大功能性聚合物产品系列实现了一体化的生产流程，产品系列有：GBL，2-吡咯烷酮、NVP单体、PVP K系列（聚维酮）、共聚维酮、PVPP(交联聚维酮)、PVP-I络合物（聚维酮碘）、乙烯基醚中间体以及PVM/MA共聚物。新开源也是目前国内唯一有能力生产PVP K12（粉末及液体），PVP K90（聚维酮K90）粉、PVP K60粉、K120粉、PVM/MA共聚物和高纯度乙烯基醚中间体的企业。

生产厂区一角

新工厂的所有医药、化妆品、食品、口腔护理类产品的生产已经全面实现CGMP生产规范，成为中国药用辅料行业产品安全的典范。

新开源始终致力于工艺创新和新产品开发工作，先后设立了公司技术研发中心、天津高分子应用研究所，从而跟踪世界技术动向、切实服务客户需要。公司自主研发的多项成果填补了国内空白，已获得2项发明专利、6项实用新型专利，11项专有技术，多项技术成果达到国内或国际领先水平。

新开源先后被认定为国家级高新技术企业、国家火炬计划重点高新技术企业，技术研发中心被评为省级企业技术中心，多次获得省级和市级技术创新先进企业、环保工作先进单位等荣誉。

焦作市公共住房建设投资有限公司

焦作市公共住房建设投资有限公司成立于2011年1月6日，是政府出资组建的国有独资公司，注册资本金为3亿元人民币。受市政府委托，管理和组织所属国有资本运营，行使国有资本投资主体职能，负责组织开发建设廉租房、公共租赁住房、经济适用住房、棚户区改造、城中村改造等保障性用房项目建设，利用投融资平台职能盘活资产，促进保障性住房建设的快速发展，为推动焦作市经济建设和民生事业发展提供强大的资金保障。

公司先后筹建了中站2号楼廉租房小区、新华南街德瑞苑公租房小区、太行路太行名府公租房小区、焦作示范区中世花园小区和南海路南海名苑公租房小区。

中世花园公租房项目品鉴会现场

圆梦

编织梦想

焦作市首个公租房项目——“德瑞苑”圆满竣工

中世花园公租房项目拔地而起

焦作市百货大楼有限责任公司

董事长 丁建军

团结奋进的领导班子

焦作市百货大楼有限责任公司，前身为焦作市百货大楼，始建于1955年。2003年改制后，更名为焦作市百货大楼有限责任公司。60年来，焦作市百货大楼作为焦作市老牌商业零售企业，坚持诚信经营，始终以顾客满意为标准。竭力满足顾客消费，贴近百姓生活，公司以百货、家电、超市三大主营业态为主线，房地产开发、民营办学等产业为辅。在广大市民心目中享有盛誉。公司相继荣获了全国百城万店无假货示范店、全国商业服务业先进企业、全国模范职工之家、全国和谐企业、省重合同守信用企业、河南省诚信单位、河南省五一劳动奖状、河南省改革开放30年功勋企业等全国、省市上百项荣誉称号，2011年10月，被商务部授予中华老字号荣誉称号，这是迄今为止全省唯一获此殊荣的商业零售企业。

百货大楼焦东超市外景

百货大楼中心店外景

（超市）员工风采

焦作市规划设计研究院

院长　任联营

党支部书记牛壮志带领大家政治学习

焦作市规划设计研究院，是专业从事城市规划设计与咨询的省级科技单位，位于焦作市站前路88号——建设大厦7楼，具有国家乙级规划设计资质，注册规划师10人。主要承担县市总体规划、分区规划、控制性详细规划、修建性详细规划的编制以及城市设计、建筑方案设计、市政设计等项业务。

群众路线教育实践活动动员大会

焦作市城市规划设计研究院多项成果荣获省级优秀设计奖。其中焦作市体育设施规划荣获河南省城乡建设优秀城市规划设计二等奖，焦作市中小学规划荣获河南省城乡建设优秀城市规划设计三等奖，西部工业区安置小区规划荣获河南省城乡建设优秀城市规划设计三等奖，孟州市城市消防规划获河南省城乡建设优秀勘察设计二等奖，焦作矿区采煤沉陷治理项目——阳光小区规划荣获2009年河南省优秀工程勘察设计城乡规划设计三等奖，南水北调中线工程焦作城区集中安置小区一标段规划荣获2009年河南省优秀工程勘察设计城乡规划设计三等奖。消防规划工作成绩显著，被省消防总队确定为全省唯一一家消防规划编制试点单位，被河南省科技厅授予省级科技单位。

召开焦作市规划院庞超先进事迹表彰会

河南中安建设集团有限公司

——雕筑时代精品 诚信服务用户

河南中安建设集团有限公司始创于1949年，前身为焦作市第一建筑工程公司和焦作市规划建筑设计院，2004年后分别改制为焦作一建建设工程有限公司和焦作建筑勘察设计有限公司，2008年联合组建焦作建工集团。为进一步加快发展企业规模，2015年4月，成立河南中安建设集团有限公司。

集团现有员工700余人，有职称的建筑设计、工程技术、经济管理人员500余人，其中具有高、中级职称的专业人员300余人，具有执业注册资格的建筑师、建造师、工程师、造价师、会计师等200余人。

60多年来，集团已发展成为拥有15家子公司和20余家分公司的集团化企业，拥有一级建筑工程施工总承包，甲级建筑设计，乙级市政设计、工程勘察、工程监理，二级房地产开发、预拌商品混凝土、市政、人防、钢结构，国家对外工程承包及配套的各项资质，形成勘察设计、建筑施工、建材生产、房地产开发、商贸、行业资讯及服务等7大产业，企业总资产8.9亿元。

近年来，公司先后获得河南省建设行业工程质量最高荣誉——“中州杯”18项。先后荣膺国家创建学习型企业活动先进单位、贯彻实施建筑施工安全标准示范单位、抗震救灾重建家园工人先锋号、优质样板工程、AAA级安全文明标准化工地等荣誉称号，跃身河南省50强施工企业、守合同重信用企业、先进施工企业、勘察设计行业先进单位、混凝土行业先进单位以及焦作市10强开发企业。公司具有年开发15万平米以上商品房和年产120万立方商砼的综合实力与生产能力。旗下和平街市场、和佳商贸，设备租赁、劳务输出、行业培训等蓬勃发展，初步形成多元发展的企业经营格局。

公司承建的东方红广场地下人防工程

公司承建的161米高的新乡迎宾大厦

公司承建的奇瑞汽车焦作发动机生产基地

公司地址：焦作市城乡一体化示范区建业路西侧123号焦作建设科技园
电　话：0391-2925711　网址：www.jzjgjt.com　www.hnzajs.com

河南省中纬测绘规划信息工程有限公司

公司董事长、总经理，教授级高级工程师、国家首批注册测绘师、焦作市第七批专业技术拔尖人才，焦作市劳动模范　黄贤忠

河南中纬，1998年成立，公司注册资金2000万元，员工300多人，各类专业技术人员200多人，教授级高工6人，高级工程师20多人，工程师40多人，各类注册工程师18人。具有国家甲级测绘、国家甲级土地规划、国家甲级工程勘察、国家住房与城乡建设部颁发的农林生态设计乙级，河南省国土资源厅认定的土地勘测、土地开发整理设计、城镇地籍调查外业、数据建库、第二次土地大调查外业、土地权属发证测量、矿山储量动态监测、内业建库与监理等12种专业资质。

业务范围涵盖大地控制测量、工程测量、地籍测绘、房产测绘、土地勘测、土地调查、沉降变形测量、地下管线探测、数字测图、地图编制、电子地图、航测遥感数据处理编图、土地规划设计、土地开发整理设计、土地评估、土地权属发证测量、基本农田划定、农林生态设计、矿山储量动态监测、土地调查数据建库、基础地理信息系统建设、专题地理信息系统建设与软件开发等20多种专业。

近五年来承担完成的“重大新”工程项目200多项，包括农村集体土地使用权、所有权调查，农村宅基地使用权、所有权调查，全国地理国情普查项目，数字焦作、数字焦作国土、数字焦作园林等。

河南中纬先后荣获全国勘察设计行业首批AAA级诚信单位、河南省勘察与岩土行业AAA诚信单位、河南省信用建设示范单位、中国地理信息产业百强企业。

职工参加解放区运动会

无人机航空摄影

党员干部赴延安学习

焦作汉河电缆有限公司

2013年5月7日，市长张文深到公司调研。

董事长　张创业

进口立塔生产线

进口悬链生产线

焦作汉河电缆有限公司（原青岛汉缆股份有限公司焦作分公司）于2005年7月成立，是以电线电缆制造为主的高新技术企业，公司注册资本2.6亿元，占地143亩，总资产4.07亿元，现有员工373人。

公司拥有世界先进500KV超高压VCV立式交联生产线3条、配有350KV试验大厅，配套德国海沃公司350KV超高压电缆局放耐压检测设备一套。具有年产110-220KV超高压交联电缆1200km、6-35KV交联电缆、1-3KV绝缘电力电缆、架空绝缘电缆和塑料绝缘控制电缆等5大类、百余系列、上千种规格电线电缆的生产能力。

焦作汉河以“诚信、勤俭、务实、创新”为企业精神，以“持续发展，基业长青”为核心理念，以“讲求质量信誉、创立汉河名牌”为质量方针，以“赶超国际线缆行业先进水平”为经营方针，以“塑造汉河名牌，真诚服务社会”为企业宗旨，努力将焦作汉河建成持续健康发展的本地化企业。

公司地址：焦作市建设东路228号
电话：0391-3295858
传真：0391-3295851
公司网址：www.jiaozuohanlan.com
公司邮箱：hljtjz168@sina.com

广东兴发铝业（河南）有限公司

2015年3月4日，副省长张维宁到公司调研。

2015年4月25日，市长谢玉安到公司调研。

广东兴发铝业（河南）有限公司成立于2010年5月，是广东兴发铝业有限公司的全资子公司，河南省重点建设项目，占地474亩，总投资10亿元，年产10万吨高档铝合金型材。生产工艺采用国际先进的短流程快速挤压及永磁搅拌技术，精密控制和优化铝合金成分配比，使产品导电性能、抗拉强度等技术指标优于国际标准，产品主要用于高速列车轨道、船舶、航天航空、电子电器、高档建筑等领域。

广东兴发铝业有限公司是国内铝型材研发领导者，中国铝型材企业十强第一名、军工质量管理体系认证单位，我国铝型材国家标准制定者。公司拥有博士后工作站和国家认可实验室，“兴发牌”铝型材是中国驰名商标、中国名牌产品，产品远销30多个国家和地区，兴发河南公司秉承了广东总部“科技兴厂、质量取胜”的一贯作风，坚持以国际高标准严格要求自己，视质量为生命；以精益求精、开拓创新的精神，诚实守信、合作共赢的经营理念，热忱欢迎您的加盟。兴发铝业愿与您共谋发展、共赢未来。

参加公司主办的“全国有色金属标准化工作会议”的专家在公司参观

处于国内领先水平的短流程快速挤压自动化生产线

视质量为生命、精益求精的公司员工

昊华宇航化工有限责任公司

2015年3月4日，副省长张维宁到公司调研。

先进的离子膜电解槽装置

聚氯乙烯吨包生产线

客户在装运离子膜烧碱

昊华宇航化工有限责任公司2010年成为中国昊华全资控股的中央企业，属于中国化工集团公司的三级子公司。公司注册资本4.14亿元，资产总额38.4亿元，职工2211人，是国家大型工业企业、中国化工500强、河南省百户重点工业企业和综合实力百强。

主导产品离子膜烧碱、聚氯乙烯树脂年规模分别为54万吨、50万吨，配套有装机容量14.7万KW的自备热电厂和年产100万吨的电石渣制水泥企业，形成了产业结构配套、资源综合利用的规模型氯碱企业，成为中国化工集团旗下规模最大的氯碱化工企业，在河南省9家氯碱企业中规模最大，在全国行业排名位居第七位。

“宇航牌”聚氯乙烯、烧碱获评河南省名牌产品称号，在全国同行业首批通过了ISO19001质量管理体系、ISO24001环境管理体系和ISO28001职业安全健康管理体系3项认证。拥有省级技术中心、省级氯碱化工工程技术研究中心，13项研究成果获得国家专利授权，其中7项为发明专利授权。

河南江河纸业股份有限公司

副省长张维宁到公司考察

董事长、总经理　姜丰伟

河南江河纸业股份有限公司成立于2002年，位于武陟县产业集聚区，注册资金9000万元，占地面积56万平方米，拥有资产总额19.9亿元，员工2500余人，年生产特种纸能力40万吨。公司采取多元化经营，现有山东江河纸业有限责任公司、河南大指造纸装备集成工程有限公司、河南南北纸业有限公司和河南江河生物质能热电有限公司等4家关联子公司。

公司主导产品，无碳复写纸、热敏纸等国内市场占有率20%以上，其中“水”牌无碳复写纸荣获河南省名牌产品、河南省著名商标和河南省国际知名品牌；生产的造纸装备主要产品有中高速宽幅文化纸造纸成套设备和单体设备，技术水平国内领先。

公司现有纸机均为创新改造或自主创新研制，具备现代化进口纸机的性能和效率。“国产高速造纸机的研制”项目通过国家科技部的验收。该项目设备均由公司自主研制，纸机幅宽5600mm，车速可达1500m/min，年产高档文化用纸20万吨，是国产最宽幅高速造纸机。

目前公司拥有国家级企业技术中心、省级工程技术研究中心、省造纸装备院士工作站，并拥有3项国家发明专利、78项国家实用新型专利，公司先后被评为国家高新技术企业、中国造纸工业环境友好企业、全国轻工业卓越绩效先进企业、河南省民营百强企业、河南省标准化良好行为4A级企业、焦作市市长质量奖等荣誉称号。

工信部工业强基造纸示范应用现场会会场

工业强基造纸示范应用现场会专家到公司考察

国外客户到公司洽谈合作项目

荣誉证书
河南江河纸业股份有限公司
全国轻工业卓越绩效先进企业（2012-2013年度）
中国轻工业联合会
2014年5月

全国五一劳动奖状
证书
中华全国总工会决定
授予河南江河纸业股份有限公司
全国五一劳动奖状

荣誉证书
授予：河南江河纸业股份有限公司——水牌纸为：
2013-2015年度河南省国际知名品牌

河南江河纸业股份有限公司
1200m/min高速造纸成套设备
2012-2013年度中国林业产业创新奖（林浆纸类）
三等奖

焦作市明仁天然药物有限责任公司

焦作市明仁天然药物有限责任公司创建于2004年，是一家集药品、保健食品、定型包装食品、功能饮料为一体的现代化综合性生产企业，国家食品药品监督管理局药品GMP认证企业。公司注册资本6000万元，占地10万平方米。

公司持续不断加大科研开发和项目投入，拥有省级企业技术中心、河南省他汀类调血脂药物工程技术研究中心、焦作市怀药功能饮料工程技术研究中心等创新研发平台。研发生产的药品有热淋清咀嚼片、中药饮片等，饮品有无汽苏打水、蓝苏打、6个柠檬、6个芒果、大红枣饮料等液体饮料和苏打系列泡腾片、苏打系列奶茶等固体饮料；保健食品有祛黄褐斑胶囊、海克胶囊等。

经过持续不断地科研开发和项目投入，“名仁”注册商标被认定为河南省著名商标；“名仁牌”无汽苏打水为国内苏打水饮品领导品牌，销量全国第一；热淋清咀嚼片为国家级新药；人参鹿胎胶囊、海克胶囊等保健食品为全国独家生产。

公司先后荣获河南省电子商务企业、河南省科技型中小企业、焦作市技术创新先进单位、焦作市创新性示范企业、焦作市高新技术企业、焦作市农业产业化龙头企业等荣誉称号；成为焦作市四大怀药副会长单位、焦作市怀药产业及生物医药产业技术创新战略联盟常务理事长单位、《人民日报》《健康时报》战略合作伙伴。

公司本着“名于外，仁于心”的企业精神，以大健康产业为主线，以创新为主题，以发展为目标，建设明仁医药健康产业园和电子商务产业园，把企业做优做大做强，为社会创造财富，让员工实现价值，共享发展成果。

液体产品陈列

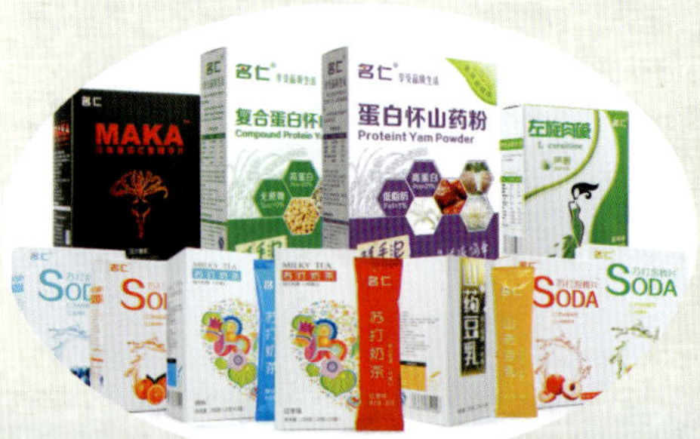

固体产品陈列

河南省安江凌饮品有限公司

河南省安江凌饮品有限公司的前身是博爱县饮品工业研究所，先后研究出安江凌、粒粒橙、怀山药汁、菊花茶、山楂汁、果奶稳定剂等40多项饮品成果，获10余项国家专利。

安江凌公司占地面积8000平方米，建筑面积达4500平方米，拥有1.2万瓶/小时，8000瓶/小时全自动生产线3条，年生产能力达8万吨，安江凌系列饮品先后荣获全国优秀产品奖、河南省消费者信得过商品、河南省十运会指定饮品等20多项大奖。2007年公司跻身于全国碳酸饮料行业百强企业第77位，河南省含气饮料前三强企业，也是豫北最大的含气饮料生产基地。2009年安江凌公司顺利通过了ISO9001质量管理体系认证，2012年荣获焦作市龙头企业称号，2013年荣获焦作市知名商标和河南省著名商标称号，为公司的发展进一步夯实了基础。

一流的质量，一流的产品，一流的人才，一流的服务，使安江凌公司规模越来越大，产品越来越受到省内外消费者欢迎。在公司全体领导和职工的努力下，安江凌公司一步一个脚印，一步一个台阶，走向更加辉煌的明天。

厂区外景

参加郑州全国商品交易会

自动化饮品生产线

中国古典刘派建筑技艺独特享誉中外

——记中国民族优秀建筑营造技艺大师刘天杰

中国古典刘派建筑将中国传统建筑木结构不足的弊端解决并升华，使中国的办公大楼、住宅大楼比辉煌的明清建筑防火耐久，雕饰艺术超越了巴黎的卢浮宫和圣母院，所以法方称这样的建筑是；“建筑史上独一无二之杰作”。

盛世中国，处于中原腹地太行脚下、黄河之滨的河南省武陟县，近些年出现了一个在古建界异军突起的传奇人物，他就是河南省天杰古建园林有限公司董事长兼总经理刘天杰。

刘天杰现为中国民族优秀建筑营造技艺大师、北京建设大学古建艺术学院客座教授、中国民族建筑研究会专家；高级工程师，注册高级咨询师。他是国家文物局原古建筑专家组组长、中国古建界泰斗罗哲文众弟子中唯一能把中国传统建筑木结构材质不足问题解决并升华的弟子。他秉承恩师“继承建筑文化，不断开拓创新”的教诲，使中国传统建筑辉煌时期的明清建筑再次升华，并形成自己特有的风格。

中国传统木结构建筑，属柔性材质，易腐朽不防火。翼角伸出长度远的达3米左右，使下面的角科斗拱载荷过重，致使上面的戗脊裂缝漏雨，形成腐朽，这是中国传统建筑的最大弊病。刘派建筑不用一块木材，能和木结构一样做到规范，并严格按照各朝代的时代风格制作构件，只是将木质材料改为了耐久的钢化石雕材质。此材质不怕雨水浸，不着火，雕刻细微，纹理清晰，仿石雕色，不需彩绘。斗拱一体承重钢性；正身椽、飞椽、闸挡板、望板和木结构一样规范并集成；翼角所有正身椽飞椽一体承重。但翼角突破冲三挑四的规范，仍是北方的结构，北方的风格，将北方的浑厚融入南方的灵巧，形成了中国南方建筑、北方建筑、徽派建筑之外的另一种新形式，也就是独具特色的中国古典刘派建筑。这一刘派建筑的发源地即武陟的“天工园”。2014年，中国文联民间艺术家协会分党组书记罗杨为此园亲笔题词：“中国古典刘派建筑之源”。

近些年，中国古典刘派建筑技艺相继在全国多处古典园林、旅游胜地实施应用，声誉颇高。参与的鹳雀楼复建工程获得鲁班奖。还先后获得中国民族建筑设计创新金奖、国家传统文化保护示范工程奖、中国民族产业开拓创新奖等。刘天杰本人先后获得中国民族建筑事业特别成就奖、河南省十大科技创新人物奖、焦作市五一劳动奖章等。

刘派建筑的雕饰艺术超越了西方建筑的雕饰艺术，在结构寿命上完全可以与西方建筑相媲美。此技艺已经在建造中国传统式的商业大楼、办公大楼、住宅大楼等，使其功能更加适应人居环境及文化生活的需要。所以不仅受到中国人的爱戴，而且也得到西方人的高度赞赏。为法国保瓦尔动物园设计实施的建筑，被法方誉为“建筑史上独一无二之杰作”。中国古典刘派建筑以其华丽的身姿在世界建筑的大舞台上作出了精彩的亮相。 （文/屈晔 图/崔文涛）

承建的山西庙耳沟新村牌楼工程

承建的秦氏文化园

·综　述·

【旅游产业概况】　2014年，按照“凝心聚力、转型攻坚、争创一流、绿色发展”的总体要求，紧紧围绕建设美丽焦作和国际知名旅游城市的奋斗目标，坚持在发展中创新，在创新中突破，在突破中提升，推动了旅游业的可持续发展。十大文化旅游园区建设快速推进，市委、市政府组织召开了文化旅游园区观摩评价暨工作推进会，市五大班子领导亲临会场评判打分，为园区今后发展加压助力；市长张文深、常务副市长姜继鼎、市人大副主任魏丰收、主管副市长李海松等市领导密集调研十大文化旅游园区，周密部署园区工作，为园区下步建设指明方向；继续开行“云台山号”北京、武汉系列旅游专列及青岛旅游专列17列，招徕韩国、上海包机9架次，强力拉动韩国及京沪汉高端市场快速增长；焦作市顺利通过国家级旅游服务综合标准化试点市中期评估，影视城被确定为第二批全省旅游标准化试点单位，旅游标准化创建工作站上更高起点；焦作市首度荣膺“中原经济区区域旅游合作奖”，焦作旅游与周边地市合作深度和广度得到大幅提升；成功举办焦作红叶节、中国著名作家美丽焦作行采风活动，以及韩国首尔、釜山旅游宣传推广周，大型活动的聚集轰动效应显著增强；“爱游云台”“智游青天河”“智慧神农山”等旅游信息化项目积极推进，全市主要景区点、星级宾馆、游客集中场所实现无线Wi-Fi全覆盖，旅游信息化建设步入崭新阶段；顺利加入世界四大旅游组织之一的亚太旅游协会，增加了国际交流合作的平台，扩大了与亚太地区旅游组织和城市的合作交流；焦作市被联合国世界旅游组织列为旅游持续发展监测点后，2014年首次对云台山、青天河、神农山景区进行了观测，形成了科学、全面的观测报告，为焦作市旅游业可持续发展提供了科学依据。2014年全市共接待游客3298.81万人次，实现旅游综合收入261.5亿元，分别增长11.63%和12.14%，受理有效投诉38起，旅游投诉率仅为0.001‰，全年无重大旅游安全责任事故。

【云台山景区被联合国世界旅游组织列为观测站首批监测重点】　3月7日，《联合国世界旅游组织旅游可持续发展河南省观测站合作建设协议》在广东中山大学正式签署，联合国世界旅游组织旅游可持续发展观测点管理与监测中心同意在河南省设立旅游可持续发展河南省观测站，焦作云台山、洛阳龙门石窟被列为河南省观测站首批两大监测重点。河南省观测站的监测主题确定为“旅游促进产业融合发展及转型升级”。云台山、龙门石窟被列为监测重点后，联合国世界旅游组织旅游可持续发展观测点管理与监测中心将每年组织专家来开展监测活动，并向河南省及联合国世界旅游组织提交年度监测报告。

【世界旅游组织专家组对焦作市旅游可持续发展开展首次监测】　7月5日，由联合国世界旅游组织旅游可持续发展观测点管理与监测中心主任、中山大学旅游学院院长、著名旅游规划专家保继刚带领的专家组莅焦，对旅游可持续发展情况进行首次监测。专家组到云台山景区百家岩综合服务楼，参观全景沙盘、数字化信息中心、职工书屋、健身房以及标准化创建办公室，并实地考察云台山文化产业园区综合项目、红石峡景点及农家宾馆。

【世界旅游组织发布《2014年度焦作旅游可持续发展监测报告》】　在11月19日至20日召开的第三届联合国世界旅游组织旅游可持续发展中国观测点工作会议上，联合国世界旅游组织旅游可持续发展观测点管理与监测中心首次发布《2014年度焦作旅游可持续发展监测报告》。报告指出，旅游发展显著提高了居民的生活质量，尤其是参与旅游的社区居民的生活质量，焦作市受访居民中88.49%认同“旅游业有利当地发展”，超过90%的居民表示希望继续扩大旅游业。焦作市是世界旅游组织在中国设立的第一个以旅游引导资源枯竭型城市转型为监测对象的观测点，7月4日至12日，联合国世界旅游组织旅游可持续发展观测点管理与监测中心完成对焦作市的实地调查。监测结论指出，焦作模式是旅游发展促进资源枯竭型城市转型的典范。焦作的旅游发展不仅显著提高了居民的生活质量，也增强了居民对旅游发展的支持，为可持续旅游奠定了社会基础。同时游客对焦作旅游体验的感知较为正面，感知聚焦于“山水观光”，奠定了焦作旅游的吸引力。焦作旅游的发展还促进了经济转型，对经济发展、创造就业、吸引投资都具有积极作用。2014年是联合国世界旅游组织第一年对焦作市监测，在为期5年的监测周期里，联合国世界旅游组织旅游可持续发展观测点管理与监测中心将通过长期跟踪监测，了解旅游对老工业城市转型的影响，每年会将监测报告向联合国世界旅游组织提交，将中国旅游的成功经验介绍给国际社会。

【云台山景区口碑排名全国第二】 5月1日，百度公布全国旅游景区口碑排名，香港迪士尼排名第一，云台山景区排名第二。该新闻在央视《东方时空》栏目播出。此排名是根据网友对景区评论的语义分析所得出的正面和负面的评价比例获得的结论。

【云台山国际旅游节荣获中国节庆全国交流大会“著名品牌奖”】 7月19日至20日，2014中国节庆全国交流大会在吉林市召开。会上，与会专家学者对焦作市举办云台山国际旅游节在促进景区开发建设、市场开拓、城市知名度提高、旅游综合效益提升方面的成效给予充分肯定和高度评价。组委会授予中国云台山国际旅游节“当代节庆品牌逾10年纪念——著名品牌奖”。

【云台山景区叠彩洞获上海大世界基尼斯纪录】 9月27日，云台山景区精品景点之一、由修陵公路云台山段19条公路隧道组成的叠彩洞，以拥有最多螺旋上升U形穿山人工隧洞的隧洞群被正式载入上海大世界基尼斯纪录。上海大世界基尼斯理事会理事查民华向云台山景区颁发了“大世界基尼斯之最”证书。

【焦作市被确定为河南省旅游标准化示范城市】 6月16日，河南省旅游局印发《关于确定首批河南省旅游标准化示范单位的通知》，焦作市被确定为首批河南省旅游标准化示范城市，河南云台山国际旅行社有限公司，焦作月季花园酒店被确定为首批河南省旅游标准化示范企业。

【焦作市荣获中原经济区区域旅游合作奖】 6月19日，在中原经济区城市旅游联盟2013—2014年会上，焦作市以骄人的成绩获得中原经济区区域旅游合作奖。

【四省十市签署旅游战略合作框架协议】 为进一步加快旅游业发展，联合打造区域旅游精品，按照“资源共享、信息互通、客源互送、合作共赢”的原则，8月24日，晋冀鲁豫四省十市（晋城市、邯郸市、菏泽市、聊城市、开封市、焦作市、安阳市、濮阳市、新乡市、鹤壁市）旅游局相关负责人相聚濮阳市，共同签署旅游战略合作框架协议。

【焦作市旅游局加入亚太旅游协会】 2014年11月，焦作市旅游局收到亚太旅游协会发来的同意加入该协会的确认函，正式成为亚太旅游协会会员单位。成为亚太旅游协会会员单位后，协会将会通过自身所属的信息发布渠道，将焦作旅游发展情况介绍给全球超过12000个订阅者。市旅游局将充分利用亚太旅游协会的信息互通平台、广阔的亚太地区旅游业者沟通联系网络，更好地向亚太地区同行业者进行深度形象展示，进一步拓展海外旅游市场，有助于国际知名旅游城市的建设，扩大焦作旅游国际知名度。

【河南省2014年游客满意度调查焦作市排名第一】 12月26日，全省2014年旅游公共服务体系游客满意度调查结果出炉，焦作市以83.74分名列第一。2014年下半年，为全面掌握游客对河南省旅游公共服务体系的游客满意度情况，由省旅游局委托，河南财经政法大学旅游与会展学院游客满意度调查课题组（以下简称“课题组”）组织开展，对18个省辖市进行旅游公共服务体系游客满意度调查。课题组组织相关专家对旅游公共服务游客满意度的评价指标体系展开研究，确定由6项大指标、26项分指标、13个重点观测项组成的指标体系，并以此为基础设计了现场调查问卷。本次调查选择在“十一”黄金周后的两个双休日进行，调查地点涵盖全省18个省辖市的52处景区景点。调查共完成问卷1.08万份，其中有效问卷1.01万份，问卷有效率达到93.5%。河南旅游公共服务体系游客满意度省辖市得分表从旅游公共信息服务、旅游安全保障服务、旅游交通便捷服务、旅游便民惠民服务、旅游市场公共管理服务及旅游要素保障类服务6个方面，对全省18个省辖市进行评分，焦作市六项服务评分均名列第一。

【青天河景区获河南最佳休闲度假胜地】 2月7日，在2013年中国旅游品牌总评榜河南分榜中，博爱县青天河景区荣膺河南最佳休闲度假胜地称号。同时在省级媒体评选的美丽河南活动中，青天河景区被评为河南省生态建设十佳旅游区。

·旅游规划与项目建设·

【十大文化旅游园区建设】 2014年，修武县云台山文化旅游园区万善寺法堂、藏经楼、办公楼项目完工，百家岩七贤堂、崇明寺和桥头停车场项目、云台山地质博物馆新馆及其水体景观项目接近尾声；圆融寺文化旅游园区当阳峪窑博物馆主体完工，明清古民居博物馆一期和百年柿园项目建设完工，人祖祠对外开景。博爱县青天河（月山寺）文化旅游园区鲸鱼湾码头滨水栈道项目、水上运力提升及游船改造升级项目顺利完工，综合服务中心、天井关开发以及旅游信息化等建设项目正在推进当中；武陟县黄河（嘉应观）文化旅游园区风情大道和大型生态停车场建设工程收官，游客服务中心项目和鑫居农业观光园项目建设稳步推进，嘉应大观园游乐设备购置到位。妙乐寺遗址文化旅游区多宝阁、古佛宝殿、大雄宝殿、太子灵通殿建设框架主体建成；温县太极拳文化旅游园区中华太极国际交流中心演武厅、四星级标准酒店、王廷文化广场建设完工；沁阳市神农山文化旅游园区生态园林度假区建成7幢公寓式酒店，综合商务中心楼建设项目稳步推进，十里画廊道路建设和庙宇绿化工程完工；孟州市韩愈文化旅游园区文公湖大坝土建工程完工，园区内道路铺设接近尾声；山阳区药王庙文化旅游园区巡返大庄园项目一期建成山神庙、关帝庙、牌坊街、观音殿、圆通寺并向游人开放；解放区影视城文化旅游园区影视湖建设项目即将完工。

【嘉应观黄河文化旅游区嘉应大观园项目奠基】 7月31日，嘉应观黄河文化旅游区嘉应大观园项目奠基仪式举行。该项目是以嘉应观景区为依托，集文化观光、农业体验、主题商业、动感游乐、高端度假于一体的大型综合性黄河生态文化旅游度假区，一期项目投资10亿元，主要包括水上乐园、机械游乐园、生态文化餐厅、黄河老家温泉度假酒店、黄河水利互动博物院、熊猫幼儿园等7个子项目，项目建设计划在2015年7月完工并投入运营。省农办常务副主任安伟、省旅游局副局长李亚白出席奠基仪式。

【文化旅游园区建设集中观摩评价】 为进一步加快焦作市文化旅游园区建设步伐，推进全市旅游产业转型升级快速发展，自8月12日起，焦作市组织召开了全市文化旅游园区建设集中观摩评价暨工作推进会。本次活动分三个阶段进行：8月12日，由市领导带队，焦作市发展改革委（政府项目办）、城乡规划局、国土资源局、文化广电新闻出版局（文物局）、体育局、民宗局、旅游局等相关单位分管领导、各县市区政府分管旅游工作领导和文化旅游园区负责人组成观摩评价组，利用一天半的时间，对焦作市十大文化旅游园区的云台山园区百家岩天阶综合服务开发，圆融寺文化旅游园区文化博物馆群，黄河（嘉应观）园区黄河风情大道和综合服务区，妙乐寺遗址文化旅游园区核心区建设，陈家沟文化旅游园区王廷文化广场、太极拳文化交流中心、接待中心、太极生态文化园，韩愈文化产业园，神农山文化旅游园区生态停车场暨综合服务中心，青天河（月山寺）文化旅游园区新游客综合服务中心和滨水栈道，影视文化旅游园区，山阳区北部沿山文化旅游园区巡返大庄园等项目进行了现场观摩，并对园区建设发展情况进行了考评打分。8月15日上午，举行文化旅游园区集中汇报观摩，播放了各文化旅游园区专题汇报片，然后由市五大班子领导、各县市区书记、区长进行评价。市委副书记丁福浩对文化旅游园区建设观摩评价打分排序结果进行通报，对园区建设情况进行点评。集中汇报观摩结束后，召开文化旅游园区建设推进会，市委书记孙立坤在会上作重要讲话。修武县县长卢希望在会上作典型发言，孟州市委书记魏超杰在会上作表态发言。

【焦作市黄河生态文化旅游带总体规划座谈会】 10月21日，焦作市召开黄河生态文化旅游带总体规划座谈会，就焦作市黄河生态文化旅游带未来发展进行讨论。市委常委、常务副市长姜继鼎出席会议并讲话。自10月13日开始，由北京华汉旅规划设计研究院院长王洪滨带领的规划专家就焦作市旅游发展现状、黄河生态文化旅游带周边县市区进行了实地考察。会上，专家对焦作市黄河生态文化旅游带总体规划初步思路进行了汇报，指出此次规划旨在通过文化为魂、精品发展，产业融合、全面发展，核心引爆、联动发展，规划统领、特色发展，基础先行、提质发展，紧盯市场、创新发展六项开发策略，对焦作市南部沿黄河流域范围进行整体规划开发，实现北部联动南部、自然联动人文、景区联动城乡、产品联动产业等目标，引导焦作黄河生态走向国际市场，实现焦作旅游二次腾飞。

·旅游服务与监管·

【国家级旅游服务综合标准示范市创建】 2014年，市旅游局采取树立标杆、鼓励先进、试点先行、全行业覆盖的模式，认真贯彻实施国家标准、行业标准，科学制定和完善地方标准，努力在旅游公共基础、旅游景区、旅游餐饮、住宿、旅游交通、旅行社、导游、旅游购物、旅游娱乐等重点领域实现相关旅游标准的全覆盖；组织旅游企业构建特色化企业标准，把试点企业建立标准体系作为重中之重，根据企业类型，全面包干，分类指导，通过学习考察、座谈交流、专题解读、难题会诊和现场观摩等形式，结合企业实际，突出特色化，在企业内建立通用基础标准体系、服务保障标准体系、服务提供标准体系等三大标准体系，包括企业管理制度、岗位职责、服务标准、工作流程等各个环节，使企业的服务水平和经营管理水平得到明显提升。其中由云台山景区主导编制的《旅游景区数字化应用规范》于12月正式实施，并将在全国旅游景区中推荐使用；由云台山国际旅行社主导编制的《旅行社诚信体系建设规范》地方标准初稿已经完成。三维戴斯酒店在全面贯彻实施国家五星级标准的基础上，融入戴斯酒店管理集团的理念，结合焦作经营实际和企业特点编制的企业标准体系得到专家的高度评价。月季花园酒店、云台山国际旅行社、影视城、青天河、神农山、太极庄商贸有限公司、四大怀药文化馆等旅游企业广泛征求各岗位的意见，修订完善适应自身特色的企业标准体系，为企业增加了效益，提高了美誉度。着力加强旅游公共服务体系建设，不断完善城市旅游服务功能。进一步强化12301旅游热线一站式服务功能，构建咨询、服务、受理投诉“三位一体”模式；在高速公路出入口、城市通往各景区的主要道路增设6块旅游指示标识牌，在东方红广场新建1个旅游信息咨询中心，为日益增多的散客及自驾游客提供全方位服务。通过开展旅游标准化工作，全面提升了焦作市的旅游产品质量、服务管理水平和游客满意度。同时，为全省旅游标准化工作树立了样板，积累了工作经验，受到省旅游局的高度评价。6月中旬，焦作市顺利通过创建国家级旅游服务综合标准化示范市工作中期评估。在7月3日召开的全省旅游标准化会议上，焦作市做了典型发言，影视城被确定为第二批全省旅游标准化试点单位。

【旅游信息化】 2014年，市旅游局先后指导云台山景区开发实施“爱游云台”智慧旅游示范工程项目，建设完成“三维地理信息系统”；指导青天河景区开发实施“智游青天河”项目，先后安装摄像头40个，完成电子门票智能管理系统、智慧票房和Wi-Fi覆盖工程；指导神农山景区开发实施“智慧神农山”项目，建设完成游客服务中心，使广大游客能够在景区利用信息化技术实现智能游览、网上购票，大大方便了游客。先后举办全市信息化工作报告会，组织赴旅游信息化先进城市——大连考察学习先进经验，有效提升全行业应用信息化技术的整体水平。大力推进全市游客集中区域无线网络覆盖工程，基本实现全市主要景区点、星级宾馆以及游客集中场所无线网络全覆盖，进一步提升了全市旅游公共信息服务水平和效率。与携程、同程、淘宝、去哪儿、驴妈妈等电商对接合作，加大了电子商务旅游营销力度。

【旅游行业培训】 2014年，市旅游局先后组织旅行社、星级酒店负责人参加省旅游局组织的培训班3期，有效提高了从业人员的个人素质和管理服务水平；先后举办全市导游员、讲解员培训班5期，培训各类导游员、讲解员3000多人，提升了导游素质，解决了导游就业问题；同时，市旅游协会在南开大学旅游与服务学院开办旅游企业发展培训班，帮助企业创新发展理念，提升管理水平，增强发展后劲。此外，采取以赛代训的方式先后举办全省第三届导游大赛焦作选拔赛和2014全市旅游饭店服务大赛，大幅提升了广大旅游从业人员的服务技能水平。

【旅游环境治理】 2014年，市旅游局积极打造《旅游法》普法宣传平台，在《焦作日报》“旅游关爱之窗”栏目中发布旅游简报23期。在全省率先开通旅游执法部门官方微信，累计发布信息141期，有效拓宽了游客意见反映渠道。集中开展“治理整顿旅行社零负团费、挂靠承包专项行动”，重点对“零负团费”、挂靠承包等违规经营行为进行集中整治。全年共出动执法检查75次，出动检查人员225人次，检查旅游企业146家，约谈旅行社5家，下达责令整改通知书22家，全行业通报处理违法宣传经营单位11家，有效保障了赴焦游客的合法权益，规范了焦作旅游市场秩序。

【邀请联合国世界旅游组织专家到青天河景区调研】 7月19日至22日，焦作市邀请联合国世界旅游组织专家、国内著名旅游品牌策划营销专家、德安杰环球顾问集团总裁贾云峰及其团队到青天河景区，就景区存在的问题和发展方向与景区领导进行探讨，全力提升青天河景区品牌影响力，促其成为新的精品旅游目的地。

【青天河景区推出门票自助收取系统——智慧票房】 8月1日，青天河景区推出门票自助收取系统——智慧票房，智慧票房的建立和自助售取机的开启标志着景区向智慧旅游迈出了坚实的一步。智慧票房系统是景区自助售取票终端系统，通过该系统，在线预订门票的游客将无需到景区售票窗口排队取票，只需通过自助机器输入验证码或凭身份证、二维码即可快速取到门票，整个过程只需数秒。另外，智慧票房系统还可以为游客提供个性定制门票，游客通过同程旅游手机客户端预订门票时可创作个性语言，此留言也将会被打印在纸质门票上作为纪念，动动手指可以实现“私人定制”。

【参加2014年全省第三届导游大赛】 9月，由省旅游局、省文明办、省财贸轻纺烟草工会共同举办的2014年全省第三届导游大赛在郑州落下帷幕。全省共有18支省辖市代表队和7支省直管县（市）代表队的97名选手参赛。决赛分中文导游组、英语导游组和中文讲解员组3个组别，选手通过导游讲解、才艺展示和情景再现环节进行比赛。焦作市选拔了6名选手参加此次比赛，经过两天的激烈角逐，取得一个二等奖、一个三等奖、最佳讲解奖和组织奖的优异成绩。

【信息化工作报告会】　10月22日，市旅游局召开旅游信息化工作报告会。各县市区旅游局局长、主管旅游信息化的副局长，3A级以上景区，三星级以上酒店，部分旅行社总经理，市旅游局机关各科室、二级机构负责人参加此次会议。会议邀请大连市信息中心主任马武新，大连市智慧旅游电子商务有限公司总经理江洪波、营销经理舒鑫出席报告会。江洪波先生作了一次精彩、专业的旅游信息化报告，详细介绍了近年来大连市旅游信息化建设情况，内容丰富、深入浅出。

【2014年焦作市旅游饭店服务技能选拔赛】　为全面提升焦作市旅游饭店服务水平和员工业务素质，树立行业服务质量标杆，选拔优秀选手参加2014年全省旅游饭店服务技能大赛，9月14日上午，由市旅游局主办的2014年焦作市旅游饭店服务技能选拔赛在三维戴斯酒店举行。本次选拔赛以“展风采、树形象、促培训、提质量”为宗旨，共设客房服务、中餐宴会摆台、西餐宴会摆台、鸡尾酒调制4个比赛项目。三维戴斯酒店选手分别获得客房服务、西餐宴会摆台、鸡尾酒调制3个项目的第一名，沁阳永威学苑选手获得中餐宴会摆台第一名。这4项第一名获得者将组成焦作代表队参加全省旅游饭店服务技能大赛。

【参加2014年河南省旅游饭店服务技能大赛】　10月28日至30日，由省旅游局和省财贸轻纺烟草工会共同举办的2014年河南省旅游饭店服务技能大赛在郑州市弘润华夏大酒店举办，焦作市代表队选手邵广强（三维戴斯酒店）获得西餐宴会摆台三等奖，中式铺床、中餐宴会摆台和鸡尾酒调制项目选手分别获得优秀奖，焦作市旅游局获得优秀组织奖。

·旅游宣传与促销·

【微电影《爱如初见》上线】　2014年1月1日，微电影《爱如初见》全网上线。该片是由焦作市旅游局投资拍摄、北京旗智天捷国际文化传播有限公司制作宣传，于欣创意、范英伟导演执导的中国首部“意识流奇幻纯爱”作品，影片取景于焦作云台山、峰林峡、神农山、青天河如诗如画山水之间，讲述了如临仙境般的大自然中孕育出的一段亦真亦幻、神秘纯爱故事。

【“3·15”旅游宣传咨询服务活动】2014年“3·15”国际消费者权益保护日当天，为进一步贯彻落实《中华人民共和国旅游法》，优化焦作市旅游市场环境，着力提升旅游服务质量和游客满意度，切实维护旅游者的合法权益，市旅游局在全市旅游行业组织开展了以“游客为本，服务至诚”为主题的旅游宣传咨询服务活动。在焦作火车站广场设置了旅游咨询台和旅游维权宣传展板，现场向市民发放文明旅游宣传折页、宣传海报和文明行为公约卡片等宣传资料1000余份；在云台山景区设立了旅游投诉台，现场受理游客投诉，为游客提供维权服务和法律法规咨询服务。针对游客在旅游过程中最容易出现的问题，市旅游局在3月13日的《焦作日报》上专题刊登了《“3·15”旅游维权提示》，公布了旅游咨询热线、旅游投诉电话和旅游违法举报电话，24小时受理游客投诉。

【“中国旅游日”宣传活动】　5月19日，市旅游局在焦作火车站广场举行了2014“中国旅游日”宣传活动，共向市民发放《旅游法》、文明旅游公约、“文明旅游理性消费”品质旅游出行提示等宣传资料。活动现场，市旅游服务中心、市旅游质监所、市旅游监察大队专门设立了服务台，为市民、游客提供旅游咨询、投诉服务。焦作市主要景区、旅行社、旅游商品生产企业也在现场设置展位，发放宣传资料，推介旅游新线路和新产品。修武、沁阳、博爱等县市区也相

“中国旅游日”宣传活动

继在各辖区市民、游客集中场所举办了形式多样的宣传活动。沁阳市旅游局组织举办了以“快乐旅游，公益惠民”为主题的 2014“中国旅游日”广场推介暨沁阳市文明旅游活动；修武县旅游局开展了“健康生活，欢乐旅游”大型宣传活动；博爱县旅游局组织该县旅游景区、旅行社举办了一系列的“中国旅游日”宣传活动。

【参加世界旅游城市联合会2014北京香山旅游峰会】 9 月 4 日，世界旅游城市联合会 2014 北京香山旅游峰会开幕式在北京举行，来自世界各国的会员代表、主流媒体以及旅游业界知名专家学者共 300 余人齐聚北京，共商全球旅游业发展大计。焦作市作为发起城市和首批会员城市应邀参加。此届峰会还创新举办了城市巡展、旅游资源和项目推介会及交易洽谈会。作为本次峰会的一项重要内容，第三届世界旅游城市博览会与峰会同期举办，来自国内外的 40 多个会员城市和会员机构都参加了此次博览会，均设置了各具特色的主题展台。在本次博览会上，焦作展台位置醒目、布置大气，突出“太极圣地·山水焦作”品牌，展厅内悬挂的云台山红石峡、青天河鲸鱼湾、神农山龙脊长城、陈家沟太极广场、峰林峡全景等焦作市经典景区图片格外抢眼，吸引了众多旅行商及游客驻足咨询。很多到过焦作的旅行商都感觉焦作的旅游环境好、景区优美、发展速度快，值得一看，并争着向工作人员询问焦作的其他旅游产品。很多参会的境内外嘉宾和游客没有到过焦作，焦作市工作人员耐心地向他们介绍，向他们推荐比较适合的旅游线路，并发放了旅游宣传资料。他们表示有机会一定会到焦作来走走看看，更进一步了解焦作，欣赏南太行美景。两天的旅游博览会上，焦作市共发放旅游指南、地图、光盘、宣传折页、招贴画等各种宣传资料 3000 余份。

9 月 5 日，为充分利用世界旅游城市联合会的平台宣传焦作旅游，进一步提升焦作旅游在境内外市场上的知名度，焦作市在分会场举办了焦作旅游专场推介会，德国 ikarustours、加拿大 ExpediaCruiseshipcenters、新加坡 BeMyGuest、丹麦日月国际集团、中国青年旅行社、北京神舟国际旅行社等中外旅行商以及中央电视台、《中国日报》《中国旅游报》、人民网、新浪网等中外主流媒体记者 70 余人参加了推介会。推介会上，焦作市工作人员向参会嘉宾全面推介了焦作旅游资源及发展情况，云台山国际旅行社对“云台山号”旅游专列及自主开发的焦作旅游经典线路产品进行了详细推介。推介会上还播放了焦作旅游风光片和太极拳宣传片，使中外旅行商及媒体记者更加直观、深入地了解了“太极圣地·山水焦作”。在推介会的最后阶段，焦作市还设置了抽奖环节，为参加焦作旅游推介会的 6 名幸运嘉宾颁发了特制的焦作旅游宣传品。

参加世界旅游城市联合会 2014 北京香山旅游峰会

【参加第十届海峡旅游博览会】 9 月 6 日至 11 日，第十届海峡旅游博览会在厦门举办。本届海博会的主题为“海峡旅游，合作共赢”。焦作市组团随省旅游局参会，在博览会会场向台湾旅行商推介焦作旅游产品，并参加了 2015 年旅游媒体营销创新研讨会。展会期间，焦作市代表与亚太旅游协会、台湾观光协会、海峡两岸台北旅展组委会、海峡两岸旅游博览会组委会的相关人员和执行机构负责人进行了亲密交流，就进一步加强焦作与国际旅游组织的合作、焦作旅游企业与台湾旅行商的合作、云台山景区与台湾相关景区的合作进行了深入探讨，努力把云台山和太极拳这两张焦作旅游的名片推向世界。本届海博会由国家旅游局、福建省人民政府主办，福建省旅游局、厦门市人民政府承办，亚太旅游协会支持，与第十八届中国国际投资贸易洽谈会整体联办，同期同馆举行。

【参加第十九届中国北方旅游交易会】 为进一步提高焦作旅游的知名度，扩大焦作旅游在北方市场的影响力，强力开拓北方旅游市场，吸引更多的国内外游客到焦作市旅游，9 月 19 日至 22 日，市旅游局组织云台山、青天河、焦作影视城等焦作市主要景区参加了第十九届中国北方旅游交易会，喜获参展旅行商和天津市民的好评。

【焦作红叶节开幕】 10 月 9 日，2014 年焦作红叶节在青天河景区隆重开幕，“印象金博爱·魅力青天河”第二届全国摄影大展颁奖典礼暨第三届全国摄影大展启动仪式同时举行。中国摄影家协会副主席李伟坤，市党政军领导姜继鼎、葛探宇、范涛、元相学等出席开幕式。红叶节期间，还举办了“中国著名旅游专家魏小安旅游高峰论坛”“河南省青天河杯户外徒步挑战赛”“焦作市直单位登山健步走活动”“浪漫红叶情、火热中国梦、青天河网络红叶节”“万人自驾赏红叶”等多项活动。

【青天河晋阶中国红叶联盟】　10月9日,青天河晋阶中国红叶联盟青天河·北京香山缔结姊妹景区新闻发布会在青天河景区召开,青天河景区正式与北京香山缔结为姊妹景区，同时成为中国红叶联盟会员。中国红叶联盟成立于2006年，最早由南京栖霞山和长沙岳麓山发起，旨在以红叶为纽带，增强红叶景区之间的合作交流。目前，中国红叶联盟共有北京香山、长沙岳麓山、南京栖霞山、苏州天平山4个成员单位。青天河景区加入中国红叶联盟，标志着青天河红叶成为全国知名的红叶旅游品牌。

【参加2014中国国际旅游交易会】11月14日至16日，由国家旅游局、中国民用航空局和上海市人民政府共同主办的2014中国国际旅游交易会在上海新国际博览中心举行。本届交易会以“美丽中国之旅”为主题，来自韩国、俄罗斯、美国及欧洲等国家和地区的千名国际买家参加了此次交易会。为了充分利用好此次国际旅游交易会的宣传交流平台，市旅游局组织云台山、青天河、神农山等主要景区精彩亮相，市场主体云台国旅也参加了此次交易会，取得了很好的宣传效果。据统计，3天时间里，全市共发放各类焦作旅游宣传资料5000余份。河南省旅游局副局长倪豫洲开幕当天检查了河南省各地市参展情况，对焦作市细致的参展组织工作给予充分肯定。市旅游局副局长李建阳在展台前与前来参观的焦作旅游的老朋友韩国国际观光展组织委员长、前韩国观光协会中央会会长慎重睦先生，一起随同前来的韩国TITF社团法人、前任韩国文化体育观光部第一次官赵显宰先生，庆北新闻代表理事、社长朴埈贤先生进行了深入的交流和沟通。交易会期间，焦作参展团还拜访了印度尼西亚新天地旅行社董事、总经理姚惠沁女士。市旅游局、云台山景区、青天河景区、神农山景区、云台国旅等参展单位都十分注重与知名网络企业、电商的合作。展会期间参展团各单位先后与网络影响力排名在前10位的途牛旅游网、北京蚂蜂窝、驴妈妈、乐途网等知名电商机构负责人就进一步加大焦作旅游网络有效宣传推广，提高景区网络售票数量、加强景区电商合作等方面进行了深入探讨交流。

【“中国著名作家美丽焦作行”采风活动】　11月9日至12日，由焦作市旅游局、焦作市文广新局、焦作市文联联合主办，中国文化传媒集团（中国文化报社）、中国散文学会支持的“中国著名作家美丽焦作行”采风活动在焦作市成功举办。中国作家协会副主席廖奔、中国散文学会名誉主席周明、中国文化传媒集团副总经理江心等来自全国各地的20余位著名作家参与活动。

·景区景点简介·

【云台山风景名胜区】　国家5A级旅游景区。古称覆釜山，位于焦作市修武县境内，距焦作市区35公里，总面积240平方公里，因山势险峻，峰壑之间常年云锁雾绕而得名。含红石峡、潭瀑峡、泉瀑峡、茱萸峰、叠彩洞、猕猴谷、子房湖、万善寺、百家岩、青龙峡、峰林峡等十一大景点，是一处以太行山岳丰富的水景特色，以峡谷类地质地貌景观和悠久的历史文化为内涵，集科学价值和美学价值于一身的科普生态旅游精品景区。是河南省唯一拥有一顶世界地质公园桂冠、全国文明风景名胜区、国家级重点风景名胜区、国家首批5A级旅游景区、国家森林公园、国家地质公园、国家级猕猴自然保护区、国家水利风景区、国家自然遗产、全国首批国土资源科普基地等国家级称号于一身的风景名胜区。

云台山以山称奇。整个景区峰峰如画，岩岩皆景，从千阶的云梯栈道登海拔1308米的主峰茱萸峰顶，北望太行群峰，层峦叠嶂；南眺怀川平原，沃野千里，织锦铺秀。云台山以水叫绝。单级落差314米的“云台天瀑”雄冠华夏；天门瀑、白龙瀑、黄龙瀑、丫字瀑、旺荣瀑、九连瀑等一

“中国著名作家美丽焦作行”采风活动座谈会

齐形成云台山独有的瀑布景观；多孔泉、珍珠泉、王烈泉、三官泉……清冽甘甜。“华夏第一奇峡——红石峡”“云台第一大峡谷——青龙峡”，雄奇险秀，潭瀑泉成群，更是让人流连忘返。云台山历史文化积淀深厚。作为儒、释、道景观并存的宗教名山，有汉献帝避暑台和陵墓、孙登啸台，也有中国山水园林文化鼻祖“竹林七贤”的隐居地（至今有刘伶醒酒台、嵇康淬剑石等遗迹），唐代药王孙思邈采药炼丹的洞府。云台山山奇水秀，气候宜人，植被茂盛，植物种类达400余种。中药材蕴藏丰富，除人参、灵芝外，还有地黄、菊花、山药、茱萸、连翘、天麻、当归等200多种。这里四季分明，景色各异，春赏山花、夏看山水、秋观红叶、冬览冰挂。

红石峡 原名温盘峪。全长1500米，是云台山景区峡谷极品的主要代表，景区丹山绿水，精美清幽，千仞壁立，奇伟无比，纤巧中流露出婉约之美，瑰丽中闪现出神奇之姿，是缩小了的山水世界，扩大了的艺术盆景。在中国众多峡谷中，以其景观的纤巧、婉约、瑰丽而独树一帜，有“盆景峡谷”之美誉。峡谷深68米，外旷内幽，奇景深藏，两岸峭壁山石秀丽，仿佛鬼斧神工雕凿而成的一个巨大盆景，又似名山大川的浓缩，园林专家称之为“自然山水精品廊”。明代怀庆知府徐以贞曾写诗夸道：“何年鬼斧劈层崖，鸟翼飞来一线开。斜阳在山归意懒，不堪回首重徘徊。”

潭瀑峡 原名小寨沟。全长2000米，是云台山峡谷极品的主要代表，谷内风光怡人，宛若江南。潭瀑峡青山与碧水映衬，飞瀑与流泉交织，三步一泉，五步一瀑，十步一潭，似跳动的音乐，流动的画卷。在这里可以欣赏到耳鬓厮磨、窃窃私语的情人瀑；四季长流、珠帘高挂的水帘洞；浑然天成的丫字瀑；五谷丰登、六畜兴旺的丰收图；还有龙凤呈祥的龙凤

潭瀑峡

壁、宛若仙子的蝴蝶石、石砚磨穿的洗砚池。经专家考证，潭瀑峡内的不老泉融入太行山夏雨冬雪，渗漏流动50余公里，是不可多得的优质矿泉水。

泉瀑峡 原名老潭沟。山雄水秀，峰高瀑急，沟壁和谷底有多处清泉流出，沿峡谷逆水而上，多孔泉、私语泉、幽潭、吟龙瀑等景点将游客带入一个如梦如幻的人间仙境。落差314米的华夏第一高瀑——云台天瀑位于泉瀑峡尽头。

茱萸峰 是历代文人墨客游历，僧道修行的圣地。这里植被茂密，古树参天，有千年名树红豆杉、五角枫树、太行花。森林覆盖率高达93%，有天然氧吧之美誉。踏千阶的云梯栈道登上海拔1308米的茱萸峰顶，但见一峰连一峰、一岭接一岭，群山连绵，峰涌云动，阡陌纵横，沃野千里，近可见屋宇房舍，远可望苍茫黄河，一时间大有临风听歌、气撼山河之概。唐代大诗人王维曾登临此峰写下“独在异乡为异客，每逢佳节倍思亲。遥知兄弟登高处，遍插茱萸少一人”的千古绝句。

叠彩洞 连接豫晋两省的公路隧洞，是修武县人民战天斗地的杰作，前后历时10年开筑而成。由大小19个洞组成，隧洞全长4831米，上下落差912米，洞内均为180度的转弯，每走百米，海拔平均上升5米。首尾相连、曲洞连环，形成了一道奇异诱人、耐人寻味的独特风景线。在峭壁间重叠直上。洞之间隙，可远观平川，近观悬崖，上观奇石，下观沟谷，听鸟语泉声如琴鸣，闻花香岚气沁肺腑。区内奇石林立，有蜗牛爬山、军舰巡山、茅笋入云、下不来、赤兔受惊、双鹑斗、一线天以及中国科学院命名的稀有多年生蔷薇草本花木——太行花。出叠彩洞便到三秀峰，峰上有一奇石，高约40米，婷立在百花翠林之中，从不同角度观看，则变幻为大灵芝、秀丽的村姑、着长裙攀山的摩登女郎。其峰含山秀、石秀、花木秀之意。过三秀峰即到西瀛观。向西俯视，高峡平湖，尽收眼底。有“已入瀛洲远，谁言仙路长”的诗意。向南恰有佛龛峰迎面而立，又有“佛祖升西天，佛去龛空留”之意境。

猕猴谷 为云台山新开发的景点。云台山于1998年8月被国务院批准为国家级猕猴自然保护区，有数量众多的野生猕猴群落在景区内分布。太行猕猴，在进化系统上属灵长目猴科，为国家二级保护动物。由于太行猕猴是生活在气候较冷、纬度最北的猕猴群，周围环境山峰陡峭，因此猕猴群体大，体壮，毛长尾短，善于攀缘，喜欢跳跃，行动敏捷，形体俊美，模仿性强，为猕猴中最进化的一种，具有很高的科研价值、经济价值和观赏价值。太行猕猴终年栖息于针阔叶混交林、灌木林及悬崖峭壁之间，喜群居生活，由猴王率领猴群，并配备护卫猴、哨猴，通常每群百只左右，白天活动觅食，夜间宿于悬崖峭壁之上，以植物性食物为主，属杂食性动物。为丰富游览活动，景点内还有免费猕猴表演。

子房湖

子房湖 又名马鞍石水库、平湖。传说汉代张良帮助刘邦成就大业后曾隐退至此，因张良字子房而得名。湖水面积 800 亩，长约 4 000 米。两岸青山对峙，夹一带绿水。如诗如画，醉透游人心扉。苍翠的山，墨绿的水，相依相偎，展现出一幅壮阔波澜之景。早晨和下午湖面阴一半晴一半，一边金光闪烁，一边碧绿透明。正午时，它像一面巨镜，把直射的阳光反射出去，使人眼花缭乱。湖的北端，有一座山峰酷似大佛，整尊大佛不仅有栩栩如生的面相、垂肩的双耳、交合的双手、盘坐的双腿，而且座下是莲花状的山丘。晴天时，天空上白云朵朵，山水间烟雾缥缈，大佛若隐若现，神妙无比。每当早晨和黄昏，霞光映照，大佛通体生辉，轮廓分明，形象逼真，堪称云台山一奇观。这里山青水碧，四季风景各异，春可临水赏山花，夏可入水戏碧波，秋观长天共一色，冬揽山水扮素裹，置身于此，尽可得山水之乐。

万善寺 坐落在阎王鼻山峰下面，周围青山环抱，风景秀丽。它始建于明朝万历年间，当年选择在此建寺，有“位居四方中央、土生万物、万法归宗”之意，万善寺寺名为明神宗御赐。现在的寺院是 1992 年重建的。方丈为我国金刚法大师——释海空。寺内放置的铜佛高 2 米，价值 60 万元，系泰国华侨所赠。周边有一线泉、聚宝盆、枯井、仙家洞、敬德试鞭石、望亲台等诸多景观。这里地处群山环抱之中，远离尘嚣，环境清幽，佛香袅袅，木鱼声声，是一处颇具规模的佛教活动场所。

百家岩 是中国山水园林文化从宫廷走向民间的发祥地，自然景观和人文景观交相辉映，相映成趣，汉献帝刘协曾在此避暑纳凉，现存有汉献帝避暑台和二乐台等遗址。魏晋时期，贤哲嵇康、阮籍、刘伶、向秀、阮咸、山涛、王戎相与友善，赋闲于此，不问世事，号称“竹林七贤”。这里还有孙登啸台、王烈泉等遗址。唐代十才子之一的著名诗人钱起在此怀念孙登的诗中写道：“崖石乱流处，竹深斜照归。主人卧磻石，心耳涤清晖。春雷近作解，空谷半芳菲。”《修武县志》载：魏晋时期逸人王烈，渴饮此泉，饿食黄精，寿至 338 岁仍然健步如飞。

青龙峡 有“云台山第一大峡谷”的美誉，距焦作市区 33 公里，面积约 108 平方公里，由 7 大游览区共计 100 多个景点组成，景区内峡长谷幽，山青水碧，群峰竞秀，层峦叠嶂，峰回路转，曲径通幽，植被繁茂，气候独特，峰、崖、岭、台、石各有千秋，泉、潭、瀑、溪、洞各具特色，天然雕琢，秀色天成，堪称山水画廊，避暑胜地。在长约 12 公里的峡谷底部，几乎看不到人工雕凿的痕迹，路是鹅卵石铺就的路，桥是木桩搭建的桥，泉潭瀑溪放眼皆是，一泉一景、一潭一色、一瀑一姿、一溪一态，潭潭相映，瀑瀑相连，喷珠溅玉，色泽如绘，原始的古朴和生命的灵动在这里活灵活现。青龙峡碧水长天一色，红叶醉人醉心。正可谓“青山碧水饰青龙，雄峰流云扮长空”，山体的雄伟与险峻，深谷的迂回与奥妙，碧潭的清幽与静谧，瀑溪的秀丽与灵性，力与美在此完美结合，动与静在此巧妙融会，天地人在此融为一体。如若适逢赶上深秋时节，万山红遍，层林尽染，红叶如火似霞，一簇簇，一浪浪，宛如红色的海洋，置身于此，观碧水长天一色，品秋意霜叶红花，一时沉醉不知归路。景区内植被茂密，林木葱茏，云雾缭绕，气象万千。常年温差 8℃～10℃，湿度适中，凉爽宜人，特别适宜消夏避暑。岭上为一天然盆地，坐落于此的陪嫁妆村，以石建屋，依山成寨，风格别具，风情独特，游览山寨风光，作客山野人家，体味山野乡土民俗，别具

青龙峡

一番情趣。这里瀑飞泉悬，潭幽溪清，山水含情，草木解意，自然的灵性和生命的灵动在这里演绎得生灵活现，狂然的心跳和怦然的心动在这里挥洒得淋漓尽致，堪称生态旅游、休闲避暑的好去处。

峰林峡 原名群英湖。距焦作市区北部 25 公里，面积 50 平方公里，景区内自然风光特色独具，卓尔不凡，人文景观内涵丰富，多姿多彩，是一处兼有南北山水特色的山岳型风景名胜区。景区内河流、湖泊深秀，高山、峡谷险峻，悬崖、溶洞遍布，奇峰、怪石林立。主要景点有小孤山、大坝、老君滩、葫芦岛、天王岩、睡美人、三潭映月等，可谓“群英荟萃”。小孤山高 10 余米，长 30 余米，宽 10 米。相传二郎神奉玉帝命带领天兵担山填海，路过此地，脚下不适，乃脱鞋倒石，石子落在河中乃形成“小孤山”。峰林峡大坝高耸于“窄山”峡谷之中。大坝建造于 1971 年，坝高 100.5 米，为世界第一高砌石拱坝。整个大坝气势恢宏，线条流畅，似巨龙横卧，坝顶瀑布如白练下溅，击石拍岸，雾气迷漫，犹如长虹空架，神奇壮观。老君滩充满神话色彩，这里四周峰峦环抱，峡光倒映，幽深莫测。相传老君李耳曾在此修行，泛舟至此，恍入世外桃源。天王岩高数十丈，酷似一尊天王神像竖立，庄严雄伟。睡美人形成实为山体的走势所致，由于蜿蜒起伏的山体酷似一美丽的少女，头枕太行，仰面蓝天，沐浴阳光，含情脉脉，故此人们给她起了一个非常动听的名字——睡美人。三潭映月景点集线瀑、帘瀑、潭水于一景，呈阶梯形分布，潭与潭之间瀑溪相连，涉足于此，方知“览尽天下瀑溪美，最美还数三潭水”。以山水交融的翡翠湖为主体，融山的隽秀、水的神韵为一体，被誉为“人间天上一湖水，万千景象在其中”，更有“云台天池”的美誉。

青天河

峰林峡

【青天河风景名胜区】 国家 5A 级旅游景区。位于焦作市西北部 35 公里的博爱县境内，系世界地质公园、国家重点风景名胜区、国家 5A 级旅游区、国家水利风景区、太行山国家级猕猴自然保护区、中国青少年科学考察探险基地、河南省最具魅力的十佳风景名胜区、河南省十大旅游热点景区。景区面积 106 平方公里，由大坝、大泉湖、三姑泉、西峡、佛耳峡、靳家岭、月山寺等七大游览区、308 个景点组成，集江南水乡与北国田园风光于一体，被誉为“北方三峡”。

青天河之水天上来，这里三步一泉、五步一瀑，青山绕碧水，绿树掩古寺，飞泉流瀑，如诗如画。有世界独一无二的天然长城及世界奇观石鸡下蛋；有中原独一无二的高山峡谷湿地景色；有最大出水量每秒 7 立方米、洞径 2.18 米的“华夏第一泉”三姑泉及由此泉水形成的长达 7.5 公里的大泉湖。这里碧波荡漾，妩媚婉约，水随山势，百转千回；野鸭随水势，掠过水面，水天一色；两岸绿色掩映，猕猴嬉戏其中。湖内行船荡舟，舟移景异，船在画中走，人在画中游，如游漓江，似进三峡，置身其中，能使人从生活压力中解放出来，得到最畅快最松弛的休闲。

进入西峡，两岸青峰翠岭，水面一平如镜，杨柳临溪傍水，荆林神韵通幽，古朴小舟伴着暮归的老牛和牧童，一片田园牧歌式的风光呈现在眼前。而游程中，产生于 7000 万年前至今唯一身上有文字记载的世界罕见天然大佛、距今 1500 年的北魏摩崖

石刻、北魏官道等人文景观，会使人在这静谧的环境中返璞归真，去细细地体味和追溯历史的脚步。

如果说西峡让人们享受的是原始幽静清雅，那么佛耳峡则完全是一幅动感的山水画廊。这里蜿蜒曲折，犬牙交错，溪泉争涌，三潭九瀑，小桥流水，茂林修竹贯穿其中，或低吟浅唱，或狂舞高歌，好似一盆玲珑的盆景，汇山川之灵气，浓缩天地之精华，可谓三步一景、五步一观，景随步走，步移景换，如梦如幻。加之那鸟啼蛙鸣，让人们惊叹大自然的造化，使人回味无穷。

而红叶圣地靳家岭，是南太行山罕见的绿色长廊。这里林海无边，植被茂密，四季如画，尤其是秋季满山红叶，堪称中原之最，是一处云雾缥缈、空气宜人的天然氧吧和森林乐园。

月山寺　位于焦作市西 20 公里的博爱县境内，始建于公元 1158 年，是历史上著名的佛教圣地，与少林寺、白马寺并称为中原三大古寺。月山寺曾名清风寺、大名禅院、宝光寺，明永乐三年更名为月山寺，沿用至今。月山寺鼎盛时期有僧侣五百、房舍千余间，经版、经书收藏甚多，尤其藏经阁中收录的佛经最为完整，明代学者李濂在其所著的《明月山记》中曾提到“读道藏于天坛，读佛藏于明月”，句中的明月即指月山寺。月山寺还是中华三大拳之一八极拳的发祥地，武林中流传有“文有太极安天下，武有八极定乾坤”的诗句，充分说明了八极拳与太极拳具有同等的历史地位和广泛影响。月山寺景区内仙山琼阁，晨钟暮鼓，碧树烟云，胜迹荟萃，内有著名的八大景、七小景、五大奇观和两个千古难解之谜。清乾隆皇帝曾三朝月山寺，御题三匾，一对联，诗七首，并作有“金山行影几千秋，云锁高峰水自流。美景一时观不尽，天缘有份再来游”一诗盛赞月山寺美景。月山寺现存有砖塔 31 座，坐落在南北 800 米、东西 500 米之间，建成于 800 年间，堪称砖塔建筑之宝。其中一组七尊塔，依北斗七星顺序排列，对研究古代天文学具有重要的参考价值。月山寺悠久的历史，丰富的文化和重要的历史地位曾引起中央领导人的高度重视。

【神农山风景名胜区】　国家 5A 级旅游景区。位于焦作西北 33 公里的沁阳市境内，是世界地质公园、国家重点风景名胜区、国家 5A 级旅游区、国家级猕猴自然保护区、中国摄影家创作基地、儒道佛文化名山、河南省十大热点景区，共有紫金顶、白松岭、云阳河、仙神河、黑龙潭、临川山、悬谷山、黄花岭等八大景区 136 个景点，总面积 102 平方公里。这里曾是炎帝神农辨百谷、尝百草、登坛祭天的圣地；也是道教创始人老子筑炉炼丹、成道仙升之所。古往今来，优美的自然风光吸引不少帝王将相、文人墨客到此游览，唐明皇李隆基、韩愈、李商隐等历代名家曾在此留下许多传世佳作。

神农山自然风光优美，景色千姿百态，仪态万方，汇峰、谷、洞、石之精粹，集松、花、鸟、猿之珍异，乃太行风景之大观。神农山主峰紫金顶，海拔 1028 米，矗立中天，气势雄浑，傲立群峰，直插云霄，有“中天玉柱”之美誉。紫金顶左有云阳河，右有仙神河，前有西贝涧，后有白松岭，河谷环绕，群峰参拱，更显紫金顶“唯我独尊”之势。相传这里为炎帝神农氏尝百草、辨五谷、登悬坛、祭上天之圣地，神农山也因此而得名。站在紫金顶上，天地合，众山小，水如练，径如线，星可摘，月可鉴，可谓“尘嚣脚下踩，云雾耳边

神农山——舍身崖

生”。

神农山绝景白松岭，是云阳河和仙神河之间的分水岭，山上云腾雾绕，海拔1020米，全长11.5公里，因珍稀树种白皮松而得名，为国家级自然保护区。白松岭起于舍身台，一岭九峰，起伏跌宕，两边悬崖刀劈斧削，岭上危岩鬼斧神工，既似一条巨龙舞动于幽谷深峡之上，又如天地造化的长城，被地质专家形象地誉为“龙脊长城”。岭上的石花堪称奇观。这些石花分布在岭上大大小小、形态各异的石头上，或大或小，或簇拥或分散，似含苞的睡莲，像盛开的牡丹，如典雅的月季，若华贵的山茶，形象逼真，煞是迷人。而更为让人叫绝的则是岭上那些头戴青盖、身着白衣、美丽飘逸的白皮松。1.6万余棵白皮松生于悬崖，长于岩壁，千年树龄，古老苍劲，一树一态，一松一景，光彩照人，风情万种。一路走过，有仙人迎宾松、孔雀开屏松、白鹤亮翅松、仙翁打坐松、情人蜜语松等左右相迎。置身于此，人们会充分领略到一步一景、移步换景的妙处，说不尽的乐趣尽在其中。

神农山是天然的艺术盆景，八仙峰、老君峰、伏羲峰、神农峰等28座奇峰似人非人，分身石、合婚石、五彩石、风雨石等24块怪石似兽非兽，桃花溪、百草坡、卧虎山等36道谷壑纵横交错，三仙洞、女娲洞、老君洞等13处洞穴浑然天成。神农山又是天然的植物园，植被覆盖率高达90%以上，被称作“天然氧吧”。计有植物1912种，名贵中药材300余种，奇花异草遍布山野。神农山还是天然的动物园，计有动物260余种，珍禽异兽出没林间，尤以太行猕猴为游人喜爱，共有3000余只，分属9个猕猴群，犹如9个原始部落，结聚成群，占山为王，跨溪跃涧，飞崖走壁，追逐嬉戏，神出鬼没。

神农山文化底蕴厚重。这里是炎帝神农部落活动最集中、最频繁的地方，有道教上清派祖庭静应庙，有千年摩崖石刻，有佛、道共存的云阳寺、清静宫，有历史悠久的三大天门。古迹众多、香火鼎盛，是游客祈财、祈福和祈运的圣地。人文古迹星罗棋布，神话传说源远流长，佛、道二教曾经在此盛极一时，道观、庙宇等古代建筑遗迹至今犹存；伏羲八卦、女娲补天、老君炼丹、刘秀聚将、药王医虎等神话掌故情景交融，广传民间；李白、韩愈、李商隐、司马光等文人墨客曾在此游历，激扬文字，挥毫泼墨。人文景观与自然风光交相辉映，相映成趣，彰显神农山风景的文化神韵与风采。

【嘉应观】 国家4A级旅游景区。位于武陟县城东南12公里处，距焦作市区35公里，总面积9.3平方公里，始建于清雍正元年，是雍正皇帝为祭祀河神、封赏历代治河功臣而修建的一座集宫、庙、衙三位一体黄淮诸河龙王庙，建筑风格形似故宫，主要包括山门、御碑亭、治河功臣殿、中大殿、禹王阁等，规模宏大，有“北京小故宫”之美誉。

嘉应观山门为单檐歇山顶，顶部覆盖蓝色琉璃瓦，檐下为五踩重昂斗拱，用材甚小，玲珑别致。外檐木质上均有彩绘，笔调明朗，色彩鲜艳。门前门牌上书有“敕建嘉应观”5个大字，为雍正皇帝手书。御碑亭似清朝皇冠，富丽堂皇，亭内御碑铁胎铜面，24龙缠绕，底座为独角兽，雍正皇帝亲笔撰文书丹，制作精致，称

嘉应观

得上是中华第一铜碑，堪称国宝。治河功臣殿分东西两个大殿，供奉着10位治河功臣。东大殿供奉的是西汉的贾让，东汉的王景，元朝的贾鲁，明朝的潘季驯和“白大王”白英。其中贾让最早提出上中下治河三策，沿用至今。王景实践治河三策，黄河800年没有改道。西大殿供奉的是明朝工部尚书宋礼、兵部尚书刘天和，清朝3位治河总督齐苏勒、嵇曾筠和林则徐。人们都知道林则徐曾担任两广总督，虎门销烟大张民族气节，他又怎么会当上了河龙王呢？原来在道光年间，他曾任河道总督，主管河南、山东黄河运河的修防事务。鸦片战争失败后，清王朝撤了他两广总督的职务，发配新疆。途中，黄河决口，林则徐又受命堵口。“肝胆披沥通幽明，亿兆命重身家轻。”林则徐是真正的民族英雄。中大殿又叫大王殿，是北京太和殿的缩小型建筑。中大殿天花板上的65幅龙凤图为天下一绝。故宫里也有龙凤图，但故宫的龙凤图为满汉合璧，而这里的龙凤图却是清一色的满族文化风格，天下独此无二。禹王阁雕栏楼阁，典雅华贵，颇具南方风格。阁前有一碑为水清碑，也叫灵石碑。轻轻一击，声若铜磬，娓娓动听。

嘉应观是我国历史上唯一记述治黄史的庙观，也是河南省保存最完好、规模最宏大的清代建筑群，文化内涵丰富，是黄河文化的代表之一。

2001年6月25日，嘉应观作为清代古建筑，被国务院批准列入第五批全国重点文物保护单位名单。2010年被命名为国家4A级旅游景区。2014年9月，被水利部公布为第14批国家水利风景区。

【圆融无碍禅寺】　国家4A级旅游景区。俗称“佛爷洞”，位于修武县当阳峪吕涧山上，是中原佛寺中唯一一座坐西面东由群山环抱的千年古刹，也是中国唯一一处以佛教圆融思想而命名的千年古刹。所谓“圆融”，即“破除偏执，圆满融通”；“无碍”，即“心无挂碍，行无所碍”。圆融古刹是被佛学界誉为“民间东传佛教第一僧”的西晋、后赵僧人佛图澄国师（231～351）所创建的893座寺庙之一，距今已有1659年的历史，比建于北魏孝文帝太和二十年（496年）的洛阳龙门石窟早167年，是河南省境内仅晚于白马寺的第二座古老佛寺，豫北地区的第一古老佛寺。千余年来，圆融无碍禅寺饱经战火，几度兴废。2002年，果建法师出任圆融无碍禅寺住持，启动了千年古寺的恢复重建工程。2010年，圆融无碍禅寺已扩建为十一进十九殿、两塔院、七堂、二院落、一馆及十七处泉井的高规格寺院，成功创建为国家4A级旅游景区，有“太行小灵山”之美誉。十一进为依山势所趋，寺院中轴设计为九层错落进阶；十九殿为灵官殿、文财神殿、伽蓝殿、古佛殿、天王殿、钟楼、鼓楼、琉璃光宝殿、大智文殊宝殿、大行普贤宝殿、大雄广场、龙亭龙王殿、万佛宝殿、大愿地藏宝殿、大悲观音宝殿、清凉台、古佛洞、藏经阁、祖师殿；两塔院为万佛塔院和祖师塔院；七堂为戒堂、法堂、禅堂、念佛堂、斋堂、客堂和上客堂；二院落为圆融书院和方丈院；一馆为石刻佛教艺术品陈列馆；十七处泉井为藏经阁后老祖卓锡泉，古佛洞中龙脊泉、卧虎泉，观音、地藏殿的甘露泉、起悲泉，碑廊南北之净心池、洗钵池，大雄广场之洗目泉，念佛堂处极乐泉，龙亭庇护之龙泉，鲁班井、智慧泉、药师泉，钟鼓楼旁乾坤井，古佛殿后圣僧卓锡泉，都深不过丈余，且井井水盈。

圆融无碍禅寺

【焦作影视城】　国家4A级旅游景区。位于焦作市区北郊，距市区1公里，建筑面积15万平方米，是中央电视台与焦作市人民政府合作兴建的一处大型影视拍摄制作基地，也是国内唯一的一座依山势建造的影视城。

影视城依山而建，气势磅礴，造型古朴，富丽堂皇，环境优美，景色宜人，主要由城门广场区、周王宫区、楚王宫区和市井区四部分组成。城门广场区主要包括城门、门外广场和门内广场。城门坐北面南，宽阔宏大，雄伟壮观。城门中央上方立一铜铸方鼎，两边侧墙镌刻有西周东迁和大秦一统的大型浮雕，两名威武雄壮的青铜武士屹立于东西两扇古钱币状的大门旁边，镶有“周”“楚”字样的古战旗高耸入云，集中表现了影视城所处历史时期的政治文化色彩。城门以外是面积达2万平方米的集会广场，城门以内则是占地面积为2.5万平方米的文化广场。文化广场以炎帝、黄帝、伏羲三皇和老子、孔子、孟子、孙子、韩非子、张衡六圣人以及青龙、白虎、朱雀、玄武四神兽雕

塑最具代表性，此外，还设有仿古舞台、喷泉池等配套设施，既具古代色彩，又有现代气息。

周王宫区包括周王宫、摄影棚和灵台。周王宫建筑面积 2.8 万平方米，再现了东周时期夯土筑台之风。它依山而建，外观气势雄伟，蔚为壮观，内部富丽堂皇，古朴典雅，充分体现了中原文化质朴、粗犷的文化底蕴。摄影棚建筑面积 8000 平方米，雄居亚洲之冠，可满足各类题材影视片的拍摄需要。灵台在影视城的最高处，是按照天圆地方及周易的“太极生两仪，两仪生四象，四象生八卦，八卦生六十四卦”等无穷变化的思想而建的，以表现天人感应繁衍造化的文化内涵。灵台是祭天的场所，是人们几千年来为表达对天的信仰、依赖的地方，也是古时皇帝祭天和群英会盟的活动场所。

楚王宫区充分展示了长江流域楚文化的丰富内涵，楚王宫建筑面积 1.2 万平方米，主体建筑分布于逐层的夯土高台上，建筑色彩多采用黑白对比及深褐色，黑瓦白墙，亭廊簇拥，秀美亮丽，加之琵琶湖的诗情画意，宾馆的富丽堂皇，古战场场面的宏大、壮观，使人顿觉爽心惬意。

市井区集中体现了春秋战国时期平民百姓生产、生活的场景，它从各个角度展现古时的民间风俗，让人领略古人朴实无华、勤劳进取的传统美德，黄泥墙、茅草屋、作坊……在国内影视城中绝无仅有。

焦作影视城建成开放后，不仅吸引了众多国内外游客来此观光游览，并先后有《东周列国》《孙子》《乱世妖后》《风雨行宫》《屈原》《光武帝刘秀》《秦始皇》《三国》等多部影视剧目在此拍摄。2012 年 11 月，焦作影视城被批准为 4A 级旅游景区。

【陈家沟】 国家 4A 级旅游景区。陈家沟位于温县城东 5 公里处的清风岭中段，原名常阳村。明洪武年间，山西泽州人陈卜迁至该村，因村中有一条南北走向的深沟，随陈氏人丁繁衍，该村更名陈家沟。陈卜善武艺，精拳械，曾设武学社于村中，始开陈氏世代习拳舞械之风。明朝末年，陈氏第九世陈王廷，依据祖传拳术，吸取民间诸优秀拳种之精华，结合导引、吐纳术、中医经络学，创编了一种新的内功拳种，按阴阳转换之意取名太极拳。陈氏十四世陈长兴，广开传拳之门，河北永年人杨露禅即是其著名高徒。太极拳是中国武术的精粹，20 世纪 80 年代以来，太极拳以其独特的魅力更为世人所推崇，被国家旅游局列为特种旅游项目，成为发展河南旅游业的两个拳头产品之一。2014 年，陈家沟被批准为 4A 级旅游景区。

太极拳祖祠 自陈王廷创编太极拳以来，历经 300 余年，名手辈出。为弘扬太极文化，彰显太极名师，在陈氏后人修建太极拳历代宗师纪念馆的基础上修建了太极拳祠，用于太极拳爱好者纪念、瞻仰历代大师。太极拳历代宗师纪念馆的正前方是太极拳的鼻祖陈王廷。陈王廷，字奏庭（公元 1600 年 –1680 年），陈氏第九世传人。陈王廷天资聪慧，自幼勤奋好学，昼练武，夜习文，不但深得家传武功，出类拔萃，也熟读诸子百家，学训渊博。成人后文武兼备，尤其精于拳械，功夫深厚，有超人的轻功绝技。曾为县乡兵守备，扫荡群匪，使匪寇闻名丧胆。因他生得面红庄重，蓄有美髯，骑红色战马，惯使春秋大刀，人称“二关公”。明末，他以武秀才（庠生）的身份赴乡试考武举。在考武举场上，他以“凤夺巢”的箭法技压群雄，因鼓吏作弊，愤而杀之而逃出考场，赴登封农民起义领袖李际遇处避祸，后返乡蛰居故里。李际遇部将蒋发因避难改装投陈家为仆，为掩人耳目，陈家上下皆唤蒋发为蒋把式（旧称长、短工为把式）。陈、蒋二人名为主仆，实为挚友，每日切磋拳艺，耕田课子。至今陈家沟民间犹传有《玉带山英雄结义》《陈王廷义收蒋发》《木门寨师徒讨牛》《杨海洼蒋发镇邪》等传说。

太极碑廊 碑廊的正前面刻有“端、敬、公、正、仁、义、浩、勇、忠、信、诚、德”十二个字，这便是太极拳门尊十二严，是对每个习武者的起码要求，而且也是练好陈式太极拳所具备的首要条件。为培养后人的武德修养，陈式太极拳还制定了规定廿备、戒章、十二禁、律则二格等门规戒律教育后人。碑廊里面是历代太极拳宗师的碑碣，碑碣上刻有历代拳师的简介、这是中外太极拳爱好者为纪念太极宗师们所镌立的。

太极拳历代宗师纪念馆 馆内便是陈王廷的画像。在他之后，又涌现了北平皋夜战山匪的陈氏十一世陈恂

如、陈申如孪生兄弟；用太极霹雳拳打死山东黑狸虎的陈氏十二世陈敬伯；冲破保守思想将太极拳始传外姓弟子的陈氏十四世陈长兴；住在赵堡镇传拳于武禹襄的陈氏十五世陈清萍；阐发太极拳理论的民国初年理论家陈氏十六世陈鑫；在北京玄武门打擂17天未遇对手的陈氏十八世陈照丕等历史名家。他们进一步丰富和发展了太极拳拳术和理论。特别是陈氏十四世陈长兴，广开传拳之门，河北永年人杨露蝉即是其著名高徒。之后，太极拳又逐步演变出全国有代表性的“杨、武、吴、孙”等诸大流派。

太极拳武术馆 始建于1985年4月，其前身是1958年兴办的太极拳武术学校，是推广普及太极拳、培养太极新秀、进行太极拳交流的主要场所。1981年面向全国招生，同年首次接待日本太极拳协会访华团。在武术馆的四面墙壁上，是当代太极拳名家以及后起之秀的展板。当代太极拳大师陈氏十九世太极拳传人陈小旺学拳于陈照旭、陈照丕、陈照奎等前辈，曾多次夺得全国太极拳、太极推手冠军，以其精湛的武技折服武林。当代太极拳大师陈氏十九世太极拳传人、全国武术十大名师陈正雷与太极拳大师陈小旺、王西安、朱天才人称“四大金刚”，他们和太极拳大师陈庆洲、陈四通、陈小星等人，个个身怀绝技，人人身手不凡，传拳于五湖四海、名声远播于世界各地。后厅是演武场，是太极拳学员训练的场地，也是太极拳交流的重要场所，在这是可以欣赏到太极拳各种套路以及太极器械、太极推手等精彩表演，并且可以更深入地体会到太极拳阴阳开合、快慢相间、虚实转换、刚柔并济的精深含义。

东大沟 陈家沟坐落在黄沁河冲积平原，黄河、沁河历史上的多次改道使整个平原形成了南滩北洼中间岗的地貌。因河水冲刷，村内曾有大小沟壑13条，经多年变迁多数沟壑被填，只剩下东西两沟。东沟保存着原始的自然风貌，沟内云气缭绕，树木崇崇，气候冬暖夏凉，环境宜人；沟上悬崖峭壁，民房鳞次栉比，鸡犬相闻。沟内按太极八卦之理修建了两座练拳台。每到夜晚，月光下沟内拳姿翩翩，器械声叮当作响，真可谓“悠悠陈家沟，蔚蔚太极风”。

陈照丕陵园 陈照丕陵园松柏葱葱，碑碣林立，碑额为原国家水利部副部长张含英所题。碑后是当代太极宗师陈照丕长眠的地方。陈氏十八世陈照丕（1893–1972），字绩甫。1928年秋，北平同仁堂东家乐佑申和乐笃同兄弟二人，慕陈氏太极拳之名，托河南沁阳杜盛兴到陈家沟聘请拳师，族人公推陈照丕前往。到北京（时为北平）后，有同乡李敬庄（庆临）为其在《北平晚报》（1928年10月）登载宣传，“我国提倡武术，其目的在于强种卫国，自卫御敌，收复失地。”陈照丕理论造诣极深，积数十年之经验，著有《陈氏太极拳理论十三篇》等书。他所授弟子的代表有陈小旺、陈正雷、王西安、朱天才等。他品德高尚，诲人不倦，对推广陈氏太极拳做出了巨大贡献，深受国内外各界人士的崇拜，为陈氏太极拳承前启后，继往开来的一代宗师。

杨露禅学拳处 杨露禅学拳处位于陈家沟村太极路中段。该处原为清朝翰林院待诏陈德瑚故居，为两进四合院，因毁坏失修，只剩下北厢房三间，后院小瓦房两间。现有按照清代风格修复的门楼、正殿、二进院南北厢房、习拳处、杨露禅住的小屋以及供游人观拳、休息的凉亭。正殿中央供奉的是太极宗师陈长兴，右边的塑像是陈长兴授拳杨露禅，左边的塑像是杨露禅与师兄陈耕耘习拳。

中国太极拳博物馆 坐落于太极拳发源地——温县陈家沟，是全国首个以非物质文化遗产为主题的博物馆，拥有太极拳相关文物资料近万件，其中有太极拳主要流派名人名家的传承谱系。2009年8月正式对外开放。该博物馆设立在太极阁这一仿古建筑内，坐落在八边形高台之上，建筑面积2800平方米。分两仪堂、四象堂、文修堂、三省堂四部分，集中展示了太极拳的基础文化、拳史、拳理、拳法，系统阐述了太极拳的起源、衍变和发展。

【韩园】 国家3A级旅游景区。位于孟州市焦洛路中段西虢镇韩庄村，距焦作市区72公里，是全国文物保护单位，总面积100余亩，是唐宋八大家之首、“百代文宗”韩愈的陵墓。韩园建于唐敬宗宝历元年，距今已有1180年历史，园内建筑主要有：牌楼、神道、石阶、山门、景亭、飨堂、陵墓、碑刻等。

韩愈，字退之，河阳人（今河南孟州人）。他是中国唐代杰出的文学家、政治家、思想家、哲学家和教育

韩愈陵园

家；他倡导和发起了“古文运动”，大力提倡秦汉以前的“古文”，并以自己的实践实现了自己的主张，树立了一代文风；他反对藩镇割据，拥护中央集权；他济爱黎民，为民谋利，重用人才，尽力传播中原文化，赢得了人民的千载崇敬和景仰，后人尊称他就是“文起八代之衰”“百代文宗”。

步入韩园的大门，犹如迈入了丰厚的文化圣地。这里有千年不解的韩墓怪枣之谜，有中原最大的天外来客巨型陨石，还有誉名中外、生死相依的“唐柏双奇”……可以说是一步一个奇景，一景一段动人故事。置身于此，绿荫丛丛，异草满地，到处散发的文化芳香扑面而来，无不显示着韩园历史的沉重印迹。

近年来，中央领导先后到韩园视察，给韩园以高度的评价。特别是1992 年第一届韩愈国际学术研讨会召开以来，韩园已成为世界韩学研究的中心与基地。韩园，正以更新更美的面孔迎接八方来宾。

【蒙牛工业旅游景区】 国家 3A 级旅游景区。位于焦作市高新区，厂区占地 13.3 万平方米，是内蒙古蒙牛乳业（集团）股份有限公司在国内较大的全资子公司之一，全国工业旅游示范点。景区内设有冰淇淋车间、液体奶车间、奶源车间、技术中心、企业文化走廊等参观亮点。进入蒙牛景区后从生产车间到行政办公区全部用玻璃取代了墙壁隔断，实现透明化管理模式，通过 11 年的发展，蒙牛已形成了具有企业自身特色的企业文化，游客可以更清楚地了解蒙牛、感受蒙牛。

冰淇淋车间景点 冰淇淋车间是全亚洲第二大单体生产车间，车间长 146 米，宽 85 米，一共有 14 条生产线，其中 10 条花色生产线，4 条异性生产线，共有 86 个老化罐排列在一起，参观过程中可以了解到冰淇淋生产全过程。大型的参观通道能够让游客看到、了解到原始乳业文化、世界乳业文化、中国乳业文化、蒙牛国际化的现代牧场、蒙牛的发展历程、蒙牛的业绩及蒙牛标志及领带的意义。让游客足不出户，在一个小时之内，在一个小环境之中，就能遍览“全球牧场”，使中国的种草、养牛、挤奶技术，快速完成与欧美发达国家百年经验技术积淀的接轨。

奶源车间景点 奶车在收奶广场卸奶的全过程都是密闭的环境，牛奶通过地面下边的无菌管道输送到户外的 7 个立式储奶仓，每个储奶仓可储存原奶 60 吨。卸奶结束后的奶车必须到“奶车桑拿区”进行彻底清洗，通过四个步骤：酸洗、碱洗、开水洗、高温蒸汽消毒，针对奶罐里里外外，上上下下全部清洗四遍，杜绝残奶污染新奶的可能。蒙牛乳业是中国乳品行业第一个设有“奶车桑拿浴”的企业。

液体奶、低温车间景点 预处理车间主要是针对原牛奶进行脂肪分离、均脂、巴氏杀菌、“闪蒸”，蒙牛牛奶首先要去除 5%的水分，从而提高牛奶的干物质含量，使消费者的饮奶口感更为香浓。整个预处理工段完全依据 GMP（优质生产规范）标准要求进行设计和安装，生产过程全部由电脑控制完成。UHT 瞬时灭菌工艺，牛奶在 137℃高温下、4 秒的时间内，实现商业无菌。保证产品本身的微量元素不会丧失，气味不会发生改变。

包装车间景点 包装车间有全自动化包装机，包装速度可达每分钟

蒙牛工业旅游景区

330 包，平均每秒钟 6 包。智能立体存储仓库是目前乳品行业中最大、最先进、智能化程度最高的立体化智能库房，共有 20406 个货位，由电脑控制，产品遵循先进先出的原则，工作人员只需输入货物的相关资料就可以对产品进行出库、入库和调配，而且可以做到准确无误。

质量检验中间景点 在技术中心可看到最先进的检验、化验设备，其主要职能是负责对焦作公司的所有原辅料、产品，包括液体奶、冰淇淋的成品及半成品进行抽样化验、检验，在这里合格的产品才能投放市场，到达消费者的手中。

企业文化走廊 “你不能控制他人，但你能掌握自己；你不能预知明天，但你可以把握今天；你不能样样胜利，但你可以事事尽力；你不能延伸生命的长度，但你可以决定生命的宽度；你不能左右天气，但你可以改变心情；你不能选择容貌，但你可以展现笑容”“有德有才，破格重用；有德无才，培养使用；有才无德，限制录用；无德无才，坚决不用”“以事业留人，以感情留人，以待遇留人”“小胜凭智，大胜靠德，诚信做人，认真做事”“太阳光大，父母恩大，君子量大，小人气大”“看别人不顺眼，首先要调整自己的修养”“为了放射自己的光，无须吹熄别人的灯”这些格言警句悬挂在文化走廊，可供游人参观。

朱载堉纪念馆

【朱载堉纪念馆】 国家 2A 级旅游景区。位于沁阳市自治街，距焦作市区 30 公里，这里曾是朱载堉居住过的郑藩世子府的一部分。1990 年大修后作为朱载堉纪念馆的馆址。馆内有东、西、中 3 个陈列室，以介绍朱载堉生平事迹为主，是当地进行爱国主义教育的基地。

朱载堉（1536～1611），字伯勤，号句曲山人、九峰山人，又号狂生、山阳酒狂仙客，卒谥端清，河南省怀庆府（今沁阳）人。他是明太祖朱元璋九世孙、郑藩第六代世子。朱载堉一生刻苦求真，呕心沥血，专心攻读音律、历算，并开拓了边缘学科的广阔领域。共完成《律学新说》《算学新说》《嘉量算经》《乐律全书》和《醒世词》等 20 多部立说巨著。他在珠算上进行开平方、开立方计算，得出了求解等比数列；他首创十二平均律，提出了“异径管说”，设计并制造出弦准和律管；他创立“舞学”，绘制了大量舞谱；他发明了累黍定尺法，精确地计算出北京的地理位置与地磁偏角，还精确计算出回归年的长度什和水银的比重。他是乐律学家、音乐家、乐器制造家、舞学家，又是算学家、物理学家、天文历法家，在美术、哲学、文学方面也有惊世的建树。他是在中国传统文化土壤中诞生出的一位百科全书式的学者。早在明代，朱载堉就为中国夺得了多项世界第一。中外学者尊崇他为“东方文艺复兴式的圣人”“真正的世界历史文化名人”。

【石佛寺】 国家 2A 级旅游景区，是焦作市四城区唯一的一座佛教净土宗寺院，且为豫北地区最大的净土道场。位于马村区待王街道办事处白庄村，始建于后汉天福十三年（948），后经金大定三年，明正德八年等几次大规模的修葺，其名声大震，成为古山阳方圆百里的名兰宝刹。据史料碑文记载，石佛寺“南邻黄津一带，北依太行三峰，西侧泉水附院，东有隆山嵯峨”，拥有优越的地理环境和良好的佛道因缘。二十世纪三十年代，开封大相国寺得道高僧释竹斋到该寺出任住持法师，为寺院的弘法立下了不朽功勋。高僧圆寂后，其遗体焚化出 28 颗晶莹剔透的舍利子，被作为佛教珍宝,完好的保存在石佛寺内。

石佛寺历经千年的风雨和战火，曾经于“文革”时期被毁，1993 年石佛寺在释竹斋师傅的剃度弟子登平法师的主持下，开始了重建工作，先后盖起了天王殿、大雄宝殿、观音殿、地藏殿、念佛堂、女寮房、男寮房及客房、办公室、医务室、法物流通处、斋堂、伙房等配套设施，原国家佛协会长赵朴初为寺院题写了“石佛寺”牌匾，刻挂于天王殿的正上方。

2004 年，少林寺方丈释永信大师派遣释恒忓来寺住持，并接收石佛寺为少林寺下院，给寺院的发展注入了新的活力。2006 年 12 月 9 日，石佛寺举办了隆重的开光仪式。登封少林寺、开封相国寺、洛阳白马寺等知名寺院方丈、主持都前来祝贺。2012 年 11 月 29 日（农历十月十六日）上午，石佛寺隆重举行接引殿西方三圣开光暨藏经楼奠基法会。中国佛教协会副会长、河南省佛教协会会长、少林寺方丈释永信应邀出席，并为开光法会主法，来自十方的高僧大德和各界人士共襄法会，四众云集，盛况空前。2013 年，石佛寺被评定为国家 AA 级旅游景区。

【净影风景区】 距焦作市区 35 公里。景区由五龙洞、云泉河、水晶掌、双龙汇、净影盆地、黄龙洞、逸仙谷、卧龙峡等八大区域 100 多处景点组成。景区有天然形成的百亩盆地，其内分布着中国最北的野生猕猴群、河南省最大的白皮松、南太行最秀美的峰林地貌以及令世人赞叹的牛轭谷世界地质奇观和龙门瀑布。景区内集奇山、怪石、古寺、流泉、飞瀑于一体，山环水绕、云蒸霞蔚、景象万千、猕猴遍布，是一个集宗教、科考、文化、休闲、观光、探险、猎奇于一体的旅游胜地。景区因盆地中部佛教净土宗千年古刹——净影寺得名。自古就是佛、道、儒三教高人逸士修身养性的圣地，被誉为“洞天福地”。

景区内千年古刹——净影寺，是净土宗创始人慧远大师的说法道场，为中国佛教净土宗发源地之一；景区是中国北方山水画鼻祖荆浩的重要隐居写生之地，奠定了中国水墨山水画的基础；净影又是中国著名拳种传承千年的猿仙通背拳的发源地；是历史上海河之源古卫河的发源地。景区以返璞归真的自然山水、净心养生的古寺文化、康体娱乐的山水酒店为休闲度假主题，兼具峡谷漂流、武学寻宗、休闲观光功能。景区优美的自然风景和深厚的宗教历史文化底蕴吸引《卧薪尝胆》剧组、《人皇伏羲》剧组、中央电视台《净影寺》、豫剧电影《大脚皇后》、大型连续剧《老子传奇》拍摄组在景区选景拍摄。

【古城湖】 位于孟州市西北 14 公里处，距焦作市区 75 公里。其中顺涧湖湖面 1.5 万余亩，湖水清冽幽深，水色如翠，堤岸重峦叠嶂，宛然如画。古周城又名周襄王受觐城，位于顺涧湖南岸，占地面积 25 万平方米，四周城墙高 8 米，宽 6 米，土夯而成，气势雄伟，自然风光与人文景观交相辉映，相映成趣。

顺涧湖也叫天王湖，相传公元前 630 年，周襄王河阳城受觐，心情郁闷，常到湖边登高望远，泪洒湖水，故此得名。站在古周城上，但见四周重峦叠嶂，峻岭万千，山上绿树掩映，湖边垂柳千条。湖面九曲十八弯，一弯连一弯，弯弯景不同，波光粼粼，游船只只，水鸟翻飞，天水一色。大的岛，小的坡，长的岭，短的坎，处处点点风光无限。如若站在湖的对面遥望古周城，整个城池又仿佛建在了湖水里，青的砖、红的瓦、灰的墙、绿的树映入水中，宛如墨画。再加上湖边的望都阁、王子观景台、千岁坟、千岁桥、临水榭等人文景观的点缀，水上水下，波光倒影，相互映衬，互为情趣。湖上游人或撑篙，或划桨，绕湖而行，给人以水千层、波千层、岛千重之感，令人心旷神怡。

净影风景区

【森林动物园】 位于焦作市区西郊，面积 2500 亩，是一处以开展森林游览、动物观赏、文化娱乐、休闲避暑、野营、科普教育等为主要功能的综合型游乐园。

森林动物园主要由百鸟苑、野趣园、同乐园、植物迷宫、罗汉园等景点组成。百鸟苑占地 4 万平方米，是国内规模最大的鸟苑之一。这里林青树茂，环境幽雅，特别适合各种鸟类繁衍生息。薄薄巨网将葱葱林木、假山飞瀑、湖泊溪水融为一体。丹顶鹤、白鹳、金雕、天鹅、鸳鸯、孔雀、海鸥等 140 余种、3000 余只各种鸟类徜徉其间，为游客提供人鸟同戏、山水共欢的自然景观。进入百鸟苑，就可以观百鸟风姿、听千鸟歌唱，还可以欣赏鸟走钢丝、鸟骑单车、鸟打篮球、鸟拾垃圾、上树摘果、见钱眼开等千姿百态的表演节目，使人眼界大开，乐而忘返。

野趣园设有吊床、帐篷等设施，可为游客提供森林浴、森林舞会等服务。同乐园里放养着梅花鹿、羚羊等性情温顺的草食动物，游人可与动物玩耍、喂食，真正体验人兽同乐的野趣。植物迷宫是一处面积近 30 亩的梦幻式植物迷宫，给人以千绕万转疑无路，柳暗花明有通途的乐趣。罗汉园园内大小不一、形态各异的百尊罗汉是由罗汉树和其他植物造型而成的，嬉笑怒骂，千奇百怪，令人捧腹。此外，园内还开设有古典和现代音乐艺术茶座，游人可在荷池环绕、翠竹掩映的环境中品茶、赏乐。置身于此，大有超凡脱俗、悠然自得之韵味。

【紫陵万亩果园】 全国农业旅游示范点，位于沁阳市北太行山南坡，面积8400余亩，是一处集旅游、度假、休闲、生产、科普等为一体的综合性园区。内设高档果品生产区、名特优干果生产区、果品冷鲜储藏及深加工区、果品采摘区、观光休闲区等。春季杏花、桃花、梨花竞相开放，宛如花的海洋；夏秋时节，各色水果挂满枝头，仿佛走进果的王国；冬季银装素裹，气象万千。

【广惠百果园】 全国农业旅游示范点，位于孟州市化工镇黄河滩区，种植面积1000余亩，是一处集农业观光、农业科技、旅游休闲于一体的综合性旅游区。主要种植品种有优质梨、杏、桃、中药材、大棚果品、无公害蔬菜等100多个品种，主要游览点有果园采摘区、垂钓区、高效农业观光区、湿地自然保护区、养殖参观区、农业科技展厅等，是垂钓、休闲、果蔬采摘等生态体验游的好去处。

【孟州黄河湿地度假区】 位于孟州市区南3.5公里处，总面积11平方公里，为黄河湿地国家级自然保护区。保护区内野生资源十分丰富，类型多样，是众多野生动植物的栖息地。湿地内河流、沼泽、池塘纵横交错，水域面积3200公顷，天然湿地面积2719公顷，兽类有水獭、草兔、田鼠等，鸟类有鹊鸭、白眉鸭、凤头鸭、斑嘴鸭、大白鹭、山鸡、大雁、仙鹤等30多种，沙滩爬行动物有黑眉锦蛇、红斑蛇、赤链蛇及蛙类、蟾蜍等。主要景点有：大坝公园、黄河楼、治黄文化雕塑园、民俗村、观光采摘果园、湿地红柳林、踩沙场、落雁滩、泳滩、跑马场、黄河渔家、烧烤夜市等。

【丹河峡谷】 位于沁阳市东北16公里处，距焦作市35公里，总面积76平方公里，共分布着大大小小132个景点，是一处集自然风光、人文景观和民俗文化于一体的休闲旅游区。

丹河峡谷山水风光雄伟壮美，是以“古、幽、秀、奇、素”而著称的天然休闲度假区。丹河蜿蜒曲折贯穿全境，丹河水倾碧吐玉、翠环百折，栲栳山雄奇险峻，登山纵览，整个丹河尽收眼底，周围群山成环拱之势，蔚为壮观。游客至此或垂钓河畔，或嬉戏水中，抑或乘皮筏顺流漂浮，尽享“从流漂荡，任意东西”的快感。

丹河峡谷人文景观多姿多彩。修建于宋朝时期的宋寨，规模庞大，保存完好，有“中原第一堡”之美誉。丹河峡谷民俗文化色彩浓郁。在这里既可以品尝到具有浓郁乡土特色的野味、野菜，还可在农家小院摆棋对弈、品茶赏月，欣赏水磨、斗鸡等特有的民俗风情。“美其丹峡尽诗画，秀哉碧波情横生”是对丹河峡谷的概述。景区内动植物资源丰富，动物100余种，植物200余种，其中有国家二级保护动物金钱豹，还有柴胡等名贵中药材，素有“太行药库”之称。“仙者四五人，逍遥客兰坊。沐浴丹渊中，照耀日月光”，在古人的诗词意境中，丹河峡谷与您相约如画。

近年来，该景区共投资2000多万元完善了各项服务设施，强化内部管理，提高服务质量，发展5处大型水上游乐场，不断开发神仙洞和宋寨，建成60个家庭宾馆、800张床位的九渡、牛笼嘴、杨庄河3个民俗度假村。独具特色的高标准民俗接待服务和远离世嚣的田园生活迎来了大批的游客，为厌倦禁锢于水泥城的都市人提供了一个完全放松身心的最佳去处。

丹河峡谷山水有着“豫北小桂林”的美誉，其中野王二老石更是被载入《辞源》之中，为景区内的一大胜景。有“华夏第一洞”之称的神仙洞全长2020米，洞府曲折幽长、高低起伏、洞中有洞，呈九曲十八弯之势，曲折幽长，洞中穹隆相连，给人

丹河峡谷

以一步一重天的不尽美感。

·旅游商品·

【博爱竹器】 取材于北方最大的人工栽培竹林——博爱竹林，已有上千年的历史。其竹器工艺考究，制作精巧，具有极高美学价值和使用价值。古时曾为贡品。

【太行大理石】 修武县北部山区盛产大理石，以其色泽美观、结构细腻、质地优良等特点深受国内外用户欢迎，花色品种有墨玉、隐花玉、竹叶玉、虎皮岩、飞云岩、夕霞岩、雷阵岩等。

【中华韩愈砚】 取材太行山，其石质优良，色如琼瑶，声如木鱼，设计因材施艺，造型古朴典雅，品种有以喜庆吉祥、人文历史典故等为主要内容的高、中、低档佳品及简洁明快、物美价廉的日常用砚。

【鸵鸟蛋艺术画】 品种有雕刻画、烙画、彩绘画等，具有很高的观赏收藏价值。

【当阳峪绞胎瓷】 又名透花瓷，始于唐代，宋时与定窑、汝窑相媲美。其纹理变幻无穷，自然流畅，类似木纹、麦穗纹、鸟羽纹，花色之美，工艺之巧，堪称一绝。

【工艺挂毯】 品种有动物、挖花等，独具特色，既能使人感受到原始质朴的气息，又可使人产生动感的遐想。

【山阳刺绣】 焦作是最早出现绣品的地方之一，至宋代，豫绣已是名闻天下。山阳刺绣以绣山水见长，作品如照片般逼真，如油画般富有诗意，有“山水绣品看山阳”的美誉。

【孟州金明麦草画】 以麦秸秆为原料，通过十几道特殊工艺加工处理，大胆吸收国画、版画、剪纸、刺绣、烙画、贴画等诸多艺术表现手法综合加工而成，不失为民间瑰宝，艺术精品。

【武陟药虎】 俗称虎头枕，为一民间工艺品，精选了“四大怀药”中的怀山药、怀菊花、怀地黄入枕。此枕的缝制既有幼虎的可爱，又有成虎的豪气，可作为馈赠佳品。

【四大怀药】 焦作古为怀庆府所在地，盛产山药、地黄、牛膝、菊花，故称其为“四大怀药”。怀山药为滋补药，养阴益气，温胃健脾，止泻固精，除寒补心，被誉为“怀参”，怀地黄块大，质佳，油性大，有强心，利尿、升压、降血糖等作用；怀牛膝是利尿、强精、通精之良药；怀菊花的叶、根、花皆可入药，有杀菌消炎、散风清热、平肝明目之功效。

【广位家酒】 由当代武松何广位（已故）老先生研制酿造奇酒，具有滋阴壮阳、补虚养肾，活血祛风之功效。

【怀山药露】 以怀山药为原料，经现代高科技工艺研制而成，不仅保留了怀山药的特有成分，而且还增加了对高糖人群和肥胖人群的辅助治疗成分——木糖醇，口感香醇、饮用爽口、补充营养、保健养神。

【怀源苹果醋】 采用优质苹果，经发酵后配以蜂蜜、氨基酸、维生素等科学融合而成，常饮不仅可以软化血管，减少人体多余脂肪，使形体优美，还能使骨骼变得柔和，滋润肌肤，养肝护胃。

【怀参（地黄）脯产品】 分高糖、低糖、无糖 3 种。主料怀地黄，加配红枣、人参、蜂蜜等，色泽金黄，形态饱满，具有清热凉血、益精补肾、乌发养颜、延缓衰老等功效。

【铁棍山药口服液】 以铁棍山药（怀山药）、大豆、蜂蜜为原料，经生物发酵精制而成，具有滋阴补血、消除疲劳等功效。

【清宫酒】 为清代御膳房专为乾隆皇帝酿的御酒，后为清朝历代皇帝所享用。清宫酒以清香型米酒为酒基，加鹿茸、龟板、鳖甲、海马、枸杞子、熟地、杜仲、藏红花等 50 多种名贵药材与冰糖、蜂蜜精酿而成。专治五劳七伤、一切虚损之症。清宫酒呈浅琥珀色、滋甘味香、浓度为 18 度，常饮可生精壮阳、滋肝健脾、祛病养身，延年益寿。

怀山药

马村烧鸡

怀府驴肉

【"云台人家"系列酒】 秉承中国传统酿酒工艺之精华，精选优质高粱、玉米、大米、糯米、小麦等原料，采用云台山特有的含有丰富矿物质的凛冽山泉水，历经百年窖池发酵，采用五粮酿制工艺，精心蒸馏而成，其酒体丰富而厚重，窖香浓郁而醇香，风格幽雅协调、回味绵长而悠远，乃酒中佳品。

【武陟油茶】 相传楚汉相争，刘邦受伤出逃此地，食用此茶获愈，后封此茶为宫廷御膳。清雍正皇帝在武陟巡察黄河时食此油茶后，称颂道："怀庆油茶润如酥，山珍海味难比美。"武陟油茶食用方便，芳香可口，营养丰富，具有益肝、健胃、润肺、补肾、提神生津、强身益寿等多种功能。现产品已远销我国香港、台湾，日本和东南亚。

【黄河大米】 主要产于武陟县的詹店、乔庙、圪垱店等乡镇，外观晶亮如玉、质地坚实、油质感强，成饭洁白如玉、香味四溢，有弹性，耐咬嚼，被誉为"香米"。

【博爱姜】 又名清化姜，产于许良、月山、柏山3个镇。特点是块大、丝细、质佳、味鲜、香辣适宜、百煮不烂、含水量少、易加工储藏，是同类产品的佼佼者，畅销华北、西北等地区。

【延陵大葱】 以修武县王屯乡的薛延陵、贾延陵、张延陵、郜延陵、王延陵、夏延陵、祝延陵、芦延陵、李延陵等九个自然村为主要产地。特点是脖短、头大、营养丰富、味道鲜美。最大者，一棵竟有0.9公斤重。一刀切下能自动崩开形成花状。细品其味，生葱是由甜到香，熟葱则香、浓、鲜兼而有之，实为调味佳品。销往国内各地及东南亚各国。

【清化柿饼】 为博爱县传统特产之一，历史久远。清化柿饼是以当地优质柿种"八月黄"加工而成，肉肥耐放、霜白味正、黑红透黄、香甜爽口，大部分销往全国各地。

【海蟾宫松花蛋】 始于元代，味香色正，柔软适中，具有防病祛火、长存不坏等特点，古时为贡品。

【丑鸭松花蛋】 配方独特，口感香醇，后味悠长，营养丰富，无铅工艺，绿色健康，松花清晰。由修武县五里源丑鸭蛋品公司生产，松花蛋制作工艺列入河南省非物质文化遗产名录，"五里源丑鸭"品牌获河南省著名商标称号。

【神农蛋】 以本地盛产的无公害、无污染的鲜蛋做原料，配以四大怀药及多种名贵中草药，采用祖传配方特制而成，具有蛋壳完整无损、蛋黄醇香、回味久远等特点。

【"闹汤"驴肉】 古怀庆府传统名吃，至今已有300多年历史。所谓"闹汤"，就是取多年熬制的高汤加入驴蛋白、椒盐、香辛料和少许淀粉，随着一个方向不停地搅拌之后变成一碗香浓的汁料，食用时取薄片驴肉蘸之，入口芳香四溢，唇齿留香。古怀庆府独特的地理环境，丰茂的药草植被养育的豫北平原驴，体健精锐、肉质细腻、营养丰富。闹汤驴肉作为一项传统民间技艺，以其制作考究、工艺独特、口感醇厚、营养价值高等特点成为家喻户晓的地域品牌，"老汤熬制、香料调和、荷叶包裹、外咸内淡"的独特工艺造就了"天上龙肉、地下驴肉"的口碑。据《本草纲目》记载，驴肉性温，具有补气养血、养精壮阳、滋阴补肾和利肺等功能，尤其在止烦、安神、清脑上有独到的效果。

【马村烧鸡】 精选20余种名贵香料，经文火炖煮、高温杀菌、精细加工而成，具有手抖离骨、香而不腻、细嚼肉嫩、慢品骨酥等特点，经常食用能强身健体、延年益寿，有独特的滋补功效，老少皆宜。

怀姜系列天然食品

武陟油茶

海蟾宫松花蛋

【孟州混浆凉粉】 采用上等绿豆加工而成，具有口感滑爽、色味俱佳、清热解毒等特点。

【怀姜系列天然食品】 保存了生姜中的姜油酮、姜烯粉、姜辣素、姜醇，可治疗和缓解高血压、高血脂、高血糖疾病，活血化瘀、清寒湿、消水肿、避腥臭、解毒灭菌，对便秘、肠胃消化系统疾病亦有明显的治疗预防效果，对癌细胞有抑制、杀伤作用。怀姜食品中的油树脂可抑制人体对胆固醇的吸收，防止肝脏和血清中胆固醇的积蓄，起到软化血管、防止肝硬化的效果。

（魏艳敏）

焦作市星级饭店一览表

名　　称	星级	地　　址	电　话
三维戴斯酒店	五星	市民主路与解放路交叉口	2288888
未来假日酒店	四星	武陟县迎宾大道 555 号	7299999
月季花园酒店	四星	市果园路 48 号	2618888
温县海旺弘亚温泉度假大酒店	四星	温县司马大街与鑫源路交叉口	6178888
阳光大酒店	三星	市太行路 59 号	3518341
沁阳宾馆	三星	沁阳市怀府路	5617188
华鑫宾馆	三星	孟州市黄河大道	8169999
中州宾馆	三星	焦作市中铝工业区	3506566
龙池曼星鹏度假酒店	三星	市马村区安阳城	3115888
东方宾馆	三星	市解放中路	3532653
建港大酒店	三星	市果园路	2682058
轩成大别山商务酒店	三星	市丰收路与南阳路交叉口	2992222
长城饭店	三星	市民主南路 45 号	3278888
速 8 酒店	三星	市塔南路南段	3888588
金河阳大酒店	三星	孟州市大定路南段	8299999
万水千山大酒店	三星	修武县云台大道中段 99 号	7138006
泰阁苑商务酒店	三星	市影视大道南	3138889
修武县度假大酒店	三星	修武县云台大道与焦辉路交汇处	2119888
温县银苑商务酒店	三星	温县黄河路西段 103 号	6182222
温县帝苑大酒店	三星	温县司马大道中段	6161888
穆家寨生态度假酒店	三星	修武县西村乡柿园村	7803085
修武县云台山镇田园牧歌度假村	三星	修武县云台山镇岸上村	7709575
修武县锦江大饭店	三星	修武县云台大道 135 号	7186886
木栾大酒店	三星	武陟县朝阳路中段	7559888
学苑宾馆	二星	市解放中路	3981502
武陟宾馆	二星	武陟兴华路 188 号	7290888
青天河宾馆	二星	博爱县青天河景区	8972901
经纬大酒店	二星	市工业路与塔南路交叉口	2580000
民族饭庄	二星	博爱县中山路 84 号	8693889
孟州市凯泽商务宾馆	二星	孟州市西虢镇金山寺	8519111
解放区甲方乙方商务宾馆	二星	解放西路田涧新庄	3276858
吉祥宾馆	一星	市太行中路	2931212

焦作市旅行社一览表

名　　称	电话	地　　址
河南云台山国际旅行社有限公司	2310002	市解放路人民会堂
焦作光大国际旅行社有限公司	2620013	市民主中路器化玻站2号家属院
焦作市神洲旅行社有限责任公司	3900188	市人民会堂一楼东厅
焦作市国泰旅行社有限责任公司	2935528	市解放路金德利大厦
焦作市飞扬国际旅行社有限公司	2767888	市新华街与烈士街交叉口东50米
焦作市海陆空旅行社有限公司	3929888	市解放中路4号院3号楼105房
焦作市环宇旅行社有限公司	3900288	市塔南路1736号嘉隆国际
焦作市开心旅行社有限责任公司	2939368	市民主中路公园西门北侧
焦作市山水旅行社有限公司	2635500	市塔南路1028号华融国际
焦作市春秋旅行社有限责任公司	2617882	市云达国际酒店内
焦作市方舟旅行社有限公司	3379001	市塔南路摩登商业步行街8号楼D06号
河南好时光国际旅行社有限公司	2582898	市解放路恒基财富大厦
焦作市宏扬旅行社有限责任公司	3532233	市解放中路270号
焦作市中国国际旅行社有限公司	2910385	市解放路远大财富大厦
焦作市万众旅行社有限公司	2922001	市解放路与新华街交叉口北
焦作市海外国际旅行社有限公司	3884999	市民主南路78号焦南宾馆4楼
焦作市金亿旅行社有限公司	2621000	市亿万饭店一楼
焦作市友好旅行社有限公司	3935123	市解放中路476号
焦作市华之旅旅行社有限公司	3931080	市解放中路343号
焦作市好日子旅行社有限公司	3928630	市人民路高尚小区5号楼8号
焦作市都市旅行社有限公司	3990683	市艺新剧院东侧
焦作市和平国际旅行社有限公司	3908861	市焦东路1198号丽景新天地
焦作市福国旅行社有限公司	8791221	市解放中路333号
焦作市浣溪沙旅行社有限公司	8762221	市工业路（朝阳花苑1号楼）
焦作市吉祥旅行社有限公司	2909588	市建设东路18号
焦作市交通旅行社有限公司	2038769	市建设中路1号
焦作市大自然旅行社有限公司	2135160	市站前路87号旅游商住楼商店3号
焦作市新闻旅行社有限责任公司	3925620	市建设西路37号红都大酒店一楼
焦作市金龙国际旅行社有限公司	2914890	市民主中路1736号军人接待站
焦作市康辉旅行社有限责任公司	3298887	市艺新剧院西侧
焦作市明珠旅行社有限公司	3915555	市山阳区华融大厦1801
焦作市平安假日旅行社有限公司	3992988	市解放中路502号303室
焦作市环球旅行社有限公司	2922555	市解放中路商业街
焦作市青年旅行社有限公司	3907828	市解放中路恒基财富大厦东811
焦作市友谊旅行社有限公司	2933357	市太行中路市政公司桥头路北
焦作市神通旅行社有限公司	2130055	市东方宾馆演艺广场东侧
焦作市万方旅行社有限责任公司	3978666	市人民路山阳区政府东邻

续表 1

名　　称	电话	地　　址
焦作市同程旅行社有限公司	2130298	市解放路东方宾馆东侧
焦作峡谷旅行社有限公司	2991777	市秋水饭店内
焦作市洋洋旅行社有限责任公司	3912838	市解放中路 257 号新时代广场东邻
焦作市远方假日旅行社有限公司	3905555	市解放中路 502 号三楼
焦作市远洋旅行社有限公司	2512255	市人民路美中城门面房 720
焦作市云台旅行社有限责任公司	3550000	市民主南路 59 号太行大酒店
焦作市中信旅行社有限公司	2515577	市民主中路 179 号华苑新城 1 号楼
焦作市远大旅行社有限公司	2780666	市解放中路远大财富大厦
焦作市幸福旅行社有限公司	2680290	市站前路 87 号
焦作市百事通旅游有限公司	2788666	市山阳区太行中路 59 号
焦作市理达假日旅行社有限公司	3986988	市解放中路 142 号
焦作市联合假期旅行社有限公司	8765000	市大丰商城 4 楼
焦作风情旅行社有限公司	3280345	市山阳区塔南路 225 号
焦作市弘泰旅行社有限公司	2902717	市和平中街综合楼 404 号
焦作市和谐假日旅行社有限公司	2688555	市工业路中段
焦作市金桥旅行社有限公司	2856068	市塔南路 1028 号华融国际
焦作市佳和旅行社有限公司	2617222	市火车站大丰商城 100 号
焦作市中港旅行社有限公司	3888001	中站区工商局楼下
焦作市梦想之旅旅行社有限公司	3378880	市解放区友谊路平光 45 号楼 12 号
焦作市中游旅行社有限公司	3910088	市山阳区林淅大夏 609
焦作市武钢职工旅行社有限公司	3275710	市中站区焦克路武钢办公楼
焦作市鑫海商务旅行社有限公司	3583066	市摩登商业街 5 号楼 3 层 C08 号
焦作市龙骧旅行社有限公司	3601168	市太行路新东阳光大酒店 1 楼
焦作市龙池曼旅行社有限公司	8311111	市山阳区太行路南 A06 号
焦作嘉华旅行社有限公司	8361666	市站前路 818 号中央尚都 2510 室
焦作市祥云旅行社有限公司	6186499	市民主南路南段焦作市迎宾馆内
焦作市新世纪旅行社有限公司	8196612	孟州市大定路中段
孟州市华夏旅行社有限公司	8155616	孟州市华鑫宾馆东侧
孟州市阳光假日旅行社有限公司	8198990	孟州市韩愈大道中段
河南省灵通旅行社有限公司	8292555	孟州市黄河大道西段
沁阳市金程旅行社有限公司	5601111	沁阳市怀府西路 36 号
沁阳市开心假期旅行社有限公司	5699758	沁阳市怀府西路 40-3 号
沁阳市康辉旅行社有限公司	5630333	沁阳宾馆一楼大厅
焦作市四季旅行社有限公司	7288003	武陟兴华路东段
焦作市华美旅行社有限公司	7292290	武陟县朝阳二街西段北侧
修武县春秋旅行社有限责任公司	7116111	修武县竹林大道中段
修武县海乐旅行社有限公司	7116011	修武县竹林大道中段

续表 2

名　　称	电话	地　　址
修武县恒信旅行社有限公司	7182789	修武县地税局北侧 50 米
修武县欢乐假日旅行社有限公司	7825566	修武县圣明宾馆内
修武县聚龙旅行社有限公司	7185008	修武县环城北段
修武县舒心旅行社有限公司	7185985	修武县竹林大道 19 号
修武县天马旅行社有限公司	7116388	修武县春苑小区农信社三楼
焦作市风光旅行社有限责任公司	7187589	修武县山水文苑西
修武县光明旅行社有限公司	7111651	修武县环城东二路中段
修武县宏州旅行社有限公司	7827099	修武县七贤镇云台大道路西
修武县蓝天旅行社有限公司	7188688	修武县体育路东段
修武县三友旅行社有限公司	7195009	修武县七贤大道北段
修武县四海旅行社有限责任公司	7197666	修武县环城东路南段
修武县四季旅行社有限公司	7182855	修武县汽车站东门南三楼
修武县四联旅行社有限公司	7180808	修武县竹林大道南段
焦作市正大旅行社有限公司	7116020	修武县七贤大道八一楼
修武县天天旅行社有限责任公司	7186608	修武县环城东路南段
修武县阳光旅行社有限公司	7112310	修武县为民路东段
修武县银河旅行社有限责任公司	7188811	修武县竹林大道北段
修武县缘之旅旅行社有限公司	7110555	修武县环城东路南段
修武县亚美旅行社有限公司	7701786	修武县七贤镇云台大道
修武县天地旅行社有限公司	7191000	修武县七环城西路北段
修武县四方旅行社有限责任公司	7135000	修武县为民路中段
修武县海天旅行社有限公司	7187998	修武县环城北路中段
焦作市博威旅行社有限公司	7183918	修武县竹林大道南段
焦作市山川旅行社有限公司	8690006	博爱县中山路东段
焦作市江河旅行社有限公司	8668883	博爱县中山路西段县委门口
焦作市金博爱旅行社有限公司	8696932	博爱县金博爱大酒店
焦作市华程旅行社有限公司	8699660	博爱县中山路东段
焦作市工友旅行社有限公司	6185638	温县黄河路 46 号
焦作市太平洋旅行社有限公司	6163330	温县慈胜大街天赐华府西区 10 号
河南太极国际旅行社有限公司	3822345	温县黄河路太极武术馆
温县陈家沟拳根旅行社有限公司	6417772	温县陈家沟村
焦作市畅游旅行社有限公司	2956000	市亿祥东郡 E—2 号楼
焦作市云游天下旅行社有限公司	2956114	市山阳区塔南路摩登街

焦作市旅游商品生产企业

名　称	主要产品	电　话	地　址
焦作市太极庄商贸有限责任公司	“四大怀药”系列产品	2310388	解放西路西花坛西南
修武县五里源丑鸭蛋品有限责任公司	松花蛋、咸鸭蛋	13069469978	修武县五里源乡政府东
修武县海蟾宫松花蛋有限责任公司	松花蛋	7875222	修武县五里源乡政府东
修武县庞大食品有限公司	松花蛋、咸蛋、鹌鹑蛋、肉制品、方便食品	7877127	修武县五里源村 305 号
河南省武陟县武怀食品有限公司	油茶、菊花茶、地黄茶、菊花晶、果蔬罐头、食用菌罐头、山药罐头	7262996	武陟县迎宾大道
焦作益群营养品技术开发有限公司	油茶、四大怀药	7268488	武陟县迎宾大道阳光工业园
河南省怀宝食品技术开发有限公司	食品、饮料	13598509588	武陟县大封镇大封村
焦作市伟康实业有限公司	“四大怀药”加工及系列饮品	6420666	温县工业区鑫源路 3 号
焦作市红棉鞋业有限公司	太极鞋	13938167822	温县祥云镇留尚村
焦作市神州蜂蜜有限公司	蜂蜜	13608638880	孟州市河雍办事处陈庄村
河南省老师傅食品发展有限公司	肉制品、饮料	13839199999	沁阳市西万镇邘邰村
焦作市豫北黄牛毛驴养殖交易有限公司	驴肉系列制品、阿胶系列产品、怀药系列产品	5283888	沁阳市沁园办事处沁园南路
焦作市金谷轩绞胎瓷艺术有限公司	绞胎瓷	13069415816	市建设西路市建一公司二处
河南华旗食品有限公司	糕点	2925638	市解放西路北侧
焦作市维纳精细陶瓷有限公司	特种精细陶瓷	3275688	市中站区西焦克路北
沁阳市神农旅游工艺厂	民间工艺品加工销售、文体用品零售	13608493185	沁阳市怀庆办事处北门街 46 号
修武县海源食品厂	松花蛋、咸蛋	15978751039	修武县五里源村
焦作市云翘茶业有限公司	茶叶	13598516958	修武县西村乡楚江坡村
沁阳市神农山冬凌茶厂	怀菊冬凌茶	5033665	沁阳市紫陵镇紫陵村
沁阳市怀四宝茶庄	怀四宝茶	13782647288	沁阳市文化路 20 号
博爱县怀姜食品厂	姜制品	8050108	博爱县月山军供站
焦作市马村烧鸡食品有限公司	烧鸡系列	3927863	市太行路市场 1 号
焦作市山阳绣庄	刺绣、布贴画	2775166	市塔北路闫河小区

焦作市旅游商品销售企业

名　称	电　话	地　址
修武县宝隆昌超市	13639627837	修武县七贤镇方庄村
修武县怀府超市	13503919862	修武县七贤镇东下庄村
修武县万客隆特产超市	13839110671	修武县七贤镇
修武县汇鑫超市	13703919069	修武县七贤镇

续表

名　称	电　话	地　址
修武县云峰茶叶直销处	7701077	修武县七贤镇
修武县七彩地矿文化馆	7701199	修武县七贤镇北
修武县五龙玉雕博览城	7701699	修武县七贤镇方庄村
修武县唐国文钰缘轩店	13782625688	修武县七贤镇宰湾村
修武县美丽家超市	13569103007	修武县七贤镇
焦作市华怡阁文化工艺品馆	13137922199	焦辉路一号公路口
河南省老师傅食品发展有限公司	5691444	沁阳市自由门老师傅专卖店
焦作市太极庄商贸有限责任公司	13069421099	修武县七贤镇
宝丽祥礼品店	2903888	市和平西街辉龙小区 111 号
焦作市美雅图度假村有限公司	2667918	马村区九里山乡北庄村
焦作市山阳广苑超市	3933353	市解放中路 255 号
修武县兴和特产量贩	13782662550	修武县七贤镇

城建 环保

·城乡建设·

【概况】 2014年，焦作市加快基础设施建设步伐，城镇承载能力进一步增强，大力发展建筑业，建筑业转型升级稳步推动，加快公用事业发展，民生得到改善。完成城市建设总投资30亿元，完成中心城区基础设施建设投资8亿元，建筑业完成产值40亿元，房地产业完成投资30亿元。2014年，市住房和城乡建设局荣获全省建设劳动奖状、全省建筑业管理先进单位、全省建筑节能管理先进单位、全省建设工程质量管理先进单位、全省住房城乡建设系统优秀委局、全省住房城乡建设系统依法行政工作先进单位等。

城市风貌

【城市基础设施建设】 2014年，市住建局投资4.3亿元，完成丰收路改造、中原路改造、普济路、建设路、塔南路、站前路、工业路、解放路、新丰一街、山阳路、南通路、民主路等路段大修工程；实施文汇路、龙源路道路新建工程。完成体育中心瓮涧河桥新建，以及学生路桥、站前路桥、北环瓮涧河桥、民主路新河桥重建维修加固工程，完成人民路、建设路、解放路等3处环岛拆除改造工程。

【城市供水】 2014年，市住建局进一步加快全市供水管网建设改造步伐，投资1360万元，建设改造金山小区、周庄村、和平东街两侧、建设路斜铁路两侧等区域供水管网41公里，城市水质综合合格率达99.5%，管网水7项常规指标合格率达100%，完成府城水厂可研报告的编制工作。

【城市供气】 2014年，市住建局加大城区燃气管网建设改造力度，投资4900万元，续建天然气利用二期工程，铺设燃气管网17公里。投资1450万元，改造太行西路北侧三中、幸福街小学、新华北街3号院区域、太行西路华园北区、建安处家属区域、民主路西侧化三、卫材家属区域、工业路南侧医药站、外经委、自立西街沿线家属区域等35个项目，5个支管网81公里，受益用户1.1万户，中心城区燃气普及率达92%。

【城市供热】 2014年，市住建局不断扩大城市集中供热面积，投资1260万元，完成工业路、塔南路、新园路集中供热管网工程，新增供热面积150万平方米；投资2.9亿元，开工建设长19.4公里万方电厂集中供热配套管网工程，完成投资1.8亿元；投资2.4亿元，开工建设龙源电

市领导察看城区防汛工作

厂配套供热管网工程。

【市政设施维修】　2014年，市住建局加大市政设施日常维护的力度，投资800万元对城区内的主要干道市政设施进行全面养护和维修。全市共维修路面1.9万平方米，维修人行道6420平方米，市政设施完好率达98%以上。

【城市污水处理】　2014年，市住建局完成老城区排水管网改造29公里，开工建设普济河、瓮涧河污水管网工程，完成龙源路污水管网工程招标工作。康达环保公司处理污水7190万立方米，污泥实现达标处理，出水水质达标排放；污水处理一厂搬迁改造完成工程量的90%，完成投资1.08亿元；污水处理二厂扩建项目完成工程量80%，完成投资5500万元。

【城市垃圾处理】　2014年，焦作市科林公司处理生活垃圾4.4万吨；优艺公司处置医疗废物1600吨，处置各项指标符合环保要求。

【城区景观河道管理】　2014年，市住建局对城区河道整治效果明显，完成群英河、黑河等河段的景观改造，实施瓮涧河、李河、普济河治理工程，绿化河道1.2万平方米，生产输送景观水66万立方米，集中清理河道40次，保持河道清洁和安全正常运行。

【城区防汛】　2014年，市住建局城区防汛本着“防大汛，抢大险”的原则，修订防汛应急预案，充实防汛队伍和物资储备，开展城区防汛集中检查4次，下发防汛督查10份，整治险工险段45处；集中清淤除障抢险17次，确保了城区安全度汛。

【农村危房改造】　2014年，市住建局根据省住建厅、省发改委、省财政厅下达3585户农村危房改造任务，各县市区及时制定农村危房改造方案，周密部署改造工作，各县市区按照时间节点完成农村危房改造。

【建筑业】　2014年，市住建局坚持以强化焦作市建筑业质量安全监管为重点，按照“十个百分之百”的要求，加强工程招投标、质量、安全生产的监督管理，建立建筑市场监管信息系统，全面推行“绿色施工”和施工现场标准化，优化建筑业发展政策，促进建筑业持续健康发展。截至年底，中心城区新开工项目工地标准化达到100%；全市新开工建设工程300项，在建建筑面积350万平方米。

【工程安全质量管理】　2014年，市住建局对全市的保障房工程质量安全进一步规范管理，督促参建各方完善建设程序，整改质量安全隐患，整体质量安全状况势头良好，工程质量监管率达100%，验收合格率达100%。强化建筑工地现场监管，开展建筑领域“安全生产月”“六打六治打非治违”活动，开展质量安全专项整治活动8次，处理企业7家，下发隐患整改通知1600份，整改率达到98%，培训各类安全人员6000余人，确保全市无重大质量安全事故发生；共评选出市级文明工地30个、市优质结构60项，荣获省“中州杯”4项。

【勘察设计企业资质管理】　2014年，市住建局加强对全市勘察设计企业资质管理，做好勘察设计企业升级、延续、增项、核定等的资质网上申报初审工作；配合省住建厅完成2014年度勘察设计企业资质动态考核工作。

【工程施工图设计审查】　2014年，市住建局进一步完善工程项目施工图设计审查工作。完成施工图节能设计审查485项248万平方米，中心城区新建民用建筑节能设计标准执行率达到100%，实施率达到100%。

【工程造价监督管理】　2014年，市住建局修订出台《建设工程施工现场管理标准》，修改完善《外地工程造价咨询企业进焦登记备案管理办法（试行）》，加强《焦作市标准造价信息》的管理工作，并在焦作市标准造价信息网站上向建设、设计、施工、造价咨询等单位和工程造价专业人员提供及时、准确、全面的工程造价信息。完成定额解释答疑和工程造价纠纷调解工作。

【建筑工程招投标管理】　2014年，市住建局严格依法规范招投标程序，加强过程监督、备案管理和违法查处，处理招投标违法违规行为 18 起，维护招投标活动的公平公正，中心城区共完成招标项目 216 个，总建筑面积 102 万平方米，建筑工程招投标率和应公开招标率均达到 100%。

【新型墙体材料推广】 2014 年，市住建局大力推广新型墙体材料，禁止实心黏土砖使用，新型墙材产能达 14.5 亿块标砖，节地 2400 亩，综合利用固废物 320 万吨。全市未出现使用黏土砖和实心黏土砖现象，市区"禁黏"和县市"禁实"工作得到巩固。加大墙改基金的征收力度，征收墙改基金 1140 万元。

【建筑节能管理】 2014 年，市住建局继续加大建筑节能管理力度，严格执行市政府关于加强建筑节能监督管理工作实施意见的通知，全年完成建筑节能面积 12.7 万平方米，稳步推进既有的居住建筑供热计量及节能改造。

【装饰市场管理】 2014 年，市住建局新办理三级装饰企业资质 1 家，办理三升二资质企业 5 家。指导城区住建部门对装饰工程施工现场进行日常监督检查，查处违法违规行为，打击无资质证、无安全生产许可证经营行为。

【房地产企业资质管理】 2014 年，市住建局办理房地产开发企业资质延续 255 家，办理新申办资质企业 27 家，办理晋升二级资质企业 29 家，办理晋升三级资质企业 5 家，办理晋升四级资质企业 5 家。

（杨琰琰）

·入选中国传统村落简介·

【概况】 传统村落是指拥有物质形态和非物质形态文化遗产，具有较高的历史、文化、科学、艺术、社会、

北朱村明清古民居　　许来伟　摄

经济价值的村落。传统村落承载着中华传统文化的精华，是农耕文明不可再生的文化遗产。传统村落凝聚着中华民族精神，是维系华夏子孙文化认同的纽带。传统村落保留着民族文化的多样性，是繁荣发展民族文化的根基。随着工业化、城镇化的快速发展，传统村落衰落、消失的现象日益加剧，加强传统村落保护发展刻不容缓。为促进传统村落的保护和发展，住房和城乡建设部、文化部、财政部等部门于 2012 年组织开展全国第一次传统村落摸底调查，在各地初步评价推荐的基础上，经传统村落保护和发展专家委员会评审认定并公示，2012 年 12 月确定了第一批具有重要保护价值的 646 个村落列入中国传统村落名录。2013 年 8 月确定了第二批 915 个具有重要保护价值的村落名录。2014 年 11 月确定了第三批 994 个具有重要保护价值的村落名录。

焦作市共有 8 个村落列入中国传统村落。第二批列入中国传统村落的有：中站区府城街道北朱村，修武县云台山镇一斗水村，东岭后村，西村乡平顶爻村，双庙村，沁阳市常平乡九渡村；第三批列入中国传统村落的有修武县西村乡长岭村、温县赵堡镇陈家沟。

【北朱村】 位于中站区府城街道办事处。村域面积 6.5 平方公里，村庄占地面积 2.25 平方公里，辖 14 个村民小组，常住人口 8000 人，主要从事农业和养殖业。

北朱村形成年代早在元代之前，据考证朱氏从唐初就有人在此居住，历史记载明张昺后裔居住于此，延续至今。在北朱村二道街西头路北，原有寺庙一座，名曰定鹊寺（村人称其为'西大庙'惜已毁）。存有石佛一尊，佛座上铭有"大唐咸亨朱邨"村的异体字"大佛主朱××（朱姓能辨清者 13 人）。还有张、陶、荀姓数人。具体署时为"唐咸亨元年岁次庚午九月辛未"，即唐高宗李治咸亨元年九月初一，是日为公元 670 年 9 月 20 日。这说明唐代初年，已有朱村，朱姓是村中大户人家。在明代之前，朱村朱姓仍是大户，占朱村居民的绝对多数。所以朱村村名由来，是根据村民姓氏而命名的。明之后，朱村朱姓逐渐外流消失，张寇诸姓相继迁来。他们居此生活，繁衍生息，时至而今，但村名未变。至于村分南北，是为耕作方便，还是兄弟分居，或是其他原因，有待考证。

北朱村有明代民居建筑 3600 平方米，祠堂 1200 平方米，墓地 13 万平方米。有省级文物保护单位 2 处，即忠烈公张昺祠和北朱村明清古民居。位于北朱村东北 250 米处，面积

约1200平方米的朱村汉代墓群，1984年被列入市级文物保护单位。

北朱村有着浓郁的民族传统文化气息，有市级非物质文化遗产背桩、红拳、腰鼓。据传背桩这项传统舞蹈形成于晚清时期，由北朱村先祖创编，至今已有160余年历史，是当地传统庙会、祭祀和年节欢庆活动的主要项目之一。背桩的表演形式比较特殊，演出时由12个着民族服装的成年桩演员，每人肩扛一架铁桩，每个铁桩上面坐着一名着传统戏曲服饰的少年桩演员，在鼓乐声中呈纵向队形入场，然后随着节奏变化以S形表演路线行进演出，循环往复。其表演的主要内容有传统戏曲《白蛇传》《西游记》等。整个演出由60人组成，时间约30分钟。红拳是流传在北朱村的一种传统武术拳种，于明朝洪武年间，由北朱村张氏先祖张昺心腹之交张红演练而成，至今已传承二十三代之久。由5路拳架、对练和散打组成，其拳路攻防多样，跌、扑、滚、翻，动作朴实，步法稳健，刚劲有力，势雄力厚，是一种健身强体、修身养性、防身自卫，深受人们喜爱的历史武术遗存。舞蹈腰鼓，历史悠久，流传至今，已有260余年历史。

2013年8月，被列入第二批中国传统村落名录。

一斗水村

【一斗水村】　位于修武县云台山镇（原岸上乡）境内。占地面积9.7平方公里，海拔1000米，辖3个自然村，有55户211口人，255亩耕地。因村西北处有一泉，其泉眼是天然形成的巨石，泉口大小如斗，一年四季清泉不断，故取名为一斗水村。

一斗水村历史悠久，为“太行八陉”之一白陉的关隘。这里群山环绕，植被茂盛，文化积淀深厚，文物遗存丰富，明清时期更是商贾云聚，车水马龙，留下了古石屋、古官道、古井泉、古梯田、千年古柳、鬼见愁树、龙显石、神女洞等古迹及古村名木千年古柳、鬼见愁树，具有较高的历史研究价值、文化艺术价值和科学考古价值。村内牛马王庙为县级文物保护单位，李氏老宅、贾氏老宅和一斗水古井在修武县第三次全国文物普查中列入不可移动文物名录。原生态的自然环境，淳朴善良的民风，独具特色的石头民居，让这里成了度假休闲的“世外桃源”。村子里一条古道穿村而过，直达山西省境内，古柏、古柳随处可见，鸡鸣犬吠之声不绝于耳，原始梯田环绕四周。更为特别的是，村子里所有房子全部是用石头砌成的，有些还是明清时期的建筑，虽历经百余年的风雨沧桑仍保存完整，门窗、椽檐、阶石、栏杆等雕刻精巧，匠心独具。

近年来，该村本着以“古村落为依托、民俗为载体、文化为灵魂、云台山石头村”为主题的原则，邀请省旅游规划设计院专家，多次到村勘测线路，挖掘深厚的历史文化和优美的自然景观，对别具特色的白陉遗址、古井泉、龙显石、神女洞等文化古迹，进行重点规划设计。把房屋统一规划为石头房，把村内道路统一规划为石板路。实施退耕还林，修复牛马王庙，对现有的柳树、红豆杉、核桃等古树设置保护牌，标明古树特性，明确专人进行管护，做到“在保护中开发，在开发中保护”。2013年8月，被列入第二批中国传统村落名录。

2014年4月，被河南省人民政府公布为第六批历史文化名村。

【东岭后村】　位于修武县北部深山区，世界地质公园云台山风景名胜区境内，属云台山镇。总面积约6平方公里，海拔高度1000米以上。全村现有18户79口人，耕地面积165.57亩，古建筑面积5250平方米。拥有千年古道“太行八陉”的第三陉——白陉，是豫北平原进出太行山区的必经通道，从村中通过，造就了东岭后村悠久的历史，古道的马帮使得东岭后村曾呈现过空前的繁荣。村内现存高大的古戏楼，古朴的观音堂、龙王庙、永禁赌博碑，规模可观的古村民居，供马帮歇脚的茶棚、通济庵和修庙集资碑等。

2013年8月，被列入第二批中国传统村落名录。

【平顶爻村】　位于修武县西北部深山区，地处峰林峡风景区南部，属西村乡。管辖4个自然村，人口186人，耕地226亩，村域面积9.46平方公里。平顶爻村始建于隋唐时代，至今已有1000多年历史。相传在村中一个顶部平坦的洞窑内，困顿着一条巨大的蟒蛇，故而得名。该村群山环抱，名胜古迹和历史传说众多。现有民居全部为石头房。这里民风淳朴，热情好客，成为都市人休闲度假、清凉避暑的好地方。

2013 年 8 月，被列入第二批中国传统村落名录。

双庙村

【双庙村】 位于修武县西北部深山区，地处峰林峡景区中部，属西村乡。辖 3 个自然村，有人口 255 人，耕地面积 300 亩，村域面积 15.3 平方公里。双庙村始建于隋唐时代，至今已有 1000 多年历史，因村内有佛祖、观音两座古庙而得名。村落依山而建，因山就势，建筑为清一色石砌房屋，构造别致，院落之间以蜿蜒曲折的石阶步道相连，精巧深邃，古老神秘。村内现存有佛祖、观音两座古庙和清末郭氏两兄弟文举院、武举院两座古院；武举院门外的武举旗杆座石犹存，有关武举郭再汾的传说故事在当地闻名遐迩。村南山坡有玉皇庙遗址，早年每逢农历三月初三，庙会三天，规模宏大，香火旺盛，远至焦作、中站一带的百姓，都要前来赶会进香，挑担买卖、唱戏、杂耍等各业生意艺人，汇集在此，热闹非凡。双庙村古村落在选址、布局、建设上都体现“天人合一”的传统自然理念，借助人、自然、环境相和谐而形成一种自由灵活的布局形式。远处的山峦、近处的梯田、村庄，构成了恬美淡静的田园风光画面。2013 年 8 月，被列入第二批中国传统村落名录。

2014 年 4 月，被河南省人民政府公布为第六批历史文化名村。

【九渡村】 位于沁阳市东北部，太行山南麓，村域面积 14 平方公里，村庄占地面积 70.05 亩，145 户 543 人，辖 10 个自然村，属常平乡。地貌类型主要为山地，植被主要为北方阔叶林，主要树种有油松、侧柏、栎树、臭椿、山皂荚、黄楝、黄栌等 100 余种，其中优势树种为油松、侧柏、栎树、臭椿、山皂荚、黄栌，森林覆盖率达 55%；有国家保护动物金钱豹、野猪、獾、狼、鹳、灰鹤、野鸭、野鸡、野兔、狐狸等 100 余种。村民主要从事民俗旅游接待、餐饮业等。

九渡村

远在唐宋时期，该村即有人类零星居住，明末清初山西洪洞迁民大量在此定居，形成村落。依山面水而建，背风向阳，街巷均以青石铺地，古建筑多为木结构，砖墙维护，巷道和建筑的设计布局协调、村落空间变化灵活、建筑色调朴素淡雅，是古怀庆团结互助、以人为本文化在建筑领域的集中体现。古村落整体风貌保存良好，不失为古怀庆文化乃至中原文化在建筑领域的杰出代表。现存宋寨、杨军卫、神仙洞等历史遗迹。修建于宋辽时期的宋寨，为杨家将屯兵驻守的军事要塞，规模庞大，保存完好，有“中原第一堡”之美誉；神仙洞全长 2020 米，洞府曲折幽长、高低起伏、洞中有洞，呈九曲十八弯之势，曲折幽长，洞中穹隆相连，给人以一步一重天的不尽美感，是杨家将藏兵之地，有“华夏第一洞”之美称；杨军卫位于村北部，面积 3000 平方米，是杨家将练兵的地方。

九渡村地杰人灵，历史上有许多文人骚客在此留下了足迹。“竹林七贤”的山涛、王戎；有唐代大诗人李商隐、著名乐律学家朱载堉等均曾在此游历，并留下许多脍炙人口的诗句。重要历史事件有：东汉末年，曹操北征叛将高干，经由九渡村天池岭自然村，写下了著名的《苦寒行》诗句："北上太行山，艰哉何巍巍！羊肠坂诘屈，车轮为之摧"。抗日战争时期，在此发生了著名的常平阻击战。1939年春夏之交，国民党第40军39师115旅，浴血抗战，共歼敌近千人，历时49天。

九渡村地处丹河峡谷中心地带，丹河从村东蜿蜒而过，山因水青，水因山活，有"豫北小桂林"之美誉，其中野王二老石被载入《辞源》之中，为景区内的一大胜景。丹河峡谷山水风光雄伟壮美，是以"古、幽、秀、奇、素"而著称的天然休闲度假区。前来休闲度假的人们或垂钓河畔，或嬉戏水中，或乘皮筏顺流漂浮，尽享"从流漂荡，任意东西"的快感。丹河峡谷人文景观多姿多彩，民俗文化色彩浓郁。在这里既可以品尝到具有浓郁乡土特色的野味、野菜，还可在农家小院摆棋对弈、品茶赏月，欣赏水磨、斗鸡等特有的民俗风情。"美其丹峡尽诗画，秀哉碧波情横生"是对丹河峡谷的概述。景区内动植物资源丰富，动物100余种，植物200余种，其中有国家二级保护动物金钱豹，还有柴胡等名贵中药材，素有"太行药库"之称。"仙者四五人，逍遥客兰坊。沐浴丹渊中，照耀日月光"，在古人的诗词意境中，丹河峡谷与您相约如画。近年来，该景区共投资2000多万元完善了各项服务设施，强化内部管理，提高服务质量，发展5处大型水上游乐场，不断开发神仙洞和宋寨，建成60家家庭宾馆、800张床位的九渡、牛笼嘴、杨庄河三个民俗度假村。并以其独具特色的高标准民俗接待服务和远离世嚣的田园生活迎来了大批的游客，也更为厌倦禁锢于水泥城的都市人提供了一个完全放松身心的最佳去处。

沿着蜿蜒的丹渠，可以观赏到九渡村最具民俗特色的水打磨。水磨始于盛唐，兴于明清，古人临河挖深洞丈余，修引渠接丹河之水，利用丹河水落差冲击水轮带动石磨转动来碾磨粮食，在手工业中具有十分重要的地位。水磨是古代劳动人民智慧的结晶，也是九渡村民世世代代维持生计的重要工具。

2013年8月，被列入第二批中国传统村落名录。

【长岭村】 位于修武县西北部深山区，地处青龙峡景区南部，有1个自然村，人口69人，耕地面积69亩，村域面积7.2平方公里。

长岭村始建于明朝。村后有一条山岭像一条长蛇，直通山西省陵川县，数百公里长，故得名长岭村。这里景色优美，青山环绕，名木古树郁郁葱葱。蜿蜒的山岭链条般缠绕在村后，静谧而神秘。民居依山而建，渐深渐高，房舍密集，大都保存良好。民风和顺，谦恭礼让，古朴儒雅。地方风味饮食"神仙不出洞"等更是堪称一绝。古村在选址、布局上都体现了因地制宜，天人合一的原则。长岭村村落选址巧借自然地型，与周边环境相和谐，远处的古梯田，近处的石头房和环绕在房前屋后的石头小路，山上有种类繁多的药材和野菜，以及各类古树名木，这一切构成了别具一格的长岭村所独有的特色。

2014年11月，被列入第三批中国传统村落名录。

【陈家沟】 位于温县赵堡镇，村域面积2.37平方公里，村庄占地面积550亩，辖个村民小组，常住人口2275人，主要从事旅游、服务业。

陈家沟的起源可追溯到陈氏始祖陈卜。陈卜原籍在山西泽州郡（今晋城），后来由泽州搬居山西洪桐县。明洪武五年（1374），迁居河南怀庆府（今沁阳）。当时，陈卜为人忠厚，精通拳械，深受近邻乡民敬重，所以当地人将其居住的地方叫陈卜庄（新中国成立后，陈卜庄划归温县，至今仍叫陈卜庄）。后来，因陈卜庄地势比较低洼，经常遭受洪涝，所以陈卜一家又迁居到距温县城东10里的常阳村。因村中有一条南北走向的深沟（有一段深沟仍保留至今），所以随着陈氏人丁繁衍，家族不断壮大，当地人将常阳村称为陈家沟，于是常阳村易名为"陈家沟"，并一直沿用至今。

陈家沟因东沟而得名，东沟全长约300米，沟中参天古树林立，杂草纵横，积水成片，原貌基本保存完好，东沟由于环境优美，是陈氏族人历来最喜爱练拳习武的场所之一。太极拳祖师陈王廷当年就创拳于此。现在，凡来太极拳发源地——陈家沟拜访的人，也必到东沟走走看看。

太极拳发源于陈家沟，由明末清

长岭古梯田

初陈王廷创编。300 多年来，经过陈氏族人和太极拳爱好者的传承发展，由陈式生出杨式、武式、吴式、孙式、和式等流派，并在世界 100 多个国家或地区传播，习练者达 3 亿之多，堪称“世界第一健身品牌”。

太极拳汇儒、道、医、武学于一身，融古代吐纳、导引、技击于一炉，集优美、高雅、品位等优点于一体，有着深厚的文化底蕴和思想内涵。不少外国人称其为“哲学拳”，通过习练太极拳，不仅能够强身健体、陶冶心性，还能深刻地感受到中华文明的深邃和神秘。太极拳具有独特无比的健身功能、审美价值和文化魅力，体现了中华民族的伟大创造力。几百年来，太极拳在陈家沟世代传承，名人辈出，留下了许多传世之作。如：陈王廷的《拳经总歌》、陈长兴的《用武要言》、陈鑫的《陈氏太极拳图说》、陈照丕的《陈氏太极拳汇宗》等，成了后人研习太极拳的宝贵遗产。2006 年成功申报陈氏太极拳为首批国家级非物质文化遗产，2007 年温县被中国武协、民协正式命名为中国武术太极拳发源地、中国太极拳发源地、中国太极拳文化研究基地，2008 年启动了太极拳申报人类非物质文化遗产工作，2010 年被焦作市市委、市政府授予新农村建设示范村，2011 年温县被评为最受全球网民关注的中国武术之乡，2012 年 6 月中国太极拳博物馆被省科协命名为河南省科普教育基地，2013 年，中国太极拳博物馆被命名为全国科普教育基地，陈家沟村荣获首批河南省特色文化基地。

近年来，温县政府相继投入巨资，在陈家沟修缮、恢复了一批文化遗迹，先后建成了太极拳祖祠、杨露禅学拳处、陈照丕陵园、历代宗师名人纪念馆、陈氏祖林、皂角树练拳处、东沟练拳处、陈家沟太极拳学校、中国太极拳博物馆等旅游景点和习武演拳场地，以及在建和待建的名人故居、国际太极拳文化交流中心、陈家沟太极文化生态园等，很好的保存了村落原貌。

2014 年 11 月，被列入第三批中国传统村落名录。

·城乡规划·

【概况】 2014 年，焦作市城乡规划管理局以打造宜居宜业区域中心城市、山水园林城市和国际性旅游城市为目标，以规划管理年活动为主线，坚持组团城市、智慧城市、生态城市、文化城市的规划理念，突出规划引领，强化规划监管，为推进新型城镇化建设、打造美丽焦作、建设中原经济区经济转型示范市，提供优质高效的规划支撑与服务。在行政审批制度改革、建设美丽焦作、推进焦作新型城镇化方面，取得显著成效。2014 年，荣获全省住房和城乡建设系统优秀委（局）、河南省新闻信息宣传工作先进单位等。

【规划编制】 2014 年，市规划局完善规划体系，夯实城市建设基础和战略规划研究，强化城乡规划对建设美丽焦作加快新型城镇化的引导作用。统筹考虑建设时序、重点和经营策略，提高城市综合承载能力。规划视野由中心城市拓宽为城乡统筹，加强城市定位与特色研究，服务城市水系、中心商务区建设。指导六县市新农村建设规划编制，完成示范引导县市、中心镇、中心村的确定与上报，组织中站区府城街道总体规划编制与报批工作。指导县城中心镇、村庄规划编制建设工作，督促传统村落保护发展规划编制工作；突出专项规划目标指导，以点带面促进转型发展。加强城市水系沿线、太极体育中心周边、东方红广场周边、南水北调干渠两侧、人民路两侧等重要地段的控制性详细规划和城市设计工作，将文化融入城市规划建设的各个阶段，打造城市亮点；组织开展《新河区域综合开发总体规划暨核心区城市设计》《新河商务区空间规划及控制性详细规划》《老城区山前地带风貌规划设计》《人民路东段片区城市设计规划》规划设计工作；积极推进特色商业街规划工作，组织县市区特色商业区空间规划和控制性详细规划、南水北调景观及修建性详细规划、火车站南广场等 5 项规划。立足全局主动作为，积极协调全市公益规划组织实施。5 月中旬，组织市直涉及公益性事业的主管部门召开联席会议，要求各主管部门编制相关业务专项规划，并就体育设施、园林绿地、市政道路及综合管线、医疗设施布局、中小学布局、环卫设施专业市场集贸市场、消防设施、文化设施和文物保护、社会福利设施、通信设施及管线综合规划等 10 个专项规划与行业主管部门进行紧密对接与协调。截至年底，完成体育设施、园林绿地系统、市政道路及综合管线 3 项专项规划，在编的医疗设施布局、中小学布局、环卫设施专业市场集贸市场、消防设施 4 项规划。

【规划管理】 2014 年，市规划局进一步加强城乡规划管理，规范建设行为，有效推进城乡规划的标准化、法制化和精细化管理，相继出台《焦作市城乡规划管理若干规定》、规划技术预审工作制度和行政许可事项监督检查办法；制定出台公示制度、规划办理事项监督管理暂行办法和建设工程批后规划管理规定，为正规化、法制化管理提供有力的支撑。同时建立健全规委会集体审查制度和规划建设项目审议制度，实行规划和建筑方案专家评审制度，充分发挥专家在规划决策中的作用；聘请省内 41 名专家学者成立专家委员会咨询机构，对有关城市规划及建设项目进行技术咨询、论证。全面启动焦作市首届优秀单体建筑景观设计和优秀住宅小区规划设计评选活动。始终坚持问计于民理念，与广大群众建立定期沟通机制。通过召开文化融入水系、美丽焦作、情系家乡共绘蓝图、规划执法面对面等座谈会，就规划管理若干规定、建设美丽焦作、大铜马搬迁等问题公开征求公众意见，并把控规、详规、建设工程方案等48个规划方案在报纸、电视、网络、媒体上予以公示，接受社会监督。

【行政审批】　2014年，市规划局强力推进行政审批工作，认真清理行政审批、服务事项，凡是不符合法律法规要求的、影响经济社会快速健康发展的项目一律取消或简化。对依法承担的“一书三证”（选址意见书、建设用地规划许可证、建设工程规划许可证、乡村建设规划许可证）相关的11项行政审批及服务类、监管类项目一律纳入行政权力清单，压缩审批时限30%，精简行政审批服务事项30%，公开前置条件、公开办事流程、公开办事时限，接受社会公众监督。牵头与有关部门拟定全市建设工程项目优化审批流程试行方案和实施细则，规划报建阶段所有审批办件均在10日内完成。制定“三集中、三直接”改革工作方案，选派首席代表和12名业务骨干进驻行政服务大厅；规划审批坚持一次告知到位，一次审核到位，坚决不让建设单位跑第三趟；做到全员服务项目、全力推进项目、全程保障项目、一切为了项目。7月，行政审批项目进入大厅以来，共办理各类报件140个，全部提前办结，办结率、群众满意率均为100%。截至年底，全市共研究审批13项地块控规总面积达104万平方米，办理14项修建性详细规划总面积达49万平方米，核发117个建设工程规划许可证，总建筑面积达108万平方米，核发市政工程规划许可证18项，长度达46.7公里，核发规划核实合格手续23个，面积达80万平方米，征收城市基础设施配套费1.15亿元。

全市优秀单体建筑景观设计和优秀住宅小区规划设计评选启动

【聘请41名专家参与城市规划】　为提高规划科学化、民主化水平，充分发挥专家在规划决策中的聪明才智，8月15日，市规划局聘请省城市规划设计院徐国亮等41名专家学者参与焦作市城市规划，对有关城市规划及建设项目进行技术咨询、论证。专家委员会由城市规划、建筑、结构、雕塑、园林、美学等方面的专家组成，主要从事辅助规划决策，协助咨询、评议城市总体规划、专项规划、详细规划、城市设计及城市研究等规划方案和建筑设计方案的技术服务工作。参加市规委会和规划局组织的有关会议、课题调研及各项活动并发表意见，对城乡规划工作建言献策。专家委员会专家两年一届，实行动态管理。

市规划局召开专家聘请会

【首届优秀单体建筑景观设计和优秀住宅小区规划设计评选活动启动】
12月5日，市规划局在全市开展首届焦作市优秀单体建筑景观设计和优秀住宅小区规划设计评选活动。评选对象是2010年以来全市竣工及目前在建的具有时代特征、地方特点或文化特色的公共建筑项目，优秀住宅小区方案的评选对象是2010年以后竣工及目前在建的楼盘项目和住宅小区（在建项目需完成工程量60%以上）。活动时间为12月8日至2015年1月16日，分为申报初审、公众投票、专家评审、最终评审四个阶段，将通过专家投票与市民投票结果加权的方式，评选出市优秀单体建筑景观设计奖、市优秀住宅小区规划设计奖各11名。

【规划监察】 2014年，市规划局坚持深入抓好日常执法工作，对超规划建设等违法建设行为进行集中整治，网站执法平台曝光违法建筑行为8起；共检查在建工程12万平方米；查处违法建筑行为100余起，共立案查处50起，结案46起，结案率92%；拆除违法建筑物45处，依法拆除违法建筑4600平方米；对违法建设下达停工通知书114份，督导通知90份，制止违法加建50起。依法及时处理违法建设案件，有效地遏制违法建设行为。同时完成279个卫星遥感图斑核查工作。

（李　勃　钦川川）

·城市管理·

【概况】 2014年，焦作市城市管理局以“构建大城管格局、建立长效机制”为主线，大力开展背街小巷、建筑垃圾、市政设施、市容秩序、户外广告、城乡环境等专项整治，全面实施数字化、精细化管理，城乡环境不断得到改善，为省十二运会成功举办营造“畅通、宜居、美丽、和谐”的城市环境。全市投资1392.2万元，综合整治背街小巷45条；完成生活垃圾无害化处理25万吨，利用沼气发电624万度，保持生活垃圾无害化处理率达85%以上；征收垃圾处理费78万元，污水处理费420万元。

【数字城市管理】 7月，市委、市政府召开全市城市管理工作会议，调整市城管委，将成员单位增加到45家，按照条块结合的方式，明确各成员单位的工作职能和责任，建立市城管委部门联动机制，初步形成“高位协调、权责明确、通力协作、齐抓共管”的大城管格局。建立大城管考核问责制度，充分发挥数字城管的监督、考核、评价作用，数字城管任务派遣的终端处理系统延伸到23家成员单位，修订完善考评办法，按照“日巡查、周检查、月通报、季奖惩、年结账”方式，严格考核，奖惩兑现，并在媒体上进行公示，使有关职能部门形成合力，共同管理好城市。经过半年来的运行，大城管格局逐渐显现出“联动加配合、精细加长效”的管理效果。

【背街小巷综合整治完成】 2014年，是全市开展城区背街小巷专项整治的第二年，第二批城区45条背街小巷综合整治全面完成。工程投资1392.2万元，共维修路面5.97万平方米，修建人行道2400平方米，修建道沿石2943米，安装路灯308盏，新建下水管道4969米，排水清淤535米，更换下水盖板和水篦173个，维修检查井73座，新建垃圾池、果皮箱、垃圾桶119个，种植行道树69棵，铺设线路9483米。通过整治，街巷容貌明显改善，群众生活环境进一步提升，受到整治街巷居民的一致好评。

【市容秩序治理】 2014年，开展全市市容秩序专项整治，通过督导、暗访、排序、曝光等措施，先后取缔东方红广场东巷、工业路早市、老山阳商城周边及果园路和烈士街口餐饮占道、秩序混乱等市容管理顽疾，主次干道占道经营问题大为改观。开展沿街门店违章搭建大棚的重点整治，严格控制节假日占道经营的反弹回潮，在全省18个地市率先取缔城区有烟烧烤，使城市脏乱差现象得到明显改善。

【市政设施监管】 2014年，市城管局加强对市区破道施工工程的监管，严格规范破道施工管理审批手续，明确施工单位按照标准设置施工围挡，为防止尘土飞扬和方便市民出行提供保障。全市共查处未经审批先挖、超面积、超期限破挖等违章行为9起，下达限期整改通知书160份。开展市政设施专项整治，督促施工单位维修市、区两级道路及人行道扒砖等附属设施2万余平方米，维修沥青路面1.59万平方米、人行道4478平方米、道沿石663.5米；加强道路巡查，更

整治后的桥西巷

整治后的衡苑路

机械化清扫道路

整洁干净的城市道路

换、维修井（盖）、雨水篦 500 套（个）。通过整治，市政设施安全隐患得到有效解决。

【户外广告监管】 2014 年，市城管局加强门头招牌监管，明确门头招牌、夜景照明设施整治标准；加强门头招牌管理，对门头招牌缺字、少字、残损等问题进行整改；强化墙体广告管理，在突出公益性质的前提下，有序开展现有墙体广告的更新和美化。对塔南路等路段进行重点整治，特别是对在塔南路、山阳路、城际铁路上违法设置大型户外广告牌进行立案查处，坚决遏制非法户外广告设置过多过滥的势头。

【环境卫生监管】 2014 年，市城管局争取专项资金 800 万元，购置环卫车辆，用于道路清扫和清理积雪工作的机械化作业，不断提高道路清扫和洒水作业水平。全面加强道路清扫保洁、洒水降尘和公厕、中转站的日常监管工作，做到标准不降、力度不减，常态化保持，实现城区环境卫生管理水平的持续提升。完成生活垃圾无害化处理 25 万吨，利用沼气发电 624 万度，保持生活垃圾无害化处理率达 85%以上。关心关爱环卫职工，争取财政资金 6000 余万元，为城区 3000 多名非在编环卫工人办理“五险”，解除了他们的后顾之忧，此做法在全省十八个地市是第一家。

【城区建筑垃圾运输管理】 2014 年，市城管局与公安、交通、环保、规划等部门联合下发《关于加强城区建筑垃圾（渣土）源头运输处置管理工作的通知》《建筑垃圾处理费征收管理办法》，开展为期 40 天对道路抛撒和非法运输行为的联合执法行动，查处纠正不盖篷布、超马槽等违章建筑垃圾（材料）运输车辆 1400 余辆（次），有效遏制了建筑垃圾乱拉乱倒势头。牵头清理市图书馆东侧市民反映强烈、堆放长达 7 年之久达 30 余万吨的垃圾，大大改善了城区环境卫生。

【武陟县城市管理行政执法局成立】 4 月 10 日，焦作市第一家城市管理行政执法局——武陟县城市管理行政执法局成立。具有独立的执法权，实行执法资源的集中整合，将规划、园林、工商、环保等 7 个部门 45 项城市管理职权全部划归行政执法局，有效解决了城市行政管理中长期存在的多头执法、重复执法和职责交叉等问题。配备一线执法人员 80 名，9 辆皮卡车、3 辆电瓶车、20 辆摩托车和 20 部执法记录仪。

（王　加　张新明）

·城市园林绿化·

【概况】 2014 年，全市城市绿地面积达到 3697 公顷，公共绿地面积达到 858 公顷，城市绿化覆盖率增加到 40.5%，绿地率增加到 36.06%，人均公共绿地 11.03 平方米。

【园林绿化建设】 2014 年，市园林局积极开拓创新，采取多种形式抓好城市绿地建设，不断提升城市园林绿化管理水平。

引黄入焦干渠城区段绿化。引黄入焦干渠城区段绿化项目位于大沙河与晋新高速之间，全长 2200 米，总面积 21.9 万平方米，工程建设总投资 1200 万元。2 月开工建设，7 月完工，共完成地形塑造、苗木种植、道路广场、亭廊和文化景观墙等基础设施以及全市各单位义务植树等，栽植乔灌木 2.75 万株，种植地被、草坪、水生植物 11.67 万平方米，广场园路铺装 5500 平方米。

开工建设大沙河带状湿地公园。大沙河带状湿地公园建设是焦作市水系建设的重要部分和关键性工程，湿地公园全长 9800 米，工程总投资 4000 余万元，建设项目包括河堤外苗木种植、道路广场、设施及土方、地形塑造、垃圾清运等。截至年底，完成堤外地形绿化，栽植雪松、火炬、红叶李和百日红等各类乔灌木 17 万株，占绿化总任务的 80.2%。

提升引黄入焦和大沙河带状湿地绿化景观效果，投资 443 万元在绿化带两侧增加管理房、公厕和亮化照明等设施，不断完善游园基础设施，方便游人游园。

围绕太极体育中心建设，开展道路绿化。对太极体育中心周边的山阳路、丰收路、龙源路、文汇路和中原路以及太极体育中心南入口等道路采用乔灌地被结合分层栽植，双排栽植行道树等绿化方式进行绿化。绿化建设投资6300余万元，完成道路绿化任务的30%，增加绿地面积60余公顷。

城市游园建设改造，增加道路景观节点。完成山阳路（丰收路南）西侧道路游园建设；完成市体育馆周边绿化种植、园路、花坛等基础设施建设，景观效果得到有效提升；结合东方红广场人防工程建设，对四海春游园进行改造；投资210余万元，完善南水北调桥梁与丰收路、解放路和建设路等路段交接处绿化景观。以企业捐建方式，完成瓮涧河两侧游园建设，新增游园面积1.6万平方米。

【园林绿地管理】 2014年，市园林局为解决老城区公园绿化苗木老化、道路广场服务设施陈旧问题，投资675.2万元，对人民公园、月季公园、雕塑公园、龙源湖公园、生态植物园和人民广场进行景观提升改造，提高公园服务功能。整合规划绿地，对部分硬化场地、边角地块和原生产用地等进行改造，增加公共绿地面积；规划完善游园路系，以公园主环路为依托，完善、修建公园二级和三级园路；打造公园立体景观，开展复式绿化，针对各公园普遍存在的绿化品种少、色彩单一、层次不分明等问题，重点对中低层空间进行植物填充，补植小乔木4100余棵，球类、攀缘植物1275棵，地被花卉3.14万平方米；开展水体绿化，各公园、广场分别在水面湖面栽植千屈菜、芦竹、荷花和鸢尾等水生植物；依托公园道路、湖岸环园路组合栽植遮荫乔木和宿根花卉，丰富植物品种，美化彩化公园景观。对龙源湖广电塔周边进行改造，改硬化为绿化，增加绿地面积；对北广场东西两侧改造修建非机动车停车场，解决非机动车停车难题；新安装视频监控并拆除公园出入口隔离桩，安放了石鼓等。人民公园积极挖掘并突出公园历史文化，对亭廊进行修缮、彩绘、命名，赋予其新的艺术内涵。生态植物园新建两个公厕，月季公园公厕进行扩建升级，增加公园排污管道，整治公园老化水电网。开辟专属活动场地，各公园分别开辟抖空竹、甩鞭活动专用场地，并规定场所和活动时间，既满足健身爱好者又保障其他游客的安全。针对多年来园林机械数量、设备陈旧老化问题，投资160万元，新购置大型水车5辆，工程车4辆，各类器具95台。

【树木移伐审批】 2014年，市园林局加强树木移伐审批工作，在办理树木移伐审批时严把材料关、审批关和恢复关，做到主动联系快、现场勘察快、意见汇报快、审批办理快、督办落实快，全年共办理30家单位树木移伐审批办理工作。

【园林单位创建】 2014年，全市各创建单位按照申报、考核程序，创建一批园林单位（小区）。有16个单位被命名为市级园林单位，1个小区被命名为市级园林小区，使全市的园林单位（小区）又增加新的生命力，补充新鲜血液。

焦作市2014年园林单位、
园林小区名单

沁阳市王召乡政府
沁阳市崇义中心小学
沁阳市第三中学
沁阳市山王庄中心小学
沁阳市王召中心小学
沁阳市邗部中心小学
沁阳市王曲里村小学
沁阳市赵寨中心小学
沁阳市龙泉中心小学
温县赵堡第二初级中学
温县祥云镇北冶学校
温县招贤乡仓头村小学
温县番田镇西留石小学
温县西虢村小学
温县西林召村小学
修武县城关镇第一初级中学
武陟斯坦福小镇小区

【云台山镇被评为国家园林城镇】 2月9日，住房和城乡建设部命名2013年度国家园林城镇，修武县云台山镇被评为2013年度国家园林城镇。这是焦作市乡镇首次跨入国家园林城镇行列。国家园林城镇是城镇园林绿化领域的最高荣誉，体现了一个城镇在规划设计、景观保护、绿化建设、园林建设、生态建设等方面的水平。国家园林城镇每两年评选一次，由住房和城乡建设部根据省（自治区）住房和城乡建设厅、直辖市园林局报送申报材料进行综合评审，并由住房和城乡建设部命名并颁发奖牌。国家园林城镇标准指标体系包括综合管理、绿地建设与管控、生态环境、市政设施、特色风貌五大方面共29个指标。

（魏　林）

·住房保障与房产管理·

【概况】 2014年，市房管中心按照“打基础，理关系，求突破，谋和谐”的工作思路，有序推进住宅建设，强化房产行业管理，完善住房保障体系，全年开工建设保障房8409套；9个棚户区改造项目全部开工，完成投资6亿元，拆迁1180户23.17万平方米；优化为民窗口服务，办理各项登记1.86万件，登记建筑面积398.6万平方米。市房管中心被省委省政府命名为2013年度河南省住房和城乡建设系统工会工作先进单位、2013年度全省住房和城乡建设系统优秀委局、全省保障性安居工程工作先进单位、省级文明单位、2013年度全省保障性安居工程建设劳动竞赛先进单位等。

【住房保障】 2014年，河南省确定焦作市的保障性建设任务为：开工建设各类保障性住房8282套，基本建成8282套。截至年底，全市新建项目22个，续建项目3个，开工建设保障房8409套，占省定任务的101.5%；基本建成25个项目8304套，占省定任务的100.3%，其中1个项目144套竣工并分配入住，其他24个项目8160套基本建成。加强保障性住房信息公开，实行保障房建设及分配信息公开，476户城区住房困难家庭入住了廉租住房。全年共审核发放经济适用住房准购证230本，发放廉租补贴469万元。

【棚户区改造】 2014年，市房管中心完成全市2013年至2017年棚户区（城中村）改造规划项目修订上报工作，参与全省棚户区（城中村）五年改造规划的制定；协调解决焦煤集团翠园小区32号楼涉及经济适用房土地手续问题以及棉一、纪念塔东南角棚户区项目土地评审事项；督促沁阳市、孟州市、中站区等完善融资项目申报资料，并陪同到省住建厅和财政厅办理改造项目融资事项。融资2.5亿元资金拨付到县（市）财政。全年9个棚户区改造计划项目全部开工，涉及4586套50.98万平方米；完成投资6亿元，完成拆迁1180户23.17万平方米，争取中央补助城市棚户区改造专项资金5118万元。

【房地产市场管理】 2014年，市房管中心加强商品房预售管理，办理商品房预售许可48宗，预售面积108万平方米。规范房地产市场秩序，重点打击违规预（销）售、捂盘惜售、哄抬房价等违法违规行为，对2家房地产开发企业的违规行为下达限期整改通知书，责令推迟开盘楼盘2处。举办网络运作和实地展示展销相结合的房博会，成交房屋22套，面积3594平方米，成交金额1138万元；意向订购商品房672套，面积61823平方米；二手房交易10套，面积2192.43平方米，金额910万元。配合公检法等司法部门查封涉及非法集资问题房产5套，面积957平方米，价值550余万元。

【产权产籍管理】 2014年，市房管中心规范房屋权属登记，严格落实《房屋登记办法》和《房地产登记技术规程》。全市共办理各项登记1.86万件，登记建筑面积398.6万平方米，缮制权证2.3万本，完成档案查阅利用3779份，受理家庭唯一住房信息查证9763件，出具无房证明783件。完成房产测绘2.23万件，面积227.5万平方米。提请市政府将解决房产登记历史遗留问题的意见有效期延长到2015年底，受理此类登记238件，办结144件。优化服务窗口设置，将办证窗口由原来的44个减少到34个；规范办事流程，严格落实承诺时限，16项具体房产业务办理时限均得到大幅压缩，转移登记由30个工作日压缩至5个工作日，变更登记由10个工作日压缩至3个工作日，个别项目实现立等可取。

【物业管理】 2014年，市房管中心加强物业企业资质管理，严把资质审核关，对物业服务企业资质实行动态考核，未通过考核的企业，坚决清理出物业行业。督促房地产开发与物业管理分离，改变自建自管、建管不分的状况。持续开展物业管理小区晋档升级活动，引导企业不断提升服务品质，加大对物业管理市场的检查督导力度和行政执法力度，协调处理小区矛盾和纠纷。截至年底，全市新增物业服务企业37家，为21家企业进行资质定级；物业管理总面积达1250万平方米。

【直管公房管理】 2014年，市房管中心加强公房资产管理，不断完善经营性公房招拍租制度，做好续约提租工作，将到期的商业用房适时进行竞租、提租，实现租金与市场接轨，公房收益同往年相比有新提高。妥善处理“公私产权混合”房屋问题，报请市政府同意后拟定处理“公私产权混合”房屋工作方案。组织对廉租房承租情况进行明察暗访和人员信息核对，进一步完善廉租房管理档案，保证了廉租房合理使用和规范管理。

（张 琳）

·住房公积金管理·

【概况】 2014年，全市新增住房公积金缴存单位237户，新增缴存人数1.67万人；全市共有3865个单位25.88万名职工建立住房公积金账户，覆盖面达到87.21%。全市新增归集住房公积金12.81亿元，全市历年归集住房公积金67.78亿元，较上年增加1.56亿元，同比上升13.8%，归集余额48.89亿元；全市为4394名职工发放个人住房公积金贷款9.99亿元；全市历年为3.92万名职工发放住房公积金贷款54.29亿元，贷款余额33.92亿元，支持购房面积达523万平方米。全年为职工提取住房公积金4.56亿元，较上年增加4758万元，上升11.65%；历年累计提取住房公积金18.89亿元。2014年，共实现增值收益1.05亿元，较上年增加2389万元，增长29.61%，增值收益率达到2.33%。累计提取贷款风险准备金7266万元，为市政府提供廉租住房建设补充资金1.33亿元。资金使用率达到77.91%。

【住房公积金归集】 2014年，市住房公积金管理中心进一步扩大住房公积金覆盖范围，利用住房公积金网站、报纸、电视、微信服务平台等媒体宣传住房公积金政策，在《焦作日报》刊发住房公积金专版27期，开

向群众宣传住房公积金政策

辟《公积金访谈》《咨询台》《新闻聚焦》《政策解读》栏目，大大提高住房公积金的公众知晓度，营造良好的社会氛围。加大对未建、欠缴、漏缴的单位催缴、催建力度，对催缴催建无效的单位依法开展行政执法工作，对欠缴半年以上的 219 家单位进行电话催缴，对欠缴时间在半年至一年有能力缴存的 41 家单位进行行政执法。组织人员 70 余次上门对 30 余家未建立住房公积金企业开展执法宣传工作，先后对武陟县爱华畜产制品有限公司等 17 家企业下达执法文书 48 份。

【住房公积金贷款】 2014 年，市住房公积金管理中心调整和出台一系列住房公积金使用新政策，加大贷款投放力度，盘活沉淀资金，提高资金使用率。积极研究和探索房地产市场形势和群众需要，及时调整贷款计划和资金调拨计划。制定惠民新政，简化审批手续。制定出台《焦作市进城务工人员、个体工商户、自由职业人员住房公积金贷款补充规定》《关于在济源开展异地缴存人住房公积金贷款业务的暂行规定》《关于提取住房公积金用于支付公共租赁住房房租的实施办法》等政策，降低了住房公积金的使用门槛，切实帮助中低收入职工家庭改善住房条件。进一步规范贷款流程，制定贷款受理审批流程，对个贷业务受理全程、受理事项、受理时限等作出具体明确的规定，对符合贷款条件的，限时给予办结。

【住房公积金服务】 2014 年，市住房公积金管理中心大力开展行政审批制度改革，优化业务办理流程。重新梳理办事项目，删减不必要的办事程序和审批材料，保留 52 项审批服务事项，大幅压缩办理时限，73%的业务做到即时办结，24%的业务限制在 3 个工作日内办结。将所有审批科室进驻到综合服务大厅，充分授权，使审批权力向大厅集中，使所有业务的受理、流转、审批等工作，在窗口一站式办结。对服务大厅改扩建，服务面积由原来的 230 平方米增加到 670 平方米，将综合服务窗口、受托银行服务窗口、各业务审批科室、自助服务全部纳入大厅之内，实现了为办事群众提供优质高效、更人性化的一站式服务。在各服务窗口建立了电子监控网络，实现对窗口服务的全程监督。全面完成受托银行招标工作，确定建设银行等 4 家金融机构为归集兼委贷银行，农业银行等 4 家为单一委贷银行。

【市住房公积金管理中心综合服务大厅荣获两个国家级荣誉称号】 2014 年，市住房公积金管理中心综合服务大厅相继获得全国示范青年文明号、全国工人先锋号集体荣誉称号。

市住房公积金管理中心综合服务大厅是一支由 13 人组成的年轻队伍，肩负着全市缴存职工住房公积金咨询和业务的受理工作。市住房公积金管理中心创新思路，从管理型转向服务型，狠抓服务，强化管理，传承文

公积金综合服务大厅亲民、便民、利民一站式服务

首届服务礼仪展示大赛

党员干部参观警示教育基地

化，通过扎实开展形式多样的创建活动，打造了一支以青年员工为主力的精英团队，实现连续三年无投诉，限时办结率达到100%，提前办结率达到70%以上，群众满意率达到100%，创造零差错、零距离、零障碍、零投诉、零风险的“五零”服务品牌，同时各项业务指标年均增幅达到30%到60%，资金运行速度、质量和效益大幅提升。

【住建部莅焦专项督查】 11月27日，住房和城乡建设部住房公积金监管司专项工作组莅焦，对住房公积金服务制度建立情况、业务流程优化情况、个贷发放和政策改进情况、业务办理费用情况、服务环境改善情况、服务方式改进情况、服务能力提升情况等八项主要内容进行重点督查，检查组先后参观检查修武管理部和市住房公积金管理中心一站式服务大厅、相关科室、12329语音服务中心等部门，实地了解公积金各项工作在基层的落实和执行情况。检查组在实地查看、听取汇报和重点抽查询问后，对焦作市住房公积金管理中心各项工作给予高度评价。检查组认为，焦作市住房公积金管理中心能够认真落实各项服务规范，不断创新服务方式使之灵活多样，各项工作特别是住房公积金归集扩面工作、风险防控机制建设、住房公积金受托银行招标工作等方面做法突出、成绩显著，值得推广和普及。

（温　晶）

·环境保护·

【概况】 2014年，市环境保护局围绕一个中心（美丽焦作建设）、贯穿两条主线（污染总量减排和建设项目服务）、突出一个抓手（环境污染整治工程）、强化三个保障（机制建设、能力建设、队伍建设）、确保三个目标（污染减排、环境质量、环境安全）的总体思路，强化措施，狠抓落实，扎实推进各项工作。在省政府环境保护责任目标考核通报中，市政府连续六年被评为优秀单位；在省环保厅考核中，市环保局连续两年被评为优秀单位；在省政府2013年总量减排工作通报中受到省政府表彰；环境监控连续三年全省考核第一名。

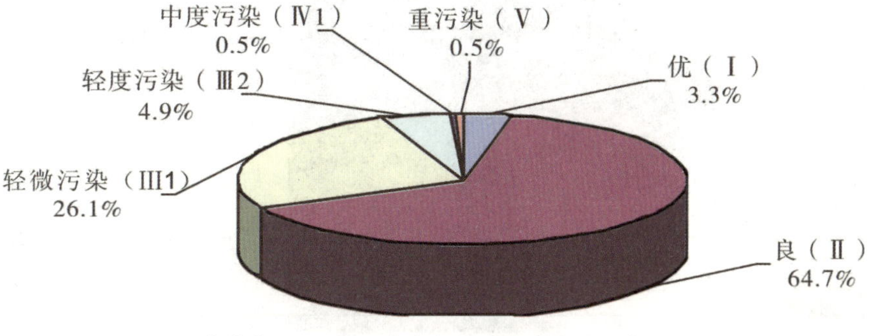

焦作市2014年环境空气质量评价结果示意图

【城市环境空气质量】 2014年，焦作市城区环境空气质量为：优12天、良236天、轻微污染95天、轻度污染18天、中度污染2天，重度污染2天，优、良天数合计为248天，达标率68.0%，高于省定60%的目标8个百分点。全年332天首要污染物为可吸入颗粒物，21天首要污染物为二氧化硫。

【饮用水源地水质】 2014年，全市4个地下饮用水源地取水总量为5124.39万吨，达标水量为5124.39万吨，取水水质达标率为100%，与上年相比，饮用水源地取水水质达标率保持不变。

【城市噪声环境质量】 2014年，市区域环境噪声昼间平均等效声级（Leq）为53.9分贝，质量级别为“较好”，与上年相比，平均等效声级下降0.3分贝，声环境质量保持稳定；道路交通噪声昼间平均等效声级（Leq）为66.5分贝，质量级别为“好”，与上年相比，平均等效声级下降1.2分贝，声环境质量保持稳定；城市功能区噪声达标率为82.3%，与上年相比，达标率上升11个百分点，其中昼间达标率为95.3%，夜间达标率为56.2%。

【省控责任目标断面考核监督监测】 2014年，全市4个省控地表水责任目标断面水质平均达标率为70.8%。其中沁河武陟渠首断面和蟒河温县汜水滩断面水质达标率为100%，大沙

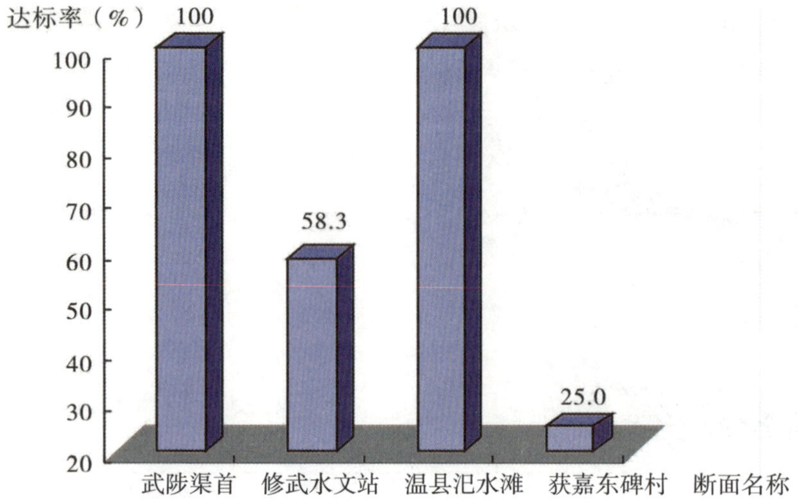

焦作市2014年责任目标断面水质达标率情况示意图

河修武水文站断面水质达标率为58.3%，共产主义渠获嘉东碑村断面水质达标率为25%。各断面监测因子超标情况如下：修武水文站断面超标因子是氨氮和总磷，超标率分别为16.7%、33.3%；获嘉东碑村断面超标因子是化学需氧量、总磷、溶解氧、高锰酸盐指数、氨氮、五日生化需氧量和阴离子表面活性剂，化学需氧量和总磷超标率均为16.7%，溶解氧和高锰酸盐指数超标率均为8.3%，氨氮超标率为66.7%，五日生化需氧量超标率为33.3%，阴离子表面活性剂超标率为25.0%。

【环境污染综合治理】 2014年，市环保局深入开展环境综合整治，以蓝天工程、清水行动、重金属污染专项治理行动、乡村清洁行动四大工程为载体，完成重点污染整治和主要污染物总量减排年度目标，确保全市环境和饮用水源水质安全。组织开展污染整治工程，完成128项污染整治。

环境监察执法人员在污水排放点提取水样

在城区开展“2014蓝天雷霆”行动，全市28台燃煤机组锅炉脱硫提标改造全部完成；脱硝治理完成20台，4台即将关闭；完成5家7条水泥熟料生产线烟气脱硝治理。关闭8台燃煤锅炉，城区集中供热供气范围内10吨以下锅炉全部关停到位；整治露天有烟烧烤摊位431处，施工工地落实防扬尘措施74处，餐饮门店完成清洁能源改造1284家、安装油烟净化器727家。划定城市黄标车限行、禁行区域，黄标车及老旧车淘汰2.28万辆；开展油气回收治理，完成57家加油站、82辆油罐车油气回收治理。

开展清水专项行动。2014年完成3座污水处理厂建设，全市已建成16座，处理能力达60.5万吨/日；完成2座污水处理厂提标改造，全市9座需提标改造的污水处理厂，已完成5座，其余4座正在推进；完成24家重点涉水企业提标改造项目。在2014年底省环保厅公布的省辖市城市河流水质排名中，大沙河排名全省第四位，达Ⅲ类水质标准。

推进重金属污染防治。完成3个省定重金属污染防治和2个涉重金属废水限期治理项目。

【“2014蓝天雷霆”大气污染整治专项行动启动】 4月30日，全市“2014蓝天雷霆”大气污染整治专项行动动员会召开，就集中治理影响市区空气质量的突出问题、切实改善城区空气环境质量作出部署。行动重点是解决老百姓投诉反映较多的饮食业清洁能源使用和油烟治理、烧烤摊点监管、施工和交通扬尘治理等热点问题。四城区政府、市城乡一体化示范区管委会分别递交目标责任书。

【建设项目管理】 2014年，市环保局加强总量预算管理，将主要污染物总量预算指标纳入全市国民经济社会发展计划和政府责任目标；对建设项目实行网上核准、前置审批和排污权交易制度，高效配置环境资源。严格环境准入，坚决抑制高污染、高耗能和低水平重复建设。简化审批程序，下放9大类30项建设项目环评审批事项，压缩审批时间40%以上。跟踪做好项目服务，组织召开12场巡回服务会，现场咨询262个项目；对238个项目实施免费预评估；落实重点项目服务联系制度，保证重点项目应批尽批快批。截至年底，全市共审批建设项目707个，其中省以上审批

城区道路洒水降尘

16 个，市环保局审批 173 个；验收项目 377 个，其中省厅验收 11 个，市环保局验收 57 个；否决项目 11 个。配合省环保厅认真组织开展省批建设项目环境保护“三同时”专项执法检查工作。

【生态保护】　2014 年，市环保局深入开展农村及生态环境保护，组织开展 2013 年度农村环境连片整治项目报批和实施工作。提请市政府印发《关于加强农村环境连片综合整治项目运行管理工作的意见》，完善保障机制，确保已建项目发挥成效。组织实施生态创建。启动 6 个生态乡镇创建，全部完成规划编制、评审；完成 5 个省级生态乡镇、64 个生态村创建。开展畜禽养殖治理，实施 50 家畜禽养殖治理，完成验收 35 家，5 家正在调试，10 家正在实施。

【环境监测】　2014 年，市环保局以保障民生为出发点，重点加强环境质量监测，及时了解目标考核监测中的新情况、新变化，适时调整监测内容，确保监测数据的科学性、准确性和权威性。严把常规监测任务采样关，按照市环境保护局《关于下达 2014 年全市环境监测任务的通知》采样要求，完成 14 个地表水常规监测断面、25 个地表水责任目标断面的环境质量监测、10 个地下水监测点位和 6 个集中式饮用水水源地监测点的环境质量监测以及涉重金属企业监督性监测、城考监测等，同时完成城市河流监测的采样工作。严把质量关，做好各类监测任务的质量保证和质量控制工作，严格落实 2014 年焦作市环境监测质量保证计划，累计质控审核各类监测报告 840 余份。严把数据上报关，上报了全市地表水常规监测、饮用水源地水质监测、县级饮源监测、城市河流监测、地下水监测、目标考核、大气降水监测、底泥监测、噪声监测、监督性监测和城考监测等 11 大项 520 万个监测数据。严格报告编制和预警，每周将空气质量监测、每月将断面监测情况定期编制成报告，及时报送，每季将各县市区断面达标率和扣缴的生态补偿金进行通报，引起各地政府的高度重视。并且适时将监测情况向各县市政府、环保部门主要领导和相关科室进行预警示警，累计完成各类监测报告 2000 多份。

【环境监察】　2014 年，市环保局认真开展环境监察工作，严格落实责任化监管制度，实行“常规化明察、常态化暗访、反时差检查”监管制度，落实“责任网格化、执法模板化、管理分类化”要求，落实监管责任，规范执法行为，提高执法效能。组织开展打击违法排污企业保障群众健康等 20 余项执法活动，现场监察 1.65 万人次，检查企业 5657 家次，解决一批环境突出问题。积极做好环境信访及人大建议、政协提案办理工作，妥善解决群众反映的各类环境问题。全市共受理处理 12369、网站投诉等各类信访投诉 2664 起。严查环境违法行为，对存在的环境违法行为和突出环境问题，分别采取行政处罚、致函当地政府、约谈政府领导等方式，促进问题解决。截至年底，全市查处和纠正环境违法行为 723 起，立案处罚 136 起。2014 年，市环境监察支队被授予全省排污申报核定工作先进集体、全省环境监察技能大比武活动二等奖（第二名）等。

秸秆禁烧

环保宣传

【环保法制与环境信访】 2014年，市环保局认真做好“六五”普法和依法治理工作，积极开展各类法制宣传活动。参与全国法制宣传日普法宣传活动，在市龙源湖广场开展法制宣传活动，制作宣传展板，印发宣传资料，设立咨询台，安排专人接受群众咨询。认真办好信访案件，在案件办理工作中坚持“六个扭住不放”原则，加强环境信访纠纷调查处理，妥善解决群众反映的各类环境问题，共办理各类信访案件52起，省有关部门转办交办17起，市信访部门转办6起，群众直接来信来访29起。加强人大建议、政协提案办理工作，人大代表、政协委员共提出涉及环保工作的建议5件、提案21件，建议、提案均办理完毕。严肃查处环境违法行为，全市环境违法案件共立案73件，下达处罚决定70件，罚款金额218.88万元。全年未发生一起行政复议、行政诉讼和行政赔偿案件。

【学习贯彻新《环境保护法》专题报告会】 11月11日，焦作市举行学习贯彻新《环境保护法》专题报告会，邀请环境保护部政策法规司司长李庆瑞作专题报告。李庆瑞从新《环境保护法》的修订背景、修订过程、修订内容和下一步设想等方面进行详细讲解和阐述。新修订的《中华人民共和国环境保护法》4月24日由第十二届全国人民代表大会常务委员会第八次会议通过，并将于2015年1月1日起施行。市委副书记、市长张文深主持报告会并就进一步学习贯彻好新的《环境保护法》强调：一要正确认识环境保护工作地位，二要同心协力推进环境保护工作，三要依法向污染“宣战”。市领导丁福浩、原振喜、王长松、杨娅辉、甘茹华等出席报告会。

【省大气污染防治专项督查组莅焦督查】 11月26日，以省环保厅副巡视员焦飞为组长的省大气污染防治专项督查组莅焦，督查大气污染防治工作和“蓝天工程”行动计划的实施情况。督查组认为，市委、市政府高度重视大气污染防治工作，各职能部门通力合作，不等不靠，积极作为，形成了横到边、竖到底的大气整治工作网络，做到工作有计划安排、有目标要求、有奖惩办法，确保责任到位、措施到位、工作到位，有力地推动“蓝天工程”行动计划的实施。在下一步工作中，各级各部门要倒排工期，认真梳理各项任务的进展情况，加强源头治理，确保全面完成2014年大气污染防治工作。

【省“蓝天工程”考核组莅焦考核】 12月25日，由省环保厅副厅长马新春带队的河南省“蓝天工程”考核组莅焦，考核2014年度“蓝天工程”实施情况。副市长乔学达对2014年年初以来落实“蓝天工程”实施情况作工作汇报。通过听取汇报、现场核查、查阅资料等实地考察，省考核组在情况反馈会上指出，焦作市对环境治理工作十分重视，“蓝天工程”组织有力、扎实有效，尤其是在黄标车整治、锅炉治理等方面卓有成效，走在了全省前列。

（李　博　姜　慧）

·交通综述·

【交通运输工作实现“六大突破”】 2014年，全市交通运输系统紧紧围绕经济转型示范市及“十大建设”公路网专项行动计划，凝心聚力，务实重干，交通运输工作取得“六大突破”。一是支撑能力不断增强，交通基础设施建设完成投资25.02亿元，其中高速公路10.2亿元，干线公路4.8亿元，农村公路2.9亿元，场站建设2.7亿元，创历史新高。二是路网结构全面优化，申报的国、省路网规划全部获批，新增干线公路510公里，国道里程由不足6公里增加到270多公里，“三横三纵”高速公路网、“八横十纵”干线公路网、遍布城乡农村公路网不断完善，全市公路通车里程7381.93公里，公路密度181公里/百平方公里。三是重大项目取得突破，困扰全市近十年的焦作黄河大桥项目得到省政府和省交通运输厅支持，确定由市政府和省厅公路局采取PPP模式进行投资建设；作为重要通道的南太行绕城高速项目将签订投资框架协议，两个项目开工建设，全市交通优势将进一步凸显。四是城市公交赢得新机遇。被确定为全省公交优先示范创建城市；投资12亿多元的世行贷款绿色交通项目进展顺利，公交工作赢得不可复制的历史发展机遇。五是交通运输改革全面推进，基本完成运管体制改革，交通运输执法体制改革势头良好，全省领先，受到省政府和省厅的表扬；交通系统行政审批制度改革成效明显，发展的动力和活力进一步释放。六是行业形象进一步提升，在全市48个政府部门和58个二级机构“面对面”述职评议中，取得市局机关排名第三，直属6个单位排名均在前15名的优异成绩。市交通运输局先后荣获全国交通运输业经济统计专项调查优秀集体，全省交通运输系统安全工作先进单位、安全生产标准化建设先进单位。

【高委莅焦检查安全工作】 3月18日，省交通运输厅副厅长高委，省运管局书记赵运生、副局长龚全武等到焦作检查指导危险品运输安全生产工作。高委到焦作豫通物流公司详细了解公司规模、主营业务以及安全生产工作做法，并实地查看公司GPS系统监控平台。同时要求焦作交通运输部门履行好行业监管职责，加大安全检查督导，保障道路运输安全。

【焦作绿色交通项目获世行贷款】 3月24日至25日，河南省与财政部、世界银行关于焦作绿色交通及交通安全综合改善项目谈判举行。世行同意给予该项目1亿美元贷款，折合人民币6.14亿元，贷款期限为30

焦南高速入口　　赵金录　摄

年，贷款利率为1%左右。项目总投资12.2亿元人民币，世行贷款占项目总投资的50%。该项目于下半年实施，工期5年，预计2018年结束，建设内容包括安全系统综合走廊、公共交通基础设施、绿色旅游走廊建设及改善，以及机构能力建设等。

【全省农村公路规范化管理会议在焦召开】 6月24日，全省农村公路乡镇管理养护站规范化管理会议在焦作市召开。省交通运输厅公路管理局副局长洪立发，省农村处，各省辖市农村公路管理处养护科长，直管县、扩权县主管养护副所长参加会议。会议强调：落实习总书记提出的把农村公路“建好、管好、护好、运营好”的新要求，落实农村公路管养年活动，落实省政府实施农村公路三年行动计划。会议指出管养站规范化管理需要把握的主要问题：一是要做到“六有”（有机构、有人员、有场所、有经费、有一套完整的规章制度、有一套完整备查的台账）；二是要做到“五统一”（名称统一、人员岗位职责统一、规章制度统一、内业资料统一、牌匾统一）；三是要最迟9月底前完成管养站规范化建设和管理；四是要吃透管养站规范化建设和管理的内容和标准，坚持高标准建设，以点带面，整体推进。同时与会人员参观了武陟县北郭乡农村公路养护情况和乡管养站规范化管理情况。

【刘兴彬莅焦检查武云高速和郑常线项目建设】 6月27日，省交通运输厅副厅长刘兴彬带领交通重点建设项目第三观摩组莅焦，检查指导武陟至云台山高速公路和S104郑常线马营至小中里段项目建设。刘兴彬副厅长一行到武云高速和S104郑常线工地，详细了解项目进度、标准化管理、工程质量管理、安全生产管理、“六个办法、八项台账”的贯彻落实情况及第一季度观摩存在问题整改落实情况，对两个项目建设表示肯定，并要求施工单位按照工程质量安全的预期目标，高标准、严要求，按期完成工程建设。

【省质监组莅焦检查工程质量管理工作】 7月29日，省质监站站长吴连民一行对重点交通项目武陟至云台山高速公路和S308修武至焦作段一级公路改建工程进行督导检查。检查组重点对工程施工现场质量安全管理和标准化施工情况进行现场检查，分别就检查情况进行反馈。检查组指出施工现场存在的一些问题，要求建设单位、监理单位和施工单位要高度重视，切实抓好整改落实，确保工程质量安全。

【交通运输行政服务分中心成立】 2014年7月，按照全市统一部署，强力推进行政审批制度改革，市行政服务中心交通运输分中心成立并开始运行。集合运政、路政、海事等职能于一体，实现了一次性受理、一站式运作、一个口缴费，大大提升了办事效率和文明服务水平。行政审批和服务事项由原来的93项精简为44项，办理时限由原来最长90天压缩到现在的15天。

【交通运输部莅焦指导“三基三化”试点工作】 10月29日，交通运输部法制司副司长魏东一行到武陟县检查基层执法站所“三基三化”（抓好基础、基层、基本功，实现基层建设标准化、基础管理规范化、执法队伍职业化）建设试点工作。先后查看运管所行政审批大厅、宣传展板、运政执法器材装备、基层执法站所综合评估资料、执法案卷、“五小”设施、“三基三化”制度建设以及交通执法人员形体展示等。在听取交通运输部基层执法站所“三基三化”试点工作开展情况汇报后，对武陟县交通运输局运政执法工作给予充分肯定，要求武陟县交通运输局要在“三基三化”试点工作取得成效的基础上，不断完善工作举措，突出主题特色，将好的做法、经验总结出来，并注重推广创新，致力打造“武陟交通经验”，推广到全省乃至全国。

【交通行政执法体制改革全省领先】 2014年，在市政府的主导下，成立由副市长胡小平任组长的领导小组，在全省首先出台《关于全市交通运输行政执法体制改革的意见》，并出台《关于核定全市交通运输执法机构人员编制有关问题的通知》《关于全市交通运输执法体制改革有关机构编制问题的通知》和《关于交通运输执法机构有关职责界定及运行机制的通知》。全市改革工作走在全省前列，在全省执法体制改革推进会和交通运输工作会议上做经验介绍，得到了省政府领导和省交通运输厅的充分肯定。

沿黄大道

武云高速施工现场

S104 郑常线施工 黄 战 摄

詹店立交桥拆除重建工程正在进行旧桥主跨梁板拆除施工

·公 路·

【“七横七纵”省道网全部获批】 《河南省普通省道网规划调整方案（2013—2030年）》正式发布，焦作市规划的“七横七纵”省道全部获批，将形成全市干线公路网“八横十纵”的新格局，全市干线公路规划通车里程突破1000公里，较“十一五”末翻一番。

获批的“七横七纵”省道规划为：七横即S104郑沁线、S228卫新线、S230沿南太行线、S307卫济线、S308武济线、S309长济线、S310长邵线；七纵即S232云叶线、S233焦桐线、S234焦新线、S235博许线、S236沁上线、S237沁新线、S238紫上线。和上年获批的“一横三纵”国道规划（一横即G327江苏连云港至宁夏固原线，三纵即G234河北兴隆至广东阳江、G207内蒙古乌兰浩特至广东海安、G208内蒙古二连浩特至河南淅川）共计18条国省干线公路，构建了以市区为中心到各县市区的公路快速通道、连接全市各个产业集聚区的发展通道、连接全市各个主要景区的旅游通道、连接沿山沿河的生态通道、覆盖各个乡镇的干线公路网，实现了县县通国道、县县通一级、乡乡通省道的目标。

【高速公路建设】 2014年，协调解决了武云高速公路项目征地拆迁等问题，正在进行路基土石方填筑碾压、桥梁下部桩基、涵洞通道和梁板预制等建设。与新乡市对接南太行绕城高速公路项目，工程可行性研究、水土保护、地灾等报告编制完成。截至年底，全市高速公路通车里程达204.02公里，密度达5.01公里/百平方公里，占比为2.76%。

【干线公路建设】 2014年，完成S310长邵线（原S308冢沁线）焦作至沁阳段一级公路改建、S104郑常

焦作市 2014 年公路里程统计表

	国道	省道	县道	乡道	专用公路	村道	密度（公里 / 百平方公里）	
							总密度	高速密度
全市总里程 7381.93	71.68（含高速）	724.03（含高速）	1393.23	1251.74	256.96	3684.29	181.3	5.01
	高速	一级	二级	三级	四级	等外	比　重	
							高速	二级及以上公路
	204.02	98.21	1660.38	867.58	3530.74	1021	2.76%	26.59%

焦作市 2014 年公路线路基本情况

	全市	市区	县域	修武县	博爱县	武陟县	温县	沁阳市	孟州市
公路里程	7382	779	6603	861	1019	1493	1092	1166	972
有路面里程	6304	668	5636	771	849	1254	872	1016	874
无路面里程	1078	111	967	90	170	239	219	150	99
晴雨通车里程	6304	668	5636	771	849	1254	872	1016	874
宜林里程	7332	778	6554	835	1019	1493	1092	1142	972
绿化里程	5584	381	5203	577	717	1485	693	904	828
养护里程	7382	779	6603	861	1019	1493	1092	1166	972

线詹店立交桥拆除重建、S238 常付线孟州城区段大修、S309 获轵线沁河大桥改造等 8 个项目；S104 郑常线马营至小中里段、S310 长邵线（原 S308 冢沁线）修武至焦作段两条一级公路改建工程老路段完成建设，新路段正在加紧推进；中心城区南外环路、S236 沁上线（原 S312）温县至沁阳段、S235 博许线（原 S237）豫晋交界至柏山段改建工程正在建设之中；S237 沁新线捏掌东至里村段（云崇线）和 S233 焦桐线中马村至武陟段（文昌路）积极推进前期工作。与省交通运输厅协调对接焦作黄河大桥项目前期工作，争取 2015 年开工建设。

【沁河大桥成功合龙】 5 月 18 日，省道焦作至沁阳段改建工程沁河大桥成功合龙。沁河大桥于 2012 年 11 月开工建设，是河南省干线公路网格濮阳至济源一级公路重要组成部分，总造价 3000 余万元。桥施工设计采用新老大桥高差 2 米并行方式，采用悬臂挂篮施工技术，由下部工程 38 根桩基、8 个墩身和上部工程 149 块箱梁块件组成，是焦作市首座悬臂挂篮施工桥梁。

【农村公路建设】 2014 年，完成农村公路建设 306.2 公里，提前两个月超额完成市定 200 公里民生工程建设目标。全面启动农村公路“三年行动计划”乡村通畅工程，2014 年至 2016 年将投资 12.5 亿元，集中建设农村公路 1200 公里，改造危桥 5000 延米。

【公路养护】 结合全市干线公路的现状和季节特点，全面推行养护精细化、管理标准化，分阶段开展春季大会战、夏季大攻坚、秋季大提升、冬季大迎检“四大战役”。投资 1 亿元，重点实施养护大中修和危桥改造工程，同时开展文明示范路创建活动，路况质量明显提升，路容路貌显著改善，优良路率达 84.05%，较上年提高 3.3 个百分点。投资 800 多万元推进道班改造和“五小”工程建设，更新养护设备，改善了基层养护人员的生产生活条件，降低了劳动强度。

开展农村公路养护“431”（市对各县农村公路养护实施奖励补助，经认定达标的，每月县道补助 400 元、乡道补助 300 元、村道补助 100 元）道路创建活动，拨付资金 660 万元，对达到养护标准的道路进行日常养护补助。切实加强乡镇管养站规范化管理，全省农村公路乡镇管养站规范化建设和管理会议在焦作市召开，充分肯定并推广焦作市经验。在全市积极开展“十百千”示范工程、文明示范路、文明示范片区、文明示范乡镇创建活动，进一步加强了农村公路的建设与养护管理工作，道路的通行环境得到有效改善。

·交通行业管理·

【道路运输】 以优质服务为中心，不断强化司乘人员教育培训，为旅客提供优质服务，发展现代物流，加大货源开发力度。2014 年，全市拥有营运班线客车 1220 辆，累计完成客运量 0.4 亿人次，旅客周转量 16.6 亿人公里；全市拥有营运货车 7.04 万辆，完成货运量 1.5 亿吨，货物周转

创建省“公交优先”示范城市工作汇报会

量426亿吨公里。

【客运管理】 2014年，积极拓展城乡客运市场，加快转变客运发展方式，完成中站区城乡客运公交化改造，稳步实施修武县城乡客运一体化改造，孟州市城乡客运网络初具规模。开展服务质量评比和“情满旅途”活动，为旅客提供周到细致的换乘服务。增设火车站服务点开展售票咨询，开展免费送票上门等便民服务，成功运行网上售票系统，完成春节、“五一”、“十一”等重点时段旅客运输任务。重大节假日小型客车免费通行秩序良好。

【货运市场管理】 2014年，坚持把货源作为推动产业转型的主引擎，发展现代物流的硬指标，加大货源开发力度，与多家工矿企业建立了合作关系，货源经营实现较快发展，产业转型升级稳步推进。按照“政府引导、市场主导、自愿加入、安全发展”的原则，针对危运企业存在的“多小散乱”等突出问题，将22家危险品运输企业重组整合为3家，着力提升危险品运输市场的规范化管理水平。

【公交行业管理】 2014年，市区拥有公交车707辆。新开公交线路3条，优化调整9条；新投入34辆插电式混合动力新能源公交车，开通首条环保新能源公交线路、空调专线和免费Wi-Fi专线；公交GPS智能调度系统及视频监控系统全面覆盖所有线路，有力提升了公交管理效率和服务水平。10月，河南省交通运输厅确定焦作为“公交优先示范城市”创建城市，实现了历史性突破；并参与成功运作总投资达12.21亿元的世行贷款“焦作市绿色交通及交通安全综合改善项目”，项目初步设计方案正待省发改委批复，为未来公交的大发展赢得了战略性新机遇。

【“手机公交”上线试运行】 2014年，市公交总公司与北京盈网科技有限公司联合推出“手机公交”应用软件，经过两个多月的调试、测试，于3月1日上线试运行。“手机公交”是一款专业的公交信息查询软件，市民通过手机可以实现候车查询、换乘查询、站点查询、线路查询、下车提醒等信息查询与功能。具有实时、实用、快速的特点。

【新增6个公交IC卡充值点】 6月11日，市公交总公司与北京盈网科技有限公司联合推出公交卡代理缴费网点试运行，首次投入试运行的网点有6个。分别位于焦北IC卡服务大厅、站前路公交停车场西侧、市行政服务中心一楼、南北苑移动手机大卖场二楼、中站1路公交车终点站西南及马村公交三公司门口。

【三地公交IC卡实现互联互通】 9月10日，焦作公交IC卡与开封、安阳实现三地互联互通，市民持焦作公交“互联互通”IC卡可在开封、安阳市实现刷卡乘坐当地公交车。

【首条环保新能源公交线路投运】 11月7日，焦作市新投入的30辆CNG插电式气电混合动力新能源公交车在全国青年文明号、全国文明线路28路公交线路投运，成为全市首条环保新能源公交线路、空调专线和免

大力发展城市公交

费的 Wi-Fi 专线。新投运的 30 辆 CNG 插电式气电混合动力公交车是国内目前最新节能环保型公交车，采用清洁能源天然气作为燃料，后置发动机，动力强、噪音小、废气少，冬天有暖风，夏天有空调，不仅司机操作方便，乘客乘坐着也舒适。

【出租车行业管理】 2014 年，全市市区拥有出租车 1398 辆。市交通运输部门结合全市出租车管理工作实际，开展出租汽车星级管理考核活动，以星级评定为载体，引导驾驶员文明、规范服务，提升出租汽车行业城市窗口形象。投入资金 20 万元，开通与运政网连接的出租汽车从业资格考试系统，组织实施交通运输部编制的考试工作规范和程序。加强排查，依法严管，严厉打击出租汽车非法经营行为，全面整顿出租汽车行业安全隐患。4 月份开展为期 40 天的联合打击“黑车”专项行动；10 月份开展出租汽车专项集中整治活动，采取夜间定点排查和机动巡查的方式进行稽查，有效打击了非法经营车辆，全年共查扣各类违规经营车辆 100 余辆。

【场站建设】 坚持路网与场站的协调发展，积极推进运输场站建设。占地 500 余亩、总投资 3.8 亿元的德众物流园区项目获得交通运输部重点支持补助资金 3000 万元；北朱村公交停车场建成并投入使用，缝山公园首末站土地收储工作积极推进，义门、大北张、东学固 3 个停保场项目正加快推进前期工作。

【治超工作】 2014 年，以执法专项整改和路域环境集中整治活动为重点，严控超限车辆上路过桥行驶。与市纠风办协调对各超限检测站进行明察暗访，全年共查处超限超载车辆 1.4 万余辆，卸载 8.9 万余吨，有效遏制了超限超载运输违法行为。

【安全生产】 2014 年，开展平安交通创建、道路交通安全综合整治、隐患排查整治和“六打六治”打非治违专项活动；开展道路交通安全三年综合整治工作，组织对全市公路桥涵隧道进行专项安全排查活动；加大省市重点挂牌督办林邓线的整治力度，投资 78 万元对重点过村路口、平交道口、中央隔离带开口处等进行整治；组织开展以危险品运输为重点的安全生产大排查、大整顿、大培训活动；开展“平安渡口”和“示范库区”创建活动，实现连续 29 年水上交通无责任事故。

【交通工程管理】 2014 年，以创新工程质量安全监管机制为保障，以“精细化”管理为主线，在努力确保监督覆盖率 100%的基础上，严格落实“政府监督、法人管理、社会监理、企业自检”四级质量保证体系，严把建设程序关和人员资质关，严厉查处违反建设程序行为和违反资质管理规定等现象的发生。全年监督的交通工程建项目有 S308 修武至焦作段改建工程、省重点项目 S104 原阳交界至小中里段改建工程、S308 焦作至沁阳段改建工程和 17 个农村公路项目。加强对路基和结构物下部、路面基层和结构物上部以及路面面层和交通安全设施建设的质量控制，加强对工程施工的过程控制和动态监管，有效避免了因工程质量而造成的返工问题，确保了全市交通工程建设的工程质量和安全生产稳定。

【航务海事管理】 2014 年，完成水路旅客运输量 52.68 万人次，签证 2.12 万艘次。严格落实水上安全四级管理责任制，抓好库区旅游船舶、渡口船舶、浮桥的安全管理工作，逐级签订水上安全管理责任书 68 份，市、县海事机构签订水上交通安全监管承包责任书 60 份，签订面达到 100%。加强旅游库区、渡口、浮桥的安全检查督导 28 次，排查船舶技术状况和消防、救生设施，组织船员进行安全教育培训，扎实开展“平安渡口”和“示范库区”创建活动，实现了连续 29 年水上交通无责任事故。

·交通法制和教育·

【交通法制】 坚持依法管理交通，印发《推进服务型交通运输行政执法建设方案》，研究制定《焦作市出租汽车运输行政处罚裁量标准（暂行）》，规范了行政处罚裁量权。开展服务型执法宣传月活动，规范执法标志、执法证件、执法服装、执法场所外观达到“四统一”。依托武陟县运管所开展全国交通运输系统“三基三化”试点工作，进一步推进“三基三化”建设，形成了《交通运输基层执法站所规范化建设制度汇编》《交通运输基层执法站所建设规范》；试点工作基本完成。10 月 29 日，通过交通运输部阶段性验收。

【交通教育】 2014 年，焦作市交通技校共招收技校（职专）650 人，驾校招生 1240 人。学校依托自身优势开设了汽车维修普通班、精修班和农机班。积极探索“厂中校”的教学模式，选择 20 家信誉良好的 4S 店、大修厂共建校外实训基地，拉近学校教学和社会实践的距离，提升人才培养水平。同时与郑州中锐教育集团联合创办计算机淘宝电子商务专业；开办汽车夏令营，免费向学生开放，让学生了解汽车文化，学习汽车驾驶。扩大驾驶员培训场地、购置汽车教学仪器、重新设计改造学生实习工厂，完善了教室、学生宿舍内电视、投影、空调等硬件设施。积极开展评教评学、优质课评比、论文演讲和教案评比等教研教改活动，获得省级论文二等奖 1 人，获得市级论文一等奖 1 人，二、三等奖 5 人；在河南省教育厅举办的全省汽车技能大赛上，参赛学生获得个人二等奖 1 名，个人三等奖 1 名，团体三等奖 2 名。

·城区公交线路·

1路　火车站南广场—中站。火车站南广场—火车站—二医院—妇幼保健院—学生路西口—人民公园—幸福街小学—焦北菜市场—五百间—理工大高职学院—河阳新村—牧野路口—春林—新李封—日新公司—中站邮局—中站。

2路　中站—火车站南广场。下行站点：中站—中站邮局—劳模街—安嘉小区西门—植物生态园—鑫珠春公司—北朱村口—新义口—店后路口—特殊教育学校—朱村工人村西口—朱村工人村东口—嘉禾屯村—电厂二号院—电厂医院—电厂群艺宫—电厂五号院—电建家属院—卫校—友谊路口—铜马西—二医院—平光医院—平光厂—友谊路南口—火车站南广场。

上行站点：火车站南广场—火车站—二医院—铜马西—友谊路口—卫校—电建家属院—电厂五号院—电厂群艺宫—电厂医院—电厂二号院—嘉禾屯村—朱村工人村东口—朱村工人村西口—特殊教育学校—店后路口—新义口—北朱村口—鑫珠春公司—植物生态园—安嘉小区西门—劳模街—中站邮局—中站。

3路　火车站南广场—中州铝厂宾馆。火车站南广场—火车站—二医院—妇幼保健院—百货大楼—东方红广场—人民医院—技师学院北校区—第十七中学—（上行：体育馆）—百货大楼焦东超市—凤凰小区—富康路北口—百间房办事处—冶金技术学校——百间房—市戒毒所—中马村—小马村—马界村—田门村—南岗村—焦煤三分院—李庄—安阳城—山后—冯营—龙山陵园—锦绣云台温泉—修武交警三中队—方庄—新井路口—韩庄—方庄派出所—中州铝厂—中州铝厂商业街—中州铝厂云台花园—中州铝厂宾馆。

3路延伸支线：火车站南广场—云台山风景区

火车站南广场发车时间：6:20 7:20 15:30 16:30

云台山风景区发车时间：8:00 9:00 17:00 18:00

延伸站点：赤庄、沙墙村、云台山风景区。

4路　缝山公园—锦祥花园南门。缝山公园—中森家园—塔北路南口—交警支队—蓝波湾超市—工字路北口—陶一家属院—工字路南口—技师学院北校区—人民医院—东方红广场—百货大楼—妇幼保健院—二医院—平光医院—平光厂—友谊路南口—铁路电缆厂—铁路电缆材料厂—王褚—西王褚新区—人民中学—金箭公司—小王庄—锦祥花园—花卉市场—客运总站—锦祥花园南门。

5路　人民广场—下马村。人民广场—锦江现代城—火车站南广场—火车站—二医院—妇幼保健院—百货大楼—东方红广场—人民医院—技师学院北校区—第十七中学—体育馆—技师学院东校区—昊华宇航—瑞丰苑小区—中铝焦东居住区—墙北—小墙北—市三医院—东方嘉苑—鑫园壹代天骄—马村工商分局—马村派出所—马村建行—马村偏瘫医院—靳作新村—焦作六中—下马村菜市场—下马村。

6路　站前路公交车场—西官庄。站前路公交车场—火车站—铁路电缆厂—铁路电缆材料厂—王褚—西王褚新区—人民中学—技师学院西校区—市委党校—豫北建材市场—启心村北口—府城北口—店后—造店—白马门河桥—南朱村—沙丘铺—鹿村—北西尚北口—北西尚西口—贺村—南西尚口—北石涧路口—东齐村—苏家作—苏家作学校—苏家作邮局—苏家作村南口—苏家作乡政府—司家寨南口—吉庄村口—西官庄。

7路　客运总站—万方铝厂。客运总站—锦祥花园南门—玉河花园—锦绣江南小区—普希顿花园—锦江现代城—火车站南广场—火车站—二医院—妇幼保健院—百货大楼—东方红广场—人民医院—矿山家属院—雕塑公园—财政局—五拱桥—市建行—东二环路口—昊华宇航—墙南—汽配城—墙北—苏蔺—长远机械厂—怀庆药业—宇航重工—马村区人民医院—待王派出所—待王火车站—待王菜市场—待王桥头—五里堡—东孔庄—碳素厂—万方铝厂。

8路　站前路公交车场——博爱县圪垱坡。站前路公交车场—火车站—二医院—妇幼保健院—学生路西口—人民公园—幸福街小学—焦北菜市场—五百间—五百间粮站—中心血站—星凯国际城—焦西矿家属院—马涧—华科液压公司—田涧—中站区政府—焦作四中—安嘉小区—安嘉小区西门—怡光路口—和美小区—烧碱厂—焦晋高速西口—东冯封—西冯封—石河桥—闫庄—柏山镇—月山机务段—月山寺—圪垱坡。

9路　电厂二号院—耐一家属院。电厂二号院—电厂医院—电厂群艺宫—电厂五号院—电建家属院—月季农贸市场—市城管局—世纪新区—中医院—新华街口—新亚商厦—百货大楼—东方红广场—人民医院—技师学院北校区—第十七中学—（上行：体育馆）—百货大楼焦东超市—环城供电分局—凤凰小区—张河新村—富康路北口—澳华一品园—耐一家属院。

10路　焦煤中央医院—客运总站。下行站点：焦煤中央医院—阳光小区东门—五百间—焦北菜市场—幸福街小学—人民公园—学生路西口—百货大楼—东方红广场—人民医院—技师学院北校区—第十七中学—焦作日报社—东风小区—市建行—光亚办事处—91医院—盆景公园—轮胎厂家属院南门—市救助站—银都花园—市公积金管理中心—新港花园—山阳区政府—市人大—丰泽园小区—消防支队—花卉市场—客运总站。

上行站点：客运总站—龙湖警苑小区—丰收路口—消防支队—丰泽园

小区—市人大—山阳区政府—新港花园—市公积金管理中心—银都花园—市救助站—轮胎厂家属院南门—盆景公园—91医院—光亚办事处—市建行—东风小区—焦作日报社—体育馆—第十七中学—技师学院北校区—人民医院—东方红广场—百货大楼—学生路西口—人民公园—幸福街小学—焦北菜市场—五百间—阳光小区东门—北环路西口—师专北校区—焦煤中央医院。

11路　嘉合苑小区—理工大南门。嘉合苑小区—馨港苑小区—月季家具超市—果园路口—大杨树商业街—市五官医院—大厦南门—景文百货—青年路口—和平街市场—市五医院—塔南路小学—和平小区—矿山小区—矿山家属院—雕塑公园—财政局—五拱桥—市建行—光亚办事处—新城办事处—恩村小区—焦作师专—太极体育中心—污水处理厂—焦作一中—理工大东门—中华新天地—科瑞森机械—蒙牛集团—凯旋路口—卓立科技—理工大南门。

12路　中铝焦东居住区—职业技术学校。中铝焦东居住区—瑞丰苑小区—昊华宇航—技师学院东校区—体育馆—第十七中学—技师学院北校区—人民医院—纪念塔—物资城—凯莱大酒店—铜马东—二医院—火车站—火车站南广场—锦江现代城—人民广场—丰泽园小区—消防支队—丰收路口—龙湖警苑小区—客运总站—龙源湖公园—龙源湖小区—国税大厦—焦作师专—山阳工商分局—焦作大学—儿童福利院—新山阳商城—万方嘉园—职业技术学校。

13路　焦作影视城—市疾控中心。上行站点：市疾控中心—同仁医院—北大附中—常绿林溪谷—钛星小区—市总工会—百大嘉苑—鑫苑小区—河南理工大学—河南省第二慈善医院—客运总站—山阳商城—太极景润—小庄—市住建局—站前路公交车场—火车站—二医院—妇幼保健院—学生路西口—人民公园—公交家属院—颈肩腰腿痛医院—新华北街路口—7447家属院—健康路口—焦煤中央医院—师专北校区—焦作影视城。

下行站点：焦作影视城—师专北校区—焦煤中央医院—健康路口—7447家属院—新华北街路口—颈肩腰腿痛医院—公交家属院—人民公园—学生路西口—妇幼保健院—二医院—火车站—站前路公交车场—市住建局—小庄—太极景润—山阳商城—客运总站—河南省第二慈善医院—万鑫商城—车管所—万鑫商城西口—百大嘉苑—市总工会—钛星小区—常绿林溪谷—北大附中—同仁医院—市疾控中心。

14路　新山阳商城—新山阳商城。新山阳商城—儿童福利院—焦作大学—山阳工商分局—常庄—龙源湖小区北—新港花园—山阳区政府—市人大—人民广场—都市花园小区—福安小区—人民中学—金土地批发市场—鸿鑫小区南门—师专南校区—新发地建材市场—新店—解放区交通局—云达国际酒店—电建家属院—月季农贸市场—市城管局—解放区住建局—金山小区—新园路东口—果园路口—大杨树商业街—市五官医院—大厦南门—二医院—工业路口—中州机械厂—医药公司—铝厂家属院—轮胎厂家属院南门—盆景公园—91医院—新城办事处—恩村小区—山阳工商分局—焦作大学—儿童福利院—新山阳商城。

15路　新山阳商城—新山阳商城。新山阳商城—儿童福利院—焦作大学—山阳工商分局—恩村小区—新城办事处—91医院—盆景公园—轮胎厂家属院南门—铝厂家属院—医药公司—中州机械厂—工业路口—二医院—妇幼保健院—大厦南门—市五官医院—大杨树商业街—果园路口—新园路东口—金山小区—解放区住建局—市城管局—月季农贸市场—电建家属院—云达国际酒店—解放区交通局—新店—新发地建材市场—师专南校区—鸿鑫小区南门—金土地批发市场—人民中学—福安小区—都市花园小区—人民广场—市人大—山阳区政府—新港花园—龙源湖小区北—常庄—山阳工商分局—焦作大学—儿童福利院—新山阳商城。

16路　惠园小区—焦作大学。下行站点：惠园小区—劳教所—颈肩腰疼医院—无线电总厂—外国语学校—百货大楼新华超市—焦煤供应处—民族幼儿园—大厦西口—市五官医院—大厦南门—景文百货—青年路口—和平街市场—市五医院—塔南路小学—女子职专—和平街市场南门—青年路南口—民主办事处—二医院—火车站—站前路公交车场—市住建局—小庄—太极景润—山阳区政府—新港花园—市水利局—龙源湖学校—常庄路口—焦作师专—山阳工商分局—焦作大学。

上行站点：焦作大学—山阳工商分局—焦作师专—国税大厦—龙源湖小区—龙源湖公园—山阳商城—太极景润—小庄—市住建局—站前路公交车场—火车站—二医院—民主办事处—青年路南口—和平街市场南门—女子职专—塔南路小学—市五医院—和平街市场—青年路口—景文百货—大厦南门—市五官医院—大厦西口—民族幼儿园—焦煤供应处—百货大楼新华超市—外国语学校—无线电总厂—闫河—闫河小学—惠园小区。

17路　客运总站—森林公园。下行站点：客运总站—花卉市场—消防支队—丰泽园小区—市行政服务中心—市公路局—朝阳路南口—朝阳花苑—医药公司—铝厂家属院—轮胎厂家属院—技师学院总校区—矿山家属院—矿山小区—和平小区—塔南路小学—市五医院—和平街市场—青年路口—景文百货—大厦南门—市五官医院—中银西小区—道清学校—新园路东口—金山小区—解放区住建局—市城管局—月季农贸市场—园林美墅—涧西街—涧西街三号院—安康医院—森林公园（延伸线：朱村工人村东口—朱村工人村西口—特殊教育学校—店后路口—新义口—府城卫生服务中心—朱村乡政府—北朱村。)

上行站点：（延伸线：北朱村—朱村乡政府—府城卫生服务中心—新义口—店后路口—特殊教育学校—朱村工人村西口—朱村工人村东口）森林公园—安康医院—涧西街三号院—涧西街—园林美墅—月季农贸市场—市城管局—解放区住建局—金山小区—新园路东口—道清学校—中银西小区—市五官医院—大厦南门—景文百货—青年路口—和平街市场—市五医院—塔南路小学—和平小区—矿山小区—矿山家属院—技师学院总校区—轮胎厂家属院—铝厂家属院—医药公司—朝阳花苑—朝阳路南口—市公路局—市行政服务中心—丰泽园小区—消防支队—丰收路口—龙湖警苑小区—客运总站。

18 路　新山阳商城—新山阳商城。新山阳商城—儿童福利院—焦作大学—山阳工商分局—焦作师专—常庄路口—龙源湖学校—市水利局—新港花园—山阳区政府—市人大—人民广场—都市花园小区—福安小区—西王褚新区—王褚—化一家属院—南通路北口—焦西小区—月季农贸市场—园林局—金山小区—新园路东口—建港大酒店—供电局家属院—新华街口—新亚商厦—百货大楼—东方红广场—人民医院—市工行—矿山家属院—技师学院总校区—轮胎厂家属院—市救助站—市公积金管理中心—市水利局—龙源湖学校—常庄路口—焦作师专—山阳工商分局—焦作大学—儿童福利院—新山阳商城。

19 路　新山阳商城—新山阳商城。新山阳商城—儿童福利院—焦作大学—山阳工商分局—焦作师专—常庄路口—龙源湖学校—市水利局—市公积金管理中心—银都花园—市救助站—轮胎厂家属院—技师学院总校区—矿山家属院—市工行—人民医院—东方红广场—百货大楼—新亚商厦—新华街口—供电局家属院—建港大酒店—新园路东口—金山小区—解放区住建局—市城管局—月季农贸市场—电建家属院—南通路北口—化一家属院—王褚—西王褚新区—福安小区—都市花园小区—人民广场—市人大—山阳区政府—新港花园—市水利局—龙源湖学校—常庄路口—焦作师专—山阳工商分局—焦作大学—儿童福利院—新山阳商城。

20 路　站前路公交车场—神州路公交车场。站前路公交车场—火车站—二医院—铜马西—友谊路口—园林局家属院—月季公园—月季家具超市—陶瓷路南口—中医院西门—中医院（下行有）—新华街口—新亚商厦—百货大楼—东方红广场—纪念塔—市钢厂—小庄—太极景润—山阳商城—客运总站—河南省第二慈善医院—河南理工大学—南李万—神州路口—神州路公交车场。

21 路　森雨饮品—客运总站。下行站点：森雨饮品—和顺小区—李封一村—李封三村—第十五中学—中站邮局—劳模街—安嘉小区—焦作四中—中站区政府—田涧—华科液压公司—马涧—焦西矿家属院—星凯国际城—福安鞭炮公司—中医院—新华街口—新亚商厦—百货大楼—东方红广场—纪念塔—市钢厂—小庄—太极景润—市人大—丰泽园小区—消防支队—丰收路口—龙湖警苑小区—客运总站。

上行站点：客运总站—山阳商城—太极景润—小庄－市钢厂—纪念塔—东方红广场—百货大楼—新亚商厦—新华街口—中医院—福安鞭炮公司—星凯国际城—焦西矿家属院—马涧—华科液压公司—田涧—中站区政府—焦作四中—安嘉小区—劳模街—中站邮局—第十五中学—李封三村—李封一村—和顺小区—森雨饮品。

22 路　缝山公园—小尚。缝山公园—塔北路口—市政小区—大成花园—太行托老院—公交医院—人民公园—学生路西口—妇幼保健院—铜马西—友谊路口—卫校—电建家属院—云达国际酒店—解放区交通局—新店—新发地建材市场—技师学院西校区—市委党校—豫北建材市场—启心村北口—府城北口—店后—造店—白马门河桥—南朱村—小尚东口—小尚。

23 路　焦作六中—客运总站。下行站点：焦作六中—靳作新村—马村偏瘫医院—马村建行—马村派出所—马村工商分局—东方嘉苑—市三医院—小墙北—墙北—中铝焦东居住区—瑞丰苑小区—昊华宇航—东苑小区—东二环南口—市建行—五拱桥—财政局—雕塑公园—技师学院总校区—轮胎厂家属院—铝厂家属院—小庄—太极景润—山阳商城—客运总站。

上行站点：客运总站—龙湖警苑小区—丰收路口—消防支队—丰泽园小区—市人大—太极景润—小庄—铝厂家属院—轮胎厂家属院—技师学院总校区—雕塑公园—财政局—五拱桥—市建行—东二环南口—东苑小区—昊华宇航—瑞丰苑小区—中铝焦东居住区—墙北—小墙北—市三医院—东方嘉苑—鑫园壹代天骄—马村工商分局—马村派出所—马村建行—马村偏瘫医院—靳作新村—焦作六中。

24 路　岗庄—垂钓中心。下行站点：岗庄—中森家园—塔北路口—华盛小区—市检察院家属院—市检察院—太行托老院—公交医院—幸福街小学—百货大楼新华超市—焦煤供应处—民族幼儿园—大厦西口—市五官医院—中银西小区—道清学校—新园路东口—金山小区—园林局—月季农贸市场—焦西小学—电建家属院—云达国际酒店—解放区交通局—新店—新发地建材市场—技师学院西校区—市委党校—启心村—垂钓中心。

上行站点：垂钓中心—启心村—市委党校—技师学院西校区—新发地建材市场—新店—解放区交通局—云达国际酒店—电建家属院—卫校—园林局家属院—月季公园—道清学校—

中银西小区—市五官医院—大厦西口—民族幼儿园—焦煤供应处—百货大楼新华超市—幸福街小学—公交医院—太行托老院—市检察院家属院—华盛小区—塔北路口—中森家园—岗庄。

25 路 焦作六中—客运总站。下行站点：焦作六中—靳作新村—马村偏瘫医院—马村建行—马村派出所—马村工商分局—鑫园壹代天骄东门—怀庆药业—宇航重工—马村人民医院—焦煤和谐家园—义门村—西待王村—住郭庄—云台医药公司—新山阳商城—儿童福利院—焦作大学—山阳工商分局—常庄—龙源湖小区北—新港花园—山阳区政府—山阳商城—客运总站。

上行站点：客运总站—锦祥花园南门—玉河花园—焦南监狱—南通路口—鸿鑫小区—金土地批发市场—金箭公司—小王庄—锦祥花园—花卉市场—山阳商城—山阳区政府—新港花园—龙源湖小区北—常庄—山阳工商分局—焦作大学—儿童福利院—新山阳商城—云台医药公司—住郭庄—西待王村—义门村—焦煤和谐家园—马村人民医院—宇航重工—怀庆药业—鑫园壹代天骄东门—马村工商分局—马村派出所—马村建行—马村偏瘫医院—靳作新村—焦作六中。

26 路 小庄—巡返大庄园。小庄—西城家园—解放区住建局—金山小区—新园路东口—果园路口—大杨树商业街—市五官医院—大厦南门—景文百货—青年路口—和平街市场—市五医院—塔南路小学—和平小区—矿山小区—市工行—山阳建国饭店—第十二中学—蓝波湾超市—水务公司—焦北钢厂—张河新村—富康路北口—百间房办事处—冶金技术学校——百间房—市戒毒所—中马村—小马村—上马村—巡返村—巡返大庄园。

27 路 公交汽校—客运总站。下行站点：公交汽校—经三路北口—慧诚化工—西冯封—东冯封西口—东冯封东口—西王封西口—西王封东口—东王封—东福园小区—中站—中站邮局—劳模街—安嘉小区—焦作四中—中站区政府—田涧—华科液压公司—马涧—焦西矿家属院—星凯国际城—福安鞭炮公司—中医院—新华街口—新亚商厦—妇幼保健院—铜马东—凯莱大酒店—物资城—朝阳路北口—朝阳路小学—朝阳花苑—朝阳路南口—市住建局—小庄—太极景润—山阳商城—花卉市场—丰收路口—龙湖警苑小区—客运总站。

上行站点：客运总站—山阳商城—太极景润—小庄—市住建局—朝阳路南口—朝阳花苑—朝阳路小学—朝阳路北口—物资城—凯莱大酒店—铜马东—妇幼保健院—新亚商厦—新华街口（同济妇科医院）—中医院—福安鞭炮公司—星凯国际城—焦西矿家属院—马涧—华科液压公司—田涧—中站区政府—焦作四中—安嘉小区—劳模街—中站邮局—中站—东福园小区—东王封—西王封东口—西王封西口—东冯封东口—东冯封西口—西冯封—慧诚化工—经三路北口—公交汽校。

28 路 凤凰小区—凤凰小区。凤凰小区—环城供电分局—百货大楼焦东超市—焦作日报社—东风小区—市建行—东二环南口—东苑小区—技师学院东校区—体育馆—第十七中学—技师学院北校区—人民医院—东方红广场—百货大楼—新亚商厦—新华街口—中医院—福安鞭炮公司—中心血站—五百间粮站—五百间—焦北菜市场—幸福街小学—公交医院—太行托老院—市检察院—交警支队—蓝波湾超市—水务公司—焦北钢厂—凤凰小区。

29 路 嘉合苑小区—宋营村。嘉合苑小区—馨港苑小区—月季家具超市—果园路口—大杨树商业街－市五官医院—大厦南门—景文百货—青年路口—和平街市场—市五医院—塔南路小学—和平小区—矿山小区—市工行—山阳建国饭店—第十二中学—蓝波湾超市—水务公司—长青路口—殡仪馆—当阳峪—水泥厂—洼村—小南坡—西村—宋营村。

30 路 女子职专—河南工信学院。下行站点：女子职专—百瑞小区—青年路口—景文百货—大厦南门—市五官医院—中银西小区—道清学校—月季公园—园林局家属院—友谊路口—万联世纪城—平光厂—平光医院—火车站—火车站南广场—锦江现代城—普希顿花园—锦祥花园—丰收路口—龙湖警苑小区—客运总站—广电局—龙源湖公园南门—建业森林半岛—焦作一中南门—河南工信学院。

上行站点：河南工信学院—焦作一中南门—焦作一中—建业森林半岛—龙源湖公园南门—广电局—客运总站—龙湖警苑小区—丰收路口—锦祥花园—普希顿花园—锦江现代城—火车站南广场—火车站—平光医院—平光厂—万联世纪城—友谊路口—园林局家属院—月季公园—道清学校—中银西小区—市五官医院—大厦南门—景文百货—青年路口—和平街市场—市五医院—塔南路小学—女子职专。

31 路 公交汽校—圆融禅寺。公交汽校—经三路北口—慧诚化工—西冯封—焦克路口—东冯封—焦晋高速西口—中南路口—公交四公司—佰利苑小区—许衡中学—鑫鑫家园—安嘉小区—焦作四中—中站区政府—田涧—华科液压公司—马涧—焦西矿家属院—星凯国际城—福安鞭炮公司—中医院—新华街口—新亚商厦—学生路西口—人民公园—公交医院—太行托老院—市检察院—交警支队—周庄南口—周庄—周庄北口—岗庄东—殡仪馆—当阳峪—娘娘庙—圆融禅寺。

32 路 百货大楼焦东超市—电厂二号院。百货大楼焦东超市—焦作日报社—东风小区—五拱桥—财政局—雕塑公园—物资城—凯莱大酒店—铜马东—铜马西—友谊路口—卫校—电建家属院—电厂五号院—电厂群艺宫—电厂医院—电厂二号院。

33路　火车站南广场—九里山矿。火车站南广场—火车站—二医院—妇幼保健院—百货大楼—东方红广场—人民医院—技师学院北校区—第十七中学—体育馆—技师学院东校区—昊华宇航—瑞丰苑小区—中铝焦东居住区—墙北—小墙北—市三医院—东方嘉苑—鑫园壹代天骄—鑫园壹代天骄东门—怀庆药业—宇航重工—马村法院—白庄小区—未来铝业—待九路口—演马矿—演马工人村—九里山工人村—毛寨北口—东马村—李庄—高寨—九里山办事处—九里山矿。

35路　焦西矿家属院—住郭庄。焦西矿家属院—星凯国际城—福安鞭炮公司—中医院—新华街口—大厦西口—市五官医院—中银西小区—铁路家属院—烈士陵园—二医院—火车站—站前路公交车场—市公路局—市行政服务中心—市人大—山阳区政府—新港花园—市政府小区—龙源湖公园—龙源湖小区—国税大厦—太极体育中心—焦大南门—焦大科研实训楼—交警事故科—张建屯—住郭庄。

36路　太极体育中心—焦作影视城。太极体育中心—污水处理厂—建业森林半岛—龙源湖公园东门—市图书馆—绿苑小区—常庄—龙源湖小区北—市公积金管理中心—银都花园—市救助站—新新家园—市住建局—站前路公交车场—火车站—二医院—烈士陵园—铁路家属院—中银西小区—市五官医院—大厦西口—新华街口—中医院—福安鞭炮公司—中心血站—五百间粮站—煤校北院—师专北校区—焦作影视城。

37路　缝山公园—神州路公交车场。缝山公园—中森家园—周庄北口—周庄—周庄南口—第十二中学—山阳建国饭店—人民医院—东方红广场—百货大楼—妇幼保健院—二医院—火车站—火车站南广场—锦江现代城—都市花园小区—孟州路北口—孟州路南口—小王庄—锦绣江南小区—解放区人民法院—迎宾馆—常绿林溪谷—市人行—出入境检疫局—市城乡一体化示范区—联通大楼—神州路口—神州路公交车场。

38路　中站—焦作六中。中站—中站邮局—安嘉小区—焦作四中—中站区政府—田涧—华科液压公司—马涧—焦西矿家属院—星凯国际城—福安鞭炮公司—中医院—新华街口—新亚商厦—百货大楼—东方红广场—人民医院—技师学院北校区—第十七中学—体育馆—技师学院东校区—昊华宇航—瑞丰苑小区—中铝焦东居住区—墙北—小墙北—市三医院—东方嘉苑—鑫园壹代天骄—马村工商分局—马村派出所—马村建行—马村偏瘫医院—靳作新村—焦作六中。

39路　石油公司—焦晋高速路口。石油公司—91医院—盆景公园—轮胎厂家属院南门—铝厂家属院—医药公司—朝阳花苑—朝阳路南口—站前路公交车场—火车站—火车站南广场—锦江现代城—人民广场—市人大—山阳商城—客运总站—河南省第二慈善医院—河南理工大学—南李万—汽车交易市场—秦屯—永治屯—马村—焦晋高速路口。

40路　新山阳商城—车管所考务中心。新山阳商城—万方嘉园—张建屯—周平陵—明仁药业—朱庄村—公安局监管支队—小寨村—车管所考务中心。

41路　新山阳商城—周庄路口。新山阳商城—万方嘉园—职业技术学校—焦作希望实验中学—李屯—河南伟彤—千年冷冻—马庄村口—周庄道班—周庄路口。

（毛保党　黄　战）

·铁路运输·

【概况】　2014年，焦作车务段以“安全畅通”为核心，以“扎根太行、甘于奉献、畅通新月、争创一流”的企业精神为动力，全面提升安全管理水平，不断提高运输经营质量。全年完成运输收入15.9亿元，发送货物975.8万吨，发送旅客125万人。根据郑州铁路局要求，撤销焦作市源通煤炭运销公司，将源通公司经营业务划归郑州铁路局焦作北站劳动服务公司经营。

【货物运输】　2014年，焦作车务段加强客货营销组织，建立车务段、车站（车间）、班组三级营销网络，加大“以客补货”“以白补黑”营销力度，积极组织直通、直达列车和远程高附加值货物。从提高交班分析质量入手，加强日常畅通组织分析，不断优化运输组织方案，实现侯月、太焦、新月、焦柳线安全运行。全段运输收入完成15.9亿元；货物发送完成975.8万吨，超计划3.81%；静载重完成65.5吨，超计划0.6吨；装车完成14.89万车，超计划2.72%；卸车完成10.99万车。

【旅客运输】　2014年，焦作车务段结合季节特点和假日时段，调查、预测各类客流的流量和流向，申请增开临时客车，加大发售动车组客票和异地票的宣传力度，最大限度地挖掘客运潜力。按照“淡季抓上座率，旺季抓收入率”原则，加大客运营销宣传力度，加强新乡、济源、洛阳和晋城方向客流组织，做好团体票销售，广揽客源，同时充分发挥网络售票作用，加大异地售票力度。大力开展为旅客办好事、献爱心活动，为广大旅客提供优质服务。全段旅客发送完成125万人，超计划5万人。

【运输安全】　2014年，车务段开展安全风险管理年、专项整治、标准化建设等活动，深入推进“一体化”考核，加强安全风险管理，强化干部现场安保，狠抓安全责任制落实，不断强化安全“三基”建设，完善安全管理办法及考核制度，落实安全生产责任制，加强安全管理和安全监督，有序推进安全保障体系建设，实现了安全生产基本稳定的目标。

【郑焦城际铁路黄河大桥启用】 5月16日，郑焦城际铁路黄河大桥正式启用。郑焦城际铁路黄河大桥总投资25.87亿元，2010年10月15日开工建设，历时3年7个月。郑焦城际铁路黄河大桥是黄河上第一座也是目前唯一的四线铁路桥，桥梁全长11.28公里，其中主桥全长2200米。大桥郑焦城际线部分全长9.63公里，设计时速为250公里；京广线部分全长11.28公里，设计时速为160公里。同时已经服役54年的京广线黄河铁路桥“功成身退”。

【郑焦城际铁路全线贯通】 6月26日，郑焦城际铁路全线贯通。郑焦城际铁路全长77.8公里，总投资92.16亿元，2010年9月动工，完成桥墩615个，架设预制箱梁494片，保质保量按期完成了全线贯通任务。随着中原城市群城际轨道交通网的建设和完善，郑焦城际铁路将成为豫西北、晋东南地区与郑州枢纽间的便捷客运通道。郑焦城际铁路的建成，将拉近中原城市群主轴线上城镇之间的时空距离，对中部崛起战略的实施具有重要的意义。

【焦作至太原高铁通过评审】 11月17日，中国铁路总公司组织运输局、经规院、计统部，山西省和河南省有关部门，太原铁路局、郑州铁路局等单位，在北京对太原至焦作城际铁路工程可行性研究报告进行评审，原则通过工程线路走向、站点布局和技术标准的推荐方案，标志着太焦高铁建设进入实质性推进阶段。下一步该工程将进入实地勘探和可研阶段。太焦客运专线是山西和河南两省规划的“十二五”重大交通基础设施项目。太焦线全线推荐新客运专线方案，起点为太原枢纽北格站，途经太谷西、故城、武乡西、襄垣西、长治西、高平东、晋城东、博爱，终点为焦作站。太焦客运专线线路总长度319.83公里，其中山西省境内285.71公里，河南省境内34.12公里，工程投资预估算总额为446亿元，技术标准上采用CRH系列动车组双线电力牵引，设计行车速度为250公里/小时。

（唐文利　吕　振）

·焦作市邮政管理局·

【概况】 焦作市邮政管理局于2012年11月12日成立，主要工作职责是：贯彻执行国家邮政法律、法规、方针政策和邮政服务标准；研究拟订本地邮政发展规划；监督管理本地邮政市场及邮政普遍服务和机要通信等特殊服务的实施；负责行业安全生产监管、统计等工作；保障邮政通信与信息安全；承办省邮政管理局和焦作市人民政府交办的其他事项。2014年。全市共建标准化营业场所49处、形象化营业场所10处、标准化分拨中心5处，超额完成省局目标任务。全市邮政业务收入完成4.06亿元，较上年增长2.44%；业务总量完成3.67亿元，较上年增长23.94%；全市快递企业业务量完成855.21万件，较上年增长23.94%；业务收入完成1.08亿元，较上年增长45.72%。全年对快递、集邮、邮政用品用具市场依法开展执法检查141次，出检371人次，检查单位137个，查处违法违规行为32起。

【“双11”期间全市收派件总量超130万件】 2014年“双11”期间，全市累计收派件总量达131.66万余件，较上年增加61万件，日均揽投量达13万余件。全市12月份申诉率为6.29%，全省申诉率由高到低排名第十五位。

【河南省邮政管理系统局长办公会在焦召开】 6月4日，河南省邮政管理系统第十六次局长办公会在焦作召开，省邮政局局长丁平主持会议并作重要讲话，省局局领导、机关各处室主要负责人和各地市局局长参加会议。丁平局长强调做好第二批党的群众路线教育实践活动第二环节、加强机关作风建设的重要性，并对近期重点工作进行安排部署。张虎林副巡视员对河南省政府《关于促进快递服务业发展的意见》的相关情况进行解读。会议还邀请河南省交通规划勘察设计院相关专家就物流园区建设管理等内容进行专题讲座，听取焦作局邮政空白乡镇局所补建和信报箱审批验收等工作汇报。

架桥机将最后一片箱梁架在两侧桥墩上，标志着郑焦铁路贯通。刘金元　摄

【焦作市快递协会成立】　7月22日，焦作市快递协会举行成立暨第一届一次会员大会，大会审议通过《焦作市快递协会章程》，选举产生会长、副会长和理事会成员单位。市快递协会由5家企业发起，经市民政局批准成立，首批会员单位共52家。该协会的成立，将有助于搭建政府、企业和消费者之间的交流平台，能够协调政府与企业、企业与企业、企业与社会、企业与用户之间的关系，维护消费者和企业的合法权益，打造和谐的行业环境，为全市快递行业健康发展奠定了基础。

【信息安全管理】　2014年，市邮政管理局为进一步规范快递企业对用户信息安全的管理，加强寄递信息安全监管，保护消费者合法权益，向全市各快递企业下发《关于开展寄递详情单专项整治活动的通知》，建立快递详情单统一销毁制度。联合市相关部门组织市韵达、申通、中通、圆通等9家快递公司将过期寄递详情单近5.3吨运送到制定销毁厂家，并现场监督销毁厂家将过期寄递详情单进行销毁处理。

·河南省邮政公司焦作市分公司·

【概况】　2014年，河南省邮政公司焦作市分公司邮政企业实现考核收入2.67亿元，综合考核评比位居全省第八位，邮政服务质量社会评价综合满意度93.8分。河南省邮政公司焦作市分公司荣获省级文明单位、焦作市职工职业技能竞赛优秀组织单位荣誉称号，被省邮政公司、省邮政工会评为2014年度先进企业，并在全省邮政储汇营业员职业技能大赛上取得团体、个人第一名；高新收投分局荣获焦作市“工人先锋号”称号；尚炜、吴海英、惠丽菊被授予焦作市五一劳动奖章。

【基础设施建设】　2014年，全市邮政企业投资5886万元，完成市县综合生产楼、仓储中心建设、城市金融网点、农村支局所购置和改建项目25个，完成19个既有乡镇邮政局所改扩建项目。

【连锁平台建设】　2014年，全市邮政企业倾力打造“覆盖城乡、功能齐全、惠及民生、政府满意、多方共赢”的邮政综合服务平台，累计建成村邮站1720个，实现行政村覆盖率100%；建成三农服务站321个，百全加盟店514个，实现乡镇全覆盖；建成助农取款服务点456个，覆盖全市78.5%的行政村。全年创建小麦和玉米示范方40万亩，2.64万户农户加入邮政百全农业种植专业合作社。邮政小麦示范方和玉米示范方均实现增产增收目标，其中小麦示范方平均亩产587.28公斤，较非示范方增产33.78公斤，增幅6.1%，累计实现粮食增产469.54万公斤，实现农民增收1108.12万元。进一步加快推进特色农业种植项目，在温县、武陟分别建立铁棍山药和有机大米种植示范基地，并逐步扩大种植面积，通过标准化种植，利用邮政网络配送到全国各地，帮助农户直接增收100余万元。

【信息网络建设】　2014年，全市邮政企业完成邮政储蓄逻辑集中工程、邮政设备综合管理平台、网点线路提速改造。全年新增ATM机2台，CRS机15台、网银终端30个、PC机39台、门楣LED屏9个、扎把机77台，新安装免填单设备92套，同时更新部分网点的终端、点钞机、复印一体机、UPS电源、排队机等设备。开发短信管理系统、自邮一族管理系统，提升信息化服务用邮客户的能力。开展投递网建设，对投递员自行购置的投递车辆组织团购，共购置汽车81辆，进一步提升投递服务能力，提高投递作业效率和服务品质。

【公共服务拓展】　2014年，全市邮政企业不断拓展公共服务领域，充分利用邮政网络优势，加大社会渠道建设力度，累计开通便民服务网点2216个，叠加了通信费、农电费、水费、燃气费等5大类20余种便民服务项目，覆盖所有县市区。

（高松涛）

财 政 税 务

·财 政·

【财政概况】 2014年，全市地方财政收入143.66亿元，增长3.2%。一般公共财政预算收入105.58亿元，增长8.5%，其中税收收入68.86亿元，增长6.3%，税收收入占一般公共财政预算收入的比重为65.22%，比上年下降1.3个百分点。公共财政预算支出193.56亿元，增长5.7%，其中一般公共服务支出增长-10.7%，教育支出增长-4.6%，科学技术支出增长5.9%，城乡社区事务支出增长17.7%，医疗卫生支出增长29.6%。市级一般公共预算收入35.5亿元（含城乡一体化示范区8.2亿元，以下简称示范区），增长7.7%；支出65.1亿元（含示范区10.1亿元），增长3.2%。

全市政府性基金收入38.1亿元，下降9.1%；预算支出47.6亿元，下降4.2%。市级政府性基金收入17.1亿元（含示范区1365万元），下降5.7%；支出19.8亿元（含示范区2392万元），下降1.1%。

市级国有资本经营收支预算为1131万元，实际收入383万元，下降37.4%；实际支出383万元，下降37.4%。

全市社会保险基金收入60.6亿元，支出57.3亿元，收支结余3.3亿元。市级社会保险基金收入46.2亿元（含示范区8904万元），支出45.1亿元（含示范区7612万元），收支结余1.1亿元。

【税收收入】 2014年，全市主体税种收入为：增值税收入11.89亿元，增收2.42亿元，增长25.5%；营业税收入17.49亿元，减收1.46亿元，下降7.7%；企业所得税收入6.43亿元，增收6072万元，增长10.4%；个人所得税收入2.06亿元，增收4895万元，增长31.3%；城市维护建设税收入3.5亿元，增收663万元，增长1.9%。

全市小税种收入为：资源税收入4385万元，减收806万元，下降15.5%；土地增值税收入3.3亿元，增收7921万元，增长31.6%；耕地占用税收入6.92亿元，增收2.44亿元，增长54.5%；契税收入3.57亿元，减收2.58亿元，下降42%；房产税收入2.12亿元，增长8.8%；城镇土地使用税收入9.18亿元，增长11.9%；车船税收入8902万元，增长15.6%。

【非税收入】 2014年，全市非税收入为：行政事业性收费收入7.39亿元，增收3883万元，增长5.5%；国有资本经营收入11.67亿元，增收1797万元，增长1.6%；国有资源（资产）有偿使用收入10.24亿元，增收3.01亿元，增长41.6%；专项收入2.93亿元，增收3528万元，增长13.7%；罚没收入3.3亿元，减收1550万元，下降4.5%。

【公共财政预算支出】 2014年，全市一般公共预算支出为：一般公共服务支出20.1亿元，同比下降10.1%；公共安全支出12.4亿元，增长10.3%；教育支出36.3亿元，下降4.7%；科学技术支出4.1亿元，增长7.7%；文化体育与传媒支出2.6亿元，增长11.7%；社会保障与就业支出21.8亿元，增长8%；医疗卫生与计划生育支出20.4亿元，增长29.1%；节能环保支出3.5亿元，下降1.2%；城乡社区事务支出11亿元，增长17.5%；农林水事务支出20.4亿元，增长1.5%；交通运输支出17.2亿元，增长22.7%；资源勘探电力信息等事务支出4.3亿元，下降7.8%；国土资源气象等事务支出1.3亿元，下降50.3%；住房保障支出6.8亿元，增长10.9%；其他支出6亿元，增长43.5%。

【政府性基金支出】 2014年，全市政府性基金支出为：文化体育与传媒基金支出1150万元，增长64.3%；社会保障与就业基金支出6812万元，增长9.4%；城乡社区事务基金支出43.9亿元，下降5%；农林水事务基金支出6025万元，下降9%；资源勘探电力信息等事务基金支出490万元，增长2.3%；其他支出1.2亿元，下降9.8%。

【预算管理】 2014年，市财政局认真测算焦作市财力状况，公开、透明、科学、合理地编制了市级部门预算草案。编制完成市级政府债务预算、社会保障预算、政府采购预算、国有资本经营预算、政府性基金预算、政府非税收入预算和社会性别预算等9项复式预算，客观、真实、全面反映所有政府性资金的全貌和流向，初步建立起较为完善的市级财政复式预算管理体系。推进预算公开，促进预算公开透明，印发了《关于做好2014年市直部门预算和“三公”经费公开的通知》，转发了财政部《关于深入推进地方预决算公开工作的通知》，分别对市直部门和县市区预算及“三公”经费公开工作进行安排部署。除涉密单位外市直政府预算及“三公”经费预算全部公开，县市区预算按要求全部公开。加强结余结转资金管理，重点加大对2012年度以前部门结余结转资金的管理力度。截至年底，共审核44家预算单位使用结余结转资金申请。其中38家涉及2012年度以前结余结转资金。审核通过2012年度以前结余结转资金1.91亿元，占2012年度以前结余结转资金总额的78.3%。优化和调整财政体制。研究调整市以下财政体制，按照属地征管原则，合理划分市与县市区收入范围，提高市级调控能力，集中财力用于推进各级财源建设，用于增长激励机制，调动各级政府加快发展区域经济和培植财源的积极性。

【公务卡年度刷卡结算超亿元】 2014年，全市预算单位公务卡累计刷卡报销还款金额达1.18亿元，较上年增长131.2%。自4月份全市加快推进市县乡公务卡制度改革工作启动以来，公务卡制度改革覆盖面迅速扩大，公务卡发卡量快速增长。截至年底，全市1906家预算单位全部推行公务卡改革，已实现公务卡结算支出业务的单位1883家。累计办理公务卡3.59万张，当年新增2.58万张，增长255.2%。武陟县、孟州市、沁阳市、温县、山阳区、马村区、中站区、城乡一体化示范区已完成公务卡改革目标。

【行政事业资产管理】 2014年，市财政局开展房产清查，摸清家底，为加强非税收入监管提供基础信息，核实了市本级351家行政事业单位房产数据。严把资产配置关，对超标准购置办公设备的一律退回，不予审批，全年共审核1992件（15270项）的资产购置申请，其中退回超标准购置资产281件（709项）。严格控制公务车辆购置，4月24日起停止一般公务用车的审批，按正常审批程序，全市更新执法执勤用车326辆。做好事业单位及行政事业单位所办企业的产权登记工作，全年市直已申报单位126户，办结43户；县市区已办结540户。开展市直行政事业单位资产清查工作，采用“以物对账、以账对物”的方法对本单位内部固定资产进行清查。清查范围包括单位房屋建筑物、通用设备、专用设备等，重点查明资产的原始价值、购建日期、使用时间和技术状况等，规范资产分类，为资产配置、处置、绩效考评等打好基础。

【收入管理】 2014年，市财政局在全市开展社会综合治税，初步建立起“政府领导、税务主管、部门配合、司法保障、社会参与”的社会综合治税体系，严格“先税后证”制度，提高税源监控水平，实现税收征管方式由注重征收管理向税源控管和征收管理并举，全年综合治税收入3.8亿元。强化非税征管，推行“税式”管理模式，实行专管员制度，开展对口服务，实施专项稽查。全市纳入一般公共预算管理的非税收入完成36.7亿元，较上年增长12.8%。启动小汽车吉祥号牌公开竞价发放工作，全年拍卖金额604万元。在全市初步建立了土地收储、开发、补偿、招拍挂、出让收益返还的快捷通道，极大地规范了土地市场。全年完成国有土地使用权出让收入33.54亿元。积极向国家、省争取各类扶持资金，促进焦作市各项事业发展，全年共争取各类上级资金79.2亿元，较上年增长10.3%。

【经济建设资金管理】 2014年，市财政局保障“十大建设”项目资金供给，共投入各类经济建设资金20.5亿元，重点支持城市水系、综合交通体系、节能减排和生态建设等项目。在政府投资项目“十个百分之百”机制下，做好财政资金评审、采购、支付、保障等工作，建立责任落实机制，实行项目评审与招标采购工作交叉进行，确保了项目的顺利推进和资金的按期拨付。支持企业健康发展，协调市投资集团从金融机构融资8.2亿元，保证了企业持续经营和市重点工程项目资金需求。筹措各类资金1.1亿元，支持各类企业摆脱生产经营困境，保持健康稳定发展。

【民生资金管理】 2014年，全市加强就业创业工作，深入推进统筹城乡就业创业试点市、创业型城市建设重点群体就业工作。出台《焦作市急需紧缺高技能人才培养实施细则》，对培训技师、高级技师给予补贴。安排就业困难人员到公益性岗位就业，给予岗位补贴和社会保险补贴，对大学生参加创业培训和进城务工的农村劳动力参加培训给予补贴。足额安排教育资金，全年市级投入教育支出 7.7 亿元，安排教育基建投资 1.4 亿元，支持学校维修改造、设备购置等，改善办学条件；市直高中生均年公用经费标准由 230 元提高到 790 元，保证学校正常运转；在全省率先对中职学校实行生均经费拨款制度，支持职业教育发展。完善社会保障体系，落实十项重点民生工程资金 5.3 亿元，用于支持涉及群众切身利益的最直接、最现实的民生问题；提高企业退休人员基本养老金补助标准，每人每月提高 10%；提高城乡最低生活保障标准，城市由每人每月 350 元提高到 400 元，农村由每人每月 180 元提高到 230 元；建立城乡医疗救助对象医疗费用补充保险，妥善解决城乡困难群众突发性、临时性生活救助。支持医疗卫生事业，提高财政对新农合和居民医保的补助标准，从每人每年 280 元提高到 320 元；提高基本公共卫生服务经费财政补助标准，从人均 30 元提高到 35 元，其中五城区提高到 39 元。落实财政支农政策，全市农林水事务支出 20.55 亿元，筹措资金 1.3 亿元，大力实施农田水利设施建设，支持种业发展，确保粮食稳产高产；争取并统筹各级财政和部门资金 1.8 亿元，用于新农村建设相关项目；认真落实良种补贴、农机购置补贴、退耕还林补助、农业防灾减灾等惠农补贴 1.1 亿元，促进农业增产、农民增收。加大对保障性安居工程建设的支持力度，全年市级共筹措资金 3.06 亿元，用于保障性住房支出。全年全市累计投入民生资金 144.7 亿元，增长 8.6%，增支 11.5 亿元，占一般公共预算支出比重为 74.8%。

【财政部专家组莅焦调研】 5 月 7 日，财政部财政科学研究所所长贾康带领专家组莅焦调研财源建设工作。调研组分别与市财政部门、市直有关部门负责人以及部分企业代表进行座谈，听取各方意见和建议，分析经济运行形势，探讨交流财源建设项目，指导培植壮大财源的思路和措施。调研组认为，焦作应大力发展区域经济，壮大融资平台，广泛吸引社会资本参与重大基础设施建设，有效放大政府投资效应；要按照构建公共财政要求，深化财政各项改革，管理和巩固好财源；要研究制定新的企业扶持政策，继续推进部门预算、国库集中收付等财政管理制度改革；政府要加强与企业的对接，使企业利用好、发挥好有关政策，培植好企业，稳定财源；要大力推进政府采购，节约财政支出，强化支出管理，提高财政资金的使用效益。

【焦作财经大讲堂开讲】 4 月 10 日，焦作财经大讲堂在市会议中心开讲。经济学博士、财政部财科所金融室副主任、副研究员、研究生导师马洪范讲授《“四化一知”视野下的财政发展战略选择》。大讲堂由市财政局、国税局、地税局共同主办，全市财税系统 600 余名干部职工参加了讲座。马洪范围绕深化财税体制改革、建立现代财政制度，详细讲述了“四化一知”，即现代化与财政制度创新、公共化与财政结构变革、均等化与共富机制设计、法治化与地方融资管理，以及理财良知与财政善治。马洪范结合实际案例，从古到今，从国外到国内，引经据典，旁征博引，从不同的角度和侧面，以新颖的观点和全新的视野对财政法律制度建设进行了全面剖析，给大家上了一堂生动形象的财政法律制度课，让全市财税系统干部职工学到了财政前沿理论等知识。

7 月 25 日，焦作财经大讲堂特邀财政部科研所副所长王朝才主讲《财政经济形势与财政改革》、南开大学教授马蔡琛主讲《打造国家长治久安的财政制度基础》。国税、地税、住建、公安、教育、人社、交通、卫生、农业、工信、发改委、国土资源等单位的主管财务副局长、财务科长等约 280 人听取了专家讲座。王朝才、马蔡琛从宏观角度剖析了国家财政体制情况以及改革的方向，结合财政经济形势、财政体制改革、税制改革、管理改革等，深入浅出地介绍了国家最新的财政改革情况，解读了财税体制改革是全面深化改革重点之一，财政是国家治理的基础和重要支柱。

【焦作财政“四权分离”获第七届中国地方政府创新奖】 1 月 11 日，第七届中国地方政府创新奖选拔暨颁奖大会在北京会议中心举行，焦作市财政局“四权分离”的财政管理新机制荣获本次最高奖项——“中国地方政府创新奖”优胜奖。本届“中国地方政府创新奖”共有 132 个创新项目申报参评，由全国专家委员会对申报项目进行资格审查，确定 20 个入围名单。专家们在参考独立评估报告和听取 20 个入围项目的现场陈述和答辩后，最终以投票方式评出焦作市财政局的财政管理新机制等 10 个地方政府创新项目获得优胜奖，其余 10 个项目获提名奖。

“中国地方政府创新奖”由北京大学中国政府创新研究中心、中共中央编译局比较政治与经济研究中心和中共中央党校世界政党比较研究中心于 2000 年联合组织发起，其主要宗旨是发现、激励和推广各级地方政府改革创新的先进经验，以此推进中国特色社会主义民主法治的进步和国家治理体系的现代化。

焦作市财政局“分权制衡”运行机制相关背景：

“分权制衡”运行机制主要内容有：

“四权分离”的机制创新。财政预算编制、执行、监督、评价“四权分离”权力运行机制、复式预算等实现了政府预算管理的“财权入笼”。

“内外统一”的综合预算。包括政府会计、部门预算、综合预算等“全口径”政府预算管理制度改革，实现了政府预算管理的“完整规范”。

"公众参与"的预算民主。包括参与式预算8个环节流程和4个运行载体：信息公开、部门申报、财政会审、民意测评、专家论证、社会听证、人大审查、审计监督；社会服务窗口、网络信息平台、新闻媒体宣传、公共场所屏幕等，实现了政府预算管理的"公开透明"。

"结果导向"的绩效管理。以财政部、世界银行技术援助项目TCC4"焦作公共财政改革：推进基本公共服务均等化"为标志，焦作财政"结果导向"的预算绩效管理，达到了全国乃至世行关注的财政科学化精细化管理先进水平，实现了政府预算管理的"绩效导向"。

"财经沙盘"的科技创新。建设现代财政制度离不开科技创新。焦作财政利用先进的电子网络技术，自主研发设计了一套将制度和技术高效融合的现代财政综合管理与决策支出系统"财经沙盘"，为全面深化公共财政改革提供了技术支撑，荣获财政部和中国财政学会科技创新成果二等奖。

"创新理念"的文明成果。"财政乃庶政之母，为民是理财之本；公共权力属于人民，公共财政服务人民；为民理财善政，权力就是责任"等理念贯穿于焦作财政全过程和贯通于焦作财政每个人的心中，潜移默化成为大家的自觉行动，在创建"全国文明单位"三连冠等实践中得以验证。

"分权制衡"运行机制的实践过程：

1998-2001年为改革突破期，主要以建账监管、会计委派、部门预算、政府采购、国库集中收付、非税收入统一管理、强化财税监督等财政综合改革为突破口，从源头治理和制度创新上探索出一些有效解决当时焦作乃至全国普遍存在的账外账、小金库、会计信息失真、资金体外循环、经济秩序混乱、以权谋私、贪污腐败等社会突出矛盾和问题，维护了改革发展稳定大局。

2002—2006年为改革巩固期，主要是对先前推出的改革措施，通过在工作实践中操作印证，兴利除弊修正完善，同时针对新形势新任务，又持续推出了村财乡监、乡财县管、项目评审、债务预算等新的改革措施，进一步丰富了公共财政改革发展的实践内容。

2007年特别是党的十七大以来，焦作财政改革进入新时期，重点围绕建设现代财政制度，推进基本公共服务均等化和"科学、民主、绩效"管理的公共财政目标，在执政理念、分权制衡、预算民主、公开透明、绩效管理和创先争优等方面，又取得新的突破性进展。

"分权制衡"运行机制取得的主要成效：

实现了政府财政预算管理的科学、民主、依法决策。专家论证、社会听证和人大监审有效实现了政府财政预算管理的科学、民主、依法决策，提升了公信力，树立了好形象，被誉为"中国最为公开透明的地方政府"。

提高了政府财政绩效管理和公共服务能力。"全口径"预算和"财权入笼"制度，实现了现代财政管理追求的完整、规范、透明、高效目标。世界银行、财政部和国务院研究中心等项目评估显示，焦作公共财政改革有效推进了基本公共服务均等化，提高了政府管理绩效和公共服务能力，人民群众的幸福指数和满意程度明显改善。

推进了政府财政与社会公众的良性互动。政府尊重民意、公众广泛参与、财政公开透明、社会和谐共进等活力迸发，现代社会政务公开和预算民主蔚然成风，促进了政府科学决策水平和资源配置效率的持续提升。

实现了财政业务与现代科技的高度融合。"财经沙盘"科技创新，人人平等信息共享，有助于决策者、执行者和普通居民公开公平得到应有的数据信息，接受社会监督。

探索了"财权入笼"制度防腐的有效机制。从源头治理和制度创新上，探索出分权制衡财政运管长效机制，受到上级肯定和民众好评，多次在全国介绍推广。

"分权制衡"运行机制的创新之处：

分权制衡，财政管理体制取得新突破。按照"精简、效能、统一"和"转变职能、理顺关系、优化结构、提高效能"的改革原则，切实做到决策科学、执行顺畅、监督有力，降低行政成本，提高管理绩效。

预算民主，财政运行机制取得新突破。参与式预算从根本上促进政府预算的标准化、程序化、科学化、透明化，通过预算手段推进政府公共治理体系和能力建设。

绩效管理，财政管理制度取得新突破。从预算绩效管理这一核心制度出发，建立起涵盖政府全部收支、完整统一、规范高效的公共预算体系，真正为人民管好"钱袋子"，让人民的钱更好地为人民谋利益。

"分权制衡"运行机制的推广价值：

方向对头，可以示范带动。焦作财政在很多方面具有首创性，体现了十八大和十八届三中全会精神。预算管理的完整、规范、透明、高效；"四权分离"是全国首创；焦作是全国实施中长期预算编制和依法行政依法理财的试点市等，在许多方面具有创新价值和示范意义。

民众拥护，得到社会好评。焦作财政在分权制衡、公众参与、社会监督、绩效评价和结果导向等方面先行先试，取得重点突破和示范效应，由此形成的焦作实践，成为观察中国地方公共预算改革的重要样本，受到社会好评。

路径可鉴，运作积极稳妥。从建账监管、会计委派、部门预算、政府采购、国库集中收付到建立完整、规范、透明、高效的政府中长期预算、国有资本经营预算、社会保障预算等复试预算绩效管理，一套符合现代财政运行规律的操作要领在实践检验中取得成功。

结果导向，经过实践检验。李克强、尉健行、李岚清等多位中央领导先后对焦作经验做出批示和肯定，要求总结和推广。中央电视台、人民日报、新华社、凤凰网等主流媒体长期跟踪观察，多次深度报道焦作公共财政改革，被海内外媒体誉为"中国地方公共财政改革的先行样本和实践标杆""中国公共财政最为公开透明的地方政府"。

（高晓光　庞军杰）

·国家税务·

【概况】　2014年，市国税局组织税收收入54.3亿元，比上年增长5.1%，增收2.6亿元；地方级收入完成15.5亿元，比上年增长21.9%，增收2.8亿元。其中省级收入完成2700万元，下降6%，减收172万元；市本级收入完成4.6亿元，增长12.5%，增收5100万元；县区级收入完成10.7亿元，增长27.4%，增收2.3亿元。全年国税宏观税负达到3.44%，较上年提高0.4个百分点；地方级收入占全市公共财政预算收入的比重为14.5%，较上年提高1.7个百分点。全市地方级收入居全省第九位，比上年前移1位；地方级增幅达到21.9%，增幅快于全省5.3个百分点，居全省第六位，比上年前移9位。全年通过综合治税入库税款1.56亿元，其中房地产企业入库所得税1.34亿元，交通运输业入库增值税1613万元，利用财政部门提供的土地出让金补偿信息入库企业所得税628万元。市国税局先后被省国税局授予2013年度目标管理优秀单位、全省国税系统营业税改征增值税试点工作先进单位。

2014焦作市年国税收入情况表

项　目	2013年	2014年	比同期±%	比同期±额
税收收入合计（万元）	516721	542967	5.1	26246
国内增值税	356907	369213	3.4	12306
国内消费税	22079	23026	4.3	947
企业所得税	80928	90219	11.5	9291
利息税	32	6	-81.3	-26
车购税	56775	60503	6.6	3728

【税收收入核算管理】　2014年，市国税局加强重点税源监控，全市国税系统监控重点税源企业91户，累计上缴税收23.6亿元，较上年下降6%，减收1.6亿元，其中增收企业38户，增收税款2.8亿元；减收企业53户，减收税款4.3亿元。全市税收结构日趋优化，二三产税收比例由2010年（"十一五"末）的69：31，变化为2014年的59.6：40.4；三产税收实现增长，三产税收完成21.9亿元，增长23.9%，增收4.2亿元，拉动全市税收增长8.2个百分点；营改增行业完成增值税3.8亿元，占三产增收额的70.1%；综合治税持续推进，全市开展以部门信息共享为主要特征的综合治税工作，综合治税成效达1.56亿元，占全市税收增收额的59.5%，拉动全市收入增长3个百分点。开展金税三期数据清理工作，全年清理垃圾数据167条，涉及税额1171万元；做好营业税改征增值税涉及收入核算业务的监控管理，正确核定预算科目和预算级次，完成营业税改征增值税报表编报工作。

【税源管理专业化改革到位】　2014年，市国税局加强税源专业化改革，制定了《焦作市国家税务局税源管理专业化工作实施方案》，9月全面启动试点工作。各级税务机关成立纳税评估科，配备105名专职评估人员和20名专职风险管理人员，对重点税源实行重点管理、对一般税源实行分行业或属地管理、对小型税源实行集约化管理。调整后，全市510户重点税源集中在28个分局进行重点管理，14个行业的1102户纳税人实行分行业集中管理，42户复杂业务纳税人实行按业务适当集中管理，对1.05万户小型纳税人实行集约化管理。同时合理调配税源管理人员，调整后全市国税系统税源管理人员313人，共减少81人，其中重点税源管理人员

7月2日，完成首例个体工商户网上申报缴税工作。

90人，增加12人；一般税源管理人员134人，减少39人；小型税源管理人员89人，减少54人。10月对全市11个基层局的专业化改革工作进行了初步验收。

【风险管理直接贡献率全省第一】 2014年，市国税局印发《焦作市国家税务局税收风险管理实施办法》《焦作市国家税务局纳税评估实施办法》《焦作市国家税务局关于规范税务人员进户执法工作的通知》，发布7期风险分析报告，通过有价值典型案例34篇、行业管理指引16篇、管理建议书25篇等查管评互动机制，全年风险管理累计入库税款2.48亿元，风险管理直接贡献率为4.56%，居全省第一。

【货物和劳务税收管理】 2014年，市国税局加强货物劳务税管理。全市征收入库增值税36.98亿元，增长3.62%，增收1.29亿元；全年直接减免销售额146亿元，增值税退税2.37亿元；严格落实小微企业增值税优惠政策，使4.08万户（次）纳税人享受到了税收优惠；积极推行全市谷物磨制等6个行业纳入农产品核定扣除范围；依托全市综合治税平台新载体，向多个职能部门搜集第三方数据，将第三方数据同企业税务端数据进行比对分析，经过核查、评估纳税人1486户次，补交增值税5311.53万元，滞纳金131.12万元。全市征收入库消费税2.3亿元，增长4.29%，增收947万元。

【推进营改增试点】 2014年，市国税局稳步推进全市营改增试点工作。成立3个政策研读小组，分专题探讨政策落实意见，规范管理已纳入试点的交通运输业和部分现代服务业，实地调研武陟、山阳、中站、沁阳等地的重点货运企业，开展出租车行业和陆路货物运输行业增值税政策执行情况调研，解决疑难问题，支持地方经济发展。对2014年新纳入试点的铁路运输业、邮政业、电信业，逐户核实，完成户源交接，顺利完成首期申报。全年全市营改增登记户数2972户，是改革初登记户数的两倍，其中一般纳税人449户，小规模纳税人2523户，累计入库营改增税款3.78亿元。

【所得税收入实现全面增长】 2014年，市国税局严格依法征税，所得税收入实现全面增长。全年组织入库企业所得税9.02亿元，增长11.5%，增收9291万元。其中预缴税款7.05亿元，增收9744万元，增长16.04%；汇算清缴税款1.81亿元，再创历史新高。所得税收入占总收入的比重为16.6%，同比提高0.94个百分点。全年入库房地产企业所得税1.35亿元，增长80%，增收6016万元。其中入库评估税款1216万元，增收619万元，增长104%；入库稽查税款4350万元，增收4199万元，增长2781%。全年办理各项所得税优惠2616户（次），减免所得税1.44亿元，有力地支持了地方经济和企业的发展。

【车辆购置税管理】 2014年，市国税局加强车辆购置税管理，全面推出电子扫描征收系统，提高车购税征收效率；积极开展委托代征，完善自助办税，真正实现无假日办税服务；适时推出上门验车、预约服务、延时服务。打击处理假车购税完税证明6份，补缴税款18.95万元，滞纳金4.49万元，罚款9.48万元。全年办理198辆各类车辆免征业务，免征税款664万元。全市征收入库车购税6.05亿元，增长6.55%，增收3718万元。

【大企业和国际税务管理】 2014年，市国税局管辖的三级定点联系企业实现税款17.23亿元，下降0.36%。其中总局定点联系企业实现税款7.55亿元，增长17.84%；省局定点联系企业实现税款4.78亿元，下降19.5%；市局定点联系企业实现税款4.9亿元，下降0.97%。三级定点联系企业实现税收占全市收入54.3亿元的31.73%。认真做好总局定点联系企业风险管理工作，优化大企业个性化服务，举办全市10户大企业参加的税企高层对话和“走进焦煤集团”税收政策解读会。加强企业年度关联申报，2013年度全市关联业务总体申报率99.3%，高于省局要求4.3个百分点，外商投资企业申报率100%，实现了关联申报户数、申报比例、申报质量的稳步提升。加强非居民税收管理，通过对重点企业跨境支付信息的分类分析和税收政策辅导、开展股息红利专题检查、建立股权变化台账和外商投资企业股权结构信息图制度、加大对营改增跨境税源的监控力度等措施，非居民税收实现大幅增长，全年累计征收非居民税收502户（次），税款1190.8万元，同比增幅18%，增收181.4万元。进行国际税收协作，对2013年度全市企业与美国、日本、韩国、加拿大、澳大利亚等5国企业进行相关交易的情况进行收集、整理、上报，交换情报信息22份。

【进出口税收管理】 2014年，市国税局加强出口退税管理，“简政放权”，扩大免抵退税审批权下放试点范围。制定《生产企业免抵退税审批权下放试点工作方案》，7月1日起将解放、中站、沁阳、修武、武陟等5个县区国税局纳入试点范围，全年7个试点单位（含山阳区、博爱县国税局）共受理生产企业出口退税申报333户（次），审批出口退税2.14亿元，占全市审批生产企业出口退税总额的38.4%，退税时限由原来的平均15天缩短至7天，工作效率提高50%以上。推进出口退税业务进大厅，4月1日，将全部37项出口退税业务通过办税服务厅办理和受理。推行限时办结制度，出口退税进度全面提速，全年全市累计受理出口企业退免税申报 1083 户（次），其中限时办结 1079 户（次），限时办结率达到 99.6%。简化出口退税退库办理手续，与中国人民银行焦作市中心支行联合印发《关于进一步规范和简化出口退税退库手续的通知》，从 9 月 1 日起取消出口退税退库手续中“收入退还书加盖出口退税审批专用章”和“出口企业填报《退抵税审批确认表》”两个环节，办理退库手续由原来的 4 个环节减少为 2 个环节，在提高效率的同时减轻了纳税人的负担。简化和规范免抵退税零申报业务管理，9 月 1 日起取消免抵退税零申报业务报送纸质报表，将免抵退税零申报业务计算机审核确认工作统一下放至县区级退税部门负责，减轻出口企业报送资料工作量，提高了出口退税管理工作的效率。全年全市国税系统审批出口退税 5.93 亿元，增长 23.2%，其中免抵税额 3.89 亿元，增长 32.6%；退税额 2.04 亿元，增长 8.5%。全市实际办理出口退税 5.99 亿元，增长 29.5%，其中免抵调库 3.95 亿元，增长 43.8%；办理退库 2.04 亿元，增长 8.5%，免抵调库占全市增值税收入的 10.7%，有力地促进了全市外贸出口的稳定增长。

【发票管理】 2014 年，市国税局逐步提升普通发票管理工作，放宽每次领购数量，对纳税信用良好、无发票违章记录的纳税人，每次领用发票放宽到 3 个月使用量后，1.25 万户纳税人不再需要每月到税务机关领购发票，办税服务厅月发票发放户（次）由2013 年的 24.36 万户（次），减少到 2014 年 17.26 万户（次），下降比例达29.15%，每月多次领购发票的纳税人数量也逐渐减少。推行机打发票，在全市 3.24 万户使用普通发票的纳税人中，1.46 万户纳税人使用通用机打普通发票，比例为 44.9%。优化代开发票服务，积极引导申请代开发票的固定税户自领自开发票，全市 1.54 万户纳税人代开发票 2.23 万份。全年全市基层国税系统发放 1219.21 万本（份）普通发票，同比增加 482.24 万本（份）。

【税务稽查】 2014 年，市国税局大力开展各项税收检查，严厉打击发票违法犯罪活动，全年检查纳税人 435 户，入库稽查税收 1.25 亿元，位列全省第五名；各类专项检查入库查补收入 1.13 亿元，查处上报省级大要案件 10 起，其中千万元以上案件 2 起，大要案查处质量位列全省第一。专项检查与专项整治：全市启动了重点税源轮查、房地产、金融、营改增交通运输、涉农涉矿、供电等行业专项检查，截至年底，各类专项检查共检查纳税人 291 户，入库查补税收 1.13 亿元，其中集中检查 16 户房地产企业，查补税款 8300 万元。重点税源企业检查：41 户重点税源安排自查入库收入 52 万元；国家税务总局指定检查的 4 户重点税源企业，查结 3 户，入库收入 262 万元；省国税局指定检查的 10 户重点税源企业，检查 9 户，已入库收入 833 万元；市国税局选取的 36 户企业查补入库收入 2083 万元。开展打击发票违法犯罪活动：组织公安、国税、地税三部门联席会议，推进警税协作办案机制，全年全市税警联合办案 23 起，查处涉嫌虚开案件涉案金额 5.19 亿，税额 7230 万元，公安机关刑拘 17 人，批捕 2 人，网上追逃 1 人。

【纳税服务质效提升】 2014 年，市国税局以满足纳税人合理需求为出发点，不断提高纳税人满意度和提升纳税服务工作质效。开展“便民办税春风行动”，拍摄“一心 e 易”品牌宣传片，开展“走进焦煤集团”和全市“330”企业专场培训活动，全年全系统举办“税法大讲堂”88 期，一万余户（次）纳税人从中受益；用好、用活互联网站、微博、微信、手机终端，把“税法大讲堂”建到手机上、互联网上，被省国税局确定为全省实体纳税人学校和网上纳税人学校的两个试点单位之一。积极推进山阳区、新区国税局办税服务厅集中办税，在全省率先实现“集中通办”，优化了办税平台。优化办税服务厅资源配置，将全市国税系统所属办税服务厅的 84 个办税窗口减为 68 个综合服务窗口，大力推行“免填单”服务，全年为 7282 户纳税人提供免填单服务 10.74 万户（次）；召开“便民办税春风行动”暨办税服务厅标准化建设工作推进会，组织 2次明察暗访，开展纳税人满意度调查，开展“优秀办税服务厅”评选和办税服务厅标准化验收，达到了“窗口减少、人员减少、效能增强、纳税人满意”的目标。

【“便民办税春风行动”新闻通报会】 4 月 16 日，市税务系统“便民办税

6 月 24 日，举办税法大讲堂。

焦作市税务系统"便民办税春风行动"新闻通报会

春风行动"新闻通报会召开。《河南日报》、河南人民广播电台、《大河报》《东方今报》《河南法制报》《河南经济报》驻焦记者站，《焦作日报》《焦作晚报》、焦作电视台、焦作人民广播电台和焦作信息港等11家媒体应邀出席通报会。国税局副局长王跃清主持会议，国税局副局长李寒冬通报焦作市税务系统"便民办税春风行动"有关情况，市地税局总经济师石玉富通报2013年度全市税务系统服务经济社会发展工作情况，市局纳税服务科和市地税局计划财务科负责人分别宣读了全市税务系统2012–2013年度A类纳税信用等级企业名单和2013年度全市纳税百强名单。王跃清副局长表示，下一步全市税务系统将加大宣传和落实力度，希望与会媒体多宣传报道税务部门便民利民的措施和做法，营造良好的舆论氛围，赢得纳税人对税务工作更大的理解和支持，通过全社会的共同努力，确保"便民办税春风行动"真正在山阳大地落地生根、开花结果。

【税收执法综合排名全省第一】 2014年，市国税局稽查局严格按照《河南省国家税务局行政事项审批公开目录》公布的76项审批项目实施审批，采取不同方式进行宣传，接受内外部监督；制定《焦作市国家税务局税务行政审批改革问题专项整治实施方案》，严禁目录外实施审批，对取消和下放的行政审批项目进行专项检查。重大税收案件审理，坚持"合法、合理、公平、公正"的审理原则和集体审理制度，全年审结重大税务案件8起，涉及税款3400万元，罚款及滞纳金1200余万元。规范税务行政裁量权，全年按照新的处罚标准实施处罚287户（次），罚款10.6万元。对马村区、修武县、中站区、沁阳市等基层国税局开展重点督查，对其他7个基层国税局税收优惠政策执行情况进行专项督查，执法督查工作得到省国税局通报表扬。全市国税局执法正确率为99.58%，综合排名全省第一，市稽查局被焦作市人民政府评为行政执法先进单位。

【典型案例】 市宇星锅炉公司偷税案。市宇星锅炉有限责任公司经营范围是生产销售锅炉。经查发现该纳税人2006年1月至2012年12月期间，采取虚假合同隐瞒真实交易金额、销售货物不开具发票等手段，少计收入2129万元，少缴增值税361.93万元。根据《中华人民共和国税收征收管理法》，将企业少缴税款361.93万元的行为定性为偷税，并作出追缴所偷税款361.93万元、依法加收滞纳金并对所偷税款处181万元罚款的决定。

恒裕炭素公司虚开增值税专用发票案。河南恒裕炭素有限公司经营范围是生产销售炭素制品等。经查发现该纳税人2012年3月23日至2014年3月17日期间，取得虚开增值税专用发票27份，进项税额合计44.88万元，并已认证、抵扣税款，应补缴税款44.88元。2010年未按规定取得的合法有效凭证多计提无形资产累计摊销58.66万元，应补缴企业所得税14.67万元；2011年未按规定取得的合法有效凭证多计提无形资产累计摊销70.39万元，少计应纳税所得额70.39万元，应全部用于弥补亏损。根据《中华人民共和国税收征收管理法》，将企业少缴增值税44.88万元的行为定性为偷税，对该纳税人作出追缴所偷税款44.88万元、追缴少缴税款14.67万元、依法加收滞纳金，并对所偷税款处罚款22.89万元的决定，同时对纳税人编造虚假所得税计税依据的行为作出罚款5万元的决定。

焦作齐乐苑房地产偷税案。焦作齐乐苑房地产开发有限公司经营范围是房地产开发。经查发现该纳税人2010年1月1日至2013年12月31日期间，采取虚假纳税申报手段少缴企业所得税113.74万元。根据《中华人民共和国税收征收管理法》，将企业少缴企业所得税113.74万元的行为定性为偷税，对该纳税人作出追缴所偷税款113.74万元、依法加收滞纳金，并对所偷税款处0.5倍罚款的决定。

沁阳市溪坤物资公司偷税案。沁阳市溪坤物资有限公司经营范围是经销钢材、建材、煤炭仓储等。经查发现该纳税人2012年至2013年未取得合法票据列支营业费用金额205.15万元，少缴企业所得税51.29万元。根据《中华人民共和国税收征收管理法》，将企业少缴企业所得税51.29万元的行为定性为偷税，对该纳税人作出追缴所偷税款51.29万元、依法加收滞纳金，并对所偷税款处罚款26.16万元的决定。

（高新明）

2014年焦作市国税纳税千万元企业名单

名次	纳税人名称	税款（万元）	名次	纳税人名称	税款（万元）
1	风神轮胎股份有限公司	27039	38	沁阳市电业综合公司	2314
2	河南省烟草公司焦作市公司	20359	39	焦作市科瑞森机械制造有限公司	2283
3	焦作供电公司	17525	40	河南和诚房地产开发有限公司	2273
4	河南焦煤能源有限公司	16300	41	武陟县农村信用合作联社	2203
5	焦作万方铝业股份有限公司	10225	42	市烟草公司武陟县分公司	2190
6	焦煤能源有限公司古汉山矿	9233	43	河南华融房地产开发有限公司	2182
7	焦作市商业银行股份有限公司	7340	44	孟州农村商业银行股份有限公司	2084
8	蒙牛乳业(焦作)有限公司	7199	45	市商业银行股份有限公司新新支行	2053
9	河南佰利联化学股份有限公司	6044	46	温县农村信用合作联社	2035
10	河南万里焦作天星汽车运输有限公司	5999	47	河南卓立膜材料股份有限公司	2011
11	河南超威电源有限公司	4850	48	河南鑫诚耐火材料股份有限公司	2003
12	焦作隆丰皮草企业有限公司	4841	49	市交通运输(集团)有限公司	1976
13	燕京啤酒(河南月山)有限公司	4456	50	蒙牛乳制品(焦作)有限公司	1898
14	焦作健康元生物制品有限公司	4453	51	焦作汉河电缆有限公司	1815
15	中原内配股份有限公司	4293	52	市金德利房地产开发有限公司	1755
16	焦作华润热电有限公司	4289	53	市烟草公司沁阳市分公司	1717
17	焦作煤业(集团)有限责任公司	4166	54	沁阳长怀电力有限公司	1686
18	河南江河纸业股份有限公司	4082	55	河南省中原内配铸造有限公司	1601
19	中铝中州矿业有限公司	3883	56	市方圆运业有限公司	1530
20	焦作瑞丰纸业有限公司	3572	57	华芳修武纺织有限公司	1516
21	焦作煤业(集团)方庄矿	3500	58	河南亿祥置业有限公司	1504
22	昊华宇航化工沁阳氯碱分公司	3476	59	孟州市电力公司	1437
23	焦作铁路电缆有限责任公司	3420	60	沁阳市双马包装有限公司物资经营部	1429
24	多氟多化工股份有限公司	3392	61	焦作市烟草公司博爱县分公司	1424
25	市宏达运输股份有限公司	3215	62	河南金路物流有限责任公司	1399
26	河南金山化工有限责任公司	2905	63	焦作飞鸿安全玻璃有限公司	1386
27	河南中原吉凯恩气缸套有限公司	2899	64	市烟草公司温县分公司	1361
28	焦作煤业(集团)鑫珠春工业公司	2811	65	焦作万方电力有限公司	1349
29	焦作金冠嘉华电力有限公司	2764	66	市解放区农村信用合作联社	1338
30	国药集团容生制药有限公司	2739	67	沁阳市碳素有限公司	1334
31	焦作卓林数码材料有限公司	2693	68	武陟射阳村镇银行股份有限公司	1333
32	焦作中裕燃气有限公司	2679	69	博爱县农村信用合作联社	1304
33	焦作市海华纺织股份有限公司	2606	70	博爱新开源制药股份有限公司	1300
34	焦作煤业(集团)冯营电力公司	2544	71	焦作煤业(集团)电冶分公司	1288
35	中国铝业中州分公司	2427	72	市商业银行股份有限公司电力支行	1277
36	沁阳市宏达钢铁有限公司	2358	73	焦作煤业(集团)冯营工业公司	1271
37	市方便面厂	2345	74	市烟草公司孟州市分公司	1257

续表

名次	纳税人名称	税款（万元）	名次	纳税人名称	税款（万元）
75	河南辅仁怀庆堂制药有限公司	1229	84	市烟草公司修武县分公司	1096
76	温县电业局	1217	85	广东兴发铝业(河南)有限公司	1087
77	焦作韩王工业有限责任公司	1202	86	孟州射阳村镇银行股份有限公司	1077
78	河南晋开集团武陟绿宇化工有限公司	1193	87	郑州铁路局焦作车务段	1075
79	焦作中小企业担保投资有限公司	1191	88	市鑫安欧曼汽车运输有限公司	1031
80	博爱县电业公司	1175	89	河南斯美特食品有限公司	1023
81	焦作锦标机械制造有限公司	1126	90	河南飞孟金刚石工业有限公司	1010
82	中国移动通信集团焦作分公司	1125	91	河南中煤管业有限公司	1000
83	修武县电业公司	1113			

·地方税务·

【概况】 2014年，全市地税部门组织各项收入66.04亿元，比上年增长0.3%，增收1811万元。其中税收收入完成62.99亿元，增长0.3%，增收1729万元；地方级税收完成54.29亿元，增长0.7%，增收4032万元。地方级税收中，省级完成6479万元，下降57.1%，减收8633万元；市级完成13.26亿元，下降1.3%，减收1689万元；县乡级完成40.38亿元，增长3.7%，增收1.44亿元。税收总量和地方级税收总量分别居全省第八位、第七位。全市税收总量超4亿元的县市区5个，解放区进入全省城市市区税收前30强，名列第十八位。市地税局先后被评为全省地税系统绩效管理先进单位，博爱县局和孟州市局办税服务厅被评为全省地税系统优秀办税服务厅。

【税收征管】 2014年，市地税局开展“征管质量再提升”活动，堵漏洞、挖潜力、促增收，征管质量和效率有了明显提升。深化税源专业化管理，认真总结孟州税源专业化管理试点工作经验，开展纳税评估和风险识别，加强税收风险分析监控，税源专业化管理对提升税收征管质量效果明显。信息化建设稳步推进，实现“金税三期”与现行征管系统双轨运行，系统运行整体稳定；全面取消百元版通用定额发票，进一步扩大网络发票范围，全市企业纳税人实现网上申报率达到95%，信息化建设对税收征管的支撑作用得到有效发挥。积极推进税收风险管理，依托省局管理决策系统，建立健全4个风险评估模型和20个风险指标，防控了税收管理风险。开展征管质量检查，实行税收征管质效考核月通报制度，征管“六率”指标持续好转，按期认定税目率和按期核定税款率分别达98.54%、98.16%，准期申报率达到99.26%。

【税政管理】 2014年，市地税局加强税收政策调研和分税种分行业管理，税政管理水平得到有效提高。推进依法行政工作，依据全省税务系统

2014年焦作市地方税收完成情况

单位：万元

项目		2013年	2014年	同比±%	同比±额
分级次	中央级	89319	87015	-2.6	-2304
	省级	15112	6479	-57.1	-8633
	市级	134300	132611	-1.3	-1689
	县（区级）	389445	403799	3.7	14354
分企业类型	国有企业	27522	37149	35	9627
	集体企业	4689	3151	-32.8	-1538
	股份公司	489655	485468	-0.9	-4187
	私营经济	8879	6292	-29.1	-2587
	个体经济	36607	29292	-20	-7315
	涉外企业	18567	18861	1.6	294
	其他企业	42257	49691	17.6	7434

2014 年焦作市地方税种完成情况

单位：万元

税种	2013 年	2014 年	同比 ± %	同比 ± 额
营业税	189527	174905	-7.7	-14622
企业所得税	109737	93642	-14.7	-16095
个人所得税	39128	51385	31.3	12257
城建税	34340	35033	2	693
资源税	5192	4385	-15.5	-807
土地增值税	25086	33005	31.6	7919
土地使用税	82015	91787	11.9	9772
房产税	19474	21194	8.8	1720
印花税	9619	10731	11.6	1112
车船税	7697	8902	15.7	1205
耕地占用税	44811	69214	54.5	24403
契税	61550	35722	-42	-25828

统一的税务裁量标准，对 28 起案件进行税务行政处罚裁量标准预先审核，补缴税款、罚款 4967 万元；开展税收规范性文件清理，对 2011 年至 2013 年市局出台的税收规范性文件进行集中清理，并对外公告。认真落实税制改革工作，按照“营改增”税制改革要求，做好电信业纳税户的调查摸底和税款、发票清缴等工作，向国税部门移交 33 户电信业纳税人；对全市 5158 户个体纳税人落实简并征期申报纳税政策，入库税款 3191.8 万元。加强行业税种管理，完成 42 个房地产项目土地增值税清算工作，入库税款 6295 万元；完成 3506 户企业 2013 年度企业所得税汇算清缴，补缴税款 1.52 亿元；完成 2013 年度年所得 12 万元以上个人所得税自行纳税申报工作，全市共受理纳税人自行申报 2032 人，补缴个人所得税 31.9 万元；加强高收入行业、高收入者个人税收征管，入库限售股股权转让个人所得税 2013 万元，全市累计入库利息、股息、红利个人所得税 1.03 亿元，增长 156%。

【税务稽查】 2014 年，市地税局稽查部门重点对房地产及建筑行业、金融业、重点税源企业等开展税收专项检查和整治，全市共检查纳税人 1009 户，查补入库税款、罚款、滞纳金 1.49 亿元，有力打击了涉税违法犯罪，维护了正常的经济税收秩序。对房地产及建筑安装业、电信业、股权转让、金融保险行业开展专项检查，共检查 894 户，组织收入 1.09 亿元。共对 45 户重点税源企业开展专项检查工作，入库收入 1781.58 万元。共受理各类举报案件 18 起，查补合计 1996 万元。

【纳税服务】 2014 年，市地税局开展“便民办税春风行动”，加大税收宣传力度、打造 12366 服务品牌等措施使税收环境进一步优化改善，纳税服务质效明显提升。落实“便民办税春风行动”。逐步扩大办税“免填单”服务范围，大力推广自助办税服务，实现全市办税服务厅自助办税服务全覆盖；开展“解难减负提效”企业服务活动，帮助企业解决各类涉税问题 32 条；在六县市推行 19 项税收业务同城通办，服务质量和纳税人满意度都有了明显提升。加大税收宣传力度。依托外部网站、办税服务厅、纳税人学校等平台，有针对性地加强了税收宣传和政策辅导。打造 12366 纳税示范品牌，建立健全《12366 纳税服务热线工作管理办法》等制度，优化座席人员配置，全年话务量 7448 件，纳税人咨询满意度稳步提升，12366 热线集体被共青团河南省委和省局联合授予“青年文明号”荣誉称号。

【典型案例】 焦作市峰华房地产有限公司少申报缴纳税款案。该公司位于焦作高新技术创业服务中心，主要经营范围是城镇商品房开发与经营和经销建筑材料。检查小组对该单位 2010 年至 2012 年地方各税缴纳情况实施全面检查，发现该公司主要存在的问题是未依法预缴土地增值税。经查，共查补入库税款 104.41 万元、滞纳金 14.09 万元，合计 118.51 万元。

温县高远天然气有限责任公司偷税案。该公司经营范围包括管道燃气等销售、燃气工程设计、安装等。经温县地税稽查局对该企业账务及地方各税申报缴纳情况进行立案检查，发现该企业在 2012 年采用虚假申报手段实施偷税。经检查，共查补入库营业税、土地使用税等税款 13.56 万元、滞纳金2.8万元、罚款6.78万元，合计23.15万元。

武陟县宏基置业有限公司偷税案。该公司注册资本800万元，经营范围为房地产开发、销售。武陟县地税稽查局对该公司2011年至2012年地方各税缴纳情况进行检查。经查发现该单位采取将商铺按照普通住宅预征率计税、改变税款申报所属期、逃避缴纳税款滞纳金等手段少申报缴纳土地增值税、印花税、房产税等税种。现该公司已依法足额缴纳税款36.3万元、滞纳金12.49万元、罚款2.8万元，合计51.58万元。

博爱县中光建筑有限责任公司偷税案。2013年6月，博爱县地税稽查局对该公司2011年至2012年经营纳税情况实施立案检查。经查发现该单位2011年至2012年合计少申报缴纳营业税、城市维护建设税、印花税、城镇土地使用税、房产税、企业所得税合计为113.56万元。根据《中华人民共和国税收征收管理法》责令该单位按期全部缴清查补税款113.56万元、滞纳金24.95万元、罚款56.78万元，合计195.29万元。

（乔 明 李 伟）

2014年焦作市地方税收千万元企业名单

名次	纳税人名称	税款（万元）	名次	纳税人名称	税款（万元）
1	焦作煤业（集团）有限责任公司	17760	28	焦作市宏程工程建设有限责任公司	1670
2	风神轮胎股份有限公司	13429	29	中国太平洋财产保险焦作中心支公司	1668
3	中国铝业股份中州分公司	8472	30	河南华融房地产开发有限公司	1668
4	国药集团容生制药有限公司	7685	31	中国移动通信集团焦作分公司	1660
5	河南焦煤能源有限公司	6682	32	焦煤能源有限公司古汉山矿	1629
6	市云台山旅游发展有限公司	6435	33	武陟县农村信用合作联社	1607
7	焦作万方铝业股份有限公司	4825	34	昊华宇航化工沁阳氯碱分公司	1555
8	中原内配股份有限公司	4732	35	河南永威安防股份有限公司	1514
9	焦作远大置业有限公司	4577	36	中国太平洋人寿保险焦作中心支公司	1495
10	市商业银行股份有限公司	4176	37	焦作锦隆建开置业有限公司	1459
11	河南佰利联化学股份有限公司	3807	38	交通银行股份有限公司焦作分行	1417
12	建业住宅集团焦作置业有限公司	3389	39	中信银行股份有限公司焦作分行	1377
13	市新时代高速公路有限公司	3012	40	焦作市宏基置业有限公司	1326
14	市福安金源置业有限公司	2979	41	中国人寿财产保险焦作市中心支公司	1323
15	市常绿置业有限公司	2977	42	河南建业置地焦作有限公司	1318
16	河南省电力公司焦作供电公司	2878	43	中国建设银行焦作分行	1294
17	焦作电厂	2847	44	多氟多化工股份有限公司	1261
18	中国平安财产保险焦作中心支公司	2761	45	焦作健康元生物制品有限公司	1166
19	焦作黄河公路大桥投资经营有限公司	2510	46	河南辅仁怀庆堂制药有限公司	1151
20	焦作云台山旅游股份有限公司	2416	47	中国联合网络通信焦作市分公司	1130
21	沁阳市电业综合公司	2175	48	中华联合财产保险焦作中心支公司	1124
22	中国人民财产保险焦作市分公司	1959	49	河南鑫诚耐火材料股份有限公司	1123
23	郑州丹尼斯百货有限公司焦作市分公司	1828	50	沁阳市鸿丰置业有限公司	1107
24	焦作市钰鑫置业有限公司	1828	51	修武农村商业银行股份有限公司	1038
25	中原内配铸造有限公司	1804	52	新华人寿保险焦作中心支公司	1032
26	博爱县农村信用合作联社	1748	53	河南金山化工有限责任公司	1026
27	河南省烟草公司焦作市公司	1681	54	河南中经泰置业有限公司沁阳分公司	1021

金融业

·综　述·

【金融概况】　2014年，市金融办加强金融服务，扩大融资规模，不断优化金融环境，创新金融产品，拓宽融资渠道，提升金融服务水平，金融业保持稳中向好的发展势头，为全市经济社会健康发展提供有力的资金支持。全市共有各类商业股份制银行17家（工商银行、建设银行、农业银行、中国银行、交通银行、邮储银行、农业发展银行、中信银行、光大银行、广发银行、焦作商行、农信+农商、洛阳银行、武陟村镇银行、沁阳村镇银行、孟州村镇银行、温县澳洲联邦村镇银行），证券营业部7家，上市公司8家（含境外上市公司1家），保险公司37家，其中财险公司19家，寿险公司18家。小额贷款公司12家，典当行10家，担保公司38家。截至年底，全市新增融资达233.3亿元，完成省定目标的109%，其中直接融资151.7亿元，间接融资81.6亿元。全市银行业金融机构本外币各项存款余额1275.44亿元，比年初增加117.33亿元，增长10.13%；各项贷款余额861.63亿元，比年初增加81.6亿元，增长10.46%。全市辖区证券期货营业部累计实现交易额1277.24亿元。各类保险公司保费收入45.7亿元，赔付支出11.6亿元。焦作市获河南省优秀金融生态省辖市称号，修武县、武陟县获河南省优秀金融生态县称号。

【搭建银企对接平台】　2014年，市金融办积极搭建银企对接平台，开展金融服务中小企业专项行动，组织各家银行到全市各产业集聚区进行实地参观、考察，现场了解小微企业生产经营和资金需求情况，帮助小微企业解决融资难题。组织召开城乡一体化示范区银企洽谈会等多个银企对接活动，要求银行业精耕细作，积极发掘和支持优势项目和优良企业，扩大对地方经济社会发展的有效信贷投放，加大银行业对全市“十大建设”等重点项目、重点企业、绿色产业和产业聚集区的信贷支持，加大银行业对传统行业及薄弱领域的信贷投放力度，其中第三产业中的传统优势行业批发、零售业贷款较年初增加16.38亿元，制造行业新增贷款20.72亿元，占各项贷款增量的25.39%。在不断满足工业企业信贷需求的同时，个人贷款也得到有效支持，较年初新增12.01亿元，占各项贷款增量的14.72%。重点企业及优势项目得到有力支持，企业贷款564.39亿元，较年初增加63.38亿元，增长12.65%。县域及产业集聚区等领域贷款投放表现良好，全市九大产业集聚区共获银行贷款162.68亿元，较年初新增28.41亿元；县域贷款370.77亿元，占各项贷款比例的43.03%，高于上年0.67个百分点。小微贷款等重点领域增速较快，全市银行业小微贷款336.95亿元，较年初增加41.23亿元，增幅13.94%，高于各项贷款3.48个百分点，保持较快增长。积极发挥中小企业流资过渡基金作用，为裕华新材、卓立烫印、天益科技等12家企业累计提供过渡资金支持5亿元，缓解了部分中小企业临时性资金周转困难。

【金融服务创新】　2014年，焦作市研究设立市股权投资基金,制定出台《焦作市政府引导基金管理暂行办法》，引导基金规模3亿元，首期4000万元。金融支持三农发展取得阶段性成效，印发《关于进一步加大金融支持现代农业发展的指导意见》《关于加大金融创新力度，推动现代农业生产经营主体发展的实施方案》等，明确有关金融机构将支持重点锁定“三农”领域。充分运用窗口指导、再贷款、再贴现、差别存款准备金、信贷政策导向评估等多种货币政策工具，引导金融机构加大对农村经济的支持力度。按照“一次核定、随用随贷、余额控制、周转使用”的方式，逐步解决农民贷款难、慢、贵问题。健全农村金融服务网络，重点加大乡镇及以下大型社区助农取款服务点、自助机具设备布局，推动金融服务向乡村和社区延伸，提高网点覆盖率和服务便利度，打通农村金融服务“最后一公里”。各县区布放 ATM 机 338 台，乡镇覆盖率达 95%，行政村覆盖率达 12%；POS 机具 9338 台、乡镇覆盖率达 100%，行政村覆盖率达 100%；助农取款服务点 2142 个，乡镇覆盖率达 100%，行政村覆盖率达 100%。继续实施“阳光信贷”工程，建立现代化的信贷服务大厅，推行贷款条件、办贷流程、利率费率、办结时限、监督电话“五公开”，实行“阳光操作”，增强农民贷款的透明度。

【化解金融风险】 2014 年，市金融办积极帮助银行化解不良贷款风险，打造良好的金融生态环境。在经济下行，部分企业资金链出现风险的情况下，为有效保全金融资产安全，市金融办先后帮助 7 家企业成功化解金融风险 6 亿多元，涉及金融机构 10 家。根据河南省《关于对以电子商务名义开展标准化合约交易活动进行清理整顿的通知》，协同市工商局、市商务局等部门做好对以电子商务名义开展标准化合约交易活动清理整顿工作，防范化解金融风险。对涉嫌合约交易活动的焦作怀庆府电子商务有限公司、焦作乾坤商品交易咨询服务有限公司、孟州市广亿商贸有限公司及天津旌旗商品交易服务有限公司焦作分公司进行检查，并做相应处理和要求限期整改，焦作乾坤商品交易咨询服务有限公司、孟州市广亿商贸有限公司及天津旌旗商品交易服务有限公司焦作分公司已关停。深入推进打击和处置非法集资工作，对全市所有可能涉及投融资业务的公司开展拉网式大排查，并按照规范一批、化解一批、查办一批、退出一批工作要求，加强规范整顿，部分公司已制定风险化解方案并逐步开始清退集资款项。实行市领导分包案件、专案组办案、案件协调三项制度，积极推进资金追讨、资产处置和案件办理，68 起非法集资案件中，司法结案 20 起，其中 3 起处置结束。开展涉嫌非法集资广告资讯信息排查清理活动，切断涉嫌非法集资广告的传播途径，通过强化稳定意识、落实稳定责任、畅通信访渠道、完善应急预案，稳定思想防线、基层防线、信访防线、处置防线，确保社会大局和谐稳定。

【焦作市获省优秀金融生态市称号】 5 月 7 日，经省金融生态环境建设评价工作领导小组评比审核，焦作市获省优秀金融生态市称号，修武县、武陟县获省优秀金融生态县称号。同时享受以下奖励政策：各金融机构在信贷投入总量上给予倾斜，在政策许可范围内对优质客户实行利率优惠，协调金融监管部门在增设金融机构上予以优先考虑，并在上市后备企业培育上给予优先支持。

（抄顺利）

【货币信贷政策】 2014 年，人行焦作市中心支行积极发挥信贷政策引导和支持作用，认真落实稳健的货币政策，引导金融机构合理增加信贷总量，制定《金融支持小微企业发展，促进转型示范市建设指导意见》和《关于进一步加大金融支持现代农业发展的指导意见》。推动农村“两权”（农村承包土地的经营权和农民住房财产权）抵押贷款试点，以普惠金融为导向，强化金融服务创新，在郑州中心支行金融业务集中宣传通气会上，中心支行就“两权抵押”和“再贴现直通车”工作向新闻媒体进行通报。焦作市共有 5 项工作被河南省农村金融创新工作领导小组作为重点创新领域，并在全省率先推广。

【反洗钱与征信管理】 2014 年，人行焦作市中心支行进一步提高金融服务水平，加强反洗钱监管。对辖区内 64 家金融机构开展反洗钱风险评估工作，强化重点可疑交易报告监测和洗钱风险提示，全年共收到金融机构上报重点可疑交易报告 8 份，组织反洗钱培训活动 3 次，培训全市各金融机构 200 余人；加强征信管理和服务，共查询企业信用报告 228 份，个人信用报告 1.57 万份，新办理贷款卡 234 户，年审 1311 户；加强应收账款融资服务平台推广应用工作，全辖区共注册用户 111 户，实际达成交易 8 笔，金额 3710 万元。

【外汇管理】 2014 年，人行焦作市中心支行制定下发《外汇局焦作市中心支局关于支持焦作市涉外经济发展的指导意见》，进一步加大对重点涉外经济领域外汇管理政策支持力度，提升焦作市金融外汇服务水平，全市对外贸易进出口总额 24.6 亿美元，较上年增长 8.9%。简化跨境贸易人民币结算手续和审核流程，全市金融机构办理跨境人民币结算业务 17.44 亿元，较上年增长 108.88%。

【金融稳定】 2014 年，人行焦作市中心支行强化日常风险监测，累计实地调查法人银行机构 21 家（次），实现 15 家法人银行机构全覆盖。及时化解潜在风险，上报的《江苏射阳农村商业银行挤兑事件对焦作村镇银行的影响》受到总行稳定局领导批示。完善“两管理、两综合、一保护”工作机制，完成金融机构综合管理信息系统开发。开展金融机构综合评价，为 8 家新设金融机构接入金融管理与服务体系，组织 9 个专业对交通银行焦作分行开展综合执法检查。

【人民币管理】 2014 年，人行焦作市中心支行加强人民币流通管理，确保辖区现金供应，满足全市经济社会发展对现金的需求。认真做好“金桥银路”零钞兑换便民服务，组织召开两次焦作市反假币联席工作会议，针对性地开展反假币宣传活动，辖区共收缴假币 56.8 万元，假外币 2600 美元。

（赵四清　任　龙）

·银行业·

【国有商业银行监管】　2014 年，焦作银监分局指导国有商业银行不断强化风险管控，支持经济转型，发展普惠金融，促进辖内大型银行持续稳定健康发展。落实风险防控要求，建立合规长效机制，制定基层负责人履职尽责监管指导意见，健全“双线”风险防控责任制，完善案防工作机制；督导大型银行对信贷、票据、自助银行、ATM 加钞和员工异常行为等重点部位和重要环节的案件风险进行排查。落实支持经济发展要求，联合市工信局开展银企对接活动，共帮助 28 户小微企业与银行成功对接，获得贷款金额近 6.6 亿元，分别占申请户数和金额的 46.67%和 48.02%；提请市政府出台《焦作市小微企业贷款风险补偿暂行办法》，提升银行业金融机构发放小微企业贷款的积极性。落实提升监管效能要求，充分运用非现场监管信息，动态跟踪各类贷款间迁徙变化趋势，实现对风险的“早发现、早介入、早处置”，全年共向被监管机构发出监管通报 31 份，提出监管建议 57 条；坚持依法受理审核，切实履行监管职责，共初审转报新设、增设营业网点 3 个，核准高级管理人员 21 人。

【城市商业银行监管】　2014 年，焦作银监分局抓好防风险和促发展两大主题，推进焦作市商业银行稳健发展。强化风险化解，启动问责机制，指导商行制定年度风险处置方案，明确年度目标并逐季量化风险处置进度；召开焦作商行风险提示会议，提示商行严防不良贷款反弹，加强重点领域风险管控。建立焦作商行非标投资监测台账，督促商行制定《2014 年度风险处置方案》；组织按季开展流动性压力测试，重点关注最大 10 家存款客户及同业存款占比超过 20%以上的流动性风险管理状况。强化发展理念，开展产品创新。督促焦作商行在郑州、洛阳、平顶山 3 家城商行中建立城商行流动性互相支持的有效工作机制，对商行开展理财业务专题调研，推动该行理财业务持续发展；推动商行改变以往授信集中于辖内大中企业的格局，围绕重点行业的主流优质客户，积极推进供应链金融业务的发展。向银监会和河南银监局汇报沟通，最终实现再次增资扩股，资本金由 14.3 亿元增加到 24 亿元，风险抵御能力进一步增强。

【农村中小金融机构监管】　2014 年，焦作银监分局以化解历史风险为主线，全面推进风险防控、改革发展、金融服务。促进历史风险化解，建立农合机构重点工作督办机制，下设督导组 10 个，分别负责对辖内 10 家农合机构的督导工作。提升金融服务水平，温县联社在工业集聚区、陈家沟景区设立分社，消灭金融服务空白点。坚持对农村中小机构网点规划的窗口指导，新核准分支机构 7 家，升格 1 家。加强风险监测预警功能，完成农村信用社风险评价、预警和风险提示工作，按月和季度对非现场监管的主要监管指标重新制表分析。完成 2013 年度农村信用社、村镇银行监管评级工作。

【邮政储蓄银行监管】　2014 年，焦作银监分局对邮储银行焦作市分行开展合规长效机制建设考核评价现场检查、金融服务自评达标机构抽查。运用非现场监管信息系统报表，对邮储银行开展非现场监管，并对数据进行深加工，提高分析水平，增强非现场监管的预警能力。全年发出针对邮储银行的监管通报 4 份。

【政策性银行及股份制银行监管】　2014 年，焦作银监分局进一步强化对政策性银行和股份制银行监管，推动两类机构加快自身改革发展步伐，全力支持焦作金融发展。开展针对农发行的合规长效机制建设情况的现场检查和 2010 年以来后续及 3 类贷款情况的现场检查，完成对农发行焦作市分行政府融资平台贷款、新发生不良贷款企业的调查工作，对农发行高级管理人员开展履职评价，共受理农发行行政许可申请 1 项。引导中信银行焦作分行、广发银行焦作分行和光大银行焦作分行分别筹建分支机构，共初审通过并核准股份制银行 4 家支行开业，其中 2 家位于县域，有效提升金融服务区域性。

【现场检查、非现场监管和行政许可】　2014 年，焦作银监分局严格按照相关法律法规开展现场检查、非现场监管以及办理各类行政许可事项，确保各项工作依法合规。开展现场检查，组织开展现场检查项目 22 个，发现问题 107 个，提出监管意见 72 条，发出风险提示 12 份，下发监管通报 58 份，有效维护焦作银行业合规稳健运行。提升非现场监管效能，做到与日常分析、风险评估、现场检查、督促整改“四结合”，向地方政府及时报告中小法人机构的风险状况，内外合力，上下联动，提高监管效能，非现场监管的风险预警预报和对现场检查的指导作用进一步显现。推动市场准入监管科学高效，研究区域银行业发展规划，支持银行业优化分支机构布局，满足社会公众多元化金融需求。全年共完成行政准入事项 119 项，所有行政许可事项做到资料完整、程序合规、服务高效。加大违规处理力度，责成银行业共处理责任人 75 人，罚款 250 万元，清退不合理收费 78 万元，提升了监管威慑力。

（武　斌　魏明杰）

【中国农业发展银行焦作市分行】 2014年，农发行焦作市分行各项贷款余额达78.47亿元，累计发放贷款42.13亿元。实现盈利1.39亿元，完成全年利润的103%，人均利润91万元。其中全市共投放粮油收购贷款26.04亿元，支持企业购销粮食13.54亿公斤；存款和中间业务实现收入292万元，企事业日均存款余额10.35亿元，人均存款余额达676万元。

农发行焦作市分行帮助企业准确把握市场，适时销售，均衡销售，全力支持粮油收储，全市共投放粮油收购贷款26.04亿元，支持企业购销粮食13.54亿公斤。坚持择优扶持、审慎发展，推动产业化龙头企业等信贷业务发展，累计向海华纺织、孟州华兴、天香面业等30家产业化龙头加工企业、农业小企业投放贷款19.49亿元，为全市涉农企业延伸产业链条、加快结构调整提供较好的金融支持。结合省分行城中村改造项目融资合作新的创新融资模式，支持城乡一体化建设，与市国有资产管理中心、土地储备中心、各城区及县市地方政府对接，不断加大营销力度。9月和12月，市商务中心区项目建设融资框架协议和推进沁阳市城乡一体化信贷支持合作协议签订，金额达38亿元。完成孟州"新苑小区"建设项目一期工程、沁阳市丰庆新城新型农民社区（一期工程）和武陟县东仲许村城中村改造3个项目的上报、审查、贷前条件落实和前期贷款投放等各项工作，累计审批贷款金额13.75亿元，实际投放贷款5.73亿元。按照项目建设进度，完成沁阳市"和谐家园"社区农民集中住房建设项目后续2000万元贷款的发放。围绕政府重点项目，筛选好项目进行储备，共更新储备项目6个，金额50多亿元。

（翟永明）

【中国工商银行股份有限公司焦作分行】 2014年，工行焦作分行各项存款余额达109.1亿元，其中储蓄存款余额73.12亿元，较年初新增2.65亿元。各项融资余额达86亿元，其中表内各项贷款余额75.16亿元，表外融资业务余额10.82亿元，较年初新增2.05亿元。全年实现拨备前利润2.15亿元、拨备后利润1.89亿元、净利润1.4亿元，中间业务收入9502万元。

2014年，工行焦作分行坚持将存款和新兴业务作为各项工作的重中之重，坚持以联动营销为契机，以制定客户图谱、全产品营销为抓手，突出重点，在有效增加中高端优质客户、有效提升存量客户贡献度上下功夫。加大服务设施投入，新建自助银行7个，新增自助设备32台、自助网银机具23台，为830户商户安放POS机具1460台。通过多项有效措施，存款规模、优质客户数量和账户质量都实现一定程度的提高。截至年底，各项存款日均余额新增6.51亿元，其中对公存款日均余额新增6861万元，储蓄存款日均存款余额新增5.83亿元。全年累计销售个人理财产品63.17亿元，同比增加20.88亿元，增幅49%；办理国际结算业务8.44亿美元，同比增加1.5亿美元，增幅22%；跨境人民币业务5.27亿元，同比增加2亿元，增幅61%；新增养老金管理个人账户7980户，代发工资单位100余户，现金管理签约客户820户。

（佟生智　湛冬梅）

【中国农业银行股份有限公司焦作分行】 2014年，农行焦作分行各项存款余额106.97亿元;各项贷款余额61.83亿元，较年初净增6.3亿元，办理信用证、承兑汇票、贴现、福费廷等融资业务1.13亿元；实现中间业务收入1.13亿元，同比增加2733万元。

2014年，市农行紧盯财政、部队、社保、保险、政法、住房公积金等机构类客户和铁路、电网、烟草、电信等公司类客户开展强力营销；以金融IC卡为载体，突破性发展校园一卡通、银医一卡通、社保卡、居民健康卡等重点项目。截至年底，全行个人存款较年初净增6.42亿元，增量市场份额较年初提高8.98个百分点；对公存款较年初负增长12.87亿元。加大贷款投放力度，满足企业信贷需求。先后为焦作华润、中国铝业、新乡能源、焦煤集团、焦作万方、风神股份、平原光电等企业投放贷款17.4亿元；大力支持农业科技化、产业化、现代化发展，先后为黄河集团、江河纸业、保和堂制药、隆丰皮草等27家存量客户办理收回再贷44笔，贷款金额4.9亿元，向超威电源、万隆精密铸造、飞孟金刚石、睿为视讯等11家客户发放新增贷款1.1亿元；采用"旅游龙头+农户""农民专业合作社+农户"等模式，积极支持新型农业主体及农户，累计投放小额农贷5.6亿元；针对农户取款难，利用转账电话，依托村卫生室、超市、农资店等在全市村庄设立1609个农行助农取款点，行政村覆盖率达66%，实现农户足不出村就能办理小额取款、转账等金融服务；不断加大对高档楼盘购房人、优质市场经营户等优质个人客户群体的拓展力度，通过个人住房、"房抵贷""随薪贷""车联贷""保捷贷"等业务拉动居民金融融资业务，并实现住房公积金委托贷款零的突破，全年新增个人贷款客户552户，新增贷款4.3亿元。同时保持较高的信贷质量，全行不良率为0.53%。

（薛超良　李小艳）

【中国银行股份有限公司焦作分行】 2014年，中行焦作分行本外币资产总额达147.1亿元，人民币存款余额为138.14亿元，较上年新增5.87亿元；人民币贷款余额为68.82亿元，较上年新增8.69亿元；实现国际结算业务量10.35亿美元，实现跨境人民币业务量3.93亿元。

2014 年，中行焦作分行通过拓展新项目，使用新产品，续办新业务和梳理新流程等措施，加快产品创新与组合，实施产品带动策略，增强核心竞争力，以“营销、管理、考核”三大机制建设为核心，强化板块管理、条线管理，构建高效营销管理体系。截至年底，分行人民币存款余额为 138.14 亿元，较上年新增 5.87 亿元。加快授信结构调整，进一步优化客户结构，加大对中小微企业的信贷支持力度，积极支持绿色信贷、战略性新兴产业、文化传媒、节能环保等行业，积极优化授信结构，确保资产质量稳定。重点抓好民营企业、特定客户及光伏、钢铁、商贸、煤化工等敏感行业的授信预警管理，抓好国内信用证、融易达、融信达等贸易融资业务的风险排查。严格授信发放条件，提高资产质量，加强与前台部门的联动和上级行的沟通，积极推进重要授信项目的审查与上报时效，通过项目带动促进整体经营业绩又好又快发展。

（王凤岐）

【中国建设银行股份有限公司焦作分行】 2014 年，建行焦作分行一般性存款余额 120.6 亿元，较年初新增 17.2 亿元；各项贷款余额 86.68 亿元，较年初新增 9.47 亿元；实现账面利润 2.32 亿元。

2014 年，建行焦作分行坚持以提升存款规模为中心，不断增强市场竞争力，全年大中型有贷户存款余额 11.62 亿元，较年初新增 4.3 亿元；紧抓财政、社保、国土、住建等重点行业，通过组团建队明确责任，深入推进机构业务增长，机构类存款余额 15.93 亿元，较年初新增 1.94 亿元；强化住房公积金管理中心、焦煤公积金管理中心的维护力度，保持公积金存款稳中有升，较年初新增 1.44 亿元；先后开展系列营销竞赛活动，提升精细化管理水平，做好客户服务工作，个人负债业务较年初新增 9.51 亿元。围绕优势行业，强化对重点客户，重点行业的贷款投放，全年大中型授信客户 41 户，较年初新增 6 户，新增户投放贷款 2.82 亿元；提升重点客户服务能力，分别实现对万方铝业、昊华宇航、隆丰皮草等重点客户 11.83 亿元的贷款投放；做好存量客户维护工作，实现金冠电力、中科富兰特、焦煤能源、大江重工等存量客户 5.08 亿元的贷款投放。同时加大对个人客户群体的拓展力度，以丰富的产品、优质的服务拉动居民金融业务发展，全年个人贷款余额 26.20 亿元，较年初新增贷款 4.83 亿元，发放 2865 笔，金额 7.85 亿元。

（张　弘）

【交通银行股份有限公司焦作分行】
2014 年，交行焦作分行大力拓展对公、对私储蓄存款。通过大力发展代发工资业务，开发源头性存款；持续拓展代收代付交易渠道，沉淀基础性存款；加快电子支付业务发展，集结交易类储蓄存款；挖掘个贷、信用卡关联度，归集流量储蓄存款。加快发展财政类存款，做好机构类存款，打通资金结算渠道，全行各项存款余额 15.18 亿元。全面拓展焦作政府金融市场、大客户新业务市场、批量小微市场，建系统、搭平台、拓渠道，成功营销焦作财政机构客户，拓展百大百强百高客户、产业聚集区招商引资客户，推进客户工程建设，将资产业务做强做大。截至年底，全市各项贷款余额 35.45 亿元。

（牛　超）

【中国光大银行股份有限公司焦作分行】 2014 年，光大银行焦作分行积极开拓当地市场，大力发展“阳光服务，天天进步”的制行理念，促使存款稳步增长。各项存款余额达 26.3 亿元，其中储蓄存款余额 12 亿元，对公存款余额达 14.3 亿元，新增加客户 10 户。以产业园区、专业市场为突破口，开展“走进园区、走进市场”企业批量营销活动，增加有效授信客户 10 户，信贷余额增加 6 亿元。截至年底，全行各项贷款余额达 22.4 亿元。

（任　琨）

【中信银行股份有限公司焦作分行】
2014 年，中信银行焦作分行一般性存款余额 52.74 亿元，较年初新增 15.44 亿元，其中对公存款 38.89 亿元，较年初新增 9.82 亿元，增幅 34%；储蓄存款 13.85 亿元，较年初新增 5.62 亿元，增幅 68%；各项贷款余额 35.63 亿元，较年初新增 4.40 亿元；实现净利润 5528 万元。充分发挥在投行产品的优势和特色，运用债券、中票、私募债和委托债权投资等对公理财产品，做好对重点企业和重点项目的资金支持，打造商行加投行的模式。通过投行重点支持企业资金 9 亿元，大力拓展小微、三农企业，在信贷规模上优先满足县域优质农业产业化企业的信贷资金需求，全年为县域企业累计发放各项贷款 10 亿元；破解中小企业“融资难”，相继推出 POS 贷、商户贷等新型产品，向符合贷款条件的 POS 商户发放用于生产经营的信用贷款，累计发放 75 户，金额 3400 万元；进一步加大对教育、医疗卫生、旅游、交通、水、电、气、暖等城市基础设置和重点领域的信贷支持，累计发放贷款 4.5 亿元。同时支行级网点达 6 家，自助银行达 10 家，努力扩大服务覆盖面，更好地承担城镇化需要的金融基础服务职能。

（李　海）

【广发银行股份有限公司焦作分行】
2014 年，广发银行焦作分行各项存款余额 12.96 亿元，贷款余额 12.61 亿元。在市区共有营业网点 1 家，离行式自助银行 5 家。创建“特色银行”，为企业提供更专业化的金融服务，推出“好融通”“盈利贷”“快融通”等金融产品业务，解决中小企业融资难问题。在零售业务领域推出个人消费信贷、助业贷款、广发通、物流通、贵宾理财、广发信用卡、手机银行以及出国金融服务等，可以满足不同层次客户的需求。

（杜芳银　王朝阳）

【中国邮政储蓄银行焦作市分行】2014 年，邮储银行焦作市分行各项存款余额达 28.27 亿元，个人储蓄存款余额净增 4.5 亿元；各项贷款余额达 16.16 亿元，个人贷款净增 2.27 亿元；公司存款净增 1.86 亿元，结存余额达 17.48 亿元。

2014 年，邮储银行焦作市分行不断优化结构，经营性贷款净增占比达 52.99%。坚持因地制宜，新业务推广取得明显成效。“焦作蒙牛 + 奶站 + 奶农”贷款作为全省系统内第一个“公司 + 农户”小额贷款创新产品，共为 20 个奶站及 53 户奶农放款 2080 万元，有效拉动小额贷款业务增长。作为全省第一批农机补贴贷款试点单位，截至年底，市分行共向省分行备案农机经销商 17 个，同时对准入经销商采取名单制营销，实现全年放款 142 户、金额 654.16 万元，个人贷款结余 16.16 亿元。累计发放信用卡 9358 张，结存卡量 3.2 万张。人民币理财产品日均保有量 3.25 亿元，理财有效销量 7.24 亿元。全区个人网银新增 1.94 万户，手机银行新增 2.28 万户。取得公积金、住宅专项维修资金业务的代理资格，发放河南省系统内第一笔外汇贷款（1000 万美元），辖区累计开立单位账户 1508 户，结存余额 17.48 亿元，较上年净增 1.86 亿元。票据直贴累计贴现量 8.42 亿元。

（杨　俊）

【河南省农村信用社联合社焦作市办公室】　2014 年，焦作市农信办各项存款余额达 319.37 亿元，较年初提高 0.5 个百分点。新增存款 34.24 亿元，增长 12.01%；各项贷款余额达 209.11 亿元，新增贷款 14.08 亿元，新增涉农贷款 5.45 亿元，余额 174.78 亿元，新增小微企业贷款 20.37 亿元；实现经营利润 6.66 亿元。全市有助农取款服务点 618 个、农民金融自助服务点 166 个、ATM 自助设备 209 台、POS 终端 1623 部，农村金融服务便利度和覆盖面进一步提高。

焦作市农信办稳步推进涉农贷款投放，加大对家庭农场、专业大户、农民合作社和农业产业化龙头企业等新型农业经营主体的金融支持力度，推进农业现代化发展。截至年底，新增涉农贷款 5.45 亿元，余额 174.78 亿元。加大小微企业的信贷支持力度。设立绿色通道，提高审批效率，实行利率优惠，切实降低小微企业融资成本。创新担保方式，缓解小微企业担保难题。全年新增小微企业 1148 户，新增小微企业贷款 20.37 亿元。推进县域经济转型升级，将具有资源优势、技术优势、品牌优势、竞争优势的优质企业储备到企业项目库，积极对接项目，予以重点支持。全市农信社共支持产业集聚区 9 家，企业 174 家，贷款余额达 13.28 亿元。

（王　普）

【焦作市商业银行股份有限公司】2014 年，市商业银行资产总额达 272.78 亿元，较年初增加 72.21 亿元，增幅 36%。各项存款余额 166.13 亿元，较年初增加 32.31 亿元，增幅 24.14%；各项贷款余额 117.12 亿元，较年初增加 24.54 亿元，增幅 26.51%；实现拨备前利润 4.59 亿元。净利润 2.38 亿元，拨备覆盖率 206.3%。

2014 年，市商业银行加强网点建设，增加服务品种，优化电子渠道，提升电子银行服务水平。实现“三网（移动、电信、联通）融合”，开通支付宝快捷支付，绑定银行卡 9341 张，累计交易金额达 1235 万元，实现银联在线购物功能。成功竞标公积金业务归集行资格，两个月内实现公积金归集户数达 234 户，累计归集额 2379 万元。截至年底，市商业银行储蓄存款余额达 90.83 亿元，其中结构性存款 12.05 亿元。累计投放贷款 85.81 亿元，其中向大型企业投放 24.62 亿元，向中型企业投放 33.94 亿元，向小型企业投放 17.27 亿元，向微型企业投放 1.56 亿元,向非企业投放 2.32 亿元，向个人投放 6.1 亿元，向制造业投放贷款 36.11 亿元，批发零售业投放贷款 14.01 亿元，租赁和商务服务业投放贷款 8.17 亿元，房地产行业投放贷款 7.12 亿元，建筑业投放贷款 5.3 亿元。大力推进小微信贷业务，加大对个人贷款的投放力度，对 100 万元以下的个人抵押类贷款由各支行自行营销并审批发放，全面推广“短贷宝”“汽车宝”“消费宝”“易贷宝”“存贷宝”“联贷宝”“房贷宝”“失业宝”等个人业务品种。推出“融易贷”“经营贷”小微产品，积极探索“公司 + 农户”等圈链结合产品模式。截至年底，全行融易贷累计发放贷款 332 笔,金额 0.51 亿元，发放农户贷款 0.72 亿元。个人贷款余额 4.67 亿元，占贷款总额的 3.99%，其中个人住房贷款余额 0.52 亿元，个人商业用房贷款余额 0.01 亿元，个人消费贷款余额 1.07 亿元，个人经营性贷款余额 1.92 亿元，个人下岗再就业贷款余额 0.4 亿元，个人存单质押贷款余额 0.75 亿元。市商业银行实现中间业务收入 1450 万元，其中结算手续费收入 63 万元，顾问及咨询业务收入 151 万，代理业务收入 31 万元，银行卡业务收入 291 万元，担保业务收入 370 万元，理财业务收入 478 万元，其他收入 66 万元。

（李　艳）

【洛阳银行股份有限公司焦作分行】2014 年，洛阳银行焦作分行通过多元化的营销手段，全员营销，促使分

全市分机构、分地区人民币存贷款情况统计表

	各项存款（亿元）			各项贷款（亿元）			余额存贷比%	新增存贷比%
	余额	较年初（±额）	同比（±%）	余额	较年初（±额）	同比（±%）		
全市银行业金融机构	1264.32	112.81	9.80	853.98	80.57	10.42	67.54	71.42
工商银行	107.44	−0.71	−0.66	74.80	−3.80	−4.83	69.62	535.21
建设银行	117.93	12.14	11.47	81.11	8.72	12.05	68.78	71.83
农业银行	106.97	−6.45	−5.69	61.83	6.30	11.35	57.80	−97.67
中国银行	138.14	5.67	4.28	69.01	8.79	14.60	49.96	155.03
交通银行	14.98	−7.01	−31.88	35.45	2.5	7.59	236.65	−35.66
邮政储蓄银行	125.19	16.92	15.62	18.10	−0.54	−2.92	14.46	−3.19
农业发展银行	8.63	−1.06	−10.94	78.47	2.22	2.92	909.27	−209.43
中信银行	51.28	4.41	41.47	35.05	3.90	12.52	68.35	88.44
光大银行	25.02	6.45	34.73	22.18	3.62	19.50	88.65	56.12
广东发展银行	12.20	0.03	0.27	12.61	2.74	27.76	103.36	9133.33
洛阳银行	10.31	−3.85	−27.18	11.31	1.87	19.75	109.70	−48.57
焦作商业银行	166.13	32.31	24.15	117.12	24.54	26.51	70.50	75.95
农信＋农商	319.37	34.24	−0.7	209.10	14.08	−4.28	65.47	41.12
村镇银行	29.09	7.79	36.56	27.84	5.62	25.31	95.70	72.14
焦作市	1275.44	117.33	10.13	861.63	81.60	10.46	67.56	69.55
修武县	75.95	5.27	7.46	48.42	5.82	13.65	63.75	110.44
博爱县	84.43	7.59	9.87	58.57	5.51	10.38	69.37	72.60
武陟县	118.61	11.44	10.67	73.60	5.44	7.98	62.05	47.55
温县	96.50	9.77	11.26	58.80	5.43	10.18	60.93	55.58
沁阳市	129.59	17.59	15.71	71.34	11.23	18.69	55.05	63.84
孟州市	100.39	9.67	10.66	62.74	5.95	10.48	62.50	61.53

行各项存款稳步增长。截至年底，分行全年日均存款额达 11.99 亿元，较上年新增 5.35 亿元，理财销售额达 7464 万元，较上年新增 5737 万元。加快授信结构调整，进一步优化客户结构，加大对中小微企业的信贷支持力度。加强上市公司、拟上市公司和大型企业营销，梳理存量业务结构，制定业务发展规划。进一步加大对中小企业业务营销力度和份额，增加中小企业信贷投放的份额。全市各项贷款余额达11.63 亿元，全年累计发放中小企业贷款 144 笔，金额 8.72 亿元。

（马保红）

·证券期货保险业·

【概况】 2014 年，全市有焦作万方、风神股份、大地传媒、多氟多、中原内配、新开源、佰利联、大通集团（澳洲有限公司）等上市公司 8 家，有东海证券营业部、中原证券营业部、山西证券营业部、广发证券营业部、长江证券营业部、海通证券营业部、方正证券营业部等证券营业部 7 家和中信期货焦作营业部。全市辖区证券期货营业部累计实现交易额 1277.24 亿元。在资本市场方面，焦作市积极推进企业进入多层次资本市场，全市基本形成“上市一批，申报一批，储备一批，培育一批”的良好上市格局。完成云台山旅游、科瑞森、永威安防等 17 家企业申报省定重点上市后备企业工作；完成云台山、科瑞森、伊赛牛肉 3 家企业三年财务审计，中介机构按照工作时间节点开展上市辅导，材料制作，业务核查等工作。协调、帮助解决永威安防项目用地问题，指导中轴集团、鑫诚耐火、卓立烫印加快企业上市步伐，协调解决上市过程中的遗留问题。推进企业新三板挂牌工作取得实质性突破，河南环宇石化、河南宇建、三利达 3 家公司完成挂牌工作；列入新三

全市上市公司有关指标统计表

	焦作万方	风神股份	大地传媒（原焦作鑫安）	多氟多	中原内配	新开源	佰利联	备注
总股本（亿股）	12.02	3.74	7.87	2.22	2.35	1.15	1.91	
流通股本（亿股）	9.57	3.74	1.06	1.84	1.79	0.80	1.67	
12 月 31 日收盘价	10.10	12.24	16.55	16.99	17.27	24.45	21.05	
总市值（亿元）	121.40	45.77	130.24	37.71	40.58	28.11	40.21	
流通市值	96.66	45.77	17.54	31.26	30.91	19.56	35.15	
总资产	96.06	76.65	83.01	31.83	24.37	4.48	42.17	
净资产	45.86	27.45	53.90	16.78	18.74	3.94	22.33	
资产负债率	52.25%	64.18%	35.07%	47.28%	23.12%	12.24%	47.05%	
主营业务收入	37.92	60.18	46.06	14.87	8.51	1.94	15.81	
净利润（亿元）	1.63	3.06	4.24	0.10	1.46	0.23	0.26	截至2014年9月30日
净资产收益率	3.66%	11.74%	9.04%	0.74%	8.08%	6.05%	1.19%	

板挂牌企业资源库企业达 30 家，有 18 家企业与中介机构签订了合作协议。泰利机械、万隆精密完成材料申报工作，被全国中小企业股份转让系统受理；完成飞鸿玻璃、爱尔福克、力合机械、利维生物、伟彤科技等法人治理、财务审计规范、股份有限公司改制工作。截至年底，股民累计开户总人数达 16.69 万人，上市公司 8 家，其中境外上市公司 1 家——大通集团（澳洲有限公司）。全市资本市场通过债券市场融资 5000 万元，通过基金市场融资 10.53 亿元，通过产（股）权市场融资 18.26 亿元，通过信托市场融资 2.7 亿元，通过资本运作市场融资 65.21 亿元，通过其他市场融资 18.29 亿元，全市整个资本市场融资额达 151.73 亿元。截至年底，焦作市共有各种保险公司 37 家，其中财产保险公司 19 家，人寿保险公司 18 家。各类保险公司保费收入 45.7 亿元，赔付支出 11.6 亿元。

【多氟多获中国“最佳中小板上市公司奖”】 10 月 12 日，第九届大众证券杯“中国上市公司竞争力公信力调查”颁奖典礼在南京举行，经广大投资者投票评定，多氟多化工股份公司（证券代码 002407）凭借良好的信誉和信息披露，获最佳中小板上市公司奖。

【河南省首家动漫企业挂牌上海股交中心新三板】 3 月 2 日，焦作市易生元集团公司旗下的郑州太极蝌蚪动漫影视有限公司，在上海股权交易中心中小企业股权报价系统正式挂牌交易，成为全省首家在上海股权交易中心新三板上市的动漫企业。

【宇建科技成为焦作市首家新三板挂牌企业】 8 月 20 日，河南宇建科技股份有限公司完成在全国中小企业股份转让系统（新三板）挂牌工作，成为焦作市首家在“新三板”挂牌的企业，证券简称“宇建科技”，代码为 831038，标志着焦作市推进企业进入多层次资本市场工作有了新的突破。

【三利达在“新三板”挂牌】 12 月 16 日，焦作市三利达射箭器材股份有限公司在全国中小企业股份转让系统（新三板）正式挂牌，至此焦作市有三家企业在“新三板”挂牌。

【广发证券焦作营业部】 2010 年，广发证券焦作营业部成立，位于解放中路 587 号，交易场地面积共 780 平方米。设有中大户及 VIP 室，拥有广发金管家内参、港澳等知名资讯，可提供交易代理、融资融券、证券信用融资、资产管理、市值管理等多元化证券金融服务。截至年底，广发证券开户数 5183 户，交易额 16.62 亿元，环比增幅 214%；营业收入 116.28 万元，同比增长 394.74%；利润总额 32.79 万元，同比增长 493.69%。

广发证券成立于 1991 年，是国内首批综合类证券公司。公司先后于 2010 年和 2015 年分别在深交所及香港联合交易所主板上市（股票代码：000776.SZ，1776.HK）。公司营业网点遍布全国主要经济区域，截至年底，公司证券营业部数量达 249 个，位列全国第三。

【方正证券焦作营业部】 5 月 21 日，方正证券焦作营业部正式开业，位于山阳区长恩路 1506 号，场地面积 200 多平方米，内部配套设施齐全，为客户提供多样的交易方式和齐全的交易品种，与各大银行合作三方存管业务，拥有广泛市场资源和优质理财产品，是A类券商营业部。

方正证券股份有限公司（以下简称“方正证券”）是中国首批综合类证券公司，上海证券交易所、深圳证券交易所首批会员，2010年改制为股份有限公司，2011年在上海证券交易所上市（股票代码：601901）。

【中信期货有限公司焦作营业部】 中信期货焦作营业部由原郑州未来路营业部整体搬迁至焦作，2013年3月，开始正式运营。营业部位于站前路华融国际大厦，营业面积300余平方米。公司采用上期技术综合交易平台（CTP）为主交易结算系统，拥有文华财经、中证财顺、博易大师等行情系统，同时采用恒生、易盛等其他交易系统，满足客户不同需求。截至年底，累计开户659户，有效客户数161户，其中机构法人户2户、个人自然人客户159户；累计交易额507.72亿，营业收入103.71万元，同比增幅49.03%；资金余额708.11万元。

（抄顺利　刘占元）

【保险业向农村发展】 2014年，焦作市保险业全力服务“平安焦作”建设，拓宽保险服务领域，扩大保险覆盖面。在全省率先建立商业保险医疗救助制度，为15万城乡困难群众购买商业保险服务，全面启动保险机构参与新农合大病保险制度，受益群众达260万人。截至年底，全市农业保险共收入保费2846.22万元，赔付支出1098.11万元，累计承保政策性小麦88.24万亩、政策性玉米17.26万亩、公益林53.20万亩、政策性能繁母猪2.73万头、育肥猪5.91万头、奶牛5402头,有力促进了焦作市农业的健康稳定发展。

【中国人民财产保险股份有限公司焦作市分公司】 2014年，中国人民财产保险焦作市分公司注重车险业务

焦作市证券经营机构业务情况统计表

		东海证券营业部	东海证券营业部	中原证券焦作营业部	山西证券营业部	广发证券营业部	方正证券焦作营业部	海通证券焦作营业部	长江证券焦作营业部	中信期货有限公司焦作营业部	合计
开户数（户）	本期	827	249	608	141	263	59	167	206	10	2530
	累计	86918	6074	61136	4605	4310	2342	207	694	659	166945
交易额（亿元）	本期	192.88	12.42	48.35	5.25	7.41	0.21	0.27	1.08	68.01	335.88
	累计	456.61	14.88	231.64	29.71	32.16	0.53	0.37	3.62	507.72	1277.24
	增幅%	56.61	59.23	97.19	55.33	53	90.90	200	52.11	-63.15%	104%
营业收入（万元）	本期	2226.34	148.29	847.58	50.32	56.3	-0.05	0.95	6.24	6.00	3341.97
	累计	5482.61	356.72	3639.19	253.56	227.16	1.66	1.32	14.74	103.71	10080.67
	增幅%	112.76	93.01	263.36	81.07	501.75		200	226.70	49.03%	133.55%
利润总额（万元）	本期	1534.6	49.10	360.92	-13.32	17.14	-9.54	-30	-10.59	-3.22	1895.09
	累计	3657.13	75.70	2099.07	-215.61	-73.26	-69.96	-30	-83.13	-36.73	5323.21
	增幅%	124.20	653.55	357.61	29.60	152.47			13.69	-203.00%	168%
营业税（万元）	本期	102.12	7.00	43.23	2.22	2.9			2168.42	0.34	2326.23
	累计	249.09	16.40	196.88	11.98	12.75	0.13		2791.10	7.69	3286.02
	增幅%	112.44	87.67	298.80	59.71	383.41			_	51.90%	3413%
上缴所得税（万元）	累计	114.39	14.60	223.05	71.63	24.34			0.00	58.72	506.73
月末资金余额（万元）	本期	48724.12	2440.71	27222.58	1430.48	2469.1	81	107	1400.22	708.11	84583.32

注：中原证券焦作营业部含在焦三家营业部并表数据

的识别筛选和品质提升，加快电、网销业务发展，全面实施4S店业务的专管专营，推进家财险、小微企业信用保证保险业务，并提供千万元专项资金，开展种、养两业农险承保工作。全年累计承担各类财产风险保障505亿元，实现保费收入2.88亿元，报表结算利润2810万元。公司累计上缴地方税金1619万元，代收代缴车船税680万元，累计处理各类赔案1.87万件。

（霍孟伟）

【中国人寿保险股份有限公司焦作分公司】 2014年，中国人寿保险焦作分公司实现总保费10.03亿元，市场总份额稳居焦作地区寿险第一位，为焦作150万人提供寿险服务。截至年底，分公司满期给付额达1.1亿元，处理各类理赔案件1.37万件，支付赔款6000万元，上缴税金945万元，为焦作市提供就业岗位5000余个。

中国人寿焦作分公司出台一系列举措，为客户提供主动、快捷、透明的理赔服务，共处理各类理赔案件5万余件，金额近2.2亿元，5日内结案率达99%。公司承担的城镇职工大病补充医疗等政策性业务，为全市公务员、企事业单位员工300多万参保职工提供大额医疗保障，为2万多参保患病职工解决大病就医问题，支付大病医疗费2亿多元。7月起，大额保险金由最初15万元调整至上不封顶，有效解决了参保职工患大病后的后顾之忧。与市人社局联合累计对500多名城镇大病困难职工开展大病补助，为全市乡镇13万户计生独女户、双女户和计生干部家庭提供保险保障，承保全市中小学、幼儿园和大中专院校学生保险，为30万名学生提供保障，支付理赔金1000余万元。

（任银霞）

焦作市各保险公司保费收入及赔付支出统计表

公司名称		保费收入（万元）	赔付支出（万元）
		累计	累计
财险公司	人保财险	28861.16	15247.77
	太保产险	10481.49	3938.15
	天安保险	3351.47	1176.96
	平安产险	27900.21	6966.42
	太平财险	1024.33	164.97
	大地保险	1123.97	437.62
	中华保险	14993.45	7356.55
	华安保险	2284.71	1007.36
	安邦保险	527.16	187.90
	阳光财险	7681.12	2877.78
	都邦保险	822.02	487.44
	渤海财险	1002.38	516.77
	国寿财险	11665.00	5384.73
	中银保险	1622.58	1449.78
	永诚保险	365.25	177.56
	民安保险	1310.96	396.36
	浙商保险	562.78	589.21
	英大财险	1732.74	164.28
	天平汽车	2048.71	448.01
	小　计	119361.48	48975.62
寿险公司	中国人寿	102505.33	21502.47
	太保寿险	71686.52	5800.39
	平安人寿	20003.91	2824.02
	泰康人寿	38202.56	21531.29
	新华人寿	45632.01	3915.05
	太平人寿	16221.97	1011.66
	民生人寿	7569.13	999.19
	合众人寿	1834.40	468.30
	生命人寿	9221.72	904.66
	平安养老	812.00	356.00
	中荷人寿	3196.59	289.85
	华夏人寿	2027.62	2252.00
	人保寿险	5936.54	440.15
	人保健康	7675.68	2110.69
	华泰人寿	1375.67	2468.92
	国华人寿	847.23	34.09
	恒安标准	301.44	19.42
	天安人寿	2947.10	20.69
	小　计	337997.41	66948.84
合　计		457358.89	115924.46

经济监督管理

·综合经济管理·

【国民经济和社会发展主要目标】 2014 年，焦作市经济社会发展的主要预期目标是：地区生产总值增长 10%以上；公共财政预算收入增长 11%；全社会固定资产投资增长 22%；社会消费品零售总额增长 14%以上；外贸出口增长 10%；城镇居民人均可支配收入增长 10%，农民人均纯收入增长 10%；城镇新增就业 6 万人以上；人口自然增长率控制在 6.5‰以内；节能减排完成省下达任务。

【国民经济和社会发展计划执行情况】 2014 年，全市地区生产总值 1846.3 亿元，居全省第七位，增长 8.8%，居全省第十四位。一般公共预算收入 105.6 亿元，居全省第七位，增长 8.5%，居全省第十七位。税收占一般公共预算收入的比重 65.2%，居全省第 17 位，同比下降 1.3 个百分点。固定资产投资完成 1623.5 亿元，居全省第五位，增长 18.2%，居全省第十六位，增速低于预期目标 3.8 个百分点。全市社会消费品零售总额 555.2 亿元，居全省第十一位，增长 12.2%，居全省第十七位。承接产业转移，引进省外境内项目 394 个，居全省首位；总投资 769.4 亿元，实际到位资金 498.7 亿元，居全省第三位，增长 15.4%。发展开放型经济，全市进出口总额 24.6 亿美元，居全省第二位；出口总额 17.1 亿美元，居全省第三位，增长 13.4%。城镇居民人均可支配收入 2.41 万元，居全省第七位，增长 9.3%；农民人均纯收入 1.25 万元，居全省第三位，增长 10%。科技扶持力度进一步加大，市本级科技投入再翻一番；新增国家高新技术企业 8 家，总数达 42 家。坚持稳粮、提质、增效，新建高标准粮田 27 万亩，粮食总产实现“十一连增”，农业产业化集群龙头企业 170 家，农村土地流转率 51.7%。繁荣发展第三产业，新业态发展取得突破，市电子商务产业园开工建设，浪潮集团、银江科技等 24 家电商落户焦作市；文化旅游业保持繁荣，焦作市成功创建国家级旅游服务综合标准化试点市，全市共接待游客 3298.8 万人次，实现旅游综合收入 261.5 亿元，分别增长 11.6%、12.1%。完善发展载体，入选省十强十快产业集聚区 3 家，一星级、二星级产业集聚区 5 家，入选数量均居全省第二位；商务中心区建设全面启动，特色商业区项目加快推进。实施建设美丽焦作三年行动计划，加快国家首批资源综合利用双百工程示范基地建设，超额完成省定节能减排目标任务。推进“54130”环境污染整治工程，开展 2014 蓝天雷霆行动和煤场环境污染专项整治工作。全市 5 家水泥企业脱硝除尘治理全部完成；应关闭的 8 台燃煤锅炉全部关闭。开展 2014 清水利剑专项行动和城市河流清洁行动，推进 9 个污水处理厂提标改造，完成城市河道垃圾清理工作。深入开展国家森林城市创建活动，培育森林资源 21 万亩，森林覆盖率 28.5%。全年城市环境空气质量（API）优良天数 248 天，达标率为 68.0%，较上年下降 11.5 个百分点；4 个省控地表水责任目标断面水质平均达标率为 70.8%。

【经济转型示范市建设】 2014 年，市发展改革委积极服务经济转型示范市建设。

加强政策研究，积极为经济转型发展争取政策支持和提供工作建议。一是做好资源枯竭城市转型年度绩效考核评价工作。与市统计局、财政局、国土局、环保局等部门沟通衔接，以政府名义下发通知，要求市直 26 个部门和单位撰写年度转型工作总结，提供指标数据，准备相关资料。按照国家发改委制定的《资源枯竭城市转型年度绩效考核评价自评报告编制大纲》要求和《全国资源枯竭城市转型年度绩效考核评价办法》确定的考核内容、考核重点、指标体系，对全市城市转型发展的成效、典型做法、存在问题进行了认真总结。经多次研究讨论，形成了《2013年焦作市资源枯竭城市转型工作自我评价报告》和3个附件材料。配合市统计局，测算填报了《城市转型绩效定量考核评价指标》各项数值，由市政府上报至省发展改革委、省统计局。二是争取国家政策性资金倾斜，加强与上级部门的沟通衔接。9月15日，常务副市长姜继鼎带队拜访了国家发改委东北振兴司司长周建平，就焦作城市转型和经济转型示范市建设工作做了专题汇报；多次与东北司领导和中科院地理研究所沟通汇报工作。焦作市在2013年度国家发改委等四部委的转型绩效评价中获得“达标”格次的理想成绩。2014年争取国家第一批对资源枯竭城市财力性转移支付资金4.62亿元，累计达23.79亿元，为城市转型发展提供了有力的资金支持。三是加强经济转型政策研究。加强对经济新常态的研究，撰写了《突出科技和体制机制创新，加快推进转型发展》《积极适应新常态，加快推进转型示范市建设》《关于对接郑州自贸区的对策建议》等文章。认真学习国家重大方针政策，撰写了《国家新型城镇化规划对我市的影响及建议》《全国资源型城市可持续发展规划对我市的影响及建议》等文章。

深入调研，推动焦作市资源枯竭城市转型接续替代产业发展。一是组织上报国家2014年资源型城市吸纳就业、资源综合利用和多元化产业培育专项项目5个，其中河南新力克重型机械有限公司年产600台喷浆机器人项目通过初审，批准编制《资金申请报告》。二是加强项目建设日常监管工作，多次召集会议、开展专项督查、严格建设投资信息报送，加强对资源型城市转型项目资金使用情况及项目建设情况的监管。积极沟通汇报，经国家、省发展改革委同意，上报了《关于调整焦作恒桥新生活服务广场解决下岗矿工就业（一期工程）项目建设期的报告》《关于变更武陟县产业集聚区银河投资有限公司产业集聚区装备制造产业园标准化厂房项目投资主体的请示》，确保项目建设质量水平。

加强沟通衔接，促进与资源型城市合作交流。5月13日，赴濮阳进行资源枯竭城市转型学习考察，重点学习在促进工业转型升级、加快现代服务业和新型现代农业发展、城市生态文明建设以及转变理念、改革创新、中央财力性转移支付资金使用等方面的典型做法和先进经验。5月22日，赴商丘考察中原经济区承接产业转移示范市建设。重点学习在推进中原经济区承接产业转移示范市建设，促进工业转型升级、加快现代服务业和新型现代农业发展、新型城镇化建设等方面的典型做法和先进经验。8月下旬，在山东济宁参加了中国经济体制改革研究会主办的“资源型城市经济转型与可持续发展高层研讨会”，焦作市转型经验在《改革内参》32期发表。10月中旬，在北京参加由北京大学经济学院、国家资源经济中心举办的“第二届国家资源经济论坛”，介绍了焦作市促进资源枯竭城市可持续发展的探索和实践，扩大了焦作转型工作在全国的影响。

加强宣传，营造经济转型舆论氛围。每月编制《转型动态》一期，共编制10期，分为转型要闻、政策解读、工作动态、他山之石、专家观点等固定板块，共230余篇约50余万字。推出了特别关注、高层论转型、市直部门领导谈转型、企业家谈转型等特色栏目，创新编制了《两会专刊》《新常态专刊》《电子商务专刊》，发放给五大班子领导、市直部门以及“330”企业，引导各部门、各单位准确把握转型发展方向、拓展转型发展途径、完善转型发展举措、提升转型发展水平。

【牵头改革事项】 2014年，市发展改革委按照全市深化改革的部署，稳妥推进各方面经济体制改革。牵头25个经济体制专项改革专题中的8个专题，围绕经济体制、社会体制、生态文明体制改革等，统筹协调20个市直部门，拟订了《焦作市深化经济体制改革及第一批重点改革事项和改革意见》。统筹协调市财政、科技、人社、环保等9个部门制订了改革实施方案。牵头全市公务用车制度改革，成立全市公车改革领导小组办公室，印发了焦车改办发1号文，正式启动全市公务用车制度改革工作。牵头开展行政审批制度改革，完成《焦作市建设工程项目优化审批流程试行方案》《审批流程及各阶段实施细则》《办事指南》的制定工作。清理规范行政审批服务事项，下放备案权，压缩审批时限，建立网上办事大厅。窗口共受理（办理）各类行政审批服务事项913件，办结913件，全部在规定时限内办结，实现了零投诉。

【牵头“十大建设”进展情况】 2014年，由市发改委牵头推进的铁路网、能源网、新区和产业集聚区10亿元以上项目等“十大建设”任务，总体进展顺利。一批重大建设取得突破性进展，太原至焦作铁路客运专线已通过国家发改委、铁道部联合组织的预可研论证；焦郑城际铁路全面收尾，即将进入联调联试阶段；经市政府常务会议研究通过，成立焦作市铁路建设协调办公室，焦作铁路投资有限公司；龙源电厂1号机组通过168小时试运行；焦作电厂1号机组试运行；丹河电厂迁建项目在12月下旬获得国家发展改革委“路条”。

【省市重点项目进展情况】 2014年，省市重点项目均提前完成年度目标任务，35 个省考核重点项目完成投资 209.9 亿元，居全省第五位，占年度计划的 132.9%；307 个市重点项目完成投资 698.9 亿元，占年度计划的 131.7%。省定 56 项联审联批事项已全部办结，办结率 100%；40 个市重点联审联批项目所涉及的 280 个事项已办结 273 个，办结率 97.5%。

【产业结构优化调整】 2014 年，市发展改革委主要在工业、农业、现代服务业等领域组织开展结构优化调整，并提出优化调整建议，产业结构得到进一步优化。

工业。按照省委省政府关于加快培育百千万产业集群要求，提出了加快以装备制造业为首的焦作市六个千亿产业集群发展规划，制作《大力推进我市装备制造业发展》电视片在全省产业集群培育现场经验交流会上播放。对全市铝工业发展进行认真调研，两次组织召开全市铝加工企业发展座谈会，赴广东、福建等地学习考察铝工业发展先进经验，并组织起草《关于加快我市铝工业发展报告》，进一步明确铝工业的发展方向和发展重点。围绕现代化工产业的发展，协调相关部门开展《焦作市现代循环产业园发展规划》编制工作。组织撰写《关于加快我市中心城区工业经济发展的思考和建议》，详细分析影响城区工业经济发展存在的问题及制约因素，提出了加快中心城区工业经济发展建议，为市委市政府出台《关于进一步加快中心城区工业转型发展的意见》提供了重要参考依据。把握产业政策走向，敏锐意识到组织发展新能源汽车产业将是促进焦作经济转型的一次绝佳机遇。焦作不仅具有发展新能源汽车产业的基础，也具备发展新能源汽车产业的实力，焦作已经具备锂电池动力系统及总成、电控系统、车轮与轮胎总成和汽车电子电器零部件、铝加工上下游产业链等发展电动汽车的产业基础。带队前往国家发改委产业司等部门进行咨询和汇报，尽快实现焦作的汽车梦。

农业。按期完成全国新增 500 亿斤粮食生产能力规划田间工程，改善和提升了农业生产基础条件，全年共新建高标准粮田 10.43 万亩，新打机井 969 眼，维修机井 279 眼，铺设地埋管 477 公里，铺设地埋电缆线 318 公里，开挖、衬砌、疏浚沟渠 49 公里，新修机耕道路 28 公里。加速推进水源工程建设步伐，孤山湖水库项目建议书、九渡水库项目建议书已上报待批，王庄小型水库主体工程已完工，老蟒河等 5 条中小河流重要河段治理工程基本完工。

现代服务业。组团参加 2014 年河南省现代服务业开放合作洽谈会，焦西物流园、ESCC 中国（焦作）数字竞技产业园等 16 个项目在现场签约，签约总金额 229 亿元。将 70 个项目前景好、发展潜力大、资本金充足的项目纳入到 2014 年河南省服务业发展储备项目库，总投资 236.7 亿元。编制《2014 年焦作市加快商务中心区和特色商区建设专项工作方案》，推动“两区”建设。联合六部门组织开展国家生态文明先行示范区申报工作，编制了《河南省焦作国家生态文明先行示范区建设实施方案》，8 月焦作市成功列入河南省第一批生态文明先行示范市。

【产业集聚区建设】 2014 年，焦作市加快产业载体和发展平台建设。4 月，在全省观摩点评活动上，孟州市、沁阳市产业集聚区获河南省十强产业集聚区，经济技术产业集聚区获河南省十快产业集聚区、省观摩豫北组第一名；孟州市产业集聚区被评为省二星级产业集聚区，武陟、经济技术、沁阳、博爱县产业集聚区被评为省一星级产业集聚区，整体成绩居全省第二位。示范区和产业集聚区 10 亿元以上项目进展顺利，共组织实施示范区和产业集聚区 10 亿元以上重大转型项目 49 个，其中 2013 年项目 25 个，已完成投资 245.3 亿元，占总投资计划的 92.4%；2014 年项目 24 个，已完成投资 121.4 亿元，占年度计划投资的 90.7%。

2014年示范区和产业集聚区 10亿元以上重大转型项目名单

年产 8 万吨重型机械装备建设项目
三维国贸中心项目
焦作天宝桓祥机械科技有限公司年产 1000 套六面顶液压机及精密刀具项目
科技总部新城项目
年产 30 万吨预焙阳极环保节能项目
年产 10 万吨新型节能高档铝型材项目
年产生物制剂 15000 吨建设项目
年产 2600 台（套）通风环保设备项目
河南柏元高科有限责任公司年产 55 万吨耐火材料项目
温县金德福食品有限公司年产 35 万吨挂面、8 万吨杂粮分选、分包生产线、20 万吨面粉、年产 5 万吨速冻肉饼、年产 3 万吨汉堡项目
年产 200 万平方米低碳节能型住宅模块化生产项目一期
日产 120 万立方米 LNG 液化工厂项目
黄河粮油机械装备基地项目
宏基重工机械装备项目
修武县汽车零部件产业园一期项目
年产 300 台（套）智能移动式破碎站及 50 台（套）建筑材料优化系统项目
鹿港商业广场项目
起重厂城市综合体项目
建业·公园里
东方红国际广场
年产 60000 吨含氟精细化学品项目
年产 18 万吨新型高端铝合金型材项目（一期）
金成·百纳城市综合体项目
中原国际商贸城项目（一期）

【“两区”建设】 2014 年，市商务中心区和 10 个特色商业区建成面积 1.35 平方公里，千万元以上产业项目完工 5 个，在建 17 个，累计完成投资 12.86 亿元。

焦作市10个特色商业区名单

焦作市商务中心区
解放区特色商业区
山阳区特色商业区
中站区特色商业区
马村区特色商业区
沁阳市特色商业区
修武县特色商业区
武陟县特色商业区
博爱县特色商业区
温县特色商业区

【资金争取】 加强投资分析工作，每月与市统计、地税、房管等部门沟通联系，及时掌握固定资产投资情况，适时关注动态变化，认真完成投资形势分析报告。针对2014年固定资产投资增速持续走低、投资形势不乐观的情况，深入县市对全市当前固定资产投资形势进行调研，分析了焦作市在建项目个数大幅减少和建筑营业税增速以及投资增速持续下滑的原因，指出了在调研中发现的问题，及时提出调整产业政策、加快项目建设、引导民间投资、加大建筑营业税征收力度、强化政策保障等建议，预测了固定资产投资增长面临的有利和不利因素，为市领导决策提供参考。全年共有268个项目获得上级政策性资金扶持，争取资金9.9亿元，比上年多争取资金9000万元。获得上级政策性资金支持的项目涉及公路、卫生、水利、服务业、田间工程、十百千示范工程、政法基础设施、城市基础设施、农网改造升级工程、保障住房、农村沼气、养殖等十多个领域。

【编制招商引资项目册】 2014年，市发展改革委编制了招商引资项目册，共收集招商引资项目197个，经过论证有112个项目入册，项目涉及高新技术、汽车及零部件、化工医药、能源交通、社会、旅游、农业及物流等12个门类，总投资1051.63亿元。并增加了全市十个产业集聚区功能区和招商引资重点，丰富了全市对外招商引资项目册的内容，将极大助力焦作招商引资活动的开展。

【价格监管服务】 加强市场监管，规范市场秩序。实行网格化管理模式，分6个检查组，采取分片包干、责任到人的方式，不间断的对全市市场进行了拉网式检查。节假日期间联合人大代表、政协委员、行风员和五城区发改委，重点对市场主体价格行为开展检查。强化旅游景区监管力度，重点是节假日期间对全市主要旅游景区是否存在不执行政府优惠措施、强行销售联票，服务收费及价格是否明码标价，保险费是否另设窗口，有无强制保险或强制捆绑销售景区表演门票的行为，是否存在欺客宰客的价格欺诈等行为开展检查。规范大型零售企业和通信行业促销行为，要求相关单位在开业、节庆、店庆时开展促销活动前10个工作日，报送促销方案，从而达到依法规范经营，防止价格欺诈行为发生，最大限度地保护广大消费者合法权益的效果。同时，继续巩固市场价格监管体系建设，市城区大型商场、超市、药店及通信行业等四大行业共建立价格监督管理服务站36个，设立12358价格举报投诉台238个，共有452名物价员参与价格服务监管工作。强化宣传工作，通过《焦作日报》、网站信息、《焦作物价检查》简报等方式宣传价格政策和有关稳定市场物价、强化市场价格监管的举措，并承诺12358价格举报电话24小时畅通，方便群众投诉和举报。

开展专项检查，减轻企业和群众负担。组织开展商业银行、环保、质检、药监、房管、气象等涉企收费专项检查。采取直接检查和省市县联合检查等方式，对全市范围内的市农业银行、市商业银行、市邮政储蓄银行、市光大银行、10家农村信用联社和2家村镇银行共16家银行进行了检查。开展教育收费专项检查。配合市纠风办、教育局等部门积极开展教育收费专项检查。配合国家、省发改委对汽车配件、药材等反垄断案件开展反垄断价格调查。

受理举报投诉，维护群众利益。共受理价格投诉23件，价格政策咨询473件，全部办结；回复市委督办件5起；答复各类舆情帖子45条，并为建立"12358"价格信息平台作了许多前期准备工作。同时，做好房地产配套费专项治理工作，采取督查相关企业退款、协助法律援助中心提供法律援助和申请法院强制执行等手段，开展清退工作。已为群众退费6800余万元，占应退金额的90.5%。

【城镇化发展】 按照市委市政府要求，全市新型城镇化领导小组办公室设在市发展改革委，为稳步推进新型城镇化建设，牵头起草了《中共焦作市委关于科学推进新型城镇化的指导意见》，研究制定《焦作市科学推进新型城镇化实施方案》，对焦作市城镇化工作进行了全面部署。城镇化率53.23%。

【民生工程保障和改善】 (1) 拟定2014年"十项重点民生工程"(10类20个项目)，投资总规模10.9亿元。(2) 规范价格收费秩序，全力推进"价格诚信、文明经营"主题活动，配合省发改委相继开展了建设、交通、环保、工商、消防、商业银行等行业的涉企收费专项检查和市场价格及旅游服务价格检查，共实施经济制裁135万元，其中退还用户68万元，罚没67万元。(3) 加大教育、医疗、文化等社会事业项目投入力度。为职教园区、焦作师专等学校9个项目争取中央资金1300万元；为全市争取市县妇幼保健、乡镇卫生院等卫生项目263个，总投资6554万元；争取文物保护中央资金612万元；争取中央资金180万元，用于解决部分残疾人老有所养问题，为六县市各配备1辆计划生育流动服务车；

争取高山无线发射台站建设项目资金150万元，解决了山区群众收听收看广播电视问题。(4) 加大困难群体帮扶投入力度。先后两次赴沁阳市柏香镇西庄村调研走访，拨付资金3万元用于治安监控视频安装。全年共为帮扶村新打机井28眼，争取村级卫生所项目2个，总计投资80余万元。(5) 制定《焦作市城市河流清洁行动实施方案》，拟对全市各城区20条河流进行综合整治，治理长度99公里，努力打造生态宜居城市。(6) 做好人大建议和政协提案办理工作。共办理人大建议13件、政协提案15件、全部按时办结，满意率100%。(7) 加强投资类企业监管，排查投资类企业163家，正常经营企业99家，已停业的24家，有非法集资嫌疑的40家，均已按规定移交相关部门和县市区处理。

2014年焦作市10项重点民生工程

支农惠农　贫困村整体推进项目

教育方面　继续设立教育质量奖；提高市直普通高中生均公用经费标准

文化方面　舞台艺术送基层

体育方面　“健康焦作”省运惠民工程

环境保护　创建国家森林城市及构建林业生态网络工程

城乡就业　积极推进城乡就业创业工作

社会治理　背街小巷综合整治工程；新改建、改善农村公路200公里

困难群体救助　提高城市低保补助水平；提高农村低保补助水平；完善城乡困难群众临时救助和建立商业保险医疗救助；增加市本级法律援助办案专款，实施法律援助“两室一点”服务窗口创建项目

社会保障　提高企业退休人员基本养老金标准；基本医疗保险报销实行上不封顶；市辖五城区全面落实惠民殡葬政策（惠民殡葬免除基本殡葬服务经费）

民生基础工程　公交GPS智能调度系统；老城区燃气管网改造；污水管网工程；城区配电设施整体改造和城市照明项目

（王爱军　王　璐）

·审　计·

【概况】　2014年，市审计局坚持“三围绕、三促进”（围绕经济社会发展大局、党委政府的重要工作部署、群众关注的热点难点问题，统筹谋划和安排审计项目，以审计促规范，以审计促提高，以审计促发展）的焦作审计理念，以提高审计质量为核心，认真履行审计监督职责，有效发挥了审计的服务保障作用。全市审计机关共完成审计和调查项目327个，查出违规问题金额72.29亿元，核减政府投资1.16亿元，有关单位采纳审计建议，建立完善制度766项，向纪检监察和有关部门移送案件线索24起，有39人受到处理处分。市审计局被评为全省审计业务综合考核先进单位。

【财政审计】　2014年，市审计局在全面审计预算编制和预算执行情况的同时，重点审计政府性基金、政府采购、政府债务、国有资本经营等专项预算执行情况，重点单位的部门预算执行情况，以及会计委派中心政策执行情况、市直预算单位“三公”经费和会议费开支情况等，促进了财政规范管理，堵塞了财税征管漏洞。

【政府投资项目审计】　2014年，市审计局以“十大建设”为重点，对新体育中心建设工程、城市水系建设进行了阶段性跟踪审计，对职教园区一期工程、东方红广场人防工程、海关监管场所、人民路延伸工程等重大投资建设项目进行竣工决算审计。共审计建设资金9.3亿元，审减1.09亿元。

【专项与民生资金审计】　2014年，市审计局根据全市经济社会发展需要，主要审计土地整理及土地整治资金、南水北调城区段绿化带建设资金、林业生态市建设资金、科技资金等专项资金，以及新型农村合作医疗资金、就业创业培训资金、住房公积金、食品安全专项经费等民生项目资金，涉及资金总额34.76亿元。审计发现虚报冒领资金341万元，滞留闲置资金1.87亿元，提出了加快民生项目建设进度，提高资金使用效益等审计建议。

【经济责任审计】　2014年，市审计局以规范权力运行为主线，以落实

举办审计业务研讨会

开展审计项目质量“回头看”活动

“四责一规定”为重点，对36名县级、57名科级领导干部实施经济责任审计。在经济责任审计中，积极探索开展编制审计与自然资源资产审计，制定了编制审计工作规范。

【上级安排审计项目】 2014年，市审计局按照国家审计署的统一安排，组织全市审计机关完成了稳增长、促改革、调结构、惠民生、防风险政策措施落实情况跟踪审计、城镇保障性安居工程跟踪审计、安阳市土地出让金和耕地保护情况审计。按照省审计厅的统一安排，完成温县和博爱县农信社资产负债损益审计。

【提升审计工作质量】 2014年，市审计局积极开展“审计质量提升年”活动，采取多项措施狠抓审计质量，在全省精品审计项目评选中，市审计局组织实施的河南省农村信用社联合社焦作市办公室及所辖四家县级联社2012年度资产负债损益情况审计，被评为全省精品审计项目，温县审计局组织实施的县本级预算执行和其他财政收支审计，被评为全省表彰审计项目。组织上报计算机审计方法和实例84篇，其中7篇获得优秀奖，市审计局被评为全省优秀组织单位。

【审计整改】 通过督促被审计单位加大整改力度，促进有关部门和单位整改落实问题资金2438万元，拨付资金到位1368万元，采纳审计建议766条，建立健全规章制度及制定整改措施17项。市人社局针对审计发现的问题及提出的相关审计建议，组织专人进行整改，追回在往来账上长期挂账的一笔欠款20万元。市社会医疗保险中心积极整改，追回被套取的统筹基金368.3万元，并协调卫生、工信等主管部门，对25名责任人给予党纪政纪处分。

（喻新军）

·国资监管·

【概况】 2014年，市国资委依照法律、法规履行出资人职责，指导推进国有企业改革和重组；根据市政府授权向市属国有企业派出监事会；通过法定程序对企业负责人进行任免、考核并根据其经营业绩进行奖惩；通过统计、稽核，对所管国有资产的保值增值情况进行监管。重点监管企业16家，资产总额343亿元，所有者权益134亿元，利润总额0.34亿元。

2014年市国资委监管的市属国有企业

焦作市投资集团有限公司
河南新时代交通发展集团有限公司
焦作市工业投资集团有限公司
焦作市南水北调建设发展有限公司
焦作市公共住房建设投资公司
焦作市万方集团有限责任公司
河南轮胎集团有限责任公司
焦作市化电集团有限责任公司
河南省国营博爱农场
焦作市公交总公司
焦作市盐业公司
焦作市迎宾馆有限责任公司
市阳光房地产经营有限责任公司
新乡长城宾馆
焦作市绿源热力公司
焦作市科林环保有限公司

【市属国企改革】 2014年，市国资委围绕深化产权制度改革，规范市属国企改制工作，监督、协调、配合做好城市集中供热特许经营改革有关工作，对焦作市绿源热力公司企业改制审计和资产评估全过程进行监督，对改制方案、城市集中供热特许经营项目和人员安置方案等进行审核。协调各有关部门妥善解决了自1999年焦作燃气热力总公司改制合作以来一直未解决的历史遗留问题，收回欠缴多年的资产转让收入3500万元。帮助企业制订转型方案，推进坚固水泥公司“退二进三”发展转型。对党政机关领导干部在国有企业兼（任）职进行了认真全面清理，共涉及9家国企，27名企业负责人。

【国资监管】 2014年，市国资委加强对国有企业风险的管控，制定出台了《关于进一步加强国有企业内部控制制度的建设意见》《关于加强市属国有企业法律风险防范管理工作的指导意见》《关于出资企业法律顾问制度建设的实施意见》，以市政府办公室文件下发《关于加强监事会主席（财务总监）当前监督的实施意见》。

修改完善《焦作市国有资本经营预算管理实施方案》，并编制完成所监管企业2014年度国有资本经营预算草案。认真组织对监管企业的经营业绩考核工作。加强全市国有产权基础管理工作。

【投融资平台建设】 至2014年底，五大投融资集团资产总额317亿元，净资产119亿元。五大投通过各种方式实现融资总额229亿元，其中2014年新增融资额49亿元。强化对投融资平台监督考核，降低经营和债务风险。完善投融资制度建设，优化投融资体系。

【加强与央企省企对接合作】 5月，市国资委牵头组织召开驻焦央企、省企重点企业项目谋划座谈会，统筹推进市县区两级与央企对接合作。参加8月举行的“央企河南行”集中签约活动，签约金额达80亿元。为保障央企省企合作工作落实专门设立央企联络科。

（申恒锋）

·公共资源交易·

【概况】 2014年，市公共资源交易中心围绕“公开、公平、公正”的核心要求，持续夯实业务基础、创优发展环境、促进作风转变、提升平台效能，公共资源交易工作保持了健康、稳定、快速的发展态势。全年交易中心共完成进场交易项目1025个，成交金额52.34亿元，增效节支6.25亿元。

【市公共资源交易中心重新组建】 9月29日，省编办对公共资源交易机构进行了批复，批准同意成立正处级的市公共资源交易管理委员会办公室和副处级的市公共资源交易中心。12月12日，市机构编制委员会批准并印发《焦作市公共资源交易管理委员会办公室机构编制方案》《焦作市公共资源交易中心机构编制方案》。焦作市公共资源交易管理委员会办公室，原公共资源交易中心、建设工程招标办公室的机构职能，组建正处级规格的公共资源交易管理委员会办公室，内设6个科室、1个公共资源交易执法监察支队，主要负责交易活动的监督管理。焦作市公共资源交易中心，即撤销原焦作市公共资源交易中心和焦作市医药采购服务中心，重新组建副处级规格的市公共资源交易中心，内设8个科室，主要负责交易项目的具体操作实施。

姜继鼎一行在公共资源交易中心考察

【公共资源交易升级改造项目启动】 9月，市公共资源交易中心启动了公共资源交易升级改造项目。项目总投资1500余万元，建设内容包括交易场所改造、电子交易系统建设、购置评标场所办公设备和办公家具等。

【工程招投标】 2014年，市公共资源交易中心围绕规范运作，提高工程招投标服务水平，重点做到“三个到位”：职责职能落实到位。坚持用制度规范招标投标程序，做到每个环节、每道程序有人负责、不留死角、层层落实。程序监管执行到位。重大项目安排两名以上项目负责人监督交易过程，并坚持到郑州、新乡等地抽取评审专家，防止围标串标、暗箱操作等情况的发生。交易服务优化到位。对重点工程、民生工程，以及社会各界关注的工程项目，建立绿色通道，采取专人负责、特事特办、急事急办、加班加点办的方法全力推进，确保项目交易环节快速高效。2014年共完成建设工程交易项目207个，交易额30.02亿元，节约资金3.89亿元，节支率11.48%。

【政府采购】 2014年，市公共资源交易中心把好风险防控、采购信息发布、开评标时间和评审专家抽取，自觉接受采购单位、供应商以及社会各界监督。采购程序进一步规范，重新制定了非招标采购方式的采购文件，明确各岗位人员的工作职能。对技术需求比较复杂的采购项目邀请专家论证，确保采购业务程序规范化、内容合法化。采购种类进一步拓展，持续扩大业务类型，严格采购过程，先后完成了市公安局二代居民身份证人像采集设备、残疾人联合会收音机、市公积金归集信贷招标等重大项目的采购。全年共组织政府采购项目344个，成交价1.18亿元，节约资金0.26亿元，节支率17.85%。

【国有产权交易】 2014年，市公共资源交易中心对重大产权交易项目，引入市场竞争机制，扩大信息发布范围，确保资产增值。为使无形资产显性化，启动了小汽车号码号牌拍卖工作。全年共完成国有产权交易项目56个，成交价5375.78万元，增收599.2万元，增值率12.54%。

【车牌号码公开拍卖启动】 3月19日，市公共资源交易中心首次对小汽车吉祥车牌号码号牌进行拍卖。首次拍卖的50个号牌总成交价308.8万元，增值率251%。至年底，共先后组织5场拍卖活动，拍卖号码号牌184个，拍卖资金610.27万元。该款项将作为交通事故社会救助基金，实行专款专用，主要用于在辖区内发生的交通事故，垫付符合条件的伤亡人员的部分或全部抢救、丧葬费用。

【国有土地电子交易】 2014年，市公共资源交易中心严格落实“廉洁准入”制度。认真审查竞买人资料，确保行贿犯罪档案查询证明时效，对有违法行为的单位或个人，一律严禁参加竞买活动。同时，积极开展业务总结分析，并经常与国土部门进行业务探讨，向上级部门提供决策参考。针对土地流拍情况，专门向市政府呈报了《关于土地流拍情况的分析报告》等。为提高土地市场的竞争度，建议并协调相关部门降低了土地挂牌出让竞买保证金门槛，科学设置出让规则，有效杜绝了围标串标，盘活了土地市场。全年市交易中心共完成国土资源交易项目19宗，成交价14.59亿元，增加土地收益1.2亿元，增值率9.09%。

（赵拥军）

·统　计·

【统计服务】 2014年，市统计局为使市委、市政府及时了解全市经济形势，在第一时间编发《统计快报》，报送市级主要领导参阅；围绕工业强市、十大建设、经济转型示范市建设、美丽焦作建设等重大课题，深入开展调查研究，全年撰写统计分析文章105篇，市以上领导批示19篇，其中市委书记孙立坤直接批示6篇，部分分析建议被市委市政府采纳。在市社科联立项的27篇调研课题全部获奖，市统计局连续五年被评为焦作市社会科学重点课题调研活动先进单位。继续做好《统计知识手册》《统计年鉴》《统计提要》《统计综合月报》等资料的编印，全年编印3000余册，供社会公众使用。以焦作统计网为平台，及时发布统计信息，全面解读统计数据，引导社会公众正确认识和运用统计数据。全年发布统计信息726条，接受公众数据查询450次。充分利用现代移动通信的渠道优势和手机媒体覆盖面广、传播迅速、阅读方便等特点，创办统计手机报，定期发送数据解读、加快信息传递等，满足了社会各界对统计信息的需求。

【统计改革】 2014年，市统计局全面深化统计改革，成立深化统计改革领导小组和办公室，研究制定《焦作市统计局全面深化统计改革方案》，推动统计工作积极适应全市经济和社会全面发展需要，全力推进GDP核算、能源、投资、服务业等12项重点改革。组建了服务业统计办公室，认真执行新服务业统计调查制度，组织各级各部门做好服务业统计调查工作。组织召开非金融资产投资改革试点动员会，并邀请省处专家直接对修武、博爱两个试点县的乡（镇、办事处）和集聚区人员进行专题授课。通过对两县上报情况的跟踪督导和深入企业实地指导，确保了194家联网直报单位和78家新建企业报表的顺利上报。为全省、全市全面推行新的统计制度积累了宝贵经验。继续深化能源统计领域改革，能源统计从单纯能源消费统计，转变为能源生产、流通、消费、库存全流程统计，水资源和环境统计指标更加全面、制度更加完善。组织实施高新技术产业统计制度。持续推进城乡住户调查一体化和信息化调查等改革。

【常规统计调查】 2014年，市统计局常规统计调查顺利实施。高质量完成GDP核算任务，顺利推进了农业、工业、建筑业、批零住餐业、房地产业、服务业等国民经济各行业以及固定资产投资、人口就业、城乡居民生活、市场物价、社会科技文化、收入消费、能源资源环境等各领域常规统计调查。组织开展了健康服务业统计调查、劳动力调查、企业用工调查、外国专家调查、人口与城镇化抽样调查等常规调查，全面、准确、及时地反映了焦作市经济社会发展情况。

局领导班子开会研究工作

【社情民意专项调查】 2014年，市统计局围绕经济转型示范市和美丽焦作建设，深入了解社会各界和人民群众对各级政府工作的建议，全面掌握当前人民群众所思、所想、所盼，开展各类社情民意专项调查。开展的事业单位绩效考核社会认可度调查、居民用热、美丽乡村建设等专项调查受到政府部门及社会各界好评。

【第三次全国经济普查】 2014年，焦作市第三次全国经济普查圆满完成现场登记、数据审核、质量抽查、汇总评估和普查重大课题招标等工作任务。摸清了全市二、三产业家底，达到了预期普查目的。本次普查中，PDA作为全新采集手段首次运用到现场拍照、登记、初审、报送中，提升了数据质量。

【统计信息化建设】 2014年，市统计局持续强化统计信息化建设，对各县市区网络信息安全进行指导检查，不断提高统计部门和统计人员网络安全防范意识，更新计算机、网络设备，完善网络安全防护管理系统，提升网络信息化水平。对会议室进行高清视频会议系统改造，完成了视频会议主会场建设，沁阳、中站等县区完成了分会场建设，实现了省市县三级视频会议室的互联对接，信息化建设稳步推进。

【统计法制建设】 2014年，市统计局扎实开展统计法制宣传、统计执法、“法治型机关”创建活动，共查处统计违法违规案件30起，市局“法治型机关”创建工作通过市法制办考核验收。根据国家、省统计局“一套表”专项整治部署，成立“一套表”联网直报专项整治工作领导小组，制定《焦作市“一套表”联网直报工作专项整治行动方案》。

（柴飞燕）

什么是企业一套表？

企业一套表是一种面向常规统计调查对象，将需要调查的全部内容集中部署并统一收集的统计报表制度。按照调查对象的不同分为工业企业一套表、批发零售企业一套表、住宿餐饮企业一套表、建筑业企业一套表和房地产企业一套表。

为什么说企业一套表改革是统计生产方式的革命性转变？

企业一套表以统一的企业调查核心指标体系和元数据标准为基础，统一设计各个专业涉及调查企业的统计指标，统一确定统计原则和数据处理规则，统一报表布置和报送方式。通过企业一套表，可以实现调查方案设计由各专业独立设计转变为统一设计，调查任务布置由各专业分散布置转变为统一布置，调查单位确定由各专业自行确定转变为统一确定，原始数据采集由国家间接采集、各级统计机构层层上报转变为国家直接采集、各级统计机构在线同步共享，面向企业的调查由专业分割转变为专业间高度融合、由统计过程难以控制转变为统计生产高度可控。这些转变是统计系统面对新形势和新任务，对已经相对落后并在一定程度上制约统计科学发展的传统生产方式、管理体制和工作机制进行的重大变革。

【国家统计调查】 2014年，国家统计局焦作调查队强化国家调查意识，推进调查工作规范化。建立了调查网点、辅助调查员、基层调查员“三位一体”的调查管理信息库。制定完善各项业务工作制度，建立了分级负责分项审核机制，形成了层层把关的数据质量保障体系。抓好事中事后监督检查，完善调查回访制度，及时对回访结果进行通报，对工作中不负责任的个别调查人员进行严肃处理。建立内部督查组织机构，制定督查计划，对15%的调查单位的工作开展情况、数据质量进行了督查。制定完善了不同环节、不同内容的调查工作记录登记表，用于记录各阶段调查工作完成情况，使各阶段的调查工作开展情况保证有据可查。全年共完成网络信息137篇，其中国家局采用19篇，河南调查总队采用118篇；撰写统计分析报告40篇，其中5篇被市级领导批示，提高了服务地方党政决策能力和水平。通过与报纸、网络等现代传媒发布平台的合作，以官方调查数据揭示社会热点问题，服务社会公众，进一步扩大了社会公信力和影响。

（李再生）

·工商行政管理·

【概况】 2014年，全市各级工商机关扎实推进工商登记制度改革，推动注册资本实缴登记改为认缴登记、企业年检制度改为年报公示制度和简化

颁发注册登记制度改革后首张新版营业执照

住所（经营场所）登记手续等各项改革政策的“落地生根”，促进了国务院分2个批次确定的113项工商登记前置审批改为后置审批事项的全面落实，以放权于民、惠利于民的改革成果，进一步优化了营商环境，激发了市场活力。自3月1日以来，全市新登记注册市场主体2.02万户，注册资本（金）182.69亿元，同比分别增长9.79%和148.09%。其中新登记企业3948户，注册资本（金）154.02亿元，同比分别增长133.61%和217.11%。全市共有各类市场主体10.94万户，注册资本（金）1594.09亿元，其中登记企业2.4万户，注册资本（金）1399.28亿元。市工商局被表彰为全省工商行政管理系统先进集体、河南省打击传销工作先进集体，焦作市应急管理工作先进单位、服务企业上市先进单位、依法行政工作先进单位等。

【工商体制调整】 12月16日，中共焦作市委、焦作市人民政府《关于市政府职能转变和机构改革的实施意见》将市工商局由省级以下垂直管理机构调整为市政府工作部门，市工商局解放区分局、山阳区分局、中站区分局、马村区分局、城乡一体化示范区分局，调整为市局的派出机构。在全省率先举办了工商系统分级管理交接仪式，与市委组织部、市编办、市财政局、市人社局联合下发《关于调整市级以下工商行政管理体制的工作方案》，对编制、人员、经费、资产管理等问题进行了妥善解决，维持了现有市辖区工商行政管理体制保持不变，推动了县市分级管理的有序进行。全市工商机关，在流通环节食品安全监管职责移交期间，坚持监管工作不断档，执法力度不减弱，有力地维护了食品市场经营秩序。

【市工商局分级管理工作会议召开】 6月13日，市工商局分级管理工作会议暨交接仪式召开。省工商局与市政府签署了相关移交协议，标志着焦作市工商行政管理体制实现分级管理全面展开。省级以下工商部门调整为地方政府分级管理，有利于地方各级政府按照权责一致的原则，更加紧密地融入地方经济社会发展大局，理顺运转体制，强化监管效能。副市长贾书君出席会议并讲话。

【维护市场秩序】 开展企业信用信息公示。10月1日起，焦作市全面落实《企业信息公示暂行条例》以及国家工商总局公布的《企业公示信息抽查暂行办法》《经营异常名录管理暂行办法》《个体工商户年度报告暂行办法》《农民专业合作社年度报告公示暂行办法》《工商行政管理行政处罚信息公示暂行规定》，正式启动实施了企业年报和信息公示工作。改企业年检为年报公示，积极构建以信用公示、信用监管为核心的新型监管体系。同时，各级工商机关积极扩大社会知晓面，采取多种形式集中开展宣传培训，累计发放宣传资料5万余份，培训企业商户2.48万余家，引导企业履行公示义务，诚信自律经营。至年底，有7457家企业进行年度报告公示，公示率38.12%；公示个体工商户1.43万户，公示率22.49%，在工作通报中连续三次受到省工商局点名表扬。

突出重点领域消费维权。以新《消法》的颁布实施为契机，围绕化肥、农药、钢材、水泥等重点领域，在全市开展中原红盾整治流通领域假冒伪劣商品集中行动，查处无照经营、商标侵权、销售假冒伪劣商品等各类违法案件1496起。同时，继续深入推进五大类重点商品和服务专项整治，抽检各类商品426批次，查处各类侵害消费者权益案件146起，做到了集中整治举报有音、监管有痕、办案有果、查处有力。2014年，全市12315和消协组织累计受理消费者申（投）诉1263件，已处理1236件，办结率97.86%，为消费者挽回经济损失120余万元。

保持打击传销高压态势。开展“打击传销规范直销宣传月”活动，及时发布打击传销警示信息，营造抵制传销浓厚氛围。联合综治、公安等部门开展2014年度打击传销集中行动，捣毁传销窝点8个，教育遣散传销人员173人，立案查处传销案件8起。联合玫琳凯河南分公司举办捐资助学活动，向贫困学生捐赠助学金8万元，指导直销企业投身社会公益事业。

加大打击非法集资工作力度。共排查涉嫌非法集资企业136户，其中配合市发改委排查涉嫌非法集资的投资类企业48户，其他管理类企业88户。检查广告经营单位158家，各类户外广告460多块，监测平面、媒体

举行3·15国际消费者权益日宣传活动

广告 11 万多条（次），下发整改通知书 2 份。

严厉打击无照经营违法行为。开展成品油市场专项整治，组织抽检成品油 122 批次，清理取缔非法经营加油站 57 个，查扣不合格油品 10 吨；加大对“黑网吧”的排查力度，查处取缔黑网吧 3 户，规范办照 2 户，没收电脑 50 台。各级工商机关累计查处无照经营案件 669 件，无照经营违法行为得到了有效遏制。

加强重点领域市场监管。强化反不正当竞争执法，查处各类不正当竞争案件 248 件；部署开展整治利用合同格式条款侵害消费者合法权益专项行动，查办合同违法案件 89 件；推进网络商品交易监管执法工作，完成经营性网站备案 547 家，加贴电子链接标识 297 家，查处网络交易违法案件 9 件。

【推进商标战略】 2014 年，市工商局全力推进商标战略实施。推动市政府召开全市推进商标战略工作会议，提请市政府常务会议研究通过《焦作市人民政府关于加快推进商标战略的实施意见》。完成“雪莲”牌、“尼罗河”牌申报中国驰名商标和武陟县、博爱县、孟州市产业集聚区申报省级产业集群品牌培育基地的推荐工作，认定河南省著名商标 52 件。全市共拥有注册商标 8528 件，同比增长 9.6%；拥有驰名商标 9 件，较上年增加 3 件，增幅达 50%；拥有著名商标 147 件，较上年增加 21 件，增幅达 16.7%；拥有中国地理标志证明商标5 件，数量位居全省前列。

【“红盾护农”行动】 2014 年，市工商局大力发展农村经济合作组织，持续开展“红盾护农”行动，共组织开展农资抽检 133 批次，查办各类农资案件 223 件。全市共有农民专业合作社 4420 户，注册资本（金）达 84.2 亿元。

【广告业监管】 2014 年，市工商局调整下放广告经营许可和监管权限，加强对广告经营企业的行政约谈和监测检查，累计查处广告违法案件 86 件，有效规范了广告发布行为。全市共有广告经营单位 372 家，广告从业人员 2231 人，广告经营总额 1.56 亿元。

【开展“文明经营”活动】 2014 年，市工商局在全市开展企业走访活动 580 余次，发放宣传册和倡议书 3.67 万份，签订文明经营承诺书 2150 份，引导市场、企业、商户投身文明焦作建设。有 23 家单位被省局表彰为“文明诚信市场、文明诚信企业”；38 家商户荣获“文明诚信商户”，形成了典型引路，整体推进的良好工作氛围。

【“法治工商”建设】 2014 年，市工商局围绕全面推进“法治工商”建设，制定下发《焦作市工商系统 2014 年法制宣传教育和依法治理工作要点》，深入开展执法依据梳理工作，及时修订、废止一批不相适应的规范性文件。同时，加大对行政处罚案件的事中和事后管理，严格执行案件核审制度，开展自由裁量权规范工作，确保了执法行为的公平、公正、合法。1 起案件被评为河南省工商系统行政执法精品案件，2 起案件荣获全省行政执法精品案件提名，3 人被评为全省工商系统行政执法办案能手。

【工商行政审批制度改革】 2014年，市工商局加大行政审批制度改革力度，下放行政审批事项 46 项，取消行政服务事项 2 项，保留市本级行政审批和行政服务事项 4 大项 50 个小项。清理后的行政审批和行政服务事项共计减少了 62%，承诺时限压缩了 70%以上。同时，经市政府批准，增设行政事项服务科，实行审批授权首席代表负责制，做到了审批人员和审批项目全部进驻市行政服务中心。

【工商信息化建设】 2014 年，市工商局作为省局确定的全省电子政务（监察）系统对接试点单位，于 5 月 22 日通过市纪委对接测试，并完成门户网站各项业务功能的梳理，实现与政府门户网站及网上办事大厅各项功能的对接，得到市纪委的充分肯定。同时，持续加大对信息化基础建设的投入力度，推动了市政府综合治税数据共享工作得到稳步开展，确保了企业信用信息公示工作按时上线运行。

【王志勇做客河南人民广播电台《秀创业》节目】 3 月 27 日，市工商局党组书记、局长王志勇，党组成员、

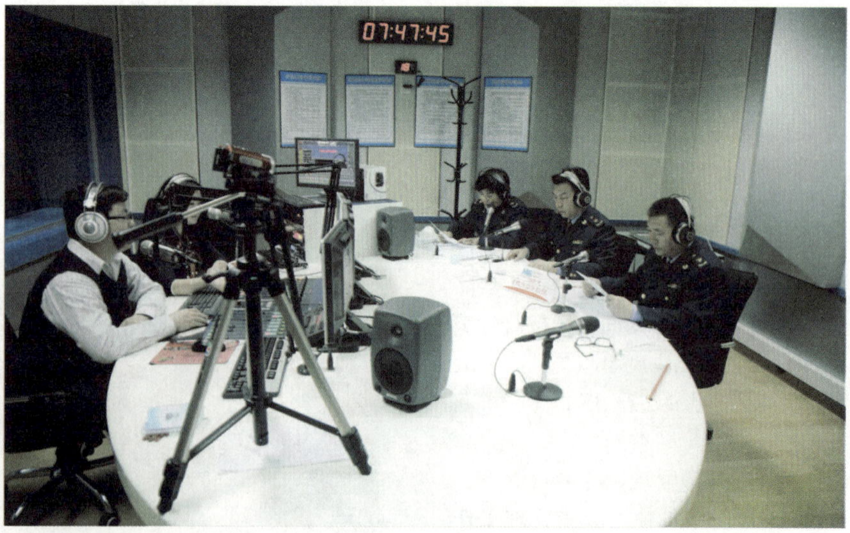

做客河南人民广播电台《秀创业》节目

副局长张勇，注册科科长田丽霞做客河南人民广播电台“秀创业”节目，重点介绍了市工商局支持创业人才发展、服务焦作市经济转型示范市建设的优惠政策和有力举措，并与节目主持人和全省广大听众进行了交流互动。

【马正其莅焦调研】 4月10日，国家工商总局副局长马正其莅焦调研新消费者权益保护法实施情况。在郑州丹尼斯百货有限公司焦作市塔南分公司，马正其详细询问了新消费者权益保护法实施后，该公司消费维权服务站的工作情况。肯定了该公司的做法，要求工商经营户遵守新消费者权益保护法，把客户的投诉解决在萌芽状态。在风神轮胎股份有限公司，马正其听取了汇报后，充分肯定了该公司在品牌打造、节能环保、管理创新等方面取得的成绩，强调要进一步加大打击假冒伪劣产品的力度，保护风神轮胎的合法权益。在市工商局，马正其指出，新消费者权益保护法实施后，消费者协会职能将得到进一步加强，要把新消费者权益保护法宣传好，积极引导消费者科学、节约、合理消费，切实维护消费者的合法权益。省工商局局长周春艳、副市长贾书君陪同调研。

马正其在焦企业调研

（李　菲）

焦作市驰名、著名、知名、地理标志证明商标名录

中国驰名商标

企业名称	商　标
风神轮胎股份有限公司	风　神　（司法认定）
河南省中原内配股份有限公司	河　阳
修武县云台山风景名胜区管理局	云台山
河南金山化工有限责任公司	金　山
焦作制动器股份有限公司	金　箍
河南省天鹅型材有限公司	TINZIBAIE及图
孟州市施可富复合肥有限公司	一条龙及图
河南天香面业有限公司	麦乡及图
河南斯美特食品有限公司	斯美特及图
河南栗子园食品饮料有限公司	栗子园

河南省著名商标

企业名称	商　标
焦作铁路电缆有限责任公司	JT及图
焦作市豫元食品有限公司	国　圆
河南省群英机械制造有限责任公司	群英及图
焦作市九华食品有限公司	九州华洋及图
焦作市海华纺织股份有限公司	海华及图
河南省博洋汽车用品制造有限公司	博洋及图
河南省武陟县武怀食品有限公司	武　怀
河南省武陟县永盛药材加工厂	怀　沁
焦作千业水泥有限责任公司	千　业
孟州世博生物科技有限公司	众身原
河南鑫诚耐火材料股份有限公司	XINCHENG及图
焦作市东亚鸿实业有限公司	珍珠菊
河南黄河人实业股份有限公司	黄河人
河南省百辽怀药科技开发	百　辽
焦作市宝丰电缆有限公司	新　昊
昊华宇航化工有限责任公司	宇航及图
多氟多化工股份有限公司	多氟多化工
焦作机床厂	长臂猿及图
焦作市银星制动器有限公司	银星及图
焦作市虹桥制动器有限公司	虹桥及图
风神轮胎股份有限公司	河南及图
沁阳永威装饰材料有限公司	永威及图
焦作市天狼鞋业有限公司	闯狼五六八
焦作市三家村酿酒有限责任公司	三家村及图
博爱惠丰生化农药有限公司	惠威及图
焦作市前牛矿用设备有限公司	明善伟业
风神轮胎股份有限公司	风神及图
焦作市卓立烫印材料有限公司	卓立及图
焦作坚固水泥有限公司	坚固及图
焦作市沁河酒业有限公司	沁河及图
焦作市西游记化工有限公司	西游记
焦作市华科液压机械制造有限公司	力克及图
河南伟康实业有限公司	铁　棍

风神轮胎股份有限公司	豫轮及图	焦作隆丰皮草企业有限公司	隆 丰
沁阳市先锋绝缘材料厂	先 锋	焦作市中晶水泥有限责任公司	中晶及图
焦作市金昊塑化有限公司	宏 亚	焦作市解放区牧羊伟业服饰	牧羊伟业
河南华宝工业有限公司	科 潮	河南栗子园食品饮料有限公司	栗子园
博爱县回族马记烧鸡总店	同豫兴	焦作市喜来多食品有限公司	僖来多
焦作市怡园冷食有限公司	怡园及图	博爱县华侨实业有限公司	江之涯
焦作市益群营养品技术开发有限公司	益 群	武陟县禾丰绿色稻米产销专业合作社	菡 香
沁阳市怀四宝茶庄	怀四宝及图	焦作市金米郎食品有限公司	劲力郎
河南平安种业有限公司	豫 安	河南伟康实业有限公司	铁 棍
河南兴发精细化工有限公司	XINGFA	河南京华食品科技开发有限公司	京 华
焦作市健国怀药有限公司	建国铁棍	焦作市地丰肥业有限公司	云 通
河南省中原电力电容器有限公司	予 电	河南佰利联化学股份有限公司	雪莲及图
沁阳市九凤泉矿泉水开发有限公司	九凤泉及图	焦作修正联盟卫生材料股份有限公司	联 盟
焦作市电力电缆厂	五菱及图	焦作制动器股份有限公司	金 箍
沁阳市锦辉风电科技有限公司	锦 辉	焦作市长江制动器有限公司	JZCJ
河南省沁阳市爱国驴肉餐饮服务有限公司	爱 国	河南艺龙塑胶有限公司	艺 龙
河南省淼雨饮品有限公司	淼 雨	沁阳市太华建材有限公司	太 华
河南省怀宝食品技术开发有限公司	怀 宝	焦作市马村烧鸡食品有限公司	马 村
河南省怀府麒麟面业有限公司	怀府麒麟	河南斯美特食品有限公司	斯美特
焦作市易生元保健食品有限公司	易生元及图	焦作市方便面厂	豫 竹
焦作市易生元保健食品有限公司	易生元	河南鑫源食品有限公司	人 可
河南省绿宇化电有限公司	绿 宇	河南清宫酒业有限公司	怀 府
河南金滔电缆有限公司	火 金	修武县五里源丑鸭蛋品有限责任公司	五里源丑鸭
好友轮胎有限公司	好友及图	河南中轴集团有限公司	中轴及图
焦作市红棉鞋业有限公司	图 形	河南省天鹅型材有限公司	TINZIBAIE及图
焦作市裕东鞋业有限公司	裕东及图	焦作市宗源生态产业有限公司	宗 源
河南恒康肉类食品有限公司	恒康	焦作市科力达科技有限公司	峰 林
河南省老师傅食品发展有限公司	老师傅	焦作市崇义轻工机械有限公司	CHONGTIAN
焦作市润生食品有限责任公司	润 生	河南星鹏铸件有限责任公司	星 鹏
焦作市博农乳业有限责任公司	博农及图	焦作市科瑞森机械制造有限公司	奔流+BENLIU
焦作市为您康调味食品有限公司	为您康及图	焦作同心电缆有限公司	同心牌+TONGXINPAI
河南栗子园食品饮料有限公司	栗子园及图	河南千年冷冻设备有限公司	2000千年
河南栗子园食品饮料有限公司	栗子园	河南皇马车辆有限公司	老 于
河南伟康实业有限公司	伟 康	焦作市金昊塑化有限公司	金 昊
焦作市米奇食品饮料有限公司	米奇及图	焦作市恒翔塑料制品厂	HENGXIANG
孟州市麦特灵有限责任公司	绿 星	焦作市冯氏洗浴用品有限公司	冯氏+FENGSHI
焦作市金浪湾饮用水有限公司	口口珍	温县七星鞋业有限公司	开路驰
焦作市明仁天然药物有限责任公司	名 仁	河南省慧丰食品开发有限公司	金慧丰
焦作市焦龙液压润滑设备有限公司	焦 龙	沁阳市益康堂农业专业合作社	怀府薏康堂
焦作市新立康输送机械有限公司	新立康及图	焦作市五庆粮油制品有限公司	五 庆
河南迪生电子科技有限公司	DISHENG	焦作修武县红三角粮油食品有限公司	麦香娜
河南屹峰电动车制造有限公司	屹 峰	焦作市奥润生物工程有限公司	奥 润
河南省江河纸业有限责任公司	水	焦作市三福饲料有限公司	畅 源
武陟县牧友皮业有限公司	尼罗河	河南省安江凌饮品有限公司	安江凌

焦作市三家村酿酒有限责任公司	醉园春
焦作市倍源商贸有限责任公司	倍　源
河南省孟州市奥森人造板有限公司	奥森绿源及图
多氟多化工股份有限公司	图　形
河南省康华药业股份有限公	孟州MENGZHOU及图
焦作万方铝业股份有限公司	万　方
沁阳市沁龙化学防腐有限公司	沁龙QINLONG
河南龙昌机械制造有限公司	龙　昌
修武县东升粮机设备厂	华豫东升
焦作市永乐油脂机械有限公司	永乐及图
焦作市东方祥生电器有限公司	图　形
河南同济恒爱暖通消防有限公司	恒爱Airall
武陟县牧友皮业有限公司	尼罗河及图
河南银城科技股份有限公司	艾尼斐特
焦作市美琪工贸有限公司	袁姐YUANJIE
焦作市福达鞋业有限公司	搏峰BOFENG及图
河南伊赛牛肉股份有限公司	伊赛YISAI及图
河南粤禽农牧有限公司	田中禾及图
武陟县亿鑫肉食品有限责任公司	亿鑫YIXIN及图
焦作市金厨食品有限公司	阿　厨
焦作市儒禄盛味品厂	儒禄盛RULUSHENG
焦作新区祥云芝麻糖专业合作社	和酥Hesu及图
怀山堂生物科技股份有限公司	懷山堂及图
河南省康福源中药生物科技有限公司	康福源Kangfy及图
焦作市古寺春酒业有限公司	古寺春
焦作市三维房地产开发有限公司	Sunwin及图

焦作市知名商标

企业名称	商标
河南南朝肥业有限责任公司	南朝
河南欧凯肥业有限公司	欧缘
河南百仕达化工有限公司	百仕达
焦作市中和通用机械有限责任公司	中和
沁阳市沁龙化学防腐有限公司	沁龙
焦作市江河制动器有限公司	图形
焦作市科佳制动器有限公司	重箍
焦作市宇洲机械设备有限公司	豫宁沙龙
焦作市恒翔塑料制品厂	鑫恒翔
焦作市电力电缆厂	五菱
沁阳市华光照明电器有限公司	华煜
沁阳市创辉实业有限公司	豫辉及图
河南皇马车辆有限公司	老于
武陟县喜凤塑料厂	喜凤
焦作市九辰元塑胶管业有限公司	屹辉
武陟县澳伦圣贝装饰制品厂	澳伦圣贝
焦作市动发鞋厂	动发及图
沁阳市爱国驴肉餐饮服务有限公司	爱国
武陟县仙女玉果种植专业合作社	仙女玉果
河南粤禽农牧有限公司	太行人家
武陟县鸿福门业有限公司	万德来
焦作市大富豪贸易有限公司	东方太极
沁阳市神农山冬凌茶厂	必正
焦作市童乐食品有限公司	小伙伴
河南省怀府麒麟面业有限公司	怀府麒麟
焦作市儒禄盛味品厂	儒禄盛
河南鑫合实业发展有限公司	鑫合農莊
焦作市三福饲料有限公司	畅源
博爱县原野纯净水厂	夏朵
河南省康福源中药生物科技有限公司	康福源
河南科霖达菊珍饮品股份有限公司	科霖达
中州铝厂绿色产业部	云台清泉
焦作市智力多食品饮料有限公司	修花
河南清宫酒业有限公司	清宫牌
孟州市广位酒业有限公司	何广位
焦作当阳峪绞胎瓷有限责任公司	当阳峪
河南旭瑞食品有限公司	怀府养生鸭
武陟县怀计精炼油脂加工厂	众喜
修武县玉润肉联专业合作社	怀香
沁阳市时代广场自然经典时尚美发店	自然经典时尚
腾飞眼镜	腾飞
焦作市仙鹤怀药制品有限公司	营军口佳宝
焦作市明仁天然药物有限责任	名仁
焦作市倍源商贸有限责任公司	倍源
河南粤禽农牧有限公司	魔能
焦作市科力达科技有限公司	峰林
焦作市金虹塑粉厂	金虹
焦作市红霞洗化制品有限公司	澜净
焦作大安日用化工有限公司	清如许
保和堂（焦作）制药有限公司	怀泉
作市银河药业有限公司	九万里
爱县万兴门业制造厂	英合
焦作市制动器有限公司	JZB
焦作市研发制动器有限公司	石发开
焦作市永乐油脂机械有限公司	永乐
武县东升粮机设备厂	华豫东升
武县全缘机械制造有限公司	全缘
焦作市崇义轻工机械有限公司	CHONGTIAN
焦作市科瑞森机械制造有限公司	奔流图形

焦作华飞电子电器股份有限公司	图形
焦作同心电缆有限公司	同心牌
焦作市云星线缆厂	吉星
焦作市东方祥生电器有限公司	图案
焦作市真节能干燥设备研发有限公司	ZHENJIENENG
河南同济恒爱暖通消防有限公司	Airall恒爱
河南千年冷冻设备有限公司	2000千年
焦作市华众车辆有限公司	乔
河南顺达车辆有限公司	骏昌
河南屹峰实业集团有限公司	屹峰
河南银城科技股份有限公司	艾尼菲特
河南海盛实业有限公司	图形
沁阳市太华建材有限公司	太华
焦作市中站区张艺木业厂	张艺
焦作市丹阳水泥有限公司	铸辉
河南锦润塑胶科技有限公司	锦运+图形
焦作市金昊塑化有限公司	金昊
焦作市冯氏洗浴用品有限公司	冯氏
焦作市牧澳鞋业有限公司	牧澳
温县七星鞋业有限公司	开路驰
焦作市福达鞋业有限公司	搏峰
博爱县恒昌乳业制品厂	华健
河南德川食品有限公司	德盛恒
焦作市百利源农产品有限公司	百利源
焦作市百利源农产品有限公司	茱萸峰
修武县红石峡特产专业合作社	红石峡
河南省慧丰食品开发有限公司	金慧丰
修武县赢利源食品有限公司	赢利源
焦作市好日子食品有限公司	北岸
博爱县绿源姜业食品厂	怀源
修武县金海粮油食品有限公司	华象
修武县金海粮油食品有限公司	国杨
焦作市月想清真面业有限公司	月想
沁阳市益康堂农业专业合作社	怀府薏康堂
焦作市奥润生物工程有限公司	奥润
博爱县祥云芝麻糖专业合作社	和酥+图形
河南爱芙帝食品有限公司	爱芙帝
修武县富民食用菌专业合作社	熏香园
焦作先锋饲料有限公司	绿美佳
修武县金波绿色农业专业合作社	百家岩
河南省安江凌饮品有限公司	安江凌
成都中港睿奇乳业有限公司孟州分公司	好梦
河南清宫酒业有限公司	怀府
焦作市三家村酿酒有限责任公司	醉园春
河南迪生电子科技有限公司	迪生
焦作市怀川商贸有限责任公司	怀川
焦作市三维房地产开发有限公司	sunwin及图形
焦作市解放区汽车站亚明眼镜店	亚明
焦作市金谷轩绞胎瓷艺术有限公司	金谷轩
河南省孟州市奥森人造板有限公司	奥森绿源
多氟多化工股份有限公司	图形
博爱县信钇炬亮洗涤剂厂	炬亮
焦作市绿环木炭能源有限公司	Green Home及图
孟州市金丰制锁厂	千牛卫及图
焦作市吕氏门业有限公司	正宏及图
焦作市科瑞森机械制造有限公司	特普尔
焦作市神力起重机械有限公司	图形
河南省步瑞特照明科技有限公司	图形
修武县龙腾皮业有限公司	北极洋
修武县云龙橡胶有限公司	武云龙
武陟县牧友皮业有限公司	尼罗河及图
河南卓立膜材料股份有限公司	卓林　ZHUORM
河南永威安防股份有限公司	永威及图
焦作市全星钙业有限责任公司	云莲及图
焦作市美琪工贸有限公司	袁姐
孟州市杰龙制鞋厂	杰龙康皮窝窝及图
南张羌立足鞋厂	豪想足
温县亿龙制鞋厂	太星龙
温县北张羌同鑫制鞋厂	同鑫
修武县知心园食品有限公司	知心园
焦作市怀乡斋食品厂	怀得居
博爱县拜师傅牛肉丸总店	拜师傅
河南粤禽农牧有限公司	田中禾及图
武陟县亿鑫肉食品有限责任公司	亿鑫及图
孟州市奇达香调味厂	豆香居及图
焦作市金厨食品有限公司	阿厨
孟州市禹王林丰种植有限公司	禹王林丰
焦作市古寺春酒业有限公司	古寺春
河南征云置业有限公司	征云
焦作市三维房地产开发有限公司	sunwin及图

中国地理标志证明商标

商　标	商品	注册人
焦作怀牛膝	牛膝（中药药材）	焦作市怀药行业协会
焦作怀地黄	地黄（中药药材）	焦作市怀药行业协会
焦作怀菊花	菊花（中药药材）	焦作市怀药行业协会
焦作怀山药	山药（中药药材）	焦作市怀药行业协会
温县铁棍山药	山药（未加工中药材）	温县四大怀药协会
温县铁棍山药	山药（未加工食用植物根）	温县四大怀药协会

·个体私营经济协会·

【概况】 2014年，市个私协围绕“服务个私经济发展、服务会员发展”的宗旨，以“创新社会管理，促进工商职能到位，服务地方经济发展”为目标，认真履行协会职能，加强协会自身建设，拓宽协会服务领域，充分发挥桥梁、纽带和助手作用，各项工作取得了新成绩。市个私协共有个体会员8.1万户，从业人员17.56万人，团体会员1.95万户，雇工人数28.91万人，注册资本100万元至500万元的5694户；注册资本500万元至1000万元的2485户；注册资本1000万元至1亿元2108户；注册资本亿元以上的86户。

【服务会员】 2014年，市个私协会组织开展“践行价值观、文明我先行”文明经营活动。针对部分企业商户商标意识淡薄、仿冒知名商品特有的包装装潢欺骗消费者等不文明行为，组织荣获河南省著名商标和新申报焦作市知名商标的企业110余家，开展新《商标法》和文明经营培训，教育引导企业合法经营、文明经营。开展“进千家门、知千家事、解千家难”活动，共走访个体会员4570户，私企会员1653户，为会员做好事，办实事，解难事186件。主动上门指导企业、个体户开展网上年检验照。与邮储银行焦作支行开展“访百企、进千户”送金融服务到家活动，各基层协会提供的小额贷款及商务贷款达320笔，贷款金额1.3亿元，较好地解决广大会员融资难问题。定期组织召开个体私营企业发展座谈会，为会员提供向政府及有关部门反映诉求的渠道和机会。组织会员开展争创“开展青年文明号”“光彩之星”活动，提升个体私营从业者的综合素质，树立个体私企业会员的新形象。引导会员把企业和员工的创业精神凝聚成企业文化，转化为推动个私经济发展的动力。

【回报社会】 3月5日，市个私协会在广大会员中倡导“奉献、友爱、互助、进步”精神，开展学雷锋志愿服务活动。共出动义务服务队76个，各种服务摊点500余个，参加义务服务会员1900余人，让利金额5万余元。组织部分民营企业开展向启智智障学校献爱心活动，为智障学生购买书籍、画报等，并开展捐款活动，引导企业承担社会责任，致富不忘回馈社会。组织开展“八一”拥军优属义务服务活动，进一步增强了与部队官兵的鱼水之情。开展了以“倡导诚信自律，服务创新发展”为主题的“光彩服务日”活动。活动期间共为200余名群众免费维修家用电器和电脑，为500余人免费理发，为800余名群众免费修理自行车；共接受3000余人次年报公示工作的咨询，派发《企业信息公示暂行条例》《个体工商户、企业年报工作指引》等宣传资料2000余份。组织会员参与地方扶贫济困、助学兴教、捐赠救灾等社会公益事业。共捐款捐物总价值20多万元，展示了个私会员“致富思源不忘本，富而思进报社会”的光彩形象。

【非公有制党建】 2014年，市个私协会组织有关人员赴三门峡就工商部门如何发挥职能优势，有效推进非公企业党建工作进行考察学习。先后组织到市盛鑫祥眼镜有限公司、市晨运汽车出租有限公司调研企业党建工作，进一步了解非公企业党建工作情况，探索个私经济党建工作的新思路、新办法，不断拓展党建工作领域。共有党组织687个，党员5458人。全年有135名会员积极分子向个私协党组织递交了入党申请书。

（闪红瑞）

·消费者权益保护·

【概况】 2014年，市消协认真组织开展新《消法》和2014年消费年主题宣传教育工作，进一步扩大维权志愿者队伍，发布各类消费警示信息46条，内容包括着装换季时期关注洗涤服务质量、警惕健康保健用品的体验式营销、警惕集会式商品销售陷阱、微信商务存在三大交易风险等，帮助消费者树立正确良好的消费理念。全年共受理消费者投诉407件，解决397件，解决率98%；为消费者挽回损失49.2万元；接待来电、来访咨询235人次。

【3·15主题日纪念活动】 2014年，市消协组织开展一系列“3·15”主题

学雷锋义务服务

日纪念活动。与焦作日报社合作，开办“3·15”维权直通车专题节目。通过连续多期刊登维权案例、发布消费警示、新《消法》的热点、亮点等内容，宣传消费维权知识，在社会上掀起关注消费者权益保护的热潮。共收到消费者投诉咨询 105 起，涉及通讯、房产、汽车、快递、手机、家电等行业，为消费者挽回经济损失 1 万余元。以“新消法、新责任”为主题，对消费者反映较为集中的消费领域中的“霸王合同”和侵权案例进行公开征集，共征集典型合同格式条款 5 起，典型侵权案例 10 起。3 月 15 日当天，邀请司法、质监、仲裁委、移动、联通、金融、保险等部门在东方红广场开展现场法律法规宣传咨询服务。共接受消费者现场咨询 4200 余人次，现场受理投诉 60 余起，解决 52 起。联合市邮政局举办“保护消费者权益”邮票发行仪式。该套邮票从两个方面图解消费者权益的内涵与外延，表明保护消费者权益不仅是公共的约定和公认的规范，同时受到国家法律的确认和保护。

《保护消费者权益》特种邮票发行

【消费维权评议问卷调查】 2014年，市消协为进一步加强对电信服务和家用轿车销售与服务的社会监督，营造和谐健康的消费环境，依法履行市场监督和消费维权法定职责，促进电信服务和家用轿车销售与服务企业诚信自律、守法经营。组织消费维权志愿者对电信服务和家用轿车销售与服务两个行业开展消费者评议现场问卷调查活动。此次活动，将电信服务、家用轿车销售与服务等与人民群众生产、生活密切的行业中各种不正当竞争等损害正常市场经济秩序、各种限制消费者权利、设置服务陷阱、强制或变相强制推行服务、指定消费和乱收费用等损害消费者合法权益行为作为评议重点，引导广大消费者参与评议和监督评议，扩大评议的覆盖面和影响力，提高消费者的知晓率，确保评议活动客观、公正、有效。从评议的总体情况来看，各被调查的单位在网点建设、规章制度建设、售后服务、人员培训和广告宣传等方面，都逐渐成熟和完善，使消费者有了更多的选择权，使整个服务行业的服务意识和自律能力向规范健康的方向发展。

【2014十大消费维权案例】 案例一：红酒口感引纠纷，经销商最终给补偿。3 月，消费者李先生到武陟县消协投诉称，其在某大型超市购买的干红葡萄酒有问题。原来，李先生在武陟县某大型超市购买价值 632 元的干红葡萄酒 4 瓶。因李先生长年喝同品牌干红葡萄酒，所以他很快发现此次购买的葡萄酒口感不对，明显有异味，随即来到超市要求其按照规定“假一赔十”。超市负责人品尝后也觉得葡萄酒的味道有点不同，但只同意给消费者退货，双方意见无法达成一致。武陟县消协接到投诉后，立即通知超市负责人、经销商及厂方代表共同协商。经了解，李先生购买的葡萄酒确系厂家正品，至于为何出现口感不同，厂方代表解释可能有多种原因，例如保存的温度、储存的位置等都有可能影响口感。经消协工作人员调解，双方最终达成一致意见：其余的 3 瓶葡萄酒退给超市，超市退给消

为消费者讲解商品真假辨别知识

为消费者讲解法律法规知识

费者货款474元，另由经销商补偿李先生价值948元的新包装葡萄酒一件，消费者非常满意。

案例二：擅自更改大门品牌，商家减收价款400元。4月，武陟县消协西陶分会接到李先生的投诉。李先生称某个体商户给自己安装的钢木门不是原来约定的品牌。消协工作人员经查证得知，2013年4月初，双方当事人口头约定了一份大门加工定做合同，约定使用某门业有限公司生产的品牌钢木门。可大门装好后，李先生却发现大门的品牌与当初约定的品牌不符。消协进行调解时，商家给出的解释是，已安装的钢木门比原先约定的品牌质量还好，价格还贵。后消协工作人员向商家宣讲了有关法律法规，商家也表示愿意更换大门。但鉴于商家店内确实已没有以前协商好的钢木门存货，再次安装不仅会耽误李先生的时间，还会破坏墙体的结构与美观。经权衡利弊，商家同意减收价款400元。双方对调解结果都表示满意。

案例三：啤酒瓶爆炸伤人，消费者终获赔偿。5月，消费者席女士在家取啤酒时，一瓶啤酒突然爆炸，将席女士的右眼炸成轻伤，进行治疗时花费1万多元。住院期间，厂家积极派人慰问并了解伤情，但双方在赔偿问题上分歧较大，席女士找到市消协希望进行调解。市消协受理后，及时查阅相关证据并通知厂家配合调查。在调解过程中，考虑到席女士是因使用该厂家的产品时造成的右眼受伤，将来工作和生活都将受到影响，还涉及后续治疗等问题。在耐心地和厂家代表多次沟通后，厂家和消费者终于达成一致意见。厂家决定一次性赔偿席女士各项费用共计4.5万元。

案例四：空调制冷效果差，消协调解化纠纷。5月，武陟县的孙先生花费2800元，在一家电器商店购买一台1.5匹的某品牌冷暖壁挂式空调。安装使用半个月后，孙先生发现空调的制冷效果很差。随后的几个月，售后维修人员多次上门维修，可无法解决问题。孙先生要求经销商退货或者调换新机，但经销商迟迟不予答复。武陟县消协西陶分会接到投诉后，立即派工作人员深入到居民家中和销售门店，了解事情的前因后果，通过协调让当事双方消除了对彼此的怒气。随后，工作人员和商家主动邀请高级技师，查找空调制冷效果不佳的原因。经检查维修，空调的各项检测指标全部合格，可以正常使用，双方对结果都比较满意。

案例五：低配改成高配卖，商家最终退差价。6月，市民韩先生在某汽车4S店花费15万元购买一辆高配版汽车。可是提车后韩先生查看说明书时，发现他所购买的高配版汽车，是4S店私自将低配版汽车安装导航后，按高配版的价格卖给他的。与店方协商无果后，韩先生投诉至市消协。市消协受理韩先生的投诉后，检查了汽车说明书并对车辆进行核对，发现韩先生所购汽车，仪表CD处不是原厂的自动导航。4S店负责人解释车辆确实是厂家发过来的，以此为由拒绝赔偿。随后市消协向经销商耐心地讲解法律法规，经过多次协商，4S店负责人认识到自身的错误，返还了8000元差价，韩先生表示满意。

案例六：空调热泵成“电老虎”，商家退货补电费。6月，解放区消协朝阳分会接到市民张先生投诉，他在某暖通商店花费5.5万元，购买一套中央空调热泵系统，可是让他没想到的是，这套热泵系统仅使用两个月就花去电费1.08万元。张先生认为这套设备有质量问题，遂多次与商家协商退货，但都没有结果。接到张先生的投诉后，解放区消协朝阳分会经过协商，决定由商家对张先生的这套供热系统进行检测。为了达到准确的测试效果，消协对此事持续关注，天气转凉后在对这套系统检测时，商家发现确实有质量问题。经协商，双方达成一致意见：商家拆除热泵系统并退还购机款5.5万元，同时支付消费者所花电费1.08万元中的5000元。

案例七：粥锅爆炸很惊险，商家责任须承担。8月的一天晚上，消费者王某在家里用电磁炉煮粥时，突然发生爆炸，王某的半边脸和胳膊被烫伤，电磁炉中间崩出一个大洞，煮粥的双层钢锅开裂。事故发生后，王某住进了医院，其家人多次与电磁炉生产厂家联系，厂家将此事交由焦作市级经销商处理，而市级经销商又将此事转给县级售后处理，但县级售后派人到王某家中调查过一次后，便再无下文。博爱县消协接到投诉后，立即对此事进行调查。据了解，王某3年前在博爱县某商场购买了电磁炉，双层钢锅属购买电磁炉时赠送的礼品。电磁炉也确认是正品，但售后称爆炸发生的原因可能是由于双层钢锅开裂漏气，夹层内高温气体外泄导致的。综合以上情况，消协认为，即使爆炸不是电磁炉直接引起的，但双层钢锅也是由经销商所赠，按有关规定应承担相应责任，最后厂家一次性赔付王某2.5万元。

案例八：买到大米有虫子，消费者获10倍赔偿。8月14日，修武县的黄先生投诉称，其当天在修武县某超市花费76元，购买一袋10公斤装的大米。回到家，他发现，大米里面已经生虫，根本无法食用，他请求消协帮忙退货并要求超市赔偿。接到黄先生投诉后，修武县消协派出工作人员到现场查看大米并进行调查、调解。消协工作人员指出，按照相关规定，销售明知不符合食品安全标准的食品，消费者除可以要求赔偿损失外，还可以向生产者或销售者要求支付价款10倍的赔偿金。经多次耐心调解，双方最终达成调解协议：超市退回大米款76元，并给黄先生760元钱的赔偿金。

案例九：手机故障频出现，商家无条件更换。11月，博爱县的焦女士在某手机店购买一部手机，3天后频繁出现死机现象。焦女士找到经销商后，经销商只是为手机进行了刷机，但死机问题却无法解决。之后，焦女士又多次找经销商协商，但经销商态度冷漠。受理投诉后，博爱县消协工作人员立即联系经销商核实情况。经调查，焦女士所购手机的确有质量问题，此时，经销商又称没有及时处理焦女士的问题，是因为生意太忙，没有时间。消协工作人员立即对经销商进行批评教育，并向其详细解释了手机“三包”的相关规定。最终经销商为焦女士更换了一部新手机。

案例十：万元物品邮寄丢失，消费者依法获赔偿。12 月，消费者陈先生购买 2 块价值共 1 万多元的情侣表送给儿子。由于儿子远在新疆工作，陈先生就将情侣表通过快递公司寄了过去。可是 20 多天过去，对方一直未收到快递。随后陈先生多次到快递公司询问情况，但一直得不到处理。无奈之下，陈先生到中站区消协投诉。接到投诉后，中站区消协人员到快递公司询问事情经过，随后证实该包裹在邮寄途中丢失。按照有关规定，快递公司应赔偿陈先生的损失。经协商，双方达成一致，快递公司按照邮寄单上的保价金额赔偿陈先生 1 万元，陈先生表示满意。

（孙浩杰）

·质量技术监督·

【质量立市工作】 2014 年，市质监局深入推进质量立市战略实施，牵头起草《焦作市人民政府关于贯彻质量发展纲要实施意见》《焦作市政府质量工作考核实施方案和评分细则》，进一步完善了质量工作考核体系，明确了焦作市质量工作的重点任务和目标。8 月 1 日，组织召开全市质量工作会议，安排质量兴市战略工作；六县市均召开了质量工作会议，共发放质量奖奖励资金 486 万元。指导孟州市开展河南省质量强县示范县创建活动。动员和组织 18 家汽车零部件生产企业开展质量对比提升活动；12家企业参加省局组织的首席质量官培训，并在重点企业推广；在 46 家重点企业中推行卓越绩效管理模式，认定卓越绩效管理示范企业 32 家。

【全市质量工作会议】 8 月 1 日，焦作市召开质量工作大会。会议深入贯彻全省质量工作会议精神，总结一年来质量立市工作开展情况，并就今后如何推进质量立市战略的实施，促进经济转型发展作了安排和部署。市委副书记、市长张文深，副市长贾书君出席会议。各县市区长和分管质量工作的副县市区长，市质量兴市战略领导小组成员单位以及各相关企业负责人共 170 余人参加了会议。会上，市长张文深对获得 2013 年度市长质量奖的企业颁发奖杯和证书并分别重奖 100 万元。焦作市科瑞森机械制造有限公司、沁阳市人民政府负责人在会上作典型发言。

【质量月活动启动】 9 月 1 日，市质监局在市龙源湖国际广场举行 2014 年质量月活动启动仪式暨现场咨询活动。全市市长质量奖获奖企业、名牌产品生产企业及质量诚信 A 等以上工业企业参加启动仪式。活动现场设立了咨询、免费检验、质量投诉等区域，安排专人对产品质量等相关知识和法律法规进行宣传、讲解和咨询。现场免费检验检测血压计、眼镜等，受理质量申诉，解决群众关心和反映强烈的热点质量问题。共接待现场咨询 80 多人次，现场免费检验血压计、眼镜共 20 余件，受理质量投诉 3 起。

【名牌战略推进工作】 2014 年，市质监局组织 11 家企业 14 个产品申报河南省名牌产品，全市共新增 9 个省名牌产品，温县产业集聚区被列入河南省知名品牌创建示范区培育名单。加强名牌产品日常监管工作，共检查、走访省名牌产品生产企业 46 家。积极开展河南省质量强县示范县创建工作，孟州市已申报质量强县示范县。大力推荐企业争创质量奖，推荐 4 家企业申报河南省省长质量奖，4 家企业获 2014 年度市长质量奖。召开 QC 小组成果发表竞赛会，推荐 28 个优秀 QC 小组申报国优、省优，获全国优秀质量管理小组 1 个，省质量管理小组活动成果一等奖 12 个，二等奖 9 个，三等奖 8 个。加强质量诚信体系建设，新申报河南省质量诚信 A 级以上工业企业 12 家。指导 20 家质量诚信工业企业，制作发布质量信用报告，促进企业形成质量诚信自律机制。

【计量管理】 2014 年，市质监局共

全市质量工作会议

质量月活动启动仪式现场

完成计量器具检定25万台件，开展商品定量包装净含量抽查、集贸市场和超市电子计价秤监督检查、农资计量专项监督等民生计量活动，对3家流通领域开展了商品定量包装净含量抽查，检查15个集贸市场和65家超市计量器具238台件，检查农资计量器具82台件。开展民用“四表”（水表、电表、燃气表、热能表）计量专项监督检查工作和集贸市场计量器具免费检测等活动，解决群众关注的计量问题。

【标准化工作】 2014年，市质监局大力实施标准化战略，发挥标准引领作用。积极推进工业、农业、服务标准化，强化对标准实施情况的监督，不断发挥标准引领作用。参与制定国家标准《旅游景区数字化应用规范》被国家质检总局和国标委联合发布，于12月1日起实施。参与立项河南省地方标准1项，4项产品申请了采标确认，焦作飞鸿安全玻璃有限公司被确认为省级标准化良好行为企业，2个省级农业标准化示范区通过验收。

【食品安全监管】 2014年，市质监局共受理193家食品企业生产许可申请，对183家企业发放210张食品生产许可证，注销48家食品企业的53张生产许可证，办理104家次食品委托加工备案。开展4次省级食品质量监督抽查和4次风险监测，累计抽检494个批次产品，合格480个批次，合格率97.28%。

【特种设备安全监管】 2014年，市质监局深入开展特种设备安全大检查。将特种设备安全风险隐患排查治理和“打非治违”作为常态化的日常工作，贯穿特种设备安全监察工作的始终，力争做到风险排查扎实全面，“打非治违”迅速有力。共出动检查人员3012人次，检查单位1600家，检查设备5500余台，排查并整改各类隐患268条。持续加强特种设备人员培训。共举办各类作业人员培训班51期，培训各类人员2806人，提高了特种设备作业人员持证上岗率。

【工业产品质量监督】 2014年，市质监局认真开展定期监督检查。共监督检查辖区内861家企业生产的日用消费品、工业生产资料、农业生产资料等1021个批次的产品，合格批次999个，产品批次合格率97.85%。受检企业覆盖率95%以上，定检计划执行率100%。严格实施分类监管工作。对辖区内所有取得生产许可证企业开展分类监管，对照生产许可证实施细则，指导帮助企业完善各种资料，查漏补缺，对135家获证企业实行分类监管，其中确定A类企业27家，B类企业115家，C类企业8家。

【打假治劣】 2014年，市质监局以确保产品质量安全和服务地方经济发展为中心，以“双打”和“利剑行动”为重点，围绕关系群众切身利益的热点焦点问题，深入开展执法打假工作。共组织开展包括食品、农资、建材、粘土砖、汽车配件、儿童用品等在内的10余项专项整治行动，出动执法人员5737人次，查办各类案件156起，涉案金额1280万元，罚没收入253万元，受理群众举报投诉58起。有力打击了假冒伪劣违法行为，净化了全市经济环境，保障了广大消费者的切身利益。被省质监局表彰为全省质监系统推进服务型行政执法建设先进单位，被市委、市政府表彰为企业服务活动先进单位。

【旅游服务综合标准化试点市创建工作】 2014年是焦作市创建国家级旅游服务标准化试点市的关键一年，为确保成功创建，实现经济转型发展，市质监局充分发挥标准化管理部门的技术优势和职能职责，将此项工作纳入年度目标考核，成立创建工作领导小组，制定《焦作市创建国家级旅游服务综合标准化示范市实施方案》，明确工作内容、目标要求和工作时限，将创建任务细化、量化，逐条逐项分解到27家责任单位。强化了旅游服务标准化试点单位建设。指导全市首批60家旅游标准化试点单位建立符合企业实际需要的服务标准体系，5家企业被确认为省级旅游服务标准化示范单位，30家企业确认为市级示范单位，构成了旅游服务综合标准化试点市创建的广泛载体和试点支撑。同时，不断加大旅游服务标准化宣传力度。建立了焦作旅游服务综合标准化网站，印制宣传手册

2000 份，旅游标准汇编 500 份；利用多种宣传媒体播放创建旅游服务标准化示范市的宣传用语或宣传片，邀请国家知名标准化专家赵祖明来焦举办旅游服务综合标准化试点市创建专题讲座，营造浓厚的创建氛围。

【全省认证监管工作座谈会在焦召开】 6 月 26 日，全省认证监管工作座谈会在焦召开，全省 18 个地市、10 个省直管县质监局的相关负责人参加会议。座谈会上，新乡市、三门峡市、信阳市及焦作市就认证认可监管工作做典型发言。会议强调，要以改革创新的精神做好认证认可工作，要深刻认识认证认可面临的改革发展形势，着眼发挥市场配置资源的决定作用和更好发挥政府作用，着眼河南新型工业化、信息化、城镇化、农业现代化目标和建设“四个河南”的总体要求，着眼河南经济、政治、社会、文化和生态文明这“五位一体”布局，深入思考如何更好发挥认证认可工作。

【河南锅检罐车检测中心投入使用】 11 月 27 日，河南锅检罐车检测中心揭牌，标志着河南锅检罐车检测中心正式投入使用。近年来，随着中原经济区建设的深入推进，以孟州为中心的“洛三济焦”（洛阳、三门峡、济源、焦作）经济板块化工产业发展迅速，危险化学品道路运输需求和运输量急剧增长，孟州、吉利、济源在“洛三济焦”经济板块中是危险化学品运输最为集中的地带，也是对危险化学品运输车辆罐体检测服务需求最为迫切的区域。为强化政府监督管理，提高服务效率，降低危险化学品运输企业检测成本，保障危化企业正常生产经营，促进特色产业健康快速发展，省锅检院焦作分院与河南德众保税物流中心在孟州高新技术产业开发区共同建设河南锅检罐车检测中心。该中心共占地 60 亩，总投资 650 万元。检测车间 2000 平方米，户外场 5000 平方米，拥有呼吸阀定压校验台、装卸软管试验装置、超声波探伤机等各类罐体检测仪器设备 20 余台（套），配备检验人员 10 名，可同时提供 20 个工位开展检测工作。该中心投入运行后，将为孟州、济源、洛阳市吉利区等周边地区提供常压罐车罐体蒸煮、清洗置换、检测、维修等服务。

【市质监局获全国质检系统依法行政示范单位】 12 月，市质监局被国家质检总局命名为全国质检系统首批依法行政示范单位。为规范行政执法行为，市质监局从规范行政行为、探索长效机制入手，通过狠抓教育培训，聘请专家和执法能手开展法律培训和执法技能交流培训会，与市检察院成立两法衔接办公室，落实行政处罚裁量权制度等手段，着力提高行政执法人员依法行政的水平和能力。先后 2 人获全国质检系统执法办案能手，3 人获省质监系统十佳办案能手，2 人分别入选全国质检系统执法打假专家库、全国质检系统法律工作专家库。为打造强有力的执法队伍，市质监局把执法经验丰富的人员充实到行政执法一线，聘请职业律师为常年法律顾问，参与重大行政行为的决策、论证及风险评估，建立《行政执法过错责任追究办法》《行政执法监督管理办法》《进一步规范行政执法行为的补充规定》等一系列规章制度，坚持用制度规范行政行为。2 起案件入选全国质检系统春季农资打假十大典型案件，3 起入选全国质检总局《质检系统行政执法典型案例汇编》，3 起入选省质监局“铁拳行动”十大典型案例。

【12365 举报投诉工作】 2014 年，市质监局进一步规范 12365 举报投诉工作，完善 12365 举报投诉处置指挥系统。及时关注收集媒体对执法工作以及产品质量方面的报道，努力做到因势而动，防患于未然。利用 12365 及时受理群众投诉举报，做到有假必打、有案必查、有诺必践。全年共受理咨询电话 468 个，受理申诉 46 起、举报 60 起、立案调查 30 起，其中省局转办案件 16 起，向县市局转办案件 16 起，转办反馈率 100%。均做到了件件有落实，事事有回音。

（张卫华）

2014年河南省名牌产品生产企业

企业名称	产品
河南天香面业有限公司	麦乡牌小麦粉
	麦乡牌挂面
保和堂（焦作）制药有限公司	怀泉牌铁棍山药片
	怀泉牌怀菊茶
孟州市金玉米有限责任公司	粮工牌麦芽糊精
焦作市天狼鞋业有限公司	TLOSPOP 牌橡胶鞋
焦作市东方祥生电器有限公司	牌配电箱（配电板）
河南鑫源食品有限公司	人可牌麦芽糊精
焦作青天河旅游发展有限公司	青天河游览景区管理

2014年河南省质量诚信 A级以上工业企业

AAA 级：

河南鑫源食品有限公司
河南金山化工有限责任公司
焦作市海华纺织股份有限公司
河南省中原内配股份有限公司

AA 级：

河南天香面业有限公司
焦作市博农乳业有限责任公司
河南省天鹅型材有限公司

A 级：

焦作市方便面厂
焦作市米奇食品饮料有限公司
河南艺龙实业有限公司
河南永威安防股份有限公司
焦作市东方祥生电器有限公司

·出入境检验检疫·

【概况】 2014年，焦作出入境检验检疫局共检验检疫进出口货物6642批8.76亿美元，同比分别减少48.01%和41.52%。其中出境货物2484批2.18亿美元，同比分别减少70.23%和71.22%。入境货物4158批6.59亿美元，同比分别减少6.16%和11.30%。进出口批次和货值减少主要是法检目录调整所致。签发各类原产地证书3389份1.9亿美元，同比增长15.98%和8.64%，增长的主因：一是同我国签署自贸区协议的国家增加；二是自贸区协议国家间有更优惠的贸易措施；三是焦作辖区申请自贸区签证企业增加。检验鉴定出口危险货物包装850批16.56万件，其中使用鉴定847批16.53万件，性能检验3批170件。9月，焦作出入境检验检疫局通过省级文明单位复审考核。

【出口产品质量安全示范区建设】 2014年，焦作出入境检验检疫局和温县政府密切合作，积极推进出口食品农产品质量安全示范区建设向纵深发展，将温县出口四大怀药质量安全示范区作为国家级出口食品农产品质量安全示范区进行培育，已通过国家质检总局考核组的现场考核。采取多项措施大力推进出口产品质量安全示范区建设，建成省级出口产品质量安全示范区3家。其中出口食品农产品质量安全示范区2家，出口工业品质量安全示范区1家。全市省级示范区总数达8家。

【进口大宗矿产品检验监管】 2014年，焦作出入境检验检疫局积极探索管检分离，采信第三方检验机构结果作为官方合格评定依据的检验监管新思路，探索对进口大宗铜精矿产品采取“中检公司实施现场检验，焦作出入境检验检疫局对中检公司现场检验活动以及进口企业实施监管”的新模式。按照新模式的要求，焦作出入境检验检疫局对中检河南分公司资质进行了审查备案，指导帮助中检河南分公司制订《进口铜精矿现场检验方案》规范现场作业记录，多次深入现场对检验作业进行跟踪监督。全年累计完成进口铜精矿检验385车皮2.32万吨。

中站区质量安全示范区联席会

【积极应对技术性贸易措施】 2014年，焦作出入境检验检疫局通过多种渠道收集整理贸易国家和地区的新标准、新要求，通过宣传报道、电话通知等途径向各相关企业进行通报。8月1日香港《食物内除害剂残余规例》正式实施，其对进口或在香港生产消费的所有食品中所有可能的除害剂残留制定了明确的管理措施和限量要求，增加了焦作地区四家供港蔬菜基地的出口成本及出口难度。焦作出入境检验检疫局采取多种措施积极应对，成功保障焦作地区3770吨、货值3300万元的蔬菜顺利供港。

【推进对外贸易便利化】 2014年，焦作出入境检验检疫局及时多渠道宣传法检目录调整、免收检验检疫费等政策，做好政策解读，不折不扣落实国家质检总局、河南出入境检验检疫局的要求，全年共免收出口商品检验检疫费116万元。指导企业充分利用原产地证，享受国际关税优惠措施。共签发优惠产地证2522份1.62亿美元，出口企业可享受关税优惠达1700万美元。加强与口岸出入境检验检疫局沟通，加快企业在口岸通关放行速度。

【首次检验进口斑马、羊驼和非洲狮】 2014年，沁阳市天鹅湖生态园引进5只斑马、29只羊驼和7头非洲狮，这也是河南首次引进该种动物。焦作出入境检验检疫局提前介入，稳扎稳打，经过一个多月的隔离，成功完成了焦作地区第一次进境大型动物的检验检疫工作。在有效防止动物疫病的传入，严把国门的同时，也确保了优质、健康、安全的动物良种资源的引进。

【首次检验从约旦进境皮张】 2月19日，沁阳市协和皮业有限公司首次从约旦进口绵羊皮2.47万张，货值达26万美元，这是焦作市乃至河南省首次从约旦进口皮张。在检验检疫过程中检出多种有害生物，按要求立即上报河南出入境检验检疫局。

【焦作陶瓷餐具出口蒙古国】 5月7日，经焦作出入境检验检疫局检验合格，焦作嘉信陶瓷企业生产的一批重达8吨货值6000多美元的炻瓷餐具顺利出口蒙古国。这是焦作地区陶瓷产品首次出口蒙古国。

【首次进口小麦】 7月，河南天香面业有限公司进口1000吨小麦抵达焦作。进口小麦极易携带多种有害生物，为有效杜绝有害生物传入，焦作出入境检验检疫局指导企业确保进口小麦在接卸、运输、储存等全过程均采取有效防疫等安全管理措施。在焦作出入境检验检疫局获得进口粮食企业备案的三家公司累计进口小麦3000吨。

【首次截获旱雀麦种子】 8月11日，焦作出入境检验检疫局在对来自澳大利亚的盐渍绵羊皮进行现场检验检疫时，首次发现并截获旱雀麦种子。旱雀麦为我国农田主要恶性杂草之一，主要危害油菜、小麦、青稞等作物。

【李忠榜莅焦调研】 9月2日，河南检验检疫局局长李忠榜、副局长廖衍一行莅焦调研。实地察看了焦作检验检疫局报检大厅、实验室、孟州办事处、河南德众保税物流中心检验检疫查验现场，听取焦作局的工作汇报，对该局的工作给予充分肯定，对今后的工作提出了要求。在河南德众保税物流中心调研期间，李忠榜与孟州市委书记魏超杰进行会谈。双方就打造孟州口岸以及国际物流中心建设等交换了意见。

（梁红卫　蔡新春）

李忠榜在河南德众物流保税中心调研

·国土资源管理·

【概况】 2014年，市国土资源局围绕“保红线、保发展、保效益、保权益”的总体要求，严格规范管理，积极主动服务，较好地保障了中原经济区经济转型示范市和美丽焦作建设，耕地占补连续十六年实现平衡。在保护耕地红线和经济发展方面，完成武陟县黄河滩区土地整治三期工程项目，全年共新建和续建土地整治项目7个，建设规模43万亩，竣工21.8万亩；全年保障建设项目新增计划用地1.12万亩，持续开展城乡建设用地增减挂钩，有效拓宽了用地保障空间，全市共获批用地面积2.09万亩，供应1.86万亩，土地出让金成交39.82亿元，有力保障了海关物流园区等项目用地；全年收购储备土地2290亩，累计融资5.55亿元；对矿山企业进行科学整合，矿企数量从上年的68家减至55家，全年共征收矿产资源补偿费1610万元。在保护资源效益方面，以“亩产论英雄、集约促效益”为主线，组织开展批而未供、闲置土地清查和处置活动。2011年至2013年全市批准征收土地征地率为91%，2014年全市批准征收土地征地率57%，2011至2013年批准新增国有建设用地供地率73.46%，2014年批准新增建设用地供地率33.44%；完成对重要矿产的“三率”调查与评价工作，查明了焦作市重要矿产的“三率”现状，摸清了影响重要矿产资源“三率”指标的主要问题。扎实推进矿山地质环境恢复治理。17个续建的地质环境类项目，11个通过初验，4个完工待验收，2个现场施工已基本结束，治理面积8.78平方公里，恢复耕地2924亩，植树近7万棵，建设生态公园3个；完成2013年度资源枯竭型城市工程6个重点治理项目的设计招标、设计方案编写审查工作，全年缴存矿山地质环境治理恢复保证金2.1亿元；积极推进矿山企业“边开采边治理”工作，2家矿山企业治理成效明显，已返还保证金948万元；完成《美丽中国多彩大地——中国国家地质公园》大型画册“云台山世界地质公园”的入编工作；与国家环境监测总院签订《焦作市国家级矿山地质环境监测示范区建设框架协议》，焦作市成为全国十个国家级地质环境监测示范区之一，获得国家环境监测补助资金400余万元。在保权益方面，出台《关于印发焦作市建设征收（用）土地地上附着物补偿标准和焦作市青苗补偿标准的通知》，补偿标准比2009年提高20%；制定焦作市人民政府办公室《关于印发进一步加强和规范国有土地使用权出让收支管理意见的通知》，进一步强化土地出让收入征收管理，规范土地出让收入使用分配，共支付征地补偿款1.5亿元；印发《焦作市被征地农民参加社会养老保险补贴办法》，缴纳10个批次被征地农民社保费5433万元；建立保障性安居工程建设项目土地供应审批绿色通道，做到了应保尽保；创新开发了“焦作市国土资源动态执法管理系统”，建成了集日常巡查、立案报批、远程指挥于一体的数字执法新模式，发现制止违法案件385起，立案调查101起，恢复耕地面积446亩；对全市32个矿产疑似违法图斑进行了核查，立案查处21个，移交司法机关1个，查处率100%；制定《焦作市2014年地质灾害防治方案》，对排查出的108个地质灾害隐患点，逐一登记造册，录入地质灾害监测数据库；扎实开展“地质灾害高标准十有县”建设活动，修武县获“全国地质灾害高标准十有县”称号；建立国土资源信访会审制度，实行重要信访事项跟踪问效制度，进一步规范了信访事项复查复核程序，来访批次和人次同比下降24.4%和41.5%。

【土地资源】 2014年，焦作市土地总面积39.73万公顷，其中耕地19.56万公顷，园地3930.88公顷，林地6.22万公顷，草地1.11万公顷，城镇村及工矿用地6.94万公顷，交通运输用地1.28万公顷，水利及水域设施用地3.58万公顷，其他用地6365.29公顷。

【耕地保护】 2014年，市、县、乡层层签订耕地保护责任目标，实行建设项目补充耕地与土地开发整理复垦项目相挂钩，全年共有5批补充耕地项目验收入库，新增补充耕地1.27万亩。耕地面积继续稳定在19.56万公顷，基本农田保持在19.27万公顷，连续第16年实现了耕地占补平衡和基本农田面积稳定。

【土地利用管理】 2014年，市国土局编制和发布了年度国有建设用地供应计划，土地供应总量计划安排1.45万亩，同比减少57%。全市土地供应1237.87公顷，其中使用新增建设用地532.62公顷，合同价款38.61亿元，招拍挂822.06公顷，合同价款34.77亿元。市本级供应276.49公顷，其中使用新增建设用地208.49公顷，合同价款18.7亿元，招拍挂110.25公顷，合同价款12.48亿元。市本级4个保障性安居工程项目供应面积3.88万平方米，其中公共租赁住房5002平方米，挂牌出让的房地产项目均按要求配建公共租赁住房，配建713套，面积4.26万平方米。8月，焦作市国有建设用地使用权网上拍卖系统上线运行。

【建设用地管理】 2014年，全市共报批用地45个批次1.52万亩，保障了焦作电厂、职教园区二期、新区医院、海关物流园、中原商贸城等省市重点及产业集聚区项目用地。2月，经市政府研究同意，下发了《焦作市人民政府关于焦作市建设征收（用）土地地上附着物补偿标准和焦作市青苗补偿标准的通知》，要求2月以后实施征地的，按照新的补偿标准执行。9月，市政府办公室下发了《关于焦作市被征地农民参加社会养老保险补贴办法的通知》，改变了被征地农民无社会保障的现状。全年按规定缴纳市本级7个批次被征地农民社保费2854.07万元。

【商务中心区土地利用综合调查】 2014年，启动商务中心区建设工作。完成新河区域规划范围内的用地情况调查摸底，组织实施了商务区附着物清点。经市财政评审中心评审，示范区、解放区附着物补偿总额为6.15亿元。商务中心区规划面积4.98平方公里，范围民主路至文林路。

【地政地籍管理】 2013年度变更调查共计下发图斑1344个，面积2.76万亩，全市国土系统工作人员经过实地核查、内业整理、数据库建设，10月，通过省厅核查与国土部验收。共办结各类土地登记报件3389件，其中抵押登记153件，协助企业融资45.58亿元，面积638.36公顷；解除抵押登记76宗，面积435.24公顷。有序开展全市耕地后备资源调查评价工作，按照国土资源部要求，全市耕地后备资源调查评价地块7380个，面积3.17万公顷。

【集体土地使用权确权登记】 2014年，全市农村集体土地所有权确权登记发证工作全部完成。累计投入3800余万元，2万余人次参与所有权确权登记调查工作。其中符合确权登记发证条件的2993.21平方公里的2.78万宗地，确权到村宗地数2064宗，确权到村民小组宗地数2.58万宗，全部完成确权登记发证，确权率100%。3月15日，完成农村集体土地上报所有权发证工作整改报告及整改成果；5月25日，完成所有权成果纸质档案数字化与入库工作，并上报相关文字与数据库成果。

【土地整治】 2014年，全市完成博爱县金城等4个乡（镇）土地整治项目（二期）、温县武德镇等6个乡（镇）土地整治项目（二期）、修武县五里源等2个乡（镇）土地整治项目（二期）、武陟县乔庙乡等5个乡（镇）土地整治项目(一期)4个项目的竣工验收工作。组织实施修武县五里源等2个乡（镇）土地整治项目（三期）、孟州市赵和等4个乡（镇）土地整治项目、沁阳市王召乡和2个办事处土地整治项目招标建设工作，投资规模2.55亿元，建设规模1.39万公顷。组织完成2个土地整治项目的资料审查、申报入库工作，申请下达土地整治项目4个，共下达资金2.67亿元，建设规模1.55万公顷。继续开展土地综合整治试点工作，武陟县小董乡小董村等17个村4个土地综合整治试点项目通过省国土厅备案。本批项目总规模1719.24公顷，为全市4个新型农村社区提供建设用地104.36公顷，项目实施后将新增耕地143.49公顷，节约建设用地96.41公顷。

【建立补充耕地指标交易平台】 2014

年，市国土资源局依据焦作市人民政府办公室《关于进一步加强和规范耕地占补平衡管理工作的通知》和《焦作市补充耕地指标交易管理办法（试行）》，建立了市级补充耕地指标交易平台，充分发挥市场在土地资源配置中的基础性作用，及时保障全市补充耕地需求。

【基准地价更新调整】 7月8日，焦作市基准地价更新成果通过省级验收。8月，市国土局对6县市基准地价更新成果进行了验收。9月1日，焦作市基准地价更新成果向社会发布，10月1日正式执行。本次土地级别更新调整共划分7个定级类型，其中商服用地划分6个级别，住宅用地划分6个级别，工矿仓储用地、公共管理与公共服务用地、交通运输用地、水利设施用地、特殊用地均划分5个级别。本次基准地价更新成果与上一轮相比，各用地类型地价均有增长，其中商服用地各级别地价增幅在35.48%～57.82%之间；住宅用地各级别地价增幅分别在25.32%～109.52%之间；工矿仓储用地各级别地价增幅分别在1.89%～10.81%之间；公共管理与公共服务用地各级别地价增幅分别在64.9%～66%之间；交通运输用地各级别地价增幅分别在20%～25.6%之间；水域及水利设施用地各级别地价增幅分别在10.5%～25%之间；特殊用地各级别地价增幅分别在23.8%～25.5%之间。

【土地收购储备】 2014年，全市收储土地2289.96亩，其中新增用地2122.73亩，存量土地167.23亩；供应土地20宗2143.72亩，成交价8.59亿元，实现土地出让净收益约6.2亿元。其中西部工业集聚区报征土地1215.35亩，收储土地520.45亩，供应奋安铝业、大金源、佰利联、亿建混凝土等8宗项目用地1257.33亩，成交价1.14亿元，实现土地出让净收益约0.3亿元。全年融资1.25亿元；土地储备成本清算25宗，返还土地储备成本2.29亿元；财政拨付土地收益基金3671万元。做好黄河滩项目后期管理和补充耕地指标工作，追缴示范区和解放集聚区、文汇路耕地开垦费3051万元。严格落实储备地巡查制度，建立巡查台账，全年共巡查35次，确保储备土地安全。储备土地短期利用租金收入7.66万元。

【土地执法监察】 2014年，市国土资源局加大国土资源动态巡查力度，发现制止各类土地违法案件240起，立案查处41起，拆除违法建筑480平方米，收缴罚没款189.71万元，查处矿产违法案件2起，收缴罚款0.1万元。继续开展制止"双违"（违法用地、违法建设）工作，共清理违法用地312宗，拆除违章建筑133.61万平方米，清理耕地136.83万平方米。

【土地违法违规行为专项整治】 12月，按照省人民政府办公厅《关于印发河南省土地违法违规行为专项整治行动方案的通知》文件要求，在全市范围内全面清查新增建设用地情况，严厉打击各类土地违法违规行为，有

2014年焦作市基准地价更新调整表

类别		地价＼级别	Ⅰ级	Ⅱ级	Ⅲ级	Ⅳ级	Ⅴ级	Ⅵ级
商服用地	均值	元/平方米	4340	2965	2100	1570	1150	780
		万元/亩	289	198	140	105	77	52
住宅用地	均值	元/平方米	2200	1610	1145	840	660	495
		万元/亩	147	107	76	56	44	33
工矿仓储用地	均值	元/平方米	540	440	350	265	205	
		万元/亩	36	29	23	18	14	
公共管理与公共服务用地	均值	元/平方米	1080	785	580	440	355	
		万元/亩	72	52	39	29	24	
交通运输用地	均值	元/平方米	905	680	515	380	270	
		万元/亩	60	45	34	25	18	
水域及水利设施用地	均值	元/平方米	530	410	320	255	225	
		万元/亩	35	27	21	17	15	
特殊用地	均值	元/平方米	800	590	430	325	260	
		万元/亩	53	39	29	22	17	

效遏制违法违规用地势头，坚守耕地保护“红线”，巩固“双违”整治工作成果，规范土地管理秩序，促进全市经济社会持续健康发展。共立案查处违法违规用地147宗，自行纠正4宗，退还土地面积2.7亩，复耕土地面积2.7亩，收缴罚没款83.2万元，拆除违法违规建筑物面积1.71万平方米，没收违法违规建筑物1.5万平方米。

【规划调控与科技工作】 2014年，市国土资源局结合土地利用总体规划中期评估成果，组织开展规划执行情况实地调研，梳理摸清了全市规划期内建设用地规模使用与剩余空间情况、耕地保护目标落实与后备资源现状以及与当地经济发展存在的突出矛盾等情况，进一步强化了科学调控土地利用的针对性、有效性；围绕规划数据库的应用管理，组织开发完成项目用地合规性预审查系统，并应用系统审查建设用地216宗，规划管理精细化水平和能力显著提升；完成大北张、牧野路（小庄）等5个世行贷款项目公交停车场和原焦高速公路詹店互通式立交等17个工程项目用地预（初）审以及10个危险化学品项目联审联批审查；依法调整原博爱县阳庙镇、苏家作乡局部乡级规划203亩；按照“保障重点下移、突出四大园区（一体化示范区、商务中心区、特色商业区和产业集聚区）”的原则，统筹保障新增建设用地计划906.67公顷；报批城乡建设用地增减挂钩试点项目2个批次，解决建设项目用地48.5公顷。完成国土资源统计监测季报、年报的编制，《加强新形势下土地利用总体规划管控力度》的调研报告，获省厅三等奖。申报立项《焦作市耕地保护一张图综合监管平台建设项目》等5个科技项目，完成《河南焦作经济开发区土地集约利用评价》等4个科技项目报奖工作。组织因公出国考察学习三个批次6人，加强了国际间国土资源管理与开发利用交流。组织完成新河商务区土地利用综合调查，为建设商务中心区提供了基础支撑。实施“两河一路”（群英河、新河和龙源路）征迁，涉及用地131.29亩，征地补偿和社保费共计4722.24万元。总投资2.6亿元的牧野路延伸拓宽改造工程开工建设，完成了牧野路延伸拓宽改造工程前期手续和招投标工作；完成拆迁面积约10.7万平方米，涉及解放区3个办事处；一、二标段路段施工顺利进行。协助市发展改革委、环保、水利等相关部门完成《焦作市国家生态文明先行示范区建设实施方案》资料收集，加快推进生态焦作、美丽焦作建设。

【测绘市场管理】 2014年，市国土资源局组织召开焦作市地理信息数据共享汇交工作会，市公安局、交通局、民政局、教育局、林业局、旅游局、农业局、安监局、文化局、卫生局、邮政局、地震局、科技局、气象局、民宗局、市供电公司、河南移动焦作公司17家单位按要求汇交了共享数据，初步建立起地理信息成果共建共享的长效机制；数字焦作成果积极服务焦作城市功能规划、城市水系建设、道路建设以及园林绿化、创建森林城市、申报“海绵城市”等工作，先后为市水利局、市住建局、市规划局、市园林局、市投资集团等单位提供405.6平方公里价值4690.3万元的基础测绘成果。为河南省文物考古研究院、焦作市人民防空办公室、焦作市城市建设项目管理有限公司、河南省焦作规划勘察设计院有限责任公司等单位提供基础地理信息成果。利用测绘成果为市商务中心区指挥部办公室、市第二次全国地名普查领导小组办公室、市人口抽样调查工作联席会议办公室等单位提供了服务；规范了全市测绘任务备案和测绘成果汇交工作，全年备案测绘项目41个，项目总金额1729万元。汇交测绘项目6个；积极开展测绘行政执法人员执法证换证和申领工作，通过系统上报申请办理测绘执法证49人；完成全市30家乙、丙、丁级测绘资质单位复审换证工作，1家单位未提交复审换证资料，已提请省局注销该单位测绘资质。被省测绘地理信息局评为2014年度优秀单位，与省地图院完成的《焦作市国土资源动态执法巡查系统》荣获数字城市地理信息公共平台优秀应用系统一等奖。

【数字焦作地理空间框架建设项目完成】 4月25日，总投资1943万元的数字焦作地理空间框架建设项目全部建设完成，高标准通过国家验收。项目内容主要包括“一库、一平台、六个应用示范系统”。“一库”即基础地理信息数据库：包含焦作市城区324平方公里1:1000比例尺数字线划图、正射影像图、数字高程模型，1:2000、1:5000比例尺数字线划图；焦作全市域4071平方公里1:10000比例尺数字线划图、正射影像图、数字高程模型，1:50000比例尺数字线划图；地名地址数据库等成果。“一平台”即地理信息公共服务平台：依托基础地理信息数据库，采用面向服务的设计理念，遵循网络化运行的原则，建成了焦作市唯一、权威、多尺度无缝集成的地理信息公共服务平台。“六个应用示范系统”即：天地图·焦作、国土资源动态执法管理系统、焦作市公安警用地理信息系统、焦作市数字城管信息系统、焦作市城市公交GPS智能调度系统、焦作市园林绿化信息系统。提请市政府出台了《关于转发焦作市地理信息公共服务平台使用管理办法的通知》和《关于推广应用焦作市地理信息公共服务平台的通知》，在全市推广应用焦作市地理信息公共服务平台，并发布《地理信息数据共享目录》。基于公共服务平台建设的六个应用示范系统运行状态良好，市国土资源局的地质环境监测指挥、一张图综合监管、国土资源网上交易等系统已与公共服务平台

数字焦作地理空间框架建设项目验收会现场

省市领导出席数字焦作启动仪式

实现对接，市综治办的“治安网格”、市人社局的“地图求职”等正在对接，实现了基础地理信息数据共建共享。

【矿产资源】 2014 年，焦作市有采矿权 55 家，煤炭年产矿量 435.2 万吨，建筑石料用灰岩 455.71 万吨，水泥用灰岩 342.2 万吨，熔剂用灰岩 21.11 万吨，铝土矿 6.09 万吨，耐火粘土 6.08 万吨，铁矾土 1.3 万吨，高岭土 0.3 万吨，玻璃用白云岩 1.05 万吨，制灰用石灰岩 59.09 万吨。

【矿产开发管理】 2014 年，市国土资源局办理资源延续、变更采矿权审批 2 个，清理过期采矿权 4 个；采矿权应年检矿山 55 个，年检率 100%，经年检合格矿山 53 个，合格率 96.36%；全面完成煤炭、铝土矿两个重要矿产“三率”（开采回收率、采矿贫化率、选矿回收率）调查评价和采选及综合利用技术工艺现状调查，建立了重要矿产资源“三率”调查与评价数据库；全年共征收矿产资源补偿费 1610.42 万元、采矿权使用费 400 元。

【矿产勘查管理】 2014 年，市国土资源局完成对辖区内的 2 家固体勘查乙级资质单位（河南理工大学校办产业总公司、焦作市神龙水文地质工程有限公司）执业情况进行检查，对执业中存在的问题进行了及时纠正，确保了正常的工作秩序。完成探矿权（河南省焦作市修武县新河勘查区煤矿普查、河南省沁阳市四里沟铁矿详查）项目清理工作，对探矿权与其他矿业权重叠情况进行了核实，并及时上报省厅。完成辖区内 2 个矿产资源勘查项目（河南省沁阳市簸箕掌地区铝土矿普查、河南省沁阳市和湾地区铝土矿详查）年检工作。

【矿山储量动态检测】 2014 年，市国土资源局完成了上年度矿山储量动态检测报告的评审、备案工作，2013 年应检矿山企业 60 个，全部参加动态检测，其中甲类矿山 19 个，参加动态检测 14 个、零动态 5 个，矿山动态检测率 100%；乙类矿山 41 个，参加动态检测 26 个、零动态 15 个，动检率 100%。完成 6 个建设项目压覆矿床审批管理工作。

【地质环境监测】 2014 年，市国土资源局继续做好地质环境监测工作，与国家环境监测总院签订《焦作市国家级矿山地质环境监测示范区建设框架协议》，争取国家环境监测补助资金 400 万元。完善中心城区地下水环境监测网络，监测区域面积 446.52 平方公里、49 个监测点，其中国家级 19 个，省级 21 个，市级 9 个。加强地下水监测工作，组织各县市区召开全市地下水监测工作会议，安排部署地下水监测工作，在全市范围内开展地下水观测点调查工作，完成水质全样分析 100 组，地下水位统测 200 点次，地下水位长期观测1800 点次，为确保焦作市地下水安全提供了科学依据。

【地质环境治理】 2014 年，按照《绿色生态焦作矿山地质环境综合治理三年行动计划》《焦作市“十大建设”生态建设专项行动计划》《焦作市国土资源局矿山地质环境治理专项行动实施方案》，开展了矿山地质环境治理工作。实施矿山地质环境治理项目 17 个，其中完成 11 个并通过市局初步验收，4 个完成现场施工任务，2 个基本完成施工任务。治理废弃矿山面积 8.78 平方公里，恢复耕地 2924 亩，植树 6.89万棵，打水井 12 眼，铺设灌溉管道 2.8 万米，建设生态公园 3 个，极大地修复了废弃矿山破坏的生态环境，改善当地群众的生产、生活条件，增加了农民收入。4 月 1 日，全省地质环境工作会议在焦召开，并作了典型发言。全市矿山企业已累计缴存矿山地质环境治理保证金 2.1 亿元。推进矿山企业“边开采边治理”工作，中国铝业股份有限公司沁阳常平铝土矿已完成平整土地 60 余亩、种植核桃树 3000 余棵；焦作千业水泥有限责任公司谷堆后水泥灰岩矿完成危岩体消除及边坡清理 4.52 万立方米，浆砌石护坡 2503 米，修建排水沟 2503 米，绿化面积 1.57 万米。经市财政、国土、环保三家单位审查，顺利通过验收。已返还保证金 948.13 万元。

【地质灾害防治】 2014 年，经排查全市共发现崩塌、滑坡、泥石流、地裂缝、地面塌陷等地质灾害隐患点（区、段）108 个，分类对 3 个大型、5 个中型、100 个小型地质灾害隐患点制定了《应急预案》和《防治方案》，与气象局联合建立了地质灾害气象预警机制，及时通过手机短信等方式向全市发布地质灾害气象预警信息，全市汛期共发布地质灾害气象预警预报 40 余次，发布预警短信息 7000 余条。组织开展地质灾害应急演练活动，共进行地质灾害应急演练 3 起，演练人数 280 余人，观摩人数 6000 余人。推进地质灾害防治高标准“十有县”（有制度、有机构、有经费、有监测、有预警、有评估、有避让、有宣传、有演练、有效果）建设，修武县被评为全国地质灾害防治高标准“十有县”。

【中国云台山世界地质公园】 2014 年，云台山与湖北神农架、新疆可可托海、南阳伏牛山等 3 家国内知名地质公园签订姊妹公园合作协议；在加拿大召开的第六届国际地质公园大会上设置了宣传展板，介绍云台山地质公园地质科研与科普工作；与香港地质生态旅游培训中心签订协议，共建云台山地质生态旅游培训基地。巩固了云台山世界地质公园在国内的知名度，进一步拓展了在国际间的影响力，为宣传和保护焦作市宝贵的地质遗迹、发展地质生态旅游做出了有益探索。

【土地矿产卫星遥感执法检查】 2014 年，国土资源部下发焦作市 2013 年度疑似违法图斑 636 个，涉及新增建设用地面积 8412.7 亩，其中未批先建 598 个，涉及新增建设用地面积 8277.78 亩（耕地 6795.11 亩）；未批先建线状疑似违法 36 个，涉及新增建设用地面积 129.56 亩（耕地 1.28 亩）；未批先建零星地状物疑似违法 2 个，涉及新增建设用地面积 5.36 亩；往年批准当年建设 22 个，涉及用地面积 1317.63 亩（耕地 404.1 亩）；当年批准当年建设 9749.46 亩（耕地 8261.17 亩）。通过实地核查，其中合法用地 309 个，涉及土地面积 7340.05 亩，耕地 6550.8 亩；违法用地 172 宗，涉及土地面积 1041.88 亩，耕地 604.21 亩；军事用地 1 宗，面积 31.36 亩。通过整改，全市违法占用耕地面积与新增建设用地占用耕地总面积的比例为 3.77%。全市矿产疑似违法图斑 32 个。核查和依法查处情况：合法图斑 10 个，违法图斑 22 个，其中 22 个进行了立案查处，收缴罚没款 23.02 万元，通过了省政府的检查验收。

【矿政执法监察】 2014 年，市政府下发《关于进一步加强北部山区生态环境治理工作的通知》，将孟州市、温县、武陟县、示范区管委会纳入市北部山区综合治理范围，使非法加工点无处可藏，实现了治理工作的全覆盖，取缔非法采矿点 106 处，查处非法矿产品经营加工点 261 家。

【国土资源宣传】 2014 年，市国土资源局信息宣传工作继续走在全省系统和市直部门前列，在《国土资源报》《资源导刊》等媒体宣传报道 200 篇，在省厅和市委市政府政务信息 120 条，连续 9 年位居 18 个省辖市局第一，连续 16 年获全市政务信息先进单位。

【国土信息化建设】 2014 年，市国土资源局全面升级电子政务系统，实现与市电子监察系统的无缝对接，开通网上咨询和网上预审查业务，纳入行政审批事项的 22 项业务、44 项子流程全部通过网上进行审批，网上审批系统运行良好，全年通过电子政务系统运行各类行政审批事项 6457 件，网上办文 2538 件，内部公文资料累计发送 8023 件。网上交易系统挂牌出让土地 218 宗，成交 159 宗，成交金额 31.72 亿元。全年公开各类政务信息 2677 条，办理“政府在线”网民留言 86 条、发布 LED 大屏信息 212 条。完成市本级国土资源动态执法信息系统上线运行，实现市县乡三级网络连通。国土资源“一张图”综合监管平台全部开发完成，并在电子政务审批、动态执法、地质环境监测等系统中投入应用。实行图纸备案检查，创新性地提出了电子监管号管理图纸的办法，全年共检查入库各类报件图纸 629 宗，并全部建立了数据库，使国土资源数据汇交制度得到落实。

【国土信访工作】 2014 年，成立焦作市国土资源局诉调对接工作室，全年接待群众来访 90 批 197 人次，处理群众来信 23 件，来电 65 次，结案率 100%。

【国土法制工作】 2014 年，市国土资源局以“3·19”矿法宣传日、“6·25”全国土地日、“12·4”国家宪法日暨法制宣传日、国土资源乡所普法宣传为载体，围绕“节约集约利用土地，转变土地利用方式”宣传主题开展宣传活动。先后下发《关于开展矿产资源法宣传活动的通知》《关于加强国土资源乡所普法宣传工作的意见》《关于印发第二十四个全国土地日主题宣传周活动方案的通知》，在全市 20 个大型社区的显示屏循环播出国土资源政策法规和宣传口号；在广播电台播出 30 秒国土资源公益广告 180 次；在焦作新闻综合广播中开辟国土资源之窗，播出 30 期 5 分钟国土资源专题；在电视台焦作新闻栏目播出 20 分钟新闻专访 16 次；在电视台 4 个频道播出土地日宣传滚动字幕 10 天；制作下发领导干部法治思维

全国政协原副主席张怀西调研焦作市国土资源利用情况

和法治方式系列讲座光盘 80 套。统一修订案卷文书格式，完善行政处罚案件内部会审程序，审核行政处罚案卷 138 次，审核行政处罚事项梳理表 62 份。办理行政复议、行政诉讼案及民事诉讼案件 12 起，完成局属各单位和机关 114 人的行政执法证年度审验工作。

【12336举报电话】 2014 年，市国土资源局以《国土资源违法线索处理办法》为依据，制定了焦作市 12336工作制度、线索处理流程、重大线索及时请示报告制度、保密制度及档案管理制度等，对专线电话的接听、受理、报告、转办、回复、归档等作出明确规定，实现全市上下业务的统一规范。全年共受理国土资源违法举报事项 956 件，其中受理违法举报线索 335 件，接到省厅 12336 违法线索处理中心转办线索 112 件，咨询政策及应由其他部门受理的举报电话 169 件，查询违法线索处理结果电话 340 件。所有线索和咨询事项及时办结率均达 100%，群众满意率 91%，连续六年创下零差错、零投诉的佳绩。

【张怀西莅焦调研】 6 月 26 日至 28 日，全国政协原副主席、中国国土经济学会理事长张怀西莅焦，对焦作市国土资源利用情况进行调研指导。张怀西听取了焦作市国土资源基本情况汇报，视察了水系建设、青天河园区建设和北山绿化工作，并对焦作市的国土资源保护、开发及利用提出了指导意见。

（朱 兵）

·食品药品监督管理·

【餐饮食品安全监管】 2014 年，市食品药品监督管理局在餐饮食品安全监管方面，主要采取四项措施：（1）在抓责任落实，严把准入关口。与县市区监管部门签订目标责任书，对年度目标进行逐项分解，确保全面落实。严格按照“一户一档”原则，建立了 4619 家有证餐饮服务单位食品安全信用信息档案，做到“三清”（底数清、分类清、信息清）。严把准入关，坚持分类监管，全年共发放餐饮服务许可证 894 个，完成 3458 家持证餐饮服务单位量化分级年度等级评定。开展示范区、街、店创建工程。1 月，解放区被授予河南省餐饮服务食品安全示范区，16 条餐饮服务示范街、307 家餐饮服务食品安全示范店建设工作基本完成。积极开展“透明厨房”活动。全市有 483 家餐饮服务单位以视频系统、透明玻璃、参观通道等方式实施“明厨亮灶”工程，503 家开展了“厨房开放日”活动，329 家开展“阳光公示”活动。完成 52 次重大活动食品安全保障工作。特别是在省第十二届运动会暨首届全民健身大会期间，克服人员不足、技术力量弱等困难，有效保障了 4000 多名运动员和宾客的饮食安全。（2）抓风险监测，注重提前预防。制定《2014 年焦作市餐饮服务食品安全监督抽检实施计划》，以凉拌菜

开展餐饮食品安全检查

食品药品电子监管指挥平台

餐饮食品安全电子监管培训

(含沙拉)、熟肉制品、消毒餐具等为重点品种，以旅游景区景点餐饮单位、农家乐、学校食堂为重点区域，以非法添加非食用物质和超量、超范围使用食品添加剂为重点对象，共抽检 1196 批次，合格率 97.6%。根据全市餐饮服务食品环节风险监测结果分析，针对重要时期、重点区域、重点品种开展了多项专项整治，责令整改 1465 家，立案 692 起，查处无证经营餐饮单位 625 家。（3）抓宣传培训，营造良好氛围。加强监管人员和从业人员培训。共开展各类培训 15 期，培训人员 2400 余人次。组织开展食品安全宣传月活动，展出宣传版面 22 块，设立咨询台 11 个，悬挂条幅 100 余条，发放宣传资料 5 万余份，接受群众咨询 2000 余人次，实现了安全知识“五进”（进学校、进农村、进社区、进机关、进工地）。强化新闻宣传，营造良好的舆论环境和社会氛围，在国家级媒体发表稿件 156 篇、省级媒体 80 余篇、被各大网站采用 120 余篇。（4）抓保化监管，规范经营行为。完善保健食品、化妆品生产企业档案，按照省局委托对河南省益群生物科技有限公司保健食品良好生产规范现场核查整改情况进行了复查。

【焦作市被确定为全省餐饮服务食品安全电子监管试点市】 2014 年，焦作市被确定为全省餐饮服务食品安全电子监管试点市。市食品药品监督管理局高度重视，成立领导小组，印发实施方案，明确总体目标和具体任务，邀请专家对监管人员进行培训。市城乡一体化示范区电子监管系统开始运行，市食品药品监督管理局电子监管系统安装完毕，正在调试对接，全市 4619 家持证餐饮单位基本信息录入完毕，197 家餐饮单位安装了电子监管系统。10 月，承办了全省推进餐饮食品安全电子监管系统运行培训暨工作会议，市食品药品监督管理局作了典型发言，受到省局和与会人员的高度评价。

【药品和医疗器械监管】 2014 年，市食品药品监督管理局共检查涉药单位 1.01 万家次，覆盖率 100%。规范行政许可，所有行政许可事项，全部通过省局和市政府行政审批平台办理，共办理行政许可事项 1270 项，是上年的 4.4 倍，全部在规定时限内完成。开展基本药物全覆盖抽验和电子监管，完成基本药物抽样 189 批，合格率 100%；监督企业对赋码产品 100%进行网上核注核销、信息上传。开展 ADR 和 MDR 监测工作，共上报药品不良反应监测报告(ADR)2658 例，医疗器械不良事件（MDR）330 例，比上年增长 35%。分类施策，通过开展“双 G”培训班，帮扶 12 家药品生产企业、377 家药品经营企业在规定节点内通过 GMP、GSP 认证。加强医疗机构药品质量的监管，制定《焦作市医疗机构药品质量专项检查实施方案》，对全市医疗开展全面检查，检查覆盖率 100%，共检查医疗机构 7234 家次，查处违法违规行为 467 家次。至年底，全市共有药品生产企业 28 家、药品经营企业 757 家，医疗器械生产企业 23 家，医疗器械经营企业 246 家（专营企业 126 家，兼营企业 120 家），涉药医疗机构 2908 家。

【特殊药品监管】 2014 年，市食品药品监督管理局坚持特殊药品生产经营巡查制度。采取季度巡查和不定时暗访形式，对辖区内 14 家特殊药品生产经营企业进行监督检查，发现隐患 24 条，监督企业及时整改到位，防止了特殊药品流弊事件。对第二类精神药品和含特殊药品、麻黄碱类复方制剂购买、使用进行专项监督检查，有针对性开展流向核查，进一步规范了生产、经营和使用行为。做好行政审批项目的受理、审批工作。制定了特殊药品运输证明和邮寄证明审批的工作程序与标准，培训了相关工作人员，及时办理 4 件申请事项。

【药品流通监管】 2014 年，市食品药品监督管理局以贯彻实施新版药品 GSP 为重点，将中药材中药饮片、含麻黄碱复方制剂、互联网发布虚假药品信息、网上非法售药等多个专项整治与日常监管相结合，全面规范药品流通使用环节秩序，提高监管效果。全年共检查药品经营企业 2241 家次，查处各类违法违规行为为 472 家次，取缔无证经营 10 家。加强电子监管，确保基本药物质量安全。全年对基本药物批发企业每季度监督检查一次，对基层医疗机构、零售药店监督检查两次以上。监督基本药物经营企业做到“无码不购，有码必扫，扫后即传”，100%核注核销，100%处理预警。

【药品、医疗器械五整治专项行动】 2014 年，市食品药品监督管理局开展药品生产环节、互联网药品交易、医疗器械“五整治”（整治虚假注册申报、违规生产、非法经营、夸大宣传、使用无证产品）等 17 个专项整治。查处药品、医疗器械违法违规案件 963 件，结案率 100%。涉案金额 331.88 万元，罚没款 84.6 万元。在医疗器械“五整治”工作中，查处武陟县龙源镇后龙睡村一加工窝点涉嫌无证生产假冒避孕套，涉案产品总价值 59.9 万元，4 批已经包装好的避孕套和 1 批裸套经省器械所检验，均不符合规定，报告书已移交公安机关。

【食品药品检验检测中心项目建设】 2014 年，市食品药品检验检测中心项目建设被列为焦作市重点建设第一批项目。市政府已划拨建设用地 26.68 亩，拨付工程建设前期费用 45 万元。项目建成后，技术支撑能力将得到明显提升。

【12331 食品药品投诉举报】 2014 年，市食品药品监督管理局抓投诉举报，严厉打击违法行为。共受理群众投诉举报 293 起，通过调查符合立案条件的 60 起，全部立案查处，回复率 100%。

【政风行风建设】 2014 年，市食品药品监督管理局制定印发了《2014 年政风行风工作实施方案》《2014 年创建群众满意基层站所活动实施方案》，开展了“向社会承诺，让人民满意”和“为民办实事办好事”活动，积极参加全市“面对面”述职评议和政风行风效能热线活动，在焦作广播电视台完成了两期政风行风效能热线节目，解答群众对食品药品安全关注的热点难点问题，不断提升食品药品监管系统的新形象。

（冯莎莎）

·安全生产监督管理·

【概况】 2014 年，全市安全生产监管监察工作以“安全生产责任落实年”活动为抓手，着力推动企业落实安全生产主体责任，着力完善党委政府安全生产责任体系，着力深化隐患排查治理和“六打六治”专项行动（打击矿山企业无证开采、超越批准的矿区范围采矿行为，整治图纸造假、图实不符问题；打击破坏损害油气管道行为，整治管道周边乱建乱挖乱钻问题；打击危化品非法运输行为，整治无证经营、充装、运输，非法改装、认证，违法挂靠、外包，违规装载等问题；打击无资质施工行为，整治层层转包、违法分包问题；打击客车客船非法营运行为，整治无证经营、超范围经营、挂靠经营及超速、超员、疲劳驾驶和长途客车夜间违规行驶等问题；打击“三合一”（原材料库、成品和半成品库、工人宿舍或生产流水线集中在一个车间内，形成三合一场所）“多合一”场所违法生产经营行为，整治违规住人、消防设施缺失损坏、安全出口疏散通道堵塞封闭等问题），着力消除安全生产监管薄弱环节，着力强化安全生产基层基础，着力推进综合治理和源头治本，全市安全生产工作取得新的成效。全市累计发生各类事故 232 起，死亡 26 人，受伤 10 人，直接经济损失 884.28 万元。没有发生较大以上事故，全市安全生产形势持续稳定好转。焦作市被评为2013 年度全省安全生产目标责任考评优秀单位（第二名），市安监局被评为全省安全生产先进单位、全省安全生产信息调度统计工作综合先进单位。

【全市安全生产工作会议】 4 月 15 日，焦作市召开全市安全生产工作会议，会议传达全国、全省安全生产工作会议精神，总结上年度全市安全生产工作，分析面临的形势和任务，安排部署 2014 年重点工作。市委副书记、市长张文深，副市长姜继鼎、李海松出席会议，各县市区长及主管安全县市区长、安委会成员单位和重点

全市安全生产工作会议

企业负责人、部分安全监管系统工作人员参加了会议。市长张文深在会议上作了重要讲话。会议还表彰了上年度安全生产先进单位和先进工作者，各县市区和市直有关部门向市政府递交了2014年安全生产目标责任保证书。

【安全监管综合管理】 2014年，市安监局积极履行市安全生产领导小组办公室、市政府安委会办公室职能，发挥综合协调作用，加强安全生产目标管理，定期通报各县市区安全生产指标完成情况，致信各县市区党委政府主要领导，提出改进意见和建议，及时约谈存在问题的地区和单位负责人。组织安委会成员单位和12个督导组按照“全覆盖、零容忍、严执法、重实效”要求全方位开展安全生产大检查。局班子成员经常利用节假日组织夜查暗访，并组织协调综合督导组和专项检查组赴各县市区督导检查，促进了安全生产各项决策部署的贯彻落实。逐步理顺安全生产体制机制，完善了市政府安委会联席会议、联络员制度，建立健全了非煤矿山、危险化学品、烟花爆竹、交通、消防等专项联合执法机制，提升了安全生产监管监察整体效能。分别联合公安、教育、道路交通、气象等部门，健全了应急处置机制，提高了异常气候等突发灾害的应对保障能力。

【安全创建】 2014年，市安监局持续做好安全创建工作。起草印发《焦作市安全创建2014年行动计划》，对安全创建工作的总体要求、创建目标和主要任务进行了全面安排。利用“安全生产月”等活动，深入开展安全和谐型社区创建宣传活动，通过社区大屏幕、宣传栏、粘贴安全提醒、入户安全检查等形式，让与群众生活息息相关的安全知识进入千家万户。同时收集116篇论文参加省政府安委会办公室“安全河南创建理论与实践”的评选。

【重点行业领域专项整治】 2014年，市安监局围绕重要时段、季节特点和阶段性工作部署，持续深入排查事故易发的重点场所、要害部位、关键环节。针对全市安全生产形势和存在的突出问题，结合行业特点，采取针对性措施对油气输送管线、危险化学品、道路交通、烟花爆竹和民爆物品领域、非煤矿山、人员密集场所、建筑施工、成品油市场、粉尘防爆等9个重点行业领域实施专项整治。全市累计排查生产经营单位1.46万家(次)，排查各类事故隐患2.39万项，累计落实隐患治理资金1319万元，整治各类隐患2.38万项，整改率99.96%。

油气管线领域建立油气输送管线专项整治联席会议制度，定期通报整治工作进展，研究解决并督办管线占压等重大问题。共排查整治油气管线管道两侧安全距离不够以及管线占压等方面的事故隐患182处。

危险化学品领域对全市78家危险化学品生产企业，特别是对涉及“两重点一重大”（安监部门重点监管的危险化工工艺、重点监管的危险化学品和重大危险源的监管）企业进行全面检查，共下达整改指令书127份，排查整治事故隐患823处。实施重大危险源监控提升改造工程，全市41处重大危险源，全部实现了压力、温度、液位异常自动报警和视频24小时实时监控。

交通运输领域开展“道路交通安全三年整治”“道路客运安全年”等专项行动，着力整治道路交通领域存在的突出问题。共查处超速、超载、疲劳驾驶、酒后驾驶、无证无照行驶、非法载客等各类严重交通违法行为2.5万余起，对全市24家危运企业、1338辆危运车辆、242辆校车逐一进行排查，吊销6家不符合安全生产标准且存在安全隐患的危运企业手续，注销危运车辆161辆。

烟花爆竹和民爆物品领域共查破非法运输烟花爆竹案件4起，收缴非法烟花爆竹563箱；收缴炸药140公斤，雷管8594枚。

非煤矿山领域结合北部山区治理行动，加大对非煤矿山非法违法行为打击力度，打击取缔非法采矿点83家、非法矿产品经营加工点155家。

人员密集场所领域组织开展“清剿火患”“零点夜查”等系列行动，集中整治人员密集场所、高层地下建筑、“三合一”场所火灾隐患，共“三停”单位99家，临时查封危险部位和场所75处。

建筑施工领域加强新进场人员和转岗人员“三级安全教育”，强化对建筑施工企业重点时段以及建筑施工模板、基坑、脚手架、建筑起重设备等重点部位的安全执法检查，下发隐患整改指令书1206份，排查整治事故隐患4103处。

成品油市场领域开展集中整治无证无照非法经营成品油行为专项行动，强化部门联合执法，共查处无证无照加油站点362户，封存加油机582台、油罐305个，暂扣油料20多吨。

粉尘防爆领域摸底排查，建立了全市144家涉尘企业基础台账，通过开展自查自改，并采取切实有效的防火、通风、除尘等措施，防止粉尘爆炸生产安全事故发生。

【六打六治打非治违专项行动】 8月12日，焦作市按照国务院安委会部署要求，成立以主管副市长为组长的专项行动领导小组，印发专项行动实施方案，明确了专项行动的总体目标、重点内容、责任分工和方法步骤。全市各级、各有关部门、各生产经营单位迅速行动，精心组织，推动专项行动全面开展。市政府安委会办公室建立完善了专项行动周例会、月通报、信息报告和统计、跟踪督办、“黑名单”、约谈警示等制度。各县市区、市直各有关部门也制定了方案，明确了责任，细化了措施，落实了必要的人力、物力和财力，切实做到动员部署到位、责任落实到位、组织保障到位。工作中坚持落实“三个责任”，即认真落实县、乡政府的属地管理责任、积极落实部门监管责任和严格落实企业主体责任，形成了责任无遗漏、监管无缝隙、工作无死角的责任体系。同时，一方面，以企业自身为主体，按照“全覆盖、零容忍”的要求，认真开展自查自纠，全面进行整改。另一方面，以行业主管部门和地方政府为主体，进行全面梳理排查，建档备查，集中进行打击整治。专项行动中，全市共成立执法检查组229个，检查企事业单位和场所6701家（次），组织开展跨部门联合执法33次，打击各类非法违法行为3205起，专项行动取得初步成效。

【企业安全生产标准化建设】 2014年，市安监局深入开展岗位达标、专业达标和企业达标活动。全市76家危险化学品生产企业、58家工贸企业、7家非煤矿山、4处尾矿库达到标准化建设三级以上标准。

【职业健康监管】 2014年，市安监局共编印和发放宣传资料万余册（份），挑选103家工业企业开展“创建百家职业健康规范企业”活动，引导企业不断完善各项设施。开展职业病危害项目申报，全市共完成申报备案1312家。

【安全执法装备建设】 2014年，市安监局共申请安全执法装备建设资金680万元，完成装备建设资金投入340万元，为市县安全监管监察人员配备了一线执法装备，安全生产监管装备水平得到提升。

【安全生产应急救援】 2014年，市安监局在六县四区组建11支危险化学品专业应急救援队伍。修订完善事故应急救援预案，定期组织开展应急救援演练，共投入演练资金100余万元，组织各类演练430余次，参加观摩人员2万余人。

【安全生产宣传教育】 2014年，市安监局组织安全监管（监察）人员深入企业和职工中，了解基层群体对安全工作的愿望和呼声。通过开展有奖问答、组织知识竞赛等形式，普及安全生产知识，提高公众的参与度与关注度。在《焦作日报》开辟《安全经纬》专栏，打造安全生产宣传教育阵地。以六月份“安全生产月”为载体，坚持贴近企业、贴近群众、贴近社会、贴近实际，组织开展宣传咨询日、“百千万”对话谈心、寻找“最美安全卫士”、应急演练、知识竞赛、警示教育等宣传活动。累计投入100余万元，举办“职业卫生监管执法”“非煤矿山安全管理及应急救援”“工贸行业安全标准化”“安全生产宣传信息”“新《安全生产法》解读”等专题培训班13期，培训县乡政府分管领导、各级安全监管人员、企业负责人和安管人员1500余人。

【市安监局被表彰为全国安全生产月优秀活动单位】 6月，焦作市组织开展第十三个“安全生产月”活动，主题是“强化红线意识、促进安全发展”。各县市区、各部门开展安全生产“百千万”对话谈心、在全市寻找“最美安全卫士”、与社区、企业联合举办有奖问答、应急预案演练、隐患排查和“打非治违”专项行动、参加河南省第六届“安全河南杯”安全生产知识竞赛、参加国家、省、市组织的“安全生产中原行”“安康杯”竞赛、“青安岗在行动”等一系列社会广泛参与的活动，提高了安全文化宣传活动的质量和水平，提升安全文化建设水平，营造全社会“关注安全、关爱生命”的浓厚氛围，推动安全监管各项工作措施的落实，为实现全年安全生产目标任务提供精神动力和舆论支持。8月，市安监局被国务院安委会办公室表彰为全国“安全生产月”优秀活动单位。

【安全生产“百千万”对话谈心活动】 2014年，市政府安委会把对话谈心活动作为督导检查的重要内容和年度考核重要内容，全市各个县市区、107个乡镇（办事处）、51家市安委会成员单位开展对话谈心活动，1175家企业主要负责人参加对话谈心并在承诺书上签字。

【省政府安委会莅焦督查】 2月27日，省人民政府安委会第二督导组莅焦，对焦作市开展油气输送等管线安全专项排查整治工作进行督导检查。督导组首先听取市政府对辖区内油气输送等管线安全专项排查整治情况的

国务院安委会督查组莅焦督查

工作汇报，随后，督导组一行冒雨深入到中裕燃气小尚门站进行实地检查，在现场督导组仔细查阅中裕燃气有限公司规章制度、燃气管网巡查等相关资料，详细查看了管网安全监控系统，认真了解企业管线安全专项整治排查等相关情况。

【国务院安委会莅焦督查】 3月19日至21日，国务院安委会第十五督查组第二小组莅焦，采取“四不两直”（国家安全生产监督管理总局建立的安全生产暗查暗访制度，即不发通知、不打招呼、不听汇报、不用陪同接待、直奔基层、直插现场）方式对焦作市安全生产工作进行督查，省安全监管局副局长张朝显全程随行检查。督查组先后抽查昊华宇航沁阳氯碱分公司、多氟多化工股份有限公司、山西通豫煤层气输配有限公司等单位。督查组对焦作市安全生产工作给予充分的肯定。

（郭光明）

·散装水泥与预拌混凝土管理·

【概况】 2014年，全市共完成散装水泥供应量441.6万吨，比上年增长5%；散装率58%，比上年增加3个百分点。散装水泥的发展为经济建设在节约资源方面创造直接经济效益1.98亿元。其中节标准煤9.8万吨，减少水泥粉尘排放量4.3万吨，减少二氧化碳排放量27万吨，减少二氧化硫排放量856吨。市散装办以专项资金政策为引导，用补助、贴息等办法，引领民间资金投向散装水泥产业，大力发展散装水泥、预拌混凝土、预拌砂浆的配套设施。全市发展散装水泥综合配套能力达450万吨。投入使用的散装水泥流动罐1025个，专用汽车397辆，混凝土搅拌运输车436辆，混凝土泵车56辆。建筑施工企业散装水泥应用能力和水平不断提高，发展散装水泥的优越性得到了社会的广泛共识，共同推动散装水泥发展的合力不断增加。

【散装水泥专用车辆卫星定位监控】 2014年，市散装办与省定技术支持单位河南星软公司结合制定《关于加强散装水泥、预拌混凝土等专用车辆安装卫星定位系统以及车载终端技术要求》。与交警队结合，凡没有到市散装办登记备案的专用车辆一律不办理入市通行证。与市车管所接洽，把安装行驶记录装置作为新车入户、车辆年检的前置条件。焦作辖区内所有专用车辆新车入户、车辆年检需要市散装办发放的车辆安装行驶记录装置使用证明。来办理手续车辆先按文件要求备案，以安装并入系统促备案，提高备案率，凭备案证到省定技术支持单位进行安装和接入监控平台业务。11月，河南省散装水泥专用车辆卫星定位监控现场交流会在焦举行。对焦作市散装办的做法给予肯定。

【农村发散工作】 2014年，市散装办以示范点带动农村发散工作，促进社会主义新农村建设。武陟烨煊散装水泥推广中心是焦作市确立的第一个农村推散网点，对其在业务上进行指导，并给予资金扶持，年销售散装水泥13万余吨。培养孟州贵平散装水泥销售公司为新的农村发散典型，指导其成立面向农村推广散装水泥的配送中心，年销售散装水泥10万吨。培养温县永兴建材公司和修武萍鑫建材公司为新的农村发散典型，3月通过省散装办考核组第四批农村发散示范点复验。焦作市六县市全部建立了上规模的农村推散示范点。

（陈福柱）

·焦作海关·

【概况】 2014年，焦作市马村海关监管场所通过验收并挂牌运营，河南德众报税中心（B型）获海关总署、财政部、国家税务总局、国家外汇总局批准设立并通过正式验收；全年查验45票，查获10票，加工贸易核查22次，保税仓库核查11次，办理验证稽查1家，常规稽查6家（AA类4家，A类2家），企业巡查31家，完成新企业注册133家，企业注册信息变更154家，完成企业向上调整管制类别13家。

【海关监管】 2014年，焦作海关把加强实际监管摆在突出位置。共办理简易案件5起，向缉私局移交违规线索1起，协助总关缉私局相关处（室）办理河南风神、好友轮胎等违规内销边角余料案，协助青岛海关缉私局办理羊皮走私案，核查焦作隆丰

焦作海关办公大楼

海关服务大厅

等6家企业消耗料、物料，已上报总关、总署认定。自查发现1家企业减免税货物归类可能不正确的情况，已报关税处作专业认定。及时向当地政府分管领导汇报全省打私会议精神和要求，召开座谈会，同孟州市政府探讨从环保问题入手，推动皮毛产业园区尽快建设，从根源上解决中小企业走私违规问题。区域通关、属地验放、口岸验放模式由上年的6家扩大至9家，焦作海关成为全省通关一体化工作试点单位，与郑州铁路东站、郑州机场口岸等密切联系，多点报关运行正常并呈扩大趋势，无纸化通关全面铺开。全年共受理报关单3394票，货运量413万吨，货值10.5亿美元，占辖区整个货值的25%；联网监管电子账册6本，进口总值7.26亿美元，出口总值20.92亿美元。新设立电子化手册25份，备案进口总值1533万美元，备案出口总值3606万美元，手册结案15份，报核及时率100%。在执行电子化手册共25份。备案外发加工84份，深加工结转319份。边角料内销补税820万元。

【海关税收征管】 2014年，焦作海关通过调研宣传政策，辖区纳税大户基本上回归所属地纳税。全年征收税款10.27亿元，其中关税1.07亿元，代征进口环节增值税9.2亿元，征收消费税79万元，征收滞纳金2.14万元。审批减免税项目备案6份，备案用汇额3.45亿美元，审批征免税证明141份，审批总货值3367万美元，减免税款2571万元人民币，其中减免关税1770万元，减免增值税801万元。落实进口税收优惠政策和结构性减税政策，共减免税收2286万元人民币。

【服务地方经济】 2014年，焦作海关严格落实简政放权要求，将261项事项减少为125项，废除的文件和程序及时进行清理，调整的明确层级规范操作，并对外公告做好衔接。服务地方重大招商引资活动，先后派关员参加当地政府组织的到苏州、武汉、郑州综保区考察活动和珠江三角洲招商活动，主动提供政策咨询及支持，以关长名义向50家企业邮寄信函，详细介绍海关鼓励支持外贸发展措施；对企业提出的通关疑难问题，主动向总关汇报协助解决。邀请人大、政协等政府相关部门、群众视察团等到海关座谈，征求意见，并及时回复解决措施。

【河南德众保税物流中心通过国家验收】 10月24日，位于孟州市的河南德众保税物流中心(B型)通过国家海关总署、财政部、税务总局、外汇管理局的联合验收，正式揭牌。这是我省第二家通过国家审批的保税物流中心。该物流中心已经建成并通过验收的设施包括保税大厦、监管仓库、查验仓库、查验场地、验货平台、卡口、监管系统和计算机系统等，可满足办理货物通关、外汇、税务等业务需要。

（宋鹏飞）

科学技术

·科学技术管理·

【概况】 2014年，市科技局以深化科技体制改革为动力，聚焦经济转型，聚焦产业升级，聚焦企业创新，科技工作取得了新的进步。财政科技投入实现翻番，在全省首家开展企业技术创新能力评价，首家试行创新券制度及科技贷款贴息制度，首家改革科技项目经费管理体系，首家建设科技公共服务和公共研发平台，首家推出“专利贷”和科技型中小企业信贷风险补偿金服务，连续第六次荣获全国科技进步先进市，并获批建设国家知识产权试点市，科技创新支撑经济转型的作用进一步加强。

【科技创新环境】 2014年，市科技局借鉴西安科技大市场建设经验，由政府投资建设管理，在全省首家建设科技公共服务平台，将汇聚国内高层次科技创新资源，把科技大市场搭建成为以科技服务为主、兼顾社会化服务的全市中小企业服务中心。现焦作科技大市场正在筹建当中。为解决全市企业科技创新资源缺乏、科技服务薄弱难题，在鼓励企业自建研发平台的基础上，又创新地着手公共研发平台建设，主要是围绕工业十大产业发展，依托龙头企业、院士工作站及国内知名科研单位，建设服务全市产业企业集群的更多企业的产业公共研发平台。如依托健康元公司及北京化工大学建设的“绿色生物制造联合研发中心”已投入运营，该平台研发的“1，3-丙二醇”和“冬虫夏草”项目已进入转化阶段，两个项目预计投资3亿元。依托中轴集团与大连理工大学组建的“先进制造业联合研发中心”及依托宏达力公司与清华大学组建的“新材料联合研发中心”两个平台正在加紧筹建。

【科技管理改革】 2014年，市科技局深化行政审批制度改革。为改变行政审批服务事项多头审批、复杂分散的现象，减少群众办事多跑趟、跑空趟的问题，废止文件6项，停办审批及服务事项10项，梳理出项目申报、科技奖励等行政审批服务事项7项，统一简化审批和服务流程并向公众公布，专门成立行政服务科，进驻行政服务大厅，实行行政审批首席代表负责制，实现了行政审批服务窗口“一站式”服务。探索科技项目管理改革。探索制定新的科技项目及经费管理办法，项目管理上实现三个转变：项目研发方向由政府主导向市场主导转变，由项目单位自主决定研发方向，政府对企业的研发项目择优支持；项目管理方式由定期集中受理、评审、验收，转变为常年受理，设立科技项目库，实行动态管理；项目立项实行普惠制原则，项目申报实施无门槛、无障碍、无收费“三无服务”；项目经费支持方式由实施前集中无偿支持，转变为在项目完成后进行“后补助”支持。探索建立科技管理信息库。通过动态收集全市科技型企业、项目、成果及人才信息，组建科技项目库、科技企业库、科技专家人才库及科技成果库。通过四库建设，为全市开展科技创新提供信息查询、项目申报、专家咨询及成果转化等全方位的高效便捷服务。截至年底，企业库已建成，并开展了人员培训及信息采集工作。科技项目库、科技成果库、专家人才库正在进行软件模块设计及专家信息收集工作。探索建立科技金融结合机制。为促进科技金融结合，全年拿出两个1000万元资金，分别设立科技型中小企业信贷风险补偿专项资金和知识产权质押贷款担保资金，用于解决科技型中小企业融资难题。已与焦作市商业银行签订了相关协议，征集知识产权质押融资需求企业70余家。

【科技项目组织实施】 2014年，市

科技局组织 12 家企业申报国家中小型企业创新基金，其中 4 家通过省科技厅审核。组织申报河南省科技发展计划项目 50 项、省重大科技专项备选项目 4 项。其中 24 个项目获得省级科技经费支持 1678 万元。受理市级科技计划项目 420 项，落实第一批科技经费 3210 万元，其中兑现创新券项目 30 个，兑付资金 799 万元；受理科技贷款贴息项目 53 项，对 17 个项目给予贴息补助资金 565 万元。组织验收到期科技项目 24 项，其中 22 项通过专家组验收。

【科技创新主体培育】 2014 年，市科技局组织 21 家企业参加高新技术企业认定及复审，其中 18 家通过省科技厅评审，全市国家级高新技术企业总数达 41 家。高新技术产业增加值同比增长 38.2%，高于全市规模以上工业增加值增长点 27.9 个百分点，高新技术产业增加值占全市规模以上工业增加值的比重达 41.7%，比上年增长 18.7 个百分点。新申报省级高新技术后备企业 26 家，全市省级高新技术后备企业总数达 55 家。组织 229 家企业申报通过省级科技型中小企业备案，全省第二家完成目标任务。评审认定市级科技型中小企业 80 家，总数增至 309 家。

焦作市2014年国家级高新技术企业名单

河南裕华新材料股份有限公司
河南永威安防股份有限公司
博爱新开源制药股份有限公司
河南飞孟金刚石工业有限公司
焦作市科瑞森机械制造有限公司
焦作市明株自动化工程有限责任公司
河南中原吉凯恩气缸套有限公司
河南省大地合金股份有限公司
河南泰利杰生物科技有限公司
焦作市华科液压机械制造有限公司
河南中轴股份有限公司
焦作市森格高新材料有限责任公司
河南江河纸业股份有限公司
河南宇建矿业技术有限公司
焦作飞鸿安全玻璃有限公司
国药集团容生制药有限公司
焦作市制动器开发有限公司
河南中轴福漫锻造有限公司
厦工机械（焦作）有限公司
焦作铁路电缆有限责任公司
河南华美新材料科技有限公司
焦作健康元生物制品有限公司
焦作市盛景科技有限责任公司
焦作市泰鑫机械制造有限责任公司
河南省中原内配股份有限公司
河南中轴中汇汽车零部件有限公司
焦作市迈科冶金机械有限公司
孟州市华兴生物化工有限责任公司
河南辅仁怀庆堂制药有限公司
孟州市金玉米有限责任公司
河南利伟生物药业股份有限公司
多氟多化工股份有限公司
河南佰利联化学股份有限公司
河南鑫诚耐火材料股份有限公司
风神轮胎股份有限公司
河南尚宇新能源股份有限公司
河南卓立膜材料股份有限公司
河南超威电源有限公司
河南千年冷冻设备有限公司
焦作力合机械制造有限公司
焦作隆丰皮草企业有限公司

【科技创新平台建设】 焦作新区申报国家级高新区已上报科技部，正做有关材料修改工作。武陟县申报河南省高新技术产业开发区，进入专家评审环节。国家火炬计划焦作汽车零部件特色产业基地通过科技部复审，基地有高新技术企业 13 家，超亿元企业 25 家，开发产品 5000 余个规格品种，创新成效明显。申报获批省级工程技术研究中心 4 家，申报获批省级院士工作站 4 家，全市省级工程技术研究中心增至 50 家，省级院士工作站增至 14 家，居全省第三位。受理市级工程技术研究中心 43 家，现已拥有市级工程技术中心 156 家。全市现有国家级孵化器 1 个，成功培育武陟县产业集聚区、孟州市产业集聚区省级孵化器 2 个。引进北京化工大学、西安交通大学等科技创新团队 9 个。

【科技成果】 2014 年，全市通过省级鉴定科技成果 41 项，其中国际领先 1 项，国际先进 3 项。组织申报河南省科技进步奖 24 项，获批 11 项，居全省第三位；受理市级科技进步奖申报 80 项，评出市级科技进步奖 69 项。申报专利 1999 项，获得授权专利 1428 项，其中发明专利 162 项。农业科技又有新成果，小麦、玉米 3 个农作物新品种通过省级审定。完成省级研究开发项目鉴定 7 项，市级研发项目鉴定 225 项，落实加计扣除免税 5231 万元。全年认定登记技术合同 106 项，合同成交额 2476 万元。

【6克盐漏获实用新型专利证书】 2 月 25 日，焦作市健康教育所所长和山茂发明的“6 克盐漏”获国家知识产权局实用新型专利证书。“6 克盐漏”就像人们常见的沙漏，将成人每日最大食盐摄入量用盐漏直观地表示出来，以此提醒人们在日常生活中养成健康用盐的生活方式。同时，“6 克盐漏”还具有计时功能。翻转盐漏，食用盐从一端流向另一端的时间约为3 分钟，倡导健康刷牙时间每次不少于 3 分钟。刷牙时，翻转一次，伴着流盐，能更好地掌握刷牙时间。

【与西安科技大市场签订合作框架协议】 8 月 20 日，市科技局与西安科技大市场有限公司在市城乡一体化示范区管委会举行合作框架协议签约仪式。市委常委、统战部部长杨娅辉出席仪式并致辞。市城乡一体化示范区管委会领导出席签约仪式。西安科技大市场是由西安市科技局和西安高新区管委会共建的统筹科技资源基础平台，通过发挥“交易、共享、服务、交流”四位一体功能，有效促进技术转移和成果转化，实现科技资源的开放整合与高效利用和科技资源与产业的有效对接，促进科技资源的交流与合作。双方签约合作后，西安科技大市场将助力焦作市科技大市场平台建设。

【哈佛大学科技项目落户焦作】 11月6日，焦作市举行海外人才科技项目合作签约仪式。美国哈佛大学哈佛医学院与河南必第生物科技有限公司就荧光免疫试剂及其配套定量检测仪产业化项目签订了合作协议。荧光免疫试剂及其配套定量检测仪，主要用于目标病人的癌症标志物、血型标志物等项目检测，具有完全的自主知识产权，在技术上达到国内领先、国际一流水平，产品具有很强的市场竞争力。

（李永亮）

焦作市河南省院士工作站

院士工作站名称	建设单位	院士姓名	院士所在单位	建设时间
河南省造纸装备院士工作站	河南江河纸业股份有限公司	孙优贤 陈克复	浙江大学 / 华南理工大学	2010.4
河南省平安种业院士工作站	河南平安种业有限公司	刘　旭	中国农业科学院	2011.5
河南省怀川种业院士工作站	河南怀川种业有限责任公司	董玉琛	中国农业科学院作物科学研究所	2011.5
四大怀药有效成分提取分离和相关产品开发院士工作站	焦作大学	谢毓元	中国科学院上海药物研究所	2011.12
河南省羊剪绒加工技术院士工作站	焦作隆丰皮草企业有限公司	石　碧	四川大学	2013.6
河南省咸味食品香精院士工作站	河南京华食品科技开发有限公司	孙宝国	北京工商大学	2013.6
河南省森雨院士工作站	河南省森雨饮品股份有限公司	孙宝国	北京工商大学	2013.6
河南福沃重工院士工作站	河南福沃重工有限公司	郭东明	大连理工大学	2013.10
河南省新能源汽车院士工作站	焦作龙瑞新能源汽车有限公司	卢秉恒	西安交通大学先进制造技术研究所	2014.6
河南省内燃机摩擦副院士工作站	河南省中原内配股份有限公司	谢友柏	上海交通大学	2014.6
河南省绿色生物制造院士工作站	焦作健康元生物制品有限公司	谭天伟	北京化工大学	2014.6
河南省热转印背涂液院士工作站	河南卓立膜材料股份有限公司	刘维民	中国科学院兰州化学物理研究所固体润滑国家重点实验室	2014.12
河南省新材料院士工作站	焦作市宏达力生物化工有限公司	南策文	清华大学材料科学与工程研究院	2014.12
河南省电力机械装备院士工作站	河南兰兴电力机械有限公司	闻邦椿	东北大学	2014.12

2014年焦作市获河南省科技进步奖情况表

项目名称	第一完成单位	第一完成人	获奖等级
低碳节能喷涂气缸套	河南省中原内配股份有限公司	邹悟会	二等奖
高纯晶体六氟磷酸锂关键技术开发及产业化	多氟多化工股份有限公司	李世江	
主井提升系统优化及稳定性研究与应用	焦作煤业（集团）新乡能源有限公司	李长军	
抑郁症脑功能相关诊断指标和中药研制及临床应用	中国人民解放军第九十一中心医院	甘景梨	
兆瓦级风电偏航制动器研发及产业化项目	焦作瑞塞尔盘式制动器有限公司	段京丽	三等奖
高速铁路新闭塞系统用内屏蔽铁路数字信号电缆	焦作铁路电缆有限责任公司	王　革	
由脱脂大豆粕及酵母抽提物制备非肉源肉香粉	河南京华食品科技开发有限公司	张　京	
倾斜牵引连续凝固宽幅薄铜及铜合金板带材的装置及生产工艺	焦作市森格高新材料有限责任公司	刘光林	
φ120mm金刚石自支撑厚膜	河南飞孟金刚石工业有限公司	李建林	
N-乙烯基己内酰胺的生产工艺研究	博爱新开源制药股份有限公司	王坚强	
节能循环法纤维板生产工艺	河南省孟州市奥森人造板有限公司	王科军	

2014 年新增河南省工程技术研究中心

工程中心	依托单位	所在县市
河南省怀药发酵制品工程技术研究中心	河南聚珍农业科技发展有限公司	沁阳市
河南省麦芽糊精工程技术研究中心	孟州市金玉米有限责任公司	孟州市
河南省工业炉窑耐火材料工程技术研究中心	焦作市金鑫恒拓高温材料有限公司	博爱县
河南省在线灭菌注射剂工程技术研究中心	国药集团容生制药有限公司	武陟县

2014 年焦作市科学技术进步特等奖

项目名称	主要完成单位	主要完成人
含锂无水氟化铝工艺技术研究	多氟多化工股份有限公司	薛旭金 陈宏伟 刘海霞 侯红军 杨华春 李世江 于贺华 温丰源 问立宁 李 霞 王建萍 叶文豪 尚钟声 崔虎斌 吴海峰
内燃机低摩擦纳米涂层气缸套	河南省中原内配股份有限公司	邹悟会 肖培贤 李月霞 李树林 高广东 侯起飞 秦小才 宜 娜 陶宏均 贺 毅 王利杰 姜玉领
抑郁症脑功能相关诊断指标和中药研制及临床应用	中国人民解放军第九十一中心医院 中国人民解放军第三医院 河南省精神病医院	甘景梨 程正祥 杨来启 段惠峰 丰丽英 贺向无 陈 玖 高存友 梁学军 张东卫 祝希泉 赵兰民 马学涛 李东河

2014 年焦作市科学技术进步一等奖

项目名称	主要完成单位	主要完成人
杂交粳稻焦杂粳 1 号的选育及应用	焦作市农林科学研究院	徐九文 段新国 靳秋生 张利民 李庆军 宋爱青 焦竹青 胡国安 李天富 郝 茹 郭俊红 夏志伟 白怀瑾 吴 放 薛庆锋
高强高韧铸造 Al-Si-Mg 合金的研制	河南理工大学 焦作制动器股份有限公司	历长云 王有超 米国发 王海燕 许 磊 王狂飞 何斌峰 高 增 杨炳方 范广新 樊长录 贾金龙
高速铁路新闭塞系统用内屏蔽铁路数字信号电缆	焦作铁路电缆有限责任公司	王 革 王长法 杨永谦 吕秀武 陈育红 刘 强 王 刚 崔 芳 王振文
兆瓦级风电偏航制动器研发及产业化项目	焦作瑞塞尔盘式制动器有限公司	段京丽 曹红霞 张彩霞 魏胜利 任明星 史春香 郭振伟 郭新菊 付海良 申紫娟
基于水化学特征的矿井突水水源辨识技术研究	河南理工大学 平顶山天安煤业股份有限公司	王心义 张平卿 姚小平 黄 丹 王世东 陈魁奎 邓奇宇 杨 建 夏大平 宋德熹 姬红英 赵 丽 高 韬 冀红兵 赵彦琦
氯乙烯清洁生产技术	昊华宇航化工有限责任公司 河南工业大学	赵述彬 王松波 崔二梅 毛晓军 付胜堂 屈凌波 魏成江 焦高成 刘 娟 肖咏梅 吴肖磊
利用低品位铝矾土生产铝酸钙粉	焦作市华岩实业有限公司	乔子洋 李春枝 毕建设 牛小枝 李 莎 郝丽丽 王军花 乔琳琳
高强 高韧 耐腐蚀铝合金材料系列产品	焦作市圣昊铝业有限公司	张 梅 赵建国 张宏伟 井佳明 张二顺 常建东 李小亚 葛晓国 耿智红
N- 乙烯基己内酰胺的生产工艺研究	博爱新开源制药股份有限公司	王坚强 王宏兵 张德栋 阎重朝 崔保红 殷 乐 方 鄂
半干式气缸套	河南中原吉凯恩气缸套有限公司 河南省中原内配股份有限公司	王中营 吴福亮 陈小雨 刘志刚 高广东 原红军 孙立民 邹悟会 郭鹏鹏
褐煤提质成套设备	焦作市科瑞森机械制造有限公司	李超凡 赵涛涛 宋志杰 于 超
焦作市生态安全与减灾避难关键技术及应用	河南理工大学	樊良新 关中美 佟 艳 魏慧玲 李艳粉 李斌斌 马家海 陈如聪 黄路光 赵方方 柴发令 睢玉香

续表

项目名称	主要完成单位	主要完成人
焦作市土地收购储备规划编制研究	河南省中纬测绘规划信息工程有限公司 焦作市土地收购储备中心	郑红晓 张红方 尹祥杰 王 辉 李秋枝 汪慧芳 辛丹凤 夏国辉 王艳娟 尚良有 周士红 许中彬 秦 雅 薛莉莉 程小龙
煤矿区重金属污染农田土壤改良技术及应用	河南理工大学	马守臣 关中美 张 霞 邵 云 冯荣成 陈水生 宋娟娟 卫宪周 乔旭明 李艳芬
鼓室硬化诊断方案的建立及应用	焦作市人民医院 郑州大学第一附属医院	王燕玲 秦兆冰 陈秀兰 钟 彦 李景霞 杨雪雯 吕 艳 陈 璐 王素枝 千艳红
重性精神疾病社区康复研究	焦作市精神病院	张秀丽 王业伟 杨秀双 姚丰菊 程 群 张春霞 闫业喜 郭小丽
后腹腔镜手术在治疗肾上腺嗜铬细胞瘤中的应用	焦作市第二人民医院	汪永清 卢建路 冀 强 闫河峰 章 欣 董五星 张 斌 王天喜
血清铁蛋白检测的临床应用研究	焦作市人民医院	何全利 吴艳艳 刘 伟 柴 琳 杨思伟 任冬梅 鲁之中
四维超声成像技术与子宫输卵管碘油造影术诊断子宫畸形的临床研究	焦作市人民医院	郭 玲 郭社珂 王素枝 郭 维 姬 翔 杨文涛 郑 琦 郭 雯 岳 鑫
经前臂（尺/桡）动脉微创化行冠脉介入性诊断及治疗（CAG/PCI）的临床研究	焦作市人民医院	郑海军 李爱琴 孙亚超 晋 辉 朱艳霞 杨长宝 韦 艳
辅助生殖技术在不孕症中的临床研究	焦作市妇幼保健院	吕玉珍 朱光丽 赵 芳 宋文月 牛海燕 王慧芳 王 娟
柔肝化纤合剂联合阿德福韦酯治疗乙型肝炎肝纤维化临床研究	焦作市人民医院	梁宝慧 秦守杰 梁军利 林 鹃 卢燕许 祝玉清 李炜宇 石艳芬 王 磊

·农林科研·

【农业科研】 2014年，市农林院选育的葡萄新品种“朝霞无核”通过河南省林木品种审定委员会审定。小麦新品系“中焦5号”、玉米新品系“焦单10号”、水稻新品系“焦香粳082”参加河南省区试预备试验。主持的“杂交粳稻焦杂粳1号的选育及应用”，连续3年居河南省粳稻试验前列，累计推广70万亩，增产稻谷3300万公斤，获市科技进步一等奖。主持的“高产优质多抗玉米新品种焦单6号选育与推广”被省总工会、省工信厅、省科技厅、省财政厅、省人社厅确定为河南省百项职工优秀技术创新成果。主编的《旱稻高效生产技术问答》，由中原农民出版社出版。

省审水稻新品种焦杂粳1号

【现代种业】 2014年，市农林院投资280万元开展农作物良种育繁推一体化现代种业科技建设，完成土地平整、配电安装、基础加固等工程建设，种子仓储、加工车间主体工程通过竣工验收。完成种子检验室、晒场、道路等工程招标。完成农作物育种海南基地建设前期工作，玉米、水稻南繁加代育种，已在海南基地首次开展工作。

举办省小麦产业技术体系焦作工作站小麦栽培技术培训会议

【小麦高产创建】 在武陟、孟州、修武、温县、博爱等地建立超高产粮食生产示范基地，取得显著成效。在修武县郇封镇小位村建立周麦 27 号百亩方，经河南省农业厅现场机收实打测产验收，平均亩产 821.7 公斤，创造了国内冬小麦单产最高纪录。

【农林项目】 2014 年，市农林院承担国家和省市科技项目 13 项。其中省科技攻关项目“标记性诱导在玉米育种上的应用研究”“高产优质抗病杂交粳稻新品种焦杂粳 1 号中试转化”通过省科技厅验收。中央农业科技推广项目“焦作市年亩产吨半粮集成技术推广”、市科技攻关项目“1500 公斤粮食单产能力支撑技术综合配套研究”等 11 个项目完成年度科研任务。

【都市生态农业】 2014 年，市农林院及时调整工作重点，转变发展方式，成立作物育种、有机蔬菜、都市农业 3 大课题组，开展都市生态农业相关课题研究。研究制定了焦作都市生态农业技术示范项目建设方案，核心区设在市农林科学院，建设作物育种、有机蔬菜、生态林果 3 个核心示范园。引进新品种 57 个，研制的“温室大棚电动卷帘机自动控制仪”申报了实用新型发明专利。完成两个 5 亩连栋温室改造，建成葡萄品种资源圃和优质葡萄、樱桃、石榴展示园，开展林果新品种选育和标准化栽培技术研究。

【农林科技服务】 2014 年，市农林院依托农业科技流动大学，联合和组织各类涉农主体开展农业科技成果转化。举办农业科技培训班 60 多期，科技下乡服务 120 多人次，培训学员 1.1 万人次，印发技术资料 2.6 万份。与焦作电视台联合制作播出《情系金土地》节目 52 期。开通“农技通”短信业务，面向全市各级领导、农技人员和种植大户等，群发技术信息 2 万余条。在武陟、孟州、修武、博爱、温县等地建立领导干部联系基层服务点 19 个，引导农民群众发展现代高效农业。

（吴 放）

·地震监测·

【监测预报】 2014 年，市地震局下发《焦作市震情短临跟踪工作方案》，调整了震情短临跟踪领导小组和专家组成员，安排部署全市震情短临跟踪工作。坚持周、月、季会商制度，坚持地震异常的零报告、日报告制度，及时开展前兆异常核实工作，完成豫 09 井两次水温、水位异常的现场核实工作，写出异常核实报告上报省地震局。完成地震观测台站运转保障及分析预报工作。参加第 48、49 次晋冀鲁豫交界区地震联防会，提出联防区地震趋势意见，写入了联防会会议纪要。编写完成年度地震趋势综合研究报告，在全省地震趋势会商会上提出焦作市异常项目及趋势判定意见，得到省地震局采用。积极申报省地震局基金项目，两个项目通过省地震局评审，正在开展项目研究工作。组织完成 15 篇年度趋势会商会专题论文的撰写工作，优化调整全市地震宏观测报点，对全市骨干地震宏观测报点进行全面检查。加强地震台站观测运转保障，对突发情况及时处理，三次地震仪器的应急抢修工作均在 30 分钟内完成。加强台站规划，推进地震监测台网建设。成立焦作市“一县一台”建设工作领导小组，负责市“一县一台”建设工作的领导和组织实施。推进地震台网中心建设工作，提前规划台网中心各功能模块建设。市地震台网中心规划建筑面积 512 平方米，7 月开工建设，至年底土建工作已经完成。完成全市 6 个拟建台站场址的初勘工作，对云台山地震台、武陟、温县、孟州、沁阳拟建场址进行详勘和现场测试，编制台址勘选报告上报省地震局。省地震局对云台山、武陟、温县、孟州 4 个勘选报告作出同意批复。

【震害防御】 4 月 3 日，市地震局召开全市防震减灾工作会议，传达学习省防震抗震指挥部会议和全省地震局长会议精神，安排部署全市防震减灾工作。坚持依法行政，不断加强抗震设防要求管理。全面贯彻落实《河南省实施〈地震安全性评价管理条例〉办法》的各项要求，依法加强城镇各类建设工程抗震设防要求的管理工作，市行政服务中心地震窗口共办理审批件 43 件。重大建设工程和可能发生严重次生灾害的建设工程，地震安全性评价率达到100%。焦作市活断层探测与地震危险性评价项目进展顺利。完成11个子专题的验收，计划2015年完成整个项目的验收评审工作，并开展项目成果的推广应用。推进地震安全示范社区创建工作。孟州市长店社区通过省级、国家级验收，成为焦作市首个省级、国家级地震安全示范社区。山阳区申报的亿祥东郡社区通过市地震局、民政局的联合验收，正在积极申报省级地震安全示范社区。12月，市地震局被省地震局表彰为2014年度省辖市防震减灾综合工作先进单位、监测预报工作单项奖、应急救援工作单项奖。

指导焦作四中师生开展应急逃生演练

【地震应急】　3月11日，省地震局组织有关专家对焦作大学新校区Ⅰ类避险避难场所项目进行验收并顺利通过。10月17日，市政府办公室印发新修订的《焦作市地震应急预案》，预案完善了市抗震救灾指挥部的组织体系建设，建立了地震应急响应、应急准备等各项机制，对各工作组及成员单位在地震应急工作中的职责和任务进行了细化分解，做到了职责明确、任务具体。10月31日，在博爱县举行焦作市地震系统应急演习，邀请河南理工大学应急管理学院张小兵教授以《应急演习设计与实施》为题，为大家作了精彩授课，并结合具体案例开展了应急桌面推演。9月，组织参加豫北地震应急联队济源区的2014年度地震应急联合演习工作。

【防震减灾科普宣传】　2014年，市地震局通过防震减灾科普知识讲座、报告会等形式，开展防震减灾宣传教育培训工作。不断完善地震突发事件快速反应机制和地震谣传应对机制，制定了《焦作市地震事件信息发布和舆论引导工作方案》，有针对性地开展舆论引导，有效处置震情、灾情和地震谣传，确保社会秩序稳定。5月12日，全市20家减灾委员会成员单位，在龙源湖公园北广场举行集中宣传教育活动。防震减灾宣传周期间，与市教育局结合，分别指导山阳区焦东路小学和中站区第四中学开展应急疏散演练，收到了良好效果。市防震减灾科普教育基地和龙源湖公园地震应急避难场所对公众开放，安排专人负责讲解答疑工作。5月13日，组织专业人员到沁阳市供电公司举办“直面地震，科学避灾”专题知识讲座，取得了良好的宣传效果。对原市地震台科普教育基地进行升级改造，该项目土建工程已经完工。

（赵金中）

省地震局组织专家对焦作大学新校区Ⅰ类避险避难场所光伏电站进行验收

·气　　象·

【气候特点】　2014年，全市气温偏高、光照偏少，降水总量基本正常但时空分布严重不均，干旱和连阴雨多次交替出现。入汛时间在7月29日，偏晚近一个月。主要表现为：严寒和酷热期短暂、降水时段集中、干旱持续时间长、影响大，而雷雨大风、洪涝等灾害性天气强度弱致灾轻。

气温　2014年，全市年平均气温15.6℃，较常年偏高0.8℃。各县市年平均气温14.9～16.7℃，其中温县和焦作创历史新高。

就季平均气温来看，除春季显著偏高外，其余三季均属正常。

年内各月平均温度变化：2月、

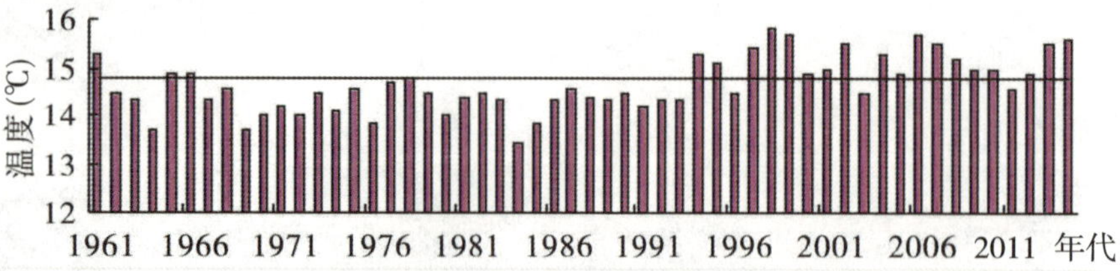

焦作市历年年平均气温变化图

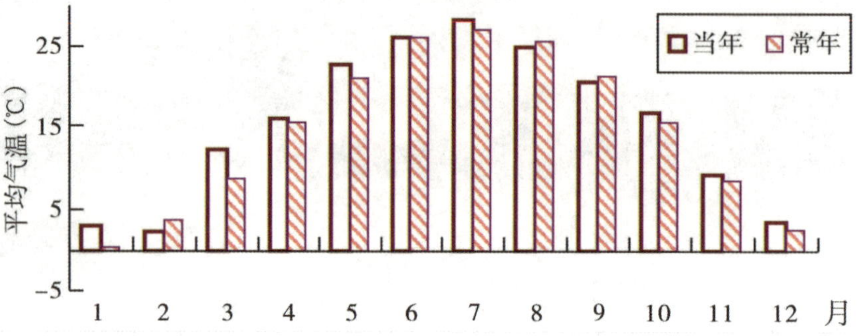

2014 年焦作市各月平均气温与常年对照图

6 月和 8 月较常年有所偏低，其余 9 个月均有不同程度的偏高，其中 1 月和 3 月偏高 2℃以上。

年极端最低气温 -10.7℃（孟州）~ -8.0℃（温县），修武出现在 1 月 18 日，其他县市均出现在 2 月 10 或 11 日；年极端最高气温 40.6℃ ~ 42.9℃（孟州），均出现在 7 月 21 日。年内日最高气温≥35℃的日数达 22 ~ 33 天，较常年明显偏多（常年 14.9 ~ 19.4 天）。

2014 年入春和入夏时间均偏早，入秋和入冬时间均稍偏晚，从而使得冬、春和秋季均有偏短，夏季明显偏长。

降水量 2014 年，全市年平均降水量 550.4 毫米，较常年偏少 5.8 毫米。

各县市年降水量 462.3 毫米（武陟）~ 688.8 毫米（沁阳），距平百分率为 -15 ~ 26%，各县市均属于正常。

就季节降水来看，冬、春季接近常年，夏季偏少、秋季异常偏多。

年内 2 月、4 月、8 月和 9 月份降水量均有不同程度的偏多，其中 2 月、4 月和 9 月显著偏多，其他 8 个月均有不同程度的偏少，1 月、7 月、10 月和 12 月显著或异常偏少。

年≥0.1 毫米降水日数为 68 ~ 85 天，接近常年（距平 -7 ~ 5 天）；≥50 毫米降水日数：沁阳和孟州各 1 天，其他县市均无；全市均没有出现 100 毫米以上的降水日。

年一日最大降水量 38.7 毫米（温县）~ 77.7 毫米（沁阳），其中沁阳出现在 8 月 5 日、孟州和温县出现在 8 月 30 日，其余县市均出现在 9 月 16 日。年最长连续降雨日数：博爱为 8 天（出现在 9 月 11 ~ 18 日，降水量达 147.4 毫米），修武为 5 天（出现在 9 月 14 ~ 18 日，过程降水量 99.8 毫米），其余县市均为 6 天（出现在 2 月 4 ~ 9 日，降水量为 14.5 ~ 25.9 毫米）。年最长连续无降水日数：焦作为 44 天（出现在 2013 年 12 月 19 日 ~ 2014 年 1 月 31 日），沁阳、孟州和博爱为 67 或 68 天（出现在 2013 年 11 月 25 日 ~ 2014 年 1 月 30 或 31 日），其余县市均为 71 天（出现在 2013 年 11 月 25 日 ~ 2014 年 2 月 3 日）。年内仅在 8 月 30 日出现了区域性大雨，西南部暴雨的天气过程。

日照 2014 年，全市年平均日照时数 1883.3 小时，较常年偏少 9.3%。

各县市年日照时数为 1773.7 小时（沁阳）~ 2054.4 小时（温县），距平 -495.9 ~ 15.5 小时。其中焦作和博爱属于正常，武陟属于异常偏少，其余县市属于偏少。

就季节分布来看，冬、秋季显著偏少，春、夏季正常。

年内月日照时数在 1 月、3 月、5 月、7 月和 12 月份均有不同程度的偏多，其余 7 个月均有不同程度的偏少，其中 5 月、7 月和 12 月份明显偏多，2 月、4 月、6 月、9 月和 10 月份明显偏少。

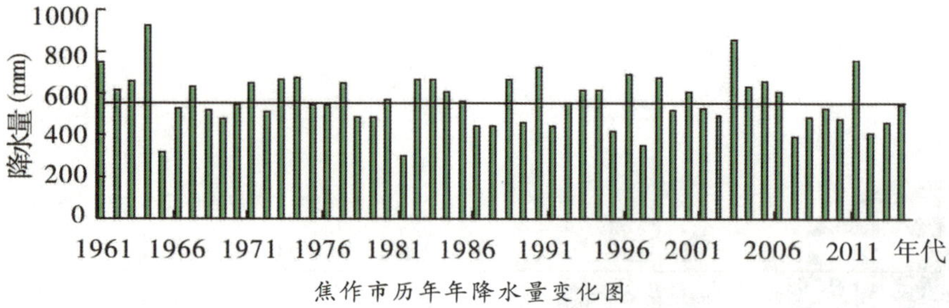

焦作市历年年降水量变化图

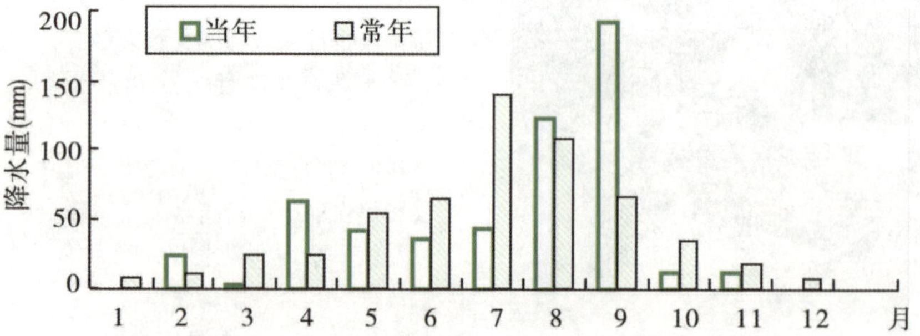

2014 年焦作市各月降水量与常年对照图

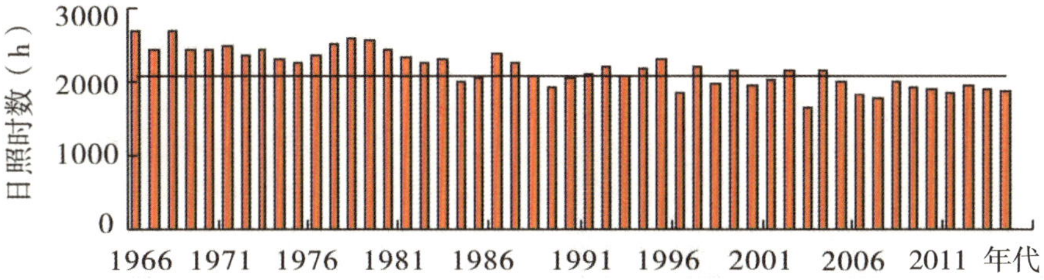

焦作市历年年日照时数变化图

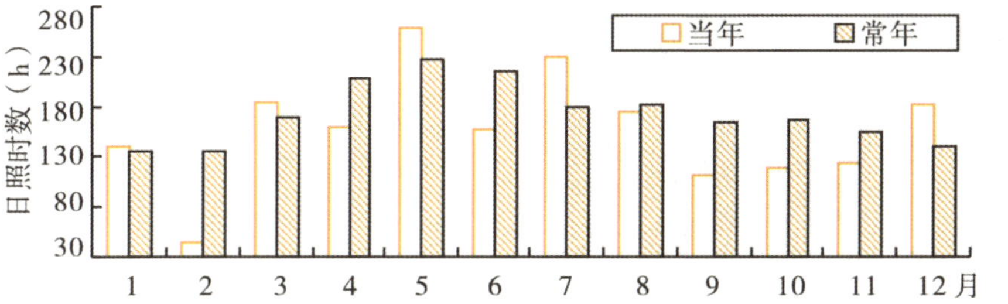

2014年焦作市各月日照时数与常年对照图

【灾害性天气】 2014年，全市出现了干旱、暴雨、高温、强对流、大雾及霾等主要天气气候事件。

冬旱 从2013年11月25日～2014年1月底，全市无有效雨雪天气过程出现（降水量仅有0.0～0.3毫米），加上1月份气温异常偏高，土壤失墒较快。未灌溉地块0～50厘米耕作层土壤相对湿度已不足50%，出现中度或轻度旱情。

持续性降雪及大到暴雪 2月4～9日，全市持续出现强降雪天气过程，过程降雪量达10.5～24.0毫米，最大积雪深度7～20厘米（焦作市区），其中4日20时到5日20时降雪量为6.0～11.1毫米，焦作和博爱达到暴雪标准，其余县市达到大雪标准。

春季连阴雨 4月15～19日，全市出现持续阴雨天气，过程降水量25.0～46.1毫米。持续阴雨寡照导致小麦赤霉病和白粉病有蔓延态势，各地都加大了防控投入。

干热风 5月18日到5月底，连续近半个月全市日最高气温均超过30℃，其中20～21日、25～27日和29日期间日最高气温还超过32℃，14时相对湿度≤25%，风速≥3米/秒，均达到重干热风天气过程标准，给小麦的灌浆攻籽带来了不利。

雷雨大风 7月29日下午，全市相继出现雷雨大风天气，降水量在1.5～26.9毫米，其中孟州、沁阳、博爱和修武1小时雨量均超过20毫米达到短时暴雨标准，孟州、沁阳和博爱瞬时最大风速分别达17.7、19.6和24.3米/秒。8月16日下午全市再次出现雷雨大风天气，其中瞬时最大风速沁阳达21.2米/秒、博爱18.7米/秒，在北部沿山一带的焦作、沁阳和博爱1小时降水量达23.6～32.8毫米，达到短时暴雨标准。

高温干旱 6～7月，全市平均降水量仅有39.2～139.2毫米。其中武陟为61年建站以来最少年，时空分布严重不均（其中7月份武陟、温县仅有11.1和14.4毫米），加上7月份以来气温持续偏高，≥35℃高温日达11～18天，特别是7月21日极端最高气温达40.9～42.9℃（孟州），创该月历史新高。持续高温加剧了土壤水分的散失和旱情的发展。

大到暴雨 8月30～31日，全市普降中到大雨，过程雨量19.5～60.3毫米，其中30日降水量为18.9～58.1毫米，除修武外的其余县市日雨量均超过25毫米，达到大雨标准，其中温县和孟州超过38毫米为大到暴雨日。

秋季连阴雨 9月7～18日，全市出现持续性降水天气过程，降水量达151.0～175.6毫米，期间≥0.1毫米降水日数达9～10天，仅在10日、13日出现了间歇，日最大降水量36.1～47.0毫米。

雾霾天气 11月15～28日，全市出现了持续雾霾天气，空气污染指数PM2.5接近或大于150（仅17日为143），达到中度以上污染等级。

2014年，干旱、暴雨、雷雨大风、连阴雨和雾霾等灾害性天气都有发生，并给农、林、水等行业生产造成了一定的困难和影响，但对工业、建筑业和交通旅游等行业影响不大。综合分析，全年总的气候条件对各行业的影响利弊兼有，且利弊相当，属于正常年景。

【基本气象业务】 开展灾害性天气实时监测业务和联防服务，市气象局与晋城市气象局汛期会商达50余次，年内发布灾害性天气预警提前量有所增加，预警准确率达97.6%。开展了新的强对流天气短时临近精细化落区预报业务、72小时空气污染气象条件预报以及中小河流洪水和山洪地质灾害业务，与市国土资源局联合开展地质灾害气象风险预警业务，收到了很好的联防预报服务成效。市气象局被省气象局评为2014年度综合考评优秀单位。

【气象服务】 面对干旱、干热风、连阴雨等气象灾害，气象局密切监测天气变化，提前预报、快速反应、跟踪服务，为党委、政府提供了科学决策依据。共发布各类预警83次、手机预警信息近2000万条，气象服务材料近400期，各类决策气象服务手机短信29万多条。圆满完成河南省第十二届运动会暨首届全民健身大会气象服务保障工作，受到市委市政府的充分肯定。加强人工影响天气工作。购置10台新型火箭发射架、1台地面燃烧烟炉，全市火箭架更新率达90%，有效提升了作业装备支撑能

市气象局为省运会开幕式进行现场气象服务

力。全年共组织开展 9 次人工增雨雪作业，在抗旱保粮、水库蓄水及城市生态环境改善等方面发挥了积极作用。

【气象科技】 加强科普产品研发，《卡通气象宝宝》荣获 2014 年河南省科普成果二等奖。积极组织开展岗位练兵、业务比武，参加全省气象部门岗位技能竞赛，政务管理和行政执法两个项目榜上有名。3 人次获中国气象局授予的全国质量优秀测报员，19 人次获河南省气象局授予的全省气象测报连续百班无错奖。

【气象防灾减灾】 全市气象部门加快综合气象观测及信息保障系统建设。新建 5 个四要素区域自动气象站。1 个自动土壤水分观测站通过对比观测正式投入业务运行。持续推进观测自动化建设进程，全市区域自动气象观测站乡镇覆盖率达 100%。完成气象监测与灾害预警工程项目和山洪地质灾害防治气象保障工程的竣工验收工作。完成市—县 SDH 宽带线路升级工作，切换过程平稳顺利。依托农村气象信息服务网、96 块气象电子显示屏，964 台气象预警大喇叭，63 个乡镇气象信息服务站、51 个村级气象信息服务站和 2018 名气象信息员等多种信息传播渠道，“服务基层、直通三农”的气象为农服务正在向纵深发展。全市气象部门先后开展 4 次突发气象灾害现场市县联合演练，并成功开展 1 次以市新体育馆防汛出现重大险情为背景的现场应急保障服务演练，增强了气象应急保障处置能力。加大气象防灾减灾宣传，利用“世界气象日”“防灾减灾日”宣传活动和“市民讲师团”授课之机等，积极开展气象科普知识宣传，发放气象宣传资料 4.5 万余册，有效提高了公众对气象灾害的认知和防护能力。

人工影响天气作业火箭架

【气象法制建设】 市气象局以《中华人民共和国气象法》颁布实施 15 周年宣传活动为契机，开展气象法律法规知识竞赛答题等活动，免费发放资料 5 万余份。全年共计受理行政许可 229 件，办结率 100%。共对 104 家单位进行气象执法检查，及时纠正气象违法行为。市气象局在全省气象部门行政执法岗位技能竞赛中荣获三等奖，被焦作市推进依法行政工作领导小组评为行政执法先进单位。

（刘　瑛）

教　育

·综　述·

【概况】　2014 年，全市共有各级各类学校（机构）831 所，教育人口 97.58 万人，其中在校生 91.87 万人，教职工 5.71 万人，教育人口占总人口的 27.7%。

全市小学和普通初中学校占地分别为 9720.39 亩和 6990.09 亩，校舍建筑面积分别为 183.53 万平方米和 158.55 万平方米，生均图书分别为 21.64 册和 37.80 册，生均教学仪器设备值分别为 672.88 元和 919.24 元。全市普通高中占地 4480.64 亩，校舍建筑面积 124.51 万平方米，图书藏量 153.41 万册。职业高中占地 1061.06 亩，校舍建筑面积 28.43 万平方米，图书 57.41 万册。普通中专占地 1193.52 亩，校舍建筑面积 55.61 万平方米，图书 59.53 万册。普通高校占地 1.05 万亩，校舍建筑面积 330.63 万平方米，图书 810.96 万册。成人高校占地 94.65 亩，校舍建筑面积 2.42 万平方米，图书 12.3 万册。

【招生考试工作】　2014 年，全市组织 16 次国家教育统一考试工作，普通高考、普通高考艺术类专业统考、中招考试、成人高考各 1 次；研究生招生考试、全国英语等级考试、高等教育自学考试、计算机等级考试、大学英语四、六级考试、自考助学考试各 2 次。其中高考报名 2.83 万人，录取考生 2.51 万人，海军飞行员录取 9 人；硕士研究生报名 5898 人；中招报名 4.18 万人；自学考试报名 1.09 万人 2.29 万科次；成人高招报名 6055 人；2013 级高中学业水平考试报名 2.42 万人。

【高考】　2014 年，焦作市高考报名 2.83 万人，设考区 7 个、考点 27 个，考场 911 个，参与高考组织与管理的工作人员超过 4000 人。为了服务好考生，各考点提供了力所能及的服务，市公安、环保、城管、保密、供电等部门也专门安排人员加强巡查和服务，确保高考顺利进行。6 月 25 日，高考成绩揭晓。全市本科一批上线 2525 人，上线率 10.93%，较上年提高 1.69%；本科二批以上上线 7157 人，上线率 30.98%，较上年提高 3.28%；本科三批以上上线 1.2 万人，上线率 51.84%，较上年提高 1.97%。全市普通高招共录取 2.51 万人，向海军航空兵输送飞行学员 9 名。焦作市第一中学的刘阳以全市理科第一名的成绩被北京大学录取，沁阳市第一中学的部哲以全市文科第一名被中国人民大学录取。

【学校法制教育】　2014 年，市教育局不断完善市级依法治校示范校创建考评体系，4 所学校被评为省级依法治校示范校。在国家宪法日、法治宣传月期间，通过国旗下讲话、班会等形式集中学法，开展“青少年法治巡展”“青少年维权岗”“爱国守法，明礼诚信”“我是学法小公民”等专题法治教育宣传活动，营造法治宣传教育氛围。积极开辟“第二课堂”，组织开展课外实践、模拟法庭、违法犯罪青少年现身说法等主题活动，并做好典型学校的经验总结和成果推广。健全完善法治副校长制度，开展“一校一法官”活动，研究制订法治教育实施方案，开展“小手拉大手”活动，努力构建学校、家庭、社会“三位一体”的青少年法治宣传教育网络。

【学校周边环境综合治理】　2014 年，市教育局联合市公安、工商、文化广电新闻出版、城管等部门连续 3 次对全市中小学校、幼儿园周边治安环境进行集中专项整治，共排查出三厅一室、音像书刊点、无证摊点、校内安全等安全隐患 518 处，清理规范经营网吧16家，收缴“诅咒卡”等非法出版物1.2万余册，取缔小商小贩摊点108个，规范学校治安室526个，在复杂路段上维护交通秩序6500余次，增设交通标志和交通安全设施123处，学校周边施划人行横道线236处，增设护学岗87个，校园周边环境得到净化。

【校车安全管理】 2014年，市教育局以“打非治违”专项活动为契机，联合市交警大队加大对校车安全隐患的查处力度，并集中开展学校幼儿园校车标牌审批办理工作。全市260辆专用校车标牌配备率100%。完善校车服务方案，培训校车驾驶员、随车照管人员等6000余人，培训达标率100%，校车安全工作取得良好效果。

【学校食品安全管理】 2014年，全市投入4123万元用于学校食堂改建和改造，进一步改善了学生就餐环境，提升了学校食堂供餐的安全水平。8月至10月，市食安办、市食药监局、市教育局联合开展学校及幼儿园食堂食品安全专项整治验收行动，对808家各级各类学校幼儿园食堂进行专项督导检查，对发现存在食品安全问题的予以通报并责令限期整改，到期未整改的公办学校取消其食宿资格，民办学校取消其办学资格。通过专项整治活动，全市学校食堂已整改达标767家，取缔41家。学校一级食堂（依河南省中小学校幼儿园食堂等级量化评分在90分以上）从整治前的21所增加到39所，学校食堂整体情况得到显著改善，整体质量得到稳步提升，被《焦作日报》、凤凰网、新华网、中国网等多家媒体报道。

【学校消防安全管理】 2014年，市教育局与各县市区教育局、中小学幼儿园签订焦作市县市区消防安全工作目标责任保证书，层层分解消防安全目标责任，把消防安全工作责任落实到岗到人，形成了“主要领导亲自抓，分管领导具体抓，各部门齐抓共管”的消防安全管理格局。9月，通过听取汇报，走访师生、群众和实地查看等方式，对各中小学校幼儿园进行消防安全专项督导检查，共查处全市学校各类校园消防安全隐患（包括疏散通道、疏散楼梯或安全出口数量、宽度不符合要求，应急照明、疏散指示标志不符合要求或不能正常使用，消防栓、灭火器有故障或损坏不能正常使用，电线老化等）500余处。针对存在问题，下发限期整改通知书，涉及学校及时进行了整改，保证了学校的消防安全。

【规范教育行为】 2014年，市教育局共办理群众来电、来信投诉举报116件，其中省教育厅转办案件18件，市纪委转办案件6件，局领导批示件12件，答复行风效能热线转来咨询、投诉件6件，自办件74件。全市教育系统共处理违规违纪人员21人，其中党内严重警告处分3人，党内警告处分3人，行政记过处分2人，行政警告处分2人，撤职1人，诫勉谈话8人，解聘代课教师2人，纠正和规范收费资金64万元。

【校方责任保险工作】 2014年，全市共参保学生45.36万人，教师3.12万人。学生投保率100%，教职工99%，基本实现了应保尽保。

【教育信息化受到教育部通报表彰】 2014年，焦作市建成市级网络直播互动管理平台和网络集体备课管理平台，基本建成教育信息化管理中心；全市816所中小学宽带网络校校通工程全面完成，100兆光纤接入学校600所，当年新增80所，投资164万元；全市中小学多媒体教学设备“班班通”覆盖率100%，当年新增7%，投资945万元；全市3.59万名中小学教师建立了实名制网络学习空间，网络学习空间人人通覆盖率100%，投资80万元；网络直播互动教室已经建成24个，当年新增18个，市级管理平台已经建成，投资1200万元；焦作市教育信息化工作受到教育部通报表彰；在全省教育信息化试点项目中期评估中，受到省教育厅通报表彰，被列为全省新一轮教育信息化试点。

【学生资助】 2014年，全市共为2802名学生（含温县）办理生源地信用助学贷款申请，申请资金2083.49万元。春季，发放普通高中助学金852万元，资助家庭经济困难学生1.14万人；发放中等职业学校助学金253.23万元，资助家庭经济困难学生3391人；拨付中等职业学校免学费资金1507.81万元，惠及学生1.78万人。秋季，发放普通高中助学金893.78万元，资助家庭经济困难学生11.92万人；发放中等职业学校助学金268.25万元，资助家庭经济困难学生3578人；拨付中等职业学校免学费资金1710.98万元，惠及学生1.99万人。开展大学新生入学资助，发放资金37万元，惠及571人；向308名家庭经济困难应届高校毕业生发放求职补贴30.8万元。

【尹洪斌莅焦慰问】 春节期间，省教育厅副厅长尹洪斌莅焦慰问特困教师31名，给他们送去节日的温暖与关怀。尹洪斌要求各级教育部门和学校要切实为困难教师提供生活保障和社会服务，支持帮助广大教育工作者投身教育、干事创业。

【通过国家二类城市语言文字工作评估验收】 5月21日至22日，省政府组织评估组对焦作市语言文字工作进行评估验收，全市18个单位代表党政机关、学校、新闻媒体、公共服务行业接受评估。经过评估组的汇总分析和量化评分，焦作市以257分（满分260分）的成绩顺利通过评估验收，评估等级为优秀。

【全国中小学课改经验交流暨优质课观摩活动在焦举行】 11月8日至9日，全国中小学课改经验交流暨优质课观摩活动在沁阳市永威学校举行，来自北京、天津、河南、江苏、山东、四川、新疆、黑龙江、内蒙古、陕西等省市自治区的1500多名教育工作者参加活动。活动主要包括报告会和观摩课两部分。7位专家和校长分别就学校管理、课堂改革、队伍培养等进行课改经验交流报告。与会人员分别观摩了来自江苏洋思中学、沁阳市永威学校、焦作市道清中学以及来自山东、河北、四川、陕西、内蒙古等地42名教师的优质课教学。中国教育报刊社副社长、人民教育家研究院院长张新洲等参加观摩活动。

·基础教育·

【学前教育】 2014年，全市幼儿园569所，比上年增加21所;入园幼儿4.7万人，比上年增加3495人，增长8.03%；在园幼儿12.13万人，比上年增加1.18万人，增长10.8%；离园幼儿3.84万人，比上年增加6207人，增长19.30%。全市省级示范幼儿园数量增至21所，市级示范幼儿园增至42所。

【义务教育】 2014年，全市义务教育阶段学校757所，在校生39.8万人，九年义务教育巩固率89.44%。教职工2.77万人，其中专任教师2.55万人。

全市小学573所，比上年减少26所；教学点147个，比上年增加17个;招生4.21万人，比上年减少563人；在校生25.08万人，比上年减少9303人；毕业生4.89万人，比上年减少5315人。小学平均每校点348人，小学五年巩固率91.67%，毕业生升学率97.04%。大班746个，占10.40%；超大班96个，占1.34%。

全市普通初中184所，比上年减少3所；招生4.75万人，比上年减少4271人；在校生14.73万人，比上年增加1965人；毕业生4.41万人，比上年减少5200人。校均规模800人，平均班额48.49人。普通初中净入学率100%，初中三年巩固率93.70%，毕业生升入高中阶段学校比率82.53%（不含技工学校数据）。大班556个，占18.31%；超大班64个，占2.11%。

全市义务教育阶段农民工随迁子女在校生9772人，比上年增加582人，其中小学阶段6858人，初中阶段2914人。农民工随迁子女占义务教育阶段在校生总数的2.46%。义务教育阶段农村留守儿童在校生7407人，比上年减少1783人，其中小学阶段4661人，初中阶段2746人。农村留守儿童占义务教育阶段在校生总数的1.86%。

全市农村义务教育阶段学校公用经费补助资金2.12亿元，其中中央资金1.27亿元、省级资金4239.6万元、市级配套资金4239.6万元；农村义务教育家庭经济困难学生生活补助资金1962.6万元，其中中央资金981.4万元、市级配套资金134.1万元、县级配套资金847.1万元；农村义务教育免费教科书资金3504.9万元，其中中央资金3258.3万元、省级资金246.6万元；农村中小学校舍维修改造长效机制资金4777万元，其中中央资金2580万元、省级资金1757万元、县级配套资金440万元。

全市城市义务教育阶段学校免学杂费资金1527.4万元，其中中央资金954.6万元、省级资金572.8万元、市级配套资金381.8万元；市直城市义务教育学校公用经费补助资金530.65万元，均为市级财政资金；城市义务教育免费教科书资金1185.4万元，其中省级资金592.7万元、市级配套资金592.7万元。

【国家义务教育均衡发展试点市工作】 2014年，博爱县、中站区通过国务院教育督导委员会评估认定，全市通过国家认定的义务教育发展基本均衡县（市、区）总数达5个。沁阳市、孟州市、温县创建国家义务教育发展基本均衡县市工作，受到省政府通报表彰；修武县、山阳区被省政府表彰为第四批全省义务教育均衡发展先进县区。

【推广实施义务教育集团化办学】 2014年，市教育局出台《关于义务教育阶段学校集团化办学的实施意见》，在全市推广实施义务教育集团化办学。按照“以城带乡、强校带弱、名校带新”模式，共组建一体化、互助协作式教育集团61个。一批薄弱学校通过集团化办学，校风校貌发生明显变化，办学质量和水平得到整体提升，促进了义务教育均衡发展。

【市实验小学获全国教育系统先进集体】 2014年，市实验小学获全国教育系统先进集体、全国青少年“中国梦”读书教育活动组织奖、全国消防安全教育示范学校、全国新教育实验优秀试验学校4项国家级荣誉；获全省未成年人文化经典诵读示范学校、全民健身幸福中原河南省第十一届中原武术大舞台武术展示活动三等奖、河南省级体育传统项目学校、河南省教育科研实验基地、全省未成年人文化经典诵读示范学校等5项省级荣誉。

【普通高中教育】 2014年，全市普通高中31所，与上年持平；招生2.34万人，比上年减少1445人；在校生7.19万人，比上年增加856人。校均规模由上年2293人增加到2320人。大班640个，占52.59%；超大班186个，占15.28%。

【特殊教育】 2014年，全市特殊教育学校9所，其中盲聋哑学校7所，弱智学校2所；毕业42人，招生73

9月1日，沁阳市永威学校进行社会主义核心价值观宣誓。

解放区在中小学校开设国旗、国徽知识课堂

人，在校生580人，教学班55个。

【民办教育】 2014年，全市各级各类民办学校567所，比上年增加16所，在校生总数20.73万人，比上年增加4.78万人，增长29.96%。其中民办幼儿园485所，在园幼儿8.59万人；民办普通小学28所，在校生3.78万人；民办普通初中32所，在校生2.21万人；民办普通高中14所，在校生2.23万人；民办中等职业学校5所，在校生1469人。民办高校3所（河南理工大学万方科技学院、黄河交通学院、焦作工贸职业学院），在校生3.7万人。

【德育教育】 2014年，全市继续大力开展社会主义核心价值观学习教育。组织学生学习社会主义核心价值观相关知识，进一步明确核心价值观的内涵、意义，让核心价值观入脑入心。丰富德育活动载体，深化“我的中国梦”主题教育活动。组织开展文化经典诵读活动，市实验小学等3所学校被命名为河南省文化经典诵读示范学校，24所学校被命名为市文化经典诵读示范学校；积极开展争做美德少年活动，在2014年第六届河南省美德少年评比中，沁阳市沁北中心小学刘珊、市特殊教育学校张杨轩被评为河南省美德少年，沁阳市实验小学孙小雨被评为河南省最美孝心少年；组织开展“我的梦·中国梦”青少年书信文化活动，在全省“我的梦·中国梦”青少年书信文化活动中，市教育局被评为优秀组织单位。开展“爱学习、爱劳动、爱祖国”教育活动，加强节粮节水节电教育，持续开展“光盘行动”，教育引导广大学生树立“节约光荣、浪费可耻”的意识，养成良好的行为习惯。

【城区教育资源整合】 2014年，市教育局按照中心城区“一盘棋”思路，统筹规划学校布局，整合老城区教育资源。委托市规划研究院完成《焦作市中心城区中小学布局规划（2014～2020年）》初步方案，12月16日召开初步方案各城区征求意见会，进一步修改完善方案，市教育局原址交市十一中、市学生卫生保健站交市实验中学、市一中老校区交市外国语中学使用，改善了办学条件。

【美丽学校建设】 2014年，市教育局出台《关于美丽学校建设的实施意见》。各中小学围绕“凝心聚力、转型攻坚、争创一流、绿色发展”要求，积极创建“生态绿色、文明健康、创新提升、风清气正、和谐平安”校园，101所学校被命名为焦作市美丽学校。

【学生健康教育】 2014年，市教育局指导学校按照大纲要求，配备师资，开足开齐健康教育课程；深入学校，对教室采光、课桌椅配备比例、二次饮水、厕所蹲位等相关设施进行检查，促进了校园设施改善；全力开展常见病、埃博拉病毒、肺结核等传染病防控工作。

许衡中学课间操表演 许来伟 摄

【新教育实验】 2014年，焦作市4所农村新教育实验榜样学校入选全国首批50所“新孩子乡村阅读公益行”学校，由江苏昌明教育基金会捐赠给焦作的首个新教育童书馆落户孟州市西虢镇韩园交通希望小学，全市现有全国新教育实验挂牌学校178所。

【中招】 2014年，焦作市出台“严肃招生纪律、严格录取程序、做好政策解答、实行首问负责、严查违规行为”招生五项措施，在媒体公布并严格落实。全市共有初中毕业生4.29万人，中招报名4.18万人。设12个考区、37个考点、1399个考场。普通高中录取新生2.28万人。其中省级示范性普通高中招生1.02万人，市级示范性普通高中招生6055人。省级示范性普通高中“分配生”的比例占统招生计划的50%。省、市级普通高中招生占总招生数的比例为72%。

【青天河入选美术教科书】 7月25日，国家5A级景区青天河入选2014年新改版的八年级美术教科书《家乡的河》一课。该教科书由人民美术出版社出版，全国通用教材。青天河景区是河南省入选该教科书的唯一景区。

【音乐课《看大戏》入选全国中小学现场课展示】 11月5日，在河南省中小学音乐优质课评选活动中，焦作市有四节课入选省级现场课评比。来自山阳区桶张河远方小学的曹莉霞老师的音乐课《看大戏》同时入选第七届全国中小学音乐优质课现场比赛。河南省推选参加全国比赛的仅有两位教师，也是全国为数不多的来自农村地区学校的教师。

【市第十一中学科学微电影荣获全国大奖】 11月6日至8日，第五届“熊博士”全国青少年科学影像节在郑州举行，焦作市第十一中学报送的科学微电影《探秘等时圆》，在来自全国各省的1856部科学微电影中脱颖而出，作为河南省高中组唯一代表参加全国决赛，荣获全国一等奖。

·职业成人教育·

【职业成人教育概况】 2014年，全市普通中等专业学校7所，毕业生9340人，招生8453人，在校生2.53万人，较上年减少29人。普通中专教职工1265人，专任教师833人。普通中专占地1193.52亩，校舍建筑面积55.61万平方米，图书59.53万册。

全市职业高中13所，毕业生8813人，招生6345人，在校生16.4万人，较上年减少2498人。职业高中教职工1159人，专任教师1005人。职业高中占地1061.06亩，校舍建筑面积28.43万平方米，图书57.41万册。

全市成人中专6所，毕业生0人，在校生0人。教职工208人，专任教师184人。

【职业教育校企合作】 2014年，全市所有职业学校与53家企业进行合作办学。选派30名专业教师到企业实践，选聘35名企业专业技术人员到职业学校做兼职教师。通过校企合作，全市职业教育与产业经济结合更加紧密。

【参加全国职业院校技能大赛】 2014年，焦作市有3名选手参加全国职业院校技能大赛，焦作市职业技术学校选送的键盘乐器演奏选手樊贝贝和中国舞选手翟维妙分获全国二等奖和三等奖，博爱职专选送的艺术插花选手王英杰获全国三等奖。

【参加全省职业教育技能大赛获佳绩】 2014年，焦作市在3月举办的全省职业技能大赛专业技能类比赛中获一等奖8个、二等奖25个、三等奖29个，总成绩居全省第三。在11月举办的全省职业教育技能大赛素质能力大赛中，获一等奖22个、二等奖26个、三等奖19个，总成绩居全省第一。

【对口升学成绩再创新高】 2014年，在对口升学工作中，全市参加考试人数2579人，本科上线人数465人，上线率18.03%；专科上线人数2517人，上线率97.60%。这是历年来对口升学考试的最好成绩，比2013年本科上线率高出4.6个百分点，比2012年本科上线率高出7.33个百分点。对口升学工作的做法和经验在全省部分地市对口升学协作会上交流研讨，受到同行专家的肯定和赞扬。

·师资队伍建设·

【师资队伍建设概况】 2014年，全市各级各类学校教职工5.71万人。其中幼儿园教职工1.03万人，比上年增加793人，增长8.33%；其中园长769人，比上年增加51人，增长7.10%；专任教师6068人，比上年增加427人，增长7.57%。专任教师中学前教育专业毕业3384人，占总数55.77%，比上年降低0.3个百分点。小学教职工1.5万人，比上年增加110人；其中专任教师1.41万人，比上年增加213人。专任教师学历合格率100%，比上年提高0.02%；专任教师中具有专科及以上学历比例94.08%，比上年提高1.43个百分点。生师比15.83：1，略低于上年16.86：1。小学代课教师326人，兼任教师0人。全市普通初中教职工1.26万人，比上年减少248人；其中专任教师1.14万人，比上年减少158人。专任教师学历合格率99.66%，比上年提高0.16%；专任教师中具有本科及以上学历比例72.87%，比上年提高 3.42 个百分点。生师比 13.88∶1，略高于上年 13.61∶1。普通中学代课教师 317 人，兼任教师 31 人。普通高中教职工 5768 人，其中专任教师 5038 人。生师比 17.49∶1，略高于上年 17.48∶1。专任教师学历合格率 98.44%，比上年提高 0.55 个百分点；专任教师中具有研究生学历所占比例 6.03%，比上年提高 0.67 个百分点。全市特殊教育学校教职工 209 人，其中专任教师 170 人，专任教师中接受特教培训的 122 人，占总数的 71.76%。全市以农民技术培训、其他培训为主的成人技术培训学校教职工 2294 人，其中专任教师 1474 人。

【校长队伍建设】 2014 年，焦作市启动河南省第二批名校长培育工程。市实验幼儿园园长、山阳区焦东路小学校长、龙源湖学校校长 3 人入选。组织 18 名高中校长、26 名幼儿园园长分别参加全省 2 期高中校长任职班、2 期高中校长提高班、4 期幼儿园园长任职班、1 期幼儿园园长专题研修班。组织 39 名义务教育阶段学校校长参加河南省中小学校长教育信息化培训班。组织 350 人参加以“校长专业标准”为主题的远程专题培训。组织 150 名校长（副校长）参加教育部——中国电信中小学校长信息技术应用能力提升项目远程培训。

【教师招聘】 2014 年，市教育局坚持面向社会公开选拔教师，为市直学校公开招聘教师 23 名，为市直中小学争取免费师范生招聘计划 12 名。

【支教工作】 2014 年，市教育局研究制定了《关于做好河南省边远贫困地区和革命老区人才支持计划教师专项计划工作的通知》，就做好支教教师选派工作作出了具体安排部署，8 月 26 日，选派的 100 名支教教师分别到洛阳市各受援学校开展工作。

【教师资格认定】 2014 年，全市共认定教师资格 4275 人，其中面向师范类毕业生认定 2622 人（高级中学 87 人、初级中学 1970、小学 329 人、幼儿园 236 人）；面向社会认定 1653 人，其中市级认定 256 人（高级中学 206 人、中等职业学校 49 人、中等职业学校实习指导 1 人），县级认定 1397 人（初级中学 444 人、小学 232 人、幼儿园 721 人）。

【农村中小学特岗教师招聘】 2014 年，焦作市争取省“特岗计划”名额 345 名（小学 211 名，初中 134 名），其中沁阳市 90 名、孟州市 30 名、武陟县 80 名、温县 60 名、博爱县 42 名、修武县 43 名，分配到 148 所农村中小学校。争取省级特岗教师工资性支出 828 万余元。特岗计划实施六年来，全市共招聘特岗教师 1928 名。

【全市农村青年教师技能大赛】 2014 年，来自各县市区的 123 名农村中小学青年教师参加全市农村中小学青年教师技能大赛。8 月中旬，经过县级初赛、市级复赛脱颖而出的 62 名青年教师代表焦作市参加河南省第八届农村青年教师竞赛决赛，15 名教师获省一等奖，焦作市连续第八次蝉联河南省组织优胜单位。

【教师国培计划】 2014 年，全市共安排 6883 名中小学幼儿园教师参加国培计划，其中 836 名教师参加短期集中培训、5893 名教师参加远程培训、154 名教师参加置换脱产研修。为保障国培计划顺利推进，焦作市积极创新管理办法，采取网络管理 + 平时管理的双重保障，使得“国培计划”综合考核位居全省第一，受到省教育厅表彰。

【教师省培计划】 2014 年，全市从普通高中语文、数学、外语、政治、历史、地理、物理、化学、生物九门学科中，遴选 117 名优秀教师进行为期一个月集中培训，以解决教师在教育教学中的实际问题，促进专业能力发展，着力培养一批省级骨干教师，引领教师由“忠实的实践者”向“反思型的实践者”、由“教书匠”向教育教学专家转变，形成以教学名师为引领的教师梯队建设体系。

【师德教育】 2014 年，市教育局制定下发《关于建立健全中小学师德建设长效机制的意见》，构建预防为主、惩防并重的师德建设工作机制。开展以“学习张伟精神，践行焦裕禄精神”为主题的师德教育活动，在全市中小学和教师中通过师德案例征集、师德微故事评选、“身边的好老师”师德演讲等活动，掀起学习榜样、争当典型的良好风尚。

2013-2014学年焦作市教育质量奖获奖单位名单

一、普通高中教育质量奖

（一）县（市）区普通高中教育质量综合奖

一等奖：（各奖励 11 万元）

沁阳市　武陟县

二等奖：（各奖励 7 万元）

温县　孟州市　修武县

三等奖：（各奖励 4 万元）

市城乡一体化示范区

博爱县　中站区

（二）普通高中学校教育质量奖

一等奖：（各奖励 50 万元）

武陟县第一中学

沁阳市第一中学

焦作市第一中学

二等奖：（各奖励 35 万元）

温县第一高级中学

孟州市第一高级中学

修武县第一中学

三等奖：（各奖励 16 万元）

北大附中河南分校焦作校区

博爱县第一中学

沁阳市永威学校

焦作市第十一中学

焦作市第四中学

二、中等职业教育质量奖

（一）县（市）区中等职业教育质量综合奖

一等奖：（各奖励 5 万元）

孟州市　博爱县

二等奖：（各奖励 4 万元）

温县　沁阳市

三等奖：（各奖励 3 万元）

武陟县　山阳区　修武县

（二）中等职业学校教育质量奖

一等奖：（奖励 11 万元）

焦作市职业技术学校

二等奖：（各奖励 8 万元）

孟州市职业中等专业学校

博爱县职业中等专业学校

沁阳市职业教育中心学校

三等奖：（各奖励 5 万元）

温县职业技术教育中心

武陟县职业教育中心

焦作市技师学院

焦作卫生医药学校

三、初中教育质量奖

（一）县（市）初中教育质量综合奖

一等奖：（奖励 15 万元）

沁阳市

二等奖：（各奖励 12 万元）

修武县　孟州市

三等奖：（各奖励 7 万元）

温县　武陟县　博爱县

（二）城区初中教育质量综合奖

一等奖：（奖励 15 万元）

解放区

二等奖：（各奖励 12 万元）

山阳区　中站区

三等奖：（各奖励 8 万元）

市城乡一体化示范区　马村区

（《焦作市人民政府关于表彰 2013-2014 学年焦作市教育质量奖获奖单位的决定》焦政文〔2014〕73 号）

·普通高等教育·

【普通高等教育概况】　2014 年，全市普通高校 7 所（河南理工大学、焦作大学、焦作师范高等专科学校、河南理工大学万方科技学院、焦作工贸职业学院、河南工业和信息化职业学院、黄河交通学院）。本学年毕业生 2.55 万人，招生 3.03 万人，其中本科生 1.48 万人，占 49.07%；专科生 1.54 万人，占 50.93%。在校生 9.38 万人，较上年增加 1.07 万人。在校生中本科生 5.23 万人，占 55.75%；专科生 4.15 万人，占 44.25%。毕业生 2.64 万人。普通高校教职工 8039 人，专任教师 5944 人。普通高校占地 1.05 万亩，校舍建筑面积 330.63 万平方米，图书 810.96 万册。

成人高等学校 1 所（焦作职工医学院），本学年毕业生 1.19 万人，招生 7760 人，在校生 2.28 万人，毕业生 1.19 万人。成人高校教职工 213 人，专任教师 140 人。成人高校占地 94.65 亩，校舍建筑面积 2.42 万平方米，图书 12.3 万册。

【黄河交通学院上升为本科院校】　6 月 17 日，黄河交通学院应用型本科教育发展论坛暨本科学校揭牌仪式举行。焦作市新添一所本科院校，全市本科院校上升为 2 所。该校前身为郑州交通职业学院，经省政府批准，于 2013 年 7 月整体搬迁到武陟县。2014 年 5 月，经教育部批准，学校正式升格为本科高校，并更名为黄河交通学院，是一所培养交通专业人才为主的普通本科高等院校。原国家教委计划建设司司长、全国高校设置评议委员会专家组组长徐敦潢，省政协副主席高体健，省民办教育协会会长贾连朝，省教育厅副厅长尹洪斌，市领导王明德、葛探宇、孔祥群出席揭牌仪式。

【河南工业和信息化职业学院】　2014 年，学院在校生 6000 余人，教职工 267 人。占地面积 777 亩，建筑面积 19 万平方米。开设有煤矿开采技术、工程测量技术、机电一体化技术、电子信息工程技术、建筑工程技术、电子商务、物流管理、会计、动漫设计等 29 个专业，形成以工科为主，面向区域经济和社会发展需要，以资源环境与安全、装备制造、土木建筑、电子信息、财经商贸等专业为支撑的专业群。学院建有 73 个实验实训室、55 个校企共建实训基地，教学仪器设备近 4073 万元，有 1200 台教学计算机和千兆校园网络系统，图书馆藏书 38.8 万余册。河南省教育厅对全省高职院校就业情况调查结果显示，学院综合排名位居前 10 名，毕业生毕业一年后的月收入排名第 4 位，就业现状满意度排名第 13 位，毕业生对母校的推荐度排名第 9 位。

（王春安）

·河南理工大学·

【概况】　学校有南、北、西 3 个校区，占地面积 4144 亩，建筑面积 135 万平方米；固定资产总值 19.6 亿元，其中教学、科研仪器设备总值 5.34 亿元。图书馆馆藏纸质图书 257 万册，电子图书 300 余万册，各种电子书库和数据库 50 余种。校本部毕业日校生 9789 人，其中博士 16 人，硕士 478 人，本科生 7441 人，紧缺人才学生 295 人，专科生 1599 人。招收日校学生 9714 人，其中博士研究生 32 人，硕士研究生 738 人；本科生 7684 人，中外合作办学本科生 483 人；专科生 637 人，中外合作办学专科生 108 人；留学生 32 人。日校在校生规模 3.5 万余人。有教职工 3007 人，专任教师 2310 人，其中院士 10 人、长江学者 2 人、省级特聘教授 15 人，具有正高级职称教师 270 人、副高级职称教师 750 人；具有博士以上学历教师 860 人、硕士学历教师 1068 人，分别占全校专任教师总数的 37.22%和 46.23%。

设有 20 个教学学院和软件职业技术学院、应用技术学院、高等职业学院、成人教育学院、安全技术培训学院、后备军官学院、万方科技学院（独立学院），拥有矿业工程等5个博士后科研流动站、4个一级学科博士点、32个二级学科方向；18个一级学科硕士点、119个二级学科方向、4个硕士专业学位类别，同时具有以毕业研究生同等学历申请硕士学位授予权，并在17个工程领域招收培养工程硕士；建有21个省级一级重点学科；75个本科专业，覆盖工、理、管、文、法、经、教、艺术8大学科门类；设有国家一级安全生产培训中心和全国“煤矿安全培训示范基地”，年培训规模4041人次，是服务国家煤炭工业和地方经济社会发展重要的人才培养和安全培训基地。

大力加强本科教学工程建设，建有5个国家级实验教学示范中心，1个国家级虚拟仿真实验教学中心，10个国家级特色专业，4个国家级教学团队，6门国家级精品课程，5门国家级精品资源共享课程，3门国家级双语教学示范课程，1部国家级精品教材，3个国家级专业综合改革试点专业，6个教育部卓越工程师教育培养计划试点专业，3个全国工程教育专业认证专业，5个国家级大学生校外实践教育基地，1名国家级教学名师，是大学生创新创业训练计划实施高校，学校人才培养质量稳步提升。

着力提升科技创新能力，建有1个国家重点实验室培育基地，1个国家地方联合工程实验室，1个省部共建教育部重点实验室，1个国家安监总局安全生产重点实验室，1个国家测绘局重点实验室，1个教育部工程研究中心，1个国家安监总局煤矿安全技术研究中心，1个国家体育总局体育文化研究基地，3个省级重点实验室，7个省级重点学科开放实验室，2个省级协同创新中心，1个河南省高校国家重点实验室培育基地，1个河南省高校教育部重点实验室培育基地，3个河南省高校河南省重点实验室培育基地，5个河南省工程实验室，5个河南省高校工程技术中心，2个河南省国际联合实验室，1个河南省重点社会科学研究基地，1个河南省政府重点研究基地，2个河南省高校人文社会科学重点研究基地，1个河南省妇女联合会社科重点研究基地，1个河南省创新方法培训基地；2个院士工作站，2个教育部创新团队，6个省级创新团队，是国家能源工业和河南省重要科技创新基地。

【学校体制机制改革】　2014年，河南理工大学健全完善学校体制机制，修订《学术委员会章程》《二级教职工代表大会实施办法》《河南理工大学工作规程》《党群和行政部门职责》《处级干部岗位职责》，进一步规范了内部治理结构和权力运行规则。坚持“重基层、重建设、重实效”的工作方针，制（修）订《教工党支部工作规则》《学生党支部工作规则》《系（教研室）工作规则》以及20多项学生教育管理制度，进一步完善了基层党支部、系（教研室）、学生班级和群团组织责任体系。制（修）订《河南理工大学奖励办法》《机关处级单位年度目标考核办法》《学院年度目标与绩效考核办法》《教职工年度考核办法》《绩效工资和校内津贴核拨与发放办法》等制度，进一步完善了内部约束激励机制，激发了办学活力。

【师资队伍建设】　2014年，河南理工大学坚持人才强校战略，全年新增中组部“千人计划”人选1人，“外专高端人才”1人，省学术技术带头人3人，省教育厅学术带头人4人，省教育厅优秀教育管理人才2人，省级青年骨干教师8人；柔性引进各类高层次人才5人，报到博士50人；招收博士后研究人员27人，选派46名教师外出攻读博士学位，9人赴国内高水平大学进修，4人到企业挂职锻炼；评审通过正高级职称16人，副高级职称52人，高级工程师2人，讲师25人，师资队伍规模、结构进一步优化。

【学科与平台建设】　2014年，河南理工大学投入5000余万元强化学科平台内涵建设，全年新增1个机械工程博士后科研流动站和公共管理硕士、汉语国际教育2个专业学位硕士点；煤炭安全生产和中原经济区煤层（页岩）气2个省级协同创新中心顺利通过省教育厅中期检查；新增1个院士工作站、1个河南省国际联合实验室、1个河南省妇女联合会社科重点研究基地、1个河南省创新型科技团队、2个河南省级哲学社会科学创新团队，学校服务社会能力进一步增强。

【本科教学工作】　2014年，河南理工大学开展了首次本科教学工作审核评估自评工作，并撰写《本科教学审核评估自评报告》《本科教学质量报告》。加大专业建设力度，制定本科专业分层建设设备投入三年计划和特色专业提升行动计划，遴选16个特色专业进行重点建设。采矿工程和测绘工程专业分别通过教育部全国工程教育专业认证专家组再认证和现场评估。艺术类本科专业通过省教育厅评估，环境设计和视觉传达设计2个设计类本科专业获评优秀等次。加强本科教学基本条件建设，投入1600万元用于教学设备购置，850万元用于图书文献资源建设，960万元用于校园信息化建设与改造，教学条件进一步完善。强化本科教学工程项目管理，新增3个国家级和7个省级本科教学工程项目，学校国家级、省级本科教学工程项目分别达54项和91项。加强教育教学研究，获国家级教学成果二等奖1项；新增国家级大学生创新创业训练计划项目80项；学生参加各级各类竞赛获国际一等奖1项、二等奖14项、三等奖25项，国家级一等奖3项、二等奖9项、三等奖1项，省级奖励309项。教师获省部级及以上奖励40余项。

【科研工作】 2014年，河南理工大学科技创新能力进一步提升，全年科研立项762项，立项经费总额1.49亿元；60余项科研项目通过省（部）级鉴定和结题验收；SCI收录论文221篇，其中Ⅰ、Ⅱ区论文59篇，比上年增长17.6%；成果获奖179项，其中自然科学获奖126项（国家科技进步二等奖1项，省部级奖31项），人文社会科学获奖53项（省社会科学优秀成果奖12项，省政府发展研究奖2项）；获得专利授权175项。大学科技园建设进展顺利，全年办理入园登记、注册科技企业达28家；投资176万元完成豫新能源产业研究院有限责任公司注册工作和公司一期50亩建设用地征地工作，公司总体规划设计已通过哈密地区政府批准，为学校服务西部大开发特别是援疆工作搭建了合作平台，得到省委省政府和河南省援疆指挥部的高度评价和支持。

【学位与研究生教育】 2014年，河南理工大学不断扩大研究生招生规模，全年招收博士研究生32人、全日制硕士研究生738人、工程硕士354人，在校研究生规模达3415人。深化研究生培养模式改革，加强培养环节控制与过程管理，研究生培养质量不断提高。在教育部和河南省的学位论文抽审中，学校受检博硕士学位论文全部顺利通过评审；获省优秀博士论文1篇，优秀硕士论文8篇，研究生发表高水平论文405篇（其中SCI、EI收录论文103篇），获各类专利76项；获批2项全国工程专业学位研究生教育课题。58名应届硕士毕业生考取博士，考博率达15.4%。

【学生工作】 2014年，河南理工大学坚持领导干部与学生座谈制度，全年共座谈718次，参与学生2万余人次；组织开展一年级学生歌咏、创意啦啦舞大赛，参与学生超过60%，达1.6万余人（次）；加强学生工作特色品牌建设，全年13项成果成为河南省高等学校思想政治工作优秀品牌、高校实践育人工作优秀案例和教育系统“三爱”教育活动典型案例。坚持在新生中开展理想信念、人生志向、专业道路和生活态度主题教育活动，全年共开展主题教育报告会64场；坚持做好早操早读工作，省教育厅厅长朱清孟5月来校调研时对学校学生早操早读工作给予肯定。加强学生班级建设，抓好学生心理健康教育工作，落实国家助学贷款政策，学校国家助学贷款工作连续9年获得全省考核优秀。加强考研宣传教育工作，全年毕业生考研录取率达25.54%，录取人数较上年增加285人，其中考取“211”“985”、国外500强高校及科研院所963人，占总录取人数的54.59%，较上年增长4.99个百分点。

【学校团委获全国煤炭行业五四红旗团委】 4月25日，全国煤炭行业共青团工作指导和推进委员会一届四次全委会暨2014年煤炭行业五四表彰大会在山东泰安召开，河南理工大学团委被授予全国煤炭行业五四红旗团委，材料学院团委书记朱伶俐被评为全国煤炭行业优秀共青团干部，能源学院靳继华、机械学院王兆强被评为全国煤炭行业优秀共青团员。近年来，学校着力加强共青团自身建设，深入开展社会实践活动，推进团员青年理想信念教育，举办“百年理工讲堂”“知行讲坛”、学术科技作品竞赛、创业计划竞赛、基础课公开赛以及文艺晚会、文化广场、周末舞会等系列活动，增强了基层团组织的凝聚力和战斗力。学校团委被评为河南省大中专学生暑期三下乡社会实践先进单位。

【招生就业】 2014年，河南理工大学扎实做好招生工作，新增4个本科一批招生专业，本科一批招生3063人，省内本科一批第一志愿投档率首次达到100%；省内理科二本录取最低分高出省控线51分，文科二本录取最低分高出省控线33分，生源质量有新提高。就业工作质量不断提高，2014届毕业研究生就业率92.15%、本科生就业率92.16%，均居河南省高校前列。

【多种办学形式协调发展】 2014年，河南理工大学加快开放办学步伐，全年新增友好学校4所，招收留学生32人，选派49名教师出国学习深造，78名学生出国（境）短期交流或攻读学位；全校5个中外合作办学项目（4个本科项目、1个专科项目）在校生1300余人。成人教育全年录取新生2331人，在校生1.2万余人；自考助学工作稳步发展，新增财务管理、电子信息工程2个专业，报名考生已达3826人。高职、紧缺人才教育教学改革不断深化，学生获省级及以上技能竞赛奖励12项，毕业生就业率、专升本上线率、“3+2”升段率达到80%以上。万方科技学院焦作校区招收新生1954人，新增6个校外专业实习基地，人才培养质量不断提升，全年学生获得省部级以上奖励23项，本专科毕业生就业率达83.85%。

【学校财务资产与审计】 2014年，河南理工大学多渠道筹措办学经费，全年收入总额近10亿元，保障了学校事业发展需求；完成3.16亿元的转贷和还债任务，有效规避了学校财务风险。全年新入库资产总计1.71亿元，资产总值达18.33亿元；审计各类项目经费1.82亿元，审减金额近300万元。学苑宾馆、机械厂、劳动服务公司分别实现营业收入762万元、360万元、725万元，门面房增收110.5万元，较好完成生产经营任务。

【基建与后勤服务保障】 2014年，

河南理工大学体育馆竣工投入使用。中华翰苑1号住宅楼顺利通过验收，附属小学教学楼加固工程和音乐厅改造工程等项目顺利完成；国家重点实验室大楼、第二图书馆等新建项目报批及开工前准备工作扎实推进。南校区集中供热改造及燃气锅炉关闭替代工作、西部及东部自来水加压工作、体育馆供电专线敷设工作按时完成，学校水电等保障水平进一步提升，供暖质量有较大提高。加大校内津贴分配力度，教学业绩点单价从120元增长到136元，科研业绩点单价从90元增长到101元，同比分别增加16元及11元，教职工收入稳定增长。

【后备军官学院】 2014年，学院招收国防生120人。由学院国防生组建的“青春飞扬”机器人代表队在中国机器人大赛中获大赛舞蹈组一等奖，60余人次国防生在国家、省、校级学习竞赛活动中获奖。学校2014届59名毕业国防生一次性100%通过中国人民解放军总参谋部组织的毕业生军政素质综合考核。

【入选全省高校章程建设试点单位】 2014年，河南理工大学成功入选全省高校章程建设试点单位，先后公开向社会、学校师生和退休老领导、上级主管部门及学校所在地政府、杰出校友和校外合作单位征求意见，历时两年共修改25次形成《河南理工大学章程（征求意见稿）》，并按规定分别提交学校教职工代表大会讨论、校长办公会议审议和学校党委常委会议审定后上报省教育厅并获批准，成为全省首批章程获准实施的高校，学校现代大学制度建设取得重大成果，为学校“依法治校”提供了依据。

【开展“理工梦·中国梦”主题活动】 2014年，河南理工大学以“理工梦·中国梦”为主题，在校报、校园网、校园广播等媒体开辟专题、专栏，及时宣传学校“理工梦·中国梦”主题活动进展情况及涌现出的先进典型和取得的成功经验；通过开展“我的中国梦”征文大赛、“井冈情·中国梦”主题社会实践活动、“理工情·中国梦”和“中国梦成才梦美丽中原风”摄影大赛及主题图片展、主题班会、主题党日、团日活动等形式，教育引导广大师生坚定理想信念，励志刻苦学习，踏实勤奋工作，积极投身实践，在中华民族伟大复兴的“中国梦”指引下，为实现建设特色鲜明高水平大学、办好人民满意的高等教育的“理工梦”而努力奋斗。

【获河南省行风建设先进单位】 2014年，河南理工大学通过组织召开行风评议动员会、协调会和迎评会等方式，对行风评议相关工作、材料进行及时梳理、归档和上报，学校行风评议工作得到全省民主评议学校行风督导检查组好评，夺得2012年至2013年全省本科高校行风评议综合考核第一名的好成绩，并被授予河南省行风建设先进单位。

【朱清孟莅校考察】 5月21日，省委高校工委书记、省教育厅厅长朱清孟在省教育厅副巡视员刘湘平等领导陪同下莅校调研，并分别听取了学校党政领导王少安、邹友峰、张国臣关于学校党的建设、教育实践活动和学校事业发展情况的汇报。朱清孟充分肯定学校办学和教育实践活动取得的成绩，要求学校进一步加强内涵建设，增强服务经济社会发展能力；高标准开展教育实践活动，努力使活动取得扎实成效，为学校发展凝聚正能量。

【获中国管理科学成效奖】 6月26日，由中国管理科学学会主办的第四届中国管理科学学会管理科学奖颁奖典礼暨2014中国管理科学高层论坛在北京举行，河南理工大学“应急管理学科建设与应用”以其在国内率先确立应急管理学科体系、率先创立应急管理人才培养体系、率先形成应急管理教材体系及在学术团队、人才培养、社会服务等方面的成就荣获本届管理科学成效奖。管理科学奖是经国家科学技术奖励办公室批准设立的全国性科学技术奖，奖励对象是在我国管理科学研究、管理实践以及推广工作中作出突出贡献者。

（孟战福　赵观石）

·焦作大学·

【概况】 焦作大学创建于1981年，是由焦作市政府投资建设的一所培养应用型人才的综合性地方院校。占地

朱清孟在河南理工大学调研

面积 1708 亩，建筑面积 43.5 万平方米。教职工 900 余人，专任教师中具有副高级以上专业技术职务的 195 人，享受国务院特殊津贴、省政府特殊津贴、省学术技术带头人等高层次人才 40 余人（次）。全日制在校生 1.1 万余人。教学仪器设备总值近亿元。馆藏图书 137.3 万册。校内实验（实训）室、中心 58 个，教学实习工厂 4 个，校外实习基地 111 个。

学校设有 15 个院系，开设 58 个专业，涵盖工学、人文学科、社会学科、管理学四大学科门类，其中工学类专业 26 个，管理学类专业 13 个。机械制造与自动化是教育部教学改革试点专业，应用化工技术、机械制造与自动化是河南省高职高专教育示范专业;市场营销、生物化工工艺是省级特色专业建设点；建筑工程技术、旅游管理是财政部、教育部提升专业服务行业发展能力的专业建设项目。机械制造与自动化、市场营销获得省示范性实训基地建设项目资助。《三维动画》《建筑材料与检测》《计算机工程制图》等课程获省部级以上精品课程称号。应用化工技术专业教研室被评为省级教学团队。

学校努力推进学研产一体化改革模式，加快技术转化，积极服务社会，建立了怀药工程技术研究中心等 19 个科研机构，并与中科院谢毓元院士团队联合建立了河南省专科学校第一个院士工作站——河南省四大怀药院士工作站，进一步提升了科研水平。积极推进科技成果转化，研发的山药饮料及生产技术获国家发明专利，三味地黄饮等怀药新产品通过河南省科技成果鉴定，铁棍山药酒、山药饮料生产技术成功对外转让。

学校坚持校企合作人才培养模式，先后与河南中轴集团、多氟多公司等 100 余家国内外企业开展合作，努力实现学校发展与经济社会发展需求的紧密对接。学校就业率达 95%以上，先后为地方经济社会发展输送了 6 万余名各类应用型、技能型人才。

学校明确“人才立校，法规治校，合作建校，特色发展”的工作思路，立足焦作，面向河南，主动适应“一带一路”和河南三大国家战略发展需要，重点培养工科类、应用型人才，更好地服务地方经济社会发展对人才的需求。学校先后荣获河南省文明单位、河南省高等教育教学工作先进集体、河南省大中专毕业生就业工作先进集体。

【教学工作】 2014 年，焦作大学召开教学改革会议，对教学改革进行全面动员部署。参与“高等学校教学工程”项目的申报评选工作，顺利通过中央财政支持专业验收，5 部教材被列入中国高等教育学会国家级规划教材。加强“双师型”教师队伍建设，在省职业院校技能大赛和省教育教学信息化大赛中获 44 项荣誉。加强普通话推广工作，配合市政府顺利通过“国家二类城市语言文字示范市”评估验收。举办焦作大学第十九届全民运动会，在全国武术太极拳比赛等赛事中荣获包括 19 个一等奖在内的 54 项荣誉。

【学生工作】 2014 年，焦作大学普通专科招生 3211 人，向社会输送 4739 名合格毕业生，其中 570 人考入本科学校继续深造。引导和鼓励支持大学生自主创业，组织开展创业设计大赛等活动，邀请教育部创业指导师徐俊祥进行创新创业教育培训。建立焦作市首家大学生创业园，首期 16 个团队、100 余名大学生入园参与创业实践，教育部、省教育厅和市政府领导亲临开园仪式。组织申报省教育厅大学生自主创业专项引导资金扶持项目 3 项，其中张丽同学的“APP 智慧社区”项目成功立项并获 7 万元扶持资金。学校荣获焦作市第六届高校毕业生自主创业之星评选工作先进单位。规范学生管理，以“一次性告知、一条龙服务”为宗旨，完善学生管理队伍和服务机制。加强大学生思想政治教育工作，开展心理健康教育。鼓励大学生携笔从戎，55 人应征入伍。开展奖、助学金评定工作，为 2819 名学生发放各级各类奖、助学金 924 万元。

【科研工作】 2014 年，焦作大学营造浓郁科研氛围，举办第七届科技活动周和第九届学术活动月，郑州大学侯维岩教授等 20 余名国内知名专家来校讲学。组织完成市厅级以上课题申报、结项、成果评奖、科技人才推荐等 94 项，顺利通过课题结项、立项和成果评奖 37 项。承办了“人的素质与社会发展”理论研讨会暨中国人学学会第十六届年会，第二届河南

征兵宣传进校园

省化学、化工、生物、食品学术研讨会等学术会议。“地黄国家新食品原料审批”课题被市科技局立项，获 20 万元经费支持。学校荣获焦作市 2014 年度社会科学课题调研活动先进单位。《焦作大学学报》被评为全国地方高校优秀期刊。

【校企合作工作】 2014 年，焦作大学成立校企合作理事会，与郑州宇通、苏州富士康等知名企业联合建立实训基地，在沁阳神农山、温县陈家沟建立产学研基地，深化校企合作，产教融合。与市人社局联合组建焦作市新型城镇化建设技能培训学院，筹划开展社会培训工作。

【师资队伍建设】 2014 年，焦作大学扎实开展职称评审工作，7 人获副高级以上专业技术职务任职资格；9 人被评为省教育厅优秀教育管理人才和市管专家等市厅级以上人才；公开招聘 1 名博士研究生；进一步加大教师进修培训力度，顺利完成教师资格认定工作。

【学校共青团工作】 2014 年，焦作大学着力加强共青团自身建设，开展周末文化广场等多种形式的校园文化活动。深入开展“五四红旗团支部”创建活动，积极组织社会实践活动，选拔 1600 余名学生参与省运会开闭幕式表演和安保、礼仪等志愿服务工作，组织 680 名学生赴云台山参加志愿服务。学校获焦作市大中学生暑期社会实践活动先进单位。校青年志愿者服务队连续三年获焦作市志愿服务市长奖。《志愿云台育人为本》社会实践报告荣获河南省高校实践育人工作优秀案例二等奖。

【首家大学生创业园开园】 12 月 10 日，焦作市首家大学生创业园在焦作大学正式开园，首批吸引 16 个创业团队入驻，创业项目涵盖摄影、书店、信息网络和生活服务等。

焦作大学大学生创业园开园

【焦作大学神农山产学研基地揭牌】 5 月 10 日，焦作大学神农山产学研基地揭牌仪式在神农山风景名胜区举行，沁阳市委副书记、市长毛文明和焦作大学党委书记郭维杰共同为焦作大学神农山产学研基地揭牌。焦作大学在神农山风景名胜区建立产学研基地，利用双方的优势，在联合办学、人才培养模式改革、教学实践内容改革、学生就业、科研产业、旅游文化产业开发等方面开展合作，将对焦作市的旅游文化产业格局产生重要影响，快速提升双方的整体实力，为焦作乃至全省的旅游文化产业发展奠定坚实的基础。

（焦金雷　吴玉伦　廉永生）

·焦作师范高等专科学校·

【概况】 焦作师范高等专科学校是 2002 年 3 月经教育部批准组建的一所以教师教育为主的全日制普通高等学校。其办学历史可追溯到 1907 年（清光绪三十三年）创办的“怀庆府师范学堂”，至今已达 108 年。

学校占地面积 54.4 万平方米，校舍建筑总面积 29.68 万平方米，其中教学科研行政用房 19.25 万平方米；教学科研仪器设备总值 5718.41 万元，馆藏图书 96.53 万册。学校设有 12 个学院，涵盖人文、社会、历史、教育、艺术、法、工、理、管、

焦作大学神农山产学研基地揭牌

农10大学科门类43个专业；教职工770人，专任教师501人，其中正高级职称44人，副高级职称176人，“双师型”教师214人，享受国务院特殊津贴专家1人，市厅级以上学术技术带头人、专业技术拔尖人才58人，聘请行业企业技术专家担任兼职教师187人。学校先后被表彰为河南省文明标兵学校、第一批省级节约型公共机构示范单位、第二批河南省专业技术人员继续教育基地。

【教学工作】 2014年，焦作师专高度重视教学工作，始终把教学工作摆在办学的优先地位，不断提高人才培养水平。计算机网络技术专业、物业管理专业被确定为省级专业综合改革试点专业，《音乐鉴赏》课程被评为省级精品资源共享课程，《心理咨询》课程获省教育厅建设经费10万元。首届与河南师范大学联办本科班毕业生考研实现“开门红”，数学与应用数学专业考研录取率达46.2%、汉语言文学专业录取率达52.38%。在河南省第十二届高等学校师范教育专业毕业生教学技能大赛中，获一等奖4个、二等奖8个、三等奖22个。在河南省第十二届大学生运动会上，获金牌17枚、银牌15枚、铜牌2枚；获乙组团体总分第一名、乙组女子团体总分第一名、乙组男子团体总分第一名、甲组团体总分第五名、甲组女子团体总分第二名。在第七届河南省高职院校技能大赛暨2014年全国职业院校技能大赛高职组河南省选拔赛中，获二等奖2个、三等奖2个、优秀奖1个。在焦作市第三届大中专院校法治文艺汇演比赛中，获一等奖1项、二等奖1项、优秀奖1项。通过焦作市教师教育改革创新实验区建设、“国培计划”顶岗实习、与多氟多公司进行战略合作、与市旅游局、青天河风景区共建实训基地等，进一步加强了实习实训基地建设；继续与广州嘉福教育集团、上海鹤立教育、上海丽珠生物科技有限公司等单位合作安排学生顶岗实习，保障了教育实习实训工作顺利开展。学校选送的《“三·二”人才培养模式探索与实践》《多措并举统筹实施让青春在实践与奉献中闪光》案例分获河南省高校实践育人工作优秀案例一等奖和二等奖。组织开展“爱学习、爱劳动、爱祖国”教育实践活动，使广大学生懂得爱国、善于学习、学会做事、学会做人。开办“文华大讲堂”“语文素养大赛”等系列活动，让文化浸润学生成长，为学生未来成功人生奠基。

【学生工作】 2014年，焦作师专坚持以“立德树人”为导向，不断创新工作方法，推进学生管理工作。开展“我的中国梦——奋斗的青春最美丽”主题教育活动、“奉献的人生最精彩”志愿服务活动、“崇尚科学反对迷信万人签名”活动等，引导学生坚定理想信念、凝聚人心力量、践行美丽青春人生。推荐选拔800余名师生参与河南省第十二届运动会暨首届全民健身大会志愿服务活动。《三级联动三全育人》《“知情·意行”思想引领》项目获河南省高等学校思想政治工作优秀品牌项目；“爱·链”行动—党员（青年）志愿者服务项目被文化部评为“2013年文化志愿者基层服务年”示范项目；学校获焦作市志愿服务市长奖“十佳志愿服务组织”荣誉称号。全年评选省级优秀毕业生120人、校级优秀毕业生197人、校级三好学生410人、优秀学生干部245人、优秀学生奖学金获得者1645人。为1823名学生发放奖助学金689万余元，为1640余名学生发放国家助学贷款670余万元，保障了家庭经济困难学生顺利完成学业。学校在全省高校国家助学贷款工作考核中荣获优秀单位。牵头举办19场次“双选会”以及开展困难学生就业帮扶工作等，共组织提供了3800多个招聘岗位，为1752名“特岗”考生提供了招考报名服务，为125名家庭困难毕业生发放12.5万元求职补贴，促进了学生顺利就业。

【科研工作】 2014年，焦作师专以科研为抓手，以校企合作为平台，积极主动融入焦作地方经济社会发展。全年在各级各类学术刊物上发表学术论文166篇，其中核心期刊论文41篇，被SCI、EI、CSSCI等收录33篇。申报立项课题38项，其中省部级以上课题11项、地厅级课题27项；结项课题83项，其中省部级以上课题16项、地厅级课题67项，省级获奖5项、市厅级二等奖以上57项；出版著作（教材）12部。在编撰《文化修武》《修武碑刻辑考》的

举行“身边的榜样”事迹报告会

与多氟多签订战略合作协议

基础上，覃怀文化研究所加紧进行《文化武陟》《武陟碑刻辑考》编写工作。应中央电视台之邀，程峰教授接受《国宝档案》节目的《中原名流之汉献帝刘协》《中原名流之“傲骨文人”韩愈》《中原名流之“怀商”杜盛兴》等电视专访。广开社会办学培训渠道，招收本科自考助学学生500余人，培训焦作市中小学骨干教师438人，承担“国培计划”项目7个，培训1200人。学校成功获批焦作市电子商务继续教育示范基地、河南省电子商务继续教育示范基地。

【师资队伍建设】 2014年，焦作师专坚持“以人为本”理念，继续实施人才强校战略，不断加强师资队伍建设。全年新引进教师11名，评选推荐教授1名、副教授6名、讲师2名。1名教师获河南省高等学校教学名师奖、1名教师获河南省教育系统教学技能竞赛一等奖、1名教师被评为河南省职业教育教学专家、3名教师被评为河南省中小学教师信息技术应用能力提升工程专家、9名教师被评为市管专家。积极开拓办学思路，利用国际合作方式，引进美国、俄罗斯籍教师3人次，担任学校的英语口语课和钢琴课。选派2人参加由省教育厅组团的新加坡南洋理工学院职业院校教育管理能力提升研修班。推荐1名教师赴美国进行汉语教学，推荐2名教师参加外派汉语教师和孔子学院教师选拔。

【校园基本建设】 2014年，焦作师专以申办设置本科院校为契机，优化和改善办学条件。田径运动场、网球场地面改造项目进入基建招标程序，新校区三期工程建设进入可行性研究阶段，校园布局和功能进一步优化。成立焦作师专财经工作领导小组，出台《焦作师专出差审批制度》《资金使用报备制度》，规范了学校财务管理。同时，制定《关于进一步加强学校公务车辆管理的通知》《关于进一步加强和规范公务接待管理的通知》，严控“三公”经费，“三公”经费共支出59.64万元，较上年同期减少46.06万元。加强美丽校园建设，积极开展绿化、美化校园建设、爱国卫生活动、节能减排活动、宿舍文化和教室文化创建活动等。以省教育厅“防灾减灾”专项检查为契机，制定各种突发事件应急预案，加强食品卫生、食品安全、防灾减灾等工作，努力推进平安师专建设，确保学校安全与稳定。

（王院成）

文　　化

·文化事业·

【概况】　2014 年，全市有群艺馆、文化馆 11 个，公共图书馆 7 个，乡镇、办事处文化站 101 个，农村文化活动中心 1791 个，社区文化中心 82 个。有歌舞娱乐场所 92 家；游艺娱乐场所 31 家；营业性演出团体 14 家；互联网上网服务单位 424 家，其中单体网吧 264 家、直营门店 150 家、连锁企业 10 家。

【文化体制改革】　2014 年，市文化广电新闻出版局与市广电局的组建工作正在推进。市直院团转企改制工作基本完成。按照现代企业制度要求为市豫剧院有限责任公司和市歌舞剧院有限责任公司配齐班子，相继解决财政扶持资金落实、办理提前退休人员手续以及养老金缴纳等问题。焦作人民会堂的转企改制稳步推进。焦作市被确定为全省基层综合性文化服务中心建设试点市，修武县文化馆被确定为公共文化机构法人治理结构改革试点单位。

【文化惠民活动】　2014 年，市文化局持续推进文化服务设施免费开放。市图书馆推广以“萤火虫阅读计划”为重点的全民阅读活动，开展关爱留守儿童活动、增加图书馆馆外流通点数量、延长开放时间等，共有 40 余万人次受益。市群艺馆举办劳动者之歌系列广场文化活动、庆祝建国 65 周年专场演出、百城万场广场文化等活动，举办美术、书法、摄影、非遗展览 7 场，免费开设二胡、舞蹈、声乐、摄影、手风琴等艺术课程，馆内各项公共设施全部免费开放。市博物馆争取免费开放经费 700 万元，完成汉代陶仓楼综合展陈改造工程，展出特色文物 136 件（套）；山阳石刻陈列修葺更新，新增文物 20 件，扩充展示面积 30 余平方米；推出贴近百姓品味生活山水画大展、1942 河南大饥荒图片展、中国马文化图片展、中国鼎文化图片展、焦作开明书画院成立暨焦作开明书画院第一次作品展、焦作当代书画名家作品收藏展（原创）等展览 20 个；首次在展厅开辟“体验区”供观众做陶仓楼复制品的组装体验；首次在展厅设立“志愿者营地”开展志愿者团队活动。

【教你一招文化惠民活动】　2014 年，市文化局继续开展“教你一招”文化惠民活动，免费培训课程 200 余课时，受益群众万余人次。“教你一招”活动开展以来，共举办各专业培训活动近千场，培训内容有声乐、器乐、民族舞、广场舞、拉丁舞、语言

开展“教你一招”——扇子舞学习活动

表演、美术、书法和摄影，培训人数达 4.5 万人。12 月 27 日，市文化惠民工程——“教你一招”汇报演出在市会议中心举办。来自各行各业的离退休人员和业余爱好者，演出舞蹈、歌舞、大小合唱、乐器演奏、京剧等 13 个节目，表演受到观众的高度赞扬。

作品《春天》《吊床》获一等奖，并在《少儿美术》杂志封面刊登。

【焦作开明书画院成立】 8 月 23 日，焦作开明书画院成立大会暨第一次书画作品展开幕仪式举行。开明书画院的宗旨是发挥民进文化界别的特色和优势，打造服务和凝聚书画界会员及书画艺术家的平台，为促进科学发展、社会和谐、文化繁荣服务，为民进履行参政党职能服务。民进焦作市委主委、副市长乔学达等出席活动。

【社会文化活动】 2014 年，市文化局组织开展迎新春摄影展、义务书写春联、非物质文化遗产名录展、“醉”美净影摄影展，首届文化共享杯摄影展等文化活动。春节期间，分别在影视城广场和东方红广场举行“文明焦作·欢乐怀川”2014 年焦作市春节民间优秀文艺节目展演，共组织 11 场专场演出，近万名演员演出 150多个节目，观众达 50 余万人次。展演的节目有民族艺术特色的龙狮虎舞、喜庆的秧歌、威武的盘鼓、矫健的传统武术、时尚的新编歌舞和许多国家级、省市级非物质文化遗产传承项目。全年市直文化单位共开展送文化下乡活动 6 次，先后到修武县西村、武警焦作支队、修武县郇封镇等地送上文艺表演和慰问品。建立市特殊学校、市福利院、山区学校（2 所）、焦南监狱、焦作监狱、焦作市监狱、市戒毒所 7 个馆外图书流通点。图书馆“萤火虫阅读计划”申报河南省公共文化示范项目，通过省专家评审。参加全国第十二届少儿美术杯年度艺术展，获一等奖 22 个、二等奖 8 个、三等奖 11 个、优秀奖 2 个，其中两个获奖作品在 2014 年第五期、第六期少儿美术杂志封面上刊登。在河南省文化厅举办的第二届河南省农民画展征集活动中，获二等奖 1 个，三等奖 6 个，优秀奖 2 个。

【舞台艺术送基层活动】 2014 年，全市共承担河南省舞台艺术送农民活动演出 64 场，焦作市舞台艺术送基层活动演出 200 场。市豫剧院、市歌舞剧院免费将体现社会主义核心价值观的优秀文艺作品、获得市级以上奖励的优秀剧目和经典保留剧目送到广大农村，让人民群众共享艺术发展成果。同时开展舞台艺术进校园、进军营、进工地、进企业、进社区活动。市歌舞剧院先后参加郑州少林武术节开幕式、信阳茶叶节开幕式等大型活动。

【完成省十二运会开闭幕式演出】 9 月 19 日，河南省第十二届运动会暨首届全民健身大会开幕式开始，由全民健身展示、迎宾表演、开幕仪式、群众文体表演四部分组成，总时长 102 分钟。开幕式上以厚重河南、中原文化、太极故里、活力焦作为主要元素，以群众文体活动展示为主要表现形式，融合中原武术文化、中原戏

“文明焦作·欢乐怀川”2014 年焦作市春节民间优秀文艺节目展演

曲文化、中原民俗文化为一体，展示了河南人民特有的精神面貌。9月29日晚，闭幕式举行。开幕式参演人员5500余人，闭幕式800余人。开闭幕式演出体现了节俭、隆重、全民参与、简约而不简单、浓郁的地方特色等特点，受到社会各界的一致好评和广泛赞誉。

【艺术创作】 2014年，市艺术研究所所长胡红兵创作完成电视剧《四两拨千斤》大纲，修改加工电影剧本《漫画女孩》。副所长杨林创作完成戏曲剧本《太极宗师陈照丕》《敦煌女儿》《第十五夜》的前期工作。剧作家范光完成电影剧本《有爱的风景》，出版民俗故事集《巡返传奇》、完成长篇小说《林葬》写作大纲。同时组织创作反腐倡廉微电影《赝品》《抱琵琶》《三个电话》等。

【《红旗渠》获五个一工程奖】 9月13日，第十三届精神文明建设"五个一工程"评选在北京揭晓，市艺术研究所副所长、著名编剧杨林创作的大型话剧《红旗渠》入选。10月25日，第四届中国话剧表演"学院奖"在北京颁奖，《红旗渠》获优秀剧目奖。话剧《红旗渠》从剧本创作到被搬上舞台，历时四年，其以恢弘的气势、全景式的叙述方式，正面展现了在一个特定的时代，林县原县委书记杨贵带领全县人民用十年时间修建红旗渠的艰难历程，同时也孕育形成了自力更生、艰苦奋斗、团结协作、无私奉献的"红旗渠精神"。话剧以全新的视角，对"红旗渠精神"作出独特的诠释。作品用生动感人的人物形象和生活细节，描绘了一幅林县人民在党的领导下"重新安排林县河山"的艺术画卷。

【文化产业示范基地建设】 2014年，焦作云台山旅游发展有限公司先后被文化部和省文化厅命名为国家文化产业示范基地、河南省文化企业50强、河南省10家重点文化企业之一。金谷轩绞胎瓷有限公司、沁阳市檀溪堂文化产业园有限公司被省文化厅命名为河南省文化产业示范基地。温县陈家沟村被省委宣传部、省文化厅、省文联联合命名为首批河南省特色文化基地。积极申报金谷轩绞胎瓷为国家级文化产业示范基地。

【文化市场综合执法"闪电"系列行动】 3月11日至12日，全市集中开展文化市场综合执法"闪电"系列1号行动。共出动执法人员177人，执法车辆63辆次，检查网吧349家次，歌舞娱乐场所87家次，印刷企业、校园周边出版物经营单位113家次，查出违规经营行为网吧4家，立案4家，对21家经营单位给予警告。4月28日至30日，开展"闪电"2号行动。共出动执法人员261人次，执法车辆53辆次，检查出版物经营单位216家次，网吧409家次，印刷企业37家次，清理流动书摊5家，查缴非法出版物408本，查处违规经营网吧7家，警告7家，立案2家。6月23日至24日，开展"闪电"3号行动。共出动执法人员263人次，检查网吧408家次，书报刊经营单位160家次，对16家违规经营网吧给予行政处罚，收缴非法出版物110本，取缔流动书摊5家，排查安全隐患11处。8月12日至13日，开展"闪电"4号行动。共出动11辆执法车，83名执法人员，检查网吧384家，查处11家违规经营网吧，排查安全隐患9处。9月29日至30日，开展"闪电"5号行动。共出动14辆执法车辆，86名执法人员，检查307家网吧、124家出版物经营单位和36家娱乐场所，查处违规经营网吧7家，立案7家，排查安全隐患8处，收缴非法出版物28本，取缔流动书摊2家。12月25日至27日，开展"闪电"6号行动。共出动44辆执法车辆，219名执法人员，检查366家网吧、137家出版物经营单位和62家娱乐场所，查处违规经营网

龙凤灯表演

吧 8 家，立案 6 家，关停无证网吧 1 家，排查安全隐患 10 处，收缴非法出版物 28 本，取缔流动书摊 2家。

【暑期文化市场集中整治】 7 月 3 日，市文化市场综合执法支队开展 2014 年暑期文化市场集中整治行动。共出动执法人员 748 人次，检查网吧 190 余家次，娱乐场所 50 余家次，出版物经营单位 80 余家次，印刷企业 100 余家次，对 8 家违规经营网吧进行立案查处，为青少年健康成长营造了良好的社会文化环境。

【文化市场安全检查】 12 月 15 日，市文化市场综合执法支队联合山阳区文体局和山阳区消防大队对山阳区歌舞娱乐场所逐家进行消防安全隐患大排查；联合解放区文体局和解放区消防大队对解放区歌舞娱乐场所逐家开展安全隐患排查，落实各项安全措施的检查，对检查过程中发现的问题，执法人员及时对经营单位负责人进行指导，并要求严格落实责任，强化安全监管。能够当场予以改正的，立即进行整改；不能当场改正的，限期整改。

【圆融寺文化旅游园区建设】 圆融寺文化旅游园区规划建设当阳峪瓷窑博物馆、明清古民居建筑群、近现代城市建筑群、汉文化博物馆、卢多逊纪念馆等五大文化博物馆。

当阳峪瓷窑博物馆 总建筑面积 4300 平方米，包括陈列馆项目，用以展示焦作地区宋金代 52 个窑口珍贵瓷器及标本窑坊；宋代窑坊工艺展示厅项目，用以展现宋代烧瓷制作工艺流程；窑神庙项目，充分体现宋金时期当阳峪百姓的文化生活，以重现烧瓷匠人祭拜窑神之传统文化活动；古窑瓷坊项目，让游客亲身体验手工烧窑的过程；博物馆还将设置宋瓷研究会及当阳峪窑研究中心等。

明清古民居博物馆 集中南水北调焦作城区段主干渠内的明清民居建筑。包括原址位于解放区王褚街道西王褚村的王兰广故居在内的 10 座清代建筑和 2 座清代民居院落。

近现代城市建筑博物馆 总占地面积 1 万平方米，建筑面积 4000 平方米。近现代城市建筑博物馆主要由近现代英式建筑组成，包括因城市建设而致搬迁的于 1918 年建设的中原里英式建筑、1909 年建成的学生路英式建筑及同期建成的原市房管局院内的英式建筑等。

汉文化博物馆 汉文化博物馆是承载汉献帝山阳公为主题的历史文化博物馆，主要展现以汉献帝为主线的汉末农耕文化，重现汉文化末期的辉煌。

卢多逊纪念馆 近年来，在中站区工业集聚区建设中发现宋代开国宰相卢多逊先祖的墓志，表明卢多逊原籍焦作。规划占地 10 余亩，拟修建卢多逊雕塑、拜殿、石像生、卢多逊纪念馆、石牌坊等。

【文化遗产保护】 2014 年，王兰广故居、张家祠堂、中原里职员住宅、窑神庙、卢多逊家族墓葬 5 处文物公布为第四批市级文物保护单位，市级文物保护单位总数达 146 处（不含县市）。完成许衡墓、寨卜昌村古建筑群、药王庙大殿、青龙宫、汉献帝禅陵、显圣王庙、西关清真寺、水南关清真寺阿文碑、窄涧谷太平寺石窟、商村遗址、邘国故城、徐堡古遗址、西金城遗址 13 处第七批全国重点文物保护单位照片拍摄工作，拍摄制作照片 200 余张。对焦作市首次发现的商代墓地聂村商代古文化遗址进行考古发掘。要老虎、当阳峪绞胎瓷烧制技艺、和式太极拳被国务院公布为第四批国家级非物质文化遗产代表性项目名录，全市共有国家级非物质文化遗产代表性项目名录 13 项，省级非物质文化遗产代表性项目名录 59 项，市级名录 133 项。在中央电视台中文国际频道《国宝档案》栏目连续播出 6 集焦作国保系列片。

【第九个中国文化遗产日活动】 6 月 14 日，市非物质文化遗产保护中心举行庆祝第九个“文化遗产日”暨焦作市第五届非物质文化遗产宣传活动周开幕仪式，对非遗保护工作先进集体、先进个人、优秀代表性传承人进行表彰。市文物考古研究所召开市区第十一届业余文物保护员表彰大会，对市区优秀业余文物保护员、文物保护小组进行表彰和奖励。举行焦作市稀有剧种优秀剧目展演，演出经典剧目选段怀梆《汉宫血泪·锦袍记》《毕秀英告状》《赵氏孤儿》《良乡县》、二股弦《借髢髢》、花鼓戏《张良卖布》、大辫戏《铡西宫》等。市群艺馆在东方红广场举办非物质文化遗产名录展，展板百余幅，持续展览一周时间。文化遗产日活动期间，全市博物馆、朱载堉纪念馆免费对社会开放，武陟县嘉应观、孟州市韩园、博爱县月山寺等文化遗产景区对社会优惠或免费开放。

【太极拳申遗】 6 月，邀请省文化厅领导率队到温县和焦作市实地指导申遗工作，对申遗文本和专题片提出修改意见，并将重新修改后的文本和专题片及时报送省文化厅。8 月，市领导带队向省文化厅作专题汇报，力争将太极拳列入我国正式向联合国教科文组织提出申报的项目中。

【中国（焦作）动漫世界项目落户焦作】 2 月 28 日，中国（焦作）动漫世界项目签约仪式举行。市委副书记、市长张文深与中国动漫集团有限公司董事长兼总经理刘承萱签订中国（焦作）动漫世界项目框架合作协议书。双方表示，将充分发挥中国动漫集团品牌、人才及文化市场领域的资源优势和焦作的区位、环境、政策等优势，合力打造中国有影响力的以动漫为主题的动漫游戏产业集聚区、动漫游戏互动娱乐城，进一步推动焦作加快转型升级发展步伐。副市长贾书君参加签约仪式。签约仪式开始前，张文深亲切会见刘承萱一行。签约仪式现场，解放区与中国动漫集团有限公司有关负责人还签订中国（焦作）动漫世界项目框架投资协议书。由中国动漫集团投资建设、总投资20亿元的中国（焦作）动漫世界项目位于解放区上白作街道春林村北部，东临黄河文化影视城，北依太行山，主要内容包括游戏娱乐城、动漫游戏合作研发中心、动漫会展中心、动漫教育培训基地、公益性博物馆、“双能型”文化生态社区、动漫博览园、水上动漫娱乐区等。

【全国少年儿童“故事大王”比赛焦作赛区比赛】 7月15日，全国少年儿童“故事大王”焦作赛区比赛在市图书馆举行。比赛分学前组和小学组，选手们在比赛过程中，用悦耳动听的语言，规范标准的普通话，惟妙惟肖的表演，一个个令人深思、催人上进的故事，令在场的评委与家长们赞叹不绝。赛后共评选出“最佳选手”与“优秀选手”各十名。

【钟彦作品在中国古建筑摄影大赛上获奖】 8月8日，焦作市摄影家钟彦的作品《大山深处有人家》在2014年雪花纯生·中国古建筑摄影大赛全国影展上荣获二等奖，成为焦作市唯一的获奖者。《大山深处有人家》拍摄于洛阳老君山，作品以独特的视角，向受众阐释和分享了对中国古建筑的理解和认识。

【首届全国动漫旅游文化节在焦举办】 10月1日至3日，首届全国动漫旅游文化节在焦作市举办。来自北京、上海、杭州、南京、太原、大同、常州、晋城、长治、郑州、洛阳、新乡、驻马店等地的动漫界人士、社团参加文化节。齐聚焦作，共同度过了一段快乐、难忘的时光。

【首届爱·家文化节暨“双11”万人相亲大会】 11月8日至11日，焦作市首届爱·家文化节暨“双11”万人相亲大会举办。精彩的文艺节目、优质的各种商品、万人相亲大会等时尚元素，让文化节成为全城瞩目的焦点，为广大消费者带来了全新的消费体验。

钟彦《大山深处有人家》

【杨家卿理论著作入选全省中小学图书馆推荐书目】 11月11日，焦作大学党委副书记、副校长杨家卿教授的理论著作《群众路线纵横谈》，经省教育厅组织专家独立评审，入选《2014年河南省中小学图书馆（室）推荐书目》。该书言简意丰，回应了干部群众、青年学生关注的热点、难点问题，深入浅出地讲解了新形势下践行群众路线的新方法、新途径，出版后被40多家单位选作党课教材、30多所学校选作政治课辅助读物。

【宋学义的故事搬上银幕】 11月27日，由焦作市委宣传部和沁阳市委、市政府联合拍摄，河南瑞怀生物科技有限公司、河南展威文化传播有限公司联合出品的红色主旋律电影《功勋》在郑州举行新闻发布会。该片首次将宋学义的故事搬上银幕，以电影的形式再现宋学义的感人事迹，对于贯彻落实习近平总书记在文艺工作座谈会上的重要讲话精神，大力弘扬社会主义核心价值观，弘扬焦作人文精神，推动具有怀川文化特质的文艺繁荣发展都具有重要意义。

（李 敏）

·新闻出版·

【概况】 2014年，焦作市有全国公开发行报刊7家，分别是《焦作日报》《焦作广播电视报》《河南理工大学报》《河南理工大学学报》《焦作大学报》《焦作大学学报》《焦作高等师范专科学校学报》；省级记者站1家，即《河南日报》驻焦作记者站；出版的连续性内部资料23件，一次性内部资料37件；有印刷企业312家，其中出版物企业17家、包装装潢企业67家、复印打字154家、其他印刷企业74家；有出版物批发单位8家，出版物零售单位338家。

【新闻出版市场监管】 2014年，全

市 311 家印刷经营单位通过年审，注销 17 家。314 家（含 7 家批发单位）出版物经营单位通过年审，注销 66 家。全年共组织 4 次“扫黄打非”集中行动，6 次文化市场综合执法“闪电”行动，2 次校园周边环境整治活动，2 次法律法规宣传活动，1 次非法出版物集中销毁活动。开展“两会”期间文化市场专项保障行动、暑期文化市场专项治理、秋风行动和净网行动等，查处武陟县詹店镇何营西村印刷厂非法印刷出版物案、省委宣传部批转非法电台广播案等。配合市城乡一体化示范区公安分局鉴定处置邪教出版物 4000 余册；查获用于传播邪教电子书籍的各类电脑等 20 余件。全市共出动执法人员 3.29 万人次，检查经营单位 1.2 万家次，其中娱乐场所 1073 家次、网吧 9046 家次、印刷企业 1212 家次、出版物经营单位 638 家次，受理举报 42 件，立案 107 件，办结 94 件，责令改正 16 家次，警告 92 家次，没收印刷用 PS 版 58 块，没收印刷品 1239 件，移交公安系统案件 1 起。开展全省综合执法骨干培训班 3 期、文化市场综合行政执法案卷制作和评查培训班 2 期、网络执法骨干培训班 1 期、文化市场技术监管与服务平台应用系统培训班 3 期，培训执法人员 150 余人次，有效提升了全市文化市场综合执法队伍的水平和能力。

【武陟县詹店镇何营西村非法印刷出版物案】 4 月 15 日，市文化市场综合执法支队接河南大象出版社举报，对武陟县詹店镇何营西村一印刷企业正在盗印该出版社出版的书籍进行查处。经查，詹店镇何营西村的印刷企业属未经批准擅自从事印刷业经营活动的黑窝点。执法人员对现场涉案的非法出版物、未装订的散页以及四色印刷机、单色印刷机等 14 台生产设备和 3 辆运输工具进行查封扣押。现场发现的 22 种图书及散页经省新闻出版局鉴定，属侵犯他人著作权的非法出版物。此案件上报至省文化厅并推荐文化部，被评为全国文化市场 2014 年上半年重大案件，受到文化部通报表彰。

【侵权盗版及非法出版物集中销毁活动】 4 月 24 日，市文化广电新闻出版局对查缴的侵权盗版及非法出版物进行集中销毁，共销毁各类非法出版物 11 万余本（册）、非法印刷品 12 万余张。

【扫黄打非工作会议】 5 月 6 日，焦作市“扫黄打非”工作会议召开。会议强调，要严格按照中央要求和省里部署，结合焦作市实际，突出工作重点，立足主动防范，始终把打击政治性非法出版物作为首要任务，大力净化网络空间，严肃治理人民群众密切关注的热点问题，确保“扫黄打非”工作任务圆满完成。

·文物管理·

【概况】 2014 年，全市有全国重点文物保护单位 27 处，省级文物保护单位 83 处，市级文物保护单位 675 处。有不可移动文物 3014 处，其中古遗址 548 处、古墓葬 662 处、古建筑 1383 处、石窟石刻 42 处、近现代重要史迹及代表性建筑 378 处、其他 1 处。登记消失文物 53 处。

2014 年，全市共争取到国家、省基础设施、文物保护、博物馆专项资金 2500 万元，其中百家岩寺塔、天宁寺保护设施建设项目被列入 2014 年国家文化和自然遗产保护设施建设中央基建投资计划，国家发改委下达专款 1000 万元用于开展文物保护基础设施建设。山阳城、寨卜昌、北朱村、许衡等文物本体维修经费 800 万元。推进山阳故城、英福公司钱庄、博爱窦氏民居建设维修项目。山阳故城保护设施完成部分步道、管理用房、公交站台、配电安装、护栏等多项建设任务；英福公司钱庄结合实际实行租赁维修保护的办法，争取财政部门投入专项资金 49 万元对文物本体进行维修，已完成外墙复原、地面整治、门窗修复油漆、管道铺设、屋面揭瓦等项工作，计划作为焦作市近代城市建筑博物馆对市民免费开放，以展示近现代城市发展的历史文化；博爱窦氏民居全面完成维修，维修面积 300 平方米。市财政加大对文物保护工作的支持，相继拨付经费 150 万元，用于北朱村民居保护规划及维修方案编制、国宝档案制作等项工作，对文物保护工作的经费投入较往年有大幅度增加，促进了全市文物保护事业的发展。

【推进重点文物保护单位保护规划编制工作】 2014 年，市文物局重点选择寨卜昌村古建筑群、许衡墓、药王庙大殿、北朱村民居、府城遗址以及妙乐寺塔、天宁寺三圣塔、百家岩寺塔、胜果寺塔、青龙宫等国家、省级文物保护单位实施保护规划和“三防”方案编制工作，完成《天宁寺三圣塔保护规划》《府城遗址北城墙抢险加固保护工程设计方案》和寨卜昌村古建筑群前期测绘，编制完成北朱村民居文物保护总体方案前期测绘、青龙宫防雷工程设计方案、许衡墓、寨卜昌村古建筑群消防技术防范工程设计方案，其他文保单位保护规划和“三防”方案编制工作都在稳步推进。

【基本建设中文物保护】 2014 年，市文物局坚持“既有利于文物保护，又有利于基本建设”的双利方针，配合基本建设工程，完成焦作新区南洋大道马村段汉墓冢、马村安置小区幼儿园、焦作市中心城市南外环路工程武陟万花村段等文物勘探和考古发掘，实施文物勘探面积 65 万平方米，清理古墓葬近 200 座、遗址面积 1000 余平方米，出土文物 500 余件（套）。9 月 13 日，市政府办公室下发《关于在基本建设中加强文物保护工作的紧急通知》，进一步明确基本建设中各有关部门的责任，要求各部门要充分认识基本建设中加强文物保护的重要意义，增强做好基本建设中文物保护工作的责任感和紧迫感，切实加强基本建设文物保护工作。

【完善文物保护机制】 2014年，市政府首次将建设工程文物保护列入建设工程审批流程，制定了《规划报建阶段文物保护要求审批办事指南》《焦作市建设工程项目优化审批流程方案规划报建阶段审批实施细则》，要求文物部门负责对建设工程范围内地下是否有文物埋藏，核发建设工程文物审批书，规定了办理时限。对文物保护行政审批和服务项目进行全面清理和规范，共涉及行政审批项目4项、行政服务事项5项以及具有审批性质管理事项8项，明确每个行政审批和服务事项设定依据、服务对象、办理前置条件、所需提供材料、办事流程、办结期限等，实行全程公开透明化操作，上报市行政审批制度改革领导小组办公室，并由市政府向社会公布，市文物部门将以此为依据依法开展文物保护工作，为企业、组织和群众及基层文博单位提供更加方便快捷高效的服务，推动文物保护工作健康发展。

【文物科研】 2014年，市博物馆配合中国社会科学院、中国文化遗产研究院、瑞士苏黎世大学、日本国立奈良博物馆、秦始皇帝陵博物院等国内外研究机构开展焦作地区汉代随葬粮食、陶仓楼人造颜料课题、元代靳德茂墓彩绘陶俑彩等项目科学研究工作。《焦作市宗教遗迹概览》获市社科联2013年优秀社科成果特等奖。

【古民居保护】 2014年，市文物局对全市的古民居进行摸底调查，首次将古民居的保护纳入到全市城市规划中；多次召开专题会议进行部署，并前往陕西韩城、河南信阳等地考察古民居保护的做法和经验；积极争取北朱村民居纳入国家首批保护的“中国传统村落”名录，编制完成《北朱村古建筑群保护规划》《北朱村传统村落保护规划》《北朱村古建筑群整体保护方案》及北朱村民居防雷和安防工程的设计方案，为开展保护利用工作打下了坚实的基础。完成《焦作市古民居概览》《焦作市古民居画册》编辑工作，填补了焦作市古民居研究方面的空白。

【复仿古工艺研究和创新】 2014年，市文物局积极扶持和支持绞胎瓷仿古工艺的探索和研制工作，先后申报4家绞胎瓷单位为省级文物复仿制品基地，王水林绞胎瓷、中站天目瓷通过全省文物复仿基地评审，全市文物复仿基地达7家。成立焦作天目瓷研究所，专业从事历代天目瓷的研究与修复，特别是对唐宋以来各大窑口所烧制的天目瓷制作工艺进行研究、开发和推广。在首届中原（鹤壁）文化产业博览交易会上，焦作市展出的文化产品包括天目瓷、绞胎瓷、黑陶、漆器、竹扇、澄泥砚等20多个种类，全面展示焦作市在绞胎瓷、天目瓷、黑陶等仿古工艺研究和创新方面的成果，推动焦作市文化产业的发展。

【文物安全】 2014年，市文物局配合省文物局开展博物馆及重要文物保护单位安全防范、消防工作安全检查。加强节假日期间文物安全保卫工作，安排专人值班，定期不定期检查基层文博单位值班情况，及时发现和解决问题，保持全市文物安全形势的稳定，顺利实现第二十五个全市文物安全年。完成国保单位青龙宫防雷工程、许衡墓、寨卜昌村古建筑群消防工程设计方案编制工作。寨卜昌村古建筑群列入国家文物局100处国保单位开展文物消防安全百项工程。

【文物执法监督】 2014年，配合公安部门妥善处理了建设路矿山窑被盗事件，抓获犯罪分子多名，追缴文物20余件，依法查处了博爱——温县输气管道破坏古文化遗址事件，温县、博爱文物管理部门分别给予建设单位行政处罚罚款30万元。市文物局对焦作汇银置业公司破坏古墓葬进行严肃处理，有力地震慑了犯罪分子的嚣张气焰。

【焦作国保系列片在《国宝档案》播出】 2014年，市文物局、市文广局与中央电视台中文国际频道《国宝档案》栏目联合制作“焦作国保”系列片，并从6月9日至14日在《国宝档案》栏目连续播出《“乐圣”朱载堉》《“怀商”杜盛兴》《“爱情诗人”李商隐》《“傲骨文人”韩愈》《汉献帝刘协》《神秘皇叔牛钮》六集“焦作国保”系列片，通过央视这一主流媒体，向全球展示了焦作市丰富多彩的文物遗迹和厚重的历史文化和价值。

【怀州卢园建设】 2014年，市文物部门将北宋开国宰相卢多逊家族墓地包括卢画、卢得一、卢真启、卢价、卢亿、卢多逊的墓葬由中站区许衡街道新庄村迁至圆融寺景区广场北侧，陆续争取资金100万元，完成纪念馆主体、步道、水井等建设任务。怀州卢园占地面积约10亩，建成后将成为中国海南卢氏始祖纪念园，对宣传焦作的名人文化将起到积极作用。

【首次商代墓地考古发掘】 2014年，市文物局对城市水系建设中发现的焦作新区阳庙镇聂村商代古文化遗址进行考古发掘，共发掘48座古墓葬、15座灰坑，随葬器物有铜戈、铜镞、陶罐、贝币等，初步判断为商代晚期墓葬。这是焦作市首次发现的商代墓地，也是全国为数不多的商代墓地之一，对研究商代时期焦作地区的社会、经济发展及墓制葬俗提供了主要实物依据，具有重要的历史价值。

【全市文物工作会议】 3月5日，全市文物工作会议召开。各县市区文物部门、文物相关单位负责人共60余人参加会议。会议传达全国、全省文物工作会议精神，安排部署2014年工作。会议指出，要积极推进文物保护十大项目建设，加强文物保护项目储备和专项资金申报管理，坚持做好文物保护基础工作和新型城镇化中的文物保护工作，深化博物馆免费开放，做好全市可移动文物普查工作，加强文物安全与执法督察和文物宣传，大力发展文化产业，加大项目建设力度，奋力谱写文物事业发展新篇章。会议对上年度全市文物工作的先进集体和个人进行表彰。

【沁阳清真北大寺开始全面维修】 4月15日，国家文物局批准沁阳清真北大寺进行全面维修，并下拨650万元专款。沁阳北大寺是中原地区现存规模宏大、保存完好的伊斯兰教古建筑群，为我国伊斯兰教古建筑的精华之作，具有较高的历史科学和艺术价值。1986年被河南省人民政府列为省级重点文物保护单位，2006年5月被国务院列为全国重点文物保护单位。

【泱泱汉风——汉代陶楼综合陈列】 7月3日，市博物馆推出“泱泱汉风——汉代陶楼综合陈列”，展出特色文物136件（套），全方位、多角度展示焦作市出土的汉代陶仓楼的精湛艺术和博大精深的文化内涵。

【焦作市两件文物在法国展出】 10月21日，为庆祝中法建交50周年，由中国国家文物局与法国国立吉美亚洲艺术博物馆共同主办的“汉风——中国汉代文物展”在法国巴黎开幕，由焦作市博物馆收藏的焦作市出土汉代五层彩绘陶仓楼和五凤镂空铜熏炉和来自河北、河南、山东等9个省区

汉代五层彩绘陶仓楼

汉代五凤镂空铜熏炉

市的153组、450余件国宝级文物珍品一同亮相“汉风”展，令置身展览的法国观众仿佛穿越时空，回到了两千年前的中国汉代，向法国观众展现了焦作市悠久的历史和厚重的文化，促进了焦作市对外文化交流。

【在温县发现大型古墓群】 12月13日，在河南省一重点输气管道工程文物考古发掘工作中，考古人员在温县发现汉代至明清时期的大型墓葬群，现正在进行抢救性考古发掘，已发掘和正在发掘的不同时期的墓葬50余座，出土陶仓、陶壶、陶瓮、陶灶、铜釜、铁器等随葬品200余件。此次考古发掘为研究汉代至明清时期当地社会生活、丧葬习俗、经济文化提供了丰富的实物佐证。

（贺云保）

·广播电视·

【概况】 至2014年底，焦作广播电视台有在职人员450人，其中具有大专以上学历325人，高级职称30人，中级职称96人，初级职称116人。拥有广播、电视、报纸、网站、手机电视、户外电视六大媒体。

广播开办有4个频率，即新闻综合广播、交通旅游广播、生活文艺广播、都市音乐广播。平均每天播出时间76小时。

电视开办有6个频道，即新闻综合频道、生活频道、娱乐频道、影视频道、科教旅游频道、手机电视（睛彩焦作）频道。平均每天播出时间120小时。主要开设有《焦作新闻》《直播焦作》《联播焦作》《善行焦作》《房产直通车》《车行天下》等30多档栏目，内容涉及政治、经济、文化等，深受焦作广大市民的关注和喜爱。《直播焦作》是焦作广播电视台重点打造的一档30分钟大型民生新闻类电视栏目，2015年1月1日正式开播。

《焦作广播电视报》从1月起更名为《广视传媒》。《广视传媒》集广电全媒体视、听资源于一体，关注焦点事件、热点话题，张扬周报特点，链接新闻线索，剖析事件根源，彰显媒体责任，注重社会效益。期发行量8万多份。

焦作网络电视（www.jzrt.com）。2005年，焦作广电网站成立，是以新闻资讯、视频直播、节目点播为主的新闻资讯类网站，是焦作市唯一拥有互联网视听许可证的网站，日浏览量8000次。2013年，根据发展需要，焦作广电网更名为焦作网络电视，下设有网站、微博微信、手机客户端三大平台。实现了用手机可以收看焦作电视台综合频道和公共生活频道直播，在线收听焦作交通旅游广播

和都市音乐广播节目，以及各电视栏目的视频点播。同时开通了生活服务类板块，在焦作广播电视台微信平台上就可以查水电费、查询违章、公交定位等。手机电视用户达 3 万多户。

【新闻宣传】 2014 年，焦作广播电视台围绕市委、市政府的中心工作，不断加强新闻策划，加大改革创新，推出“加快经济转型建设美丽焦作”“深入开展党的群众路线教育实践活动”“魅力焦作激情省运”“十大建设进行时”一系列重点报道、专题报道和典型报道。特别是围绕群众路线教育实践活动，累计发稿 2100 多篇，有力地配合了全市群众路线教育实践活动的开展。按照市纪委要求，完成大型电视谈话栏目《百姓问政面对面》的前期采访、现场录制和播出。深化“走转改”，坚持“三贴近”，持续组织骨干记者编辑开展“美丽焦作·县区行”集中采访报道活动等，社会反响强烈，进一步提升了媒体的影响力。

焦作广播电视台制作的“十大建设”展板和《十大建设画册》受到市委、市政府主要领导的充分肯定；制作的“产业集聚区建设”“装备制造业建设”“城市水系建设”“城际铁路建设”等专题片，在全省观摩评比中受到好评。

【栏目推陈出新】 2014 年，焦作广播电视台对广播频率、电视频道进行重新包装、重新定位。电视口全面推行栏目制片人制，新推出《金融天地》《怀商之路》《都市生活》《视点 1+1》《百姓与消费》《动漫乐翻天》《善行焦作》《太极争霸》《装修空间》《焦作女性》等 16 个新栏目，更加接近百姓的生活，满足了百姓的观看需求，丰富了荧屏。在科教旅游频道、睛彩焦作频道实行频道制试点。加强新闻类节目的播出，增加《整点新闻》《新闻社区》。继续执行《焦作广播电视台好稿件（栏目）评选办法》，对稿件（栏目）进行日评、月评，有效地调动了广大采编人员创新创优、提高节目质量的积极性。在 2013 年度全省新闻奖评选中，焦作广播电视台共有 32 件作品获奖，其中一等奖 3 件，二等奖 8件，三等奖 21件。

高清数字电视转播车

【成功组织系列大型文化活动】 2014 年，焦作广播电视台先后成功组织“2014 年焦作市春节群众大联欢”“情系省运会我们在行动”“焦作好声音歌手大赛”“春之声美丽焦作七彩生活文化节”“秋之韵全民健身激情省运文化节”“年之味美丽焦作欢庆新春文化节”等活动。期间上万人次群众演员走上了直播舞台，非物质文化遗产展示、广场舞、本土说唱等节目精彩出彩，丰富了群众的节日文化生活。

【广电事业产业】 2014 年，焦作广播电视台推出手机 TV 摇摇乐和微信公众平台，在传统媒体和新兴媒体融合方面进行有益尝试。投资 1000 万元的高清数字电视转播车精彩亮相，投资 80 万元的科教旅游频道技术改造完成。六个电视频道在县市区有线网、焦煤集团有线网实现了全部落地、全部覆盖。

“秋之韵”全民健身激情省运文化节

民俗节目——“年之味”大型灯会文化节

【焦作TV摇摇乐正式上线】 5月16日，由焦作广播电视台推出的电视、手机双屏互动手机客户端软件焦作TV摇摇乐正式上线运行。焦作TV摇摇乐拥有视频、游戏、资讯三大类、十一个模块。这是焦作市广电媒体拓展新媒体发展的有益尝试，将传统电视媒体与手机新媒体实现了有机结合，实现了双屏互动。

（许　兰）

·焦作日报·

【概况】 2014年，焦作日报社以党的群众路线教育实践活动为动力，围绕市委确定的全面深化改革、提速“十大建设”、推进经济转型示范市和美丽焦作建设的中心工作，坚定清醒，做大主业，稳抓多元，持续提升，报社整体运行健康、顺利、稳定。全年出版报纸296期，正报每周对开64版，《焦作晚报》出版295期，每周四开142版，累计总发行量3860万份。

【新闻宣传】 2014年，焦作日报社围绕市委市政府的中心工作，推出了十大建设、再富千年、产业集聚区、美丽乡村治理垃圾和重访革命老区、南水北调中线行等20多组系列新闻报道和重磅评论。5月5日，市委书记孙立坤在《焦作日报》头版版面上批示：“焦作日报大局意识强，中心贴得紧，唱响主旋律，打好主动仗，在统一思想、凝心聚力、转型攻坚、维护稳定、促进发展等方面做了大量卓有成效的工作，向报社的同志们表示感谢！希望进一步强化政治意识、责任意识、创新意识、阵地意识，坚持正确的办报方针和舆论导向，讲述焦作好故事、传递焦作好声音、塑造焦作好形象，凝聚发展能量、汇聚发展合力，为建设经济转型示范市和美丽焦作作出新的更大的贡献。”

《焦作晚报》更加关注民生，关注城市，推出了大量有影响力的宣传报道。围绕乡村环境优美、农民创业致富、乡村文明幸福、农村社会和谐等目标要求，启动了美丽乡村建设大型宣传活动，为加快推进农村生态文明建设、不断提升全市新农村建设的水平，增加了正能量。

【焦作日报新闻客户端上线】 9月18日，由焦作日报社与人民网股份有限公司合作开发建设的移动阅读客户端项目——焦作日报新闻客户端正式上线。是焦作日报在纸媒转型、报网融合方面迈出的重要一步。

【对外宣传】 2014年，焦作日报社唱响主旋律，打好主动仗，在《人民日报》、新华社、《光明日报》《河南日报》等中央、省级主流媒体上发表新闻作品30余篇。

【启动南水北调中线行大型易地采风活动】 7月8日，焦作日报社与市南水北调办公室、市南水北调城区办公室联合组成南水北调中线行特别报道组，历时半个月，行程5000公里，沿线进行大量艰苦细致的采访，推出14个整版。随后，报道组对全市沿线8个县区用8个通版进行集中展示。

【参与国家公祭·10城联动特别策划】 12月13日是全国人大常委会将该日设定为“南京大屠杀死难者国家公祭日”后的第一个公祭日。这是将人民的精神诉求上升到国家的意志，以立法的形式对南京大屠杀死难者和所有在日本帝国主义侵华战争期间惨遭日本侵略者杀戮的死难者的悼念，是对历史史实、民族记忆的法律强固。

为了搞好首个国家公祭日的报道，全面揭露日本帝国主义在侵华战争期间犯下的种种罪行，《焦作日报》与《新华日报》《重庆日报》《济南日报》《哈尔滨日报》《抚顺日报》《唐山劳动日报》《金华日报》《益阳日报》《江城日报》等10家省市党报联手，推出《国家公祭·10城联动——悼念南京大屠杀死难者及所有惨遭日寇杀戮的同胞》系列报道。12月9日，《焦作日报》在头版重要位置开设《国家公祭·10城联动》栏目，刊发新华日报社采写的稿子《10城同祭，全民族的痛我们一起扛》，并配发图片，《国家公祭·10城联动》栏目的系列报道由此开端。随后来自《济南日报》《唐山劳动日报》《益阳日报》的报道在《焦作日报》相继见报。在12月13日国家公祭日当天，焦作日报社采写的《秦庄惨案：怀川大地劫难的开始》见报，引起了强烈的社会反响。

“《焦作日报》南水北调中线行”记者在北京颐和园团城湖

记者在采访省运会自由摔跤教练秦鸿波

记者在采访省运会焦作女篮队员郑亚萍

之后，来自《金华日报》《抚顺日报》《哈尔滨日报》《江城日报》《重庆日报》等地的报道也相继见报。《国家公祭·10城联动》栏目不仅是《焦作日报》对国家公祭日的重视，而且体现了《焦作日报》大格局的办报理念，丰富了报纸内容，提高了读者的关注度，提升了新闻宣传影响力，实现了资源共享。

【全力以赴报道省运会】 2月28日，《焦作日报》正式推出省十二运会暨首届全民健身大会专刊《聚焦》，打造了一个全面反映各项筹备工作、场馆建设进度、焦作运动员训练、市民支持省运会等情况的平台。从5月9日开始，省十二运会先期比赛项目拉开战幕，《焦作日报》以一篇篇精彩的报道、一张张精美的图片、一个个精致的版面，打赢了省运会报道“前哨战”。9月19日，随着省十二运会开幕，大会特刊《聚焦》转为每天一期，每期四个版。推出11期报纸，全面反映赛会盛况，多角度展示运动员风采，精彩解读经典赛事，展现焦作人民的热情好客和城市建设的新潮大气，圆满完成省运会报道任务。

【董柏生被评为河南省优秀新闻工作者】 12月15日，河南省委宣传部、河南省新闻工作者协会决定表彰全省30名优秀新闻工作者，焦作日报社时政新闻采访部主任董柏生榜上有名。11月8日，由市委宣传部、市新闻工作者协会组织评选的全市十佳新闻工作者评选结果揭晓，焦作日报社金桂香、王言、许伟涛、从华杰被评为焦作市十佳新闻工作者。

（新 蓓）

·国家级非物质文化遗产·

【概况】 至2014年底，焦作市有国家级非物质文化遗产代表性项目名录13项，国家级传承人13人。非物质文化遗产，是指各族人民世代相传并视为其文化遗产组成部分的各种传统文化表现形式，以及与传统文化表现形式相关的实物和场所。包括：传统口头文学以及作为其载体的语言，传统美术、书法、音乐、舞蹈、戏剧、曲艺和杂技，传统技艺、医药和历法，传统礼仪、节庆等民俗，传统体育和游艺，其他非物质文化遗产。国务院建立国家级非物质文化遗产代表性项目名录，将体现中华民族优秀传统文化，具有重大历史、文学、艺术、科学价值的非物质文化遗产项目列入名录予以保护。

【焦作市陈氏太极拳】 2006年5月，陈氏太极拳被国务院公布为第一批国家级非物质文化遗产名录；2007年，王西安、朱天才被文化部命名为首批国家级非物质文化遗产项目（陈氏太极拳）代表性传承人；2009年，陈小旺、陈正雷被文化部命名为国家级代表性传承人。（见46页）

【温县和氏太极拳】 2014年11月，温县和氏太极拳被国务院公布为第四批国家级非物质文化遗产名录。（见50页）

【博爱县月山八极拳】 博爱县位于巍巍太行与滔滔沁河之间，旷世绝艺月山八极拳，就起源于博爱县古老的月山寺。

月山八极拳由月山寺第二代方丈苍公始创于金大定二十五年（1185），至今已有800多年历史。据清《覃怀志》载：“苍公名崇苍，北直隶保定人，武进士出身，因游览至明月山，遂削发披缁为大比丘……”后独创“八极拳”。因“八极拳”始创于月山寺，故又称为“月山八极拳”。月山八极拳步型要求是：丁不丁、八不八、弓不弓、马不马，以利于实战；技法要求是：挨戳挤靠、迅猛遒劲、崩撼突击、以短制长；身法要求是：含胸拔背、顶项拔腰、沉肩垂肘、气贯丹田。通过步法、技法、身法的规范要求，达到“拳似流星眼似电，腰如蛇形脚似钻，闾尾中正神贯顶，刚柔圆活上下连，体松气固神内敛，满身轻俐顶头悬，阴阳虚实急变化，命意源泉在腰间”。月山八极拳的特征及传承，在月山寺碑文及《中国文化辞典》《体育词典》《武林》等书刊

月山八极拳

中均有记载。

月山八极拳在中国武术中占有重要地位，其历史悠久，传承谱系清晰，是中国武术阳刚派的代表之一。月山八极拳是一块烙刻了中国传统武术精华印记的“活化石”，有着极高的历史价值、文化价值、科学价值、现实价值。它对深入研究月山寺佛教文化、焦作及河南本土文化、中国佛教文化具有重要的借鉴价值。对促进全民健身，提高全民生活质量，增强社会的凝聚力和民族自豪感，构建和谐社会，以及更好地促进国际间的交流和友好关系有着积极的推动作用。月山八极拳演练者遍布国内外，日本、德国以及东南亚各国都有众多爱好者。国际武联副主席史密斯、德国武协主席盖尔特、武术十大名教授王培锟和著名历史学家、武术名家马明达，北京体育大学教授、武术名家门惠丰等都曾到月山寺和八极文武学校考察交流，他们对拯救、保护月山八极拳起到了积极的推动作用，并使这一古老拳种在中华民族传统文化领域焕发了新的青春。

“文有太极安天下，武有八极定乾坤。”月山八极拳这一极具民族情感的活态文化标签，曾经以雄健、刚猛和激情成就了辉煌的昨天，也必将受到更好地保护、传承和发扬，焕发青春活力，走向更加灿烂的明天。

2007 年 2 月，“月山八极拳”被河南省人民政府公布为第一批省级非物质文化遗产名录。2008 年 6 月，被国务院公布为第二批国家级非物质文化遗产名录。

国家级传承人马德行 1946 年 8 月生。现任博爱县八极文武学校校长、博爱县武协主席。

马德行自 5 岁从父马占元学习演练月山八极拳。在学习演练过程中，他始终坚持尊重历史、尊重师承，原汁原味传承发展崇德尚武精神，深得月山八极拳的精髓。20 世纪 80 年代，马德行自费到广东、上海、北京等地学习、观摩，并拜访著名武术家、武术教育家康戈武、门惠丰、马明达、王培琨等武术前辈。注重提高文化修养，多方面挖掘有关月山八极拳的实物资料，为月山八极拳的传承保护奠定了扎实的理论基础和史料支撑。

马德行不仅是月山八极拳的实践者，而且还是月山八极拳的传承者。50 多年来，先后在柏山镇芦桥村、清化镇，开设武馆、设课授德、培育新人。每年培养月山八极拳弟子百名之多。其弟子多活跃在省、市级武术队，成为传承普及月山八极拳的中坚力量。其中弟子马超，在 2008 年全国传统武术套路锦标赛（传统项目）上，获得八极拳第一名，2009 年获得“国家级运动健将”称号。此外，还有宋雅坤、王金荣、高亚男、胡燕妮、丹昶凯、刘佳林、司路林、徐瑞杰、李戢平、王文倩、王雨微等 20 余名优秀学员均获得河南省传统武术套路锦标赛八极拳、八极刀第一名，并获得国家级二级运动员称号。每年还有许多国外学员前来拜马德行为师，其中有郑兆伟等 10 余名弟子在德国、美国、英国、澳大利亚等国自立门户，传授月山八极拳，成为中华武术在海外的有力传播者。

自 2000 年以来，马德行创办的博爱县八极文武学校学员获得市级以上各类比赛金牌 256 枚。组织八极拳学员参加焦作市、博爱县一年一度的春节文艺汇演；在青天河景区揭牌仪式上进行了大型八极拳表演；在中原武术大舞台展示活动中，组织学员进行月山八极拳单练、对练、集体演练等项展示；参加河南电视台《梨园春》栏目的助演；参加一年一度“红叶节”的助兴表演；参加一年一度的月山寺庙会八极拳展演；多次组织学员开展送武术下乡活动。为月山八极拳的保护传承作出了重大贡献。

马德行 2009 年 7 月应登封体委邀请到少林教练员培训班上讲授八极拳，同年 8 月应河南省武术管理中心聘请到省传统武术裁判员培训班上讲授八极拳。为了更好地、原汁原味的保护和传承月山八极拳，收集、整理、保存了月山八极拳拳谱、套路、对练、单练和《覃怀志》《怀庆府志》《河内县志》《体育词典》有关月山八极拳的记载；民间有关苍公、月山八极拳的传说故事；清末民初武学大家马凤图所著《月山八极拳、六合枪志略通考》以及马凤图所题：“月山八极，开门短拳，七刚三柔，龙翔虎潜”书法作品；据以江所著《月山寺》；窦德华所著《月山八极拳故事》；明清时月山八极拳演练所用的六合枪、六合刀、白腊棍以及服装等。

2009 年，被文化部命名为国家级非物质文化遗产项目代表性传承人。

【武陟县董永传说】 董永与七仙女

董永墓

的动人传说，几个世纪来在我国广为流传，妇孺皆知，起源于武陟县小董村。

武陟县小董村位于县城西20公里处。董永是中华民族孝文化典范《二十四孝》中的标志人物，也是家喻户晓的历史人物。董氏祖上源于郑国老城（今荥阳），与武陟隔黄河相望，后逐水草而居至武陟县（古怀邑、怀县）小董村。小董村董氏宗祠号为“良史堂”，系韩、赵、魏三国分晋国史官董狐之后。相传董永生于公元前14年农历二月初三，自幼丧母，家境贫寒。其父董秀是个铁匠，在董永年幼时，曾携其流浪山西、长安数年。期间因时局动荡，加之董父疾患缠身，年仅十二岁的董永拉车载父，沿途乞讨，受尽苦难，未让老父受到任何委曲，终于回到武陟小董村。这便是西汉刘向《孝子图》所载“辘车载父”“乌鸦反哺”的故事原型。然一年后董父病故，为买棺葬父，董永卖身小董村东的傅村傅员外家终身为奴，给其推磨拉碾。从此，董永宁做“磨道驴”也要买棺葬父和辛苦奉养继母的行为感动着世人，甚至连他每晚披着星月、踩着晨露也要回家照顾继母的必行小路上的小草，据说也被感动的早上向东倒，晚上向西倒，好不再牵绊董永疲惫的脚步。且当地备爱土地的庄稼人，也因被董永的孝行所感动，至今仍保留着董永走过的小路和当时傅员外家的石狮、石马以及董永用过的石磨石碾。而那个与董永有关的美丽传说，其实源于董永和一个叫张七姐的故事。绿林好汉张老田之女张七姐是南方人，很是水灵。其父张老田是农民起义军绿林赤眉中的一个将领，受父亲影响七姐也是侠肝义胆。绿林军失败后，张七姐逃至北方避难，在武陟爱上了被世人传颂的孝子董永，二人遂在大凡村槐荫树下私定终身，结为连理，并拿出其父劫富济贫的贡品黄绫替董永赎身，托言是众姐妹一夜之间织成的。于是美丽善良的张七姐和她侠义救夫的故事，便因民间口头传说化腐朽为神奇，变张七姐为玉皇大帝的女儿七仙女，其父绿林好汉“张老田”（人称老田爷）也变成“老天爷”，演绎出了“牛郎织女”“七夕相会”“槐荫记”“天仙配”等诸多美丽传说。

“董永与七仙女的传说”成为劳动人民寄托情结的平台和载体。东汉光武皇帝刘秀攻洛阳，铲王莽举“孝廉”，以孝道治天下。县令董宣将董永“辘车载父”“卖身葬父”之孝行逐级递至朝廷，董永被封为“孝廉”，成为“二十四孝人物”。后人敬重孝子董永，千百年来，善良的劳动人民带着对孝道人物的尊重，带着对和谐社会的向往，带着对美好生活的祈盼，尽情编织着他们心目中的人物形象和理想社会。“董永传说”故事生动，主题鲜明，文化内涵丰富，极具文学艺术价值和历史价值。

2006年5月，“董永传说”被国务院公布为第一批国家级非物质文化遗产名录。2007年2月，又被河南省人民政府公布为第一批省级非物质文化遗产名录。

【沁阳市唢呐艺术】 唢呐艺术，在怀川大地流传深广，其中最负盛名的当数沁阳唢呐。

沁阳为古怀庆府府治及河内县衙所在地，唢呐艺术在沁阳的历史可追溯到元代大德年间。史载元仁宗（1307年）“与母迁居河内”的同时，也将唢呐艺术带到了河内。1606年，乐圣朱载堉汲取民间音乐之精华，用科学的方法阐明了十二平均律，改良了唢呐的发音位置，在八音孔的基础上研制了“三眼管子”，使这一古老的音乐形式更具艺术魅力和感染力。从此，热情奔放、慷慨激昂的唢呐声张扬着沁阳劳动人民淳厚豪爽、勤劳朴实的个性；悠久的历史、厚重的文化又推动了唢呐艺术在沁阳大地的繁衍成长，成功演绎了沁阳唢呐七百年的发展历史。沁阳唢呐属木制双簧管乐器，由哨子、气盘、杆、碗构成；杆身有八个发音孔，音量大、音质明亮、粗犷。随着时代的发展，又增添了闷子、手捌（大咪）、卡腔（小咪）、管子、口哨等附属乐器，极大地丰富了唢呐的表现能力和演奏内容。唢呐分高、中、低音，吹奏技巧有滑音、颤音、吐音、花舌音、气拱音、气顶音等20余种技法。沁阳唢呐音乐特征与沁阳的风土民情、语言发音一脉相通，声音高亢嘹

沁阳唢呐

亮、节奏明快又极具曲张性和模仿性，既有北方之粗犷奔放，又兼南方之婉转柔美，国内外名曲、民间小调、戏剧歌曲均能演奏，家畜家禽、飞鸟走兽、风雨雷鸣、汽车摩托、飞机大炮声音全能模仿，成为最受当地老百姓喜爱的民间音乐，也成为民间新婚大喜、开业庆典、生日祝寿等项活动中助兴的主角。沁阳唢呐活动频繁，流派纷呈。早在明代，贵为王子的朱载堉，亲自担当唢呐演奏的领班人，并在九峰寺创建了“金鼓会”，每逢农历九月二十三日，各地唢呐班聚会九峰寺，相互学习，尽显才华。在朱载堉的影响下，怀庆府一带的唢呐班逐年增多，明末清初时的“同乐会”“贾家班”，清至民国时的“麻金班”“毛旦班”“银河班”等影响很大，至今仍然流传着“大花轿，麻金吹，麻金不吹不结婚”“嫁闺女，门婿到，毛旦不吹不上轿”的俗语。沁阳唢呐流派众多，各具特色，以沁河为界，影响较大的可分为沁南、沁北两派四大家，沁南派以贾家为代表，沁北派以张家、贺家、马家为主流。

新中国成立后，沁阳唢呐得到了空前的繁荣发展，演奏技术、表演内容更加丰富多彩，讴歌时代、传承文明的曲目越来越多。沁阳市的唢呐班已发展到30多家，从事演艺人员达400多人，基本上乡乡有唢呐，村村有乐声。近年来，沁阳市政府还多次举办唢呐培训班，组建了百人唢呐演奏团，为唢呐艺术的传承发展起到了摇旗呐喊、推波助澜的作用。

2006年5月，“唢呐艺术”被国务院公布为第一批国家级非物质文化遗产名录。2007年2月，又被河南省人民政府公布为第一批省级非物质文化遗产名录。

国家级传承人贺德义 1953年6月生，贺氏唢呐艺术第六代传人。1960年跟父辈学习贺氏家传硬功唢呐；1965年登台献艺，博得同行及观众好评，崭露头角；1970年，17岁名就为师；1975年，组建了以贺氏门派独创的硬功唢呐演奏团。为传承技艺，率团自拓业路，多次赴长治、邯郸、菏泽、济源、焦作等周边省市演奏，被誉为“震天响”，其艺术生涯有50个寒暑春秋。

贺氏硬功唢呐有着极其丰富、厚重的文化底蕴和内涵，潜力至深，充分发挥其“粗犷、豪放、气足、浑厚、一气行步吹十星”之特点，拖腔圆浑，表里并举，悦耳动听，无论戏剧、歌曲，喜怒哀乐，高亢低沉，可将其发挥得淋漓尽致。第五代传人贺全龙（艺名“麻金”，贺德义之父），功底深厚，技艺超群，1957年，获河南省唢呐大赛金奖，民间有“大花轿，麻金吹，麻金不吹不结婚”的盛赞，享誉中原。贺德义从小受贺氏硬功唢呐艺术的熏陶，9岁时便开始自己的艺术生涯，充分汲取贺氏传统唢呐技艺之精华，掌握古怀庆地方音乐之特征，采用“跳、沉、闷、硬”的基本方法，“杆、碗、鼻、齿”有机结合，“粗、细、清、浑”大手笔，上下贯连，厚重硬朗，坚如磐石，稳如泰山，“小桃红”莺歌燕舞，“怀府大开门”大吉大利，“五声符”祥和温馨，“棒棒槌”金鼓催阵，吐字清晰，工整不紊，大起大落，生动逼真，其表现形式广泛，婚丧嫁娶、开业庆典、文艺活动、节日义演，经常邀请贺氏硬功唢呐独奏，间或为舞台戏曲伴奏。为弘扬贺氏硬功唢呐艺术，使其技艺世代传承，不让其中断脱节，贺德义将个人的技艺毫不保留地传授给下代和社会广大唢呐爱好者，近30年来，相继开设了3个少年儿童唢呐艺术辅导班，先后招收学员120余人，分期分批讲座授课，弟子众多，如贺旦、贺军、贺志华、贺凯华、段孩等。他开设的沁园春唢呐艺术学校，为使这些弟子作为传承贺氏硬功唢呐的中坚力量，而进行辅导授课，收到了很好的社会效果。贺德义几十年如一日，孜孜不倦，形成了独特的贺氏传统硬功唢呐的表现模式，在首届朱载堉杯全国唢呐大赛上获一等奖，龙源杯国庆50周年唢呐大赛获特等奖，神农杯唢呐大赛获特等奖，多次受省市文化部门之邀，参加义演和比赛，并受到嘉奖，经常与外地同行联合演出，切磋技艺，使贺氏硬功唢呐这一古老传统艺术发扬光大。他的代表作品除贺氏传统唢呐曲目外，还有豫剧《朝阳沟》、怀梆《辕门斩子》、《反潼关》等。其著述有《贺氏硬功唢呐入门》《古怀庆唢呐曲目汇编》《我与唢呐》等，制作的《贺氏硬功唢呐演奏专辑》光盘，在沁阳及古怀庆地区广泛传播。

2007年，被文化部命名为国家级非物质文化遗产项目代表性传承人。

李金海 1948年生，从小喜爱吹拉弹唱，8岁时经常召集小朋友在一块儿，比葫芦画瓢表演。在此期间被本街（沁阳市联盟街）贾家第三代唢呐传承人贾自城老先生发现，收为门徒。李金海随师学艺，开始先学打梆，拍镲，从板眼节奏学起。10岁时学吹笙，12岁接受老师口传的“工尺”谱练习唢呐。16岁时，成为正式的唢呐吹奏手，并在当地小有名气。经常参与红白大事及吉庆等活动。1996年在沁阳县民间乐器会演中获“沁阳唢呐的小魁手”之称。

后拜紫陵镇长沟村的马瑞高先生为师2年后，又拜西向镇解住村的贺全龙为师1年，最后又接受西向义庄村的张大发老先生指点。这三家在沁阳是四大派中的三大派，再加上李金海的贾家派，四派为沁阳的唢呐艺术，形成了龙争虎斗的发展，并推动传承和开拓的局面，李金海正是在此期间接受熏陶和感染的。沁阳当时流传有“毛旦对疙瘩（贺全龙的父亲贺旺星），越对越享活”“嫁闺女，门婿到，毛旦不到不上轿”“玻璃轿，麻金（贺全龙）吹，麻金不吹不结婚”的民间俗语。李金海也正是在三大派的接触中，不断提高唢呐技术，同时形成四派一体的唢呐演奏技巧。

他把贾派吹奏的“直”，马派吹奏的“柔”，张派吹奏的“巧”，加以贺派吹奏的“暴”，吹奏起来刚柔相济，热烈激情。

李金海在吹奏和演奏的实践中，又独创“舌功”和“牙齿功”。这种吹奏是张开嘴用舌头做下嘴唇，牙齿放在舌头上吹奏，叫作“舌功”。张开嘴用牙齿的上下浸咪吹奏，而在吹奏中，从牙门的左方向右至大牙，又以右大牙起向左直至左大牙，这样反复，任何部位都可吹奏，为演奏增添了一种色彩，深受群众的欢迎和厚爱，每到一处的表演中，都响起阵阵的热烈掌声。当地沙滩园村刘小安，西万村的常停战，北金村的李金元、李小才，义庄村的李春祥，沁阳城西里村的于孬，长沟村的张国军等拜他为师学习唢呐艺术，直至现在还义务辅导十多个小学生，他说：“本地只要有人愿意学习唢呐的，我尽自己的最高水平和能力，走到哪儿辅导到哪儿，不讲代价”。目的只有一个，乐圣家乡的唢呐必须后继有人。

李金海除对唢呐艺术的无私奉献外，注重传统曲目的传承，如：向自己的弟子传授郑王名曲《北行道章》、唢呐的传统曲《三气》等。其创作有《沁韵》《秦阳春》《九峰情话》《路行五声佛》《北行九峰岭三气》等。由他主奏的《北行九峰岭三气》参加河北省永年县的全国吹歌节邀请赛获优秀奖。

2008年，李金海被文化部命名为国家级非物质文化遗产沁阳唢呐传承人。

【沁阳市怀梆】 怀梆是我国古老的地方剧种之一，俗称“怀调”“怀庆梆子”等。因源于明代怀庆府而得名，形成至今已有400多年的历史。

古怀庆府乃今焦作、济源及新乡的部分县区，处于豫晋交界地带，地理位置独特，社会条件优越，自然资源丰富，文化积淀厚重。历史上，富商大贾、文人墨客在这里活动十分频繁，民间歌舞、社火、庙会等民间艺术也应运而生。到了明代初期，随着大规模移民活动和晋陕商贾崛起以及壶关古商道的开通，秦腔、上党梆子、山西中路梆子等陕晋地方戏逐渐涌入怀川大地，为怀梆形成奠定了社会基础。明朝中叶，乐圣朱载堉汲取民间音乐精华，用科学方法阐明了十二平均律并广泛应用于“郑王词曲”的演唱，更促进了怀梆的形成。在大量接受陕晋戏剧熏陶的同时，民间艺人尝试着用当地俗曲小调掺入弋阳腔、昆山腔、乱弹、梆子腔的调门，将历史故事、民间传说编成剧本并逐渐搬上戏曲舞台，在长期的表演实践中不断创新，渐趋完善，逐步形成了中国戏剧板腔体系中的怀梆。

沁阳怀梆

怀梆唱腔以梆为板，曲调古朴明朗，激越高亢。主要板式有慢板、二八板、流水板、散板、飞板五大类。主要唱词字数基本规整，合辙押韵，平仄分明，每句唱词多为七字或十字。为更准确地表现剧中人物性格，有些唱段也会出现二、二格律的四字句或二、三格律的五字句。在表演方面，怀梆生旦净末丑行当齐全，广泛吸收说唱、歌舞、武术杂技等姊妹艺术，以唱、念、做、打为主要表演手段，形成了严谨的表演程式和完整的梆子戏体系。怀梆乐队由打击乐和民族管弦乐组成，俗称“软硬家伙”，后逐步有西洋乐器汇入伴奏。打击乐常用乐谱有紧急风、四季头、乱槌、乱锣、乱镲等，管弦乐常用曲牌有大游场、二八游场、小桃红等。

怀梆是土生土长的地方大戏，其唱腔念白均以中原音韵的怀庆府方言、语调发音吐字，通晓明白，不事奢华，口语化、大众化的特点明显突出。新中国成立以来，曾演出过300多本传统戏和100多本现代戏，唱腔剧目多次在国家、省市电台、电视台播放，名家名段被音像社出版发行，音乐唱腔被收入《中国戏曲音乐集成》。怀梆，这一古老的剧种在几百年的传承发展过程中，以其独特的风格和唱腔，深受老百姓的喜爱。“当房卖地，要看怀梆戏”“担蒜卖姜，要看老怀梆”，怀梆已成为怀川百姓生活中的一部分，它是怀川百姓表达喜、怒、哀、乐的主要方式，它是怀川百姓割舍不断的艺术情怀。

2006年5月，“怀梆”被国务院公布为第一批国家级非物质文化遗产名录。2007年2月，被河南省人民政府公布为第一批省级非物质文化遗产名录。

国家级传承人郭全仁 1941年2月生。1957年7月参加沁阳县怀梆剧团，初习拉弦、吹笙、弹三弦，后司鼓、指挥。1977年袭承杨立义老师学习音乐唱腔设计，编印了《怀梆常用锣鼓经》。1980 年收集整理编印《怀梆音乐》资料。1982 年调沁阳怀梆戏校任教，1984 年担任剧团业务团长，2000 年退休返聘沁阳市朱载堉艺术学校任教。1986 年策划组织录制了怀梆传统戏《反西京》和移植剧《红珠女》等。1992 年录制了怀梆演唱集锦，包括新老演员各类板式的精彩唱段 50 余段。其弟子多是活跃在戏曲舞台上的中坚力量，如郭新其、李孝成、任水库、张天温、张二旺、杨占祥等。在省级刊物发表论文 10 多篇，整理编印传统剧《状元遇仙记》《张春醉酒》《宋宫连环计》《郑成功收复台湾岛》。

现为中国民间文艺家协会会员、河南省戏剧家协会、音乐家协会会员、河南省戏曲学会会员、沁阳市戏剧协会副主席、怀梆协会副主席、国家二级演奏员。任《中国戏曲集成·河南卷》编委，河南省“十一五”重点图书规划项目《怀梆·怀调》撰稿人，《沁阳市十大文艺集成》编委，《焦作市怀梆优秀传统剧目汇编》编辑，《沁阳戏曲志》主编，焦作市非物质文化遗产专家评审委员会成员，多次担任焦作市怀梆大赛评委。

2008 年，被文化部命名为国家级非物质文化遗产项目代表性传承人。

赵玉清 女，1940 年 11 月生。1956 年参加沁阳县怀梆剧团，随团学艺，先后任副团长、党支部副书记，1986 年调县文联协会部工作。1996 年退休后，组建怀梆协会至今。

赵玉清师承怀梆剧种著名艺人张树柱（1892~1976）、李法贵(1918~1988）等，继承和学习了怀梆艺术的圭臬与真谛：一是怀梆艺人的人格与艺德；二是以虔诚的心灵对怀梆艺术在原汁原味上的吸收；三是拖腔在结构上要条理清楚，在衔接和过渡上要流畅自如；四是在道白中不东施效颦，坚持怀川方言，严格区分尖、团字音；五在继承中又发展了后嗓的表现力，将后嗓不单单使用在二八板内，同时也使用在栽板、慢板、哭滚板等板式中。她根据人物情感和剧种的特点设计唱腔，刻画角色细腻、生动逼真。其唱腔影响力很强，周边县市的同行们都找她学习怀梆唱腔。历届怀梆戏校师生，都使用她的唱腔进行教学。多年来，她不仅师传怀梆第六代传人郭二俊、董秀清和张素礼等，同时对周边县市业余怀梆剧团的演员，也能够做到言传身教。近几年来，她帮助周边县市乡村业余怀梆剧团导演怀梆戏 20 余本，辅导上门求教的专业与业余演员百余人，并赠送怀梆曲谱和光盘，力所能及地引导着怀梆艺术的改革与创新。

2009 年，她被焦作师专聘为兼职教授，在该校开设怀梆艺术课。2011 年，焦作师专学生参加河南省大学生戏剧比赛，演出怀梆传统剧《老少换》，荣获一等奖。50 多年来，赵玉清主攻青衣，兼演老旦、须生、彩旦等，演出传统戏 100 多本，现代戏 50 多本。她所扮演的刘玉娘、贞娘、三圣母、林黛玉、李奶奶、红嫂等影响了怀川几代人。她曾多次到河南人民广播电台、新乡、洛阳、焦作等电台录制唱段，多次在河南人民广播电台和地方电台播放。报纸上写她是“怀梆之花”，老百姓称她是“怀梆皇后”，在三百里怀川，人民提起怀梆，会很自然地联想到赵玉清，提起赵玉清，人们会很自然地想起怀梆。

2008 年，被文化部命名为国家级非物质文化遗产怀梆项目代表性传承人。

【焦作市四大怀药种植与炮制】 2008 年 6 月，四大怀药种植与炮制被国务院公布为第二批国家级非物质文化遗产名录；2009 年，李成杰、孙树武被文化部命名为第三批国家级非物质文化遗产项目（四大怀药种植与炮制）代表性传承人。（见 53 页）

【沁阳市高抬火轿】 “花轿辞旧岁，熙熙攘攘，丹沁河畔呈祥瑞；郑王创新舞，红红火火，百里怀川闹阳春。”一则楹联，道出怀府大地辞旧迎新的热闹场景；一则楹联，叙说高抬火轿源远流长的历史演绎。沁阳高抬火轿是由布衣王子朱载堉在古人抬花轿的基础上演变而成。据《怀庆府志》《河内县志》《覃怀志》载：“旧时，怀人以花轿行水而辞旧迎新，众所逐之。”早在宋时，生活在丹河、沁河流域的怀川人就有抬花轿闹新春的习俗，观者如潮，趋之若鹜，有广泛的群众基础。到明代，朱载堉赋予了抬花轿新的艺术生命，完成从粗俗到雅俗共赏的艺术升华。

明王室子弟朱载堉是明朝开国皇帝朱元璋的九世孙，时隐居丹沁河畔的九峰山下，自言“筑土室于宫外，席藁独处者十九年”。后朱载堉辞爵位，潜心论著，除律学、数学、天文

高抬火轿

历法、物理计量、音乐、文学、哲学等领域成就斐然外，在民间舞蹈方面也作出了突出贡献，高抬火轿这一民间舞蹈形式便是他的代表作之一。朱载堉在覃怀生活了70多个春秋，常布衣束巾，深入民间，足迹遍布城市乡村，除了解群众疾苦，对废除世俗等级观念也有着明朗的态度。当其了解到民间轿夫和唢呐艺人同被称为下九流时，就想通过艺术表现形式来提高民间艺人的社会地位。通过对当时盛行在覃怀大地抬花轿迎新春及踩高跷、撑旱船、吹唢呐等多种民间艺术的了解，朱载堉成功设计了高抬火轿这一形式独特的民族民间舞蹈。首先让轿夫踩着高跷来抬轿，围观者须仰视才能对轿夫进行观瞻，以提高轿夫在人们心目中的地位；其次改花轿为火轿，改布为纱，内设蜡烛，演出时轿内喷火，寓意红红火火，特别在夜晚演出，更增添了舞蹈情趣；第三对舞蹈器乐进行改进，自制管子、唢呐并配以朱氏"金鼓经"鼓谱；第四是改腐朽糜烂的演唱内容为自编的"醒世词""情理词"，使其在娱乐欢庆过程中，又起到警世喻人的社会功效。

高抬火轿，发源于沁阳市山王庄镇的万善村。明清时期，万善村分五大社，高抬火轿的主要表演者多居万南社区，故又称"南社火轿"。历经400余年的发展演变，高抬火轿已成为百里怀川群众喜闻乐见的一种民间舞蹈。近年来，沁阳市政府把高抬火轿作为当地的一种文化品牌进行保护传承，使得这一古老艺术奇葩焕发了新的青春。

2007年2月，高抬火轿被河南省人民政府公布为第一批省级非物质文化遗产名录。2008年6月，被国务院公布为第二批国家级非物质文化遗产名录。

【博爱县苏家作龙凤灯】 龙，四灵之首，是中华民族信奉和膜拜的图腾；凤，百鸟之尊，天下吉祥太平的象征。在博爱县，活跃着一种独特的民间舞蹈——苏家作龙凤灯。

苏家作龙凤灯

苏家作龙凤灯形成于清道光六年（1826），由民间艺人毋黑旦所创。据清道光十七年（1837）编修的《毋氏族谱》载："清道光六年族人毋黑旦，创制龙凤灯，名振清化（今博爱县城）。"龙灯传人毋黑旦，根据"丹凤朝阳、龙凤呈祥"等民间传说，将"凤灯舞"大胆融入"龙灯舞"。结果在那年的"大耍灯"中，"龙凤共舞"赢得了耍灯魁首。从此，苏家作龙凤灯名声大噪，至今已有180多年的历史。

苏家作龙凤灯采用竹篾制成骨架，彩绘纱布装饰"龙皮""凤衣"。"龙灯"分青龙、火龙、白龙、黄龙四种，龙长有40米、30米、20米不等。龙的各节用竹笼做骨架，各节之间用青麻绳连接，龙须用青麻染成，龙角、龙爪用银箔镶裹，龙眼旧用琉璃珠，现用灯泡。骨架制成后，取锡箔纸剪成鳞片贴于纱布表层，"龙骨"上缀红、绿两色彩绸，称作"龙脊"。每条"龙"又配有1个"蜘蛛灯"和24朵"彩云灯"。"凤灯"由头、身、翅、尾四部分构成，头颈长4.3米，头至身翅部用5根细绳连接，共用25个竹篾套环，凤翅、凤尾呈扇形，两翅和尾部共装25个蜡碗，为防止蜡油流失，特制了独有的"牛油干碗蜡"。龙凤灯以龙灯、凤灯为主要道具，还配有太阳、老虎、彩云、百鸟、蝴蝶、荷花、宝莲灯等数十种伴舞灯，骨架全为竹篾制作，节目以"龙游场""龙戏凤""龙脱皮""百鸟朝凤"等最为精彩，打击乐以鼓、锣、镲为主，不但气势恢宏、节奏明快，而且在力量中融入技巧、特技中渗透文化，堪称一绝。

苏家作龙凤灯形态逼真，表演动作讲究惊、险、奇、绝、美，将"龙"与"凤"的叨啄跳跃、亲昵逗乐、翻扑妙趣、悠闲自得等动静神态演绎得淋漓尽致，再加上铿锵有力的打击乐，使苏家作龙凤灯表演的高潮一浪高过一浪。苏家作龙凤灯将龙舞和凤舞和谐结合，形成了全国唯一的民族民间舞蹈形式。

苏家作龙凤灯是中国民间舞蹈中一朵绚丽的奇葩，具有重要的历史价值、文化价值、科学价值和现实价值。

2007年2月，"苏家作龙凤灯"被河南省人民政府公布为第一批省级非物质文化遗产名录。2008年6月，被国务院公布为第二批国家级非物质文化遗产名录。

国家级传承人毋启富 1944年11月生，国家级非物质文化遗产项目龙凤灯舞代表性传承人。毋启富自幼生活在"苏家作龙凤灯"的故里。耳濡目染，特别喜爱家乡这一传统艺术，从6岁起就跟着长辈玩灯耍灯，培养了对“龙凤灯”的浓厚兴趣。20世纪60年代毋启富拜老艺人毋致成、毋启宝为师，主攻龙头、凤头和太阳灯的舞蹈技巧，并成为主要演员。改革开放后，在龙凤舞停演十多年濒临失传的情况下，作为主要传承人，毋启富下大力气对道具、节目、舞蹈技巧进行挖掘抢救，并培养了十余个主要演员，这些主要演员已成为继毋启富后的下一代传承人。

毋启富在带领群众发展经济的同时，恢复和发展了停演十多年的龙凤灯舞，表演演员发展到现在的2500余人，演员服装由随身衣服发展到统一服装。道具由原来的2条龙、1只凤发展到现在的9条龙、2只凤（凤分昼夜），50余个伴舞灯，编排演出了《龙凤呈祥》《丹凤朝阳》《舞起龙凤庆丰收》等歌颂党、歌颂社会主义新农村建设的新节目。1978年以来毋启富连年参加县、市春节民间艺术会演，其中25次获演出一等奖。2000年以来，先后参加中国·焦作国际太极拳年会、河南省民间艺术节、中原五省民间艺术节演出以及重大活动的助兴演出。2012年，苏家作龙凤灯“舞”进央视新闻直播《寻找中国龙》栏目，先后在中央电视台英语频道和新闻频道中直播。

作为传承人，毋启富成立专门的项目保护和研究机构，加强对龙凤灯舞的资料普查、整理、存档以及实物资料的收集工作，基本摸清了苏家作龙凤灯舞的形成、发展的历史沿革，加强了苏家作龙凤灯舞动作、乐谱、技巧挖掘整理，以及苏家作龙凤灯的历史价值、学术价值、文化价值的研究探讨，并将普查和研究成果整理存档。

2009年，被命名为第三批国家级非物质文化遗产苏家作龙凤灯项目代表性传承人。

【武陟县二股弦】 二股弦起源于焦作市武陟县大司马村。大司马村是武陟面积最大、人口最多的村庄，也是我国最大的古人类文化遗址、最大的原始部落群居地，面积达80万平方米。西周有个武将叫休父，官居大司马，他平徐有功，周宣王赐姓“司马”，故其祖居的村庄就叫大司马。

明朝嘉靖年间（1521~1566）的古碑碑文记载：大司马，古镇也，是东至燕赵、西通关洛的交通要道。河边码头货栈林立，街上钱庄店铺比邻，车船相连，呼号之声不绝于耳。由于人多，求财祈福者众。鼎盛之时的大司马村所建庙宇多达13座，而且座座雕梁画栋，家家香火旺盛，以至于庙会、社火常年不断。于是，旱船、高跷、小车、经担唱的缸调、经调，说书唱的坠子、唠子，叫化子唱的莲花落及驻扎的山西会馆带来的迷糊（眉户）等各种民间艺术集会庙会，竞技比试，互相学习。期间有个叫苗丁的人，把经调和民间小调融合并排演了一出庙里劝善经文里唱的故事，于是就成了“戏”。因所用的伴奏乐器为二股弦，故称其戏为“二股弦戏”。二股弦戏共有5个曲牌、18个唱腔板式，皆为庙会上所唱之调。二股弦唱腔、曲牌完全是大司马村土生土长，其主要剧目也是由社会生活故事、宗教故事整理创编。如刘全砍柴、李翠莲上吊、唐王游地狱、刘全进瓜（刘全是二十四孝人物，刘全坟距大司马村不过五六里）等均为武陟大司马本土故事。其特有的原汁原味的方言小调、浓郁厚重的地方风情，使其在本土魅力十足，大受欢迎。《武陟县志》记载，明洪武年间（1368~1398），城隍庙、关帝庙就修建有戏楼。嘉靖年间（1521~1566）大司马祖师庙、玉皇庙、三官庙、孙真庙四座庙都盖有戏楼（古戏楼图）。当地碑文记载：“清朝嘉庆甲子年（1804），朝廷在大司马修建王孝姐贞节女牌坊、王孝姐庙时，就有二股弦演出助兴。”可见，明清时期二股弦已相当普及。且二股弦戏对后来产生的怀梆、豫剧有很大影响，如《借髢髢》《卖苗郎》《桃花庵》等许多剧目经过改编，都成了怀梆、豫剧的传统剧目。二股弦戏的音乐元素也被许多种地方戏吸纳采用，但是其特有的乡音和方言却是无法移植的。

二股弦演出剧照

2007年初，大司马二股弦剧团应邀到郑州演出。她那原始古朴的音乐情调，原汁原味的乡土语言，抑恶扬善的民间故事，让专家学者大开眼界。专家们说：他们发现了原生态的戏剧音乐、原始状态的戏剧，是研究中国音乐史、戏剧史的“活化石”，二股弦戏不仅是河南的艺术珍宝，也是中华民族的艺术奇葩。

2007年2月，“二股弦”被河

南省人民政府命名为第一批省级非物质文化遗产名录。2008 年 6 月，被国务院公布为第二批国家级非物质文化遗产名录。

国家级传承人丁瑞魁 1935 年生。1943 年开始学戏，先后任二股弦演员、业务团长，现任大司马二股弦剧团团长。

丁瑞魁出身于戏剧世家，从小就受到二股弦音乐和艺术表演的影响，直接从祖辈身上继承了二股弦清代末年的本色艺术，加之聪明好学，9 岁学戏，12 岁登台。先后演娃娃生、小生、花旦、红生、青衣、花脸、老生。根据本人口传整理剧本 50 多部。

二股弦戏是由乡土语言和经调、硪号、民间小调、音乐元素升华而成的地方剧种，在相对封闭的环境中生存发展 400 余年，未受外来文化和现代艺术的影响，保持着浓郁的地方特色，传承人严格按传统艺术演戏育人，以保护传统文化为己任，从不盲目提倡改革，也从不媚俗，以庸俗代替艺术搞噱头，是二股弦戏传统文化遗产的守护者和传播者，善于用艺术表现生活，用生活中的人物行为和动作丰富戏剧表演。

丁瑞魁精通生、旦、净、末、丑各个行当和戏曲音乐软、硬场面。演的青衣、花旦尤为出色，深受观众喜爱，是二股弦戏出演角色，最多演技

火龙舞

最好的演员。编排 50 余本剧目，从没间断演出。在县、市组织的会演中，剧团多次获得一等奖。

2007 年 5 月，被命名为河南省非物质文化遗产项目代表性传承人。2012 年 12 月，被命名为国家级非物质文化遗产传承人。

【孟州市火龙舞】 孟州市槐树乡龙台村的“火龙舞”历史久远。相传远古时期，蜘蛛成精，污染天池，大地久旱龟裂，百姓苦不堪言。玉皇大帝天宫传旨，派青龙下凡捉拿蜘蛛精，解民于倒悬，结果青龙大败，被困蛛网。玉帝再派火龙征战，火龙大施神力，龙口喷火，烧毁蛛网，救出青龙，收降蜘蛛精。青龙被救，普降甘霖，还大地丰瑞太平之景象。为纪念火龙为民除害，当地百姓自发组织起来，制作火龙道具，且手舞之、足蹈之，这大概是火龙舞的原始雏形。据当地传说，火龙舞起源于商周，兴盛于西汉。清乾隆五十七年编修的《孟县志》记载，公元前 140 年至公元前 88年，龙台村火龙舞常在五龙庙前参加祭祀比赛活动，进入鼎盛时期。龙台村位于孟州城西北 20 多公里处的蟠龙岭下，孟州市制高点五龙庙就建于此。从村庄名字、地理位置、寺庙建筑以及民间艺术形式看，龙台村可谓处处有龙，无龙不在，龙文化在这里的底蕴内涵不言而喻。

火龙舞

龙台村火龙造型古朴奇特，近似民间传说中的麒麟形象。加之民间艺人匠心独具的制作工艺和奇异豪放的舞蹈表演形式，在河南省乃至全国实属罕见。龙台村火龙舞的表演，大都选定在每年元宵节期间进行，除在本村本乡自娱自乐、增添节日气氛外，还要到县城及附近参加民间艺术会演。龙台村火龙舞的表演内容主要有辘轳圈、三叠脊、龙上桌、龙口喷火、破四门斗、龙缠柱等，动作惊险，招式丰富，气势宏大，人在火中舞，龙在火中飞，场面十分热烈，在怀川大地素有“天下火龙一绝”之称。火龙舞是孟州大地土生土长的民

耍老虎

间艺术，深受群众喜爱，承载了人们向往和平盛世，追求美好生活的思想情感，营造了孟州城乡浓厚的文化氛围，具有较大的艺术价值和社会价值。

2007 年 2 月，“火龙舞”被河南省人民政府公布为第一批省级非物质文化遗产名录。2011 年 5 月，被国务院公布为第三批国家级非物质文化遗产名录。

【焦作耍老虎】 耍老虎（“耍”在焦作方言中指玩、表演）是产生于焦作地区的一种共性与个性完美结合的独特文化现象。

焦作市位于河南省西北部，南有省会郑州、西邻古都洛阳，与嵩山少林寺隔黄河相望，举世闻名的太极拳就发源于焦作陈家沟。自古以来，焦作为兵家必争之地，道教上清派祖师二仙奶奶魏华存、三国军事家司马懿就诞生在这里。祖先们从兽中之王老虎的腾、跳、扑、卧等动作中受到启发，以虎的生猛和威严彰显出骁勇善战的武士精神，并融合武术、战争、宗教等元素，创编了这一独特的民间舞蹈。据说西汉时期就出现了虎舞并流传于黄河中游，耍老虎最早可追溯到明朝，省级项目分别为中站区常家武虎、小尚虎舞、沁阳市言状老虎、温县耍老虎。中站区常家武虎、小尚虎舞由民间艺人将武术与舞虎糅和创编成形，表演中常有徒手或手持武器斗虎的情节；温县耍老虎表演中战鼓雷动，老虎气势生猛、威严，体现了无畏的勇士精神；沁阳市言状老虎的产生与道教有很大联系，每年祭祀二仙奶奶魏华存的仪式上，耍老虎等民间社火各显绝技，虎舞表演中常有道士手持拂尘驯服老虎的情节，极有深意。

耍老虎由虎舞、仪仗乐队两部分组成，其表演形式、套路归纳起来大致有以下三种：一是平地虎，舞虎者在平地做出各种惊险动作；二是丘陵虎，场内中间放置由 20 张方桌、2 把柳圈椅叠成的高 2.5 米的表演台，舞虎者逐级登上高台，做出惊险虎形动作；三是高山虎，上 3 米梯或用几十条木凳搭成七八米高架，顶上放大椅，一只或数只老虎攀登表演。仪仗乐队由打击乐器鼓、锣、镲、各色彩旗、火铳等组成。

怀川地区的特殊环境对耍老虎的产生、发展具有决定作用，其起源具有独特的研究价值；它已成为怀川人民不可或缺的文化符号，在增强民族凝聚力等方面具有重大社会价值；它集舞蹈的艺术性、武术的阳刚性、杂技的惊险性于一体，显示出这一族群以此为对象来认知自然、社会的手段，具有高超的文化、艺术价值。

2014 年 11 月，“耍老虎”被国务院公布为第四批国家级非物质文化遗产名录。

【焦作市当阳峪绞胎瓷烧制技艺】 2014 年 8 月，当阳峪绞胎瓷制作技艺被国务院公布为第四批国家级非物质文化遗产名录。（见 59 页）

医疗 卫生

·综 述·

【概况】 2014年，全市卫生工作以医改为总揽，坚持保基本、强基层、建机制的原则，强力推动医改五项突破，推进医疗市场、医政管理、医德医风三项治理，抓好《焦作市区域卫生事业发展规划（2015-2020年）》《焦作市医疗机构设置规划（2015-2020年）》编制和卫生项目建设，各项卫生事业得到进一步发展，群众健康水平不断提高。全科医生执业方式和服务模式改革成效明显，为国家建立全科医师制度提供了相应经验。副省长王艳玲两次莅焦调研，对焦作市卫生和医改工作给予高度评价和充分肯定。

2014年，全市设有医疗卫生机构2669家。其中医院54家（综合医院41家，比上年减少1家，修武县公费医院变更为修武县为民社区卫生服务中心，中医院7家，专科医院6家），乡（镇）卫生院82家，专业卫生机构35家（疾控中心、卫生监督机构、妇幼保健机构各11家，采供血机构2家）。全市拥有卫生专业技术人员1.93万人，其中医师8355人，每千人拥有医师2.27人；注册护士7151人，每千人拥有护士1.94人；每千人拥有病床5.03张、执业（助理）医师2.27人。

2014年焦作市医疗机构、床位、人员数

	机构数（个）	床位数（个）	人员数（人）	卫生技术人员	执业医师	执业助理	注册护士
全市总计	2669	18516	28045	19300	6114	2241	7151
医院合计	54	12540	14119	11232	3698	480	5196
综合医院	41	10177	11395	9138	3041	300	4373
中医医院	7	1429	1920	1513	498	151	545
专科医院	6	934	804	581	159	29	278
社区卫生服务中心（站）	75	1803	1970	1608	518	179	611
社区卫生服务站	31	35	166	142	60	16	59
卫生院	82	3340	3393	2590	762	720	530
中心卫生院	21	1124	1173	928	307	242	181
乡卫生院	61	2216	2220	1662	455	478	349
诊所、卫生所、医务室	310		732	681	267	106	144
诊所	243		633	582	237	92	128
卫生所、医务室	67		99	99	30	14	16
采供血机构	2		112	85	9		42

续表

	机构数（个）	床位数（个）	人员数（人）	卫生技术人员	执业医师	执业助理	注册护士
妇幼保健院（所、站）	11	833	1254	1034	340	91	425
疾病预防控制中心（防疫站）	11		687	455	136	28	33
卫生监督所	11		258	191			
医学在职培训机构	5		214	110	48	10	11
门诊部	2		26	24	10	2	9

注：分项显示为部分机构数字

【医疗卫生项目建设】 2014年，全市在建医疗卫生项目167个，总投资9.68亿元。重点推动市人民医院全科医师培训基地暨综合病房楼项目、焦煤集团中央医院综合楼项目、市第四人民医院异地新建、市中医院异地新建、修武县人民医院异地新建、马村区人民医院综合病房楼项目竣工；孟州市中医院整体迁建、中站区人民医院综合病房楼项目主体完工，市二医院新区医院、市妇幼儿童综合病房楼项目整体推进。新申报126个中央投资卫生项目，包括一批市级医疗机构、县级中医院、县级疾病预防控制和妇幼保健机构项目。

【巩固完善基本药物制度】 2014年，市卫生局进一步巩固完善国家基本药物制度。2012年版《国家基本药物目录》全面实施，县域医疗机构用药更为规范。实施药品电子监管，强化对药品招标、采购和使用管理。

【基本公共卫生服务均等化成效明显】 2014年，全市基本公共卫生服务均等化成效明显。建立健全城乡基本公共卫生服务经费保障机制，城区人均补助标准由35元提高到39元，六县市由30元提高到35元。城乡居民健康档案建档率达92.8%以上，居全省前列。创新全科医生执业方式和服务模式，组建180个以全科医生为主导、分工合作明确的服务团队，为居民提供主动、连续地上门服务，与5.3万户家庭23.6万名居民签订了服务协议书。

【县级公立医院综合改革】 2014年，市卫生局扎实推进县级公立医院综合改革。全年县级财政投入5000万元用于推进改革，构建了新的人事分配制度和绩效考核机制，实现了全员竞聘上岗，工作人员的积极性进一步调动。全面推进总额预付和按病种付费等医保支付制度改革，温县人民医院被国家卫计委确定为全国4家"临床路径与支付方式改革试点研究"项目县之一，在临床路径、支付方式和医院配套制度等方面进行了探索研究。实施"先住院、后结算"服务模式，惠及群众19.5万人次。

【社区卫生】 全科医生队伍不断壮大。完成424名从事社区医疗、预防保健、社区护理等人员的服务能力培训。至年底，全市注册全科医师227人，组建180个全科医生服务团队，实行分片包户，为居民提供上门服务。

服务内容逐步规范。印制《焦作市全科医生服务团队签约服务协议书》，规范完善服务范围、内容和形式。城区全科医生服务团队与5.3万户家庭23.6万名居民签订了服务协议书，其中个性化服务签约3.06万人。签约人数占辖区人口的比例为23.8%；个性化占签约人数的12.9%。通过开展签约式服务，逐步建立以全科医生服务团队为支撑、以家庭为单位、以居民健康为中心的服务模式。

社区首诊、双向转诊制度初步建立。发挥城镇居民医保引导作用，出台多项制约激励措施，引导居民在社区卫生服务中心就诊。建立二级以上医疗机构对口支援基层医疗卫生机构工作长效机制，以区为单位组织辖区社区卫生服务中心和二级以上医疗机构签订对口支援协议书和双向转诊协议书，形成了两者之间业务联动、优势互补、疾病诊治连续化管理的机制。

探索全科医生服务团队激励机制。按签约服务人数进行补助，补助标准每人每年89元，其中医疗保险基金50元，基本公共卫生服务经费39元。全科医生服务团队根据居民需求和居民签订个性化服务项目，实行有偿服务，收费项目按照有关标准执行。出台政策，全科医生到基层医疗卫生机构工作的，同等条件下优先聘用到主治医师以上岗位。

【卫生行政审批】 2014年，市卫生局对行政审批事项进行梳理，把县级卫生行政部门能够承担的行政审批项目全部下放到县级办理，共下放行政审批项目3项、合并审批项目1项，减少事项占比33%；同时将市区内不设床位的医疗机构行政审批权限下放至区卫生局。落实行政审批事项"三集中、三直接"（职能向一个科室集中、行政审批事项向行政服务中心集中、行政审批权力向窗口集中，一次性直接受理、一站式直接办理、一个口直接交费）要求，实现所有行政审批类事项在中心窗口一次性直接受理、一站式直接办理。精简程序，压缩办件时限，办件承诺时限由原来的20个工作日压缩为14个工作日，承诺时限缩短30%，现实际办件时间平均为7个工作日。全年窗口共办理医疗机构执业许可及校验272件，护士执业注册717件，执业医师注册704件，公共场所卫生许可证9件，放射诊疗许可证3件，受理医疗纠纷尸检委托4例，医疗事故鉴定委托11起，按时办结率100%。

【卫生系统政风行风建设】 2014年，市卫生局被评为政风行风热线优秀上线单位。制定《中共焦作市卫生局党组关于进一步落实党风廉政建设党委主体责任的实施意见》《中共焦作市卫生局党组关于进一步落实党风廉政建设纪委监督责任的实施意见》，完善了廉政谈话制度和廉政约谈制度，认真落实中央、省、市纪委作风建设监督检查办法，加大执纪检查力度，确保中央八项规定落实。落实领导干部联系基层制度、定期双访制度，扎实开展“领导干部违规干预和插手市场经济活动谋取利益、清理纠正党员干部私自从事营利性活动、整治会所中的歪风、领导干部亲属违规经商办企业和领导干部收受红包礼金问题”五个专项治理活动。深入开展理想信念教育、党性党风党纪教育、廉洁从政教育和保持党的纯洁性教育，把培养廉洁价值理念贯穿党员干部培养、选拔、管理和使用的全过程。抓好反腐倡廉各项任务落实。专题部署卫生系统党风廉政建设工作，签订了目标责任书，自2014年7月1日起在全市卫生系统严格执行廉洁自律从政、规范医疗行为“双十不准”。在全市医疗单位药剂、器械、设备管理和采购人员实行两年交流轮岗制度。抓好中秋、春节等节日期间的党风廉政建设。加强医德医风建设，发挥先进典型的引领示范作用和反面典型的警示教育作用，落实医德医风考评制度，促进了医务人员思想道德素质和医疗服务水平的提高。扎实开展纠正医药购销和医疗服务中不正之风活动。认真开展民主评议政风行风工作，积极参加《政风行风热线》上线节目，被市纠风办和市广电局评为优秀上线单位。

【行政工作人员“十不准”】 不准干预和插手药品、器械采购和基本建设招投标等经济活动；不准干预和插手批办各类许可和审批等事项；不准利用工作之便吃拿卡要，接受下属单位和服务对象的宴请、礼品（金）、有价证券、支付凭证、干股和旅游、健身、娱乐等其他特殊服务活动；不准私自从事营利性活动并利用职权为亲属及其他人员谋取私利或经商、办企业提供便利条件；不准借大办婚丧喜庆事宜收受礼金、借机敛财；不准出入私人会所、接受和持有私人会所会员卡，或者利用上班时间从事与工作无关的活动；不准从事或包庇学术造假等行为，瞒报、迟报、谎报突发事件、重大事故；不准参与各种形式的赌博活动，或以赌博为名索贿、受贿和行贿；不准在工作日午间饮酒；不准擅自在卫生社会组织等兼职、取酬。

市卫生系统民主评议政风行风工作动员会

【医疗卫生人员“十不准”】 不准接受药品、医疗器械、医用卫生材料等医药产品生产、经营企业或经销人员以各种名义、形式给予的回扣，并参加其安排、组织或支付费用的营业性娱乐场所的娱乐活动；不准索取或收受患者及其亲友的现金、有价证券、支付凭证和贵重礼品；不准利用任何途径和方式为商业目的统计医师个人及临床科室有关药品、医用耗材的用量信息，或为医药营销人员统计提供便利；不准在本单位利用药品处方、医学检查等医疗服务中一切违规开单提成，或者通过介绍患者到其他单位检查、治疗或购买医药产品等违规收取提成；不准违反规定私自采购、销售、使用药品、医疗器械、医用卫生材料等医药产品；不准隐瞒、误导或夸大病情，开大处方、滥检查等过度医疗；不准隐匿、伪造或违规涂改、销毁医学文书及有关文件和违规签署医学证明文件；不准擅自进行非医学需要鉴定胎儿性别和选择性别终止妊娠；不准参与医药产品、食品、保健品等商品推销活动；不准违反规定泄露患者等服务对象的个人资料和医学信息。

【卫生信息化建设】 2014年，市卫生局对市级区域卫生信息平台进行资源整合，初步实现了相关数据、资源共享。积极推进县级以上公立医院与省、市级平台的对接工作，实现医院数据上传和部分业务的监管。全市34家县级以上公立医疗机构完成21家医院的数据上传工作；积极推进居民健康卡的发放和应用，依托新农合和公共卫生服务系统采集农村和城镇居民个人信息300余万条，其中城区居民86万条信息与省公安厅进行信息比对，52万人信息具备制卡条件，完成沁阳、温县两试点乡镇8.5万张首批居民健康卡发卡工作；扎实做好医院信息化基础建设工作，全市7家单位实现电子病历的应用，其中市人民医院、市二医院等5家单位安装使用了LIS系统（检验系统），市二医院实现了PACS系统（影像系统）和院内一卡通系统的应用。市直10家医院全部完成新农合和医保结算系统的对接与应用。14家县级医院使用电子病历系统，10家医院使用LIS系统，6家医院使用PACS系统，7家医院安装使用临床路径系统，8家医院使用门急诊医生工作站系统，24家医院全部完成新农合和医保结算系统的对接与应用。

【焦作卫生医药学校移交河南理工大学管理】 5月8日，焦作市政府召开会议，宣布焦作卫生医药学校整体移交河南理工大学，市第二人民医院作为河南理工大学附属医院，归河南理工大学管理，并安排部署相关移交工作。

【国务院医改督查评估组莅焦调研】 11月27日，国家卫计委体改司（国务院医改办）副司长杨淑丽带领督查评估组莅临武陟县，对县级公立医院改革情况进行调研评估。督查评估组先后到武陟县人民医院、乔庙乡卫生院进行实地察看，听取工作汇报，了解医院运营情况，对武陟县创新次均住院费用级差管理模式、按病种付费本院化管理模式、基本药物配送“三优先双限价”服务模式、医疗联合体管理机制、绩效量化管理模式、“先住院后付费”四免服务模式和释放医改最大民生红利，保证“基金安全、群众实惠、医院发展”三方共赢的做法给予充分肯定。省医改办主任张若石、省卫计委副主任黄红霞随同调研。

·医政管理·

【医院管理】 2014年，全市二级以上医疗机构按照国家卫生部、省卫生厅的统一部署，积极开展“三好一满意”（服务好、质量好、医德好、群众满意）和“十大指标”（医疗安全指标、医护人员配置指标、药品收入占业务收入比例控制指标、基本药物使用比例指标、实施临床路径管理病种指标、诊疗服务指标、履行公共卫生职责指标、医院经济管理及患者医疗费用控制指标、临床科研及科技创新指标、行风建设指标）宏观监管等活动，制定工作方案，明确实施内容，完善考核标准，严格督导检查和整改提高，从医院管理、医疗管理、护理管理、药事管理、医院感染管理和医院经济运行等方面加强医院监管，强化医德医风建设，提升医疗服务和医疗技术水平，满足群众医疗需

2014年焦作市二级以上医院名录

名　称	地　址	电　话
焦作市人民医院	焦作市解放中路267号	2662105
焦作市第二人民医院	焦作市民主南路17号	2631912
焦煤集团中央医院	焦作市健康路1号	3532144
解放军91医院	焦作市工业路东段239号	3597966
焦作市中医院	焦作市解放中路40号	2923505
焦作市第四人民医院	焦作市烈士街338号	2566507
焦作市第五人民医院	焦作市和平街448号	2310700
焦作市第六人民医院	焦作市建设西路51号	2623521
焦作市妇幼保健院	焦作市民主中路158号	2922037
焦作市五官医院	焦作市新华中街156号	2910999
沁阳市人民医院	沁阳市怀府西路5号	5613216
沁阳市第二人民医院	沁阳市北门大街11号	2100560
沁阳市中医院	沁阳市建设路南段26号	5620066
孟州市人民医院	孟州市黄河大道东段	8192469
孟州市第二人民医院	孟州市河阳大街西段	8106100
孟州市中医院	孟州市韩愈路西段	8165418
温县人民医院	温县温泉镇育才街63号	6193138
温县第二人民医院	温县慈胜大街26号	6194477
温县中医院	温县黄河西路786号	6192187
修武县人民医院	修武县健康路86号	7188009
修武县中医院	修武县汽车站东200米路南	7138728
武陟县人民医院	武陟县木城镇兴华路	7291044
武陟县第二人民医院	武陟县龙源路中段	7529007
武陟县中医院	武陟县朝阳四街1号	7291585
博爱县人民医院	博爱县环城东路1号	8697594
博爱县中医院	博爱县玉祥路西段	8660120
马村区人民医院	马村区昌盛路529号	3945411
河南省第二慈善医院	焦作市迎宾大道星光路369号	2106020
焦作同仁医院	焦作市世纪路566号	8821001
焦作市第三人民医院	焦作市建设东路	3935112
中站区人民医院	中站区跃进路50号	2947120

焦作市数字医院建设座谈会

求。通过活动的开展进一步增强了医疗机构质量意识、安全意识和服务意识，医院管理、医疗服务水平得到持续提升。

【医疗监管】 2014年，市卫生局加强医疗监管，确保医疗质量、医疗安全。贯彻落实国家、省关于医疗管理的有关规章制度流程，加强医疗技术的准入和管理。按照卫生部《医疗技术分级管理办法》，开展三类、二类医疗技术的准入和监管，完成市妇幼保健院人类辅助生殖技术（三类）和二级以上医院开展的心血管介入、神经血管介入、血液透析、腹腔镜、牙种植等二类技术的准入。加强日常监管。开展抗菌药物临床应用专项整治活动。制定了《焦作市抗菌药物专项整治活动方案》，实行目标责任制管理。按照《河南省抗菌药物分级管理目录》，落实抗菌药物分级管理制度，限制不同级别医院抗菌药物采购品种数量，明确各级医师使用抗菌药物的处方权限，明确药占比，全市医疗机构的抗菌药物合理使用率正在逐步提高。强化医院感染管理。加强医疗机构手术室、重症医学科、口腔科、急诊科、产房、新生儿病房、消毒供应中心等重点部门、重点科室医院感染管理，加大医疗废物监管力度，确保医疗安全。发挥市级质量控制中心的业务指导和学协会的行业自律作用。重点加强医院感染管理、消毒供应、血液净化及临床检验、新生儿重症救护等专业质量控制网络建设，狠抓医疗缺陷管理，开展专业质量控制，利用学协会开展学术活动，持续提高医疗质量、医疗水平。

【护理服务】 2014年，市卫生局以推进优质护理服务为载体，强调“以病人为中心”，强化基础护理，落实护理责任制，深化护理专业内涵，整体提升护理服务水平。全市二级以上医院开展优质护理服务达100%，二级以上医院开展优质护理病区达100%。

【血液管理】 2014年，全市始终坚持以确保临床供血安全、确保临床用血需求为中心，持续推动献血稳定化、采血网络化、供血一体化、管理规范化建设。12月，市中心血站血液核酸测试点通过省卫计委验收，成为全省首批开展血液核酸检测工作的实验室。实验室软硬件水平在全省血站中处于领先地位，使焦作市在血液集中化检测区域划分中占得先机，并将在全省未来的血液区域化集中检测工作模式中，发挥导向和主体作用。至年底，全市自愿无偿献血4.04万人次；全血献血量达7.68万单位(1.5吨)，较上年增长4%；无偿机采成分血3.78万单位，较上年增长4.9%；临床用血总量17.9万单位，较上年增长3.3%；供血浆总量7.15万单位，较上年增长3.7%；血浆使用率达93.7%。为1354名无偿献血者或家庭成员办理了无偿献血用血返还手续，共计支出无偿献血用血返还款153万元。全市未发生血荒和安全事件。

【医疗纠纷处置】 2014年，市医疗纠纷人民调解委员会共受理案件8起，其中调解成功6起，正在调解2起，协议履行率100%。推进建立医疗责任保险制度和“调赔结合”“诉赔结合”“诉调结合”的医疗纠纷解决新机制，聘请江泰保险经纪公司作为保险顾问，设计了符合焦作实际的医疗责任保险方案，采取招（邀）标或谈判方式统一确定承保公司承担保险责任，规定凡5000元以上的医疗纠纷赔偿应通过人民调解或司法诉讼等合法途径解决，由保险公司进行理赔。在原医疗纠纷人民调解委员会基础上由江泰保险经纪公司牵头组建新的调委会，真正实现了群众性组织的社会身份，其组成及人员由司法机关备案，组织建立400人的人民调解专家库，根据调解需要医患双方随机抽取专家进行医学评鉴，评鉴结果作为调解的客观依据，保险公司给予认可。积极协调公安等部门联合开展医院及周边治安环境、内部治安整治行动，全年出动警力57次，处理严重扰乱医疗机构事件7起，治安处理4人。全市22个重点二级以上医疗机构建立了警务室，各级医疗机构通过公布投诉电话、设立意见箱、设立投诉机构等方式，畅通与病人沟通的渠道，及时将医患矛盾解决在萌芽状态。

【全省首例经尿道前列腺剜除术成功】 1月9日，焦作市人民医院运用最先进的治疗前列腺微创技术——

经尿道前列腺剜除术，成功为一位老人剜除了前列腺增生部分。成为全省首例实施这种手术的医院，填补了河南省、焦作市的技术空白。

【中药颗粒智能调配系统落户市人民医院】 2月20日，全省首套中药颗粒智能调配系统落户市人民医院。该系统采用先进的控制、网络技术，按照中药饮片处方所需的中药用药剂量、药味、剂数等配方参数，完成中药配方颗粒药品的识别、称重、计量、配药等动作，完全取代传统手工抓药、称量、调配及封装，实现了真正意义上的中药配方颗粒智能调剂过程。既避免以往人工方法容易出错的问题，也极大地节约了患者等候取药的时间。

【杨迎春获河南最美护士称号】 5月12日，2014"河南最美护士"评选活动揭晓，杨迎春获"河南最美护士"称号。

杨迎春，女，35岁，沁阳市柏香镇卫生院内科护士长。她经常说："病人住到了我们科室，就是我们的亲人，我们是他们的希望，我们一定要把他们当亲人对待，要对得起我们这一身圣洁的白大褂。"她是这么说的，也是这么做的。她每年都能高标准、创造性地完成各项护理任务，为医院赢得了良好的声誉。连续多年被评为优秀护士，多次荣获先进医务工作者等称号。

【市人民医院医疗联合体成立】 为整合、盘活区域医疗资源，实现优势互补，提升基层医疗卫生机构服务水平和能力，有效缓解百姓看病难、看病贵。4月，焦作市启动医疗联合体工作，全面推进大医院和基层医院"联姻"，以促进优质医疗资源下沉，提升基层医疗服务能力，引导群众合理诊疗。按照自主自愿的原则，市人民医院牵头与马村区人民医院、中站区人民医院、省第二慈善医院、焦作同仁医院、焦作云台山医院、焦北社区卫生服务中心、塔东社区卫生服务中心、艺新社区卫生服务中心9家医疗机构成立区域医疗联合体。6月17日，全市9所医疗机构共同组建的市人民医院医疗联合体成立。医疗联合体成立后，联合体内部成员单位将在管理、设备、技术、人才、信息等方面进行资源共享。市人民医院作为牵头医院，将从加强区域卫生规划和建立健全医疗服务体系着手，承担大型综合医疗机构在提升基层医院管理、技术、服务等方面的帮扶责任，着力提升牵头医院的管理能力，提高基层医疗机构的服务能力和技术水平，通过探索区域医疗协同、管理模式和医疗保险支付模式等改革工作，逐步完善分级医疗与双向转诊，形成首诊在基层、双向转诊、分级诊疗的就医新秩序。

【焦煤中央医院成为中国宫颈癌防治工程定点医院】 8月9日，河南能源焦煤中央医院通过中国宫颈癌防治工程组委会的审核，成为全国宫颈癌防治工程定点医院之一。

·卫生监督·

【医疗服务市场监管】 2014年，全市持续实施"卫监行动""亮剑行动""进一步整顿医疗秩序打击非法行医专项行动"，共查处医疗机构违法行为175起，警告117户，责令整改153户，停业整顿30户，取缔无证诊所77家。建立了无证行医"黑名单"，有力打击和震慑了非法行医、超范围执业等违法违规行为。开展免费医疗器械理疗行为和中医坐堂医专项执法检查。开展打击非法行医知识宣传，发放宣传资料3000余份、画册2000多册，制作宣传展板13块。加强传染病防治监管，开展以传染病疫情报告、疫情控制措施、医疗废物处置等为主要内容专项监督检查，对存在严重违法行为的24家单位实施行政处罚。加强职业放射卫生监管，监督检查职业健康检查机构8家、放射卫生技术服务机构1家、职业病诊断机构3家、放射诊疗机构186家，下达卫生监督意见书210份，警告37家、罚款16家12.88万元。

【食品安全风险监测】 2014年，市卫生局牵头组织实施国家、省食品安全风险监测计划，强化技术培训、质

开展打击非法行医工作宣传活动

打击非法行医

食品安全风险监测

量控制、督导检查三项措施，全年完成理化项目743份，微生物项目85份；开展风险评估、预警，向有关部门通报食品中含铝添加剂和熟肉中亚硝酸盐风险监测情况；按照省食品安全快速检测相关要求，升级食品安全快速检测仪器，开展食品安全快速检查，全年共采集9个品种，合计样品812份，检测样品1121份，总体合格率80.9%。

【餐饮具集中消毒专项整治】 2014年，市卫生局在全市范围内开展餐具集中消毒单位专项整治行动，检查餐饮具集中消毒单位18家，抽查餐饮具323件，合格率99.7%，规范了全市餐饮具集中消毒单位的生产经营行为，保障了人民群众餐饮食品安全。

【公共场所卫生监管】 2014年，市卫生局持续推进全市省级公共场所示范区创建工作，加大公共场所负责人和从业人员的培训力度，开展公共场所安全套放置工作。市区两级卫生监督机构出动监督人员1659人次，检查住宿业和有休息间洗浴场所457家，文化娱乐业52家。宾馆、酒店等住宿业和有休息间洗浴行业摆放安全套、安装自动售套机覆盖率达100%。

【饮用水卫生监管】 2014年，市卫生局以集中式供水单位、二次供水单位为重点，强化生活饮用水、涉水产品卫生违法案件的查处，重点对各水厂的自来水生产工艺流程、水质检验、二次供水单位的卫生管理和供水设施卫生进行现场监督检查。对全市18家涉水产品生产企业监督检查，3家涉水企业被立案处罚，罚金4.49万元。开展涉及饮用水卫生安全产品专项监督检查，重点对当地净水器经营单位监督检查。

【学校卫生监管】 2014年，市卫生局与教育行政部门建立沟通协调工作机制，开展教学环境监督、饮用水监督、传染病防治监督、学校医疗服务和卫生保健监督，学校卫生监督覆盖率100%。制定学校卫生监督检查评价表，从组织管理、传染病防控、教室环境卫生等10个方面以计分的形式，综合评价学校卫生状况。办理学校卫生案件7起，罚款金额4万元。

【省运会卫生保障】 2014年，市卫生局制定《省第十二届运动会暨首届全民健身大会公共场所及饮用水卫生安全保障工作方案》，积极落实五项措施，全力做好卫生保障工作。对全市公共场所和二次供水进行拉网式监督检查，强化定点接待宾馆的卫生管理人员及从业人员相关法律法规和卫生知识培训，对定点接待宾馆餐具消毒效果、公共用品消毒效果、集中空调清洗消毒效果、客房空气质量和二次供水水质进行监测。开展公共场所及生活饮用水的现场快速监测。

【卫生监督能力建设】 2014年，市卫生局与市教科文卫体工会工作委员会联合组织开展焦作市第二届卫生监督知识竞赛及技能比武活动，评选出团体奖6名、个人奖12名、单项奖18名，分别授予焦作市卫生监督先锋号、焦作市卫生监督技能标兵、焦作市卫生监督技术能手称号，通过以赛促学，以赛促练，着力打造一支

第二届卫生监督知识竞赛及技能比武活动

"政治合格、作风过硬、技术精湛、执法有力"的卫生监督队伍。开展"百案评比推精品"活动，从各县市区选送的115份案卷中，评选出精品案卷12份，优秀案卷8份，在参加全省千案评比活动中，焦作市选送案卷荣获一等奖和优秀奖各1名。在全市范围内组织开展卫生监督稽查工作，通过分组稽查、交叉互评等方式，以稽查促工作精进。

·预防保健·

【妇幼保健】 2014年，市卫生局组织开展县级妇幼卫生工作绩效考核工作。从政府保障、妇幼保健网络建设、妇幼保健管理、妇幼保健服务提供、妇幼健康状况及服务对象满意度调查等方面进行考核。通过考核，整体提升了全市妇幼卫生工作水平和服务能力。严格出生医学证明管理和使用。继续贯彻落实《母婴保健法》及《实施办法》，规范出生医学证明的管理和使用，确保出生医学证明依法免费发放。全年全市发放出生医学证明5万余份，补办50余份。开展新生儿疾病筛查（苯丙酮尿症和先天性甲状腺功能低下）和产前筛查工作。要求所有新生儿在出生72小时并吃足6次奶后均开展新生儿标本采集工作，同时加强采血的质量。新生儿听力筛查规定每个县设立1家至2家听力筛查机构，基本形成新生儿疾病筛查管理体系。全年活产数5.2万人，两病筛查3.97万例，筛查率达76.48%。免费婚前医学检查工作。全年免费婚检2.50万对，补助金额470余万元，婚检率60%，婚检疾病检出率8.30%（多为传染病），遗传病检出率为0。落实"5·12"培训计划。为加强县（市）妇幼保健机构人才队伍建设，提升妇幼保健服务水平，保障妇女儿童的健康权益，省卫生厅自2011年连续5年在全省开展县（市）妇幼保健机构骨干医师培养工作，统一组织专业技术人员分批到省卫生厅确定的培训基地培训学习，全市共有60名业务骨干参加培训。实施重大公共卫生服务项目。继续贯彻落实卫生部、财政部《关于进一步加强农村孕产妇住院分娩工作的指导意见》等文件精神，农村住院分娩率达100%，孕产妇死亡率4.17/10万，婴儿死亡率7.5‰，降低出生缺陷发生率。农村孕产妇补助人数2.95万人，补助金额885万元。为2.44万名育龄妇女发放叶酸14万瓶，完成率60%。温县作为"两癌"项目实施单位，开展农村妇女"两癌"项目检查工作，宫颈癌检查完成2万余人，完成率100%；乳腺癌检查完成2000余人，完成率100%。

【首个预防接种微信平台开通】 4月24日，焦作市首个预防接种微信平台——山阳区预防接种微信平台开通，只要在手机微信中"关注"社区服务中心预防接种门诊，孩子需要接种疫苗的时间、疫苗信息、接种指南等，手指一点，就能通过这个平台进行了解。

【疾病预防控制】 2014年，全市重点传染病防控工作以手足口病、人感染H7N9禽流感、霍乱、狂犬病、登革热和埃博拉出血热等为重点，通过加强疫情监测，提高聚集性病例和暴发疫情监测的敏感性，严防境外、省外传染病输入和扩散。开展肠道传染病监测，医疗机构按要求5月1日启动肠道门诊，全市共检测样品243份，均未检出霍乱弧菌。全年全市没有重点传染病暴发疫情发生，没有发生埃博拉出血热、登革热等输入病例，达到了市政府制定的防控目标。手足口病累计报告病例5337例，与上年相比上升99.22%，没有发生暴发疫情。高度关注H7N9禽流感疫情动态，加强诊治和防控技术培训、疫情监测预警、病原检测和疫情应急值班，通过流感哨点监测和不明原因肺炎病例监测系统，确保病例早发现、早报告和早治疗。进一步完善人感染H7N9禽流感防控工作预案，诊断报告处置规范，全年无疫情发生。严密做好埃博拉出血热防控，成立防控领导小组和包含应急管理、现场处置、采样检测、疫情信息报告、后勤保障、消杀和健康教育等专业的应急处置队伍。编辑下发《埃博拉出血热防控操作手册》，储备能满足现阶段应急需要的防护用品、A类采样运输箱、消毒药械等物资，同时举办全市埃博拉出血热防控技术培训班。规范做好疫区归国人员健康监测管理和信息报告，8月以来，全市21名西非归国人员信息，12小时内追踪排查

疾病预防控制宣传

到位率100%，应纳入健康监护管理7人，实际管理7人，管理率100%，均没有出现发热等异常情况。

【结核病防治】 2014年，全市进一步规范新农合住院肺结核病人的转诊和耐多药肺结核病人的认定问题，并加强对各综合型医疗机构的归口管理督导检查，提高结核病人的转诊到位率。加强业务技术督导与培训，分3批对城区乡村医生开展培训，共计培训约350人。加强网络疫情监测和学校结核病防控工作力度，每季度形成疫情分析报告，保证疫情网络的稳定。共确诊活动性肺结核病人2242例，上年登记新涂阳肺结核病人治愈率92.47%。各县市新发初治涂阳肺结核病人治愈率均达到85%以上的要求指标。

【艾滋病防治】 2014年，焦作市全面加强艾滋病疫情监测和管理，在全市多类高危人群（包括暗娼、吸毒人群、性病患者等）和重点人群（包括孕产妇、长卡司机、监管场所在押人员等）中设立6个国家级哨点，加强登记造册、现场采血、实验室检测、数据录入、统计分析上报等环节的工作流程与质量控制。完善自愿咨询检测网络，提高AIDS/HIV发现能力，共咨询检测6500人，发现阳性患者24例。大力做好高危人群行为干预工作，在全市范围内所有宾馆、酒店和娱乐场所推行100%安全套计划。认真做好艾滋病防治综合数据管理工作，对艾滋病综合防治信息系统中的艾滋病病例报告、感染者/病人管理、自愿咨询检测、抗病毒治疗和高危人群干预等6类数据信息的质量展开全面核查评估，数据符合率达到100%。落实预防母婴阻断措施，强化单阳配偶和阳性育龄妇女随访检测工作，孕产妇艾滋病病毒抗体检测率达到98%以上。做好抗病毒治疗管理工作，组织各县市区疾控中心进行专项核查订正。

【免疫规划】 2014年，焦作市预防接种信息化建设进程不断加强，全市122个接种单位全部使用儿童预防接种信息管理系统客户端，63家产科接种点全部启用新生儿预防接种信息化管理系统，共完成12期预防接种预警分析。继续推行各接种单位打印查验接种证明——录入客户端——各小学（托幼机构）收集查验证明——进行登记的信息系统客户端查验接种证模式。免疫规划疫苗接种率保持在较高水平，全市扩大国家免疫规划疫苗累计接种111.66万剂次，总接种率96.91%。自6月起，全市启用中国免疫规划信息管理系统，以县为单位免疫规划疫苗基础免疫和加强免疫接种率报告接种率均≥95%。传染病监测系统运行良好，各项监测指标均达到国家标准。继续维持无脊髓灰质炎目标，全市报告AFP病例16例，无高危病例发生，无脊灰野病毒和疫苗衍生病例发生。消除麻疹工作取得进展，全年报告麻疹监测病例109例，实验室确诊麻疹11例，无麻疹暴发病例发生，无流感样病例暴发疫情发生。AEFI监测工作逐步规范，全年共报告AEFI个案272例，接种单位报告覆盖率83.33%，规范处置率98%，各项指标达到国家要求，全年无重大不良反应和接种事故。强化接种门诊规范化管理，共有65家预防接种门诊通过省示范门诊验收（本年度30家）；共建设完成8家数字门诊（本年度3家），全面提升了预防接种服务形象和服务质量。

11月30日，志愿者在东方红广场参加"世界艾滋病日"宣传活动。

【地方病与寄生虫病防控】 2014年，焦作市以地方病监测、布病防控和消除疟疾工作为重点，推进各项工作顺利开展。继续加强碘盐监测工作，共监测碘盐2955份，合格率94.17%。按时完成饮水型地方性氟中毒监测工作，共计监测3个村，3个改水工程，覆盖人口1.56万人。在3个改水村开展461名8岁至12岁儿童氟斑牙的病情监测，检出率34.27%。对全市7个病区县市区1414个行政村开展改水工程水质监测及病情调查工作，工程总数1193个，采集检测水样2386份。继续做好布病联防联控工作，组织开展布病防控工作联合督导检查，共完成重点人群血检1460人，确定病例5例，报告人间布病373例。疟疾防治工作落实情况良好，共报告疟疾病例5例，均为输入性病例，完成疟疾血检2.32万份。全市3个县区开展土源性线虫病监测，共采集大便有效样本1832份，阳性标本13份。采集3岁至12岁儿童蛲虫透明胶纸肛试样本68份，阳性标本2份。在全省第二

开展医疗急救演练

届疾病预防控制岗位练兵和大比武活动中，焦作市地方病防治代表队获团体二等奖，参加比赛 6 人中 3 人获个人一等奖、2 人获个人二等奖。

【慢性非传染性疾病防治】 2014 年，焦作市以创建慢性非传染性疾病综合防控示范区为抓手，以公共卫生服务项目为平台，以示范创建为着力点，持续开展国家级、省级示范创建工作。山阳区通过国家级慢性非传染性疾病综合防治示范区验收，解放区和温县通过省级慢性非传染性疾病综合防治示范区验收，初步构建了“政府牵头、卫生主导、部门协作、全社会参与”的慢性病综合防治体系，推广“科学防控、示范带动、注重实效、健康惠民”的工作模式，倡导健康文明的生活方式，以达到共同预防慢性病危害，保护人民群众健康的最终目的。继续开展癫痫病防治管理项目工作。相继在沁阳市、温县、博爱县等癫痫病项目县开展癫痫病防治工作。三个项目县共筛查癫痫病 2458 人，筛查率 1.79‰，入苯巴比妥组治疗管理 1344 人，入组管理率 1.08‰，随访记录 3.02 万份次。严重精神疾病管理治疗工作稳步开展。焦作市被省卫生厅定为“686 项目”区域，共免费救助贫困精神疾病患者 90 名，其中住院患者 20 名，门诊服药患者 70 名。为规范好救助项目的各项管理，让贫困患者尽快享受到国家的优惠政策，成立专门的项目管理机构，认真排查，确定救助对象，使实惠真正用到需要救助的患者。对排查发现的重性精神病人，以及被评估为高风险等级、可能肇事肇祸的精神病人，全面采集信息资料，建立健康档案，切实将重性精神病人的排查、救治、服务、管控等工作落实到位。成立焦作市精神卫生联席会议组织，进一步巩固卫生和公安、民政、残联等多部门共同参与的严重精神疾病管理防治格局。

686 项目：正式名称是“中央补助地方卫生经费重性精神疾病管理治疗”项目。随着生活节奏的加快，工作和生活压力不断加大，精神病病人数量也在不断增加，精神卫生已引起人们高度重视。2004 年我国政府启动了中央补助地方重性精神疾病管理治疗项目，因第一年中央财政专款项目经费 686 万元，被简称为“686 项目”。

该项目是受卫生部疾病控制司委托，有中国疾控中心 CDC 精神卫生中心承担的为了解我国的精神卫生状况而设立的一个项目（当时卫生部、教育部等 6 部委，为了了解我国精神卫生状况，在全国 30 个直辖市、省自治区建立示范区，每个省、市自治区建立 2 个示范区，其中城市，农村各 1 个）。中央补助地方公共卫生项目是由财政部、卫生部设立，以重大公共卫生项目等为设立依据。以政府为投入主体，强调政府行为，且充分发挥现行公共卫生体系的作用。其目的是加强精神健康建设等方面的工作，使患者或公众受益。

【减盐健康行动】 作为碘缺乏地区，焦作市近年来不断加大加碘食盐的推广力度，对碘缺乏病防治工作起到了积极的促进作用。2014 年，市卫生局借助“第 21 个碘缺乏病日”集中宣传活动，联合市盐业局开展减盐健康行动。为提高此次“减盐健康行动”实效，在全市范围内征集 100 名高血压患者，免费进行为期一年的减盐监测。

【职业病预防控制】 2014 年，市疾病预防控制中心对焦作万方铝业股份有限公司、热电厂等 45 家企业接触职业病危害因素的劳动者进行职业健康检查，共体检 1.05 万人次（岗间体检 9004 人、岗前 1339 人、离岗 185 人）。检出疑似职业病人数 34 人，职业禁忌症人数 67 人。对焦作瑞丰纸业有限公司等 22 家企业进行职业病危害因素检测评价工作；对河南超威电源有限公司等 5 个项目进行职业病危害控制效果评价、现状评价和预评价。对 68 家放射工作单位的 112 台医用 X 光机进行放射防护检测，完成全市 700 余名放射工作人员 2800 余人次个人剂量收发和检测工作。加强职业病治疗工作，新职业病防治法规定的职业病种类已达 132 种，对尘肺病、锰中毒、工业性氟病和噪声性耳聋共 90 人次职业病患者进行住院治疗，全年尘肺会诊 17 次，新诊断 1 人。市疾病预防控制中心被国家卫生计生委评为全国疾病预防控制工作先进集体。

【公共卫生服务】 2014 年，市卫生局完成居民合理膳食指导、学生常见病及传染病防治督导、公共场所卫生监测、饮用水监测等任务。所有县区均开展居民合理膳食指导工作，覆盖

90%以上的乡镇和社区，指导户数5412户。对学生常见病、传染病防治及学校教学环境进行督导和监测，全年督导学校181所，监测学校157所。依据《公共场所卫生标准》，对宾馆、饭店、商场、车站、游泳馆等公共场所进行卫生监测，共监测各类公共场所60个。全年饮用水卫生监测点共230个，监测样品46份。全市农村环境卫生共监测40个监测点200户家庭。开展食品安全风险监测，食源性疾病监测工作稳步进行，共监测834份样品，获数据4358条。8月12日，举办全市首次食物中毒桌面演练活动。加强对医疗机构的消毒监测，加大病媒生物监测密度。对全市58家医疗卫生单位进行消毒效果采样监测，共采样1059份，合格率95.07%。对27家市管及个体幼儿园进行预防性消毒效果监测，共采集样品589份，合格率89.81%。全年组织经销多种夏季杀虫药物500余公斤，有效监测治理了蚊蝇鼠蟑。

（石体锋　赵文斌）

·爱国卫生·

【美丽乡村建设】　2014年初，市爱卫办根据市委、市政府《改善农村人居环境建设美丽乡村行动计划》，制定《2014年下半年市爱卫办美丽乡村建设工作方案》和《焦作市"美丽乡村建设""净化"治理要求》，主要包括乡镇、村庄、庭院、交通道路及河道沟渠和田园"净化"治理要求五个方面，并及时布置美丽乡村建设工作。印发《凝心聚力建设美丽焦作倡议书》7万份至各乡镇、村庄和广大农民群众，同时编发《整治环境卫生，建设"美丽乡村"》资料汇编7000册。6月至7月，在《焦作日报》开设《建设美丽乡村从治理垃圾做起》专题栏目，连续刊发十多篇农村垃圾治理先进典型系列报道。同时利用"爱国卫生月""世界卫生日"等节日宣传，全市共举办健康知识教育讲座130余场，新设健康教育专栏和版面2800余个，新设置固定宣传标语6000余条，受教育人数达100万人次。指导县市区按照"三无一规范一眼净"的要求，先后6次开展环境卫生集中治理活动。积极打造亮点，进行示范带动，涌现了沁阳市袁屯村、孟州市上寨村等一批美丽乡村建设先进村。全年共创建县级农村卫生示范户2.35万户。认真指导修武县周庄镇开展农村垃圾分类试点工作。组织人员采取逐村实地调查、交流座谈等形式，到周庄镇对垃圾分类试点工作进行调研，并起草试点工作意见，及时下拨补助资金15万元，推进试点进度。指导周庄镇制定《周庄镇农村垃圾分类试点方案》，截至年底，该镇各村垃圾分类场建设工程基本结束。先后两次配合市委农办筹备市委、市政府城乡环境卫生现场观摩及工作会议；和市委农办采取明查、暗访、建立台账、检查排序等多种形式，强化督导，有力推进了美丽乡村建设。全市1826个村，核查达标1343个，净化达标率达73.55%。修武县、温县被省委农办评为年度改善农村人居环境先进县，分别获奖励资金190万元、270万元；孟州市被评为改善农村人居环境进步县（市），获奖励资金80万元。

【美丽城市建设】　2014年，市爱卫办根据市委、市政府美丽城市建设和开展环境整治迎接省运会召开的工作部署，制定《焦作市市区城乡接合部环境卫生专项整治工作方案》，并及时对城乡接合部环境卫生专项整治工作进行具体安排布置。以治理城区、城乡接合部乱倒垃圾为重点，会同城管部门及各城区先后解决牧野路、华宝北路、岭南北路等30余处乱倒建筑、生活垃圾堆积严重等问题。建立、下发两期城乡接合部环境卫生问题限期治理台账，共建立问题68个，经过先后6次督导，均得到限期治理。太行路、普济南路、焦辉路等处垃圾堆得到治理。坚持对居民区、城乡接合部、进出市口的环境卫生督导检查，保持环境卫生良好。

【卫生创建】　2014年，武陟县通过国家卫生县城届满复审；全市创建省级卫生乡镇2个，通过省级卫生乡镇届满复审4个；创建市级卫生乡镇办13个，通过市级卫生乡镇届满1个；创建省级卫生先进单位30个、卫生村32个、卫生居民小区32个；通过省级届满复审卫生单位152个、卫生村32个；创建市级卫生先进单位32个、卫生村54个、卫生居民小区30个，通过市级届满卫生先进单位28个、卫生村9个。

【农村改厕项目】　2014年初，市爱卫办根据《河南省爱卫办印发2013年河南省农村改厕项目实施方案的通知》，制定《焦作市农村改厕项目实施方案》，及时下拨改厕资金115万元，以扎实推进全市农村改厕工作。各项目县市采取召开改厕现场会、设立宣传栏、入户动员、干部带头等形式，广泛宣传健康知识以及改厕的目的意义、相关政策、标准要求，营造了浓厚的改厕氛围。发放改厕宣传册3000份、宣传单1万份。协调孟州市、武陟县、温县、博爱县，采取强化培训、加强指导、落实经费等措施，完成2013年跨年度改厕项目任务2300户，并经过省爱卫办考核验收。

【病媒生物防制】　2014年，市爱卫办指导各县市区针对不同季节"四害"生长的习性，坚持以环境治理为主的综合防制方针，重点开展以整治"四害"孳生、栖息环境为主要内容的治理活动。通过改厕、环境整治、集中治理活动和坚持开展集中消杀活动，有效地控制了"四害"孳生环境，降低了"四害"密度。全年全市共编印病媒生物防制知识宣传板报

350 期，印发宣传资 3500 余份，举办培训班 10 期，完善防鼠设施 2800 处，增设、维修毒饵投放点 1800 个，投放鼠药 1550 公斤。

（尹明鹤）

·农村卫生·

【卫生支农】 2014 年，市卫生局开展医院对口支援工作。安排 3 家三级医疗机构对口支援 5 家县人民医院（武陟县人民医院由郑大一附院支援），支援医务人员 25 人。安排 8 家市直二级医疗机构对口支援 13 家中心乡镇卫生院，安排 10 家县级医疗机构对口支援 24 家乡镇卫生院。做好县人民医院“515”骨干医师培训工作。经县级医院推选，参加“515”骨干医师培训 36 人（修武 9 人、博爱 3 人、武陟 10 人、温县 10 人、沁阳 4 人），于 8 月初开始送卫生部部属医院开展为期 1 年的专业进修学习。

【新农合工作】 2014 年，全市新农合参合 260.85 万人，参合率 98.5%。筹资标准人均提高到 380 元，住院补偿封顶线达到 20 万元；省、市、县、乡级定点医疗机构实现了即时结报；全年累计补偿参合农民 1354.33 万人次，补偿医疗费用 9.75 亿元。引进商业保险机构参与建立新农合大病保险制度，对农村重大疾病患者实行二次报销。继续开展重大疾病保障工作。全市农村居民重大疾病保障病种数增加到 35 种，累计救治 1340 人次，新农合补偿 1681.35 万元，平均补偿比达 79.5%，有效减轻了患重大疾病家庭的医疗费用负担。继续开展住院费用总额预付工作。各统筹地区结合各自实际，相继制定实施方案，并与医疗机构签订《新农合定点医疗机构服务协议》，以协议执行情况进行监督检查、考核。继续开展按病种付费工作。全市二级以上新农合定点医疗机构对阑尾炎、腹股沟斜疝等 62 个病种（含 65 种治疗方式）全面实施按病种付费工作，部分县市根据当地自身情况，增加按病种付费管理病种数量，如武陟县按病种付费管理病种达 388 种，温县、沁阳市分别达 85 个、102 个。

【农村基层卫生建设】 2014 年，焦作市落实村医养老补助政策。对连续从事村医工作 10 年以上、到龄退出、不再从事医疗卫生服务的乡村医生，每人每月给予 300 元生活补助（省 150 元、市 30 元、县 120 元），以解决老年乡村医生的生活保障问题。已对符合条件的 1301 名老年乡医发放生活补助。开展农村卫生人员培训。对 83 名乡镇卫生院骨干人员、83 名乡镇卫生院药学人员及 2264 名村卫生室人员进行培训，提高了专业技术水平和管理能力，促进了农村卫生事业持续发展。

盆窑村卫生所

·中医中药·

【中医中药概况】 2014 年，焦作市积极创建全国基层中医药工作先进单位。解放区、山阳区和孟州市成功创建全国基层中医药工作先进单位。温县和武陟县通过省级复核。博爱县、修武县、沁阳市、中站区和马村区通过省级验收。

强化中医院管理意识，增强中医内涵建设。以中医医院第二轮等级评审为动力，推动各级中医医院管理水平的提升。武陟县中医院和孟州市中医院通过二甲中医院正式验收；博爱县中医院和温县中医院将接受正式验收。加强中医重点专科建设。目前在建 1 个国家级中医重点专科、1 个省级中医重点专科、2 个省级中医特色专科和 11 个市级中医重点专科。为沁阳市和解放区 8 个基层医疗单位和 350 多个乡村卫生所配备中医诊疗设备，进一步提升了中医药服务能力。

加强中医重点项目建设。根据《河南省中药资源普查工作实施方案》，6 个项目县按照普查工作实施方案顺利完成各项普查任务。在市中医院成立焦作市“治未病”中心，开展中医预防保健及康复服务试点工作。购置了中医经络检测仪、中医体质辨识四诊仪、智能通络仪等。全年进行中医体检 2200 人次，开展义诊和健康教育讲座 30 余场，服务 6000 余人次。积极推进市中医院新区建设项目。

加强中医人才培养，提高中医队伍素质。开展乡村医生中医药知识与技能培训，共培训 200 人。通过培训使基层医生熟练掌握中医药基本理论

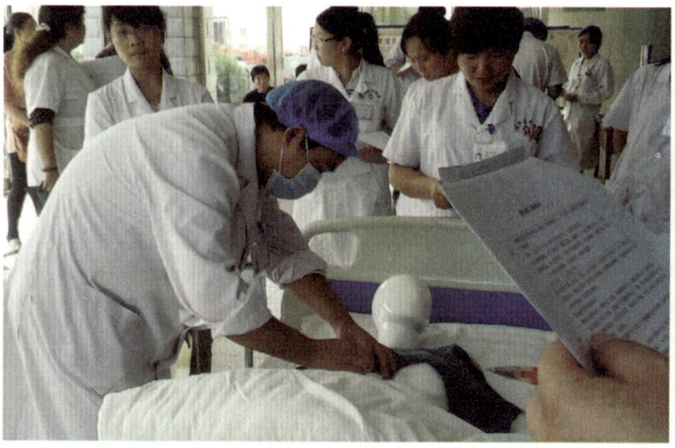

9月22日，中医院举行感染管理岗位竞赛选拔赛。

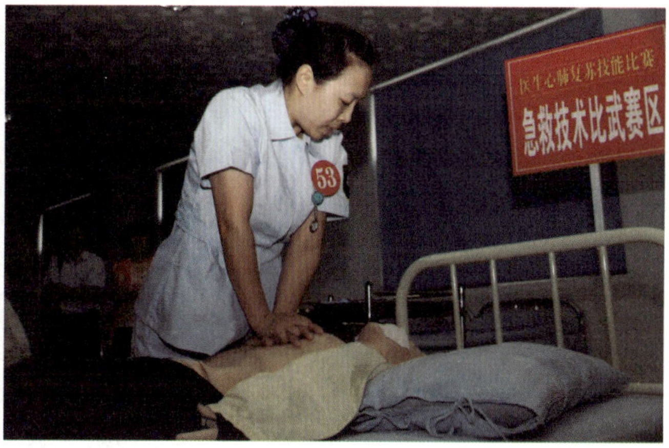

应急救护技能比赛

和技能，更好地为基层群众提供中医药服务。开展第四批西医学习中医培训班，共培训100人。通过培训使西医人员能熟练掌握中医药基本知识，正确使用中成药。组织感染管理岗位技能竞赛，选出10人参加全省决赛，获9个二等奖、1个三等奖。

强化中医药文化与科普宣传工作。开展中医药文化科普大讲堂活动，对社区居民和企事业干部职工进行健康知识讲座。开展第三批民间名中医评选活动。联合市委组织部、宣传部、人社局共同评选，共评选出18名焦作市民间名中医，并进行授牌表彰。

2014年焦作市第三届民间名中医

王　谦	修武县高村乡东黄村卫生所
王泽斌	沁阳市柏香镇卫生院
王青海	山阳区王青海中医内科诊所
云捍东	解放区红卫诊所
任公仆	博爱县公仆诊所
杜志明	解放区王褚卫生室
李其文	城乡一体化示范区李万办事处西大寨村卫生所
李建文	温县招贤乡卫生院
陈宗教	山阳区陈宗教中医内科诊所
张吉成	解放区张吉成中医内科诊所
张新军	解放区民主南社区卫生服务中心
赵　杰	山阳区赵杰中医内科诊所
皇甫其伟	博爱县皇甫诊所
柴世孝	武陟县小董乡东黄村卫生所
崔希征	沁阳市山王庄乡卫生院
郭胜录	山阳区郭胜录中医内科诊所
郭志全	温县永兴街卫生所
翟竹青	沁阳市覃怀办事处灯塔街第二卫生所

【全市中医事业发展座谈会召开】　1月7日，焦作市中医事业发展座谈会召开，征求各县市区卫生局长、中医院长、名老中医等对全市中医事业发展的意见和建议，谋划下一步中医工作。

【黄煌经方临床应用讲习班在焦举行】　5月10日至12日，由市卫生局、市中医管理局联合主办，市中医药学会承办的黄煌经方临床应用讲习班在焦作市举行。经方即经典方、经验方的一种略称，是经过了数千年中华民族亲身试验的经验结晶，被历代医家证明是真实有效、严谨客观、能广泛运用在临床各科的方剂。黄煌系江苏省名中医，南京中医药大学基础医学院名誉院长、博士生导师。

【中医药产业发展战略合作协议签署】　6月13日，河南中医学院与焦作市人民政府签署中医药产业发展战略合作协议，旨在充分发挥各自优势，进一步加强校地在医疗、人才培养、中医信息化、中药产业、中医药文化等方面的合作，共同推动中医药产业快速发展和中医药事业的不断进步。河南中医学院院长郑玉玲和市委常委、常务副市长姜继鼎分别代表河南中医学院与焦作市人民政府签署合作框架协议。河南中医学院党委书记孙建中，市领导孙立坤、王明德、秦海彬等出席签约仪式。签约仪式前，孙建中、郑玉玲一行先后到温县和市中医院进行调研。

·医学教育科研·

2014年，全市加强临床重点专科建设，提高市级重点专科水平。依据河南省医学重点（培育）学科（2011～2015年）名单和焦作市医学重点发展学科评审专家组意见，确定焦作市医学重点发展学科（2015～2017年）11个，建设周期3年。力争用3年至5年的时间，建成1个至2个省级重点学科，省级重点培育学科增加到7个至10个，形成良性的重点学科发展梯队。做到医院在学科发展上"各有侧重、错位发展"，实现各医院在学科发展上方向明确、特色突出、优势明显、共同发展的格局。积极开展医学科研立项工作，组织专家对65个申报项目进行严格评审，有61项科研立项通过评定。做好乡镇卫生院全科医生转岗培训工作，依托市人民医院和市二医院两所临床培训基地，启动了2013年第一批（2013年9月至2014年10月）100人临床实践技能培训；遴选60

名乡镇卫生院学员作为 2013 年第二批转岗人员于 3 月 10 日到河南医专参加为期 4 个月的理论培训，理论培训后回焦作市开展为期 8 个月的临床实践技能培训。积极引进医学人才，为市直医疗卫生单位招聘博士 1 人、硕士 35 人、本科生 65 人、专科生 4 人。为基层卫生单位订单培养医学生 25 人。继续做好“51111”工程（河南省“51111”工程：即 5 年内，投资 4 亿余元，免费为县级医疗卫生机构培养 1000 名研究生，为县级医疗卫生机构和中心乡镇卫生院培养 1 万名本科生，为乡镇卫生院培养 1 万名专科生，同时将全省 10 万名注册乡村医生全部免费轮训一遍。）在职人员学历教育资助工作。坚持公开、平等、择优的原则做好资助对象的资格审核、确定、公示、资助经费发放工作，共补助县、乡学员 76 人，补助金额 66.7 万元。为农村基层医疗卫生单位输送优秀医疗卫生工作人才，做到每个乡镇卫生院至少和一名订单定向医学生签订协议，经各县市卫生局组织申报，2014 年全市订单定向培养医学生申报需求数 139 人（本科 73 人，专科 66 人），省卫计委最终为焦作市分配订单培养 23 人（温县 3 人、武陟 5 人、博爱 4 人、沁阳 3 人、孟州 4 人、修武 4 人）。开展医疗交流和援外工作。市直医疗机构先后参加德中医疗交流项目赴德培训 4 人，参加新加坡会计领军人才培养 1 人；2 名德国专家来焦进行妇产科和小儿呼吸科方面的培训讲座；组织 1 名卫生专业技术人员参加援疆工作，配合省卫生厅做好援外工作。

焦作市全科医生实训中心

焦作市医学重点发展学科
（2015–2017 年）

焦作市人民医院神经内科（省重点培育学科）

焦作市人民医院血液内科（省重点培育学科）

焦作市妇幼保健院生殖医学（省重点培育学科）

焦作市第二人民医院妇科（省重点培育学科）

焦煤集团中央医院骨科（省重点培育学科）

焦作市人民医院泌尿内科

焦作市人民医院心血管内科

焦作市第二人民医院神经内科

焦作市第二人民医院肿瘤内科

焦作市人民医院神经外科

焦作市妇幼保健院妇产科

（石体锋　赵文斌）

体 育

·综 述·

【概况】 2014年是焦作体育浓墨重彩的一年，实现了体育工作的跨越发展。成功举办河南省第十二届运动会暨首届全民健身大会，市太极体育中心按时建成投入使用，河南省全民健身示范市创建顺利推进，体育产业发展实现新突破，全市有约100万人习练太极拳，体育人口达135万人，体育综合实力位居全省前列。率先在全省实现了行政村和社区健身工程全覆盖。群众体育设施连点成片、遍布城乡，成为群众参与健身的平台和保障，使全市180万群众受益。在城市社区建设“10分钟体育健身圈”，让群众在10分钟内，能够找到健身场地，参与健身活动，得到健身指导。市、县、乡三级全部成立全民健身领导组织机构，103个乡（镇）办事处成立体育协会，1190个行政村和社区建立健身辅导站，有国家级和一、二、三级社会体育指导员1万余人，遍及全市各个基层单位和体育组织，成为开展群众体育活动的中坚力量，基本形成了“层层有人抓，级级有人管”的市、县、乡、村四级全民健身组织网络。继续强力实施“创名校、当名教、育名人、争名次”的“四名”战略，坚持以培育高水平体育后备人才为目标，逐步完善训练目标管理机制、科学训练机制、训练网络机制、运动员思想教育机制，促进了训练水平不断提高，竞技体育训练已经形成初、中、高三级训练网络。全市拥有1个综合性国家级训练基地、4个单项国家级训练基地和4个省级单项训练基地。

市体育局直属单位8个，其中全供事业单位6家（市体育运动学校、市少儿业余体校、市体育训练班、市武术馆、市业余篮球学校、市业余水上运动学校）；差供事业单位1家（市体育馆）、企业1家（体育宾馆由事业单位改制为企业）。

【太极体育中心建成投用】 太极体育中心是焦作市委、市政府确定的“十大建设项目”之一。2014年，市体育局协同相关部门，全面加快工程进度，按时交工投入使用，满足了省运会的需要。该项目用地866亩，建设内容为“一场三馆”及其配套工程，即：3.6万座的体育场，8000座的太极馆，1200座的游泳馆和2.2万平方米的健身馆以及太极广场、室外健身设施配套工程等。总建筑面积13.7万平方米，建安总投资13亿元。

【体育产业发展实现新突破】 2014年，市体育局顺利完成第六次全国体育场地普查工作任务。全市共有各类体育场地5494个，体育场地面积超过300万平方米，人均体育场地面积达到0.9平方米，居全省领先地位。拟定了《焦作市关于加快发展体育产业的实施意见》，为体育产业发展创造政策环境奠定了基础。借鉴国内外经验量身打造太极体育中心运营方案。成立焦作市体育场馆管理中心，委托最具权威的北京体育大学经管学院进行策划，为太极体育中心制定了运营方案。11月1日，太极体育中心开始试运营，免费或低收费对公众开放。体育彩票销量实现突破。共销售体育彩票3.74亿元，同比增长31.64%，再创历史新高。

【体育社团建设】 2014年，市体育局出台《焦作市体育社团暂行管理规定》《焦作市体育社团资金扶持办法（试行）》，积极引导条件成熟的体育社团成立。成立了焦作市空竹协会、焦作市孙氏太极拳学会和焦作市陈小旺太极拳文化研究会、焦作市体育摄影协会、焦作市白猿通背拳拳法研究会。

【焦作市体育运动学校】 创建于

1988年，占地125亩，场馆总面积9万平方米，拥有现代化的训练场馆、教学楼、微机室、图书馆、医务室、餐厅和浴室，为学生的学习、生活和训练提供优良的环境和条件。学校设有中专部、初中部和业余部。开设有田径、射击、射箭、举重、摔跤、柔道、拳击、武术（散打）、跆拳道、篮球、足球、乒乓球、网球、游泳等14个训练项目和国家规定的九年义务教育、高中文化课程。是焦作市唯一一所体育类全日制中等职业学校。学校遵循"修文武之功、做国家栋梁"的校训，树立"和谐、创新、拼搏、进取"的校风，倡导"教书育人、训练育才"的教风，培养"尊师守纪、勤学苦练"的学风，承担着培养高水平体育后备人才和社会体育工作者的重任，是焦作市在省运会上争金夺银的主力军。

建校以来，学校先后向国家队、国家青年队、省体工队、八一队及全国各大高等院校输送优秀体育后备人才2000余名；培养出国际运动健将12人、国家运动健将43人；获奥运会冠军2个、国际比赛冠军34个、全国冠军235个、省冠军1380个。世界冠军陈中、王朔、贺璐敏、郑坤友、曹逸飞、李红、常静，亚洲冠军樊爱玲、李洋，国字号运动员拜丽芳、魏小芬、娄佳惠、张喆、薛玉洋、王磊、潘丽、闪成德、郜婕等都是从焦作体校走出的优秀运动员。在河南省第九、十、十一届运动会上，派出846名运动员，取得141枚金牌，实现了全省第三名的位次。在河南省第十二届运动会上，共派出532名运动员，获65枚金牌，为焦作代表团位居全省第一名作出了突出贡献。学校连续三届被国家体育总局评为国家高水平体育后备人才基地，被教育部评为国家级重点中等职业学校。是国家奥林匹克田径短跨单项训练基地、国家奥林匹克中长跑单项训练基地、全国重点射箭运动学校、全国业余训练先进单位、河南省体育系统先进集体、河南省业余训练先进单位。

【焦作市业余篮球学校】 建校于1988年，是焦作市唯一的一所篮球运动后备人才培养基地。建校以来，学校篮球队在全国青少年篮球比赛中获第一名12个和第二名8个；跨项输送的运动队员先后获得奥运会冠军2个、世界杯赛冠军1个、世界锦标赛冠军1个、亚洲冠军2个、全国冠军5个；在河南省第七、八、九、十、十一、十二届运动会中，女篮取得冠军6次、亚军3次，男篮获冠军8次、亚军2次；在河南省第十二届运动会暨首届全民健身大会上，焦作篮校代表焦作市获青少年竞技组6个组别的全部冠军。焦作U16男子篮球队现有队员11人，均为1999年以后出生，平均身高1.91米，曾获得全国U13、U15比赛冠军及河南省冠军等优异成绩，是焦作篮球的新生力量。

·群众体育·

【全民健身】 2014年，市体育局认真贯彻《焦作市全民健身计划（2011~2015年）》，以承办省运会和创建省级全民健身示范市为契机，遵循突出群众，因时因地制宜、就地就近、小型多样、方便参与、科学健身的原则，大力实施体育惠民工程，广泛开展群众喜闻乐见的体育健身活动，做到年初有计划，月月有安排，带动更多的群众参与健身锻炼，实现了体育惠民、利民。

元旦期间筹备组织迎新年群众长跑登高健身活动和越野赛；春节期间筹备河南省新春空竹联谊赛，河南省第九届中原武术大舞台武术展示活动，焦作市"体彩杯"百乡千村农民篮球赛总决赛。4月19日举行中国焦作黎明脚步健康跑。5月1日至3日在影视城举办焦作市首届扑克双升大赛，5月9日在修武云台山举办河南省全民健身月群众登山健身活动，5月24日在东方红广场举办全民健身与省运同行焦作市全民健身月太极拳健身展示活动，5月31日至6月1日在市体育中心举行全国体育舞蹈——健身舞蹈公开赛暨焦作市第三届青少年体育舞蹈比赛。6月11日在市体育中心举办迎省运倒计时100天大型群众展演活动。8月8日举办弘扬太极文化喜迎省运会大型太极拳健身气功展演活动暨"全民健身幸福焦作"主题活动启动仪式。9月9日举办第三届中国云台山九九国际登山挑战赛。10月承办河南省青天河山地户外挑战赛，全国群众登山健身大会暨河南省第四届迎重阳"三山同登"群众登山健身大会，全国老年人门球交流活动。其中组织市级活动近百次，省级活动3次，国家级活动2次，国际级活动1次。

【全民健身示范市创建顺利推进】 2014年，焦作市创建河南省全民健身示范城市工作顺利推进。一是着力打造城区"十分钟健身圈"。在全市六纵六横主干道36个游园增设健身器材530件。二是大力开展"全民健身与省运同行"活动。举办省运会倒计时100天系列活动、中国焦作老年门球赛、中国焦作夫妻网友门球赛等群众健身活动，为省运会营造了浓郁的氛围。三是积极开展国民体质监测工作。举办国民体质监测工作技术人员培训班；完成省定720人的测试工作任务，并对3000余人进行常规国民体质测试。四是加强社会体育指导员培训。举办12期培训班，培训社会体育指导员1689人。这些社会体育指导员定期在市区的公园、广场、游园，为广大群众进行健身指导和带领群众参与健身。

【体育惠民工程建设】 2014年，全市建成市县全民健身中心6个。包括太极体育中心，修武、武陟、沁阳、温县、博爱新建和改建5个全民健身中心。中心各场馆及室外健身场地均向市民开放。与园林局结合在全市六纵六横主干道36个街头游园和人民公园、雕塑公园、月季公园、缝山公园等8个市区公园规划安装健身器材1000余件。在温县、武陟、修武、解放、山阳等县市区建设乡镇体育健身工程54套。在沁阳、博爱、温县等省运场馆周围规划建设健身路径12条；指导帮助解放区电建社区、山阳区铁十五局社区、丰收社区建设社区体育健身园3个，安装了健身器材，修建了门球场。全年共计完成全民健身示范工程建设119个，争取省体育局扶持农民体育健身工程296套，全民健身路径110条，所有健身器材已向各县市区配发并安装完成。

【田径队备战省十二运会展示交流活动】　1月24日，焦作市金山置业田径队备战省十二运会展示交流活动在市体育中心田径场举行。本次展示交流活动是市体育局“市民看省运”系列活动的序幕。通过举办“市民看省运”活动，在全社会掀起宣传高潮，为省运会营造良好的社会氛围。

【中国焦作黎明脚步健康跑】　4月19日，“光源集团杯”2014年中国焦作黎明脚步健康跑暨焦作市全民健身月启动仪式在龙源湖公园举行。来自河南、山西等地的3000余名健身爱好者参与。活动设有黎明脚步3公里健康跑和黎明脚步半程马拉松项目。黎明脚步健康跑活动于2007年4月由焦作人发起，目前国内有300多个城市成立黎明脚步群，引起了国内外媒体的广泛关注。

中国焦作黎明脚步健康跑

【全警健身与省运同行】　7月25日，为丰富警营文体生活，增强民警身体素质，提高队伍凝聚力和战斗力，为省十二运会在焦作市举办创造良好氛围，市公安局在市体育中心体育馆举行“全警健身与省运同行”太极拳比赛，来自市公安局机关和7个支队、10个直属派出所的18支代表队参加了比赛。

中国云台山九九国际登山挑战赛

【第三届云台山九九国际登山挑战赛】　9月9日，第三届中国云台山九九国际登山挑战赛在云台山景区举行。来自国内外的400多名专业登山运动员和500余名群众登山爱好者同台竞技、各展风采。来自云南的李永远和来自山东的东丽分别荣获长距离（34公里）男、女组冠军；来自广西的明定邦和来自云南的郑文荣分别荣获短距离（12.8公里）男、女组冠军。郑文荣以1小时14分42秒的成绩打破上一届她个人创造的1小时14分54秒的纪录，获云台山国际登山挑战赛女子组“九九登高纪录奖”。

【迎新年群众长跑健身活动】　12月31日，焦作市迎新年群众长跑健身活动举行。市领导丁福浩、王明德、秦海彬、王宏昌、部小方、李海松、许竹英，焦作军分区副政委元相学，市总工会党组书记、副主席田立杰与社会各界3000余人参加长跑。该活动已坚持37年。元旦期间，还组织了家庭健身跑、越野赛、冬泳竞赛、篮球比赛等体育健身活动。

【老年体育】　1月17日，焦作市召

开老年体育工作推进会。会议对上年度老年人体育工作进行总结，对2014年的工作做出安排。会议提出老年人体育工作要全面贯彻落实省委、省政府办公厅《关于加强老年人体育工作的意见》文件精神，围绕省运会的举办，要全面参与并积极展示老年人全新的精神面貌。7月29日，由市门球协会和市老年体协承办的第五届七夕节门球网友夫妻赛举办。来自全国15个省、市、自治区的50对中老年夫妻来到焦作市，参加为期3天的比赛。10月14日至16日，全国老年人门球交流活动在焦作市太行路老年体育活动中心门球健身园举行。来自各省、自治区、直辖市、计划单列市、行业老年体协及新疆生产建设兵团的34支代表队400多名老年门球爱好者参加。中国老年人体协副主席林淑英，副市长李海松出席开球仪式。

【焦作市第六届残疾人运动会】 6月17日至19日，由市残疾人联合会、市体育局联合举办的焦作市第六届残疾人运动会举行在市体育中心举行。本届残疾人运动会旨在发现和培养更多的优秀残疾人体育苗子，备战河南省第六届残疾人运动会。来自各县区、市特殊教育学校的11个代表队、160余名残疾人运动员参加田径、羽毛球、举重、自行车、乒乓球、飞镖、象棋等8个项目的比赛。

【焦作市离退休人员运动会】 11月1日，焦作市离退休人员运动会暨第二届老年人体育健身大会开幕式在太极体育中心太极广场举行。活动由市人社局、市体育局、市委老干部局、市老龄办、市老年体协主办，旨在交流全市老年人体育健身活动成果，推进全民健身运动向更高水平迈进，是全市经济社会发展和精神文明建设新成果的一次集中展示。活动设置门球、太极拳（剑）、台球、空竹、乒乓球、象棋、双升、钓鱼8个交流项目及健步走、广场舞、风筝盘鹰3个展示项目。副市长贾书君出席开幕式。

·竞技体育·

【常静获射击世界杯比赛一金一银】 3月31日，在美国本宁堡举行的2014年射击世界杯比赛中，焦作市运动员常静夺得女子10米气步枪冠军和女子50米步枪三姿银牌。

【全国中等城市青少年篮球赛】 4月2日至8日，全国中等城市青少年篮球比赛在市体育中心举行。来自苏州、淄博、四平、潍坊、黄石、汕头等城市的18支队伍在为期7天的比赛中进行60场的角逐。最终，焦作队力压群雄，包揽男女两个组别冠军，同时取得男队亚军。男队第三名至八名分属汕头、淄博、潍坊二队、潍坊一队、济源、秦皇岛等队；淄博、潍坊一队、四平、潍坊二队、汕头、黄石、秦皇岛队分获女队第二名至第八名。

【获全国青年场地自行车锦标赛冠军】 7月28日至30日，全国场地自行车锦标赛暨全国青年场地自行车锦标赛在北京举行。代表河南队参赛的焦作市运动员柴高奎和队友在29日举行的4公里团体赛中，以4分15秒的成绩夺得冠军并2次打破全国青年纪录。这是焦作市自行车项目的第一个全国冠军。本次比赛是全国场地自行车项目一年一度的顶级赛事，由国家体育总局自行车击剑运动管理中心主办。

【参加全国青少年射击锦标赛】 8月5日，在河南省射击射箭运动中心射击馆闭幕的全国青少年射击锦标赛上，焦作市选手陈雅琳、高子雯代表河南队分别获得女子青年组运动手枪60发团体第三名、女子青年组气手枪40发团体第三名和女子青年组步枪小口径3×20个人第三名。本次比赛由国家体育总局射击射箭运动管理中心、河南省体育局主办，河南省射击射箭运动中心承办。射击项目是焦作市的优势项目，在历届省运会上成绩名列前茅，先后为国家队培养输送了曹逸飞、常静等一批优秀运动员。

【第十届全国高校“校长杯”乒乓球赛】 11月8日至9日，由中国大学生体育协会主办、河南省教育厅协办和中国大学生体育协会乒乓球分会、河南理工大学共同承办的第十届全国高校“校长杯”乒乓球比赛在焦作市举行。来自全国22个省（自治区）、直辖市的23支代表队、230余名运动员参加比赛。经激烈角逐，河南一队代表队蝉联团体比赛冠军，为河南代表队连续第五次夺得桂冠，江苏、广东代表队分列二、三名；浙江等8个代表队获得优胜奖；福建等7个代表队获纪念奖；卫中玲等6名运动员获全胜运动员奖。国际乒联副主席施之皓，中国大学生体育协会专职副主席张燕军，省委高校工委书记、省教育厅厅长朱清孟，中国大学生体育协会乒乓球分会主席沈炜，河南省学生体育总会名誉主席、省教育厅原副厅长崔炳建，教育厅副厅长刁玉华，焦作市副市长乔学达等分别出席开幕式和颁奖仪式。

·河南省第十二届运动会在焦举行·

【河南省第十二届运动会暨首届全民健身大会在焦举行】 5月9日至9月29日，由省政府主办，省体育局、省教育厅、省委省直工委、省总工会和焦作市政府联合承办的河南省第十二届运动会暨首届全民健身大会在焦作市举行。大会设青少年竞技组、社会组、学生组3个组别、69个大项、498个小项共564枚金牌。全省2.08万名运动员参加角逐，参加人数和规

开幕式舞龙表演

模创历史之最。为体现“全民省运”的特色，本届省运会将竞技体育与全民健身结合起来，首次把登山、健步走、健身秧歌等群众日常喜爱的健身项目纳入省运会竞赛当中，并在部分项目中首次设置老年组，使参赛运动员年龄跨度达到 70 岁；首次设置中学生组；10 个省直管县（市）也首次组团参赛。充分体现了全民参与、全民受益的特点，是具有体育特色、中原特色和焦作特点的一次体育盛会。共有 4 人 1 队 1 次超 1 项全国青年纪录，71 人 9 队 52 次破 26 项省青少年纪录，为河南省竞技体育持续发展提供了人才储备，为备战 2016 年里约奥运会、2017 年天津全运会打下了坚实基础。

焦作市体育代表团共有 995 名运动员参加青少年竞技组 17 个大项 473 个小项和社会组 14 个大项 27 个小项的比赛，这也是焦作市历届省运会参赛运动员最多的一次。首次实现了赛会金牌 100 枚的突破，获 112 枚金牌、89 枚银牌、84.5 枚铜牌，总奖牌数 285.5 枚，总分 2850.5 分，获一等奖，获精神文明代表团称号。首次在金牌、奖牌、总分三项超越洛阳代表团，在奖牌数、总分两项排名超越郑州代表团位居第一名，实现了历史突破，创造了焦作体育新辉煌。

【省十二运会焦作体育代表团成立】 5 月 5 日，省十二运会暨首届全民健身大会焦作体育代表团成立暨迎省运誓师大会举行。动员全市上下凝心聚力，克难攻坚，以一流的标准全面按时完成各项筹备任务，确保把十二届省运会办成一届有特色、有气势、让全省人民满意的体育盛会。市委书记孙立坤代表市五大班子向即将出征的运动员、教练员和体育战线上的全体人员表示亲切慰问和良好祝愿，市委副书记、市长张文深为代表团授团旗，市委常委、常务副市长姜继鼎宣布《焦作市人民政府关于组建河南省第十二届运动会暨首届全民健身大会焦作体育代表团的通知》，市体育局负责人和运动员、教练员、志愿者代表分别作表态发言。市领导丁福浩、王明德、秦海彬、王长松、甘茹华、贾书君出席会议。

【省市领导检查省运会筹备工作】 2 月 19 日，省体育局副局长王鹏率督导组莅焦，就省运会的筹备工作进行督导检查。督查组一行先后到河南理工大学体育馆、焦作一中体育场、太极体育中心建设工地，察看省运会部分比赛场馆。在听取工作汇报后，督查组对焦作市为省运会作出的努力给予高度评价，希望继续高标准、严要求，加快完成场馆建设，做好各项竞赛筹备工作，为运动员高水平发挥创造良好条件。

4 月 18 日，市委书记孙立坤带领市五大班子成员观摩太极体育中心项目建设。市领导丁福浩、王明德、贾武堂、原振喜、王宏昌、杨娅辉、甘茹华、宫松奇等参加观摩。

4 月 24 日，市委书记孙立坤带领市体育局班子成员，到体校看望慰问正在备战省运会的运动员和教练员，鼓励他们克服困难、努力备战、不负重托、不辱使命，谱写焦作体育史上新篇章。

5 月 9 日，市领导甘茹华等到太极体育中心项目工地，检查该项目建设情况，并召集有关部门负责人协商和解决工程建设中遇到的困难和问题。强调：省运会开幕临近，各有关部门要同心协力，严格把关，密切配合，各司其责，把各项工作往前赶，确保按时完成建设任务，确保省运会顺利举行。就项目建设资金的使用问题，评审部门要严格项目评审工作，监察部门要加强对项目建设情况的监督检查，审计部门要规范建设资金使用，施工单位要及时提出拨款申请，尽早健全和完善工程建设进度及资金使用信息，确保建设资金审核和拨付及时、高效。

8 月 27 日，副省长张广智带领省体育局局长彭德胜等省直有关部门负责人莅焦，就省运会筹备工作进行检查指导。市委书记孙立坤陪同检查，市委副书记、市长张文深主持汇报会，市委常委、宣传部长甘茹华陪同检查并参加汇报会。

【省十二运会筹备工作指挥部会议】 4 月 14 日，河南省第十二届运动会暨首届全民健身大会筹备工作指挥部会议召开。市委书记孙立坤指出，办好省运会是省委、省政府对焦作的信任和重托，全市上下要振奋精神，鼓足干劲，齐心协力，以高度的责任感和紧迫感，高标准、高效率地落实省运会各项筹备工作，将省运会办成精彩、安全、节俭、圆满的盛会。市委副书记、市长张文深主持会议，并对筹备工作提出具体要求：一是场馆设施建设要如期完成。所有场馆设施要在保证工程质量和安全的前提下，加快工程进度，确保所有场馆在6月底前建成。二是开闭幕式活动要体现中原文化、焦作特色、体育元素。三是备战参赛工作要扎实做好。本届省运会规模大、项目多，竞赛组织工作十分繁重。要在省体育局指导下进一步完善赛事组织工作的各类方案，确保赛事安全顺畅；要进一步加强备战参赛工作，取得优于往届的竞赛成绩。四是软硬件环境要确保良好。五是综合保障工作要做实做细。市领导姜继鼎、郭鹏出席会议。

9月11日，省运会指挥部召开会议，市委副书记丁福浩在会上强调，各级各部门要定岗定责，精益求精，加强协调，主动沟通，把各项工作做实做细做到位，专业务实地做好各项筹备工作，确保省运会圆满、顺利举行。市领导姜继鼎等出席会议。

【省十二运会新闻发布会在郑州举行】 2月27日，河南省人民政府在郑州举行河南省第十二届运动会暨首届全民健身大会新闻发布会，向国家、省、市部分新闻媒体发布省十二运会的有关情况。省运会组织委员会执行主任、省体育局局长彭德胜，省运会组织委员会执行副主任、省体育局副局长王鹏，省体育局相关处室和焦作市相关部门负责人出席会议。王鹏重点介绍本届省运会的特点：一是广泛参与，充分将竞技体育与全民健身相互结合；二是节俭办会，开幕式改在下午举行，不放烟火，不请明星，节目为全民健身展示；三是创新方法，在组别设置、计分办法、赛区组织、奖励办法等方面进行创新；四是严肃纪律，坚决制止不良风气。焦作市通报了省运会筹备工作情况。彭德胜揭晓了本届省运会会徽、吉祥物。

省十二运会会徽吉祥物

【省十二运会会徽吉祥物】 省十二运会会徽由河南作者李志阳设计，整体标志外形浑然一体，流畅自然，有着丰富的文化内涵和独特的视觉识别外观；吉祥物由河南作者张杰设计，取焦作的“焦”字和山阳的“阳”字的谐音，命名吉祥物太极宝宝为“娇娇”和“阳阳”，图案是经过对太极图的艺术处理得来，具有鲜明的地域特色；会歌由河南省音乐家协会阮志斌作词、朱金健作曲，命名为《逐梦中原》；主题口号确定为“荣耀中原，聚焦梦想”。

【省十二运会先期比赛项目开赛】 5月9日，省运会先期比赛项目青少年竞技组中国式摔跤、社会组登山比赛分别在市体育中心体育馆和云台山景区开赛。本次省运会的比赛除在焦作市区举行外，焦作所辖各县市也将承办相关赛事，社会组的台球、双升、围棋、乒乓球项目分别在郑州、洛阳、许昌和商丘举行。

【省十二运会隆重开幕】 9月19日，新落成投入使用的太极体育中心歌声嘹亮、热情飞扬、激情回荡，万民关注的河南省第十二届运动会暨首届全民健身大会隆重开幕。省委书记、省人大常委会主任郭庚茂宣布运动会开幕。省体育局党组书记、局长彭德胜致开幕词。市委书记孙立坤致欢迎词。市委副书记、市长张文深主持开幕式。省委常委、省委秘书长、省人大常委会副主任刘春良，省人大常委会副主任蒋笃运，副省长张广智，省政协副主席钱国玉，省军区副司令员郝高潮，第九届省人大常委会副主任马宪章，第十一届省人大常委会副主任铁代生，第六届省政协副主席武守全，第八届省政协副主席张国荣，省委副秘书长、省委省直工委书记李恩东，省政府副秘书长万旭，省总工会党组书记、常务副主席李建庄等出席开幕式并在主席台就座。市领导王明德、原振喜、王宏昌、王长松、甘茹华、丁保东、姜继鼎等五大班子领导参加开幕式。开幕式前，由焦作市民、农民表演腰鼓、太极拳、太极扇、风筝等全民健身展示节目。开幕式后，举行“聚焦梦想”群众文体活动展示，以群众和学生为主角的太极拳、少林棍、街舞、广场舞、健身操、盘鼓、舞龙等表演精彩纷呈，展示了厚重河南、中原文化、太极故里、活力焦作等中原元素。

【省十二运会比赛正式打响】 9月20日上午，河南省第十二届运动会比赛正式打响，焦作市选手贾依静以9.23分的成绩夺得武术套路比赛女子乙组规定长拳第一名，这也是本届省运会开幕后产生的首枚金牌。

【郑州市体育代表团打破一项全国青年纪录】 郑州市体育代表团段旭、祝瑞康、邵帅、肖雨龙在男子甲组4000米团体追逐赛上超全国青年纪录，成绩为4分31秒994，原纪录4分34秒251。

【省运会社会组"体彩杯"登山比赛】 5月9日，河南省第十二届运动会暨首届全民健身大会社会组"体彩杯"登山比赛在云台山景区举行。登山路线为从云台山山门广场出发，经过万善寺、重阳阁到达茱萸峰，全长6.21公里。来自省内18个省辖市、10个直管县的28支代表队共390余名优秀运动员参加比赛。竞赛项目分青年组和中年组个人赛及团体赛。经过1个多小时激烈角逐，焦作、济源分获中年男女组团体一等奖；焦作、洛阳分获青年男女组团体一等奖。焦作代表队共获一等奖13个、二等奖1个，积分124分，总成绩排名第一。

【省十二运会男甲篮球比赛】 9月26日，省运会男子甲组（青少年竞技组）篮球比赛继续举行，随着焦作队以83：29战胜信阳队，男篮甲组第一阶段的比赛全部结束，焦作、许昌、新乡和三门峡晋级四强。

9月28日晚，省十二运会男子甲组篮球决赛在市太极体育中心太极馆举行，焦作队凭借犀利的进攻、稳固的防守，以105：69的巨大比分优势战胜新乡队，夺得冠军，又一次登上全省篮球比赛的最高峰。

省运会焦作男篮夺冠

【省十二运会女甲篮球比赛】 9月27日，在历时5天经过4场比赛之后，焦作女子篮球队终于迎来了属于自己的第十二届省运会女子甲组（青少年竞技组）篮球比赛的金牌。20时30分，省运会女甲篮球最后一场比赛在焦作队和漯河队之间展开。随着终场哨音的响起，焦作队以72：30的结果战胜对手，实现四连胜，最终获得了该项比赛的冠军。漯河队获得亚军，洛阳队获得季军，济源队获得第四名，南阳队获得第五名。

【省十二运会落下帷幕】 9月29日晚，河南省第十二届运动会暨首届全民健身大赛在太极体育中心太极馆落下帷幕。省委副书记、省长谢伏瞻出席闭幕式并宣布运动会胜利闭幕。省人大常委会副主任李文慧，副省长张维宁，省政协副主席靳绥东，省军区副政委冷志义，省政府副秘书长万旭、郭浩，武警河南总队副司令员陈文标，省直纪工委书记王冉，省教育厅副厅长刁玉华，省委宣传部副巡视员任高潮，河南日报报业集团副总编辑肖建中，省体育局副局长梅宝菊、王鹏、杨中军等出席闭幕式并在主席台就座。省政府秘书长郭洪昌主持闭幕式。省运会组委会执行主任、省体育局局长彭德胜致闭幕词。省运会组委会执行主任、市委书记孙立坤出席，省运会组委会执行主任、市委副书记、市长张文深致辞。下届省运会承办城市代表、周口市委副书记、市长刘继标出席闭幕式。市五大班子领导参加闭幕式。闭幕式上举行了省运会会旗交接仪式。下届省运会4年后由周口市承办。闭幕式后，进行了以"荣耀中原"为主题的群众文体活动展示。

【焦作市被授予突出贡献奖】 5月9日至9月29日，河南省第十二届运动会暨首届全民健身大会在焦作市成功举办。经过全市人民的共同努力，本届省运会圆满顺利，兑现了办一届"开放、创新、节俭、和谐"体育盛会的庄严承诺，焦作市被授予河南省第十二届运动会暨首届全民健身大会突出贡献奖。一是竞赛组织有序规范。实现了竞赛组织工作零申诉，综合保障工作零投诉，安保工作零事故，获得参赛各方的肯定。二是节俭办赛广受赞誉。开幕式改在下午举行，不燃放烟火，不请明星，所需装备、器材尽可能利用现有资源和社会资源，节目为全民健身和河南省传统体育项目展示，充分展现中原体育特色，回归到体育本色。三是省运惠民成效明显。本届省运会部分场馆建在县（市）、学校、企业和农村，使全市的体育设施得以均衡发展。把省运会比赛放在村级举办，开创了全国先例。省运会期间组织形式多样的全民健身展示活动，通过体彩站赠送门票等举措，也让普通百姓融入省运，参与其中，享受了省运带来的幸福与快乐。

【焦作市省运会参赛成绩首次金牌破百】 焦作市体育代表团参加本届省运会青少年竞技组、社会组和学生组的比赛，取得了历史最好成绩，荣获体育道德风尚奖。社会组夺得单项一等奖83个、二等奖36个、三等奖12个、优秀奖6个，总分居全省第一名的好成绩。青少年竞技组夺得赛会金牌112枚、银牌89枚、铜牌84.5枚，总奖牌数285.5枚，总分2850.5分，首次赛会金牌破百、奖牌数和总分位居全省第一，实现了历史突破，创造了焦作竞技体育新辉煌。

（成法智 王 扬）

河南省第十二届运动会焦作金牌榜

比赛名称	项　　目	姓　　名	金牌数
场地自行车	男子甲组 1000 米个人计时赛	柴高奎	1
	男子甲组 4000 米个人追逐赛	柴高奎	1
	女子甲组 3000 米个人追逐赛	魏　苗	1
公路自行车	男子甲组 80 公里个人赛（集体出发）	柴高奎	1
	男子甲组 30 公里个人计时赛	柴高奎	1
	女子甲组 15 公里个人计时赛	魏　苗	1
古典摔跤	男子甲组 60kg	程学丰	1
篮球	男子甲组篮球	王梦洋　任子兴　张　宁　李源政　闫一凡　高山林　张艳飞　赵　地　石晓枫　王臣杰　拜珂珂　蔡国梁	3
	女子甲组篮球	郭　佳　韩　颖　赵　敏　赵淑慧　袁　娜　范亚楠　宋珊珊　付钰然　李茜茹　郑亚萍　刘文进	3
	男子乙组篮球	姚钰印　史启盟　王栋民　吕俊虎　杨阿力　王子浩　吴亚宁　张彤博　董　哲　李博文　崔晓龙　刘嘉巍	3
	女子乙组篮球	杨畔如　冯　松　禹　静　安　雯　成　琦　何娇娇　王小菲　马小婷　赵亚楠　张　茹　蔡亚飞　李开心　刘成婕	3
	女子三人制组三人制篮球	蔡亚飞　李开心　刘成婕　张玲阁　冯亭亭	3
	男子三人制组三人制篮球	赵奇林　孙　效　付晓航　原金辉　胡庭琛	3
皮划艇	男子甲组 500 米单人皮划艇	陈　轩	1
	男子甲组 1000 米单人皮划艇	魏言志	1
	男子乙组 500 米双人皮划艇	成金鹏　董长河	1
乒乓球	男子丁组单打	蒋世辉	1
拳击	男子甲组 +91kg	李有鹏	1
	男子甲组 91kg	毋炎昭	1
	女子甲组 57–60kg	唐师慧	1
	男子甲组 81kg	汪玉梦	1
柔道	男子甲组 +100kg	梁　壮	0.5
	男子甲组 90kg	冯翰喆	0.5
	男子乙组 60kg	陈玉强	0.5
	男子乙组 55kg	樊　鹏	0.5
	男子甲组 60kg	史　强	0.5
赛艇	男子甲组 2000 米单人双桨（轻量级）	刘恒亮	1
	女子乙组 2000 米单人双桨（轻量级）	邵悠悠	1
	男子乙组 2000 米双人双桨（公开级）	王　建　刘龙船	1
	女子乙组 2000 米单人双桨（公开级）	张丹丹	1
	女子乙组 4000 米单人双桨（轻量级）	邵悠悠	1
	女子甲组 4000 米单人双桨（公开级）	王　月	1

续表 1

比赛名称	项　目	姓　名	金牌数
赛艇	女子甲组 8000 米双人双桨（公开级）	靳淑婷　李梦阳	1
	男子乙组 4000 米单人双桨（公开级）	孟祥杰	1
	男子甲组 4000 米双人双桨（轻量级）	刘恒亮　任冠如	1
	男子甲组 4000 米双人双桨（公开级）	田敏豪　鲁晨光	1
	男子乙组 8000 米单人双桨(公开级)	孟祥杰	1
	男子乙组 8000 米双人双桨（公开级）	王　建　刘龙船	1
	女子甲组 8000 米单人双桨（公开级）	王　月	1
散打	女子乙组 90kg	周　帼	1
射击	男子乙组团体 10 米气手枪 40 发	杨明恩　周　宇　冯广煜	1
	女子甲组团体 10 米气手枪 40 发	陈雅琳　李雪琪　赵　粤	1
	女子甲组个人 10 米气手枪 40 发	李雪琪	1
	男子甲组个人 50 米小口径自选步枪 3×20	古今通	1
	男子乙组个人 50 米自选手枪慢射 30 发	冯广煜	1
	男子乙组个人 50 米小口径自选步枪卧射 30 发	禹承志	1
	女子甲组个人 25 米运动手枪 30+30 发	李雪琪	1
射箭	男女混合乙组团体淘汰赛	唐　宇　李思琪	1
	女子乙组个人淘汰赛	李思琪	1
	男子乙组个人淘汰赛	刘健成	1
	女子甲组个人淘汰赛	马伊琳	1
跆拳道	女子乙组 62kg	常静宜	1
	女子乙组 67kg	丹　霓	1
	男子乙组 74kg	王精兵	1
	男子甲组 54kg	侯　震	1
	男子甲组 67kg	李　静	1
	男子甲组 80kg	任登武	1
田径	男子青年组 400 米栏	崔才壮	1
	男子少年乙组跳跃	王子文（评测达优加分）	2
	男子少年乙组竞走	马汶虎	2
	男子少年乙组中长跑	赵小钧（评测达优加分）	2
	男子少年乙组短跑	刘庆琦（评测达优加分）	2
	女子少年乙组短跑	吉梦霞	2
	男子少年甲组 4×400 米接力	王宝朝　郭振业　邓浩天　王帅伟	1
	男子少年乙组 4×400 米接力	孟凡堂　王子文　马汶虎　浮家豪	1
	女子少年乙组 4×100 米接力	席若琦　申　瑞　吉梦霞　刘梓琪	1
	男子少年甲组 10000 米竞走	李　阳	1
	男子少年甲组 400 米栏	郝梦菲	1

续表 2

比赛名称	项　目	姓　名	金牌数
田径	男子少年甲组 5000 米竞走	李　阳	1
	男子少年甲组 400 米	邓浩天	1
	女子青年组 100 米栏	陈佳敏	1
	男子青年组 110 米栏	王　斌	1
	男子少年甲组 110 米栏	张鹏升	1
	男子少年甲组 800 米	邓浩天	1
网球	女子丙组单打	吴昊妍	1
	男子短网组团体	郭文瑀　吴尚隆　和佳烁	1
	女子短网组团体	李珂默　孙笑颜　孙瑜婧　郭笑辰	1
	女子丙组团体	李孟珂　吴昊妍　姚辰昕　张筱凡	1
武术套路	男子甲组对练：三人对拳	卢泽政　安　尉　许盛杰	1
	女子甲组　刀术 + 棍术	原琪琪	1
	男子甲组刀术	杨轶杰	1
	女子乙组规定枪术	贾依静	1
	女子乙组规定刀术	马一雯	1
	女子乙组规定长拳	贾依静	1
游泳	女子甲组 800 米自由泳	田一冉	1
	男子乙组仰泳全能	柳世轩	1
	女子甲组仰泳全能	田一冉	1
	女子乙组蝶泳全能	许舒怡	1
中国跤	女子组 50kg	张阳阳	1
	男子组 75kg	李增宝	1
自由式摔跤	男子乙组 74kg	冀森森	0.5
	女子甲组 72kg	李　敏	1
	女子乙组 59kg	焦新越	1
	男子乙组 66kg	杨文杰	0.5
	女子甲组 63kg	刘梦瑶	1
	男子甲组 74kg	苗振豫	0.5
足球	女子甲组足球	马云云　高丽萍　韩瑛琪　李娜娜　崔　慧　李　颖　李　君　樊梦格　赵梦婷　冯若斐　王　喆　郑明珠　霍怡璇　刘　妍　李若楠　樊　薇　王梦歌　赵静鑫	2
	女子乙组足球	白诗琪　段梦鸽　吴新金　侯梦婷　李奕璇　李润方　李晴晴　王诗雅　林娟娟　张　洁　李嘉满　樊梦霏　梁　爽　张蓉蓉　吴甜甜　韩秀珍　樊一帆　樊　悦	1

社会生活

·人口和计划生育·

【人口情况】 2014年，全市总人口368.42万人，常住人口352.25万人，其中市区人口94.67万人，市区常住人口99.35万人。人口出生率12.39‰，死亡率5.38‰，人口自然增长率5.76‰，政策生育率94.28%，城镇化率53.23%。

【免费孕前优生检查】 2014年，全市共投入资金354.12万元，为1.7万对夫妇免费孕前优生健康检查，发现不宜或暂缓怀孕的阳性人群3391例，全部给予优生指导或跟踪服务，有效提升了出生人口素质。博爱县、武陟县、中站区分别结合自身特点，拓展免费孕前优生健康检查服务项目。

【出生人口性别比偏高问题综合治理】 2014年，市人口计生委联合卫生、药监、工商、公安、妇联等部门深化“三整治一打击”专项行动，集中整治B超市场、整治人工终止妊娠技术服务机构、整治药品销售市场、严厉打击“两非”（非医学需要的胎儿性别鉴定和非医学需要的人工终止妊娠）行为，有效遏制了性别比偏高势头，省卫计委督查组对焦作市开展集中打击“两非”专项行动，给予充分肯定。

10月29日，省卫计委督查组对焦作市打击“两非”行为专项治理进行督查。

【流动人口计生服务管理】 2014年，市人口计生委加强社会经济组织计划生育服务管理工作，完成国家流动人口动态监测。以孟州市为试点，探索开展产业集聚区计划生育服务管理工作，省专家组莅焦专题调研焦作市产业集聚区计生工作。开展“爱在流动”系列活动，巩固均等化服务成效。

【幸福家庭创建】 2014年，市人口计生委以焦作市被确定为全国创建幸福家庭试点市为契机，重点提升计生家庭发展能力。市级预算生育关怀项目资金由上年的30万元增加到50万元，考察新建示范基地5个，帮扶120余户计生家庭发展生产，受到基层群众称赞。沁阳市、示范区积极探索对“失独”家庭的救助帮扶和社会关怀工作，解决独生子女、双女家庭和失独家庭的实际困难，帮助计生家庭提高发展能力，促进家庭和谐幸福。

【计生政策利益导向】 2014年，市人口计生委创新计划生育家庭利益导向，进一步完善有利于计生家庭的政策体系。对全市独生子女三级以上残疾或死亡的夫妻计划生育特别扶助金标准分别提高到每人每月 810 元、1020 元，手术并发症一级、二级、三级对象救助标准每人每月分别提高到 900 元、600 元、300 元。全年特别扶助对象 582 名，增加配套资金 223 万元。各县市区创新完善城乡居民社会养老保险补贴政策。对自愿参加新型城乡居民养老保险的计生家庭成员，每人每年补贴 100 元投保资金，对年满 60 周岁领取养老金的计生家庭老人，每人每月多给予养老金 20 至 40 元。各级认真落实农村部分计划生育家庭奖励扶助政策，女性年龄提前到 57 岁，全市 3181 名计划生育奖励扶助对象提前三年受益。同时市县乡村共落实计划生育利益导向政策 45 万人次，计生家庭受益 1.2 亿元。

【全市人口和计划生育工作会议】 5 月 27 日，全市人口和计划生育工作会议召开。会议的主要任务是贯彻落实国家、省人口计划生育工作会议精神，回顾总结上年全市人口和计划生育工作，表彰先进单位和个人，研究部署当前和今后一个时期人口和计划生育工作，推动人口和计划生育工作再上新台阶，为全面加快经济转型示范市和美丽焦作建设创造良好的人口环境。市领导孙立坤、张文深、王明德、秦海彬、宫松奇等出席会议。

（章玉环　樊冬杰）

·人力资源和社会保障·

【概况】 2014 年，市人力资源和社会保障部门以承担市委书记孙立坤党的群众路线教育实践活动联系点为动力，推进实施全国深化中小学教师职称制度改革扩大试点市、全国基本医疗保险医疗服务监控重点联系城市、全国公共就业人才服务标准化试点市、全省统筹城乡就业创业试点市、全省创建创业型城市试点市、全省养老保险经办服务标准化试点市、全省聘任制公务员试点市等七个试点市建设，精心组织实施十万个就业岗位推荐、十万人次技能培训、万人创业、千村人社站服务提升、千名人才进焦作、千家和谐企业创建、社会保障服务提升、人社重点项目建设、窗口单位改进作风专项行动等九个专项行动计划，取得了明显成效。全年共争取到中央和省政策支持资金 12.7 亿元，同比增加 2.1 亿元，增幅 19.8%。依法征缴社会保险费 37 亿元，同比增加 6 亿元，增幅 19.4%。离休干部医疗费、原享受公费医疗事业单位人员要求享受公务员医疗补助、城乡低保对象住院就医个人医疗费负担、中小学教师评审正高级职称和职称评聘待遇遗留等问题得到较好解决。在开展教育实践活动中征求到意见建议 282 条，均基本解决或制定出解决方案。在全国部分城市高校毕业生就业工作座谈会、全省全民技能振兴工程现场推进会、全省医疗保险工作座谈会、全省人事考试工作会议以及全市“七一”表彰大会、全市教育实践活动推进会、全市党风廉政建设“两个责任”工作推进会上，均作先进典型发言。全年共承担省市下达的各项目标任务 95 项，同比增加 16 项，增幅 20%。其中就业困难人员实现就业目标，保持全省第一位；农村劳动力技能培训目标，由上年的全省第六位上升至第一位；失业人员再就业目标，居全省第三位；新增农村劳动力转移就业目标，由上年的全省第六位上升至第五位；工伤保险基金征缴目标，由上年的全省第六位上升至第三位；社会保障卡新增发行使用目标，由上年的全省第十二位上升至第三位。中央教育实践活动第一巡回督导组莅临指导，给予肯定。

市人社局先后获得全国军队转业干部安置工作先进单位、全国清理整顿人力资源市场秩序专项行动工作取得突出成绩单位、全国青少年维权岗、全省城乡居民社会养老保险工作先进单位、全省机关事业单位工勤技能岗位等级考核考务工作先进单位、全省全民国防教育先进单位、全省专业技术人员管理工作先进单位、全省职称工作先进单位、全省中小学教师职称制度改革试点工作先进单位、全省社会养老保险经办管理工作先进单位、全省社会养老保险宣传工作先进单位、全省社会医疗（生育）保险经办工作先进单位、全省人才服务工作先进单位、全省公共就业服务工作先进单位、全省人事考试工作优秀单位、全省职业技术培训教研工作先进单位、全省人力资源社会保障信息化建设先进单位等 24 项省级以上荣誉。

【全民技能振兴工程】 2014 年，市人社局在全省率先将全民技能振兴工

电子商务知识培训

程实施机制由“六路并进”扩大为“八路并进”，建立完善“633”技能培训体系（即六送培训：送培训到农村、企业、社区、校园、军营、监狱；三大体系：项目建设体系、公共服务体系、表彰奖励体系；三个联合：院校与企业联合、培训与就业联合、培训与创业联合）。在全省率先利用市场资源和社会组织筹集创业扶持资金，首批建成和命名市级创业孵化基地21家，首次开展电子商务培训，并增设茶艺、美甲、月嫂、养老护理等培训专业，创业培训项目明显增多。

【就业创业】 2014年，市人社局组织实施十万个就业岗位推荐、十万人次技能培训、万人创业、千村人社站服务提升等就业创业专项行动计划，出台并落实公益性岗位管理、小额担保贷款、创业孵化基地认定管理、大学生创业扶持等多项促进就业创业的政策措施，办好就业洽谈会、用工招聘会，开通市就业创业网，搭建了促进就业创业的良好平台。组织开展14个工种的全市职业技能大赛，采取企业冠名赞助等模式，给予优秀获奖人员小轿车等重奖，营造了“学技能有奔头、当工人也光荣”的氛围。大力开展企业职工技能提升、创业、电子商务等培训，提升了就业创业能力。全市推荐就业岗位14万个，城镇新增就业8.81万人，新增农村劳动力转移就业3.26万人，失业人员再就业3.35万人，就业困难人员实现就业1.55万人，分别完成年度目标的140%、146.8%、130.2%、175%、281%。全市新增发放小额担保贷款4.69亿元，完成年度目标的187.6%；扶持创业0.96万人，带动就业1.5万人。全市各类职业技能培训15.1万人次，同比增长20.6%，完成年度目标的151%。全市参加职业技能鉴定3.64万人，同比增长24%，完成年度目标的130%。城镇登记失业率4.11%，在年控范围内。

【全市职业技能大赛】 10月11日至18日，焦作市以“练就一流技能，实现人生梦想”为主题，举办全市职业技能大赛。大赛由市人社局主办，市财政局、市总工会、团市委、市妇联等单位协办，以企业对技能人才的需求为导向，将高技能人才选拔培养与大赛紧密结合，挑选数控车工、数控铣工、车工、焊工、维修电工、汽车修理工、化学检验工、装配钳工、点钞、美甲等10个工种，吸引数千名具有一技之长的劳动者、企业技术工人和大中专院校、职业院校、技工学校的学生报名参赛，528人进入决赛。12月30日，举行职业技能大赛表彰大会，共有10人获焦作市五一劳动奖章和焦作市技术能手称号，31人获焦作市青年岗位能手称号，15人获巾帼建功标兵称号。对获得各竞赛项目前三名选手颁发获奖证书并分别给予2000元、1000元、500元奖金。

举办就业创业春风行动招聘会

2014年焦作市职业技能大赛第一名

张海龙（维修电工第一名）33岁，本科，工学学士，市技师学院电气工程系讲师，先后担任机械、计算机、维修电工等20多门专业课程，连续三年被学校评为优秀教师，曾获2012年职业技能大赛第二名。

欧　睿（化学检验工第一名）女，31岁，硕士学历，市技师学院教师。参加学院优质课竞赛获一、三等奖，因教学效果好，深受学生好评，班级鉴定通过率均90%以上，辅导多名学生参加各级技能竞赛取得较好成绩。

薛文超（汽车修理工第一名）32岁，本科，市技师学院教师，市级优秀辅导教师，学院优秀教师、优秀班主任，曾辅导学生多次获得市技能竞赛一、三等奖，2014年辅导学生鉴定合格率达96%以上。

王志政（钳工第一名）42岁，大专，市技师学院教师。在钳工专业模具型芯的修配及调装有独到之处，先后解决无间隙冲截等科研难题，在模具制造生产与教学中攻克了许多技术问题。

高小芳（车工第一名）女，30岁，焦作迈科冶金机械有限公司中级车工，毕业于市技师学院。工作后刻苦钻研，多次在公司技能大赛中夺冠。

毛亚辉（焊工第一名）28岁，大专学历，解放区焦北街道待业青年。毕业于市技师学院，在山阳区首届职工技能大赛中获焊工第三名。毕业后留院任教4年，曾在郑州市宇通客车股份有限公司担任焊工。

魏金龙（数控车工第一名）26

岁，大专，河南平原光电有限公司数控车工。毕业于河南工业职业技术学院，先后考取数控车工中级证、数控铣工中级证、计算机辅助设计绘图员高级证、“二维CAD高级绘图师”国家认证资格证书、钳工中级技能国家认证等多个职业技能证书。

王淑霞（数控铣工第一名）女，25岁，本科，河南平原光电有限公司职工。毕业于河南工业职业技术学院。连续三年蝉联全市职业技能大赛数控铣工冠军，全国大赛河南赛区第五、第三名，并获得河南省技术能手称号。

张　莉（美甲第一名）女，27岁，大专，焦作市王琳美手美甲职业技能培训学校美甲师。毕业于中国第五冶金职业大学，受爱美之心驱使爱上了“指尖上的艺术”——美甲，她的参赛作品“山水焦作”受到国际第一美手大师王琳称赞。

李双庆（点钞第一名）女，27岁，中国邮政储蓄银行焦作市分行民主南路支行营业主管。毕业于郑州师范高等专科学校，具有银行从业、保险从业、AFP国际金融理财师等多个资格证，先后获得焦作市分行“优秀营业员”、金融理财讲师第一名等。

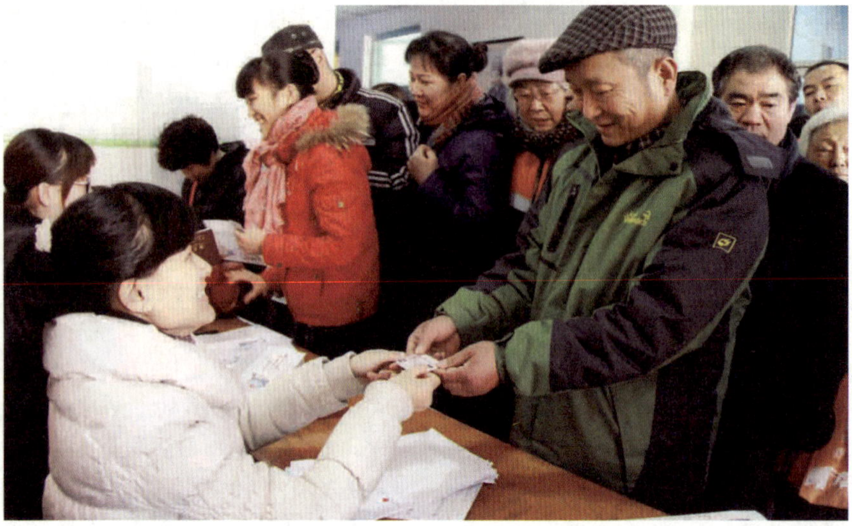

发放社会保障卡

【人社一点通手机求职软件运行】 2014年，市人社局在全省率先研发运行“人社一点通”手机求职软件。这是继2012年在1826个行政村普遍设立人社服务站居全省前列之后，在便民服务方面的又一重要举措，初步实现了由“村村通”向“人人通”的跨越，构建了全市“4+2”的就业创业服务体系（“4”即市、县、乡、村四级服务平台，“2”即专场招聘会和“人社一点通”），为求职者提供零距离的就业服务。

【社会保障】 2014年，市人社局组织实施社会保障服务提升专项行动计划，推进社会保险经办服务标准化和规范化建设，建立完善被征地农民养老保险补贴等制度，出台职工生育保险实施细则，调整城镇基本医疗保险门诊重症慢性病待遇支付范围和一次性耗材、综合康复理疗项目等费用支付标准，加强社会保险基金监管，有序发放社会保障卡，促进了社会保障水平的提高。实施全国基本医疗保险医疗服务监控重点联系城市建设，联合浙江大学开发医疗保险阳光智能审核系统，对100余家定点医疗机构的医疗服务行为进行全程、实时、智能、精确监控，防止过度医疗行为，审核掉涉嫌违规费用900余万元。深化医保总额预算付费方式改革，降低人均住院天数、人均日统筹费用等指标，引导患者理性选择医院，累计为参保病人减少负担4500万元。继续提高企业退休人员养老金标准，全市12.6万名退休人员人均增加养老金196元，调整后人均养老金水平达1780元/月，增幅12.37%。从7月1日起提高失业保险金标准，市区、沁阳市、孟州市失业保险金标准调整为1120元/月，博爱县、武陟县、修武县、温县失业保险金标准调整为1000元/月。全市办理企业职工退休手续9372人。生育保险待遇在原有基础上提高600元至800元。1级至6级伤残职工的伤残津贴提高150元至200元。全市认定工伤1465起，劳动能力鉴定1421人，新增定点医疗机构和定点门诊药店62家，办理

在全省率先研发运行“人社一点通”手机求职软件

企业职工退休手续 9372 人。全市基本养老保险、失业保险、城镇基本医疗保险、工伤保险、生育保险参保人数，分别达到 55.7 万人、35.9 万人、95 万人、32.8 万人、28.5 万人，分别完成年度目标的 101%、109.9%、100.2%、101%、100.7%；企业养老保险、机关事业单位养老保险、失业保险、城镇职工基本医疗保险、工伤保险、生育保险基金征缴额，分别为 20.1 亿元、3.16 亿元、2.02 亿元、9.07 亿万元、6753 万元、4731 万元，分别完成年度目标的 137.4%、109%、126%、111.6%、108.9%、112.6%。

【实行城镇医疗保险报销上不封顶制度】 2014 年，市人社局在全省率先实行城镇医疗保险按比例报销上不封顶制度。城镇参保职工、居民医保报销比例分别为 90%、80%，报销额度上不封顶，从机制上缓解了参保群众因病致贫返贫难题，惠及 95 万人，取得了政府出政策、市场出资金、基金受监管、群众得实惠的良好效果。全市有 528 名参保大病患者直接受益，医疗费报销总额 1379 万元，最高报销额度达 31 万元。

【公务员管理】 2014 年，市人社局组织开展公务员法和配套法规政策执法检查工作，建立了系统的公务员管理资料库。完成人民满意的公务员和人民满意的公务员集体评选表彰工作，表彰人民满意的公务员 21 人、人民满意的公务员集体 16 个。开展公务员岗位平时考核试点工作，确定试点单位 15 家。更新审核市直机关及参照公务员法管理单位公务员信息，完成公务员统计年报工作，确保了公务员管理信息系统建设进度和质量，受到省公务员局通报表扬。做好公务员考核奖励工作，按规定兑现了考核奖励。做好表彰工作，推荐国家级表彰先进单位 6 个、先进个人 1 人；省级表彰先进集体 19 个、先进个人 88 人。举办弘扬焦裕禄精神争做人民满意的公务员理论研讨征文活动，择优确定 6 篇上报省公务员局。向省推荐人民满意示范单位 10 个，人民满意示范岗 22 个，双创活动先进单位 11 个。做好年度考核工作，2013 年度全市行政机关（含参照公务员法管理单位）科以下人员 4382 人参加考核，确定为优秀等次 696 人，占 15.88%；确定为称职等次 3649 人，占 83.27%；未定等次 37 人，占 0.84%。做好公务员考录工作，按全省统一部署完成阶段性任务。做好公务员网络培训工作，公务员网络培训学院在册登记学员 4364 人，获得 100 学分以上学员 2886 人；新增学员 278 人，注销学员 46 人；变更单位及个人学习信息（含县市区）1100 余个。开展公务员初任培训工作，完成 2013 年度新录用 129 名公务员初任培训。开展公务员普通话培训测试，参加测试 3200 人，通过率达到 99%。举办面试考官培训班，参加培训 356 人。对全市 170 余家参照公务员法管理事业单位进行排查，组织 4 家新审批参照管理单位参加公务员法考试、公务员网络培训等工作，实现了顺利过渡。

【人事考试】 2014 年，市人社局认真落实人事考试协调机制，加强人事考试监督监测和反作弊工作，严格执行考试责任制，强化考试人性化服务。共组织 39 项人事考试的报名宣传、资格审核及考务工作，累计参加考生 5.4 万人次，涉及考点 37 个，考场 1507 个。组织招录公务员、招聘事业单位人员和特岗教师、招募“三支一扶”高校毕业生、安置军转干部和随调随军家属 1900 余人，做到了公平公正、安全规范。

【人才服务】 2014 年，市人社局组织实施“焦作英才 588 计划”“千名人才进焦作专项行动计划”，首次建立企业人才服务团并首批招聘 12 人。举办第三届“海创会”活动。全年引进高层次人才 1140 人，完成年度目标的 114%。全年接待外国专家 16 人次，执行引智项目 13 项，引智工作保持全省前列。市人社局在全省率先启动全国公共就业人才服务标准化试点市建设，这是由国家标准化委员会命名的全国首批社会管理和公共服务综合标准化试点项目，河南仅焦作一家。

【举办第三届海创会活动】 2014 年，市人社局组织举办第三届“海创会”活动。来自 10 个国家 27 名海外人才携带高科技项目洽谈对接，发布高科技项目 72 项，签订合作协议 6 项。其中美国哈佛大学哈佛医学院研

举办第三届“海创会”

究员彭义杰博士与示范区的河南必第生物科技有限公司，就荧光免疫试剂及其配套定量检测仪产业化项目签约，分三期投资 3500 万元。

【职称管理】 2014 年，市人社局组织开展中小学教师高级职称评审工作，省人力资源社会保障厅组织各省辖市人社部门人员前来现场观摩。职称评审工作规范有序，全市共有 4000 余人取得专业技术职务任职资格，其中初级 1118 人，中级 790 人，高级 467 人。推荐享受国务院政府特殊津贴人选 5 名、国家“百千万人才工程”人选 2 名、首届享受河南省政府特殊津贴人选 5 名、省级学术技术带头人人选 7 名，评选首届焦作市“521 青年人才”39 名（市级学术技术带头人），当选河南省职业教育教学专家 3 名。开通专业技术人员继续教育登记注册及公需科目学习网络平台，截至年底成功注册 4.8 万余人，继续教育审验 1 万余人。推荐焦作师范高等专科学校为河南省第二批省级专业技术人员继续教育基地。新增博士后研发基地 2 家，总量达到 16 家。

【军转安置】 2014 年，市人社局积极做好军转表彰工作。5 月 27 日，在北京召开的第六次全国军转表彰大会上，市军队转业干部安置工作小组办公室被授予全国军队转业干部安置工作先进单位，是继 2009 年第五次全国军转表彰之后，河南省唯一蝉联这一荣誉的单位。7 月 23 日，在郑州召开的河南军转表彰大会上，4 人被评为全省模范军转干部，1 人被评为全省先进军转工作者。坚持“先培训后安置，按成绩定分配”的安置办法，科学有序推进安置工作。安置过程中，坚持“四个做到”，即做到提前介入、逐人见面、逐家走访、全程跟踪，完成年度军转干部安置任务。接收的 42 名计划分配军转干部，安置在公务员岗位 33 人、参照公务员法管理事业单位 7 人、全供事业单位 2 人。自主择业军转干部管理服务工作得到加强，全年累计为自主择业军转干部发放退役金 1260.79 万元、冬季取暖费 30.35 万元、独生子女费 1.2 万元；实现自主创业 22 人，灵活就业 154 人，就业创业率 80%以上。企业军转干部队伍保持总体稳定。

【工资福利】 2014 年，全市组织实施机关津贴补贴水平和事业单位绩效工资水平调整工作，增资涉及市直 396 家机关事业单位、1.97 万名在职人员和 9199 名离退休人员。稳步推进财政供养人员“吃空饷”问题专项治理工作，查出“吃空饷”人员 569 人，追缴财政资金 297.9 万元，组织处理 177 人。有序组织冬季取暖补贴发放、年终一次性奖金发放、正常增加级别工资、正常增加薪级工资、绩效工资总量核定等集中审批审核工作。完成公安机关执法勤务机构 1594 名人民警察警员职务套改后的工资待遇落实工作，及时办理各类新进人员待遇确定、各类工资变动、退休退职及退休退职待遇确定以及各类津贴、补贴、福利待遇确定、变动等日常审批审核工作。机关事业单位退休干部活动经费标准，由每人每年 60 元提高至 300 元。

【劳动维权】 2014 年，全市共受理劳动人事争议案件 1184 起，同比减少 7.6%；按期结案率 95.3%，同比增加 1.7 个百分点。

【千家和谐企业创建专项行动计划】 2014 年，市人社局组织实施千家和谐企业创建专项行动计划，申请创建单位 565 家。制定落实和谐劳动关系构建工程实施意见，实施集体合同攻坚计划、工资集体协商要约行动月活动。对全市 58 家国有企业工资内外收入情况进行监督检查。完成 18 个行业 220 家用人单位 2 万多名职工的薪酬调查任务，对外发布分行业、分登记注册类型企业人工成本和 174 种职业劳动力市场工资指导价位信息。职工最低工资标准由 1240 元提高到 1400 元，增幅 13%。

【重拳打击拖欠农民工工资行为】 2014 年，市人社局组织开展农民工工资支付情况专项检查、清理整顿人力资源市场秩序专项检查，推进农民工工资卡发放工作，累计发放工资卡 1.9 万张。排查建筑工程项目 333 个，存在欠薪隐患工地 94 家，督促施工单位支付农民工工资 1.4 亿元；查处拖欠农民工工资案件 28 件，涉及农民工 2238 人，清欠农民工工资 2020 万元。12 月 26 日，焦作市召开清理拖欠农民工工资工作会议，对严重侵害农民工合法权益、拖欠农民工工资的 4 家企业情况进行研究，决定将中建二局第二建筑工程有限公司等 3 家企业列入劳动保障诚信“黑名单”，对焦作星凯置业有限公司提出警告，并在《焦作日报》进行通报曝光。会议指出，各级各有关部门要严格按照市人社、住建、公安、信访四部门联合印发的《2014 年全市建设领域拖欠农民工工资问题专项治理活动方案》要求，强化宣传声势，强化欠薪排查力度，强化接访工作，强化欠薪处置工作，扎实做好 2014 年度建设领域拖欠农民工工资问题拉网式排查工作，及时通报排查进展情况，进一步加强建设领域“黑名单”管理制度，重拳出击，严厉打击拖欠农民工工资行为，切实维护农民工合法权益。

【信访稳定】 2014 年，市人社局成立群众来访接待室和专家组，加强信访工作力量。坚持重要政策出台前信访稳定评估，对 15 个重点疑难信访问题集中研讨，通过调研，形成一批分量重、价值大的调研成果。开展矛盾纠纷大排查大化解活动，完善信访工作制度，实行局领导信访接访日制度，落实疑难信访案件包案处理办法、三级终结信访办法，做好敏感时

建立局领导信访接待日制度

期和重要群体信访处理工作，维护了社会稳定大局。共承办上级交办信访件65起，甄别办理赴京到省上访信访案件11起，均按期办结。完成复查复核信访件9起，复查正确率100%。认真落实企业军转干部解困稳定政策，坚持解决生活困难与化解思想矛盾并重，做到政治上尊重、思想上引导、生活上帮扶，全年走访慰问企业军转干部160余人次，接待企业军转干部来访26批120余人次，处理企业军转干部各类信访遗留案件8起，实现了企业军转干部赴省进京上访"零目标"。在11月举办的全省企业军转干部解困稳定工作培训会上，焦作市作经验介绍，受到省军转办和参训人员好评。举办企业军转干部解困稳定工作培训班，对解困工作疑难问题进行集中解答，收效明显。省企业军转干部联席会议简报专题刊发焦作市做好企业军转干部解困稳定工作的经验做法。

【清理压缩行政审批服务事项】 2014年，市人社局按照市行政审批事项清理范围和原则，梳理出行政审批和服务事项65项，其中行政审批事项5项，行政服务事项60项。经市编办审核，首次下放行政审批事项2项，取消7项，合并减少8项，共保留行政审批服务事项48项（行政审批事项2项，具有审批性质的管理事项5项，行政服务事项41项）。压缩审批项目38.33%，压缩承诺时限32%，按照时间节点完成了市定两个30%（行政审批和行政服务事项较改革前减少30%以上；行政审批全面提速，承诺服务时限较改革前压缩30%以上）的工作目标。其中有12项行政审批服务事项进入市行政服务大厅办理，其余36项行政服务事项纳入2014年7月成立的市行政服务中心社会保险分中心办理。

（辛泽林　李　新）

【焦作市技师学院】 多年来，学院坚持以培养高技能人才为目标，以服务就业为导向，主动适应社会发展需要，大力实施"打造品牌，创建名校，实现名校配名企"发展战略，不断提升办学层次，积极打造职教品牌。学院拥有4个校区，教职工350人，在校生8000人，开设有数控、机电、化工、计算机、导游、烹饪等24个专业（工种），已成为焦作地区综合性职业教育中心、技术工人培训中心、技术等级鉴定中心和高技能人才培养基地。自2010年河南省全面实施振兴工程和职教攻坚计划以来，学院先后争取到国家数控实训基地建设项目、全民技能振兴工程建设项目、国家高技能人才培养基地建设项目等资金3000多万元，购置了加工中心（五轴）、数控车床、数控铣床等先进教学实训设备300多台/套，建成和扩充了数控加工专业实训室、维修电工专业实训室、汽修专业实训室、化学检验专业实训室、计算机专业多媒体教室、烹饪专业实训室等，增强了学院的办学实力，提高了办学水平和教育质量。学院数控加工、模具制造、机械设备维修、焊接加工、电气自动化设备安装与维修、制冷设备应用与维修、工业机器人应用与维修、化工工艺、化工分析与检验、化工仪表及自动化、计算机广告多媒体动画制作、电子商务、烹饪等专业工种均能满足高级工或技师的培养。学院高级工以上专业在校生人数已经达到在校生的60%以上。学生实际操作动手能力不断提高，在省市各类技能大赛中，基本包揽了数控加工、电气维修、计算机网络搭建、烹饪等参赛专业的前三名，适应了社会和企业对技术人才的需求，满足了学生和家长通过学习实现就业的愿望。

学院大力加强精品专业、精品课程建设，逐步实现了由"理实一体化"向"工学一体化"教学的推进。同时，加大教师特别是年轻教师的培训力度，选派优秀教师参加国培、省培和企培等各类培训班，先后组织200余人次参加了各类培训。其中在2011年、2013年和2015年，学院安排专项资金委派4名教师去德国培训，学习国外先进的职教理念；2012年又聘请了德国职教专家施密特教授来院培训教师，通过以上培训，提高了教师的业务能力和教学水平，学院办学质量不断提高，先后荣获河南省职业教育先进单位、河南省全民技能振兴工程先进单位和焦作市职教攻坚工作先进单位等。

学院建立了在校生校外实习基地，每年派遣2000余名学生到广州广船（国际）股份有限公司、江苏恒力化纤有限责任公司、郑州宇通客车股份有限公司、风神轮胎股份有限公司、北京白家大院餐饮有限公司、富士康科技集团等企业进行校外实习；与名优企业合作，开设了郑州富士康班、郑州宇通班、广州广船班等对口专业冠名班，与省内外大型名优企业采取订单式培养模式，这种模式正逐步成为校企合作的主要方式；同时，学院大力拓展校企合作模式，与河南千年冷冻设备有限公司和北京白家大院餐饮有限公司等企业，在人员配置、设备投入、培训模式上实现了深度合作，企业为学院投入资金，购置设备，建设实训室，设立助学金；学院提供师资，建立专班，定向培养，校企双方搭建了就业直通车。

学院积极开展各类社会培训，根据市场需求把握培训方向，安排专门人员广泛深入工矿企业和各劳动服务中心，进行调查研究，建立培训资源档案。根据市场需求提出培训计划，结合第三产业的短、平、快特点，采取不同的方式办班和授课，因材施教。近三年，学院共举办企业在职职工、失业人员、劳动预备制学员和农村劳动者等各级各类培训班近百期，接受培训人员逐年递增，已经实现培训规模达到2万余人，学员们中的多数人现已成为企业的骨干，有的已找到了理想的工作。（殷东兴）

·民　政·

【城乡最低生活保障标准提高】 2014年，全市继续提高城乡低保标准和补差水平。4月1日起，城市低保标准由每人每月350元提高到400元，人均补差标准不低于215元；农村低保由每人每年2160元（每人每月180元）提高到2760元（每人每月230元），人均月补差不低于112元。至年底，全市共有城市低保对象3.42万人，农村低保对象10.44万人。累计发放城市低保金9832.2万元，人均月补差236元；农村低保金1.5亿元，人均月补差117元。

焦作新区阳庙镇群众在领取低保救助金

【五保供养】 2014年，全市共有农村五保供养对象3873人，其中集中供养2520人，集中供养率66%，超过省定40%标准。累计发放农村五保供养金1504万元。

【城乡医疗救助】 2014年，市民政局进一步完善城乡医疗救助同步结算工作，推行定点医院即时结算和“一站式”服务管理。全市医疗救助2.2万人次，发放医疗救助金2002.9万元，缓解了城乡困难群众看病难、看病贵的矛盾。资助参合参保14.4万人，共缴纳参合参保资金893.6万元。

【城乡困难群众临时救助】 2014年，市民政局协调市财政安排临时救助专项资金1000万元，对遭遇突发性事件、意外伤害、重大疾病、困难家庭大学新生或其他特殊原因，导致基本生活受到影响的家庭给予生活救助，重点保障困难群众的基本生活不受影响，已临时救助9964人次673万元。

【探索商业保险医疗救助机制】 为打造医疗救助新模式，出台了《焦作市困难群众商业保险医疗救助实施办法》，按照市场经济理念，通过购买社会化专业化服务的方式，由政府投入1000万元资金，为15万困难群众购买商业保险机构专业服务，医疗救助对象一个年度内住院发生的符合规定的基本医疗费用，在城镇医保（新农合）、大额补充医疗保险报销（赔付）和按医疗救助政策给予救助后，个人只承担5%，剩余部分由商业保险机构全额赔付。减轻了困难群众的医疗负担，有效缓解了因病致贫、因病返贫现象，已赔付1.12万人次961万元。

【设立环卫工人医疗救助基金】 4月30日，全国首家环卫工人医疗救助基金在孟州设立。救助基金由孟州市城市管理局和孟州市鼓楼医院共同设立，鼓楼医院每年出资50万元。救助对象包括该市在册的环卫工人以及从事环卫岗位的环卫管理人员。门诊项目可享受20%至100%不同比例的补助；住院治疗在享受国家城镇居民医保、新农合报销政策后，个人自费部分分别可享受该基金40%和50%的救助。

【流浪人员救助】 2014年，市民政局在全市推行县（市）区、乡（街道办事处）、村（社区）三级源头救助网络建设。抓好流浪乞讨未成年人救助保护试点工作，开展“流浪孩子回校园”“夏日送清凉、冬日送温暖”活动，全市共救助7830人。

【社会养老服务体系建设】 3月25日，市民政局出台《关于下达2014年度社会养老服务体系建设项目任务的通知》《关于加快推进社区老年日间照料中心（站）和农村幸福院建设的通知》《关于进一步加快推进居家养老服务工作的通知》等文件，加快推进养老服务业发展。继续开展养老服务社会化示范单位创建活动，武陟县被评为省养老服务社会化示范县，武陟县龙源街道办事处东仲许村慈善幸福院、孟州市谷旦镇柿园村农村幸福院、沁阳市紫陵镇居家养老服务中心被评为省养老服务社会化示范单位。2014年新增社会办养老机构6家，农村幸福院200余家，实现新增各类养老床位3050张。先后吸引社会资金1300万元扶持18个社区养老服务中心和农村幸福院建设。

【敬老补贴发放居全省首位】 2014年，市民政局继续做好敬老补贴发放工作。80岁以上老人敬老补贴标准为：80～89周岁，每人每月50元；90～99周岁，每人每月200元；100周岁以上，每人每月500元。全年为137名百岁老人发放高龄补贴68.5万元，为5852名90～99周岁高龄老人发放高龄补贴1170.45万元，为52452名80～89周岁高龄老人发放高龄补贴2622.6万元。80岁以上老人敬老补贴发放范围和标准居全省首位，全国前列。

【河南电视台莅孟拍摄敬老爱老专题片】 2月16日至17日，河南电视台公共频道《一路有爱》栏目组到孟州市第二中心敬老院，为孟州市五保供养和敬老爱老模范席腊梅的事迹拍摄专题片。

席腊梅，现年60岁，孟州市第二中心敬老院服务员，在敬老院工作岗位上已经有30个春秋。无论在原石庄乡敬老院，还是调到市第二中心敬老院，她都能以院为家，兢兢业业、踏踏实实，无怨无悔、默默无闻为敬老院和五保供养事业奉献着。她和同事们除为老人们想方设法改善生活外，还经常拔野菜蒸蒸菜，采野菊花熬制防感冒汤，用葱萝卜姜熬制姜汤。她常为有病的五保老人做病号饭和洗脸洗身洗脚，为30余名残疾老人做小被子、小褥子，为残疾大学生买衣服和生活用品。她有27个春节没有回家，都是与院民一道度过的。她用一片挚爱之心诠释了一个优秀共产党员的高尚品质。先后20余次被省、市、县评为优秀共产党员、劳动模范、先进工作者、为民服务标兵。

【百名百岁老人探访活动】 4月28日，焦作市首次启动“百名百岁老人探访活动”。活动试图通过对长寿老人的个人生活习惯、家庭社会因素及居住环境的调查，发掘长寿秘诀，总结长寿之道，为广大群众提供有益的养生方法。全市现有百岁以上老人137名。

【孝亲敬老之星评选】 4月17日，市民政局、广电台、教育局、妇联等11家单位联合在全市开展“孝亲敬老之星”“敬老楷模”评选活动，评出“焦作市孝亲敬老之星”30名、“第五届省十大敬老楷模提名奖”1名、“第五届省敬老之星”15名。

【救灾减灾】 2014年，市民政局积极应对自然灾害，共下拨救灾资金1941万元，受灾群众生活得到有效保障。加强预案体系建设，出台了《焦作市救灾应急工作规程》，明确救灾预警响应的程序和措施，提高应急救助工作的制度化、规范化和科学化。推进全国综合减灾示范社区建设，10月向民政部申报国家减灾示范社区10个。组织开展“防灾减灾日”宣传活动，广大群众的灾害风险防范意识明显增强。

【慈善事业】 2014年，全市共接收爱心一日捐捐款1097.4万元，其中市本级153.7万元。下拨2014年孤儿基本生活保障补助资金364.2万元，因艾致孤等受艾滋病影响困难人员补助资金160万元（均不含温县）。开展慈善医疗项目，为7782例先天性唇腭裂患者和4000名贫困家庭的疝气儿童实施免费手术，为肾病患者免费透析3万多人次。

【第二次全国地名普查工作启动】 8月25日，市政府下发《关于认真做好第二次全国地名普查工作的通知》，成立焦作市第二次全国地名普查领导小组，对全市地名普查工作进行全面安排部署。地名普查主要调查行政区域，非行政区域，群众

地名普查宣传

自治组织，居民点，交通运输设施，水利、电力、通信设施，纪念地、旅游景点、建筑物、单位、陆地水系、陆地地形等十一大类地名的名称、位置及相关属性信息，并按照要求形成图文信息对照。根据国务院统一部署，普查工作从 2014 年 7 月开始，到 2018 年 6 月结束。普查标准时点为 2014 年 12 月 31 日，2017 年 6 月底前完成普查和检查验收工作，2018 年 6 月底前完成普查成果上报和开发应用等工作。

【市慈善总会获中华慈善先进（组织）奖】 9 月 23 日，中华慈善总会第二届中华慈善突出贡献奖表彰大会在北京召开，焦作市慈善总会继 5 年前荣获中华慈善先进机构称号之后，再度荣获中华慈善先进（组织）奖。同时，武陟县慈善协会荣获中华慈善先进（组织）奖，郝杰兵等荣获中华慈善突出贡献（个人）奖，省第二慈善医院慈善救助血液净化中心荣获中华慈善突出贡献（项目）奖。

【省慈善总会莅焦调研】 11 月 18 日，省慈善总会会长李志斌到武陟县调研慈善工作。李志斌代表省慈善总会授予县第二人民医院“慈善医院”称号。并要求，要加强慈善组织队伍自身建设，提高慈善工作者业务水平，健全内部管理制度，把慈善工作站、幸福院、义工队等慈善品牌打造的更好、更实；要以政府全面实施临时救助为契机，加强临时救助与慈善救助的衔接，重视和鼓励社会力量参与临时救助，提升临时救助效益，形成政府救助与慈善救助的双轮驱动，努力再创慈善工作新佳绩。

【福利彩票销售2.93亿元】 2014 年，全市福利彩票发行销售持续增长，全年销售福利彩票 2.93 亿元，筹集福彩公益金 3583.24 万元。

【双拥工作】 2014 年，市民政局开展以落实《国防法》《国防教育法》《兵役法》以及双拥工作各项政策、法规为主要内容的宣传教育，并在重大节日加强宣传。在全市范围内开展“双拥在基层”活动，坚持双拥工作任务从基层抓起，政策法规在基层落实，发展成果向基层惠及，推动解决涉及部队官兵和广大优抚对象的切身利益问题。

【优待抚恤】 2014 年，市民政局抓好烈士褒扬和烈士纪念设施保护工作，大力弘扬烈士精神，开展首个法定烈士纪念日烈士公祭活动。全面落实优待抚恤政策，共下拨抚恤补助资金 8118 万元，发放义务兵优待金 5480 余万元，下拨医疗补助资金 549 万元。

【退伍安置】 2014 年出台《焦作市退役士兵重点安置对象考核安排工作实施细则（试行）》。抓好退役士兵培训工作，5 月在孟州召开全市退役士兵培训工作推进会，对全市退役士兵开展技能培训。全年共接收退役士兵 1935 人，培训退役士兵 1668 人。妥善解决退役士兵安置遗留问题，20 余名退役士兵得到妥善安置。确立了公开公平公正的退役士兵安排工作制度。

【军休安置】 2014 年共接收安置军休干部 2 人，无军籍职工 5 人。认真落实军休人员政治待遇和生活待遇，不断提高军休服务水平。

【关恒保被批准为烈士】 焦作市根据《民政部关于对辛亥革命、北伐战争、抗日战争中牺牲的国民党人和其他爱国人士追认为革命烈士问题的通知》和《烈士褒扬条例》规定，按程序经市政府正式行文，向省政府报批。6 月 17 日，省政府批准原国民党人士关恒保为烈士。

关恒保，别号安如，生于 1906 年，孟县关唐村人，省立后期师范毕业，历任孟县县立第八小学校长、孟县县立第一小学校长、河南省立第十四中学教员、孟县县党部干事、孟县县党部书记长等职。1938 年日寇侵占孟县，实行“三光”政策，前后达 7 年之久。面对日伪的恐怖统治，关恒保坚决主张抗战，积极为抗日奔走。1944 年 4 月 25 日，驻孟日军警备队长上古率队包围关唐村，关恒保不幸被捕。关恒保大义凛然，在日军的屠刀面前宁死不屈，严守抗日根据地的秘密，拒不吐露党内同仁的藏身之地。恼羞成怒的上古，用东洋刀在关恒保的身上乱砍。关恒保满身是血，被鬼子戳了几十刀仍大骂不止，惨遭鬼子杀害，年仅 39 岁。

烈士公祭日活动

【烈士纪念日公祭活动】 9月30日是我国首个法定烈士纪念日。当天，焦作市组织社会各界代表在市烈士陵园举行2014年烈士公祭仪式，缅怀先烈。仪式由市委副书记、市长张文深主持，市委书记孙立坤代表市五大班子整理花篮缎带，市党政军群及烈军属代表等500余人参加。

【基层政权建设】 2014年，市民政局扎实开展村务公开和民主管理工作，认真落实“四议两公开”（“四议”：即党支部会提议、两委会商议、党员大会审议、村民代表会议或村民会议决议；“两公开”：即决议公开、实施结果公开）工作法，在全市106个乡镇（街道）1826个行政村全面建立“三资”（资金、资产、资源）代理工作机制和“三票评议”（指对村两委班子、党支部书记和村主任的履职情况进行公开民主评议）考评制度。全面推进农村党风廉政建设，进一步深化村务公开和民主管理工作，村级事务管理日趋规范。

【社区建设】 2014年，市民政局积极创新社区治理，深入推进和谐社区建设，在全市城市社区普遍建立起网格化管理新模式。提高城区城市社区在职两委干部生活补贴标准，社区两委干部生活补贴由每月1370元提高到2099元。10月31日至12月31日，进行村级组织换届选举（包括村委会、党组织、监委会）。全市1826个村全部选举产生了新一届村党组织、村委会和监委会，圆满完成第八届农村级基层组织换届选举工作。

【社会组织管理】 2014年，市民政局加强社会组织登记管理，新成立民间组织31个，全市社会组织总数达1100个。深化社会组织登记管理改革，对四类社会组织实行直接登记，全市直接登记社会组织6个。开展社会组织年检和评估，参检率和合格率分别达95%和93%，对16个社会组织给予撤销登记。

【行政区划调整】 2014年，市民政局积极稳妥调整城区行政区划，支持新区工业区拓展区建设。指导县市开展行政区划调整工作，推进城镇化发展进程。8月5日，市人民政府批复同意博爱县撤销清化镇设立清化镇街道办事处和鸿昌街道办事处。

【焦作市被命名为首批全国地名公共服务工程示范市】 2014年，市民政局创新地名管理手段，焦作市被国家民政部命名为首批全国地名公共服务工程示范市。周密准备，全面启动第二次全国地名普查工作。8月1日，市地名委员会下发《关于加强建筑物名称备案管理的通知》，进一步规范全市地名备案管理工作。

【殡葬管理】 2014年，市民政局扎实推进殡葬改革，加强殡葬政策宣传，高标准执行惠民殡葬政策，扩大惠民项目覆盖范围。推进农村公益性墓地建设，鼓励生态化安葬。

【婚姻及收养登记】 2014年，全市

2014年焦作市社会福利事业、殡葬情况

	单 位	全 市
一、社会福利院	个	2
职工人数	人	138
#医护人员	人	8
年末固定资产原值	万元	583
车辆数	辆	4
年末床位数	张	600
本年在院总人天数	人天	118260
年末在院人员	人	324
#老人	人	19
残疾青壮年	人	55
少年儿童	人	250
婴幼儿	人	
二、殡仪馆	个	7
职工人数	人	229
年末固定资产原值	万元	4323
车辆数	辆	34
火化炉数	台	21
全年营业收入	万元	931
全年处理遗体数	具	10613
三、救助管理站	个	7
年末职工人数	个	68
上年末在站人数	人	87
本年入站人数	人次	8695
本年处理人次	人次	8695
年末在站人数	人	97

登记结婚 4.68 万对，离婚 9700 对。深入开展婚姻登记机关等级评定，加强婚姻法规宣传，严格依法办理婚姻登记，结婚登记准确率、合格率和群众满意率均为 100%。全年办理国内收养 4 例，涉外送养 11 例，解除收养登记 1 例。

【姜力莅焦调研】 4 月 11 日和 6 月 19 日，民政部党组副书记、副部长姜力一行莅临武陟县调研指导民政工作，并召开党的群众路线教育实践活动座谈会，听取基层党员干部群众对民政工作的意见和建议。省民政厅厅长冯昕、副厅长常东河、焦作市副市长贾书君等陪同调研。

（孙　娜）

·人民生活·

【城镇居民生活质量稳步提高】 2014 年，焦作市继续优化经济发展环境，促进产业结构调整升级，全市经济保持了良好发展态势，城镇居民收入与消费水平持续增长，生活质量稳步提高。

城镇居民人均可支配收入 2.4 万元，比上年增长 8.7%；人均工资性收入 1.76 万元，比上年增长 13.0%；人均经营性收入 2704 元，下降 4.2%；人均财产性收入 549 元，增长 25.8%；人均转移性收入 4492 元。

城镇居民人均消费性支出 1.63 万元，比上年增长 10.3%；日益丰富的商品市场与完善的服务功能，为城镇居民生活带来更多便捷和实惠。食品消费以健康营养为理念，人均支出 4846 元，增长 10.4%，恩格尔系数 29.7%；人均衣着支出 2225 元，增长 7.7%；居住条件不断改善，人均居住支出 1506 元，增长 18.2%；人均家庭设备用品及服务支出 1580 元，增长 11.0%；人均交通通讯支出 2029 元，增长 18.8%；人均医疗保健支出1436 元，增长 4.2%；人均教育文化娱乐服务支出 1908 元，增长 2.2%。

城镇居民家庭耐用品拥有量逐年增长，新型多能、健康环保的耐用品更多地进入居民家庭。城镇居民每百户拥有彩电 120 台、空调 123 台、冰箱 92 台、洗衣机 98 台、淋浴热水器 74台、家用电脑 71 台、照相机 21 架、移动电话 228 部。

（杨梅香）

【农民生活质量和水平进一步改善】 2014 年，焦作市委、市政府进一步强化落实惠农政策，深化农村改革，全市农村经济保持良好的发展态势。农民收入持续增加，农民生活质量和生活水平进一步改善和提高。

农村居民人均纯收入 1.25 万元，同比增长 10.1%；人均生活消费支出 9414.9 元，同比增长 9.7%。生活消费八大类实现全面增长，其中人均食品消费支出 2587.2 元，增长 7.7%；衣着消费支出 819.5 元，增长 17.8%；居住消费支出 1854.9 元，增长 2.9%；家庭设备用品及服务支出 924.4 元，增长 7.5%；交通通讯支出 1200.9 元，增长 22.8%；文教娱乐用品及服务支出 699.8 元，增长 0.3%；医疗保健支出 864.2 元，增长 17.8%；其他商品和服务支出 464.0 元，增长 12.1%。

反映农民生活质量的恩格尔系数持续下降，比上年下降 0.6 个百分点，标志着全市农民生活质量得到了进一步的改善。

（李　君）

·沁阳市·

中国千年古县
中国怀药之乡
中国造纸机械之乡
中国中部百强县（市）
中国玻璃钢之乡
中国优秀旅游城市
中国最佳生态旅游城市
中国最佳休闲旅游城市
全国首批绿色能源示范市
全国中小城市百强县（市）
全国卫生城市
全国文化先进市
全国科技进步先进市
全国双拥模范城
国家知识产权试点城市
河南历史文化名城

中共沁阳市委员会
书　记　魏新洪
副书记　毛文明
常　委　魏新洪
　　　　毛文明（市长）
　　　　李　伟（纪委书记）
　　　　栗爱民（常务副市长）
　　　　王晓生（组织部部长）
　　　　许国顺（政法委书记）
　　　　王　瀛（市委办主任）
　　　　张玉红（宣传部部长）
　　　　崔卫红（统战部部长）
　　　　罗宗华（人武部政委）
　　　　龙祝志（副市长）

沁阳市人大常委会
主　　任　唐自立
副 主 任　赵同金　闫林森
　　　　　郭宪文　武端阳
正县级干部　李黎明

沁阳市人民政府
市　　长　毛文明
副 市 长　栗爱民　龙祝志
　　　　　孙菊梅　孙志勤
　　　　　郭君玲　葛元彬
　　　　　买　国　张沁峰
　　　　　刘明法　冯　奇
正县级干部　王跃进
党组成员　王六军

政协沁阳市委员会
主　席　张沁山
副主席　牛中秋　李　彪
　　　　张向东　王小庆

【概况】　沁阳市位于焦作市西部，北枕太行，南瞰黄河，总面积623.5平方公里，其中耕地面积3.01万公顷。辖王召乡、王曲乡、常平乡、紫陵镇、西向镇、西万镇、山王庄镇、崇义镇、柏香镇、怀庆办事处、沁园办事处、覃怀办事处、太行办事处等13个乡镇办事处，307个村民委员会。总人口49.13万人，其中农业人口40.67万人。

2014年，全市地区生产总值完成350.4亿元，比上年增长8.9%。其中第一产业增加值20.3亿元，增长4.6%；第二产业增加值248.2亿元，增长9.5%；第三产业增加值81.9亿元，增长7.5%。实现工业增加值239.7亿元，增长9.5%。粮食总产量34.1万吨，增长0.27%。公共财政预算收入12.2亿元，公共财政预算支出21.2亿元。全社会固定资产投资完成258亿元，增长13%。社会消费品零售总额完成77亿元，增长12%。商品出口总额完成6654万美元，增长12%。实际利用外资1.06亿美元，增长10%。城镇居民人均可支配收入2.39万元，增长8.6%；农民人均纯收入1.34万元，增长10%。

2014年，沁阳市面对错综复杂的经济形势，紧紧围绕“四个沁阳”（富裕沁阳、文化沁阳、美丽沁阳、和谐沁阳）的奋斗目标，以务实发展、科学发展为主题，积极适应经济发展新常态，强力推进“四区”建设，着力稳增长、促改革、调结构、

超威电源生产车间

控风险、惠民生，经济社会保持了健康发展的良好态势。

抓项目，活力后劲持续增强。中电投沁阳发电公司一期投资80亿元的2×100万千瓦发电机组项目获得“路条”，晋煤天庆煤化工二期投资5亿元的工业燃气优化项目将全面实施。与河南水利投资集团合作实施了九渡水库工程、小浪底北岸灌区调蓄湖及干河改造等项目前期工作。全年引进招商引资项目113个，到位焦作市外资金166.4亿元，增长17%，其中省外境内资金58.6亿元，增长16.8%。实施1000万元以上重点项目185个，其中新开工项目68个，完成投资120.9亿元。晋煤天庆煤化工一期、永威高档阻燃装饰板、中能铝合金棒等82个项目建成或部分建成，超威四期、万都预焙阳极、天鹅型材新型高档铝型材等10亿元项目加快推进。

调结构，工业经济转型提升。实施工业转型升级三年行动计划，完善产业发展图谱，优化产业结构，打造产业集群，着力构建现代工业体系。举办了河南沁阳产学研合作交流会，国顺硅源、尚宇新能源等3个企业获中科院成果转移转化中心技术和资金支持。天鹅型材“高耐候共挤PVC材料”获省科技创新成果奖，兴发铝业被评为焦作市信息化与工业化融合示范企业。完成《集聚区空间发展规划暨控制性详细规划》编制，成功创建省级经济技术开发区，第三次被评为全省“十强”产业集聚区。

夯基础，现代农业提质增效。积极推进高标准粮田百千万工程，新建高标准粮田万亩方2个、千亩方5个，粮食总产量达到34.1万吨。治理水土流失面积16平方公里，发展节水灌溉面积6.5万亩，新打机井580眼，新修硬化渠道28公里，农业基础设施得到有效改善。新增农民专业合作社60个，总数达到528个，其中国家级示范社3个、省级示范社21个。玉米机收率达到92.5%，土地流转率达到53%，规模经营水平持续提高。全市农产品加工企业总数达到56个，其中省级农业产业化龙头企业3个、焦作市级13个，农业产业化步伐加快。

育特色，现代服务业日趋繁荣。实施神农山景区改制及经营权转让工作，景区转型发展迈出实质步伐。开展两岸经济、文化交流活动，进一步深化两岸交流合作。开办“覃怀书声”公益论坛，檀溪堂文化产业园、清真北大寺维修等项目加快推进，通过“全国文化先进市”验收。完成《特色商业区控制性详细规划》编制，启动城市功能分区和特色商业区建设，入驻企业40个、个体工商户4803个。崇义轻工、聚珍酒厂线上产品销量扩大，众德怀药、老师傅驴肉等产品网上销量位居全国前列。泰利机械在新三板（全国中小企业股份转让系统）成功挂牌上市，永威安防进入上市辅导程序。

促改革，发展动力有效激发。调整完善市、乡财税管理体制，科学制定财税分配机制。实施社会综合治税，开展城镇土地使用税清理整治等七个专项行动，新增税收3416万元。出台《政府性债务管理暂行办法》《国有资源资产有偿使用收入管理暂行办法》等制度，加强政府债务、国有资源资产管理。强力推进行政审批制度改革，大力简政放权，建立了并

天庆煤化工

社区文化墙

联审批、“三集中、三直接”等机制，在焦作县（市）区率先开通网上服务大厅，新注册企业“四证一章”2日内办结，市本级审批、服务事项由536项压减到368项，建设工程项目审批市本级承诺时限由300个工作日压缩到40个工作日，效能效率进一步提升。

重建管，城乡面貌明显改观。制定了科学推进新型城镇化的指导意见和实施方案，为稳妥推进新型城镇化奠定了基础。冢沁线“二改一”、紫黄线大修、卫柿线逍遥河桥加固等工程竣工投用。新建农村公路87.4公里。实施地产项目29个，锦绣江南三期、玫瑰城二期等项目主体完工，新增建筑面积65万平方米。实施老城区水网改造工程，完成投资822万元、改造4108户。110千伏王曲变电站建成投用，新建改造配网台区200个。城区有线数字电视整体转换完成，农村有线数字电视整体转换全面启动。开展市容环境整治、“两违”治理、焦克路整治、煤炭市场和成品油市场整治等工作，城乡秩序有效改善。全力推进“美丽乡村”建设，投入资金1.4亿元，完成275个村环境卫生整治，乡容村貌得到明显改观。

惠民生，人民生活得到改善。全力推进九件民生实事，有效解决了困难群众临时救助、1—6级残疾军人医疗保障、基层动物防疫员和环卫工人薪资待遇等群众关心、关注的民生问题。高考、中招成绩继续保持焦作领先位次，教育信息化顺利推进，教育科研高效开展，素质教育全面深化，荣获河南省网络学习空间整体应用试点市、河南省教育科研实验基地。深化县域医药卫生体制综合改革，零差率销售药品9461.6万元，让利群众1565.4万元，“先住院、后结算”服务模式惠及群众3万余人次；推进全市卫生资源整合，探索建立市、县、乡三级医疗联合体。社会保险覆盖面不断扩大，新农合参合人数达到38.4万人，总补偿234.6万人次1.4亿元，城乡居民养老保险参保人员达到22.76万人。城乡低保人均月保障标准由每人每月350元、180元分别提高到400元、230元。舆情监测指挥系统、视频监控与报警系统一期工程建成投用，实施“一村一警”，社会治安防控体系更加完备。非法集资势头得到有效遏制，非法集资案件处理有序推进。持续开展安全生产、食品安全、道路交通安全专项整治，积极化解信访问题，严厉打击各类刑事犯罪，社会大局和谐稳定，人民群众安全感进一步提升。

【神农元太行山区油用牡丹产业发展研讨会召开】 5月24日，神农元太行山区油用牡丹产业发展研讨会在沁阳市召开。沁阳市神农元生物科技有限公司与中国科学院植物研究所合作开展油用牡丹种苗繁育及生产示范基地的试点工作。原林业部副部长、国家林业局党组副书记、中国林业经济学会理事长李育才作题为《中国油用牡丹发展的思考》的报告。中国科学院植物研究所博士、高级工程师朱彩梅作题为《太行山区油用牡丹生物产业园》项目报告。与会的各位领导和专家围绕油用牡丹产业的发展价值和前景进行探讨，并就如何进一步发展好太行山区油用牡丹产业提出意见和建议。省林业厅副厅长、正厅级巡视员王德启就神农元太行山区油用牡丹产业发展提出具体要求。中国治理荒漠化基金会秘书长、中国西部开发促进会会长张剑鸿，省中科院科技成果转化中心主任、研究员吕纯操出席

新体育馆 张大明 摄

省运会在新体育中心比赛

研讨会。

【弘扬中华传统美德公益讲坛举办】 8月8日至10日，沁阳市以“践行价值观，共圆中国梦”为主题，举办弘扬中华传统美德公益讲坛。该讲坛邀请全国各地的传统文化知名专家学者讲课，司法部原部长、原党组书记高昌礼，山东省烟台市委党校副教授蔡玉霞，山西省大同市地税局教育中心主任张瑞，南京居美馨文化教育中心讲师潘信文，山东电视台《天下父母》栏目导演吕明晰，中国中医科学院彭鑫博士等分别作题为《借鉴历史对社会主义核心价值观建设的几点思考》《干部带头践行中华传统美德》《中华文化给党员干部带来的真实利益》《德音雅乐》《实现中国梦从孝道做起》《中华传统养生之道》等讲座。

（白佩杰　王　涛）

2014年沁阳市各乡镇主要经济指标情况

乡镇办事处	总面积（平方公里）	耕地面积（公顷）	村委会（个）	社区居委会（个）	年末总人口（人）	工业产值（万元）	农业产值（万元）	粮食产量（吨）	固定资产投资（万元）	财政收入（万元）	农民人均纯收入（元）
太行办	16	618	8	8	32640	174200	11433	8723	144000	414	13956
怀庆办	15.16	668	9	2	31793	340454	12005	954	194000	2311	13619
沁园办	21	467	14	7	32000	58000	11406	7303	52000	5946	14258
覃怀办	14.4	540	7	5	29717	154120	11924	7262	23000	1567	13374
西向镇	99.36	2544	27		64353	2329809	34199	35993	302000	3820	14768
西万镇	36.7	1262	12		38390	448942	19457	17843	130825	2111	13706
山王庄镇	18.8	7440	17		31171	410000	9687	7965	82000	1415	13703
紫陵镇	66.8	1492	13		27191	1197000	25600	19689	173000	1253	13900
常平乡	98	143	12		9220	52000	4549	1035	38000	928	1556
柏香镇	83.4	6239	62		61948	730000	59960	67832	9500	3050	13792
崇义镇	44.6	2333	38		35000	598477	56633	50630	210000	621	12344
王召乡	66.1	3952	47		50615	403068	54267	58289	230000	391	13001
王曲乡	57.86	3465	41		41987	728636	48142	50124	286000	1950	12500

·孟州市·

国家科技进步示范市
国家可持续发展实验区
全国义务教育发展基本均衡市
全国阳光计划生育行动示范市
国家知识产权强县试点市
全国科普示范市
全国文化先进县市
全国粮食生产先进县市
全国知识产权强县工程县市
全国计划生育优质服务先进县市
全国群众体育先进单位
全国基本农田保护先进单位
中国金融生态城市
中国最具投资潜力中小城市
河南省园林城市
河南省卫生城市
河南省科技企业孵化器先进单位
河南省小型农田水利建设优秀县
河南省唯一中国淘宝村——桑坡村

中共孟州市委员会
书　记　魏超杰
副书记　刘文年　郜方正
常　委　魏超杰
　　　　刘文年（市长）
　　　　郜方正
　　　　邹仲春（纪委书记）
　　　　卫国胜（常务副市长）
　　　　郭鸿军（政法委书记）
　　　　吴　军（市委办主任）
　　　　张承林（组织部部长）
　　　　杨树亮（宣传部部长）
　　　　高　霞（统战部部长）
　　　　周圣源（人武部政委）

孟州市人大常委会
主　任　孙长云
党组书记　刘同旺
副主任　吴喜元　耿　会
　　　　方怀忠　张英桃

孟州市人民政府
市　长　刘文年
副市长　卫国胜　徐明安　王所成
　　　　田丽洁　郝雅伟　谢如峰
　　　　王保宏　闫玉新　刘国举

政协孟州市委员会
主　席　王成群
副主席　汤长贵　马书彦

【概况】 孟州市是唐宋八大家之首韩愈故里，位于焦作市西南部，总面积 541.64 平方公里，其中耕地面积 2.7 万公顷；辖大定、会昌、河雍、河阳 4 个街道，化工、南庄、谷旦、西虢、城伯、赵和 6 个镇和槐树乡，274 个村民委员会。总人口 38.41 万人，其中农业人口 32.4 万人，人口自然增长率为 5.21‰。

2014 年，全市地区生产总值完成 262 亿元，较上年增长 8.5%，其中第一产业增加值 20.6 亿元，增长 4.2%，第二产业增加值 202.1 亿元，增长 8.9%，第三产业增加值 39.3 亿元，增长 8%；规模以上工业增加值 179.1 亿元，增长 9.7%；粮食总产量达 30.8 万吨，增长 0.18%；一般公共预算收入 10.15 亿元，增长 11%；固定资产投资 256.8 亿元，增长 21.8%；社会消费品零售总额 64.5 亿元，增长 12.4%；城镇居民人均可支配收入 2.37 万元，农民人均纯收入 1.31 万元，分别增长 8.6%、10.3%。

抓改革优服务，发展活力不断激发。审批机制更加优化。推行行政审批“三集中、三直接”改革，在 29 个单位成立行政事项服务科，全市依法取消、合并减少行政审批事项 15 项，转为服务事项 11 项，行政审批时限总体压缩 30%以上。服务创新富有成效。开展银政企对接、金融服务进厂下乡等活动，银企合作不断深化，累计为企业融资担保 4.2 亿元、提供贷款 42.4 亿元，1 个企业实现 Q（中小企业股权报价系统）版上市。推行涉企“检查准入、收费扎口、处罚申报”三制保护制度，全市涉企检查、收费同比下降 26%、18%。落实先照后证和企业年度报告公示制度，全年新增各类经营实体 1488 个，增长 13.4%。开展“百高千中”、引才引智等工作，引进高层次人才 98 人，培训企业管理人员 1000 人、农村劳动力技能 5380 人。学教活动扎实开展。开展党的群众路线教育实践活动，查摆、解决“四风”问题 25 类 58 项，新建、修订市政管理、公共卫生、农田水利等制度 14 项。

河南省中原内配公司引进的工业机器人

拓平台促开放，发展势头持续增强。平台优势加快提升。启动实施产业集聚区基础设施 26 项，建成道路 13 公里，铺设天然气、自来水、雨污管网 77 公里，实施亿元以上工业项目 48 个，集聚区吸纳就业 6.3 万人，连续两年跻身全省“十强”，被评为河南省二星级产业集聚区。开放优势加速凸显。全年实际利用市外资金 165 亿元，境外资金 1.3 亿美元。完成进出口总额 7.4 亿美元，进出口总额、出口总额、人均出口额继续名列全省对外开放重点县（市）首位。德众保税中心通过国家验收，成为全国第 27 个、河南省第 2 个 B 型保税物流中心。科技优势持续增强。建成院士工作站 1 个、省级检验检测中心 3 个，新认定国家级高新技术企业 4 个，公共技术服务平台和企业科技创新平台建设均实现了新突破。入选焦作市“30 强”“30 新”“30 高”企业 13 个，中原内配入选第一批国家知识产权优势企业，隆丰公司被评为焦作市两化融合示范企业，产业集聚区被评为河南省创新型示范集聚区。抓转型调结构，三次产业齐头并进。突出项目抓手作用，新建、续建 500 万元以上项目 198 个，完成投资 137.5 亿元，其中亿元以上 66 个，10 亿元以上 11 个，列入省市重点项目 53 个，三次产业实现同步提升。工业经济质效双提。深入实施“36833

小麦高产万亩示范片

杏鲍菇种植

培育工程”，对全市 50 个重点企业、98 个重点项目实行县级领导分包，先后建成中原内配三期、三丽电源电动车等项目 77 个，启动龙旺真空玻璃、德众保税中心二期等项目 32 个。全市税收超 500 万元企业达到 14 个，36 个骨干企业税收实现稳步增长。

现代农业步伐加快。整合资金 1.26 亿元，实施高标准粮田、小型农田水利等工程 12 项，被评为河南省小型农田水利建设优秀县。建成小麦高产创建核心示范区 10.6 万亩，粮食生产实现“十一连增”。推进“十大集群”建设，累计流转土地 2.1 万亩，新建合作社 43 个、家庭农场 38 个，新命名省市级农业产业化龙头企业 3 个，总数达 27 个。

三产经济稳步提升。东环路建材家居商业街入驻商户达到 165 个，德众保税中心开通德众优购在线商城，中原内配、隆丰皮草、飞孟金刚石等骨干企业先后开通电子商务，桑坡村成为河南省唯一一个淘宝村，全市三产从业人员 6.5 万人，三产增加值 39.3 亿元，同比增长 8%。

强统筹增引力，美丽孟州快速构建。坚持以“人的城镇化”为核心，持续探索“以农民进城为主渠道”的新型城镇化道路，农业转移人口市民化步伐持续加快。城市设施更加完善。投资 5.2 亿元，实施基础设施项目 11 项，建成道路 9.7 公里，光华路、新兴街、凤凰路、河阳大街西延、太行大街东延、花园新街东段、南环路二期与西环路连接线等 7 条道路竣工通车，黄河西路、北环路西延等道路稳步推进，城市通行条件进一步改善。城市引力不断增强。新建续建城市开发及公共租赁住房项目 29 个，启动新型社区项目 11 个，建成各类住房 43.4 万平方米。投资 4500 万元，在城区实施教育项目 5 个，河雍小学、市直第二幼儿园建成投用，城市的住房、教育牵动能力大幅增强，农民进城购房 1043 套，同比翻了一番。孟州农业转移人口市民化工作，得到省委书记郭庚茂的充分肯定，经验做法在焦作全面推广。城乡环境更加舒适。围绕“美丽孟州”和“美丽乡村”建设，实施黄河西路生态防护林、千亩苗圃花卉示范基地、南庄河口湿地等工程 9 项，完成造林 1.2 万亩，建成湿地 300 亩，全市林木覆盖率、城市绿地率分别达到 38.2%、32.7%。开展“蓝天雷霆工程”“清水利剑行动”“环境综合整治”“农村环境卫生十乱专项整治”等 4 项工程，拆除城区燃煤锅炉 27 台，取缔“十五小”企业 105 个，全年 COD 减排 815.9 吨、氨氮减排 158.2 吨，城区空气优良天数达到 273 天。

办实事惠民生，发展红利共建共享。各项事业更加协调。累计投入 3000 余万元，继续推行高中阶段免费教育，实施农村薄弱学校改造、“校校通”提升工程、学前教育三年行动计划，通过“全国义务教育基本均衡县”验收。探索组建城乡医疗联合体，市中医院异地新建项目完成投资 3.6 亿元，全年补助新农合资金 1.1 亿元 80 万人次。兑现计生奖励 1030 万元，人口计生工作继续走在全国前列。开展“读经典、学做人”和武术进校园活动，开办《道德讲堂》《善行义举四德榜》等教育栏目 4 个，开展志愿者服务活动 1.9 万人次，通过“全国文化先进市”复核验收。民生保障更加有力。城镇基本养老、基本医疗保险持续扩面提标，全

孟州市电商产业园——淘宝村

群众体育活动

年累计发放敬老补贴、医疗救助、最低生活保障金3500万元，扩建新建社会养老机构4个，全市五保对象集中供养率达到80%以上，流浪乞讨人员和孤儿救助基本实现全覆盖。投资1839万元，实施农村安全饮水工程，48个村3.7万人的饮水不安全问题得到有效解决。推进农村公路三年行动计划乡村畅通工程，建成道路62公里。社会管理更加科学。开展“安全孟州”“六打六治”专项行动，治理安全生产隐患3300余处，安全生产形势持续稳定。持续推进“平安孟州”“法治孟州”建设，公众安全感指数保持在95%以上。推行食品安全监管体制改革，先后建成乡级农产品质量安全监测站11个，累计对6571个食品生产经营者建立安全信用档案，确保了群众“舌尖上的安全”。开展领导干部接访下访工作，办结上级转送交办信访事项406件，办结中央、省委巡视组交办事项86件，群众满意率达到90%以上，社会大局持续平稳。

【孟州市建立学生资助体系促进教育事业全面发展】 7月，孟州市积极落实各项教育惠民政策，开展各种资助活动，帮助寒门学子圆上学梦，有效促进了全市教育事业的全面发展。建立了覆盖学前教育、义务教育、高中教育等各个阶段的学生资助体系。一是对幼儿园家庭经济困难儿童实行生活补助，每生每年资助400元。二是义务教育阶段学生免费提供教科书、免交学杂费，家庭经济困难且食宿在校的小学生每年资助1000元，初中生每年资助1250元。三是在全国率先实行高中阶段全免费教育，高中家庭经济困难学生可申请生活补助，每生每年资助1500元。四是职业学校每生每年免除学费1700元，家庭经济困难学生可申请助学金。五是到河南省以外就读的家庭经济困难大学生可申请助学贷款，贷款额度每生每年6000元，上学期间利息全免。自2011年以来，孟州市学前教育资助幼儿400人次，资助金额16万元；义务教育资助21.9万人次，资助金额8587万元；普高、中职享受助学金1.34万人次，资助金额1041万元；中职享受免学费8692人次，资助金额570万元；经济困难大学新生入学资助86人，资助金额5.85万元；生源地信用助学贷款105人，贷款金额62.45万元。

（申路武　王立朋）

2014年孟州市各乡镇主要经济指标情况

乡镇街道	总面积(平方公里)	耕地面积(公顷)	村委会(个)	社区居委会(个)	年末总人口(人)	工业产值(万元)	农业产值(万元)	粮食产量(吨)	固定资产投资(万元)	财政收入(万元)	农民人均纯收入(元)
大定街道	23.0	770.7	19	4	40000	1625000	18965	11997	287000	3435.63	13508
会昌街道	48.3	2524.7	21	8	62000	298000	11183	15545	284000	3685.8	13080
河雍街道	18.3	900.0	14	2	17000	143000	13072	28500	60000	3022.9	13400
河阳街道	18.6	993.3	17	1	29600	1080000	16000	7636	280000	4262.7	13380
南庄镇	48.1	2600.0	28		40900	1159500	23000	32000	361000	1043.4	11000
化工镇	68.7	2466.7	20		38100	153174	38201	27847	135000	497.0	10231
城伯镇	39.0	2800.0	23		33000	430000	37826	48572	150000	606.4	11852
谷旦镇	39.2	2133.3	29		28800	402500	29729	31522	109000	416.1	12433
西虢镇	81.9	3395.9	21		34500	2384000	12000	15000	702000	8424.2	12000
赵和镇	77.6	5200.0	38		37000	54000	49357	56368	42000	391.4	5146
槐树乡	73.0	3000.0	44		23000	145000	40000	64000	32000	252.5	8900

·博爱县·

国家首批循环经济示范县
中国最具投资潜力特色示范县
全国服务农民基层文化工作先进县
全国计生家庭奖励扶助制度和少生快富工程试点先进县
全国粮食流通监督检查工作先进县
全国蔬菜标准化生产示范县
全国计划生育优质服务县
河南省新型工业化示范县
河南省林业生态县
河南省义务教育均衡发展先进县

中共博爱县委员会
书　记　李平启
副书记　张　建　张维兴
常　委　李平启
　　张　建（代县长）
　　张维兴
　　张王成（纪委书记）
　　邓国侠（组织部部长）
　　常平凡（常务副县长）
　　邱志杰（政法委书记）
　　崔志刚（县委办主任）
　　朱保平（宣传部部长）
　　于三龙（统战部部长）
　　李向红（正县级干部）

博爱县人大常委会
主　任　陈治国
副主任　程长菊　安天乐　李仁德
　　贺铭文　张海霞
党组成员　蔡长武　毋道云

博爱县人民政府
代县长　张　建
副县长　常平凡　宋复生
　　裘家春　郑小标
　　秦旭晨　郭春平
　　薛建伟　李秀萍
　　孙学锋
正县级干部　刘九香
党组成员　朱巧玲　窦应征
　　杜　峰　张海峰

政协博爱县委员会
主　席　牛生霞
副主席　李立勇　郝玉清　娄　庆
党组成员　张明宝

【概况】　博爱县位于焦作市西邻，总面积435平方公里，其中耕地面积1.74万公顷，辖许良、月山、柏山、磨头、孝敬5镇，金城、寨豁2乡，清化、鸿昌2个街道（8月5日，焦作市人民政府批复同意，博爱县撤销清化镇，设立清化镇街道办事处和鸿昌街道办事处），204个村民委员会。总人口39.8万人，其中农业人口32.14万人。2014年人口自然增长率为5.9‰。

2014年，全县实现地区生产总值214.9亿元，较上年增长9.2%。其中第一产业增加值18.6亿元，增长4.1%；第二产业增加值156.2亿元，增长10.4%；第三产业增加值40.1亿元，增长6.0%。限额以上工业增加值137.9亿元，增长11.7%。粮食总产量18.7万吨，增产1999吨。财政一般预算收入6.33亿元，财政一般预算支出13.98亿元。固定资产投资完成163.1亿元，社会消费品零售总额50.1亿元，外贸进出口总额1.13亿美元，实际利用外资1.14亿美元。城镇居民人均可支配收入2.30万元，人均消费性支出1.53万元。农村居民人均纯收入1.19万元，人均生活费支出8890元。城乡居民年末储蓄存款余额84.3亿元。

“实力博爱”建设迈出新步伐。坚持务实发展理念，以打造百亿产业集群为目标，将以汽车零部件为主的装备制造和天然气综合利用为主的能源工业确立为两大主导产业，突出抓好开放招商、项目建设、新业态培育等工作，发展质量和综合实力进一步提升。招商引资成效明显，组织开展招商引资月等活动，引进了博爱益达LNG燃气动力改装等一批规模大、质量好的项目，签约了亨昱光伏发电、北京易村通达电子商务等重大项目。新引进项目95个，引进市外资金125.4亿元，增长16.9%。项目建设快速推进，研究制定集聚区项目服务、项目预审、双向约束等一系列工作机制，建立、完善重点项目推进台账，有力促进了项目建设。特别是三峡益众LNG液化工厂，4月份土建开工，12月份试生产，刷新了国内同行业建设速度最快纪录。全县96个重点项目完成投资103.4亿元，增长22.2%。主导产业持续壮大，产业集聚区新扩区域6条道路建成通车，水、电、气等配套设施同步实施，承载力大幅提升；悍马轮胎项目全面开工，6个新上项目入驻产业集聚区，中汇公司、汽配公司等区内企业积极

河南金牌山模具有限公司生产车间

河南裕华新材料股份有限公司增透膜玻璃项目

扩大产能，装备制造业规模进一步壮大；龙源电厂一号机组等项目试生产，中电投风力发电等项目前期工作进展顺利，能源工业崭露头角；县产业集聚区被省政府确定为一星级产业集聚区。全年开展产学研合作项目5个，完成省级科技成果鉴定3项；中汇公司通过国家级高新技术企业认定，新增市级科技型企业8个；建成2个省级、2个市级工程技术研究中心，企业科技创新能力进一步增强。新兴业态扬帆起航，紧紧抓住省、市促进电子商务发展的机遇，研究制定促进电子商务和信息化发展机制，成功争取到国家"电子商务进农村综合示范县"项目。在全省率先召开旅游电商大会，青天河景区与携程、同程、新浪等17个全国知名电商建立战略合作关系，签下2000万元旅游大单。同时大力推进现代商贸物流业发展，鸿昌商业广场等商业综合体主体建成，五洲国际商贸物流等重大招商项目正在推进，服务业发展动力进一步增强。现代农业稳步发展，粮食生产实现"十一连增"。编制完成现代农业示范区规划，实施了小农水重点县等10余项农田水利工程，建成1个设施花卉园和3个设施蔬菜园，开工建设采用国际先进技术的新源鑫智能温室项目。发展山药、生姜等特色农产品3.3万亩，3个合作社被命名为国家级示范社。

"宜居博爱"建设呈现新面貌。突出品质、品位提升，加大城市开发建设力度，城乡面貌持续改善。规划更科学，进一步完善城市总体规划和县域村镇体系规划，完成9条道路街景规划，积极推进清化老街深度设计，发展蓝图更加清晰。水系更靓丽，围绕水通、水活、水清、水景、水韵目标，建成发展大道明渠和湿地公园、博爱公园二期，开工建设滨河游园，城区水面达到1200余亩，三纵五横两湖一湿地城市水系基本建成。功能更完善，加快城区北移东扩步伐，文化路东段等6条城区道路建成，图书大厦等3个项目主体完工，盈佳御景园等9个商住小区和程村社区等6个市级新型农村社区稳步推进，承载能力进一步增强。管理更有序，开展城区规划土地综合执法，拆除违章建筑58处4700平方米。高标准完成道路绿化工作，新增绿化面积5.9万平方米。开展噪音扰民、交通秩序等专项整治，加强公园、河道管理，城市管理水平不断提高。

"美丽博爱"建设实现新提升。以打造全国知名休闲度假旅游目的地为目标，加强景区建设和生态保护，全县环境质量明显改善。旅游业快速发展，谋划、推动青天河景区由山水游向休闲度假游转变、由旅游景点向旅游目的地转变。实施总投资3.7亿元的青天河水上运力提升等旅游项目17个，建成大泉湖滨水栈道等项目8个，在全市文化旅游园区集中观摩中获得第二名。青天河景区成功晋阶中国红叶联盟，青天河红叶成为全国知名的红叶旅游品牌，获得河南省旅游人气景区大奖，全年接待游客人数、景区收入分别增长41.3%和89.6%。红叶节期间，单日游客首次超过2万人，成功将黄金周拉长为黄金月，成为全国旅游新亮点，也是全县旅游发展新的里程碑。生态环境进一步优化，大力实施"三大工程"，加强大气污染综合整治和城区河流沿线污染治理，空气质量、城区水质得到明显

10月29日，红叶节期间招商引资集中签约仪式。

青天河滨水栈道

改善；加大北山治理力度，稳步推进废弃矿山地质环境恢复治理和创建国家森林城市工作，生态环境不断改善。扎实开展美丽乡村建设，投入资金 2000 多万元，完成 204 个村庄的净化工作；基本建立了农村环境卫生长效管理机制，初步解决了垃圾围路、围河、围村等问题。

“和谐博爱”建设取得新成效。2014 年，全县民生类支出 9.8 亿元。社会保障能力不断增强，新增城镇就业 7840 人，农村劳动力转移就业 7780 人；征缴各项社会保险费 2.4 亿元；将城乡低保标准分别由每月 350 元、180 元提高到 400 元、230 元，共发放城乡低保、救灾救济和医疗救助资金 3287 万元。社会事业稳步发展，教育方面，完成 10 所中小学新建改造工程，高招本科上线 1057 人，义务教育发展基本均衡县通过国家验收。卫生计生方面，建立城乡医疗联合体，建成中医康复医疗中心，推行分级诊疗模式，扎实开展对口支援，群众就医更加方便。加强孕前优生检查，关爱失独家庭，将人口计生政策落到实处。文化体育方面，成功承办省运会博爱赛区的各项赛事，举办大型体育活动 30 余次，开展舞台艺术送农民演出 200 余场，群众业余生活更加丰富。社会大局和谐稳定，深入开展矛盾纠纷排查，认真解决各类问题，全县信访形势持续稳定。开展安全生产大检查，全面排查治理安全隐患，安全生产形势平稳。深入开展平安博爱建设，建立“一村一警”综治联动机制，初步建成立体化防控体系，社会大局和谐稳定。

【博爱县第七届樱桃节】 5 月 16 日，博爱县第七届樱桃节在寨豁乡樱桃岭生态园举行。寨豁乡根据山区特点，积极发展林果种植业，樱桃种植面积已达到 3000 亩。樱桃岭生态园的樱桃种植以寨豁乡小底村为中心，辐射 12 个自然村，300 多个农户。

【全国低碳国土实验区共建座谈会暨签约仪式举行】 9 月 21 日，全国低碳国土实验区共建座谈会暨签约仪式在青天河景区举行，签署了《共建全国低碳国土实验区的协议书》，博爱县成为全国低碳国土实验区。根据协议，博爱县全国低碳国土实验区共建时间为 5 年，中国国土经济学会依据《全国低碳国土实验区建设与发展纲要》中的服务平台和内容，为博爱县提供服务。按照协议要求，共同把博爱县建设成为“森林繁茂、水系发达、空气清新、人文荟萃、经济循环”的大美之地，共同把博爱县“实力、宜居、美丽、和谐”的品牌打造宣传出去，让更多的人认识博爱，了解博爱，走进博爱，感受“大美博爱”的魅力。

县领导调研水系建设

【博爱县荣获全省第六批小农水重点县资格】 2014 年 10 月，经过专家审查和技术评审，博爱县被确定为全省第六批小农水重点县。项目建设共涉及 6 个乡镇 82 个行政村，总投资 1.18 亿元，其中小农水专项资金项目投资 8767 万元，整合项目投资 2987 万元，建设期限为 2014–2016 年。项目建成后可新增、恢复有效灌溉面积 5.39 万亩，改善有效灌溉面积 5.66 万亩；发展节水灌溉面积 9.56 万亩。全县有效灌溉面积由 25.07 万亩增加到 30.46 万亩；节水灌溉面积由 12.75 万亩增加到 22.9 万亩。

（王创利　吕志宏）

2014 年博爱县各乡镇主要经济指标情况

乡镇	总面积（平方公里）	耕地面积（公顷）	村委会（个）	社区居委会（个）	年末总人口（人）	工业产值（万元）	农业产值（万元）	粮食产量（吨）	固定资产投资（万元）	财政收入（万元）
清化镇	38.9	1832.29	31	11	98700	390840	19902	27444	89777	5951.1
许良镇	29.3	788.22	23		51800	619243	4992	12314	23045	1999.6
月山镇	29.5	711.13	24		43200	236128	4451	8589	63837	2668.6
柏山镇	29.0	794.66	12		40500	291095	4243	10099	77781	1013.4
磨头镇	47.3	2332.51	34		34400	500536	28011	23934	178414	2090.1
孝敬镇	60.3	3885.26	28		50600	268055	54441	36421	87979	299.8
金城乡	62.4	4492.69	28		54700	288935	64486	51310	13680	240.3
寨豁乡	130.9	1799.72	24		14000	269725	10214	6308	113454	477.2

·武陟县·

中国黄河文化之乡
全国集约节约用地模范县
国家计划生育优质服务先进县
国家教育科研试验区
全国金融生态县
全国科技进步先进县
全国粮食生产先进县
国家卫生县城
全国绿化模范县
全国首批创建生态文明典范城市
国家知识产权强县工程试点县
全国地名公共服务工程示范县
全国群众体育先进单位
河南省对外开放先进县
河南省农田水利基本建设红旗渠精神杯
河南省平安建设先进县
河南省双拥模范县

中共武陟县委员会
书　记　闫小杏
副书记　秦迎军　魏国龙
常　委　闫小杏
　　　　秦迎军（代县长）
　　　　魏国龙
　　　　刘中州（纪委书记）
　　　　马金洲（政法委书记）
　　　　杨志伟（县委办主任）
　　　　庞恩庆（组织部部长）
　　　　薛新生（宣传部部长）
　　　　胡宜朝（统战部部长）
　　　　孟耀军（人武部政委）

武陟县人大常委会
党组副书记　赵永昌
副　主　任　冯　欣　张好收
　　　　　　薛金永　李向前
党 组 成 员　安占平　赵步粮
　　　　　　杨灵枝

武陟县人民政府
代　县　长　秦迎军
副　县　长　闫清军　宫卫红
　　　　　　吕　沛　邢大军
　　　　　　原晓锋　张志武
　　　　　　张戊己　范天运
　　　　　　汪秀莉
正县级干部　王占全
黄开办主任　何广祥
党 组 成 员　贾宝才　任国才

政协武陟县委员会
主　　席　王亦山
副 主 席　朱保忠　张　杰
　　　　　古全祥　魏新东
党组成员　刘敬勋　宋鹏飞　王素梅

【概况】　武陟县位于焦作市东南部，总面积 797.9 平方公里，其中耕地面积 4.83 万公顷。辖木城街道、龙源街道、龙泉街道、木栾街道、三阳乡、小董乡、大封镇、西陶镇、大虹桥乡、北郭乡、嘉应观乡、詹店镇、乔庙乡、圪垱店乡、谢旗营镇等 15 个乡镇街道，347 个行政村，总人口 73.1 万人。

2014 年，全县地区生产总值完成 280 亿元，比上年增长 9.5%；固定资产投资完成 257.8 亿元，增长 21.5%；社会消费品零售总额完成 77.8 亿元，增长 12.2%；公共财政预算收入完成 9.68 亿元，增长 13.8%；税收收入完成 6.39 亿元，增长 19.1%；城镇居民人均可支配收入达 2.32 万元，增长 9.4%；农民人均纯收入达 1.26 万元，增长 10.2%。

城乡建设统筹推进。坚持以民生需求为导向的城建理念，注重完善城市功能，改造了兴华路、和平路和朝阳二路等城区道路，新建怡心苑、和平游园、胜利游园和木栾大道、文化路垃圾中转站等一批市政设施；开工建设南水北调水厂，开通运行城市公交，城区 21 个企业实现集中供热，城市承载力不断提升。采取 PPP 模式启动木栾新区开发，站前广场等工程顺利实施。建立城市管理常态化机制，强化背街小巷、居民楼院的环境卫生治理，城市面貌持续改观。交通体系日益完善，谋划了“回”字形县域道路骨干框架，京广铁路詹店段改线正式通车，郑焦城际铁路全线闭合，即将运营，S104 改线、郑云高速等工程有序推进，新建改建农村道

朝阳二路

路 152.6 公里。美丽乡村建设开局良好，累计投入 8700 万元改善农村基础设施和人居环境，创建美丽乡村示范村 30 个，一批美丽宜居村庄正在形成。

工业转型步伐加快。在宏观经济下行的大形势下，县政府及时出台《保障工业经济稳定增长加快工业转型发展十项工作机制》，加强运行调度，破解要素瓶颈，努力为企业发展创造良好环境；主导产业和骨干企业苦练内功，创新转型，抱团发展，工业基本面保持健康增长的良好势头。2014 年，规模以上工业增加值完成 168.8 亿元，增长 12%；百强工业企业全口径税收达 3.56 亿元，增长 15.2%。创建省级研发平台 2 个；高技术产业增加值增长 57.6%。国药容生、辅仁医药冻干粉针产能达到 4 亿支，水针剂产能达到 40 亿支。江河纸业自主研制的 1500 米 / 分大纸机项目通过中国轻工业联合会成果鉴定，达到国际先进水平；造纸机用高速宽幅稀释水水力式流浆箱列入工信部工业强基示范应用项目。加快产业平台建设，推动产业集聚区上规模、上水平，实施兴业路东延、城际西路等 8 条道路工程，建设了黄河粮油机械、宏基重工、三和水工等一批 10 亿元以上重大项目，磨料磨具、车邦汽车用品等重点项目建成投产，产业集聚区主要指标位居全省前列，被省政府认定为省级经济技术开发区。加大环保治理力度，投资 1.4 亿元建成第二污水处理厂，实施第一污水处理厂提标改造；城区生活污水和工业废水实现全收集，并达标处理；圪垱店村皮毛群全面整治，小麻村皮革群得到规范；关停城区燃煤锅炉 20 台，淘汰一批黄标车，环境质量不断提高。

现代农业加快发展。粮食生产实现“十二连增”，新建高标准粮田 9.7 万亩，创建粮食高产万亩示范方、千亩示范方和超高产攻关田各 20 个，全年粮食总产达 55.48 万吨，增长 3.82%。农业示范工程建设成效明显，打造了沿新孟路高标准粮田示范带、沿黄畜牧养殖示范带和谢旗营苗木花卉基地、乔庙水景莲藕基地等农业示范基地，新增财旺农机合作社等 3 个国家级示范社。实施十大林业生态工程，完成造林面积 3.86 万亩。农业产业化步伐加快，培育省级产业集群 2 个，新增农民专业合作社 110 个、家庭农场 37 个；全县流转土地 32.9 万亩，占家庭承包经营面积的62.4%。

三产服务业日益活跃。旅游开发力度加大。嘉应观景区被评为国家水利风景区，总投资 29 亿元的嘉应大观园和总投资 10 亿元的鑫居休闲农业观光园项目开工建设，实施了黄河风情大道绿化亮化，景区游客服务中心即将建成；妙乐寺塔景区完成寺庙区 4 座大殿主体工程和遗址公园区建设，并吸引社会资本实施深度开发。商贸物流业快速发展。万佳汇国际商贸城项目顺利推进；组织两批电子商务专题培训，在郑东新区举办电商发展座谈会，注册成立河南赶会电子商务公司；交通运输业实现税收 1.1 亿元，成为经济发展新的增长点。金融服务更加有力。启动农村“两权”抵押贷款试点工作，开展中小企业金融服务专项行动，全县各项贷款余额

大封新镇

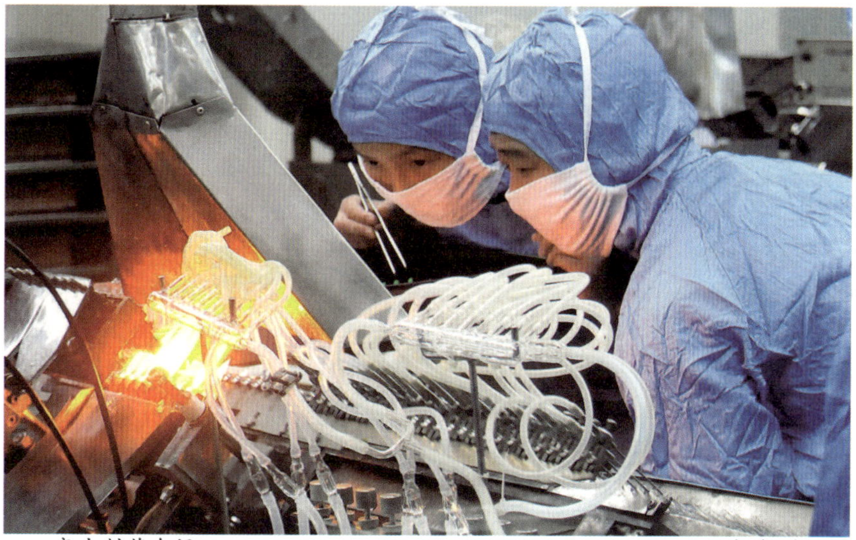
容生制药车间　　彭虎群　摄

73.4 亿元，较年初新增 5.4 亿元。

改革开放全面推进。实施行政审批制度改革，全市首个建立便民服务大厅，压减审批服务事项 169 项，“四证一章”两日办结，建设工程类项目并联审批时限压缩到 40 个工作日，重点项目审批、政府购买服务制度成为全市亮点。加快公共财政改革，建立综合治税机制，全面推行公务消费公务卡结算和乡镇国库集中收付制度。经省政府批准，试点推行城市管理改革，城市管理行政执法局正式运行；启动中心城区社区化管理模式，挂牌成立社区居委会 6 个。政府机构改革稳步实施。县级公立医院改革代表河南省迎接国务院医改办考核验收。强力推进开放招商，推行“分块招商、归口洽谈、前置评估、集中签约、分批开工、后期跟踪”六步招商法，组织三批外出招商活动，引进投资 10 亿元的中州电气智能电网设备、格力电器仓储物流等一批重大项目，为经济发展积蓄了后劲。

民生质量持续提高。进一步加大民生投入，财政民生支出达 15.9 亿元。建成农村慈善幸福院 78 所，养老服务中心主体竣工。改造农村危房 800 户。将关闭破产国有、集体企业、特困企业退休人员纳入城镇职工基本医疗保险和大额医疗保险体系。实行城镇医保按比例报销上不封顶制度。发放小额担保贷款 1.58 亿元，城镇新增就业 8500 余人。改造 36 所学校校舍和 10 所农村薄弱学校；城区新建初中 1 所、幼儿园 2 所；高考本科上线人数全市第一；黄河交通学院成功晋升本科院校，当年本专科招生 2676 人。改扩建乡镇卫生院 4 所，建设规范化卫生室 40 所；县人民医院迁建工程顺利推进。有效遏制非法集资行为。油气长输管线、非法加油站、危险化学品、食品药品等重点领域安全整治成效显著，全年整改安全隐患 3365 处；深入推进平安武陟创建，开展法律进乡村暨“一村一警”大走访活动，实施了社会治安视频监控网络工程；95%的村街成立群众工作站，有效化解一批信访积案，社会大局和谐稳定。

【仰韶文化公园开园】　2 月 8 日，武陟县仰韶文化公园正式开园。省级文物保护单位仰韶文化遗址置于其间，占地 500 亩，项目总投资 1.2 亿元，公园以“绿色整洁的武陟、历史悠久的武陟、富有文化的武陟”为理念，规划设计为两轴四区。两轴，分别为由南向北贯穿三区的绿色文化景观轴，东西向的历史文明景观轴，共同形成优雅、绿色、富有文化的门户景观。四区，即仰韶文化展示区，位于公园中部核心位置，通过下沉的绿色空间，疏林草地，展示黄河中下游地区仰韶文化、龙山文化等历史文明；武陟文化展示区，位于农信大道上的主入口，以开敞的绿化广场结合

沁河瀑布

主题雕塑的形式，体现武陟悠久的历史，向人们展示以武王伐纣为代表的丰富的中原文化；林间休闲健身区，位于公园西南部，主要以林间休闲广场、娱乐广场、景亭、林中绿岛及健身步道等为主，为周边群众提供休闲、健身的活动场地；历史名人展示区，位于公园东南部，主要以名人雕塑为主，同时文化景墙等小品穿插于绿色中，使文化体验与自然景观充分融合，展现武陟深厚的历史人文底蕴。

【木栾新区开发建设合作协议签约】 5月8日，武陟县木栾新区开发建设合作协议签约仪式举行。市委常委、常务副市长姜继鼎出席签约仪式并讲话。河南德正置业有限公司副总经理徐定榜、绿城集团河南分公司总经理王勇、山东黄河集团副总经理徐辉、上海太平洋资产管理公司董事长凌志君、河南鑫海铝业有限公司董事长李振西、许昌德润城建公司董事长施景慧、江苏南通三建集团分公司总经理袁海景等70余家省内外企业负责人等出席仪式。

【水利部专家组考察嘉应观黄河文化旅游区创建国家级水利风景区工作】 7月11日至12日，以太湖流域水资源保护局原局长陈荷生为组长的水利部专家组莅临武陟县，先后到嘉应观黄河文化旅游区、人民胜利渠渠首等地，对嘉应观黄河文化旅游区创建国家级水利风景区工作进行考察。专家组认为，嘉应观黄河文化旅游区地理位置独特，水资源丰富，水文化厚重，景区规划宏大，起点高。建议景区要进一步规范和完善区位图、交通图、水系图等相关申报材料；要全面打造核心区，突出主题，努力打造拥有自身特色的景点和品牌，进一步做好景区工程的宣传工作。

【全省农村幸福院建设和城市社区养老服务工作现场会在武陟县召开】 8月27日，全省农村幸福院建设和城市社区养老服务工作现场会在武陟县召开。会议指出，全省各地要认真学习借鉴先进地区的好经验、好做法，结合实际，强化措施，加强落实，建立长效机制，处理好养老体系建设和养老产业的关系，进一步推动幸福院建设工作再上新台阶。武陟县在会上作典型发言。省民政厅副厅长常东河，副市长贾书君出席会议。

【武陟县城市公交车开通运营】 12月27日，武陟县城市公交车正式开通运营。全县城市公交项目共规划5条线路，车辆60余辆。此次开通2条线路，投放公交班车15辆。

（杨建林　杜杏梅）

2014年武陟县各乡镇主要经济指标情况

乡镇街道	总面积(平方公里)	耕地面积(公顷)	村委会(个)	社区居委会（个）	年末总人口（人）	工业产值(万元)	农业产值(万元)	粮食产量(吨)	固定资产投资(万元)	财政收入(万元)	农民人均纯收入(元)
木城街道	10.96	281	9	3	57900	66831.4	24000	8000	115500	1500	13660
龙源街道	29.58	21952	17	3	50283	30000	5000	21000	17500	1180	12700
龙泉街道	31.4	1000	9		28576	2128000	3750	15000	436829	3190	12000
木栾街道	20.79		6		51000	704000			37000		
三阳乡	62.15	3999	37		47362	185000		49346	50000	1306	
小董乡	49.24	2800	20		50000	141000	21000	30000	53000	560	10811
大封镇	85	4506	32		78817	980000	32000	43000	105600	1918	11400
西陶镇	38	2000	22		51000	480000	32000	34500	159000	5326	12980
大虹桥乡	81	5330	49		61000	110000		53294	17700	1667	10547
北郭乡	82	6000	30		41000	260000	60000	45000	60000	869	11827
嘉应观乡	72	6667	15		42000	71000	47000	46598	97000	983	10473
詹店镇	88.8	3533	27		50528	468500	57300	27777	384500	1860	11800
乔庙乡	54	3733	29		51000	53200	108000	50000	62000	475	11495
圪垱店乡	48.3	2800	21		46700	60000	30500	5963.8	72000	1538	10529
谢旗营镇	65	4200	28		65000	400000	21000	69300	92000	1527	12000

·修武县·

中国绞胎瓷之都
全国文化先进县
中国文化旅游名县
国家珍贵树种培育示范县
全国地质灾害防治标准“十有县”
中国长寿之乡
中国最美小城
中国旅游竞争力百强县
中国优秀旅游名县
国家卫生县城
全国绿化模范县
国家园林县城
国家生态建设示范区
全国平安建设先进县
全国农田水利基本建设先进县
全国粮食生产先进县
全国科技进步县
全国科普示范县
全国养老服务社会化示范县
全国群众体育先进县
全国亿万农民健康促进行动河南省示范县
中原最具投资价值县
河南省文明县城
河南省双拥模范县
河南省平安建设先进县
河南省林业生态县
河南省优秀金融生态县

中共修武县委员会
书　记　郭　鹏
副书记　卢希望　辛丽华
常　委　郭　鹏
　　　　卢希望（县长）
　　　　辛丽华
　　　　贾顺利（纪委书记）
　　　　宋晓银（组织部部长）
　　　　石书明（政法委书记）
　　　　徐学智（常务副县长）
　　　　刘青峰（人武部政委）
　　　　王　莹（统战部部长）
　　　　申　琳（县委办主任）

修武县人大常委会
主　任　郝战文
副主任　周林忠　郭小元　闪德文
　　　　柴荃青　王胜利

修武县人民政府
县　长　卢希望
副县长　徐学智　赵　敏　李文学
　　　　刘群生　陶江山　臧振田
　　　　全贵斌　牛惠玲　吴利年
　　　　叶海潮　余忠杰

政协修武县委员会
主　席　李天会
党组书记　尚若鸿
副主席　马小六　杨玉乐　高永才
　　　　释果建

【概况】　修武县位于河南省西北部，太行山南麓，总面积632.9平方公里，其中耕地面积1.97万公顷。辖城关镇、郇封镇、七贤镇、周庄镇、云台山镇、五里源乡、王屯乡、西村乡、小营工贸区、城镇居民社会服务办公室，187个行政村，总人口28.42万人，人口自然增长率为5.4‰。

2014年，全县地区生产总值完成111亿元，比上年增长8.7%。其中第一产业增加值12.59亿元，增长3.6%；第二产业增加值69.46亿元，增长8.4%；第三产业增加值28.69亿元，增长8.1%。规模以上工业增加值完成44.2亿元，增长11.8%；实现利税13.5亿元，增长13.8%。粮食总产量22.7万吨，增长0.1%。财政一般预算收入8.99亿元，一般预算支出14.9亿元。固定资产投资129.6亿元，增长22%；社会消费品零售总额37.2亿元，增长12.5%。城镇居民人均可支配收入2.30万元，农民人均纯收入1.20万元，分别增长8.8%、10%。城乡居民年末存款余额54.4亿元。

2014年，修武县坚持把稳增长放在首要位置，确保经济发展稳中有进、进中有升。先后邀请12名两院院士、中原EMBA联盟为全县经济发展把脉会诊，强力推进大文化、大旅游、大健康和智能制造等战略性新兴产业发展，全年共引进项目71个，总投资154.24亿元，其中亿元以上52个、10亿元以上3个。郑州澍青医专、北京博奥生物科技、云台古镇和汽车零部件产业园、维科重工等一批龙头型、基地型项目纷纷落地；太极云舍、云台山国家湿地公园、台创园神农同根园、中铝企业转型示范园、河南云台山创新创业孵化园、云台山旅游景观大道等一批涉及修武长远发展的大项目、好项目，正在积极编制、规划、运作或实施。全年共实施各类重点项目111个，总投资405.3亿元，其中亿元以上65个、10亿元以上14个。大力实施工业振兴

修武县台湾农民创业园

计划，积极培育发展战略性新兴产业和现代服务业，推动全县产业发展上规模、上层次、上水平，先后培育市级高新技术企业3家、市级科技型企业8家。环宇石化成为全市首批在“新三板”上市的成长型科技企业；龙瑞电动汽车新能源汽车院士工作站成功获批，成为县首家院士工作站。全县新增规模以上工业企业10家。高新技术产业增加值完成16.8亿元，增长35.6%；规模以上工业增加值完成44.2亿元，增长11.8%；实现利税13.5亿元，增长13.8%。

2014年，小麦高产创建再创5项全国纪录，高产攻关田实收亩产达821.47公斤，实现我国冬小麦亩产历史性突破。“栗子园”成为焦作农产品加工业首个中国驰名商标。大用肉鸡和伊赛牛肉跻身全省重点畜牧产业化集群，农业产业化发展取得扎实成效。台创园成立驻厦门联络处，与福建漳平台创园签订了战略合作协议，云台山医药科技产业园、莱骏花卉和美丽大地等项目先后入驻，园区吸引力和影响力明显增强。

旅游加快转型，成功举办中韩书法家云台山书友会、国际登山挑战赛等活动，被评为影响世界的中国文化旅游名县，云台山风景区成为影响世界的中国文化旅游名景、全国最佳智慧旅游度假目的地、全国服务质量标杆单位，被联合国世界旅游组织列为旅游可持续发展的重点观测点。全年共接待游客718.6万人次，增长13.7%；旅游综合收入31.2亿元，增长16.3%。

城乡建设坚持打基础、强支撑，大力培育竞争新优势。启动特色商业区高铁广场市政配套一期工程，完成周边区域600亩城市规划设计。全力服务推进郑焦城际铁路、武云高速、丰收路“二改一”等一批重大交通项目，全县交通体系进一步完善，与郑州同城化、一体化优势更加凸显。天然气豫北支线改线工程完工，年度农村电网改造升级工程全面完成，焦作电厂主厂房竣工，能源优势更加凸显。水系建设加快推进，城关闸除险加固工程全部完工，大沙河防洪排涝工程进展顺利，第二污水处理厂建成投用，幸福水厂二期与南水北调管网成功对接，优质的丹江水进入普通人家。大力实施“蓝天碧水”工程，空气优良天数居全市首位，荣获市北部山区生态环境治理工作优秀县称号。扎实推进美丽家园建设，在全市美丽乡村观摩评比中，连续3次排名第一，成为全省改善农村人居环境县级示范点、全省改善农村人居环境先进县。

坚持把深化改革作为转变职能、激发活力、增强后劲的总引擎、总抓手。持续提升服务效能，坚持下好简政放权“先手棋”，清理规范行政审批事项475项，审批时限压缩35.8%。进一步释放创业活力，全面落实工商注册登记制度改革，全县新增公司168家、个体工商户1024户。真心实意服务企业发展，帮助企业融资11.04亿元、贷款22.6亿元、招工3054人、分配公租房1155套、享受优惠电价节约资金6000余万元。

社会大局和谐稳定。全年民生支出10.9亿元，占一般公共预算支出的76%。积极稳妥推进新型城镇化，七贤镇、郇封镇成为国家小城镇建设发展重点镇，影剧院及周边改造项目进展顺利。城区占压道路“三线”整治成效初显。完善提升城区道路7条，疏通雨污管网8条，改造背街小巷5条，铺设燃气管网8.7公里，新改建农村公路20.45公里。建成保障性住房3215套，457户住房困难群众喜迁新居。社会事业加快发展。农村劳动力转移就业14829人，城镇新增就业再就业8191人。企业退休职工人均增资198元。发放城乡低保、医疗救助、高龄老人补贴2852.8万元，惠及群众23.3万人次；发放新农合补助资金7441.3万元，惠及群众85.3万人次；发放计生奖励扶助补贴303.8万元，惠及群众8077人，被评为河南省2010—2013年度全省人口和计划生育工作先进单位。实施药品零差率销售等惠民政策，让利群众900余万元。完成新一中整体搬迁和7所农村中小学标准化校舍建设，被命名为河南省义务教育均衡发展先进县；大力实施学生营养餐计划，为1976名高三学生实现“大学梦”加油助力；解决了314名进城务工人员子女上学问题；县一中、实验中学与比利时梅勒中学缔结为友好学校，修武教育迈向国际化。全民健身活动中心建成投用，圆满完成省十二届运动会项目比赛承办任务。成功创建全国文化先进县、中国绞胎瓷之都。坚守安全红线，着力安全发展，安全生产总体形势持续稳定。严厉打击非法集资，不断优化金融生态环境，荣获全省优秀金融生态县称号。积极开展信访积案化解百日攻坚活动，有效解决和消除了一批信访突出问题。持续深化“平安修武”建设，群众安全指数达94.07%，位居全省第三，再次成为省、市平安建设先进县。

【“百商名企进修武”招商推介会举行】 5月9日，郑州市温州商会和修武县人民政府共同承办的“百商名企进修武”活动在修武云台天阶国际饭店举行并与部分商会签署了委托招商协议。市委常委、县委书记郭鹏向与会人员介绍修武县的战略优势，县长卢希望介绍了修武县的基本情况。河南省外地驻豫经贸机构协会成员单位的会长、常务副会长和秘书长等在豫经营的全国各地企业家，河南省各地市温州商会会长、郑州市温州籍知名企业家近200人参加活动。

【“十三五”国家战略性新型产业发展规划咨询研究生物产业研讨会在修武县召开】 7月19至20日，“十三五”国家战略性新型产业发展规划咨询研究生物产业研讨会在修武县召开。会议科学总结和评价了“十二五”时期生物产业发展所取得的成绩，科学分析了“十三五”生物医药、生物医学工程、生物农业和生物制造等四个领域产业发展目标、发展思路和发展重点，并提出了相关政策建议。经过广泛的交流和深入的探讨，与会的院士和专家一致认为：在“十三五”期间，生物产业研究要坚持“服务决策、适度超前”的原则，充分发挥优势，重点从搞好顶层设计、政策引导、实施重大工程和重大项目引领等三个方面做好研究工作，为政府决策提供智力支撑，推动我国战略性新兴产业实现跨越式发展。北京化工大学校长、中国工程院院士谭天伟主持研讨会。来自中国科学院和中国工程院的杨胜利、程京、张兴栋、邓子新、吴孔明等6名院士和清华大学、301医院、军事医学科学院等单位的40名专家、学者参加研讨会。谭天伟等6名院士还结合修武实际，积极建议，为修武“把脉会诊”，开出发展良方。认为修武综合优势明显，要充满信心，把“修武”品牌做大、产业做强，不断提升高新技术企业和高成长性服务业在全县经济发展中的比重，特别要突出大健康产业；通过举办各种高层次学术会议，建立科技成果转化基地，为修武的转型发展提供更多的智力支撑、科技支持和人才支持。市委书记孙立坤，市委副书记、市长张文深致信祝贺此次会议的召开。市委常委、修武县委书记郭鹏，副市长乔学达等会前会见各位院士专家，并就生物服务、生物芯片检测和高等教育基地等具体项目进行深入洽谈。

【台盟中央领导莅修调研】 10月31日，全国政协常委、台盟中央副主席黄志贤等台盟中央领导带领部分台商先后到修武县产业集聚区、奇力新电子（河南）有限公司、修武县文化艺术中心博物馆、修武县台湾农民创业园、修武七贤民俗文化村实地调研，并召开座谈会。黄志贤希望焦作市打造一流的台湾农民创业园，把落地的台湾企业留住，吸引更多的台商来投资兴业；对已有的规划进行深入研究，不断优化，狠抓落实；对正在实施的项目精益求精，狠抓细节，谋求更大发展。

【修武县民政局被授予全国敬老模范单位称号】 12月27日，在第六届全国敬老爱老助老主题教育活动表彰大会上，修武县民政局被授予全国敬老模范单位称号。近年来，修武县积极推进老龄事业发展，探索符合实际的日间照料室和农村幸福院建设模式，加强养老机构的行业管理，建立以居家养老为基础、机构养老为支撑的社会化养老服务体系，同时依托“长寿之乡长寿乐”系列活动，进一步营造尊老助老的良好氛围，让全县老人活得幸福而有尊严。

【修武县获评首批“国家珍贵树种培育示范县”】 5月29日，在国家林业局印发的《关于公布国家珍贵树种培育示范县、市名单的通知》中，修武县被评为首批国家珍贵树种培育示范县。近年来，修武县高度重视珍贵树种培育工作，大力进行珍贵树种培育基地建设，优先发展黄连木、五角枫、皂角等市场潜力大的珍贵乡土树种。全县完成珍贵树种培育面积13万亩，其中抚育改造5万亩，人工栽植8万亩。完成黄连木、五角枫、皂角等珍贵树种育苗0.19万亩，三年以来共投资4640万元，其中财政投入资金1530万元，珍贵树种产业在农民人均纯收入中的贡献率达5%，带动发展与珍贵树种培育相关企业（农民专业合作社）达48个，珍贵树种培育从业人数达6500人。该殊荣的获得，对进一步带动修武县珍贵树种培育，创新珍贵树种培育政策机制，增加优质木材资源储备，促进生态林业、民生林业发展，加快建设生态文明具有重要意义。全县将在现有基础上，进一步统筹推进各项示范建设工作，确保国家珍贵树种培育示范建设取得更好效果。

（徐佳滨）

2014年修武县各乡镇主要经济指标情况

乡镇	总面积（平方公里）	耕地面积（公顷）	村委会（个）	年末总人口（人）	工业产值（万元）	农业产值（万元）	粮食产量（吨）	固定资产投资（万元）	财政收入（万元）	农民人均纯收入（元）
城关镇	29.21	1400	29	55470	750121	9000	13747	120315	12788	
郇封镇	87.75	5465	36	65954	641668	43248	75355	374740	8872.5	
七贤镇	90.79	2457	27	39892	50351		18923	141208	19194	12000
周庄镇	22.38	1200	11	15946	182719	6070	18923	115153	432	11970
云台山镇	103	169	10	3018			614	88330	8580	
五里源乡	56.89	3257	22	39528	767922		43308	118280	2113	
王屯乡	28.1	1815	16	21955	6600	39940	43056	32487	340	
西村乡	188.73	806	35	16855	12478		6104	68092	745	
小营工贸区	4.49	167	1	3153	714640	4000	3150	237004	951	13270

·温　　县·

司马懿故里
四大怀药之乡
中国太极拳发源地
中国太极拳文化研究基地
全国全民健身先进县
全国小麦种子繁育基地
全国粮食生产先进县
全国农技服务体系改革建设示范县
中国十大文化休闲旅游县
全国科普工作示范县
全国计划生育优质服务先进县
国家级现代农业示范区
国家级出口四大怀药质量安全示范区
河南省卫生县城
河南省文明城市
河南省园林城市
河南省安全生产先进县

中共温县委员会
书　记　魏日高
副书记　李英杰　黄　腾
常　委　魏日高
　　　　李英杰（县长）
　　　　黄　腾
　　　　樊振义（纪委书记）
　　　　胡义胜（政法委书记）
　　　　董红倜（常务副县长）
　　　　郑小林（组织部部长）
　　　　郑爱珍（统战部部长）
　　　　冯志斌（宣传部部长）
　　　　张忠伟（县委办主任）
　　　　魏建勋（人武部政委）
　　　　薄松谦（产业集聚区管委会副主任）

温县人大常委会
主　任　席小明
副主任　史连更　高庆祥　李　建
　　　　马振军　原玉芹

温县人民政府
县　　长　李英杰
副　县　长　董红倜　李永生
　　　　刘继承　张金太
　　　　侯向阳　姬同合
　　　　孙启卫　侯传民
　　　　李美玲
正县级干部　戚太明
党组成员　王新生

政协温县委员会
主　席　吴鸿升
副主席　郑中义　张保宏　严双军

【概况】　温县位于焦作市南部，总面积481.3平方公里，其中耕地面积2.98万公顷。辖温泉镇、岳村乡、祥云镇、招贤乡、番田镇、黄庄镇、北冷乡、武德镇、赵堡镇、南张羌镇等10个乡镇，262个村民委员会。总人口45.01万人，其中农业人口40.6万人，人口自然增长率为6.12‰。

2014年，全县地区国民生产总值完成232.7亿元，比上年增长9.4%。其中第一产业增加值22.4亿元，增长4.4%；第二产业增加值168亿元，增长10.4%；第三产业增加值42.3亿元，增长7.3%。实现工业增加值161.99亿元，增长13.0%。粮食总产量30.5万吨，增长0.17%。公共财政预算收入5.75亿元，公共财政预算支出15.5亿元，增长3.6%。全社会固定资产投资完成169.2亿元，增长21.5%。社会消费品零售总额61.1亿元，增长12.3%。城镇居民人均可支配收入2.28万元，农村居民人均纯收入1.25万元。

2014年，温县始终坚持“工业强县，环境立县”，加快建设高效农业县、生态宜居县、太极拳文化县，经济社会继续保持了良好的发展态势。

各项改革稳步推进。行政审批制度改革取得重大突破，对491项行政审批类事项进行全面清理，依法压缩310项，压缩率达63%；推行重点项目并联审批和新设立企业“四证一章”两日办结制，行政效率全面提升。强力开展社会综合治税，税收占公共财政预算收入比重达68.3%。改革城市管理执法体制，实施相对集中行政处罚权工作，城市规划执法得到加强。

十大工程建设成效显著。“双十亿”项目柏元新型材料、金德福食品进展顺利，小麦博物馆主体工程封顶，“温县铁棍山药”驰名商标进入国家工商总局审批环节，建立福沃重工、兰兴电力院士工作站，实现“数字监控村村通”目标，建设标准化卫生所15个，打造美丽乡村示范村53个。

项目攻坚实现突破。全县新引进外来项目29个，总投资112.2亿元，其中超亿元项目21个，超5亿元项

河南京华食品调料有限公司院士工作站揭牌

保和堂（焦作）制药有限公司怀菊花深加工

目5个，超10亿元项目 2 个。祥罂精密薄板、万济和药业、品正食品等一批新项目开工建设，凯创重工、恒信机械、庆文食品、平安种业小麦生物育种等25个项目建成投产。争取政策性项目22个，到位资金1.2亿元。全县130个重点项目，完成投资111.2亿元。

工业实力不断增强。全县规模以上工业企业实现主营业务收入530亿元，利税65亿元，分别增长14%和16%。纬七路、经七路（兰兴东路）、经十路（汇豪大街）南段、经十一路（亿家红西路）、经十二路（中业大街）南段、经十三路等道路建成通车，纬三路东延、纬四路、经四路（萃湖路）等道路基本建成。产业集聚区通过“河南省知名品牌创建示范集聚区”考核验收，全省排名由63位上升到53位，发展指数居全省25位、全市第2位。装备制造、食品加工、制革制鞋三个主导产业完成主营业务收入350亿元，增长15%。其中装备制造业完成175亿元，增长10%；食品加工业完成85亿元，增长35%；制革制鞋业完成90亿元，增长10.8%。京华食品肉香粉项目获省科技进步二等奖，万隆精铸在新三板成功挂牌。

农业基础地位更加巩固。小麦新品种平安9号、金地828、温麦28通过河南省审定，小麦品种累计达15个；玉米新品种豫安5号通过陕西省审定，玉米品种累计达3个。全县小麦平均亩产达558.6公斤，玉米平均亩产达601.8公斤。新增农民合作社103个，累计达968个，其中国家级示范社3个、省级示范社9个。新注册家庭农场21个，累计达30个。土地流转面积达18.8万亩，整村流转达30个。培育怀药标准化示范基地4个，认证怀药绿色食品12个。成功举办第四届温县铁棍山药文化节。温县被评为国家级出口四大怀药质量安全示范区。总投资2700多万元的北冷三农服务综合体建成投用，黄庄三农服务综合体开工建设。建成农资服务中心10个、农技推广区域站2个和乡镇站6个、农机服务中心10个。

城镇化水平不断提升。祥云街等城区道路改造完成。新铺设天然气管道38公里，新增天然气用户5000户。黄河路东延工程基本完成。上作安置小区、振兴安置小区正在施工建设，子夏保障房小区即将投用。春城华庭、新东未来城等住宅小区开工建设。规划东南王、上作、子夏、司马4个新市民社区，可容纳1.9万户6.3万人。对乡镇政府所在地、主要道路两侧、城乡接合部及210个行政村进行集中整治，农村环境得到改善。陈家沟成功入选河南省“十佳最美乡村”。温县被评为全省改善农村人居环境先进县。

太极拳开发不断深入。太极拳国际文化交流中心演武厅、接待中心、王廷文化广场建成投用。聘请北京绿十字等设计团队对陈家沟老村进行全面改造，示范户改造启动实施。长兴大街、沿黄大道、王廷大街竣工通车。陈家沟村被评为第三批中国传统村落。陈家沟太极拳文化旅游区获批国家4A级景区。和式太极拳成功申报国家级非物质文化遗产。成功举办温县太极拳、剑、推手锦标赛和陈家沟陈式太极拳交流大赛，承办省第十二届运动会散打、太极拳比赛和全国武术太极拳公开赛。举办太极拳初段位套路考评，通过段位评定800余

国际太极拳文化交流中心

人。组建太极拳表演队代表河南赴泰国开展“河南泰国文化年”活动。

服务业发展全面提速。《温县现代服务业发展规划》和《温县特色商业区空间发展规划及控制性详规》编制完成。国际山药交易物流中心项目顺利进行。建成温县道路运输安全监管与服务视频监控平台。全县银行存款余额96.5亿元，贷款余额58.8亿元，金融业发展步伐不断加快。

生态环境不断改善。环城水系北渠、济蟒截排治理、引沁干渠改造工程全面竣工，环城水系东渠、南渠开工建设。完成建兴大街、纬一路北侧、王廷大街南段、司马大街南段、滩区经济林、滩区原料林更新等绿化，绿化面积1.5万亩。完成污水处理厂扩建、垃圾处理厂二期工程。

社会事业全面发展。农村道路建设、乡镇卫生院改造、中小学校舍安全、农村幸福院建设、田间工程、小农水重点县项目、农村安全饮水等重点民生工程建成投用。一中新校区续建工程、职教中心新校区三期工程和43所中小学校舍建设基本完工，特殊教育学校新校区建成投用。高考一本、二本上线率位居六县（市）第2位。完善新农合管理机制，参合率达98.3%。建立慢性病防控网络体系，成功创建省级慢性病综合防控示范区。持续实施孕前优生健康免费检查项目，惠及群众2万余人。投入1600余万元，在移民村实施教育、医疗、道路、绿化等民生项目，移民生活条件不断改善。建成农村幸福院40个。全县城镇新增就业7120人、再就业2810人，新增农村劳动力转移就业4650人，城镇失业登记率控制在3.2%以内。开展非法集资专项整治活动，妥善处置涉嫌非法集资案件5起。强化安全生产监管，全县安全形势持续稳定。扎实推进平安温县创建，公众安全感指数排名居省市前列。

【温县现代农业综合配套改革顺利推进】 2014年，温县成立现代农业综合配套改革试验区建设指挥部，印发《现代农业综合配套改革试验2014年重点工作》，在三农社会化服务体系建设等方面进行创新和改革试验。快速推进高标准粮田建设，整合项目资金6000余万元，加快基础设施建设，为粮食高产稳产奠定基础。加快农业组织化标准化建设步伐，新增农民合作社103家，土地流转面积达18.8万亩。提升特色优势，举办第四届温县铁棍山药文化节，持续开展铁棍山药检测、统一包装销售、防伪二维码发放一站式服务，进一步提升了温县铁棍山药的品牌影响力。

【第四届温县铁棍山药文化节】 11月11日，第四届温县铁棍山药文化节开幕。文化节为期6天，期间安排温县铁棍山药展销活动、采挖体验活动、进社区活动、微视评选活动等公众共同参与的集体活动。2011年以来，温县铁棍山药文化节以其特有的文化底蕴和鲜明的地域特色，成为展示温县怀药文化的重要平台，成为社会公众走进温县、了解温县的重要窗口。文化节给温县铁棍山药打开了新天地、拓展了新空间，温县铁棍山药官网从无到有、官方交易市场从无到有、连锁量贩和网络销售从无到有、直接食用产品从无到有，实现了从出土原料到餐桌食品的华丽转身，36家深加工企业如雨后春笋般发展壮大，11大类50多个品种的终端产品远销台港、东南亚和欧美市场。

【温县司马懿益智文化园项目签约】 12月1日，温县司马懿益智文化园项目签约。项目内容包含影视剧拍摄、文化主题旅游、产业数据库、文化会展、经典品牌发布、商业配套以及旅游地产等多种业态于一体的复合型文化创意产业园区，项目定位为两晋文化风格主题。县长李英杰代表温县人民政府，与河南大象无形影视文化产业股份有限公司董事长王谦共同签署温县司马懿益智文化园项目协议书。

（侯慧科　时　莹）

环城水系建设

2014 年温县各乡镇主要经济指标情况

乡镇	总面积（平方公里）	耕地面积（公顷）	村委会（个）	年末总人口（人）	工业产值（万元）	农业产值（万元）	粮食产量（吨）	固定资产投资（万元）	财政收入（万元）	农民人均纯收入（元）
祥云镇	64	3503	33	57962	479000		40450	150000	1786	13100
番田镇	77	4700	42	54000	918742	70472	52670	96930	1322	10651
黄庄镇	69	4667	48	58000	448302	71676	53411	75000	390	12536
南张羌镇	32	800	15	28000	83000	26491	21994	99000	702	9000
温泉镇	30	870	13	39500	520000	36085	19698	189000	3632	13075
北冷乡	22	1320	11	23000	83000	12000	18510	81200	359	11041
武德镇	47	3133.3	27	49247	136000	28000	37282	105000	239	12514
岳村乡	26	1.4	18	24666	83506	27491	17553	141000	1870	10700
赵堡镇	55	3479	22	46709	75551	19933	28873	62281	323	11374
招贤乡	31	1533	16	24000	167263		17636	44900	819	10727

·解放区·

全国科技进步先进区
全国文化先进单位
全国基层社会管理体制优秀创新成果奖
全国社区管理和服务创新实验区
全国社区中医药工作先进单位
全国社区睦邻文化建设工程示范城区
全国和谐社区建设示范区
全国社区建设共建共享先进城区
全国社区服务先进城区
全国志愿服务工作先进集体
全国养老服务社会化示范城区
全国白内障无障碍区
全国科普示范区
河南省国土资源节约集约模范区
河南省双拥模范区

中共解放区委员会
书　记　原永宏
副书记　陈　泓　郭全成
常　委　原永宏
　　　　陈　泓（代区长）
　　　　郭全成
　　　　闫春喜（纪委书记）
　　　　陈修锋（组织部部长）
　　　　李备战（区委办主任）
　　　　潘平北（宣传部部长）
　　　　梁翠芳（统战部部长）
　　　　魏　松（政法委书记）
　　　　丁海银（人武部政委）

解放区人大常委会
主　任　王宏伟
副主任　卢志凌　翟新生
　　　　张淑贞　刘长林

解放区人民政府
代 区 长　陈　泓
副 区 长　孙增顺　魏大海
　　　　　王大青　范晓明
　　　　　孙迎新　王静峰
　　　　　王新旺　成万森
　　　　　李秉新
正县级干部　林素清　申运生
　　　　　阮长喜

政协解放区委员会
副 主 席　赵茂国　丁爱香
　　　　　陈中德　胡晓敏

【概况】 解放区位于焦作市中心城区西半部，是焦作市的政治、经济、文化、商贸中心。辖区总面积 67 平方公里，其中建成区面积约 43 平方公里，北部山区面积约 24 平方公里。辖王褚、上白作、焦南、焦西、民主、新华、民生、焦北、七百间 9 个街道和解放工业园区管委会，23 个村民委员会、34 个社区，总人口 28.15 万人。人口自然增长率为4.2‰。

2014 年，全区地区生产总值完成 47.15 亿元，增长 13.5%；全社会固定资产投资 87.9 亿元，增长 21.2%；社会消费品零售总额 75.21 亿元，增长 12.2%；公共财政预算收入 6.07 亿元，增长 12.2%，税收占一般预算收入的比重为 90.1%；规模以上工业增加值完成 8533 万元，增长 12.3%；城镇居民人均可支配收入达到 2.54 万元，增长 10%。

“四区”建设扎实推进，转型升级步伐加快。以“四区联建、综合提升”工程为载体，优布局、调结构、促转型、拓空间，不断夯实转型发展基础。特色商业区建设方面，产业、空间和控制性详细规划通过评审，完成拓展区发展规划编制和核心区基础设施调查。区域内谋划实施的 40 个重点项目完成投资 28.32 亿元。解放工业园区建设方面，总体发展规划已经确定，崇德路建成通车，社区服务中心建设顺利推进。投资 4.5 亿元的爱乐优智能机器人项目主体完工，年产 50 万米预制直埋保温管、年产 30 万件精密薄壁零件和低压省煤器项目在办理前期手续。文化旅游综合服务区建设方面，大力推进影视文化旅游产业园区建设，影视城成为全省旅游标准化试点单位，影视城综合改造、尚林国际旅游度假区等项目取得新进展。新型城市社区建设方面，西于村家园社区、新庄鸿鑫社区、新店花园社区、上白作幸福家园社区等共建成住房 59 万平方米，2700 余户村民搬入新居。田涧村项目控规通过审批，老牛河村项目规划建设方案公示完毕。

重点项目进展顺利，发展后劲持续增强。强力实施“432211”项目推进计划，突出抓好重大结构调整项目，强化领导分包、观摩点评、跟踪问效、督查推进工作机制，一批项目加快推进。王府井百货商场建成开业，起重厂整体开发项目即将开工，牧野路拓宽改造项目正在加紧施工，星凯国际城市综合体项目商业步行街及 33 栋商住楼全部封顶，和平街市场综合改造、焦运集团商业中心等重大项目扎实推进。全区投资 1000 万元以上的 81 个重点项目，累计完成投资 73.52 亿元。

开放招商成效显著，带动效应日益明显。大力实施开放带动主战略，持续开展“招商引资项目落地年”和大招商、招大商活动，不断加强对外合作交流，先后派出 15 支招商团队外出招商，与香港新城控股、雨润集团、步步高、河北卓达集团、河南铁路投资公司等 60 余个知名企业进行对接，达成合作意向项目 10 余个。全年共引进市外境内资金 90.6 亿元，增长 24%。

全力服务十大建设，城乡面貌大为改观。按时间节点完成南水北调总干渠截洪沟和郑焦城际铁路线下征迁，为总干渠全线通水和郑焦城际铁路通车运营提供了有力保障。南水北调安置房和城际花园小区建设进展顺利。配合普济河河道治理、大沙河综合治理，扎实推进影视湖、龙寺水库、新河源头景观工程等重点水系建设。强力开展“双违”整治，全年拆除违章建筑 2355 平方米。推进创建国家森林城市工作，完成北山生态环境治理和南太行景观带 2600 亩绿化造林。稳步推进城中村改造，列入市改造计划项目 5 个。全力推进陶瓷路、胜利街、棉一等城市棚户区改造项目，基本完成 1595 套配建廉租房和经济适用房建设。大力改善居民出行条件，完成中州南路大修、军民街照明工程和民生街、胜利北街等 8 条背街小巷整治。扎实开展“蓝天雷霆”“清水利剑”专项行动，积极推进“美丽村庄”建设和城乡接合部环境卫生整治，城市管理水平有效提升。

文化市场综合执法

民生事业统筹发展，社会建设全面加强。投资 9920 万元的十项民生工程全面完成。全年用于民生支出 5.08 亿元，增支 4411 万元，占公共预算支出的 73.3%。持续深化和谐社区建设，“复合共治、多元服务”模式得到丰富和拓展，被民政部授予中国社区治理十大创新成果奖，再次蝉联全国和谐社区建设示范城区称号。完成第一批 137 个“美丽楼院”创建，群众生活环境明显改善，居民自我管理、自我教育、自我服务水平得到提升。在全省率先建成社区公共服务综合信息平台，群众办事更加便捷。扎实推进义务教育发展基本均衡区创建工作，完成 14 所中小学合并重组和集团化办学，启动丰泽园小学建设，深入实施教育质量奖和教学改革，中招成绩继续保持城区第一。大力提升基本公共卫生服务均等化水平，创新和拓展社区中医药服务，成功创建省级慢性病防控示范区。认真落实计生优惠政策，扎实开展“一月一主题”活动，基本实现免费孕前优生健康检查项目全覆盖。开展省级公共文化服务体系示范区创建工作，通过全国文化先进单位复核验收，举办第九届社区文化节。坚持创业带动就业，新增城镇就业 6231 人。扎实做好保险征缴扩面、低保提标、大病救助和残疾人保障工作，城乡居民社会养老保险参保率达 100%。全面提升养老服务社会化水平，社会保障和救助体系更加完善。不断强化双拥共建，军政军民关系更加融洽。开展安全生产、消防安全、食品安全、校园安全、道路交通安全等领域专项整治行动，安全形势持续平稳。大力开展“平安解放”“科技创安”专项行动，严厉打击和处置非法集资，妥善化解信访积案，社会大局和谐稳定。

【解放区社区治理模式获首届中国社区治理十大创新成果】 4 月 14 日，由民政部联合人民网、新华网、中国社会报社等举办的“2013 年度中国社区治理十大创新成果”发布会在北京召开，焦作市解放区的“复合共治、多元服务”社区治理模式被评为

“2013年度中国社区治理十大创新成果”。全国仅有10个城区（县）获此荣誉，解放区是河南省唯一一家。

近年来，解放区积极致力于基层社会治理创新的探索与实践，以社区建设为切入点，以深化社区服务为突破口，积极推行“四位一体”社区治理体制和“网格化服务、扁平化管理”模式，取得了良好效果。尤其在2013年，解放区通过不断优化社区治理结构，全面深化多元服务模式，初步形成了“依靠多种力量，整合多方资源，开展多元服务，满足多重需求”的工作经验，构建了“党政力量主导、居民立体自治、社会资源共聚、服务网络支撑”的工作格局，实现了由社区复合共治到共治共享的转型提升。目前，解放区200余家驻区单位、180余家社会组织、5000余名社区社会组织成员合力参与社区共治，有效促进了辖区社会的和谐发展，广大居民的认同感、幸福感、安全感和满意度大幅提高。

【民政部社区建设督导组到区检查指导】 12月8日至9日，民政部社区公共服务综合信息平台建设督查组到解放区调研信息平台建设情况。督查组深入焦北街道花园街社区、民生街道学生路社区、民主街道服务中心，对基层社区的公共服务综合信息平台建设情况进行实地察看，召开汇报会，并现场观看了解放区综合信息平台技术方案演示。民政部基层政权和社区建设司副司长刘勇等参加会议。

（冀二伟）

·山阳区·

全国科技进步先进区
中国最具影响力的百强文化旅游区
全国群众体育先进区
全国全民健身先进区
河南省文明城区
河南省文化先进区
河南省综治基层基础工作先进区
河南省计划生育优质服务先进区
河南省安全工作先进区
河南省最具投资价值先进区
河南省国土资源节约集约示范区
河南省慢性病综合防控示范区

中共山阳区委员会
书　记　孟令武
副书记　王　玲　别志强
常　委　孟令武
王　玲（区长）
别志强
赵朝阳（纪委书记）
靳爱玲（组织部部长）
武兴农（宣传部部长）
琚晓留（常务副区长）
师少辉（区委办主任）
刘俊峰（政法委书记）
杨照峰（统战部部长）
孙　伟（人武部政委）

山阳区人大常委会
主　　任　王启山
党组书记　樊坤天
党组副书记　张怀军
副　主　任　李保华　许新旺
买新华　苗国平
正县级干部　赵文中

山阳区人民政府
区　　长　王　玲
副　区　长　琚晓留　王社红
郭世忠　侯志强
李执祥　李玉明
陶金生　马有国
申延芳
正县级干部　张修建
副县级干部　屈庆河　千煜成

政协山阳区委员会
主　席　王小平
副主席　张保和　王亚萍　贾禄波
闫利明
党组副书记　李忠安
正县级干部　刘永琪

【概况】 山阳区位于焦作市中心城区东半部，总面积65.65平方公里。辖中星、新城、东方红、焦东、百间房、太行、艺新、光亚、定和9个街道，19个村民委员会，33个社区，总人口25.48万人。

2014年，全区完成地区生产总值29.4亿元，比上年增长11%。固定资产投资完成91.04亿元，增长21.7%。公共财政预算收入完成4.88亿元，增长12.1%。规模以上工业增加值完成4.27亿元，增长12%。社会消费品零售总额完成76.9亿元，增长12.3%。农村居民家庭人均纯收入达1.22万元，增长10.1%；城镇居民人均可支配收入达2.49万元，增长9%。全年到位市外境内资金88.7亿元，增长16.9%。实际利用外资2700万美元。

项目建设。特色商业区建设稳步推进，《山阳区特色商业区空间规划和控制性详细规划》通过省级评审。特色商业区内投入运营商务楼宇4个，专业市场4个，商业街1个，限额以上服务业企业20个，限额以下42个，个体工商户525户，从业人员5100人，集聚效应初步显现。重点项目进展顺利。锦绣公馆、龙源湖新贵族商务中心、东方红国际广场、建业公园里4个10亿元项目超额完成当年投资。东方红地下商场装修结束，丹尼斯扩建项目手续办理完毕。盛业清华园、征云悦城等新开工项目完成投资19亿元，远大未来城、太行名府、翡翠长堤等续建项目完成投资36亿元。招商引资取得成效。西经大道两侧、太极体育中心西南角等地块完成土地收储，文汇路东侧87亩土地已经摘牌。组织人员赴长三角、珠三角、京津冀等地区开展招商18次，接待动漫集团、居然之家、浪潮集团等客商20余批150人次，对接目标企业30余个。

工业发展。引导企业加快科技创新和技术改造。汉河电缆、力合机械、三利达、巡返特玻分别被评为市级“30强”“30高”“30新”企业。群英机械被评为市两化融合示范企业。巡返特玻“防爆炸复合玻璃”项目被评为市科技进步二等奖。三利达在新三板挂牌上市。力合机械完成股份制改革，正在完善上市前的土地、环评手续。机械制造产业园一期工程进展顺利，华隆液压设备等企业入驻。集聚区标准化厂房基础设施逐步完善，开始整体对外招商。全区规模以上和纳税额超100万元工业企业达11个。20个重点监测企业实现总产值17.7亿元，同比增长17.9%；实现税收7372万元，同比增长5.7%。

城市建设。全力服务市十大建设。南水北调安置房建成17.9万平方米，主体竣工11.6万平方米。南水北调全线通水，郑焦城际铁路即将通车，体育中心建成投用，黎明脚步公园建设完成，北部矿山地质环境治理基本结束，文汇路、龙源路东延、丰收路拓宽改造竣工。城市基础设施不断完善。投资1200余万元完成周庄西路大修，古城路、金山路、和平街等道路维护和34条背街小巷集中整治。市容市貌不断提升。投入500余万元增配一批环卫设施，建立390人的农村环境卫生保洁队伍，聘请142名市容环境监督员，完善监督检查机制，基本解决了垃圾围城、围村现象。开展市容环境集中整治、“双违”集中治理等，城市管理秩序不断规范。全年拆除违法建筑10万余平方米，清理垃圾200余万方。图书馆东侧垃圾堆、广场东巷占道经营等突出问题得到有效治理。环境保护不断加强。开展“蓝天雷霆”大气污染整治、黄标车治理、集聚区周边环境治理等，关闭取缔企业45个，搬迁污染企业24个，辖区环境质量进一步改善。

社区建设。完成康乐、广场、龙源湖3个社区改扩建工程。搭建了公共服务信息平台，公开56项服务内容。建立服务机制，推行社区工作周报、年度实事承诺办理、无假日社区服务等工作制度。向群众承诺办理206件社区实事。依托195个社区网格、1156人的网格工作队伍，通过搭建交流信息平台、设立楼院便民服务点、开展代理代办等举措，拓展服务深度。通过社区网格为群众解决问题740余件，办好事2200多件。光亚街道获得全国示范街道称号，丰收社区和工业东路社区获得全国示范社区称号，获奖数量全市第一。

农业农村。累计投入资金360万元，清理各类垃圾8万余方，硬化农村道路3500平方米，维修排水沟1400米，新增绿地1000平方米，美化墙体1万余平方米，改善了农村人居环境。大力发展农村经济，农民专业合作社新增6个累计46个，合作社示范化率达17.4%，辐射带动农户1277户，实现利润450万元。开展动物疫病防控工作，确保畜产品安全。新建营造林9030亩。开展“清水利剑”行动，清理、关停非法洗砂场9个。发放粮食直补、综合直补等各类补贴资金438万元，确保各项惠民政策落实。

民生保障。社会保障能力不断提高。城市低保标准和农村低保标准每人每月分别提高50元，全年共发放低保金、救助金等1400余万元。五保户集中供养率、城乡居民养老保险参保率均达100%，实现了动态管理下的应保尽保。新增就业5554人，下岗失业人员再就业2508人，城镇登记失业率控制在4.2%以内。东城美苑238套廉租房建设完工，贝格棚户区改造项目水、电配套安装结束，科艺小区、太行名府等保障性住房建设有序推进。教育事业均衡发展。投资4200余万元的新城学校建设项目和解东一小、东环路小学、太行路学校改造项目开工建设。提高了中、小学生均经费标准。群众文体生活不断丰富。投资418万元为社区配发文化信息资源共享设备，安装健身器材200余套。举办全民健身文化节等活动50余项，开展“文化下乡”工程，实施图书漂流计划，丰富了群众的文化体育生活。卫生计生服务标准不断提高。新农合参合率、健康档案建档率均达99%以上。大病救助标准提升到30万元。在全市率先实现“省级计划免疫示范门诊”全覆盖。狠抓出生人口性别比综合治理和出生缺陷干预，不断加强流动人口管理，人口计生服务水平持续提升。

【山阳区ESCC中国（焦作）电子竞技产业园项目签约】 8月8日，2014年“央企河南行活动”重点项目签约仪式在郑州举行。山阳区ESCC中国（焦作）电子竞技产业园项目在活动上签约，山阳区区长王玲与中国动漫集团有限公司副董事长、常务副总经理陈建祖现场签订投资10亿元的ESCC中国（焦作）电子竞技产业园项目合作协议书。该项目占地123亩，总建筑面积9.6万平方米，主要包括休闲娱乐游戏区、主题酒店、真人CS、密室逃脱竞技、体感太极、全息观光旅游体验、全民安全教育体验拓展中心等。

【山阳区光亚街道被授予全国和谐社区建设示范街道称号】 11月2日，民政部评选的全国和谐社区建设示范单位名单公布，山阳区光亚街道被民政部授予全国和谐社区建设示范街道荣誉称号。同时，该街道工业东路社区还被评为全国和谐社区建设示范社区。

近年来，该街道以社区党建为核心，以社区管理创新为引领，以建立社区新型服务体系为目标，以规范化、标准化建设为动力，以增强社区自治和服务功能为重点，从居民群众最关心、最迫切、最期待的问题入手，围绕民政救助、劳动保障、社会治安、环境整治、计划生育、医疗卫生等热点、难点问题，有针对性地为居民群众提供贴心暖心、细致周到的服务，切实提升了辖区居民的幸福感和满意度。

（马跃坡　张　彬）

·中站区·

全国科技进步先进区
全国科普示范城区
全国计生优质服务先进区
全省社会治安综合治理先进区
全省“六五”普法教育和依法治理先进区
全省法制县（市、区）创建工作先进单位
全省优化经济发展环境先进单位
全省优秀金融生态区
全省市容环境工作先进区
省级林业生态示范区

中共中站区委员会
书　记　王付举
副书记　卢和平
常　委　王付举
　　卢和平（区长）
　　黄富芝（纪委书记）
　　刘明胜（常务副区长）
　　赵蜜腊（组织部部长）
　　马建军（统战部部长）
　　周常普（政法委书记）
　　李坤承（区委办主任）
　　徐红霞（宣传部部长）

中站区人大常委会
主　任　秦晓安
副主任　姚合社　靳祯林　秦廷德
　　刘晓洲　卢月英

中站区人民政府
区　长　卢和平
副区长　刘明胜　古小六
　　赵立新　石文明
　　吴天广　张贵红
　　杨素琴　陈志海
正县级干部　刘文智　仝战军
政协中站区委员会
主　席　崔思朝
副主席　李建立　侯小东
　　董富贵　阴秀云

【概况】　中站区位于焦作市区西部，总面积162平方公里，其中耕地面积1800公顷。辖许衡、府城、龙翔、龙洞、李封、王封、朱村、冯封、月山、丹河10个街道，35个村民委员会，14个社区。总人口11.96万人，其中农业人口4.93万人，人口自然增长率为5.2‰。

2014年，中站区实现地区生产总值52.25亿元，比上年增长11.6%。其中第一产业增加值0.62亿元，增长3.2%；第二产业增加值38.03亿元，增长13.3%；第三产业增加值13.6亿元，增长7.7%。实现工业增加值33.06亿元，增长13.8%。粮食总产量1.09万吨，下降6.5%。财政一般预算收入3.43亿元，财政一般预算支出4.57亿元。固定资产投资完成额49.3亿元。社会消费品零售总额6.9亿元。城镇居民人均可支配收入2.01万元，农民人均纯收入达1.15万元。城乡居民年末储蓄存款余额21.55亿元。

工业转型迈出新步伐。工业经济实现总量扩张与发展效益同步提升，全区规模以上工业企业新增5个，总数达到41个；完成工业增加值25.2亿元，增长15.1%。优势产业集聚发展。围绕佰利联、多氟多等主体企业，重点建设投资30亿元的三木工业园、投资22亿元的氯化法钛白粉、投资10亿元的含氟精细化学品等46个重大产业项目，进一步优化产品结构，壮大企业规模，延伸产业链条，初步形成汽车零部件、现代化工、氟化工新能源新材料、新型高档耐火材料、食品加工、中原涂料基地等六大产业集群。自主创新能力增强。坚持以政府为主导、市场为导向、企业为主体，大力推动科技创新。帮助企业申报实施各类科技项目41项，龙星化工炭黑装置及尾气综合利用项目、多氟多含氟精细化学品项目被列入省重点企业技改专项；全区新增国家级高新技术企业1个、省级科技型企业14个，省级企业技术认定中心、工程技术研究中心各1个，申请各类专利92件，企业核心竞争力显著增强。多氟多被评为全国石化行业技术创新示范企业，佰利联入选全省工业品牌培育试点企业。企业上市（挂牌）稳步推进。出台《关于加快推进企业进入多层次资本市场的意见》，邀请相关中介机构，对辖区企业开展系列辅导培训，鑫诚、鸽德、爱尔福克等企业上市（挂牌）工作全面启动，科力达公司在深圳前海股权交易中心成功挂牌，初步形成示范带动、梯次推进的上市（挂牌）格局。2014年，辖区上市企业通过资本市场直接融资9.16亿元，多氟多公司被评为最佳中小板上市企业。

集聚区建设实现新提升。全年实施项目35个，入驻企业总数达119个；规模以上企业实现主营业务收入116亿元，增长15.7%。循环发展初见成效。围绕资源综合利用，邀请清华大学对现代化工产业园整体规划、科学定位，重点培育“富钛料—钛白粉—涂料颜料”“六氟磷酸锂—锂离子电池—节能产品”“炭黑—轮胎—汽车零部件”等循环产业链条，初步形成企业小循环、产业中循环、园区大循环的发展格局。要素服务更加完善。经四路、纬二路建成通车，经二北路供水管网工程基本完成，孤山湖水库、人民路供水管网和焦煤供电线路归并工程全面启动。先后成立全市首家政府引导型基金——河南红土创新创业投资公司以及亿利、富多多两个小额贷款公司，全年为中小微企业发放贷款5.15亿元。积极运作焦作西部工业原料城、嘉利热电中心等项目，要素保障更加有力。发展空间有效拓展。强力推进搬迁安置工程，投资5亿元的和美小区（二期）建成并交付使用，总投资12亿元、建筑面积达73万平方米的和祥小区开工建设，全年搬迁安置群众500余户2000余人，为工业发展腾出建设用地700余亩。

项目建设蓄积新动力。围绕发展

壮大四大经济板块，以产业培育、转型升级为主线，以龙头企业、重大项目为重点，突出企业法人主体作用，发挥商会（协会）中介作用，持续实施招大引强，针对性开展集群式专业化招商。全年新引进项目92个，其中亿元以上项目18个；实际到位市外资金92亿元（含往年项目到位资金）。按照“签约项目抓落地，在建项目抓进度，竣工项目抓投产”的要求，强化服务协调，优化施工环境，强力推进项目建设。年初安排的100个重点项目，累计完成投资62亿元，其中4个省重点项目完成年度投资计划的141%，15个市重点项目完成年度投资计划的130%。富钛料、锂电隔膜等重大项目建成投产，奋安高端铝型材等一批超10亿元项目顺利推进。

服务业发展释放新活力。实施启动特色商业区，空间规划和控制性规划完成编制，紫金华府、岚璞尚宅等房地产项目快速推进，海天印染厂、怡光市场及周边区域将挂牌出让，相关配套设施逐步完善，特色商业区基础框架正在构建。加快建设现代商贸物流区，焦西物流园区产业发展规划通过专家评审，投资2亿元的武钢物流园（二期）项目顺利建设，投资3亿元的丰达物流项目落地实施。投资3亿元的中青网数码商城等项目签约落户，电子商务成为服务业发展的新亮点。生态休闲产业区有了实质性推进，高标准编制龙翔山生态旅游度假区总体规划以及盘古洞景区、葫芦寺水上公园等四大景区详规，红砂岭度假区、栗井生态园等项目加快推进，全程6公里的红叶大道基本具备通车条件，北部山区正在成为市民休闲健身活动新选择。

人居环境得到新改善。深入开展美丽中站建设，不断完善城市功能，改善人居环境，城市辐射带动作用进一步增强。统筹推进基础设施建设，光华路、许官线、中冰线建设基本完成，解放西路、怡光路、跃进路整修工程全部结束，城区集中供热管网开

中站区创建国家义务教育发展基本均衡区验收会

工建设，雨污水管网覆盖面进一步扩大。生态环境更加靓丽，高标准绿化经三路等城市道路，新建城市游园3个，全面建成衡苑矿山公园（一期）并对外开放，大沙河湿地公园、新河源头治理工程以及国家森林城市创建等工作有序推进，以“山、水、园、林”为核心的城乡生态网初显轮廓。城市面貌有明显改善，第二批背街小巷整治和城市居民公厕改造圆满完成，涉农办事处均被评为市级卫生乡镇，城市管理工作在全市综合评比中始终保持第一，环境卫生一体化长效管理经验被省市全面推广。环保工作不断加强。“蓝天雷霆”“清水利剑”等专项行动取得阶段性成果，8个污染企业实施关停整治，141个餐饮企业完成清洁能源改造，露天烧烤、工地扬尘等污染行为得到有效遏制。龙翔办事处生态乡镇创建通过省级验收，桑园等3个生态村创建通过市级验收。

民生保障取得新成效。年初承诺的总投资23亿元的10件惠民实事均达到预期目标。完成中小学操场改造、“班班通”工程、功能室标准化建设以及学前教育三年行动计划，义务教育发展基本均衡区创建工作，在五城区率先通过国家督导评估，被市政府授予全市教育综合质量奖。数字电视网络改造稳步实施，全区有线电视用户完成整体转换。许衡墓、府城遗址规划保护工作全面启动，龙洞综合文化站入选省特色文化基地。龙翔、李封社区卫生服务中心投入使用，卫生计生综合服务楼等项目顺利建设，新农合补助标准大幅提升。全市首家外来务工人员服务中心、社会保险服务大厅建成运行，“五险合一”一站式社保经办服务在全市率先试行。区级社区服务中心、冯封社区服务站正式启用，全市首个规范化法律援助中心和社会救助电子信息平台投入使用。全年建成保障性住房11万平方米，发放廉租房补贴80余万元，困难群众生活条件得到改善。武钢社区被评为全国和谐社区建设示范社区，基层管理服务更加规范有序。综治创安工作扎实有效，信访积案逐步化解，网格信息化管理实现了城区全覆盖。统筹构建安全监管大格局，认真开展食品药品安全专项整治和非法集资专项治理，全区社会大局和谐稳定。

深化改革推出新举措。政府机构及事业单位改革正式启动，部门职能职责关系进一步理顺。行政审批制度改革取得初步成效，减少行政审批事项20项，建立首问负责、公开承诺等新机制，实现简单事项即收即办，一般事项限时办结，政府效能不断提升。社会综合治税成效显著，财税收

中站区新年文艺汇演

入实现了信息共享、征管联动，全年补缴增收税金 1558 万元。加强与区外医疗机构合作，探索建立区域医疗联合体，有序推进公立医院改革，群众看病就医更加便利。

【中站区绿色涂料特色产业园区规划通过评审】 1月11日，中站区绿色涂料特色产业园区规划通过评审。园区位于西部产业集聚区，由中国涂料工业协会牵头，以中国制造业 500 强之一——江苏三木集团为主体。园区集研发、检验、生产、销售于一体，总投资 30 亿元，占地 1100 亩，建成后可吸引 20 余家相关企业入驻，年可实现销售收入 63 亿元、税收 18 亿元，吸纳就业 7500 人，将成为我国中部高科技表层材料生产基地。

【第三次工业革命与创新模式转型专题报告会举办】 11月26日，焦作市第三次工业革命与创新模式转型专题报告会在中站区举办，邀请国务院参事、科技部原副部长刘燕华作专题报告。25 日，刘燕华到多氟多公司调研，先后参观公司调度大楼、国家认可实验室、六氟磷酸锂和电子级氢氟酸生产车间等现场，了解公司经营现状和项目建设，对公司取得的成绩和转型升级战略措施给予充分肯定。

（杨正栋　职恬恬）

·马村区·

全国科技进步考核先进区
全国白内障无障碍区
河南省民办教育先进区
河南省计划生育优质服务先进区
河南省安全生产先进区

中共马村区委员会
书　记　翟耀南
副书记　黄　腾
常　委　翟耀南
　　　　黄　腾（代区长）
　　　　刘国庆（纪委书记）
　　　　庞先国（宣传部部长）
　　　　吴玉岭（政法委书记）
　　　　王家鹏（常务副区长）
　　　　宋　波（人武部政委）
　　　　夏　玮（统战部部长）
　　　　杨　磊（区委办主任）
　　　　王恒进（组织部部长）

马村区人大常委会
主　　任　张丰收
副 主 任　胡振军　张　莉
　　　　　冯海洋　高文新
正县级干部　张廷娥

马村区人民政府
代区长　黄　腾
副区长　王家鹏　朱兴家　孙振清
　　　　刘兴刚　张保江　周胜利
　　　　张文靖　王红艳　张东升

政协马村区委员会
主　　席　岳青岭
党组书记　赵根旺
副 主 席　王明合　梁春莉
　　　　　张同新　邓和顺

马村区位于焦作市区东部，总面积 122 平方公里，其中耕地面积 6000 公顷。辖安阳城、演马、待王、马村、北山、冯营、九里山 7 个街道，64 个村民委员会，14 个社区。总人口 14.31 万人，人口自然增长率为 5.13‰。

2014 年，全区实现地区生产总值 41.4 亿元，比上年增长 2.9%；固定资产投资 44.6 亿元，增长 21.2%；社会消费品零售总额 14 亿元，增长 12.1%；公共财政预算收入 2.6 亿元，增长 12%；城镇居民人均可支配收入 2.04 万元，农民人均纯收入 1.16 万元，分别增长 10%、11%。

项目建设实现新突破。全年实施重点项目 30 个，完成投资 25.8 亿元。鸿运国际商城项目开工，进入全面建设阶段；亿祥美郡城市综合体、建设路东延、通港物流园、白鹭湿地公园等项目进展顺利，区定 15 个重大项目完成投资 22.6 亿元。全力以赴保证国家、省、市重点工程的顺利实施，南水北调总干渠顺利通水，郑焦城际铁路线上工程全面完工，万方电厂配套供热管网主管网建成投用。

结构调整迈出新步伐。坚持做大规模与做优结构并举，产业发展的层次、质量和效益不断提升。狠抓生态农业示范园区建设，小庄蔬菜基地、隮城寨农业生态园等进一步扩大规模。新增土地流转面积 5400 亩，累计流转面积达 1.8 万亩。狠抓农田水利设施建设，健全基层农业技术推广体系，粮食总产量达 4.7 万吨，实现“十一连增”。不断提升农业机械化水平，全年落实农机购置补贴228.7万元，新增各类大中型机械88台（套）。完善企业服务机制，加强工业运行监测，着力推动现有企业转型升级。东星炭电极年产1万吨高石墨质炭电极、丹阳水泥年产100万吨矿渣微粉项目竣工。产学研合作取得突破，4个企业与高校达成合作协议，辖区首家院士工作站在焦作健康元生物制品有限公司正式挂牌。现代服务业快速兴起。全区第三产业增加值完成12.4亿元，增长7.3%。

城乡建设谱写新篇章。以基础设施为重点，以完善功能、提升品位为目标，坚持建设、管理、整治三管齐下，综合承载能力明显增强。建设路东延、东海大道跨南水北调河大桥等项目有序推进，S233省道改建、解放路拓宽改造工程加紧运作。完成万方电厂配套供热管网主管网、中兴路供水管网改造工程，燃气管网建设纳入全市总体规划。以农村道路、水利、环境设施为重点的农村公共基础设施建设三年提升行动全面启动，全年实施项目52个，总投资8236.5万元，完成投资3187万元，九解路改造等20个项目竣工。进一步完善新建小区功能，丽景小区太极广场、社区办公楼基本建成，园中园小区配套设施建设接近尾声。加大市政设施维护力度，狠抓城区绿化、亮化和游园建设，新改造绿地1.6万平方米。积极改善农村居住环境，田门社区服务中心、白庄社区供排水系统等项目竣工，赵蒋新村建设全面展开，农村危房改造任务完成。大力开展城乡环境卫生集中治理和“美丽乡村”建设，按照人均15元的标准落实农村人口保洁经费，投资168万元购置移动式垃圾中转站和清运车辆；探索政府购买社会化服务，引入市场化运作管理模式，21个村的日常保洁交由专业公司代管。全面完成国家森林城市年度创建，实施生态造林4450亩，通过省林业厅验收。进一步巩固北部山区生态环境治理成果，继续实施沉陷区综合治理项目，白鹭湿地公园主体完工。开展“蓝天雷霆”“清水利剑”环保专项行动，推进生态村镇创建，完成市定14项环保目标。

经济发展增添新活力。内生动力和市场活力不断释放。全面落实“三集中、三直接”、首席代表负责制、并联审批服务办法等机制，全区216项行政审批服务事项精简至104项，其中行政审批事项由56项精简至39项，精简率30.4%。基本建成乡村两级便民服务体系，政务服务更加深入基层、贴近群众。开展综合治税工作，强化税收信息共享、征管联动，增收3959万元。推动以财政预决算公开、非税收入管理、专项资金管理、公务卡结算为重点的管理制度改革，财政精细化管理水平不断提升。县级公立医院改革成果进一步巩固，基本公共服务逐步完善，社区医疗服务方式更加灵活多样。完成医疗联合体组建工作，区域医疗资源实现整合共享。同时工商登记制度改革落实到位，市场活力进一步激发，全年新增市场主体890户，增长24%。政府机构改革和事业单位分类改革稳步推进。坚持“走出去、请进来”，全年实际到位市外资金78.1亿元；合同利用境外资金4250万美元，实际利用境外资金2780万美元，外贸出口完成3670万美元。

民生保障得到新加强。优先保障和改善民生，加大财政投入力度，全年各项民生支出3亿元，增长16.6%。教育教学条件逐步改善，三十三中中学部教学楼主体封顶，九里山小学电教室等薄弱学校改造项目全部竣工，多媒体“班班通”实现全覆盖。认真落实教育惠民政策，不断完善助学体系，全年落实义务教育阶段免费和各类补助资金1251.4万元。加强文体设施建设，大力发展全民健身事业。组建区群众艺术团，开展文化下乡、公益电影放映等活动。抓好非物质文化遗产保护工作，唢呐、皇杠代表性传承人获得市级认定。人民医院内科病房楼投入使用，外科病房楼基本建成，医疗基础设施逐步完善。新农合人均财政补助标准提高至320元，住院补偿封顶线提高至20万元，累计补偿资金2677.4万元。继续推行“先住院、后付费”诊疗服务，3449人次享受到优惠政策。实行基本药物零差率销售，让利群众212.6万元。城乡低保标准分别由每人每月350元、200元提高至400元、225元，发放城乡低保金1045万元。建立临时救助和困难群众商业保险医疗救助制度，发放各类救助金206万元。落实老年人各项优待政策，发放高龄老人敬老补贴177万元。建立劳动力资源数据库和就业信息平台，加强村级服务站建设，新增就业5279人，失业人员再就业1978人；新增农村劳动力转移就业793人，安置公益性岗位137人。计生优质服务进一步深化，加强城区人口计生服务管理，全面落实利益导向政策，认真实施免费孕前优生健康检查项目，开展“心灵关爱”特色服务，人口自然增长率控制在6.5‰以内。完善安全生产属地化管理机制，建立安全生产监管网络图和安全隐患数据库，开展安全生产大检查和各类专项整治行动，加大食品药品、校园、交通、消防等重点领域监管力度，安全生产形势保持平稳，荣获全省安全生产先进单位。开展矛盾纠纷“大排查、大化解”活动，推行民情恳谈制度，建立法律服务参与信访问题解决机制，积极稳妥化解信访积案，信访形势持续好转。开展“六五”普法，推行“一村一警”综治联动和大巡防工作模式，不断完善社会治安防控体系，全区治安形势总体平稳。

（毛俊莲　邢王鑫）

·城乡一体化示范区·

【概况】　焦作市城乡一体化示范区原名焦作新区，2010年2月经省政府批准成立，2014年3月改现名，是焦作市经济社会战略规划的重要区域。示范区规划面积210平方公里，下辖阳庙镇、苏家作乡、宁郭镇3个乡镇和文昌、李万、文苑3个街道，104个行政村，常住人口25万人。示范区党工委管委会下设综合办公室、组织人力资源社会保障局、发展改革规划局、国土建设环保局、财政局、招商融资促进局、社会事业局、人口计生委8个内设机构，设公共资源交易中心、农村工作办公室、信访接待中心、城管局、规划分局、食品安全委员会办公室、高新区创业中心等7个区属事业单位。驻区机构有：市纪委驻新区纪工委、市监察局驻新区监察室、市公安局高新派出所（分局）、新区国税局、新区地税局、高新工商分局、焦作供电公司客户服务中心新区分中心、市国土资源局高新分局、山阳区人民法院高新法庭、市人民检察院驻高新区检察室、市司法局高新分局、企业养老保险中心、市食品药品监督局新区分局。示范区被中共焦作市委、焦作市人民政府授予2014年度经济社会发展目标考核评价先进单位，被焦作市人民政府授予2014年度产业聚集区发展先进单位。

2014年，地区生产总值完成105.6亿元，增长12.8%；全社会固定资产投资完成116.1亿元，增长21.2%；社会消费品零售总额实现14.2亿元，增长14.5%；地方公共财政预算收入完成8.16亿元，增长25.1%。地区生产总值、公共财政预算收入等主要经济指标增幅位居全市前列。

通过全员招商、小分队招商、园区招商、企业招商等有效方式，发展新型业态，延伸产业链条，引进了一批高科技、大规模的重大产业支撑项目。2014年，共签约各类项目93个，总投资142.7亿元，其中10亿元以上项目4个，5亿元以上项目5个，亿元以上项目5个。主要有：总投资19亿元的北京嵩阳科技柔性导电膜生产基地项目、总投资18亿元的航空航天3D制造产业园、总投资10亿元的浪潮集团云计算中心、总投资7亿元的银江股份智慧焦作建设项目、总投资5亿元的河南中烟集团功能塑料膜项目等。

完成六项重点工作：（1）培育百亿产业集群，加快重点项目建设。装备制造产业实现产值168亿元，占规模以上工业总产值55%。5个省重点建设项目、33个市重点建设项目、8个市定10亿元以上重大项目分别完成年度投资计划的172.9%、141.5%、100%。在建项目107个，54个项目竣工投产，53个项目进展顺利。（2）发展高成长性服务业。电商产业园完成投资1.8亿元，浪潮、新浪、百度等23家知名电商成功入驻，集聚效应初步显现。（3）推进基础设施建设。完成投资2.6亿元，新增道路里程15公里，拉大了路网框架，完善了城市功能。（4）推进城中村改造。注重运用市场机制、引进社会资本参与，前期工作全面启动。（5）加快社会事业项目建设。投资5700余万元，建成理工大附中续建工程、“三通两平台”教育信息化工程等项目，开工建设韩公教育园区。（6）发展现代农业。投资1060万元，完善农田水利、安全饮水工程等农村水利基础设施，推进菜篮子基地、奶牛养殖基地及畜产品标准化基地建设；新增农民专业合作社25家，创建市级明星合作社、龙头合作社、示范合作社23家；新增农村土地流转面积4100亩。蒙牛乳品产业集群总产值突破50亿元，成为河南省畜牧二级产业化集群。

深入开展工业经济转型升级攻坚年行动，70个工业项目完成投资21亿元，千年冷冻高效节能制冷系统、蒙牛液态奶扩建等28个工业项目竣工投产，新增产值30亿元。全区规模以上工业企业总数85家，规模以上工业增加值完成68.1亿元，增长15%。中轴、卓立2家企业入围全省百高企业，蒙牛、厦工等4家企业入围全市30强企业，瑞庆发动机、同心电缆等4家企业入围全市30高企业，千年冷冻、科瑞森等7家企业被认定为省、市“两化”融合示范企业。中小企业异军突起，对工业增长贡献率达52.2%。明株自动化、平光制药等12家企业被评为全市“专精特新”30新企业。帮助企业争取各类产业扶持资金1530万元，宇建矿业成为焦作市首家新三板挂牌企业。在4月份全省重点项目暨产业集聚区建设观摩点评活动中，示范区位列豫北片区第一名，获得全市参加观摩历年最好成绩，进入2013年度全省“十快”产业聚集区行列，被授予一星级产业聚集区，成功创建国家新型工业化产业示范基地。

2014年，世纪路、神州路等断头路向东贯通，中纬路、文丰路建成，南洋路、黄河路等7条道路加快推进；配合市政府完成了中原路扩宽、丰收路、文汇路等道路建设，南外环路部分路段开工建设，路网框架进一步拉大。生态公园、中原路污水泵站建成，云阳路、建业路绿化工程完工，滨湖变电站开工建设，垃圾中转站、建筑垃圾填埋场等环卫基础设施布局更加合理，城市功能日趋完善。

2014年，财政用于民生支出7.43亿元，占公共财政支出的71.2%。全年发放各项社会救助资金1576万元，累计救助困难群众43587人次；新农合参合率98.77%，居焦作市五城区之首，发放大病补助金2651万元；修缮乡镇敬老院，推行农村互助养老，新建农村幸福院6所；城乡居民养老保险和企业养老保险、失业保险运行良好，发放失地农民养老补贴2160万元、被征地农民养老金205万元。宁郭镇、阳庙镇、苏家作乡顺利通过省级、国家级均衡教育验收。2014年中考，省级示范性高中硬上线312人，增长24%；高考，文昌高中本科上线63人，增长

80%。寨卜昌进入省级古村落名录，宁郭镇卫生院、文昌社区卫生服务中心建成投用，人口自然增长率 5.7‰，出生性别比 104：100，人口保持均衡发展。为 25 家吸纳辖区农村劳动力的用人单位发放社会保险补贴 121 万元；城镇新增就业 3564 人，农村劳动力转移就业 1123 人；创业培训、农村劳动力职业技能培训惠及 540 人、1044 人，发放小额担保贷款 220 万元；开发公益性岗位 93 个，优先安置就业困难人员。投资 1500 余万元，完善县乡道路 13.4 公里；投资 350 万元，新建农村道路 11.7 公里；开通阳庙镇、苏家作乡城市公交，极大地方便了群众出行。

【项目集中开工奠基】 5 月 23 日，市城乡一体化示范区 2014 年第一批项目集中开工奠基活动举行。此次集中开工奠基项目共 22 个，总投资达 138.93 亿元，按行业类别划分：工业项目 10 个，总投资 87.68 亿元；服务业项目 5 个，总投资 37.8 亿元；基础设施项目 4 个，总投资约 3 亿元；社会事业项目 2 个，总投资 10 亿元；房地产项目 1 个，总投资 0.45 亿元。

10 月 29 日，市城乡一体化示范区举行 2014 年第二批项目集中开工奠基活动。此次集中开工奠基项目共 16 个，总投资达 111.3 亿元，其中工业项目 9 个，总投资 72.38 亿元；服务业项目 4 个，总投资 25 亿元；基础设施项目 1 个，总投资约 2.32 亿元；社会事业项目 1 个，总投资 2.7 亿元；房地产项目 1 个，总投资 8.9 亿元。

【西安科技大市场对接座谈会】 6 月 25 日，市城乡一体化示范区举行西安科技大市场对接座谈会，双方深入交流，共谋合作发展。市委常委、常务副市长姜继鼎，西安科技大市场主任张伟国，示范区领导等参加座谈会。此前，示范区、市科技局领导分别考察走访了西安交通大学科技园和西安科技大市场，就双方开展合作事宜进行沟通。

【焦南新城规划评审会】 7 月 16 日，市城乡一体化示范区焦南新城规划评审会召开。市城乡一体化示范区于 2014 年 4 月份组织开展了焦南新城规划设计国际招标活动，设计单位按照设计任务书要求完成设计任务。评审会上，北京泛华建设集团中标。市委书记孙立坤在会上要求：一是尽快完善方案。中标单位要立足焦作实际，充分衔接城市总体规划、水系规划等现有规划成果，认真吸纳专家的意见建议和其他方案的优点，对入围方案进一步深化、细化，以达到最好效果。二是注重科学引领。规划要突出生态性，始终把生态环保放在首位；要融入新功能，与周边配套协调，满足新城未来发展需要；要体现高品质，打造高品位的水生态，要注重科技创新，形成高新技术产业集聚的洼地效应；要考虑人文特色，体现太极拳等厚重的文化底蕴。三是搞好对接配合。示范区和市直各有关部门要积极与规划设计单位搞好对接，加快推进入围方案修改完善和报批等后续工作。四是维护规划权威。五是加快规划实施。焦南新城位于市南海路以南、长济高速公路以北、中原路以西、焦晋高速公路以东，面积约 20.7 平方公里。市领导张文深、丁福浩、秦海彬、姜继鼎等出席会议，副市长胡小平主持会议。清华大学建筑学院副院长毛其智教授、上海同济大学建筑与城市规划学院孙施文教授、国家发展改革委城市中心综合交通规划院院长张国华教授等著名城市规划专家参加评审会。

（冯　瑶）

人 物

·全国"五一劳动奖章"获得者·

葛根会 焦作市人，中共党员，大学学历。1966年10月生，现任焦作市山阳区环境卫生管理处主任。

葛根会从事环卫工作以来，不仅是个敢挑重任的指挥员，更是一个冲锋在前、不知疲倦、勤于工作的战斗员。苦、脏、累、难活干在前，始终坚持跟班作业，同清扫工一起加班加点、一起清扫保洁。他在全市率先进行垃圾中转自动化技术改新，实现了由人工到数控操作的转变；大力推进干部制度改革，先后拿出8个中层岗位进行公开竞争上岗；实行建筑垃圾清运承包经营，生活垃圾定量定耗清运，不仅调动了职工的积极性，而且节约了经费；创立以典型为导向的带动机制、以动态考核为核心的激励机制、以效能监察为主要内容的监督机制。他关心群众生活和工作，对职工反映的热点难点问题，都能认真加以解决。给垃圾清运司机购买人身意外伤害综合险，为600名临时工办理工伤保险。他先后荣获河南省优秀党务工作者、河南省市容环卫规范化建设先进个人、河南省城市市容环境卫生先进个人等荣誉称号。2014年4月，被全国总工会授予全国"五一劳动奖章"。

郭占清 河南嵩县人，中共党员，大学学历，高级工程师。1956年12月生，1982年7月毕业于郑州工学院，同年8月在姚孟电厂参加工作，2003年8月任焦作电厂党委委员、副厂长，2009年4月任焦作电厂党委委员、工会主席，2013年10月任焦作电厂党委委员、纪委书记、工会主席。

作为群众工作带头人，郭占清秉承"全心全意依靠职工办企业"的工作方针，始终将"服务企业、服务基层、服务职工"的管理理念贯穿于工作中，在深化民主管理、提高职工创新、推进文化建设、关爱特殊群体，提升自身建设等方面做了大量工作，并取得了较好的成绩。企业曾获得全国"模范职工之家"、国家电力公司"双文明单位"、河南省"五一劳动奖状"等称号，并连续25年保持河南省文明单位荣誉。郭占清曾被评为全国优秀工会工作者、全国优秀工会积极分子、河南省创建劳动关系和谐企业活动先进工作者等荣誉称号。2014年4月，被全国总工会授予全国"五一劳动奖章"。

李昔安 修武县人，中共党员，中专学历。1975年6月生，1993年3月参加工作。现任焦煤集团方庄二矿采煤区班长。

1993年，李昔安来到方庄二矿当上一名农民轮换工。凭着能吃苦的精神，他很快就适应煤矿这个重体力劳动行业，短短两年时间，就在采煤区崭露头角，当上一名生产班长。从那时起，李昔安就带领全班工友，出色地完成矿上和采煤队交给的各种急、难、险、重任务。他像一个不知疲倦的机器人，从不叫苦喊累。在采煤区，工友们都知道李昔安是一名硬汉。

2013年6月，李昔安带领的班组曾创下炮采工作面单班产量全公司第一的佳绩。特别是2014年4月18日，2321工作面周期来压，工作面有10多架液压支架和排水泵被压，水排不出去，巷道进不去人。李昔安率先跳入水中，架泵、排水，终于打通了被压的工作面，为全区完成生产任务争取了时间。

李昔安在多年的班组管理实践中摸索了一套班组长“六步工作法”，即在班前会上摸底、班前会上交底、入井前安全宣誓、工作面安全确认、班中来回巡查、交班时交接安全。凭着这套“六步工作法”，他所带领的班组连续多年实现了安全生产。

李昔安先后获得矿劳动模范、焦作市劳动模范、河南省劳动模范等荣誉称号。2014年4月，被全国总工会授予全国“五一劳动奖章”。

·全国优秀共青团干部·

张　宁　焦作市人，中共党员，大学学历。1979年2月生，2000年11月参加公安工作，现任焦作市公安局犯罪侦查支队五大队副大队长，兼任犯罪侦查支队团总支书记，三级警督警衔。

张宁自2005年担任团总支书记以来，作为基层团干，把共青团的岗位当做人生奋斗的舞台，坚持“团结青年、服务青年、推荐青年”的指导思想，立足为领导决策服务、为打击犯罪服务、为公安中心工作服务方针，以学习力、凝聚力、生命力、创造力、战斗力“五力”为抓手，不断拓展青年民警成长成才平台，活跃刑警警营文化，有效地促进了基层团的建设，受到各级领导、广大民警及社会各界一致好评。创造了连续多年全省领先的工作佳绩：实现了命案侦破连续七年名列全省前茅，打击“两抢一盗”专项斗争连续四年排名全省第一，刑事技术综合成绩连续七年排名全省第一，指纹破案会战连续七年排名全省第一。市公安局犯罪侦查支队团总支多次受到表彰，其所在的队室被评为市级“青年文明号”，其本人先后被团省委、团市委授予青年岗位能手，被中共焦作市委、共青团焦作市委授予“十大杰出青年”，被公安部授予全国优秀人民警察、个人一等功等荣誉，被公安部聘为首批全国公安机关刑事技术特长专家，2014年被共青团中央授予全国优秀共青团干部。

·中国好人榜入选人物·

高　峰　焦作市工商业联合会干部。1978年12月出生。2012年10月3日，高峰在济源小沟背景区不顾自身安危，营救一名4岁小男孩，自己却不幸跌落20多米的山沟，造成右侧胸腔积液，多处粉碎性骨折，生命垂危。高峰的行为在社会上引起了强烈反响。当人们问高峰后悔不后悔时，高峰的回答是“不后悔。如果当时我不出手，这辈子心里都会过意不去。”2013年当选为“河南好人”。2014年1月入选“中国好人榜·见义勇为好人”。

王世林　武陟县公安局监管大队民警。1983年到武陟看守所工作，30多年来都兢兢业业。2012年，正在巡视的王世林倒在了工作岗位上，他患上了膀胱癌。王世林不仅没向病魔屈服，反而以加倍的工作，来拓展生命的厚度。他以切身体会教育在押人员：人生一世，草木一秋，我是一个面对死神威胁的人，在人生的最后一程里，更要行得正、走得端，不能死后让人唾骂啊。他曾救下了割腕自杀的人，唤醒了执迷不悟的人，感化了仇视社会的人。公安部的领导称赞他是，在最容易产生对抗的地方做到了平稳和谐，在最容易侵权的地方实现了公平正义，在最不容易出成绩的地方做出了最优异的成绩。王世林被评为焦作市优秀人民警察，荣立个人三等功。2014年5月入选“中国好人榜·诚实守信好人”。

沈长明　大专文化程度，中共党员，三级警督警衔，博爱县公安局磨头派出所副所长、际西警务室民警。1954年12月生。沈长明患有严重的糖尿病、肾囊肿，需要每天打胰岛素针、吃药维持。他长期扎根基层，坚持工作在一线，排查化解矛盾纠纷，他随身携带的警务室工作日志本密密麻麻记载着群众需要解决的问题。他写了30多本工作日志，走访群众2000多户1万多人次，为群众解决实际困难上百件，常年帮助2位孤寡老人，资助1名失学儿童，关爱4名留守儿童，使10余名刑满解教人员重新再就业。先后荣立个人三等功3次，受嘉奖5次。2014年7月入选“中国好人榜·敬业奉献好人”。

·全国青年岗位能手·

张明建　河南商丘人，中共党员，研究生学历。1983年4月生，2010年1月参加工作，现任河南能源焦煤集团赵固二矿安监科科长，工程师职

称，特长是巷道矿压及其控制。

2010年1月起，先后任赵固二矿工程部技术员、技术主管、科技办副主任、综掘二队副队长，2011年9月任赵固二矿综掘二队队长兼党支部书记，2015年2月任赵固二矿安监科科长。

张明建主持或参与赵固二矿水仓、工作面、巷道等多项设计和21项科技攻关项目；公开发表论文5篇，并分别获得煤炭工业协会一、二、三等奖，其中《大埋深复杂水文地质条件工作面防治水技术研究》等科研项目经中国煤炭工业协会鉴定均达国际领先水平；自动关闭风门轴、新型井下喷浆料搅拌机、新型工字钢连接装置3项专利2011年获国家实用新型专利，2013年9月获第十届焦作市青年科技奖。

张明建带领综掘二队完成赵固二矿11050上顺槽、11021上下顺槽及切眼、11071上下顺槽及切眼、11030上顺槽、一盘区上段回风巷、一盘区上段胶带巷、一盘区上段辅运巷、11091工作面上下顺槽及切眼等万余米巷道和硐室的掘进；2011年11月带领综掘二队实现煤巷单头掘进818.8米的好成绩，刷新河南煤化煤巷单头掘进新纪录。

2014年，张明建被共青团中央、人力资源社会保障部联合授予全国青年岗位能手称号。

·全国煤炭行业技能大师·

张金富　河南武陟人，大学学历，中共党员。1974年8月生，1990年8月参加工作，现任河南能源焦煤集团赵固二矿机电科科员，助理工程师职称，高级工等级。

1990年8月，张金富从焦作矿务局技工学校电气专业毕业后，被分配到焦作矿务局焦东矿供应科从事车辆维修。2009年4月，张金富到赵固二矿筹备处，从事机电设备维修。他结合工作实际认真学习专业理论知识，先后自学《电气自动化》《综采维修电工》等30多本专业教材，并于2008年9月报考了河南理工大学成教学院，攻读电气工程与自动化专业。鉴于张金富具备扎实的理论功底和丰富的现场实践经验，以及他是目前河南省唯一一名获得美国派克汉尼汾公司认可的“派克液压产品技术服务保养”高级技师，2012年3月，被河南理工大学成教学院聘请为硕士研究生兼职导师，先后带出硕士研究生12名。

2009年10月，赵固二矿井下一台担负主要生产任务的EBZ230型综掘机出现故障急需修理，厂家来人后，开口要维修费450万元，且修理时间长达4个月。张金富主动向领导提出自己牵头修理。在此后的近3个月时间里，张金富带领两名助手，自制拆卸各种型号螺丝的专用工具，成功修复EBZ230型综掘机。这次设备维修，张金富为企业节省维修资金300多万元。在此后近两年时间里，又修好6台EBZ160悬臂式煤巷综掘机。

多年来，张金富先后完成大小革新30多项，其中14项获国家发明专利，1项填补全国煤炭行业空白，为企业创造了上千万元的经济效益。

张金富先后获焦煤集团劳动模范，河南能源化工集团先进工作者以及第三届感动煤化十大人物，焦作市创新先进个人、“五一劳动奖章”、十大杰出青年，河南省煤炭系统十大能工巧匠、“五一劳动奖章”。以他个人名字命名的张金富创新工作室被授予焦作市工人先锋号和优秀职工技术创新工作室称号。2012年5月1日《河南新闻联播》播出6分多钟关于他的报道，《河南法制报》《河南工人日报》《焦作日报》、大河网也对张金富的事迹进行报道。

2014年11月，张金富被中国煤炭工业协会授予全国煤炭行业技能大师称号。

·河南省劳动模范和先进工作者·

劳动模范

石青云	沁阳市常平乡九渡村党支部书记、村委会主任
荣尚贵	沁阳市崇义镇南山村党支部书记、村委会主任
张财旺	孟州市河阳街道长店村党支部书记、村委会主任
花明奇	孟州市河雍街道东田丈村党支部书记、村委会主任
张胜利	孟州市城伯镇东后津村农民
张占朝	温县岳村乡前秦岭岗村党支部书记、村委会主任
吕元丰	河南平安种业有限公司农民
张战军	温县神威养殖专业合作社理事长
祝兴金	博爱县农村信用合作联社理事长
孙永利	博爱县金城乡南庄村农民
邱国庆	河南旭瑞食品有限公司农民
魏拥胜	武陟县黄河肉鸡养殖专业合作社理事长
史才旺	武陟县财旺农机专业合作社理事长
孙振庭	修武县七贤镇丁村党支部书记
马　魁	解放区王褚街道新店村党总支书记
赵喜来	山阳区中星街道巡返村党总支副书记
毋绿林	中站区许衡街道新庄村党支部书记、主任
胡朝霞	高新区金久福果蔬种植专业合作社理事长
王建勋	焦作电厂筹建处工程管理部主任
王东波	丹河发电有限公司焊工
赵建宾	国网焦作供电公司总经理、

党委副书记
孟旭杰　河南平原光电有限公司加工中心操作工
李旭庆　河南省地质矿产勘查开发局第二地质矿产调查院坦桑尼亚地质勘查分队分队长
刘琳琳　风神轮胎股份有限公司成型工
崔二梅　昊华宇航化工有限责任公司技术员
张举红　河南卓立膜材料股份有限公司研发中心主任
王晓艳　焦作市新时代高速公路有限公司收费员
郭爱萍　焦作市公共交通总公司驾驶员
周传良　焦作万方铝业股份有限公司总经理
刘三宝　博爱农场分场经理
白　奎　沁阳市怀庆办事处自治街居委会党委书记
徐明华　河南永威安防股份有限公司研发中心主任
李国正　沁阳市电业综合公司远动班班长
张振志　河南德众保税物流有限公司董事长
席　社　中原内配股份有限公司销售公司副经理
牛玉珊　河南海盛实业有限公司生产部部长
陈红生　博爱金隅水泥有限公司电工班班长
李宏福　博爱县七方丝绸有限责任公司业务科科长
王　妍　焦作飞鸿安全玻璃有限公司研发中心主任
姜丰伟　河南江河纸业股份有限公司董事长、总经理
刘小利　武陟县电业局市场营销部主任
梁立新　焦作云台纺织有限责任公司机修班工人
王小银　焦作云台山旅游股份有限公司车队安全员
原金香　修武县金香农机专业合作社理事长
闫春生　多氟多化工股份有限公司四分厂厂长
赵东房　焦作市东星炭电极有限公司经理
杨谊林　瑞庆汽车发动机技术有限公司工会主席
谢述新　焦作煤业（集团）董事长、党委书记
张金富　焦作煤业（集团）赵固二矿工人
李永胜　焦作煤业（集团）古汉山矿综采区队区队长
李　静　焦作中裕燃气有限公司办公室副主任
李娜苹　焦作市百货大楼东方百货店总经理
宋军桥　温县供电有限责任公司总经理
肖　毅　山阳区环境卫生管理处环卫三所所长
毋　燕　中国石油焦作石油分公司第二十一加油站站长

先进工作者

赵素香　马村区工人村小学教师
李　新　焦作市人力资源和社会保障局军转干部安置科科长
王上水　焦作市公路管理局工程科科长
廉二虎　沁阳市农业机械管理局党组书记、局长
杨法谊　修武县农业局党组书记、局长
李玉香　焦作市中级人民法院民二庭副庭长
李卫星　沁阳市总工会主席
崔铁梅　孟州市第一中学教师
郝　国　温县人民医院神经内科主任
朱瑞晨　温县第一中学校长、党委书记
武玉玲　博爱县第一中学教师
原风翔　焦作市国土资源局解放分局党支部书记、局长
王海英　焦作市第十八中学教师
田少峰　山阳区地方税务局党组书记、局长
靳作友　中站区总工会主席
李富梅　焦作市第二人民医院院长
侯亚峰　焦作市第一中学校长
朱　垒　焦作市公安局犯罪侦查支队主任
文　涛　焦作市特种设备检测检验所所长

（河南省人民政府《关于表彰河南省劳动模范和先进工作者的决定》豫政〔2014〕38 号，2014 年 4 月 25 日）

·河南省模范团干部·

李　勇　共青团焦作市委学校部副部长
黎慧忠　共青团解放区委书记

·河南省优秀共青团员·

冯　赓　焦作市人民医院住院医师
桑于超　焦作市公共资源交易中心科员
胡家宁　山阳区光亚街道康乐社区志愿者
成　蕊　孟州市国税局科员
郑　鹏　焦作市新时代高速公路有限公司小徐岗收费站收费员
杨舒涵　焦作市第十一中学高二 10班学生

·河南好人榜入选人物·

刘丙午　武陟县嘉应观乡人。1998 年，从部队转业到武陟西滑封热电厂工作。虽然单位与家距离 20 公里，工作很辛苦，家里住房紧张，但他还是把有病的父母和智障的弟弟接到家中。2004 年岳父病故，刘丙午又义无反顾把岳母和妻弟接到自己家中照顾，用责任和爱撑起了两个家。刘丙午常说：“父母生我养我，和他们的爱比起来，我这顶多算是尽

到了心。”他孝老爱亲的事迹被同事和邻里广加传颂。曾多次被县委、县电业局评为优秀党员。2012年被推荐为武陟县“孝亲敬老”道德模范，2014年被评为河南孝老爱亲好人。

马自立 焦作市特殊教育学校盲人教师，自1992年投身盲人事业，一干就是20多年，从一位双目失明的回族小伙成长为焦作市盲人教育科研的“领军人”。马自立从小父亲去世，母亲出走，是在亲友的帮助下长大的。生活的磨难造就了他自强自立的性格。1992年从省按摩学校毕业，参加了焦作市特殊学校的筹建。他自费到外地学校取经，购买资料，编写教材，培训教师。他掌握并推广了汉语双拼盲文国家教研成果。他对盲人学生关心爱护，教学有方，使一批盲障青少年掌握了专业技术，能自立于社会。2012年他组建了焦作市“光明行盲人按摩志愿者”服务队，为山区的留守老人解除病痛，用爱回报社会。他先后被评为焦作市先进工作者、河南省劳动模范，2014年被评为河南助人为乐好人。

·河南省第六届美德少年·

刘　珊 沁阳市沁北中学初一年级学生。从小学二年级以来，她一直帮助班里自幼患有小儿麻痹症行动不便的刘倩同学，作为邻居又是同学的刘珊把陪伴刘倩变成自己生活的一部分，六年来风雨无阻，从未间断过。在刘珊的带动下，班里成立了“刘珊志愿者服务队”，许多同学都来帮助刘倩上下楼梯、辅导功课，志愿者们不仅帮助刘倩，还在校园里给小树除草浇水、打扫卫生，在村里捡拾白色垃圾、清洗小广告，他们的行为正在感染着更多的人。2014年5月被评为河南省第六届美德少年。

张杨轩 焦作市特殊教育学校盲九班学生。张杨轩是一个生活在无光世界里的孩子，虽然身患眼疾，但他从来没有因此而衣来伸手，饭来张口。在妈妈的帮助下，他学会了洗衣服、打扫房间、做饭等简单的家务。每天放学回家，他都会帮妈妈做事，还照顾年幼的妹妹。在学校，他经常帮助同学解决学习难题，帮助全盲同学打水、打扫卫生，与全班同学分享好吃的食品、好看的书刊。爱好阅读的他得知市图书馆盲人阅览室的图书不够丰富，就毫不犹豫地把自己的几箱子盲文书刊捐献给盲人阅览室。张杨轩学习刻苦，成绩优秀，每次考试都名列前茅。他喜欢朗诵，在焦作市残疾人联合会组织的盲人诗歌朗诵大赛中荣获一等奖。他喜欢音乐，在多次钢琴比赛中获得好成绩。他喜欢写作，写出的作文在杂志上发表。他的梦想是成为一名优秀的按摩师，为人们去除病痛，带来健康。2014年5月被评为河南省第六届美德少年。

·焦作市“五一劳动奖章”获得者·

靳力争	广东兴发铝业（河南）有限公司
苗正旺	沁阳市金隅水泥有限公司
孙小平	沁阳市永顺机械厂
周国防	沁阳市凌云糠醛有限公司
杨素云	沁阳市妇幼保健院
申芳芳	沁阳市永威学校
王中平	沁阳市公安局
丁政枝	沁阳市城市管理局
聂许亮	沁阳市第一中学
张小菊	孟州市教育局
杜占红	孟州市金果果种植专业合作社
杨孟宇	孟州市工商行政管理局
胡勇干	广济药业（孟州）有限公司
钱立永	河南省中原内配股份有限公司
谢　岩	孟州市电力公司
徐战江	孟州市人民医院
单　洋	保和堂（焦作）制药有限公司
李　芳	河南鑫和实业发展有限公司
唐　芳	温县财政局
王　磊	温县番田镇小金香村
岳金龙	温县人民医院
何福群	河南中轴福漫锻造有限公司
岳艳丽	温县农村信用合作联社
马国华	河南凤凰实业总公司机械分厂
王　巧	博爱县电业公司
黄希伦	燕京啤酒（河南月山）有限公司
郝绍辉	焦作市清化钾肥厂
王基路	博爱县司法局清化司法所
王乃念	博爱青天河风景名胜区管理局
米　强	焦作市中远橡胶工业有限公司
赵世方	焦作市胜大饲料有限公司
郭海林	博爱县许良镇泗沟学校
张家利	河南江河纸业股份有限公司
王　涛	中国银行焦作分行武陟支行
李　冬	焦作市地丰肥业有限公司
刘天杰	河南省天杰古建园林有限公司
赵世锋	焦作市金谷源粮棉油购销有限公司
曹　莉	武陟县大封镇卫生院
张保国	武陟县中医院
杨　振	武陟县中瑞包装有限公司
王水龙	修武县鑫锐超硬材料有限公司
孟雷森	修武县阿利茄汁面店
李　岩	修武县电业公司
赵小中	修武县公路管理局
刘忠宝	修武县教育局
李江涛	修武县七贤镇人民政府
赵　莹	焦作云台山旅游发展有限公司
王会来	解放区工业园区
石凤荣	解放区环城南路第一小学
张晓予	焦作市第二十中学
郭修炎	河南和诚房地产开发有限公司
刘锐锋	山阳区地方税务局
李小菊	山阳区农村信用合作联社
刘爱国	焦作市第十七中学
马　飞	山阳区疾病预防控制中心

陈小和　焦作市新立康输送机械有限公司
周小平　多氟多化工股份有限公司
刘中华　中站区人民医院
张继涛　中站区实验小学
阴国胜　焦作市东星炭电极有限公司
耿　宏　马村区偏瘫专科医院
刘东平　焦作鑫恒重工机械有限公司
张建新　马村区地方税务局
王建军　焦作市绿洲园林绿化工程有限责任公司
申文燕　焦作市审计局
施文星　焦作市中级人民法院
张近玲　焦作市公安局
任松华　焦作市交通运输集团有限公司
侯　备　焦作市宏达运输股份有限公司
杨耀辉　焦作市公共交通总公司
李建设　焦作市科林城市环保投资开发有限公司
许来林　焦作市建设工程质量检测站
张小仓　焦作市绿源热力有限公司
刘桂梅　焦作市百货大楼有限责任公司
苏　洁　焦作市烟草公司城区分公司
张飞跃　中国农业银行焦作分行
吕振普　焦作市第五人民医院
袁志刚　焦作龙源湖实验小学
常红专　焦作市人民医院
刘云峰　焦作市第五人民医院
许小江　焦作煤业（集团）铁路运输处
刘志宏　焦作煤业（集团）冯营电力有限责任公司
陈兰科　焦作煤业（集团）古汉山矿
毛贺明　焦作煤业（集团）赵固一矿
宋红群　博爱农场
郭明甫　河南省地质矿产勘察开发局第二地质矿产调查院
季冠庆　焦作电厂
闫文学　焦作制动器（集团）有限责任公司
常新平　焦作丹河发电有限公司
胡　波　中国移动通信焦作分公司
王新华　焦作万方铝业股份有限公司
田静霞　焦作市质量技术监督局
张爱平　风神轮胎股份有限公司
李红阳　河南中州机械装备制造有限公司
范保勇　中国铝业股份有限公司中州分公司
雷金利　河南平原光电有限公司
尚　炜　河南省邮政公司焦作市分公司
谢东贻　河南卓立膜材料股份有限公司
崔　迎　国网焦作供电公司
张　贝　河南佰利联化学股份有限公司
朱建勇　中国网通焦作市分公司
张振平　河南中轴控股集团股份有限公司
李　力　河南力诚律师事务所
赵　凌　中国工商银行焦作分行
于　红　焦作煤业（集团）
乔小惠　温县总工会
赵梦杰　昊华宇航化工有限责任公司
王瑞丽　焦作市公路管理局
李丽梅　河南平原光电有限公司
张　群　国网焦作供电公司
任保江　修武县电业局
杨志峰　孟州市地税局
许庆军　焦作市第二人民医院
赵素香　马村区工人村小学
李丽君　温县温泉镇一中
宋庆林　焦作市人民医院
王治琴　沁阳一中分校
邱国庆　焦作康利达食品股份有限公司

·焦作市新长征突击手标兵·

马春明　焦作市发改委副主任
王思明　焦作市实验小学校长
王晓青　焦作市地税局契税分局税务员
毋秋梅　焦作市公交总公司11路线驾驶员
冯　涛　市邮政局党委书记、局长
闫广利　温县赵堡镇党委书记
李　昭　风神轮胎TBR研发副总监
张亚东　河南平原光电有限公司副总经理
张福利　河南省中纬测绘规划信息工程有限公司测量二队队长
孙宏光　国网焦作供电公司配电抢修一班班长

·焦作市新长征突击手·

马军涛　焦作市国税局稽查局检查二科副科长
牛国华　温县第三实验中学教师
王　克　焦作市科瑞森机械制造有限公司项目技术负责人
王　虹　焦作市第二人民医院妇瘤科主任
王　娟　博爱县人民检察院侦查监督科内勤
王　晶　焦作市发改委直属机关党委专职副书记
王　静　解放区焦西街道党工委副书记
王大军　武陟县审计局科员
车瑞国　山阳区人民检察院政治处副主任
卢江丽　焦作市颐事达贸易有限公司董事长
史金辉　中国铝业中州分公司计控室仪表维护工
司晓辉　焦煤（集团）中央医院妇产科医生
申吉利　博爱县文化广电新闻出版局总编室主任、新闻部主任
石小民　焦作市普锟机械制造有限公司总经理
任艳霞　温县新宇高中教导员
刘　冬　沁阳市国家税务局办税服务厅职工
刘　媛　市检察院公诉二处副处长
孙嘉东　武陟县农场技术员
齐庆永　焦作市山阳区公安消防大队防火参谋
吴　浩　博爱县人民医院神经外科主任
吴峥峥　温县国税局南张羌税务分局

税务员
张永超 焦南监狱医院监区副分监区长
张海军 焦作市交通运输（集团）客运二公司驾驶员
张海军 焦作西部产业集聚区管委会办公室主任
张艳萍 马村区人民医院超声科副主任
李 阳 瑞庆汽车发动机技术有限公司质量员
李 勇 山阳区住房和城乡建设局纪检专干
李 莹 解放区焦北街道花园街社区党工委书记
李文华 焦作市人力资源和社会保障局劳动关系与工资福利科副主任科员
李国甚 焦煤（集团）赵固一矿机电科机修车间负责人
李明伟 焦作市公安交通管理支队机动大队副大队长
李明星 大虹桥信用社主任
李金映 河南平原光电有限公司科研所高级工程师
李金晓 孟州市城市管理局副局长
李家家 焦作移动网络部网络技术人员
李晨阳 丹河发电有限公司霍林河项目部汽机技术员
谷广辉 焦作市妇幼保健院新生儿科副主任
邹 斌 武陟县反渎职侵权局副局长
陈 桦 河南大安集团有限公司董事长
孟雷森 修武县阿利茄汁面店长
范国亮 马村区文明办主任
赵 磊 孟州市南庄镇党委委员
赵巧玲 孟州市河阳街道缑村支部书记助理
秦江波 马村区实验学校副校长
袁娜斐 沁阳市信息技术教育中心主任
贾新利 修武县电业局政治工作部主任
崔慧敏 焦作市财政局税政条法科副科长
章建军 河南卓立膜材料股份有限公司研发中心TTR项目经理
董晓龙 焦作市人民医院心胸外科副主任
裴振玲 焦作市第四中学教师

·焦作市模范团干部·

耿东旭 中国铝业中州分公司保卫部团总支委员
唐 敏 焦煤集团中马村矿团委书记
牛金涛 焦煤集团电冶公司团委副书记
李 华 焦作千业水泥有限责任公司团委副书记
许凯凯 焦作电厂燃料分场团支部组织委员
王艳红 焦作丹河发电有限公司鲁阳项目部团支部书记
崔博群 国网焦作供电公司设计公司团支部书记
宋 晓 国网焦作供电公司电力调度控制中心团支部书记
李 杰 焦作万方铝业股份有限公司动力分厂团支部书记
李新刚 焦作市交通运输（集团）有限公司团委副书记
杨少彩 焦作市交通运输（集团）有限公司客运一公司团支部书记
宋珊珊 风神轮胎股份有限公司制造三部团支部书记
屈 伟 焦作市人民医院团委书记
乔艳芳 焦作市第三人民医院团委书记
冯 斌 焦作市第四人民医院团委书记
李淑鸿 焦作市第五人民医院团委书记
王 威 焦作市五官医院团支部副书记
吴文玲 焦作市妇幼保健院团委组织委员
都海涛 焦作大学艺术学院第十五届团总支学生会主席
郭 军 焦作大学外国语学院团总支书记
贾孟立 焦作大学机电学院团总支书记
闫俊平 焦作大学法政学院团总支书记
贾绪云 焦作师专团委组织部部长
张自龙 焦作师专团委宣传部部长
骆 扬 焦作师专团委社科部部长
焦贺彬 河南工程技术学校团委副书记
谢家鑫 焦作市技师学院化学工程系团总支书记
张玮玮 焦作市职业技术学校幼教部团总支书记
张娇娇 焦作市职业技术学校团委副书记
原 方 焦作卫生医药学校团委干事
陈伟高 焦作市外国语中学团委副书记
王 恰 焦作市实验中学团委书记
王大鹏 焦作市光明中学组织委员
李小雅 焦作市道清中学团委书记
张倩倩 焦作市道清小学少先队大队辅导员
申光明 焦作市特殊教育学校团总支宣传委员
薛 波 焦作十一中团委书记
陆文婷 焦作市第十二中学团委书记
张永杰 焦作市第二十三中学团委书记
常 彦 焦作市公安局解放派出所团支部书记
李 珂 焦作市人民检察院团支部宣传委员
侯莉芹 焦作市财政局财政预算执行局团支部书记
寇振娇 焦作市公路建设工程处团支部副书记
谢 彦 焦作市住房公积金管理中心团总支宣传委员
王玉红 山阳区国家税务局团委书记
桑于超 焦作市公共资源交易中心团支部书记
李 斌 焦作市医保中心团支部书记

李俊光　焦作市中心血站团支部书记
王清菊　河南省地矿局第二地质矿产调查院团委副书记
孙建光　沁阳市第一中学团委书记
岳爱路　沁阳一中分校团委书记
张金钰　沁阳市实验中学团委书记
田　歌　沁阳市电业综合公司团委副书记
杨伟峰　沁阳市人民医院团委书记
刘立国　孟州市第五高级中学团委书记
崔国祥　孟州市教育局团委书记
闫春生　孟州市河雍街道团委副书记
张一鸣　孟州市交通运输局团委副书记
赵东铭　孟州市电力公司团委书记
李青山　温县职业技术教育中心团支部副书记
米志华　温县第二实验中学团委干事
王向锋　温县黄庄镇一中团支部书记
王晓芹　温县温泉镇一中团支部副书记
王海雪　温县实验中学团委副书记
林芳琼　博爱县一中团委书记
秦生波　博爱县清化中学团委书记
张拥军　博爱县寨豁乡中心学校团支部书记
袁　琳　博爱县团委办公室主任
陈艳芳　博爱县金城乡团委书记
慕福霞　武陟县嘉应观乡团委书记
张利芬　武陟县兴华中学团委书记
原　锞　武陟县三阳乡团委书记
王雅琳　武陟县木城街道团工委书记
刘　欣　武陟县龙源街道团工委书记
程文芳　共青团武陟县委科员
田苗苗　修武县西村乡团委副书记
杨　勇　修武县实验中学团委书记
张晓晶　修武县第一中学团委书记
范淑贤　修武县城关镇团委书记
王　静　修武县公安局团委书记
史娜娜　解放区审计局团委书记
李欣欣　解放区环保局团支部书记
张　楠　解放区焦西街道团工委书记
职亚楠　山阳区定和街道团工委副书记
杨海涛　山阳区艺新街道团工委书记
郜　峰　山阳区百间房街道团工委书记
孔爱云　中站区龙翔学校团委书记
王延霞　中站区冯封街道团委书记
武志阳　中站区李封街道团委书记
王　伟　马村区马村街道团工委干事
王思翔　马村区待王街道团委副书记
王志勇　焦作市第六中学团委书记
王　冬　焦作市城乡一体化示范区苏家作乡团委书记
郜　馨　焦作市城乡一体化示范区李万街道团工委干事
谢　然　焦作市城乡一体化示范区阳庙镇团工委干事

·焦作市优秀共青团员·

（一）市直企业

祁红艳　李　昌　刘　妍
刘　欢　王新亮　崔　昊
温　超　皇甫欣茹
王　轩　张明慧　张娇娇
刘玲玲　杜贝贝　李文龙
徐欢欢　刘艳春　蔺　芳
李珍珍　杨思伟　赵艳茹
张　洋　冯　磊　孟冯超
王　浩　王广峰　王文毅
石宴胜　杨　城　闫亚娟
朱东明　李　鹏

（二）市直学校

方　芳　李雪霞　黄　盼
宋宇翔　周元洁　寇子龙
杨新辉　黄书兵　白尤珂琦
常　明　王　振　邢楠楠
陈俊斌　单猛猛　李玉玺
连文豪　刘东祥　莫红刚
任宗强　王凯峰　闫慧敏
张乾坤　朱钦超　李靖文
司　文　陈　明　张敬芝
李诗雨　李蒙兰　王　坤
丁　欣　郭　晶　魏艳艳
汪慧慧　赵　博　杨舒涵
左一汎　于建浩　梁雪连
王思源　冯淑雯　侯　旗
马帅帅　褚园园　张德彪
肖睿卓　蔡旻君　刘茜晰
王亚宁

（三）市直机关

贾若晗　赵　洁　孙　明
姚媛媛　李　静　宋玉婷
王　康　王恩祈　步俊盼
常　勇　郭开立　王强飞
王振华　郭小雪　张泽夏
张永亮　徐伟康　穆治国
李珂珂

（四）县市区

沁阳市

范斌斌　闫　帅　田峰峰
原欣欣　高梦飞　高　毓
常安妮　王子涵

孟州市

陈彦伟　焦光华　刘海芳
郝琳娜　宋倩倩　牛湘岩
薛慧杰　耿亦方　李　鑫

温县

贺会娟　张欢欢　邱月月
林　倩　王慧杰　赵鹏飞
慕思婕　职希圆　杜争洋

博爱县

和二伟　卢恩杰　皇甫净欣
吴盈盈　郝宇晴　刘艺璇
宋　鑫　杨英男　刘梦梦
王星宇

武陟县

朱珂妍　冷凝馨　李贻江
张宇彤　李　敏　朱润泽
段梦琳　贾艳芬　杜何欣
谢水霞

修武县

赵小慧　姬生瑞　王中伟
李　哲　吕　克　翟昊男
蔺力林　王冰玉　崔紫悦
董　颖

解放区

孙江澈　李媛媛　李正南
马建朝　秦　星　宋艳斌
王渝森

山阳区

郑　娜　朱兴华　赵　萌
荣欣怡　郎晓艳　赵睿琪
肖梦云　文金波

中站区

张慧宁　闫梦月　王伟逢
司占坤　李冰冰　王慧敏
韩依依

马村区

范　倩　郭　政　李明慧
刘忆可　牟鲁豫　王　泽
吴明梅

焦作市城乡一体化示范区

张春燕　张　皓　林中贤
刘　淋　郭泉玉　李　晗
郭丹峰　邱　爽

(五) 市学联

任庆坤　马帅东　黄　辉
部泽郑　潘雯钰　李　雷
李孝飞　张　乐　李腾州

·焦作市三八红旗手标兵·

陈静梅　焦作市发改委城市发展科科长
孔洁姝　焦作市工业和信息化局运行监测局副局长
王燕燕　焦作市第十一中学教务处主任
沈　玲　焦作市人民医院眼科主任
王治贤　焦作市公安局焦南派出所社区民警
靳　滨　解放区焦南街道党工委书记
辛彩梅　武陟县西陶镇民政所长
苗素珍　中国农业银行焦作站前路支行行长
申令飞　焦作煤业（集团）供电处天官区变电站站长
贾巧真　焦作万方铝业公司生产运行部副主任工程师

·焦作市三八红旗手·

王慧芳　焦作市人民检察院公诉二处处长
吴　娜　焦作市中级人民法院培训中心副主任
薛艳敏　焦作市司法局新区分局文昌司法所所长
王梦薇　焦作市公路管理局党委办公室主任
杨　颖　焦作市国土资源局耕保科副科长
梁　红　焦作市体育训练班副主任
毋　宁　焦作市人社局医疗工伤保险科副主任科员
宁　静　焦作市房地产交易所
武文捷　焦作市国家税务局办公室副主任
宋利霞　焦作市园林局设计室科长
张硕果　焦作市教育科学研究所教研员
张玉萍　焦作市标准定额管理站副站长
仝柳香　焦作市农林科学研究院监察室工程师
李开贞　焦作市会计委派管理中心第六会计站站长
刘春思　焦作市中医院妇产科副主任兼创建办副主任
张建梅　焦作市第五人民医院护理部主任
陶维娜　焦作市妇幼保健院小儿脑瘫康复科主任
张景霞　河南省第二慈善医院副院长
芦　青　焦作市光明中学教师
付银凤　焦作市职业技术学校副校长
张　莉　焦作市实验中学工会主席
李艳荣　焦作工行营业部副总经理
焦祖敏　建设银行焦西支行行长
原晓蕾　焦作日报社房地产事业部主任
乔　迁　中国人民解放军71426部队幼儿园园长
任国华　焦作市规划局行政审批事项服务科科长
李金荣　中国人寿焦作山阳支公司经理
翟慧敏　中国移动焦作分公司部门经理
李爱玲　中国联通焦作营销服务中心主管
张　甜　山阳区教育局纪委书记
张　燕　焦作市人民医院功能科副主任
卢娟娟　风神轮胎股份有限公司制造二部硫化工
杨立新　天明公交广告公司经理
宋玉花　国网焦作供电公司计量专业资产管理班班长
柴萍萍　焦作市交通运输公司汽车客运总站职工
刘艳芳　焦作市宏源报废汽车有限公司董事长
王　莉　焦作市图书馆副馆长
原红霞　中国工商银行焦作分行女工委主任
谈　娟　焦作市广播电视台人力资源部科员
陈光虹　焦煤集团中央医院一分院支部书记
张爱霞　沁阳市财政局局长
和玉清　沁阳市西向镇副镇长
张丽君　沁阳市电业局女工委主任
买红梅　沁阳市公安局太行派出所所长
陈　桦　沁阳市大安运输物流公司董事长
李艳红　沁阳市国税局征收管理科科长
邓国华　沁阳市第二人民医院院长
郭琳琳　孟州市第一建筑公司副总经理
宋爱红　孟州市工商局企业注册登记科科长
曹洪青　孟州市雯禹鞋业公司总经理
马　俊　孟州市优格鞋业公司董事长
行玲先　焦作市怡园冷食有限公司总经理
李雁敏　孟州市委宣传部科员
崔洁琼　温县番田镇卫生院院长
薛伟杰　温县妇联科员
郭艳珍　温县实验中学教师
王　艳　温县人民法院政治处副主任
樊婧钰　温县赵堡学校教师
王　静　温县费加罗婚纱摄影店总经理
王素利　博爱县民政局局长
崔冬丽　博爱县清化镇卫生院宣传专干

程永青　博爱县妇联副主席
魏晶晶　博爱县柏山镇政府副主任科员
吕梦杰　博爱县许良镇政府科员
李雪丽　武陟县疾病预防控制中心副主任
冯　颖　武陟县新闻办公室综合科科长
申海云　武陟县电业局工会办公室干事
曹娜芬　武陟县爱卫办主任
高红梅　武陟县财政局农业科副科长
谭爱梅　武陟县龙源街道办事处主任
刘嫦娥　修武县委办公室督查室副主任
冯军华　修武县综治办主任
赵　芳　修武县第二幼儿园园长
郭海燕　修武县云台山镇岸上村妇代会主任
李宝琴　修武县电业局职工
王迎彩　解放区王褚街道党工委副书记
赵晓玲　解放区上白作街道党工委书记
许　萍　山阳区文体广电新闻出版局副局长
王　静　山阳区环卫处副主任
樊淑君　山阳区定和街道纪工委书记
李　伟　中站区总工会副主席
王秀芳　中站区统计局局长
何丽莉　中站区王封街道副主任
宋红霞　马村区妇联主席
张彩荣　马村区演马街道经济发展办公室科员
赵大妮　马村区待王街道靳作村妇代会主任
刘　琦　焦作市城乡一体化示范区党工委联络办公室主任
任冬玲　焦作市城乡一体化示范区国税局管理一科副科长
刘丽玲　焦作市城乡一体化示范区阳庙镇信访办主任
邱红霞　焦作市城乡一体化示范区苏家作乡吉庄村妇代会主任

·逝世人物·

刘公尧　二级警督警衔，大专文化。1963 年 9 月生，1987 年 7 月参加工作，1992 年 6 月加入中国共产党。曾先后担任孟州市公安局南庄派出所办事员、科员、副指导员，巡警大队副指导员，审计室主任，城伯派出所所长，监管大队副大队长，国保大队指导员，经侦大队指导员。2013 年 11 月 21 日，刘公尧在参加侦破焦作市非法集资专案期间，因连续作战，过度劳累，在工作岗位上突发心脏病，经抢救无效，因公牺牲，年仅 50 岁。

刘公尧从警 26 年来，始终牢记党的宗旨和人民警察誓言，始终以昂扬向上的斗志，拼搏奉献的精神，敢打必胜的决心，雷厉风行的作风，勇于担当，冲锋在前，无私奉献，全身心投入公安工作中。他恪尽职守，心系百姓，正气凛然，一心为公，生前先后多次被评为先进工作者，荣立个人三等功两次。2014 年被公安部授予“二级英模”称号。

李明生　焦作市卫生局原副局长、老红军。1922 年 7 月生，四川省通江县人。1932 年 12 月参加革命工作，1938 年 2 月加入中国共产党，先后任红四军政治部战士、宣传员、总卫生部训练班学员，红三十一军九十三师班长，八路军一二九师卫生学校卫生队长、三八六旅七十七团卫生队队长，冀南银行财干校卫生所所长，涉县卫生院院长，太行八专署晋豫医院负责人，太行四专署医院指导员、院长，平原省新乡专区医院医务主任，焦作市人民医院副院长，市卫生局副局长。1983 年 12 月离职休养，享受地专级待遇。2011 年 5 月 20 日，经中央组织部批准，享受省长级单项待遇。2014 年 6 月 21 日逝世，享年 92 岁。

焦作市建立健全惩治和预防腐败体系2013–2017年实施意见

焦发〔2014〕6号

为全面贯彻落实党的十八大、十八届三中全会精神，加强惩治和预防腐败体系建设，推进党风廉政建设和反腐败斗争，根据中共中央《建立健全惩治和预防腐败体系2013-2017年工作规划》（中发〔2013〕14号，以下简称《工作规划》）和《河南省建立健全惩治和预防腐败体系2013-2017年实施办法》（豫发〔2014〕14号），结合我市实际，特提出如下实施意见。

一、总体要求

（一）指导思想

以邓小平理论、“三个代表”重要思想、科学发展观为指导，深入贯彻落实党的十八大，十八届二中、三中全会精神和习近平同志系列重要讲话精神，坚持党要管党、从严治党，坚持标本兼治、综合治理、惩防并举、注重预防，加强反腐败体制机制创新和制度保障，坚定不移转变作风，坚定不移反对腐败，努力实现干部清正、政府清廉、政治清明，为加快经济转型示范市和美丽焦作建设提供有力保障。

（二）基本原则

——坚持围绕中心、服务焦作发展。紧紧围绕发展大局，把惩治和预防腐败体系建设融入全市经济建设、政治建设、文化建设、社会建设、生态文明建设和党的建设之中，更好地服务和促进治理体系和治理能力现代化。

——坚持群众路线、深化教育实践。充分运用党的群众路线教育实践活动成果，密切党同人民群众的血肉联系，动员群众参与监督，严格教育管理，树立为民务实清廉作风，保持党的先进性和纯洁性。

——坚持法治精神、强化制度保障。以宪法为上、党章为本，运用法治思维和法治方式，健全具有焦作特色的反腐倡廉制度体系，切实把权力关进制度的笼子，形成不敢腐的惩戒机制、不能腐的防范机制、不易腐的保障机制。

——坚持标本兼治、着力惩治腐败。注重坚决惩治腐败和有效预防腐败的有机结合，加大惩治腐败力度，坚持“老虎”“苍蝇”一起打，做到有案必查、有腐必惩、有贪必肃，以惩治腐败新成效推进党风廉政建设和反腐败斗争。

——坚持重点突破、注重统筹推进。坚持以重点工作成效和关键环节突破带动全局工作开展，着力解决影响改革发展稳定的重大问题和群众反映强烈的突出问题，统筹推进惩治和预防腐败体系建设持续性任务与阶段性工作，使惩治和预防腐败体系建设的思路、措施更加适应形势发展和时代进步。

（三）工作目标

至2017年，具有焦作特色的惩治和预防腐败体系框架进一步完善，坚决遏制腐败蔓延势头，取得人民群众比较满意的进展和成效。

（四）主体责任和监督责任

各级党委承担党风廉政建设和反腐败工作的主体责任，负责全面推进惩治和预防腐败体系建设，要将贯彻落实《工作规划》和本实施意见作为重大政治任务贯彻到改革发展稳定的各项工作之中，一起部署，一起推进，一起考核，切实把惩治和预防腐败的各项工作任务落到实处。

各级纪委要履行好党内监督专门机关的职责，既协助党委加强党风廉政建设和组织协调反腐败工作，又督促检查相关部门落实惩治和预防腐败工作任务，经常检查监督，严肃查处腐败问题。

二、持之以恒抓党风，大力弘扬党的优良传统和作风

（一）坚持不懈正党风肃党纪

1.坚持党组织从严抓党风。全市各级党组织要把管党治党作为主要职责和根本任务，大力弘扬理论联系实际、密切联系群众、批评和自我批评以及艰苦奋斗、求真务实的优良作风，以思想教育、完善制度、集中整顿、严肃纪律为抓手，扎实推进党的作风建设。坚持对党员干部严格要求、严格教育、严格管理、严格监督。落实抓党风建设的工作责任，一级管好一级，一级带动一级。各级领导干部要讲党性，讲原则，清正廉洁，保持共产党人的政治本色，以身作则，以上率下。

2.严明党纪，维护党的团结统一。全市各级党组织和广大党员干部要自觉学习党章、遵守党章、贯彻党章、维护党章，自觉反对特权思想、特权现象，自觉按照党的组织原则和党内政治生活准则办事，严格执行党的政治纪律、组织纪律、工作纪律、财经纪律和生活纪律等各项纪律，决不允许有令不行、有禁不止，决不允许各自为政、阳奉阴违。

3.加强对中央和省委、省政府和市委、市政府重大决策部署落实情况的监督检查。紧紧围绕加快经济转型示范市建设这个中心，加强对党委、政府重大决策部署执行情况的监督检查，确保全市各项重点工作顺利推进。健全党纪政纪执行情况监督检查制度，加强执纪监督，严肃处理违反党的纪律行为，确保中央和省、市关于加强作风建设的决策部署落到实处。

（二）持续贯彻落实中央八项规定精神和省委、市委意见

4.健全领导干部带头改进工作作风、密切联系群众工作机制。进一步完善改进调查研究、改进新闻报道、改革会议、公文等制度，着力改进会风文风。各级领导干部要把遵守和执行中央八项规定精神和省委、市委意见情况纳入述职述廉的重要内容，带头改进作风。

5.严格落实中央八项规定精神和省委、市委意见。全市各级党委（党组）要认真落实《党政机关厉行节约反对浪费条例》、党政机关国内公务接待管理、党政机关楼堂馆所建设和办公用房清理等方面的制度规定，严格执行省委、省政府对“四风”突出问题的整治计划，定期开展督促检查，每年年底通报执行情况。加快制订我市公务接待制度改革实施方案，完善公务灶制度、主要公务费用支出量化控制和预警管理制度，从源头上杜绝铺张浪费行为。根据国务院《关于全面推进公务用车制度改革的指导意见》，完成我市的公车制度改革。

6.加强对违纪违规行为的查处力度。各级纪检监察机关要将监督执行中央八项规定精神和省委、市委意见作为一项经常性工作，加大监督检查力度，坚持集中督查、定期检查和随机抽查相结合，盯住重大节假日开展廉政提醒和明察暗访，及时发现问题，督促整改，严肃查处和通报、曝光违纪违规行为。

（三）深入推进基层党风廉政建设

7.抓好农村和城市社区基层党风廉政建设。健全基层选举、议事、公开、述廉、问责等机制，强化群众在城乡治理、公共事务、公益事业和党风廉政建设中的监督作用。认真落实《市委办公室市政府办公室关于进一步规范村级事务监督管理的意见》，加强农村民主决策“四议两公开”、村组“三资”代理服务、村务监督委员会等制度落实情况监督检查，促进农村基层干部廉洁履行职责。抓好城市社区党风廉政建设，健全城市社区居民议事协商、民主评议和重大事项民主决策等制度。

8.抓好国有企业党风廉政建设。严格执行国有企业领导人员廉洁从业若干规定，加强国有资产监管，深入开展国有企业落实“三重一大”决策、领导人员薪酬和职务消费、工程建设招投标和物资采购等情况的监督检查。

（四）建立健全作风建设长效机制

9.深入开展党的群众路线教育实践活动。各级党组织要按照“照镜子、正衣冠、洗洗澡、治治病”的总要求，全面学习领会中央关于开展教育实践活动、加强党的作风建设的一系列重要文件精神，提高思想认识，强化宗旨意识，增强贯彻群众路线的自觉性。坚持和完善“一学三促四抓”，紧密联系本地本部门实际，认真查摆“四风”问题，以整风精神开展批评和自我批评，切实整改脱离群众等问题。

10.推动作风建设常态化。总结吸收教育实践活动的好经验好做法，并用制度固定下来。探索建立“两代表一委员”、机关干部、基层群众评议党委（党组）班子作风建设情况制度。完善领导干部基层联系点制度、调查研究制度、定期接待群众来访和下访制度、旁听村民代表会制度等。健全党委（党组）定期研究解决群众反映突出问题制度，强化改进作风各项制度执行情况的日常监管，确保制度严格执行，坚决防止问题反弹，推动作风建设长效化和常态化。

三、坚决有力抓惩治，有效遏制腐败蔓延势头

（一）加大查办违纪违法案件力度

11.保持惩治腐败高压态势。严格审查和处置党员干部违反党纪政纪、涉嫌违法的行为。严肃查办领导干部贪污贿赂、权钱交易、腐化堕落、失职渎职的案件；严肃查办执法、司法人员徇私舞弊、枉法裁判、以案谋私的案件；严肃查办严重违反政治纪律的案件；严肃查办群体性事件、重大责任事故背后的腐败案件；严肃查办商业贿赂案件，加大对行贿行为的惩处力度。

12.着力整治选人用人不正之风。对违规破格提拔干

部、超职数配备干部、突击提拔调整干部、干部“带病提拔重用”、违规提拔任用领导干部近亲属和身边工作人员、买官卖官、弄虚作假谋取职务职级、跑官要官、拉票贿选等违反组织人事纪律的行为，发现一起，查处一起。完善选人用人专项检查和责任追究制度，建立干部“带病提拔”等问题倒查机制。

13.发挥查办案件的综合效能。坚持抓早抓小，防微杜渐，治病救人。建立健全干部廉政谈话提醒机制，对反映党员干部的苗头性、倾向性问题，早发现、早报告、早处置，及时谈话提醒、诫勉、函询、教育，防止小问题变成大案件。加大重大典型案件通报力度，发挥以案促教作用。完善重大典型案例剖析制度，研究发案特点和规律，督促相关部门有针对性地建章立制，发挥办案治本功能。

（二）坚决查纠损害群众利益的不正之风

14.深入开展专项治理。严肃整治社会保障、教育医疗、保障性住房、城乡规划、建设用地、征地拆迁、环境保护、食品药品安全、安全生产等领域涉及民生的突出问题。

15.坚决查处发生在群众身边的以权谋私问题。严肃查处侵占惠民补贴、征地补偿、扶贫救灾救助等专项资金的案件，治理乱收费、乱罚款、乱摊派和吃拿卡要等问题；严肃查处干扰、破坏甚至操纵基层选举的行为。认真贯彻落实领导干部廉洁自律规定，坚决纠正违规收送礼金、有价证券、会员卡、商业预付卡等问题。

16.形成纠风工作长效机制。建立健全民主评议、政风行风热线、网络监督相结合的政风行风建设监督体系，探索百姓问政活动的新机制、新方法和新形式，努力构建纠风工作长效机制。

（三）健全反腐败组织协调机制

17.健全反腐败领导体制和工作机制。全市各级党委要加强对案件查办工作的领导，整合反腐败协调小组职能，建立查办案件领导小组工作制度，加强对执纪执法机关查处违纪违法案件的领导和支持，形成查办大案要案的整体合力。各级纪委要将查办案件作为核心职能，认真落实“查办腐败案件以上级纪委领导为主”要求，加大查办案件体制机制改革力度。健全案件查办日常协作机制，加强纪检监察、审判、检察、公安、审计和司法行政等执纪执法机关的协调配合，规范线索移送、立案调查、核实取证、案件移送等协作程序，健全防逃追逃协调机制。

18.提升惩治腐败工作水平。推进办案人才素质提升工程、办案机制创新工程和办案信息化、装备标准化工程的“三项工程”建设。全面加强办案队伍专业化建设，进一步提高办案科技含量，增强案件初核、调查取证、定性量纪、处理执行、追逃追赃等能力。加强对案件线索的梳理、分类和归口管理，建立健全执纪执法机关涉腐信息互通和案件线索移送制度，加强案件线索的管理和使用。进一步深化信访举报工作五项机制，完善信访苗头风险评估、领导包案和带案下访等工作制度，切实加强信访举报受理工作。

19.强化查办案件监督保障。健全案件监督管理五项机制，完善落实依纪依法办案监督员和案件主办人制度，建立规范、安全的办案场所，注重科技保障。建设一支高素质的专业办案陪护队伍。严格遵守审查程序和保密纪律，加强对办案全过程的监督管理。落实办案安全工作责任制，凡发生安全事故的，既追究相关人员的直接责任，也要追究党委和纪委有关领导的责任。

四、科学有效抓预防，着力推进源头防腐治理

（一）深化反腐倡廉教育和宣传

20.加强党风廉政教育。深入开展中国特色社会主义理论体系和中国梦教育、理想信念和宗旨教育、社会主义核心价值体系和党性党风党纪教育。加强党纪国法、廉政法规和从政道德教育，将其纳入学习型党组织建设的内容，党委（党组）中心组每年安排专题学习，各级党校和其他培训机构要把廉洁从政教育作为必修内容，深化党员领导干部德廉知识测试。充分发挥市、县两级反腐倡廉教育基地作用，组织党员干部到基地接受示范和警示教育。坚持领导干部讲党课制度，各级领导每年至少讲一次廉政党课。

21.推进廉政文化建设。充分发挥公共文化服务设施的作用，将廉政文化建设纳入全市文化建设总体部署和公共文化服务体系。深入开展廉政文化“六进”活动，加强廉政文化精品工程建设，积极推动机关、企业、农村、学校、家庭、社区和社会组织的廉政文化建设。

22.强化廉政宣传引导。把党风廉政建设和反腐败宣传教育纳入党的宣传教育工作总体部署和年度安排，在《焦作日报》、焦作广播电台、焦作电视台等主流媒体办好反腐倡廉专栏和专题。注重政务微博、微信、手机报等新兴媒体平台建设，扩大廉政宣传覆盖面。健全新闻发布制度,严肃宣传纪律,加强对外宣传工作。

（二）健全反腐倡廉制度

23.建立健全惩治和预防腐败制度。完善党内民主制度，健全党委议事决策办法，完善同级党代会代表、党委全委会对常委会工作的评议监督制度。建立健全防止利益冲突制度，完善利益回避、从业限制和离职后行为限制等办法。完善领导干部报告个人有关事项制度，探索实行新提任领导干部有关事项公开制度。完善并严格执行领导干部亲属经商、担任公职和社会组织职务、出国定居等相关制度规定。健全行贿黑名单制度，探索开展非罪行贿行为档案查询和应用工作。严格规范审判执行中减刑假释保外就医的程序，强化监督制度。

24.落实党委主体责任九项制度。根据《中共焦作市委关于创新完善工作制度进一步落实党委党风廉政建设主体责任的意见（试行）》，认真贯彻落实主体责任清单、定期分析报告、廉政督查、领导干部任前考廉、查办案件领导小组、典型案例剖析通报、工程项目“双推双优”、党委主要负责人“五个不直接分管”和“末位表态”、考核问责等九项制度。

25.落实纪委监督责任七项制度。根据《中共焦作市委关于创新完善工作制度进一步落实纪委党风廉政建设监督责任的意见（试行）》，认真贯彻落实纪委监督同级党委联席会议、纪委全委会听取下级党组织负责人述责述廉、纪委常委约谈、签字背书、党员干部问题线索和案件查办报告、“一案双查”和责任倒查、党风廉政建设第三方社会评价等七项制度。

（三）强化权力监督制约

26.形成监督合力。加强党内监督、法律监督和民主监督,进一步发挥人民团体、党外特约监督员和民评代表的监督作用，支持和保证群众监督，重视和加强舆论监督，运用和规范互联网监督，形成监督合力。

27.推进权力公开透明运行。继续推行各级政府及其工作部门权力清单制度，依法公开权力运行流程。深化财政预算决算、部门预算决算、重大建设项目和社会公益事业信息公开。推进电子政务建设，完善电子监察系统，提高应用与管理水平。深化岗位权力风险防控机制建设，完善风险提示、纠错整改、内外监督、考核评价和责任追究机制，规范和制约关键岗位、关键环节权力运行。

（四）深化改革和转变政府职能

28.完善行政审批制度改革。扎实开展行政审批事项专项监督检查，进一步减少行政审批事项、压缩审批流程、缩短审批时限，提高工作效率。继续对重大投资项目和产业集聚区发展环境开展专项效能监察，着力解决损害经济发展环境的突出问题。

29.深化公共资源交易市场化改革。进一步加强公共资源交易平台建设，加快推进电子招标投标建设，充分发挥市场在资源配置中的决定性作用，大幅度减少各级政府对资源的直接配置，最大限度抵制权力寻租和消极腐败现象，切实保证公共资源交易公开、公平、公正。

30.推进财政管理体制改革。实施全面规范、公开透明的预算制度，强化和规范政府性债务管理，加强非税收入管理和土地收入管理，促进财政健康可持续发展。

31.规范政府投资项目管理。严格落实《焦作市政府重大投资项目公示办法》《焦作市政府投资建设项目审计监督实施办法》，进一步完善招投标监督备案、重大项目稽查和项目联审联签等制度，打造政府采购、投资评审、项目复审“三位一体”监管平台，对工程建设项目实施全流程管控。

五、加强对党风廉政建设和反腐败工作的组织领导

（一）强化党风廉政建设责任制落实

各级党委要严格执行党风廉政建设责任制，切实加强对党风廉政建设和反腐败工作的领导。各级领导班子主要负责同志要履行党风廉政建设和反腐败工作第一责任人职责，做到重要工作亲自部署，重大问题亲自过问，重点环节亲自协调，重要案件亲自督办。领导班子其他成员要坚持一岗双责，根据分工抓好职责范围内的党风廉政建设和反腐败工作。各级党组织要动员和组织人民群众有序参与，发挥社会各有关方面的积极作用。

（二）落实反腐败体制机制制度改革各项措施

认真落实中央《党的纪律检查体制改革实施方案》，推动纪律检查工作双重领导体制具体化、程序化、制度化；落实查办腐败案件以上级纪委领导为主的要求，健全完善线索处置和案件查办在向同级党委报告的同时必须向上级纪委报告制度；落实纪委书记、副书记的提名和考察以上级纪委会同组织部门为主的要求，研究制定具体规定；通过体制机制和组织制度创新，进一步改革完善派驻（出）机构管理模式，扩大派驻（出）机构覆盖面，充分发挥派驻（出）机构近距离监督作用，形成强大监督合力；加强纪检监察机关自身建设，用铁的纪律打造过硬的纪检监察干部队伍，树立忠诚可靠、服务人民、刚正不阿、秉公执纪的良好形象。

（三）形成整体工作合力

各地各部门要统筹反腐倡廉建设长期、中期、年度工作，加强分类指导，抓好组织实施，有序推进各项工作。惩治和预防腐败体系建设牵头单位和协办单位要落实责任，相互支持，相互配合。组织部门要加强对干部经常性的管理监督，坚决纠正选人用人上的不正之风；宣传部门要抓好党风廉政建设和反腐败斗争宣传，强化舆论引导；纪检监察、司法、行政执法等机关和部门要充分发挥纪律约束、法律制裁、经济处罚、市场监管、科技支撑作用，多措并举，增强党风廉政建设和反腐败工作综合效果。

（四）狠抓工作任务落实

各地各部门要抓好责任分解和任务分工，有重点、分步骤地落实各项任务。对阶段性任务，要在规定时间内高质量完成；对持续性工作，要结合新情况新问题推进提高；对根据新形势新要求充实的工作，要及时研究安排；建立工作台账制度，加强动态管理。完善督查考核机制，每年检查工作进展情况，总结评估，查找不足，督促任务落实。制定切实可行的责任追究制度，对抓党风廉政建设和反腐败工作不力，造成不良影响的，严肃追究领导责任。

《中国国防报》2015 年 3 月 12 日刊发通讯

习主席强调，实现强军目标，必须同心协力做好军民融合深度发展这篇大文章。河南省焦作市军地携手推进融合发展向实战化训练聚焦——

战场硝烟中的融合考量

张应龙　魏联军　辛振乾

两个时代课题，一双优质答卷。

豫北明珠河南焦作是个年轻的城市。近年来，这座资源枯竭型的“黑色城市”实现了向“绿色主题”的华丽嬗变。

伴着铿锵的强军脉动，在实战化训练这场“时代赶考”中，焦作军地探索军民融合向实战化转变的方法路子，助推部队战斗力大幅跃升。

融合布局对接未来战局

尽管时隔三年，但那一幕仍刻骨铭心。

2012 年年初，焦作市军地领导到某部走访慰问时，鸡鸭鱼肉拉了满满当当两大车。

没想到，官兵们对这份“厚礼”却兴奋不起来。该部领导道出缘由，现在部队不缺餐桌上的美味，缺的是上战场的信息化人才。

部队领导说：“某新型主战装备列装后，要抽 20 名自动化控制专业的干部参加操作培训，把花名册拨拉两遍，挑出来的还不到一半。”

这个现象让军地领导心里五味杂陈：军民融合喊了这么多年，现在依旧考虑冷暖温饱多，聚焦战场操场少，这些军民融合的“和平积弊”值得高度警惕。那天夜晚，市委会议室灯光亮到很晚。与会者围绕“部队实战化练兵，观念应该怎么融、步子应该怎么合”等问题展开热议。当全军部队战斗力标准大讨论如火如荼时，焦作市组织的“让融合布局对接战局”大讨论也风生水起。

“部队战斗力生成模式在转变，我们的融合理念也要转型，融合布局必须对接未来战局！”2014 年春节刚过，该市市委常委“议军会”议题直通演兵场：完善特种装备、卫材、油料 3 个国防经济动员中心群，整修 5 条国防公路、配备信息化民兵分队新装备等 9 项军字号工程。

从生活化融合向实战化融合，尽管两字之差，背后却是一场深刻变革与转型。焦作军分区司令员杨文耀介绍，他们针对以前“拥军慰问多、配属演练少，考虑生活保障多、适应战斗需求少，应急救援训练多、支前应战训练少”等问题，将 12 类 22 项重点工作逐一与能打仗、打胜仗要求对表，砍掉 11 项与部队战斗力建设关系不大的工作，同时将物力财力向战斗力建设上倾斜。

谈及这些可喜变化，焦作市委书记孙立坤说：“只有融合布局对接未来战局，我们每个融合岗位才能聚焦战位，才能铸就打赢铁拳。”

军地智囊团助力中军帐

在战斗力大棋盘上，出将入相、拱卒跃马的指挥中枢，布一着活全盘，落一子动全身。

作为我国经济转型示范市，焦作市信息惠民战略实施较早，逐步完成从“数字焦作”到“智慧焦作”的跃升，市民“一卡通”“智慧政务”“智慧旅游”等走入寻常百姓家。

在地方惊涛拍岸的信息化浪潮中，驻军部队信息化建设也是风起云涌。去年以来，该市在推行“信息惠民”战略时，决策者们就思忖一个重大命题：怎样让“智慧城市”助推驻军实战化训练升级。

走进焦作军分区军地联合指挥中心，指挥大厅里犹如“奇经八脉”：情报搜集、指挥控制、辅助决策、通信调度等 8 大功能席位一字排开，国防动员网、公安指挥网、数字城管网和移动通信网资源导入信息指挥系统；巨幅电子显示屏实时刷新来自军地的水文、气象、地理、兵要地志等重要资讯，空情、水情、路况尽收眼底，各类抢险救灾应急力量随时调度、实时指挥。

“这个指挥中心是依托数字化城市建设和应急动员体系同步建成的现实版。”焦作军分区政委刘新旺向记者介绍，焦作市委、市政府在信息化建设进程中，打破军地之间鸿沟，专门为部队信息化预留终端和入口，使军地一体化联合指挥由设想变为现实。

“我部于机动途中，急需 2000 根钢钎、600 套救生衣、200 顶帐篷……”2014 年 7 月，焦作市军地联合指挥中心激战正酣。面对紧急求援，杨文耀迅速打开焦作市战备物资储备管理系统，帐篷、钢钎、药品、食品等急需物资信息一目了然。通过视频系统网上调配，4 个小时后，11 种 4000 余件救灾物资便运抵高速公路服务区，等待补充部队。演练结束后，现场指挥的副市长贾书君介绍，这套由军地共同研发的物资征集系统，为部队参加重大军事行动提供了有力保障。

融合之轮紧跟战场铁流

“假如部队明天上战场，我们的支前保障能否跟上打仗的脚步?”面对部队官兵秣马厉兵准备上战场的态势，焦作市党政领导愈发感到空前紧迫，孙立坤在“畅通工程”推进会上，反复告诫各部门的“一把手”。

前不久，该市军地领导挂帅组成工作组，深入全市交通系统，对平转战能力进行全面抽查评估。记者看到，高速公路网沿线 7 个服务区，为部队装备预留停靠、补给位置，建成集食宿、加油、维修、通信等多功能于一体的工作站；所有收费站口，开设保障部队重装备通行的快速通道，在焦枝铁路高速铁路沿途建造 2 个重型装备和物资装运平台，为部队机动搭设快速通道。

焦作市委副书记、市长张文深介绍，近年来，焦作市打造核心城市10分钟都市交通圈和30分钟城市组团交通圈，进一步拉大城市框架，提高城市承载力。“畅通工程”建设中，不论是修建公路、铁路，还是架设桥梁，必须征求军事部门意见，充分考虑军事需求。近年来，焦作市着眼遂行作战任务需要，组建16个水上、公路、铁道抢修等民兵专业分队，拟制《战时保畅通应急保障方案》等18个方案预案，每年都要组织交通、河务、人防等部门进行实战化、实案化战备保障演练。

昔日打仗大吃小，如今快吃慢。前不久，某部铁流滚滚，实兵实装机动演习。仗未打响，军地保障战役兵团交通指挥中心迅即启动，部队行军沿途6个高速公路服务区、19个道路抢通应急分队、5座民用加油站，2个小时内全部“平转战”“民转军”。该部领导感慨万千：“地方有力保障，为部队战车装上了奔跑的轮子！”

《河南日报》2014年11月26日至28日刊发系列报道

焦作：持续整改推动为民务实发展

李建华　董柏生　麻　酩

市、县（区）领导带头到企业调研、帮助解难题，工作人员主动联系服务，为官不作为要受惩处……过去半年多，焦作多氟多化工董事长李世江的感受日深：“过去，我常听人抱怨，到政府办事章子太难盖、程序太复杂、领导太难找……现在抱怨的人少了，我问为啥？他们说，干部作风真的开始变了！”

教育实践活动开展以来，焦作市干部作风明显转变。目前集中精力持续抓整改，同时着力把从严治党、依法行政落到实处，盯住作风建设中出现的新问题，研究解决办法，推动为民务实发展。

持续抓整改邀请群众监督

中央和省委重拳整治“四风”积弊以后，党员干部中乱作为胡作为的少了，不作为不敢担当等现象开始出现。针对新情况新问题，焦作市委认真研究中央和省委有关精神，结合贯彻落实十八届四中全会精神，出台规定治理为官不为，倡导敢于担当、严格依法办事，严防新问题滋生蔓延，持续抓整改不松懈。

“对整改台账中需长期、持续整改的事项，坚持一年一考核、持续抓三年。”谈到持续抓整改，焦作市委书记孙立坤说，“绝对不能说群众问题解决不到位我们没责任，绝对不能说群众反映的问题我们解决不了，绝对不能说群众问题解决差不多了，绝对不能说解决不好群众反映突出问题的干部是合格干部，绝对不能说群众问题解决不到位的地方教育实践活动搞好了。”

市委班子结合中央巡视组反馈问题，围绕“四风”突出问题、联系服务群众问题、自身查摆等问题，制订了市委领导班子《整改方案》，将整改措施、责任人和完成时限在媒体上公示。市委班子成员也列出了个人整改清单，细化了整改措施。

整改清单中，中央巡视组交办的信访案件办结率100%。市委班子征求到的456条意见建议中，已整改落实185项，近中期整改107项，长期整改106项，政策解释58项。

在教育实践活动中，焦作市引导群众广泛参与，请群众监督，把活动进展特别是整改情况交给群众评判，以群众满不满意作为唯一标准，着力打通联系服务群众“最后一公里”。

全市各部门将收集到的有关“四风”、民生、发展方面的28300多条问题意见，梳理汇总后归纳为6500多条，分类建立台账，明确整改措施、时限、责任人，与整改进展、整改成效一起公开。市城管局、发改委等26家单位的整改情况已在《焦作日报》公示。

针对干部作风不实问题，严格执行“五个一律”“六条红线”规定。通报违反“八项规定”或“四风”问题156起，免职处理17人，对市直单位重点科室民主评议中后5名负责人给予免职。

为巩固整改成果，焦作市着眼于作风建设的制度化、常态化，已建立完善了常委调研、决策等一批制度规定。

抓整改承诺兑现取信于民

“兑现承诺”不放松。在持续抓整改中，焦作市紧紧围绕群众反映强烈的基层组织建设、教育、医疗、环境卫生等方面问题，继续狠抓48项专项整治，取得了明显成效。

为加强基层党组织建设，深入推进“四议两公开”工作法，对183个村和6个社区软弱涣散党组织进行了“治弱”“治乱”“治穷”整顿。同时，精心组织全市村级组织的换届选举工作，选好配强村级组织班子。

不少群众反映新城区医院少、学校少，焦作市迅速推进新城区卫生教育项目建设，启动在建公办小学4个、幼儿园1个、医院2所。

马村区开展了矛盾纠纷“大排查、大化解”活动，党员干部深入基层，访民情、知民意、解民忧、排民困、促和谐，解决了一大批群众关心的热点、难点问题，信访量同比下降了51.2%。

持续整改促进工作惠及民生

在持续推动整改的同时，焦作市努力统筹抓好深化改革、经济运行、民生改善、信访稳定、廉政建设、党的建设等各项工作，努力实现两手抓、两促进。

针对群众反映强烈的热点难点问题和事关全市改革发

展稳定的重大问题，市委确定16个重点课题，由常委们集中3周时间深入调研，分别撰写调研报告。多次召开市常委会分析调研报告，研究制定了《关于加快中心城区工业发展的意见》等相关措施，明确落实责任和奖惩办法。

“持续推动整改，就是要努力把教育实践活动的成果转化为推动改革、促进发展、改善民生的强大动力，取得实实在在的成效。”焦作市市长张文深说。

推动城市转型的“十大建设”顺利推进：郑焦城际铁路年底前具备通车条件；焦作海关建成运行；国际太极拳文化交流中心暨全民健身中心作为省运会主场馆投入使用；城市水系已完成大沙河50年一遇防洪工程等。

全市经济社会发展保持平稳较快势头。1—9月，规模以上工业增加值增长10.3%；固定资产投资1197.54亿元，增长18.9%；公共财政预算收入78.0亿元，增长8.1%；社会消费品零售总额400.9亿元，增长12.3%；用于教育、医疗卫生等民生方面93.05亿元，占公共财政预算支出的71.5%，增长18.6%。

焦作：深化行政审批制度改革不停步

10月30日，焦作市政府召开常务会议，研究丰泽园小学等4个建设工程类项目并联审批试点方案，审批时限拟定为33日。焦作市尝试从这些项目的审批运作中探索出并联审批的合理流程，最大限度地压缩建设工程类项目的审批周期。

行政审批制度改革是焦作市今年深化改革的一项重要内容。上半年，成立了焦作市委全面深化改革领导小组，下设经济体制改革等8个专项小组、44个专题小组，出台了全面深化改革的实施意见，明确了8个方面44个专题的重点改革事项。

“全面深化改革，既是破除各种体制机制障碍的伟大革命，也是对各级领导干部能力素质、领导方式的新要求新挑战。我们不仅要围绕改革出题目、定目标、指方向，更要为推进改革求答案、定措施、抓落实。”焦作市委书记孙立坤说。

焦作市抓住被确定为全省行政审批标准化试点市的有利时机，把行政审批制度改革作为全市改革的突破口，大力推动简政放权。

规范权力清单　审批事项瘦身

4月开始，焦作对市本级51家部门保留的行政审批事项、具有审批性质的管理事项和服务事项进行全面清理，将保留项目登记备案，形成部门职权清单，向社会公布。取消、下放、合并了982个事项，共减少行政审批事项、具有审批性质的管理事项194项，保留382项，压缩32%；保留服务事项217项。焦作市压缩事项居全省各市前列。

同时，对各事项的设置依据、服务对象、办理流程、办理时限等实行标准化管理，全程透明化操作，杜绝自由裁量权的滥用。市本级保留事项每项平均承诺办理时限由19天压缩到12天，压缩36%；一般事项“一审一核”不超过5个工作日；新注册企业“四证一章”办理时间不超过2天；建设工程类项目审批由300个工作日压缩到40个工作日。对省、市重点项目，按照自愿原则，由综合审批服务窗口全程代理，使行政审批更加贴近群众、服务民生。

层级环节减少　办事效率提高

7月1日，行政审批新机制正式运行。焦作市国土资源局副局长薛东来、王卫民作为审批授权首席代表，搬入市行政服务大厅办公，行使国土资源局办理各类行政审批服务事项第一责任人职责。

“我们局行政审批事项原来涉及规划、开发、环境等7个科室，现在全部集中到行政事项服务科办理，审批环节是科员、科长和首席代表，有些项目科长就可审批，很多事项的行政审批效率提高50%。”王卫民介绍，“原来审批层级有6个，层级多环节杂效率自然就不会高。”

审批授权首席代表负责制，是焦作市推行“三集中、三直接”行政审批运行新机制的创举之一。政府各部门成立行政事项服务科，分散在各行政科室的审批服务职能向行政服务科集中；行政审批事项向行政服务中心集中，设立行政服务中心和市医保、社保、车管、运管、房管、公积金6个分中心，各部门在行政服务中心设立窗口；行政审批权力向服务窗口集中，实现行政审批事项在中心窗口“一次性直接受理、一站式直接办结、一个口直接缴费”。窗口直接受理率、办结率和缴费率均要达到100%。

典洋食品有限公司开发了一种新产品，客户要求一个月内交货，否则要赔偿500万元违约金。如果按正常流程，典洋食品拿到生产许可证需要60个工作日。焦作市质监局特事特办，仅用14天就帮该公司办理了食品许可证。

增强透明监督　审批改革不停

行政审批制度改革多年，不少地方行政服务大厅部门窗口慢慢变成“收发室”，行政审批权力仍在政府机关。为防止改革反复，焦作市要求首席代表坚持在窗口一线办公。

焦作市积极整合、规范审批资源，对市行政服务中心改建扩容，新建办事叫号系统，扩建群众等待休息区，极大地改善了服务设施和软环境。

建立统一的行政审批网上服务大厅，设立政务公开、并联审批、网上办事、政民互动、效能监察五大模块42项功能。审批部门之间信息共享；办事群众网上点击即可完成审批；监察人员网上全程监督，建立红黄牌机制，超期亮红牌，并追究责任。焦作市行政审批日均办件较去年同期增长60.2%；新注册企业数量同比增长16.9%，新登记资本总额同比增长153%。

为方便群众监督，网上服务大厅对市民开放，每个行政服务窗口也设置群众评价器，现场接受群众监督。8 月份，市监察局就对两家市直部门出现超时审批作出通报批评，对有关人员进行了诫勉谈话。

“全面深化行政审批制度改革，是打造焦作效率、创优发展环境的重要举措。”焦作市市长张文深说，“我们将进一步创新审批运行机制和审批服务模式，实行审批事项动态管理，严格行政审批责任追究，推进行政审批标准化建设，既提高行政效率效能，又坚持依法行政，促进政府职能真正转变到位。”

在先期改革基础上，焦作市再次启动行政审批事项清查，近期目标是经过两轮清理规范后，市本级保留各类事项 253 项，压缩 465 项，压缩率 65%。

焦作：凝神书写“大民生”

一幢幢整齐漂亮、设施齐全的保障性住房拔地而起，一所所设计先进、功能完善的新校园投入使用，一处处绿草如茵、鲜花盛开的街头绿地已然成为了群众休闲的好去处……

悠悠万事，民生为重，一座城市对于生活在其中的人们是否具有归属感，是否能提高人们的幸福指数，群众最有发言权。在民生答卷中，焦作把群众的幸福指数作为考验的标准，让群众真实感受到了幸福的温度。

“美丽焦作建设不是一个空泛的概念，它是由一个个美丽社区、美丽单位、美丽学校、美丽建筑等共同组成，需要我们扎扎实实从一点一滴做起，从一个一个工程做起。”焦作市委书记孙立坤在调研南水北调绿化带征迁安置建设工作时深入到安置小区，与群众谈心交心时说。

“现在办理审批手续是越来越快了，只要手续齐全，当场就可办理完毕，这么高的工作效率，多亏了窗口同志的主动服务啊。”这天是星期日，在行政服务大厅二楼的商务局服务窗口，河南汇银纺织有限公司董事长耿治安拿着厚厚一叠材料感慨地说。

“自身麻烦一些，老百姓就方便一些；自身工作压力大一些，老百姓办事就轻松一些。”焦作市商务局行政事项服务科科长田茂盛说，“群众满意就是我们工作的目标，民生温度体现一个城市发展的质量和高度，以浓浓的为民情怀提升群众的满意度，焦作的发展之路必将越走越宽广。”

一滴水可以折射太阳的光芒，一项民生举措带给群众的就是一份光明和希望。

“客套话我不会讲，但要真心说声谢谢，要不是党的好政策，我就住不起院、看不起病。”沁阳人民医院 80 岁的王莲花老人对记者说，她患有心脏病、糖尿病等病，以前看病住院时都要交押金，有时病突然发作了，凑不到钱，就东借西凑，有好几次因借不到钱而差点耽误了看病。但自从医院实行了“先住院、后结算”政策，这次她住院已经半个月了，还没交过一分钱。

有了政策的强大支撑，焦作在全市所有二级以上医院全面推行“先住院后结算”新型服务模式，让老百姓切切实实得到了实惠。截至 2013 年 12 月，全市已有 298018 例患者享受了此项服务模式，占住院患者总数的 43.01%。其中 2013 年享受此模式的病人共计 195763 人，占住院患者总数的 45.92%。县级以下公立医院享受此模式的患者占住院患者总数的 68.59%。

想群众之所想，急群众之所急，从城区到乡镇，从社会保障到“柴米油盐”，一系列探索和实践为群众解难题。实践证明，从实际出发、眼睛向下，由实情入手、俯身基层，就能听到群众最真实的声音，就能为百姓解决最现实的问题，民生工作就可以与人民群众所思所盼同频共振。

入冬，城区集中供热主管网铺设工程进入攻坚阶段，市领导多次带领市有关部门负责人，到供热项目工地现场办公，督导解决供热管网建设中存在的问题。

“集中供热工程关系千家万户用暖问题，如果因为我们工作不到位，群众冬天用不上暖气，我们如何向群众交代？”当了解到工期由于诸多原因有所延迟的时候，焦作市委副书记、市长张文深面色凝重地说，“集中供热管网建设是一件事关群众切身利益的民心工程、民生工程，是我们切实为群众办好事办实事的一项具体工作，各有关单位一定要排除一切干扰，保障冬季顺利供暖，让广大群众温暖过冬。”

把群众的事当成自己的事，就没有办不好的事。一个个具体的“民生指标”，顺应人民群众的愿望和期待，描绘出民生改善的和谐画卷，请看：

着力解决群众反映强烈的新城区学校少问题，迅速推进新城区教育项目建设，目前，新城区在建公办小学 4 个、幼儿园 1 个，启动建设医院 2 所。该市人社局通过设立过渡岗位，每月财政拿出 49 万元，及时解决了该市中小学 400 多名已取得专业技术任职资格教师的待遇问题。

建立起城乡一体化的社会保障制度体系，实现了从城镇到农村、从职工到居民的全覆盖。截至今年 8 月末，全市基本养老保险已覆盖 51.7 万人，城镇基本医疗保险已覆盖 93.52 万人。

着力解决群众“看病难、看病贵”问题，近 3 年，县级公立医院零差率销售药物 7 亿元，扣除医疗服务价格调整因素，让利群众 2100 万元；从今年 10 月份开始，全面启动新农合大病保险，参合患者年度自费累计 1.5 万元以上可二次报销。

积极推进城乡就业创业工作，1-9 月份全市今年新增就业 6.63 万人，新增发放小额担保贷款 3.6 亿元。完成各类职业技能培训 12.56 万人。

……

一组组数据背后，是百姓享受发展成果的舒心笑靥，更好的教育、更满意的服务、更完善的社会保障、更高水平的医疗卫生服务、更优美的环境，这些都折射出了百姓心里不断攀升的幸福指数。展望未来，焦作正在或即将实施的一项项惠民之举，必将书写出城市和谐发展的新篇章。

2015年4月7日《人民日报》头版报道

治山　治水　治吏

焦作：绿色升级环境开路

人民日报记者　龚金星　王汉超

如今，大学教师李卫国每遇空闲，都会驱车百余公里回到老家焦作，坐在城北山坡上，林涛徐徐，白云无尽。日轮悄然，城市的变化令他感慨今昔。

曾经的河南焦作少有蓝天。煤城空气是灰的，树叶是黑的，雨天到处淌黑水。“冬天不缺燃料，教室炉膛该续煤了，跟着大车扫两簸箕”，是笑话也是无奈。

多年前，焦作人横空竖起一座雕塑，插在城北山巅，名曰“缝山针”。当时，焦作还在“中国十大空气污染城市”之列，北山炸石开矿，尘土飞扬，人们真想用根巨针把支离破碎的山缝上。近两年来，山终于“缝”上了，248处非法采矿点、710处非法加工点关停，取而代之是18公里长、4000余亩遍植绿树的山地矿山公园。

焦作因煤而兴，以旅游闻名，最大遗憾是城里没水。因为盼水，引南水北调干渠浩荡穿城。如何在高坡之上留住径流，让黄河之水浸润山城，焦作引、调、蓄，“内部大循环，外部大连通”，黄河、沁河水相继引入，未来将陆续形成150公里景观河道，1.8万亩新增水面和3500万立方米水库库容。

市民最直观地看到，山里猴子多了，冬天候鸟成片落在市区，钓鱼的人成群结伴，北山步道和自行车车道热闹起来。焦作市委书记孙立坤介绍：“环境治理的背后是转型升级，转型升级的背后是人的转变，是干部作风的扭转。大环境凝心聚力是一切工作的前提，行政环境优化是城市环境提升最有力的开路先锋。”

治山、治水、治吏，山青、水绿、心齐，“半城青山半城水”成了全焦作人的期盼。李卫国说出了大家的心愿：“退休了，最想就是去焦作北山住下来！”

山青　水绿　人心齐

焦作：环境“亮”了一座城

春分过后，河南焦作北部山峦生机初绽。曾经千疮百孔、支离破碎的废弃矿山，如今遍植绿树。虽矿坑依稀，但这里已成为3000余亩山地公园和1000余亩矿山公园。

奔腾的南水干渠水面宽阔，浩荡穿城。这是南水北调中线唯一经市区穿越的城市，而更多的纵横河流正按照蓝图实现水系贯通。

“半城青山半城水”，这是否还是百余年采掘后资源枯竭的煤城焦作？是否还是煤灰粉尘能没着脚踝、来几个月看不见城北是山的豫北矿场？这些记忆不远，2008年全国首批12个资源枯竭城市，焦作榜上有名。如今这里已是国家资源综合利用示范市，正在建设一座生态宜居城。

焦作市委书记孙立坤说：“绿水青山好，转型攻坚难。治山、治水的基础必然是凝心聚力的大环境，是务实重干的干部作风。让行政环境为城市环境开路，为经济转型护航。”

治山：树是“缝山针”，缝合城市生态屏障

焦作城北就是太行余脉。一座巨大的钢针凭空高耸，横插山脊，这座雕塑的名字叫作“缝山针”。

焦作人多么希望，能用一根如椽大针把破碎的山体缝起来，把轰然崩塌的石壁牢牢固定。既然有“定海针”，为何不能有“缝山针”，缝合起北山这扇城市天然的生态屏障？

这似乎是一种奢望。多少年来，焦作城就是在埋药崩山的隆隆轰鸣中度过的。从上世纪80年代起，北山一带厂矿林立，放眼就是小水泥、小冶炼、小化工的烟囱钢梁。仅非法采矿点就有200余个，随之衍生出的非法矿产品收购、储存、加工点更多达700家。北山遍体鳞伤，采石场尘土飞扬。

市区里衣服不能挂出去晾，人不能穿白衬衫。1999年市里二级以上空气质量一年不足20天。2004年，113个国家环保重点城市进行空气质量排名，“中国十大空气污染城市”中，焦作赫然在列。痛定思痛，扭转“黑色印象”，焦作开始艰难转型。

“缝山针”象征着老百姓的希望，扎在山上，更扎在人心里。“良好的生态环境是最公平的公共产品，是最普惠的民生福祉”。两年多前，时任市长的孙立坤在北山生态环境治理现场会上表明了最大决心：“北山是全城人的北山，是子孙后代的北山。要用铁的决心、铁的意志、铁的手腕、铁的措施把山‘缝’起来！”

两年多时间，焦作治山“层层加码”，18公里长、约4公里宽的南太行一带纳入治理规划。短短几个月间，248处非法采矿点、710处非法矿产品加工点被依法取缔，设备拆除，人员遣散。南太行安静下来，留下满山裸露的坑渣石场。

树，是真正的“缝山针”，焦作史无前例的造林工程全面拉开。石块矿渣中，植物无土扎根，工人就系上缆绳，攀岩附壁，打孔、钉桩、挂网，把拉来的泥土固定在山崖，将裸坡平整成梯田，种上松柏；在缓坡植上草皮，铺设水管，喷播滴灌。140多家行政事业单位、30家重点企业分片造林，碑牌标示分明，管种还要包活。

两年苦战，城北第一道山脊已成一道绿色屏障，实施废弃黏土矿、废弃采石场等地质环境治理项目32个，治理面积2.5万亩，新增林地近3000亩，各类树种16万棵。龙翔、缝山等多个森林公园彼此相连，合成一条南太行林带，环城森林体系初见雏形。

林中步道吸引老少市民健身。树木逐渐覆盖坑洼的地表。焦作人绿化上瘾，“我们目标是全国森林城！”

治水：水为城市聚气，水系贯通城市生态之魂

焦作似乎不缺水。城市背靠太行，山溪汇成大河，然而河道纵横，却条条干涸见底。地下水丰富，然而随着生产发展，水位逐年下降。究其原因，焦作是一片俯瞰平原的高坡，市区南北高差百米，径流匆匆过境，掉头而去。

为了有一片水面，焦作挖出一方700来亩的龙源湖，多年成了市民心中“城市的眼睛”。周边高楼拔地而起，小区以接近湖水为荣。可是，这样一泓湖面终究是“一潭死水”，水质可想而知。一段时间，水成了红色，只好用化学药剂处理，结果水又成了蓝色。无奈之下，政府购买市政供水，注入稀释，几天几夜，杯水车薪。即使这样，湖面还是随着地下水位逐渐下降。

防洪灌溉，地下补源，生态景观，转型发展，哪一个不需要解决水的问题？既然不缺资源，如何破解困局，不再受制于水？两年多前，焦作跳出窠臼，以更为宏观的视野，勾画出一条“内部大循环，外部大连通”的治水方略。

引来黄河水，调节过境水，蓄足天上水，补充地下水。通过梳理河道，修建引水调蓄工程，“四廊六脉”“五库六湖”“东西湿地”等点线条块在214平方公里的城区范围纵横镶嵌。6条纵向河道、4条横向廊道循环贯通，南引黄河，北蓄降雨，西揽径流，融汇进城。

这片坐落于“山之阳，河之阳”的土地，古称“覃怀”，是大禹带领先民治水初见功效的地方。3年内，焦作市民将在这片从来“存不住水”的城区看到150公里景观河道，1.8万亩新增水面，3500万立方米水库库容。

经过两年努力，城市水系初步目标一一实现。黄河水通过引黄入焦干渠注入大沙河，新增引黄灌溉面积160万亩，成功应对去年夏旱。大沙河两侧已形成5.4公里长、120米宽的景观水面。灵泉湖千亩水面形成，影视湖三道水堰完工，带状湿地完成10公里主体工程……

龙源湖已是波光粼粼、烟波浩渺。过去临水气味熏天，如今钓鱼风行，白鹭鸣叫。焦作市委副书记、代市长谢玉安说：“投入产生经济效益是眼前账，生态效益、社会效益的大回报是长期账、基础账。作为生态环境建设的重要元素，水对焦作绿色发展的影响不可估量。”

治吏：人是决定因素，风清气正聚力转型攻坚

一组数字体现了焦作环境治理的决心。两年间，全市共关停污染企业39家，搬迁重污染企业14家，否决污染项目31个。孙立坤说，环境治理与转型攻坚同步，是摆在当前阶段的课题，任务繁重，慢不得、等不得、拖不得。实现的关键在人、在干部、在大环境。“环境”是未来城市的核心竞争力。

形成风清气正的环境从自身抓起。2013年年底，市委常委和正市级领导登报承诺“八个做到”，带头依法依规办事、带头抵制跑官要官、带头抵制拉票贿选、带头完成工作任务，并带头接受各方监督。

对公职人员，提出了“五个一律”要求。利用工作之便吃拿卡要的、参与赌博的、借考察学习名义公款旅游的、上班时间打牌下棋的、上班时间到不当场所娱乐健身的“一律免职，绝不通融”。

“精兵”伴随“简政”。去年焦作实施行政审批改革，建设工程类审批由300个工作日压缩至40个，行政审批日办量比前年增六成多。就在这一年，新登记资本总额同比增长153%。焦作被河南省政府确定为行政审批标准化试点市。

作风过硬与否，只有放进干事创业中“锻造”。在焦作急需推进的铁路、公路、能源、水利、生态等十大建设中，由班子领导责任分包，配套“一大建设、一套班子、一本台账、一周一例会、一月一通报、一季一观摩、一年一考核”。作风硬不硬，看真抓实干。

太极体育中心是十大建设之一，眼看2014年9月将作为河南省第十二届运动会主场馆，2013年4月时任市委常委、宣传部长甘茹华接受任务牵头负责的时候，建设进度不到30%。甘茹华带领各部门组成的班子开足马力，每周几次现场办公，最终保证如期竣工。

焦作市委、市政府深知，抓作风如逆水行舟，就像绿水青山得来千辛万苦，一定不容许有污染企业毁掉大环境。

去年年底，焦作纠风办用3天时间，组织社会各界群众对全市职能部门“过堂”评议。一边是百名各界评议代表，一边是全市64个重点科室、58个市直二级机构、48个政府部门和33个公共服务行业的“一把手”。根据日常群众反映、履职尽责情况，现场打分，现场公布，最终结果通过媒体公开。

山青、水绿、人心齐，环境是核心竞争力。太行之阳，黄河北岸，“半城青山半城水”的生态宜居城阔步走来！

2015年4月2日《人民政协报》）刊发通讯

从“招商引资”到“招商选资”，坚决不要污染的GDP，不要雾霾的GDP——

煤城转身　环境变脸

——访全国人大代表、焦作市委书记孙立坤

人民政协报记者　王菡娟

“一个泛舟河上、人水相依的宜居之城，一个碧波荡

漾、河清水秀的中原明珠。”2014年全国两会期间，全国人大代表、河南省焦作市委书记孙立坤为焦作这样一座和煤有着不解之缘的城市定下了一个目标。

时隔一年，孙立坤的期待有大的进展吗？

看长远　加快转型发展

这座被称作“中原煤城”的城市，历史上一直是“生产主要靠挖，工业主要靠煤”。

焦作因煤而兴，也因采煤而被列为全国首批资源枯竭型城市之一。

“这也就意味着只有转型升级才是焦作的唯一出路。”孙立坤说。

“今年的《政府工作报告》中提出要铁腕治理环境污染，倍加珍惜生态，实现蓝天常在、绿水长流、永续发展。”孙立坤表示，“焦作市作为一个因煤而建、因煤而兴、因煤而困、因煤而转的资源枯竭型城市，对《政府工作报告》的理解更有着切肤之感。”

事实上，早在2011年《国务院关于支持河南省加快建设中原经济区的指导意见》下发后，焦作市就抢抓机遇，积极对接，提出了建设中原经济区经济转型示范市的战略构想。2012年2月，河南省人民政府印发了《焦作市建设中原经济区经济转型示范市总体方案》，开启了焦作全面转型发展之路。

实现由“黑色印象”向“绿色主题”的转变，是焦作首先要做的事情。

“一个煤城要实现绿色转型，要件是什么？发展是硬道理，是解决一切问题的基础和关键。”孙立坤表示。

在孙立坤看来，煤城要实现绿色转型，首先得有实力基础。

于是，焦作结合自身实际，提出了“凝心聚力、转型攻坚、争创一流、绿色发展”的总要求和“一个战略、四项重点、十大建设”的总思路，加快推进中原经济区经济转型示范市建设。

工业兴则焦作兴，工业强则焦作强。一方面，焦作市狠抓工业转型升级，坚持走新型工业化道路，发展壮大优势产业，改造提升传统产业，积极培育新兴产业，提升产业核心竞争力，加快构建现代产业新体系，形成了一批拥有自主知识产权和知名品牌、竞争力较强的优势企业群体。

另一方面，焦作实行了市五大班子领导分包工业十大产业责任机制；政策支持上，安排6000万元工业转型发展基金、6000万元科技扶持资金，实施了创新券、科技贷款贴息等制度；每年每个产业集聚区至少新开工两个投资10亿元以上工业项目，着力打造千亿元产业集群和千亿元产业集聚区。

在一系列政策刺激下，2014年焦作市生产总值完成1846亿元，同比增长8.8%；规模以上工业增加值完成1073亿元，同比增长10.7%。

好生态　城美润泽民生

有了实力作支撑，是不是一切都顺理成章了呢？

孙立坤认为，让天变得更蓝、水变得更清、地变得更绿，不光是理念确立问题，还得有具体的抓手和路径。

“焦作要‘变脸’，不仅需要美化‘面子’，更要注重充实‘里子’。”孙立坤说。

为此，焦作利用北依太行、南临黄河的区位优势，做了三篇大文章。

“利用好水，整个城市才会更加灵动。”孙立坤表示。

焦作建设了贯穿城区东西总长48公里的水体景观、南北总长50公里的带状公园、中心城区1.8万亩水面的城市水系，修建5个水库，实施河道景观改造，完善东西两大湿地，完成大沙河治理、引黄补焦等水利工程，新增了8000亩水面，初步实现了山洪水、黄河水、中水、南水北调等水资源有效利用。

至此，一个“内部大循环、外部大联通”的“水城市”基本形成，焦作也因此被确定为全国水生态文明城市建设试点市。

“我们还强力推进国家森林城市创建，推进南太行生态景观带建设和北山治理，全市林地160万亩，森林覆盖率28.5%，城区绿化覆盖率40.2%。眼下，焦作还决定将去年节约的‘三公’经费拿出来建设‘清风植物园’。”孙立坤告诉记者。

美起来了，也绿起来了，如何保持？

“这就要求我们必须加快环境整治。”孙立坤说。

为此，焦作重拳整治污染，向高耗能高污染项目亮红灯，全市共否决120多个项目，关闭企业100多家，淘汰落后生产设备（生产线）40多项，搬迁企业20多家；强力实施蓝天、清水等工程，大力整治大气污染、水污染；扎实推进美丽乡村建设，深入开展城乡环境卫生治理，建立健全保洁长效机制。

“过去我们是‘招商引资’，现在是‘招商选资’，坚决不要污染的GDP，不要雾霾的GDP。”孙立坤说。

孙立坤表示，下一步，将积极申请建设国家“海绵城市”试点，保护和改善城市生态环境，持续提升环境生态品质，让天更蓝、水更清、地更绿。

“良好生态不仅是招商优势、发展优势，也是民生优势、最受群众欢迎的优势。”孙立坤由衷地说。

靓山水　赢来八方赞誉

说起焦作，不得不提的就是焦作旅游。

“旅游业一直是焦作调结构、促转型、树形象的重要载体。近年来，焦作市委、市政府高度重视旅游业发展，提出了建设国际知名旅游城市的奋斗目标，并以此为契机全面加快了旅游基础设施和重点项目建设步伐，培育壮大旅游市场主体，大力实施旅游精品战略，积极推动旅游业转型发展，成功打造了‘焦作山水’‘焦作服务’和‘焦作现象’等知名品牌。”孙立坤表示。

据介绍，2014 年以来，焦作旅游以转型升级为主线，抓项目促提升，抓营销拓市场，抓服务树形象，特别是以成功创建国家级旅游服务综合标准化示范市为起点，加快“智慧焦作”旅游建设，建设服务游客、服务市场主体、服务政务监管等的信息化服务平台，构筑旅游标准化服务网，旅游产品竞争力、市场影响力和综合带动力得到全面提高。

“可以说，焦作旅游园区建设更快、对外形象更靓、管理服务更优了。”孙立坤说。

数据显示，2014 年，焦作市共接待游客 3298.81 万人次，实现旅游综合收入 261.5 亿元，同比分别增长 11.63% 和 12.14%，旅游经济总量及增幅均在河南省领先。今年春节期间，焦作旅游异常火爆，云台山游客人数、门票收入同比分别增长 165.8%和 182.5%。

“当然，2015 年，我们还将主动适应经济发展新常态，围绕转型升级，以加快转变旅游发展方式为主线，以深化改革创新为动力，加快推动旅游产品向观光、休闲、度假并重转变，旅游开发向节约集约型转变，旅游服务向优质标准化转变，努力把旅游业培育成战略性支柱产业，强力推进国际知名旅游城市建设工作，为建设中原经济区经济转型示范市和美丽焦作作出新贡献。”孙立坤说。

如今，一个绿色园林随处可见、绿色通道连接城乡、宜居宜业宜游的生态焦作，正如一幅美丽的画卷渐次展开。

“我们相信，通过几年的努力，焦作人的绿色期待一定会实现。”孙立坤说。

关于认真做好《焦作年鉴（2015）》供稿工作的通知

焦办〔2014〕49 号

各县（市、区）党委和人民政府，市委各部委，市直机关各单位，各人民团体：

《焦作年鉴》在市委、市政府的高度重视和全市各单位的共同参与下，已连续出版 20 卷次，为传承弘扬我市的历史文化、服务经济社会发展、认识了解研究宣传焦作发挥了重要作用。各级各部门（单位）要充分认识编纂《焦作年鉴》的重要意义，认真梳理和总结过去一年来的工作情况、工作成就、经验得失等，切实做好《焦作年鉴（2015）》的供稿工作，进一步提升《焦作年鉴》的质量和品位。现根据《地方志工作条例》《河南省地方志工作规定》要求，将有关事项通知如下：

一、供稿内容

（一）大事记。2014 年发生在其行业、部门内在全市、全省、全国有一定影响的重要事件、重大活动、重要会议、重要外事活动、重要人事机构变动、重大政治经济改革举措、重点项目开竣工、重大科研成果、重要体育赛事、重要文物的考古发掘、行政区划变更、新生事物、重大自然灾害、重大刑事案件的发生和侦破等，由各相关供稿单位提供。

（二）市委、人大、政府、政协、军分区年度工作概述及中央、省、市领导调研活动；市委全会、市委常委（扩大）会议召开情况，市委主要工作部署及重大决策落实情况；市政府全会及常务会议召开情况；市委、市政府年度中心工作（如群众路线教育实践活动、行政审批制度改革等）；市人民代表大会、人大代表视察、重大决策、人事任免等工作情况；市政协会议及常委会议召开情况和有关重要工作情况；焦作军分区党委（扩大）会议及有关重要工作情况；市纪委全会及有关重要工作情况等由其办公室和牵头单位提供。

（三）2014 年各行业、各部门、各单位工作开展情况及经济转型的成效、年度亮点工作、取得经验和存在问题等；重大投融资活动、项目建设、服务民生、节能减排、文化建设等进展情况；在焦重点企业、“双高”企业、著名或驰名品牌等简介资料；获得省级以上奖励表彰情况（其中获得国家级以上表彰的先进集体、先进个人要有先进事迹材料）等；至 2014 年 12 月 31 日在职领导班子成员名单（需标明：离任职时间，文件号等），由各供稿单位提供。

（四）2014 年表彰的市级以上劳动模范、五一劳动奖章获得者、五四奖章获得者、三八红旗手、先进个人，享受国务院颁发的政府特殊津贴专家，企业家，国家、省级各领域拔尖人才如科技精英、教育专家、优秀教师、医学专家、体育明星等简介材料，由各有关单位提供。

（五）2014 年中央、省、市领导在焦考察调研活动以及我市重点工程、重大活动、城市新貌等的图片资料，由焦作日报社及相关单位提供。能反映各部门、各单位的事业简表和随文图片（不少于 5 幅）及各类人物照片，由各供稿单位提供。

（六）县（市、区）概况。2014 年各县（市、区）自然、经济、政治、文化、社会发展状况资料及图片（不少于 10 幅）；五大班子领导成员名单；所辖乡、镇、街道发展的特色、亮点（如地区优势、品牌优势、名优特产品）概况及党政正职名单。由各县（市、区）人民政府办公室提供。

二、供稿要求

（一）各部门、各单位要明确一名分管领导和供稿通讯员，按时、按要求完成《焦作年鉴（2015）》的供稿工作。

（二）稿件内容要体现年度特色，注意把好政治关和保密关，凡规定不宜公开刊载的不要报送。

（三）要积极提供有代表性的能反映本部门、本单位工作实绩、特色和亮点的图片及各类统计表格资料。图表应与文字内容相符。

（四）条目是年鉴内容记述的表现形式，分综合性条目和专题性条目，要求一事或一项工作记一条。条目标题要力求精练，内容要概括全面、客观真实、表述完整、数据准确，要围绕2014年度全市各行业、部门的中心工作，选取真正能代表和展示本部门工作业绩、行业特点、年度特色、精神风貌和整体形象的供稿内容，不作预测、展望及理论阐述，避免空话、套话。

（五）年鉴的叙述是兼有说明文与记叙文特点而以说明文为主的文体。行文语言要准确规范，严谨朴实，简洁流畅，不能模糊。各种称谓要用全称或规范性简称（即用第三人称表述），不用“我省”“我市”“我局”等第一人称称谓。标点符号、数字使用、计量标准等要严格遵循国家语言文字规范和标准。

（六）报送稿件标题使用三号黑体，正文使用三号仿宋字体；荣誉要记清获奖名称、时间、授予单位；图片要标注详细文字说明（时间、人物、地点、事件等）；文后署供稿人姓名。稿件经单位领导签字并加盖公章后，报纸质文稿二份。

（七）报送时间。为保证《焦作年鉴（2015）》按期出版，各单位务于2015年2月28日之前，将稿件电子文档（word格式）以光盘形式报送市地方史志办公室。

地　　址：焦作市人民路阳光大厦129室

联系电话：3569307　3569306

联 系 人：杨红梅　刘承国

中共焦作市委办公室

焦作市人民政府办公室

索　引

说明：

一、本索引采用主题分析法，按主题词汉语拼音字母（同音字按声调）顺序排列。

二、索引词条后的阿拉伯数字表示内容所在的页码，数字后的拉丁字母（a、b、c）分别表示栏别（从左到右分为1、2、3栏）。

三、内容有交叉的条目，在索引中重复出现，以便检索。

A

B

C

D

E

F

G

H

J

K

L

M

N

O

P

Q

R

S

T

W

X

Y

Z

编 后 记

《焦作年鉴》自1992年创刊以来已连续出版21卷次。《焦作年鉴》（2015）编纂工作于2015年1月启动，经过各供稿单位和年鉴编辑人员的共同努力，3月份完成资料收集；8月份完成资料整理及编纂，形成定稿，9月份进厂排版；11月份完成校对、出版社审稿、并公开出版发行。《焦作年鉴》（2015）承编人员具体分工为：原应战负责县市区概况，杨红梅负责特载、市情概览、区域特色、2014大事记、经济监督管理、科学技术、教育、文化、医疗卫生、体育、社会生活、文献法规及图片编辑，刘承国负责市委、市纪检委、市人大、市政府、市政协、群众团体、旅游产业、人物，常保健负责人民武装、法制、城建环保、交通邮政、财政税务、金融业，常艳玲负责民主党派工商联、农业水利、商务，孙留成负责工业和信息化产业。校对具体分工为：杨红梅、王霞飞负责特载、市情概览、区域特色、2014大事记、市委，王明喜、常艳玲负责市纪检委、市人大、市政府、市政协、民主党派工商联、群众团体、人民武装、法制、工业和信息化产业、农业水利，孙留成、常保健负责商务、旅游产业、城建环保、交通邮政、财政税务、金融业、经济监督管理，刘承国、丁秀丽负责科学技术、教育、文化、医疗卫生、体育、社会生活、县市区概况、人物、文献法规。原应战审阅了全稿并提出修改意见，卜庆正通审把关后付梓。

《焦作年鉴》（2015）电子稿已载入焦作地情网（http://www.hnjzdqw.com），竭诚欢迎广大读者和年鉴同行批评、指正，使《焦作年鉴》的编纂工作再上新台阶。

编　者

2015年11月

焦作市技师学院

——服务焦作产业集聚区建设　加快培养高技能人才

焦作市技师学院创办于1958年，是国家重点技工院校和河南省示范性技工院校。

国家数控实训基地

学院有教职工350多人，在校学生8000多人。开设有数控加工、模具制造、机械设备维修、焊接加工、汽车维修、汽车营销、电气自动化设备安装与维修、制冷设备运用与维修、工业机器人应用与维护、汽车装饰与美容、化工工艺、化工分析与检验、农产品保鲜与加工、酒店服务、导游、幼儿教育、计算机应用与维修、多媒体制作、计算机动画制作、计算机广告制作、电子商务、烹饪等24个专业（工种），可以进行中级工、高级工、技师三个层次的学制教育，在校就能完成理论和实习教学及鉴定，初步形成了以机电、模具、化工、计算机专业类为主兼顾三产专业的特色办学模式，是焦作地区规模最大、专业门类最多、培养层次最高、办学实力最强的高技能人才培养基地。

汽车应用与维修实训室

学院坚持以培养高技能人才为目标，以服务就业为导向，主动适应焦作地区经济发展和产业集聚区建设的需要，积极实施“工学一体化”教学改革，大力推进校企合作，学生就业推荐率100%，就业率始终保持在98%以上。毕业生相继安置在广州广船（国际）股份有限公司、厦工机械有限公司、风神轮胎股份有限公司、河南煤化集团、昊华宇航化工有限责任公司、北京白家大院餐饮有限公司等省内外大中型企业就业。

工业机器人应用与维护教室

计算机动画制作教室

烹饪实训台

化工分析实训室

焦作市职业技术学校

市领导到学校调研

校企合作签约仪式

校徽、校风、教风、学风发布仪式

旅游专业学生在市技能大赛中获奖

焦作市职业技术学校是国家级重点中等专业学校。学校现有教职工600余人，其中高级职称教师131人，“双师型”教师96人，国家及省市级专家、骨干教师85人。在校生9000余人，是焦作地区规模最大、专业最多、设施最全、设备最新、功能最优的中职学校。

学校现开设6大类24个专业，主要包括：建筑工程施工、工程造价、建筑装饰、计算机应用、旅游服务与管理、电子电器应用与维修、工艺美术、学前教育、服装设计与工艺、音乐、舞蹈、戏曲表演、社会文化艺术、会计电算化、计算机动漫与游戏制作、楼宇智能化设备安装与运行、汽车运用与维修、城市轨道交通运营管理等。

学校先后获得国家级重点中专、河南省校企合作先进单位、河南省教育教学先进单位、河南省文明学校、河南省中等职业教育攻坚计划先进单位、河南省职业教育教学先进单位、河南省十佳巾帼文明岗等70余项省、市级荣誉。

焦作市第一中学

●全国文明单位 ●河南省重点中学 ●河南省首批示范性普通高中

市委书记孙立坤到学校调研

市委副书记、市长谢玉安调研学校高招工作

焦作市第一中学创办于1945年5月，学校占地面积8.7万平方米，拥有标准化教室84个、实验室18个、微机室8个、报告厅4个；学校建有标准化足球场、400米标准化环形塑胶跑道，篮、排、羽毛球场10个，网球场2个，游泳场1个。校图书馆藏书10万余册，报刊400余种。两栋现代化餐厅可满足5000名师生同时就餐；有高标准的学生公寓6栋，每间公寓均配有冷暖空调、淋浴间。

学校现有教学班79个，在校生5000余人，教职工390人，其中研究生学历90余人，特级教师2人，国家级骨干教师4人，省市级骨干教师、学科带头人61人；高级职称92人，中级职称127人。

近几年，焦作一中高考成绩连上新台阶，2013年一本上线人数由2012年234人跨越到375人，2014年一本上线人数达到463人，2015年一本上线人数更是突破500人大关，本科上线率均达90%以上，居河南省示范性高中前列。学校先后荣获全国文明单位、全国办学特色先进单位、全国艺术教育先进单位、全国无线电测向重点单位、全国中小学足球传统学校、全国中小学舞蹈教育传统学校、河南省示范性普通高中、河南省文明标兵学校、河南省普通高中多样化发展综合创新类试点学校、河南省新课改样本学校等荣誉称号。

团结奋进的领导班子

文艺活动

运动会

焦作市人民中学

副市长李海松到学校调研

团结奋进的领导班子　（左起：副校长赵慧娟、党支部书记蔡平安、副校长秦真、王素萍）

教育教学质量分析会

校园文化周

运动会

焦作市人民中学成立于2008年8月，位于市南通路南段，占地112亩，是市教育局一所初级中学。现有教学班36个，教师137人，在校学生1760人。学校拥有一流的办学设施，是全国诱思探究优秀示范基地、全国百佳创新型学校、全国“新教育”优秀实验学校、河南省教师发展学校、河南省教师职业道德建设十佳单位、河南省基础教育课程改革先进单位、河南省校园文化建设百佳学校、河南省校园文化建设十大创新学校、河南省文明学校、焦作市美丽学校、首批焦作市生态文明教育基地。人民中学以“建设优雅的校园，塑造儒雅的教师，培育文雅的学生”为抓手，以“管理高水平，文化高品位，教学高质量，办学高效益”为目标，积极推进诱思探究课堂教学改革和“新教育”实验，坚持面向全体学生，帮助师生“过一种幸福完整的教育生活”。教育教学质量稳步提升。2011年，中招过焦作一中录取分数线30人，过焦作十一中录取分数线63人；2012年，中招过焦作一中录取分数线33人，过焦作十一中录取分数线99人；2013年，中招过焦作一中录取分数线48人，过焦作十一中录取分配生线105人；2014年，中招过焦作一中分配生分数线50人；过焦作十一中分配生分数线98人。

焦作市光明中学

团结奋进的领导班子

光明中学新校区位于人民路中段，学校有教学班24个，学生1200余人。教职工85人，中高级教师46人，学校拥有标准化塑胶田径运动场、音乐美术等第二课堂活动室、一流的理化生实验室、一生一机的学生机房，教室内安装了最先进的电子白板教学设备和柜式空调。

录播教室

学校坚持以教育教学为中心、以教学质量为核心的教学思想，确立了“塑名师、育名生、办名校、创名牌”的办学目标，紧紧围绕“学生自主发展、高效课堂构建、教师幸福成长”开展各项工作。先后成为全国特色学校、“十一五”重点教育科研课题“诱思探究”实验基地、全国新教育实验学校、全国青少年五好小公民“复兴中华，从我做起”主题教育活动示范学校、全国亿万学生体育冬季长跑活动优秀学校、河南省示范家长学校，焦作市艺术教育先进学校。

艺术节

学校秉承“为学生终身发展奠基”这一宗旨，成立了“百灵鸟”合唱团、“舞之韵”舞蹈团、“梦幻青春”表演剧社、“翰墨苑”书法社团、“自然之旅”摄影社团等学生社团23个。每年以校园文化艺术节为平台，集中展示社团活动成果，成为校园生活中一道靓丽的风景。

运动会

焦作市道清中学

市委书记孙立坤到学校看望教职员工

全国十大明星校长蔡林森到学校指导教学改革

道清中学占地28亩，建筑面积1.7万多平方米、36个教学班，现代化的理化生实验室，舞蹈音乐教室、美术教室、信息技术教室、足球场、篮球场、乒乓球场。投资20万元增添了现代化教学评估系统，成为焦作市第一所能够在任何地方、任何教学时间观测到每位师生的教学情况的数字化智慧校园。

教育质量是学校的生命线。为尽快把道清中学打造成全市优质初中，满足人民群众对优质教育的需求，2012年学校与沁阳永威学校结为友好合作学校，聘请全国十大明星校长、沁阳永威学校校长蔡林森为学校名誉校长。成为焦作市区唯一一所全面推行“先学后教，当堂训练”教学模式，采取“堂堂清、日日清、周周清、月月清”教学法的学校。

化学实验室

图书馆

学习太极拳

焦作市第五中学

校长　王长有

焦作市第五中学位于建设西路，学校占地面积1.88万平方米，建筑面积5770平方米。固定资产886万元，图书馆藏书4.31万册。现有教职工109人，其中专任教师77人，本科以上学历63人，具有中高级职称43人。在校学生718人，分19个教学班。

学校教学楼、办公楼、综合实验楼、多功能餐厅、宿舍楼布局合理，标准规范。各项设施完备，按国家配备标准投入大量资金建设了物理实验室、化学实验室、音乐舞蹈室、美术室、多功能室、微机室、心理咨询室、体育室、图书室、阅览室等功能室。教室里安装了班班通，使学生们能够充分享受到网络现代化教育。

近年来，学校坚持内涵发展，质量强校的治校方略，通过大力推广“导学案”的教学模式，全面开展提高能力的“四清”工作，注重落实知识点，以一流的服务、严谨的工作作风、丰富多彩的课外活动、兴趣浓厚的理化试验，使学生得到全面健康的发展。

元旦文艺汇演

师德教育

焦作市第十七中学

校长　刘爱国

学校领导与志愿者交流

我的课堂我做主

晨读

焦作市第十七中学位于市解放中路554号，是一所完全初级中学，始建于1964年6月，由山阳区教育局行政管理。学校分东、西两个校区，占地总面积3.41万平方米，建筑总面积2.17万平方米。现有60个教学班，省、市骨干教师70人、省级学科带头人2名、省级名师1人。

近年来，学校从持续发展的长远大计出发，加大硬件建设力度，办公设备、教学设施不断更新，校容校貌实现了根本性改变。校内建有现代化的教学楼、实验楼，内设标准的理化生实验室、实验器具准备室、体音美活动室、图书室、阅览室和电化微机室，还有完备的各学科教学用具。塑胶跑道、足球场、篮球场，乒乓球台、室外体育器材等，能够满足学生体育学习和训练的需要。主体教学楼内宽敞明亮，设施齐全，设备先进，每个班级配置了多媒体投影仪等班班通设备，实现了教学资源信息化、办公设备现代化，为教育科研的深层次开展提供了坚实的物质基础，为学校推进素质教育、提高教育教学质量提供了新的契机。

学校不断完善学生自主发展模式，充分发挥学生的主体作用和教师的主导作用，遵循学生学习特征，着眼学生未来发展，激发学生求知欲望，挖掘学生创造潜力，进而提高学生综合素质，逐步走向一条内涵发展、特色发展、名校发展的以改革学习方法与策略为标志的创新之路。整齐划一的课间跑操、校园广播、激情宣誓、升国旗仪式，富有特色的社团活动、校学生自主管理委员会成员（志愿者）培训、

师生交流

开展社团活动

主题班会、成果展示，以及多彩的读书活动、阳光体育比赛、新生入学教育、综合实践活动、家长会等活动，切实推进了以学生主体性为核心、以养成自觉主动学习习惯为目的的自主教学改革，让学习因为自主而快乐，让学生因为自主而幸福。

学校在以自主课堂改革为核心的高效课堂中，逐步形成了以自主学习、讨论展示、检测反馈为基本环节，以导学案、PPT课件、小组合作学习为基本载体，以激发思维潜能、引爆思维活力、彰显生命活力为基本特征的教学模式。导学案编写、小组建设、课堂操作和模式运用均取得了重大突破。学校凭借着过硬的师资，通过教师参加教育科研和学术交流活动，积极鼓励教师承担教改课题研究，坚持实行“带教制”，着实打造学养深厚、理念先进、业务一流的卓越团队，为学生的全面发展和个性发展提供最大的可能。学校是市区唯一所连续多年被焦作市人民政府授予教育教学质量初中一等奖的学校。

学生实验课

自主学习

体操进行时

艺术节上展才华

温县第一高级中学

● 省文明单位　　● 河南省首批示范性普通高中

中国工程院院士、大连理工大学校长郭东明到校调研

中国社会科学院副院长李慎明到该校讲学

党委书记、校长　朱瑞晨

太极拳训练

温县一中创建于1951年，现有教师320人，在校学生5000余人。近年来，学校以“打造河南教育品牌、办人民最满意学校”为目标，创新办学理念，健全教育教学管理，摸索特色教学模式，培养大批教学骨干，取得了令人瞩目的高升学率，连年高考成绩站位全市最前列。学校先后荣获“河南省首批示范性普通高中”、“河南省文明单位”、“河南省教育系统先进单位”、“河南省师德师风先进校”等百余项荣誉称号，并被《中国教育报》和《中国青年报》等多家媒体宣传报道。

学校以提高教育教学质量为中心，在教学管理上狠抓教学常规，在管理细节的落细、落小和落实上下功夫。在学校管理上，提出：一本看教师的教学实力，二本看学校的整体管理，三本看学校的学风校风。

对学校班子成员：实行分包年级制，深入教学一线，上课、听课；实行轮流24小时带班值班制。对老师提出：面对学生的期盼，除了爱心就是奉献；面对家长的重托，除了责任就是使命。在学生管理上：首先要求学生在校做到：“一穿一带五不准”即穿校服、带电子学生证，不准携带刀具、火种、手机、烟、酒。实行全封闭管理，狠抓学生行为规范，严查学生违纪，督促学生养成良好的生活学习习惯。

学校教学楼

学校外景（远眺图）

解放区幸福街小学

团结奋进的领导班子

集团化办学调研会

解放区幸福街小学位于焦作市太行路93号。占地面积2.31万平方米，有教职工130人，教学班45个，2400余名学生。拥有塑胶操场和多媒体电教室、微机室、实验室等现代化的专用教室及教学设备。

学校以务实高效、勤政廉洁、与时俱进、团结协作为准则，创造了一个宽厚向上、以人为本、以情为先、以正为本的人文环境。经典诵读、家校联谊、书画展示等精彩纷呈的活动，形成了以美育德、以美促智、以美健体，以美冶情的教育机制；“试学顺导·巧教精练”的课堂模式使课堂充满了生机与活力；“集体备课、集体评课”的群研制度使教师教学方法和教学能力有了新的跨越；孔子学堂、幸福魔方等丰富多彩的社团活动让孩子们享受着教育的温情与幸福。

学校先后被授予全国体育工作先进集体、全国新教育实验优秀实验学校、河南省校园文化先进单位、河南省教育系统五好关工委、河南省体育传统项目先进学校、焦作市业余训练先进单位、焦作市校园文化建设示范学校、焦作市双合格优秀家长学校、焦作市艺术教育先进学校等荣誉。

“道德大讲堂”让家长读懂教育的真谛

市级比赛展风采

读书节学生展示活动

实验操作培养动手能力

散发浓郁书香的阅览室

种类繁多的体育器材室

解放区实验学校

开门办学，接受家长监督

组织毕业班百日冲刺誓师大会

解放区实验学校现有教职工217人，教学班63个，在校学生3500多人。

学校成立以来，坚持“以德立校、育人为本、人文治校、质量第一”的办学宗旨，弘扬“严细、文明、求实、向上”的校风；秉承“敬业、修德、强能、健体”的校训；树立“勤教、钻研、创新、奉献”的教风；培养“乐学、善思、奋进、创造”的学风，全面推进素质教育，始终坚持“学生成才、教师成功、学校发展、人民满意”的办学思想，严格按照“依法治校、以德立校、科研兴校、质量强校”的办学思路，以“民主管理、科学决策、以情感人、以德服人”为管理理念，坚持“求真务实、尽责高效、廉洁公正、奉献创新”的干部作风，以“提升学生学业成绩，培养学生综合素养”为办学目标，以教师队伍建设为主要抓手，通过不断完善内部管理制度，开发课程资源，打造能吃苦、善拼搏、讲奉献的教师团队，学生素质教育成绩卓然。连续多年被评为市、区综合素质教育先进单位。

开展『快乐生活，微笑成长』主题活动

学生德智体美全面发展

开展立足岗位、创先争优活动

举办道德讲堂

博爱县职业中等专业学校

县委书记李平启到学校调研

县长张建调研校内博兴电子商务有限公司

博爱县职业中等专业学校是教育部认定的全国首批国家级重点职业中专，是焦作市唯一的“全国农村教育综合改革先进单位”和“全国职业教育先进单位”，是河南省首批职业教育特色学校。学校占地面积150亩，在校生2000余人，教职工150余人，开设有现代农艺技术、畜牧生产与疾病防治、计算机应用（北大青鸟）、旅游服务与管理、电子电器应用与维修、电子商务、工艺美术、数控技术应用、学前教育（幼师）、财会、汽车运用与维修等12个长线专业。

校长　崔艳秋

建校以来，学校以“突出特色、服务三农”为主体，紧贴经济办职教，围绕农字做文章，走农科教结合、校企合一的办学道路，为当地培养了2万余名中初级技术管理人才，向对口高校输送了5000余名优秀学生，并涌现出了央视七套军事报道节目主持人丁丽、中央电视台节目制作人贾娟、河南省职校毕业生百名致富能手刘二军等一大批优秀毕业生。

朝气蓬勃的教师团队

学校先后荣获职业学校管理工作先进单位、新课堂教育实验先进单位、技能大赛先进单位等200余项国家、省、市级荣誉称号。

电子装配实验室

学前教育专业学生演出

教学楼

焦作市精神病院

院长　王业伟

对托养病人进行捐助

焦作市精神病院位于林园路西段，与森林公园相毗邻，非常适宜精神、心理障碍患者的康复医疗。开放床位260张，国家级心理咨询师32人，高中级专业技术职称30余人。医院主要开设有精神男科、精神女科、临床心理科、身心科、药物依赖科（戒毒科）、阳光家园精神（智力）残疾人托养服务中心6个特色临床科室。其中药物依赖科（戒毒科）是由省卫生厅、省公安厅联合批准的焦作市唯一一家开展戒毒、脱瘾业务的医疗机构。阳光家园精神（智力）残疾人托养服务中心是省市示范机构，现已收治托养患者80余人。

医院主要开展对抑郁、失眠、焦虑、神经症、躯体化障碍、精神分裂症、癔症、酒依赖、疑病以及亲少年心理障碍等一系列精神、心理疾病的预防和治疗工作，并开展自愿戒毒业务。

医院引进醒脉通治疗仪（MECT）脑功能障碍治疗仪、生物反馈仪、心理CT、韩式脱瘾仪等用于临床治疗。医院还采用多种心理治疗方法如：催眠疗法、森田疗法、内观疗法等，有效促进了心理障碍患者的康复与社会功能的恢复。

组织活动庆祝精神病患者的节日

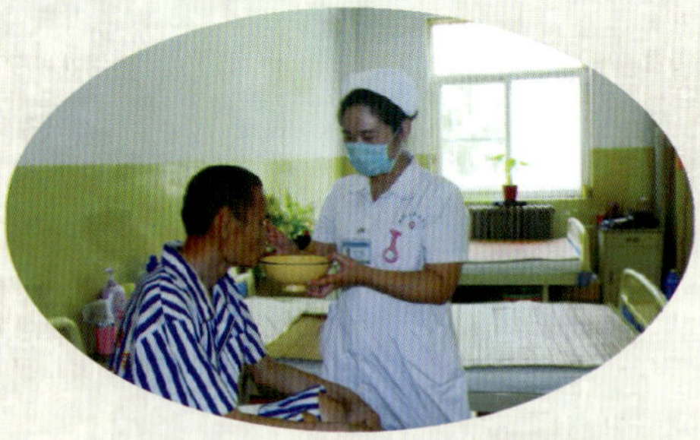

精心护理

开展康复系列训练

焦作市第三人民医院

休闲花园

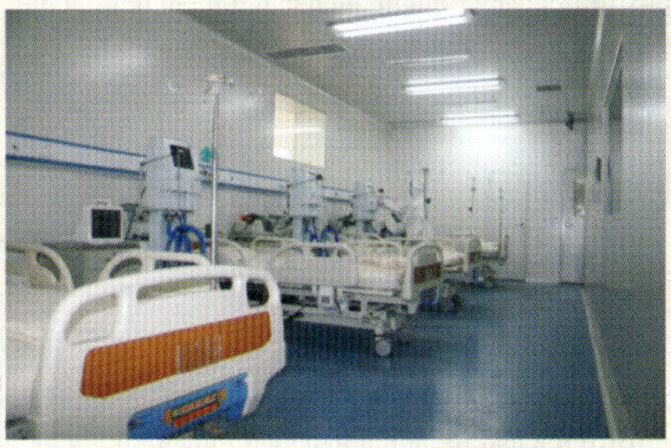
负压病房

病区走廊

焦作市第三人民医院始建于1983年，肝病专科、感染性疾病科为焦作市重点学科，中医肝病科为市特色专科，在肝病、结核病、急性传染病治疗方面，始终走在全市的最前列。率先在焦作市开展的干细胞介入治疗肝病和人工肝治疗新技术，在全省处于领先水平。

医院占地面积3.5万平方米，床位260张。设置临床科室6个，医技辅助科室10余个。医院现有职工222人，其中专业技术人员192人，高级职称18人，中级职称60人，医院拥有焦磷酸基因测序仪、Fibroscan（弹性B超）、罗氏定量PCR扩增仪、彩超、大型X光机、日本奥林巴斯V70电子胃镜、五分类血球分析仪、全自动生化分析仪、美国鸟牌呼吸机、多参数心电监护仪等大中型设备。分子实验室是经国家卫生部首批验收的全国五家标准实验室之一，在河南省是第一家。

近些年来，医院先后荣获全国综合医院中医药工作示范单位、国家中医药防治传染病临床基地、全省抗击非典先进党组织、省级文明单位、省级卫生先进单位、全市先进基层党组织、省级园林式花园单位等荣誉称号。

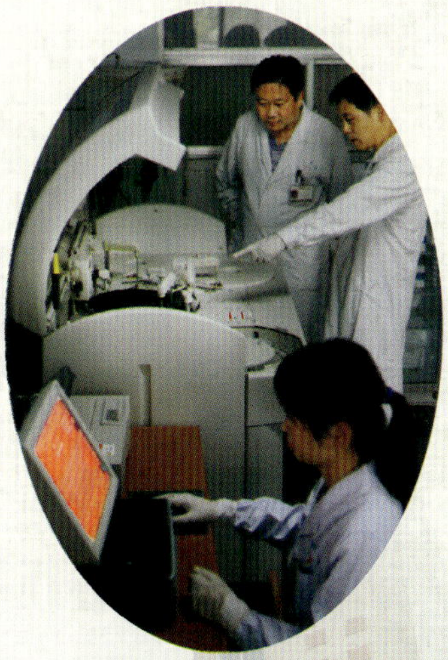
精心化验

沁阳市第二人民医院 沁阳市红十字会医院

副省长王铁在市委书记孙立坤等领导陪同下到医院调研

沁阳市市长毛文明到医院调研

院长　邓国华

沁阳市第二人民医院建院于1953年，位于沁阳市北门大街11号，是一所就医环境舒适、专业水平突出、医疗设备先进、人才结构合理、医疗特色明显，集医疗、预防、教学、科研于一体的二级综合性医院。是医保、居保、新农村合作医疗、低保、大病救助等定点医疗机构。

医院有开放床位340张，拥有职工328人，各类专业技术人员占97%，其中高、中级技术职称80余人，本科以上学历70余人，设10个病区（心血管内科、神经内科、呼吸消化内科、内儿科、普外科、神经外科、骨科、妇产科、五官科、温馨病区），23个临床科室，13个医技科室，12个职能科室。

近年来，医院先后获得焦作市医院管理先进单位、园林式单位、省级卫生文明单位、省级红十字工作先进集体、河南省综合医院中医药工作示范单位、全国卫生救护工作先进集体、焦作市行风建设先进单位、焦作市创新改进医疗服务先进单位等荣誉称号，得到了社会各界的广泛认可与高度评价。

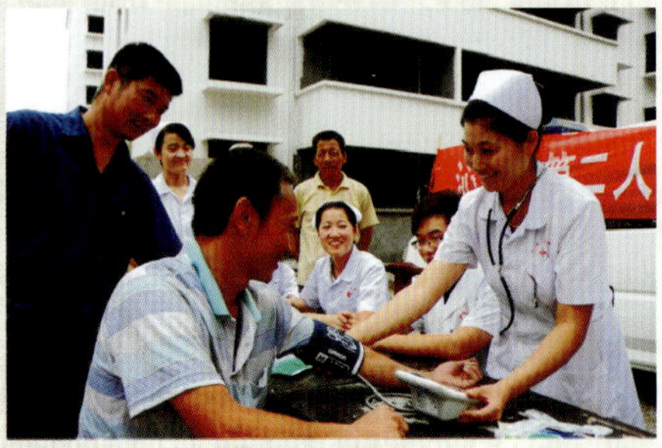

焦作农民工日到建筑工地义诊

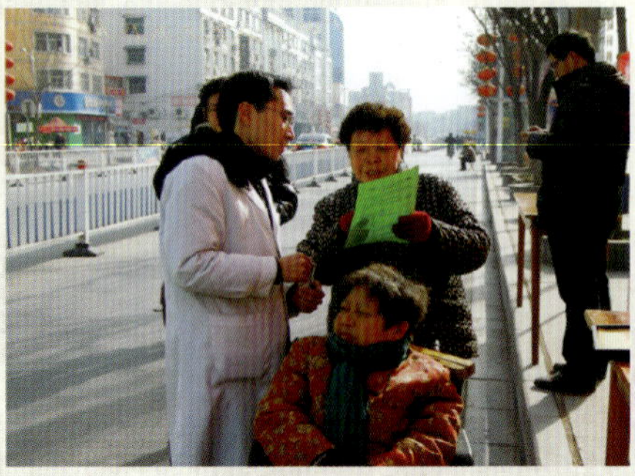

“爱耳日”街头宣传

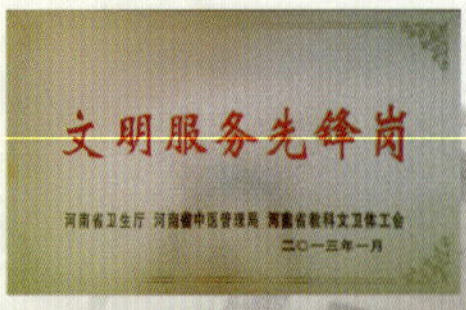

医院综合楼

沁阳市妇幼保健院

副省长王铁在市委书记孙立坤等领导陪同下到医院督导医政工作

沁阳市市长毛文明在医院VIP健康苑考察

沁阳市妇幼保健院创建于1953年，是由政府举办具有公共卫生性质的公益性事业单位。历经几十年风雨，在几代人的奋发努力下，医院规模不断扩大，已成为集妇女保健、儿童保健、医疗为一体的专科医院，承担着全市妇女儿童的保健工作。是国家级爱婴医院、河南省新生儿重症救护网络成员单位、焦作市孕产妇管理网络沁阳分中心、沁阳市孕产妇急救中心。

院长　杨素云

医院占地面积7300平方米，建筑面积3900平方米，开放床位95张，拥有职工150人，业务分临床、保健两大部分。开设妇产科病区和儿科病区。能开展妇产科各类手术及小儿外科、乳腺外科、腹腔镜等手术。医疗设备有宫腔镜、X光机、B超、GE-E8四维彩超、乳腺各类诊断治疗仪、精子计数分析仪、TCT、小儿呼吸机、暖箱、各类儿童康复治疗仪等。

在西义河村义诊

近年来医院各项工作快速发展，管理理念创新，技术力量雄厚，专科特色明显，倡导以人为本的服务理念，以保健为主导，以医疗为支撑，强化专科建设，提高核心技术，打造妇幼保健专科医院特色，彰显公益社会责任，医院各项事业取得长足发展。全院实行无假日、24小时工作制，随时为患者提供安全、舒适、温馨的医疗环境，以诚信、优质、低廉、高效的服务理念，呵护全市妇女儿童健康。

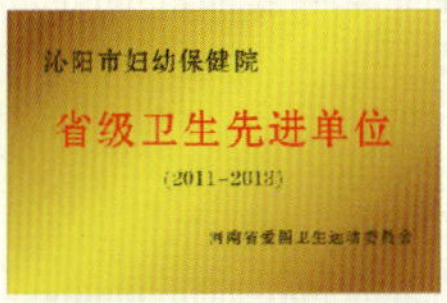

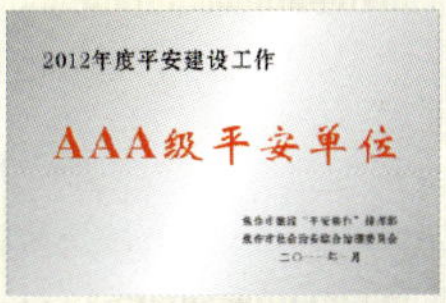

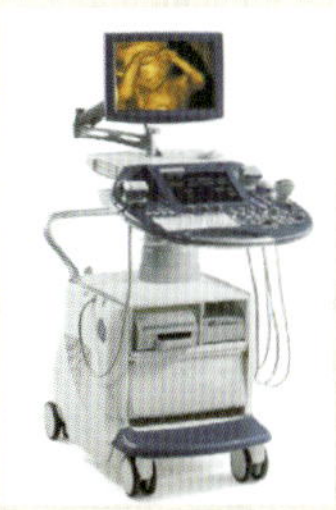

美国GE-E8彩超

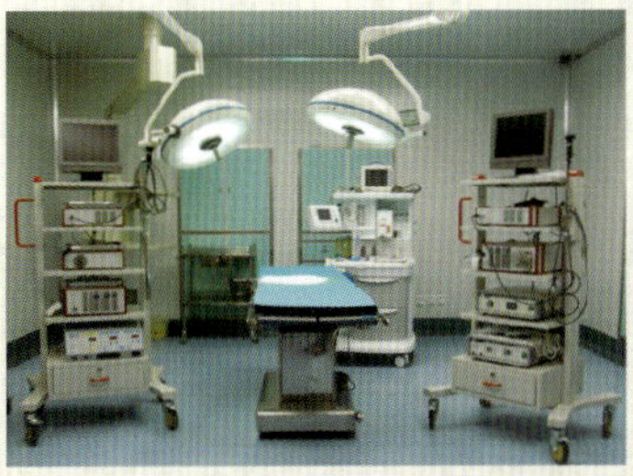

腹腔镜

为倡导绿色生活，关注农民健康，该院成立了单车医疗队。图为在下乡义诊途中

温县妇幼保健院

五四青年节风采展示

医院新址效果图

温县妇幼保健院是以妇产科、儿科为重点的专科医院，是河南省新生儿重症监护网络成员单位、焦作市孕产妇网络管理温县分中心、温县儿童医院、温县孕产妇急救中心、温县婚前医学检查中心、温县残联脑瘫儿康复训练基地，是新农合、城镇职工医保、居民医保、生育保险定点医院。全院开设床位170张；现有职工180人，其中卫技人员160余人，中高级以上职称50余人。

全院分为围产保健部、妇女保健部、儿童保健部、后勤保障部四大部。其中围产保健部开设有产科病区、产房、导乐分娩室、孕妇学校、围产期保健门诊、高危门诊、营养测评、胎心监护、氧吧、产后康复中心等；妇女保健部开设有妇科病区、手术室、乳腺专科门诊、不孕症门诊、妇科门诊、计划生育门诊、婚前医学检查中心等；儿童保健部开设有儿科病区、新生儿病区、重症监护室、42天门诊、生长发育门诊、高危儿门诊、视力保健门诊、儿童康复中心、智商测试门诊、母乳分析室等；后勤保障部开设有检验科、超声科、放射科等。妇科、产科、儿科、小儿康复科为医院重点专科。在全县首家成立了新生儿重症监护室，是焦作市2011、2015年重点培育学科。

建院以来，曾荣获国家级爱婴医院、一级甲等妇幼保健院、全国妇幼健康服务先进集体、中国宫颈癌防治工程定点医院、中国关心下一代百城万婴示范院、河南省“十佳妇幼保健院”、河南省“三八”红旗集体、省巾帼文明示范岗、河南省“群众满意的医疗卫生机构”、河南省群众满意基层站所、河南省农村妇女“两癌”免费检查工作先进集体、省卫生系统先进集体、省级卫生先进单位、焦作市巾帼科技示范基地、焦作市医院行风建设先进单位、焦作市妇幼卫生先进单位、焦作市文明单位等荣誉称号。

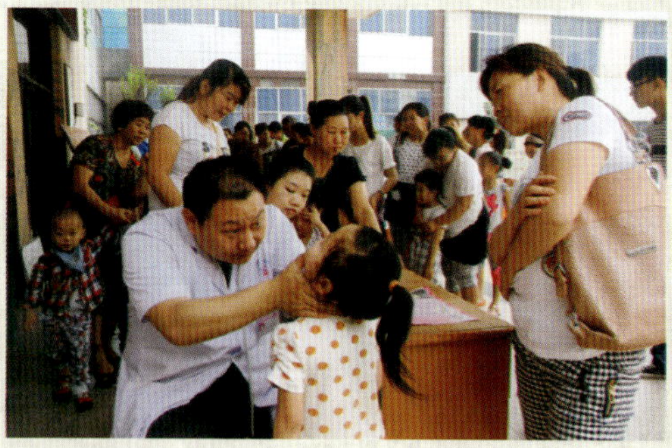

“六一”义诊

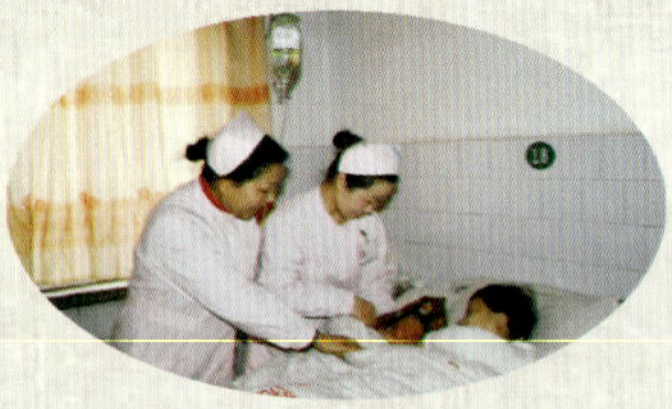

温馨服务

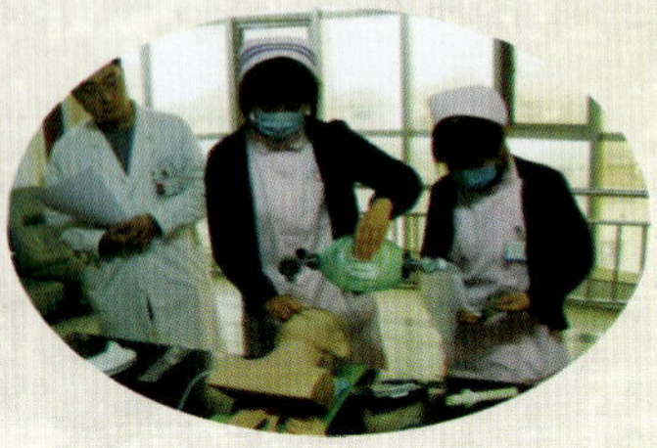

气管插管技术比赛

解放区王褚街道

党工委书记　郜东海

主任　王迎彩

王褚街道位于焦作市新城区，东起塔南路，西与中站区接壤，北起焦枝铁路，南至新河，辖区总面积16.03平方公里，总人口9.3万人，辖9个行政村和4个社区居委会。近年来，借力南水北调工程、市政建设等机遇将对老旧村居的5450户2.1万群众进行征迁，目前已征迁2900户1.1万人；商业开发楼盘的住宅和征迁群众的安置住房总量预计达450万平方米，共可承载居民15万人。以王府井百货为龙头，主题商场、专业市场、商业街区齐头并进，业态丰富、服务多样的商贸框架初具规模，目前辖区拟建或已建成投用的商业房面积已达120万平方米，可提供就业岗位达1.3万个。人民广场、站南广场、南水北调沿河景观带、南水北调纪念馆以及小型游园等将为市民提供舒适的活动场所。

在城市建设的强力带动下，街道经济社会持续转型提升。街道财政税收已经连续三年突破亿元，年度招商引资规模超过16亿元，年度固定资产投资规模超过25亿元。

穿境而过的南水北调中线工程

建设中的南水北调集中安置小区

辖区内的王府井商业广场

高楼林立的现代化社区

解放区上白作街道

党工委书记 赵晓玲

主任 芦 奇

群众路线督导组工作会议

牧野路

太行物流园区

星凯国际

上白作街道位于焦作市中心城区的西北部，解放区西北，东西分别与山阳、中站两城区接壤。辖区面积32平方公里，辖10个行政村，23个自然村，1个社区，3万余人，党员1038人，辖区群众年人均纯收入6800元。目前辖区享受低保救助的困难群众713人。

上白作街道以加快发展作为第一要务，坚持在区位优势上做文章，在土地资源上下工夫，为经济建设营造良好的发展环境，逐步形成加工、建材、商贸、花卉、香椿、果林等产业基地。开发建设“两园”（西部物流园区、绿色工业园区），围绕区位优势，开发建设“两带”（北部沿山经济带、路域经济带），形成“两园、两带”特色经济。围绕发挥资源优势，高标准规划建设占地近6平方公里的焦作市西部现代物流园区、绿色工业园区。为进一步优化和改善“两园”的投资经营环境，以吸引更多的投资者，结合街道实际，以影视城为依托、林邓线的开发，大力发展第三产业，形成北部沿山经济带、路域经济带。对影视城大道北侧、影视城周边的土地资源及缝山公园以南、北环路以北地段、辖区沿路地段进行规划开发，根据不同地域情况，规划建设旅游服务中心、旅游休闲度假别墅区、旅游商业文化游乐区、旅游宾馆及餐饮娱乐服务区等不同的功能区域，提升旅游文化的产业化水平。

近年来，在区委、区政府的正确领导和支持下，认真贯彻党的十八大精神，以科学发展观统领经济社会发展全局，坚持发展与稳定并重，稳中求进，好字优先，全街道各项社会事业取得显著成绩。先后被省委组织部评为省“六好”党委、河南省村务公开民主管理示范街道办事处、省委“先进基层党校”、省精神文明先进单位，并多次荣获市、区“五好”街道党工委、新型农村社区建设先进单、文化中心建设先进乡镇办事处等多项荣誉。

焦作循环经济产业集聚区

山阳区领导考察集聚区建设

集聚区标准化厂房

焦作循环经济产业集聚区成立于2008年12月，总规划面积6.59平方公里，2012年规划调整，新增面积2.16平方公里，总规划面积达8.75平方公里。集聚区位于焦作市市区东北部，是充分利用山前坡地开发建起了新型产业园，成为了全区经济发展方式转变的主战场。2014年，集聚区规上企业完成主营业务收入12.8亿元，固定资产投资12.67亿元，税收9053万元，从业人员8846人。

围绕全市矿用设备发展的优势，初步形成了以焦作力合、金结压力容器等节能环保装备制造集群，以山久管业、鼎力机械等矿用机械生产企业集群。开工建设投资5.6亿元的集聚区机械制造产业园项目，为小微机械制造企业开辟发展空间，拉长产业链条，促进产业集群发展；围绕四大新兴产业，建设纳米碳酸钙产品生产线，打造全国行业第一、产量第一、能耗最低碳酸钙生产基地。建设多碳醇助溶剂及醇醚燃料项目，打造国家科技部新型醇基燃料燃具示范基地。截至2014年底，集聚区新入驻项目16个，总投资27.61亿元，已完成投资21.11亿元。

采取BT、BOT投资模式，累计融资1.89亿元，先后建成了集聚区规划二路、三路、六路、七路、十五路、南山路、焦辉路、巡返路等道路，构建了集聚区“四横四纵”的道路路网体系；规划了集聚区110KV变电站，新架供电线路13公里。修建了6公里的主供水管网，实现了集聚区供水系统与城市管网的对接；采用BOT模式建设了弱电入地工程，实现了园区网络全覆盖。集聚区基础设施投资已累计完成4.5亿元。

焦作力合节能装备股份有限公司

山阳区新城街道

区委书记孟令武到新城调研西径大道两侧开发项目

区长郜方正指导龙源湖东北角养殖场拆除工作

党工委书记　王保新

主任　王永刚

山阳区新城街道位于焦作市中心城区东南部，辖区总面积25平方公里，下辖9个行政村，7个社区，总人口6.2万人，其中农业人口2.1万人。南水北调重点工程贯穿新城辖区长达8.43公里。

街道围绕区委、区政府“把握一个基调，实施一个战略，推进四个转”的总体思路，以加快转变经济发展方式为主线，着力在招商引资、项目建设、城镇化建设、环境优化等方面积极谋篇布局，研究制订了“六个一”发展规划。

2015年，全办投资1000万元以上新开工项目13个，续建项目4个，运作项目14个。续建项目锦绣公馆、建业·公园里、南水北调安置小区、中海·欧凯龙等项目进展顺利；新开工项目丹尼斯扩建、文汇路东侧开发等项目正在积极的推进；运作项目西径大道两侧开发、城中村改造等项目正在积极洽谈中。这些项目的开工、建设和完工、投产为新城街道的经济发展奠定了坚实的基础。2015年上半年，招商引资完成16.8亿元；固定资产投资完成16.7亿元；财政收入完成8482万元。

八一慰问老战士

新城街道召开班子会议贯彻落实四项基础制度

马村区待王街道

党工委书记 李新红

主任 侯新保

马村区待王街道位于焦作市东9公里处，素有“焦作东大门”之称。待王历史悠久，相传武王伐纣时，路经此地，百姓“箪食壶浆以迎王师”，待王由此得名。辖区总面积约42平方公里，年末总人口4.0万人，辖18个村，2个社区，31个党（总）支部，1400名党员。

2014年，面对经济增速换档、下行压力增大的不利局面，马村区待王街道以党的十八大、十八届三中、四中全会精神为指导，深入贯彻落实科学发展观，积极作为、有效应对。严格实行党建工作“六个一”工作法，打牢基层基础，为经济发展提供有力的组织保障。以项目建设为抓手，以招商引资为主线，以优化环境为保障，集中开展了项目建设攻坚月和重大项目施工环境集中整治活动。坚持项目建设“三无服务”和“四个一流”工作标准，及时协调解决项目建设中遇到的各类问题，维护经济社会发展环境，辖区经济平稳较快发展。2014年，推进重点项目14个，年度计划投资20.59亿元，完成投资20.39亿元。实现财政收入4200万元，工业总产值37亿元，招商引资18.89亿元。

2014年，马村区待王街道被授予焦作市党员教育先进单位、焦作市推进新型城镇化建设及农村环境卫生整治工作先进单位、焦作市档案工作先进单位等荣誉称号。

辖区重点项目——鸿运国际商城

穿境而过的郑焦城际铁路项目

2A级旅游景区——石佛寺

孟州市会昌街道

党工委书记　孙志刚

主任　程旭东

领导班子议事中

东阁纺织公司女工在流水线上生产作业

会昌街道位于孟州市城区西南，辖21个行政村，8个社区居委会，人口6.2万，面积48.3平方公里。先后荣获全国群众体育先进单位、先进体育社区，河南省六好党工委、思想政治工作先进单位、计划生育先进单位、园林绿化先进单位。

近年来，街道突出城市建设，修道路、建小区、聚人口、强商业、涵税源，带动工业、农业协调发展，促进社会更加和谐，民生改善不断提升。城市经济蓬勃发展，形成了“五横五纵”城市发展新格局。阳光新城、金地春城、三合嘉园、金地绿城等一批中高档住宅小区建成投用，建成了汇丰步行街、创智步行街、三立大量贩、景文百货等超市、连锁店建成营业，通讯、物流、文化娱乐等新兴服务业加快发展。工业发展质量提升，东阁纺织纺纱项目、谊善车灯汽车摩托车灯具项目等一批工业项目年产递增，新新能源、上海怀亚环保处理剂等亿元项目进展顺利。特色农业不断提升，流转土地累计达1.36万亩，打造了“双千双万”基地，脆皮核桃1200亩，莲鱼共养1000亩，发展山药、地黄等中药材1万亩，花生1万亩，千头奶牛饲养场，生猪、肉鸡等饲养业规模不断扩大。

建成通车的光华路

正在建设中的九鼎毓秀项目

游客在南关村百果采摘园采摘草莓

孟州市河雍街道

党工委书记　党希成

主任　杜洪波

2014年，孟州市河雍街道财税收入达3022.9万元，比2012年翻一番。

项目建设弯道超车　在建项目共24个，其中亿元项目5个。投资12亿元的龙旺真空玻璃荣获中国建筑材料科技进步二等奖，10月1日世界首块最大的真空玻璃在河雍诞生；卓伦科技公司产品通过国际质量体系等多项认证，拥有20余项自主研发的国家专利和4项省级科技成果，4项产品经鉴定均达到国内领先水平；地源热力公司地热供暖项目采用意大利技术，全市率先通过地源热泵实现供暖供热。

农业经济提质增效　共流转土地1.28亩，占全部土地的94.6%。东田丈千亩果蔬园区和王庙万亩绿化苗圃种植园区分居孟州市十大产业园区中的两席；建成蔬菜果品冷库8座，形成果蔬产品从育苗到生产到保存到销售完整的产业链条；成立孟州市首家乡级农产品检测站。

城市功能更加完善　清风街小吃街、合欢路物流街商家林立；河雍中学连续四年升学率全市第一，河雍小学、孟州市第二幼儿园于9月份开课；北环路西延工程顺利进行；光华路于11月底全面通车，大唐名村、唐人公馆、升龙华府、东方国际、一品国际等商住小区建设，总建筑面积达50万平米。

各项事业协调发展　积极引导各村用足用好一事一议、十百千工程、安全饮水工程等惠民政策，持续完善农业配套设施，先后开展了植树造林、美丽乡村建设等工作；科教文卫健康发展，惠民政策落实到位，社会大局和谐稳定。

城中村改造工程——大唐名村精品小区

桃农喜获丰收

河南龙旺真空玻璃有限公司一角

孟州市河阳街道

新型城镇化引领作用明显

新型工业化支撑强劲

新型农业现代化逐步加快

孟州市河阳街道成立于2005年11月，区域面积18.58平方公里，下辖1个社区居委会和17个行政村，总人口29646人，其中农业人口26000人，城镇人口3600人。耕地面积13000亩，共有57个基层党组织，1510名党员。现有规模以上企业26家，规模以下企业80余家，个体工商户1363户，主导产业为生物医药、摩擦材料、彩印包装、制锁安防等。

近年来，河阳街道在上级党委政府的正确领导下，围绕市委确立的“八大工程”建设，少说多干，埋头苦干，务实重干，较好地完成了市委、市政府确定的各项目标任务。主要经济指标平稳运行 2014年，地方财政收入完成4262.7万元，占年预算4224.7万元的100.9%，其中国税完成845.4万元，地税完成3405.8万元。

新型城镇化引领作用明显 世纪王座、碧水云天、旅游大厦、滨河丽景、宏业鑫城、太行路贯通等城建重点工程稳步推进，涉及到全市“十大社区”的河阳世家、梧桐新苑和长店社区已交付入住。

新型工业化支撑强劲 先后入住高新区企业5家，2014年完成投资在500万元以上的项目51个，其中新建项目33个，续建项目18个，完成投资23亿元。

新型农业现代化逐步加快 申请省发改委的田间集中整治项目已基本完工，累计完成土地流转面积11300余亩，其中7个村实现了整村流转，占辖区耕地总面积的73.8%。

美丽乡村建设初见成效 出台了《改善农村人居环境建设美丽乡村考核奖惩办法》，先后投入资金近300万元使5个示范村和2个达标村面貌彻底改变。

居民文化生活丰富多彩

基层四项基础制度建设规范化、制度化

美丽的函丈村小游园

孟州市西虢镇

上市企业——中原内配集团股份有限公司

河南德众公共保税中心

西虢镇位于孟州市西南部，辖21个行政村，3.7万人，总面积81.87平方公里。辖区内有各类企业243家，规模以上企业34家。有中原内配汽缸套、广济药业核黄素、隆丰皮草羊剪绒、大地合金超硬材料4个“世界品牌”，有具有海关监管功能的河南德众公共保税中心。

国家AAA景区——韩园

2014年，西虢镇引进亿元以上项目3个，招商引资1.58亿元；完成500万元以上项目固定资产投资70.2亿元；累计完成工业总产值255.3亿元，完成规模以上工业产值238.4亿元；完成地方财政收入8424.2万元；河南省经济社会发展百强乡镇排名第46位，连续6年跻身河南省百强乡镇。

四横九纵路网中的第九大街

2014年，西虢镇新增土地流转面积6600亩，新发展中药材5900亩、优质水果500亩、核桃200余亩、日光温室大棚15座。新注册成立3家农业专业合作社，全镇专业合作社达到42家，农业发展基础更加坚实，农业产业化程度进一步提高。

2014年，西虢镇以“五美”（田园美、村庄美、庭院美、生活美）为目标，以开展农村“十乱”（乱堆乱放、乱搭乱建、乱倒乱流、乱种乱养、乱贴乱画）治理为重点，大力改善全镇人居环境，美丽乡村建设取得了显著的成效。

新苑社区

镇区街景

奶牛养殖

修武县农业局

市、县领导考察小麦三夏生产

全国劳动模范、党组书记、局长杨法谊在察看玉米高产攻关田长势

近年来，修武县农业局以“打造粮食高产强县”为目标，积极组织开展粮食高产创建活动，粮食单产连续6年创造了18项全国纪录，使修武这样一个农业小县获得了“全国粮食生产先进县”的荣誉称号，特别是小麦高产攻关田实收单产达到821.7公斤，一举跨越800公斤大关，实现了我国冬小麦单产的历史性突破。另外，该局的农村沼气建设、土地流转、农民培训等多项工作也受到省、市表彰。

该局先后荣获省级卫生单位、市级文明单位和市级园林单位称号，2007年－2014年连续8年被县人大授予“人民满意单位”称号。

沁阳市劳动就业局

求职登记、职业介绍、办理就业失业登记证窗口

人事代理档案管理窗口

创业培训讲师在给失业人员授课

沁阳市劳动就业局是隶属于沁阳市劳动和社会保障局的副科级自收自支事业单位。主要负责落实政府促进就业、控制失业率的目标，实施就业援助、帮助就业困难群体再就业；负责社会劳动力的资源统计和就业、失业的登记管理工作；负责就业指导、劳务中介工作；进行人事代理、档案管理、连续劳保关系工作；组织各类劳动力进行创业培训和再就业培训工作；组织指导乡镇（办事处）、社区劳动保障服务机构做好劳动就业和社会保障各项服务工作。

修武县人民检察院

——忠诚履职不辱使命　务实奋进勇争一流

最高检察院副检察长姜建初就党的群众路线教育实践活动到该院征求意见

省检察院党组书记、检察长蔡宁在该院调研

党组书记、检察长　刘青

2010年以来，修武县检察院紧紧围绕“抓党建、带队建，强业务、创精品，重实干、争一流”的工作思路，忠诚履职、主动作为，各项检察工作持续健康发展。

着力服务经济社会发展　积极参与综合治理，先后抽调干警100余人次参与郑焦城际铁路建设、村委换届选举等全县重点工作，当好县委政府的法律参谋和助手。**着力查办和预防职务犯罪**。共立案侦查职务犯罪案件91人，通过办案为国家挽回经济损失1400余万元。**着力维护社会公平正义**　共监督立案24件，撤案39件；追捕追诉漏犯91人；对认为确有错误的刑事判决、裁定提出抗诉23件；提请市检察院抗诉民行案件18件。**着力维护群众合法权益**。严查侵害民生犯罪，切实解决好群众最关心最直接最现实的利益问题。落实检察长接访、点名接访等制度，认真解决群众合理诉求。积极开展刑事被害人救助工作,救助6人，发放救助金21.6万元。**着力强化检察队伍建设**。深入开展政法干警核心价值观、群众路线等教育实践活动，使干警坚定理想信念，坚守职业良知,树牢群众观点。落实一案一总结、一对一传帮带、“1＋X”培训等制度，有效提升队伍专业化水平。落实“两个责任”，强化廉政监督和检务督察，提升了队伍整体形象。

组织学习

受到群众好评

扎实工作赢得可喜成绩，不懈努力摘得累累硕果。几年来，该院有4起案件被省检察院评为十大精品案件和优秀案例。在全省政法机关满意度测评中，连年位居省、市检察系统前列；连续五年被评为全市先进检察院；先后荣获省级文明单位、省级青年文明号称号；先后被省检察院表彰为全省先进基层院、查办职务犯罪工作先进基层院；控申接待室被最高检察院命名为文明接待室，派驻看守所检察室连续两次被最高检察院命名为国家一级规范化检察室。

发放法制教育资料

温县人民检察院

县委书记王玲视察检察工作

县人大常委视察司法规范化工作

检察长漆泽民为干警上党课

检察开放日

2014年，温县检察院忠实履行宪法和法律赋予的职责，各项工作取得新进展。

重服务，谋发展，适应新常态 对侵犯知识产权、制假售假、非法吸收公众存款、组织领导传销活动等经济犯罪，依法批准逮捕10人，提起公诉23人，对温县“十大工程”建设开展专项预防，受理行贿犯罪档案查询807次。

搭平台，创机制，拓展新职能 认真办好爱民实践服务8件实事，构建“信、访、网、电”服务群众平台，结合近年来查办的学校、农村、企业、社区、机关中高发刑事案件的原因、特点和规律，开展“送法五进”活动，法律服务送到村头、街头、地头，把矛盾化解工作做到群众家门口。

强监督，促廉政，构筑新防线 全年批准逮捕各类犯罪嫌疑人184人，起诉390人；标本兼治构筑廉政防线，加大“小官大贪”的查处力度，立查贪污贿赂案件4件15人，渎职侵权案件1件3人。监督公安机关立案3件7人，纠正漏捕5人，纠正漏诉2人。

该院先后被评为全省查办职务犯罪工作先进基层检察院、全市平安建设先进基层单位、全市先进检察院、全市检察机关业务工作先进单位，8个部门和21名干警受到上级记功表彰。

向宪法宣誓

送法进校园

开展食品卫生专项立案监督活动

温县人民法院

焦作中院院长李玉杰到温县法院调研

全体干警向宪法宣誓

2014年以来，温县法院共受理各类案件4250件，审执结3800件，被评为全市优秀法院，被省高院确定为“工作成绩突出的基层法院”。北冷法庭被评为全国、全省法院人民法庭工作先进集体，北冷法庭庭长陆保刚被授予“全国法院办案标兵”称号，并荣立个人一等功，副庭长王卫东被评为“全省最美乡村法官”。

温县法院从严打击各类犯罪，开展了食品药品安全专项整治活动；积极化解矛盾纠纷，开展了“保护农村留守儿童、留守妇女、留守老人合法权益”专项活动；关爱弱势群体，开展了“守护花蕾，与法同行”关爱未成年人活动和“拖欠农民工工资案件集中办理”等活动。完善诉讼服务中心建设，方便群众诉讼；从严打击拒执行为，维护社会诚信。全面推进审判流程公开、裁判文书公开、执行信息公开，大力开展巡回审判，增强审判效果的辐射效应；深入开展裁判文书上网和案件庭审直播，方便群众查询和监督；在全市法院率先开通微视、微博、微信“三微一体”平台，方便广大网友及时了解法院工作情况。同时，不断深化新型合议庭、多元化矛盾纠纷解决机制等审判改革，扎实提升审判质效，为社会稳定和经济发展提供了良好的司法服务和保障。

普法教育从娃娃抓起

送法进军营

为农民工兑付执行款

回访当事人

到村中巡回审判

温县温泉镇

县委书记王玲到温泉镇辖区企业调研

河南信谊实业有限公司

河南盛弘尚都百货有限公司

2014年，温泉镇财政收入完成3090.68万元，其中实际税收达到2913.04万元；全镇地区生产总值达到26.9亿元，增长11%；固定资产投资完成18.9亿元，增长22%；农民人均纯收入13075元，增长11%。

项目建设持续推进 全年新引进项目4个，招商引资12亿元。总投资达到6.2亿元，新建、续建项目全年累计完成投资9.7亿元。

农业工作得到加强 实现土地流转7500余亩，建设城北现代农业示范区景观路2.5公里，特色农业种植面积不断扩大。完成植树造林1000亩，累计发展家庭农场3家、农民专业合作社100家、产业化龙头企业4家。

美丽乡村建设成果丰硕 坚持以基础设施建设推动村容村貌改善的思路，成功打造北部点7个农村连片亮点，探索出了一条打造亮点、以点连线、以线带面、层层推进的新路子。

城乡建设统筹推进 完成了山药市场交易中心、黄河路向东延伸工商局等单位迁建、锦都花城、振兴小区、工贸街170亩地及瑞通公司等多宗占地协调工作。上作新型农村社区进展顺利，全面启动东梁所、前上作、前东南王、张圪垱四个社区试点建设，扩大城镇建设规模。

第三产业蓬勃发展 新建大型商贸企业2家，新开发大型商业住宅小区5处，新引进大型餐饮酒店业2家。

保障水平逐步提升 完成居民社保征缴及新农合筹资工作，分别达到152.7%和101%。对全镇近700户优抚对象、城乡低保户和五保户进行全面核查。全面实施90岁以上老人高龄补贴制度。大病救助、救灾物资发放等救助政策得到全面落实。

温县一中新校区

铁棍山药种植基地

觉世头村景观游园

温县岳村乡

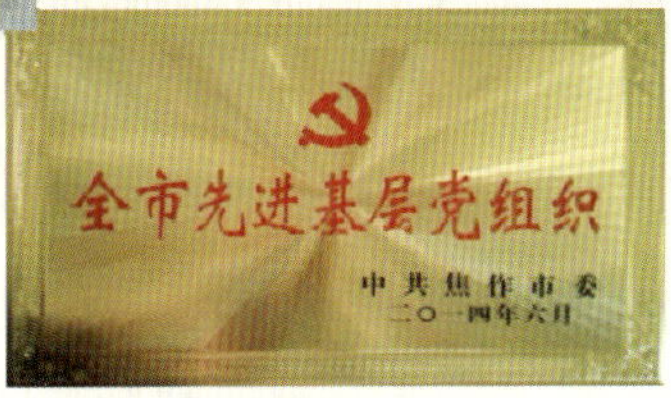

县委书记王玲调研辖区内的红峰怀药合作社

岳村乡总面积约26平方公里，下辖18个行政村，2.3万口人，耕地1.4万亩，是优质铁棍山药原产地，北宋著名画家郭熙的故乡，境内有西汉时期万石君石奋墓葬遗址——五冢洼，赵氏孤儿传说、怀梆剧种获全省非物质文化遗产称号。全年完成国内生产总值11.2亿元，增长8.3%；社会固定资产投资12亿元，增长11%；财政收入1870万元，2015年2月，被命名为全国第四批文明村镇。

党委书记　牛国胜

经济发展逆势提升　全乡全年引进实施超千万元工业项目10个，项目总投资14.5亿元,累计完成投资4.79亿元。完成千亩智慧怀药建设二期600亩铁棍山药种植物联网数据采集与环境监测系统建设。积极打造现代物流园区，入驻运输公司近40家，拥有运营车辆3000多辆，年纳税2000多万元。

乡长　张世奇

各项事业全面发展　投资150余万元，完成慈胜大街南段，等乡道硬化5公里。投入资金170万元，完成3个村集中安全饮水和4个村排污管网铺设。推进美丽乡村建设，建成4个示范村，累计整治街道78条，打造18条样板街，治理空院47处，栽植绿化苗木5590株，硬化路面6万余平方米等。

宽阔整洁的乡村道路

河南宝隆公司人造革生产线

温县供电公司

光伏发电进农家

城区电网改造施工

迎峰度夏线路抢修

近年来，温县供电公司以推进“三集五大”体系建设为重点，以加强队伍建设为根本，坚持稳中求进、同心同德，抢抓机遇、强化落实，各项工作呈现了持续、创新、提升的良好发展态势。2014年，先后被焦作供电公司授予安全生产工作先进集体、行风建设先进单位、科技信息通信先进单位、五四红旗团委。

群众路线实践教育活动接地气、成效显著 该公司把开展党的群众路线实践教育活动作为推进作风根本转变的总抓手，着力解决“四风”突出问题。在查摆整治问题的基础上，着重推进办公用房、窗口服务、机关效能、习惯性违章和公车管理等5个方面34项专项整治。同时相继开展党员活动日、集体警醒日、党章学习日“三个教育日”活动，建立“党员励志档案”组织开展“微行动·大能量”卓越实践系列活动，围绕安全、生产、经营、服务开展八大“微行动”，激发员工干事创业的激情；积极开展员工技能素质培训和科技创新活动，通过岗位培训、技能比武、知识竞赛、等多种形式，开展145批次各类培训；开展“中国梦，国网情”主题学习教育活动和“道德模范”评选活动，举办了6期道德讲堂，并设立善行义举榜。

践行国企责任，为全县经济发展创造良好的供用电环境 一是全面完成农网改造升级工程2030万元工程项目，有效解决了75个行政村的“供电卡脖子”问题，使6100余户居民用户摆脱了“低电压”用电困扰。同时加大电网建设项目储备库建设，储备项目达1.04亿。二是积极破解进城电网承载力差和新增农村低电压的难题。适时对

青年志愿者服务群众抗旱浇灌

组织农村电工开展拓展培训

110千伏和35千伏变电站进行了负荷转移和8条10千伏线路负荷调整，完成35千伏变电站综自改造、隔离开关更换和老变电站退运负荷分流。公司自筹资金完成了10千伏线路新建改造工程14项18条线路，新增台区16个，改造台区9个。三是全力配合市县重点工程建设。在温县城区110千伏变电站项目建设中，按照时间节点完成了各项工程建设的协调工作。在修渠扩湖、沿黄大道扩路等4项重点工程，义务投工迁移电力设施30个工程点。通过反复勘测、论证，确立了新建改造入城10千伏线路7条、新建改造台区31座等自筹资金项目，组织5次百人以上“大会战”。四是加强行风建设，成立全县配电网抢修指挥中心，确保客户咨询、投诉、举报渠道畅通无阻；推行供用电微信服务平台，方便群众了解供电信息；深入开展群众满意基层站所创建活动，公司9个供电所中有5个荣获了省级、3个荣获市级基层满意站所。

实施精益化管理，企业综合管理水平全面提升 公司在企业门户网站上设立“安全曝光台”，实行每次施工和安全活动都录记影像；在创新推行“一户建房，管理一片”等安全管控中，使安全生产在各个层面、实现可控、在控、能控、追控；加大过程管控监督力度，进一步整合细化管理制度体系，对行业法规、通用标准、规章制度进行梳理整合；加大对农网升级改造工程、电费收缴、工程招投标、工程材料以及废旧物资回收利用等重点领域的监督审计和效能监察；大力开展“三全”降本增效活动，公司成立8个降本增效专业管理小组，形成了全人员、全方位、全过程降本增效管理机制，使企业综合管理水平得到了全面提升。

党员服务队排查隐患，服务“三夏”用电。

服务农民农产品加工

法治宣传进广场

“六一”儿童节为特殊学校儿童送关爱

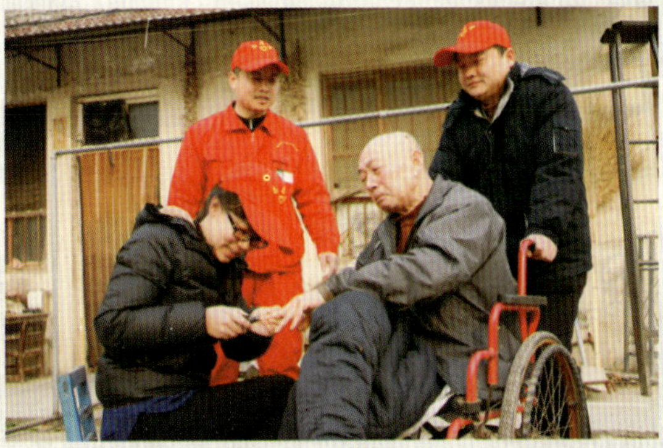
青年志愿者关爱老人送温暖

博爱县人民法院

省高院院长张立勇同法官交谈

县委书记李平启在立案大厅询问立案情况

院长王国利看望贫困老人

方便群众立案提供法律服务

2014年以来，博爱县法院共受理各类案件3359件，审执结2939件。许良人民法庭被省高院授予全省优秀人民法庭。

法院积极极参与平安博爱建设活动，严厉打击各类刑事犯罪，判处犯罪分子391人；审结贪污、受贿、挪用公款等职务犯罪案件8件14人；建立“四统一”执行机制，执结各类案件947件，涉案金额6233.25万元；打造“一站式、全方位、多层次”综合性诉讼服务平台，为25名困难当事人发放救助资金15万元，缓、减、免交诉讼费用70余万元；开辟农民工立案“绿色通道”，为200余名农民工追回劳动报酬80余万元；为农村“三留守”人员开展法律服务，对留守儿童开展“一帮一”结对活动；实行审判流程、裁判文书和执行信息公开和裁判文书上网制度，庭审直播案件305件；开通微博、微信、微视“三微一体”互动平台，全面公开法院政务工作；开设“法律讲堂”“青年法官调研工作研讨会”，促进干警思想修养、道德素养的提升。

深入田间地头为群众提供法律服务

到农家小院调解纠纷

为农村小学发放学习用品

博爱县公共资源交易中心

市委常委、市纪委书记王宏昌调研中心建设

群众路线实践教育活动

博爱县公共资源交易中心于2009年7月开始组建，2010年8月正式挂牌运行，编制18人，现有在编人员15人，其中领导职位4人，内设6个科室。主要负责为建设工程、土地出让、政府采购、产（股）权转让等公共资源提供交易组织、管理和服务。

中心自运行以来至2015年8月底，累计办理进场交易项目1955宗，实现交易总额37.08亿元，累计增效节资51233.09万元。其中建设工程项目交易347项，节约资金23107.5万元，资金节约率为11.33%；政府采购项目交易1484项，节约资金9812.16万元，资金节约率为18.29%；产权交易项目14项，增收资金185377.37元，资金增收率为3.93%；国有土地出让110宗，实现相对收益18294.9万元。取得了巨大的社会经济效益，没有发生一起违规违纪的人和事。

班子成员研究电子招标建设

到帮扶村庄慰问

学习焦裕禄精神，践行三严三实。

邀请县党务政务监督员观摩招标

中心廉政大讲堂

博爱县清化镇街道

党工委书记　张大卫

主任　买小春

省民委领导在河南伊赛肉业有限公司调研

2015年1月19日撤销清化镇成立清化镇街道办事处。辖23个行政村（街）、7个居委会，人口8.3万人，其中农业人口5.2万人，先后荣获全国重点镇、全国创建文明村镇工作先进村镇、全国人口与计划生育依法行政示范乡镇、全国模范调解委员会、省级文明村镇、省“百强乡镇”、省法制宣传教育和依法治理工作先进单位、省新农村建设先进乡镇、省创先争优活动先进基层党组织等荣誉称号。2014年，全镇财政收入5712万元，招商引资18.5亿元，项目投入12.9亿元，工业销售收入98亿元，工业增加值40亿元，农民人均收入达13180元。

工业强镇　全镇拥有各类企业127家，形成了汽车零部件制造、化工、印刷、服装、牛肉深加工等5大主导产业，汽车零部件制造业是支柱产业。汽配公司是全国铸件出口龙头企业，赛尔公司是国家汽车零部件出口基地企业。

商贸繁荣　投资1.2亿元的清化商贸城和投资1.3亿元的中鼎国际广场成为博爱商贸业的窗口。物流业、金融服务业、餐饮业、宾馆服务业、商住楼开发业发展迅猛，成为豫西北重要商贸集散地

农业生态　蔬菜面积达5000余亩，成为焦作市和博爱县的重要菜篮子基地之一。农业合作社62个，其中鸿鹏农机合作社是省级明星专业合作社。维多维康合作社的太行金果是农业部注册的绿色品牌。伊赛肉业是省农业产业化龙头企业，2010年6月上市。

中鼎国际广场商业街

宏宇花卉专业合作社玫瑰采摘园

新型农村社区

马村区演马街道高寨村

求真务实的领导班子

高寨村位于马村区演马办事处中部，全村人口468人，耕地面积850余亩，全村共有党员26名。该村在物质文明建设的同时，注重精神文明建设。村里建起了党员活动室、老年活动中心，并安装了各种健身器材，为村民提供了一个休闲娱乐的健身场所。

高寨村围绕“生产发展、生活宽裕、乡风文明、村容整洁、管理民主”二十字方针，自我加压，奋力拼搏，实现了新村庄、新村风、新农民的新气象。

近年来，先后荣获全国文明村镇、省级卫生村、省民主法制示范村、市级卫生村、焦作市先进基层党组织、市党风廉政建设示范村等荣誉称号。

党支部书记、村委会主任　毕国明

山阳区新城街道墙南村

党总支书记　樊成金

村委会主任　樊照辉

村民休闲健身广场

墙南村位于市区东部，南临人民大道，北临解放路，中原路、建设路纵横穿越而过。

墙南村是“汉河内山阳之所”所在地。历史文化积淀，为墙南村留下了许多美丽的传说和很多珍贵的文物建筑：藏梅寺、汤王庙、小满碑、仁义冢、关帝庙等，全国重点文物保护单位“山阳故城”是墙南村厚重历史的文化名片。2011年，在山阳古城内建设路段规划建设仿汉代文化艺术品一条街，修建汉代风格商业用房3.5万平方米。

为响应焦作市创建园林城市的号召，墙南村将逐步修复古城墙内的藏梅寺等多处文化遗产，并对城墙内外进行绿化，修复城门，以改善山阳古城的整体生态环境。

南水北调中线工程穿村而过，为墙南村的发展带来了新的机遇。为了提高村民的居住质量，2009年4月墙南村开工修建南水北调安置小区——桂枫苑，总占地面积约100亩。目前，主要用于安置主河道拆迁户的一期15栋已于2010年

墙南村学校

村属企业焦作汽配城

村两委办公楼

村民服务中心

全国重点文物保护单位“山阳故城”

6月交付使用，总投资4500万元，占地50.91亩，总建筑面积56223.06平方米。因为还有拆迁户1009人需要安置，因此，墙南村计划筹建小区二期工程，二期计划修建7栋高层，占地面积49.89亩，计划于2015年年底开工。

随着城镇化建设步伐的加快，当前，墙南村已成为焦作市区中心地带、正在开发的热土，这里交通便利、民风淳朴、尚农重教、名人辈出。墙南村秉承包容、和谐、合作、共赢的理念，继往开来、开拓进取，必将成为焦作文化的集散地、经济的繁荣地、生态的展示地！

市级文物保护单位“关帝庙”

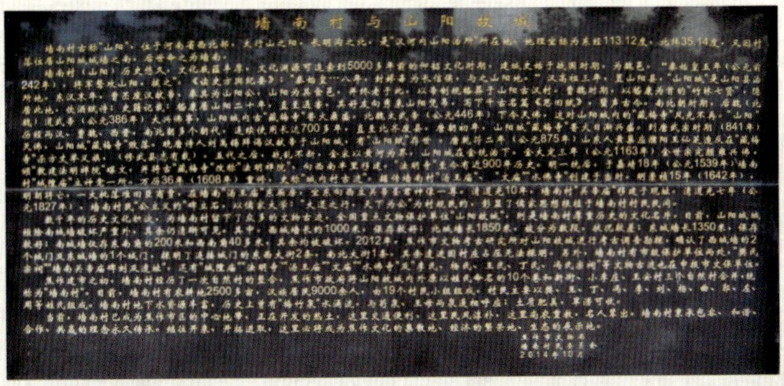

仿汉阙门楼

山阳堂

城隍庙

河南省人民胜利渠管理局武嘉分局

水利厅、管理局领导调研

水利部稽查组到灌区考察

局长　牛守勇

分局领导班子上河查看

河南省人民胜利渠管理局武嘉分局是武嘉灌区的专管机构，规格相当于副处级。分局内设办公室、财务科、工灌科3个科室，下设宝村、谢旗营、徐营、十里铺4个管理处。武嘉灌区重新开灌于1975年，设计灌溉面积36万亩，灌区位于黄河中下游平原的黄沁河交汇处，受益范围包括焦作、新乡两市，涉及武陟、获嘉、修武3县14个乡镇193个行政村，人口37.5万人。

灌区经过节水技术改造后，工程投资效益十分显著，改善灌溉面积15.8万亩，恢复灌溉面积3万亩，年节水能力为1159万方，渠系水利用系数由0.43提高到0.51，渠道安全输水能力大幅度提高，灌区面貌焕然一新。

武嘉灌区运行40年来，总放水天数7200余天，累计引水约33亿m3，在全力保障农业灌溉的同时，发展了工业、环保、生态供水，不仅服务了县域经济的发展，而且还为美化城市环境、补充城区地下水做出了一定的贡献。

武嘉分局2009年被命名为焦作市级文明单位，分局党支部2012年被人民胜利渠管理局评为先进党支部，连续多年获得武陟县委县政府颁发的服务县域经济发展贡献奖、支持农业农村经济发展先进单位等荣誉。

灌区供水

灌区供水

武嘉渠首闸

武陟县公路局

党委书记、局长　姬德才

局长姬德才深入施工一线

武陟县公路局位于南大街31号，机关内设办公室、人劳科、财务科、养护科、计划科、安全科等12个科室，下设路政大队、武陟超限检测站、西陶超限检测站、武龙养护公司、工程公司5个二级机构和6个干线公路养护道班。管养干线公路111.4千米，其中：郑常线49.6千米,获轵线37.6千米,斗武线5.1千米、斗武支线4.3千米、山詹线4.5千米、焦西线10.3千米，路面等级为省道二级。

2014年，公路局承建工程建设主要项目有：郑常线二改一建设工程。全长56.8公里，总投资预算9.6亿元。S104线杜村至西水寨段大修工程。该项目全长7.89公里，总投资1500万元。詹店立交桥拆除重建工程，公路局积极配合施工单位焦作市公路管理局，做好地方协调工作。S309获轵线沁河桥大修工程。该项目全长1.2公里，总投资2130万元。

2014年，该局在县委、县政府和上级业务部门的正确领导下，紧紧围绕政府下达的目标任务，以党的群众路线教育实践活动为抓手，克难攻坚，务实重干，与时俱进，积极构建畅通、平安、舒适、优美的公路交通环境，为县域经济的又好又快发展提供服务、当好先行。先后被县委、县政府评为重大工作目标暨目标管理一等奖、服务八区建设先进单位、全县党建示范机关、承办提案先进单位；被焦作市公路管理局评为目标管理、创树争当、安全生产、党风廉政建设先进单位。

团结奋进的局领导班子

路政人员规范执法、文明服务

省市重点工程S104线改建工程施工现场

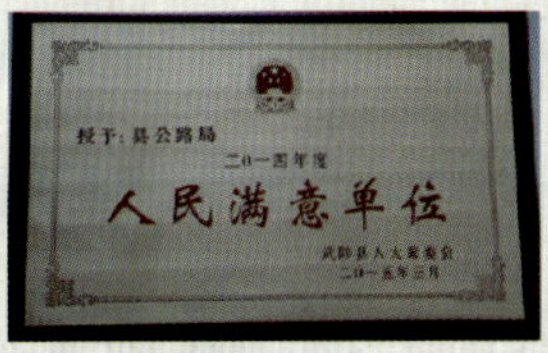

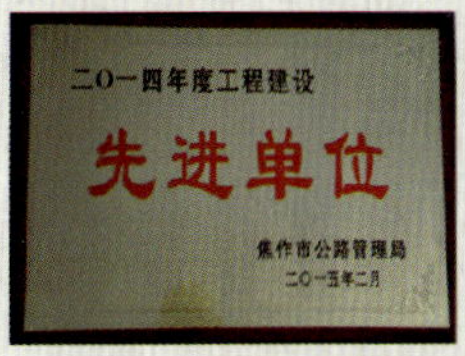

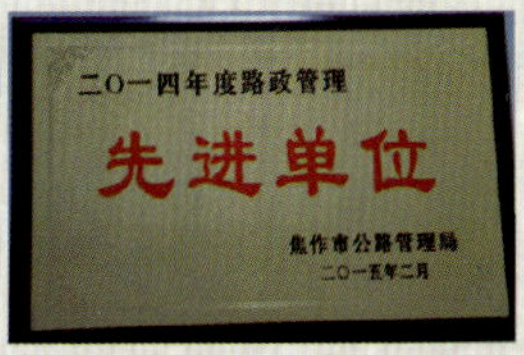

武陟县西陶镇

党委书记　郭凤文

镇长　郭新艳

南东陶生态葡萄园

河南交联电缆车间

国家级农机示范合作社—财旺农机专业合作社

西陶镇位于武陟县西南部，北望焦作，西邻温县，处在连城带乡、统筹发展的节点位置。全镇面积38平方公里，辖22个行政村，5.1万人，2.9万亩耕地，新洛公路穿境而过。西陶工业基础较好，现有企业124家，其中限额以上企业14家，初步形成方便食品、化工、UPVC材料三大支柱产业，建成方便食品、UPVC管材管件、木糖三大生产基地，培育出思圆、华康木糖、金基伟业三大知名品牌。综合经济实力位居河南省百强乡镇第27位。先后荣获中州名镇、河南省百强乡镇、河南省小城镇建设重点镇、省级卫生镇等荣誉称号。

国家农业产业化龙头企业—河南斯美特

西滑封新农村

陶封工业区鸟瞰图

武陟县谢旗营镇

市委书记孙立坤在谢旗营镇调研苗木基地建设

市委副书记丁福浩在谢旗营镇检查美丽乡村工作

谢旗营镇位于武陟县城东北部，全镇辖28个行政村，65000口人，58000亩耕地。

近年来，谢旗营镇坚持建设“特色农业大镇、新兴工业强镇、商贸集散重镇、环境优美城镇”的工作思路，各项工作成效明显。先后荣获省经济社会发展百强乡镇、省级卫生乡镇、省文明创建工作先进镇、省人口和计划生育依法行政示范单位等省、市、县荣誉50余项。

党委书记　柴英杰

特色农业大镇　以“建设豫北最大苗木花卉基地”为目标，规划4个苗木花卉精品园区，建成沁园春、盛兴、万年春等5个苗木繁育产业园，全镇苗木种植面积达2.3万亩，苗木专业合作社、家庭农场24家。

新兴工业强镇　坚持抓招商、招好商的工作思路，全镇现有中、小企业45家，其中规模以上企业10家，建成了家电玻璃、泡沫包装、门业制造、食品加工、制衣5大产业集群。

商贸集散重镇　以镇区为中心建成了果品批发、建材加工批发、物流货运、钢材批发等商贸服务业50余家，辐射带动从业人口5000余人。

环境优美城镇　大力推进美丽乡村建设，坚持“打造亮点、典型带动”的工作思路，建设6个美丽乡村示范村。

镇长　魏海晓

武陟县圪垱店乡

市委书记孙立坤在圪垱店乡重点企业调研

百亩无公害蔬菜种植基地

党委书记　冯会民

乡长　宋治环

圪垱店乡位于武陟县东部，全乡总面积48.3平方公里，辖21个行政村，203个村民小组，总人口4.67万，耕地面积4.2万亩。

全乡经济以农业为基础，在种植传统粮食作物的同时、积极发展、蔬菜大棚、苗木花卉和小杂果等经济作物；以工业为主导，大力发展工业经济，形成了以富莱格超硬材料有限公司为代表的高新技术产业、以河南远中装备为代表的装备制造业、以焦作青龙包装和广源纸业为代表的彩印包装与纸质品等三大支柱产业；利用交通区位优势，依托东岳庙文化资源，积极发展旅游服务业，大力推进第三产业快速发展。

2014年，全乡地区生产总值可达9.29亿元，地方财政收入完成1538万元；农民人均纯收入10529元。先后荣获焦作市卫生先进乡镇、招商引资项目建设先进乡镇、农业农村工作先进乡镇、林业生态网络建设先进单位等多项荣誉称号。

邢庄十一万伏变电站

郑云高速

郑焦城际铁路

武陟县疾病预防控制中心

与时俱进的领导班子

武陟县疾病预防控制中心是集公共卫生技术服务与管理、疾病预防与控制、检测检验与评价，应用研究与指导，综合防治与健康促进为一体的公益性卫生事业单位。是省级卫生先进单位，市级花园式单位、县级文明单位。中心现有干部职工90人，拥有各类专业技术人员45人，中专以上学历71人，拥有万元以上设备82台件。先后取得全国碘缺乏病实验室证书、河南省资质认定计量认证证书、河南省食品检验机构资质认定证书、河南省艾滋病初筛实验室证书、河南省职业健康检查机构资质证书和武陟县农村饮水安全工程水质检测机构。

近两年中心先后荣获河南省疾病预防控制工作先进集体、河南省传染病防控先进集体、免疫规划先进集体、艾滋病防治先进集体、结核病防治先进集体、手足口病防治先进集体、消除疟疾考核评估先进集体。焦作市首届、第二届疾控岗位练兵暨大比武活动一等奖及焦作市疾控工作先锋号以及多项工作先进集体。个人先后获得省级先进个人3人次、市级先进个人28人次。特别是在2013年和2014年焦作市首届、第二届疾控岗位练兵暨大比武活动中，获个人一等奖4个、二等获奖2个、三等奖1个。连续两届代表焦作市参加全省疾控岗位练兵暨大比武，2人获全省一等奖，并授予焦作市“五一劳动奖章”荣誉称号。

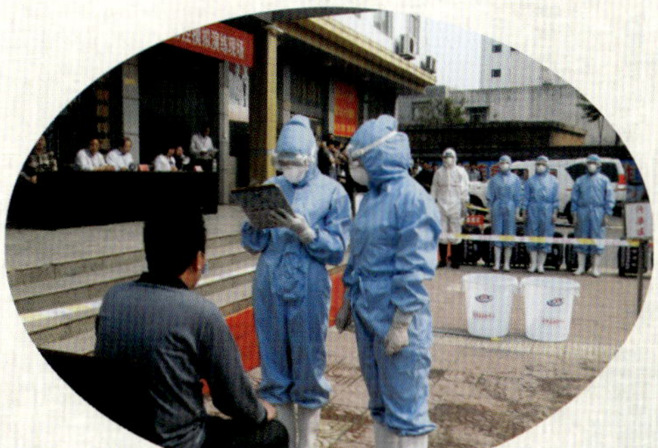

禽流感防控模拟演练

增强团队凝聚力

武陟县龙源街道东仲许村

市委书记孙立坤、县委书记闫小杏在东仲许村调研

党总支书记、村委会主任　李东兴

东仲许村位于武陟县城区，村10个村民小组，1623户，5892口人，580余亩耕地，村庄占地面积约1128亩，村两委干部8人，党员110人。

2013年，东仲许村成立东仲许“美丽乡村”领导小组，制定了“创业增收生活美、科学规划布局美、村容整洁环境美、乡风文明和谐美”为主题的“美丽乡村”工作创建方案，安排专职人员开展环境整治，清除卫生死角和清理垃圾，对村主干道两侧房屋墙面得到美化，形成了以“计划生育、平安创建、反腐倡廉”为主题的三条文化宣传走廊；沿街种植草木，村庄绿化效果明显；给每家每户转来配置垃圾桶，主要街口放置了垃圾中转箱，真正做到了垃圾日产日清。东仲许村多次被评为市级卫生文明示范村、县级卫生文明示范村和省级文明卫生示范村。

美丽乡村——东仲许村

武陟东泰置业有限公司

河南三诺食品有限公司

河南三诺食品有限公司是集研发、生产、销售于一体的现代化食品饮料企业，始建于2009年，占地160余亩，职工300余人，拥有现代化标准车间及现代化全自动生产线。

公司本着“以质量求生存，以市场为导向，以客户满意为宗旨”的经营理念。从产品质量抓起，以消费者放心为己任，从原料购进、生产过程管理到产品输出，建立了完善的6S管理体系（SEIRI整理、SEITON整顿、SEISO清扫、SEIKETSU清洁、SHITSUKE素养、SECURITY安全），为产品质量提供了有效的保障，确保每一瓶产品都是合格品。

公司围绕“营销差异化，产品市场化”的营销理念，制定了科学的6P营销体系（PRODUCT产品、PACKAGING包装、PRICING价格、POSITIONING定位、PROMTION推广、PUBLICITY宣传），使产品适合每一个市场，打造三诺品牌的无缝隙市场。

稳固现有产品优势，持续研发新产品，寻求能为客户创造显著价值的新产品是公司长远的发展战略之一。公司将以高科技含量产品带动传统产品，提高企业的核心竞争力，为经销商搭建更好的平台。公司凭着科学的管理体系，强大的产品研发能力，先进的生产设备，超前的市场操作模式，优秀的营销团队，为客户提供强大的后盾和保障。

三诺食品 品质改变生活

焦作市禾正茂农业综合开发有限公司

焦作市禾正茂农业综合开发有限公司成立于2012年7月，是以农林渔业综合开发、农产品深加工、生态旅游观光农业为一体的股份制公司，注册资金1000万元。近年来，公司流转土地近3000亩，种植有优质韩国梨近2000亩，红香酥梨100亩，莲鱼共养荷塘200亩，油料经济作物100亩，林间种植中药材1000亩，蔬菜大棚20座，年出栏1500头肉牛养殖场1座，1500吨冷库1座，日光温室5000平米，中草药交易中心1座。

公司先后被授予全国科普惠农兴村先进单位、全国农业旅游示范点、河南省农业标准化示范基地、河南省无公害农产品生产基地、河南省林业产业化重点龙头企业。

公司以千亩梨园基地为主体，改造梨园结构，实现自动滴灌，增加园内观赏亭台，扩建荷塘，建设了百果采摘园、培训中心、休闲疗养中心、水上运动及文化主题公园，趣味运动体验中心，打造“春赏梨花夏赏荷，秋摘香梨冬品鱼”的田园场景。截至2014年12月，项目已投入资金5000万元，丰润园农耕文化主题公园和百果采摘园基础建设基本完成，2000亩优质梨种植基地初具规模，莲藕种植面积达到200亩，丰润园梨和农产品通过国家无公害农产品的认证，丰润园产品完成国家商标注册。

2014年，为了实现有机种植，打造有机食品生产基地，在园区内建设年存栏500头、年出栏1500头肉牛养殖场一座，利用牛场有机肥用做果园施肥和莲塘用肥，改善土壤有机质含量，提高果品和蔬菜品质；同时利用果园林间套种饲草和青贮作物，为肉牛提供健康安全的饲料，保证肉牛的生产安全和健康成长。目前，丰润园以养殖场—果园（莲塘）—养殖场的种养殖链条已经形成，成功实现养殖业种植业的生态循环，为还原土壤、改善环境、净化水质、实现农产品有机种植打下了坚实基础。

河南省仙神谷景区

倒龙包柱

河南省仙神谷景区位于沁阳市西北25公里紫陵镇北的仙神河谷内，总面积35平方公里，交通便利，景点集中，是以宗教旅游为主，集人文和自然景观为一体的综合性旅游景区。

仙神谷景区拥有静应庙、沐涧寺、真谷寺、仙神湖、仙神河五大游览区和摩崖石刻、修仙洞、西石翁、大钟岭、大仙掌、跌水岩、水帘洞、仙神古道等100余个景点。

道教上清派开派祖师——紫虚元君魏华存曾在这里隐居修炼达42年，魏华存在道学、医学、养生学、文学等方面都有很高的造诣，著述了被后人称为四大天书之一的《黄庭经》，因此成为“道教第一洞天”，被国家道教协会认定为“道教上清派祖庭”。

真谷寺创建于北魏，现仅存残垣断壁，遍地散存的建筑构件与石雕足以证明其昔日的辉煌。真谷寺有窄涧谷太平寺摩崖石刻，称“太平寺千佛岩”，开凿于北魏和唐代，这里的摩崖石刻造像精美、价值连城、保存完整，特别是千佛洞，1000多尊佛像尊尊旁刻佛名，被佛学界誉为“佛教珍品”。

千佛洞

欢乐岛水上乐园

滑雪场

武陟县社会保险医院

党支部书记、院长 马永红

环境优美的住院部

武陟县社会保险医院位于武陟县文化路中段北侧115号，建筑面积6000多平方米。开设有神经内科、心内科、普外科、骨科、疼痛科、妇产科、急诊科、儿科、五官科等28个科室，拥有病床120余张。

医院收入结构经过一年来的着力调整，业务总收入有明显增加，职工待遇的可分配空间有明显改善。医院不断拓展医疗业务范围，多方位吸引资金对外合作，引进特色专科和高端的治疗性设备，用特色专科拓宽市场，用特色专科服务患者，进一步满足人民群众的医疗服务需求，扩大医院影响，从而促进医院的可持续性发展。在工作中开展六个不让：即不让事情在医院干部职工手中延误，不让工作在医院干部职工手里中断，不让文件在医院干部职工手里积压，不让差错在医院干部职工手里发生，不让办事的同志在医院干部职工这里受到冷落，不让医院的形象在医院干部职工这里受到影响。

医院先后荣获省级卫生先进单位、焦作市政风行风评议先进单位、焦作市文明单位、焦作市AAA级平安单位、焦作市医院管理年及“三优一满意”活动先进单位等荣誉称号。

瑞庆汽车发动机技术有限公司

省委副书记、省长谢伏瞻等省市领导到瑞庆汽车发动机技术有限公司观摩

瑞庆汽车发动机技术有限公司位于焦作示范区神州路1619号，是奇瑞汽车股份有限公司2012年在焦作设立的子公司，主要从事小排量汽车发动机的生产经营，总投资25亿元人民币。瑞庆汽车发动机项目2012年2月1日开工建设，10月18日顺利启动SQR472及SQR472FB发动机的批量生产，其后的2012年10月至2013年5月间，SQR372、SQR272及SQR372A发动机陆续投产，标志着瑞庆公司一期项目的5大系列产品，3条生产线建设完成。

瑞庆公司小排量发动机是奇瑞公司自主研发，拥有完全自主知识产权的经典发动机产品，目前市场保有量150万台以上，产品除了用于奇瑞轿车与开瑞微车外，还独立供应摩托车及非道路用车制造商，领先的性能与稳定的质量，为公司赢得了良好的声誉，受到世界500强企业的青睐，目前年出口日本及美国高端用户3万台以上。

展望未来，瑞庆公司要凭借奇瑞集团自身的技术优势以及对汽车行业形势的准确把握，看准中部市场，紧随着奇瑞公司总部的发展战略，努力为中原崛起、经济转型以及焦作市经济建设做出最大的贡献！

大江重工（焦作）有限公司
DaJiang Heavy Industry (JiaoZuo) Co.,Ltd

2014年4月10日，省委副书记、省长谢伏瞻等省市领导在公司考察

大江重工（焦作）有限公司位于示范区中原路2555号，是中国兵器装备集团公司下属企业重庆大江工业有限责任公司的全资子公司，是中国兵器装备集团与河南省焦作市深化战略合作的重点建设项目。

公司是全国进口液压支架国产化首批定点主要生产厂家，1982年开始生产矿用液压支架产品，1991年即定为国家能源部优选九家矿用液压支架生产企业之一，公司“庆江”牌液压支架连续多年荣获全国用户满意产品、全国知名品牌等荣誉。

顶梁结构件焊接机器人工作站

液压支架脉动式总成装配生产线

掩护式液压支架

矿用液压支架